明熊宗立◎撰集
北京學易齋刊行
鄭同◎校閱

# 初刻鰲頭通書大全

［下］

華齡出版社

影印四庫存目子部善本匯刊［二十五］

謝路軍◎主編

# 新鐫歷法總覽合節鰲頭通書大全卷之八

## 翰林集要

翰林王鶚集諸公制化造葬年月命格定局

| | | |
|---|---|---|
| 吴地同流之格 | 壬寅 壬寅 壬寅 壬寅 | 金 金 金 金 |

曾公與醴陵縣彭運祖下葬乾山辛丑土進寸亥亡命下後八子八朝食祿不管甲巳命不利

| | | |
|---|---|---|
| 吴地同流之格 | 巳巳 巳巳 巳巳 巳巳 | 木 木 木 木 |

## 造八命訣法

謂選造葬八字造成富貴格局

○劉濟造命妙謂

造葬八字貴加人生八字貴乎造化純全須合山頭山頭生旺有氣以山家命運為體年月日時為相〻不宜尅休宜用生体入生得五行生旺中和之命而合格局則富貴亨通壽考皆老子孫興也若犯死行偏枯休囚之命而失格局則貧賤蹇滯夭折損妻絕寡祿已也凡人亡則禀賦有生之命其氣數已終參至其墓魄之年月日時部亡人歸根伏命之造化合得生旺中和得其強和精英既合山頭命運又得太陽尊帝諸星吉曜加臨方向照耀為身後福蔭綿綿瓜瓞之慶也其陰宅當以亡人生之年為生其陽宅建造修方當以宅長年命為主况山內外又要與人命不相冲剋宜相生旺食神貴人祿馬財官印綬合成格局故曰三元要成格局四柱宮見財官是以今之時師拘〻於神煞之避不如趨旺相

楊公與莆田縣陳長者下
祖墳坤山巳巳亡命後
三年四利狀元子孫興旺
○天子　丁未　水
一氣　丁未　水
地支　丁未　水
同流　丁未　水

楊公與宋朝工丞相下祖
墳乾山係府元一氣後
子孫昌盛出貴不替宦
甲戊庚命否則門傷
○公　癸亥　水
癸亥　水
前　癸亥　水
癸亥　水

興化陳丞相下祖墳金欽
形子山二紀漢申及第
甚衆山家丙辰七運管

生扶棄休囚刑煞欲臻福祿者是老媽求嗣書餅充飢也訣矣

○五行生尅旺相載於前十三卷山家墓運上曾一尅擇入門局

○年遁月例　即五虎元遁

甲巳之年丙作首　乙庚之歲戊爲頭　丙辛却從庚上起
丁壬壬寅順行流　戊癸却從何處起　甲寅頭上好追求

○假如甲巳年正月建丙寅二月丁卯如乙庚年正月建戊寅

○日遁時例　即五子元遁

甲巳還加甲　乙庚丙作初　丙辛從戊起　丁壬庚子居
戊癸何處覓　壬子是眞途　如甲巳之日起甲子乙庚日起丙子

○十天干所屬陰陽五行　名天元

甲屬陽木　乙屬陰木　丙屬陽火　丁屬陰火　戊屬陽土
巳屬陰土　庚屬陽金　辛屬陰金　壬屬陽水　癸屬陰水

○十二地支所屬陰陽五行　名地元

子陽水　丑陰土　寅陽木　卯陰木　辰陽土　巳陰火
午陰火　未陰土　申陽金　酉陰金　戌陽土　亥陰水

○十二支中所藏五行圖局　名人元

可丁亡命吉

吴 乙卯 水
干 乙酉 水
一 乙酉 水
氣 乙酉 水

號吉師與信州上饒周侍即下祖責鉛山中絕年朱燊儀門前丙子辛亡命否則方僥

天 辛卯 木
元 辛丑 土
一 辛未 土
氣 辛卯 木

魁山

楊公與開州金山鄭圖起造與山辛亥亡命魁山得二木制伏之後出四員大官人丁大盛綿遠不替

## 十二支中所藏五行圖

**申宮**
庚金七分
辛金二分
壬水初生二分

**未宮**
丁火分半
己土五分
乙木二分半

**午宮**
丁丙火八分
己土三分半
乙木初生一分

**巳宮**
丙火四分
戊土三分
庚金初生三分

**酉宮**
辛金七分
庚金三分
丁火己土初生三分

**辰宮**
戊土五分
癸水二分半
乙木二分半

子宮單癸水
寅宮甲丙戊
辰藏癸戊乙
午宮丁巳土
申宮庚壬水
戌宮辛丁戊

丑癸巳辛逢
卯中獨乙木
巳丙戊庚同
未丙乙巳丁
酉宮辛庚金
亥宮壬甲宗

**戌宮**
戊土五分
辛金二分半
丁火二分半

**卯宮**
乙木七分
甲木三分
癸水初生

**亥宮**
壬水七分
癸水三分
甲木初生

**子宮**
癸水八分
壬水三分
辛金初生

**丑宮**
己土五分
辛金二分半
癸水三分

**寅宮**
甲木七分
乙木二分
丙火戊土初生三分

吳 庚午 土
元 庚辰 金貼身空亡
一 庚子 土
氣 庚辰 金貼身空亡
王氏下祖地子山乙亥亡命見四庚金尅乙六爲
宮格又天元一氣土生
辰納音金各日金旆格

吳 壬寅 金
元 壬子 木貼身空亡
一 壬午 木
氣 壬寅 金
楊公與兗州郎縣孔大夫
下祖墳艮山壬午二命
後子孫五代封侯

吳 癸丑 水
千 癸亥 水
一 癸未 木

○五行逐月節氣生旺詩

看命先須看日主　八字始能完與理　假如下巳十月壬
中旬下旬方論癸　丑宮九日癸之餘　除却三辛皆庚巳
新春戊內皆七朝　十六甲木方皆秉　卯宮陽木就初生
中下兩旬陰木是　三月九朝九是乙　三日癸事餘屬戊
初夏九日論庚金　十六丙火丙戊指　午宮陽火屬丁何
丁火十日九日巳　未宮九日丁火明　三朝是乙餘是巳
孟秋巳七戊三朝　三壬十七庚金備　酉宮還有十日侯
二十辛金屬旺地　戊宮九日辛金勝　三丁十八戊土具
亥宮壬戊五日甲　餘皆壬旺君須記　一須知得一擬三分
此訣先賢留下秘　○在生用者喜財官則制其太過而得
弱者幫卯綬比肩以補其不足

○五行生旺死絕十二支總詩　死敗地最凶沐浴即敗
金十在巳敗在午　木生在亥　水生在申　火土生在寅　各從
生位起長生沐浴冠帶臨官帝旺衰病死墓絕胎養順行十二支
如甲丙戊庚壬屬陽順行乙丁巳辛癸屬陰逆行具圖于後則便

氣一癸丑木

祖支正公下祖墳地乾山辛亥夜命□□家洩氣四柱木局被洩物然後

文丁公王相位

一地 辛卯木

支 辛卯木

一 乙卯水

氣 己卯土 財旺陰府

賞公與鄭□縣陳氏下祖故名曰藏蛇形巽山丙

一字广府□後來榮盤門

一地 壬申金

支 戊申土

一 壬申金

氣 戊申土

楊公與李樞密下祖坤向

家捲湖形丁山丁巳亡

## 十干陽順陰逆生旺死墓圖

申：甲絕 丙戊病 庚臨 壬生 乙胎 丁己敗 辛旺 癸養

未：甲墓 丙戊衰 庚冠 壬養 乙養 丁己冠 辛衰 癸墓

午：甲死 丙戊旺 庚敗 壬胎 乙生 丁己臨 辛病 癸絕

巳：甲病 丙戊臨 庚生 壬絕 乙敗 丁己旺 辛死 癸胎

辰：甲衰 丙戊冠 庚養 壬墓 乙冠 丁己衰 辛墓 癸養

卯：甲旺 丙戊敗 庚胎 壬死 乙臨 丁己病 辛絕 癸生

寅：甲臨 丙戊生 庚絕 壬病 乙旺 丁己死 辛胎 癸敗

丑：甲冠 丙戊養 庚墓 壬衰 乙衰 丁己墓 辛養 癸冠

子：甲敗 丙戊胎 庚死 壬旺 乙病 丁己絕 辛生 癸臨

亥：甲生 丙戊絕 庚病 壬臨 乙死 丁己胎 辛敗 癸旺

戌：甲養 丙戊墓 庚衰 壬冠 乙墓 丁己養 辛冠 癸衰

酉：甲胎 丙戊死 庚旺 壬敗 乙絕 丁己生 辛臨 癸病

甲丙戊庚壬五陽干順轉

甲木生在亥　丙戊生於寅　庚金生在巳　壬水生居申

乙丁己辛癸五陰干逆轉

乙木生在午　丁己生於酉　辛金生在子　癸水生在卯

向下俱作官不替
巳地 丙寅 火
支 庚寅 木
一 庚寅 木
氣 戊寅 土時魁
巽山乾向壬年亡向得四
寅與赤天火氣合成火
局故出太宮財魁見木
受制亦為吉也
巳地 甲申 水
支 壬申 金
一 壬申 金魁出
氣 戊申 土
乙龍戌向半紀登科緣戌
辰木運月日魁山壬午
為財又水土長生在甫
申故為吉

橫推

比肩 劫財 食神 傷官 偏財 正財 偏官
兄弟 羊刃 壽星 退神 偏妻 正妻 七殺
朋友之類 刑傷剋妻 天廚子息 流氣子孫 偏妾尅母 駿馬尅母 官鬼權星

甲 寅甲卯乙巳丙午丁辰戌戊丑未己申庚
乙 乙寅甲午丁巳丙丑未壬辰戌戊酉辛
丙 巳丙午丁辰戌戊丑未己申庚酉辛亥壬
丁 午丁巳丙丑未己辰戌戊酉辛申庚子癸
戊 辰戌戊丑未己申庚酉辛亥壬子癸寅甲
己 丑未己辰戌戊酉辛申庚子癸亥壬卯乙
庚 申庚酉辛亥壬子癸寅甲卯乙巳丙
辛 酉辛申庚子癸亥壬卯乙寅甲午丁
壬 亥壬子癸寅甲卯乙巳丙午丁辰戌戊
癸 子癸亥壬卯乙寅甲午丁巳丙丑未己

○天干 甲午 金
不雜 庚午 土
地支 甲午 金
一氣 庚午 土

楊公與鍾會九郎修公所
去東路役賦上用夏至
上將加開門及天河尊
吉星照臨坐向後稱太
中三任滿主位重賞致
仕還鄉

○地 辛酉 木
支 丁酉 火
一 癸酉 金 兌山
氣 辛酉 木

發州合中承祖下祖墳黃
危職珠形午山初壬六
傷後二代八朝三伐為
五府子孫昌盛

○論禄貴食印

建祿 業身 酉 申 子 亥 卯 寅 午 巳 未丑 戌辰
魁星 辛 庚 癸 壬 乙 甲 丁 丙 己 戊
貴神 亥 子 寅 卯 巳 午 辰 未丑 申 酉
食神 魁子 壬 癸 甲 乙 丙 丁 戌戊 己未 庚 辛
傷官 鹿養 子 亥 卯 寅 午 巳 戌辰 己未 酉 申
印綬 父母 癸 壬 乙 甲 丁 丙 己未丑 戊戌辰 辛 庚

○審其六地貴在貴局則宜選正官正印正財諸貴格以助之
審其地高危富局則宜選財旬姻正財偏官以助其富也

○論命中六親取用

生我者為父母偏印正印 我生者為子孫食神傷官 剋我者為官煞偏官正官 我剋者為妻妾偏財正財 比和者為兄弟比肩劫財 以日干為我合課中取用

凡套造以生命蓮裡以羊命干為主拾四柱中看得何干神定取其格局而合之

○論造命格局年月刻擦

先賢凡擇造葬之課皆合造命之法或用天地同流一氣天干一氣

昊天 丙午 水
下 甲午 金
三 甲申 水
朋 甲子 金

南豐曾公下墳艮山三用雖子多日三朋日三台又日三德甲木死於午有印無貴主外孝傷一切官長官時不利

昊 壬午 木
丁 戊申 土 魁山府
三 戊申 土 明克山府
朋 戊午 火

楊筠松信州視大八下祖母地卯山癸亥六合下後辛巳出官職明府端本用又為六合合吉用一傷

地支正財正官印綬或拱祿拱貴或遙祿衝合食祿等格得合山頭進氣天符等吉曜照者是謂合吉之課今將昔日諸公選用格局年月擬具一二開于後以便來學皆為式

昊天地一氣格

昔曾公與臨州宋氏作主壬午生造巳山亥向屋用巳巳年巳巳月巳巳日巳巳時蓋巳為壬祿祿衛午命為合焉到向●楊公另有田陳長者下祖墳坤山艮向巳巳六命同此年月下後三年出四科狀元子孫 吳莊□楊公作請祖作祖墳下乾山巽向庚午六命用四乙酉年月日時下後子孫富貴不久辛未年月日時皆犯明府□汝陽水樂魏鄭公下祖墳子山午向用丙申年月日時下後子孫代代八朝富貴不替四酉宜丙辛丁內吉合則凶子山宜癸巳巳命吉辛巳命凶□昔有一人作亥山巳向貴人作巳巳未生用四丁未惟知天地一氣之妙為喜就知巳未生人犯四丁為貴神四未為羊又然其造後三子俱亡巳是犯殺或凶四丁者石人之所用為吉何也蓋命于所合之不同也此用戊須壬生人也祿甲生人見四未四貴一為傷煞未須午干日主之忌見用又為貴人

吳　庚寅　金
二子　丙戌　土
　　丙申　火
朋　丙申　火
此山名高上玄上格得三丙爲三德山運丙戌火
土相生十分貞吉
吳　辛丑　土
千　癸巳　水
三　癸酉　金
朋　癸丑　水
葬公南劍州沙縣胡氏
下祿丙艮山合三癸三
白三朋後子孫仕宦吉
地　癸丑　木尅山
表　乙卯　水陰府
三　辛卯　木
朋　辛卯　木

所用之器也戊生人見四丁爲正印庚生人見四丁爲正官四丁皆貴人也壬生人見四丁爲正財又丁與壬合支中少有丁火皆爲遷命之財故爲吉也

○一氣催干格

昔楊公與曾文婆下白石岡地艮脉作丁向用丙申年丙申月丙申日丙申時犯四陰府○記曰艮山丁向水流未上失峯范申七月丙申時天地合玄機十三叉是丙申日烏兎太陽分南一週三藏横財歸文武拚綿衣○又與一丙午宅長造酉山卯屋用辛巳年辛丑月辛未日辛卯時○記曰四位辛干丙命合堆干無駁雜四位進祿禄到山食祿方年開三房得福一般均不利乙生人合得天機大格局子孫皆享福待將亥卯未年來生貴子旺食財此家年月貴造化至宅深無價禄丙午生人丙合辛生合未四位辛干得化丙鮍辛一爲財四辛斯珠一氣四辛歸酉祿元坐山故曰進祿丙命用巳年爲丙食我祿丙人歸祿皆在巳巳年屬長男未月未日屬小男卯時屬中男故三房同發福四辛中乙人不利其[illegible]尅乙干也

湯公[illegible]郎下祖
墳仙[illegible]乾山初
下二年[illegible]後自榮
貴乙見辛[illegible]發癸梟神

祖 戊戌 木
支 丙辰 土
三 庚辰 金 六地空
朋 庚辰 金 陰府

盧州曾公祖墳南門外地
名張山乾山癸丑亡命
用紳墓下後財高不絕
庚見丙爲煞逢戊爲梟

祖 乙亥 火 魁山
支 甲申 水
三 甲申 水
朋 壬申 金

范公與元江公下祖墳號
山得三申辰午出聰明

○一氣進支格　宜用戊庚命吉

楊公與況溪許氏下庚山甲向用巳未年辛未月己未日辛未時○記曰本年未月未時下未日有声價兩位尊崇人正宮有僭目然通了孫發科後爲相十月之內掛紳衣名題金榜正○郭景純與吉玄須居仁巷戊辰亡命下寅山申向用壬子年月日庚子時○記曰四子一氣順行流宮貴串旧今不見官星何處出財旺生官急甲乙年頭金傍名只爲見官星子孫個個得賢妻爲家宅如堆年月日犯陰府○又楊公與陶朱下祖墳艮山坤向同此年月下後周年進人田地大發非常緣壬爲陰府病在寅山又戊命冠壬爲財子中癸爲戊命之財故吉也柰初有四函直亡癸巳命吉

○正財格

昔曾公與饒州宋氏作主壬午生造巳山亥向屋用四丁未壬取子爲財七子朝午命合馬到山○記曰天了運丁支運未天地同流皆一氣丁支合命命爲奇官取家豪戊七貴○又楊公與宋朝王丞相祖墳同此年月作乾山巽向名曰胎元一氣年月下後子孫繁盛出貴不替宜用戊庚王命吉否則凶

三十八年出□□火逢水死，宜丙丁命吉，否外傷。

地友三朋

巳酉　土
癸酉　金
辛酉　水
巳丑　火

永豐縣田使君下祖坟午山子向，下後十年進秩，子皆發，出人貴。

天友三朋

庚子　土
甲申　木
壬卯　金
戊申　土

吉州吳三公自下祖坟子山午向，用此年月，下後一百二十秘進入財，又六十日貫月進橫發福昌盛。

○正官格

昔曾公與人下寅山申向，葬丁巳亡命，用壬申年壬申月壬辰日壬寅時。丁用壬爲官，旺子生申，又巳與申合，申子辰馬到寅山，巳午年出貴，宜乙巳命吉。

○拱貴格

昔楊公與浙江秦好仁葬鶴溪也，亡命庚戌，下申山寅向，用庚申年壬午月庚申月壬午時。○訣曰：干合寅向出□□承雙飛蝴蝶格，此爲聚祿馬夾貴人，取用妙通神。

○拱祿格

昔楊公與京兆余侍御乙亥生，致仕未方作退居，用庚寅年庚辰月庚寅日庚辰時。命祿在卯，二寅二辰拱卯祿，乙命以庚爲官星，官祿俱全。餘年七十六年，整不許再任，賜告老錢權，其子孫余壽至九十之士。○昔陶公與富陽縣宋家下祖坟同此年月，葬地名靈隱寺邊卯山酉向，乙亥亡命，名曰天元一氣，又名夾祿格，後大富貴。月時皆犯貼身空亡，用火剋金爲財，故無咎也。

○衝祿格

扁　乙卯　水陰府
下　己卯　土
三　乙酉　水陰府
朋　乙酉　水
鰲頭通與朱文公下祖坟
乾山與乙庚丁爲天穴
清二酉二水爲相生助
下少利後貴只三傷
扁　庚寅　木
下　庚午　火陰府
三　庚寅　木
朋　庚辰　金魁山
廉州夾城葉尚書下祖坟
卯山後出卿相之貴戊
土逢庚寅地辰寅鬼煞
又泉全見火制何灾
扁　辛卯　木
千　巳亥　水前

宣鄒景純與鄱陽潘氏下河湖蟠龍望月形卯脉轉亥作巳向亡命
辛亥用酉辛卯○記曰辛亥卯交冲祿格合山見補脉盡柩幾載
在廷前遭後殘多年得此年月方安葬匕後狀元并拜相無限錦
衣歸个利酉生人大折從登科狀元食祿三十餘人
○昔曾公與江趙遜甚甲辰亡命人用甲申年壬申月甲申日壬
申時下辰山戌六年從其子登科官祿甚衆

○食祿格

昔相公與沐江顏縉癸丑生兩科不中星士曰命不貴公曰宜修食
祿方必中顏曰拘命文章何必如是又不中托楊公於巳方爲命
貴作書樓用辛卯年辛卯月丁卯日癸卯時丁爲財癸食乙祿在
卯匕與巳方命貴○記曰癸食乙祿在卯貴亦同再舉便乘龍丁
酉年來必有應子當加敬信顏果中應驗

○遥祿格

昔楊公與地陽莊心留戊戌生五方作橫屋用丙申年辛丑月辛酉
日巳丑時核記云年命二祿俱在巳何以明見是酉丑三合巳喜相
逢巳祿在其中矣

三明　辛未　土　魁山
　　　辛卯　木
曹塒乃岳州至江縣貫文子士下坦攻巽山丙午六命兒密冠魁山見三本後半犯出貴狀元名

高上去去格

隔下三明　壬戌　水
　　　　　庚戌　金
　　　　　壬午　木
　　　　　壬寅　金
蚕泉金鸟信州余大夫下祖墳艮山合赤天火力火局生旺下後半犯出

隔干二　癸巳　水
　　　　丁巳　土
　　　　癸酉　金
知府入丁亥旺

■合祿格
昔楊公與弟唐姍林蘗父六命癸未下申山寅向用戊申年丙辰月化陰府貼身空亡壬申日甲辰時犯貼身空亡凶年後其子登科
一■犯曰癸未祿何如甲辰合出子兒子造化無取用是丁合不動
又合暗局房份主貴

口六陰朝陽格
范公與雷氏相祖地坤山艮向時巳丑年辛未月辛未日戊子時皆犯陰府以金日丁用拔妥月乃發旺身衰巳土扇之二未布終及年時納音火盛魁制陰府又辛逢戊子時名曰六陰朝陽之格

■四火朝元格
昔曾文遇與薬回下相地子山午向用四戊午一氣納音山火補扶壬干旺名曰四火朝元格下後子孫富貴奈午多难旺得以制水气子山以制之主出人威猛性烈四午宮下丁巳辛命吉餘凶

■三德叢集格
三德者歲德天德月德也如甲巳年六月三德同在甲如丙辛年九月三德同在丙乙庚年十二月三德同在庚丁壬年三月三德同

朋　癸丑　木
吴公典南豐縣朱侍郎下
祖墳艮山初塟下穴鳴
天孔後子孫代〻八朝
簪纓不絶

隔下三朋
癸酉　金
乙卯　水
癸未　木
癸丑　木
箕山三明得令癸為堆準
暗局通利得卯未合巻
天死塟女犯發塟出興
年宜甲戌庚命初宅長
宅卅傷

隔支三朋
庚子　土
戊子　火
壬申　金
庚子　土

壬是謂三德同聚於此山方天宜造作安塟更用造命以合之乃
諸福所集乃十全大吉
已上諸格造命在月凡造塟合得此等年月者最吉又須審其地係
貴龍貴局則取貴格月明如正官上吉可正印推祿諸格更合生命
貴人文星祿馬到山乃催官年月若看穴合得官格財宜擇偏官
正財偏印之格更取生命祿馬并催官諸吉星到山是為催官之
造也■凡辛造命戡譌誤繼善篇

■造化發微篇　繼善篇摘要

人稟天地命屬陰陽生居覆載之間盡在五行之內人稟天地命有
陰陽生于天地之間不離金木水火土之生化也
造命至玄難逃一理之中五行妙用要識交通之机先發造命主於
玄處無過理順命之理微聖人空言八字有從旺衰弱之分扶助
梟制害忌之不同也旗其太過不及取其中和為妙此言一章之
綱領學者要知五行變通而用
先察山採貴賤次定造比高低貴龍須知帝貴向宮龍還當從當期
凡欲造命先審山頭何如然後選合年月格局務要遠宜配合相

越公典信州衣豐洪如
秦議下祖坟于山後子
孫富貴雖入口有傷

隔支三朋

甲寅 水
丙寅 火魁山
丙午 水
庚寅 木陰府

廖公典邵武黄時進下祖
坟乾山官下一巳命出
占子下孫綠與鱼丙煞
火 水制煞吉

隔支三朋

丁巳 土魁山
乙巳 火
癸酉 金
丁巳 土

饒州樂平縣胡中大下祖
坟艮山初下二年未兒
應殺後三年子孫旳更

當如貴地擇正官正印之類如富地擇偏財偏印之類
龍弱日貴載少小圖大先凶後吉主龍欲弱脈力輕小欲當面六造
避值大富貴格可年月異能受授先七兒凶後出吉人終入外姓
以成其才也
格局停當亦扶吾山之薄脈年月休囚能感真龍之厚福脈真穴而
課吉終須致富龍真穴而課凶焉能發福
斷其吉凶專用命身为上三元要成格局四柱喜見財官天乙为天
元地支為地元支中所藏者为人元年月日時为四柱我剋者
为財剋我者为官主我者为印我生者为食傷命日干为我配
合生剋四柱取用要見財官印食而成格局方为美也
用神不可損傷日主最宜健旺用神者四柱益我之物也有用之神
不可損害也課中日干強健能任其財官生旺以扶云命也
年傷命日名為主本不和假如庚辛金年用甲乙木日干或甲乙木
命人純金剋之皆云主本不和父子不相和也四柱無制伏衰助
則造葬不吉
歲月日時六怕煞 官星雖年月日時中有官星若見七煞則不為吉

[illegible]

隔 辛亥 金當爲
支 丁亥 金 喰府
三 丁亥 火
明 丁亥 土

秦當縣江氏起造屋乾山
辛亥生命後二年出貴
平双々八朝齋無冲し
逢辛制則吉

雙 庚申 木
飛 壬午 木
蝴 庚申 木
蝶 壬午 木

揚公与秦好仁下申山庚
戊亡命犯日午合寅向
申補脉双飛蝴蝶格亦
為盤合禄馬亦同食禄作
三公年命星曜俱在天

務要去晋合伏制度方为美也

課主偏財忌兄怕兩若偏財一位比肩莫逢如丙命用庚忌見丁丙
弟偬兄姊兄奪弟財遭贝返賤矣蓋言忌相尅之意

局内印綬畏財害官如甲乙生人見亥子为印綬格亦喜正官為用
事乃官遇印綬必然斷曰忌逢戊巳辰戌財星之年即貪財怀印
定主灾凶也

七煞一偏官害逢制伏不宜太過如壬逢戊为七煞要見甲木制之則
吉也害一制一伏不可甲乙多駁制之太過反为其凶也

官星正気若見刑衝則為不吉如乙命以庚申為正官之格無七煞
之混乃得五行生氣最忌刑冲或四柱犯之寅字則冲之見巳字
則刑之故曰不吉也

傷官如遇官地于是灾降如甲生人用四下为傷官傷官者乃盜身
泄気所忌之神如逢官煞年分必有不測之宗也

陽及衝合歲君悖必禍至如甲自作人見卯為羊刃遇酉金而坤之
戊而合之則禍至矣或三合木局年月冲命亦主不吉也

富貴榮華定时上旺生官課中財旺生官則積福知山财旺無之亦

年用拱出貴聚并祿馬交貴亥用果通神

雙飛蝴蝶

辛丑土
癸巳水
辛酉木
癸巳水

范公與蝴陰縣周元興下祖坟艮山從六十年大富後六未年大典

日月比和格

丁卯火
巳酉土陰府
巳酉土貼貝
丁卯水空亡

與山乾向巳酉亡命得二丁丈不雜藝從其子孫七代爲官祿二巳得二丁泉伏祭四柱刑沖初年不利後吉

妙財官不露富作貴看　經云財多生官須一身居旺地財多益氣

本身自柔不在此限　如甲乙木用庚辛金爲官戊己土爲財生

旺生命七乃木之官先　貧後富七而且貴穴見財旺生官也

壽命夭貧終是見衰遇鬼　課中有煞日主死絕無氣者主夭日主貧

弱無助者主貧賤則以　煞化權衰則變官爲鬼且如秋天甲乙生

人見庚申辛酉來社下　六則貧

財見多而命弱世出貧人　如課中多財而日干衰弱而無助扶主先

富後貧及出貧人經云　財多身弱正爲富屋貧人矣

煞化權而命旺家生貴子　如課中日主生旺有氣雖見煞反爲我官

乃煞化權之論主先貧　後富反生貴子經云以煞化權定顯寒門

之貴客

官星無破定主登科中第　凡正官之格無殺得雖及無沖破者必登

登科及第之兆也

財庫生旺必出納粟官員　凡四柱得財旺生官之格無沖破者必出

納粟援例監生椽吏之　戶

〇官有印而無沖破乃作　鄉甫之材課中有官有印者無財星標節

月　壬寅　金
比　甲辰　火
和　甲辰　火
格　丁卯　火

楊公與推龍山張三公葵造節帝星方出火谷時加生門天何轉達吉星方用之後三年本家封侯仕官不替

三　甲子　金　剛肩財恩
奇　戊辰　木　兑山
之　庚午　土
格　庚辰　金

王氏葬祖坟艮山三庚貴八月魁得二金陰府得庚制丙寅火命得山此■三奇葬後子孫位官不替

又無傷食及四柱無冲衆必主大貴
無印無官而有格局亦爲朝廷備用課中無官無印者得其眞格
局亦主大貴如三奇朝陽羊刃拱祿拱貴等格局是也
要發金榜須擇貝旺過旗七者正氣官見也命日生旺官星有氣又
印綬助貝必主和弟也
若位望君必選王健逢官四柱官星頭露日主健旺又得財星助之
合其爭曜者必主大貴
印綬被傷格未就倘若柔恒不久但印綬本生氣之源不可有傷被
傷見財也如大甲生逢癸地最嫌戊巳來侵爲伐見損尚有祿位
不久而敗所謂貪財壞印則見重七有事難誇
貝弱遇兒局無成縱然富貴必須凡自貝八元衰弱縱得官星不爲
可妙歌云非格非局細殘因破損傷神身弱官多先貴後賤
力劣必身若居官進發縱然富貴必傾
凶格申亦有正印官星印綬並有怕逢財氣壞印官星若畏見傷官
敗若四柱中有財官印綬遇其傷害不成其名反爲凶之
吉課内也犯七煞羊刃七煞有制化爲官羊刃無神可爲極品

三奇格
甲午 金
戊辰 木
庚申 木
庚辰 金

郭璞與撫州王氏下祖坆
地名虞谷山用此年月
日後出王荆公名[illegible]

右

三奇格
丙辰 火
戊辰 木
庚申 木
丙子 水

臨賁縣張侍郎下祖坆乾
山巳巳亡命得用戊庚
三奇後果出侍郎 庚金
見丙火制伏吉

三奇
甲申 水尅山
戊辰 土

官發於日學羊刃起扠必城爲祥相豈不爲吉課哉歌云正六
印柱中岀見傷壞刑冲德多吉[illegible]反爲凶可作貧賤而論課内有
刃七煞善多惡少相逢殺星專刃兩相同制煞身强貴用
陽刃犯扠偏官主生好殺兇性羊刃在天爲紫暗星專行誅戮在地
爲羊刃殺偏官若七煞之暗鬼若羊刃之七煞主生凶惡之
印綬會拾天德定出素食德小如命元犯凶惡神煞若遇天月二德
神救之凶不爲害矣凡印且重逢天月二德而助其吉定出慈心
素食之人

日主高强接出子孫無病凡課中日主高强應出子孫無疾病人
財星有氣常見錢穀有餘凡課中財星有氣應出人家多錢穀如庚
金見乙木爲財在正二月或得水局皆爲有氣在三四月則爲祿
但享林泉官與刑而不犯印貴二德還官凡課不犯官鬼刑宫如得
印綬相扶再合天月二德并吉炎還宫年月纔在高位主致生定
而無疑也
秀祿田園日與命而相弱官與七煞相臨凡命于與日主体因四墓
干支官殺相欺必出下賤之徒可坐而定也

之 壬午 水陰府
格 庚子 土
劉陽縣栢樹 劉知縣下祖
坟午山得 三奇甲戌庚
致富貴丁 壬戌殺庚金
鳥後不爲災

三 丁酉 火第鬼陰府
合 乙巳 火刀砧癸水
會 癸酉 金斷木自殺殺
局 癸丑 木
范丞與湘州吸泰軍下祖
坟午山得癸爲合一朋
乙丁天穴請丁後子孫
爲附馬上將小口一傷

三 巳酉 七
合 巳巳 木
癸酉 金
格 癸丑 才

命曰兩強而殺少是爲以殺化權日干健旺四柱生命有氣故曰兩
強殺少者乃我盛而被良故曰以殺化權也
命曰兩弱而殺多乃爲有損無益日主衰弱四柱剋命無助故曰兩
弱殺多者乃被盛而我虛縱合吉星而無益也
命日逢衰見官星而出仕入命日遇旺見鬼宿而產賢才此四句申
言貴在日旺爲先也
二祿居時不喜官星或命祿或曰祿居時若辰怕官星所以破祿
反貴爲賤矣如上命日生用亥時之例見戊巳官殺者爲凶也
六陰朝陽格忌鬼宿六辛見戊子時是也鬼宿即官殺也辛以丙丁
爲官殺若日若見丙丁二字乃兩方火傷了辛字所以不能朝陽
也若成真格局不見丙丁主人富貴也
太歲乃衆殺之主未必爲殃若逢戰鬭必主刑傷太歲乃人君之主
未可作凶吉或命主或許可或日干沖合刑剋歲君乃是臣犯君
必招其災此爲戰鬭也
歲傷日干有禍必輕日犯歲君災殃必重太歲剋日干如父怒子其
情可恕日剋歲君如子怨父罪不可赦也且如太歲庚午日干甲

處州葉承相下祖坟丁山
兩癸丙巳天元配合後
半祀半紫其象宜甲戌
庚命否則小口一傷

三合格

癸丑 木
丁巳 土
乙酉 水
丁丑 水 魁山

視百師典孫子正下祖坟
艮山初下後三年全家
食天祿二水見土一制
又水聚在酉艮山屬土
見水為財

三合格

壬辰 水
壬子 木
甲申 水
甲子 金

徽州陳頭下祖坟乾山後

乙則災輕日干庚辛太歲甲乙則災重
五行有救及必為財四柱無情故名魁歲此言日犯歲君若當生有
救禍減一半反招其才也若四柱有食神印綬制救者木之子遇
母救則吉無凶又如甲日魁戊歲戊若得巳字在干則是甲與巳合
夫婦貪合有情乙日魁己歲若干頭有庚亦是夫婦貪合有情若
無配合魁制便是四柱無情故以日犯歲君論之

命日遇值甲乙如遇庚辛相傷切要丙丁來制庚辛怕見丙丁若逢
壬癸不忌戊巳本嫌甲乙庚辛若見無名癸壬愁破戊巳甲乙逢之
不畏丙丁虛遭壬癸戊巳當頭何懼假如命日主值甲乙遇庚辛金
來魁切要丙丁来制方吉雖云有救其禍亦輕

天元雖旺無依倚必出常人日主太柔有財官斷生寒主卑格局要
秉中和日主太旺無財官乃云無倚為太過必主出僧道孤刑之
人日主太柔財官多者曰不及必主寒主命窮之人○假如甲乙
命丁日用在春月為身旺雖見庚辛為官星四柱再得丙丁火制
其中和者為貴如命日主衰四柱有印助者亦吉不可執此而棄
彼也又如乾山用四乙酉之例乃乙木為陰府日主雖衰用在秋

出學宮慈水局旺在子
月至後為甲木之印綬
時因金寒魁水為吉
甲辰　火年魁
甲戌　火月魁
丙申　火日魁
戊子　火時魁

## 三合格

撫州楊九畜選用下祖坟
酉山乙丑金運忌火音
魁山四火相生土氣後
魁無並又月貴在西
戊午　火
丙辰　土貼身空
戊申　土將軍箭
壬子　木

## 三合格

賀公典臨安府張郎下祖
坟艮山癸未亡命三年
後出狀元甲日節無冲

月酉宮辛金七煞生旺故能制乙煞原命于屬庚乙與庚合見乙
木為財反致吉福祭四西刑重必得命于命主方許無傷
甲與巳合逢生旺必出公平課中逢甲與巳合更帶生旺主出中厚
公平正直之人
丁與壬合濁太過的濾奸淫課中遇丁與壬始合而太過多陰濁陽
盛主出奸心酒色淫乱之人
命日逢丙值申位定出少亡未逢丙申日申有壬水長生無制定出
少亡之人及申子辰水局年不吉
命日遇巳臨亥地必主壽夭未逢巳亥日亥有長生木無制必出壽
夭之人及亥卯未年不利
庚金見寅而遇賜火命日逢旺何害庚寅日四柱中有丙火乃庚旺
殺衰故主無害詩云庚逢寅位祿當權丙丁重見壽必端身旺鬼
衰猶可制虛知鬼殺化為權
乙木加巳而遇陰金命日位弱為災乙巳命日柱中有土金乃乙木
衰而殺旺故主災禍○詩云乙逢雙亦木衰殘若見辛金壽必難
丙丁不來相救助豈如安樂不成權

下命魁罡亡爲財吉

三合格
甲辰 火
壬申 金
壬申 金
庚子 土

山東樂李士下祖坟地卯山其地甚大後出二十六名進士官乙巳命否則小口一傷

三合格
戊戌 木
甲子 金
壬申 金
甲辰 火魁山

須宜縣田知縣下祖坟乾山下後出一十八員官貴八朝來水神衰方代產無休小口一傷

木犯丙丁名爲泄氣終落實甲乙木日重見丙丁巳午火則爲泄氣乃洩身之氣必主貧困也

水逢庚辛號曰印綬始豐隆壬癸水日重見庚申辛酉金則爲印綬生身必主富貴也

木旺於春水旺于冬安然無憂火旺于夏金旺于秋自然福壽如日主甲乙用于春三月之間而四時有財官之荷必主富貴福壽太旺又反夭貧

金逢夏月頻見血光如庚辛金日干用于夏月又見四柱丙丁火生旺無壬癸水制必招血光之災又云金逢夏月者太歲忌見陽火陰火最喜金水而有救終爲有損無益

土遇春天多生黃腫如戊巳土日干用于春月又見四柱甲乙木主旺無庚辛金制必生黃腫之病又云土遇春天者太歲忌見陽木陰木最喜土金而有制終爲有勞無功

筋骨疼痛蓋因木被金傷甲乙木日干衰逢四柱庚辛申酉金旺尅木主生四肢疼痛風顛邪左之人

眼目昏暗必是火遭水尅如丙丁火日干衰逢四柱壬癸水旺尅火

三合格

丙子　水陰府
壬辰　水
壬申　金
戊申　土時尅

曾公亜歐寧縣劉給事葬母坟子山用此初損一小口子孫爲官取甲子辰爲補山見發福有徵

三合格

丙辰　土
壬辰　水
甲申　水尅山
壬申　金

蔡賓通典福州陳尚書下祖坟乾山子孫爲官八朝不替二水見土合巳運之則

三合

丁未　水
丁未　水

主生眼目昏暗腎目之人蓋肺屬金脾屬土肝屬木心屬火腎屬水故金受傷主見血光疾瘵之症土受傷主見腹脹浮腫之症木受傷主見筋骨痂瘓之症火受傷主見眼目朦瞽之症水受傷主見下元吟換之症

金木相尅人人凶惡水火相傷代代官訟巳上乃申言相尅之弊木要水生最要得宜金資土厚亦貴得中如木死在午得四柱水盛反爲生地故曰死處逢生如金死于子四柱土旺反爲有救也是以五御岦用不可偏枯陰陽窒見不可一例而推務要適中和之氣堅造葬理自然富貴略敷古聖之遺書縱約以今之賢者萌覽看通此法奈許究命無差誤矣

## 口尅擇造命定論訣

昔楊曾傳造命無過一理順生尅制化討工夫得今宜相近世人不知造命法選擇無預定若人生時得好命五行禀氣洎富貴原來在五行可以理推情通書選月安葬日避凶趨吉補後來宗末失其傳訛論到于今五行錯乱竟無分休用真能詳富貴年月無人識宜把巳列錄幾多富貴地相逢葬後今人貪福起須教福人來

之格
庚申 木
庚辰 金陰府
劉公與南劍用巢尚書下祖救乾山後富年生尚書六十年官至庚見丁官生旺有制

三合格
甲子 金 年魁
壬申 金 日魁陰府
丙申 火
戊子 火
昔郭景純與李龍圖葬祖廣寅山申向年月魁山得二水陰府王見戊制吉戊子亡命祿馬到山向後二紀出龍圖學士

平分陰
乙巳 火
甲申 水陰府
庚申 木將軍箭

富貴又天生熟知造命課相乎富貴地同論識得年月不識星亦是徒勞心龍運須用正五行楊曾原有誌山家洪範驗如神制化重乎背與向要約亦分明術者急推尋

口造命相地法富貴歌

昔君富地者關鎖有關有鎖富須值十里十鎖稅于石縣此推之應若州無關有鎖亦推五無鎖有關處纔定此是富地無定訣局受潮迎發不停來似之玄屈曲去不論陰陽線雜神若是脫龍亦就局不合天星也積銀于今濕洩此天機費把山家去亂經告君貴地有原因龍穴砂水要星星只在水口論三七五五七聚爲尊要星形分三下六内有六吉產名臣識得三十六般形楊公曾說識龍精貴地水口在此鎖富地何嘗有此星富地須求富年月貴地良期貴格尋山家定得富貴眞好選四課兩字情

口右造命格局已成若合天符之吉又得五運六氣相同更看山向大利乃大富大貴之造也若非種德之家何能遇此今人有氣於堲者謂年月選擇之法爲虛誕不足信此何言之太謬耶蓋古人之訏心深仁至厚既云年月無憑必不妄誕卜公云年月有一端

陽　丁丑　水
城以縣傳大夫下祖坟
艮山初下一年二凶後
子尽貴中逢庚殺制吉
箭無中吉

平　甲午　金
分　辛未　土
陰　癸丑　水
　　壬土　水

相公與汪華二郎政門放
水年月日時加僚官鳳
輦天宝御遊生與帝星
生門天河傳選作後三
年果士賜宝作雄表門

平　癸亥　水
分　甲子　金
陰　甲申　水
陽　乙亥　火　明府將軍箭

之失反為吉地之深缺又云山吉水吉而穴吉何以多凶豈知年凶月凶日凶犯之罔覺楊公云吉地葬凶柏先發名曰棄屍福不來岂虛語哉

○補遺六神篇

正官偏印不如乘馬用官之法六要健旺清高最忌淺薄官旺宜印弱則宜財不易之理也命書言用印不如用財者乃有一說假如身旺官輕多見印綬則日主愈旺而官愈弱矣豈中于云官輕不若煞輕所以喜旺之地生官表裏方能中和則發福矣○斷曰正官無印本無權佩印如何又不然只為印多官洩氣不如乘馬得高遷

七煞用財偏宜得祿課中殺旺太過日于無依又加用財生煞則日愈弱而殺愈旺矣○斷曰財官煞旺煞傷身四柱全無無靠神棄命相從成貴象運行得祿及孤窮

用逢財而能職印乃清高正大之物見財則不能保其官位丑如原用印綬不以官煞為高者運行官印之地一遇財鄉至于印綬四柱無比肩為救不免傷重甚者必死于財鄉○斷曰印綬貪財得有傷在從天地立綱常財無比肩未救助誰[illegible]故鄉

祝吉師與信州張尚書不
祖墳乾山初下時謂不
好後代代官貴不絕記
曰出一升麻子官

雜課集評
庚申 木
甲申 水
丙子 水
辛卯 木

楊公與西川馬丞相下父
墳艮山加天可轉運值
月守時下林安坟放祿
甚水後二年丙四女姿
徽爲皇后大貴矣

雜課集評
丁巳 土
癸丑 木
壬寅 金 將
壬寅 金 軍箭

范公與宋貲後下父坟坤

財逢印而還官身旺用財崇華可知再行財旺之地主不能勝却要印來相助旅年則我根本反能還爲然則不以貪財壞印爲凶也

斷曰 身旺誠能掌大財　財多身弱更爲災　正官何處求根本　歲運还須得印來

命當夭折食神子立逢梟七煞傷身原無正印爲解以食制煞壯年運喜制煞之鄉若遇梟神有力杜無偏財絕敵不見傷身禍烈

斷曰 七煞重七主大芽　食神一位正當中　逢梟奪去無則救　天折芳兒逐水流

運至凶危羊刃重逢破局課中用財無殺大忌羊刃爲禍若歲運重逢羊刃劫財破局必有喪家凶獄傷妻剋子水火刀兵之患矣

斷曰 用財不有煞重來　羊刃逢之必奪財　再致刃鄉應破局　傷妻敗業見非災

爭正官不可無傷官者祿也無八不欲柱中多見此切只有一位官星必爭奪有禍不如運至傷官傷尽官星則比肩無爭始可安矣

歸七煞最嫌有制此亦因比肩之謂也益四柱多見比肩必然爭祿爭財爲禍如年月透出一位七煞比肩知昆勞必歸之歲運一遇

山下後大發三紀中入
待從六十年甲科益二
意無冲故吉辛命貴戊
命則富

雜課 乙亥火 癸未水

集評 甲申水 壬申金

其山庚申亡命用此後出
子孫富貴不絕綠簡在
向主外傷年剋庚運就
乙爲財喜日音布制

雜課 甲戌火 庚午土陰府

集評 丙申火 丙申火剋凶

雪山刻知縣下祖坟作
山下後一十八年出

食神制煞則柱無張主之神造此有復乱如紛紛則破敗喪亡必矣
官居煞地難守其官官爲純雅之貴人煞乃奸邪之臨客如官居煞
當其勢不能獨立必混化而爲煞須有純雅之風安能守乎
煞在官鄉豈能變煞七乃制暴之人須在官星祇義之鄉煞不由理
義而化故不變煞爲官理明矣
貪財壞印權高科印分輕重凡印重煞輕絕不貴要財旺之鄉射太
過之印生不及之煞七印相依必能逆越若印輕逢財乃爲大害
遇比肩財纏萬貫比得肩扶財乃我受之物柱中七煞專權日主被
制無服用財若比肩透露歲運扶日主不弱可以敵煞而財爲我用也
斷曰 用法何曾財不用 偏官多見日干衰 得逢比刼肩扶処
向干猶能聚大財
運到旺鄉身反弱 此言從煞未成之象日衰未肯棄命從財終若運
遇窮扶之地必與財爭一不勝反無財煞之害命見弱矣必因財
帶禍災病累身也 斷曰 身弱無根微有助 水從七煞未從財
假饒歲運扶身起 懺做無功力反泉
財在旺處禍猶輕身弱財旺當之不得行運比刼分財助氣而禍反輕也

庚逢煞制魁罡有煞而
富終不旺人丁
雜 甲辰 火
課 甲戌 火
集 戊午 火
評 戊午 火
申山得天元兩干不雜名
四火朝元以此富貴奈
辛支強子孫不寿宜丁
巳在命吉合則四傷
雜 乙丑 金
課 巳卯 土
集 巳酉 土
評 丁卯 火時魁
西源刘氏葬祖地子山丙
子亡命鐵名西源領坎
水流午丁下後子孫為
官不絕初年少利

時 日偏正財多倘必多 日干孤立奈如何 直逢比劫分爭奪
省得命內魔與疾魔
財 不有傷還忌明謀之賊柱貴用財無比劫者奪之則無所傷丑當
觀支庫中有比劫暗藏或破冲刑則私竊之害有所不免指也
煞 無明制當尋伏敵之兵煞若有恭之人也必食神明制方可為用
如柱中明無制伏之人不可便言兩出要深求四柱支神如有食
神暗伏或刑冲或就三合亦可為伏敵之兵大運行制殺鄉必主
成名進福也
皆 父頭上戴財官門充駟馬此言丙日丑逢貴人不值空亡魁被劫
刃合宮上戴財官居正位帶合有祿進氣乃為富貴掌兵之人也
生 旺宮中藏劫致勇魁三軍課中加帶亡神劫煞得遇真正長生及
年支納音得長生陰宮帝旺出武勇群英有拔山之勇人也
為 騎馬以亡身柱中原多比劫劫無財用者命逢財日生乃食其財
此又必然劫奪重則損命喪家輕則休官罷職
因 得祿而避位柱中原有官星帶則為貴運行歸祿之鄉乃比肩旺
地必然爭奪財官正謂遇比肩而爭戴干此反失俸祿故避位也

雜　乙巳　火年魁
課　辛巳　金陰府
集　壬午　木
評　壬寅　金

吴景鸞下祖墳地申山吴
公自用此年月下後子
孫富貴人丁興旺

雜　乙未　一金陰府
課　戊子　火
集　丙申　火
評　戊子　火

王先生在泉州下一祖墳
乾山下後子孫出貴代
代替慶文替乙病於子

雜　辛未　土
課　乙未　金
集　乙亥　火魁山
評　丁亥　土

印解兩賢之厄兩貧者一致也印者仁也日主不弱兩殺透天干虐日主柱中無食神救解被梟神所奪最凶若用印化殺使坐子我如此不獨富貴則事福矣

財逢六国之争財者人人欲之因而猜禍者多矣局中比劫伏於四柱之間不遇財則無争邂遇柱中有財或歲運財則惹起比肩奪劫為被刑耗傷妻妾此可見矣

衆殺混行一仁可化殺本要制伏若殺多力不能一制必叛故不若用印印者仁也以仁化殺自降為妙喜印旺以益者其化不宜再制謂疾之已甚乱也

一殺倡乱獨力可擒獨殺倡乱勢力有限一食制之則可以伏况食神多制之者乎

印不殺地化之以德如甲日申為殺冠我無制甘共凶可知殊不知水印長生在申自能化殺不便爲暴若干支多財乃成小格比旺財輕者用之更美

殺居印地済之以刑如乙丁角辛金為殺遇子長恨恃強尅我子雖我之印乃殺旁生之官若辛金透露侵凌日主于死亾係為殺

庚公典建昌軍鄭判官平
以見夘山得亥未生夘
山合戊木局各曰補山
文得乙辛丁為妙也丁
絡果出貴

雜 癸未 木
課 庚申 木
集 申申 水
評 甲子 金

范公典撫州金谿下刻大
夫祖地名長溪艮山用
甲後子孫富貴不替甲
逢庚制箭究油

壬辰 水
課 戊申 土
集 庚申 木
評 庚辰 金

廖公典南劍州將樂縣

有得旺年冲子去生煞之官則辛無所依應免起身之忠也
兄劫破財財得用一局比肩日干專祿才中不見財官則無所用劫
要比肩盛里望空冲破財旺之官而財方為我之用也大怕墮墓是
亚用合比肩夘辛酉日遇酉多冲夘乙夘日遇夘多被干乃合亦用
煞官欺主主須從官煞太多日主無力而柱更不拘根源流又行財
煞不加棄命從煞遇煞旺之鄉必能發福大忌身旺食神之運助
起身強反破業破財蓋要棄命從煞之謂也
一馬在廄人不敢逐馬者財也乃比肩必爭之物若財分明匿四柱
中特立無迹欄若譬馬之在廄其分主定比肩不敢爭逐大怕皆
財運遇旺合六合之鄉比肩暗竊致禍不輕
一馬在野人共逐之專言用財不見明露劫隱干支庫之間乃人所
不知之地故比肩亦有所圖統竊其財能深藏固閉之間難保無患
財已之庫破生宮無奉兩家宗祠九人以印為母以財為父財以印
為家印以財為主然財貴而印自宋夫敗則妻牙倚所以論人根
基父母必致孤財為久若財有長生之官又見墓庫局中有紳破
劫於生之宮無犯披墓庫着則為螟蛉過繼之兒棄父從房之子

氏下祖墳神山丁亥亡命用此後二紀出五府尚書官貴

雜　辛酉　木

課　癸巳　水

集　乙酉　水

評　丁丑　水龍峒身

貴　愛遇與泉州馬氏葬頃午山丙午亡命辈蛇出草形後子孫仕宦其衆祿隂見癸乙梟制去

雜　戊申　土

誅　丙辰　土　陰府

集　丙午　水　陰府

許　壬辰　水

貴種而興發細略下祖墳于山得丙壬二水為煞丁位後整亭于逢壬制煞去

也蓋生若幾蒙之初庫在收斂之際葉始內煞故如殍也

母

居比肩成比局當為幾度新耶九命無傷官食神者必然用財為妻：所屬之干日下一位是也却被比肩吉了八見三合成肩者月時中見財文奪桂無一財止運見亦為患尅妻傷妻善正二三而是矣

父

母一離一合須知印綬臨財桂內之印為父母之神所虐不許全宮雖為父母之名實見有尅則之意豈能免離間之悵哉無財刑相運之官而財印皆有着脚坐祿全鄉者得聚會而成家無問矣

夫

妻隨娶隨傷煞為比肩休馬孔倫財為妻室逢旺用之年或有生助進氣富得其妻殊不知財下原伏比肩已被煞神制伏不能逐可奪之机一遇其財又見食神制煞則彼志奪財而妻难久處■

子

位子填孤嗟伯道子者官煞也子位者生時也時上要財及用官煞生旺之氣不逢刑害孤虛不失用神時候則有子矣若官失其令更有傷官食神為娼經來時上填實及有伯道之嘆也

妻

宮妻守賢齊孟光事者財也妻位者日下被神也本宮若見其妻乃得位矣不逢比又不遇刑冲不有不惟化惡煞乃得天月二德貴入同處者不惟遇道轄之大是自孫光之德也

雜 癸巳 水
課 丙辰 土陰府
集 丙申 金
評 甲辰 火
劉公與錢塘刘氏下祖墳
申山下後子孫富貴雙
全丙癸得壬癸水制吉

鄉 辛亥 金
課 壬辰 水
集 壬申 金
評 辛亥 金
范公與劉武軍黄太監下
祖地如與當年出貴子
一犯年間子孫榮貴

雜 巳未 火
課 丁卯 火 魁出
集 丁酉 火
評 辛巳 金

入庫傷官陰生陽死傷官未 有陰陽生死當効其是否凡傷官居庫
歲運逢之多見喪亡橫禍 不不知五陰傷官為兵还魂無邪也
尅身子及喜合嫌冲及乃群 身之物大相身旺逢之得一重聲名及
合化為權是若見官与及 甲戰乃成恶煞歸者當薦其輕重何如耳
權及復行權及刃浆亡身權 煞也及兵也身旺有無兩端乃兵刑甘
出之八煞旺喜行制鄉及 旺喜行殺地若原煞復行煞旺之地立
業建功處不免夜干及劍 之下羊及多再行羊及之地旺 祿得財
處必終于藥石之間也
財官再遇財官貧汚罷職財 俸也官祿也身強遇無兩端乃名利出
塵之士凡官弱喜行財鄉 財旺喜行甲地皆得福成立之時也若
有官逢官則祿餘矣旺財 逢財則俸餘矣君子祿過俸餘必見貪
汚罷耽也
祿到長生原有印清任加官 原用官星衰弱不能称印綬之榮告官
遇長生便見清奇持立早 有鍘印之情印乃生身之本三者之用
既周故無必然進爵加官也
馬行帝旺舊無傷官途進爵 原用偏正之財須臨位而失其時居官

圖寅子午命合在印移
取巳酉合金局補山先
火敗在卯尅山為吉也

●雜　乙巳　火
課　乙酉　水
集　庚申　水解箕宮
評　庚辰　金尅山

庚命自下親項艮山發未
向連拔下二傷未見發
後二十年平空聚財

●雜　丙戌　土
課　壬辰　水尅山
集　丙申　火
評　甲午　金

親吉師典呂大夫下祖坤
乾山出八十四員官後
福平々月令尅山見全
乃柔吉

亦未顯要必待臨官帝旺歲便財巳月用馬必健馳舊無比尽傷
刼拆些加官進爵餘財可徵矣
財旺身衰逢生即喜財旺身衰力不能任意若守之則忌反見所守
一安然一遇長生之地即便倚徒有圖為未得而禍隨至矣
又煞則薄見煞生官茲言用官做財而財薄蓋因羊又刼財不能作
官則官無所倚矣知見一位七殺合又乗財以遯財病足以生官
官自旺發率者拔些又不可以見煞混之嫌宜细推之
茲法玄々之妙今頗習而成早少助學者開明萬一

〇五行要訣

課中五行不可大甚今字須得中和土止水流金福壽土虚木盛必
傷死運會元辰須當夭折木盛多仁土薄寡信水旺婦垣頃存智
金堅主義却能為金水聰明而好色水土混雜必多愚退欲明適
中和夫折表拔偏枯辰戌尅制併冲必須刑化徒流丑午相刑門
户全無和德棄用就財明偏正棄財就煞論關柔傷官無財可持
雖乃又貧食神制煞逢梟非貧即入貧財若皆因旺處遭刑孤寡
者只為財神被刼棄煞重官方捨福棄宮旦致有威權

○新增造葬年月日時富貴定格以遁合用

戊申土　庚子土
庚申木　庚辰金
庚申木　庚申木
庚辰金　壬午木
丁酉火　壬寅金
丙午水　甲辰火
壬寅金　丁酉火
甲辰火　庚子土
乙未次　乙酉水
甲申　巳卯土
丙申吉　辛卯水
庚寅木　辛卯木
乙酉次　丙午水
癸未　庚寅木
癸未吉　丙午水

辛丑土　乙亥火　辛酉木　庚寅木　乙卯水
辛丑土　戊子火　丙申火　巳丑火　丁亥土
甲寅水　甲寅水　壬申金　壬寅金　丁未水
甲子金　甲子金　辛亥金　辛丑土　庚戌金
巳卯土　巳卯土　巳酉土　癸巳水　癸亥水
辛未土　丁丑水　癸丑木　丙辰土　乙卯水
壬寅金　丙寅火　丙申火　丙午水　乙未金
辛亥金　庚寅木　丙申火　癸巳水　壬午木
丁亥土　庚寅木　庚辰金　壬子木　壬申金
戊申土　壬午木　丁亥土　壬子木　辛亥金
壬申金　癸亥水　壬子木　戊寅土　癸亥水
丙午水　巳未火　甲辰火　庚申木　壬子木
戊子火　巳巳水　壬子木　壬子木　巳上不寫神音
癸亥水　乙亥火　壬子木　壬子木者名吉世者神
乙未金　甲子金　壬子木　壬子木遇吉地亦出富

庚申木 癸巳水 丙子水 甲子金 庚子土 壬寅金貴

□新增竪造年月日時富貴足格以便合用

●乙卯水 ●乙未金 ●辛巳金 ●丙寅火 ●丙午水 ●辛酉木 ●庚寅木

丁亥土 甲申水 甲午金 壬辰水 癸巳水 丁酉火 壬午木

丁未水 丙申火 丁未水 甲子金 甲子金 壬申金 戊寅土

庚戌金 庚寅木 乙巳火 甲子金 丙寅火 辛亥金 甲寅水

●丁亥土 ●辛丑土 ●丙寅火 ●己卯土 ●戊子火 ●癸巳水 ●丁巳土

戊申土 辛未土 辛丑土 丁丑水 癸亥水 庚申木 丙午水

壬申金 甲寅水 癸巳水 丙寅火 乙未金 庚子土 甲寅水

丙午水 甲子金 癸亥水 庚寅水 丙子水 庚辰金 甲子金

## 制煞權凶總論

太歲已下凶神而至二百二十之多選擇難以盡避然其所占之處各有所忌須明制議而用之則能變凶爲吉故云制伏得宜反生吉福是矣種說羅睺星推忌巡山羅睺其餘穿山羅睺皆可制空亡星雖忌浮天空亡其餘入山頭白大小空亡天土大空亡旬中截路空亡血刃隱伏血刃干支千斤血刃山家千斤血刃五子打

## 諸星定例

謂諸來吉神奇帝星起例等事

〇三奇帝星年月起例

夫三奇者又勝諸吉將乙丙丁乃是上界之眞牝巽功莫測可以降地下之凶煞凡三奇祿馬到吏不避將軍太歲年禁惡煞自迴避

詩例

若論三奇開行年　進甲分明仔細傳　乙丙丁逢天上位
甲戊庚遊地下眠　若在南方須照北　如居西北照東邊
乙奇若到下丑日　丙奇一月禍潛消　丁奇四十五日吉
諸神惡煞盡來朝

## 飛宮掌訣

二坤立秋　七兌秋分　六乾立冬　冬至後陽遁順
九離夏至　立中　一坎冬至
四巽立夏　三震春分　八艮立春　夏至後陰遁逆

立春艮上青山色　春分震上好推詳　立夏巽宮尋本位
立秋坤上從頭數　秋分兌上定無移　立冬但去乾宮取

劫血刃之類皆可制星中推忌九良星九良殺其餘債不宜四大金星之類皆可制凡曰五鬼破敗五鬼遊年五鬼曰二木二土二金曰天道鬼道血道死道他道曰蚕宫蚕室蚕命曰帝車帝輅帝舍無不可制之煞天祇神煞皆不外乎行之所屬須審所用之煞源其所屬然後制其所凶無有不吉也推大害立向大忌制亦不其欲制之煞于犯于制之犯夫制納音犯者納音制之化氣犯者化氣制流三合犯者三合制之

夏至離九陷當時　冬至坎宫還順飛

○假如庚午年冬至後順局從坎上起甲子順飛乙丑到坤丙寅震丁卯巽戊辰中己巳乾庚午兑乙庚之歲起戊寅節以戊寅入兑宫亦順飛戊寅兑己卯艮庚辰離辛巳坎壬午坤癸未震甲申巽乙酉中一奇丙戌乾二奇丁亥兑三奇戊子艮己丑離餘倣此推

○又如辛未年夏至後逆局從離上起甲子逆飛乙丑艮丙寅兑丁卯乾戊辰中己巳巽庚午震辛未坤丙辛之歲起庚寅節以庚寅入坤宫逆飛庚寅坤辛卯坎壬辰離癸巳艮甲午兑乙未乾一奇丙申中二奇丁酉巽三奇戊戌震己亥坤庚子坎辛丑離餘倣此

○辨論三奇

假如庚午年冬至節乙奇在中宫丙奇在乾宫丁奇在兑宫此定例也乙奇得十五日丙奇得三十日丁奇得四十五日此通書年月諸家發用説之明矣則庚午年冬至節起至大寒節盡凡四十五日但乙奇得中宫自冬至日起至小寒節凡三十日滿而乾宫丙奇消矣推下奇在兑自冬至日起直逢大寒節盡凡四十五日兑宫亥奇旨矣亥亥云丁奇得日相八得八却以三奇小作三候每奇

飛宮記自飛宮制之坐
宮犯者為坐宮 則之皆以
五虎遁尋煞方所屬何
音再以日建入中宮冬
至後順遁夏至後逆遁
今其所泊何宮生旺休
囚何如若休囚與泊宮
受制者言但生旺切可
可用假如煞偏不泊于
震宮為得令泊坎坎水
宮為扶煞但不可用泊
于乾兌金為受制泊于
離火宮為泄氣泊于神
艮坤土宮為財星俱可
用也如自之制泄氣宮
亦須年月日時納音生
旺煞制乃可為吉泊財
星宮者本為上吉無納

管十五日則冬至節十五日乙奇在中宮小寒節內十五日丙奇到乾大寒節內十五日丁奇在兌若如此當作二十四氣論何以八節論耶不追辨而自明矣通書置六十太歲內遂年備載離明遁軒猶慮後學未易通曉今以庚午年作定局為列餘倣此

庚午年定局例

| | 乙奇 | 丙奇 | 丁奇 |
|---|---|---|---|
| 立春 | 震 | 巽 | 中 |
| 春分 | 兌 | 艮 | 離 |
| 立夏 | 艮 | 離 | 坎 |
| 夏至 | 中 | 巽 | 震 |
| 立秋 | 兌 | 乾 | 中 |
| 秋分 | 震 | 坤 | 坎 |
| 立冬 | 坤 | 坎 | 離 |
| 冬至 | 中 | 乾 | 兌 |

〇三元白星年月日時起例

九宮圖

乾六　兌七　艮八　離九
中五
巽四　震三　坤二　坎一

起星法

一白水　二黑土　三碧木
四綠木　五黃土　六白金
七赤金　八白土　九紫火

〇三元年白法

上元一白起甲子　中元四綠卻為頭　六元七赤兌方發
逆尋年分把星流　六十年為一元　一百八十年分三元
元泰定元年甲子為上元　我朝
所洪武十七年甲子為中元　正統九年甲子為下元

音制伏亦爲凶

○古人云若要發脩三煞若要財脩流財要大興脩火星要小興脩金神與千斤要極富脩太歲與陰府要小富脩官府要人貴脩太歲殺於退脩水退此皆古人制凶召吉格言也

○又論曰凶煞所占欲有脩理者須以歲德歲合天道天德月德合及日數真太陽帝星貴八神馬照臨之方更用你不本命祿馬貴人仰宮其方仍以主虎遁起來而所屬以年月納音尅之受作主甸有氣年月以

治十七年甲子爲上元　嘉靖四十三年甲子爲中元

○上元甲子起一白乙丑到九紫　中元甲子起四綠乙丑到三碧下元甲子起七赤乙丑到六白並逆布以求值年星既得值年星即移入中宮順飛出八方

○逆布求值年星定局

| 元 | 上元 | 中元 | 下元 |
| --- | --- | --- | --- |
| 甲子癸酉壬午辛卯庚子己酉戊午 | 一白 | 四綠 | 七赤 |
| 乙丑甲戌癸未壬辰辛丑庚戌己未 | 九紫 | 三碧 | 六白 |
| 丙寅乙亥甲申癸巳壬寅辛亥庚申 | 八白 | 二黑 | 五黃 |
| 丁卯丙子乙酉甲午癸卯壬子辛酉 | 七赤 | 一白 | 四綠 |
| 戊辰丁丑丙戌乙未甲辰癸丑壬戌 | 六白 | 九紫 | 三碧 |
| 己巳戊寅丁亥丙申乙巳甲寅癸亥 | 五黃 | 八白 | 二黑 |
| 庚午己卯戊子丁酉丙午乙卯 | 四綠 | 七赤 | 一白 |
| 辛未庚辰己丑戊戌丁未丙辰 | 三碧 | 六白 | 九紫 |
| 壬申辛巳庚寅己亥戊申丁巳 | 二黑 | 五黃 | 八白 |

古排定六十年下所直之星分三元中值之星發入來財宮[illegible]

鑾駕之書月吉星有氣卜吏大惡犨体囚不作凶仍於月內取諸神出遊之只或天德月德天思天赦冊倉所會之辰斟酌用之吉無不利諺云不怒則威不張不煞則名不揚故一貴當推百煞觜伏古書曰一吉臨宮諸吉拱照又曰山頭有殺爭奈何貴人祿馬喜相過三奇三德皆降殺自制凶星發福多惟忌五不遇時

○制年尅山家法

撥曆楊曾陶祝翰林王鴻造命年月有四柱背犯者用亦不忌蓋因有制

○三元月白法詩例

○子午卯酉起八白　寅申巳亥二黑求　辰戌丑未五黃起

○掌中飛宮用逆遊　十二年分三元子午卯酉年爲上元正月起八白二月七赤三月六白辰戌丑未年爲中元正月起五黃二月四綠三月三碧寅申巳亥年爲下元正月起二黑二月一白三月九紫並逆佈以求值月星既得值月星即移入中宮順飛八方

○[上元]子午卯酉四仲年[中元]辰戌丑未四季年[下元]寅申巳亥四孟年

十正月　八白○
十一二月　七赤○
十二三月　六白○
四月　五黃●
五月　四綠●
六月　三碧●
七月　二黑●
八月　一白○
九月　九紫○

十正月　五黃●
十一二月　四綠●
十二三月　三碧●
四月　二黑●
五月　一白○
六月　九紫○
七月　八白○
八月　七赤●
九月　六白○

十正月　二黑●
十一二月　一白○
十二三月　九紫○
四月　八白○
五月　七赤●
六月　六白○
七月　五黃●
八月　四綠●
九月　三碧○

則占假如甲子年作水
上山遁得戊辰水運逢
金年謂之年尅山宜
用正月建丙寅火剋制
之或火日火時或火命
行壬火命丑人皆可制
之又須尅煞体囚制神
有氣月日時尅亦倣此
制則無疑矣

○制陰府太歲法

夫制陰府太歲之法犯丙
宜用壬取紀王宜用庚
戊犯辛宜用丁巳巳與
甲化土乙尅本不復化
火矣用者但取梟煞軟
之不若七煞之爲愈也
梟印偏印煞卯兩宮止
甲本陰符卯二水爲乾

○右排定十一月所値之星分三元即移本月所値星入中宫順飛八方

○三元日白法

冬至後陽遁

一白 二黑 三碧 四綠 五黃 六白 七赤
八白 九紫 自一白數至九紫順行周而復始求値日星

○冬至後爲陽遁分三元冬至前後甲子爲上元雨水前後甲子爲
中元穀雨前後甲子爲下元上元甲子起一白乙丑二黑丙寅三
碧中元甲子日起七赤乙丑八白丙寅九紫下元甲子日起四綠
乙丑五黃丙寅六白并順佈求値日星即移八中宮順飛出八方

夏至後陰遁

九紫 八白 七赤 六白 五黃 四綠 三碧
二黑 一白 自九紫數至一白逆行星周而復始求値日星

○夏至後爲陰遁分三元夏至前後甲子爲上元處暑前後甲子爲
中元霜降前後甲子爲下元上元甲子起九紫乙丑八白丙寅丁
赤中元甲子起三碧乙丑二黑丙寅一白下元甲子起三碧二爲
五黃丙寅四綠並逆佈求値日星即八中宮逆飛八方德前富貴
○陳希夷五鑰匙三元擇日之訣陽生冬至前後時順行甲子一官
利所本便從七宮起穀雨處從頭上推陰生夏至九宮逆處紫順

補出金局土煞益用木屬太而庚金尅木故可制之甲水化氣制土而壬化氣屬水能尅土木可制也忌用癸水生甲木之氣雖見庚壬梟制九紫煞則相生反局凶害及忌用水木二局年月若陰府生旺四柱扶合者大凶切不可悞用

○陰府太歲十年化氣出白八卦納甲

乾宮納甲外三爻生壬兌宮納甲外三爻生丁壬與丁合化木故乾甲合丁巳比山忌用乙庚化金年月日時宜用戊貪庚癸貪乙戊癸化火尅

從一碧疑霜降六宮起甲子逆順分明十二爻捻者皆求日之法錯亂繆繆惟此三元擇月之訣陰陽順逆節節相續綿綿不知古人移宮接氣之義也

○三元時白法例

**冬至後陽遁**

一白 二黑 三碧 四綠 五黃 六白 七赤

八白 九紫 自一白數至九紫順行星以來値時星

○冬至後子午卯酉四仲日爲上元以甲子時起一白辰戌丑未四季日爲中元以甲子時起七赤寅申巳亥四孟日爲下元以甲子時起四綠並順飛八方

**夏至後陰遁**

九紫 八白 七赤 六白 五黃 四綠 三碧

二黑 一白 自九紫數至一白逆行星周而復始求値時星

○夏至後子午卯酉四仲日爲上元以甲子時起九紫辰戌丑未四季日爲中元以甲子時起三碧寅申巳亥四孟日爲下元以甲子時起六白並逆布逆飛八方

接時白之法其例與希夷擇日之訣同捻陰陽逆順節節相續得移宮接氣之義也○右歷書云應三日之方修作不避將軍太歲大

制如欲用乙年乙旁年魁月用戊月癸日癸月戊日或戊月癸時癸月戊時或亡命癸主戊癸生人亦不能為害

艮宮納甲外三爻生丙與宮納用外三爻生辛丙辛化水故艮丙與辛山忌用甲巳化土年月日時宜取壬食用丁食巳丁壬化木魁制之

坎宮納甲外三爻生戊坤宮納甲外三爻生癸戊癸化火故坤乙坎癸甲辰出忌用丙辛化水年月日時宜取年食丙巳食辛年巳化壬魁制之

震宮納甲外三爻生庚乙

小耗官符行年本命諸凶煞並不能為害惟忌天罡四旺大煞月建方不可動土一行禪師及黍道茂定宅經凡起造必先得紫白在其方及當有氣年月則福重無忝則力輕當避其八墓受魁暗建交論開牛穿心煞宜避則吉此有定局載于諸吉白星年月例

〇論天轉運行衙帝星年月起例

## 假令圖

中 七年 破弼

酉 八年 輔貪

戌 九年 弼巨

亥 十年 貪祿

未 六年 輔武

子 十一年 巨貪

午 五年 廉破

丑 十二年 祿巨

巳 四年 文武

辰 三年 祿廉

卯 二年 巨文

寅 正年 貪祿

〇其法常將太歲佐數貪巨祿文廉武破輔弼順行十二支看其年是何星〇假如子年貪丑年巨寅年祿卯年文之類却以其星入中宮順飛九宮則遇貪巨武輔弼五星到何宮吉餘四星下利數年鎖年又常從寅上起正月貪順行十二月看所脩之月得何却以其星入中宮順飛如年月貪狼者即帝星若到所脩之宮官符沉財盜刃一任脩作遇凶即凶遇吉則吉

庚化金故震庚亥未山
與戊癸化火年月日時
宜取丙食戊辛食癸丙
辛化火年月尅制之
離宮納甲外三爻生巳申
巳化土故離壬寅戌山
忌丁壬化木年月日時
宜取乙合丁庚食壬乙
庚化金尅制之所謂化
氣制化氣也
〇制三煞法
夫三煞者如甲子年刼煞
在巳災煞在午歲煞在
未制法即以申子辰虎
遁刼煞方屬巳巳木用
子年納音金制之不防
午未方煞遁庚午辛未
土宜用戊辰己巳月合

〇右都天轉運帝星取一白貪狼交曰武曲八白左輔九紫右弼心星所到之宮爲吉古曆名曰逐年值位九星后人乃以巨門一星以爲五吉以謂二黑屬坤而坤有黄中通理之德改指爲吉神而易其名曰都天轉運行衙帝星

〇蓋山黄道年　月起例　　起例

兌　丁巳丑　震　庚亥未
坤　乙　坎　癸申辰
巽　辛　艮　丙
離　壬寅戌　乾　甲

黄羅貪天皇巨年頭祿
紫檀文朱雀廉地皇武
入道破黑道輔
〇配方乾甲離壬寅戌其餘倣此

## 翻卦圖

〇假如子年裝離卦震上起黄羅兌天皇坎年頭坤紫檀艮朱雀巽地皇乾入道離黑道〇丑寅二年裝坤卦艮起黄羅巽天皇乾年頭離紫檀震朱雀兌地皇坎入道坤黑道〇卯年裝兌卦乾起黄羅離天皇艮年頭巽紫檀坎朱雀坤地皇辰入道兌黑道餘倣此

辰巳年裝乾卦兌上起黄羅
午年裝坎卦巽上起黄羅
未申年裝艮卦坤上起黄羅
酉年裝震卦離上起黄羅
戌亥年裝巽卦坎上起黄羅

納音之木亦可制也或用木日時如月日時坏制求救作主生命爻旺氏生命納音亦可制之其餘怨煞伏煞報煞禁煞暗刃煞飛廉煞滂攔煞年流財天命地輔帝車白虎煞喪門陰中煞天地官符故死炙退羊刃煞年皇七煞六害跌碎煞曲尺神樞煞障金三煞宅長巾具等煞並例此制

○制天皇炙退法

夫天皇炙退即馬前一位是也如甲子年馬居寅退在卯制如三煞以納音剋之或以地支合制

（定局）

子癸辰申方
丑巳丁酉方
艮丙方
寅午戌壬方
甲乾方
卯未庚亥方
乙坤方
巽辛方

| 子年 | 丑寅年 | 卯年 | 辰巳年 | 午年 | 未申年 | 酉年 | 戌亥年 |
|---|---|---|---|---|---|---|---|
| 年頭 | 入道 | 朱雀 | 紫檀 | 黑道 | 天皇 | 地皇 | 黃羅 |
| 天皇 | 地皇 | 黑道 | 黃羅 | 朱雀 | 年頭 | 入道 | 紫檀 |
| 朱雀 | 黃羅 | 年頭 | 地皇 | 天皇 | 黑道 | 紫檀 | 入道 |
| 黑道 | 紫檀 | 天皇 | 入道 | 年頭 | 朱雀 | 黃羅 | 地皇 |
| 入道 | 年頭 | 黃羅 | 黑道 | 紫檀 | 地皇 | 天皇 | 朱雀 |
| 黃羅 | 朱雀 | 入道 | 天皇 | 地皇 | 紫檀 | 黑道 | 年頭 |
| 紫檀 | 黑道 | 地皇 | 年頭 | 入道 | 黃羅 | 朱雀 | 天皇 |
| 地皇 | 天皇 | 紫檀 | 朱雀 | 黃羅 | 入道 | 年頭 | 黑道 |

○巳上貪巨武文四皇吉餘並凶

○比辰帝星年月起例　配方壬子癸丑辰寅爲

天上比辰大帝君　下手興工百鬼驚　凶神若見低頭拜
惡煞逢之走不停　若是大修大進益　小修小發萬般成
此家年月修方向　豈惜千金覓此人

年月日時例

天劍　天鋒　天向　天六台　天魁　天佐
天宛　天虛　天災　天帝　天福　天禍

之或以旺快矢之最忌相冲如卯退神甲子年脩如方宜用甲戌月日時以為合或亥卯未日月時以為伏抖便馬有料反進不退而至於其神之退死一煞而異名如所謂天皇炙退羅天退山家炙神退馬前炙退將倣此制又如雖祿年月亦吉

○制官符法

制官符法與制三殺同論如甲子年天官符在亥地官符在辰本年五虎遁得天官符乙亥屬火地官符遁得戊辰屬水再以月遁入中宮冬至

其法以年建月建日建時建如天劍是逆位順行●假如子年以子太加天建星順行十二宮数取天合天魁炙帝天福為吉餘倣此

又法從見除数起取平定收開為吉

○右件帝星年月十二位逆順交互照臨二十四向其間只有四星吉常用对互照八向順者出逆者八須得年月日時四處帝星皆占方位乃衆神威伏死不發福不問將軍太歲身皇定命官符血刃流財金神暗擢諸般神煞任意施為充不吉利

○飛天活祿年月起例

年祿 甲祿寅乙年卯丙戊年巳丁巳年午庚年申辛年酉壬亥癸子

乾六 兌七 艮八 離九 ○十干年當以月建八中宮

中五 順行逆見本年祿即脩作

巽四 震三 坤二 坎一 大吉

排山掌

○假如甲子年甲祿到寅正月建寅七祿到中宮二月建卯將卯八中宮順行到辰乾巳到兌数至寅又到兌矣其餘倣此

○飛天活馬年月起例

年馬 申子辰年馬在寅巳酉丑年亥寅午戌年申亥卯未年馬在巳

順行夏至逆飛如火官
符泊在坎宫爲受制更
遊年月日時納音屬水
井水局以制其火爲吉
若泊震巽宫屬木乃生
火爲印綬生煞之地離
宫屬火爲火旺之地皆
不可用也又云爲保民
致治之官不可制也
舊說如官符屬火惟一
白水星及走馬大壬制
之其理亦通大抵用三
合水局年月井會得一
白水星到位制之更有
弗藏自是而推至救陰
中官符畢歇官符遊山
官符坐山官符出家官
符田官符州官符縣官

## 排山掌

乾六　兌七　艮八　離九　○十二支年當以月建入中
中五　宫順飛尋見本年馬倘作吉
巽四　震三　坤二　坎一　加申子年二月寅馬兌矣

## 詩訣

○陰陽貴人年月起例
甲戊庚牛羊　乙巳鼠猴鄉　丙丁猪雞位　壬癸兎蛇藏
六辛逢馬虎　此是貴人方

二坤　七兌　六乾
九離　五中　一坎
四巽　三震　八艮

## 飛宫圖

十干　甲戊庚乙巳丙丁壬癸辛
陽貴人　未丑申丁酉亥卯巳寅
陰貴人　丑未子申亥酉巳卯午

其法以逐月七建八中宫順飛○假如甲年正月以寅八中宫順飛
則卯到乾辰到兌巳到艮午到離未到坎即可貴人到坎又累
數去到兌見丑即陰貴人到兌其餘倣此

○天心都天吊照年月起例

後之類皆依此制

○又制一白犯着官符官雖隨亦有妙浩求相制解神赦星一白壽月財三奇休門至者遇生旺不堪爲最害休囚進泄地木椿三尺七寸長如斯於報盡無比賊兩露出此天杭不與時師容易知

○論飛官符方其法如丙子年官符在亥用四月癸巳入中宮順飛得巳亥在乾乃飛官符方也夏至逆飛同推之仍逢亥字是也忌遷宮與年月祿馬同到則不吉餘可制伏

○丑未之年卦坐乾　寅申艮地可堪遷　卯酉值何巽中取
辰戌當知馬占先　巳亥二年壽羊起　子午居坤是正元
太陽土宿貪狼順　祿存巨破當前遊　武曲文曲同左輔
廉貞右弼坎羅睺　十二支神皆定定　雖來朝見日歲仙

○假如丑年以乾亥如太陽順行則壬子上土宿癸丑貪狼艮寅祿存甲卯巨門乙辰破軍巽巳武曲丙午文曲丁未在左輔坤申廉貞庚酉右弼辛戌到羅睺其年則乾亥癸丑甲卯巽巳丁未庚酉吉

今具丑未年圖局以例其餘年月倣此

## 寶照定局

○一行禪師四利三元起例

○已上太陽貪狼巨門武曲左輔右弼六星爲吉

餘星並凶

〇制火星法

夫火星之化頗多有起于干支相連者有單起于干者有獨處干支者有起於三合者有起于年者有起于月者有起于日者有起于時者制法並從所起剋干犯用干制支犯相支制干支相連仍以相連制之如飛宮火星即爲干支相連其例孟月起巽順飛九宮遇入中宮謂之火星盤中乃廉貞之定位廉貞屬火之故也豎造修方無制大凶切忌火局年月如埋葬位之常得三奇手卧極當魁星到

一太歲　二太陽　三喪門、四太陰　五官符　六死符

七歲破　八龍德　九白虎　十福德　十一吊客　十二病符

其法常以月建入中宮順飛盤至其太歲所在處起一太歲二太陰逐宮順數去一有與犯他煞者即於九德太陰福德四吉方併工報之其災自息今人多以月建入中宮尋子位爲一太歲於禍上皆無應驗若甲子年二月則以丁卯入中宮尋就甲子在艮即於艮宮順飛一太歲二太陽在離三喪門在坎四太陰在坤逐位數去以尋四吉星所到之處爲吉

〇假如丁巳年三月作子山午向更將甲辰入中宮順飛逢丁巳大歲在離太陽在坎則壬子癸坐宮得太陽可營造埋葬大吉

〇李淳風十二年四利三元歷煞年月起例

其法以所用年月建位上加一大歲順行十二宮假如子年月以子宮加太歲丑太陽寅喪門卯太陰辰官符巳死符午歲破未龍德申白虎酉福德戌吊客亥病符〇如子年月則丑卯未酉四位上遇太陽太陰龍德福德四星吉餘並凶如十一月用丑卯未酉日即日吉星日利宜埋葬入宅追作嫁娶出行裁衣安床動土百事並吉

位其一禍尤快亦八讀之明矣今人多忌之制法如乙丑爲火星只納音屬金年月日時納音屬火者皆制之要看火之不有令否如不得令或年或月或日時得木音以助火之氣更妙否則金星有氣火星休囚亦莫能制之其理不可不審如屬火欲水其全制或得二合水局并一白水星吊得到位有氣可制諸火又以帝星爲駕一水輪亦可制火又能上氣金之氣制火之性也如火性屬木則忌用年水局其餘不必忌也自户

〇十二年四利三元豔煞方日定

| 年月日 | 子 | 丑 | 寅 | 卯 | 辰 | 巳 | 午 | 未 | 申 | 酉 | 戌 | 亥 |
|---|---|---|---|---|---|---|---|---|---|---|---|---|
| 太陽 | 丑 | 寅 | 卯 | 辰 | 巳 | 午 | 未 | 申 | 酉 | 戌 | 亥 | 子 |
| 太陰 | 卯 | 辰 | 巳 | 午 | 未 | 申 | 酉 | 戌 | 亥 | 子 | 丑 | 寅 |
| 龍德 | 未 | 申 | 酉 | 戌 | 亥 | 子 | 丑 | 寅 | 卯 | 辰 | 巳 | 午 |
| 福德 | 酉 | 戌 | 亥 | 子 | 丑 | 寅 | 卯 | 辰 | 巳 | 午 | 未 | 申 |

〇玉皇紫微爲駕帝星年月起例

〇紫微帝座拱星辰　普照閻洲世上人
無災無禍保千春　此是九天玄女玉皇紫微帝星年自乃是爲
駕行遊若到中宮　即曰聖人登殿神藏煞沒更合三奇祿馬貴人
諸吉聚照與人福也　若合吉星照向坐

〈玉皇星例〉

| 玉皇 | 火輪 | 金輪 | 水輪 | 土輪 | 熾輪 |
|---|---|---|---|---|---|
| 天乙 | 火帝 | 天定 | 寶台 | 熾帝 | 炎帝 |

〇甲己丁壬戊癸六年陽順定局例

（子、丑、寅、卯、辰、巳、午、未、申、酉、戌、亥）

庚酉辛戌乾亥壬子癸丑艮寅甲卯乙辰巽巳丙午丁未坤申

此而推去於無頭火又
頭火天火地火獨火年
獨火月獨火飛天獨火
丙丁獨火年剋火月剋
火過立燥火巡山月遊
非火道火血之類皆倣
此制
火星起例雷火之法停
天之例起太歲太歲上
起正月逆行上子立毒
大月七下數起順行至
彩五毒上即是也太歲
起例曰甲子毒第甲戌
前甲申辰上甲申辰性
有甲寅居戌上甲午仍
求午位停皆遇丑總運
即去遂癸之年訖丙辰
怕行于丑為他路其金

○假如甲子陽年從庚酉上起玉皇立戌火輪順行自上數至下遇
玉皇金輪水輪天乙天定紫台立□□餘星並凶○又如丁卯陽
月從壬子上起玉皇順行癸丑火輪自上至下其餘倣此

年方

○乙庚辛丙四陰年月定例
子〻丑〻寅〻卯〻辰〻巳〻午〻未〻申〻酉〻戌〻亥〻
寅申丑艮子癸亥壬戌乾酉辛申庚未坤午丁巳丙辰巽卯乙
○假如乙丑陰年從丑艮上起至玉皇逆行自上數至下餘倣此○
又如丙寅陰年從子癸上起至玉皇逆行自上數至下其餘倣此

## 紫微星例

紫微　熒惑　太乙　紫台　遊都　奕遊
天乙　大煞　紫光　朗曜　凶煞　黑煞

甲巳丁壬戊癸陽年月以子加紫微丑熒惑順行○乙庚丑辛陰年
以子卯黑煞丑凶煞逆行　紫微太乙紫台紫光天乙朗曜吉餘凶
○甲巳丁壬戊癸陽年月定例

年月星

子〻丑〻寅〻卯〻辰〻巳〻午〻未〻申〻酉〻戌〻亥〻
數微熒惑太乙紫台遊都奕遊天乙大煞紫光朗曜凶煞黑煞
○乙庚辛丙陰年月宅

隔位逆宮尋亡詩太歲
就起月太歲停宮就起
正逆來尋月厭知精刲
月逆從又順救苐五支
处是寅神架屋脩坺君，
切忌金剛魁着也生塵
詳見雷霆年月例天火
則以月支三合會局水
火之胎木金之旺位爲
之陽胎陰旺所謂天火
狼籍是也○充頭火與
巡山羅睺同宮加子年
乙丑年壬寅年癸卯年
甲辰年乙巳年丙午年
丁未年戊申年辛酉年
壬戌年癸亥年庚是也
○打頭火與霹靂火同
宮三合五行之旺位是

| 年月 | 子 | 丑 | 寅 | 卯 | 辰 | 巳 | 午 | 未 | 申 | 酉 | 戌 | 亥 |
|---|---|---|---|---|---|---|---|---|---|---|---|---|

星　黑殺凶殺血羅睺光天紫微天乙癸遊七都宝台太乙炎戒[illegible]

○紫微鸞駕年月起例

要知天帝是神通　陰兒陽龍逆順縱　但向宝朧丁宮取
帝星到處任興工　但來干上論陰陽　却來支上起熾輪
甲巳丁壬戊癸順　乙庚辛丙陰逆循　炎輪天乙火俯君
天定大乙熾輪星　癸帝玄皇兼月字　金輪水帝上輪巡

○甲巳丁壬戊癸六陽年定例

| 年月 | 辰 | 巳 | 午 | 未 | 申 | 酉 | 戌 | 亥 | 子 | 丑 | 寅 | 卯 |
|---|---|---|---|---|---|---|---|---|---|---|---|---|
| 方 | 壬子 | 癸丑 | 艮寅 | 甲卯 | 乙辰 | 巽巳 | 丙午 | 丁未 | 坤申 | 庚酉 | 辛戌 | 乾亥 |

○假如丁卯年月丁壬屬陽以辰起壬子上逐宮順數到乾亥見丁卯年即以熾輪加乾亥上順行則天乙到壬子火帝到癸丑白上數至下其餘倣此

○乙庚辛丙四陰年定例

| 年月 | 卯 | 辰 | 巳 | 午 | 未 | 申 | 酉 | 戌 | 亥 | 子 | 丑 | 寅 |
|---|---|---|---|---|---|---|---|---|---|---|---|---|
| 方 | 壬子 | 乾亥 | 辛戌 | 庚酉 | 坤申 | 丁未 | 丙午 | 巽巳 | 乙辰 | 甲卯 | 艮寅 | 癸丑 |

也諸家火星惟打頭火最緊如甲子辰年任子之類●飛宮火則孟月起仲月仲季月乾起甲子順飛九宮遇入中宮即爲火星也〇飛天獨火與大煞仝宮即三合五行之死位是也如申子辰年月日時在卯之類此巳下通書吊以爲不與打頭火同宮則不忌可見其理無方也明爲故不迷耳

●制金神法

金神之例有二有起于干有謂之天金神有起于納音者謂之地金神制法如下犯用天子御

●假如乙丑年月乙于屬陰以卯從壬子上逐宮逆數到艮寅見乙丑年即從艮寅上起熖輪逆行則天乙到癸丑火帝到壬子爲例

〇紫微鑾駕帝星年龍月兎日虎時午起例

●杜極大帝顯光輝　年龍月兎子宮推　日虎時牛尋取鼠
吉神到處任施爲　熖輪天乙火輪君　大帝太乙熾輪星
炎帝玉皇併月孛　金輪水帝土輪神　但來干上論陰陽
却來支上起熖輪　甲己丁壬戊癸順　乙庚辛丙陰逆巡

熖輪凶　天乙吉　火輪凶　天定吉　太乙吉　熾輪凶
炎帝凶　玉皇吉　月孛凶　金輪吉　水輪吉　土輪凶

〇甲乙丁壬戊癸六年屬陽順例

| 年 | 辰 | 巳 | 午 | 未 | 申 | 酉 | 戌 | 亥 | 子 | 丑 | 寅 | 卯 |
|---|---|---|---|---|---|---|---|---|---|---|---|---|
| 方 | 壬子 | 癸丑 | 艮寅 | 甲卯 | 乙辰 | 巽巳 | 丙午 | 丁未 | 坤申 | 庚酉 | 辛戌 | 乾亥 |

●假如甲子年甲于屬陽以辰加壬子上順數去到坤申上見申子太歲即從坤申上起熖輪庚酉上是天乙逐宮順行自上數至下其餘倣此

●乙庚辛丙四陰年逆例

之支狍丹也亥制之如甲年遁得午未之干遇庚辛金爲天金神寅用寅卯制之蓋取寅卯之干遁得丙丁火故也又如丙年遁得午未之納音屬金爲地金神宜用申酉制之蓋取申何納音遁得屬火役也●脩方犯之主患目疾定方宅宜用丙丁离明門四太陽羅星火星二德大赦日月九紫剛星及寅戌午火局年月作之能救八火患眼疾

●制將軍箭法

金麗箭即山家羊刃飛刃殺也如少山卯爲羊

| | | | | | | | | | | | | |
|---|---|---|---|---|---|---|---|---|---|---|---|---|
| 年 | 辰 | 巳 | 午 | 未 | 申 | 酉 | 戌 | 亥 | 子 | 丑 | 寅 | 卯 |
| 方 | 壬子 | 乾亥 | 辛戌 | 庚酉 | 坤申 | 丁未 | 丙午 | 巽巳 | 乙辰 | 甲卯 | 艮寅 | 癸丑 |

□假如乙丑年乙干屬陰以辰加壬子上逆數到甲卯上見乙丑太歲即從甲卯上起煞輪逐宮逆行自上數至下餘倣此

□甲巳丁壬戊癸屬陽月定例

| | | | | | | | | | | | | |
|---|---|---|---|---|---|---|---|---|---|---|---|---|
| 月 | 卯 | 辰 | 巳 | 午 | 未 | 申 | 酉 | 戌 | 亥 | 子 | 丑 | 寅 |
| 方 | 壬子 | 癸丑 | 艮寅 | 甲卯 | 乙辰 | 巽巳 | 丙午 | 丁未 | 坤申 | 庚酉 | 辛戌 | 乾亥 |

●假如甲子年二月建戊辰戊干屬陽以卯加壬子上順數到癸丑上見戊辰月即從癸丑上起煞輪逐宮順行自上數至下餘倣此

□乙庚辛丙屬陰月定例

| | | | | | | | | | | | | |
|---|---|---|---|---|---|---|---|---|---|---|---|---|
| 月 | 卯 | 辰 | 巳 | 午 | 未 | 申 | 酉 | 戌 | 亥 | 子 | 丑 | 寅 |
| 方 | 壬子 | 乾亥 | 辛戌 | 庚酉 | 坤申 | 丁未 | 丙午 | 巽巳 | 乙辰 | 甲卯 | 艮寅 | 癸丑 |

□假如戊辰年三月建丙辰丙干屬陰以卯加壬子上逆數去到乾亥上見丙辰月即從乾亥上起煞輪逐宮逆行自上數至下其餘倣此而推

●甲巳丁壬戊癸六陽日定例

又酉爲虱又忌用卯年月日時庚山忌用酉年月日時犯卯酉二字双全者其爲禍尤甚乃二又交禮故也不可不慎至於山家血又值山血又山家次血刀砧如同到山者主傷血財其害不淺如單犯者得貴人太陽解神喝散三奇尊帝臨之則能変凶爲吉也

○制太歲法

癸歲者乃木星之精歲之君者也西方遇吉星則實禍遇凶則提禍故名曰功曹提上馬作者前刀所屬以月日納活

日陽方　寅　卯　辰　巳　午　未　申　酉　戌　亥　子　丑

壬子癸丑艮寅甲卯乙辰巽巳丙午丁未坤申庚酉辛戌乾亥

●假如巳巳日巳干屬陽以寅加壬子順數去到申卯上見巳巳日卽從甲卯上起焰輪遂宮順行自上數至下餘倣此

○乙庚辛丙四陰日定例

日陰方　寅　卯　辰　巳　午　未　申　酉　戌　亥　子　丑

壬子乾亥辛戌庚酉坤申丁未丙午巽巳乙辰甲卯艮寅癸丑

●假如庚午日庚干屬陰以寅加壬子逆數去到坤申上見庚午日卽從坤申上起焰輪遂宮逆行自上數至下餘倣此

○甲巳丁壬戊癸屬陽時家定例

時陽方　丑　寅　卯　辰　巳　午　未　申　酉　戌　亥　子

壬子癸丑艮寅甲卯乙辰巽巳丙午丁未坤申庚酉辛戌乾亥

●假如巳巳日用甲子時甲干屬陽以丑加壬子順數去到乾亥上見甲子時卽從乾亥上起焰輪壬子六九癸丑火輪艮寅天定逐宮順數自上而至下其餘倣此

○乙庚辛丙屬陰時家定例

制之加以三德貴人祿馬太陽誅吉治之則凶照財祿名利財昌陽公云太歲可坐不可向謂歲破也如甲子年太歲甲子納音屬金若行于山方宜以納音火剋之及火星丙丁奇甚紫丙乙日作之主一年財祿頗旺如丙寅丁卯太歲屬火則以水年月及水星水輪一白制之餘倣此

○制空亡法

大空亡即浮天空亡是也其殺所忌作向訣云甲子旬乙癸庚丁辛丙是戊辰己在旬浮天吞復

時　陰　丑寅卯辰巳午未申酉戌亥子

方　壬乾亥辛戌庚酉坤申丁未丙午巽巳乙辰甲卯艮寅癸丑

○假如庚午日用庚辰時庚子屬陰以丑加壬子逆數去到庚酉上見庚辰時即從庚酉上起焰輪　逐宮逆行自卜數至下餘倣此

○右紫微鑾駕帝星年月臨羅星年月吉凶並同謂之天羅帝星年月

○中宮鑾駕帝星起例

○子午炎輪性　寅申起火星　巳未從太乙　卯酉炎帝陣

辰戌星行字　巳亥動水輪　陽年正月順　陰年月逆循

○假如甲子陽年正月順行起焰輪入中宮二月天乙入中宮三月火輪入中宮四月太定入中宮

○又如丁卯年正月逆行數起炎帝入中宮二月熾輪入中宮三月太乙入中宮四月太定入中宮餘倣此

○紫微鑾駕帝星入中宮定例　上元信局

| 巳亥年 | 二八月紫微 | 四十月天乙 | 六十二月五皇 |
|---|---|---|---|
| 子午年 | 正七月紫微 | 三九月天乙 | 六十二月五皇 |
| 丑未年 | 二八月天乙 | 四十月五皇 | 六十二月紫微 |

忌如甲年在壬巳年在甲乙年在癸巳年在乙宜用三德火星谷將月財及本命祿馬貴人作之日時刑之書云不冲不發不刑不退如壬年在用卯方向取子月日刑之酉月日中之餘倣此推

□制病符法

夫病符者即太歲辰後二位與諸輅同犯之主臨度損人若人連年長病者可修病符取天道天德天醫天赦解神生炁三奇生門太陽金水奇炎紫炁諸家帝星度命貴人同到大與之作

| 寅申年 | 卯酉年 | 辰戌年 |
| --- | --- | --- |
| 正七月天乙 | 二八月玉皇 | 正七月玉皇 |
| 三九月玉皇 | 四十月紫微 | 三九月紫微 |
| 五十一月紫微 | 六十二月天乙 | 五十一月天乙 |

□三元宮帝星定例

| 三元 | 年 | | | |
| --- | --- | --- | --- | --- |
| 中元帝星 | 子午年 | 正七月紫微 | 三九月天乙 | 五十一月玉皇 |
| | 丑未年 | 二八月天乙 | 四十月玉皇 | 六十二月紫微 |
| | 寅申年 | 正七月天乙 | 三九月玉皇 | 五十一月紫微 |
| | 卯酉年 | 二八月玉皇 | 四十月紫微 | 六十二月天乙 |
| | 辰戌年 | 正七月玉皇 | 三九月紫微 | 五十一月天乙 |
| | 巳亥年 | 二八月紫微 | 四十月天乙 | 六十二月五皇 |
| 下元帝星 | 子午年 | 正七月天乙 | 三九月水輪 | 五十一月玉皇 |
| | 丑未年 | 二八月水輪 | 四十月玉皇 | 六十二月天乙 |
| | 寅申年 | 正七月水輪 | 三九月玉皇 | 五十一月天乙 |
| | 卯酉年 | 二八月玉皇 | 四十月天乙 | 六十二月水輪 |
| | 辰戌年 | 正七月玉皇 | 三九月天乙 | 五十一月水輪 |
| | 巳亥年 | 二八月天乙 | 四十月水輪 | 六十二月玉皇 |

能救連年長病之厄

○制流財法

諺云要大旺修流財又曰制伏急流財八般年命祿馬貴人二德吉龍月財制之則反招財喜不拘年月流財皆可修九流財不旺者修流財所諸作善流財也便發

○制天命赤蓋煞法

夫天命一星又同年遊赤蓋修造動土犯之家因制法宜用三德月家諸吉及歲命三祿馬貴人作天嗣星作之則吉矣人家多夭折少亡者係法修之即世代有長壽之人

○玉皇紫微帝星值日入中宮定局 版正無差

| 月 | 正四七十 | 二五八十一 | 三六九十二 |
|---|---|---|---|
| 吉貴星 | 卯丙子乙酉 甲午癸卯壬子 辛酉 | 丙寅乙亥甲申 癸巳壬寅辛亥 庚申 | 乙丑甲戌癸未 壬辰辛丑庚戌 己未 |
| 奇曲星 | 戊辰丁丑丙戌 乙未甲辰癸丑 壬戌 | 丁卯丙子乙酉 甲午癸卯壬子 辛酉 | 丙寅乙亥甲申 癸巳壬寅辛亥 庚申 |
| 紫微鑾星 | 辛未庚辰己丑 戊戌丙辰丁未 | 庚午己卯戊子 丙午丁酉乙卯 | 己巳戊寅丁亥 丙申乙巳甲寅 癸亥 |

○歷煞宮星起例

乙庚丁壬戊癸年月

順局

| 崇班木 | 寬魔金 | 將軍金 | 都魔木 | 巡察火 | 捉煞水 |
|---|---|---|---|---|---|
| 歷煞土 | 佛警土 | 招妖火 | 炎亡火 | 魔煞水 | 司徒木 |

崇班歷煞司徒捉煞四星吉餘凶○甲乙以子癸為例

○制小兒煞法

夫小兒煞者乃金神七殺也建其殺犯者如小兒不知天地禍福之分故不可犯宜用天官帶彩煥爛則小兒懽悅及用危星心張母倉宮之則毋到于喜儀吉也

○論劍鋒并直復月

劍鋒詩云

假如正月建寅方
建前一位劍鋒鄉
寅月甲方卯月乙
衣此推之番可詳

又百忌云 正七連甲庚 二八乙辛當 丁癸五十一 四十丙壬方 辰戌丑未月 戊己是

| 月 | 正〻 | 二〻 | 三〻 | 四〻 | 五〻 | 六〻 | 七〻 | 八〻 | 九〻 | 十〻 | 十一〻 | 十二 |
|---|---|---|---|---|---|---|---|---|---|---|---|---|
| 乙庚年 | 子 | 丑 | 午 | 卯 | 辰 | 巳 | 午 | 亥 | 子 | 酉 | 戌 | 亥 |
| 丁壬年 | 子 | 丑 | 寅 | 未 | 申 | 巳 | 午 | 未 | 子 | 亥 | 戌 | 亥 |
| 戊癸年 | 子 | 巳 | 午 | 卯 | 辰 | 巳 | 戌 | 亥 | 申 | 酉 | 戌 | 卯 |

○假如乙丑年正月以子加崇班丑宛魔寅將軍○又如乙丑年二月以丑加崇班寅宛魔卯將軍用年家各月方位並起崇班順行

其餘倣此

甲己丙辛年月

逆局 崇班木 司徒木 魔蔡木 炎亡火 招妖火 佗雖土
歷煞木 提煞木 巡察火 都魔木 將軍金 宛魔金

| 月 | 正〻 | 二〻 | 三〻 | 四〻 | 五〻 | 六〻 | 七〻 | 八〻 | 九〻 | 十〻 | 十一〻 | 十二 |
|---|---|---|---|---|---|---|---|---|---|---|---|---|
|  | 辰 | 丑 | 寅 | 卯 | 申 | 酉 | 午 | 未 | 申 | 丑 | 寅 | 亥 |
|  | 辰 | 巳 | 寅 | 卯 | 辰 | 酉 | 戌 | 未 | 申 | 酉 | 寅 | 卯 |

○假如甲子年正月以辰加崇班卯司徒寅魔蔡○又如甲子年二月以丑加崇班寅司徒卯魔蔡八空十用年家各月方位並起崇班逆行其餘倣此

重喪　移
寶寶經云修造安坟犯之六十日殺內千斤二百日內損二八及招公事擾擾此殺在方名劍鋒在日名甫喪凡人死日值此殺應于凶者犯之主有重喪也又集正云復日復者與重喪日最為魁罡所謂善與吉神併宜為吉事切忌成服舉哀斬草埋葬按復日者復也乃支復之義如寅中有甲又復見甲如申有乙又復見乙是謂庚而酉者其日亦與重日同為一切吉事則復吉為一切凶事則復凶故凶

□撼龍帝星年月起例　陽救貧撰

□年月帝星實是精　神龍大僟振于声　若遇修方墊下向
吉星到處住偹宮　六甲寅宮乙卯加　丙年辰上六丁蚍
六戊馬方六巳未　庚申辛酉的無差　壬年戊位宮中起
癸年乾亥是生涯

□假如六甲年從寅上起泰龍卯上否龍辰上蠱龍巳上損龍午上升龍巽巳數去其餘倣此　□巳方壬子癸丑艮寅為例

起星例

泰龍　否龍　蠱龍　損龍　升龍　蹇龍
豐龍　屯龍　華龍　渙龍　壯龍　困龍

□又如甲子年月日時以寅上泰龍卯否龍辰蠱龍餘倣此進

偹要云元傳撼龍年月帝龍狂龍旺龍走龍進龍退龍生龍死龍宝龍衰龍庸龍敗龍今再得秘本是以泰代治否代狂蠱代旺損代走升代進蹇代退豐代生蚫代死華代宝渙代衰壯代傭困代敗今依秘本泰蠱升豐華壯巳上六龍吉餘並凶其法與走馬六壬年月同推

年月起例　门　望仙題用

事于復日又爲之重喪
如正月甲二月乙四月
丙五月丁七月庚八月
辛十月壬十一月癸三
月六月九月十二月巳
皆爲復日不宜成服斬
草行喪殯埋等事御日
忌云重復集正條用云
復日也古歷論仲月同
而四季月異也同者皆
云正甲二乙四丙五丁
七庚八辛十壬十一癸
異者集正云三六月戊
日九與十二月巳日自
忌則辰戌丑未日皆忌
巳二日陰陽僉用后
丑未月戊復見巳只
日如重喪日只依

○羅星眞例起天罡
有鉞方皆說陰陽
但向室騰過丙取
但從陽路順行裝
羅睺紫炁火星君
金水土宿亭中輪

問敢東京朱七郎　杜在北門花柳巷
年龍月兎要知縱　夜靜遊西日向東
陰陽順逆間行蹤　甲巳丁壬戊癸陽
庚辛丙乙歸陰位　逆轉輪行十二月
太陰太陽到沒神　計都木星兼月孛

○太陰太陽木星金水五星吉餘星並凶

○甲巳丁壬戊癸屬陽順例

年　辰　巳　午　未　申　酉　戌　亥　子　丑　寅　乾亢

方　壬子癸丑艮寅甲　乙辰巽巳丙午丁未坤申庚酉辛戌乾亥亢

○假如甲戌年甲子屬陽以辰加壬子順數到丙午是甲戌太歲卽
後丙午上起羅星順行自上數至下其餘倣此

○子庚辛丙屬陰逆例

年　辰　巳　午　未　申　酉　戌　亥　子　丑　寅　卯

方　壬子乾亥辛戌庚　酉坤申丁未丙午巽巳乙辰甲卯艮寅癸丑

○假如乙丑年乙丑屬陰以辰加壬子逆數到甲卯是乙丑太陽

此例旁是但季月方位並無一說術者云月建前一位即是如辰復見巽未復見坤戌復見乾丑復見艮今依用其說則季月方位辨正明矣大抵在方上忌修方若三奇到方亦能壓制在日止忌喪葬作諸凶則旁凶作諸吉則復吉也

○凶神聰論　建

破殺魁罡天罡河魁逐年月下載建破魁罡四日極凶今官曆亦忌此四日不宜興事吾書云恭明附分至之月皆維得值日必不得已或用之除

從申卯上起羅睺逆行自上數下其餘倣此

○甲巳丁壬戊癸屬陽

卯 辰 巳 午 未 申 酉 戌 亥 子 丑 寅

壬子癸丑艮寅甲卯乙辰巽巳丙午丁未坤申庚酉辛戌乾亥

月方

○假如甲子月甲子屬陽以卯加壬子順數到庚酉上見甲子月即從庚酉起羅睺順行自上數至下其餘倣此

○乙庚辛丙屬陰

卯 辰 巳 午 未 申 酉 戌 亥 子 丑 寅

壬子乾亥辛戌庚酉坤申丁未丙午巽巳乙辰甲卯艮寅癸丑

月方

○假如丙辰月丙丁屬陽以卯加壬子逆數到乾亥上見丙辰月即從乾亥上起羅睺逆行自上數至下其餘倣此

○羅星直日例

未申太陰　酉金星　戌亥羅睺

午火星　子水星

巳辰計都　卯木星　寅丑太陽

截法圖例

○其法如月朔丁巳日在截法圖戊上將丁巳日入盤從山局從乾上

破日外餘月建魁罡日若得天德月德上吉神今亦廢平可用桑道疾又滅門大禍卽平月煞罡之辰百事忌之若與黃道併日亦可用也明錯門錯集正云其日乃明陽不足之辰切忌上官出行移居百事大凶雖遇天德月德玉堂生炁黃道亦不可用 九醜歷正云其日乃天地野狹之日忌出軍嫁娶移從修築餘則不忌丙有巳卯巳酉辛酉合大明太陽所照之辰今考正無拘 九上道百忌云上官動土

起数其餘倣此

拼山局

六乾 羅睺　七兌 金星　八艮 太陽　九離 火星
五中 土星
四巽 計都　三震 木星　二坤 太陰　一坎 水星

假如七月二十五日辛亥用事求月朔是丁亥日前有巳卯巳屬陽則以巳卯入截法圖從子上起巳卯順數去庚辰在丑辛巳在寅逐日旬比順數去則丁亥在申係太陰值日又以丁亥加拼山局坤上丁日属陽逐宮順數去則戊子震巳丑巽庚寅中辛卯乾逐宮順數去則辛亥到艮便是太陽值日〇又如四月初十日甲戌用事月朔是乙丑日前月有乙卯乙屬陰則以乙卯入截法圖從子上起乙卯逆數去則丙辰丁巳在戌亥戊午在酉節乜逆數去則乙丑在丑係太陽值日以乙丑加拼山局艮上乙丑日属陰逐宮逆數去則丙寅兌丁卯震乜逆數則甲戌到艮便是太陽值日

## 羅星值時

七金星吉　八太陽吉　九火星
四計都　五土星　六羅睺
一水星吉　二太陰吉　三木星吉

趨避忌之趨垣備云凡事有始無終其日典建破兜罡相併者則凶若有吉星相扶則无妨今通從用者應從所忌壬寅巳酉甲午日示生支爲官日上吉戊午辛丑支生干爲一日上吉不可以九土兜拘之

猖兒敗亡考諸說不同若具日典建破平收同則凶餘有吉星則無妨內有壬申戊申辛亥庚申合大明吉星乃是天地開通太陽所照之辰百事用之大吉今考正無拘

□諸家神煞起例

□甲巳日一宮水星乙日加八宮土太陽丁壬日加九宮火星庚日加八宮金星丙辛加三宮木星戊癸日加五宮土星

其法甲巳丁壬戊癸陽日順行乙庚辛丙陰日逆行看日干之陰陽以子加各宮即即順逆數去餘倣此□假如前甲戌日既知是太陽星又看時所值何星其法用屬陽於一水星上起子順數則丑時二太陰寅時三木星卯時四計都辰時五土星巳時六羅睺午時七金星吉

歌曰

□年月巳了更課日　日看月首是何星　丁壬年建丙午月

月首戊戌始分明　朔日卻從辰上起　順入中五始知情

壬寅辛亥庚申日　太陽方始出山明　乙巳甲寅并癸亥

地頭逢着月初生太陰　虛州端星觀三門　本爲親手偽廷營

乙酉之年十一月　月朔辛未甚分明　十五乙酉投山宿

艮太陽□出乃艮宿　報君尋見太陽星　子時起壬巽巳位

乙早時分太陽乙巳時三水星避凶就吉最安宇

□星馬貴人年月起例

以長生沐浴冠帶臨官帝旺衰病死墓絕胎養十二位起神煞者

長生爲刧煞又爲雷公大綱綱罗小耗

沐浴爲伏煞又爲咸池天喪大時龍反伏地吞

冠帶爲報煞爲豹尾又爲月煞典勝

臨官爲歲德又爲天太歲天官符州宮符州字煞宅長煞游禍

帝旺爲金匱將星又為霹靂火打頭火將軍大煞

衰爲八希

病爲驛馬又爲次大禍天后天吞口病死之間爲馬前六害

## 星馬定局

申子辰年月　亥上起金神

巳酉丑年月　申上起金神

寅午戌年月　巳上起金神

亥卯未年月　寅上起金神

○今其申子辰年月爲例逐位順行其餘年月日时並倣此

○配方法乾亥壬子癸丑長寅爲例

## 吉凶星斷

金神兜星將軍月字太歲體星太乙陰星大耗飈星喪門土宿

吊客兜星天定　凶官符兇星小耗火星病符飛星天乙太陽

太乙天定天乙如造葬遇之主進入財宝金銀田宅生貴子旺蚕絲六畜三九年應之萬事吉

金神將軍太歲吊客喪門大耗小耗官符病待如造葬遇之主家財散敗連遭禍萬事大凶

○烏兎太陽起例

舊歌訣　夏至後順道　冬至後逆道

死行皇天六退馬前後退
山家冬進又爲曲尺神
櫃煞六害跌脚煞又爲
致多小時天吏朱雀又
爲飛天猶火○死病
方又爲磨家敗宅煞
崩軍爲黃旛又爲光影
絕爲天獄爲劫煞又爲害
氣煞○絕胎之間爲伏
兵
胎爲災煞報府煞天定
病爲歲煞月煞的煞月虛
大禁又爲小口煞
○右三合長生例寅午戌
月火局寅上起長生亥
卯未月木局亥上起長
生申子辰月水局申上
起長生巳酉丑月金局

●立春艮上青白色　春分震上好推詳　立夏巽宮上[illegible]位
夏至離火艷當時　立秋坤上從頭數　秋分兌上定無移
立冬但去乾宮取　冬至坎宮還順飛　惟有日月木年吉
到山臨向任施爲　每一卦管三宮

新歌訣　前歌幽與人難識今據新歌以便起例

●冬至坎宮起甲子　立春艮上震春分　離宮夏至定逆掄
立秋坎上秋分兌　立冬、在乾上道　斷到用日止何位
便從本位起星名　土金炁羅字日月　計木九星依行程
如遇日月木星吉　土炁羅字計凶辰

○九星例　加本日尋吉星

土星　○金星　●炁星　●羅星　孛星
日太陽　○月太陰　●計星　●木星

假如嘉靖甲子年八月初八丁丑日作用修造此係秋分前後則從兌宮起甲子逆輪九宮甲子在兌逆截甲戌到乾爲亥八中丙子到巽丁丑日則到震宮就從震宮起土星逆輪金星到坤炁星到坎羅到離字到艮太陽到兌則庚酉辛方有烏兔太陽壓煞可脩

巳上起長生並順行
○三合陰陽同前例陽
月順行陰月逆行○四
序長生春起亥夏起寅
秋起巳冬起申並順行
丁二支
以建除滿平定執破危
虎收開閉十二位起神
煞者
建爲元辰爲雄黄宅長煞
破門血光小時人皇八
建二府臨錯其吉者爲
也會其福
陷爲帝車新婦煞投頭煞
其吉者爲太陽吉期亭
亡兵宗
滿爲帝舍箕宿喪門土瘟
自長天狗天刼地雄長

造竪柱倣此

○文星雀泉太陽年月起例

○太歲五虎遁甲子　甲定文神兼順看　卯甲巳年蓬申戌
戊兼乾位九天安　乙庚午向申庚上　丙辛午丁順行準
丁壬辰巽無差錯　戊癸寅甲一同觀　太陰太陽天門吉
地戶天庭皆吉祥　再有天宝七蒸星　順臨山向福漫亡

星例
九天　天蓬　太陽　太陰　天阳　地戶
天庭　地獄　妖華蓋　天宗　宝蒸　天牢

○起星例法用五虎遁去尋甲頭即是九天乙是天蓬丙是太阴丁星太明戊是天門巳是地戶若得宝蒸主抬得財物進大曰横來財物

○假如甲子年用事甲巳年起丙又數去甲戌上就于戌乾即甲頭爲九天乙亥是天蓬在壬丙子是太陽在子與癸共丁丑爲太明乙丑與艮同直數去到未坤上得華蓋申庚天宝酉辛壬得宝共是也

○循環太陽起例

酉煞其吉者爲天喜天
巫天貴福德
平爲太陰列火次地火哭
煞死神其吉者爲□曲
武曲天台
定爲地宮符縣官符□宜
符死炁宮符五鬼□符
縣牢煞寡宿天哭□吉
者爲財得宝拾害頭星
時陰房里歲位合華蓋

執

破爲小耗死符傍煞符欄
煞其吉者爲支然兩合
二才星太陽傳殿
危爲大耗歲破的煞破官
太歲白虎破煞其吉者
爲解神天医月解□解
成爲帝軸地輔照煞死炁
宅母煞其吉者爲□德

十神起例詩

○甲月從乙乙從庚　戊居巽地巳乾眠　辛月甲上壬安癸
丁月壬位丙丁連　庚月向辛癸居丙　命宮順佈尋生金
此是十干太陽例　到山方向任君行

支神起例詩

支神者乃歷數太陽某日纏其支神是也

○太陽子上命卯宮　丑尋辰上寅巳逢　卯從午火寅從未
巳向申宮午酉申　未問戌宮申問亥　酉加子地戌丑宮
亥居寅上無差戌　四位加命逆遁尋　如遇二四七十一
逆数支神太陽例　山向方隅定吉凶

○十二星例

一命宮破軍　二財帛火星　狼　三兄弟計都
四田宅太陽武曲　五男女受星　六奴僕武曲
七夫妻紫炁巨門　八疾厄月孛　九遷移文曲
十官祿文曲　十一福德太陰左輔　十二相貌廉貞

○太陽干順支逆圖具于左

谷時極富星
成知陰中宜符飛廉大煞
陰符中男煞天雄白虎
鬼火會班煞其吉者爲
天喜生炁進祿星二合
紫爲星帝入座地笠其吉
者爲天倉天乙福德兵
福四時天德
開爲午星吊客弧辰太陰
其吉者爲青龍生煞華
蓋官国時陽地倉大福
天官
開爲帝輅病符帝座 四支
天狗下食其吉者爲大
医傳官星
古十二位起例以 逆月
用建上加建順行十二
支假加正月建寅 就寅

## 太陽干神定局

干順數

坤申 空

丁未 丁月此加一 命宮順行

丙午 癸月此加一 命宮順行

巽巳 戊月此加一 命宮順行

庚酉 乙月加此一 命宮順行

乙辰 甲月加此一 命宮順行

辛戌 庚月加此一 命宮順行

甲卯 辛月加此一 命宮順行

乾亥 己月加此一 命宮順行

壬子 丁月加此一 命宮順行

癸丑 壬月加此一 命宮順行

艮寅 空

## 太陽支神定局

支逆數

坤申 太陽在巳此 加命宮逆行

丁未 太陽在辰此 加命宮逆行

丙午 太陽在卯此 加命宮逆行

巽巳 太陽此 加命行

庚酉 太陽在午此 加命宮逆行

乙卯 太陽在丑此 加命宮逆行

辛戌 太陽在未此 加命宮逆行

甲卯 太陽在子此 加命宮逆行

乾亥 太陽在申此 加命宮逆行

壬子 太陽在酉此 加命宮逆行

癸丑 太陽在戌此 加命宮逆行

艮寅 太陽在亥此 加命宮逆行

上加建卯上加餘辰上加滿巳上子丑上是謂餘倣此

子上起子逆行十二支爲狼籍災地火地獄大禍月厭陰錯　子起丑逆行十二支爲無翹其吉者爲六合　子起寅逆行十二支爲太陽吉龍　子起巳逆行十二支爲天獄破敗　子起午逆行十二支爲招搖厭對其吉者爲六儀　子起未逆行十二支爲月水獨火爆敗官符陰中太歲游山宮除陰中煞土皇煞六害地中白虎　子起酉逆行十二

○假如正月太陽在子加命宮即武曲星退四位從卯是田宅宮兩是太陽星在卯又起破軍逆行十二宮寅上財帛貪狼金水星○又如二月太陽在亥就寅上起破軍逆行很遇貪狼巨門武曲左輔到亥即取亥辰向上爲主又如天干甲月從乙上起破軍一命宮與上貪狼即金來財帛則順行丁天干如乙月從庚上起一命官辛戌財帛順行十干辰兼卯地支向主進金銀財帛田宅興旺大發人蚕牛馬遍鄉村歲殺豐熟

楊救貧云太陽吉曜照中宮午上增添橫財逢子孫富貴人丁旺遷官進職福興隆盡此爲循環太陽例局支逆干順皆從破軍上起各依月分上起伯貪狼武曲巨輔同到山方向十全大吉遇得貴人祿馬同到年月日時到山向主三六九年主添貴子財帛產業于馬興旺大發大詳見天稅秘要

# 新鐫歷法總覽象頭通書

## 雷霆傳音例

○傳音訣法 但以五虎加艮逆行尋本日在何宮即是雷霆即九宮也

詩曰

傳音一訣報君知
遁甲從頭五虎推
逆走三元從艮發
吉凶逐一與猜疑

解 本日五虎遁如庚辰作乾方經云逆走三元從艮發乙庚為頭戊寅在艮己卯在兌庚辰在乾此日傳音在乾其辰臨星斷吉星則福凶星則殃

## 雷霆曜氣 謂雷霆太陽十二星并正煞方位

○昇玄入室歌

八徒知有年月親把諸經繆區別或去曜氣或尊星戌說九星天聖訣乱裝名日有千般不識其中音妙絕于中妙絕少火通只在雷霆四局中雷霆合氣動天地出將入相得其功一守位行九官轉傳音直符於此同誰人敢作鈎卦使此遊方位不知疑惟有楊曾得眞趣各令年月歸中路護言今有抵千金縱有千金真傳度能教白屋出公卿解使貧人家致富災祥禍福若合符定斷死生皆有據陽神便是損男兒陰位妻娘終难露一論年二論月三論日時眞妙訣四論生命細推詳煞入須齊陰陽命仍看何煞屬何官于此五行為佳定論死論生論官貴論貧論賤皆神聖將軍太歲及官符七煞金神皆不惧作着流財匕便發作着官將官超越身星定命好施工方世十年無休絶推五行知妙兆禍福災祥如屈

□雷霆命符詩

直符急事疾如飛
天門甲子起星移
順走三元尋本日
吉凶傳首一例推

## 例日

甲子起乾　甲戌起兌
甲申起艮　甲午起離
甲辰起坎　甲寅起坤
俱在乾上起甲子卯庚午
日在震方□乾上起甲
子兌乙丑艮丙寅離丁
卯坎戊辰坤己巳震庚
午即兩將在甲卯乙方
餘倣此宜傳育直符思

例□合氣例詩

雷霆合氣要是同
有氣方卯動土窮
倒打財方并此例

## 例日

指血刃金星損血財陰人小目同其　災木陽作者害氣瘟貧財驅
馬便亨通月字須知燒野火鼓除新　婦手槌胸金水星名居位吉
居宮便得官供賊古將土星君要知　煞臨宅母作孫媳有胎牛馬
不生金八位如逢寫少吉八位者乃　甲庚丙壬乙辛丁癸天罡金
星君俱作巳酉丑年冬快樂丙方財　馬自來迎印信文書終不錯
上得凶星損戶頭偏病瘟災家退愁　惟有奇羅乃吉星白衣爻作
綠衣人又更爆火燒倒星宅母陰人　主声咒丙乙凶星也不祥驅
刑八干方午吉支惟專主損陰姻須　防小口受災殃正把當頭人
便亡凶星水位不能臨與災起禍命　逐巡令家長幼皆不利貧財
耗散病來侵第一吉星君作首元氣　權忻主和樂出宮致旌此中
來要看五行相剋剝吉凶十一位尊　星一一為君說聞自昔能作
用細推詳萬事施為必無錯

□十干年例星　向年合氣

甲庚血刃丙壬金　丁癸还從月　字弟　六巳三台紫炁戊
乙辛年向太陽行　明陽合得幽　微理　富貴榮華指土陳

假如甲年將血刃入中　宮乙年太陽入　中宮丙年將金來入中宮壬

時師須取少人通
凡財方要坐吉星方打㓙
星方○如辛卯二月坐
丁作癸向人家主尅尺
頭或次長官非瘟氣損
血財傳音不星到山頭
日動三六九不鋤打煞
八甲過月將方可用也
天罡水孛月孛前羅上
源金水紫氣丙乙此八
星是雷路若到亥卯未
申子辰方興雷有氣日
時皆應若年月皆到卯
上打奴婢皆到亥上打
捌井牛馬傷例
雷霆殺卯傷雷打奴姊亥
傷人牛未傷樹木驗炎
○動雷法　祈雨兼用

年將月孛入中宫戍年紫炁入中宫　巳年官將入中宫順飛餘年
依此推
○六甲求月例　局例見後六十年十二星例圖
遁甲常將太歲停　卦將停上起於正　逆尋本月星辰虛
星入中宫順九程
節甲子年從亥上起尋太歲停宫就停　上起丑月星月孛一月太陽
三月血刃四月紫炁五月水潦六月丙乙餘月依次如六月以丙
乙入中宫順尋山向值何星以辨吉㓙
○月將起例詩
雷霆逆順來其月　合氣逆來方見真人　合使不順星飛去
始知住下吉㓙星
定丑上起血刃子上係太陽星逆行十二辰位如正月起月孛二
月太陽三月血刃係倣此推
雷霆停宫太陽起例○甲子尋猪甲戌寅　甲申龍位好安身
甲午本宫猴上馬　甲辰猴上可相親　甲寅戌火來相會
逆轉週流隔節去　過丑將寅移接去　逢癸中央跳兩辰

流金白虎直將方乃
主驗詳見雷霆結
手把天心正訣推
土罡相會便興雷
就中悉曜摧血刃
暴雨疾風如倒跐
月孛那堪逢水潦
先雷後雨滿天來
金水若雖進水潦
興雷致雨莫疑猜

# 詩例曰

凡動雷年月日時下到震庚亥未卯上與五行相間戰是以辛卯二月作震庚亥未方須動雷打婦入卽其應也如辛卯年在寅紫炁上便以紫炁天中宮順飛七得則震庚亥未土二月在卯

不過子丑宛仇路　太歲停上趣元正　看他本月得何宿
將入中宮遍九程　取日還從月上趣　取時依例且上行

○月星定局詩　卽月合氣

丙辛燥火甲巳罡　乙庚血刃入甲央　丁壬紫炁戊癸孛
將入中宮飛九方

○日星起例詩　卽日合氣

丑上元來是血星　太陽卻在子宮停　假如午日誅方道
便把奇羅入內行　○丑日血刃　子日太陽　亥日月字
戌日金水　酉日台將　申日天罡　未日土孛　午日奇羅
巳日燥火　辰日丙乙　卯日水潦　寅日紫炁
此是十二支永定局例○如丑日以血刃入中宮順飛取幽方吉
酉星傷例

○十干取時詩例　卽時合氣

道時一法少人知　用巳先從燥火時　元始乙庚尋日用
人罡還是丙辛內　月字丁壬當孛數　戊與癸兮紫炁作
就中四局人難曉　識者終須賴指迷

太歲吉以水源入中宮
順飛天罡任震庚亥未
上是上源于天罡相會任
震水宮相戰魁應
斤古酉雨要土木水星守
宮然後飛宮星辰有氣
方有卯無氣天陰必開
在盾大暗消要金火守
宮然後飛宮星辰有氣
到火宮方晴者氣天陰
為催

詩曰

○雷霆前詩例
甲巳丁上乾巽宮
乙庚寅與丙壬同
戊癸丙辛酉艮位
对方心无見灾殃

○雷霆殺例
戊亥子日艮宮尋

癸甲巳日用未時何爍火入中宮順飛到震庚亥未值金木時吉星
即太陽也

○運行年吉凶方
甲庚爍火丙壬罡　丁癸还帰水源場　大戊前羅巳土滓
乙辛丙乙連貝方　若到宮主申行從　有他方伯好脩技

○用挑山十二星倒掌輪然後加九宮掌法其倒不開男女其法以甲丙戊庚壬陽命入一十順行乙丁巳辛癸陰命入一十逆行尋歹用行年在處値何星宿將入中宮順飛九宮尋吉到山方大宜脩造○假如甲子生人三十五歲脩造則一十起巳上爍火係陽命順行午上前羅未上土滓三十申上天罡三十一酉上台將三十二戌上金水三十三亥上月孛三十四子上太陽三十五行年運吉了就行年太陽入中宮順飛月孛在乾用金水在兌丁巳丑方当方道大利脩造作吉利

○又如巳未生人五十七歲造作則一十起在未上土滓係陰命逆行二十午上前羅三十巳上爍火四十辰上丙乙五十卯上水源五十一寅上紫炁五十二丑上血刄東累敖去五十七在申上天罡

詩 未甲酉日巽爲眞
辰巳午日坤方是
日 五寅卯日乾上覌
以當遞倒看月建在何位
卯煞在子即入中宮順
飛看是何位如外主艮
酉路在艮震屬木亥卯
是也時水椿在地用纏
打一百下退犯着用步
群之即好

口正倒訣斷

惛星逢生旺　傳宣遷氣坡
本年并在月　正日乃時過
血刃星同例　寅男傳殺八
陰入陰位計　陽命發陽神
動火須爰火　與燥水土輪
故將真妙訣　存細與君論

口占將星到乾亥伏攸之

巳得運吉便將天罡入中宮順飛九宮七煞在乾甲計羅在兌丁

巳丑方大宜造作 吉利

○定行年災宮 詩承上文言看行年到甚宮卯金忌火年月日是之子

金忌火年并火月　煨痺上疾病皆流血　木犯金方重狠金
兄弟災傷更主刑　水犯土時人必皮　火須避忌比方禮
土忌東方甲乙木　風邪黃腫發其身　兩金兩木并兩火
水土双見主順危　双神未好重相見　禍患重遭百事真

○酉建丙甲例

乾甲　坤乙　艮丙　巽辛　坎癸甲辰　離壬寅戌
兌丁巳丑　震庚亥未

# 飛宮掌訣

| | | |
|---|---|---|
| 二坤○ | ○兌七 | ○乾六 |
| 九離○ | ○中五 | ○坎一 |
| 四巽○ | ○震三 | ○艮二 |

口酉建停星例　自甲子數壬癸亥　便識停星法
當居丑逆行　周遊十二甚分明　酉建合氣臧折逆
時師曉不精　血刃在丑　太陽在子逆行十二宮

地○血刃氣如甲庚甲
拔伏殺之地白丙乙星
到離壬丙乙伏殺之他
○雷霆正殺
○太歲停宮便起正
逆于宮丑月卯情
便使亥時加順轉
如時伴伏是雷神

# 詩曰

架生之時若目忌
金則犯着也成廢
○假如動酉年月日時到
酉庚卯亥未方與方行
相戰是每從太歲起正
月逆行如到月上便將
亥加月上數去至卯是
酉殺傳任此太驗也
又卯乙酉年十月巳酉日
作乾方巽向年頭消雀

軍于壽者亥上起乙丑在酉丙寅在申丑寅運接云丁卯在午戊辰
在辰巳巳在寅子丑為仇路庚午伏在亥辛未在酉壬申在未宮
癸酉在辰逢癸跳酉辰甲戌在寅便從寅上甚左是正月星將之
星用挑山掌飛八申官血刃到乾甲方逐一數去具攝于左

## 八宮納甲

二坤乙　七兌丁巳丑　六乾甲
九離壬寅戌　三震庚亥未　一坎癸申辰
四巽辛　八艮丙

## 挑山掌訣

○九宮挑山掌訣

乾甲　兌丁巳丑　艮丙　離壬寅戌
中五
巽辛　震庚亥未　坤乙　坎癸申

## 十二星定宮圖

○十二宮星掌訣

申天罡　酉太將　戌金水　亥月孛
未土滲　子太陽
午帝要　丑血刃
巳操火　辰丙乙　卯水滲　寅紫炁

寅從寅上起正月逆數
二月在丑十月在巳至
甲上是十月月建巳亥
却從巳亥將亥順數至
酉見卯午是雷霆煞也
酉日白將入中宮艮土
育昇離土燥火坎土丙
乙押上水澇震上萎蹉
血刃在巽乙酉年頭泪
在寅寅上保本佔寧寺
將祭左星入申宮飛世
乾是血刃巳酉日五虎
遁起丙寅從艮癸丁卯
在離戊辰在坎逐一數
去癸酉在乾又名祖音
煞

■雷霆太陰煞
血刃太陽月孛神

## 雷霆四箭詩例

雷霆四箭切須知　十二宮中仔細推　但少月建加三合
申子辰位一例推　初一初九十三　十七廿一透天間
廿五廿九皆雷煞　年年月月在人間　年年月月可興雷
兵怕凡人學不來　四箭雷霆顛倒用　帝星到處貫施為

○雷霆四箭例

○假如卯年太歲在卯即按卯上起亥逆轉到亥即見卯為年雷霆又本年卯上起正月逆行數至未月○假如五月數到未就按未加亥順行卯在亥為月雷霆又按未月未上起初一逆至本月初凡在亥即按亥上起亥逆行轉卯在未為日雷霆○又於亥上起子逆行轉本時卯在未即按未上起亥逆行轉外在外土即是落霆也○巳上年月日時霆煞乃俱在雷路丑時在雷門方鉴一尖凡起煞以此為例若是落于丑上不堪行用雷煞乃黃泉之地也仍此氣候若擹餘便為行事　雷乃三界之號吟霆乃五方之正氣雷霆施號令霹靂震乾坤相生者晴相剋者晴三剋者雨逆剋者雷順剋者電上下地和者風春為雷夏為雨秋為風冬為雪純陽者晴純陰者陰　陰陽相交必雨風作

金水台將天罡庫
上海前羅井燥火
丙乙水滲紫炁輪
雷霆兩晴
壁軫亢斗壬兩箕任向位
柳處奎婁毛晴滲任向位

## 訣曰

天晴雷雨氣何求
五子元中仔細搜
五行旺相維求應
無氣終須雨自收

一元孛陽丙前燥壬晴
二元台刃素海罡主雷
三元滲金罡刃孛紫壬
兩

## 例

論氣訣
鈞卦星辰要順飛
方知時下得星前
五行順則皆吉

## 雷霆年停星起例定局

丙寅 甲辰
申 天罡
癸巳 乙卯
壬申丁丑戊子
未 土滲
巳亥庚戌辛酉
丁卯戊寅癸未
午 前羅
申午乙巳丙辰
巳丑 庚子
巳 燥火
辛亥 壬戌

乙丑辛未丙子甲寅
壬午
酉 台將
丁亥
戊戌己酉庚申
戌 金水
惟定六十年十二宮[illegible]年上起
正月[illegible]甲子年在亥[illegible]月孛[illegible]正
月二月太陽三月血刃四月紫炁
至十二月金水將本月星入中宮順
飛如正月以月孛入中宮金水乾
台將兌丁巳丑天罡艮丙土滲離
壬寅戊前羅坎癸申辰燥火坤
乙丙乙震庚亥未水滲巽辛
辰 丙乙
甲申
戊辰癸酉巳卯辛丑
庚寅
乙未丙午子巳 壬子
卯 水源

甲子庚午乙亥
辛巳丙戌丁酉
亥 月孛
戊申 卯
壬辰癸丑己未
雙路
子 太陽
雙路
不
丑 血刃
不到
巳巳甲戊庚
乙酉辛卯
寅 紫炁
壬寅丙申
戊午丁未癸亥

詩曰

相魁相刑莫施為
金神須要火即君
便須裁害不相侵
木用真宰金始吉
水求土宿甚為丙
火盛原來須壬癸
土宿火喜水成

凡八家造作各隨五音進休咎 ○大凡怕方本魁財星便發灾如血刄到丙土星過辰戌丑未吉凶便發水星正月二月吉酉方凶有氣不發

十二星吉凶斷

太陽紫炁前羅木
離壬寅戌偏如福
欲知金水旺何方

雷霆六十年十宮求月日時定局

| 十干年 | 宮 | 癸丁甲乙庚戊 對年 年年年年 橫推月 前看星 | | | | | | | | | | | 巳辛年 壬丙年 |
|---|---|---|---|---|---|---|---|---|---|---|---|---|---|
| 甲子庚午乙亥辛巳丙戌丁酉癸卯戊申癸丑己未壬辰 | 亥 | 正 | 二 | 三 | 四 | 五 | 六 | 七 | 八 | 九 | 十 | 十一 | 十二 |
| 甲寅年 | 戌 | 二 | 三 | 四 | 五 | 六 | 七 | 八 | 九 | 十 | 十一 | 十二 | 正 |
| 乙丑辛未丙子己酉丁亥戊戌壬午庚申 | 酉 | 三 | 四 | 五 | 六 | 七 | 八 | 九 | 十 | 十一 | 十二 | 正 | 二 |
| 丙寅甲辰乙卯癸巳 | 申 | 四 | 五 | 六 | 七 | 八 | 九 | 十 | 十一 | 十二 | 正 | 二 | 三 |
| 己亥壬申丁丑庚戌戊子辛酉 | 未 | 五 | 六 | 七 | 八 | 九 | 十 | 十一 | 十二 | 正 | 二 | 三 | 四 |
| 丁卯癸未乙巳戊寅丙辰甲午 | 午 | 六 | 七 | 八 | 九 | 十 | 十一 | 十二 | 正 | 二 | 三 | 四 | 五 |
| 庚子辛亥己丑壬戌 | 巳 | 七 | 八 | 九 | 十 | 十一 | 十二 | 正 | 二 | 三 | 四 | 五 | 六 |
| 戊辰癸酉丙午己卯甲申庚寅丁巳乙未 | 辰 | 八 | 九 | 十 | 十一 | 十二 | 正 | 二 | 三 | 四 | 五 | 六 | 七 |
| 辛丑壬子年 | 卯 | 九 | 十 | 十一 | 十二 | 正 | 二 | 三 | 四 | 五 | 六 | 七 | 八 |
| 己巳甲戌壬寅丁未庚辰乙酉辛卯庚午癸亥丙申 | 寅 | 十 | 十一 | 十二 | 正 | 二 | 三 | 四 | 五 | 六 | 七 | 八 | 九 |

兌丁巳丑喜相逢
天罡震庚亥未
須知此處多宜利
壬孫須知損傷頭
雷傷六畜可憂愁

## 詩例曰

四季與陽時痢憂
要知牛載禍方休
水燎癸官人春哭
三年切忌火燒屋
若逢凶少吉星多
宅母陰人須忌月
月孛須憂到甲宮
失財公事禍重七
欲知災禍何時應
春季蛇虫咬小童
設使凶星皆不利
傷胎血痢本人當
燥火到壬兆吉曜

## 雷霆年月凶向方位定局

十干月
十二支日
十干日取時
申
乾甲
兌丁巳丑
艮丙
離壬寅戌
坎癸申辰
坤乙
震庚亥未
巽辛

戊癸 丁壬 乙庚 亥 子
乙庚 丁壬 丑 戊癸 寅
卯
辰
丙辛 巳 甲己
午
未
甲己 申 丙辛
酉
戌

孛陽血炁燎丙燥羅滛罡台金
金孛陽血炁燎丙燥羅滛罡台
台金孛陽血炁燎丙燥羅滛罡
罡台金孛陽血炁燎丙燥羅滛
滛罡台金孛陽血炁燎丙燥羅
羅滛罡台金孛陽血炁燎丙燥
燥羅滛罡台金孛陽血炁燎丙
丙燥羅滛罡台金孛陽血炁燎
燎丙燥羅滛罡台金孛陽血炁

詩

逢冬賊盜擾其鄉
更夏午因家爭起
衰旺須宜斷吉殃
台將必是凶最患

例

墮胎自吊教人傷
定知四季損牛羊
年上財物自虧治
丙乙遍宜卯乙方
女人腳上定遭傷

日

夏月更防蠶蓋起
因此吉星及關系

十二星遊方吉凶斷

血刃傷金　元首凶
又名從金華
[illegible]叉主刀矢　官灾動四隣
定遭流血患　喪婦更見迷
巳酉丑年應　顛郭怪憂興
[illegible]星如有氣　四十日中嗔

## 吊雷霆正殺年月　凶方定局

詩云架屋之時君切忌金剛犯着也成廉侍其可忽之

| 月方凶 | 正 | 二 | 三 | 四 | 五 | 六 | 七 | 八 | 九 | 十 | 十一 | 十二 |
|---|---|---|---|---|---|---|---|---|---|---|---|---|
| 亥 甲子庚午乙亥辛巳丙戌 丁酉戊申癸丑壬辰己未 | 卯 | 寅 | 丑 | 子 | 亥 | 戌 | 酉 | 申 | 未 | 午 | 巳 | 辰 |
| 戌 癸卯 甲寅年 | 寅 | 丑 | 子 | 亥 | 戌 | 酉 | 申 | 未 | 午 | 巳 | 辰 | 卯 |
| 酉 乙丑戊戌 辛未 丙午己酉 壬午 丁亥庚申 | 丑 | 子 | 亥 | 戌 | 酉 | 申 | 未 | 午 | 巳 | 辰 | 卯 | 寅 |
| 申 丙寅 甲辰 乙卯 癸巳 | 子 | 亥 | 戌 | 酉 | 申 | 未 | 午 | 巳 | 辰 | 卯 | 寅 | 丑 |
| 未 己亥 壬申 丁丑庚戌 戊子 辛酉 | 亥 | 戌 | 酉 | 申 | 未 | 午 | 巳 | 辰 | 卯 | 寅 | 丑 | 子 |
| 午 丁卯 乙巳 戊寅 癸未 甲午丙辰 | 戌 | 酉 | 申 | 未 | 午 | 巳 | 辰 | 卯 | 寅 | 丑 | 子 | 亥 |
| 巳 庚子 辛亥 己丑 壬戌 | 酉 | 申 | 未 | 午 | 巳 | 辰 | 卯 | 寅 | 丑 | 子 | 亥 | 戌 |
| 辰 戊辰 癸酉丙辛 己卯 甲申庚戌 丁巳乙未 | 申 | 未 | 午 | 巳 | 辰 | 卯 | 寅 | 丑 | 子 | 亥 | 戌 | 酉 |
| 卯 辛丑 壬子 | 未 | 午 | 巳 | 辰 | 卯 | 寅 | 丑 | 子 | 亥 | 戌 | 酉 | 申 |
| 寅 己巳 壬寅 甲戌庚辰乙酉辛卯 丁未戊午丙申癸亥 | 午 | 巳 | 辰 | 卯 | 寅 | 丑 | 子 | 亥 | 戌 | 酉 | 申 | 未 |

金位犯其字 木官刑殺入
木言天病起 火位火瘟員
土上加黄腫 瘋癱猶患疲
五行庚辛相 自縊暗傷身

太陽屬木

又名車陽中天子

太陽生貴子 宅母進田庄
車背角貢契 榮華數世昌
紫衣耗不發 如酉木年當
有氣期在名 休囚三載昌
木宮林園事 金位角首坊
器皿金銀盆 火宮蠶繭強
木位多田屋 船車應此方
子孫多旺相 富貴主神鄉

〇月孛屬八名木火

又名炎土火

月孛於星餘 田典頗遭殃
又難逃產難危 公事血財當

〇雷霆正煞財藏歌例

子力丑陽寅字星 卯金辰將巳巽神 午源未前申濕火
酉内戌瀠亥蒸神 氣藏元來雷霆宮 仲將外局氣加中
順布八宮星宿位 月將輪時始相逢

假如丙午年七月作財煞方太歲亭在辰上就辰上起正日逆行十八月在戌上即以亥字加戌上順轉卯字在寅上故寅爲酉煞藏氣之地將寅上月孛星到中宮飛得上海到離壬寅戌上其寅方值見六畜敗内

又如癸丑年九月初九日辰時作庚向太歲在亥九月到卯酉煞在未商雞以上商羅入中官月孛在癸主宅母新婦死亡退牛馬遭亂公事敗

假如丙午年五月修巽正乾向坐太歲在辰就辰上起正月逆行五月到子從子上起亥巳順行壬辰上是卯往處乃酉煞藏氣之地却將辰上台將星入中宮順飛天罡到乾吉血刃到巽内寅午戌年月日時煞在乾亥乃吉動内方主入家損户頭血財瘟火死亡三六九數年月見之蓋巽屬木故三亥九應之

旺氣火臨速　休囚主禍長
焚正陳雨火　禍名不訪常
金位为共厄　無逢鬥賊傷
木宮風帛患　水主病中亡
火位心家疾　土宮犯腳瘡
當如金遇　財退更惆惶
口金水屬木又名吞白水
又名文華水
金水生木子　文章貴世賢
加宮井進祿　招八羽音田
文勃多收拾　亥與子申年
農想真左玄　居西可壽更延
金宮家自泰　木主富多錢
更富田孫盛　火位孰蠶綿
土宮惟角好　富貴更長年
口合將屬支名兌祥土
合將八千中　方內半吉凶
要從音是錢　宅門頻入途

## 傳音直符例日局

直符在巽　甲子巽乾　乙丑乾兌　丙寅艮艮　丁卯坎離　戊辰震坎　己巳坤坤
傳音在乾　庚午坎離　辛未震巽　壬申中中　癸酉兌乾　甲戌離兌　乙亥坤艮
丙子兌離　丁丑離坎　戊寅坤坤　己卯巽震　庚辰乾巽　辛巳坤中
直符居左　壬午巽乾　癸未乾兌　甲申艮艮　乙酉坎離　丙戌乾坎　丁亥艮坤
戊子坎震　己丑震巽　庚寅中中　辛卯兌乾　壬辰震兌　癸巳中艮
甲午兌離　乙未離坎　丙申坤坤　丁酉兌震　戊戌離巽　己亥坤中
傳音居右　庚子巽乾　辛丑乾兌　壬寅坤艮　癸卯巽離　甲辰乾坎　乙巳艮坤
丙午坎震　丁未震巽　戊申艮中　己酉坎乾　庚戌震兌　辛亥中艮
直符在巽　壬子兌離　癸丑震坎　甲寅中坤　乙卯兌震　丙辰離巽　丁巳坤中
傳音在乾　戊午巽乾　己未離兌　庚申坤艮　辛酉巽離　壬戌乾坎　癸亥艮坤

右傳音蓋傳有上二星善惡之旨，善則傳以吉，惡則傳以凶，所以訓之，然不可犯其宮也。直符乃尚與善討惡之神，其職自重，亦不可犯也。惟以月將交宮用之方驗，如開山破地起天曜地神下，符遺殺勢宜用之。

宮爲井吕　暗縊爭交攻
玄子丑申酉　其年見吉凶
有氣三百日　家活必從容
寒綵乾相伴　夯為皆不同
金位神佚怨　火位血流紅
水主乙長病　水神帶血終
土位入黄腫　夏門更推上
□天罡屬金又名華蓋煞
金星最吉　宅勢自然來
驛馬金銀兆　绿蚕更定財
接求儒釋道　申酉亥年猜
有氣四十日　無氣戚終災
營綵宮環宅　官爵至王台
金宮用宝至　木宮進如財
水宮喜貴子　土宮宅威推
火宮家旺相　福援日繁權
帶宿來臨卯　八丁定必媒
□土原屬上又名天席主

年月日時局

血及　太陽　月孛　金水　台将　天罡　上滲　高羅　煤火　内乙　水潦　紫炁

雷霆昇玄七玫宿星局每分先順后逆即甲巳順起逆回

年月日時局　上順　下逆

甲乙丙丁戊己庚辛壬癸

巳甲子辛申丙亥庚寅壬巳甲子辛申丙亥庚寅壬
午艮丑庚酉巽子坤卯乾午艮丑艮酉巽子坤卯乾
未癸寅坤戌乙丑丁辰辛未癸寅坤戌乙丑丁辰辛
申寅卯丁亥坤寅丙巳庚申壬卯丁亥甲寅丙巳庚
酉乾辰丙子艮卯巽午坤酉乾辰丙子艮卯巽午坤
戌辛巳巽丑癸辰乙未丁戌辛巳巽丑癸辰乙未丁
亥庚午乙寅壬巳甲申丙亥庚午乙寅壬巳甲申丙
子坤未甲卯乾午艮酉巽子坤未甲卯乾午艮酉巽
丑丁申艮辰辛未癸戌乙丑丁申艮辰辛未癸戌乙

上順　下逆

寅丙酉癸巳庚申壬亥甲寅丙酉癸巳庚申壬亥甲
卯巽戌壬午坤酉乾子艮卯巽戌壬午坤酉乾子艮
辰乙亥乾未丁戌辛丑癸辰乙亥乾未丁戌辛丑癸

土區損人頭 後男瘟病愁
禍因公事起 損畜而傷牛
婪土來相壓 凶災不自由
豐殺當有氣 四十日中憂
無氣三年內 危亡不可脩
金位刀兵起 木位被人謀
此宮爲惡煞 水盜水走淪
土宮瘟疫疾 火生禍殃求
此星爲造作 災害九時休
口奇羅屬 木禹福惡官

八名曲目木
奇羅一木星 萬福白來迎
駟馬井財宝 更兼貴子生
角首井羽姓 四地進還推
右想乘雲吉 有氣一年榮
比和三載外 富貴旻添丁
永倍參財宝 水宮百事成
入宮家個旺 土宮富有名

元辰 柖搖 凶亡 三台 魁罡 宛仇 宛磨 虐亡 災亡 帝星 福星 禍星

昇玄下坳帝星局

年月日時定局

| | 建 | 除 | 滿 | 平 | 定 | 執 | 破 | 危 | 成 | 收 | 開 | 閉 |
|---|---|---|---|---|---|---|---|---|---|---|---|---|
| 子 | 壬子 | 癸丑 | 艮寅 | 甲卯 | 乙辰 | 巽巳 | 丙午 | 丁未 | 坤申 | 庚酉 | 辛戌 | 乾亥 |
| 丑 | 癸丑 | 壬子 | 乾亥 | 辛戌 | 庚酉 | 坤申 | 丁未 | 丙午 | 巽巳 | 乙辰 | 甲卯 | 艮寅 |
| 寅 | 艮寅 | 甲卯 | 乙辰 | 巽巳 | 丙午 | 丁未 | 坤申 | 庚酉 | 辛戌 | 乾亥 | 壬子 | 癸丑 |
| 卯 | 甲卯 | 艮寅 | 癸丑 | 壬子 | 乾亥 | 辛戌 | 庚酉 | 坤申 | 丁未 | 丙午 | 巽巳 | 乙辰 |
| 辰 | 乙辰 | 巽巳 | 丙午 | 丁未 | 坤申 | 庚酉 | 辛戌 | 乾亥 | 壬子 | 癸丑 | 艮寅 | 甲卯 |
| 巳 | 巽巳 | 乙辰 | 甲卯 | 艮寅 | 癸丑 | 壬子 | 乾亥 | 辛戌 | 庚酉 | 坤申 | 丁未 | 丙午 |
| 午 | 丙午 | 丁未 | 坤申 | 庚酉 | 辛戌 | 乾亥 | 壬子 | 癸丑 | 艮寅 | 甲卯 | 乙辰 | 巽巳 |
| 未 | 丁未 | 丙午 | 巽巳 | 乙辰 | 甲卯 | 艮寅 | 癸丑 | 壬子 | 乾亥 | 辛戌 | 庚酉 | 坤申 |
| 申 | 坤申 | 庚酉 | 辛戌 | 乾亥 | 壬子 | 癸丑 | 艮寅 | 甲卯 | 乙辰 | 巽巳 | 丙午 | 丁未 |
| 酉 | 庚酉 | 坤申 | 丁未 | 丙午 | 巽巳 | 乙辰 | 甲卯 | 艮寅 | 癸丑 | 壬子 | 乾亥 | 辛戌 |
| 戌 | 辛戌 | 乾亥 | 壬子 | 癸丑 | 艮寅 | 甲卯 | 乙辰 | 巽巳 | 丙午 | 丁未 | 坤申 | 庚酉 |
| 亥 | 乾亥 | 辛戌 | 庚酉 | 坤申 | 丁未 | 丙午 | 巽巳 | 乙辰 | 甲卯 | 艮寅 | 癸丑 | 壬子 |

此星如逢造　官位至公卿

○燥火屬火又名炎燄火

燥火損宅母　新婦命難存
遭金交公事　畜养不成群
災火成凶兆　無孕破人倫
休囚三百日　無氣月中逆
水官有贅疾　水官血氣神
火宮主瘟疫　受病瘧多傷
三宮陰人害　產難慾難存
金鄉兩卒死　百禍入門庭

○丙乙屬火名爲明火

丙乙火之神　婦立受艱辛
入干方半吉　交難卻壞人
若遭傷宅母　小口更災速
屋舍遭災盡　錢財化作塵
火變成凶兆　災缺八宅類
金宮主財訟　瞎瘸且傷身
木宮爲劫煞　水位嗽癆因

## 雷霆七局帝星

年月定局

| 年月 | 青皇 | 劍鋒 | 雨雹 | 雷火 | 天光 | 霹靂 | 帝乙 | 大煞 | 帝車 | 雷瘟 | 雷鉞 | 雷斧 |
|---|---|---|---|---|---|---|---|---|---|---|---|---|
| | 吉 | | 吉 | | 吉 | | 吉 | | 吉 | | 吉 | |
| 子 | 戌乾 | 亥壬 | 子癸 | 丑艮 | 寅甲 | 卯乙 | 辰巽 | 巳丙 | 午丁 | 未坤 | 申庚 | 酉辛 |
| 丑 | 酉辛 | 戌乾 | 亥壬 | 子癸 | 丑艮 | 寅甲 | 卯乙 | 辰巽 | 巳丙 | 午丁 | 未坤 | 申庚 |
| 寅 | 申庚 | 酉辛 | 戌乾 | 亥壬 | 子癸 | 丑艮 | 寅甲 | 卯乙 | 辰巽 | 巳丙 | 午丁 | 未坤 |
| 卯 | 未坤 | 申庚 | 酉辛 | 戌乾 | 亥壬 | 子癸 | 丑艮 | 寅甲 | 卯乙 | 辰巽 | 巳丙 | 午丁 |
| 辰 | 午丁 | 未坤 | 申庚 | 酉辛 | 戌乾 | 亥壬 | 子癸 | 丑艮 | 寅甲 | 卯乙 | 辰巽 | 巳丙 |
| 巳 | 巳丙 | 午丁 | 未坤 | 申庚 | 酉辛 | 戌乾 | 亥壬 | 子癸 | 丑艮 | 寅甲 | 卯乙 | 辰巽 |
| 午 | 辰巽 | 巳丙 | 午丁 | 未坤 | 申庚 | 酉辛 | 戌乾 | 亥壬 | 子癸 | 丑艮 | 寅甲 | 卯乙 |
| 未 | 卯乙 | 辰巽 | 巳丙 | 午丁 | 未坤 | 申庚 | 酉辛 | 戌乾 | 亥壬 | 子癸 | 丑艮 | 寅甲 |
| 申 | 寅甲 | 卯乙 | 辰巽 | 巳丙 | 午丁 | 未坤 | 申庚 | 酉辛 | 戌乾 | 亥壬 | 子癸 | 丑艮 |
| 酉 | 丑艮 | 寅甲 | 卯乙 | 辰巽 | 巳丙 | 午丁 | 未坤 | 申庚 | 酉辛 | 戌乾 | 亥壬 | 子癸 |
| 戌 | 子癸 | 丑艮 | 寅甲 | 卯乙 | 辰巽 | 巳丙 | 午丁 | 未坤 | 申庚 | 酉辛 | 戌乾 | 亥壬 |
| 亥 | 亥壬 | 子癸 | 丑艮 | 寅甲 | 卯乙 | 辰巽 | 巳丙 | 午丁 | 未坤 | 申庚 | 酉辛 | 戌乾 |

火宮成災疾 土主疾相親
口水瘵屬水 水名左貴水
水瘵星屬水 戶頭先絕喪
子孫力田畀 公事亦難當
六畜瘵財退 家計漸消亡
水火多凶惡 非家見血光
有厄七日內 平和百事殃
金宮為主樂 水壬水中亡
木逢曹刑害 土位病成狂
火宮須犯死 災害盡君常
口紫炁屬木 又名文房木
紫炁木星貴 招生貴子孫
加官並進祿 田地滿鄉村
憂兆禮和道 資財便入門
若然逢有厄 二百日中論
無厄三年內 應子早成婚
金官妻多厄 木主進田真
水主興重事 土中吉器存

| 時 | 月時定局 |
| --- | --- |
| 青皇 | 吉 |
| 劍鋒 | |
| 雨雹 | 吉 |
| 丙火 | |
| 天光 | 吉 |
| 霹靂 | |
| 帝乙 | 吉 |
| 六煞 | |
| 帝車 | 吉 |
| 雷瘟 | |
| 丙鉞 | 吉 |
| 丙斧 | |

| 時 | 月 | |
| --- | --- | --- |
| 子 | 正 | 壬子癸丑艮寅甲卯乙辰巽巳丙午丁未坤申庚酉辛戌乾亥 |
| 丑 | 二 | 乾亥壬子癸丑艮寅甲卯乙辰巽巳丙午丁未坤申庚酉辛戌 |
| 寅 | 三 | 辛戌乾亥壬子癸丑艮寅甲卯乙辰巽巳丙午丁未坤申庚酉 |
| 卯 | 四 | 巽酉辛戌乾亥壬子癸丑艮寅甲卯乙辰巽巳丙午丁未坤申 |
| 辰 | 五 | 坤申庚酉辛戌乾亥壬子癸丑艮寅甲卯乙辰巽巳丙午丁未 |
| 巳 | 六 | 丁未坤申庚酉辛戌乾亥壬子癸丑艮寅甲卯乙辰巽巳丙午 |
| 午 | 七 | 丙午丁未坤申庚酉辛戌乾亥壬子癸丑艮寅甲卯乙辰巽巳 |
| 未 | 八 | 巽巳丙午丁未坤申庚酉辛戌乾亥壬子癸丑艮寅甲卯乙辰 |
| 申 | 九 | 乙辰巽巳丙午丁未坤申庚酉辛戌乾亥壬子癸丑艮寅甲卯 |
| 酉 | 十 | 甲卯乙辰巽巳丙午丁未坤申庚酉辛戌乾亥壬子癸丑艮寅 |
| 戌 | 十一 | 艮寅甲卯乙辰巽巳丙午丁未坤申庚酉辛戌乾亥壬子癸丑 |
| 亥 | 十二 | 癸丑艮寅甲卯乙辰巽巳丙午丁未坤申庚酉辛戌乾亥壬子 |

加宮利蚕養蚕執滿霹中
青星應必得此曜可為尊

○報犯補作例

詩例曰

報煞先須察五音
金補用火禍無侵
木用庚辛金始吉
水來土宿最均匀
火發必須壬癸水
土居大旺木成林
細細推尋真妙訣
八家災難豈能侵
此家文字其中有
永藏心腹不傳人

○雷霆射方訣

詩

甲巳龍飛鷄不啼
乙庚虎咬春羊兒
丙辛蛇大同群戲
丁壬兎位伴猴騎

○雷霆上局帝星克應斷

四局青皇為上吉　四帝青皇為第一　此星能生大富貴　只恐凡愚未能識
天上劍鋒為大煞　輪轉方隅專殺伐　或遇太歲或月建　定是殺人不須說
雨雹之星占此方　出賊刑災兼凍絃　折屋賣子更貧若　虎傷牛畜週當
雷火用時要九丙　火來土宿縣絡精響　牛羊公事退家財　月建加臨吉还在
天光還是主天晴　光照必主孫觀生　三世天息光發遐　家多慶瑞定兆拾
霹靂之声不三避　刻刻轉轉刀須忌　射樹打屋執名當　子孫不免雷瘟殺
帝乙之星最吉祥　主人官職益非祥　六十一百二十日　為官發福向何當
六煞之星半吉凶　仔細推詳莫輕廷　若遇此星到絕張　定煞新婦或家長
帝更要應驚雷動　照覆便見官貴來　廣置田生售貴子　此星好用不須猜
雷瘟為禍不堪說　必主其家瘟疫絕　若逢月建又加臨　為吉為凶更須推
雷鉞為殃更不祥　殺人先主殺牛羊　若逢修造并安葬　好留星圖仔細者
用意行來貴輕說　傾要相傳親口訣　常言雷斧是凶神　主殺人丁家業絕

○已上帝星惟青星雨雹天光帝乙帝車吉餘俱凶

○雷霆中局帝星

曰 戊癸馬坊猪寄宿 逆聽雷公霹靂声

葵以各年用五虎無遁戊見癸丑亥方是也

○雷霆歎火箭水支言

例以本年五虎遁取戊为雷癸為火以用事月建火中宮順飛九宮尋本年旁遁戊癸到方為雷火假如甲子年丁卯月就以月建丁卯入中宮遁得戊辰到乾為雷癸酉到坤為火也

○雷霆中宮箭

詩 申巳戌六走悠 乙庚龍雞不可脩 戊癸馬猪方寄宿

例 丁壬羊位虎秋秋

年家定局

| | 霹靂 | 祥光 | 飛電 | 甘澤 | 盛事 | 兵權 | 破敵 | 瑞霞 | 炎烈 | 武庫 | 溺沒 | 文蓋 |
|---|---|---|---|---|---|---|---|---|---|---|---|---|
| | | 吉 | | 吉 | | 吉 | | 吉 | | 吉 | | 吉 |
| | 順逆 | 順逆 | 順逆 | 順逆 | 順逆 | 順逆 | 順逆 | 順逆 | 順逆 | 順逆 | 順逆 | 順逆 |
| 甲 | 未巽 | 甲乙 | 酉申 | 戌艮 | 亥癸 | 子壬 | 丑乾 | 寅辛 | 卯庚 | 辰坤 | 巳丁 | 壬丙 |
| 乙 | 寅壬 | 卯乾 | 辰辛 | 巳庚 | 午坤 | 未丁 | 申丙 | 酉巽 | 戌乙 | 亥甲 | 子艮 | 丑癸 |
| 丙 | 戌坤 | 亥丁 | 子丙 | 丑巽 | 寅乙 | 卯甲 | 辰艮 | 巳癸 | 午壬 | 未乾 | 申辛 | 酉庚 |
| 丁 | 丑乾 | 寅辛 | 卯庚 | 辰坤 | 巳丁 | 午丙 | 未巽 | 申乙 | 酉甲 | 戌艮 | 亥癸 | 子壬 |
| 戊 | 辰艮 | 巳癸 | 午壬 | 未乾 | 申辛 | 酉庚 | 戌坤 | 亥丁 | 子丙 | 丑巽 | 寅乙 | 卯甲 |
| 己 | 未巽 | 申乙 | 酉甲 | 戌艮 | 亥癸 | 子壬 | 丑乾 | 寅辛 | 卯庚 | 辰申 | 巳丁 | 壬丙 |
| 庚 | 寅壬 | 卯乾 | 辰辛 | 巳庚 | 午坤 | 未丁 | 申丙 | 酉巽 | 戌乙 | 亥甲 | 子艮 | 丑癸 |
| 辛 | 戌坤 | 亥丁 | 子丙 | 丑巽 | 寅乙 | 卯甲 | 辰艮 | 巳癸 | 午壬 | 未乾 | 申辛 | 酉庚 |
| 壬 | 丑乾 | 寅辛 | 卯庚 | 辰申 | 巳丁 | 午丙 | 未巽 | 申乙 | 酉甲 | 戌辰 | 卯癸 | 子壬 |
| 癸 | 辰艮 | 巳癸 | 午壬 | 未乾 | 申辛 | 酉庚 | 戌坤 | 亥丁 | 子丙 | 丑巽 | 寅乙 | 亥甲 |

訣曰

丙辛兎向猴邉坐
箭射中宮寅可愁
時師莫犯中宮箭
十日須教九日憂

假如甲巳年巳戌方是中宮前不可犯也
又如甲年遁見甲午戌亥巳年巳干見巳亥亥巳戌二方是犯中宮箭不可修造

大凡用此先識太歲公哉傳首三論月將四論直符五論八門盛衰七論五行所屬七論四時生旺八論元皇合元此乃八煞之元也

□雷霆中局與應訣斷

月家定局

| 月家定局 | 破敵 | 瑞霞 | 炎烈 | 武庫 | 波瀾 | 文恭 | 霹靂 | 耀光 | 飛電 | 甘澤 | 盛事 | 兵權 |
| --- | --- | --- | --- | --- | --- | --- | --- | --- | --- | --- | --- | --- |
| | | 吉 | | 吉 | | 吉 | | 吉 | | 吉 | | 吉 |
| | 順逆 | 順逆 | 順逆 | 順逆 | 順逆 | 順逆 | 順逆 | 順逆 | 順逆 | 順逆 | 順逆 | 順逆 |
| 甲 | 亥庚 | 子坤 | 丑丁 | 寅丙 | 卯巽 | 辰乙 | 巳甲 | 午艮 | 未癸 | 申壬 | 酉乾 | 戌辛 |
| 乙 | 午乙 | 未甲 | 申艮 | 酉癸 | 戌壬 | 亥乾 | 子辛 | 丑庚 | 寅坤 | 卯丁 | 辰丙 | 巳巽 |
| 丙 | 寅壬 | 卯乾 | 辰辛 | 巳庚 | 午坤 | 未丁 | 申丙 | 酉巽 | 戌乙 | 亥甲 | 子艮 | 丑癸 |
| 丁 | 巳甲 | 午艮 | 未癸 | 申壬 | 酉乾 | 戌辛 | 亥庚 | 子坤 | 丑丁 | 寅丙 | 卯巽 | 辰乙 |
| 戊 | 申丙 | 酉巽 | 戌乙 | 亥甲 | 子艮 | 丑癸 | 寅壬 | 卯乾 | 辰辛 | 巳庚 | 午坤 | 未丁 |
| 己 | 亥庚 | 子坤 | 丑丁 | 寅丙 | 卯巽 | 辰乙 | 巳甲 | 午艮 | 未癸 | 申壬 | 酉乾 | 戌辛 |
| 庚 | 午乙 | 未甲 | 申艮 | 酉癸 | 戌壬 | 亥乾 | 子辛 | 丑庚 | 寅坤 | 卯丁 | 辰丙 | 巳巽 |
| 辛 | 寅壬 | 卯乾 | 辰辛 | 巳庚 | 午坤 | 未丁 | 申丙 | 酉巽 | 戌乙 | 亥甲 | 子艮 | 丑癸 |
| 壬 | 巳甲 | 午艮 | 未癸 | 申壬 | 酉乾 | 戌辛 | 亥庚 | 子坤 | 丑丁 | 寅丙 | 卯巽 | 辰乙 |
| 癸 | 申丙 | 酉巽 | 戌乙 | 亥甲 | 子艮 | 丑癸 | 寅壬 | 卯乾 | 辰辛 | 巳庚 | 午坤 | 未丁 |

# 斷例詩

雷霆妙理以人知
年月日時須逆推
若作明星修造吉
官教門戶定光輝
須看修方乃基理
雷霆値殿不須猜
帝星若到凶星威
凶煞皆飛吉曜來
霹靂宮方是惡星
官災疾病死亡興
救神若到方爲福
雷打他人見火明
祥兆方方吉星他
福祿田蚕歲歲收
縱然家內有六病
退此修方不用憂
飛龍修方總不寧
官災口舌尤會停

| 日時定局 | 飛龍 | 甘澤 | 盛事 | 兵權 | 破敵 | 瑞霞 | 炎烈 | 武庫 | 沒溺 | 文益 | 霹靂 | 祥光 |
| --- | --- | --- | --- | --- | --- | --- | --- | --- | --- | --- | --- | --- |
| | | 吉 | | 吉 | | 吉 | | 吉 | | 吉 | | 吉 |
| | 順逆 | 順逆 | 順逆 | 順逆 | 順逆 | 順逆 | 順逆 | 順逆 | 順逆 | 順逆 | 順逆 | 順逆 |
| 甲 | 癸未 | 壬申 | 乾酉 | 辛戌 | 庚亥 | 坤子 | 丁丑 | 丙寅 | 巽卯 | 乙辰 | 甲巳 | 艮午 |
| 乙 | 坤寅 | 丁卯 | 丙辰 | 巽巳 | 乙午 | 甲未 | 艮申 | 癸酉 | 壬戌 | 乾亥 | 辛子 | 庚丑 |
| 丙 | 乙戌 | 甲亥 | 艮子 | 癸丑 | 壬寅 | 乾卯 | 辛辰 | 庚巳 | 坤午 | 丁未 | 丙申 | 巽酉 |
| 丁 | 丁丑 | 丙寅 | 巽卯 | 乙辰 | 甲巳 | 艮辛 | 癸未 | 壬申 | 乾酉 | 辛戌 | 庚亥 | 坤子 |
| 戊 | 辛辰 | 庚巳 | 坤午 | 丁未 | 丙申 | 巽酉 | 乙戌 | 甲亥 | 艮子 | 癸丑 | 壬寅 | 乾卯 |
| 己 | 癸未 | 壬申 | 乾酉 | 辛戌 | 庚亥 | 坤子 | 丁丑 | 丙寅 | 巽卯 | 乙辰 | 甲巳 | 艮午 |
| 庚 | 坤寅 | 丁卯 | 丙辰 | 巽巳 | 乙午 | 甲未 | 艮申 | 癸酉 | 壬戌 | 乾亥 | 辛子 | 庚丑 |
| 辛 | 乙戌 | 甲亥 | 艮子 | 癸丑 | 壬寅 | 乾卯 | 辛辰 | 庚巳 | 坤午 | 丁未 | 丙申 | 巽酉 |
| 壬 | 丁丑 | 丙寅 | 巽卯 | 乙辰 | 甲巳 | 艮午 | 癸未 | 壬申 | 乾酉 | 辛戌 | 庚亥 | 坤子 |
| 癸 | 辛辰 | 庚巳 | 坤午 | 丁未 | 丙申 | 巽酉 | 乙戌 | 甲亥 | 艮子 | 癸丑 | 壬寅 | 乾卯 |

退財天死人家病
構死年乙殺少死

○甘澤如臨大吉昌
公事美利吉神神
家生貴子人欽敬
進長榮官入廟廟

## 詩

○盛事如臨吉慶多
到頭人命盡比和
田蠶歲巳逢豐熟
進旅資財自日多

## 例

○兵權之位見光輝
職位高遷事亦宜
財物田蠶多進益
旺星造作最爲奇

## 斷

○破敵之星主大凶
遭官入獄見貧窮
人離財散家門退
水火刀兵賊盜侵

定局　天煞皇恩獨火天門　土曜羊旗操道驚馬金吾聖前押歲

陽年、月日時局　辛　乾　壬　癸　艮　甲　乙　巽　丙　丁　坤　庚
戌　亥　子　丑　寅　卯　辰　巳　午　未　申　酉

陰年、月日時局　癸　壬　乾　辛　庚　坤　丁　丙　巽　乙　甲　艮
丑　子　亥　戌　酉　申　未　午　巳　辰　卯　寅

○魁罡詩斷　起例

五鬼皇恩殿　用着鬼神驚　修造逢斯吉　不問惡星辰
羊旗獨火殺　下葬貴修營　若犯其方位　枉死更遭病
驚馬天門開　諸星犯八來　若得吉神旺　能使禍患衰
聖前聖明君　修造福來迎　不惟家宅旺　長壽更安寧
金吾押歲位　其凶不可聞　葬理并起造　哭位不離門

○雷霆前運式大局

皇名○雷公凶●火刹凶●飛廉凶○吉祥吉○太陽吉●風雲凶
次序●電母凶●鬼火凶●血光凶○木神吉○旺相吉●亡没凶

○年例年雷公星起訣

甲巳順乘逆巽宮　乙庚順震逆壬同　丙辛順大逆坤位

## 詩例斷

○雷霆之位主文昌
福祿如山四海揚
進入田財蠶角旺
家生貴子甚豪强
炎烈位主定凶之
官灾口吉動瘟癀
火燒屋宅人財退
又主逃亡去外鄉
○沒溺凶星不可當
子孫落水主空亡
因官家退人零落
每歲多憂婦女亡
○文藝之星最好修
修之必定進田牛
家中所作多興旺
門秀康帝不用憂
○武庫之星此帝尊
田蚕大旺益兒孫

丁壬順丑逆乾宮　戊癸順龍逆居艮　此爲年例定行蹤

○月例以雷母星起詩訣

甲巳順猪逆向庚　乙庚順鼠逆乙行　丙辛順虎逆壬位
丁壬順蛇逆甲尋　戊癸順猴逆起丙　此爲月例遁其真

○日時例以飛劍星起詩訣

甲巳順羊逆癸鄉　乙庚順虎逆坤方　丙辛順人逆乙位
丁壬順牛逆丁藏　戊癸順龍逆辛地　日時其例細推詳

○犯煞用救生例

甲巳丁壬戊癸陽　但從順路發其蹤　乙庚辛丙爲陰局
逆轉循環定吉凶　○如陽月以向外順關開加本月將加陰月以
向內逆關開加本月將凡月將要到中氣後數日用之方驗訣云
其妙正在此耳其外皆是浮文學者不可不知
此雷霆殺依例分作三局只有旺相吉降太陽木神吉餘凶若犯凶
可用內層關開加月將尋救生德旺宅庫文星西吉救之亦可臧
禍此節煞在十二支神者爲順煞也在八千四維者逆煞也順則
煞外逆則煞內如遇所得之物要條之動雷者此也

所作稱心皆吉利
加官進職大名成

## 雷霆箭煞應斷詩例斷

○雷公一動震天庭
射外須教百里驚
射內須教雷打死
救神相助也從輕

○火烈尊星便火光
周年一日一般裝
射外不知天火發
射內見孫必滅亡

○飛劍元來是煞星
莫教犯着血流腥
射內應知自彼殺
射外遠當殺別人

○吉祥之星最禎祥
內外人家俱吉昌

## 日時用飛劍局

年用雷公局

字脚向外順

字脚向外逆

月用電母局

輪圖

壬 子 癸 丑 艮 寅 甲 卯 乙 辰 巽 巳 丙 午 丁 未 坤 申 庚 酉 辛 戌 乾 亥

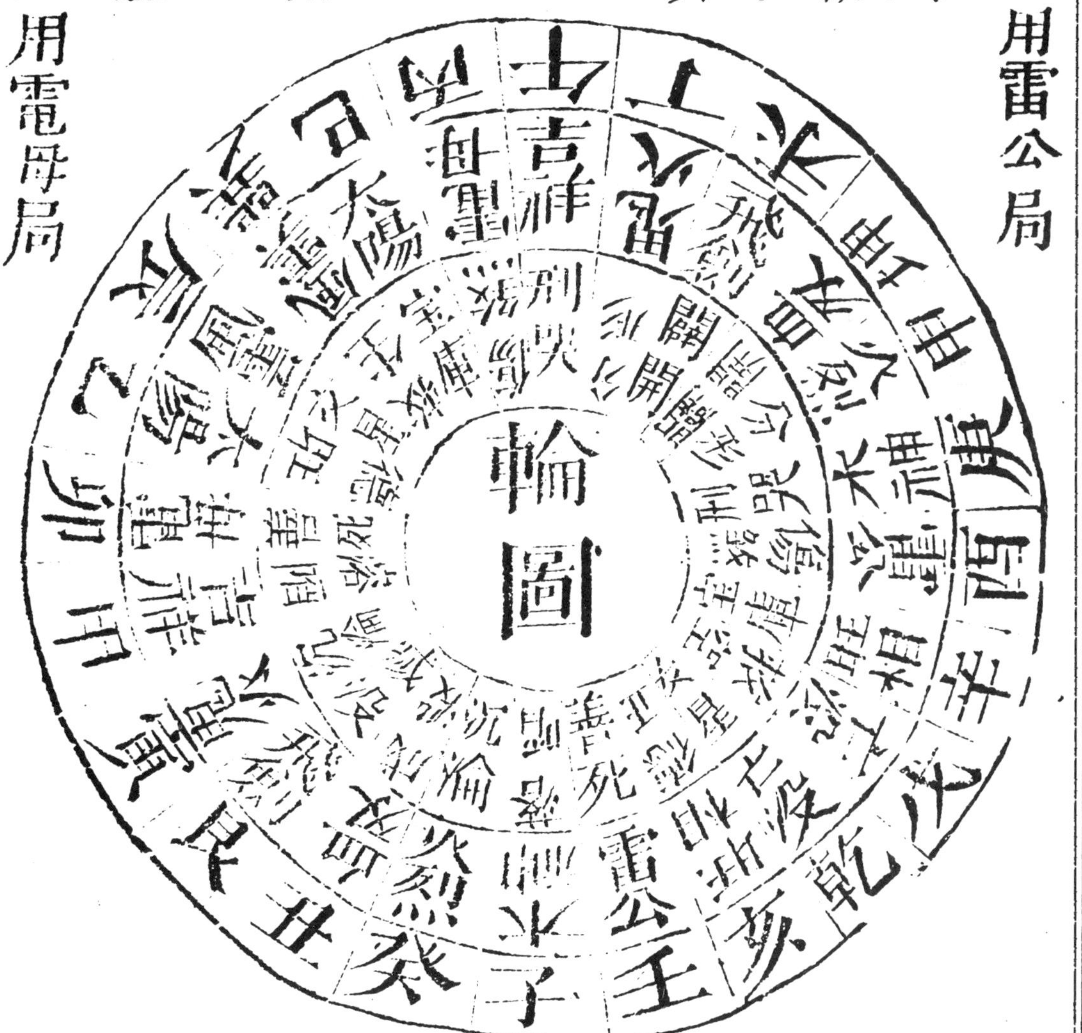

## 犯煞用救生局

# 詩例斷

喜氣臨門生貴子
文章及第佐君王
○太陽吉星照人間
百萬灾財自昔間
官職高遷集駟馬
富貴声傳在外鄉
風雲半吉半爲凶
射外平和不節沖
射内必須防卞口
更防孕婦血腥紅
○雹再毫光射小兒
不過半月見悲愁
射内一家人枉死
射外陰人帶宝帰
寃火興灾發火瘟
一年半載滅除根
射外他人相呪咀
射内人丁盡滅傾

右雷霆箭運式太局于發于中故曰

順射陽年急如箭　逆射陰年魁目見

切忌相逢無救変　救神勿見莫施行

○十二星有内外順逆看他發箭若能承其時令之氣用之可以尅定口期殺火動雷此非特煞人動雷亦能代神壇社廟破凶山打乾泉伐柯木治邪怪破山魈打五道發火燒物可以作水火血火風雨掣電除吸堰惡物之類能發火發瘟官方殺賊盜等事亦能濟貧作富扠宅功効不可言也

○雷霆箭方食神殺位詩

子午丁向食丙力
正丁樹打實难當
丁未女人遭產难
何勞更向事對中
辰戌乾向卯食中
遭官徒配後損人
亥子丑方人必反

午巳未上遭火殃
丑未坤向食坤方
如無火發亦灾殃
太亥加臨損六畜
其方牛馬盡遭迍
○巳亥壬向正食壬
又遭刑憲害平人

瘟火殛女常遭厄
西南火發開傷亡
○庚甲庚向并卯酉
又遭官事破家風
酉戌亥方樹打死
此方縣積也难禁
○午子癸向食子方

○血刃凶星六畜當
癸南子比血腥光
財郊他人當誅殺
射內鎗刀坐獄亡
○未神一位最爲強
紫袍金帶錦衣香
田財人旺三六九
貴子名揚遍四方

## 詩例斷

○亡役凶星切莫修
宅母新婦即目憂
周年一歩還他死
外射入家必見愁
○旺相來臨當貴家
紫袍牙筋更榮華
隨手旺財三六九
子貴孫榮寔可誇

## ○雷霆白虎煞詩例

子丑寅卯四虎狼　六甲女人遭水厄　丑方木樹一時亡
未丑艮向正食丑　火災叠七殺小口　丑艮寅方防寅危
官災棒杖溺河頭　甲寅用向卯方难　六畜時上被虎傷
更有瘟風此方起　艮方火發只燒房　寅卯乙向对南看
火燒人屋又遭官　巳丙二方見樹死　狂風吹倒衆人搬
戊辰巽向正食辰　與遭刑獄損乎人　乙辰方上牛馬死
此方射樹又遭迍

○雷霆白虎大煞局　以排出九宮星輪依順逆數可見矣

## 起例

白虎凶　帝星吉　麒麟吉　人劍凶　進宝吉　福慧吉
朱雀凶　天富吉　鳳凰吉　官符凶　魁星吉　三台吉

法以日建往處白虎若到坎離震兌四宮即以子午卯酉加白虎而無順逆之外也若到乾坤艮巽四宮陽局以白虎加四生之位陰局以白虎加四庫之位若到中宮冬至後以亥加白虎夏至後以甲加白虎○假如甲巳月丙寅日依例坤上起甲子順行至巽上是丙寅即巳上白虎午上帝星未上麒麟申上人劍酉上進宝戌工福慧亥上朱雀子上天富丑上鳳凰寅上官符卯上魁星辰上

## 例詩

甲巳順坤白虎方
乙庚之月逆離鄉
丙辛震巽雷声响
丁壬順巽動瘟癀
戊癸分明從兌順
禍福從頭仔細詳

三台餘倣此推。又如乙庚月甲子從離上起逆乙丑艮丙寅兌丁卯乾戊辰中巳巳巽如巳巳月用事即辰上加白虎卯上帝星寅上麒麟丑上人刼子上進寶亥上福慧戌上朱雀酉上天富申上鳳凰未上官符午上魁星巳上三台餘倣此推凡遇白虎到處不可修作主損人口血財遇帝星天官進寶魁星福慧三台吉遇麒麟鳳凰者能藏白蟻能降虎形蜈蚣凶地也

# 新鐫曆法總覽合鼎鰲頭通書

鰲峯道軒熊宗立通書大全

後裔月時 一秉懋重訂

潭邑世慶堂陳瞻余應虬梓

## 合金精鰲極

謂配卦取義明吉凶之事

## 金精說

紀論

金者七至之至貴五色之至最位列西方為土之子行四墓之中水土墓在辰辰肖龍亢金龍也火墓在戌戌肖狗婁金狗也金墓在丑丑肖牛牛金牛也木墓在未未肖羊鬼金羊也肖中惟走變化之長灵金居土墓之申得生吾之殊恭而屬乎龍金之本墓在午丑丑癸肖牛而屬金是金之頭明也金旺于

□金精與肯

為天療理報国厚恩 代天燮理陰陽補報 皇王国士之洪恩敷扶皇極俯傳及於黎民

□皇極之數木伏羲之先天也乾一兌二離三震四巽五坎六艮七坤八是八卦之生數也命猶令也溥廣輔也黎民衆庶也

憫吾運之推移有替有相

憫愛之意吾五天之吾也蒼天木吾丹天火吾壽天金吾玄天水吾黅天土吾五運者甲己土運乙庚金運丙辛水運丁壬木運戊癸火運相替猶言興衰也

兌合乎乾之精以生方物兌納丁乾外爻納壬壬屬坎火為中男丁屬離火為中女丁典壬合明明交精以象人之所生元氣繫於坎坎卦三明外象母胎明中東父精物交爻六三爻是坤象九二爻是乾象乾坤交合而成坎乾為父坤為母在人之元辰感交母交物所生穴為水何于位天一生未地六成之所以元辰始於子壬地所由生方物所從出于有虛星為北斗故太明至虎度壬壽癸甲子元枕任天哉亥並房宿

明山川之休咎或存或亡

此言地理之吉凶存運之衰旺而禍福及於存亡

基本也道存演庠機到崑崙

道即太極為天地演庠之本物由道而形人由道而行天地理機

分凡山皆祖崑崙西北之極也

基本也生成萬物品彙元根

品衆出彙類出萬物皆由陰阳二氣融結而生莫不各有其形色

得其性然其衆類之根元生火貴賤自有不同矣

氣之者春風和氣益旺門庭逆之者逃風列雷列不可俗聞

明阳之道吉凶兩途由人自取吉者道其常凶者覌其變

何以忠乎王關何以孝乎後星

得死之吉是曰先天自然英灵所感而形生於人又者總聰明英貴

而有孝順之子孫

頭是死之週流綱光綱大反是恨之晦薄且逃且奔

週流謂先天盈氣合乎於生冠帶臨官帝旺則門庭昌大福祿延

綿晦薄由後天積氣又唐合病成絕則公司疾病財食奔波

東斗昴西斗星南斗丙辛化水丙子屬水丁壬化木壬子屬木戊癸化火戊子屬火蓋冬生春水生木也春木生夏火夏則不能生金是火不能生金故小暑之候丙丁退令逢庚則伏乙庚木化金當此土取之時庚子屬土子居母腹也甲己化土土無正位寄旺於四季是金之母也毋有三從一寄干家全死上不生甲子屬金變以飲于光道也甲子爲天干地支之首偽甲於乾子乾之精故偏之金精金精在毎躰主作西

上不吹平帝釋是合散技變倫

上不軟施之于国乃合思技民間日月常行之事

是炊也危圍天地所司川矣

數指聲極之數範如鐵金之有模範圍國郭也天地之化無窮而聖人為之範圍不可過按中道所謂裁成者也甲庚十干之鎮權

是數之統紀也

順乎五元應乎五行術兩間之樞衡推四序之德刑

天分五行地分五行上經于列宿下合于方隅散布于天地兩間四時迭序而有風熱濕燥寒涼之化從此而生氣平而相得者爲以適其常是謂德也氣不平而相賊者所以觀其變是謂之刑也

克以相治繼以相生

浴猶攻也金尅木水尅火各專攻也繼序也金生水水生火是爲順序也

金木水火土以金有祿

辰戌丑未爲四極辰亢金龍戌婁金狗丑牛金牛未鬼金羊而刑宿之中惟金有桂

也𤍠若乘上死也金精
每月初三日生於西地
震金首出震納庚長子
繼父體初三日酉四刻
太阴故出庚方也
月初三日朏月生明之
時也魄始受一阳之光
而昏見西庚地
初八二阴生兑丁 初八日
酉時月出丁方
初八日上弦之時若十二
阴之光而昏見於南方
丁地
十五日望夜酉時三陽備
太明方於昏夜出東甲
之地
月即望之 金受日光盛
滿而天 見東方之甲

風熱濕燥寒以金為旛
燥金主秋令行肅殺 之氣故曰雄
金者天得而輕清地得 而精熒
天之丑星金最亨 地之四極惟金最灵
人得而長生国得而入 乎
在人主清徤故得壽 在国之主終伐能致太平
三陰完一陽首此而君 二陽宗一陰爲南面臣
坎卦二比方臣南面 君象離卦三南方君北為臣之象
北斗出地三十六節典 物成春南斗八地三十六節典道為降
冬至後三十六候行 陽道万物生長夏至後三十六候行陰道則
万物收栽
寂不動萬物之攸尊
寂然不動坤之象也 万物所生無不顯著於地中者以地中有生
德也
明同日月威振雷霆生 成方物拱衛皇帝国家之休咎戚虎鎮之
雄兵 口世言金精 発用金受精陰生可号金地 四生大金失主義

在月明滿酉極繼以一之在月建寅之首生成方物當昌家之得天生藩鎮之安危
陰生故十六朝月出於未言其甲先否其根
辛
乾納甲震納庚者金之剛也
十六朝始生下一陰爲
巽而成魄以平旦而沒
寅露帝出乎震子繼父躰
於酉乃辛地
帝者天地萬物之主宰出春然路之謂子繼父休長男之象出震
居東方於時爲春當此之時方物當帝而出
二十三日下弦二陰生屬
艮丙也二十三夜半月
東九南三北五西七一氣居中是爲皇紀
出丙二十三日復生中
皇紀数立五方之氣是天地方物之綱紀
爻二陰爲艮而下弦以
皇紀者玄元之祖浮黎之始方物之根入地之母乾命之物坤命之
卒旦而納於南方丙地
南上頂華蓋下躡魁罡瞻彼赫ㄈ爛其煌
三晝三爻三旋皆陰爲
皇紀即太極也玄元之祖混出之初也浮黎猶言世界也魁罡如
坤三十晦三陰全月方
正月巳亥二月子午之類赫ㄈ赤明之貌其煌ㄈ如火之光也
出乙地便不見也
三十日全受三陽之光
十八方之正配集五炁之禎祥
暠体伏於東北謂三十
八方乾坎艮震巽離坤兌也乾位西北戌亥配之坎位正北壬癸
人後変艮爲坤且時月
配之艮位東北丑寅配之震位正東甲乙配之巽位東南辰巳配
在乙上故乃沒乙癸而
之離位正南丙丁配之坤位西南未申配之兌位正西庚辛配之

乙癸在坤

巳上太陰絕地魄故有盈虧盈者地得金炁吉謂乙庚丁爲先天盈炁也虧者地不得金炁凶謂甲辛丙爲後天散氣太明者人之標炁也東則多陽匕爲天支匕炁成實太陽多旦明匕天之丙無餌無晷西則多陰陰爲地支匕炁衰虐太門多夕晦匕如人之死焉故爲人之炁不足爲亡魄者不幸遭此陽氣偏絕則生異飛明炁偏絕則爲獸類陰閑陽隔其骨雖堅其神則否今雖繁盛未衰可怜異目

氣運詳見前

有斗杓之斟酌大昭毓於明堂

標柄也斗標月匕常指戌時匕見破軍斟酌推移所在也昭毓彰明也普照之貌明堂宇宙之謂

音龍統乎七政宜乎鎮以相後

二十八宿中惟龍變化之溥所以十干化運逢辰則變詳見下文甲己化土戊得統御乙庚化金庚得天心丙辛化水壬乎壬也丁壬化木甲以尊臨戊癸化火丙以堪欽歲從甲己之年起丙寅逢辰是戊土則中巳化土乙庚之歲起戊寅逢辰是庚則乙庚化金也丙辛之歲起庚寅逢辰是壬則丙辛化水丁壬之歲起壬寅逢辰是甲木則丁壬化木戊癸之歲起甲寅逢辰是丙火則戊癸化火此十干五運之化炁又謂之天符

是以木得亥卯未而根苗舒發火得寅午戌而氣焰光明金得巳酉丑而晶彩水得申子辰而瀰深土居四季無偏無浮

五行之氣合天符又復長生帝旺宮在年月日時爲吉宮爲天符臨御惟土無正位寄旺四季故無僭越泛濫吉凶與水炁同論

絕滅家門而莫覓　也得
此文者愼宜置之
蝕者犹兎食稟也晏　鈌而
不滿也亜藏土內　鼇否
塞而不通也

## 金精指訣

□五行
木　火　土　金　水
□五行相生
金生水　水生木　木生火
火生土　土生金
□五行相尅
金尅木　木尅土　土尅水
水尅火　火尅金
□干支五行方位　所屬
東方甲乙寅卯屬木
南方丙丁巳午屬火

要旋璣之得位濟八阜之甘霖
臨天文志云北斗魁四星爲璇璣杓三星爲玉衡順氣之序得氣
之盈則福及於人犹霈然之雨以甦田畴之槁矣
生以相繼尅以相治爲父爲子爲官爲鬼
相生如父子之相承相尅如鬼賊之相攻
濟山川之富局荣爵祿之寵規
煞得其益地應吉局出入榮華富貴
鬼賊得勢而必絕生胎有用而咸宜
煞逢寒病死絕或鬼賊相攻擊是得地之凶局而禍及於人也生
胎謂胎養濟見亦吉煞之相宜也
犹參天之四柱絕世間之萬錢
年月日時爲四柱生尅制化出乎方
得天符而大熾違天符而大非
天符者金煞得乙庚辛火煞得戊癸丙丁水煞得丁壬申乙水煞
得內午壬癸土煞得甲巳戊違者相讎相尅之類
叅與天地合其德日月合其明四時合其序鬼神合其吉凶

西方庚辛申酉屬金
北方壬癸亥子屬水
中央戊己辰戌丑未屬土

口五行旺相休死囚

春木旺　火相　水休
土死　金囚
夏火旺　土相　木休
金死　水囚
秋金旺　水相　土休
木死　火囚
冬水旺　木相　金休
火死　土囚

口五行起長生

金生在巳　木生在亥
火生在寅　水土長生
口假如金長生在巳　沐
浴午　冠帶未　臨官
申　帝旺酉　衰戌

與天地日月四序鬼神合者謂合其道也

木司幾諫火司秉理金主後賢木主泄炁土主太平綿綿後裔

金精與古遇木為偏制是司幾諫遇火為受傷又曰金須火試直色自現是謂秉理逢金為入庙主生賢後遇木則泄炁漏胎害子蔭孫土為朝元首福是為生炁故子孫富貴綿遠

繼繼繩繩曰昌曰熾

此接上文綿綿後裔之意

大以為國小以為爐

大局可以大受小局可以小知也

民歛時為五福因皇極之是陳

箕子洪範九疇有五福一曰壽二曰富三曰康寧四曰攸好德五曰考終命蓋因星極之數以啟金精鰲極之旨

合斯造化承書諸紳

斯此也造化精金精之指紳大帶也書之紳記其事而不忘矣

口八卦納甲

病亥　死子　墓壬
絕寅　胎卯　養辰

○五行祿羊刃
甲祿在寅　卯為羊刃
乙祿在卯　辰為羊刃
丙戊祿在巳　午為羊刃
丁己祿居午　未為羊刃
庚祿居申　酉為羊刃
辛祿到酉　戌為羊刃
壬祿到亥　子為羊刃
癸祿居子　丑為羊刃

○天乙貴人
甲戊庚牛羊　乙己鼠猴
丙丁豬雞位　壬癸兔性
辛逢馬虎　此是貴人

○六三合
寅午戌合火　申子辰合
亥卯未合木　巳酉丑合

離為日坎為月是離坎日月之正體也月離於日而有望望自望至晦循環出沒為八干納甲夫戊己土也合於中日與月合而日得其陰月得其陽馬自天一生水而三備於坎月生魄而故坎為月象每卦遇之陰陽消長為晦明故陽而明陰而晦天一陽二陰為晦陽自內生而陰漸退每月初三變坤為震昏時月在丁上故此居震三陽一陰為兌陽旺陰微初八日上弦變震為兌昏時月在丁上故丁居兌三書皆陽為乾十五變兌為乾昏時月在甲上而壬甲從乾一陰二陽為巽陰自內生而陽漸退甲後月生魄變乾為巽丑時月在辛上故辛出巽二陰一陽為艮陰旺陽消二十三下弦變巽為艮丑時月在丙上故丙歸艮三晝皆陰為坤二十八後變艮為坤丑時月在乙上故月沒乙癸而乙癸向坤也

或問一陽從地生先天甚至明一陰從天降後天散至暗卦惟六不設坎離何也答曰坎月之體離日之體前納甲圖已載之明矣

夫坎為水陽也水由地中行陽生於子坎位在下離為火陰也火炎為上陰在於午離位乎上故陽從地生陰從天降坎至納戊離至納己戊己屬土位居中央寄於坤艮是不得入方之正位

○十干合

甲與己合　乙與庚合

丙與辛合　丁與壬合

戊與癸合

○十干化氣

詩曰

甲己化土乙庚金

丁壬化木尽成林

丙辛化水分清濁

戊癸南方火焰侵

○八卦納甲

詩曰

壬甲從乾乙癸坤

庚來震上巽辛明

戊從坎處離從己

丙申艮行丁兌宮

○八卦納配

乾戌亥　坎壬癸　艮丑寅

震年乙　巽辰巳　離

坤禾申　兌庚辛

## 八卦納甲之圖

## ○例曰。金精定穴詩訣

○起太歲人局提法
震乾從亥初爻起
坎丑艮知知上尋
坤戌巽辰亦起數
兌甲離子便行程

○定穴捷法歌
乾坤艮巽是太清
第六爻中穴助真
子午卯酉天穴獨
五爻位上說元因
寅申巳亥人穴清
定知四爻報君知
辰戌丑未多第三
人穴淵方無傍分
甲庚壬丙地穴清
第二爻中不動移
丁癸乙辛初爻起
元來地濁甚分明

## ○陰陽升降之圖○

□定五天炁訣

蒼天水炁火丹天土炁黅天問五行

假若素天金炁主元未水炁屬於亥

□定五天炁法

東方蒼天木四青帝治五十四年屬卯宮

南方丹天火炁赤帝治四十九年屬午宮

西方素天金炁白帝治二十六年炁屬酉宮

北方玄天水炁黑帝治人十一年炁屬子宮

中央黅天土炁黃帝治一百年炁乾坤艮巽所屬

□金精鰲極　配卦取義合斗首以明天地氣運充五行生尅吉凶

□起頭山鰲極五炁敵訣

天雷山起亥　坎丑艮卯焔　巽辰坤戌位　離午兌申尋

□金精到六起法　捷歌被世悅厥前訣術若從掌訣必便後學見焉

初爻指掌尊女是　卯二辰三巳四宫　午是五爻未六爻

乾震初爻起亥歲　坎丑艮卯坤戌年　巽辰離午初爻始

兌將申歲初爻發　歲支止爻起一申　數止用山值爻止

如看止處得何炁　一甲辛丙為暗凶　四乙庚丁為吉地

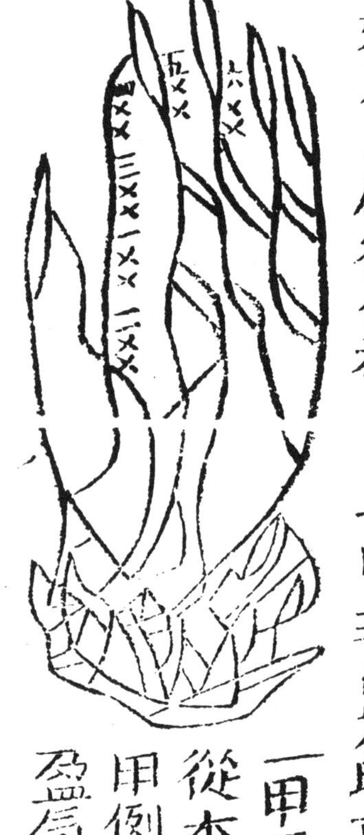

一甲二辛三丙四乙五庚六丁

從本年太歲泊爻位上將一甲倒尋所用作之山即知明盈氣暗敵炁是也

如子年年作乾山其向則亥支加于掌上寅官數起順尋子年太歲泊在第二爻則歸乾宮納甲浦天甲子水甲寅不在二爻子年則會天木炁爻從水卦二爻上起申初戊一辛爻二三而乾須在爻係是暗炁

# 金精發用

□五炁論

五炁從八方每一方應天始入中地終以象三才各分清濁二六共成六爻數陳八卦之中具列運天之甲五行所屬以蒼木丹火黅土素金玄水五天之炁以上爲六爻次第運接六十甲子備見本年太歲值在何爻就以本年太歲坐下所值何天炁爲主數一甲二辛三丙四乙五庚六丁隨數至本山坐在第幾爻位甲辛丙爲從天散生旺爲凶觸若值

# 金精鰲極 謂配卦取義以明生冠吉凶

定穴爻乾坤艮巽天穴清　子午卯酉天穴濁　寅申巳亥人穴清

位清濁辰戌丑未人穴濁　甲庚丙壬地穴清　乙辛丁癸地穴濁

□乾坤艮巽天穴清水定在第六爻子午卯酉天穴濁額定在五爻寅申巳亥人穴清額定在第四爻辰戌丑未人穴濁額定在三爻甲庚壬丙地穴清額定在第二爻乙辛丁癸地穴濁額定在初爻

□其法每從太歲支爻上起一甲如子年作戌山辰向就在乾局二爻起一甲初爻二辛六爻三丙五爻四乙四爻五庚三爻六丁値四乙五庚六丁者大吉也餘做此凡遇一甲二辛三丙者爲後天散氣但凶四乙五庚六丁者爲先天盈氣俱吉

□金精生山定局

二十四山爻穴定位

| 爻 | 穴 | 山 | 位 |
|---|---|---|---|
| 六爻上 | 天穴清 | 乾坤 | 艮巽 |
| 五爻上 | 天穴濁 | 子午 | 卯酉 |
| 四爻上 | 人穴清 | 寅申 | 巳亥 |
| 三爻上 | 人穴濁 | 辰戌 | 丑未 |
| 二爻上 | 地穴清 | 甲庚 | 丙壬 |
| 一爻上 | 地穴濁 | 乙辛 | 丁癸 |

乙庚丁爲先天微煞明爲吉福也其申年月日時各有生剋制化從太歲坐煞所宮之天而議論

假如年月日時見胎當王家中有孕婦須要有養生以作助之便生富貴之子若無生發作助又逢衰病死絕其胎不成

又如四課中但凡逢生旺冠帶臨官主發田財人口藏蓄墓庫主門戶穩當惟主富不主貴故曰半吉得煞若于年歲生論之局上局上逢生煞住旺人丁家富貴殷實各爲福德之神也已上諸吉皆須合得先天益

壬 子 癸 山

丑 艮 寅 山

甲 卯 乙 山

辰 巽 巳 山

太歲 爻 穴 煞　太歲 爻 穴 煞　太歲 爻 穴 煞　太歲 爻 穴 煞

○　○　○　○

甲午年巳亥年辰戌年卯酉年寅申年丑未年
戊子水戊戌土戊申金戊午火戊辰土戊寅水
天穴清天穴濁人穴清人穴濁地穴清地穴濁
玄天煞鎮天煞素天煞赤天煞鎮天煞蒼天煞

寅申年丑未年子午年巳亥年辰戌年卯酉年
丙寅水丙子水丙戌土丙申金丙午水丙辰土
天穴清天穴濁人穴清人穴濁地穴清地穴濁
蒼天煞玄天煞鎮天煞素天煞赤天煞鎮天煞

辰戌年卯酉年寅申年丑未年子午年巳亥年
庚戌土庚申金庚午火庚辰土庚寅木庚子水
天穴清天穴濁人穴清人穴濁地穴清地穴濁
鎮天煞素天煞赤天煞鎮天煞蒼天煞玄天煞

卯酉年寅申年丑未年子午年巳亥年辰戌年
辛卯木辛巳火辛未土辛酉金辛亥水辛丑土
天穴清天穴濁人穴清人穴濁地穴清地穴濁
蒼天煞赤天煞鎮天煞素天煞玄天煞鎮天煞

煞方能發福心局上若
逢泄煞害子退財夭亡
立見若衰病死絕必然
家門退縮疾病相纏入
亡財散自惹官非局合
後天散煞俞卯凶兆猶
者上觀昏星以說貴賤
昏見失次何以不知昏
星者太陰昏見乙庚丁
上故爲先天煞也失次
者朝見甲辛丙壬星纏
天[illegible]煞也詳見前八卦

納甲陰陽升降圖

原平天盤垂象地不成形
不持某日時明某日時
暗某死生某死敗返旺
陰陽之家不知其本而
但其求得以某年犯空

戌 乾 山 亥

太歲 爻 穴 煞 太歲 爻 穴 煞 太歲 爻 穴 煞 太歲 爻 穴 煞

巳亥年辰戌年卯酉年寅申年丑未年子午年
己巳火己未土己酉金己亥水己丑土己卯木
天穴淸天穴濁八穴淸八穴濁地穴淸地穴濁
赤天煞鑽天煞素天煞玄天煞鑽天煞蒼天煞
卯酉年寅申年丑未年子午年巳亥年辰戌年
癸酉金癸亥水癸丑土乙卯水乙巳火乙未土
天穴淸天穴濁八穴淸八穴濁地穴淸地穴濁
素天煞玄天煞鑽天煞蒼天煞赤天煞鑽天煞
丑未年子午年巳亥年辰戌年卯酉年寅申年
丁未土丁酉金丁亥水丁丑土丁卯木丁巳火
天穴淸天穴濁八穴淸八穴濁地穴淸地穴濁
鑽天煞素天煞玄天煞鑽天煞蒼天煞赤天煞
辰戌年卯酉年寅申年丑未年子午年巳亥年
壬戌土壬申金壬午火甲辰土甲寅木甲子水
天穴淸天穴濁八穴淸八穴濁地穴淸地穴濁
鑽天煞素天煞赤天煞鑽天煞蒼天煞玄天煞

亡某年犯禁向某年値
羅睺某年犯炙退不知
地下之吉明暗氣燄之
吉凶見可驗也且萬物
主於天地之間皆行陰
陽標本以見源流人生
在世爲陽爲標死者埋
藏骸骨爲陰爲本標云
不足本死盛旺自旺自
貴猶樹之有根匕深帶
固枝葉須枯槁自然復
生榮華設若本死不見
根枯葉萎是亡魂也不
幸遭此陽氣偏絶則爲
生靈飛陰氣偏絶則爲
獸類陰間陽隔其骨雄
存其神則不向後絶滅
家門佂乖者此也

## 日精到穴定局

月

| 太歲 | 一甲 | 二辛 | 三丙 | 四乙 | 五庚 | 六丁 | 金精 |
|---|---|---|---|---|---|---|---|
| | 暗凶 | 暗凶 | 暗凶 | 明吉 | 明吉 | 明吉 | |

子午年

子午年丑未年寅申年卯酉年辰戌年巳亥年
寅甲辰癸巳丙辛亥卯巽
丁未酉申戌　壬艮　坤庚　午乾子丑乙
子丑乙　寅甲辰癸巳丙辛亥　卯巽
丁未酉申戌　壬艮　坤庚　午乾
午乾子丑乙　寅甲辰癸巳丙辛亥　卯巽
丁未酉申戌　壬艮　坤庚
卯巽　寅甲辰癸巳丙辛亥
坤庚　午乾子丑乙　丁未酉申戌　壬艮
辛亥卯巽　寅甲辰癸巳丙
壬艮坤庚　午乾子丑乙　丁未酉申戌
癸巳丙辛亥卯巽　午乾子丑乙　寅甲辰
申戌　壬艮坤庚　午乾子丑乙　丁未酉
一甲　六丁　五庚日四乙日三丙日二辛日
寅甲辰癸巳丙辛亥卯巽
丁未酉申戌　壬艮　坤庚　午乾子丑乙

不得地之美但得旺氣乎天星內座盈聚之氣亦主一地之發福存立安穩優游自在陰陽二宅不問年禁月犯身皇定命太歲三煞九良七煞流財劍鋒崩騰官符一百二十等凶神惡煞又不問山向相尅得危不得龍及亡魂入墓但要先天无盈合得五天元一生旺便為吉兆其三百六十家陰陽尅擇之文豈有于此哉

最純有日躔乘生元一五元一行乎地中近世術者各出家傳率皆繇儒豈知上觀天星得開聖道在

## 華金精圖定局

|  |  |
|---|---|
| 丑未年 | 癸巳丙辛亥　卯巽　午乾子丑乙寅甲辰<br>申戌　壬艮　坤庚　丁未酉 |
| 寅申年 | 辛亥　卯巽　午乾子丑乙寅甲辰癸巳丙<br>壬艮　坤庚　丁未酉申戌 |
| 卯酉年 | 卯巽　午乾子丑乙寅甲辰癸巳丙辛亥<br>坤庚　丁未酉申戌　壬艮 |
| 辰戌年 | 午乾子丑乙寅甲辰癸巳丙辛亥　卯巽<br>丁未酉申戌　壬艮　坤庚 |
| 巳亥年 | 子丑乙寅甲辰癸巳丙辛亥　卯巽　午乾<br>丁未　申戌　壬艮　坤庚 |

|  | |
|---|---|
| 初一日至初五日 | ○五庚○六丁●一甲●二辛●三丙●四乙 |
| 初六日至初十日 | ○六丁●一甲●二辛●三丙○四乙○五庚 |
| 十一日至十五日 | ●一甲●二辛●三丙○四乙○五庚○六丁 |
| 十六日至二十日 | ●二辛●三丙○四乙○五庚○六丁●一甲 |
| 廿一日至廿五日 | ●三丙○四乙○五庚○六丁●一甲●二辛 |
| 廿六日至三十日 | ●四乙○五庚○六丁●一甲●二辛●三丙 |

吾先師廖公能識此訣能造斡顛用拔世為性剛急莫可得聞定全尅擇之家未聞得此年月是故其地者未嘗得其炁也如生命倘得其吉則遇炁合以局舉豈可勝言哉豈能發福貴富也但要合炁盈又逢生旺得地豈不能發達榮華之理迺人迷此與後來者精詳不可不知矣錄前發顯用生旺富貴格局及衰物敗絕格局吉凶等局假如數局與後學之規論矣

吉凶年月局例開具于後

## 五天生旺定局

| 年月日時 | 子 | 丑 | 寅 | 卯 | 辰 | 巳 | 午 | 未 | 申 | 酉 | 戌 | 亥 |
|---|---|---|---|---|---|---|---|---|---|---|---|---|
| 蒼天木炁 | 敗 | 冠 | 臨 | 旺 | 衰 | 病 | 死 | 墓 | 絕 | 胎 | 養 | 生 |
| 赤天火炁 | 胎 | 養 | 生 | 敗 | 冠 | 臨 | 旺 | 衰 | 病 | 死 | 墓 | 絕 |
| 素天金炁 | 死 | 墓 | 絕 | 胎 | 養 | 生 | 敗 | 冠 | 臨 | 旺 | 衰 | 病 |
| 玄天水炁 | 旺 | 衰 | 病 | 死 | 墓 | 絕 | 胎 | 養 | 生 | 敗 | 冠 | 臨 |
| 黅天土炁 | 旺 | 衰 | 病 | 死 | 墓 | 絕 | 胎 | 養 | 生 | 敗 | 冠 | 臨 |

已右五天炁及金精之訣凡得胎養之氣主人口盛生旺之炁主財穀盈豐冠臨之炁主官祿近貴墓庫之死炁主血財盛衰敗滅炁主官訟退敗病死滅炁主凶禍病亡絕滅炁主人丁敗皆凡造葬用事課四乙丑庚大丁謂之先天盈氣吉次主生旺年月日時不犯滅炁然後詳論支干生尅制化有用者為吉局若值甲二辛一丙謂之後天敗炁凶若取生旺之炁反自害也

尅我者為朝元白福德比和者為命白護旺我生者為世氣日

## 生旺富貴局

假如正統四年十一月初四日辰時營造宅舍係坤山艮向太歲己未泊第四爻入穴清係黅天黃帝主事就本爻起一甲三爻二辛二爻三丙初爻四乙坤艮向皆是土六爻所管得五庚爲先天盈元一明發福也其黅天屬土養在巳長生旺在丙子月生在戊申自墓於丙辰時四維中有申子辰亥皆土局戊己亦旺於坤丙戌天干皆土之生元盈元是庚正屬西南位坎又細穴

害氣剋我者爲官鬼曰受傷我剋者爲偏制反讐也

○富貴生旺局

蒼天氣　木
赤天氣　火
鐄天氣　土
素天氣　金
玄天氣　水

得

亥卯未寅丑
寅午戌巳辰
寅午戌巳戌
巳酉丑申未
申子辰亥戌

年月日時

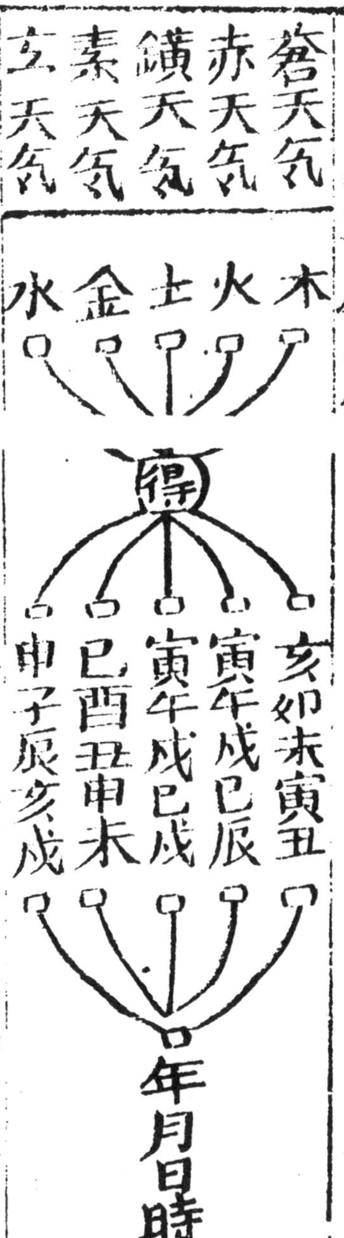

巳土長生冠帶臨官帝旺墓庫年月日時要乙庚丁先天盈元一不遠三年大發門庭大吉富貴自來若合甲辛丙後天散元一退敗

○子孫胎養局

蒼天氣　木
赤天氣　火
鐄天氣　土
素天氣　金
玄天氣　水

得

酉戌
子丑
午未
卯辰
午未

年月日時

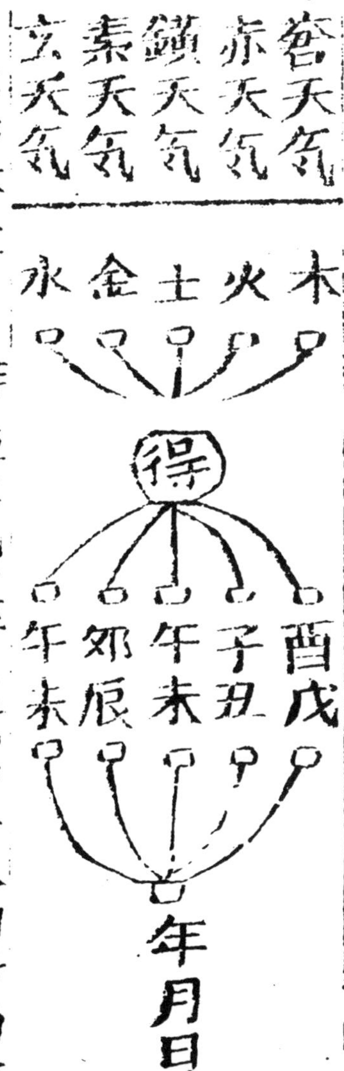

巳土胎養年月日時要合乙庚丁盈元吉若合甲辛丙散元一大文

正西南問踈參井之界與為六象齊金次年庚申合生炁映換門庭望見申子年旺炁到家進横發田財自此而發福合一百九十五年旺炁是為生旺富貴之格

## 衰病敗絕格

假如正統六年十二月初十壬寅日乙巳時郭姓安塟作艮山坤向係第三局太歲辛酉泊初爻係龍天炁三十年月日時逢衰病敗絕合一百七十五年臧氣凶延後風水漸退人物辰敗同里未家甲用此日辰時

○貧賤衰敗局

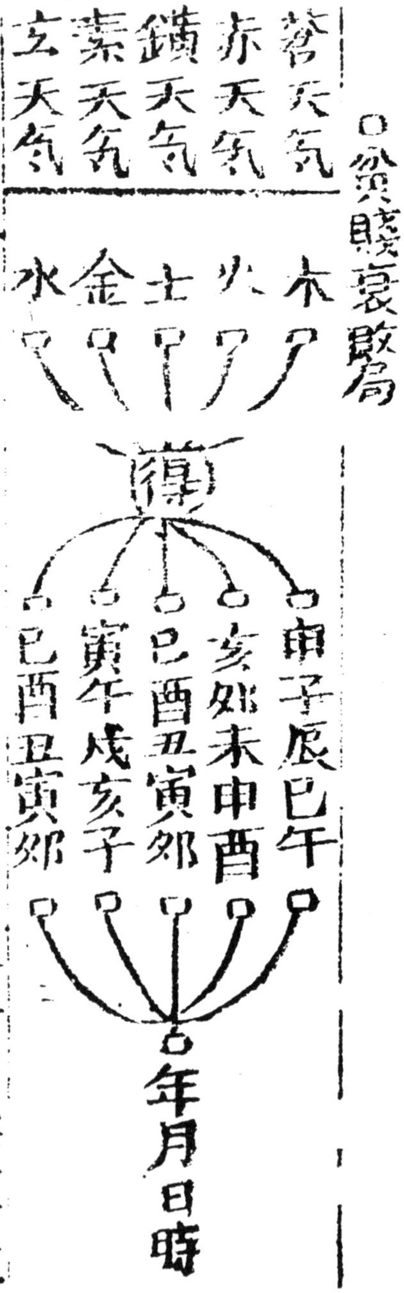

蒼天氣 赤天氣 鑛天氣 素天氣 玄天氣

木 火 土 金 水

得

申子辰巳午 亥卯未申酉 巳酉丑寅卯 寅午戌亥子 巳酉丑寅卯

年月日時

巳土敗衰病死絕年月日時歲退福氣若遇先天盈氣乙庚丁頗得平和雖然不吉且亦不凶遇後天甲辛丙散炁愈加凶兆也

○生氣朝元吉局 主發福招財壽命延長兒孫昌盛

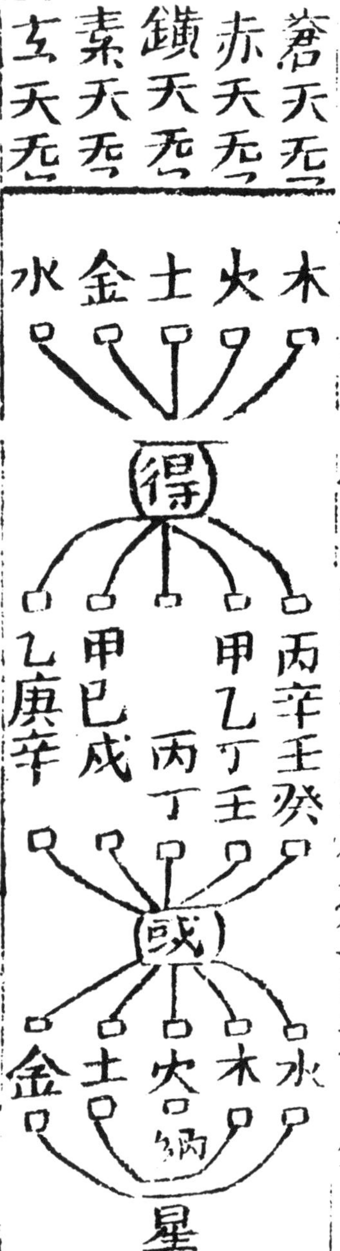

蒼天炁 赤天炁 鑛天炁 素天炁 玄天炁

木 火 土 金 水

得

丙辛壬癸 甲乙丁壬 丙丁 甲巳戊 乙庚辛

成

水 木 火 土 金

納

星留

巳土母來生我為生炁朝元局何以出長壽者母來生我進福[illegible]是以生炁吉何以出天亡者我去生也世氣虛耗成福其亡

起造宅合寅山申向未見發福錢亦不生在三十年乎／／如僧缘得先天盈在甲辰時係墓庫農塋者凶不同

## 吉凶相伴格

假如成化六年五月十九丙申日辛卯時張姓塋其葬者在了山午向了謂此未為吉本年庚寅灰絶在子向首不利鰲短本年寅歳命第二局第二又值齡天在壬事長生於丙申日丙子納音傷火須是生在朝元又祿馬同鄉合五月胎在添旺七十八年塋後

## 論五氣生旺局謂五天添旺進年月日諸局

蒼天木氣○值酉年月日時得胎在添旺二十六年○戊亥年月日時得養生在添旺三十六年○丑寅年月日時得冠帶臨官在添旺六十四年○卯年月日時得添旺三十四年○未年月日時得墓在三十九數墓在半吉添旺十四年

丹天火氣○值子年月日時得胎氣添旺八十一年○丑寅年月日時得養生在添旺六十四年○辰巳年月日時得冠帶臨官在添旺四十一年○午年月日時得旺氣添旺四十九年○戊年月日時得墓在除半添旺十八年

齡天土在○玄天水在○同值午年月日時得胎在添旺四十九年○未申年月日時得養生在添旺二十九年○戊亥年月日時得冠帶臨宮氣添旺三十六年○子年月日時得添旺氣八十一年○辰年月日時得墓氣除半吉添旺二十年半

素天金在○值卯年月日時得胎氣添旺三十四年○辰巳年月日時養生氣添旺四十一年○未申年月日時得冠帶臨官添旺氣

三百我以皆用數百兩門
風勝舊但速年公松灾
病不恩損人二口何也
緣本氣病於寅年亥子
卯時木鬼相攻土丁受
傷文逢灾煞坐穴只得
此局先天丁盈丁得令
鬼旺氣衰吉凶相伴辛
卯年秋來生一子逾月
而殤乃胎年月無得未
之養丁而曰亥其應而
驗于此
謂巳未年丙子月庚申
日庚辰時黃宝姓安塟
依乾山第一局黅天丁
主事合生旺養墓總添
丁一百八十年旺氣吉
又得先天日乙盈丁受

二十九年○酉年月日時得旺氣二十六年○丑年月日時得墓
丁咸半添旺三十一年吉
○巳上胎養生旺冠帶臨官墓年月日時合先天盈丁各若干數年
家門清吉發福無涯進旺人丁廣添田產世業增崇再遇流年太
歲生旺冠帶胎養相合扶助越應吉兆○設若後天散氣雖得胎
養生旺不能為吉局也逢流年雖是生扶合亦不能為吉更遇衰
病死絕愈加凶兆矣

○五氣減退局

蒼天太丁○值子年月日時得沐浴敗丁咸退八十一年○辰巳年
月日時得病衰氣減退四十一年○午年月日時得死丁咸退四
十九年○申年月日時得絕氣減退二十九年
丹天火氣○值卯年月日時得沐浴敗丁退三十四年○未申年月
日時得衰病丁減退二十九年○酉年月日時飲丁減退二十六
年○戌亥年月日時得絕丁減退三十六年
黅天土氣○玄天水氣同○酉年月日時得沐浴敗氣減退二十六年
丑寅年月日時得衰病丁咸退六十四年○卯年月日時得死氣

酒発福大根門風或剋
山家損宅不知冬至後
金山韓擇丁丑水也

## 正垣合垣格

假如丁山癸向以癸巳年
戊午月甲戌日丙寅時
用事係用天火星盈年
月日時生旺熇官墓庫
若得一百二十一年旺
星吉丁山熇組在星度
正垣合南方旺星符蔭
增添四十九年福星是
謂正垣護旺

又加乾山巽向以丙寅年
癸巳月戊午日丁巳時
用事丹天火星盈年月
日時坐旺熇官總得一

臧退三十四年○巳年月日時得絶氣臧退四十一年
素天全星○值午年年月日時得沐浴敗氣臧退四十九年○戌亥年
月日時得衰病星臧退三十六年○子年月日時得苑星臧退八
十一年○寅年月日時得絶星臧退六十四年
巳上敗衰苑病絶年月日時臧退富星若千年數若遇先天盈星乙
庚丁頗得平和雖然不吉亦不凶遇後天甲辛丙散星愈如凶兆
照依臧退年數剋應如神

○五氣正垣局

蒼天木氣得丁壬甲乙亥卯未年日係角亢氐房心尾箕主事宜長
艮寅甲卯乙辰山向造塟合東方旺氣蔭三十四年
丹天火氣得戊癸丙丁寅午戌年月係井鬼柳星張翼軫主事宜作
巽巳丙午丁未山向造塟合南方旺氣陰四十九年吉
黅天上星得甲戊巳申子辰年月宜作乾坤艮巽山向造塟合中央
旺星蔭一百年吉
素天金星得乙庚辛巳酉丑年月係是奎婁胃昴畢觜參主事宜長
坤申庚酉辛戌山向造塟合西方旺星陰二十六年吉

日九十五年旺炁吉天壬戌癸丙丁齊全合得太微垣龍神護時四十九年催炁是謂合垣護旺炁也

## 天符廟旺格

正統戊辰冬游沙寇殘群盜數百人標掠於御林家人忘奔竄子不幸先人之喪殮于正寢恐遭荼毒摘遂親摘不得已倉卒校曆蔡時以待寧息易行擇地依礼改塟向後未遇智人無可與議者不竟崔甫岁月之久痛切於心未能終事今衣先然實苞之左

玄天水炁得丙辛壬癸甲 子辰年月係斗牛女虛危室壁主事宜依乾亥壬子癸山向造塟 合北方旺炁八十一年吉

○已上吉局天合五氣正垣地得五方正位登垣入廟多吉之元兆

凡造塟者得斯造化稟列宿之英靈受五行之旺氣入局歸垣神藏然後年月四柱總得吉旺氣若干數蔭若干年月造塟皆宜用之大地用大格局小可之地只宜小可格局設若大地用此年月塟者便是亡人再生之日受氣之吉得地之正何怕後人附塟蓋先者得生旺年受氣自然享福得生旺年月穴又得龍直脉正子孫富貴後塟者不受地氣必在敗絕如用此局之吉不怕山凶水走亦王一發家地葬然古人云見早秋澇此長彼短無可疑者起造安塟同論

政如五氣登垣入路然如木躔東方七宿又值寅甲如乙辰丙庚年月日時如星近太陽之傍有日青雲得路便朝天身貴顯名揚此是神仙真妙訣時人如逢此吉局金榜在香近帝前

○吉炁合垣局

蒼天木炁得丁壬申乙四干齊全在年月日時合得天市太微垣護

作禾山丑向地在西具寺嶺西廣木郎得吉遂課癸巳年戊午月甲辰日丙寅時改葬成墳係成化九年五月十四日按第七局太歲治第二爻地穴清合丹天火炁主事癸巳年火之臨官也戊午月火之帝旺也甲辰日火之冠帶也丙寅時火之長生也六丁爲火天爲炁戊癸財備爲火之天符納音三火巳寅午爲火局八廟夏季當權護旺六丁爲炁又屬火十四日月尚在丁地炁明矣隔七骨見未審論取當是否四

旺二十四年吉

丹天火炁得戊癸丙丁四干齊全在年月日時　合得火微垣護旺四十九年吉

黅天土炁得甲戊巳三干齊全在年月日時合　勾陳金闕垣局護旺一百[illegible][illegible]年吉

素天金炁得乙庚辛三干齊全在年月日時合　得天苑垣局護旺二十六年吉

玄天水炁得丙辛壬癸四干齊全在年月日時　合得紫微垣局護旺八十一年吉〇巳上五炁年月日時合得此炁齊全得若干年限增添旺氣風龍神護衛愈然聚藏添入進產家　宅安寧

〇元氣護三局

蒼天　素天　丹天　玄天　黅天

木　金　火　水　土

得

甲乙丁壬　庚辛乙　丙丁戊癸　壬癸丙辛　戊巳甲

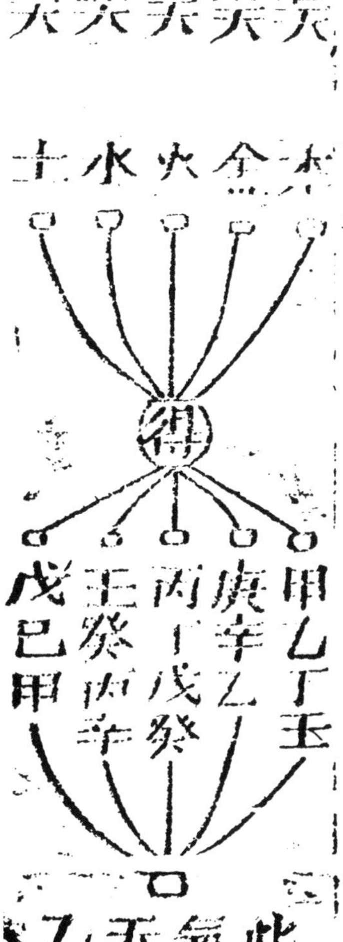

此局謂之護衛旺氣年月帶大如著天才氣有二甲三乙皆吉

祈高明斷介正幸也

## 駢儷雜揉格

一姓造屋坐亥向巳子課辛亥年丙申月壬子日癸卯時竪造上梁不入疑卯時犯截路空何中空猶凶又嫌卯時是死炁別姓小者取丑時吉神家又金山墓庫上入從之後果禍生閨閫寵妾爭權夫妻反目結纏丙辛駢儷揉雜設不得秋令水局逢生旺必致于艱敗矣

## 護旺元炁格

一姓作坤山酉向起屋課

○駢儷貞祿局

駢儷者對偶也甲與巳合乙與庚合丙與辛合丁與壬合戊與癸合今甲丙戊庚壬屬陽男子之象乙丁巳辛癸屬陰女子之象剋我者爲夫我剋者爲婦且如甲屬木爲陽巳屬土爲陰爲婦配偶相合是爲駢儷又曰天符也以繼者反無川餘倣此

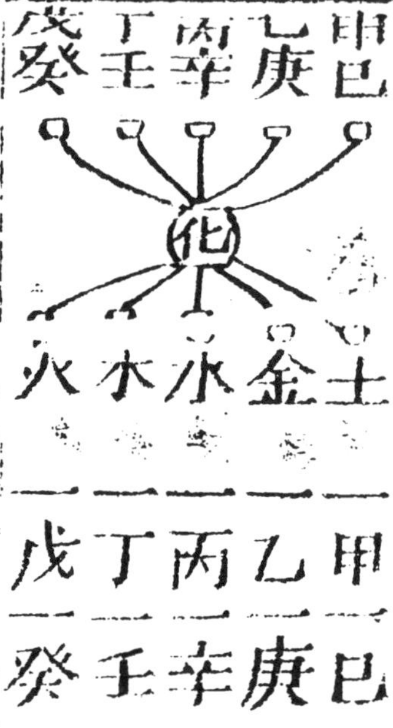

甲巳 乙庚 丙辛 丁壬 戊癸 化

土—甲—巳
金—乙—庚
水—丙—辛
木—丁—壬
火—戊—癸

駢儷貞

黅天 素天 玄天 蒼天 丹天

土 金 水 木 火

炁之神

○右此局陰陽配合對偶一聯駢儷不雜猶如夫婦和諧門庭生喜慶高貴自天來謂之駢儷貞祿又曰天符如黅天土炁二甲一巳反爲帶弊心主中有暗失淫婦因多入破家如娌敗主一甲二巳爲男女爭權競寵好妬反目至於敗家其餘四天之炁倣此推斷若非化炁駢儷如蒼天炁見兩甲二巳或三甲二巳又係護旺局不在此論

得甲子年乙亥月乙未日丁丑時太歲屬蒼吳木炁或言納音金木多為煞又不為敗於子殊不知金煞須多同病於亥死於子四課逢甲乙謂之元炁護旺不嫌濕分木逢亥子為生炁何敗之有矣。

## 泄元害炁格

成化五年巳丑歲癸酉月巳巳日乙丑時用術課周娘修造與乾宅合謂脩方論年月連利合通天㲉走馬六壬年月六白九到與文天道吉方取日時極吉雖有縣宮

〇財來生我為生炁朝元論　局載在貧賤何從論年月何以出長壽者母來生我進福朝元是為生炁何以出天巳者我去生他虛耗減福是為泄氣生氣不息木氣愈盛為貴我生不巳木氣發亡朝元局主人送物發福招財壽命延長兒孫蕃衍候如水生木應得此方財物江湖中利益入送水中物出産大進生男黑色水生河泊轉運茶鹽之職木生火乃應東方得財入送竹木進貴書田　入聰明俊秀修長蕃司州縣衙門之職

〇論禍泄炁局

蒼天木炁得丙丁巳午納音屬火或寅午戌三字全者不吉〇丙天火炁得戊己辰戌丑未納音屬土或申子辰三字齊全者〇黔天土炁逢庚辛申酉納音屬金或巳酉丑三字齊全者〇素天金炁得壬癸亥子納音屬水或申子辰三字齊全者〇玄天水炁得甲乙寅卯納音屬木或亥卯未三字齊全者〇此局我去生他為滅福泄氣

〇論泄氣歌訣

符滿吉能賦制周信之不疑越一年其家因官事鬧累死其屋被火所焚子以瞎撅係斷天上爲壬申巳酉丑齊金煞泄元局乙丁酉亥納辛皆金秋今得助須有巳丑火泄爲太甫爲能救制更遇敗絕歲爲數多由此觀之何吉之有

## 新增前賢應驗課

寅甲卯巽山廠明風水蓍

天木爲年月應驗

一卯山庚甲向　楊公擇

乙卯年巳卯月庚申巳

巳卯時　後出帳承根

一卯山辛乙向　曾公擇

泄元之局　是我生子　泄我元辰　漏胎之母　害子蔭孫
亦有可取　無子有孫　方宜用此　累及曾立　蔭蔽後昆
不宜太泄　周圍水源　根深帶固　泄及何干　不識根帶
是煞年煞　水破火泄　水來救濟　金破水泄　土亦能制
有泄無救　必知傷壽　泄氣必亘　泄代貧窮　門戶不振
命八墓丙　泄氣若輕　後代當興　曾立享福　火則彌明
四課煞星　吉凶可觀　朝元泄氣　請看山水　山聚水遶
用泄可許　山走水去　用泄有阻　泄重不好　人無存者
木化灰飛　男先死早　火化爲塵　墮胎煩惱　土化錐鑽
衣食難討　金化泉流　性命難保　木化萌芽　父子相盜
火泄難當　冬雪澆湯　火金泄重　親婦終亡　水木泄重
悲哭相傷　輕重可測　智者精詳

○論天符臨御

賦曰甲巳之歲戊煞統龍以土司化黅天最靈乙庚之歲統龍乎庚以金司化氣旺素天丙辛之歲壬得統御以木司化立天之度丁壬之歲甲煞統龍以木司化蒼天是奉歲臨戊癸之歲統龍是丙

庚寅年丁亥月辛卯日
辛卯时後世代官顯
巽山辛乙向　惠太師
擇辛卯年辛卯月辛卯
日辛卯时後出直西山
卯山辛乙向　顏布衣
擇甲寅年丁卯月辛卯
日巳亥时後出王丞相
丙午丁巳山少陰少陽名
以丹天火气年月應驗
一丙山辛乙向　楊公擇
巳巳年巳巳月壬午日
壬寅時後富貴榮顯
辛山癸丁向　擇辛巳
年甲午月庚寅日丙戌
时出入子士登貴顯
一丙山艮坤向　一擇癸巳
年丁巳月庚午日戊寅

火以司化丹天之任Q統天德上下御宿以成變化出靈元之事納
丙遇辛得甲子辰而奮旨癸乙遇庚得巳酉丑而撒輝丁遇壬得貴
卯未而清貴戊遇癸得寅午戌而光明甲遇己得辰戌丑未丙申
子辰而最靈是以五行以我宮為正廟我入母官是為福德之神
我入子官為偏胎泄气我入鬼宮為傷剋之刑我剋之地為財反
為偏之凶生剋机變不一於斯造化无窮

□論生制害

生我者父母生吾朝元也比和者兄弟元气入廟也是斯二者一曰
福德一曰護旺皆主貴之神不拘年月日時連見維出愈多愈妙
在天干主新創屋宇與旺人丁在地支主基址豐隆牛馬長進在
納音主產業增榮財祿自至入局者主利富貴人物亨通入局者
如丹天火气得亥卯未三字者金為朝元入局得戌癸丙丁寅午
戌三字齐全為護旺入局也
我生者子孫泄元害气也卯龄天土气值年月日时或納音又干有
金為泄氣漏胎當時害下萌孫若泄大重為禍元深泄若稍輕得
火來生救本元福之根深蒂固反主榮華來得时无子有孫須泄何害

时後出二子拜相
丁山艮坤向立公择癸巳年丁巳月庚午日戊寅时出五年貴
午山癸向廖公择丁巳年丙午月戊寅日戊午时後三代十六登科
辰戌丑未艮坤山太陰温土黔天上気年月應驗
夷山丙向楊公择辛夷年庚子月丙申日丙申时後出歐陽公
一艮山庚向揚公择丙辰年丙申月丙申日丙申时　後出貴綿遠
坤山艮向廖公择丙辰年丙申月丙辰日丙申时後出張丞相祖地

尅我者为官鬼元気受傷也假如蒼天承吾得一金为官更逢生旺吉局相扶是为官貴名利無疑若與金作党为鬼或巳酉丑斉月金为鬼局更加秋令当校鬼賊相散元気受傷必主大敗也
我尅者妻財水気之謂也如玄天水気見一火为財生気旺気相吉局可作吉推如壬亥納音見兩三重火財多則損巳辰为成仇是則渦之倫制反主退敗也

〇論先天気盈後天気散

此明阴升降圖凡造葬取地気明为是每用二十八宿据坎月初至半前十四也自十五朔至二十七地気暗为向一本云起至天気明亦可用於埋葬不可用若論定山坐穴從本年太歳甲処起用辛丙为後天散気次及乙庚丁为先天盈気不问起造埋葬一切用事必以先天盈吾为吉後天散吾気散

〇論禄馬陽貴人

禄馬陽及貴以太歳推之如甲年禄在寅則如为陽双申子辰歳馬亦到寅是禄馬同到丑未为貴人如年月日時帯禄馬貴人又逢生旺臨官盈気吉富貴双全即便発福或遇衰病死絶及後天散

## 五天元定論

各以山为主起長生
蒼天水炁土合天市垣
以甲乙为正位宜依艮
寅甲卯乙辰山亥卯未
年月为進炁喜水生忌
火泄宜丁壬護旺益謂
荣福水得甲乙同躔木
遇水而喜權木得上而
根厚木喜四生一炁之
日期宜亥卯未五戊年
月生旺合東方之旺気
生也
造葬主命与安相生者大
發財禄富貴榮華名登
青天吉播王堂
假如癸亥水生乙卯木旺

気覌乎衣食一世奔波半及及生旺臨官又值官星吉曜主章掌威君人墓庫貞亦凶必主暗疾逢衰病死絶愈增無完凶敗

◎論坎艮二宫不受黔天気

論曰一二三四五六七八九数隷于九宫錯綜五行以一無变二二而四三三而九四四而十六五五而二十五六六而三十六七七而四十九八八而六十四九九而八十一大衍之数五十而用四十有九九数之四不脱乎五十五十者天五生土也土以黔天気統之旺乎辰戌丑未四墓之処故四墓之歳除坎艮二宫乃乾坤震巽離兑皆屬六宫配土餘地不滿東南堪輿地勢可極於東南殊不可極於北故坎為九九八十一为天地之元根萬物之本主位同比方也艮得八八而六十四为歳樞在月隔丑連之寅聯矚止之間係八卦之中故艮気最重不屬黔大気統乾卯震巽離兑自子午卯酉寅申巳亥五行在票辰戌丑未四者为鬰經是辰戌丑未票寄行上六者帰於戊己焉戊己者天地之根陰陽之位一陽從地生一陰從天降皆本乎此二十四向之中無戊己者又気司存焉於四墓之歳所以坎艮二宫不受黔天二炁又何疑子哉

壬戌水养丁未木墓此为四生一吞之期也添旺三十四年

黔天上気上合勿陳金鋼垣次戌巳為正位宜依乾坤艮巽山申子辰年月为進気喜火來主忌金能泄吞忌木制尅大凶

造塟主命与気相生而大発財禄大富貴榮華

假如戌山辰向以丙戌丙申為龍鳳三台之格長生於申胎于午合之上発福非常主添旺吞一百年凡用巳日財在家以金为子孫火为父母胎有一元根因火而発

子午年 四木 一水 二土 二金
乾木 坎水 艮土 震木 巽金 離木 坤木 兌金

丑未年 六土 一木 一水
乾土 坎木 艮水 震土 巽土 離土 坤土 兌土

寅申年 四火 一木 一土 二水
乾火 坎土 艮木 震火 巽火 離水 坤水 兌火

卯酉年 四金 二木 一火 一土
乾金 坎火 艮土 震金 巽木 離金 坤金 兌木

辰戌年 六土 一金 一火
乾土 坎金 艮火 震土 巽土 離土 坤土 兌土

巳亥年 四水 二火 一土 一金
乾水 坎土 艮金 震水 巽水 離火 坤火 兌水

曰五運 論五天五方立運之吞也

大分五吞地列五行五気分流散於其止乎 如列宿下合以方隅則命之以为五運即五方之気也

鸖天之気経于危室覌柳四宿之上下臨丁壬之位立为木運則主

大富貴者火命之人得
大財也
一素天金至庚辛為正位
水是子孫土為父母忌
庚辛上合天苑垣內有
華蓋星又喜土生金宜
己酉丑年月為進氣宜
依坤申庚酉辛戌山
造葬合西方添旺氣二十
六年
假如己酉年甲戌月壬申
日戊申時甲己化土為
上華蓋內用真祿官於
用戊申己酉土司權天
旺大發財福
丹大火氣丙丁為正位
土合大微垣戊癸獲旺
寅午戌年月為進氣宜

東方之氣用事
丹天之氣經於牛女奎壁四宿之上下臨戊癸之位立為火運而主
南方之氣用事
黅天之氣經於角亢心尾四宿之上下臨甲己之位立為土運而主
中央之氣用事
素天之氣經於亢氐昴畢四宿之上下臨乙庚之位立為金運而主
西方之氣用事
玄天之氣經於張翼婁胃四宿之上下臨丙辛之位立為水運而主
比方之氣用事
此五氣所經二十八宿十二分位相臨因以紀五天而立五運暑
五方之氣流行消長明陽之数用矣
五氣魁應

蒼天承氣

靜巽 婦人提瓶 小兒偃歌 鯉魚上樹 貴人
臨門
造葬 宜艮震巳山及山運木吉忌年月日
時納音屬金逢金局為煞發衰氣旺官勢病顛處部得名九流超
衆白手成家便得吉地相扶文章魁世飛黃騰路孕育生男子孫

作巽巳丙午丁未山造葬合南方旺氣添旺四十九年以土為子孫木為父母最喜甲乙寅卯之木生旡忌辰戌丑未為泄旡不祥喜臨官帝旺年月日時為福又喜火年月財喜大吉正是熒招鸖鵲之來荣捷門送契添田地

假如庚辰年辛巳月壬寅日丙午時以火冠在辰臨官在巳長生在寅帝旺於午

玄大水旡壬癸為旺位上合紫微垣宜作亥壬子癸丑乾山進葬合比方床財氣八十一年甲

昌盛 煞旺氣衰慵懶膺疾所作不成牛開瓵傷囝罔次亡子孫忤逆田產退敗風疾纏染

## 丙丁天火氣

怪異 鵲鳴 馬生騾子 赤蛇上樹 捷門送契

造葬 宜離壬丙乙山及山運屬火吉忌年月日時納音屬水逢水局為殺煞衰氣旺潤屋肥家子孫大旺若殺旺氣衰頻見灾禍財遭瘟火田蚕不收人物耗散

## 戊己天土氣

怪異 牛馬自至 牛生犢 生旡物主 猪自生子

造葬 宜丑癸坤庚未向首大利及山運屬土吉忌年月日時納音屬木尅逢木局為煞煞衰氣旺助我声勢当作頭官大發財產嗣續廻長 煞旺氣衰死亡失脫六畜虛耗疾病連綿家門坎向

## 庚辛天金氣

怪異 雨鳴 掘地得金 因公得財 因女得官

造葬 宜乾亥丁向首及山運屬金吉忌年月日時納音屬火尅逢火局為殺殺衰氣旺招軍賊財宅進横財粮稅房屋田業大旺生馬自來南方絕戶送勢契書 殺旺氣衰家破城扨出傾死無棄故火燒至女人公事時見不祥

子庚年为進宝書丙辛
[illegible]旺木为子孫金为
妻丑忌甲乙寅卯为進
宝遇庚辛申酉丙發福
貴巽宮裡坂仙桂見水
可吉旉久而産麒麟貴同
商將而三元久科甲富
比石崇富豪之金屋
夫九選擇合得五元年月
日时造塟者龍神護衛
思殺潛藏添人進產家
宅安康
天市垣吞昊太元得甲乙
丁壬四干为金旺三十
四年吉元宜作艮寅甲
卯乙辰山吉其卯辰丑
戊年月日时值生旺臨
官帝墓泰合旺遁坤卦

## 玄天水氣

惟巽小 鬼怪小 鬼運財宝 僧道送物 佛金鸣
奴婢白小 造塟 宜甲寅辰巽戊坎辛申向首及
山運屬水吉 年月日时納音屬土凶逢土局为殺煞衰気旺財
物自来九流中人送田契及金銭銀軌因捕獲得官榮身致富殺
旺気長主連年遭公訟失物喪財六畜虐耗風緩瘋疾病無时
甚則主於逃亡乞丐

鰲極書貴金精之術始自丘延翰賦自五鶚注自鰲峯行自祖注逍軒先生其五巫一之说歷有年矣但时俗有夫其傳焉而不得其本何以識其標渠公後裔戀頗究其理故因言以述其数篇並載其前用得福合局失用凶局假如載於上層此係古藏本編集俟高明同智者識之惟造塟選擇極有理焉但合得生旺格局盈気年月發福無窮若合衰敗散気年月退敗不止姑集全補局例以便言明選擇術者不可不知

○五運六気配金精生制論

冬至小寒大寒立春四気皆厥陰風木司天令宜甲乙寅卯巽五山開本気極吉○巳丙午丁四山生死亦吉○庚兌辛申乾五山为

三晶帝星用事
太微垣丹天火死浔丙丁
戊癸四干为全旺四十
九年吉气宜作巴巽巳丙
午丁未山喜寅午戌年
月日时为进气合来旆
剥卦为三晶帝星用事
天苑垣素天金气浔乙庚
丙辛四干为全旺三十
六年吉气宜作坤申庚
兑辛山喜巳酉丑申辰
年月日用合生旺临官
恭墓吉合官临乾卦为
三晶帝星用事
紫微垣玄天水无浔壬癸
丙辛四干为全旺八十
一年吉气宜作寅壬子
癸丑山吉寅申子辰寅

财死次吉〇辰戌丑未艮坤六山为魁气极凶〇寅壬子癸丑山
为泄气次凶〇巳上六气各以本山正属论
雨水惊蛰春分清明四气少阴君火司令〇同谷雨立夏小满芒种
四气皆火阳相火司令时八节气少阴火少阳火〇巳丙午丁四
山谓本气极吉〇辰戌丑未艮坤六山为生气亦吉〇寅壬子癸
四山为财气次吉〇庚兑辛申乾五山为魁气极凶〇寅甲卯乙
巽五山为泄气次凶各以木山魁死为才也
夏至小暑大暑立秋四气皆六阴湿土司天令〇辰戌丑未艮坤六
山谓本气极吉〇庚兑辛申乾五山为生气亦吉〇寅甲卯乙四
山以土为财气次吉〇寅壬子癸四山为魁气极凶〇巳丙午丁
四山为泄气次凶
处暑白露秋分寒露四气皆阳明燥金司天令〇庚兑辛甲乾五山
谓本气极吉〇寅壬子癸四山为生死亦吉〇巳丙午丁四山为
财气次吉也〇寅甲卯乙巽五山金为魁气极凶〇辰戌丑未艮
坤六山为泄死次凶
霜降立冬小雪大雪四[illegible]太阳寒水司天令〇寅壬子癸四山谓

未戌年月日时為生旺
得合吉局逢用子辰年
大発財合吉復卦為
三品帝星用事大吉

平気極吉。寅甲卯乙巽五山為生気気吉。辰戌丑未艮寅六
山為才気次吉。巳丙午丁四山為尅気極凶。庚兌辛申乾亥五
山以水為泄気凶
凡二十四気分為六節金木水火土取用法用本気者自榮自旺用
生気者自立自成合才気者自成自創合過者自傷自亡合泄気
者自退自敗至驗屢試屢應。大九五運六気之理選擇吉知者
則回天命造化奪神功豈為虚偽哉

新刻鰲頭通書八卷終

## 六十年定局

逐年諸凶星立成

叢六十年花甲開山立向

逐年凶神煞立成

年家三煞坐煞向煞

飛天大退年占方

九良星占　九良煞占

五音修造

年尅山運

正傍陰府太歲占山

晉星年家三元白星到方

天府轉運尊帝星到方向

玉清玉印到方

逐年八節三奇到方向

年月

## 六十年太歲

謂彙集諸家吉星凶神於二十四位方向

今纂集六十花甲諸家吉星凶神煞分彙於逐年名山方位之下以便觀覽上集凶吉中集各山吉凶會篇下集諸家開山立向修方所忌凶星集於諸方之下吉者通天竅走馬六壬行龍帝星蓋山黃道正皇鳳駕紫微帝星鑾駕到山年龍月兇日虎時牛帝星北辰帝星都天寶照星馬貴人五龍救煞帝星四利三元周望仙羅星要緊吉星選上不要緊者立局於後卷月家吉凶亦選在前卷

○開山立向凶者年尅山家正傍陰府太歲天官符地官符罗天火退皇天炙退獨火山家困龍三煞坐煞向煞九天朱雀八山家頭白空亡六十年頭空亡文神退坐山官符山家火血刃砧開山墓煞立向忌浮天空亡巡山羅睺翎毛禁向修方金神七煞天命煞巽玄燥火巽玄血刃破敗五鬼大耗小耗修方之論各有所忌[illegible]

## 甲子年太歲

通天竅云水之位敎在南方巳午未忌丙壬丁癸四向名坐煞
四大利宜下乾坤艮巽四向大吉
[illegible]羅天大造在于方[illegible]造葬主退財損丁
九良星占廚灶煞在中庭及神廟
[illegible]申子辰亥卯未生命大吉午卯生人不可用
宮角商音姓吉徵音姓犯白虎凶
年[illegible]甲寅辰巽戊坎辛申丑癸卯庚一十三山
[illegible]辰巽[illegible]丙[illegible]

壬 神后天乙水輪兆龍巨門太乙太陰武曲 ■ 浮天空頭白八山空[illegible]毛坐煞向煞將軍箭入山刀砧
子 神后太乙壯龍水輪巨門天罡太陰六白財庫大吉武曲金匱 ■ 魁山太歲堆黃羅天步退金官符二十六煞
癸 財庫武曲 ■ 魁山坐煞向煞刀砧鉄掃帚孫鍾血刃
丑 天皇天乙貴人太陽天貴貪狼金庫 ■ 魁山男女燥火年官符帝車
艮 大吉功曹太乙太龍武曲天道金庫 ■ 正陰府獨火文曲刀上
寅 大吉功曹玉皇木乙太龍勝光武曲貴人驛馬 ■ 魁山千斤血刃帝車喪門
甲 進田玉皇天台天乙左輔貴人 ■ 魁山[illegible]七大害男女血刃家火血
卯 進田玉皇下台天台天乙左輔太陰八白巨門黃羅驛馬臨官 ■ 皇天灸退九天朱雀歲刑孫鍾血刃
乙 青龍天罡紫相天罡益龍左輔合神驛馬臨官刑道 ■ 皇天灸退巡山羅睺山家刀砧六十年空亡
辰 青龍天罡玉皇紫檀天魁益龍左輔歲位合房星 ■ 魁山天官符脂刃煞飛廉五鬼[illegible]官府
巽 地皇天定金輪金星右弼增紫天德人道歲天道歲天德轉轉 ■ 魁山止陰府支神生陰丙血刃五鬼[illegible]
巳 天皇天定金輪金星貪狼右弼歲支德 ■ 三煞男女白刃小耗[illegible]符初煞爭[illegible]叔

下元 尊星乾 帝星巽 玉清艮 玉印坤

中元 尊星坎 帝星離 玉清震 玉印兌

上元年白 一白坤 八白震 六白坎 九紫巽

中元年白 一白坤 八白離 六白兌 九紫坎

下元年白 一白艮 八白乾 六白巽 九紫兌

八節 立春 春分 立夏 夏至

乙奇 艮 震 巽 離

丙奇 艮 震 巽 離

丁奇 離 巽 中 艮

立秋 秋分 立冬 冬至

乙奇 坤 兌 乾 坎

丙奇 坤 兌 乾 坎

丁奇 坎 乾 中 坤

丙○勝光天定宝台水輪升龍水星 右弼武曲天華 ■傍陰府浮天頭白空刀砧伏 坐煞向煞鋼毛將軍箭飛宮

午○勝光天定宝台天乙升龍河魁 危德右弼 ■三煞金神七煞頭白空歲破太陰 災飛廉寡 坐煞向煞四大金皇羿玄浮火

丁○太皇天定驛星傳送貪狼月德合 ■人山刀砧鐵掃帚大耗

未○黃羅危星進財進氣傳送巨門 天乙貴人 ■三煞金神七煞陰中傷滅蠶 坐山地太歲官符命煞

坤○迎財傳送紫檀豐龍太陰存星 福存進氣天道 ■坐山打劫血刃金宅破軍崩騰

申○迎用傳送紫光太陰豐龍生庫 天乙太乙皇天德合文德合 ■坐山金神七煞惜山千金血衣 白虎煞牛飛廉

庚○玉皇進宝黃羅天帝天乙宝庫巨門 ■年剋山劍鋒毛頭前 血家火血 天命煞

酉○進宝天皇 巨皇天乙太帝明羅太明 福德宝藏 ■金神七煞支神退 八座 天命煞

辛○庫珠紫煞皇天乙天輔華龍 天祿合貪狼驛馬臨官利道本庫 ■剋山傍陰府六十年空 山家力士 天命煞

戌○庫珠河魁天乙天輔紫龍貪狼 輔星左庫華蓋生氣青龍生庫 ■剋山穿山羅睺坐山官符流財 太陰浮空勃虎

乾○太陰巨門左庫天定太白 人道 左輔 ■因龍隱伏血刃流財甲官符 血家血刃土皇道

亥○黃羅天定水輪田門太陰太白歲德 ■天官符天禁朱雀天太歲

# 乙丑年 太歲

通天竅云金之位煞在東方寅卯辰忌用庚乙辛四向各坐煞向煞

大利方 丙壬巽午坤亥戌山大吉

此年羅天大退在寅方忌造葬主退財損丁

九良星占僧堂井廚城隍社廟 煞在廚及寅方

宮羽徵音吉商角音凶

造宅利申子辰亥卯未生 丙造宜丑未生人不可用

年剋山家艮震巳三山

正明府太歲占乾兌二山

傍明占申丁巳丑方

壬〇進田紫檀天定太陰貴人左輔右弼 利道 驛馬 ■巡山羅睺六害 大利

子〇進田天定水輪太陰貴人貪狼歲支合 ■皇天灸退 頭白空亡 隱伏血刃

癸〇青龍功曹壯龍貪狼左輔驛馬臨官 ■皇天灸退 浮天空亡 入山空 頭白空

丑〇青龍功曹玉皇天乙壯龍地皇左輔貪狼 ■傍陰府太歲堆黃煞

艮〇玉皇天乙黃羅武曲 ■剋山六十年空亡坐山羅睺打劫血刃五鬼

寅〇紫檀明耀天貴武曲太陽 ■三煞丁斤血刃帝車劫殺

甲〇天罡太定太龍巨門貪狼歲天道 ■傍陰翎毛坐煞向煞 天命殺 刀砧伏兵

卯〇太罡天定紫光太龍左輔巨門貪狼 ■剋山三煞獨火天命殺暗刀 後五鬼

乙〇天台天乙左輔貪狼水輔十山 ■坐煞向煞天命煞翎毛 刀砧 山家火血

辰〇天台宅台天乙太陰 ■三煞金神七煞丁斤血刃歲殺年飛廉

巽〇迎財勝光天皇宅台水輪天魁水星金星蓋龍武曲巨門 ■支神退 荷起貪狼 ■小利方

巳〇迎財勝光玉皇天乙天魁天定進宝 地皇蓋龍宝庫武曲歲位合 ■剋山 傍門符 官符 金神七煞地太歲

上元　尊星兌　五　印坤
　　　帝星震　王　沼艮
中元　帝星坤　王　印乾
　　　帝星艮　王　清巽
上元　年一白乾　六　白坤
　　　自八白巽　九　紫中
中元　年一白震　六　白艮
　　　自八白坎　九　紫坤
下元　年一白離　六　白中
　　　自八白兌　九　紫艮

入節　立春　春分　立夏　夏至
乙奇　兌　坤　震　坎
丙奇　艮　震　巽　離
丁奇　離　巽　中　艮
　　　立秋　秋分　立冬　冬至
乙奇　震　艮　兌　離
丙奇　坤　兌　乾　坎
丁奇　坎　乾　中　坤

丙○進寶貴人天定金輪金匱三合庫貪狼神后秋利道驛馬臨官五龍大利
午○進寶紫檀金輪金星天祿神后武曲歲支德●陰中太歲　小耗金神●利方
丁○庫珠傳送玉皇地皇天乙太乙玉堂升龍　天華天祿左輔驛馬臨官●傍陰府浮天空頭白空入山　空亡劫煞毛禁向將軍箭
未○庫珠傳送天乙升龍玉皇左輔支德合●歲破大耗流財隱伏血刃●小利
坤○玉皇天乙左輔木星●六十年空亡蠶室●利方
甲○玉皇龍德寶臺太陽天乙貴人武曲木星●天官符坐山羅睺流財　年官符
庚○河魁豐龍右弼壽星福壽歲天道歲天德●六十年空亡山家刀砧　向煞纏毛禁向
酉○河魁地皇豐龍右弼星一白　金匱天乙神后財庫●正陰府天禁朱雀白虎煞支神退　年官有將軍
辛○玉皇天皇天帝太乙財庫巨門●向煞纏毛禁向山家火血刀砧
戌○玉皇天帝紫檀水輪福德金庫入倉●九天朱雀年官入座　忌用●利方
乾○大吉神后大福太乙太陽紫龍　木輪巨門九紫金庫奏書●正陰府太歲上直遊田官符廟騰
亥○太乙紫龍羅睺太乙貴人青龍生炁華蓋[illegible]　大吉神后紫微天福天定水輪金照太陽驛馬●大利方

丙寅年太歲

通天竅公火之位殺在丑
方亥子丑忌丙壬子癸
四向各生殺向殺
大利方 用庚寅巽未戌
酉向大利宜造葬
此年羅天大退在艮方忌
造葬主退財換丁
九艮星占橋井門路云在
天煞後堂井及午丑方
官羽角徵音造吉商音凶
造主利寅午戌亥卯未生
命吉巳申命不可用凶
年魁山艮震巳三山
正明府太歲占坤坎山
傍明占乙癸申辰山

壬○功曹天乙天定天福紫龍右弼天斤 天德合利道●坐煞向煞翎毛禁向山家火血 六十年空亡九山刀砧

子○功曹玉皇天乙天定紫龍右弼天福 太陽青龍生旗華蓋天輔牛星●三煞正陰府支神退流財金神七煞千斤 刀甲官符

癸○玉皇太陰七宿神后歲天道人道●傍陰府坐煞向煞入山刀砧大禍

丑○地皇進寶神后巨門●三煞千斤血刃金神七煞流財甲官符歲煞

艮○迎財天罡黃羅紫壇龍武曲太陽●魁山巡山羅睺羅天大退將阜前 土皇道

寅○迎財天罡紫檀助曜狀龍寶庫左輔●太歲堆黃金神七煞臨伏血 小五鬼

甲○進寶右弼寶庫驛馬臨官●山家刀砧●大利

卯○進寶紫光寶臺貪狼天祿太陽天貴六白●魁山獨火 金甲七煞坐山羅睺

乙○庫珠勝光天乙太乙龍貪狼水星天祿金星●傍陰府浮天空頭白入 山空亡

辰○庫珠勝光天乙太乙龍貪狼水星金星天祿●傍陰府地太歲喪門

巽○天定天皇天台金輪巨門金星武曲●頭白空亡●大利

巳○地皇天乙天台太陰金輪巨門貪狼●魁山天官符年官符陰中煞

上元 尊星艮 天印巽
帝星坤 天清乾

中元 尊星震 玉印離
帝星兌 玉清坎

上元年白 一白兌 八白震
八白中 九紫乾

中元年白 一白巽 六白離
八白坤 九紫震

下元年白 一白坎 六白乾
八白艮 九紫離

八節 立春 春分 立夏 夏至
乙奇 乾 坎 坤 坤
丙奇 兌 坤 震 坎
丁奇 艮 震 巽 離

立秋 秋分 立冬 冬至
乙奇 巽 離 艮 艮
丙奇 震 艮 兌 離
丁奇 坤 兌 乾 坎

丙○傳送黃羅天魁益龍巨門武曲歲德位白道 ● 小耗向殺錯在太十面坐 山坐火血入山刀砧血方

午○傳送紫檀玉皇天乙天魁益龍巨門支德合歲天道 ● 入山受疾金神丁殺 地官符大將軍飛廉

丁○玉皇天乙地皇水星財庫武曲歲天德入道 ● 坐殺向殺陰府龍入山刀砧

未○玉皇水星金庫貪狼左輔歲支德入倉 ● 天禁朱雀金神土煞郎瘟 年官符 ● 小利

坤○大吉河魁太乙升龍右弼天華金庫博士 ● 正陰府 山家血刃破敗 五鬼將軍箭以

甲○太吉河魁太乙寶台升龍武曲貴人馹馬 ● 傍陰府歲破 昇玄血刃 孫鍾血刃

庚○進田太乙文曲星貪狼太陽驛馬臨官 ● 山家刀砧六害 ● 大利

酉○進田地皇陽貴人太乙龍德 ● 皇天炙退碎金地軸飛廉

辛○青龍神后天皇天定太乙太陽豐龍月德合 ● 得天空入山空頭白 空皇天炙退崩騰

戌○青龍神后紫檀天定太乙太陽豐龍福星貴人 ● 隱伏血刃白虎 大命殺蚕官

乾○天帝天定太陰 ● 小利 ● 打刧血刃天命殺蚕室

亥○紫微鸞駕天定天帝太陰福德 ● 三殺暗刀殺天命殺入座星官符蚕命

# 丁卯年太歲

通天竅云木之位竅在酉
六申酉戌忌甲庚乙丑
向坐煞向辰
四大利寅下蘇坤丑艮辰
乙向大利寅坐癸吉
羅天大退丁卯年在兵方
忌造葬上退財
九良星占寺觀竈後堂
後門寅艮寺觀尼寺
造主寅午戌亥卯未生命
吉利　忌子酉生人凶
宮羽徵音吉商音大凶
年剋山家壬丙乙四山
正明府太歲占離
傍陰府占寅壬戌方

壬○進寶玉皇天皇天帝天乙天廚寶庫驛馬 ●魁山傍陰府翎毛禁向
子○進寶玉皇天乙天帝紫微鑾駕紫檀天富福德 ●獨火支神退頭白空亡九天朱雀流財八座
癸○庫珠天罡天乙天福華蓋龍德福德天祿左輔驛馬 ●六十年空亡山家火血山家刀砧 ●大利
丑○庫珠天罡天乙天福華蓋左右輔太陽青龍生氣華蓋 ●鬼流財殺田官符五 ○大利
艮○太陰七宿太天道人道 ●羅天大退玉皇遊破
寅○天皇太乙天定太陰歲道 ●傍陰府天官符金神七煞天地太歲
甲○勝光黃羅紫龍太乙水輪太陽右弼歲位德 ●入山虎頭箭將軍箭坐山羅喉向後刀砧
卯○勝光水輪太陽太乙右弼巨門壯危 ●太歲堆黃金神七煞血刃刀五鬼
乙○地皇財庫巨門 ●魁山坐煞向煞天凶刀砧崩騰
辰○太陰五龍貴人金庫貪狼人倉 ●利方 ●穿山羅喉陰中太歲
巽○天吉偷送太乙紫檀紫龍太陽貴人天道 ●困龍 ●大利方
巳○大吉偷送太乙紫龍太陽左輔天德合支德全 ●天禁朱雀天命殺 ○大利方

上下元 尊星離 帝星坎 五印兌 五清震
中元 尊星巽 帝星乾 五印坤 五清艮
上元 年一白艮 白八白乾 六白巽 九紫兌
中元 年一白中 白八白震 六白坎 九紫巽
下元 年一白坤 白八白離 六白兌 九紫坎

八節 立春 春分 立夏 夏至
乙奇 中 離 坎 震
丙奇 乾 坎 坤 坤
丁奇 兌 坤 震 坎
立秋 秋分 立冬 冬至
乙奇 申 坎 離 兌
丙奇 巽 離 艮 艮
丁奇 震 艮 兌 離

丙○ 紫天乙天官主曲木星天合驛馬●飛官符毛頭天河六害

午○玉皇 曲天皇天乙天台太陰左輔●灶山正陰皇天灸退坐山羅天狗

丁○青龍河 魁天魁孟龍左輔貪狼房顯利道●皇天灸退六十年空 山家火血山家刀砧

未○青龍河 魁天魁孟龍五龍房顯歲位合●地官符大偷煞昇玄燥火

坤○地皇天 定金輪五龍金星天貪狼歲天德妖道●打劫血刃○大利方

申○天定宋 光金輪貪狼金星歲支德●三煞暗刀煞小耗淨欄煞

庚○神后天 定升龍寶台水輪水星巨門●浮天空入山空頭白空亡 坐煞向煞翎毛入山刀砧

酉○神后朝 耀天定升龍寶台水輪巨門水星●歲破三煞傍陰府 金神七煞

辛○紫檀家 星武曲●坐煞向煞逆血刃八山刀砧大耗

戌○天皇龍 德歲支合●三煞傍陰府金神七煞歲殺蠶官蠶命

乾○迎財功 寶貴羅豐龍武庫武曲六道●隱伏血刃蠶室○大利

亥○迎財功 寶豐龍武曲●金神七煞白虎煞千斤血刃田官符隱伏血

# 戊辰年 太歲

通天竅云水之位煞在离方巳午未忌丙壬丁癸四回名坐煞向煞

大利方 艮乙西方

宜修造安葬吉

天大退在坤方忌修造安葬主退財損丁

九良星占僧堂城隍社廟

煞古寺观聽及宗辰方

作主宜寅午酉庚生命吉利 丑戌生人不用

商角音造吉宫羽徵凶

年尅山甲寅辰巽戊坎辛甲丑癸坤庚未十三山

正陰府太歲占震庚山

傍陰占庚亥未山

壬山○天罡豐龍武曲歲位德歲天德歲天道●坐煞向煞八山刀砧

子○天罡紫檀紫微豐龍貪狼武曲金匱●尅山金神七煞田官符白虎 支神退疏才將軍大煞五鬼

癸○玉皇大帝天乙紫檀巨門●浮天空亡自八山空鋼毛 坐煞向煞八山刀砧

丑○玉皇大帝黃羅金庫右弼 福德陽貴人倉地財星●尅山金神七煞隱伏血刃年山官符 天命煞暗刀煞流財地太歲八座

艮○大吉勝光地皇太乙天福華龍右弼金庫左轉●天命道血刃○大利方

寅○大吉勝光華龍太乙天福左輔貴人太陽 青龍生煞●尅山 天命煞 穿山羅睺

申○進田天定太陰武曲八道利道驛馬●尅山囚龍 山家火白鋼毛 向山家刃砧煞

卯○天皇進田天定太明 宝台令砧天官貴人●正陰府皇天炙退天禁朱雀陰中煞血刃

乙○青龍傳送壯龍米水太乙右弼太陽驛馬●皇天炙退將軍箭刃利方

辰○青龍傳送太乙水輪壯龍紫檀右弼太陽文德合○尅山

巽○八道●尅山巡山羅睺獨火六十年空亡

巳○黃羅太陽貴人●三煞千斤血刃切煞紫府

上下元 尊星坎 帝星離 玉印晨 玉清兌

中元 尊星乾 帝星巽 玉印艮 玉清坤

上元年一白離 八白兌 六白中 九紫艮

中元年一白乾 八白巽 六白卯 九紫中

下元年一白震 八白坎 六白艮 九紫坤

八節立春春分立夏夏至
乙奇巽艮離巽
丙奇中離坎震
丁奇乾坎坤坤

立秋秋分立冬冬至
乙奇乾坤坎乾
丙奇中坎離兌
丁奇巽離艮艮

丙○河魁地皇泰龍天定太陽左輔歲天道●坐煞向煞入山刀砧

午○河魁天定地皇泰龍天乙太陽右弼●三煞打劫血刃五鬼

丁○玉皇黃羅天台天乙貪狼天德合月德合●坐煞向煞頭白入山刀砧 翎毛禁向入山刀砧

未○玉皇天皇天乙天台太陰七貴人●三煞魁山傍陰府九天朱雀

坤○迎財神后天魁星龍貪狼巨門傳士●魁山羅天大退浮天空

申○迎財神后紫檀紫光天魁星龍貪狼●魁山地官符金神七煞

庚○進寶天皇天定金輪寶庫左輔人道●魁山傍陰府山家火血 翎毛禁自入山刀砧

酉○黃羅進寶朗耀天定天祿金星歲支德合●金神七煞坐山羅睺[illegible]

辛○庫珠功曹寶台天乙水輪水星升龍巨門駙馬●魁山將軍箭

戌○庫珠功曹寶台天乙水輪升龍水星武曲●魁山家歲破大耗蠶官

乾○武曲●八十年坐亡蠶室土皇煞

亥○天皇龍德武庫●天官符傍陰府年官符

## 己巳年太歲

通天竅云金之位煞在東方寅卯辰忌甲庚乙辛四向名坐煞向煞

四大利宜下子午丁癸丑未造葬修方吉利

羅天大退 在坤方忌修造安葬主退財損丁

九良星 古廟寺觀申方

煞在門及寺觀

作主宜寅午戌巳酉丑生命利 申亥生人不用

商角徵音吉宮羽音絕凶

年尅山家巳震艮三山

正陰府太歲吉艮巽二山

傍陰府占丙辛山

[illegible]蠶[illegible]在巳

壬○進田貴入貪狼驛馬臨官 ●入山空頭白虎亡劫壬禁向六害

子○進田紫微紫檀龍德武庫巨門貪狼 ●皇天灸退亥神退破敗五鬼

癸○青龍勝光寶台紫檀豐龍武庫武曲天道驛馬 ●皇天退 山家刀砧 羽壬禁向

丑○青龍勝光黃羅豐龍武曲貪狼 ●白虎煞蚕官蚕命 ●大利

艮○玉皇天帝天乙地皇右弼左輔 ●魁山正陰府蚕室

寅○玉皇天帝太乙天乙福德 ●三煞陰中太歲九天朱雀千斤血刃坐

申○傳送天定天福華龍左輔利道 ●坐煞向煞六十年空八山刀砧

卯○傳送天皇天定天福寶台華龍左輔 ●三煞魁山將軍劫煞

乙○天乙天定太陰太白五庫月德合人道 ●坐煞向殺山家火血 八山刀砧

辰○天定太陰太白紫檀 ●三殺歲殺病符帝輅

巽○迎財天河魁水輪太乙太陽壯龍右弼 ●正陰府 打劫血 伸火將軍箭 刃陰伏血刃 土皇遊

巳○地才河魁太明黃泉太乙壯龍太陽寶庫右弼 ●魁山太歲推頭煞

上元甲子年 帝星艮 玉印乾 玉清巽
中元 尊星兌 玉印坤 帝星艮 玉清艮
上元年一白坎 六白乾 白 八白艮 九紫離
中元年一白兌 六白震 白 八白中 九紫乾
下元年一白巽 六白离 白 八白坤 九紫震
八節 立春 春分 立夏 夏至
乙奇 巽 艮 离 巽
丙奇 巽 艮 离 巽
丁奇 中 離 坎 震
立秋 秋分 立冬 冬至
乙奇 乾 坤 坎 乾
丙奇 乾 坤 坎 乾
丁奇 中 坎 離 兌

丙○進宝地皇貴庫武曲 ●仲陰府巡山罗睺頭白虎空亡八山空亡 卯毛禁向逆血反鉄掃帚
午○進宝天乙宝庫水輪太陽 武曲庫值貪狼天祿天貴 ●金神七煞帝車 ○利方
丁○庫珠神后天乙黃罗紫龍水輪太陽天道 ●四大金星昇次未大利 翎毛禁向八山刀砧方
未○天皇庫珠神后天乙紫龍太陽巨門 ●金神七煞天命煞○利方
坤○玉皇天乙天台水星 ●天命煞坐山罗睺○利方
申○玉皇紫檀紫元天台天乙太陰 ●天官符金神天太歲千斤血刃 天命煞
庚○天皇功曹天魁益龍貪狼歲位德利道 ●坐殺向煞六十年空亡刀砧
酉○功曹黃罗明罗八魁金匱 益龍貪狼金輪歲位合 ●地官符金神七煞頭白空亡年官符
辛○天定金輪財庫金星歲天德歲天道人道 ●旁陰府山家火血刃 坐殺向殺八山刀砧
戌○金輪天定金星武曲歲支德人倉 ●川山罗睺流財殺小耗
乾○大吉天罡太乙宝台水輪升龍水星巨門 ●囚龍隱伏血刃○小利方
亥○天皇六乙升龍大輪驛馬 天皇宝台巨門水星玉皇 ●山家朱雀山家血忍歲破五鬼地太歲

〈庚午年〉太歲

通天竅云火之位煞在北方占子丑艮丙壬丁癸

四向名坐煞向煞

四大利艮申卯乙辰未申

修造埋葬吉利

罗天大退　在巽方不官

修造埋葬主退財損丁

九良星占廚社又云在天

煞在神廟及戌亥方

作主宜寅戌巳酉丑生命

利修造子午生人凶

商角徵音吉宮羽音凶

金神山家一兑丁乾亥山

正陰府太歲一占乾兑山

方阴占甲丁巳丑山

太歲堆黃殺在午

壬○勝光天定寶台升龍金輪水星巨門天華●坐煞向煞翎毛禁白山家火血八山刀砧血刃

子○勝光天定寶台升龍巨門水輪金星●三煞歲破隐伏血刃土皇煞

癸○天定金星鄉星●坐煞向煞頭白空八山空亡大禍鐵掃帚

丑○金輪龍德金星●三煞傍陰府陰中太歲蚕官

艮○迎財傳送玉堂天皇普護龍貪狼武曲天道●逆血及蚕室○大利

寅○玉皇迎財傳送天乙朗耀豐龍寶庫武曲●千斤血及白虎煞八座蚕命○大利

甲○催官玉皇天帝天乙紫檀寶庫左輔驛馬●傍陰府翎毛禁向刀砧

卯○玉皇太常進寶地皇紫光福德天祿●八座○大利方

乙○庫珠河魁天福天巳華龍左輔利道驛馬●六十年空○大利方

辰○庫珠河魁天乙天福華龍左輔青龍生氣○大利●千斤血及暗刀煞金神

巽○黃羅武曲太乙巨門歲天道人道右鄉八白●罗天大退○小利方

巳○天乙水輪武曲午鄉歲德●天官符傍陰府金神天太歲碎金煞

上元 尊星辰 帝星兌 王印南 王清坎

中元 尊星艮 帝星坤 王印巽 王清乾

上元 子年一白坤 六白兌 午年八白離 九紫坎

中元 子年一白艮 七白巽 午年八白乾 九紫坎

下元 子年一白中 六白坎 午年八白震 九紫巽

八節 立春 春分 立夏 夏至

乙奇 震 兌 艮 坎

丙奇 巽 艮 離 巽

丁奇 中 離 坎 震

立秋 秋分 立冬 冬至

乙奇 兌 震 坤 中

丙奇 乾 坤 坎 乾

丁奇 中 坎 離 兌

丙○神后天皇天定太乙水輪太陽壯龍右弼●坐殺向殺羽舌禁向 山家交血八山刀砧

午○神后天定水輪壯龍太陽巨門右弼金匱●太歲堆黃殺歲刑

丁○天定太陰武曲 ●浮天空亡頭白空八山空坐殺向煞 傍明府巡山羅睺八山刀砧鐵掃箒

未○天定太陰天帝貴金庫太陽歲支合貴人合君●隱伏血刃 ○利方

坤○太吉功曹天乙太乙泰龍太陽天道●頭白巫山羅睺打劫血刃

申○大吉功曹天皇玉堂台太乙太陽驛馬●穿山羅睺 ○小利

庚○進田玉皇天乙天台地皇驛馬臨官貴人●困龍山家刀砧大害 羽吉禁向○小利

酉○進田天乙太乙右弼 天台太陰●浮山正陰府禍火天皇災退九天朱雀天命煞

辛○青龍天罡地曹天魁華蓋龍貪狼月德合利道●天皇災退六十年空

戌○青龍天罡天魁華蓋龍貪狼五龍房顯歲位合●地官符流財五鬼 地太歲 畐官符

乾○紫檀五輔水皇星歲天道人道●浮山正陰府支神退田官符流大

亥○紫微地皇水皇寶皇歲德●浮山三殺小耗劫煞

## 辛未年太歲

通天竅云水之位煞在西
方申酉戌忌用庚乙辛
四向名坐煞向煞
四大利方卯 乾亥山利
宜脩造葬埋大吉
羅天大退在翌方忌修造
亥壁主大退損人丁
九良星一在天 煞一在門
井僧堂城隍社廟水路
辛宜巳酉丑生人進作
吉利 寅戌人不可用
宮羽坎音宮角角音商
年克山家甲寅辰巽戌坎
辛申丑癸坤庚未十三
山 浮天空 占西山

壬○進寶天定金輪寶庫金星左輔人道利道●頭白空八山空亡
子○進寶天皇天祿金輪歲支德●魁山 正陰府金神七煞千斤血刃 陰中太歲 小耗淨欄煞
癸○玉皇天帝庫珠傳送升龍天乙貪狼●魁山傍陰府山家火丁 山家刀砧
丑○庫珠傳送玉皇升龍天乙貪狼●魁山金神七煞千斤血刃歲破蚕室
艮○玉皇天乙太星武曲右弼●頭白空六十年空坐山羅睺 打頭血刃 蚕室
寅○玉皇朗耀龍德左輔歲德●魁山天官符金神七煞隱伏血刃天命歲
甲○河魁地皇帝星龍巳門貪狼歲天德歲德天道●坐煞向煞刀砧 魁山羽毛禁向
卯○河魁紫檀榮光豐龍武曲巨門金匱●金神七煞白虎天命暗刀煞
乙○天帝太乙黃羅貪狼財庫●傍陰府坐煞向煞天命殺八山刀砧
辰○天皇天帝太乙水輪巨門福德●魁山傍陰府九天朱雀八座
巽○太吉神后天定太乙水輪天福太陽武曲●魁山羅天大退
巳○太吉神后天定太乙水輪天福太陽左龍武曲迎龍星黃羅星天一大利

上下元 尊星巽 帝星乾 五印坤 五清艮
中元 尊星離 帝星坎 五印兌 五清震
上元年 一白震 八白坎 六白艮 九紫坤
中元年 一白離 八白兌 六白中 九紫艮
下元年 一白乾 八白巽 六白坤 九紫中
八節 立春春分 立夏夏至
乙奇坤乾兌乾
丙奇震兌艮中
丁奇巽艮離巽
立秋秋分 立冬冬至
乙奇艮巽震巽
丙奇兌震坤中
丁奇乾坤坎乾

丙○進田天定太陰五庫八道福德貴人●浮天空頭白空八山空亡會
午○天定進田太陰太白左輔歲支德●穿山羅睺金神七煞天皇灸退獨火
丁○青龍功曹天乙壯龍左輔驛馬臨官●困龍天皇灸退山家火血刀砧
未○五皇青龍功曹紫檀天乙壯龍左輔●魁山金神七煞天禁朱雀太歲
坤○五皇黃羅天乙右弼●魁山正陰府巡山羅睺六十年空亡
申○天皇五台天乙太陽歲天德●魁山三煞傍陰府墜命地太歲
庚○天罡紫檀天定泰龍右弼歲天道●魁山小煞向煞翎毛八山刀砧
酉○天罡天定泰龍太乙右弼貪狼左輔●三煞五鬼土皇遊
辛○天台水輪武曲●魁山小煞向煞值山血刃八山刀砧
戊○天台水輪寶台左輔太陰●三煞魁山思伏血刃流財歲破
乾○迎財勝光地皇金輪右弼太明 天財寶台水輪益龍天定●支神退遊血刃破敗五鬼流財
亥○迎財勝光紫微紫檀天魁寶台天定益龍金輪太陽水輪●地官符

〈壬午年〉太歲

通天竅云水之位煞在南
方巳午未忌丙壬丁癸
四名坐煞向煞
四大利方乙辛坤艮丑申
修造艮坤大利
羅天太退方　在酉山忌
修造安葬主退財損丁
九良星　占橋井路門
煞在庭宮及寺方
作主宜申子辰巳酉丑生
命造作吉寅午人不用
宮羽商徵角吉角音絕凶
年尅山家　至後尅乾亥
兌丁四山
地陰府太歲○占離山
地明占壬寅戌三山

壬○傳送天魁左龍右弼武曲●傍陰府坐煞向煞六十年空翎毛禁向八山刀砧
子○傳送紫微天皇天魁旌龍右弼天德合歲位合●地官符流財
癸○天皇天定金輪金星貪狼歲天德歲天道天道●坐煞向煞頭白空 翎毛禁向八山
丑○天定金輪金星左輔歲支德人君●小耗流財煞○利方
艮○大吉河魁寶台太乙水輪水星升龍太陽左輔●支神退○小利
寅○大吉河魁太乙升龍寶台水輪太陽水星●傍陰府金神包煞 大耗歲破歲刑
甲○進田地皇貴人合弼驛馬●浮天空亡八山空逆血刃出家火血堂大
卯○進祿紫檀寶台龍德右弼武庫●皇天灸退金神七殺蠶命
乙○青龍神后貴人羅星龍水龍貪狼右弼天道驛馬●皇天灸退○利方
辰○青龍神后天皇貴龍貪狼●穿山羅睺白虎煞蠶官
巽○天帝太乙左輔五皇●困龍蠶室破敗五鬼
巳○玉皇天帝福德太乙天道驛馬●三煞天禁朱雀八座

上元 尊星乾 帝星巽 三卽艮 五清坤
中元 尊星坎 帝星離 五印震 五清兌

上元年白 一白巽 八白坤 六白離 九紫震
中元年白 一白坎 八白艮 六白乾 九紫離
下元年白 一白兌 八白中 六白震 九紫乾

入節 立春 春分 立夏 夏至
乙奇 坎 中 乾 兌
丙奇 坤 乾 兌 艮
丁奇 震 兌 艮 中

立秋 秋分 立冬 冬至
乙奇 離 中 巽 震
丙奇 艮 巽 震 巽
丁奇 兌 震 坤 中

丙○功曹天定天福華龍巨門利道●坐煞向煞六十年空亡劍毛八山刀砧
午○功曹天乙天定天福巨門青龍華蓋●三煞正陰府獨火
丁○天定太陰五庫左輔武曲歲天道月德合人道●劍山坐煞向煞劍 毛頭白空震兒山
未○紫檀天定太陰●三煞歲煞地太歲
坤○迎財太罡黃羅火輪太乙壯龍武曲太陽●支神退○小利
申○迎財太罡太皇榮光太乙太陽壯龍武曲●太歲堆黃五鬼○利方
庚○進寶紫檀寶庫驛馬○利方●八山空亡山家火血刃
酉○進寶明耀太陽巨門貴人●羅天大退冬至年剋山家
辛○庫珠勝光天乙奏龍天祿左輔天道驛馬●巡山羅睺○大和
戌○庫珠勝光天乙奏龍右輔●傍陰府金神七煞天命誅
乾○玉皇地皇天乙天台木星●冬至後剋山頭白空隱伏血刃打劫血刃天命
亥○玉皇紫檀天台天乙太陰●天官符金神隱伏血刃千斤血刃天命 煞陽中太歲至後鬼山

# 〈癸酉年〉太歲

道天罡五金乙金煞在東
方寅卯辰忌甲庚乙辛
西向各坐殺向煞
門大利方壬丙艮巽子
午方向修造安葬大吉
羅天大退方　占酉向忌
修造安葬理七退財損丁
九艮尾　占道觀（閩）在
寺觀神廟及南方後門
造主宜申子辰巳丑生命
吉利　忌卯酉生不用
宮羽商徵音吉角音凶
年魁山家乾亥兌丁山
正陰府太歲　占震庚山
傍陰府占庚亥未二山
浮天空吉乙山

壬○玉皇進田黃羅天乙天台木星貴人右弼驛馬●劍毛禁向○大利方

子○進田玉皇地皇天台天乙紫微武曲木星太陰●天皇炙退坐山罡 破金神七煞

癸○青龍河魁天魁福龍左輔利道天乙地皇巨門右弼●天皇炙退 六十年空亡

丑○青龍河魁天魁福龍左輔歲位合○地官符金神七煞隱伏血刃

艮○紫檀天定金輪金星巨門歲合道人道天德●小利方●丈神退破 貼五鬼

寅○黃羅太乙天定金輪金星歲支德●三煞穿山羅睺小耗劫煞

甲○神后天皇寶台升龍天定水輪水星右弼●坐山困龍入山刀砧

卯 神后天定升龍右弼 寶台水輪水星●正陰府三煞頭白空·天禁朱雀陰伏血刃歲破

乙○貪狼右弼月德合●浮天空頭白空八山坐殺山家火血火刀砧

辰○地官龍德巨門左輔歲支合●奏書蠶命

巽○迎財功曹龍太陽右弼武曲庫天道福存六白●○大利

巳○迎財功曹豐龍太陽●白虎殺天命煞千斤血刃地太歲

上下元 尊星巽 帝星震 玉印坤 玉清艮

中元 尊星坤 帝星艮 玉印乾 玉清巽

上元 年一白中 六白坎 月八白震 九紫巽

中元 年一白坤 六白兑 月八白離 九紫坎

下元 年一白艮 六白巽 月八白乾 九紫兑

八節 立春 春分 立夏 夏至

乙奇 離 巽 中 艮

丙奇 坎 中 乾 兑

丁奇 坤 乾 兑 乾

立秋 秋分 立冬 冬至

乙奇 坎 乾 中 坤

丙奇 離 中 巽 震

丁奇 艮 巽 震 巽

丙○玉皇進寶天帝天乙紫檀駟馬臨官 ●大利

午○天帝吉星黃羅天乙福德左輔 ●八座九天朱雀天官煞將軍

丁○庫珠天罡天乙天福華蓋龍貪狼 ●坐山大[?]十年空亡遊[?]血刃

未○庫珠八貴天福天乙華蓋龍合貪狼吉龍華蓋 ●傍陰府金神七煞 流財天狗田官符

坤○太定太陰五庫太白天道人道 ●獨火支神退打劫血

申○地皇天定榮光太陰貪狼 ●天官符金神七煞流財天太歲

庚○勝光太乙水輪八龍巨門太陽歲德位德 ●傍陰府向煞翎毛禁向

酉○勝光明耀壯龍水輪巨門太陽 ●坐山太歲金神歲刑羅天大退

辛○才庫武曲 ●頭白空八山空亡向煞山家火血八山刀砧

戊○黃羅太陽金庫天貴太陽 ●陰府太歲升玄燥火

乾○大吉傳送天皇太乙巨門武曲貴人 ●坐山巡山羅睺

亥○大吉傳送奏龍太乙武曲天德合支德合 ●傍陰府太歲

## 甲戌年 太歲

通天竅云火之位煞在北方亥子丑忌丙壬丁癸四向名坐煞向煞

四大利 宜用庚巳坤辰卯甲山利造葬吉

罗天大退 在子方忌修造安葬主退財損丁

九良星 占僧堂城隍社廟

煞 占廟堂及北方

造主宜申子辰生命修造吉 丑未生不可用

商角音吉宮羽徵音凶

年尅山家乾亥兑丁四山

正陰府 占艮巽二山

傍陰府占丙辛二山

淨天空 占壬山

壬○河魁 天定地皇北龍武曲歲天道 ●坐殺向殺山家火血山家刀砧 淨天空頭白空八山空亡

子○黃羅 河魁紫微天定北龍武曲 ●三煞羅天大退蠶命

癸○玉皇 天台黃羅天乙七曲木星 ●坐殺巡山羅睺八山刀砧

丑○玉皇 紫檀天台天乙太陰木星土曲 ●三煞九天朱雀暗刀天命殺

艮○進財 神后天魁金龍天輔房頭武曲 ●正陰府土皇煞

寅○進財 神后地皇天乙天魁金龍歲位合 ●地官符千斤血刃

甲○進寶 天定金輪金星寶庫左輔八道利道驛馬臨官 大利

卯○進寶 天定寶台金輪金星天祿巨門歲德歲支合 ○小利

乙○庫珠 功曹天皇寶台天乙水輪水星盖龍天祿驛馬 ○大利

辰○庫珠 功曹天乙黃羅盖龍右弼寶庫 ●歲破蠶官 ○小利

巽○貪狼 ●正陰府六十年空亡坐山羅睺隱伏血刃五鬼

巳○紫檀 貪狼龍德武庫歲德 ●天官符天太歲蠶室

上元尊星艮　帝星坤　五清乾　五印巽
中元尊星震　帝星兌　五清离　五印坎
上元年一白乾　八白巽　六白坤　九紫中
中元年一白震　八白坎　六白艮　九紫坤
下元年一白离　八白兌　九白中　九紫艮
八節立春春分立夏夏至
立秋秋分立冬冬至
乙奇离巽中艮
丙奇离巽中艮
丁奇坎中乾离
乙奇坎乾中坤
丙奇坎乾中坤
丁奇离中巽坎

丙○天罡太陽升龍歲天德●傍陰府頭白空八山空亡山家凡山　空亡向煞山家刀砧八山刀砧
午○天罡太乙地皇升龍　太陽武曲金匱貪狼●金神七煞支神退頭白空白虎煞打頭血刃　五鬼
丁○玉皇太帝天乙紫檀●魁山向煞八山刀砧
未○天帝五星天乙福德人倉●金神七煞八座流財田官符歲刑
坤○大吉勝光天皇大福貴龍貪狼左輔五庫○大利
申○大吉勝光大福貴龍紫光太乙貴龍貪狼五庫●刑刃五斤血刃　流財金神七煞
庚○進田天定太陰五庫太白人道利道巨門○大利●鋼毛禁向六害
酉○進田天定太陰紫檀助羅太白●魁山天皇炙退金神七煞陰中煞
辛○青龍傳送水輪福龍太乙太陽巨門●傍陰府天皇炙退鋼毛禁向
戌○青龍傳送地皇水輪太乙太陽益龍巨門●穿山羅睺太歲堆黃煞
乾○貪狼左輔●魁山明龍獨火六十年空逆血刃隱伏血刃
亥○太陽貴人巨門●三煞魁山天禁朱雀勾煞

# 乙亥年太歲

通天竅云一木之位煞在
西方申酉戌忌甲庚乙
辛向名坐煞向煞
大利山壬艮丙午方修造
安葬大吉利
羅天大退在卯山忌修
造葬埋主退財凶
九良星 占船煞在所及
寺觀并巳方
造主宜用子辰卯未生命
吉利忌巳亥生人不退
宮羽商角音吉 徵音凶
年尅山家甲寅辰巽戊坎
辛申丑癸坤庚未山
正陰府太歲 占乾兌山
傍陰占甲丁巳丑四山

壬○進宝 地皇太乙宝庫貪狼驛馬 ●鍬毛禁向 ●大利方
子○進宝 黃羅水輪太乙左輔太陽貴人●尅山頭白空亡陰伏血刃
癸○庫珠 神后天定天乙水輪壯龍黃羅武曲●尅山傍天空頭白空亡 八山空山家火血刃砧
丑○庫珠 神后紫檀天定太乙太陽壯龍天乙武曲●尅山傍陰府
艮○天台 天定太陰武曲貪狼 ●五鬼土皇煞 ○利方
寅○天定 天台地皇朗耀太陰武曲 ●尅山天官符千斤血刃
甲○功曹 天魁天乙泰龍左輔歲位德利道●六十年空亡八山刀砧 尅山傍明府向煞
卯○玉皇 功曹天魁天乙泰龍紫光貪狼左輔●正陰府地官符羅天退
乙○玉皇 天皇天乙五庫歲天德天道八道●向煞
辰○黃羅 天乙金庫 ●尅山金神七煞千斤血刃小耗
巽○大吉 天罡太乙益龍巨門右弼●尅山打刼血刃
巳○大吉 天罡天乙紫檀益龍右弼●傍陰府金神七煞歲破大耗

上元 尊星丙 奇星坎 玉印兌 玉清震

中元 尊星巽 帝星乾 玉印坤 玉清艮

下元 年一白兌 八白中 六白震 九紫乾

中元 年一白巽 八白坤 六白離 九紫震

下元 年一白坎 八白艮 六白乾 九紫離

八節 立春 春分 立夏 夏至

乙奇 艮 震 巽 離

丙奇 離 巽 中 艮

丁奇 坎 中 乾 兌

立秋 秋分 立冬 冬至

乙奇 坤 兌 乾 坎

丙奇 坎 乾 中 坤

丁奇 離 中 巽 震

丙○進田水輪貴貪狼右弼 ■劍鋒禁向六害 ■利方

午○進田地皇寶台水輪龍德 ■皇天炙退支神退

丁○青龍勝光紫極升龍寶台金輪水輪太陽 ■傍明府皇天炙退血及 浮天空亡白虎入山空刀砧

未○青龍勝光天定金輪水輪升龍太陽迴避山 暗伏血刃頭刀殺流財 白虎殺大劍殺蚕官

坤○太皇天帝天定金輪金星右弼巨門 ■剋山天命蚕官

申○天帝黃羅金輪金星福德 ■三煞剋山穿山羅睺陰府三煞 冲財八座 下命殺

庚○玉皇天福豐龍天定貪狼 ■剋山困龍坐煞巡山羅睺六十年空亡

酉○傳送紫微天定太乙天乙玉皇天福豐龍貪狼 ■三煞正陰府天禁 朱雀蚕官

辛○玉皇天乙木星七宿巨門 ■剋山坐煞

戌○玉皇地皇天乙木星 ■三煞剋山

乾○迎財河魁華蓋龍巨門武曲 ■正陰府太歲

亥○迎財河魁華蓋龍巨門紫微鑾駕 ■太歲堆黃

（丙子年）太歲

通天竅云　水之位煞在南方巳午未忌丙壬丁癸四向名坐煞向煞

大利山丑寅甲庚山宜修造葬吉利

羅天大退，在艮山忌修造埋葬凶主退財

九良星　占廚灶煞在中庭及神廟

造主宜甲壬辰亥未生命吉利忌午卯生人不用

宮羽角商音吉徵音凶

年剋山家乾亥兑丁四山

正明府太歲占坎坤二山

傍明府占乙癸申辰山

太歲惟山煞在壬山

壬○神后天定太乙華蓋水輪巨門太陽　●向煞、猫毛禁向八山刀砧

子○神后天定太乙華蓋巨門太陽武曲　●正明府金神值山千斤血刃太歲

癸○天定太明財庫　●傍明府向煞八山刀砧

丑○天皇太陽天定太明貴人金匱歲支合八倉　●金神七煞　○大利

艮○大吉功曹天乙太乙武曲地龍　●羅天大退獨火

寅○玉皇太吉功曹天乙太乙壯龍武曲朗耀　●隱伏千斤血刃　○大利

甲○進田天罡玉皇天台天乙天進歲天道　●猫毛火血六害　○大利

卯○進田黃羅天台天乙紫光太明右弼　●皇天灸退金神七煞

乙○青龍天罡紫微明星天魁太陰左輔利道　●傍明府巡山羅睺皇天灸退頭白空八山空六十年空

辰○青龍天罡天魁太陰玉龍左輔　●傍明府地官符暗刀煞

巽○地皇水輪右弼玉龍　●支申退坐煞　○小利

巳○吞自天乙寶台水輪歲支德　●三煞穿金煞陰欄煞小毛

上元 尊星坎 帝星離 五帝震 五清兌

中元 尊星乾 帝星巽 五印艮 五清坤

上元年 一白艮 八白乾 六白巽 九紫兌

中元年 一白中 八白震 六白坎 九紫巽

下元年 一白坤 八白離 六白兌 九紫坎

八節 立春 春分 立夏 夏至

乙奇 兌 坤 震 坎

丙奇 艮 震 巽 離

丁奇 離 巽 中 艮

立秋 秋分 立冬 冬至

乙奇 震 艮 兌 離

丙奇 坤 兌 乾 坎

丁奇 坎 乾 中 坤

丙○勝光宅台金輪水輪益危天定天華 ▬劍毛坐煞八山刀砧

午○勝光天定水輪金星右弼益龍 ▬三煞穿山羅睺金神出煞地咸破大耗

丁○天皇天定金輪巨門金星月德合 ▬魁山困龍坐煞八山刀砧

未○黃愛金輪右弼德金星貪狼武曲 ▬三煞金神七煞兵盜朱雀明中大耗

坤○迎財傳送紫松升龍太明天道 ▬正明府打劫血刃五鬼蠶官

甲○迎財傳送青皇宮福天乙升龍金貪狼太陽 ▬傍明府白虎煞

庚○青皇進宅黃愛天帝天乙木星宅庫 ▬劍毛禁向山家火血○大利

酉○青皇天皇進宅大乙龍德天祿木星 ▬魁山夫神退八座大命煞

辛○廣珠河魁地皇天福天乙金貪狼豐龍 ▬浮天空頭白空八山空 大十年空亡天命刀砧

戊○廣珠河魁天福天乙豐龍金狼利道 ▬隱伏血刃流財煞○大利

乾○太乙巨門咸天道龍德人道奏書 ▬坐向羅睺魁山流星煞

亥○紫微貴愛太乙歲德 ▬魁山天官符天太歲

【丁丑年】太歲

通天竅云　金之位煞在
東方寅卯辰忌甲庚乙
辛向名坐煞向煞

大利山　宜丙壬丁酉乾
亥山脩造埋葬吉利

罗天大退　占艮山主退
財忌脩造安葬凶

九良星　占僧堂城隍廟
杜煞在厨井寅方

作主　宜亥卯巳酉生命
吉利忌丑未生人不用

宮羽徵音吉商角音凶

年魁山家甲寅辰巽戌坎
辛申丑癸坤庚未山

正明府太歲占離山
傍明府吉壬寅戊巳山

壬○進罡檀天定太明五鹿太白人道利道■傍明府太歲巡山羅睺六害

子○紫微進田天定太明貪狼左輔歲天合■魁山天皇炎退頭白宮

癸○青龍功曹華蓋龍輪太明太乙貪狼驛馬■魁山將軍箭

丑○青龍功曹地皇華蓋龍輪太乙太陽左輔武曲■魁山太歲堆黃

艮○傳進黃羅武曲　■坐山羅睺六十年空亡打刦血刃

寅○紫微太明貴人太乙天貴武曲　■三煞魁山傍明府金神七煞

甲○天罡壯龍巨門貪狼■魁山頭白八山空亡劉毛坐煞天命三煞刀砧

卯○天罡寶台壯龍巨門貪狼右弼■三煞獨火金神天命暗刀五鬼

乙○玉皇天台天乙木星天月德合■坐煞山家火血刀砧劉毛禁向

辰○玉皇天乙天台太明木星貪狼■三煞魁山穿山羅睺千斤血刃

巽○迎財勝光天皇天魁太龍武曲　貪狼魁山困龍支神退

巳○迎財勝光地皇天魁太龍武曲　寶庫■朱雀地官符地太歲

上下元 尊星坤 帝星艮 玉郎乾 玉清巽
中元 尊星兌 帝星震 玉郎坤 玉清艮
上元 年一白離 白八白兌 六白中 九紫艮
中元 年一白乾 白八白巽 六白坤 九紫中
下元 年一白震 白八白坎 六白艮 九紫坤
八節 立春 春分 立夏 夏至
乙奇 乾 坎 坤 坤
丙奇 兌 坤 震 坎
丁奇 艮 震 巽 離
立秋 秋分 立冬、冬至
乙奇 巽 離 艮 艮
丙奇 震 艮 兌 離
丁奇 坤 兌 乾 坎

丙○進寶吉羅太定金輪全星寶庫人道驛馬利道○大利
午○進寶紫檀天乙天定天祿武曲歲支德●正陰府陰中煞小耗蠶命
丁○庫珠傳送天乙地皇寶台木輪益龍左輔天華驛馬●翎毛禁向利
未○庫珠傳送寶台水輪天乙益龍右弼左輔●剋山坎耗蠶官流財煞
坤○左輔巨門右弼 ●剋山逆火血六十年空亡蠶室
申○榮光龍德貪狼右弼歲道 ●剋山天官符天太歲流財煞
庚○河魁升龍右弼存星太歲天德歲天道歲位德 ●剋山浮天空八山頭白空 翎毛山家刀砧向煞身玄血刃
酉○河魁地皇朗羅升龍右弼財庫●支神退白虎將軍飛廉煞
辛○玉皇天帝天乙天皇 ●剋山翎毛山家火血向煞八山刀砧
戌○天帝天乙陽德人道王皇紫檀金庫武曲 ●剋山傍陰府金神七煞九天朱雀八座歲
乾○大吉神后天福太乙豐龍太陽●隱伏血刃四大金星 ○利方
亥○大吉神后太乙天福豐龍太陽生氣青龍華蓋●隱伏伯山血刃斤血刃流神○利九

## 戊寅年 太歲

通天竅云　火之位煞在北方亥子丑忌丙壬丁癸四向名坐煞向煞

大利　艮巽乙辛辰戌申乾山宜造葬大吉利

羅天大退　在坤山忌修造葬埋主退財損丁

九良星　在橋井門路東北煞在後堂井水午丑方

作主宜午戌亥卯未生命吉　巳申生人不利

宮羽角徵音吉商音凶

年剋山家　離壬丙乙四山

正阴府太歲占震艮山

傍阴府占庚亥未山

壬○功曹紫檀天定大福豐倉右弼天德合●魁山桝毛禁向黃幡煞 八山刀砧六十年空逆血刃

子○功曹紫微天福豐倉天定左輔●三煞支神退金神七煞流財煞

癸○玉皇天定太陰五庫歲天道●八山空頭自空坐煞八山刀砧

丑○地皇天定太陰進祿●三煞陰伏血刃千斤血刃流財

艮○通財大羅黃羅水輪太陽華倉武曲●巡山羅睺將軍箭○利

寅○通財天罡太乙水輪太陽華倉寶庫●穿山羅睺太歲堆黃昇玄血刃

甲○進寶乙庫武曲右弼驛馬●困龍山家刀砧○小利

卯○進寶太陽寶台貪狼右弼天祿●正陰府陰伏血刃 天禁朱雀狼火 坐山羅睺

乙○庫珠勝光天乙壯倉貪狼右弼天道貴人●剋山

辰○庫珠勝光天乙壯倉貪狼右弼巨門●地太歲●利方

巽○玉皇天皇天台天乙紫微水星巨門土曲●大利方

巳○玉皇通皇天台天乙太陰金貴狼●六宮符千斤血刃伯山血刃陰府 煞天禁朱雀

上元 尊星震 五節離
　　帝星巽 五清坎
中元 尊星艮 五節巽
　　帝星坤 五清乾
上元年一白坎 六白乾
　　白八白艮 九紫離
中元年一白兌 六白乾
　　白八白中 九紫乾
下元年一白巽 六白離
　　白八白坤 九紫震
八節 立春 春分 立夏 夏至
　　立秋 秋分 立冬 冬至
乙奇 中 離 坎 震
丙奇 乾 坎 坤 坤
丁奇 兌 坤 震 坎
乙奇 中 坎 離 兌
丙奇 巽 離 艮 艮
丁奇 震 艮 兌 離

丙○傳送青羅天魁太龍巨門武曲歲位德利道●鬼山劫毛禁向坐 向煞入山刀砧山家大血

午○傳送紫檀天魁天乙泰詹巨門 歲天道歲值合支德合水房星●鬼山地官符山家血刃破敗五鬼

丁○地皇天定金輪武曲歲天道歲天德●八山坐頭白空向煞刀砧

未○天定金輪金庫左輔歲天德人倉貴人●傍陰府小耗

坤○大吉河魁寶台水輪右詹太乙武曲右弼●浮天空亡羅天大退

申○大吉河魁寶台水輪益龍太乙武曲紫光●金神七煞歲破大耗小利

庚○進田天乙貴人驛馬臨官●傍陰府六害山家刀砧

酉○進田地皇勛耀龍德水輪一白●皇天炙退金神七煞

辛○青龍神后太皇升龍左輔月德合天道驛馬●皇天炙退

戌○青龍神后紫檀升龍左輔●白虎煞天命煞○小利

乾○玉皇天帝天乙紫微●打劫血刃蠶官天命煞○小利

亥○玉皇天帝天乙福德●三煞傍陰府暗刀煞入座天命煞

# 己卯年太歲

通天竅云　入之位煞在西方申酉戌忌甲庚乙辛四向名坐煞向殺

大利　癸丑辰巳乾亥山宜修造葬扶大吉利

受天大退　在坤山忌修造安葬主退財

九良星　占道觀寺後門

煞在後堂後門尼寺庵

作主　利寅午戌亥卯未命吉　子酉生人不利

宮羽角徵音吉商音凶

年尅山家乾亥兌丁四山

冬至後尅至前不尅

正阴府太歲　吉艮巽

傍阴府　上丙辛二山

壬○玉皇天皇進寶天帝天乙馹馬　●八山空亡頭白空劍毛禁向

壬○玉皇進寶紫微天帝福德天乙右弼天祿　●支神退位火流財煞　破敗五鬼朱雀入座

癸○庫珠天罡天乙天福天祿豐隆左輔右弼利道　●六上年空亡火血　刀砧○利方吉

丑○庫珠天罡天福天乙豐隆太陽貪狼左輔生炁[illegible]　●流財　五鬼○利方

艮○天定太陰六白武曲歲天道八道　●正陰府太歲

寅○天皇天定天乙太陰歲道　●天官符天太歲地太歲

甲○勝光黃羅太乙水輪太陽右弼華龍　●巡山羅睺向煞[illegible]砧[illegible]

卯○勝光寶台水輪太乙太陽華龍巨門　●太歲推黃煞年官符

乙○地皇財庫傳送　●向煞逆血刃八山刀砧

辰○太陽貴人金庫勝光八倉　●陰中煞　○小利

巽○大吉傳送太乙紫檀壯龍　太阳天道貪狼金庫丁水　●正陰府太歲隱伏血刃

巳○大吉傳送太阳壯龍太乙天德合支德合　●天符煞　○利方

上下元 紫微巽 太陽[illegible]
[illegible]星乾 天[illegible]艮
[illegible]星[illegible] 天罡兌
中元 帝星坎 玉清震
上元白年 一白坤 八白兌
八白離 九紫坎
中元白年 一白艮 六白巽
八白乾 九紫兌
下元白年 一白中 六白坎
八白震 九紫巽
八節 立春 春分 立夏 夏至
乙奇 中 離 坎 震
丙奇 中 離 坎 震
丁奇 乾 坎 坤 坤
立秋 秋分 立冬 冬至
乙奇 中 坎 離 兌
丙奇 中 坎 離 兌
丁奇 巽 離 艮 艮

丙○玉皇進田天台天乙右輔武曲貴人●傍陰府浮天空 頭白空入山 坐羽毛禁向
午○天皇玉皇進田天台天乙太陰左輔●皇天灸退金神七煞天命煞
丁○青龍河魁天魁泰龍貪狼房顕●冬至後尅 皇天灸退六十年空 火血刃砧
未○青龍河魁天魁泰龍貪狼五庫歲位合●地官符金神大偷煞
坤○地皇天定貪狼五龍金龍金星歲天德●打劫血刃㵎刀殺○利方
申○天定紫光金龍貪狼金星●三煞金神七煞千斤血刃小耗淨欄煞
庚○神后天定宝台祿龍水輪巨門水星●坐煞方入山刃砧
酉○神后天定宝台祿龍朗耀水輪巨門●三煞至後尅山金神七煞 頭白空大耗歲破
辛○紫檀●傍陰府小煞
戌○天皇龍德星輔星●三煞穿山羅睺坐宮
乾○迎財功曹黃羅升龍武曲進炁左輔●至後尅山困龍隱伏血刃 淨天空
亥○迎財功曹升龍武曲武庫●冬至後尅山朱雀千斤血刃白虎

〈庚辰年〉太歲

通天竅云：水之位煞在
南方巳午未忌丙丁壬
癸明向名坐煞向煞
大利甲寅壬辛戌辰乙山
宜造大吉葬大利。
羅八大退　占眼方忌修
造葬理主退財
九良星　占僧堂寺觀城
隍社廟廁井寅辰方
作主利寅午戌生人忌丑
戌生。　可用
五音宜[illegible]　商宮羽徵凶
年尅山：　震巳三山
正陰府乙庚占乾兌山
傍陰府占[illegible]　丁巳丑四山
浮天空占[illegible]山并丁癸向

壬○天罡武庫升龍武曲歲位德歲天道歲天德●進血刃刃砧向煞○利
子○天罡升龍武曲紫檀貪狼金匱財庫●支神退隱伏血刃流財白虎
癸○天帝紫檀水輪●向煞浮天空八山空頭白空翎毛
丑○天帝黃羅寶台水輪福德金庫●傍陰府流財暗刃殺入座天命[illegible]
艮○大吉勝光地皇豐龍水輪寶台天福太乙左輔金輪●年尅山天命
寅○大吉勝光豐龍水輪天福太乙朗耀天定左輔金輪●大利造葬血刃
甲○進田太定金輪金星八道利道驛馬臨官●傍陰府羽吉山家刃砧山家火血六害
卯○進田太皇榮光金輪金星●尅山皇天灸退陰中殺
乙○青龍傳送玉皇華龍右弼驛馬臨官●皇天灸退○小利
辰○青龍傳送玉皇天乙華龍右弼紫檀支德合●太歲金神○小利
巽○玉皇太乙木星●巡山羅睺六十年空亡羅天大退
巳○玉皇黃羅天乙木星●三煞尅山傍陰府金神千斤血刃

上元　碧乾　七印艮
黑巽　五清坤
中元　碧坎　五印震
碧離　五清兌
一白震　六白艮
上元年白　八白坎　九紫坤
一白离　六白坎
中元年白　八白兌　九紫上
一白離　八白坤
下元年白　八白巽　九紫中
八節　立春　春分　立夏　夏至
乙奇巽　艮　離　巽
丙奇中　離　坎　震
丁奇乾　坎　坤　坤
立秋　秋分　立冬　冬至
乙奇乾　坤　坎　乾
丙奇中　坎　離　兌
丁奇巽　離　艮　艮

丙○河魁　天定出龍歲天道太陰地星貪狼　●小煞八山刀砧
午○河魁　天定出龍石弼太陽天乙　●三煞打劫血刃
丁○黃羅　天台太乙天德合月德合　●傍陰府浮天空八山刀砧　八山空頭白空剝毛禁向　坐煞
未○天皇　天台太陰水輪玉曲太乙　●三煞隱伏血刃朱雀
坤○迎財　神后天魁秦龍巨門水輪天定太乙太陽貪狼　●頭白空亡大利
申○迎財　神后紫檀寶台　天定太乙秦龍　天魁太陽歲位合　●穿山羅睺地官符
庚○進寶　天皇天定太陰五龍入道利道　●困龍刀砧瀏毛○大利方
酉○進寶　黃羅太陰天乙天定歲支合　●正陰府坐山羅睺　天禁朱雀　小耗五鬼
辛○庫珠　功曹天乙益龍巨門駟馬臨官天華天祿○大利
戌○庫珠　功曹天乙巨門益龍玉皇歲德　●歲破大耗蚕官○小利
乾○玉皇　天乙武曲　●正陰府六十年空亡
亥○天皇　紫微天乙龍德武庫　●天官符旧官符

# 〈辛巳年〉太歲

通天竅云　金之位煞在
歲方寅卯辰巳甲庚乙
辛酉向名坐煞向煞凶
大利壬子亥巳乾丁艮山
宜造葬吉利

羅天大退　山頭方忌修
造安葬主退財凶

九良星　占船　煞在門
及寺觀

作主宜寅卯戌巳酉丑年
人吉忌申亥生人

五音宜商角徵吉宮羽凶

年尅山家寅申丙乙火山

正陰府太歲　占坤坎山
傍陰府占乙癸甲辰山
天空亡占丙庚

壬○進田水輪　●年尅山頭白空入山空翎毛不害

子○進田紫檀寶台巨門龍德武庫水輪●正陰府金神七煞支神退星天炙退千斤血刃

癸○青龍勝光紫檀升龍寶台金輪水輪火星武曲●傍陰府堂天炙退翎毛刃砧

丑○青龍勝光貪羅寶台天定升龍水輪金輪水星●金神白虎煞小利

艮○天帝天定進皇右弼金輪金星●頭白空蚕官　○小利

寅○天帝明耀福德金輪金星●三煞金神陰中煞八座千斤隱伏血刃

甲○玉皇傳送天福天定左輔曹龍●坐煞六十年空亡八山刃砧

卯○玉皇天皇傳送豐龍張光天福天定左輔天乙●三煞金神七煞

乙○玉皇天乙月德合歲天道人道●尅山傍陰府坐煞火血刃砧

辰○玉皇紫檀水輪●三煞傍陰府太歲

巽○迎財河魁華龍右弼武曲●獨火打劫血刃羅天大退

巳○迎財河魁貪羅天乙華龍右弼寶輦●太歲推黄○利

上元　尊星兌　帝星震　玉印坤　玉清月

中元　尊星坤　帝星艮　玉印乾　玉清巽

上元年白　一白巽　六白坤　六白離　九紫震

中元年白　一白坎　六白艮　六白乾　九紫離

下元年白　一白兌　六白中　六白震　九紫乾

| 入節 | 立春 | 春分 | 立夏 | 夏至 |
| --- | --- | --- | --- | --- |
| 乙奇 | 震 | 兌 | 艮 | 中 |
| 丙奇 | 巽 | 艮 | 離 | 巽 |
| 丁奇 | 中 | 離 | 坎 | 震 |
|  | 立秋 | 秋分 | 立冬 | 冬至 |
| 乙奇 | 兌 | 震 | 坤 | 中 |
| 丙奇 | 乾 | 坤 | 坎 | 乾 |
| 丁奇 | 中 | 坎 | 離 | 兌 |

丙　○進寶地皇天乙官庫右弼　●兜山浮天空巡山羅睺頭白空入山朔毛

午　○進寶天貪狼太乙水輪太陽貴人　●兜山穿山羅睺金神七煞

丁　○庫珠神三黃羅天定太陽天乙水輪太陽太乙　●困龍朔毛○大利

未　○庫珠神天皇天定太陽天乙太乙　●朱雀金神天命○大利

坤　○天台天定太陰歲德歲支合　●正陰府太歲天命煞

申　○紫檀天台太陰天定官台土曲　●傍陰府天官符天命煞

庚　○天皇功曹天魁天乙泰龍貪狼房顯　●向煞遊血刃六十年空亡

酉　○功曹天乙天魁泰龍黃羅玉皇太乙五龍貪狼○兆官符○小利

辛　○玉皇天乙五龍歲天德歲天道人道　●向煞山家火血山家刀砧

戌　○天乙驛馬臨官　●隱伏血刃流財殺小耗

乾　○太吉天罡太乙巨門益龍天華金庫○小利　●五鬼流財殺

亥　○太吉天罡巨門太乙益龍天皇紫微○小利　●歲破五鬼大耗

# 壬午年太歲

通天竅云　火之位煞在比方亥子丑忌丙壬丁癸名坐煞向煞

大利艮卯巽未坤甲山宜造葬大吉利

四天大退一在癸山忌豎造埋葬修造主退財凶

九良星　占廚灶及神廟戌亥方

修造作主　宜巳酉丑寅戊生命吉忌子午生人

五音　商用徵吉宮羽凶

年剋山家　乾亥癸丁四

正陰府太歲　占離山

傍陰府占寅壬戌三山

| 壬 | 子 | 癸 | 丑 | 艮 | 寅 | 甲 | 卯 | 乙 | 辰 | 巽 | 巳 |
|---|---|---|---|---|---|---|---|---|---|---|---|
| 勝光寶台天定水輪巨門益龍●傍陰府炎火血刃毛坐煞刀砧 | 勝光寶台天定水輪巨門紫微益龍水星●三煞歲破土皇煞 | 生貪狼武曲●坐煞頭白空亡 | 龍德武庫左輔●三煞陰府煞蠶官 | 迎財傳送天皇升龍貪狼武曲福壽天道●蠶室○大利 | 迎財傳送太乙武曲升龍天德合月德合●傍陰府金神白虎煞 | 壬皇進寶天乙天帝紫檀●浮天空亡山空刀砧刃毛 | 青皇進寶天乙天帝地皇龍德寶台●金神七煞八座○小利 | 扁珠河魁天乙天福天片左輔豐龍利道驛馬臨官●六庚空亡小利 | 扁珠河魁天乙天福天帝左輔豐龍青龍生氣華蓋●穿山羅睺千斤血刃 | 黃羅天定武曲太陰五庫太白歲天道人道武曲●困龍五鬼○小利 | 天定太陰左輔右弼歲德●天官符天禁朱雀 |

上下元 尊星艮 帝星坤 天印巽 玉印乾

中元 尊星震 帝星兌 玉印离 玉清坎

上元年白 一白中 八白震 六白坎 九紫巽

中元年白 一白坤 八白離 六白兌 九紫坎

下元年白 一白艮 八白巽 六白乾 九紫兌

八節 立春 春分 立夏 夏至

乙奇 坤 乾 兌 乾

丙奇 震 兌 艮 中

丁奇 巽 艮 離 巽

立秋 秋分 立冬 冬至

乙奇 中 坎 坤 巽

丙奇 乾 坤 震 中

丁奇 兌 震 巽 乾

丙 ○天皇神后[illegible]龍右弼水輪太乙太陽 ●坐煞向煞劉毛火血

午 ○神后天乙太乙[illegible]龍右弼水輪巨門太陽 ●正陰府太歲

丁 ○左輔財庫 ●魁山頭白空巡山羅睺坐煞向煞

未 ○地皇太陽貴人歲支合人君天貴金庫 ○利 ●爆火

坤 ○大吉功曹太乙壯龍太陰貴人天道 ●坐山羅睺打劫血刃 ○小利

申 ○大吉功曹景光太乙壯龍太陽貴人驛馬 ○大利

庚 ○進田地皇天官天乙玉皇土曲木星 ●浮天空八山空劉毛禁向 八山刀砧天命煞去害

酉 ○進田玉皇帝耀天官天乙右弼太陰 ●魁山獨火皇天灸退天命

辛 ○青龍天罡黃羅天魁泰龍貪狼 ●皇天灸退六十年空天命

戌 ○青龍天罡天魁泰龍貪狼武曲五龍 ●傍陰府地官符金神流財

乾 ○紫微天定左輔金輪金星 ●魁山支神退頭白空隱伏血刃流財

亥 ○地皇天定金輪金星 ●三煞魁山金神隱伏血刃千斤血刃小耗

# 癸未年 太歲

通天竅云 本方位煞在
西方申酉戌忌甲庚乙
辛名坐煞向煞
大利壬丙巳乾巽宜修造
安葬大吉
羅天大退 一占酉山忌修
造葬理主退財凶
九良星 占僧堂社廟煞
任井水步
修造作主宜巳酉丑命吉
忌戌丑生人不用
五音宮羽徵吉 商角凶
年尅山家甲寅辰巽戌坎
辛甲丑 癸坤庚未十三山
正陰府太歲 占震山
傍陰府占庚未山

壬 ○進寶天皇天定金輪金星五龍入道利道驛馬 ○大利
子 ○天台進寶天定金輪金星巨門歲支德 ●尅山金神陰中煞小耗
癸 ○庫珠傳送天皇寶台蓋龍水輪水星 ●尅山山家火血刃砧
丑 ○庫珠傳送天乙寶台蓋龍水輪水星 ●尅山金神七煞隱伏血刃 歲破千斤血刃蠶室大耗
艮 ○天乙巨門左輔武曲 ●六十年空七坐山羅睺五鬼血刃蠶官
寅 ○太乙龍德武庫 ●年尅天官符穿山羅睺天太歲朱雀
甲 ○地皇河魁龍巨門歲位德天道 ●尅山困龍向煞翎毛八山刀砧
卯 ○河魁紫檀升龍巨門寶臺武曲 ●正陰府頭白空白虎煞 天禁朱雀 隱伏血刃
乙 ○玉皇黃羅天帝天乙太乙 ●浮天空頭白空八山空向煞刀砧
辰 ○玉皇天皇天帝天乙太乙福德 ●尅山入座
巽 ○太吉神后天福太乙壯龍武曲 ●尅山逆血刃 ○小利
巳 ○天吉神后天福太乙豐龍武曲五庫天元升龍年二驛馬 ○大利

上下元 尊星離 五印兌
帝星坎 五清震

中元 尊星巽 五印坤
帝星乾 五清艮

上元年白 一白乾 六白坤
八白巽 九紫震

中元年白 一白巽 六白艮
八白坎 九紫坤

下元年白 一白離 六白中
八白兌 九紫艮

八節 立春春分立夏夏至
乙奇 坎 中 乾 兌
丙奇 坤 乾 兌 乾
丁奇 震 兌 艮 中

立秋秋分立冬冬至
乙奇 離 中 巽 震
丙奇 艮 巽 震 巽
丁奇 兌 震 坤 甲

丙○進田天定太陰五虛太白八道利道驛馬●六害 ○大利
午○進田天乙天定太陰歲支德貪狼 ●獨火皇天炙退
丁○青龍功曹紫龍左輔太乙水輪太陽○小利●皇天炙退山家火血刃
未○青龍功曹紫檀太乙樞龍太陽水輪 ●魁山傍陰府堆黃羅
坤○黃羅八台貪狼 ●魁山巡山羅睺六十年空亡
申○天皇紫光太陽閣貴人歲天德●三煞魁山金神禁命
庚○天罡紫檀壯龍天宗右弼 ●魁山坐煞傍陰府併禁向
酉○天罡天定朗耀壯龍右弼左輔●三煞金神七煞羅天大退
辛○天乙六台玉皇 ●魁山坐煞流天空頭白空八山空天禍
戌○玉皇紫乙天台太陰水星 ●三煞魁山流財煞
乾○迎財勝地皇天魁太陽紫龍右弼●支神退流財煞○大利
亥○迎財勝光紫檀天魁太陽紫龍干龍威位合●傍陰府地官符

# 甲申年太歲

通天竅　水之位煞在南方巳午未忌丙壬丁癸名坐煞向煞

大利甲庚辰戌酉卯乾坤

宜造葬大吉

羅天大退　占丁山忌修造安葬主退財凶

九良星　占橋井煞在中庭所堂

修造作主宜申子辰酉丑生人吉忌庚巳人不用

五音利宮羽商徵吉角凶

年尅山家　商壬丙乙酉山

正明府太歲　占艮巽山

傍陰府占丙辛六山

壬○傳送天魁壯龍右弼　●魁山浮天空頭白八山空六十年空劍毛向煞刀砧

子○傳送紫微天皇天魁壯龍右弼五龍　●地官符羅天大退流財

癸○天罡天定金輪金星五龍歲天德　●向煞劍毛八山刀砧

丑○天德金輪金星歲支德　●流才小耗田官符

艮○大吉河魁定天乙太陽泰龍水輪　●正陰府歲支神退

寅○大吉河魁太乙寶台泰龍太陽水輪　●歲破歲刑　○小利

甲○進田紫檀地皇貴人明馬臨官　●山家火血六害　○大利

卯○進田紫檀寶台水輪龍德武催巨門　●皇天灸退乘符　小利

乙○青龍神后黃羅紫龍貪狼武庫壽星　●尅山皇天灸退

辰○青龍神后太皇紫龍貪狼　●白虎煞蠶官　○大利

巽○玉皇大帝天乙左輔　●正陰府五鬼隱伏血刃蠶官

巳○玉皇天帝太乙福德歲支合　●三煞八座

下元 尊星坎 五印巽
帝星離 五清兌
尊星乾 五印艮
中元 帝星巽 五清坤
一白兌 六白震
上元年 八白中 九紫中
一白巽 六白離
中元年 八白坤 九紫坎
一白坎 六白乾
下元年 八白艮 九紫離

八節 立春 春分 立夏 夏至
乙奇 坎 中 乾 兌
丙奇 坎 中 乾 兌
丁奇 坤 離 兌 乾
立秋 秋分 立冬 冬至
乙奇 離 中 巽 震
丙奇 離 中 巽 震
丁奇 艮 巽 震 巽

丙○功曹天福天定升龍巨門天片●鬼山傍陰府八山頭白空截空六十年空
午○功曹天定天福天乙、、貴巨門●三煞鬼山獨火頭白空亡金神
丁○天定太陰五庫太白歲天道●坐煞獅毛禁向八山
未○紫檀天定太陰五庫巨門●三煞金神七煞地太歲
坤○迎財天罡黃羅豐龍水輪武曲太乙太陽八白左輔●支神退○大利
申○迎財天罡天皇榮光豐龍武曲水輪太乙太陽●太歲金神千斤血刃
庚○進宝紫檀巨門朝馬 ●逆血刃 ○小利
酉○進宝太陽朗耀巨門貴人天福天貴 ●金神 ○大利
辛○庫珠勝光天乙禁龍左輔貴人●傍陰府巡山羅睺
戌○庫珠勝光天乙禁龍天定左輔●穿山羅睺 ○小利
乾○玉皇地皇天台天乙貪狼土曲武曲●困龍隐伏打劫血刃天命煞
亥○玉皇天乙天台紫檀木星太陰●天官符朱雀千斤血刃睺刃天命

## 乙酉年 太歲

通天竅云金之位煞在東方寅卯辰巳甲庚乙辛

各坐煞向煞

大利丙壬午子乾巽亥巳山宜造葬吉利

罡天大退　占震山巳向

造五作動主退財生

九良星　占道觀文云在

天煞在寺神廟及南方

修造作占宜申丑辰巳丑

生命吉忌卯酉生不用

五音利官商徵羽吉角凶

年尅山家乾亥兌丁癸壬

後尅主前不尅

正陰府太歲大占離兌山

傍陰府占甲丁巳丑山

壬○進田玉皇天乙天台黄羅紫星驛馬臨官●翎毛禁向六害○大利

子○玉皇進田天台地皇太陰武曲●頭白空亡皇天灸退坐山羅睺

癸○青龍河魁地皇天魁壯龍左輔●皇天灸退浮天空頭白八山六十年空

丑○青龍河魁壯龍易顯五龍左輔歲位合●傍陰府地官符

艮○太乙紫檀五龍歲天道人道一水●支神退五鬼

寅○黄羅太乙明耀歲天德水輪●三煞千斤血刃小耗劫煞

甲○天皇神后天定太乙榮光紫龍太陽右弼●傍陰府坐煞

卯○神后天定太乙神龍榮光左輔右弼太陽●三煞歲破大耗

乙○天定太陰月德●坐煞山家火血八山刃砧

辰○天定地皇太陰龍德武庫●三煞金神七煞蠶官

巽○迎財功曹天乙貪龍太陽武庫右弼天道○逆血刃蠶室○大利

巳○迎財功曹玉皇貪龍太陽天乙●傍陰府金神血刃白虎煞天命煞

| | | | |
|---|---|---|---|
| 下元 | 尊星坤 | 五印乾 | |
| | 帝星艮 | 五清巽 | |
| 中元 | 尊星兌 | 五印坤 | |
| | 帝星震 | 五清艮 | |
| 上元年白 | 一白艮 | 六白巽 | |
| | 八白乾 | 九紫兌 | |
| 中元年白 | 一白中 | 六白坎 | |
| | 八白坎 | 九紫巽 | |
| 下元年白 | 一白坤 | 六白兌 | |
| | 八白离 | 九紫坎 | |

| 八節 | 立春 | 春分 | 立夏 | 夏至 |
|---|---|---|---|---|
| 乙奇 | 离 | 艮 | 中 | 艮 |
| 丙奇 | 坎 | 中 | 乾 | 兌 |
| 丁奇 | 坤 | 乾 | 兌 | 乾 |
| | 立秋 | 秋分 | 立冬 | 冬至 |
| 乙奇 | 坎 | 乾 | 中 | 坤 |
| 丙奇 | 离 | 中 | 巽 | 震 |
| 丁奇 | 艮 | 巽 | 震 | 巽 |

丙○玉皇紫檀巡宮天帝天乙驛馬　○大利方

午○進寶黃羅八帝天乙福德左輔天祿●八座朱雀奧命○利方

丁○庫珠八宮六福天乙貪狼升龍●傍陰府頭白空八山空冬至後魁山

未○庫珠天宮六福天乙貪狼升龍紫微龍華蓋●隱伏血刃流財反命○大利

坤○水輪五庫太白歲天道入道貪狼●獨火支神退打劫血刃蹭刀煞

申○地皇寶台水輪太白●穿山羅睺天官符流財煞

庚○勝光寶台水輪豐龍金輪水星巨門●困龍絕七煞向坐煞向煞

酉○勝光太乙金輪水輪曲龍巨門天定●正陰府朱雀冬至後魁山

辛○天定金輪金星●向煞山家火血山家刀砧八山刀砧

戊○黃羅太陰金輪金星人倉●陰中煞　○小利

乾○太古傳送天皇紫龍太乙武曲巨門玉皇貴人●正陰府孤山羅睺冬至後魁山

亥○玉皇大吉傳送紫微天乙太乙紫龍武曲天德合驛馬支德合臨官●至前大利至後魁山

〈丙戌年〉太歲

通天竅云：火之位，煞在北方亥子丑，忌丙壬丁癸，名曰坐煞向煞。大利卯酉甲庚山，宜修造安葬吉利。

羅天大退 在艮山，忌修造葬埋，主退財。

九良星 在天，煞在僧堂社廟及北方。

修造作主宜申子辰命吉，忌丑未生人不可用。

五音 商角音吉，餘凶。

年剋甲寅辰巽戌坎辛申丑癸坤庚未一十三山。

正陰府太歲 占坤坎山

傍陰府占乙癸甲辰山

壬○河魁天定地皇紫檀龍武曲歲天道●坐煞山家入血入山刀砧

子○河魁天定黃羅武曲紫檀龍左輔●三煞陰府年剋山千斤血刃金神七煞

癸○黃羅天台太乙 ●剋山傍陰府巡山羅睺坐煞

丑○紫檀天台太乙太陰水輪 ●三煞剋山金神七煞九天朱雀

艮○迎財神后天定天魁太乙太陽左輔●羅天大退逆血刃○小利

寅○迎財神后地皇天魁天定太乙五龍朗耀太陽左輔●剋山地官符金神隱伏血刃天狗千斤

甲○進寶五龍天定太陰八道利道 ●年剋山家

卯○進寶榮光太陰天定右弼歲支德合貪狼天府●金神小耗○大利方

乙○庫珠功曹天皇天乙泰龍右弼●傍陰府頭白浮天八山六十年空亡

辰○庫珠功曹黃羅天乙泰龍右弼玉皇●剋山傍陰歲破蠶官

巽○玉皇天乙貪狼 ●剋山頭白空亡六十年空亡坐山羅睺蠶室

巳○紫檀天乙龍德貪狼武曲歲德 ●天官符蠶室

上元　西宮震　上閘酉
帝星兌　玉清坎
帝星艮　上印巽
中元　帝星坤　玉清乾

上元年　一白離　六白中
八白兌　九紫艮
中元年　一白乾　六白坤
八白巽　九紫中
下元年　一白震　六白艮
八白坎　九紫坤

八節　立春　春分　立夏　夏至
乙奇　艮　震　巽　離
丙奇　離　巽　中　艮
丁奇　坎　中　乾　兌
立秋　秋分　立冬　冬至
乙奇　坤　兌　乾　坎
丙奇　坎　乾　中　坤
丁奇　離　中　巽　震

丙○天嵗黃龍太陽武庫歲天道天德歲位德　●向煞山家火血入山刃砧
午○天罡地皇金龍太陽武曲　●穿山羅睺支神退金神白虎血刃
丁○紫檀天帝水輪　●向煞凶龍入山刃砧
未○天帝寶台福德水輪　●剋山金神流財八座
坤○太吉勝光天皇寶台水輪升龍天禍太乙貪狼左輔　●剋山正陰府五鬼
申○太吉勝光黃羅寶台天福太乙金輪水輪貪狼　●剋山傍陰府流財
庚○進田天定金輪金星五庫太白　●剋山鄒七禁向六害
酉○進田紫檀太乙金輪金星　●皇天灸退陰中煞
辛○青龍傳送豐龍玉皇巨門太乙　●剋山浮天空皇天灸退酉白入山空亡
戌○玉皇青龍傳送豐龍地皇天乙　●剋山太歲陰伏血刃
乾○玉皇天乙木星　●獨火六十年空亡
亥○玉皇紫微太陽　●三煞

# （丁亥年）太歲

遁天竅云木之位煞在酉
方申酉戌忌甲庚乙辛
各坐煞向煞
大利癸丁子丑艮坤山宜
修造埋葬吉
受大入退在艮山忌修造
安葬主退財凶
九良星占南大門僧寺
巳方煞在院寺觀
修造作士宜申子辰卯未
生人吉忌巳亥生人凶
五音　宜商羽宮角吉
年尅山家艮震巳三山
正明府太歲　占南山
傍明府占壬寅戌三山
[illegible]天坐占庚山甲向

壬○進寶地皇貪狼　•傍陰府狮毛禁向
子○進寶紫微黃羅左輔太陽天祿貴人　•頭白空亡○利方
癸○庫珠神后天乙黃羅紫龍貴人武曲天道•山家火血刀砧•大利
丑○庫珠神后紫檀天乙長龍武曲　•大利宜造葬吉
艮○玉皇天台天乙武曲土曲水星　•尅山羅天大退方
寅○玉皇天台天乙太乙坤皇太陰水星•天官符傍陰府金神七煞
甲○功曹天魁壯龍左輔房顯•向煞浮天空頭白八山六十年空亡
卯○功曹天魁寶台壯龍左輔貪狼　•尅山地官符金神九鬼
乙○天皇天定金輪金星歲天德五龍　•坐煞向煞八山刀砧
辰○黃羅天定金輪金星歲天德　•坐山官符土斤血刃小耗
巽○大吉天罡太乙紫龍寶台水輪水星巨門作弼貪狼•困龍血刃○小利
巳○紫檀太吉天罡太乙紫龍寶台水輪水星•尅山歲破天禁朱雀血刃

上元　尊星巽　帝星乾　玉印坤　玉清艮
中元　尊星離　帝星坎　玉印兑　玉清震
上元年　一白坎　八白艮　六白乾　九紫離
中元年　一白兑　八白中　六白震　九紫乾
下元年　一白巽　八白坤　六白離　九紫震
八節　立春　春分　立夏　夏至
　　　立秋　秋分　立冬　冬至
乙奇　兑　坤　震　坎
丙奇　艮　震　巽　離
丁奇　離　巽　中　艮
乙奇　震　艮　兑　離
丙奇　坤　兑　乾　坎
丁奇　坎　乾　中　坤

丙進田　右弼　貴人　翎毛禁向　血光　火害
午進甲貴　天皇　龍德　武曲　右弼　正陰府　皇天炙退　文神退
丁青龍　勝光　紫氣　益龍　太陽　武庫　天道　皇天炙退　山家　火血　刀砧
未青龍　勝光　益龍　太陽　白虎　殺　流財　暗刀　天命殺
坤玉皇　天帝　太皇　天乙　右弼　左輔　天命殺　蚕室　小利
申玉皇　天帝　黃受　天乙　朱光　福德　三殺　九天朱雀　流財曲中太歲八座天命
庚側送　天定　天福　升龍　貪狼　坐殺　浮天空　八山頭白　六年空巡羅睺
酉側送　天定　天福　升龍　貪狼　明雅　五庫　三殺　蚕命　白官符
辛天定　太陰　歲天道　坐殺　八山　刀砧
戊撫皇　天定　太陰　三殺　傍陰府
乾迎財　河魁　豐龍　水輪　太乙　太陽　巨門　獨火　隱伏　血刃　蠶利
亥迎財　河魁　豐龍　水輪　太乙　太陽　巨門　太歲　金神　隱伏　千斤　血刃

戊子年太歲

通天竅云水之位發在南方巳午未忌丙壬丁癸

四向名坐殺向殺

小利丑巽申戌乾甲子山

宜竪造安葬吉

羅天大退　在坤山忌竪

造安葬主退財凶

九良星　占廚灶煞在申

庭及神廟

修造作主宜甲子庚亥卯

未生人吉忌卯午人凶

五音宜宮羽角商吉徵凶

年尅山家冬至後尅乾亥

兌丁四山至前不尅

正陰府太歲　在震山

傍陰府占庚亥未山

壬神后太乙水輪豐隆太陽巨門武曲　■向煞翎毛禁向刀砧

子神后紫微太乙水輪豐隆太陽巨門武曲■太歲金神　■小利

癸巨門武曲　■向煞頭白空八山空亡

丑天皇太陽貴人歲支合人倉天貴　■金神隱伏血刃　■小利

艮太乙功曹貴人太乙武曲尚書天道　■獨火　■安葬大利

寅太乙功曹太乙武曲帝官　■穿山羅睺血刃　■小利

甲玉皇進田天乙天台驛馬臨官　■困龍翎毛火血六害■小利

卯玉皇進田天乙天台黃龍太陰寶台■正陰府皇天退朱雀血刃

乙青龍天罡天魁紫檀壯龍金輔房顯■皇天退巡山羅睺六十年空

辰青龍天罡天魁壯龍金輔歲德合　■地官符暗刀煞

巽地皇天定金輪金星右弼九紫　■支神退　■小利

巳天皇天定金輪金星主龍　■三煞千斤血刃

上元 尊皇乾 帝星巽 玉清坤 五印艮
中元 尊星坎 帝星離 玉印震 玉清兌
上元 年一白坤 白八白離 六白兌 九紫坎
中元 年一白艮 白八白乾 六白巽 九紫兌
下元 年一白中 白八白震 六白坎 九紫巽
八節 立春 春分 立夏 夏至
乙奇 乾 坎 坤 坤
丙奇 兌 坤 震 坎
丁奇 艮 震 巽 離
立秋 秋分 立冬 冬至
乙奇 巽 離 艮 艮
丙奇 震 艮 兌 離
丁奇 坤 兌 乾 坎

丙 勝光天乙天定寶星泰龍水輪右弼 ▬坐殺翎毛禁向
午 勝光天乙天定寶星天龍右弼 ▬三殺歲破五鬼大耗
丁 天皇弼星 ▬坐煞冬至後魁山頭白八山官歲煞浮天空
未 黃羅龍德輔星 ▬三煞傍陰府陰中煞蠶官
坤 迎財冊送氣槽益龍榮光太陽 ▬羅天大退打劫血刃蠶官
申 迎財傳送益龍榮光太陽天德合 ▬金神七殺消虎殺口大利
庚 玉皇進寶天帝天乙黃羅寶庫 ▬傍陰府翎毛禁向火血天命
酉 玉皇進寶天皇天帝天乙明耀福德 ▬冬至後魁山 金神七殺天命 支神退八座
辛 庫珠河魁地皇天福天乙貪狼升龍 ▬六十年空亡血刃刀砧天命
戌 庫珠河魁天福天乙貪狼升龍青龍 華蓋流財 口大利方
乾 六定太陰巨門五庫歲天道人道 ▬冬至後魁山 ▬至前小利
亥 黃羅天定太陰歲德 ▬天官符傍陰府冬至後魁山

# 己丑年太歲

通天竅云金之位宜在東
方寅卯辰巳申庚乙辛
四向各日坐殺向煞
大利癸丑午小利壬子丁
宜竪造修埋吉
羅天大退 在坤方忌修
造安葬主退財凶
九良星 占但堂城隍社
殺在廚及寅方
修造作主宜亥卯甲子生
人吉 忌丑未生人凶
五音宮商羽徵吉商角凶
年尅山家乾亥兌丁四山
正陰府太歲 占艮巽山
傍陰府年丙辛二山
浮天空亡 占乾向

壬進田天定太陰人道利道五庫 ▬八山宮頭白空巡山羅睺吉會
子進田紫微天定太陰天德合左輔皇天炙退破敗五鬼口小利
癸青龍功曹豐富太乙水輪太陽貪狼 ▬大利
丑青龍功曹豐富地皇太乙水輪太陽 貪狼太歲堆黃 口小利
艮黃羅 ▬正陰府逆血刃打劫血刃六十年空亡
寅紫檀太乙太陽 ▬三殺
甲太歲天定巨門太乙貴人天道 ▬坐殺獨毛山家刀砧天命
卯太歲寶台天定旌旗巨門右弼 ▬三殺獨火支神退暗刀殺天命
乙青皇天台天乙水星天月德合 ▬坐殺獨巳丙向山家火血
辰玉皇天台天乙太陰 ▬三殺千斤血刃
巽迎財勝光天皇天魁壯龍貪狼武曲 ▬正陰府支神退打劫血刃
巳迎財勝光地皇天魁壯龍武曲 ▬地官符地太歲

上元 尊星兌 帝星震 五印坤 五清艮

中元 尊星坤 帝星艮 五飹乾 五清巽

上元年 一白震 八白坎 六白艮 九紫坤

中元年 一白離 八白兌 六白申 九紫坎

下元年 一白乾 八白巽 六白坤 九紫申

八節 立春 春分 立夏 夏至

乙奇 乾 坎 坤 坤

丙奇 乾 坎 坤 坤

丁奇 兌 坤 震 坎

立秋 秋分 立冬 冬至

乙奇 巽 離 艮 艮

丙奇 巽 離 艮 艮

丁奇 震 艮 兌 離

丙○進寶黃羅天定金輪金星五龍 ●傍陰府頭出空六山空

午○進寶紫檀天乙天定金輪金星武曲 ●金神陰府殺小耗奪官

丁○旌珠傳送地皇寶台水輪泰龍天乙左輔 ●魁山翎毛禁節

未○旌珠傳送寶臺天乙泰龍水輪左輔 ●歲被金神流財奪官

坤申○左輔 ●六十年空亡羅天大退

甲○紫光龍德武庫 ●天官符金神七殺千斤血刃流財

庚○河魁劫危右弼歲天道歲天德 ●向煞翎毛禁向山家刀砧

酉○河魁劫危地皇朝羅右弼金匱 ●魁山支神退金神頭白空白虎

辛○玉皇天皇天帝天乙 ●向煞傍明府翎毛火血刀砧

戌○玉皇天帝天乙紫檀福德 ●坐山官符九天朱雀八座

乾○天吉神后天福天乙太陽升龍 ●魁山困厄浮天空亡隱伏血刃

亥○天吉神后太乙天福升龍太陽 ●魁山天禁朱雀

庚寅年 一太歲

逼天燄火之位煞在西
戊亥子丑忌丙壬丁癸
四向名坐煞向煞
大利辰戌 小利未坤辛
山宜修造安葬吉
羅天大退在巽方忌修造
安葬主退財南
九良星 占橋井門路午
方煞在後堂午丑方
修造作主利寅甲戌子辰
主人吉忌甲巳生人西
五音宜宮羽徵角忌商西
年尅山家 離壬丙乙四
向山
正陰府太歲 在乾兌山
傍陰府山甲 丁巳丑山

壬○功曹天定天乙天福紫炁升龍右弼 ●尅山坐煞六十年空八刀血砧
子○功曹天定天乙天福王皇右輔右弼升龍 ●三煞支神退流財血刃
癸○天皇天乙庫太皇歲天道 ●坐煞頭白空八山空刀砧
丑○地皇天乙武曲 ●三殺傍明府血刃流財
艮○迎財天罡黃羅豐龍太陽武曲 ●巡山羅睺升玄燥火
寅○迎財天罡紫炁朗耀豐龍太陽 ●太歲堆黃千斤血刃破敗五鬼
甲○進寶水輪驛馬臨官 ●傍明府山家刀砧
卯○進寶榮光寶臺水輪太陽貴人貪狼 ●獨火都天太歲
乙○庫珠勝光寶台水輪金輪太乙貪狼天道貴人 ●尅山
辰○庫珠勝光天乙天定地皇龍金輪水輪貪狼 ●金神七煞 ○大利
巽○天皇天定天台只金輪會星巨門 ●羅天大退
巳○天乙天台地皇太陰金輪金星 ●傍陰府天官符金神明山煞

上元尊星艮 帝星坤 玉印巽 玉清乾

中元尊星震 帝星兌 玉印離 玉清坎

上元年一白巽 八白坤 六白離 九紫震

中元年一白坎 八白艮 六白乾 九紫離

下元年一白兌 八白中 六白震 九紫乾

八節 立春 春分 立夏 夏至

乙奇 申 離 坎 震

丙奇 乾 坎 坤 坤

丁奇 兌 坤 震 坎

立秋 秋分 立冬 冬至

乙奇 巽 坎 離 兌

丙奇 巽 離 艮 艮

丁奇 震 艮 兌 離

酉○選五皇黃羅天魁壯龍巨太歲德 ●魁山向煞六十年空

午○傍選五皇天魁天乙紫微壯龍巨門 ●魁山地官符

丁○五皇地皇天乙五龍水星 ●浮天空頭白八山空亡三煞向煞傍陰府

未○五皇太陽歲支德八倉 ●隱伏血刃小耗 ●小利

坤○太吉河魁太乙紫微武曲右弼 ●頭白空 小利

申○太吉河魁寶台太乙紫微武曲貴人 ●穿山羅睺歲破大耗

庚○進田太乙 ●困龍刀砧六害

酉○進田地皇太乙水輪龍德 ●正陰府天皇灸退天禁朱雀

辛○青龍神后天皇水輪天定太乙太陽蓋龍左輔 ●天皇灸退遊蕩

戌○青龍神后天定太乙太陽蓋龍左輔紫微 ●白虎天命 ●大利

乾○天帝天定太陰 ●正陰府天命血刃蠶官

亥○紫微天帝天定太陰福德 ●三煞八座暗刀殺天命殺蠶官

## 辛卯年 太歲

通天竅云未之位煞在西方申酉戌方忌甲庚乙辛四向名坐煞向煞。
大利宜丙乾巽巳亥丑艮
宜竪造安葬吉
離天大退在巽方忌修造
坐坤主退財
九良星占道觀又云在天煞在後堂後門寺廟
修造作主宜寅午戌亥卯未生人主忌丁酉丑亥
五音宜宮羽角徵吉商凶
年魁出家乾亥兌丁四山
係冬至後制
正陰府太歲 占坤坎山
傍陰府在乙癸申辰山

壬○王皇進寶天皇天帝天乙 ●頭白空八山空翎毛禁向
子○進寶天帝天乙福德右弼 ●正陰府獨火支神退八座
癸○庫珠天盆天福天乙升殿右弼 ●傍陰府六十年空刀砧火
丑○庫珠天盆天福天乙升殿右弼 ●金神七煞流財煞 ●小利
艮○五庫水輪歲天道八道 ●頭白空山家血刃 ●小利
寅○天皇宝臺財耀水輪 ●天官符金神隱伏
甲○勝光黃羅貴宅台金輪水輪水星 ●向煞巡山羅睺八山砧
卯○勝光天定紫光水輪金輪水星巨門 ●金神七煞太歲堆黃煞
乙○地星天定金輪金星 ●向煞傍陰府八山刀砧
辰○太陽金輪金星貴人 ●傍明府明帝人
巽○大吉傳送五星太乙太陽紫微極旺倉天道 ●羅天大退 ●小利
巳○大吉傳送五星太乙太陽極倉天乙 ●天命煞 ●大利

上元尊星離帝星坎 五[illegible]兑 五輔震

中元尊星巽帝星乾 五弼乾 五清兑

上元年一白中 八白坎 八白震 九紫巽

中元年一白坤 六白兑 八白離 九紫坎

下元年一白艮 六白巽 八白乾 九紫兑

八節 立春 春分 立夏 夏至

乙奇 巽 艮 離 巽

丙奇 中 離 坎 震

丁奇 乾 坎 坤 坤

立秋 秋分 立冬 冬至

乙奇 乾 坤 坎 乾

丙奇 申 坎 離 兑

丁奇 巽 離 艮 艮

丙○進田玉皇天乙天合 ●迎天空八山坐頭白空翁毛[illegible]

午○紫皇天官進田天合天陰左輔 ●羅山羅睺皇天灸退[illegible]命

丁○青龍河魁天魁壯龍貪狼 ●困龍皇天灸退六[illegible]坐太主後

未○青龍河魁天魁太乙寶台寶台貪狼壯龍 ●地官符金神朱雀天命煞

坤○地皇寶龍太乙 ●正陰府打劫血刃及暗刀

申○寶台水輪太乙 ●三煞傍陰府小耗血刃及

庚○神后天定水輪太乙太陽泰龍巨門 ●坐煞八山刀砧

酉○神后天定寶台水輪太乙泰龍太陽巨門 ●三煞歲破大耗[illegible]

辛○紫微天定太陰 ●坐煞八山刀砧

戌○天皇天定龍德太陰 ●三煞隱伏血刃及灸官命

乾○迎財功曹天乙武庫貪羅武曲 ●冬至後魁山血刃及白虎[illegible]

亥○迎財功曹紫微武曲天乙 ●至前刑 ●冬至後魁山血刃及白虎

# 壬辰年 太歲

通天竅云永之位煞在南
方巳午未忌丙壬丁癸
四向名坐煞向煞
大利艮坤乙辛宜脩造葬
理吉
羅天大退在酉方忌脩造
安葬主退財
九良星一占死在天煞在
寺觀灶廚井及寅辰方
脩造作主宜寅午申子生
人吉忌丑戌生人凶
五音利商角吉宮羽徵凶
年尅甲寅艮巽戌坎壬申
丑癸坤庚未十三山
正陰府太歲 占商
一傍陰府占壬寅戌

壬○太乙金匱龍武庫武曲福星壽星歲天德 ●傍陰府向煞八山刀砧
子○天乙金匱紫微紫檀金匱龍武曲貪狼 ●尅山支神退白虎殺流財
癸○青龍天帝天乙紫檀 ●尅山坐煞頭白空翎毛禁向
丑○天皇天帝天乙黃羅福德 ●尅山天命暗刀煞流財八座
艮○太陽勝光地皇天福升龍太乙左輔 ●天命 ●大利方
寅○太陽勝光天福太乙升龍左輔 ●傍陰金神天命
甲○進田天定太陰人道利道 ●尅山浮天空八山空翎毛禁向刀砧奪
卯○進田天定太陰天皇天帝金堂 ●金神七煞皇天炙退臨中太歲
乙○青龍侍送太乙水輪太陽豐龍右弼驛馬 ●皇天炙退
辰○青龍侍送紫檀豐龍太乙太陽右弼 ●尅山穿山羅睺
巽○支德合天乙貴人 ●尅山困龍巡山羅睺獨火六十年空亡
巳○黃羅太陽貴人 ●三煞朱雀千斤血刃蠶官

下元 尊星坎 帝星離 王印震 王清兌

中元 尊星乾 帝星巽 王印艮 王清坤

上元年 一白乾 八白巽 六白坤 九紫中

中元年 一白震 八白坎 六白艮 九紫坤

下元年 一白離 八白兌 六白中 九紫艮

八節 立春 春分 立夏 夏至

乙奇 震 兌 艮 中

丙奇 巽 艮 離 巽

丁奇 中 離 坎 震

立秋 秋分 立冬 冬至

乙奇 兌 震 坤 中

丙奇 乾 坤 坎 乾

丁奇 中 坎 離 兌

丙○河魁地皇天定旌龍太陽貪狼 ●坐煞向煞

午○河魁天乙天定太陽旌龍右弼 ●三煞天陰浮沉血刃

丁○王皇天台太乙黃羅水星 ●坐煞頭白空亡翎毛禁向

未○天皇王皇天台太乙太陰 ●三煞魁山

坤○進財神火星天魁旺龍右弼貪狼 ●魁山

申○進財神兵紫微天嗣文曲龍貪狼 ●年魁山地官符

庚○天皇進寶天定金輪五龍金星 ●魁山八山空亡翎毛刀砧血刃

酉○進寶黃羅明耀天定金輪天祿右輔 ●羅天大退小耗

辛○庫珠天曹寶亭水輪旌龍天乙巨門天祿天華 ●魁山

戌○庫珠天曹八乙寶臺旌龍水輪巨門 ●魁山傍陰府歲破奮官

乾○誅地貓星 ●頭白空亡十年空亡隱伏逆血刃

亥○天皇旌德輔星 ●天官符金神千斤血刃隱伏血刃

# 癸巳年太歲

通天竅云金之位煞在東
方寅卯辰忌用庚 乙辛
四向名坐煞向煞
大利年丁壬丙坤乾 吉宜
造葬修方作吉
歲天大退在酉方忌 修造
安葬凶主退財
九良星 占寺太門 解煞
在門及寺觀
修造依吉宜寅午戌 巳酉
丑生吉 忌申亥生人
五音利商角徵吉宮羽凶
年剋山家艮震巳三山
正陰府太歲忌震艮方
傍陰府占庚亥未 方
天官符占 占乙方

壬○進田右弼貴人貪狼 ●劍毛六害 ●小利
子○進田紫微紫檀巨門太陽 ●金神七煞皇天灸退去神退
癸○青龍勝光紫檀寶龍武曲巨門福壽 ●皇天灸退劍毛刀砧 ●小利
丑○青龍勝光貴人武曲寶龍左輔 ●金神七煞白虎煞隱伏血刃
辰○玉皇地皇天帝天乙右弼 ●年剋山破敗五鬼蚕官
寅○青皇天帝天乙福德 ●三煞穿山羅睺八座陰中煞千斤男
甲○傳送天定天福升龍鑾輔 ●困龍坐煞向煞逆血刃六十年空亡
卯○傳送天皇天福天定寶臺升龍左輔 ●剋山正陰府三煞頭白害 卯伏血刃
乙○天定太陰七宿貪狼 ●浮天空亡 山空頭白空坐煞向煞
辰○紫檀天定太陰巨門 ●三煞歲煞
巽○迎財河魁豐龍水輪太陽 ●獨火打劫血刃○葉大利
巳○迎財河魁貴人豐龍輪太乙太陽右弼 ●剋山太歲千斤血刃

上元 年星坤 五即乾
年星艮 五即巽
中元 年星兌 五即坤
年星震 五即艮
上元一白年 一白兌 六白巽
八白中 九紫乾
中元一白年 一白巽 六白離
八白坤 九紫震
下元一白年 一白坎 六白乾
八白艮 九紫離

| 分節 | 立春 | 春分 | 立夏 | 夏至 |
| --- | --- | --- | --- | --- |
| 乙奇 | 坤 | 乾 | 兌 | 乾 |
| 丙奇 | 震 | 兌 | 艮 | 中 |
| 丁奇 | 巽 | 艮 | 離 | 巽 |
| | 立秋 | 秋分 | 立冬 | 冬至 |
| 乙奇 | 艮 | 巽 | 震 | 巽 |
| 丙奇 | 兌 | 震 | 坤 | 中 |
| 丁奇 | 乾 | 坤 | 坎 | 乾 |

丙○進寶地皇左輔右弼寶星○小利●巡山羅睺鐵毛禁向
午○進寶天乙天祿天貴貪狼貴勝太陽○剩方
丁○庫珠神后黃羅天乙正柄右太陽右弼天官天道驛馬●鐵毛山家方利○天利方
未○庫珠神后天皇天乙紫微左太陽 ●傍陰府暗刀殺天命殺
坤○五星天乙天台木星土曲一白貪狼○小利●坐山羅睺天命殺
申○天乙天台榮光紫微玉皇巨門太陰●天官符金神七殺天命殺
庚○功曹天皇天魁壯官貪狼歲德 ●傍陰府血殺六十年空亡
酉○功曹黃羅天魁明耀壯官貪狼太陰陰歲位合●地官符金神七殺
辛○天定金輪金星歲天德歲天道人道●頭白空八山空血殺火血
戌○歲德合天定金輪金星人倉 ●流財小耗淨闌殺
乾○太吉天罡太乙寶台巨門泰官天鉞武曲●流財○利方
亥○太吉天皇太乙寶台巨門水輪水星紫官●傍陰府歲破

# 甲午年太歲

通天竅云火之位煞在此
一方亥子丑忌丙壬丁癸
西向名曰坐煞向煞
天剎卯乙乾坤山宜造葬
大吉
羅天大退在子方忌修造
家長主退財商
九良星占廚灶在神
廟及戌亥方
修造作主宜寅戌巳酉丑
生凡吉忌子午生人
方音通利商角徵音吉官
羽音白虎宮
年魁甲寅辰巽坎辛
申丑癸坤庚未丁三中
陰府天星九占主山

壬○勝光天定寶台水輪壯蓋巨門天準●淨天空八山空頭白坐土 坐煞翻手禁向火血刀砧
子○勝光紫微天定寶台水輪壯蓋巨門●三煞魁山羅天大退大耗 戌破
癸○天定武曲弼星●魁山坐煞向煞八山刀砧
丑○金匱貪狼左輔武庫●三煞魁山陰中煞天官
艮○迎財傳送天皇泰金武曲貪狼解星●正陰府太歲
寅○迎財傳送太乙泰金寶庫武曲●魁山白虎煞天官
甲○青龍天帝進寶天乙紫檀右輔●魁山朝毛禁向山家
卯○王皇天帝進寶地皇寶台天乙福德○大利
乙○庫珠河魁天乙天福益金左輔天祿紅鸞○利●六十年空七
辰○庫珠河魁天魁天福益金左輔右弼●魁山千斤血及墳刀煞
巽○黃羅天定太陰武曲七宿右弼●魁山正陰府隱伏血刃破敗五鬼
巳○天定太陰貪狼右弼●天官符大太歲病符

上元 尊星震 五 水離
帝星兌 五 清坎
中元 丙星艮 五 巽
帝星坤 五 清乾
上元年 一白艮 六 白巽
八白乾 九 紫兌
中元年 一白中 六 白坎
八白震 九 紫巽
下元年 一白坤 六 白兌
八白離 九 紫坎
八節 立春 春分 立夏 夏至
乙奇 坤 乾 兌 乾
丙奇 坤 乾 兌 乾
丁奇 震 兌 艮 中
立秋 秋分 立冬 冬至
乙奇 艮 巽 震 巽
丙奇 艮 巽 震 巽
丁奇 兌 震 坤 中

丙○神后天皇水輪太乙 升殿太陽右弼 ●傍陰府天山空亡頭白空 羽毛禁向坐殺向殺
午○神后天乙太乙水輪升殿巨門太陽 ●太歲金神七殺頭白空
丁○貪狼財庫 ●坐殺向殺巡山羅睺遊血刃
未○地皇天貴金庫巨門太陽 ●魁山金神七殺
坤○大吉功曹太乙貴人金庫太陽 ●魁山 制利
甲○大吉功曹貴人官星太乙紫微太陽貴人 ●魁山金神千斤打劫血刃
庚○玉堂地皇進田天乙紫光天官 ●魁山翎毛禁向山家刀砧
酉○玉堂進田天乙明堂貪狼太乙太陰 皇天退金神獨火天命
辛○青龍天罡紫微天馳驛馬左輔貪狼 ●魁山傍陰府皇天退六十年空
戌○青龍天罡天馳驛馬左輔貪狼 ●魁山地官符穿山羅睺流財殺
乾○紫微太乙天定金輪金星歲天道天德八節通利 ●流財回龍安神退隱伏血刃
亥○天定地皇金輪金星巨門 ●三殺朱雀小耗浮欄殺

「乙未年」太歲在未

血天關云未之位煞在西方用丙戌忌用庚乙辛酉向名坐煞向煞

大利壬丙辰巽未坤六山

宜造葬脩方併吉

要天大退在震方忌脩造

蠶室主退財凶

九良星丙僧堂城門社廟及水裝亥并方煞水路

脩造依主宜巳酉亥雞生

「命向」吉 忌壬戌生人宮

「五音」宮羽徵吉商角凶

「年剋」艮震巳三山

「正陰府太歲」占乾兌山

傍陰府占甲丁巳丑山

歷天空亡一占癸方

壬○進寶天定金輪寶庫金星左輔入造利造驛馬　○大利

子○天皇進寶天定金輪天祿金星●兩乞頭日空隱伏血刃陰中煞小耗

癸○庫珠神后吉星天皇天乙壯龍貪狼●浮天空入山空頭日空

丑○天皇庫珠神后天乙旺龍貪狼武曲●傍陰府歲破千斤血刃蠶畜

艮○天皇天乙貪狼武曲巨門鑾星●魁山破敗五鬼打劫血刃

寅○朗耀龍德武曲天皇太星武庫●天官符千斤血刃

甲○河魁地皇太陰龍巨門歲天德歲天道●傍陰府向煞傍毛禁向天命

卯○河魁紫微天禁光祿龍巨門武曲●魁山白虎煞要天大退暗刀煞天命煞

乙○天帝太乙黃曜左輔貪狼●坐煞向煞入山刀砧

辰○天皇天帝太乙水輪金庫福德●金神七煞入座九天朱雀

巽○大吉神后天福太乙天定龍德水輪武曲巨門太陽○利●田大金星血刃

巳○大吉神后天乙天福天定水輪金龍太陽武曲●魁山傍陰府金神

上元 丙年星入巽 壬印坤
丙年星乾 壬清艮
丙星巽 壬印兑
丙星坎 壬清震

中元 一白丙 六白中
六白兑 九紫艮

上元年 一白乾 六白坤
下元行 八白巽 九紫中
下元年 一白震 六白艮
八白坎 九紫坤

餘義 春分 立夏 夏至
飛宫 坎中 乾兑
又宫 坤乾 兑乾
又宫 震兑 艮中
秋 立秋 秋分 立冬 冬至
七宫 巽中 巽震
丙宫 艮巽 震巽
丁宫 兑震 坤中

丙進田天定 太陰五虎貪狼貴人利道入道 ●大利 ●六害

午進田天定 太陰歲德合貪狼小吉德 ●獨火皇天炙退

丁青龍功曹 天乙升龍左輔武曲 ●傍陰府入山劍頭白虎刀砧 官天炙退山家火血

未青龍功曹 天乙玉皇升龍左輔 ●小利 ●入坐羅睺隱伏血刃

坤玉皇貪狼 天乙左輔右弼 ●小利 ●巡山羅睺大將軍空亡

申天皇玉皇 玉天乙太陽貴人 ●三煞穿山羅睺巡血刃蠶官

庚天罡紫檀 天定豐龍右弼歲天道 ●坐煞劍鋒紫白

酉天罡天定 太乙豐龍貪狼右弼 ●三煞正陰府天禁朱雀

辛天帝水輪 巨門土曲星 ●坐煞入山刀砧

戌天帝宝台 水輪太陰 ●三煞又煞流財煞

乾迎財勝光 進皇天魁宝台豐龍太陽水輪 ●正陰府流財殺文曲煞

亥迎財勝光 紫檀天魁紫微水輪天定太陽 ●進官符

## 丙申年太歲

通天竅壬水之位煞在南
方巳午未忌向壬丁癸
四向吉坐煞向煞
大利方庚酉西戌乾亥六
山大利　丑寅山小利
歲天大退在艮方忌脩造
安葬主退財凶
九良星　占寺在天
煞在中庭及北方
脩造作主利申子辰巳酉
丑命吉　忌寅巳午人
五音宫商宫羽徵吉角凶
年剋山家　艮震巳三山
正明府　占坎坤二山
傍明府占乙癸申辰山
[illegible]天運亡　占辛山

壬五吉傳送天魁華龍左輔右弼●向煞羽毛禁向六十年空亡劍血刃方休
子玉皇天皇傳送天魁紫龍紫微天乙●正陰府地官符千斤血刃金神暗背刃
癸天皇玉皇天乙水星少微天德天道人道●傍陰府羽毛禁向金神煞刀砧
丑玉皇歲支德人倉官明堂庫●金神流財小耗
艮人吉河魁太乙地龍左輔太陽●魁罡大退交神退
寅太吉河魁明耀太乙地龍太陰●小利●歲破金神臨官血刃
甲進田地囊太乙右弼貴人驛馬臨官○大利●六害火血
卯進田紫微小輪紫光太乙龍德武庫●魁罡天退金神蠶官
乙青龍神后貢曜太陰水輪天定太乙太陽●傍陰府人山頭白空
辰青龍神后天皇天定太乙太陰太陽貪狼●傍陰府白虎蠶官
巽天帝天定左輔太陽武曲貪狼●利●頭白空蠶官
巳天寶天乙天定龍德太陰福德●三煞魁山黃帝入座

上元 四綠乾 五用艮
四綠巽 七清坤
中元 四綠坎 五印震
四綠離 五清兌
上元年 一白坎 六白乾
一白 八白艮 九紫離
中元年 一白兌 八白震
八白中 九紫乾
下元年 一白巽 六白離
八白坤 九紫離
八節從春分夏至冬至
乙奇 離 巽 中 艮
丙奇 坎 中 乾 兌
丁奇 坤 乾 兌 乾
立秋 秋分 立冬 冬至
乙奇 坎 乾 中 坤
丙奇 離 中 巽 震
丁奇 艮 巽 震 巽

山功尊天定 天福發進昌門 ●生氣六十年空亡羅毛禁向刀砧
午玉皇功曹 天定天福益進昌門 ●三殺穿山羅睺猾炎金神七殺
丁玉皇天乙 武曲大陰巨門 ●坐殺困龍羅毛禁向入山刀砧
未紫微天乙貪狼 ●三殺金神呂殺天禁朱雀
坤迎財大進 寶梁天進水輪武曲 ●正陰府支神退被敗五鬼
申太乙迎財 天罡寶台天進火輪武曲 ●傍陰府天歲推黃殺
庚進紫微鑾 太陰輪貪狼 ●刑殺 ●山家火血
酉進太乙 寶門火輪貪人太陽天祿 ●大利
辛太陽勝光 天乙寶台金輪水輪寶進左輔 ●浮天空入山差頭白殺 巡山羅睺
戌勝光 天乙天帝水輪金輪左輔寶進 ●大利 ●隱伏血刃天命
乾進寶天定 天台貪狼金輪金星武曲 ●大利 ●打劫血刃天命殺
亥紫微鑾 天台貪狼金輪太陰金星 ●天官符陰中殺暗刀 血刃 天命殺

## 丁酉年太歲

通天竅：金之位殺在東
方寅卯辰忌甲庚乙辛
四向名坐殺向殺
大利方　亥巳丁未巽
造葬大吉　癸山小利
愛天大退在艮方忌修造
整理主退財內
凡艮星占道觀殺在寺觀
神廟及祠方
修造作主剎甲午辰巳丑
生命吉忌切酉生人
五音宜宮羽徵商吉
角音白虎殺丙
年尅山家　丙壬丙乙山
正明府　吉南山
傍明府　古午庚戌山

壬　天喜進寶　紫愛天乙太乙武曲驛馬臨官　●尅山傍陰府猶旺會
子　天官紫微　進寶地皇天乙太乙武曲太陰　●皇天退頭白空亡
癸　吉星河魁　地皇六魁生炁左輔右弼歲德　●浮天炙退六十年瘟
丑　吉炁河魁　六魁旺炁右輔歲位合　●地官符
艮　紫檀天定　金輪金堂生炁天道人道　●羅天大退支神退
寅　貴愛生炁　德天定金輪金星太乙武曲　●三殺傍陰府金神水耗
甲　天皇神后　吉星壯炁水輪水星右弼　●坐殺入山空頭白空亡
卯　天定神后　吉星壯炁水輪右弼水星　●三殺金神歲破破敗五鬼
乙　八德合巨門　●尅山坐殺迎血及出家盜血刀砧
辰　地皇炁德　太陰　●三殺劫山殺喉刀砧蚕命
巽　迎財功曹　旺炁武庫右弼太陽福存人道　●凶炁蚕室　●大利
巳　迎財功曹　天炁太陽　●小利　●天禁朱雀星殺三斤血及天命殺

上元 尊星兌 帝星震 壬節坤 壬清艮
中元 帝星艮 尊星坤 巨印乾 玉清巽
上元年 一白坤 八白離 六白兌 九紫坎
中元年 一白艮 八白乾 六白坎 九紫兌
下元年 一白中 八白震 六白〔 〕 九紫退

八節 立春 春分 立夏 夏至
乙奇 艮 震 巽 離
丙奇 離 巽 中 艮
丁奇 坎 中 乾 兌
立秋 秋分 立冬 冬至
乙奇 坤 兌 乾 坎
丙奇 坎 乾 中 坤
丁奇 離 中 巽 震

丙○進寶庫祿天帝玉皇天乙驛馬 ▬魁山
午○玉皇天帝進寶天乙黃羅福德 ▬魁山正陰府八座天命 ○大利
丁○庫珠天罡天福天乙貪狼紫微天祿 ▬六十年空亡
未○庫珠天罡天乙天福紫微不貪狼五庫青龍華蓋○大利○木財天命煞
坤○天定太陰五庫歲天道貪狼人道 ▬獨火支神退印劫血刃暗刀煞
甲○地皇天定榮光太陰太白 ▬天官符流財煞
庚○勝光太乙升龍太陽巨門水輪 ▬浮天空向煞八山空頭皇
酉○勝光明耀太乙升龍太陽水輪巨門武曲 ▬太歲堆黃煞
辛○天定武曲 ▬向煞山家八山刀砧山家火血
戌○黃羅貴人太陽人倉貴勝 ▬傍陰府金神七煞陰中太歲
乾○太吉傳送天皇太乙巨門貴人武曲天道 ▬巡山羅睺隱伏血刃煞
亥○太吉傳送太乙豐龍武曲天德合月德合○利 ▬金神千斤隱伏血刃煞

# 戊戌年太歲

通天竅云火之位煞在此
方亥子丑忌丙壬丁癸
四向名坐煞向煞
大利方艮乙酉山宜修造
葬埋大吉
羅天大退 占坤方忌修
造葬埋主退財
九良星 占僧堂城隍社
廟神煞在廟堂北方
修造作主忌申子亥生命
吉 忌丑未辰生人凶
五音 宜商角吉 宮羽
徵音墓凶
年尅山寅辰巽戌坎辛甲
亥丑癸坤庚未十三山
[illegible]天空亡 占坤山

壬○河魁天定地皇豐龍武曲貴人歲天道●坐煞向煞火血刀砧 八山刀砧
子○紫微河魁黃羅天帝豐龍武曲 ●三煞尅山金神七煞蠶命
癸○玉皇天官紫微紫極天乙木星 ●尅山殺羅睺坐煞八山空頭皇墓
丑○玉皇羲紫極天乙天官太陰 ●三煞尅山金神七煞隱伏血刃暗刀煞切煞天命煞
艮○迎財神后元魁左輔房顯武豐龍進氣○大利
寅○迎財神后天魁太乙左輔地皇龍德歲位合●尅山地官符天命煞川山羅睺千斤血刃
甲○進寶天定金輪五龍金星武曲人道利道驛馬●尅山困龍○小利
卯○進寶天定金輪寶台金星右弼●正陰府太歲隱伏血刃淨欄煞
乙○壓珠功曹天皇天乙寶台壯龍水輪水星右弼驛馬臨官○大利
辰○壓珠功曹黃羅天乙寶台壯龍右弼水輪○小利●尅山坐被舊
巽○貪狼 ●尅山六十年空亡蠶室
巳○紫極龍德武庫歲德 ●天官符千斤血刃蠶室

上元 尊星艮 王印巽
帝星坤 王清乾

中元 尊星震 王印離
帝星巽兌 五清坎

上元年白 一白震 六白艮
八白坎 九紫坤

中元年白 一白離 二白中
八白兌 九紫艮

下元年白 一白乾 六白坤
八白巽 九紫中

八節 立春 春分 立夏 夏至
乙奇 兌 坤 震 坎
丙奇 艮 震 巽 離
丁奇 離 巽 中 艮

立秋 秋分 立冬 冬至
乙奇 震 艮 兌 離
丙奇 坤 兌 乾 坎
丁奇 坎 乾 中 坤

丙○天罡紫龍太陽武曲庫福祿歲天道 ●坐殺向殺山家刀砧火血 山刀砧

午○天罡地皇天乙紫龍太陽金匱 ●支神退白虎殺打劫血及五鬼

丁○王皇天帝紫微天乙 ●坐殺向殺八山空頭空

未○王皇天乙天帝福德六合 ●剋山傍陰府流財殺八座

坤○天皇太吉太乙勝光天福貪狼左輔文昌 ●剋山羅天大退浮天空逆血刃

申○太吉勝光黃羅天福太乙文昌貪狼紫光青龍左輔生氣 ●剋山金神 ●小利

庚○進田天定太陰五庫人道利道 ●剋山傍陰府翎毛禁向六室

酉○進田紫微天定朗耀太陰 ●皇天灸退金神七殺陰中太歲

辛○青龍傳送升龍太乙冰輪太陽巨門天德月德合 ●剋山翎毛灸退

戌○青龍傳送升龍太乙冰輪太陽巨門支德合 ●剋山太歲堆黃殺

乾○天乙武曲 ●獨火六十年空亡

亥○太陽貴人 ●三殺傍陰府太歲

## 巳亥年太歲

通天竅云未之位煞在酉
方申酉戌忌甲庚乙辛
四向名坐煞向煞
大利方 子癸丑乾 辰
未亥三山小利
羅天大退在坤方忌修造
埿埋主退財凶
九良星 占寺观船
煞在寺观厨及巳方
修造作主利甲子辰亥卯
未生命吉 忌巳亥命
五音宫羽商角吉 徵凶
年尅山家 艮震巳三山
正陰府 占艮巽二山
傍陰府 占丙辛二山
浮天空亡 占乾山

壬○進宝地皇金狼 ●頭白空八山空劫灾煞尚逆血刃
子○紫微進宝太陽黄羅左輔貴人天皇貴天禄○利方 ●五鬼
癸○庫珠神后天乙黄羅武曲豐龍貴人天道驛馬○大利 ●山家火血刀砧
丑○庫珠神后紫微天乙豐龍武曲貪狼左輔○大利方 ●昇玄燥火
艮○玉皇天乙天台武曲水星 ●尅山正陰府太歲
寅○玉皇地星天乙天台太乙太陰水星歲德 ●天官符天地太歲
甲○功曹天魁華龍左輔歲位德利道 ●向煞六十年空刃砧
卯○功曹宝台天魁華貪狼五龍左輔歲位合 ●尅山地官符
乙○天皇天定金輪金星五龍歲天德天道人道 ●坐煞向煞八山刀砧
辰○天皇天定金輪人倉金星歲支德○小利 ●千斤血刃小耗
巽○太吉天罡宝台太乙水輪巨門水星君鄉壯龍 ●正陰府隱伏血刃打劫血刃
巳○太吉天罡紫微宝台太乙水輪壯龍水星○尅山牛破大耗

上元　貪星離　壬部兑
帝星坎　吉星震
中元　曹星巽　正印坤
帝星乾　澤滿艮
上元年　一白巽　六白离
八白坤　九紫震
中元年　一白坎　六白乾
八白艮　九紫离
下元年　一白兑　六白震
八白中　九紫乾

節　立春　春分　立夏　夏至
乙奇　兑　坤　震　坎
丙奇　兑　坤　震　坎
丁奇　艮　震　巽　離
立秋　秋分　立冬　冬至
乙奇　震　艮　兑　离
丙奇　震　艮　兑　离
丁奇　坤　兑　乾　坎

丙○進田　旺宮　●傍陰府八山空亡白虎劫殺禁向吞宮
午○進田　皇天乙貴德武庫　●皇天退去神退金神七殺
丁○青龍　紫微太陽武庫　太乙天道驛馬　●皇天退山傍火血刃砂
未○青龍　紫微太陽太乙巨門　●金神白虎殺天命暗刀流財殺
坤○天皇　皇天帝天乙右弼左輔　●罗天大退天命殺蚕室
申○玉皇　紫微天帝天乙福德紫光　●三殺金神七殺陰中殺　斤血及　天命流財
庚○傳送天福太定貪狼天斤益倉　●坐殺向殺山罗睺六十年空亡
酉○傳送武曲天福天定貪狼益倉朗耀　●三殺頭白虎天命將軍
辛○天定太陰五府歲天道人道　●傍陰府坐殺八山刀砧
戌○地皇天定太陰武曲　●三殺穿山羅睺歲殺
乾○迎財魁星水輪太乙太陽巨門升龍　●困龍独火隱伏血刃　坐山羅睺
亥○迎財魁星太乙水輪升龍巨門太陽　●天禁朱雀太歲堆黃

一庚午年太歲

通天竅云水之位煞在南
巳午未忌丙壬丁癸四
向名坐煞向煞
一大利方艮寅庚酉戌坤大
山宜修造安葬大吉
罗天大退在巽方忌修造
安葬主退財向
一九良星一古廟灶
煞在中庭及神廟
一修造作主宜甲子辰亥卯
未生命吉　忌午卯命
一五音一宜宮羽角高吉
忌徵日白虎衝
一年剋一乾亥兌丁四山
一正陰府太歲占乾兌
一傍陰符占甲丁巳丑山

壬○神后天定水輪太乙太陽升星巨門 ●向煞獨毛值山血刃八山刀砧
子○神后天定水輪太乙太陽升星巨門武曲 ●太歲隱伏血刃罗天血刃
癸○天定太陰 ●向煞入山空頭自空刀砧
丑○紫微天定貴人太陰太陽歲支合 ●傍陰府太歲
艮山太吉功曹天乙豐星木乙武曲天道 ●獨火 ○黃六利
寅○紫皇天吉功曹貴天乙豐星太乙武曲朗耀 ●六利 ●千斤血刃
甲○紫皇進田天乙天台驛馬臨官 ●傍陰府獨毛六害牢家火血
卯○進田寶天台天乙榮光右輔 ●天皇灸退九天朱雀
乙○青龍天罡紫微天魁星左輔 ●天官符炙退巡山羅睺六十年空 山家刀砧
辰○青龍天罡天魁星左輔房顯 ●地官符金神千斤血刃暗刀煞
巽○地皇水輪右弼五星歲天道天德 ●罗天大退金神退
巳○吉食星天乙生台水輪歲堂文德 ●三煞傍陰符金神小耗

上元 雨水坎 穀雨震
小暑離 小滿兌
白露乾 夏至艮
霜降巽 大暑坤

中元

上元[illegible]年
一白中 六白坎
八白震 九紫巽

中元[illegible]年
一白坤 六白兌
八白離 九紫坎

下元[illegible]年
一白艮 六白巽
六白乾 九紫兌

八節 立春 春分 立夏 夏至
乙奇 乾 坎 坤 坤
丙奇 兌 坤 震 坎
丁奇 艮 震 巽 離
立秋 秋分 立冬 冬至
乙奇 巽 離 艮 艮
丙奇 震 艮 兌 離
丁奇 坤 兌 乾 坎

丙○勝光 天定水輪官台壯倉金輪水孛右弼●坐殺向殺倒毛刀砧
午○勝光 天定金輪壯倉水輪右弼水星 ●三殺歲破大耗
丁○天皇 天定金輪金星月德合 ●魁山傍陰府淨天空 八山空 頭白空 坐殺
未○黃羅 倉德金輪金星 ●三殺陰中太歲隱伏血刃蠶官
坤○玉皇 迎財傳送紫檀泰倉太陽●頭白坐逆血刃打劫血刃蠶室
甲○玉堂 迎才傳送宝台星泰倉太明天乙天文德合●穿山羅睺白虎殺
庚○進寶一直黃羅天帝天乙驛馬○大利●國倉劍毛火血天命
酉○玉堂 一宝天皇太乙天帝 福德 大利 ●魁山正陰府天禁朱雀支神退
辛○眉珠滿 魁地皇天庁天福益倉貪狼利道○大利●六十年空亡 山家刀砧 天命
戌○庸珠滿 魁天福太乙貪狼五帝青倉生炁進益○太利●流才殺
乾○太乙石 庫巨門歲天道天德人道 ●魁山正陰府坐山羅睺黃泉
亥○紫微帝 罗太乙水輪歲德 ●魁山天官符天太歲

# 辛丑年太歲

通天竅云金之位殺在東
方寅卯辰殺申庚乙辛
四向名坐殺向殺
大利方　坐殺丁三山官
修造安葬大吉
羅天大退在巽方忌修造
安葬　吉造財向
九良星在天　殺在廟
寅方
造作主利亥卯未生人
丑未生人不可用
五音　山宮羽徵音吉
忌商角音山坐向
魁山家　甲山辰巽戌
坐山　乾坤丑癸坤庚十三
山

壬○進田天定太陰紫微元庫人道利道●巡山羅睺頭白空六山空七
子○進田天定太陰歲支合●魁山正陰府天皇炎退金神七殺千斤血刃
癸○吉慶功曹天乙升殿貪狼驛馬帝旺●魁山傍陰府奏書天皇炎退
丑○壬皇書殿曹地星天乙升殿貪狼●魁山太歲堆黃金神七殺
艮○壬皇青龍　天乙貪狼武曲●頭白空六十年空坐山羅睺打劫血刃
寅○紫微明耀天乙太陽貴人●三殺魁山金神七殺血刃
甲○天皇天定貴人巨門豐殿●魁山坐殺翎毛禁向天命刃砧
卯○天皇天定紫光豐殿巨門●三殺金神七殺獨火天命暗刃殺
乙○天台水輪天德合月德合●傍明府坐殺山家火血天命
辰○天台宗台水輪太陽●三殺魁山傍陰府千斤血刃
巽○迎財臨光天白水輪天赦龍殿空台●魁山羅天大退支神退
巳○迎財臨光地皇天赦水輪紫微龍金輪貪狼●地官符

上下元 庚坤 五寅乾
帝星艮 五清巽
中元 曾星兌 五雨坤
帝星震 五清艮
上元白年 一白乾 六白坤
八白巽 九紫中
中元白年 一白震 六白艮
八白坎 九紫坤
下元白年 白離 六白中
八白兌 九紫艮
八節 立春 春分 立夏 夏至
乙奇 中 離 坎 震
丙奇 乾 坎 坤 坤
丁奇 兌 坤 震 坎
立秋 秋分 立冬 冬至
乙奇 中 坎 離 兌
丙奇 巽 離 艮 艮
丁奇 震 艮 兌 離

丙○進寶羅天定金輪 五龍金星人道利道●浮天空頭白八山空亡
午○進寶紫檀金輪武曲 貪星天祿●穿山羅猴金神陰中煞小耗
丁○庫珠傳送玉皇地皇 天乙右輔壯龍驛馬臨官●大利●田龍翎毛
未○庫珠傳送玉皇天乙 左輔壯龍●魁山朱雀金神歲破流才蠶官
坤○玉皇左輔天乙 ●魁山正陰陽六十年空蠶室
申○玉皇宅白龍德木星 歲道 ●魁山天官符傍陰府
庚○河魁太龍右弼歲天 道德歲位合●魁山向煞翎毛禁向山家八山刀砧
酉○河魁地皇太乙大龍 右弼福壽●支神退白虎煞
辛○天皇天帝太乙武曲 ●●魁山向煞翎毛禁向
戌○紫檀天帝太乙福德 八倉水輪●魁山九天朱雀蹬伏血刃八座
乾○大吉神后天福天定 太乙水輪太陽蓋龍○大利 ●五鬼
亥○大吉神后紫微天福 天定蓋龍太乙太陽五庫工斤青龍生炁華蓋驛馬臨官○大利

## 壬寅年太歲

通天竅云火之位煞在北
方亥子丑忌丙壬丁亥
四向各坐煞向煞
大利方艮乙坤卯山壟小
利辰巽未申辛利
羅天大退 在酉方修造
家有七退財凶
九良星 占厨井橋門路
及東北丑午煞後堂井
修造作主利寅午戌亥卯
才生人吉忌巳申生人
五音 利宮羽角徵音吉
忌商音絕凶
年尅山家 乾亥兌丁山
正明府太歲 占离山
傍明府山寅壬戌山

壬○功曹天定紫檀天福 盆龍右弼●傍陰府坐煞朝毛禁向六十年空
子○紫微功曹天福天定 盆龍左輔右弼● 三煞支神退流財
癸○天定太陰五庫歲天道人道 ●坐煞頭白空入山刀砧
丑○地皇天定太陰左輔 ●三煞千斤血刃羊官符流才
艮○迎財天罡貴人水輪 太乙升龍武曲太陽○利●巡山羅睺
寅○迎財天罡紫檀太乙 太陽水輪升龍●傍陰府太歲金神七煞
甲○進宝驛馬臨官 ●浮天空亡入山空山家刀砧
卯○進宝太陽宝白貪狼貴人天祿天貴●獨火金神坐山羅睺○壟利
乙○庫珠勝光天乙豐龍貪狼貴人天祿天道驛馬臨官○大利
辰○庫珠勝光天乙豐龍貪狼 ●穿山羅睺 ○小利
巽○玉皇天皇天台天乙巨門 ●困龍五鬼 ○小利
巳○玉皇地皇天乙天台太陰 ●天官符天禁朱雀陰中殺

上下元乙年 尊星震 帝星兌 壬印離 壬情坎
中元 尊星艮 帝星坤 壬印巽 壬情乾
上元白年 一白兌 八白中 六白震 九紫乾
中元白年 一白震 八白坤 六白離 九紫震
下元白年 一白坎 八白艮 六白乾 九紫離
八節 立春 春分 立夏 夏至
乙奇 巽 艮 離 巽
丙奇 中 離 坎 震
丁奇 乾 坎 坤 坤
立秋 秋分 立冬 冬至
乙奇 乾 坤 坎 乾
丙奇 中 坎 離 兌
丁奇 巽 離 艮 艮

丙○傳送貴羅天魁地龍 巨門歲位德●向煞六十年[illegible]翎毛禁向
午○傳送天魁地龍紫檀 天乙巨門歲天道歲位合●正陰府天官符
丁○地皇天定金輪金星 五庫歲天德人道●冬至後煞山向煞頭白空
未○天定金輪金星歲支 德合輔人倉○小利 ●小耗
坤○大吉河魁寶台紫光 壯龍水輪太乙武曲水星右弼 ○大利
申○大吉河魁寶台水輪 壯龍榮光太乙武曲水星●歲破○小利
庚○進田嗣星驛馬臨官 ●八山空逆血刃 孫伯血刃六害
酉○進田地皇郎耀龍德 武庫 ●冬至後煞山皇天退羅天大退
辛○青龍神后天皇太龍 左輔武庫月德合天道驛馬臨官○小利 ●皇天炎晁
戌○青龍神后紫檀太龍 左輔武曲●傍陰府金神七煞白虎天命煞
乾○五皇天帝天乙●冬至後煞山四大金星隱伏血刃天命 打劫血刃蚕室頭白空
亥○王皇天帝天乙福德●三煞至後煞山隱伏千斤血刃天命入座曜

## 癸卯年太歲

通天竅二木之位殺在西
方申酉戌忌申庚乙辛
四向名坐殺向殺
大利方 壬癸丑艮巽日
坤方○小利丁辰方
羅天大退在酉方忌修造
茔埋主退財凶
九良星在天又云占道觀
煞在後堂尼寺門
修造作主宜寅午戌亥卯
未生人吉忌子酉生人
五音利宮羽角徵吉商凶
年剋山家 乾亥兌丁四
冬至後不剋
正明府太歲 占震庚山
傍明府占庚亥未三山

壬○天皇進寶天皇天帝 天乙駟馬臨官○大利 ●翎毛禁向
子○玉皇紫微進寶天乙 天帝右弼福德○小利●支神退金神七煞 流財獨火入座
癸○庫珠天罡天乙福龍 天福左輔天祿利道○大利● 山家火血刃砧 六十年空五鬼
丑○庫珠天罡天福天乙 左輔蒼龍三庫青龍 生炁羊刃 ○大利●金神隱伏流才血刃
艮○天定太陰五庫歲天道人道 ○大利方
寅○天皇太乙天定太陰歲天道 ●太官符穿山羅睺
甲○勝光黃羅寶台水輪 太乙太陽升龍右弼●困龍巡山羅睺向煞
卯○勝光水輪太乙寶台 升龍太陽右弼巨門●正陰府
乙○地皇貪狼 ●浮天空大山空頭白空向煞入山刃砧
辰○太陽貴人貴勝天貴人倉 ○小利●陰中太歲
巽○大吉傳送紫檀青龍 太乙太陽貴人天道進爵○大利造葬吉
巳○大吉傳送太乙太陽 青龍天德合支德合○大利二丁八 血刃天命

上下元尊星巽　玉印坤
帝星乾　玉清艮
中元尊星離　玉印兌
帝星坎　玉清震
上元年一白艮　六白巽
八白乾　九紫兌
中元年一白中　六白坎
八白震　九紫巽
下元年二白坤　六白兌
八白離　九紫坎
八節立春春分立夏夏至
乙奇震兌艮中
丙奇巽艮離巽
丁奇中離坎震
立秋秋分立冬冬至
乙奇兌震坤中
丙奇乾坤坎乾
丁奇中坎離兌

丙○太皇進國六合天乙左輔驛馬臨官○大利　●鐵毛紫向
午○太陽天皇進國天台天乙太陰左輔●天皇冢退坐山雞喉天命
丁○青龍河魁狂龍貪狼天台利道●兇山六合冢退山家血刃修方六十年空白頭空
未○青龍河魁貪狼狂龍天魁歲位合　●地官符傍陰府
坤○地皇天定金輪貪狼五龍金星歲天德天道八道○大利●打劫血刃修方
甲○天定榮光金星金輪歲支德　●三煞金神七煞淨捆煞
庚○神后寶台水輪壯龍天定天華水星巨門　●坐煞旁陰府
酉○神后明耀寶台天定壯龍水輪巨門●三煞魁山金神羅天退歲破
辛○紫檀武曲　●坐煞八山空頭自空刀砧
戌○天皇龍德武庫歲支合　●三煞蠶官蠶命
乾○迎財功曹黃羅紫檀龍武庫武曲天道●魁山蠶室蠶至後利
亥○迎財功曹紫檀龍武曲　●魁山傍陰府白虎煞斤血刃

〈甲辰年〉太歲

通天竅云水之位煞在南方巳午未忌丙壬子癸四向名坐煞向煞

大利方　寅甲坤庚山

小利方丑乙辰辛山

羅天大退方在子山修造安葬主退才

九良星白僧堂城隍社府煞占寺觀廝并寅辰方

修造作主宜寅午申向吉

忌丑戌生人不用

五音：利商角吉

宮羽徵音凶

年尅山家　乾亥兌丁山

正陰府太歲　占艮巽山

傍陰府占丙辛山

壬○天罡生龍武庫武曲歲天道　●向煞浮天空入山空亡白虎空刀砧

子○紫微天罡生龍紫檀武曲合狼　●羅天大退支神退白虎煞流財

癸○玉皇天乙紫檀天帝　●向煞翎毛禁向八山刀砧

丑○玉皇天帝天乙福德黃羅八倉　●流才天命八座暗刀○小利

艮○大吉勝光繼皇天福太乙泰龍左輔　●正陰府天命煞

寅○大吉勝光太乙天福泰龍左輔五庫青龍生天遣臨驛馬○大利

甲○進田天定太陰五庫八道利道驛馬臨官　●翎毛火血刀砧六害○大利

卯○進田天定太陰寶台巨門天皇　●皇天灸退陰中煞

乙○青龍傳送益龍水輪太乙太陽右弼　●皇天灸退○小利

辰○青龍傳送益龍水輪太乙太陽右　紫檀　●太歲堆黃煞○小利

巽○黃羅　●正陰府巡山羅睺六十年空亡獨火隱伏血刃道血刃五鬼

巳○黃羅太陽貴人台輔　●三煞○斤血刃殺命

上元 尊星乾 帝星巽 巨門艮 玉待坤
中元 尊星坎 帝星離 五印震 玉清兌
上元 年一白離 自八白兌 六白中 九紫艮
中元 年一白乾 自八白巽 六白坤 九紫中
下元 年一白震 自八白坎 六白艮 九紫坤

八節 立春 春分 立夏 夏至
乙奇 艮 兌 艮 中
丙奇 震 兌 艮 中
丁奇 巽 艮 離 兌
 立秋 秋分 立冬 冬至
乙奇 兌 震 坤 中
丙奇 兌 震 坤 中
丁奇 乾 坤 坎 乾

丙○河魁地皇天定升龍太陽武曲貪狼●旌陰府頭白空六山空坐煞
午○河魁天定升龍太陽貴人右弼●三煞金神打劫血刃頭白空
丁○天皇天台太乙貪狼黃羅紫檀天德合●坐煞魁山翎毛禁向刀砧
未○天皇天帝天台天乙太陰●三煞金神七煞九天朱雀
坤○迎財神后天魁黃龍巨門貪狼房頭●八利進益
申○迎財神后紫檀天魁貪狼宗光房頭●地官符金神七煞羊刃血刃
庚○進寶天皇天定金輪巨門金星入道利道●翎毛火血刀砧○大利
酉○進寶黃羅天定朗耀金輪金星歲支德●魁山金神坐山羅睺
辛○庫珠功曹天乙紫龍水輪寶台水星巨門天祿●傍陰府
戌○庫珠功曹寶台天乙紫龍水輪巨門水星●穿山羅睺歲破吞官
乾○武曲●魁山困龍六十年空隱伏血刃吞室
亥○天皇龍德武庫●魁山天官符天禁朱雀

## 〈乙巳年〉太歲

通天竅云：金之位，煞在庚方、寅卯辰巳甲庚乙辛四向，名曰坐煞向煞

六利方　艮午方

小利壬丙坤亥山

奏天太退吉，震山忌修造・

安葬主退才凶

九良星　古曆稱云在天煞在門及寺觀

造作主宜寅午戌巳酉

玉命吉忌申亥未人凶

五音　宮商角徵音吉

忌宮羽音凶

年剋山家　甲寅辰巽戌

坎辛申丑癸坤庚未上

三山

壬○進　田貴人木星驛馬臨官地十星●劍鋒六害碍户血刃○小利

子○進　田紫檀龍德水輪巨門寶台武庫●剋山頭白空天皇灸退亥神退煞伏血刃

癸○青　龍勝光紫檀地龍寶台武曲金輪水輪●剋山天皇灸退六山坐浮天空頭白空

丑○青　龍勝光黃羅天定金輪水輪武曲水星●剋山傍陰府白虎煞

艮○地　皇天帝天定金輪金星右弼　●五鬼蘊空○小利

寅○天　帝則耀福德金星金輪●三煞剋山陰中煞九天朱雀子斤血刃八座殺

甲○玉　皇傳送天定天福泰龍左輔●傍陰府坐煞剋山六十年空

卯○玉　皇傳送天福天定左輔泰龍天皇采光●三煞

乙○玉　皇月德合歲天道五庫　●坐煞出家火血刃併

辰○玉　皇紫檀木星　●三煞金神七煞

巽○迎　才衡魁右弼益龍　●剋出獨火四大金星打劫血刃

巳○迎　財衡魁益龍青要天乙右弼　●剋出天戊

上元甲子 帝星震　五門坤
玉清艮
中元 尊星坤　玉印乾
帝星艮　五符巽
上元年一白坎　六白乾
八白艮　九紫離
中元年一白兌　六白震
八白中　九紫乾
下元年一白震　六白艮
八白坎　九紫坤

八節　立春　春分　立夏　夏至
乙奇　坤　乾　兌　乾
丙奇　震　兌　艮　中
丁奇　巽　艮　巽　巽
　　　立秋　秋分　立冬　冬至
乙奇　艮　巽　震　巽
丙奇　兌　震　坤　中
丁奇　乾　坤　坎　乾

丙○進寶地皇天乙天德合　●巡山羅睺劍鋒禁向○小利
午○進寶水輪太乙太陽貪狼吞賈天祿○大利
丁○庫珠神后黃羅水輪升龍太乙天定大進太陰　●傍陰府朗白空八山空山山家刀砧劍毛
未○天皇庫珠天乙天定太乙太陽貪狼升龍●魁山隱伏血刃陰刀天倉煞
坤○太白天定太陰土曲青龍生氣才官進祿星●魁山天命○小利
申○紫微太定天台害台太陰歲支合●魁山天命天官符穿山羅睺
庚○功曹天皇天魁豐龍天乙貪狼●魁山困龍坐煞向煞六十年空亡
酉○功曹羅天乙天魁豐龍太乙貪狼●正陰府地官符朱雀
辛○玉皇天乙五龍歲天德歲天道●魁山坐煞向煞山家火血刀砧
戌○天乙歲德合　●魁山流才煞淨欄煞小
乾○大吉天皇太乙地龍巨門天華●正陰府流財煞
亥○太吉天皇太乙巨門紫微地龍●大耗歲破○小利

## 丙午年太歲

通天竅云火之位煞在北方亥子丑忌丙壬丁癸四向名坐煞向煞

大利方　甲卯巽山
小利　艮未庚山

羅天大退在艮方忌修造整理主退財

九良星占廚灶歷云在人煞在神廟及戌亥方

修造作主宜寅辰戌巳酉丑命吉忌子午命不用

丑音利商角徵吉宮羽凶

年尅山家　乾亥兌丁山
冬至後不尅

中陰府太歲占　坤坎山

傍陰府占乙癸申辰山

壬○勝光天定寶台紫微龍金輪水輪巨門　●坐煞翎毛山家火血刀砧

子○勝光天定華蓋金輪水輪巨門　●三煞正陰府金神歲破千斤血刃

癸○天定金輪金星武曲　●坐煞傍陰府刀砧

丑○金輪龍德武庫金星　●三煞金神七煞陰　●煞蚕官

艮○迎財傳送天皇紫龍晉星貪狼武庫福壽天道　●羅天太退○利

寅○五皇迎才傳送天乙朗耀紫龍　天德合成德合武曲水庫　●金神七煞白虎煞隱伏血刃蚕命

甲○進寶紫檀玉皇天乙天帝臨官驛馬　●山家刀砧翎毛　○大利方

卯○玉皇地皇進寶聚光大帝福德天祿　●金神七煞入座　○大利方

乙○庫珠河魁天福太乙祭龍右弼　●傍陰府頭白八山空六十年空

辰○庫珠河魁天乙天福奏龍左輔　●傍陰府千斤血刃暗刃煞

巽○貴羅武曲天庫太乙太陰大道歲天道○頭白空　○大利方

巳○天乙太乙水輪歲德　●天官符天太歲

上元●帝星艮　天帝巽
帝星坤　上帝乾
中元　導星震　天帝離
帝星兌　玉清坎
上元年一白坤　六白兌
白　八白離　九紫坎
中元年一白艮　六白巽
八白乾　九紫兌
下元年一白中　六白坎
八白震　九紫巽
八節　立春　春分　立夏　夏至
乙奇　坎　中　乾　兌
丙奇　坤　乾　兌　乾
丁奇　震　兌　艮　中
立秋　秋分　立冬　冬至
乙奇　離　中　巽　震
丙奇　艮　巽　震　巽
丁奇　兌　辰　坤　中

丙○天皇神后天定太乙水輪太陽紫微右弼●坐煞向煞羽毛火血
午○神后金龍太乙天定太陽水輪巨門右弼●穿山羅睺太歲金神
丁○天定太陰　●尅山倒龍巡山羅睺向煞
未○地皇天定太陽貴人太陰歲支合●天罡朱雀金神七煞○小利
坤○大吉功曹天乙太乙太陽升龍天道●黃陰府破敗五鬼打劫血刃
申○大吉功曹玉皇天乙太乙寶台升龍●傍陰府
庚○玉皇進田地皇天台天乙貴人●小利●羽毛[illegible]向刀砧天命六害
酉○進田天乙天台太陰右弼　●尅山皇天炙退獨火天命煞
辛○青龍黃要天罡天魁豐龍●淨天空入山空頭白空六甲年空遊血刃
戌○青龍天罡天魁豐龍貪狼●地官符隱伏血刃流才煞
乾●紫檀左輔水輪五龍　●尅山交神退流才煞
亥○紫微寶台地皇水輪　●尅山三煞小耗

# 丁未年 太歲

通天竅六未之位煞在酉
方申酉戌忌南庚辰
四向各坐煞向煞
大利方 乙丙乾山
小利 壬癸卯山
羅天大退在艮方忌修造
甃埋壬退財
九良星 占僧堂寺觀城隍社廟煞在門井水
修造作主宜巳酉卯未八
忌丑戌生人不用
五音 宜宮羽徵吉
商角音凶
年剋山選 甲寅辰巽戌
坎辛申丑癸坤庚未十
三山

壬○ 進寶天定金輪五龍金星利道入道●傍陰府○造利

子○ 進寶紫微天皇天定天祿金星水星生成文德●剋山明申木成頭白空白小耗

癸○ 寶珠傳送天皇天乙華蓋寶台貪狼●剋山坎血刃砧○小利

丑○ 寶珠傳送寶台天乙華蓋貪狼●剋山歲破千斤血刃蠶官

艮○ 巨門右弼●羅天大退六十年空逆血刃打劫血刃

寅○ 太乙龍德武庫歲德●剋山傍陰府天官符金神七煞

甲○ 洞魁地皇武庫亞龍巨門歲天道●剋山頭白空八山空向煞劉毛

卯○ 洞魁紫禧寶台亞龍武曲巨門●金神白虎煞天命暗刀五鬼

乙○ 天皇貴人羅天帝天乙貪狼●向煞八山刀砧劉王

辰○ 天官天皇天帝天乙福德●剋山穿山羅睺八座

巽○ 大吉神后水乙天福武曲泰龍●剋山困龍

巳○ 太吉神后太陽太乙泰武五龍武曲傳送魁罡帝輅門五符宮升庫●天禁朱雀○大利

上元 … 艮
中元 … 艮
上元 … 坤
中元 … 艮
上元年一白震 六白艮
上元年八白坎 九紫坤
中元年一白巽 八白中
中元年八白兌 九紫艮
下元年一白乾 六白坤
下元年六白巽 九紫中

立春 春分 立夏 夏至
立秋 離 巽 中 艮
立秋 坎 中 乾 兌
立冬 坤 乾 兌 乾
立冬 秋分 立冬 冬至
立冬 坎 乾 中 坤
立夏 巽 中 巽 震
立夏 艮 巽 震 巽

酉○進田天定太陰五帝八道利道福德喜神人和道 ●大害
午○進田天乙天定太陰貪狼文德 ●明府…天退殺
丁○青龍華蓋黃龍太陰太乙 ●皇天退…血刃
未○青龍蓬星華蓋龍氣福祿天輔太乙太陽金輪 ●坐山九良 ●小利
坤○黃羅門右弼 ●坐山…大耗…空
申○天皇紫光太陽貴人金輪天德 ●三殺坐山…天命
庚○天皇紫微天乙金輪右弼生氣天道 ●坐山浮天空頭白虎八山空…
丙○天皇天定明堂…貪狼右弼地官 ●三殺五鬼
亥○天皇天乙天台木星 ●坐山坐煞劍毛朱雀
戌○天皇天台天乙天陰木星 ●三殺坐山傍明府金神七殺…
乾○…勝光天魁地皇…右弼 ●天神退血刃○利造葬
辛○迎財勝光紫微天魁太陽寶蓋 ●地官符金神千斤血刃臨…

# 戊申年太岁

通天窍云水之位坎在南
方巳午未丙壬丁癸
四向名坐煞庙煞
大利方 艮申辰巽酉庚
乾山造葬大吉
要天大进在坤方正南造
葬埋吉时
九良星 占桥井门路
煞在中庭所及坤方
修造作主宜用丁坤巳酉
丑命吉巳寅巳年命凶
五音利宫羽徵吉角凶
年克山家■丝王内七山
正阴府太岁占震山
傍阴府占庚乡未山
岁天空占坤山

壬○催官天官贵人右弼岁德合●魁山向煞阴府毛六十年正五山家召煞
子○催官天乙太岁天德岁马右弼星●地官符坐山罗睺金神巡方
癸○天官天宗金轮右弼会合主天德●向坐八山空亡头白空亡毛杂向
丑○天帝金轮金星天德人合●金神七煞伏兵血刃流财
艮○太乙天乙太阳水轮左辅水星紫微●六神退○大利山
寅○太吉向岁太乙天乙水轮太阳紫微水星●坐山罗睺岁破
甲○进田贵人武曲右弼驿马临官●阴府太岁占吉○大利山
卯○进宝紫微催官武曲右弼●正阴府星天进天禄天朱雀伏兵血刃灸命
乙○帝向星贵人武曲北极天道驿马●魁山星天退
辰○吉利龙神后天星太阳贪狼八座魁星●白虎炙退官○大利
巽○吉星天帝天乙左辅天才吉星天皇星●三煞○大利
巳○吉星天帝天乙紫微六合●三煞丁血刃八座

上元 甲子起坎 甲午起離 五黃震
中元 甲子起巽 甲午起乾 五黃兌
下元 甲子起兌 甲午起坎 五黃艮
上元 年一白巽 六白離
上元 年八白坤 九紫坎
中元 年一白坎 六白乾
中元 年八白艮 九紫離
下元 年一白兌 六白艮
下元 年八白中 九紫乾
八節 立春 春分 立夏 夏至
立春 艮 震 巽 離
西南 離 巽 中 艮
立冬 坎 中 乾 兌
立秋 秋分 立冬 冬至
立夏 坤 兌 乾 坎
西南 坎 乾 中 坤
己奇 離 中 巽 震

丙○天貴天定天福天喜天官福門●地山坐煞劫殺毛八十鬼逝血及
午○紫微八座天定天福官門●三殺地山獨火打鬼蛇
丁○天定太陰五帝天道月德合●平煞頭白空八山火燭
未○紫微天定太陽左輔●三煞傍陰府跳歲
坤○迎財六白黃羅紫檀天乙水輔太陽武曲●羅天大退天官逝
申○官星迎財天罡太陰旌旗太乙太陰武曲●太歲黃金神煞
庚○進寶戰雄天旺●傍陰府山家火血
酉○進寶明堂太陽貴人官門天祿天貴文魁星●金神○大利方
辛○庫珠勝光天乙升殿左輔貴人天祿天道●巡山羅睺○小利方
戌○生氣勝光天乙左輔升殿天倉進寶星○大利方●天命煞
乾○天命天乙貪狼星金狼武曲木星○大利方●打劫血及天命煞
亥○晝星天乙天命太陰●傍陰府大官符王斤血及陰中煞

〔己酉年〕太歲

通天竅 壬金之位煞在酉

左世郊履巳坤庚乙辛

四日名坐煞向煞

大利方 巳丁未亥山

小利方 壬午山

罗天大退在坤方忌修造

[illegible]冷退剝

九良星 占道觀寺庙

煞在寺觀神廟及南方

修造作主宜用丁辰巳酉

丑命吉忌卯酉生不用

五音 利宮羽商徵音吉

忌傷官犯白虎命

年魁 山家 冬至後剋乾

一老 丁山在前不剋

斷府 在辰巽山

壬○天官進田黃罗天乙太陰驛馬官國●頭白空亡八山空劫毛六害

子○進田地皇紫微玉皇天乙太陽武曲●皇天灸退破敗五鬼

癸○青龍河魁地皇天魁紫檀左輔右弼●白皇天灸退六十年[illegible]

丑○青龍河魁紫檀龍德官符天魁右輔歲德合●地官符○造吉

艮○紫微天定金輪五龍歲天道六合德●正陰府太歲神退

寅○青罗天乙太定金輪金星天喜德●三殺小耗

甲○太陰皇神右宮台天定水輪水星帝星貪狼右弼●坐煞八山刀砧

卯○神后天定宮台左輔右輪水星右弼●三殺歲破

乙○月德合●坐殺旺氣火血刀砧

辰○地皇龍德武曲火大德●三殺天命

巽○迎財龍背壯龍左弼太陽武曲六道●正陰府陰伏血刃蠶

巳○迎財龍神丹龍太陰●羅天●日破 月血不容

上下元　尊星坤　玉府乾
　　　　帝星艮　玉清巽
中元　尊星兌　土府坤
　　　帝星震　玉清艮
上元年白　一白中　六白坎
　　　　　八白震　九紫巽
中元年白　一白坤　六白兌
　　　　　八白离　九紫坎
下元年白　一白艮　六白巽
　　　　　八白乾　九紫兌

八節　立春　春分　立夏　夏至
乙奇　艮　震　巽　离
丙奇　艮　震　巽　离
丁奇　离　巽　中　艮
　　　立秋　秋分　立冬　冬至
乙奇　坤　兌　乾　坎
　　　坤　兌　乾　坎
　　　坎　乾　中　坤

丙○玉皇進寶天喜紅鸞天乙武曲●傍陰府入山當頭
午○進寶玉皇天帝天乙龍德●入金神朱雀八坐天　小利
丁○庫珠大定天福人山朱龍貪狼天獄●冬至後兜山六十年空○大利
未○庫珠天罡天乙泰龍天福巨門貪狼青龍生炁金神　○大利
坤○天定太陰五庫貪狼●獨火羅睺大火退炎神災打劫血刃
申○地皇天定紫光太陰●天官符金神七煞千斤血刃流財煞
庚○勝光太乙水輪太陽黃羅巨門貪狼●向煞殺毛禁向
酉○勝光明耀太乙水輪太陽黃羅巨門●頭白空金神太歲冬至後兜山
辛○武曲●向煞傍陰府逆血刃山家火血刃砧
戊○黃羅太陽入倉天貴●穿山羅睺陰府太歲
乾○太吉傳送天皇太乙武曲巨門●困龍巡山羅睺隱伏血刃癱瘓冬至後兜山
亥○太吉傳送太乙武曲天德合支德合●天禁朱雀冬至後兜山○坐前大利

# 《庚戌年》太歲

通天竅云火之位煞在北
方亥子丑巳丙壬丁癸
四向各坐煞向煞
大利方 乙辰卯申庚山
小利方未戊山
羅天大退在巽山忌修造
坐地主冷退
九良星 占僧堂城隍社
廟 煞在寺堂及北方
修造作主宜申子寅午合
吉忌丑未辰戌入不用
五音 利商角音吉
忌宮羽音凶
年尅 艮震巽巳三山
正陰府太歲 占乾兌山
傍陰府占甲丁巳丑山

○河魁地皇天定升龍武曲貴人歲天道●坐煞山家火血刃砧
子○河魁天定黃羅武曲升龍左輔 ●三煞陰伏血刃殺命
癸○黃羅天台太乙 ●坐煞入山空頭白空巡山羅睺
丑○紫檀太乙天台水輪太陰 ●三煞傍陰府天命暗刃
艮○迎財神后天定太乙水輪左輔天魁貴龍武曲●魁山天命
寅○迎財神后地皇朗耀貴龍天定太乙天魁歲位合●地官符戊巳煞
甲○進寶天定大陰五庫人道利道驛馬臨官●傍陰府 ○造利
卯○進寶天定帝光太陰右弼戊支德歲支合●魁山小耗
乙○鹿珠功曹天皇天乙華龍右弼天德合月財○火道 ○太利方
辰○玉皇鹿木功曹羅天乙華龍右弼極富星○金神七煞歲方○大利
巽○玉皇天乙貪狼巨門天寶財帛星進祿星●羅天大退 六十年空 歲官
巳○紫檀天乙龍德武曲歲德合皇星●劫山傍陰府金神

上下元 尊星震 天罡中
帝星兌 玉清坎
中元 尊星艮 玉印巽
帝星坤 玉清乾
上元午白 一白乾 六白坤
八白巽 九紫中
中元午白 一白震 六白艮
八白坎 九紫坤
下元午白 一白離 六白中
八白兌 九紫艮

八節 立春 春分 立夏 夏至
乙奇 兌 坤 震 坎
丙奇 艮 震 巽 離
丁奇 離 巽 中 艮
立秋 秋分 立冬 冬至
乙奇 震 艮 兌 離
丙奇 坤 兌 乾 坎
丁奇 坎 乾 中 坤

丙○天罡北龍太陽歲位歲天道●向煞山家 刀砧逆血刃
午○天罡地星北龍太陽武曲金櫃●支神退白虎殺打劫血刃
丁○紫檀天帝水輪 ●向煞從陰府浮天空入山空頭白空
未○天帝寶台福德人倉水輪 ●陰伏血刃流財 ○小利
坤○大吉勝光太乙天乙天福泰龍左輔寶台金輪水星 水輪合德●大利 ●病符白空
甲○金輪水輪水星泰 大吉勝光貴羅太 乙宮台天福天定帝星 龍貪狼青龍主泰太陰地殿●穿山羅喉 ○大利
庚○進田天定金輪金星左輔馹馬臨官人道利道●困龍剝毛六害 ○大利
酉○進田紫檀太乙金輪金星地財●正陰府皇天炙退朱雀 刑中太歲 破敗五鬼
辛○青龍傳送玉皇益龍巨門旺天德合●皇天炙退鋼毛禁向
戊○青龍傳送玉皇益龍天乙支德合地貴●太歲堆黃煞○小利
乾○玉皇天乙木星 ●正陰府獨火六十年空
亥○紫微玉皇太陽木星 ●三煞

# 《辛亥年》太歲

通天竅云不足位缺在西
方申酉戌忌用庚乙辛
四向各平煞向煞
大利方　艮丑巳山
乾山葬吉　亥造吉
羅天大退在亥方　忌修
造安葬主退才
九良星占船寺觀　煞在
所寺觀及巳方
修造作主宜用子辰亥卯
一未生人吉忌巳亥生麻
五音　宜宮羽角商吉
徵音絕凶
年剋　离壬丙乙山
正明府大歲占坤坎山
傍明府占乙死甲辰山

壬○進寶地皇太乙驛馬陰府　●魁山頭白空入山尖刃毛禁向
子○進寶黃羅太陽貴人太乙水輪右輔　●正陰府金神七煞年斤血刃
癸○庫珠神后黃羅天乙天定太乙太陽　●傍陰府山家火血刃砧
丑○庫珠神后紫檀太乙天乙天定升龍太陽武曲鳳節　○金神七煞　○人利造葬
艮○天定天台太陰武曲左輔　●頭白空　○小利
寅○天台天定太陰朗耀地皇天宝　●天官符金神七煞隱伏血刃
甲○功曹紫光天魁曹龍　●向煞太年空道血刃
卯○玉皇功曹紫光天魁豊龍貪狼歲位合　●地官符金神七煞
乙○玉皇天皇天乙歲天道歲天德人道　●魁山傍陰府回煞
辰○黃羅天乙歲支德　●傍陰府下斤血刃
巽○大吉天罡太乙禄龍右弼巨門天華　●羅天大退打刼血刃
巳○大吉天罡天乙天乙華龍紫檀右弼　●歲破大耗

上元 四綠巽 七赤坤
六白乾 五黃艮
中元 九紫離 三碧兌
八白坎 二黑震
下元 一白兌 六白震
八白中 九紫乾
上元 八白年 一白巽 六白離
八白坤 九紫震
下元 八白年 二白坎 六白乾
八白艮 九紫離

節 立春 春分 立夏 夏至
奇 乾 坎 坤 坤
奇 兌 坤 震 坎
奇 艮 震 巽 離
立秋 秋分 立冬 冬至
奇 巽 離 艮 艮
奇 震 艮 兌 離
奇 坤 兌 乾 坎

丙○進田水輪　明堂官右弼　●天空八吉頭白青龍寶蓋

午○進田地皇　寶台水輪左德武曲●進田金神寶光

丁○吉龍勝光　紫微寶台水輪太陽光龍金輪水星武曲天道●刑

未○太陽水輪　木生水星天寺　吉龍勝光天官金輪星●白虎朱雀金神天命殺

坤○天皇天帝　天定太陰金星右弼右輔●正明府太命殺蚕室

申○黃罡寶台　天帝福德金輪金星●三殺傍陰府州中大火流太命

庚○天皇傳送　天福天帝貪狼太陰●坐殺巡山羅睺本年空亡

酉○天皇催送　天乙太乙天福天官太陰貪狼紫微●三殺蚕命將軍

辛○天皇天乙　天帝太陽歲天道大進●坐殺六山刀砧

戌○天皇地皇天星●三殺隱伏血刃

乾○迎財河魁　巨門天財天寶御避●獨火五鬼○天大利

亥○紫微迎財　河魁武曲天財星巨門●太歲堆黃○利方

〈壬子年〉太歲

通天竅三合金水在東
方巳午未丙丁壬子癸
四向名坐煞向煞
大利方 丑寅甲辛山
艮山葬利 巽山小利
娶天大退在西方忌修造
葬埋生於退
九良星 占廚灶僧堂寺
天煞在中庭及神廟
修造作主寅甲子辰亥未
命忌主命 如生命不用
五音 利宮羽角商吉
徵音白虎凶
年魁乾亥兌丁山奎壬魁
正陰府癸占 占離山
傍陰府占壬寅戌山

壬○神后太乙 太陰益危水輪巨門歲月德●傍陰府劍鋒向煞
子○紫微神后 水輪太乙太陰益危武曲巨門●太歲堆黃煞
癸○貪狼天官 紫利用星●頭白空向煞
丑○天皇天明 貴人地財歲支合天貴人合●大利造葬吉
艮○天吉功曹 太乙貴人武曲升龍天道地財●獨火 ○兌大利
寅○天乙功曹 小龍太乙武曲鳳輦天官●傍陰府金神七煞子午丙
甲○天皇進用 天乙天台木星紫浮天空太陰空●[illegible]皇星天大退蠶毛禁向 山家人血六害
卯○天官進用 天台天乙天台太陽太陰左輔●皇天大退九天朱雀金神
乙○貴龍天罡 紫微歲天德貴龍房頭左輔●劫山羅睺皇天大退 六十年空亡山家刀砧
辰○貴龍天罡 太陰曲星左輔房頭交龍●穿山羅睺地官得廟殺
巽○地皇天定 左輔右弼五龍金輪金星●陰龍女神退兵兒○利
巳○天皇天定 金輪金星歲支德●三煞天禁朱雀淨欄煞

上元 乾兌 帝星巽 五卯艮
帝星巽 五清坤
中元 帝星坎 五卯震
帝星離 五清兌
上元一百年 一白艮 六白巽
六白乾 九紫兌
中元一百年 一白中 六白坎
八白震 九紫巽
下元一百年 一白坤 六白兌
八白離 九紫坎

八節 立春 春分 立夏 夏至
乙奇 中 離 坎 震
丙奇 乾 坎 坤 坤
丁奇 兌 坤 震 坎
立秋 秋分 立冬 冬至
乙奇 中 坎 離 兌
丙奇 巽 離 艮 艮
丁奇 震 艮 兌 離

丙○勝光 天定 官吉 太陰 水輪 右弼 紫微 水星 殺 劍鋒 毛頭 禁向 不利
午○勝光 天乙 天定 宝蓋 台星 龍 水輪 右弼 三殺 正陰府 戊己殺 大耗
丁○天定 天皇 月德合 ●坐山 坐殺 頭白空 逆血刃
未○黃羅 紫檀 天德 武曲 進寶 ●三煞 陰府 太歲 太官
坤○迎財 傳送 紫檀 太陰 武庫 天道 ●盃空 打劫 血刃 ○利方
申○迎財 傳送 太陰 紫光 文德合 月德合 地卦 ●白虎煞 ○大利
庚○進寶 黃羅 玉皇 天乙 天帝 帝星 ●八山空亡 天罡 劍毛 天命煞
酉○玉皇 天皇 天罡 朗耀 天祿 天帝 福德 ●坐山 羅天大退 大禍 退氣 天命煞
辛○庫珠 河魁 地皇 天乙 太陰 天福 貪狼 利逆 ●六十年空亡 天命 ○大利
戌○庫珠 河魁 天乙 天福 太陰 貪狼 五庫 生元 ●傍陰府 金神 七煞 流財
乾○天定 太陰 巨門 五庫 歲天道 歲天德 ●坐山 頭白空亡 流財煞 隱伏血刃 千斤利
亥○黃羅 天定 太陰 歲德 ●坐山 天官 得金神 隱伏血刃 千斤血刃

# 《癸丑年》太歲

通天竅天命之位殺在東方亥卯辰巳甲庚壬辛

四向名坐殺向殺

大利方 丙午丁坤亥山

小利方 壬山

羅天大退在酉山忌修進

葬埋忌退加

九良星 占僧堂寺觀城隍社廟殺在廚灶方

修造依主利亥卯未命吉巳丑未生命凶

五音 利宮羽徵音吉

商角音墓衰

年尅乾家甲寅辰巽戌坎辛申癸丑坤寅未十宗

壬○進田紫檀 天定太陽五庫入進祿利道●巡山羅睺六害 ●小利

子○紫微進田 天定太陽歲支合 ●尅山金神七煞皇天炙退

癸○青龍功曹 龍德水輪太乙太陽貪狼●尅山陰府炙退

丑○青龍功曹 寶蓋龍水輪太陽貪狼●尅山火星金神隱伏血刃

艮○黃羅紫檀武曲 ●六十年太歲坐山羅睺五鬼打劫血刃

寅○紫檀太乙太陰貴 ●三煞尅山羅睺

甲○天罡天定 狗官巨門貴人歲天道●尅山坐殺國很翎毛刀砧天命

卯○天罡天定 寶刀狗官巨門台輔●三殺 正陰府狗大天禁朱雀五鬼頭白空亡晴殺隱伏血刃

乙○玉堂天台 太乙木星歲德合●浮天空亡坐頭白虎坐殺天血天命

辰○玉堂天乙 太白木星 ●尅山三殺千斤血刃

巽○迎財勝光 天皇天罡豐盛貪狼武曲 ●尅山坐神退吉皇殺

巳○迎財勝光 豐盛龍天罡巨門武曲 ●地官符千斤血刃地李

下元 酉帛兌 五節坤巽

所星震 五蔣艮

中元 尊星坤 玉商乾

帝星艮 玉清巽

上元 一白離 六白中

入白兌 九紫艮

中元 一白乾 六白坤

入白巽 九紫中

下元 一白震 六白艮

入白坎 九紫坤

入節 立春 春分 立夏 夏至

乙奇 巽 艮 離 巽

丙奇 中 離 坎 震

丁奇 乾 坎 坤 坤

立秋 秋分 立冬 冬至

乙奇 乾 坤 震 乾

丙奇 中 坎 坤 兌

丁奇 巽 離 坎 艮

丙○進寶貪狼天定金輪 會皇五龍人道紫道驛馬○大利

午○進寶紫檀天乙太定 金輪武曲合皇帝歲天德○利 ●明中人倉 小祇金官

丁○庸珠傳送地皇天乙 旌龍寶台左輔水星左輔○大利 ●翎毛

未○庸珠傳送天乙紫龍 寶台左輔水輪 ●魁山傍路八卦列星武官

坤○左輔貪狼右弼 ●魁山六十年守正金寶

甲○紫光龍德武庫歲道 ●魁山天官貴金神流財

庚○河魁壯龍右弼武庫 歲天道 ●魁山傍隆府白鶴翎毛刀砧

酉○河魁進寶朝輝壯龍 右弼 ●金神七煞白虎煞文曲退

辛○五皇天乙太皇天官 ●魁山八山黃頭白虎向煞翎毛禁向火血

戌○五皇天帝紫檀福德 天乙人倉 ●魁山九天朱雀入座歲刑

乾○大吉神后天福太乙 太陽兵龍武曲 ●遊血刃 ○大利

亥○人吉神后太乙太福 木龍太陽五雄 ●旁陰府

## 甲寅年太歲

通天竅云坎之位殺在此
乙辛子死墓丙壬丁癸
四向各半終向煞
大利方　中宮坤庚山
卯山坐利　寅未坤戌
乾山小利
羅天大退在子方忌修造
栽地主退財凶
九良星　占橋井門路
牧堂後堂井水午丑方
修造作主利寅午戌亥卯
未生向吉　巳申酉凶
五音　利宮羽角徵吉
商音絕凶
正陰府太歲　占艮巽山
傍陰府占丙辛山

壬○功曹紫檀天福天定右弼●浮天空亡　山家官符白虎絕山坐煞刑害
子○功曹紫微天定天赦左輔右弼五龍●三殺羅天大退六神退流財
癸○天定太陰左庫歲天道人道●坐殺人山刀砧
丑○天元地皇太陰●三殺千斤血刃流財煞
艮○迎財天帝罡雞太龍武曲太陽太乙水輪●正陰府退山羅睺
寅○迎財天帝紫檀天乙太龍水輪太陽歲祿●太歲推黃○小利
甲○進寶歲千德左輔右弼●流血刃刀砧○大利
卯○進寶太陽貪狼真人大吉天祿●獨火○利
乙○庫珠勝光天乙貪狼金龍貴人天道●魁山
辰○庫珠勝光天乙貪狼金龍進貴天倉●戊己煞○大利造葬
巽○吉皇天皇天台天乙巨門●正陰府陰伏血刃五星
巳○玉皇地皇天乙天台太陰●天官符陰中太歲

上下元甲子年[illegible]　五[illegible]巽
[illegible]七赤兌　[illegible]乾
中元四綠震　[illegible]離
[illegible]七赤兌　[illegible]坎
上元作一白坎　六白乾
上元作八白艮　九紫離
中元作一白兌　六白震
中元作八白巽　九紫乾
下元作一白巽　六白離
下元作八白坤　九紫震

八節　立春　春分　立夏　夏至
乙奇　巽　艮　離　巽
丙奇　巽　艮　離　巽
丁奇　中　離　坎　震
八節　立秋　秋分　立冬　冬至
乙奇　乾　坤　坎　乾
丙奇　乾　坤　坎　乾
丁奇　中　坎　離　兌

丙〇傳送青龍天魁升龍昇門●魁山傍陰府向煞八山頭白空（大小年空兩毛）
午〇傳送紫檀天魁天乙升龍昇門五龍成天道●魁山地官行頭白空
丁〇地皇天定金輪金星金龍成天德天道八道●向煞八山刀砧
未〇天定金輪金星八金貴天德天乙貴人●金神七煞小耗〇小利
坤〇天庫少微白鶴太陽進祿水輪水星武曲八祿〇人利進寶
申〇人吉河魁天乙朱光寶台水輪水星武曲寶龍●歲破金神〇利刃（下斤血刃）
庚●進田朝山臨官貴人●山家刀砧太歲〇利刃
酉〇進田地皇功曹龍德武庫吞官貴人●皇天灸退金神七煞
辛〇長龍神后天皇寶龍右弼武曲陰府德客天道●傍陰府皇天灸退
戌〇青龍神后紫檀右弼●空山羅喉白虎劫煞天命
乾〇天帝天乙天祿青龍鳳凰進財皇利●陰龍降伏千斤血刃歲堂
亥〇壬皇天乙天帝龍德歲支合●三殺天禁朱雀聽刀殺天命八座堂

乙卯年　太歲

通天竅子水之位殺在酉

方申酉戌巳甲庚乙辛

四向各坐殺向殺

大利方　壬艮巽丙坤亥

辰山大利

羅天大退在辰山忌修造

安葬主退財

九良星　占道觀在天

殺在後堂後門水尼寺

殺神所

修造作主和　寅午戌亥卯

未生命吉　子酉命凶

五音　宮商羽角徵音吉

商音白虎凶

年剋山家　冬至後剋乾亥

兌丁山至前不剋

壬○王皇天皇進寶天帝　天乙驛馬臨官右弼●飛宮值山血刃○大利

子○天皇進寶天帝天乙　陰德右弼●獨火頭白空隱伏血刃支神退　九天朱雀旋才殺

癸○庚珠天罡天乙天福　北龍左輔●浮天空亡頭白空亡千年空火血

丑○庚珠天罡天福天乙　金輔北龍五庫●傍陰府孫伯血刃流才殺

艮○歲天道人道天輪五　庫利甲天驛紫微●五鬼　○大利

寅○天皇寶王吉則耀水輪　●天官符千斤血刃

申○勝光貴羅宮太龍　水輪右弼金輪水星●傍陰府向殺巡山羅睺

卯○勝光天光太龍天定　金輪巨門水輪●羅天大退太歲官符

乙○天定地皇金輪金匱　●坐殺向殺

辰○太陽金輪金星貴人　進寶天官　●金神陰中太歲　○小利

巽○玉皇太陽御道紫微　太陰龍太陽貴人●門人金鼎　○大利

巳○大吉御道玉皇天乙　太乙龍太陽●傍陰府金神七殺大會

| 上下元 | 寄宮離 寄宮坎 | 五中宮 五清震 |
| --- | --- | --- |
| 中元 | 寄星巽 寄星乾 | 五甲坤 五清艮 |
| 上元白年 | 一白坤 八白離 | 六白兌 九紫坎 |
| 中元白年 | 一白艮 八白乾 | 九白巽 九紫兌 |
| 下元白年 | 一白中 八白震 | 六白坎 九紫巽 |

| 八節 | 立春 | 春分 | 立夏 | 夏至 |
| --- | --- | --- | --- | --- |
| 乙奇 | 震 | 兌 | 艮 | 中 |
| 丙奇 | 巽 | 艮 | 離 | 巽 |
| 丁奇 | 中 | 離 | 坎 | 震 |
| | 立秋 | 秋分 | 立冬 | 冬至 |
| 乙奇 | 兌 | 震 | 坤 | 中 |
| 丙奇 | 乾 | 坤 | 坎 | 乾 |
| 丁奇 | 中 | 坎 | 離 | 兌 |

丙○進田玄皇天乙天官木星驛馬臨官吉星龍生氣○劫殺大害○大耗

午○玄皇天官遂田天台人陰左輔 ●皇天災退山羅睺天命

丁○青龍河魁天魁貪狼升龍房顯 ●傍陰府頭白虎入山坐后鬼中 六甲年冬火血刃依

未○青龍河魁升龍貪狼五龍 ●地官符陰伏血刃天命、

坤○地皇天乙貪狼歲天德歲天道人道五龍○不利 ●打劫血刃天命

甲○官台太乙小輪歲文德 ●三煞案山羅睺小耗

庚○神后天定豐龍巨門水輪太陽太乙 ●困龍坐煞向煞人山刀砧

酉○神后太乙天定豐龍武曲巨門太陽 ●三煞正陰府歲破元禁生雀至后鬼山

辛○紫微天定太陰 ●坐煞人山刀砧

戌○太皇天定龍德五龍太陰 ●三煞蠶官蠶命

乾○進田功曹紫微龍武曲 ●正陰府逆血刃蠶官至後魁山

亥○玉皇紫微進財功曹紫龍武曲○冬至前不利 ●白虎煞于亥 冬至後魁山 血刃

# 丙辰年太歲

通天竅：三煞在南方巳午未，忌丙壬丁癸向，名坐煞向煞。

大利方：乾兌山，卯山小利。

羅天大退在艮方，忌起造。

安葬年退則。

九良星：寺觀、中軍城隍社廟；寺觀厨竈，寅辰方。

修造：主宮寅午巳酉生，命吉，忌丙戌生人不用。

五音：利商角，吉忌宮羽。

數音凶。

年剋山家：甲寅辰巽戌坎辛申丑癸坤庚未山。

正陰府太歲：占坤坎山。

傍陰府：占乙癸甲辰山。

壬○天罡青龍武曲武庫歲天德歲天道 ●向煞八山刀砧

子○天皇三奇龍武曲紫檀貪狼 ●剋山正陰府玄神灵金神血刃白虎蹴

癸○天帝紫檀水輪 ●剋山傍陰府向煞翎毛

丑○黃羅天帝寶台水輪福德 ●剋山金神暗刀煞流財人座天命

艮○人道勝光地皇太乙寶台天福金輪水輪 ●羅天大退天命

寅○大吉勝光明耀天福北龍太乙金輪金輪 ●剋山金神隱伏血刃天命

甲○進田太定金輪金星五庫 ●剋山翎毛人仝害火血刀砧聯耀

卯○天皇進田紫光金輪金星 ●皇天灾退金神七煞陰中太歲

乙○青龍傳送五皇太龍台輔 ●傍陰府皇天退入山宮頭白空

辰○青龍傳送五皇紫檀太龍天乙 ●剋山太歲傍陰府太歲

巽○五皇天乙木星 ●剋山四火巡山羅睺頭白空六十年空

巳○五皇黃羅天乙太陽貴人 ●三煞正坐血刃蠶官

下元 之 丙星坎 … 中震 ｜ 酉星離 … 清宅 ｜ 帝星乾 … 印艮

中元 帝星巽 王清坤

上元一白年 一白震 六白艮 ｜ 八白坎 九紫坤

中元一白年 一白離 六白中 ｜ 八白兑 九紫艮

下元一白年 一白乾 六白坤 ｜ 八白巽 九紫中

八節 立春 春分 立夏 夏至 ｜ 立秋 秋分 立冬 冬至

乙奇 坤 乾 兑 乾

丙奇 震 兑 艮 中

丁奇 巽 艮 離 巽

乙奇 艮 巽 震 巽

丙奇 兑 震 坤 中

丁奇 乾 坤 坎 乾

丙〇河魁地皇天定金龍太陰紫黄貴人 ●坐殺向殺

午〇河魁天定金龍太陽右弼 ●三殺穿山羅睺金神打刧血刃

丁〇黄羅天台天乙巨門 ●困龍陰毛坐殺向殺

未〇天皇天乙天台水輪太陰 ●三殺剋山金神九天朱雀

坤〇迎財神后大魁升龍天定太乙太陽巨門金銀 ●剋山正陰府遊血刃五鬼

申〇迎財神后天定天魁紫檀太乙太陰金星 ●剋山傍陰府遊官符

庚〇進寶天皇天定太陰五龍 ●剋山陰毛山家火血刀砧

酉〇進寶黄羅太乙天定太陰歲支合歲支德〇大利造葬 ●小耗

辛〇庫珠功曹天乙豐龍巨門太乙大祿 ●剋山浮天空亡入山空頭白空

戌〇庫珠功曹豐龍天乙玉皇巨門歲德 ●剋山歲破陰府伏血刃[illegible]官

乾〇玉皇天乙武曲 ●大利

亥〇紫微天皇天乙龍德武庫武曲 一 天官符年宫符

## 丁巳年太歲

通天竅云金之位煞在東
方寅卯辰忌日庚乙辛
四向忌坐煞向煞
大利方　丑丁未坤艮山
癸山小利　巽山坐吉
羅天大退在艮方忌修造
安葬主退財凶
九良星　古船前門
煞在門及寺觀
修造作主利寅午戌巳酉
丑生人吉申亥生不用
五音　宜角商徵日吉
宮羽音凶
年尅山家　占震巳三山
正陰府　亥在離山
傍陰　壬寅戌山

壬○進田貪狼武曲驛馬臨官　●傍陰府逆血刃劉毛禁向考害
子○紫微進田紫檀龍德巨門武庫●皇天炙退文神退頭白空
癸○青龍勝光紫檀華龍武曲武庫天道●皇天退劉毛刀砧○小利
丑○青龍勝光黃羅武曲天定　●白虎煞蠶官天角○大利
艮○玉皇地皇天乙天帝右弼　⊖兜山羅天大退蠶官
震○玉皇玉帝太乙天乙福德　三煞後陰府陰中太歲金神血刃
甲○傳送天福天定壯龍左輔　⊖坐煞人山空頭白空
卯○傳送太皇天福天定壯龍左輔宝台●三煞兜山金神五鬼
乙○天定五帝太陰月德合歲天道　●坐煞向煞山家火血刃砧
辰○紫檀天定太陰右弼　三煞案山羅喉
巽○迎財河魁太龍水輪太陽太乙右弼●亂龍獨火打劫血刃○龍利
巳○迎財河魁太龍太乙水輪右弼太陽●兜山木星天禁朱雀

上下元乙奇臨艮　尊帝臨巽　長利乾
丙奇臨兌　正清巽
丁奇臨坤　正陰坤

中元乙奇臨兌　帝星震　五黃艮

上元年　一白巽　六白離
八白坤　九紫震

中元年　一白坎　六白乾
八白艮　九紫離

下元年　一白兌　六白震
八白中　九紫乾

八節　立春春分　立夏夏至
乙奇坎　中　乾　兌
丙奇坤　乾　兌　乾
丁奇震　兌　艮　中

立秋秋分　立冬冬至
乙奇離　中　巽　震
丙奇艮　巽　震　巽
丁奇兌　震　坤　中

丙○進寶地皇帝馬臨官天德合　●巡山羅睺劍毛禁向

午○進寶天乙貪狼太陽天貴七八　●正陰府

丁○庫珠神后黃羅天乙紫龍太陽天道　●劍毛禁向刀砧　○大利

未○庫珠神后天乙天皇紫龍太陽天富　●暗刀天命　○大利

坤○長皇天乙天台進祿天官財帛巨門　●天命　○大利

甲○長皇義權天乙天台紫光太陰木星　●天官符伏官符天命

庚○天皇功曹天魁升龍貪狼　●向煞浮天空八山空頭白煞夫子年煞

酉○功曹黃羅明堂天魁升龍貪狼左輔五龍　●地官符年官符

辛○天定金輪五龍金星歲天德歲天道　●向煞山家火血刃砧

戊○天定金輪金星歲支德　●戊陰府金神流財小耗

乾○玉皇太吉天臨太乙寶龍寶台巨門水輪水星　●大利　●血刃流財

亥○大吉天皇天帝天乙寶龍水輪寶台巨門　●歲破金神隱伏子斤血

# 戊午年太歲

通天竅云火之位殺在北
方亥子丑忌內壬丁癸
四向名坐煞向煞
大利方　艮寅甲乙辰巽
申坤乾山小利
羅天大退在巽方忌修造
安葬土退本內
九良星占廚灶殺在神廟
及戌亥方
修造作主宜寅午戌巳酉
丑生人吉忌子午生命
五音　利商角徵音吉
宮羽音犯白虎殺內
魁山家　乾亥兑丁山
冬至後魁
五音不魁

壬○勝　光天定寶六曲龍巨門水輪水星○坐煞劍毛紫向 消滅寶台 山家火血

子○紫　微勝光天定寶台斗龍巨門水輪●三煞歲破金神七煞大耗

癸○天　定武曲　●坐煞頭白空八山空亡

丑○龍　德武庫　●三煞金神陰中大耗蠶官 進方

艮○迎　財傳進天台寶龍貪狼武曲太乙天道進財●蠶室○大利進塞

寅○迎　財傳進太乙寶龍武曲　德合支德合●穿山羅睺白虎煞吞命

甲○大　皇進寶紫微天帝太乙金匱武庫●困龍劍毛刀砧　○大利

卯○進　寶玉皇地皇天乙天帝寶台金匱●正陰府入座 天禁朱雀 隱伏血刃

乙○庫　珠河魁天乙天福左輔利道科甲星○大利方●逆血刃太子年吉

辰○庫　珠河魁天福天乙北龍左輔青龍華蓋○大利●天尺血刃暗刃蠶

巽○黃　羅天定太陰武曲人道歲天道左庫　○大利

巳○天　定太陰成德文昌星威丁祿●天官符雷吉將下所血刃

下元 四綠震 七赤離
五黃兌 三碧坎
中元 七赤艮 三碧巽
二黑坤 五黃乾
上元年白 一白中 六白坎
八白震 九紫巽
中元年白 一白坤 六白兌
八白離 九紫坎
下元年白 一白艮 六白震
八白乾 九紫兌

八節 立春 春分 立夏 夏至
乙奇 離 巽 中 艮
丙奇 坎 中 乾 兌
丁奇 坤 乾 兌 乾
立秋 秋分 立冬 冬至
乙奇 坤 乾 中 坤
丙奇 離 中 巽 震
丁奇 艮 巽 震 巽

丙○兌 金神居水輪太乙太陽天龍右弼 ●向煞劫毛祟向山冢火血碎
壬○神 居天乙太龍水輪太乙太陽巨門 ●太歲破敗五鬼年官符
丁○天 官星 ●向煞延山羅睺八山空頭白坐冬至後鬼山
未○地 皇天陰貴人歲支合 ●傍陰府年官符
坤○大 吉曹太乙太陽天道 ●難天大退打劫血刃
甲○天 吉功曹紫光太乙太陽福星貴人驛馬天官○大利 ●金神
庚○正 進用地皇天乙六台財小木星 ●傍陰府劉毛刀砧大害天禽
酉○進 田皇天乙六合助耀太陰天喜 ●獨火皇天退金神天禽魁山
辛○青 龍太陰黃羅天魁升龍貪狼房顯 ●白虎天貧退太十年空大禽
戌○青 龍太陽天魁五龍房顯升龍 ●地官符地太歲流財
乾○紫 檀天定五龍金輪右輔金星歲天道 ●文神退流財冬至後魁山
亥○地 皇天定金輪金星 ●三煞傍陰府冬至後冠山小耗

# 〈己未年〉太歲

通天竅云水之位旺在西
方山酉戊忌甲庚乙辛
四向名坐殺向殺
大利方　癸巳山　壬子
卯辰未山小利
難大人退在巽方忌修造
葬埋主退丁
九良星　占僧堂城隍社
廟　殺在門并水路
修造作主自己酉寅午卯
生人吉忌丑歲主不用
差方　利宮商徵音吉
商角音凶
年剋山家　乾亥兌丁山
冬至前剋
至後不忌

壬○進寶天定金輪金星五庫八道利道　●八山空頭自坐○利方
子○紫微進寶天皇金輪天定金星歲支德●陰中太歲五鬼小耗○小利
癸○庫珠傳送天皇天乙定合豐龍水輪貪狼小星○大利●火血刀砧
丑○庫珠傳送天乙尊龍水輪寶台水星貪狼支德合●歲破歲刑天官 子府血刃
艮○巨門右弼　○正陰府坐山羅睺六十年空打劫血刃
寅○太乙龍德武庫歲德　○天官符天太歲
甲○地皇河魁寶龍巨門武庫歲天德歲德合歲位合大道○向煞消毛禁向刀砧
卯○河魁紫微寶台寶龍巨門武曲○小利●白虎煞驛刀煞天命
乙○玉皇天帝天乙貴人　●向煞八山刀砧
辰○玉皇太尊天帝天乙福德　●九天朱雀八座○小利
巽○大吉神后天福紫龍太乙武曲　●正陰府陰府血刃
巳○大吉神后紫龍天福武曲太乙三紫坐宮龍壁泰生氣○大利方

下元 帝星乾 帝星巽 三碧艮 五黃坤

中元 帝星坎 帝星離 三碧震 七赤兌

上元甲子 一白乾 八白巽 六白坤 九紫中

中元甲子 一白震 八白坎 六白艮 九紫坤

下元甲子 一白離 八白兌 六白中 九紫艮

八節 立春 春分 立夏 夏至

乙奇 離 巽 中 艮

丙奇 離 巽 中 艮

丁奇 坎 中 乾 兌

立秋 秋分 立冬 冬至

乙奇 坎 乾 中 坤

丙奇 坎 乾 中 坤

丁奇 巽 中 巽 震

丙○進田天定五庫太陰入道利道 ●伏陰府入山空頭白虎天官

午○進田天定太陰天乙歲天德歲德 ●皇天灸退獨火金神七煞

丁○青龍功曹太龍太乙太陰水輪右弼 ●離山[illegible]天灸退火血刃砧

未○青龍功曹太龍太乙太陰水輪左輔 ●太歲堆黃金神七煞

坤○天皇右弼 ●離天人退巡山羅睺六十年空亡血刃

甲○天皇紫光太乙歲天德 ●三煞金神七煞血刃蠶室

庚○太陰紫微天定益龍貴人右弼入天道 ●小煞豹尾蠶命八山刀砧

酉○太陰天定益龍[illegible]貪狼左輔右弼 ●三煞魁山頭白虎金神七煞

辛○玉皇天合木天水星 ●坐煞伏陰府

戊○玉皇人乙天台木星太陰 ●三煞芽山羅睺

乾○迎財勝光地皇天魁井龍太陽右弼 ●魁山倒龍支神退[illegible]

亥○迎財勝光紫檀刀龍天魁太陽五龍貴位合房頭 ●魁山[illegible]

## 庚申年太歲

通天竅云水之位煞在南
方巳午未忌丙壬丁癸
四向名坐煞向煞
大利方　辛戌艮山
小利　寅辰坤山
羅天大退在巽方卯乙巳
天退造葬主退才
九良星　占橋門路井社
廟煞在中庭宮及北方
修造作　宜乙酉丑申子
辰命吉忌寅巳命凶
五音　利宮羽商徵音吉
角音絕凶
年剋山家　酉壬丙乙山
正陰府木乙占乾兌二山
傍陰府山甲丁巳丑山

壬○玉皇傳送天魁右弼房顯升龍歲位德●坐山向煞劍毛太歲十字山家刀砧
子○玉皇天皇天魁升龍天乙傳送歲位合歲德合房顯●地官符隱伏血刃
癸○天皇玉皇天乙升龍歲天德歲天道天道●向煞入山空頭白劍毛
丑○玉皇歲德合入倉水星●傍陰府流財煞小耗
艮○大吉河魁太乙太陽升龍貪狼左輔右弼●喪神退○大利
寅○大吉河魁功曹羅太乙太陽升龍明馬●歲破千斤血刃○小利
甲○進田地皇太乙驛馬臨官●傍陰府山家火血六害
卯○進田紫檀天皇光太陽水輪天德●皇天炙退病官
乙○吉龍神官貴羅太乙貪狼太陰水輪●坐山道血刃皇天退
辰○青龍神后天皇貪狼太陽升龍木乙●□官金神白虎煞○小利
巽○天帝右輔白倉貪狼巨門太陰●奪官羅天大退
巳○天乙天帝太陰福德武曲貪狼歲支合●三煞傍陰府金神入座

下下元 尊星乾 正印艮
帝星巽 正清坤

中下元 尊星坎 正印震
帝星离 正清兑

上元年一白 一白中 六白震
八白中 九紫乾

中元年一白 一白巽 六白离
八白坤 九紫震

下元年一白 一白坎 六白乾
八白艮 九紫离

八節 立春 春分 立夏 夏至
乙奇艮 震 巽 离
丙奇离 巽 中 艮
丁奇坎 中 乾 兑

立秋 秋分 立冬 冬至
乙奇坤 兑 乾 坎
丙奇坎 乾 中 坤
丁奇离 中 巽 震

丙○功曹天福天定天乙巨門紫龍劫道●血刃山坐殺六十年空亡
午○功曹天定天禄天皇天乙巨門青龍劫煞●三殺劫山獨火
丁○玉皇天乙五雷天道●浮天空亡山家頭白空亡旁陰府坐殺刀毛
未○紫檀天乙貴人●三殺陰伏血刃地太歲
坤○迎財天罡貴羅太龍武曲天禄天壽天庫●文神退頭白空○小利
申○迎財天罡天星宿六龍武曲歲干祿●斧山羅睺太歲堆黃
庚○進寶紫檀水輪歲干德驛馬臨官●困龍火血○大利
酉○進寶太乙寶台巨門太陰天貴天祿●正陰府天禁朱雀五鬼
辛○庫珠勝光天乙水輪蓋庫寶台水星驛馬臨官左輔金輪天道●巡山羅睺○大利
戊○庫珠勝光天定天乙水輪蓋龍右輔金輪水星天富天寶天喜天才○大利
乾○地皇天台天定貪狼金輪金星●正陰府打劫血刃
亥○紫微紫檀天台金輪金星太陰●天官符千斤血刃天命朱雀太歲

# 辛酉年太歲

通天竅云金之位煞在東方寅卯辰忌甲庚乙辛酉向名坐煞向煞

大利方　巳午丁未戊酉方山宜選蓋吉利

羅天大退在巽方忌修造地理主退才

九良星　占道觀　煞在寺觀神廟及午方

修造作主宜申子辰巳丑坐人吉忌卯酉生不用

五音　宜宮羽徵商音吉角音犯白虎煞凶

年剋山家　乾亥兌丁山冬至後剋夏至前不剋

壬○上吉進田黃羅左輔右弼天乙天台●八山空頭白空翎毛六害

子○玉皇進田地皇天台太陰右弼　●正陰府天皇灸退金神血刃

癸○青龍河魁天魁地皇升龍左輔利道驛馬●傍陰府六十年空亡天

皇灸退陰刑血刃刃砧

丑○青龍河魁天魁升龍左輔歲支合　●地官符金神七煞

艮○紫微太乙五龍歲天道歲天德人道●支神退頭白空

寅○黃羅明堂太乙歲支德　●三煞金神陰伏血刃小耗

甲○神后天定太乙太陽右弼貴龍天皇●坐煞入山刀砧

卯○神后天帝黃光太乙曹龍左輔右弼●三煞金神七煞歲破大耗

乙○天定太陰月德合　●坐煞傍陰府山家入血刃砧

辰○地皇天定太陰左德武軍歲支合　●三煞傍陰府歪雷

巽○迎財劫曹雷龍天乙武庫太陽右弼天道○羅天大退歪空

巳○迎財劫曹天乙紫龍玉皇太陽月財天官貴人○白虎煞天命○大利方

上元 降星位 帝星震 五黃坤 五黃艮
中元 帝星坤 帝星艮 五印乾 五清巽
上元甲年 一白艮 八白乾 六白巽 九紫兌
中元甲年 一白中 八白震 六白坎 九紫巽
下元甲年 一白坤 八白離 六白兌 九紫坎

八節 立春 春分 立夏 夏至
乙奇 兌 坤 震 坎
丙奇 艮 震 巽 離
丁奇 離 巽 中 艮

立秋 秋分 立冬 冬至
乙奇 震 艮 兌 離
丙奇 坤 兌 乾 坎
丁奇 坎 乾 中 坤

丙○ 玉皇進寶紫檀天帝天乙駙馬臨官●浮天空頭白空

午○ 進寶天帝黃羅天乙福德左輔天祿●穿山羅睺金神○利方

丁○ 庫珠天皇天福天乙壯龍貪狼利道●囚龍六十年空冬至後剋山 金神不剋○大利方

未○ 庫珠天皇天乙天福貪狼壯龍華蓋青龍生炁○大利●金神朱雀 流財天府

坤○ 五庫水輪歲天道貪狼人道●正陰府獨火支神退打劫血刃暗刀

申○ 地皇寶台水輪●傍陰府天官符流財煞

庚○ 勝光紫龍寶台金輪水輪巨門水星●坐煞向煞翎毛禁向

酉○ 勝光太乙紫龍天定水輪水星金輪巨門●冬至後剋山太歲進貴

辛○ 天定金輪會皇天官星天德●向煞山家火血刀砧

戌○ 黃羅太陽貴人水輪人倉金櫃天嗣星○大利●陰中太歲血刃

乾○ 大吉倚送天皇玉皇太乙紫龍巨門●巡山羅睺五鬼冬至後剋山

亥○ 玉皇太吉倚送紫微紫龍天乙太乙巨門武曲●冬至前大利造葬 冬至後剋山

# 〈壬戌年〉太歲

通天竅：三火之位，煞在北方亥子丑，忌丙壬丁癸

凶向：忌坐煞向煞

大利方：艮卯乙三山

坤山小利

羅天大退在酉方，忌修造

安葬主退財

九良星：在僧堂、神壇、社廟

煞在廟堂并北方

修造作土宜申子亥卯生人吉，忌丑未生不用

五音：利商角音吉

宮羽徵音凶

年尅山家：甲寅辰巽戌坎辛申丑癸坤庚未丁

---

壬〇 河魁天定地皇紫龍武曲歲天道 ●坐煞傍陰府火血刀砧

子〇 河魁天定黃羅紫微紫龍武曲左輔 ●尅山三煞歲合

癸〇 玉皇黃羅天台天乙木星 ●尅山坐煞頭白空 巡山羅睺

丑〇 玉皇紫檀天乙太乙太陰 ●尅山三煞暗刀煞天官符煞

艮〇 迎財神后天魁升龍左輔武曲鳳輦進祿 〇大利方

寅〇 迎財神后地皇天魁太乙升龍左輔歲位合 ●尅山傍陰府金神 地官符千斤血刃

申〇 進寶天定金輪金星天龍驛馬人道利道 尅山浮天空八坐

卯〇 進寶天定寶台金星金輪右弼歲支德合 ●金神七煞浮關煞

乙〇 庫珠功曹太陰天乙寶台豐龍右弼水輪水星〇大利

辰〇 庫珠功曹天乙黃羅豐龍寶台水輪右弼 ●尅山穿山羅睺 歲破大耗 天官

巽〇 合羅 ●尅山困龍逆血刃六十年 坐煞敵五鬼天官

巳〇 紫檀龍德武庫 ●天官符太歲朱雀土官符

上元 [illegible]艮 五[illegible]巽
帝星坤 五清乾
中元 四綠震 五中[illegible]
五帝坎
上元年 一白離 六白中
八白兌 九紫艮
中元年 一白乾 六白坤
八白巽 九紫中
下元年 二黑震 六白艮
八白坎 九紫坤

八節 立春 春分 立夏 夏至
乙奇 乾 坎 坤 中
丙奇 兌 坤 震 坎
丁奇 艮 震 巽 離
立秋 秋分 立冬 冬至
乙奇 巽 離 艮 艮
丙奇 震 艮 兌 離
丁奇 坤 兌 乾 坎

丙○ 天德太陽青龍武庫歲德天道歲位天德合 ●向煞出煞火血刃休

午○ 天德地德太陽青龍武曲天乙 ●正陰府支神退白虎煞打刼血刃

丁○ 青龍紫檀天帝天乙 ●向煞頭白空入山刃神

未○ 玉皇天帝天乙福德 出山流財煞八座

坤○ 太吉勝光天皇太乙天福壯龍貪狼 ●魁山 小利

申○ 太吉勝光黃羅太乙壯龍天福紫檀青龍 ●魁山流財○小利

庚○ 進田天定太陰五庫八道利道明星 ●魁山劍鋒入山空亡六害

酉○ 進田紫檀天定太陰朗耀 ●魁山羅天大退天皇灸退

辛○ 青龍傳送太龍巨門太乙水輪太陽 ●魁山皇天退劍鋒禁向

戌○ 青龍傳送地皇太龍巨門太乙水輪太陽 ●魁山傍陰府金神太歲

乾○ 天乙 ●獨火頭白空六十年空隱伏血刃

亥○ 太陽貴人天貴 ●三煞金神寺存血刃隱伏血刃

## 〈癸亥年〉太歲

通天竅云水之分收在酉
方申酉戌忌用庚乙辛
四向名坐煞向煞
大利方壬子癸丑辰巽丙
坤八山利乾山小利
羅天大退在酉方忌修造
安符在退方
九良星　占廟巳方
煞在廟寺觀及巳方
修造作主宅申子辰
坐向吉　巳亥生不用
五音利宮徵商角羽吉
徵音絕凶
年剋山家　辰震巳三山
正陰府太歲　占震山
傍陰府占庚亥未山

壬○進寶地皇驛馬臨官貪狼　●劉毛禁向○大利方
子○進寶黃羅右輔太陽貴人紫微天燕貴勝●金神七煞○大利方
癸○庫珠神后貴人羅星青龍天乙武曲天道驛馬臨官●山家火血刀砧○利方
丑○庫珠神后紫檀天乙武曲青龍　●金神七煞隱伏血刃○利方
艮○地皇天台太乙武曲水星　●坐山破敗五鬼
寅○玉皇地皇天台天乙太乙太陰水星歲支合歲德　●天官符穿山羅睺
甲○功曹天魁升龍右輔歲位德利道　●向煞兩龍六十年空亡
卯○功曹寶吉天魁升龍左輔貪狼歲位合●坐山正陰府地官符血刃自空朱雀
乙○天皇天定金輪金星升龍　●浮天空亡頭白空亡向煞八山空
辰○天定黃羅金輪金星歲支德人倉　●千斤血刃小耗　○利方
巽○人吉天吾玉堂寶吉太乙明星龍巨門水輪水星貪狼○打劫血刃○利方
巳○大吉天吾玉堂紫檀寶吉六白羅龍太乙不猶驛馬水輪水星○坐山歲破千斤血刃

上下元 尊星離 帝星坎 五印兌 五青震

中元 尊星巽 帝星乾 五印坤 五青艮

上元一白年 一白坎 八白艮 六白乾 九紫離

中元一白年 一白兌 八白中 六白震 七紫乾

下元一白年 一白巽 八白坤 六白離 九紫震

八節 立春 春分 立夏 夏至
立秋 秋分 立冬 冬至

乙奇 中 離 坎 震

丙奇 乾 坎 坎 坤

丁奇 中 坤 震 坎

乙奇 中 坎 離 兌

丙奇 巽 離 艮 艮

丁奇 震 艮 兌 離

壬○進田驛馬臨官貴人 ●[illegible]屯六害 ○小利

午○進田地皇龍德武庫天乙 ●皇天灸退受神退

丁○青龍勝光紫檀紫龍太陽武庫驛馬 ●皇天灸退山家火血刃砂

未○青龍勝光紫檀龍太陽 ●傍陰府白虎煞暗刀煞流財天命蚕官

坤○天皇太乙天帝天乙右弼 ●蚕室 ○大利方

申○五黃紫炁天乙天帝福德紫光 ●三煞金神陰中太歲九天朱雀八座天命流財

庚○傳送天定天[illegible]壯龍貪狼 ●傍陰府巡山羅睺天坐殺道血刃六十年空亡

酉○傳送紫檀[illegible]耀天福壯龍貪狼 ●三煞金神七煞

辛○天定太陰[illegible][illegible]歲天道人道 ●坐煞入山空頭白空

戊○地皇天定太陰 ●三煞

乾○迎財阿魁泰龍水輪太乙太陽巨門 ●獨火 ○葬利

亥○迎財河魁泰龍水輪太乙太陰巨門 ●太歲堆黃傍陰府

開中凶神　年尅山家
正陰府傍陰府天官符
地官符　三煞　坐煞
向煞　太歲　歲破
獨火羅天大退支神退
天皇炙退　坐山羅睺
天禁朱雀　山家困龍
入山空亡　頭白空亡
四大金星　穿山羅睺

立向凶神　浮天空亡
巡山羅睺　翎毛禁向

修方凶神　金神七煞
白虎煞　破敗五鬼
隐伏血刃　千斤血刃
山家火血　山家刀砧
陰中太歲　流財煞

○諸家吉星目錄

按諸曆選定六十年二十四山諸家吉星錄于上○開山立向修方緊煞凶神錄于黑圈下以便觀覽即知吉神凶神所占方位定局

首吉者通天竅吉星　迎財　進寶　庫珠　大吉　進田　青龍
○走馬六壬吉星　天罡　勝光　傳送　河魁　神后　功曹
○蓋山黃道吉星　天星　黃羅　紫檀　地皇
○星馬貴人吉星　太乙　天定　天乙
○驛龍帝星吉龍　泰太　魁龍　升龍　豐龍　華龍　兆龍
○北辰帝星吉神　天台　天魁　天帝　天福
○行欽帝星吉星　貪狼　巨門　武曲　左輔　右弼
○都天寶照吉星　太陽　貪狼　巨門　武曲　左輔　右弼
○四利三元吉星　太陽　太陰　福德　龍德
○玉皇鑾駕吉星　玉皇　金輪　木輪　天乙　天定　宅白
○紫微鑾駕吉星　天乙　天定　太乙　玉皇　金輪　水輪
○五龍五庫帝星　貴人　五龍　武庫　五庫
○周望仙羅星局　太陽　太陰　木星　金星　水星　[illegible]

聯多進益擊儀八墓審儀刑挠局之敵當閡歷紹神接氣有進速閏氣正受案其的人人曉達此精微何愁萬事不依隨車馬駢闐生貴子富貴榮華可致之時節個個何曾見只言犯煞不可爲犯取傷公在口訣大行天下没災危神仙擁護天機叙冠應如期世所稀

遁甲經書始於黄帝感天神而降龍鳳之文命風后作法一千二篇始立遁甲一千八局遁者隱也幽隱之道也甲者儀也遁爲直符明六

乾四卦統氣一十二候三十六分局五百四十爲陰遁陰陽二遁爲一千八十局也此盡撮四候而共看六十定局四個一千八十定局則依舊爲四千三百二十局矣。至周太公諸兵法善布奇門以八卦分八節節分三氣氣分三候歲計七十二候立七十二活局每局六十時七十二局計四千三百二十時也。漢張良刪提冬至十二節分三十六候撮四候爲陽遁九局夏至十二節分三十六候撮四候爲陰遁九局活局捉也夫一十八局七十二局皆不越一千八十局矣作便則皆一千八十局作活局則有七十二局然十八局須節而時則有四千三百二十局也

先須掌上排九宮

排山掌

乾六、兌七 艮八 離九

中二五

巽四 震三 坤二 坎一

飛宮掌

坤二死芮 離九景英 巽四杜輔

兌七 中禽死 震三傷沖

乾六開心 坎一休蓬 艮八生任

○天有九星以鎮九宮地有九宮以應九州其式托以靈龜洛書北數藏九履一左三右七二四爲肩六八爲足五中中宮者斗杓之母所寄[illegible]位也坎一白水居正北[illegible]

乙六儀也天乙貴人之神也常隱　六戊之于蓋取用兵机之法造甚之法通行神明之德故以甲遁爲名也奇者乙丙丁爲三奇也門者休生傷杜景死驚開爲八門也繼于吕望善布奇門刪成一節三元二十四算分得七十二元故立七十二活局也速黄石公知泰以漢興以授於子房子房刪定冬至十二節爲陽九局夏至十二節爲陰九局一共計一十八局之圖圖雖簡而時則仍有一千八十也是術風后作之太

西南。震三碧木居正東巽四綠木居東南中五黃土居中宮乾六白金居西北。兌七赤金居正西。艮八白土居東北。離九紫火居正南。

## 詩例

一蓬子上一蓬休。芮死排來第二流。更有衝傷并輔杜。

不離三四數爲頭。禽星坤五心開六。柱驚常從七上來。

內外任生居八位。九尋英景午方遊。

縱橫十五在其中。郎龜背洛書縱橫十五。次將八卦分八節。

八節掌

| 坤　立秋逆 | 兌　秋分逆 | 乾　立冬逆 |
|---|---|---|
| 離　夏至逆 |  | 坎　冬至順 |
| 巽　立夏順 | 震　春分順 | 艮　立春順 |

○天有八風以直八卦。地有八方以應八節。節有三氣。氣有三候。如是八節以三因之。成二十四氣。氣以三乘之。七十二條備焉。以一候五日六十時因之。四十三百二十局定矣。

一氣統三爲正宗

二十

死　芮　坤　天
立秋三五八
處暑一四七
白露九六三

驚　柱　兌　天
秋分七一四
寒露六九三
霜降五八二

開　心　乾　天
立冬六九三
小雪五八二
大雪四七一

公節之留候終之寔安拜消世大經也迯至趙平章通其徽與作烟波釣叟歌闡明大道流行於世乚人詳精其道也柰近地梓者萘消古經变乱遁局妄加增减種種繁文但起例未悉後学者难以盡詣予今校著起超閏接氣更纂諸格假如并删正陰陽之局以便檢閱云耳

○遁甲神机賦

六甲主使三才攸分步況攝乎鬼神存局通乎妙旨前脩剛簡靈文裁整諸經與理原夫甲加丙兮龍回首丙加甲兮馬

# 四氣陰陽遁局

景　天英　離　夏至九三六　小暑八五二　大暑七一四

休　天蓬　坎　冬至一七四　小寒二五八　大寒三五六

杜　天輔　巽　立夏四一七　小滿五二八　芒種六九三

傷　天衝　震　春分三九六　清明四一七　穀雨五二八

生　天任　艮　立春八五二　雨水九六三　驚蟄一七四

經曰冬至小寒及大寒天地人元一二三○立春雨水并驚蟄依只順行八九一○春分清明并穀雨但起震宮三四五○立夏小滿芒種氣四五六兮立成例○夏至小暑與大暑九八七兮還退数○立秋處暑并白露從二一却行於一九○秋分寒露及霜降七六五兮依此訣○立冬小雪并大雪○六五四兮依此例○

陰陽二遁分順逆○一氣三元人莫測○

如冬至上元陽三局順遁甲子戊一宮起甲戌已二宮○甲申庚三宮甲午辛四宮○甲辰壬五宮○甲寅癸六宮○丁奇七宮丙奇八宮乙奇九宮乃候順奇逆也○夏至後用陰遁逆飛離宮起如夏至陰上元陰九局逆遁甲子戊起九宮○甲戌已八宮○甲申庚七宮○甲午

跌穴回首則降易遂跌穴則顯灼易成身殘毀兮乙遇辛而麃逃走財虛耗兮辛遇乙而虎猖狂癸見丁騰蛇跌蹻丁見癸朱雀投江生丙臨戊天遁用兵聞乙臨巳地遁安墳休丁遇太陰人遁安營伏干格庚臨日干飛干格日干臨庚庚臨直符伏宮格之名直符臨庚飛宮格之位六格庚臨六癸刑格庚臨大巳按格所向既凶百事宮爲不喜時干尅日干乃五六過而灾生丙奇臨時干名爲悖格而禍起三奇得使衆善

辛六宮。甲辰壬五宮。甲寅癸四宮。丁奇三宮。丙奇二宮。乙奇一宮。乃逆儀順奇也。九星爲直符。八門爲直使。○自天乙直使起宮巽。所謂值門相冲也。陰陽二遁各有二使。假令冬至後陽使初起一宮。陰使初起九宮。夏至後陰使初起九宮。陽使初起一宮。故曰起宮巽。所值門相冲者。冬至後陽使起休門。陰使起景門。夏至後陰使起景門。陽使起休門。故曰值門相冲也。○一氣分三元。子午卯酉爲上元。寅申巳亥爲中元。辰戌丑未爲下元。若不明三元。用奇不準。主有不測也。

五日都來換一元。

| | | |
|---|---|---|
| 上元甲子至戊辰。 | 中元己巳至癸酉。 | 下元甲戌至戊寅。 |
| 上元己卯至癸未。 | 中元甲申至戊子。 | 下元己丑至癸巳。 |
| 上元甲午至戊戌。 | 中元己亥至癸卯。 | 下元甲辰至戊申。 |
| 上元己酉至癸丑。 | 中元甲寅至戊午。 | 下元己未至癸亥。 |

接氣超神爲準的。

超者。越過也。神者進神也。甲子己卯甲午己酉乃進神。爲符頭。接者。迎接也。氣者節氣也。

超神者。謂節意未到。而甲子己卯甲午

皆臻大儀繫刑百凶俱集太白加熒賊欲求火入金鄉賊所去地羅遮障不占前天網四張無道路直符之宮乃同夫乙位上而取加逢急難宜從直符方下而行二至順逆妙理立微陽符占爲前數陰符左爲前尋陽遁從冬至後一十二氣直符後一爲九天後二爲九地前三爲六合陰遁從夏至後十二令直符前一爲九天前二爲九地後三爲六合太陰潛形而隱跡六合遁身而謀議九天之主揚威武九地之下匿兵

巳酉符頭先到爲之超。接氣者謂甲子己卯甲午己酉符頭未到而接氣先到爲之接。○引證如淳祐六年丙午、四月十三壬申立夏而本月初五日是甲子即以立夏節用立夏前九日矣則前初五日起超任先借用立夏上局。初十日己巳爲立夏中局奇至十六日甲戌用立夏下局。此先得奇后交節謂之超神速者也。又如七年丁未二月廿三日須交清明至廿五日是己酉如用清明上局奇。此乃先交節後得奇。爲節氣遲也。○又如其年六月廿八日己酉立秋正值節與日辰同到則爲立秋上局謂之正授奇。九換奇皆子時換也。○須知閏期之法方能超接得真也。○積日以成閏月積時以成閏奇。正超閏接有法分金定刻難明句以五日一換遇一節氣通換六局。凡一月節氣必三十日五時二刻零以三十日分六局以餘五時二刻置閏超神不過十日遇芒種大雪超過九日即置閏也。○如丙戌年五月初一日己卯至初九日巳時芒種奇超九日則當置閏即用初一日己卯作芒種上超局初六日甲申作芒種中局十一日己丑作芒種下超奇異於此重用一局作三奇閏法以十六日甲午作芒種閏奇此超神置閏之

馬天地倏分難量神机妙方莫測奔者欲臨事有謀在心詳斯賦無藏

是書謂之造宅三白之法出自都天撼經八十一論太乙紫微九搃八卦者天地之骨髓罡斗之樞机八卦五變而極於無窮五行推移而應乎無盡以九星爲之九總以八門爲之八卦輔造九虛包含六合上則可以補天地不全之化下則可以助君王不及之功扶危助吉發瑞生祥非同遁十二分之經圖又殊配二十八宿之格肖此着者正天地之綱

法也廿四日巳交夏至是爲置閏借夏至七日其五月小盡至六月初一日巳酉方作夏至上局初七甲寅作夏至中局十二巳未作夏至下局以爲接氣也凡閏奇三候一終即爲接氣接氣積久乃正奇正奇漸移乃換超局超過九日或十日十一日又當置閏以歸每節氣所餘五時一刻也置閏之法决在芒種大雪之後設遇小滿小雪二氣之交雖超九日十日不可置閏務於二至之前置閏蓋奇以冬夏二至分順逆故於二至之前置閏以均其氣始不差誤于此正超閏接要訣至矣 ○又曰閏奇之法十五日方滿三局如冬至七芒種陽氣已終遇夏至陰生當甲陰局夏至七大雪陰氣已終遇冬至陽生當用陽局假如甲己之日季局第二日乙庚遇冬夏至便用冬夏至之下局只得四日補足下局共六十時此乃行局補局之法而超接之氣明矣又氣應変局且如甲乙日巳時交冬至中氣方作陽遁変局其辰時已前只作陰遁

認取九宮分九星

九星 天芮巨門主坤屬土 天柱破軍主兊屬金 天心武曲主乾屬金
天英右弼主離屬火 天禽廉貞主中屬土 天蓬貪狼主坎屬水

紀明陰陽之經緯，採幽索隱顯通玄武。其八卦門庭，配列九州，蹊徑推遷，六甲驅使，六儀飛其日月星奇，應合乙丙丁地宿，論十干之納甲，造四極之旺辰，首代周流未發，順承更迭不忒，循環無尽。太乙直符俾之運局，太乙直符使之指揮，奇以六樣，耦以八節，上下招揺，而内外表應。三般運局，八卦皆通，但其吉則万事堪為，值其凶則一分莫舉。其一曰都天九卦，其二曰八地三元，其三曰行軍三奇，其四曰造宅三白，其五

例

天輔文曲主巽屬水　天衝祿存主震屬木　天任左輔主艮屬土

八門又逐九星行

坤二天芮死門　兌七天柱驚門　乾六天心開門
離九天英景門　中五天禽寄坤　坎一天蓬休門
巽四天輔杜門　震三天冲傷門　艮八天任生門

## 八宮例

九宮逢甲為直符。　八門直使自分明。

如陽遁一局，甲子時起坎一宮，即以坎宮天蓬為直符，休門為直使。甲戌時起坤二宮，即以天芮為直符，死門為直使。甲申時起震三宮，則以天冲為直符，傷門為直使。甲午時起巽四宮，則天輔為直符，杜門為直使。甲辰時起中五宮，則以天禽為直符，死門為直使。甲寅時起乾六宮，則天心為直符，開門為直使。餘倣此。

符上之門為直使。十時一易堪憑據。

遁取時旬甲頭為直符。如陽遁一局，甲子時在坎宮，天蓬為直符，休門為直使，管至癸酉十時住。甲戌時在坤宮，天芮為直符，死門為直使，管至癸未十時住。　甲申時在震宮，天冲為直符，傷門為直使，管至癸巳十時住。　甲午時在巽宮，天輔為直符，杜門為直

曰遁形太白之書其六
曰入山撼龍之訣其七
曰轉山移水九宇玄經
其八曰建國安基万年
金鏡其九曰蓋爲女宮
入福救貧生仙産聖変
禍福如反掌使貧富如
尋閑倘三疊疊之遇奇
門寔若龍蛇之得雲雨
員十八各[illegible]
狠之産羽翼忌取休囚
防其刑繫如得奇星來
到必須吉位門開位位
皆宜門門俱吉只要合
得其所仍須各論其求
干神不囚支神不尅神
藏煞没方知万事皆和
反吟伏吟知是干殃数

使宮至癸卯十時止 甲辰時在中宮天禽爲直符死門爲直使
宮至癸丑十時住 甲寅時在乾宮天心爲直符開門爲直使宮
至癸亥十時住 陽一局六十時足入他局倣此陰遁同逆推
直符到處加時干 直使常加時到支
九星受本時旬頭甲上爲直符八門同本宮之所得九星者爲直
使直符尋時于住處起直使尋時支住處起先從三奇乙丙丁後
之六儀戊己庚辛壬癸行陰陽二遁皆以地盤爲準也

六甲元號六儀名 三奇即是乙丙丁

守舊經曰六甲者天乙之貴神也六儀者戊己庚辛壬癸也六十
時六甲周流甲子同六戊甲戌同六己甲申同六庚甲午同六辛
甲辰同六壬甲寅同六癸六甲隱於六儀之下故曰同名三奇乙
丙丁也天有三奇日月星地有三奇乙丙丁乙爲日奇丙爲月奇
丁爲星奇此三奇配爲日月星三光也
遁甲之法以甲爲太乙人君之象爲十干之首常隱六儀之下故
爲之遁甲所畏者庚金能尅甲木庚爲七煞之仇也乙乃甲之妹
甲以乙妹妻庚乙合庚而能救甲故乙爲一奇丙乃甲之子丙火

然如或奇逢旺相是爲富貴之謀門逢休開大協與維之應直使加臨如過青龍反首值中乙之妙祥若逢白虎猖狂見庚辛之凶禍若見螣蛇跃蹻知壬癸之崢嵘倘逢朱雀投亡官丙丁之妖怪若見飛鳥跌穴便云百事皆祥或遇貴人登垓官取九宮俱慶通玄机而天地皆轉得妙用則万事亨通若知文武官僚修造取位皆增或爲良民庶士近益扶危作富建州府而民安物泰與縣鎮而富足稍平立宮室而福聚八

能尅庚金而救甲故而爲二奇丁爲甲之女丁火亦能尅庚金而救甲故丁爲三奇。○經云天上三元乙丙丁者出救貴人之干德遊行十二支伸以陽貴人順行先子坎卦起子則乙德在申丙德在寅丁德在卯三干之德相聯而無間所以陰貴人逆行後天坤卦起甲則乙德在未丙德在午丁德在巳三干之德相照無間斷餘六儀貴人所涉或間天空或閉羅網皆不相聯善三奇能制凶煞者以其貴出於貴人之干德故吉也。○甲位既尊戊位同甲乙丙丁三干無間而爲三奇取其明德故以日月星爲號以其德能照臨者也故甲乙丙丁戊五陽時善神治事爲吉也

陽遁順儀奇逆布　陰遁逆儀奇順行

冬至行十二節用陽遁順布六儀逆布三奇星符亦隨時干行

○假如冬至陽一局圖內坎上起甲子戊坤上甲戌己震上甲申庚巽上甲午辛五中甲辰壬乾上甲寅癸兌上丁奇艮上丙奇離上乙奇乃順儀去逆奇行也

夏至後十二節用陰遁逆布六儀順布三奇星符亦隨時干符

○假如夏至後陰九局圖內離上起甲子戊艮上甲戌己兌上甲申

依作廟宇而鬼安神妥橋梁舡驛井灶路途或諸餘行事貴在選擇動獲貲金萬計要明生旺奏宜或有太歲將軍尽皆拱手任是九良七煞莫敢當頭不問諸家運氣不起不開犯者空亡禁煞但求山局却要有奇不可無門可保千年皆招百福最堪動土破山埋宗葬祖亦六奇星到此門户得開有龍山者必求廻首青龍有白虎者忌其猖狂白虎有玄武者遠其跌蹻螣蛇有朱雀者慎其投江朱雀如斯廻避用意配求

庚乾上甲午辛丑中甲辰壬巽上甲寅癸震上丁奇坤上丙奇坎上乙奇乃儀逆走奇順行也

吉門偶以合三奇　直此須云百事宜

異門倘或多凶吉　二篇未足究精微

開休生即北方三白為丑吉門合得乙丙丁三奇一位共臨之方可出兵征討修造葬埋婚娶求財百事大吉之兆○然得奇門大吉其開又有三奇之八墓三門之反伏吟或值四時之先絶休廢不能無凶并一篇之能尽究其精微也○五總龜云大抵要合開休生三門則用事大吉更合三奇臨之可用無疑如得門不得奇亦可用得奇不得門終非吉奇門俱不得即凶當以輕重而用之

三奇得使誠堪使　六甲遇之非小補

乙歸犬馬丙鼠猴　六丁玉女騎龍虎

此四句連說以乙丙丁為三奇六甲遇之為使更妙○揔要曰未雖得三奇妙不如更得三奇使是三奇使正六甲也甲戌甲午乙為使甲子甲申丙為妙甲辰甲寅丁為使故得三奇之妙不如得六甲之使尤妙也乙歸犬馬即乙奇得甲戌甲午也而鼠猴即

值飛鳥跌穴則有畢鳥過鵰彩禽隊羽膺鶻鶩其亡鳥鶴鷺返以鰍魚仙鶴來鳴彩鶩下集四体大全者吉兩頭破坏者凶貴人登垓者必有旌旗相乘雷電風雲印墨文書金章紫綬縛其青龍迴首之時日者当有鱗甲伏藏金魚落穴騰蛇屈化馬霎雷轟光射金銀旛花繒綵來應其時相助其吉各有魁應合取山頭方無一失之虛動有十全之吉分其須緒布其提綱具列于端備述其蘊非但謀猷之逢吉乃爲天地之

丙奇得甲子甲申也六丁爲玉女騎龍虎即丁奇得甲辰甲寅也三奇得使之例其法以天上甲子起甲申間一宮而行則乙奇到甲戌丙奇到甲子丁奇到甲寅地下甲子起甲戌地者如人之道不能自立必假夫而立故甲戌假到官甲辰起甲則乙奇在甲午丙奇在甲申丁奇在甲戌取对官甲辰爲丁奇也

又有三奇遊六儀　號爲玉女守門扉

三奇遊六儀者乃天上三奇乙丙丁地下三奇甲戌庚遊於甲子戊甲戌己甲申庚甲午辛甲辰壬甲寅癸此六儀也經曰三奇遊六儀利以營造宴會喜樂之事玉女守門時者謂丁爲玉女而令天乙直使之門也如陽遁一局順儀遁奇地盤丁在兌而以天乙直使休門加之甲子時休門起坎乙丑時休門坤丙寅時休門震丁卯時休門巽戊辰時休門中己巳時休門乾庚午時休門兌地盤丁上故甲子旬庚午時爲玉女守門也又接前数辛未時休門艮壬申時休門離癸酉時休門坎直使十時一易甲戌時到坤死門爲直使乙亥死門到震丙午時死門巽丁丑時死門中戊寅時死門乾己卯時死門兌地盤丁奇在兌故甲戌旬己卯時爲玉女

献祥助國安邦済民利物得之者宜仕襲于玉匱金勝真所謂至聖皇家之宝也

○奇門総歌

歌曰

明阳逆順妙無穷
二至还帰一九宮
若能了達阴阳理
天地都來一掌中

○二至者冬至夏至也九宮者一乃一七四九乃九三六也

二十變化作三元八卦分爲八遁門

三才者天地人也三元以甲巳加子午夘酉爲上元以甲巳加寅申巳亥爲中元甲巳加辰戌

守門也○甲申以傷門爲直使震乙酉時傷門巽丙戌時傷門中丁亥時傷門乾戊子時傷門兌地盤丁上甲申旬戊子時玉女守門也○甲午時以杜門爲直使巽乙未時杜門中丙申時杜門乾丁酉時杜門兌地盤丁上故甲午旬丁酉時爲玉女守門也○甲辰時以死門爲直使中巳巳時死門乾丙午時死門兌地盤丁上故甲辰旬丙午時爲玉女守門也○甲寅時以開門爲直使乾乙夘時開門兌地盤丁上故甲寅旬乙夘時爲玉女守門也

天三門號四地戶　問君此法知何処　大衝小吉爲從魁
此是天門私出路　地戶除危定與開　舉事皆從此中志

起法審時歷太陽過宮遁用如大寒後日躔立春神后爲月將雨水後日躔娵訾登明爲月將若本日貴人到乾即爲貴人登天門

又法以月建加時隨除定危開爲四地戶加天三門吉

起例　月將來加使用時太冲小吉從魁如天門得合三奇妙更会地戶福尤宜○又月將加在用時天順行十二見時方太冲小吉從魁位天門出入有奇功

○天三門定局

丑未爲下元八卦乾坎艮震巽離坤兌是也乃直符所居之宫卽陰陽二遁皆遊其上如乾屬金爲天西北方主開門是也冬至坎屬水爲水居正北方主休門是也艮屬土爲山居東北方主生門是也震屬木爲雷居正東方主傷門是也巽屬木爲風居東南方主杜門是也離屬火爲火居正南方主景門是也坤屬土爲地居西南方主死門是也兌屬金爲澤居正西方主驚門是也遁者隱也六甲隱在六儀之下故名曰

天三門立成定局 時

| 天三門立成定局 | | 時 | | | | | | | | | | | |
|---|---|---|---|---|---|---|---|---|---|---|---|---|---|
| 元枵神后 | | 子 | 亥 | 戌 | 酉 | 申 | 未 | 午 | 巳 | 辰 | 卯 | 寅 | 丑 |
| 星紀太吉 | | 丑 | 子 | 亥 | 戌 | 酉 | 申 | 未 | 午 | 巳 | 辰 | 卯 | 寅 |
| 析木功曹 | | 寅 | 丑 | 子 | 亥 | 戌 | 酉 | 申 | 未 | 午 | 巳 | 辰 | 卯 |
| 大火太冲 | 天門 | 卯 | 寅 | 丑 | 子 | 亥 | 戌 | 酉 | 申 | 未 | 午 | 巳 | 辰 |
| 壽星天罡 | | 辰 | 卯 | 寅 | 丑 | 子 | 亥 | 戌 | 酉 | 申 | 未 | 午 | 巳 |
| 鶉尾太乙 | | 巳 | 辰 | 卯 | 寅 | 丑 | 子 | 亥 | 戌 | 酉 | 申 | 未 | 午 |
| 鶉火勝光 | | 午 | 巳 | 辰 | 卯 | 寅 | 丑 | 子 | 亥 | 戌 | 酉 | 申 | 未 |
| 鶉首小吉 | 天門 | 未 | 午 | 巳 | 辰 | 卯 | 寅 | 丑 | 子 | 亥 | 戌 | 酉 | 申 |
| 實沈傳送 | | 申 | 未 | 午 | 巳 | 辰 | 卯 | 寅 | 丑 | 子 | 亥 | 戌 | 酉 |
| 大梁從魁 | 天門 | 酉 | 申 | 未 | 午 | 巳 | 辰 | 卯 | 寅 | 丑 | 子 | 亥 | 戌 |
| 降婁河魁 | | 戌 | 酉 | 申 | 未 | 午 | 巳 | 辰 | 卯 | 寅 | 丑 | 子 | 亥 |
| 娵訾登明 | | 亥 | 戌 | 酉 | 申 | 未 | 午 | 巳 | 辰 | 卯 | 寅 | 丑 | 子 |

地四户立成定局 時

| 地四户立成定局 | | 時 | | | | | | | | | | | |
|---|---|---|---|---|---|---|---|---|---|---|---|---|---|
| 建 | | 寅 | 卯 | 辰 | 巳 | 午 | 未 | 申 | 酉 | 戌 | 亥 | 子 | 丑 |
| 除 | 地户 | 卯 | 辰 | 巳 | 午 | 未 | 申 | 酉 | 戌 | 亥 | 子 | 丑 | 寅 |

遁甲今以神龜論曰欲知八卦所屬即左三右七戴九履一二四為肩六八為足五居中宮以為身腹其中宮寄坤[illegible]也如易所謂坤為[illegible]也今遁八卦所生故名曰八遁門也

星符每逐時干轉直使常隨天乙奔

星符者九星是也直使者八門是也天乙者直符是也所謂星符者盤門九星中一星是也值使者八門是也符于甲乙丙丁戊己庚辛壬癸是也天乙者本甲所主之直使順即一二三四

| 閉 | 開 | 收 | 成 | 危 | 破 | 執 | 定 | 平 | 滿 |
|---|---|---|---|---|---|---|---|---|---|
| | 地戶 | | | 地戶 | | | 地戶 | | |
| 丑 | 子 | 亥 | 戌 | 酉 | 申 | 未 | 午 | 巳 | 辰 |
| 寅 | 丑 | 子 | 亥 | 戌 | 酉 | 申 | 未 | 午 | 巳 |
| 卯 | 寅 | 丑 | 子 | 亥 | 戌 | 酉 | 申 | 未 | 午 |
| 辰 | 卯 | 寅 | 丑 | 子 | 亥 | 戌 | 酉 | 申 | 未 |
| 巳 | 辰 | 卯 | 寅 | 丑 | 子 | 亥 | 戌 | 酉 | 申 |
| 午 | 巳 | 辰 | 卯 | 寅 | 丑 | 子 | 亥 | 戌 | 酉 |
| 未 | 午 | 巳 | 辰 | 卯 | 寅 | 丑 | 子 | 亥 | 戌 |
| 申 | 未 | 午 | 巳 | 辰 | 卯 | 寅 | 丑 | 子 | 亥 |
| 酉 | 申 | 未 | 午 | 巳 | 辰 | 卯 | 寅 | 丑 | 子 |
| 戌 | 酉 | 申 | 未 | 午 | 巳 | 辰 | 卯 | 寅 | 丑 |
| 亥 | 戌 | 酉 | 申 | 未 | 午 | 巳 | 辰 | 卯 | 寅 |
| 子 | 亥 | 戌 | 酉 | 申 | 未 | 午 | 巳 | 辰 | 卯 |

四地戶起例訣

月建來加所用時，除危定開逐時移，四星地戶天門會，福神出入並皆宜。如九月用巳時，則以戌加巳順行，除午定酉危子開卯為四地戶也，餘倣此。

六合太陰太常君，三辰元是地私門。更得奇門相照耀，出行百事總欣欣。

○假如六合太陰太常為三辰，依陰陽貴人前推之，看在何方。○且

五六七八九是也逆則九八七六五四三二一是也凡遁甲之法以所用星符隨時干以所用值使隨天乙而奔

六義六甲本同名壬奇即乙丙丁

六儀者甲子戊申戊巳甲申庚甲午辛甲辰壬甲寅癸是也甲子常隨六戊甲戌常隨六巳甲申常隨六庚甲午常隨六辛甲辰常隨六壬甲寅常隨六癸三奇者乙爲日奇丙爲月奇丁爲星奇也

三奇倘合開休生便是吉門利出行萬事從之無不

如本日陽貴人在亥。以貴加亥順行。螣子朱丑六合寅勾卯青辰空巳、白午、太常未、玄申、太陰酉、后戌、又如本日陰貴人在亥。則以貴加亥逆行。空戌、朱酉、六合申、勾未、青午、空巳、白辰、太常卯、玄寅、太陰丑、后子、餘倣此。冬至後用陽貴人。夏至後用陰貴人。此只論日不論時。更得奇門相照耀。出行百事得欣欣。

一例審太陽過宮。以月將加所用時。視太乙貴神所在之地。詳其逆順以辨前五後六。占時所得三辰而論吉凶。其天乙貴神所在之法。以甲戊庚日。旦治丑暮治未。乙巳日。旦治子暮治申丙丁日旦治亥暮治酉。六辛日旦治午暮治寅。壬癸日。旦治巳暮治卯。此爲天所在也。天在亥子丑寅卯辰六位。則以左爲前。右爲后。天乙在巳午未申酉戌六合。則以右爲前。左爲后。其天乙所在而別其順逆也。旦暮者。日出爲旦。用晝貴神。日投爲暮。用夜貴。日貴者自寅至未爲日貴。夜貴者自申至丑爲夜貴。日貴用上一字。乙與丙丁坤庚六時是夜貴用下一字。辛乾壬癸艮甲是也。自亥至辰爲陽貴。順行十二支。自巳至戌爲陰貴。逆行十二支。此貴人以月將加時右例難明。今重訂支掌二圖。伊覽者易曉云。

利能知玄妙得其灵
加天上丙歸地下乙丁
或在天上丁歸地下乙
丙又與開休生三門合
者此爲吉門宜出行出
軍行師興工動土無不
利者委有玄妙加神灵
也

值符前三六合位前二太
陰君須記值符後一名九
天後二宮神名九地
如陽遁一宮甲子如直
符使以一宮爲天乙二
玄武三太陰四六合五
九天六九地餘倣此冬
至後順夏至後逆前二
太陰前四六合值符後
一九天後二九地

子坤庚辛乾　已上六時　十二　申酉戌亥　下十二支掌訣
唯丁　壬　日貴用　二　未　子　自寅至未爲日
時丙　癸　甲辛以下六時　支　午　丑　貴自申至丑爲
旨與乙甲艮　夜貴用　逆　巳辰卯寅　夜貴日貴用上

一字即上圖之乙與丙丁坤庚六時也夜貴用下一字即上圖之辛乾壬癸艮甲六時也自亥至辰爲陽貴順行十二支自巳至戌爲陰貴逆行十二支二圖當合用推但分之以知甲在卯宮巳在辰宮與在巳宮之類也

假如正月雨水後太陽躔娵訾之次月將在亥則以亥加所用時分旦暮以視天乙貴人所在之地而詳其逆順以求三辰所在之方

假如甲戌庚日用卯時屬下一字暮貴則以亥加卯宮順行暮未在亥玄爲陽支加貴人順行則六合在寅太常在未太陰在酉也

又如甲戌庚日用午時屬上一字用旦貴人則以亥加午順行旦丑在申申爲陰支加貴人逆行太陰在戌太常在子六合在巳也

如甲戌庚日用子時屬下一字申暮貴則以亥加子順行暮未在甲申爲陰支加貴人逆行太陰在戌太常在子六合在巳餘倣此

地為伏匿天揚兵六合太阴可藏避

地靜爲伏匿後二神名九地六癸之下可以伏藏則人不見九地之上六甲可以陳兵而擊其坤然皆要三奇合太阴而無吉門名曰有阴無門門合太阴無三奇爲之有門無奇

志從神兮緩從門三五反敵天道利

若急速無奇門即用玉女反閉之術佈六壬而行從神机也若運机緩情須吉門而出經云趋三避五巍然独处謂之趋三吉門避五凶門也

地私門陽貴人順行之圖

| 月將加所用時尋本日貴在何支 | | 冬至寅 後用辰 | 甲乙巳丙丁癸壬辛 |
|---|---|---|---|
| 神后 | 子亥戌酉申未午巳辰卯寅丑 | 貴人 | 丑未申子酉亥巳卯寅 |
| 大吉 | 丑子亥戌酉申未午巳辰卯寅 | 螣蛇 | 寅申酉丑戌子午辰卯 |
| 功曹 | 寅丑子亥戌酉申未午巳辰卯 | 朱雀 | 卯酉戌寅亥丑未巳辰 |
| 太冲 | 卯寅丑子亥戌酉申未午巳辰 | 六合 | 辰戌亥卯子寅申午巳 |
| 天罡 | 辰卯寅丑子亥戌酉申未午巳 | 勾陳 | 巳亥子辰丑卯酉未午 |
| 太乙 | 巳辰卯寅丑子亥戌酉申未午 | 青龍 | 午子丑巳寅辰戌申未 |
| 勝光 | 午巳辰卯寅丑子亥戌酉申未 | 天空 | 未丑寅午卯巳亥酉申 |
| 小吉 | 未午巳辰卯寅丑子亥戌酉申 | 白虎 | 申寅卯未辰午子戌酉 |
| 傳送 | 申未午巳辰卯寅丑子亥戌酉 | 太常 | 酉卯辰申巳未丑亥戌 |
| 從魁 | 酉申未午巳辰卯寅丑子亥戌 | 玄武 | 戌辰巳酉午申寅子亥 |
| 河魁 | 戌酉申未午巳辰卯寅丑子亥 | 太陰 | 亥巳午戌未酉卯丑子 |
| 登明 | 亥戌酉申未午巳辰卯寅丑子 | 天后 | 子午未亥申戌辰寅丑 |

地

| 月將加所用時尋本日貴在何支. | | 夏至 後用 | 甲 戌 寅 乙巳丙丁辛壬癸 |
|---|---|---|---|
| 神后 | 子亥戌酉申未午巳辰卯寅丑 | 貴人 | 丑未子申亥酉午巳卯 |
| 大吉 | 丑子亥戌酉申未午巳辰卯寅 | 天后 | 寅申丑酉子戌未午辰 |

如用神机則反凶変吉是利道矣如遁得乙奇在門念乙奇咒丙奇念丙奇咒丁奇念丁奇咒出其方百事貞吉

已上若得三奇妙不如更得三奇使

乙奇使甲午甲戌丙奇使甲子甲申丁奇使甲辰甲寅須三奇之妙又不若得奇之使爲九灵也

得使猶來未爲精五不遇分損其明損明須知時魁門吟格相加猶不吉

得三奇之使爲遁之妙若五不遇時乃剛柔相剋之氣相剋卽損其光

私門陰貴人逆行之圖

| 將 | | 將 | |
|---|---|---|---|
| 功曹 | 寅丑子亥戌酉申未午巳辰卯 | 太陰 | 卯酉寅戌丑亥申未巳 |
| 太冲 | 卯寅丑子亥戌酉申未午巳辰 | 玄武 | 辰戌卯亥寅子酉申午 |
| 天罡 | 辰卯寅丑子亥戌酉申未午巳 | 大常 | 巳亥辰子卯丑戌酉未 |
| 太乙 | 巳辰卯寅丑子亥戌酉申未午 | 白虎 | 午子巳丑辰寅亥戌申 |
| 勝光 | 午巳辰卯寅丑子亥戌酉申未 | 天空 | 未丑午寅巳卯子亥酉 |
| 小吉 | 未午巳辰卯寅丑子亥戌酉申 | 青龍 | 申寅未卯午辰丑子戌 |
| 傳送 | 申未午巳辰卯寅丑子亥戌酉 | 勾陳 | 酉卯申辰未巳寅丑亥 |
| 從魁 | 酉申未午巳辰卯寅丑子亥戌 | 六合 | 戌辰酉巳申午卯寅子 |
| 河魁 | 戌酉申未午巳辰卯寅丑子亥 | 朱雀 | 亥巳戌午酉未辰卯丑 |
| 登明 | 亥戌酉申未午巳辰卯寅丑子 | 騰蛇 | 子午亥未戌申巳辰寅 |

三爲生氣五爲死。　盛在三分衰在五。
能識趋三避五時。　造化眞机須記取。

三元經曰天道不遠。三五趋覆卯三避五恢然獨處。三爲生氣故趋三五爲害氣故避五也。三爲威五爲武盛在三衰在五足馬雙輪無有还期。○假令冬至上元陽一局甲巳之日夜半生甲子時至平旦丙寅時得三寅時生氣利爲百事。至戊辰時得五此時害

明卯甲子日得庚午時之側吟即反復二吟爲上下相尅凡庚爲于格則萬物凝滯六甲相加亢爲不吉也

掩捕逃亡須尅時占稽行人信豈失

如掩捕逃亡陽時可得陰時不得如占行人陽時來陰時不來又三信失如遇庚加時即有阻不來主失信也

斗中三奇遊六樣天乙会合主明私

乃天上乙丙丁臨地下六甲之儀如甲子有丁如甲戌有巳卯甲申有戊子甲午有丁酉甲辰

氣凶百事不宜故避五也陰遁倣此○又云直使加震宮三爲星宜向之直使加中五宮寄坤二宮爲坎宜避之○又太乙式筭得諸八門杜塞占人望信皆不來不宜出行百事皆凶又如重陽有重喜謂大將在三宮重陰有重凶謂大將在七宮乃三数吉七凶

就中伏吟爲最凶　天蓬加着地天蓬

天蓬若在天英上　須知即是反吟宮

天盤甲子加地盤甲子天盤天蓬加地盤天蓬凡六甲之時星符俱在本宮爲伏吟此時不宜用兵惟宜收斂財貨天盤甲子加地盤甲午天盤天蓬加地盤天英凡星符加對冲之宮爲返吟此時不利興兵動衆遇奇門蔡不至凶吉不然凶禍立至○一云伏吟返吟雖合奇門不宜舉動凶

八門返覆皆如此　生在生門死在死

假令吉宿到奇門　萬事皆凶不堪使

門在本宮謂之伏吟門在對宮謂之返吟伏吟返吟俱不利極凶

六儀擊刑爲大凶　甲子直符愁向東

戊刑在未申刑寅　虎蛇辰午自刑宮

有丙午甲寅有乙卯，此玉女守門時，利爲陰私和合之事，討捕須明時下剋，行人信怠。遇三奇，三奇上見遊六儀，六儀便見五陽時，事向八門尋吉位，萬事開三萬事宜。

如六儀與三奇合太陰，又遇太冲、小吉、從魁，又加地四戶，是爲福食，宜遠行出入，移從四戶者，除危定開，如正月卯午子酉之例是也。

五陽在前五陰從，主客須知有盛衰，

自甲至戊五陽時，利於客，宜先起；自己至癸五

六儀擊刑者，謂六甲直符加所刑之地也。謂甲子直符加卯三宮，卯刑子也。甲戌直符加未二宮，戌刑未也。甲申直符加寅八宮，申刑寅也。甲午直符加午離宮，午自刑也。甲辰直符加辰四宮，辰自刑也。甲寅直符加巳四宮，寅刑巳也。○假令冬至上元陽遁一局，甲巳之日夜子生甲子爲直符，至日出卯時，是六儀擊刑也。其時極凶，不可用事。

三奇入墓好推詳，甲日那堪見未時。丙奇屬火火墓戌，此時諸事不須爲。更嫌六乙來臨二，六丁怕入丑艮宮。

三奇入墓者，謂六乙日奇下臨二坤宮，六丙月奇下臨六乾宮，六丁星奇下臨八艮宮，是謂三奇入墓也。縱有奇門，不可舉兵，百事皆凶。○經云：三奇入墓何時，丙奇乾上，乙臨坤，丁奇臨艮丑中存。按五行生旺，謂陽生陰死，陰死陽生。丙火生寅，庫戌；丁火生酉，庫丑，故丁奇丑艮宮入墓。又如甲生亥，未庫；乙木生午，庫戌。乙陰木庫不未三戌也。經曰：丙丁奇入一宮，乃火入水地；乙奇入六宮，乃木入金鄉，二奇受制，萬事不可舉也。

又有時干入墓宮，課中時下忌相逢。

陰時利於主宜後動當
陽之時客盛主衰當閉
之時主盛客衰使將旺
相休廢天詳萬不失一
如冬至休旺生傷胎杜
及景死死囚開廢之例
是也
閉後五干還須記六儀加
若更無利六儀忽然加三
宮更爲刑擊先須忌
三宮即太冲也
六十擊刑三奇墓此時舉
動百事誤
如子刑卯丑刑戌寅刑
巳卯刑子巳刑申子刑
午未刑丑申刑寅酉刑
酉戌刑未亥刑亥凡擊
刑主謀爭不成多有失

乙未壬辰兼丙戌。　辛丑都來盡是凶。
凡乙庚日丁丑時，乃丁奇入墓；丙戌時，月奇入墓。
三奇淵源曰：六丁木火之精，化而成金，在震最明，生于丑，沒于辰。
前世名曉星是也。朱子斷曰：啟明金星在西，日出則東見，即太白
是也。故丁丑爲星奇入墓。
五不遇兮龍不精。　號爲日月星光明。
時干來尅日干上。　甲日須知時忌庚。
五不遇時者，謂剛柔日相尅而損其明，縱有奇門不可用，百事凶。
甲日庚午時、　乙日辛巳時、　丙日壬辰時。　丁日癸卯時。
戊日甲寅時。　己日乙丑時。　庚日丙子時。　辛日丁酉時。
壬日戊申時。　癸日己未時。
時干尅日干爲主，木不和，宰極凶。但陽干尅陽干，陰干尅陰干。
奇與門兮共太陰。　三般難得總來臨。
若還得二亦爲吉。　舉此行藏亦遂心。
開休生三門合乙丙丁三奇于九地助奇者爲真詐，會太陰助奇
者爲重詐，會六合助奇者爲休詐，遇詐宮出兵百戰百勝，午時用

陷不可出師出行百事不吉三奇入墓如乙奇坤丙丁奇乾主求謀不獲此時舉動百事失誤不吉

太白入熒賊即來火入金刑賊即去丙爲悖今庚爲格格則不通悖亂逆

凡遇天上丙臨地下庚主賊退逃天上庚臨地下丙主賊來侵衛門雖吉亦凶主客俱不利客多敗凡遇丙臨時干謂之悖庚加時干謂之格不可出行舉事主亂不通也如有急事不得已行籌布局及閉而出去則反凶爲吉也

吉利歲嫁有十分之利若三門合三奇無詐宮謂之有奇無陰得七分之利若三門合三詐而無三奇謂之有門無奇得三分之利得門不得奇可用得奇不得門終非吉當以輕重用之○合詐門宜嫁娶遠行求財商賈拜官受爵設齋等事大吉利也

○五假之地各有吉凶五假者曰天假曰地假曰神假曰人假曰物假也假如杜門合丁巳癸臨九地太陰六合皆名地假也臨九地宜潛伏可以藏刑隱神臨太陰利遣入探事臨六合利逃亡○若景門合乙丙丁臨九天名曰天假乙爲威德丙爲威武丁爲太陰三奇之靈宜陳利便進謁○傷門合丁巳癸下臨六合名曰物假利求財買賣酒食之類○若死門合丁巳癸下臨九地名曰神假利葬埋○若驚門合六壬下臨九天名曰人假利捕捉逃下若太白入熒惑已其下必獲○已上五假其取其宜隨事用之

更得直符直使利　兵家用使最爲貴
常將此地擊其沖　百戰百勝君須記

經曰亭亭者天之貴神也背而擊其沖爲勝雜亡法常以月將加時神后爲亭亭所居也○假令五月將小吉如寅時神后臨未爲

庚加日干初伏干日干加
庚飛兩格庚加直符天乙
伏値符加庚天乙飛
庚加歲爲歲格加月爲
用格加日爲日格加時
爲時格値符爲伏宮格
値符加庚飛宮格皆凶
不可舉兵行師事並
見危殆此示宜寫在衆
動行師亦不宜條計內
加巳爲刑遁之格加癸路
中大格宮加壬之時爲小
格歲歲月日之時移當此
之時俱不吉舉動行師亦
不宜

庚加巳爲刑格主閉伏
之患伐亂不祥之事由
則車破馬頓敵奔勿追

亭亭所在也。白好者天之好，神合于亥格。于寅申完合之時俱用
之當格與不格，當合與不合者，皆亭亭而白好推之法。以月將加
時，寅午戌上見貴神，卽是白好之位，當以行寅申巳亥四孟位也。
假如正月將登明，加時于登明，貴神臨于卯，白好在亥也。餘倣此。
昔曹操用兵以此法，百戰百勝，故用遁法擊沖而勝也。

天乙之時所在宮。　大將宜居對沖。
假令直符居離九。　天英坐取擊夫營。

行軍有三勝之地。天上直符所臨爲天乙宮，宜上將居之，爲第一
勝也。陽遁直符居二爲九天，陰遁直符前二爲九天，宜我軍居之，
爲二勝也。生門合三奇之宮，上將引軍從生擊死，百戰百勝，故爲
此三勝地也。有五不擊之地：第一不擊天乙宮，二不擊九天宮，三
不擊生門宮，四不擊九地宮，五不擊直使宮。○巳上五宮皆不可
擊，宜我軍居之，必推勝矣。

甲乙丙丁戊陽時，　神居天上要君知。
坐擊須憑天上奇。　陰時地下亦如之。

奇門曰：五陽在前五陰後，主客須知有盛衰。自甲至戊五陽時利。

占人主刑獄囚危看足門吉凶斷之庚加癸爲大格出軍車破馬傷求望不得托人則失信須

奇門不可用也庚格法三元經中自有詳

此不贅矣

丙加甲兮鳥跌穴甲加丙兮龍返首

如丙加甲值符甲值符一加丙更逢開休生三門万事皆吉

辛加乙兮虎猖狂乙加辛兮龍逃走丁加癸兮雀入江癸加丁兮蛇跃蹻

雀投江凶遊行主詞訟蛇跃蹻主惶惑不安龍逃走主失陷財物虎猖

爲客宜先起自巳至癸五陰時利爲主宜後動當五陰之時客盛主衰當五陰之時主盛客衰五陽之時喜神治事百事俱吉惟逃亡不可得也又云陽時神在天宜用天盤若在地用地盤上起又云五陽時在天上卽居天上直符之宫而擊其冲

若見三奇在五陰　偏宜爲客自高强
忽然逢着五陰位　又宜爲主好裁詳

巳庚辛壬癸五陰時也五陰時利以爲主之時卽後舉兵待敵而後動以冲勝謂時下五陰于惡神治事不可拜官移徙婚姻出行與造舉百事逃亡可得宜經云直使之行一時一易行陰利以爲主故曰得陰者伏而不起陰五于陰在子于之西部殺氣也

直符前三六合位　太陰之神在前二　後一宫中爲九天
後二之辰爲九地　九天之上好揚兵　九地潛藏可立营
伏兵但向太陰位　若逢六合利逃刑

孫子云九地者幽隱之至深也九天行剛健之至極也藏於九地言守之至深也動于九天言攻之至極也九天乃天之殺伐之氣遁在此方亦可以藉此氣揚兵威武九地乃地之蒙昧之氣遁在

狂時主傷亡之災也四
者皆相尅制用之主百
事凶
符加丙丁爲相佐使加六
丁爲守庫丙合戊癸爲天
遁地遁乙合開加己休乘
丁合太陰入天從四張時
般癸蓬加英爲返吟伏
吟之時蓬加蓬吉宿逆之
事不吉凶宿逆之事愈凶
伏吟時宜收斂財貨返
吟時宜發財貨其餘事
從得奇門亦凶不可用
也
天輔衝在禽心吉天蓬天
庚内柱凶
凡時下得輔禽心大吉
任冲小吉蓬芮大凶柱

此方亦可以藉此氣遮蔽形迹太陰之下可以伏兵六合之下可
逃亡

天地人分三遁名　天遁日精華蓋臨
地遁月精紫雲蔽　人遁當知是太陰
上盤六丙　中盤生門　下盤六丁　謂之日精之蔽
上盤六乙　中盤開門　下盤六己　謂之月精之蔽
上盤六丁　中盤休門　下盤太陰　謂之星精之蔽
生門六丙合六丁　此爲天遁自分明
地遁如斯而已矣　休門六丁共太陰　開門六乙合六己
要知三遁何所宜　藏形遁跡斯爲美　欲求人遁正是此

已上三遁最宜隱遁人莫能覩蓋三遁既挾日月星精之奇庇祐
而天遁下盤合丁乃三奇之靈又爲六甲之陰謂奇門相合有如
華蓋之覆休也○地遁下盤臨六己爲六合之私門又爲地戶謂
奇門相臨有如紫雲之蔽也○人遁下盤臨太陰宮相合如有
雲之障蔽也○右三遁之時凡用事與兵極吉
宜出行商賈埋葬嫁娶万事皆吉

英小凶吉星方道不合
奇可用凶星方奇列呼
其字而児之大吉矣如
天蓬呼子禽之例是也
門宿駕心柱英芮陽宿沖
輔及蓬任

凡陽星加一宮爲開門
是加一宮爲閤蓋一宮
者凡氣之本陰陽之根
凡吉事開時吉閤時凶
遠信行人盜賊閤時來
閤時不來

天綱四步無走路陰門許
願妙無窮

天綱者六癸也經云天
綱四張万物尽傷蓋六
癸時不宜舉動百事惟
宜逃亡徙天上六癸五

庚爲太白丙熒惑　庚丙相加誰會得

庚乃西方金星號爲太白星丙乃南方火德星號爲熒惑庚丙相
加有謂或上盤之庚加下盤之丙或上盤之丙加下盤之庚也

六庚加丙白入熒　六丙加庚熒入白
白入熒兮賊即來　熒入白兮賊須滅

天庚加地丙庚入火鄉也天丙加地庚丙入金鄉也經曰二星相
入凶氣橫任得奇門愼勿行此星金火之神是惡神也

丙爲悖兮庚爲格　格則不通悖乱逆

天丙加地庚爲悖天庚加地丙爲格經曰六丙所加昔爲危悖七
者乱也謂天上六丙臨年月日時之干直符同類又六丙所加之義
凡舉百事用兵遇悖主綱紀紊乱也○經曰丙下值爲悖火星熒
大屋移害且安然獨自聞愁哭又曰庚加年月日時干假你爲客
不宜爭鬪兢兵領將避此時惟固守不宜行百事遇之凶莫測

丙加天乙爲悖符　天乙加丙爲飛悖

天上六丙臨年月日時干直符同類者爲悖符天乙直符加於地
下六丙者爲飛悖凡舉兵用事遇悖主綱紀紊乱也凡遇六丙六

而山入不見也然綱有高低不可不察假令臨二三四五宮尺寸低可揚而出臨六七八九宮尺寸高過人爲之四張無示踏反遭刑厄冬至後陽遁皆順氣佈局夏至後陰遁皆逆氣佈局以推布超吉避凶微妙神灵莫測

節氣指移時候應二至还婦一九宮三元超遁遊六甲八卦週流遍九宮

符節超接以應候上中下元遷流行六甲乚八卦九宮應一步内之八節週流度一白二黑三碧四綠五黄六白七赤

庚之爲直符加時干則將皆爲悖格四時而用之

庚加日干爲伏干　日干加庚飛干格

加一宮兮戰在野　同一宮兮戰于國

六庚爲太白加日干即爲伏干格此是主客鬥傷皆不利又曰日干若遇六庚臨以此名爲伏干侵若是戰鬥須不利大都爲主必遭擒○今日干加臨六庚妝飛干格戰鬥不利主客兩傷

庚加日干日干加庚俱不利如庚加一宮或天盤宮或地盤庚同一宮主戰鬥不利○天乙格者天乙所居地宮也六庚加之凶戰于野○天乙太白格天乙與六庚同宮戰于國凶天乙與六庚同宮者謂同地天乙直符與六庚同行加時與太白格利野鬥戰直符加六庚宜固守伏藏凡遇諸路之時用兵主客俱不利

庚加直符天乙伏

庚加直符宮伏干格與交鋒多不利爲客以成功○經曰天上庚加下直符此時主客皆不利六庚加天直符本宮爲伏干格不利用兵宜野迎敵

直符加庚天乙飛

八白九紫終而復始也若能了達陰陽理天地消詳一掌中

訣袱號此遁甲之理天地之災陰陽禍福皆在掌中所謂縱橫天地把握乾坤

○三起遁例

論陰陽貴人三辰地私門六合太陰太常日支上逆自巳至戌爲陰用逆貴寓陽用下一字如陽日用未字是陽貴也餘倣此○子午卯酉用乾坤艮巽時要神藏數乃舍用辰戌丑未用乙辛丁癸時日星定陰陽用寅申巳亥用甲庚丙壬

飛宮是何星直符加六真兩敵不堪爭爲主似還瀛○三元經曰直符加六庚名天乙飛干敵此時皆不利○上盤天乙直符加下六庚此時宜固守出則大將遭擒

庚加癸兮爲大格

天庚加地癸商課未可過求人終不見端坐即還宮○時逢大格百事皆凶返亡不得返招其咎遠行軍破馬死造作人財破散

加巳爲刑最不宜

六庚加六巳赤地須千里遠行車馬失軍兵半途止○時遇刑格出軍不利主傷中道士卒逃亡慎勿追之反招災咎

加壬之時爲小格　又嫌歲月日時逢

天庚加地壬謂之小格一去伏格當此之時並不宜行師論歲格經曰六庚當年太歲之干名曰歲格此時用事凶論月格曰六庚當月朔之干爲月朔格此時用事凶論日格曰六庚當日日干名曰日干格此時大凶論時格經曰六庚加本時干者爲府格亦名伏吟格此時不可舉兵大凶大凡六庚爲直符其干時皆曰時干格也六庚加年月日時干凶格戰者先敗○占家年爲父母月爲

時逆順貴人也合論太
陽過宮爲是
○貴人起例詩曰
甲丑戊加辛乙鼠巳猴鄉
丙猪丁雞位壬兎癸蛇
藏六辛當見馬庚見虎
爲强辰戌魁罡位貴人
不臨場
○論日貴夜貴
從陰陽貴自寅至未爲日
貴自申至丑爲夜貴日
貴用上一字夜貴用下
一字自亥至辰爲陽貴
順行十二支自巳至戌
爲陰貴逆行十二支此
貴人以月將加時論
○論月將加時
假如十二月壬申日以未

已弟日爲巳身時爲妻男占遺失隨其日月應兆
更有一般奇格者　六格慎勿加三奇
此時若也行兵去　匹馬隻輪無返期
六庚加丙丁奇天英景爲下剋上先舉者凶無返期六庚加乙奇
冲輔傷杜爲上剋下先舉者勝匹馬隻人能敵萬人
六癸加丁蛇跌蹻　六丁加癸雀入江
六癸加丁跌蹻迷路程憂惶難步當上卻不當六丁加六癸朱雀
入流水口舌尤未能官事使人愁日或有詞訟自附刑獄故通盡
以癸不詞訟或鬭火起不必往救
六乙加辛龍逃走　六辛加乙虎猖狂
金爲白虎木爲青龍龍虎戰鬭百事皆凶此時不宜舉兵主客皆
凶○六辛加六乙白虎也悲哀若與幹錢財自己須防災此時不
宜舉兵主客兩傷婚姻脩造大凶
請觀四者是凶神　百事逢之莫措手
夫天干陰陽和則吉不和則凶陽干剋陰干爲合甲剋己卯甲與
己合也陰干剋陽干爲宮星如甲受辛剋卯以辛爲宮也陽遇陽

時筭以十二月月將在
子加未時上係日貴貴就
以月將數夫順行到戍
上遇卯乃未卯在戍也
○天乙貴神前
一貴神　二騰蛇　三朱雀
四六合　五勾陳　六靑龍
○天乙貴神後
一天后　二大陰　三玄武
四太常　五白虎　六天罡
○六儀側
甲子六戊甲辰壬
甲申六庚甲午辛
甲戌六己甲寅癸
乙丙丁兮日月星
○八門九星定位詩
天蓬坎一及門休
芮死專居坤二流

尅陰遇陰尅皆爲不和乙辛丁癸日干皆屬陰尅其禍不救凶也
丙加甲兮鳥跌穴　甲加丙兮龍回首
六丙加六甲陰陽二遁此時百事利出兵行營與造吉經曰此時
從生擊死百戰百勝定無疑六甲加六丙此時陰陽二遁出兵行
營百事皆吉經曰此局雖無門亦可用事更若從生擊死敵萬人
只此二者是吉神　爲事如意十八九
言前二局之大吉也若得奇門行兵出戰大勝求名遂意中求財
利益修造嫁娶百事大吉
八門若遇開休生　諸事逢之總稱情　傷宜捕捉終須獲
杜可逃遮及隱形　景上投書與破軍　死排遊獵墊埋宜
試問驚門何所益　捕捉公庭較是非
開門宜遠行征討見君求名所行通達○休門宜和進萬事治兵
習業百事吉○生門宜謁貴營謀求財諸事吉○傷門宜漁獵捕
行逢盜賊○杜門宜逃遮隱伏誅伐凶逆○景門宜上書遣使交
陣破圍○死門宜行刑誅戮弔死送喪行者遇病○驚門宜撩捕
鬬訟攻擊驚恐○已上八門開休生三門吉五凶門宜避之

詩
曰

衝宿傷門三震位
杜門天輔巽宮周
心開乾六禽星五
天柱驚門兌七求
天任生門臨艮八
天英離九景門修
五位無門只禽宿
借居坤二死門遊

○三元分局例
甲己遇甲子甲午己卯己酉爲上局○甲己遇甲寅甲申己巳己亥爲中局○甲己遇甲辰甲戌己丑己未爲下局

○分局起例捷歌
甲宮五日己五日　甲己子午卯酉上　甲己寅申巳亥中　甲己四墓

蓬任冲輔禽陽生　英芮柱心陰宿名

風后作太乙雷公式九宮法以靈龜洛書之数而錯一位以一居乾八居坎三居艮四居震九居巽二居南七居坤六居兌以一八三四五爲陽宮故蓬任冲輔禽配此五宮而屬陽也以二七六九宮爲陰位故英芮柱心星配此四宮而屬陰也

輔禽心星爲上吉　衝任小吉未全亨
大凶蓬芮不堪遇　小吉英柱不精明

天輔天禽天心乃北斗武曲廉貞文曲三陽星爲大吉宿也天冲天任乃北斗破軍英明[illegible]吉宿也天蓬天芮乃左輔右弼爲惡曜大凶之宿若得奇門亦不可用天英天柱乃貪狼祿存半凶之星得奇門亦可用

大凶無氣変爲小　小凶有氣亦叮嚀

經曰時下得天輔天禽天心爲大吉時下得天任天冲爲次吉得天蓬天芮爲大凶得天英天柱爲小凶更以五行旺相之吉若大凶六星得旺相氣則成小凶若小凶星得旺相氣則中平

吉宿若能得旺相　萬舉萬全功必成

下元象　甲己爲符月
局六　二至順陽逆陰
上　節前符到便爲超
　節後得待爲接續
舊訣幽繁起例难　補
綴簡歌人易熟

○論超接之法

超者超過也神者日辰也
接者承接也氣者諸節
也節氣未至甲己日辰先
到則後節氣爲主而超
越用未來之節氣此之
謂超又有節氣已至而
日辰未到則後日辰爲
主而待日辰至方接承
節莅其氣未來而日辰
交至而奇星用牧前接
此之謂接也

若遇休囚并廢沒　　勸君不必進前程
　凡吉宿亦要遇旺相若遇休囚廢沒亦不可用經曰若上吉次吉
　星無旺相氣則中正乘旺相氣則大吉乘死休氣則爲凶
要識九星配五行　　各隨八卦考義經
坎逢屬水離英火　　任芮坤艮土中宮
乾兌爲金震巽木　　旺相休囚看輕重
　此以五星配五行又隨伏羲周易後天八卦而推之
　宝鑑云大哉乾坤交合体父母生成之道陰陽品配定男女方定
之居銀河轉運乾坤定上下六合遂生六子乾父交於坤母一交
而得長震二交而得長女巽三交而中女離四交而得小女兌以
震兌爲主坎離於用乾坤艮巽寄於四維故乾位西北坤位西南
艮司東北巽司東南震東兌西離南坎北乾剛兌柔爲二金震陽
巽陰爲二木坤溫艮燥爲二土坎閏下離炎上不可二也夫金木
形也水火氣也形有差別氣無精粗顯者陽也陰晦者陰包陽也
與我同行即爲相　　我生之月誠爲旺
廢於父母休於村　　囚是鬼直刑是胎

假如丙午年四月十三壬申交立夏節然四月初五日是甲八日甲已日是四仲月也已在立夏前九日癸則合超越先用於甲子日下超先用立夏上局奇已已後用中局此乃先得奇後得節凡作用取效爲速

○又超接訣付正受

凡節氣或過甲子甲午已卯已酉日是甲已謂之正受若不過甲子甲午已卯已酉則宜歷抉究洪過茂日是當用萌幾局名曰超接其造化每遇冬至多是超至十二三日又曰閏也

經曰九星休旺者謂九星各相於我生入旺於同類月廢於生我月囚於官鬼休於妻財月

假令水宿號天蓬　旺在初冬與仲冬

相於立三休四五　其餘倣此可推通

生旺局

| | 旺 | 相 | 廢 | 休 | 囚 |
|---|---|---|---|---|---|
| 天蓬水星 | 亥子月 | 寅卯月 | 申酉月 | 巳午月 | 辰戌丑未月 |
| 天芮禽任土星 | 辰戌丑未月 | 申酉月 | 巳午月 | 亥子月 | 寅卯月 |
| 天沖輔木星 | 寅卯月 | 巳午月 | 亥子月 | 辰戌丑未月 | 申酉月 |
| 天英火星 | 巳午月 | 辰戌丑未月 | 寅卯月 | 申酉月 | 亥子月 |
| 天心柱金星 | 申酉月 | 亥子月 | 辰戌丑未月 | 寅卯月 | 巳午月 |

急則從神緩從門　二五反覆天道亨

經曰謂有事不逢時并三奇吉當從天乙所在宮及直符之神去若緩則待三奇吉門而去及天上六戊所在以六戊當爲天門又曰神謂如甲子蓬星日丙寅時甲子六儀頭以甲子蓬星休加地六丙上即從一奇下出去如爭急欲出路或在軍陣中門又不通只尋吉神下去爭後可以就吉門奇而往也三者三奇也五者

○奇門正超閏接局例
正超閏接欲推知　逐節先頭定四奇　四正恰當交節氣　上元從此始無疑　元元逐節輪排去　正後逢超斷不移、超過旬餘斯有閏　閏餘接局又隨之　正超閏接循環轉　二至之前是閏斯　只此數言爲捷訣　詳觀真訣被昏迷
○又例
正局仲符管節氣　超因符在節前推　閏由二至超過遠　接是符從節後來　接人又還歸正局　循環逐位照前

五星吉英芮冲輔心也或門凶無奇又無吉星反覆無處吉爭又急迫須而北斗下繫會三奇免吉不得三奇吉門但從二奇所臨出出百事吉所謂急則從神也
十干加伏若加錯　入庫休囚吉事危
○時加六甲一開一閤上下交接又曰能知三甲一開一閤不知三甲六甲盡閉三甲者寅申爲孟甲子午爲仲甲辰戌爲季甲陽星加時爲開陰星加時爲閤陽星者蓬任冲輔禽五星也陰星者芮柱心英四星也孟甲合陽星陽氣在內合陰星陰氣在外利以固守不可出從利爲主不利爲客若與兵出入兵必敗矣仲甲合陽星利爲主后應即吉故陽星陽氣在內不以固守不可出師先舉者敗陰合時爲開格其形在門不可出兵宜固守陰謀自勝也季甲合陽星陽氣在外合陰星陰氣在內陽加時利客可以揚兵動衆陰星加時利主且宜迎敵故六甲之時但陽星合孟甲內開外閤仲申牛開半閤季甲俱開陰星合孟甲大閤合仲申內開外閤季甲大開內半開陽開利客陰開利主閤則固守開利陽兵日申爲青龍土符居之利以遠行將兵客勝閤喜有間憂矣

排　更無異義難通晰
不必旁求妄意猜
○又訣
但看符頭在節前　便爲
超局不虛言　若逢節
向符前至　接氣無疑
合自然　正是符頭當
節氣　不前不後恰無
偏　閏前獨自無逢看
端的皆歸二至前
直逢節氣方交日　四仲
符頭恰相值　便爲正
局上元期　一任排推
無差忒
正局既的無泥實　漸漸
移來換超局　超至旬
餘是閏奇二候總終
當接續

○時加六乙往來恍惚與神俱出謂乙爲星奇宜從天上六乙而避
恍惚如神人無見者將兵客勝有喜無憂行逢飲移徙嫁娶吉
○時加六丙萬兵莫往彼若王侯壓伏兵災將兵聞憂無開喜有丙
爲月奇又爲天威丙火以銷金精兵不起若征伐從天上六丙而
出賊自敗也入官得迁市賈有利修造百事大利
○時加六丁出幽入冥至老不刑丁爲星奇玉女當時刀須臨頸尤
安不驚宜逃亡絕跡當從天上六丁而出隨星奇挾玉女入太陰
而藏人不得見敵不敢侵將兵主勝利嫁娶及陰私事
○時加六戊乘龍萬里莫敢阿止六戊爲天門又爲天武宜以遠行
萬里百事吉戊爲天門凶惡不起當從天上六戊而行挾人天門
故曰乘龍萬里凶惡不敢害雞不鳴犬不吠將兵客勝聞憂無聞
喜有利以遠行市賈小人驚走亡命
○時加六己如神所使不知六己出彼凶咎己爲六合此時宜爲陰
謀秘密之事當從天上六己出不宜市賈爲顯揚之事獨出獨入
無人見者利以出官嫁娶占人有逃亡陰私之事
○時加六庚抱本而行强有出者必見鬬爭謂庚爲天獄此時凶亡

閏期若不得芒種，便是閏終大雪時　十五日完斯已矣　不將超接一正同推

超或經旬經九朝　或過十一日無餞　閏奇額在斯三日　更不加前與後頭

○超閏接局例引証

假如嘉靖丙辰年十一月初十日乙丑夜子初二刻冬至則四仲甲子符頭超越一日矣於此節是超神局故前一日甲子爲冬至上元之始今排市中元下元至丁巳年一年始終是超神局直至戊午年五月十一

有出者必遇罪刑故曰能知六庚不被五木不知六庚惧使入獄或被凌辱將兵主勝不利客主屯營固守有憂無喜凡事不利

○時加六辛行遇死人强有出者罪罟纏身此時行來出入並凶又辛爲天庭罪網自纏將兵主勝不利客有憂無喜不利市賈嫁娶

○時加六壬爲吏所集强出入者飛禍將臨此時不可遠行出入百事凶强出入者必有牢獄主爲天牢怨仇所積將兵主勝利伏藏不宜入官移徙嫁娶逃亡

○時加六癸衆人莫覩不知六癸出門見灾此時不利出入皆凶宜求仙隱跡當從天六癸下出入不見故曰衆人莫覩又癸爲天藏利以伏匿逃亡將兵主勝閏憂有閏喜無不宜出官市賈

○三奇嫌入墓門嫌道墓宮三位有消停門魁下官爲障隔時魁日干爲損明六儀交刑天干日支辰魁上更思之支神及伏吟出兵犯馬緊急加錯三奇入墓休囚及犯十干伏吟等項須吉亦凶也

十精爲使用爲貴　起宮天乙用無遺

經曰論出於五七歸於九二者爲十也要精于九一之謂陽遁陽使起於一終於九陰遁則使起於九終於一天乙直使起宮巽所

行戊午申初刻交芒種乃先起用本月初二日巳酉符頭爲芒種上局初七甲寅日爲芒種中局十二日巳未爲芒種下局自初二日至十一日乃超過九日矣至十六日癸亥則芒種上中下三局已足矣日十七日甲子至二十六日癸酉戌時正一刻交夏至則符頭已超越十日爲太遠故十七甲子不作夏至上局而爲芒種閏奇上局二十二巳巳作芒種閏奇中局二十七日甲戌須在夏至氣候乃用補完芒種閏奇下局

直門相冲也陰陽二遁各有二使○假如冬至後陽使初起一宮陰使初起九宮夏至後陰使初起九宮陽使初起一宮遂日起宮巽所也冬至後陽使起休門陰使起景門夏至後陰使起景門陽使起休門故曰直門相冲也今之用遁自冬至後一百八十二日六十二分半歷子午之東部陽氣用事惟用陽遁陽使夏至後一百八十二日六十二分半歷子午之西部陰氣用事惟用陰遁陰使經云冬至後用陰使夏至後用陽使迷不顯隱伏之事也是窮天地倖造化以通神明之德以類萬物之情三光之廻旋四季之往復一消一息或升或降而運于無形布之無象有所不見以俟後人若能明此理用之爲貴也

天目爲客地爲主　六甲推來無差理
劝君莫失此玄机　洞微九宮扶明主

如爲天目酉爲地耳又有六甲中天目地耳推者出兵日也宝日爲上吉謂干生支也如甲午日甲木生午支火也○義日次吉謂支生干也如甲子日甲木子水水生木也○和日次吉謂支干和也如壬子類壬水子水相和同也○制日中平謂干尅支也如甲

至六月初二戊寅日止閏奇三局方終六月初三日己卯始得夏至上局奇則符頭從在夏至後五日癸斯乃謂之接氣直至己未年五月初八日己卯丑時正一刻交夏至而己卯仲符恰當其日不前不後是爲正局本日即是夏至上元正局直至七月二十四日癸巳日正局己盡而二十六日乙未寅時正二刻交白露則甲午仲符頭又符前一日復爲超神越至明年芒種後又當置閏矣

此閏奇三候一終即爲接

戊日類甲木戊土木尅土也○伐日凶乃支尅干下尅上爲伐日○素書云能通遁法楷居絕遁以待其時扶佐明主名香萬里此乃時至而功名成也不遇明主隱跡埋名守分閑居不宜强行也

宫制其門不爲迫　門制其宫是迫凶

經曰吉門被迫則事不成凶門被迫則凶灾尤甚

宫制其門是門迫門制其宫是宫迫門生宫爲和宫生門爲義也

假如開門臨三四宫休門臨九宫生門臨一宫景門臨七宫乃爲吉門被迫則事不成○如傷門杜門臨二宫八宫死門臨一宫驚門臨三宫四宫爲凶門被迫則凶灾尤甚

天綱四張無路走　一二綱低有路行

經曰天綱四張萬物盡傷此時不可舉兵百事凶又曰神有高下必須知之謂時得六癸之神必有高下也曰但將天乙居何地尺寸低而匍匐之謂得癸時神將高下天乙在三四謂之尺高過之不可出出則必傷若被客鬪却從如未酉三宫看何合奇門可破出無妨○假令天乙在一宫其神法地一尺在二宫去地二尺皆天上六癸之下即天乙所用之宫也當此時必須匍匐而以右手

氣移氣積久乃換正奇正奇漸移乃換超局超過九日或十日十一日則當置閏置閏之法決在芒種大雪二節之後設過小滿小雪二氣之後或超九日十日不可置閏務丁二至之前置閏始不善訣論至于此正超閏接氣要訣至矣盡久但已上都明超神接氣并假知歌訣明矣

符相冲幻陳位　前一螣蛇对本能　入神守門留此地　陽遁順行定無疑　明通逆行依此例

○陽立符

息雨而前行週過十步吉若天步高一尺也上可以消息可以爲天綱過人故难出如天上六癸加一宮即爲一天高也五天以上無碍矣方一訣曰天綱四張時謂時得六癸也是謂天綱天高低若有急事有此時不得不行當以高行而出奇門曰天綱四張勿衆出兵忌逢若急事避难作法一人獨出追其將至即反自傷○天綱者天上之癸是也其神有高下在坎高一尺坤二尺震三尺巽四天踰此者本高不可出也○如天上六癸直符加地上一二三四宮爲尺寸低即可揚声而走若臨六七八九宮爲尺寸過人雖天綱四張不用也時下得此百事凶萬事不宜須合奇門吉宿亦不可用也○如破出陣欲取道出宜兩臂構負刀則呼天輔之名銜角而出則天綱自敗自無所傷矣臨六七八九宮尺寸過人尤不可用呼兵須當隱大若敵人來敢當自潰敗

天綱四張不可當　此時用事有灾殃　若是有人强出者　立便身軀見血光　出禽尚自避於網　事忙備窗自門墻○假令秋分丙辛日時用禺中另四張禺中癸巳時也

節氣推移時候定○　陰陽順逆要精通○

螣蛇　太阴　六合　勾
陳　朱雀　九天　九地
○阴直符
九天　九地　朱雀　勾
陳　六合　太阴　螣蛇
宜藏伏天揚兵　六合
太阴可隱遁　地靜爲
伏匿后二神不九地六
癸之下可以伏藏則入
茶不見乙天之上六甲可
以陳兵而擊其勞然三
奇合太阴而無吉門名
曰有奇無門門合太阴
無三奇謂有門無奇謂
有直符并直使　兵家
用之最爲貴　不將此
地擊其沖　百戰百勝
君須死

三元積數成六紀。　天地未成有一理。
一年分四時、八節、立春春分立夏夏至立秋秋分立冬冬至二十四炁七十二候。三元例乃冬至小寒及大寒天地人元一二三已裁前一節統爲三正宗下紀乃地之一週十二數六紀乃地支六週得七十二數。以一卦統三節爲三元則共成二十四氣以一節十五日分三候爲三元則成七十二候故云三元積數成六紀六紀乃七十二候之數也

請觀歌裏精微訣。　非是賢人莫與傳。
此歌中之訣句句如神字字有妙非是賢者不可妄傳恐有小董得訣入誤小人爲害不淺遁甲之文黃帝之師風后酉侯太公望於子房昔日谷乱發子房之塚於木秋中獲曰秋文上有誓戒曰不許傳於不義之人若非其人必受其殃得其人而不傳亦受其殃晉尚書郭璞撰青囊經亦編入遁甲奇門一篇十內此文乃濟世之宗藏之如珍也

烟波釣叟歌賦各通書奇門俱無分註解釋。今謹依子房秘藏錄日出於鰲頭通書奇門之首以隨後學者一覽而自明矣

直符者天乙也直使者八門也居天乙以擊其冲生生門而擊死門皆百戰百勝此所以兵家用之為貴也

至之前有閏奇，芒種大雪是根帝。有時超接再何如，到此閏何甚為例。節氣推移時陽定，陰陽順逆理須通。三元超遁遊六甲，八卦週流遁九宮。

又述古歌括

甲己居仲上元逢
孟任中元季下宗
五日一元同二遁
十時一甲用皆同
陰陽二遁原洪造

（直符活法之圖）

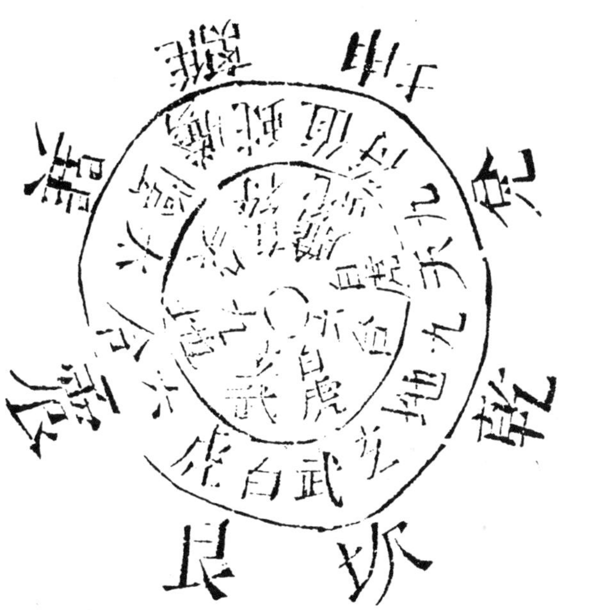

○陽遁局

冬至後夏至前等天上直符逆行右左後一位為九天後二位為九地後三位為玄武天上直符順行左右前一位為螣蛇前二位為太陰前三位為六合

（順行）（逆行）

○地例

內假如陽一局甲子日辛未時八休四蓬就將值符加天盤蓬去則知九地在艮九天震太陰在坤六合在餘倣此推 又

如陽局一宮用巳日乙亥係三雖九芮以位如內盤九芮上太阴兌六合乾五天巽九地震陽局俱倣此

○陰遁局

夏至後冬至前等地盤直符順行左方前一位為九天前二位為九地前三位為玄武地盤直符逆行右方後一位為螣蛇後二位為太陰後三位為六合

## 詩曰

速気未節符先到　遲時交節奇未來
超神接氣通玄與　四仲未來節先來
符節仍將未局裁　雖然新節已交氣
奈何仲日未歷　四仲先表節后至
超用未來之節気　有時超越過旬餘
所以積餘成閏位　二至之前有閏奇
此時累積宜成之　陽極陰終無後節
因茲立閏畢其餘

按此古歌五絕正超閏接之例未明余　推演歌古七章于前後作指明

凡用奇門佈局後地盤已定則加天盤六甲直符依節気而行於各方位上於時之太乙宮又加符使於名門訖然後以直符隨陰陽二遁順逆統行九天九地玄武螣蛇太陰六合白虎之神以驗吉凶可知矣

### （八節圖）

坤立秋逆　兌秋分逆　乾立冬逆
離夏至逆　坎冬至順
巽立夏順　震春分順　艮立春順

### （八門圖）

坤死門　兌驚門　乾開門
離景門　坎休門
巽杜門　震傷門　艮生門

### （九星圖）

天芮子成　天柱子常　天心子血人
天英子然　天禽子公　天蓬子禽
天輔子然　天冲子翊　天任子中

### （飛宮圖）

坤二　兌七　乾六
離九　中五　坎一
巽四　震三　艮八

### （九星圖）

坤土天芮　兌金天柱　乾金天心
離火天英　中土天禽寄坤　坎水天蓬
巽木天輔　震木天冲　艮土天任

### （排山掌）

乾六　兌七　艮八　離九
中五
巽四　震三　坤二　坎一

假如引証于後得以乘
互推究必不更煩疑慮
自能了達于胸次也
○日勅格假如
如嘉靖壬戌年九月初四
乙酉日丑時用事八月
二十七日己卯符頭二
十九日辛巳寒露屬寒
露中保陰九局戊加离
己艮庚兌辛乾壬中癸
巽逆儀已畢又以甲加
離乙奇坎爲蓬乙丙奇
坤爲丙丙丁奇震爲坤
丁順奇畢又以甲子加
離甲戌艮乃丁丑時之
旬所休以時旬艮宮天
任直符加子時于丁字
所上震宮憑役大順数

## ○九宮八卦所屬九星八門八節二十四氣之圖

三元八節二遁二十四氣局

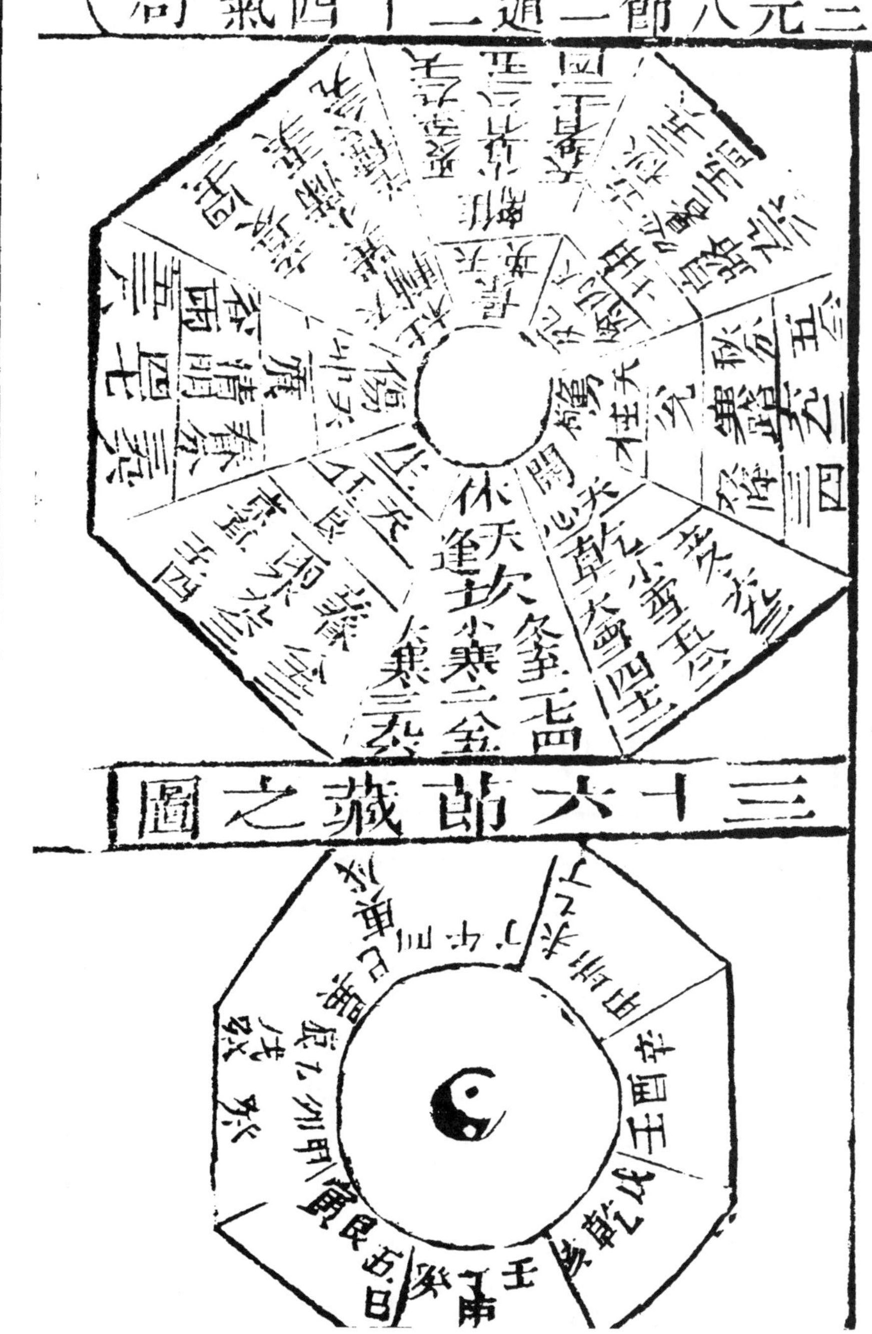

三十六節藏之圖

任在震坤巽輔离英坤衍禽兌則帶坤宮天盤斤奇到兌則兌宮地盤原有庚金爲天丙如遇庚則爲日勃也此與熒入白同也一經曰

兩庚値爲勃
火星熒大屋
移宅得安然
獨自鬪愁哭

○大格時假如

如嘉靖壬戌年十月二十八日巳卯寅時用辛十月十三日甲子符頭十六日丁卯丁時小雪節即小雪上中下三局二十日戊寅日是矣廿八日巳卯乃大雪前四日

○陽遁順局

| 甲子戊 | 甲戌巳 | 甲申庚 | 甲午辛 | 甲辰壬 | 甲寅癸 | 丁星奇 | 丙月奇 | 乙日奇 |
|---|---|---|---|---|---|---|---|---|
| 一 | 二 | 三 | 四 | 五 | 六 | 七 | 八 | 九 |

陽局起例

詩曰上中下
冬至驚蟄一七四
小寒一八五相隨
大寒春分三九六
芒種六三九是儀
穀雨小滿五二八
立春八五二相宜
淸明立夏四一七
雨水九六三爲期

●陰遁逆局

| 甲子戊 | 甲戌巳 | 甲申庚 | 甲午辛 | 甲辰壬 | 甲寅癸 | 丁星 | 丙月 | 乙日 |
|---|---|---|---|---|---|---|---|---|
| 九 | 八 | 七 | 六 | 五 | 四 | 三 | 二 | 一 |

陰局起例

詩曰上中下
夏至白露九三六
小暑八二五之間
大暑秋分七一四
立秋二五八循理
霜降小雪五八二
大雪四七三相閤
處暑排采一四七
立冬寒露六九三

○陽遁順行

假如立春節內庚申日午時卽是立春下局却乃二宮起甲子戊三宮巳四宮庚五宮甲午辛六宮甲辰壬七宮甲寅癸八宮丁奇九宮丙奇一宮乙奇又論壬午時係是甲戌旬卽於三宮起甲戌四宮乙亥五宮丙子六宮丁丑七宮戊寅八宮巳卯九宮庚辰一宮辛巳二宮壬午入移三震七甲戊符頭傷門加二坤又以三宮天

符加係大雪上阴四局戊巽為震庚坤為内庚辛坎壬離癸艮逆義完又以甲加巽乙中丙乾丁兌順奇完時甲子居巽宮以巽宮天符局直符加于時所居後天乾宮順行則輔乾英坎芮艮則帶坤宮天盤六庚下臨地盤艮宮原有六癸居其宮茲值六庚加同名大格時也經曰庚加癸壬為大格時百事凶不可用也不宜遠行車夭馬死造作人破財散

○白虎猖狂假如

如壬戌年九月二十五丙

冲直符加於乾六上壬午時即是其時離上是生門得地下丙奇吉可出矣

○陰遁逆行

假如大暑節内丙寅日未時丙寅日即大暑上局七宮起戊六宮己五宮庚四宮辛三宮甲辰壬二宮甲寅癸一宮丁九宮丙八宮乙未其時在甲午旬内却於四宮何頭起甲午三乙未是時也却移杜門加於三宮景四死九驚二開七休六生一又以甲午天輔加於八宮乙未時于上其時一宮坎上得生門地下乙奇可出○五月初八日甲戌吉出行係芒種下局節氣用事其遁丁奇在乾丙奇在兌乙奇在艮用丙寅時得福貴五符值時從艮上休門出得乙奇藏照禹步念乙奇光完后右手畫四縱五橫曰四縱五橫六甲六丁元武載道蚩尤避兵左懸南斗右佩七星邪魔滅跡鬼妖潛形千不敢犯支不敢侵太上有勑吾会指行入水不溺八火不燒逆吾者死順吾者亨急急如太上道祖鉄師上帝律令真令勑勿廻顧○又十二戊寅係夏至下局節気宮事其日丁奇在乾戊奇在艮乙奇在兌用巳未時得天乙貴入值時從離上開門大吉

一午日子時用事係超顆降下陰二局戊坤已坎庚離辛艮爲任壬兌癸乾逆儀星又以甲加坤乙震爲乙丙與丁中順奇星又以甲子加坤甲戊坎甲申離乃子時之旬頭却以時旬離宮天英加于時于所居後天坤宮則英坤內柱乾心故蓬艮任震則帶艮宮天盤六辛到震宮地盤原六乙在宮是六辛加六乙白虎猖狂凶不可用也

〇飛鳥跌穴格

假如壬戌年九月初二日壬午日卯時用事係起乙奇蓋照禹步念乙奇呪又用四綠五橫直符念呪又酉方兌上出得丁奇蓋照禹步念丁奇呪又以四綠五橫畫符念呪出若甲十五日出行其日辛巳係玉堂吉日夏至節上局用事可用癸巳時其時係截路空從坎上休門出得丁奇蓋照念丁音呪用四綠五橫面符念呪就行勿返顧六甲六丁玄武截道蚩尤避兵云云同前如用十六日壬午其日係金堂吉日亦屬夏至上局可用癸卯時係截路空時從坎方上休門出得乙奇蓋照禹步念乙奇呪即書四綠五橫就念就行凡出行酉木路作用向之方行六步立地坐坎面離今日（十五十六 辛巳癸卯）時從坎方休門而出得乙奇蓋照大吉十六又强十五蓋十六日是速喜故也

乙奇呪曰〇天帝威神誅滅鬼賊六乙相扶天道贊德吾令所行無攻不克急急如律令

丙奇呪曰〇吾德天助前後遮羅青龍白虎左右驅魔朱雀導前使會地天威助我六丙除病急急如玄女律令

丁奇呪曰〇天帝弟子部領天兵賞善罰惡出幽入冥來護我者玉女六丁有狂我者自滅其形急急如律令

寒露上陰六局戊乾己
申庚與辛震壬坤癸坎
過儀與又以甲加乾爲
辛甲乙兌丙艮爲任丙
丁離順不又以甲子加
乾甲戊甲甲申與甲午
震乃如時之旬頭以時
旬震宮英冲加子時于
所上後天坎宮順行則
坤坎輔艮與震芮禽與
柱離心坤蓬兌在乾則
帶艮宮天盤六丙加于
乾宮地盤六甲名曰飛
鳥跌穴要與吉門同宮
遠行出兵百事大吉從
在擊死一敵万人

〇青龍定首格假如
如壬戌年十一月十四甲

〇遁甲起例

洛書九宮之子上法九宮下應九州中建八門以例八卦統一氣五日爲一候六十時換一局十五日爲三氣計一百八十時係一節每気分三候五日爲一候則氣計三気也自冬至陽生起坎一孟坎艮震與四卦統気一十二候分三十六分局計五百四十爲一遁故順佈六義逆飛三奇自夏至気降起離九宮坤兌乾離四卦統気一十二候亦三十六分局亦五百四十神明遁故逆佈六儀順飛三奇六儀者六甲也甲子戊甲戌己甲申庚甲午辛甲辰壬甲寅癸三奇者乙丙丁也乙爲日奇丙爲月奇丁爲星奇以九星爲值符加時于向八門九星常爲值符每十時一易每用加時王是八門八爲直使後定方位爲奇八門常爲直使遁直符亦十時爲一易直儀隨時飛轉以定方位出奇無五百日元遇甲已換局気交而非甲已則以起神接気續之郎折局之法是爲神聖之柱玄妙之灵用遁之法盡施於此矣

奇門佈局法一 此篇出陰陽備用宜熟之目知運遁之法（惟五總是知首錄之）

天遁甲之法三重象三才上層象天例九星中層象人分八門下一

午日寅時用事係超冬
至上陽一局戊坎巳坤
庚震辛巽壬中癸乾儀
畢又以加坎爲蓬日乙
離丙艮爲任丙丁兌逆
奇畢又以甲子加坎乃
寅時之旬頭則以時何
所居天蓬加于時干所
止後天之艮宮間帶坎
宮天盤六甲加于後天
艮宮地盤六丙見爲青
龍返首格若六吉門上
最爲吉也利見大人舉
兵利客揚威寬里一敵
萬人
○歲格假如
如辛子之年以陽遁五局
甲巳日癸酉時戊申巳

象地定八卦九宮天蓬及休門與坎一宮相對三才定位也也丙
丁三奇也日乙月丙星丁奇也戊巳庚辛壬癸六儀也一局六十
時六甲周流而甲子常同六戊甲戌巳甲申庚甲午辛甲辰壬甲
寅癸常同六合甲雖不用而六甲爲天乙之貴神常隱於六儀之下
爲直符其發用实在此故謂之遁此大行虛一太元虛三之義也
蓬任衝輔禽英芮柱心九星也號爲直符休生傷杜景死驚開八
門也遁爲直使二十四気直爲八卦坎宮則冬至小寒大寒艮宮
則立春雨水驚蟄震宮則春分清明穀雨巽宮則立夏小滿芒種
離宮則夏至小暑大暑坤則立秋處暑白露兌則秋分寒露霜降
乾則立冬小雪大雪四時分至四立爲八節得八卦正気故各爲
初直二気從之以分天地人元又間六宮而行各爲中下元也
冬至後十二孫爲陽遁順行夏至後十二孫爲陰遁皆逆行二遁各
占卦四爲節中之気各六諸氣一週八卦歲爭備矣此以月取之
也五日爲候故遁法週甲巳易一局蓋自甲子至戊辰五日六十
時足爲上局巳巳至癸酉五日六十時足爲中局甲戌至戊寅五
日六十時足爲下局三局三才之道也　由是甲巳加四仲爲上

乾庚兑為柱庚辛在艮為歩于壬離癸坎順樣畢以甲加中乙巽丙震丁坤逆奇畢以甲子時[illegible]丁坤宮內乾加于東此六[illegible]後天坎宮則六日[illegible]癸酉兑宮天盤六[illegible]六丙丁起宮地盤步丁之亥[illegible]為歩格但逆六庚加于年月日時四下俱為凶格不可用事

○刑格假如壬戌年臘月十四甲子日寅時用事十一月二十九日己酉符頭十二初二日壬子小寒節小寒上中下三局十三癸亥日足矣十四日甲子

加四孟皆為守加四季皆為下三局四之而去十甲子備矣上局則起本気之上元中局則起中元下局則起下元不易之法也故凡日雖以気候相推至三元先後不同三元始終日有多少在經有折局補局之法因日而定局因局而起元終不可易此以日取之也凡遇時先分二遁次定三局方起三元蓋先看其日在何節気內合為某遁次看其日在甲巳下合某局於是本局起遁冬至後陽遁則順佈六儀逆飛三奇夏至後陰遁則逆佈六儀順佈三奇本法自甲至癸十干常以序行如局逆順蓋並先布三奇後布六儀今皆反之因指六甲為六儀而吊局及布三奇並從丁丙乙為序皆捷法也布五宮則寄坤土此土長生今坤之說也此寄宮終非正門故直符直使在五則皆討避五於本時之下恐人誤用之也九宮已布滿則然出其時旬頭之甲在何宮以其星為直符以其門為直使然後以加臨法用之每本時支落何処加以直使尋本時子落何処加以直符加臨已乃觀其時課大綱吉凶所作之方得不得開休生三門并天上三奇必其時課吉又得奇門乃可用事此三門即北方三白也其所擇時每月先取四大吉時用之諸法

乃超大寒前四日後超大寒上陽三局戊如震巳如巽庚在中寄坤爲內庚辛臨壬兌癸艮順儀畢又次甲加震乙坤丙坎丁離逢奇畢時旬甲子居震以天坤爲直符加于所止後天坎宮順行則坤坎輔艮英震誇巽則帶坤宮天盤所寄六庚丁臨巽宮地盤六己名爲刑格經曰六庚加六己赤地須千里逵行車馬失出軍中路上行則謂也

○日干伏格假如

如壬戌年十一月初七丁亥日戊時用事係陽七

已通必於合得吉縱遇太歲金神等然亦無害凡行方者尤宜用之以有諸門可上所向若爲陰陽二奇家以其宮爲其山或爲其坐向而遡之但於符應不可不詳究也○夫遁甲一歩爲課四千三百一十古人約爲一千八十局後修七十二局最後撮爲圖局十有八局可謂要矣然爲局尚多莫若上一局用盤子爲簡經曰又嫌子多事則唯上指爲妙上指固妙然暗記推詳於諸法或有甚證則或謬誤今此書表成日爲十二時吉凶可見時

## 九宮遁式

| 巽四 天輔 杜門 | 中五 天禽 寄坤 | 乾六 天心 開門 |
| --- | --- | --- |
| 震三 天沖 乃月 | | 兌七 天柱 驚門 |
| 坤二 天芮 死門 | | 艮八 天任 生門 |
| 坎一 天蓬 休月 | | 離九 天禽 景門 |

## 九星八門配宮詩曰

一蓬坎上一蓬休
芮死排來坤二流
更有冲傷居震位
巽宮輔星四杜周
禽星中五却寄坤
乾宮排來心開六
柱驚常從兌七求
內外任星居艮入
九等英景逐方遊

局戊加兌巳加艮庚離爲英庚辛坎壬坤癸震順像畢又以甲加兌乙乾丙中丁巽逆符畢又以甲子加兌甲戌艮甲申離甲午坎甲戌坤爲戌時之旬所卽以時坤宮內禽加于時干所止離宮然後大順行內禽離柱坤心兌蓬乾任坎坤艮輔震英巽卽帶離宮天盤庚金到巽巽宮地盤原有丁奇乃爲于日庚千歌所謂庚加日干爲伏正格正此謂失天乙伏干格

凡陰陽二遁先隨本局布奇儀六甲於九宮然後移入八宮配直任爲地盤中以八門爲八盤六甲天盤俱如地盤但地盤象地之靜五日方換天盤之動逐時一移上下加臨逆順統行直符吉凶則隨見矣

假如冬至後乙丑日戊寅時用事係甲子符頭陽遁一局則從坎宮遁起甲乙離丙艮丁兌戊還在坎巳坤庚震辛巽壬中癸乾奇儀布畢又將甲子起坎陽順行甲戌坤甲申震甲午到巽甲辰中甲寅乾六甲常同六儀者正此謂也布臨移於八宮享爲天地人盤戊寅時係甲戌旬頭在坤天芮爲直符死門爲直使直符加戊干之戊在坎直使尋旬頭甲戌於坤宮順行加寅時支在乾以見丁奇開門合艮丙六合生門合巽辛丙傷門到離乙死門到乾也

陰遁夏至後乙丑日壬午時用事係甲子符頭陰局九局則從離九宮遁起甲乙坎丙坤丁震戊還在離巳艮庚兌辛乾壬中癸巽奇儀布訖又將甲子起離陰逆行甲戌在艮甲申到兌甲戌到乾甲辰到中甲寅到巽陰道六甲亦常同于六儀也布訖移於八宮當天地人盤壬午時係甲戌旬頭在艮天任爲直符生門爲直使直

符加時干之壬寄坤直使尊旬頭甲戌於艮逆行加于時在離以見乙奇生門合九離也

# 新鐫歷法總覽鰲頭通書大全

## 奇門局例 謂六十年月日時奇門定局并尅應格例等事

○年家奇門 已下年月姑舉奇門吉星定局餘儀之星門难以盡載當於時圖加之自身矣

| 年 | 上元一局 | 一中元一局 | 二下元四局 |
|---|---|---|---|
| 甲子 | 伏吟 休坎 | 伏吟 開九天乾 休九地坎 | 伏吟 開乾 |
| 乙丑 | 反吟 生坤 景丁坎 | 丁九地巽 乙离 | 開九天兑 天乙天戊坤 |
| 丙寅 | 休艮 太阴坎 | 開丁兑 九天坤 九地兑 | 反吟 休丁震 生丙巽 |
| 丁卯 | 休丁兑 開丙九地坤 | 休六合坤 生丙太阴兑 | 開太阴离 生天戊兑 |
| 戊辰 | 伏吟 休乾 太阴兑 | 反吟 生坤 | 伏吟 開六合坎 休太阴艮 |
| 己巳 | 五休九天坤 生丙九地兑 | 休天乙大戊乾 乙震九地艮 | 開丁坤 休丙兑 |
| 庚午 | 休丙巽 生丁离 | 休震九天乾 生丙巽 | 休任巽九大兑 天戊天乙坤 |

辛未 壬申 癸酉 甲戌 乙亥 丙子 丁丑 戊寅 己卯 庚辰 辛巳

伏吟 伏吟　反吟 伏吟

開丁震
丙加甲坎
開乙六合离 九天坎
生心兌
休丁坎
開丙乾
開乾
開丁离 休天乙坤
生乙 九天兌
休天乙 申加丙震
開丁艮 九天离
生乙九天离
休乙九天艮
生九地震
開九地兌
開天戊坤
乙九天震
開九地坎 九天乾
丙离

反吟 伏吟 伏吟　五吟　伏吟　伏吟

生乾 休乙兌
休九天巽
生丁九地离
開丁乾 休乙坎
開丁九天乾
休乙九坤坎
休丙兌天戊坎
丁九天震
生丁坤
九天坤
休巽丁九天艮
乙九地震
開天戊艮
休天乙兌
開丁坎
休乙艮
生丁九天兌
乙九地离
開乙艮
九地艮

反吟　伏吟　反吟　反伏吟

無奇門
休任震
丙坎天戊天乙离
開天乙乾
休坎
休丙六合坎
生戊艮
生太阴艮
休太阴
生任离
生甲加丙乾
天戊坎
休丁震
生丙离
開乙兌
九天离
生兌
開丙离
生兌
休乙震
生丁离
天戊巽
九天艮

壬午
癸未
甲申
乙酉
丙戌
丁亥
戊子
己丑
庚寅
辛卯
壬辰

反吟　伏吟　伏吟　反吟　反吟　伏吟

生六合　太阴坤
九天坤
生丙九天艮
開戊乾
生丙九天艮
開戊離
生丙九天兑
開戊離
生乾
五生丙九地坤
九天離
休丁九地震
開乙坎　丙九天坤
丁九地兑
生坤
開天乙兑　六合巽
天戊坤　九地坎
生六合離　天戊兑
休乙癸合丁巽

伏吟　伏吟　伏吟　伏吟　反吟

丁九天艮
乙丙
開乙九地乾
開戊九天乾
生丁艮　休坎
開乙坤　休六合兑
生太阴乾
生心九地兑
乙坎天戊　九天坤
開乾　生戊艮
休巽
開丙兑　九天坎
丁震　九地艮
生坤　九天兑
太阴巽
生丙震　丁乾
九天　天戊離
開丙艮　九天兑
太阴巽

伏吟　伏吟　伏吟　反吟　伏吟

[illegible]　天乙離
休丙艮　九天坤
開太阴乾
休丙坎
休坎
生戊艮
休太阴巽
生離
開兑　天戊坤
丁
丙坎
九地坎
開六合坎　天戊艮
丁九天離
生丁巽　天戊乾
丙九地離
開九地乾
休坎
開六合坤　丙地震
休天戊兑
生丙九地兑　開乙離
休丁九天坤

癸巳　甲午　乙未　丙申　丁酉　戊戌　己亥　庚子　辛丑　壬寅　癸卯

伏吟　伏吟　反吟　反吟　伏吟　伏吟

生艮
開乙乾
生丁六合震
天戊九地乾
五開丙兌
休丁六合乾入墓
丁坎九天　天乙酉
天戊九地坤
生丁六合神
天戊九地震
開戊九地兌
休九天震
天戊九地巽
開坤
九地乾
休丙巽天戊九九天艮
生丁六合离
開丙戊乾
休坎

反伏吟　伏吟　反吟　反伏吟　伏吟

開九地乾
九天兌
開丙九天乾
生戊艮
開丁兌
丙九地震
開丁六合艮
休乙太陰震
生乙兌　天乙坎
丙九天艮天戊巽
乙離　天戊艮
天乙兌
開乙太陰坤
丙九天兌
生九地坤
生丙九天坤遁巽
開乙離
天戊坎

反伏吟　伏吟　反吟　伏吟　反吟　伏吟

開戊乾
開乾九天離
天乙巽
開丁巽
開九天坎丁太陰坤
丙兌乙六合離
生任九天乾
休蓬兌　九地坎
休乾　九地坤
丙震
生兌　丙艮
丁太陰坎天戊坤
休丁巽
生丙離
休震
休坎
休丙坎　九天[illegible]
九地巽

甲辰　乙巳　丙午　丁未　戊申　己酉　庚戌　辛亥　壬子　癸丑　甲寅

伏吟　反吟　反吟　伏吟　伏吟

開乾
生戊九天艮
開心坤休蓬兌
生任乾九天兌
生丙坤九地离
九天天戊巽
休巽
生九天天戊离
開六合坤九天艮
天乙地戊心坎
開丁坎天戊九天坤
生乙太陰震天乙离
生六合兌
開丙离天乙艮
休丁震
開兌九天坎
開九地乾
休丙坎生丁艮
開乾九天艮
伏乙坎

伏反吟　反吟　伏吟　伏吟　伏吟

開乾
休丙九地巽
休丙九地兌天戊坎
丁巽九天坤
休丙九地震
天乙坎天戊离
開天乙兌
休九天乾
生丁太陰坤
開乙离
天戊艮
休天乙巽
生九天离
開太陰坎
生天乙震
開丙乾
生戊艮
開戊九天乾
生丁艮休九地坎

伏吟　反吟　反伏吟　反吟　伏吟

休六合坎
生太陰艮
生乙九天兌
丙坎
休丙成德震
天乙甲加丙乾
休任巽天戊坤
丙艮天乙兌
開丙六合坎
生戊震休太陰艮
休任六合乾
乙九天巽
休乙九天兌
天戊离天乙坤
生丁九地震
生九地坤
九地艮
休戊坎
休丁六合坎
生丙太陰艮

乙卯 丙辰 丁巳 戊午 己未 庚申 辛酉 壬戌 癸亥

月

○月家奇門

伏吟　反吟　伏吟

開坤九天兌
生九地乾
生在兌天戊蓬坤
丁太陰坎九天巽
開乾生丁艮
休丙坎
休九天天戊艮
開心兌丁震
天戊蓬乾九地兌
生坤九天震
開九地巽
丙六合巽天戊巽
丁太陰离九天坎
開九天艮
休天戊震生巽
開乾

反吟　反吟　伏吟　伏吟

休巽
生丁离
開心九地兌
丙威德巽九地坤
生六合坤
開九地坤
休丁巽生乙艮
休丁震九地心艮
天戊九天坎
開九地乾
休坎生艮
開九地坤休丁兌
生乙乾
生乙兌開九地离
景丙艮休九天天戊坤
開乾

反吟　反吟　伏吟　伏吟

生九天兌
開离
休蓬兌九天坎
生任乾九地艮
五生九天坤
九地坎
生巽
開丙太陰艮
開丙坎九天巽
乙兌九地离
生坤天戊乾
開巽九地兌
開丙太陰兌
生坎丁坤休蓬
開震休蓬巫生任离
天戊九地兌
開乾休坎
景离生艮

正 二 三 四 五 六 七 八 九 十 十一 十二

上元　甲子　己卯　甲午　己酉　年

休艮
休丁　兌　開丙　坤
休乾　太阴　兌
休坤　生丙　兌
休丙　巽　生丁　離
開　丁　震
開乙　離　生心　兌
休丁　坎　開丙　乾
開　乾
開丁　离　生乙　兌坤　休
休震　開丁　艮
生巳　九天　離

上元　乙卯　庚辰　乙未　庚戌　年

休乙　艮　生震
開　兌
開坤　乙震
開坎　丙離
生　坤
生丙　艮　開乾
生丙　艮　開乾
生丙　兌　開離
生　乾
生丙　九地　坤
休　丁　震
開乙　坎　丙坤

上元　辛巳　丙寅　丙申　辛亥　年

生　坤
開　坎
生離　休乙　巽
生　艮
開　乙　乾
生　丁　震
開丙　兌　休丁　乾
丁　坎
生　丁　坤
開　兌
休　震
開　坤

上元　壬午　丁卯　丁酉　壬子　年

休丙　巽　生丁　離
開乾　休坎
開乾　生艮
開坤　休兌　生乾
生　丙　坤
休巽　生離
開　坤
開丁　坎　生乙　震
生兌　開丙　離
休　丁　震
開　兌
開乾　休離丙　坎
生丁　艮

上元　癸未　戊辰　戊戌　癸丑　年

開乾　休乙　坎
開坤　生乾
生兌　丁坤
休丙　坎　開乾　生丁　艮
休　艮
開兌　丁震
生　坤
丙　巽
開艮　乙坤
開　乾
開乾　休坎
丁巽　乙離

| 中元己巳甲申甲寅己亥年 | 中元庚午乙酉乙卯庚子年 | 中元辛未丙戌丙辰辛丑年 | 中元壬申丁亥丁巳壬寅年 | 中元癸酉戊子戊午癸卯年 |
|---|---|---|---|---|
| 開丁 兌 丙震 | 開乾乙 休兌 | 生 坤 | 生 丙 巽 | 開乾 休坎 生丁 艮 |
| 休坤 生丙 兌 | 開丁 坎 休乙 艮 | 生丙 震 丁乾 | 開乾 休坎 | 休巽 生丁 離 |
| 生 坤 | 生丁 兌 乙乾 | 開 丙 艮 | 開 乾 | 丙巽 開兌 |
| 休乾 乙震 丙坤 巽 | 開 丁 艮 | 開 乾 | 休 丙 巽 | 生 坤 |
| 休震 生丙 巽 | 丁巽 乙離 | 開丙 乾 生艮 | 休丙 兌 丁巽 | 艮坎 坤 艮 生乙 震 |
| 生乾 休乙 兌 | 開 乙 乾 | 開丁 兌 丙震 | 休 丙 巽 | 休 丁 震 |
| 休巽 生丁 離 | 開乾 休坎 生丁 艮 | 開丁 艮 休乙 震 | 開兌 休乾 | 開 乾 |
| 開丁 乾 休乙 坎 | 開兌 開乙 坤 生乾 | 生乙 兌 丙艮 | 生 丁 坤 | 生乙 坤 休丁 兌 |
| 開丁 乾 休乙 坎 | 生兌 乙坎 | 乙 離 | 開 乙 離 | 生丁 兌 丙艮 |
| 休丙 兌 丁震 | 開乾 生震 | 開 乙 坤 | 休巽 生離 | 開 乾 |
| 生 丁 坤 | 休 巽 | 丙 兌 | 開坎 生震 | 開 乾 |
| 休巽 丁艮 | 開丙 兌 丁震 | 生 坤 | 開丙 乾 生艮 | 開 兌 |

| 下元 己丑 甲戌 甲辰 己未 年 | 下元 庚申 乙亥 乙巳 庚寅 年 | 下元 辛酉 丙子 丙午 辛卯 年 | 下元 壬辰 丁丑 丁未 壬戌 年 | 下元 癸巳 戊寅 戊申 癸亥 年 |
| --- | --- | --- | --- | --- |
| 休丁震 生離巽 | 開乙兌 | 開乾 休坎 | 休坤 | 休丁坎 生丙艮 |
| 開離 生兌 | 生坤 | 開坤 休兌 丙震 | 休丙坎 | 生兌 開離 |
| 開坎 休艮 | 開丙離 生兌 | 生丙兌 休丁坤 開乙離 | 休坎 生艮 | 休兌 生乾 |
| 開丁坤 休丙兌 | 休乙震 生丁離 | 開乾 | 生乙兌 丙坎 | 生坤 |
| 休巽 | 開丁坎 休丙艮 | 開乾 | 休丙震 | 生 開丙艮 |
| 無奇門 | 開乾 休丙艮 | 開丁巽 | 休巽 丙艮 | 開丙坎 乙兌 |
| 休震 | 休坎 生艮 | 開坎 丁坤 乙離 丙兌 | 開丙坎 休艮 | 生坤 |
| 休坎 開乾 | 休巽 生離 | 生乾 艮兌 | 休乾 乙巽 | 開丙兌 生坤 休乾 乙離 |
| 休丙 坎 生艮 | 開丙 兌 | 休乾 丙[illegible] | 休乙兌 | 休巽 生離 |
| 休巽 生離 | 丙坎 | 生兌 丁坎 丙艮 | 生丁震 | 開乾 |
| 生乾 | 開坎 丁離 | 休丁巽 生丙離 | 生坤 | 開乾 休巽 |
| 休丁震 生丙離 | 生丁巽 丙離 | 生震 | 休坎 | 丁巽 乙離 |

八門

○日家奇門

甲子乙己丑丙寅戊壬子庚甲寅癸丑
丁卯戊丙辰己巳乙辛卯丁癸巳壬辰
庚午辛己未壬申戊甲午庚丙申乙未
癸酉甲壬戌乙亥辛丁酉癸己亥戊戌
丙子丁丑戊寅庚子辛丑壬寅
己卯庚辰辛巳癸卯甲辰乙巳
壬午癸未甲申丙午丁未戊申
乙酉丙戌丁亥己酉庚戌辛亥

○時家奇門　奇遁圖局剪開活用

| 生 | 休 | 傷 | 杜 | 景 | 死 | 驚 | 開 |
|---|---|---|---|---|---|---|---|
| 坎 | 艮 | 震 | 巽 | 離 | 坤 | 兌 | 乾 |
| 坤 | 兌 | 乾 | 坎 | 艮 | 震 | 巽 | 離 |
| 震 | 巽 | 離 | 坤 | 兌 | 乾 | 坎 | 艮 |
| 巽 | 離 | 坤 | 兌 | 乾 | 坎 | 艮 | 震 |
| 乾 | 坎 | 艮 | 震 | 巽 | 離 | 坤 | 兌 |
| 兌 | 乾 | 坎 | 艮 | 震 | 巽 | 離 | 坤 |
| 艮 | 震 | 巽 | 離 | 坤 | 兌 | 乾 | 坎 |
| 離 | 坤 | 兌 | 乾 | 坎 | 艮 | 震 | 巽 |

# 陽遁一局

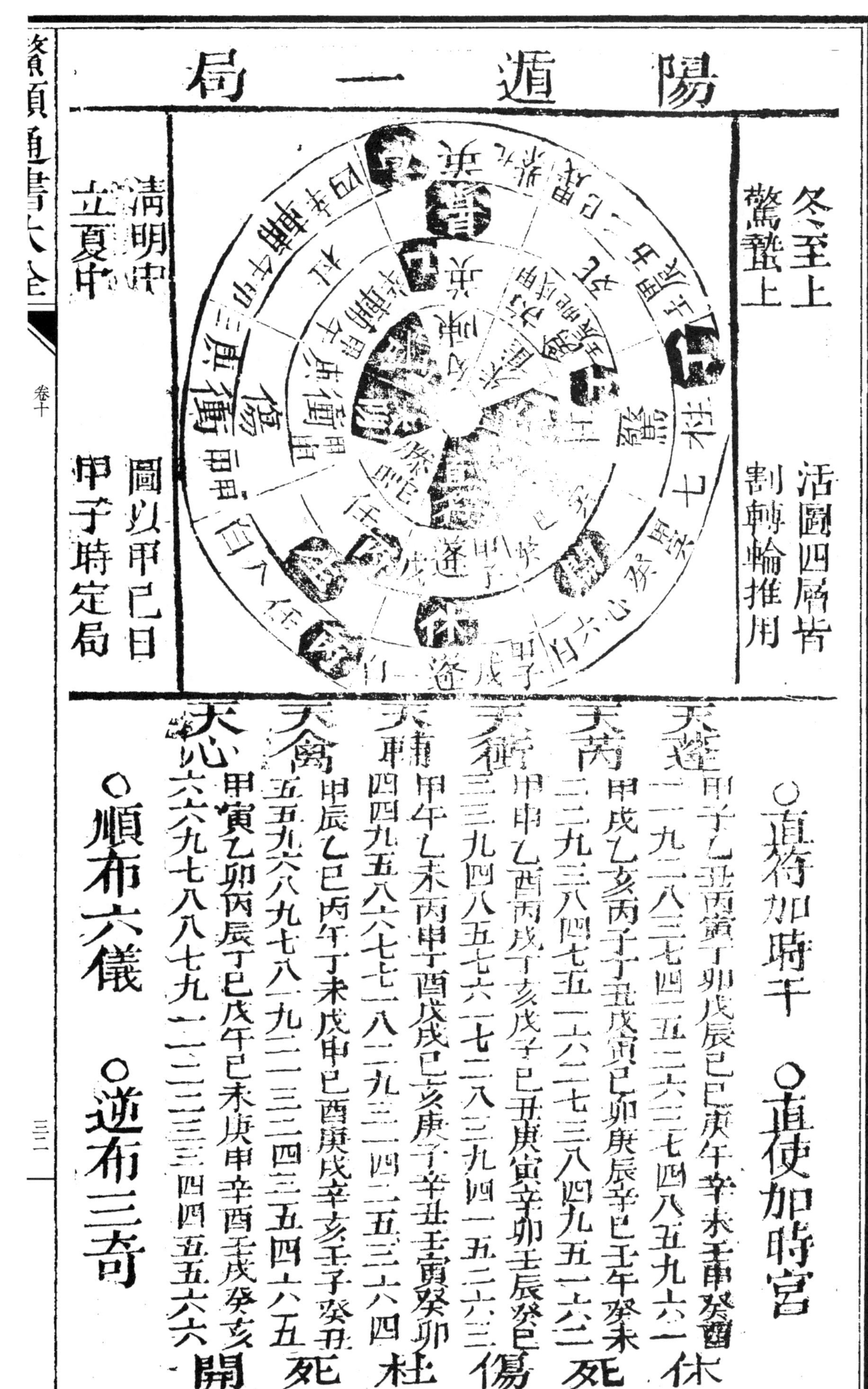

冬至上 驚蟄上

活圖四層皆割轉輪推用

清明中 立夏中

圖以甲己日甲子時定局

○直符加時干 ○直使加時宮

天蓬 甲子乙丑丙寅丁卯戊辰己巳庚午辛未壬申癸酉
一一九二八三七四五二六三七四八五九六一 休

天芮 甲戌乙亥丙子丁丑戊寅己卯庚辰辛巳壬午癸未
二二九三八四七五一六二七三八四九五一六三 死

天衝 甲申乙酉丙戌丁亥戊子己丑庚寅辛卯壬辰癸巳
三三九四八五七六一七二八三九四一五二六三 傷

天輔 甲午乙未丙申丁酉戊戌己亥庚子辛丑壬寅癸卯
四四九五八六七七一八二九三一四二五三六四 杜

天禽 甲辰乙巳丙午丁未戊申己酉庚戌辛亥壬子癸丑
五五九六八九七八一九二一三二四三五四六五 死

天心 甲寅乙卯丙辰丁巳戊午己未庚申辛酉壬戌癸亥
六六九七八八七九一一二二三三四四五五六六 開

○順布六儀 ○逆布三奇

# 陽遁二局

小寒上　立春下

東方寅甲卯乙辰巽
南方巳丙午丁未坤

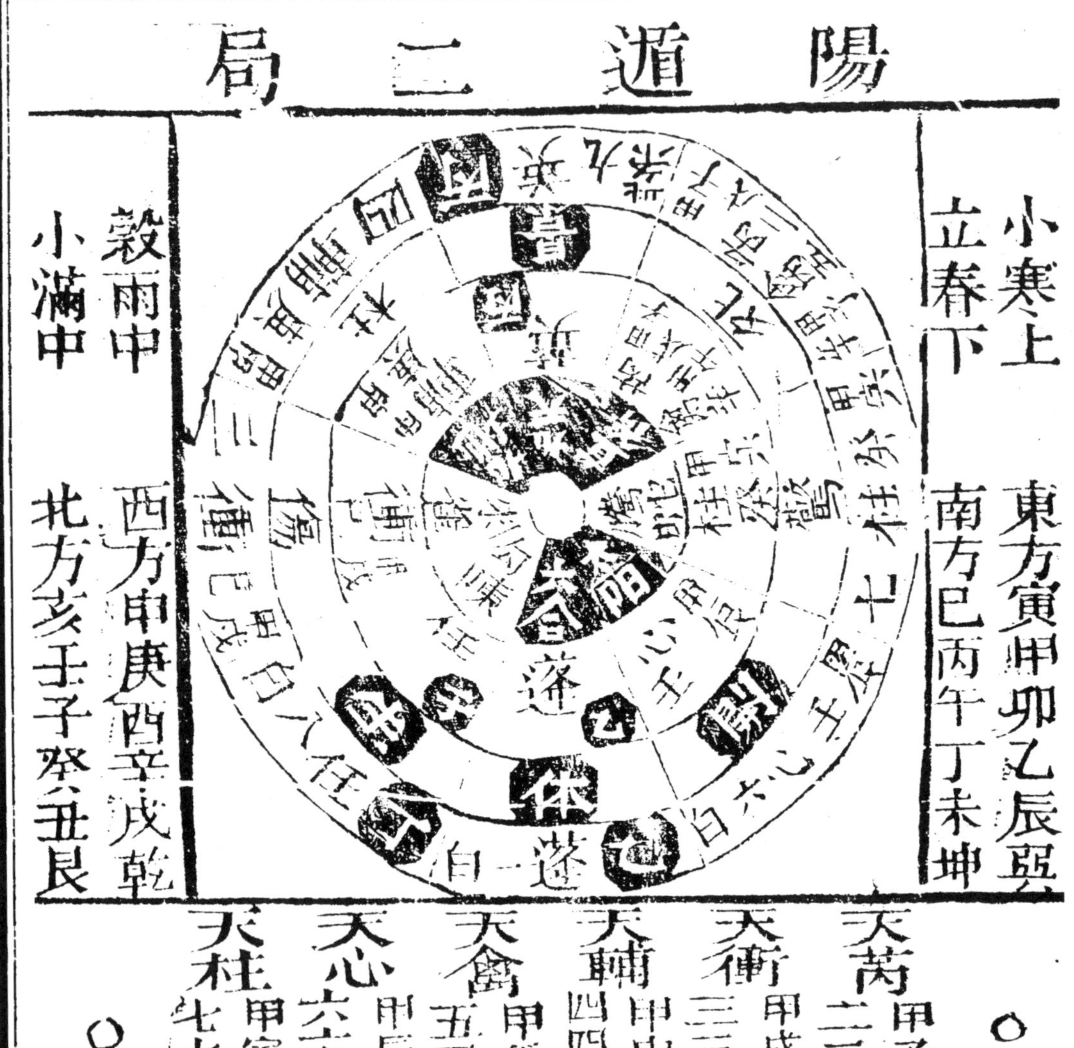

穀雨中　小滿中

西方申庚酉辛戌乾
北方亥壬子癸丑艮

○直符加時干　○直使加時宮

天芮　甲子乙丑丙寅丁卯戊辰己巳庚午辛未壬申癸酉　二二一三九四八五二六三七四八五九九六一七二　死

天衝　甲戌乙亥丙子丁丑戊寅己卯庚辰辛巳壬午癸未　三三一四九五八六二七三八四九五一六二七三　傷

天輔　甲申乙酉丙戌丁亥戊子己丑庚寅辛卯壬辰癸巳　四四一五九六八七二八三九四一五二六三七四　杜

天禽　甲午乙未丙申丁酉戊戌己亥庚子辛丑壬寅癸卯　五五一六九七八八二九三十四二五三六四七五　死

天心　甲辰乙巳丙午丁未戊申己酉庚戌辛亥壬子癸丑　六六一七九八八九二一三二四三五四六五七六　開

天柱　甲寅乙卯丙辰丁巳戊午己未庚申辛酉壬戌癸亥　七七一八九九八一二二三三四四五五六六七七　驚

○順布六儀　○逆布三奇

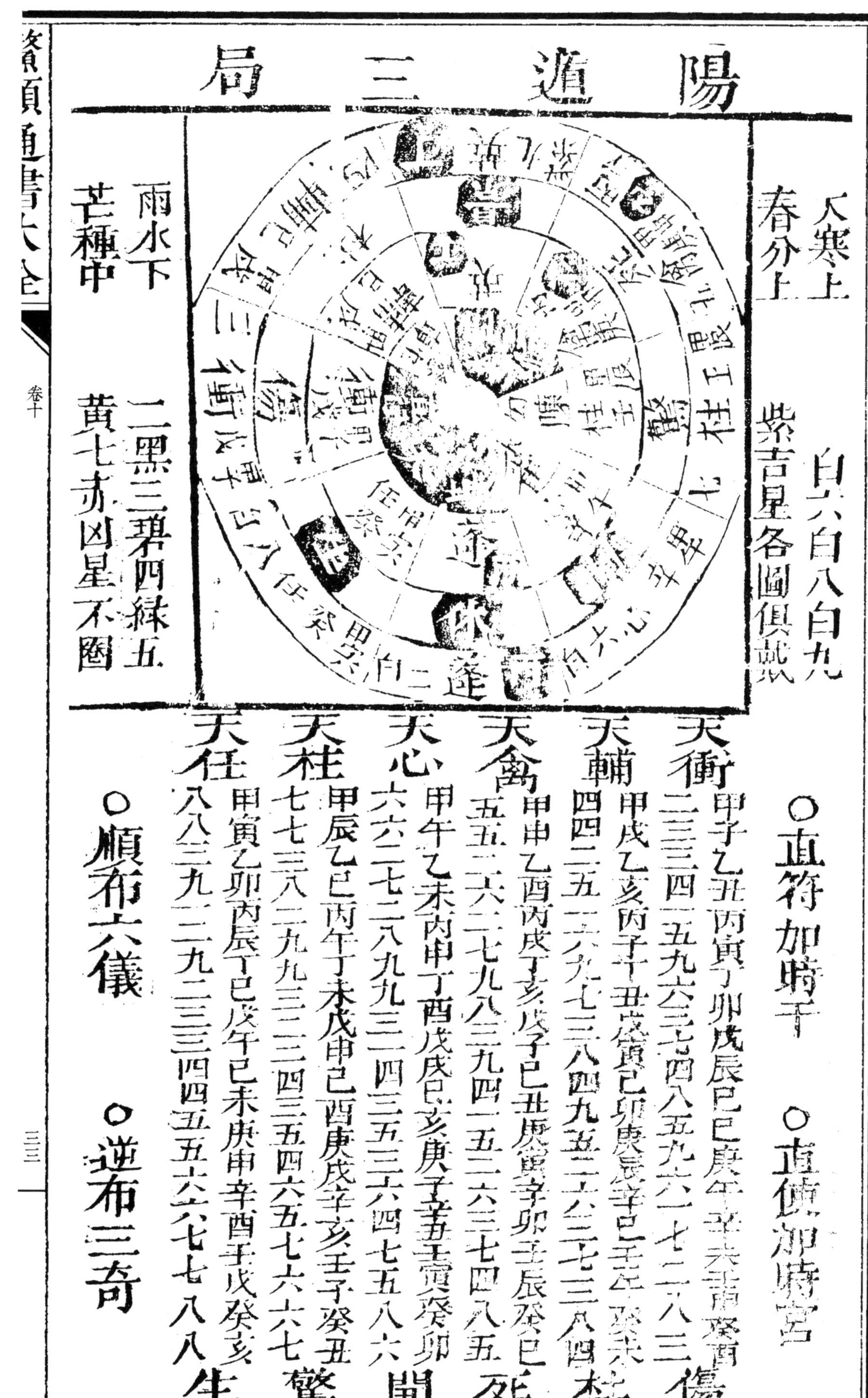

# 陽遁三局

大寒上 春分上

白六白八白九紫吉星各圖俱點

雨水下 芒種中

二黑三碧四綠五黃七赤凶星不圈

○直符加時干　○直使加時宮

天衝 甲子乙丑丙寅丁卯戊辰己巳庚午辛未壬申癸酉 二三三四一五九六二七四八五九六一七二八三 傷

天輔 甲戌乙亥丙子丁丑戊寅己卯庚辰辛巳壬午癸未 四四二五一六九七三八四九五二六三七三八四 杜

天禽 甲申乙酉丙戌丁亥戊子己丑庚寅辛卯壬辰癸巳 五五二六二七九八三九四一五二六三七四八五 死

天心 甲午乙未丙申丁酉戊戌己亥庚子辛丑壬寅癸卯 六六二七二八九九三一四二五三六四七五八六 開

天柱 甲辰乙巳丙午丁未戊申己酉庚戌辛亥壬子癸丑 七七三八二九九三二三四三五四六五七六六七 驚

天任 甲寅乙卯丙辰丁巳戊午己未庚申辛酉壬戌癸亥 八八三九一九二三三四四五五六六七七八八 生

○順布六儀　○逆布三奇

# 陽遁四局

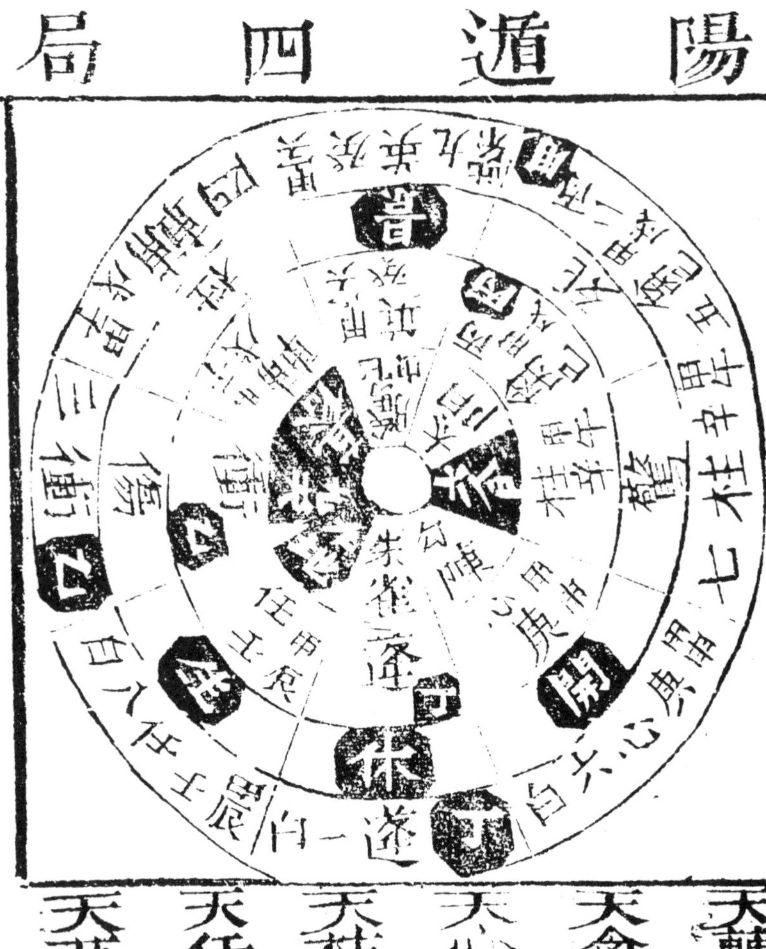

驚蟄下
冬至下

中宮五寄

○直符加時干　○直使加時宮

天輔　甲子乙丑丙寅丁卯戊辰己巳庚午辛未壬申癸酉　杜
四四三五三六二七四八五九六二七二八二九四

天禽　甲戌乙亥丙子丁丑戊寅己卯庚辰辛巳壬午癸未　死
五五三六二七二八四九五二六二七三八四九五

天心　甲申乙酉丙戌丁亥戊子己丑庚寅辛卯壬辰癸巳　開
六六二七二八二九四二五二六三七四八五五六

天柱　甲午乙未丙申丁酉戊戌己亥庚子辛丑壬寅癸卯　驚
七七三八二十九二一四三五三六四七五八六九七

天任　甲辰乙巳丙午丁未戊申己酉庚戌辛亥壬子癸丑　生
八八三九二三二四三五四六五七六八七九八

天英　甲寅乙卯丙辰丁巳戊午己未庚申辛酉壬戌癸亥　景
九九三一二二三三四四五五六六七七八八九九

○順布六儀　○逆布三奇

# 陽遁五局

小寒下
立春中

穀雨上
小滿上

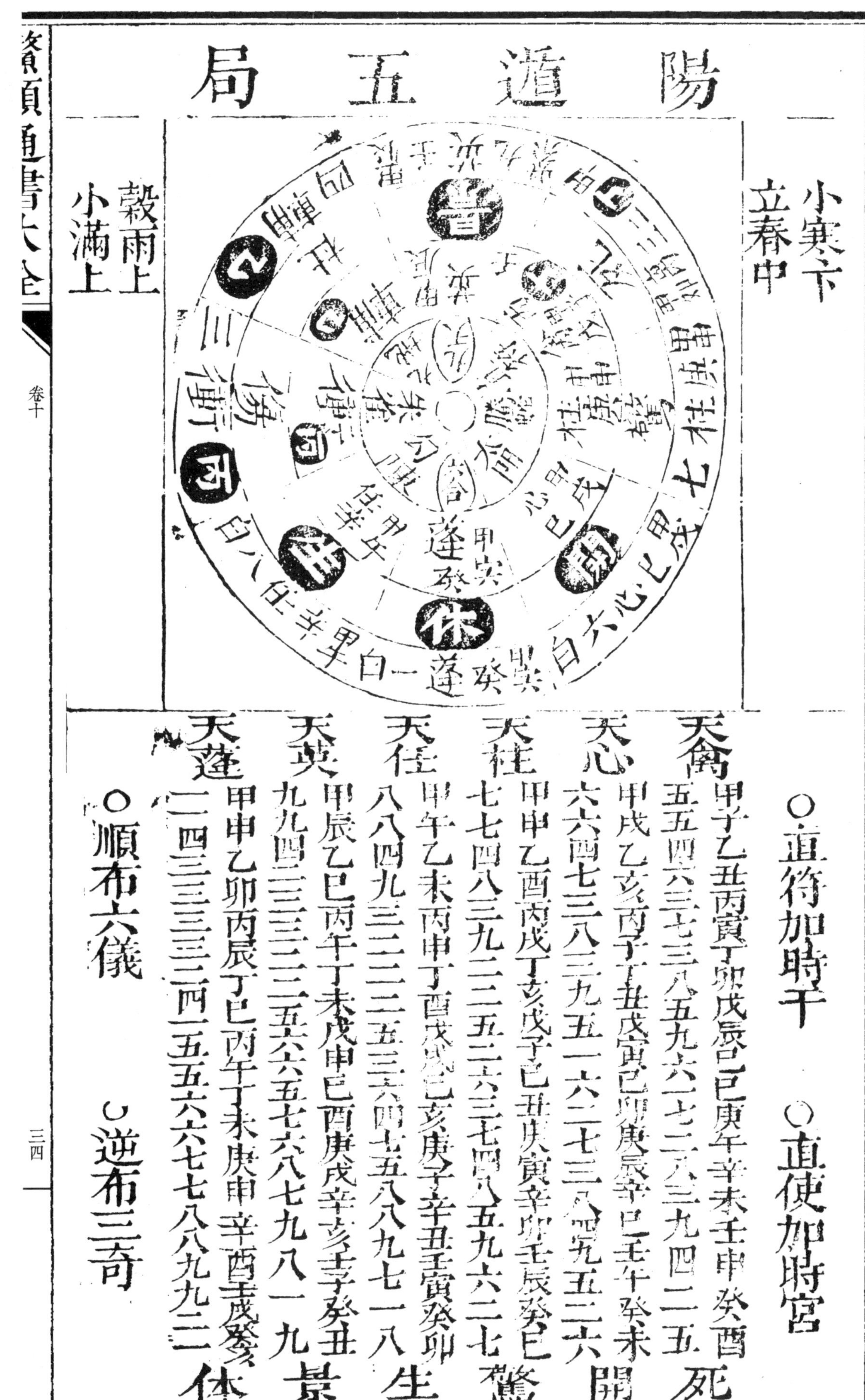

○直符加時干　○直使加時宮

天禽　甲子乙丑丙寅丁卯戊辰己巳庚午辛未壬申癸酉　五五四六三七三八五九六二七二八三九四一五　死

天心　甲戌乙亥丙子丁丑戊寅己卯庚辰辛巳壬午癸未　六六四七三八二九五一六二七三八四九五二六　開

天柱　甲申乙酉丙戌丁亥戊子己丑庚寅辛卯壬辰癸巳　七七四八三九二一五二六三七四八五九六二七　驚

天任　甲午乙未丙申丁酉戊戌己亥庚子辛丑壬寅癸卯　八八四九三一二二五三六四七五八八九七一八　生

天英　甲辰乙巳丙午丁未戊申己酉庚戌辛亥壬子癸丑　九九四一三二二三五四六五七六八七九八一九　景

天蓬　甲申乙卯丙辰丁巳丙午丁未庚申辛酉壬戌癸亥　一一四二三三二四一五五六六七七八八九九二　休

○順布六儀　○逆布三奇

# 陽遁六局

大寒下　雨水中

春分下　芒種上

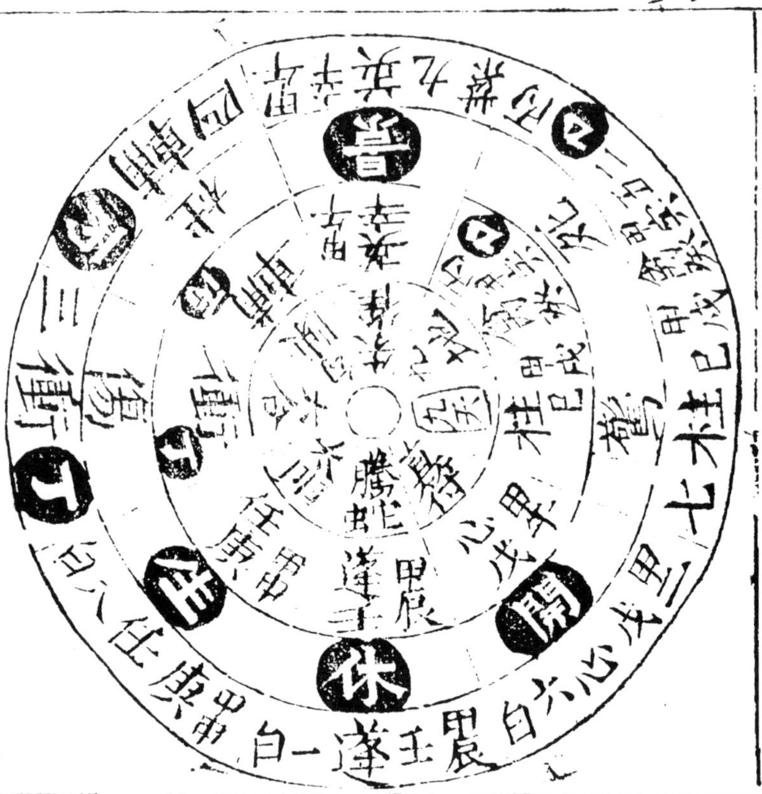

○直符加時干　○直使加時宮

天心　甲子乙丑丙寅丁卯戊辰己巳庚午辛未壬申癸酉　六六五七四八三九六一七三八三九四一五二六　開

天柱　甲戌乙亥丙子丁丑戊寅己卯庚辰辛巳壬午癸未　七七五八四九三一六二七三八四九五一六三七　驚

天任　甲申乙酉丙戌丁亥戊子己丑庚寅辛卯壬辰癸巳　八八五九四一三二六三七四八五九六一七二八　生

天英　甲午乙未丙申丁酉戊戌己亥庚子辛丑壬寅癸卯　九九三一四二三三六四七五八六九七一八三九　景

天蓬　甲辰乙巳丙午丁未戊申己酉庚戌辛亥壬子癸丑　一一五三四三三四六五七六八七九八一九二一　休

天芮　甲寅乙卯丙辰丁巳戊午己未庚申辛酉壬戌癸亥　二二五三四四五五六六七七八八九九一一三二　死

○順布六儀　○逆布三奇

# 陽遁七局

冬至中 驚蟄中

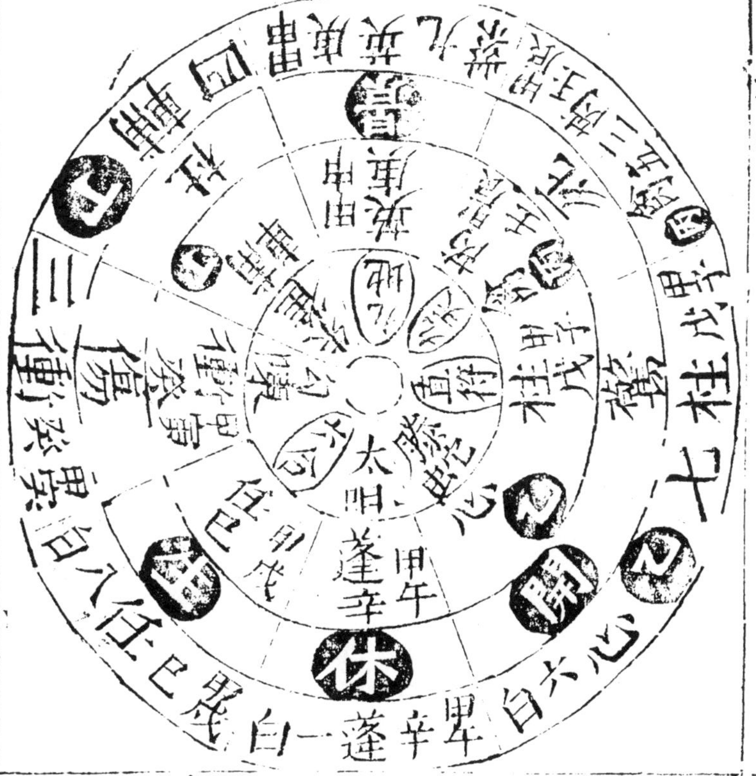

清明下 立夏下

○直符加時干 ○直使加時宮

天柱 甲子乙丑丙寅丁卯戊辰己巳庚午辛未壬申癸酉 七七六八五九四一七二八三九四二五二六三七 驚

天任 甲戌乙亥丙子丁丑戊寅己卯庚辰辛巳壬午癸未 八八六九五一四二七三八四九五一六二七三八 生

天英 甲申乙酉丙戌丁亥戊子己丑庚寅辛卯壬辰癸巳 九九六一五二四三七四八五九六一七二八三九 景

天蓬 甲午乙未丙申丁酉戊戌己亥庚子辛丑壬寅癸卯 一一六二五三四四七五八六九七一八二九三一 休

天芮 甲辰乙巳丙午丁未戊申己酉庚戌辛亥壬子癸丑 二二六三五四四五七六八七九八一九三一三二 死

天衝 甲寅乙卯丙辰丁巳戊午己未庚申辛酉壬戌癸亥 三三六四三五四六七七八八九九一一二二三三 傷

○順布六儀 ○逆布三奇

# 陽遁八局

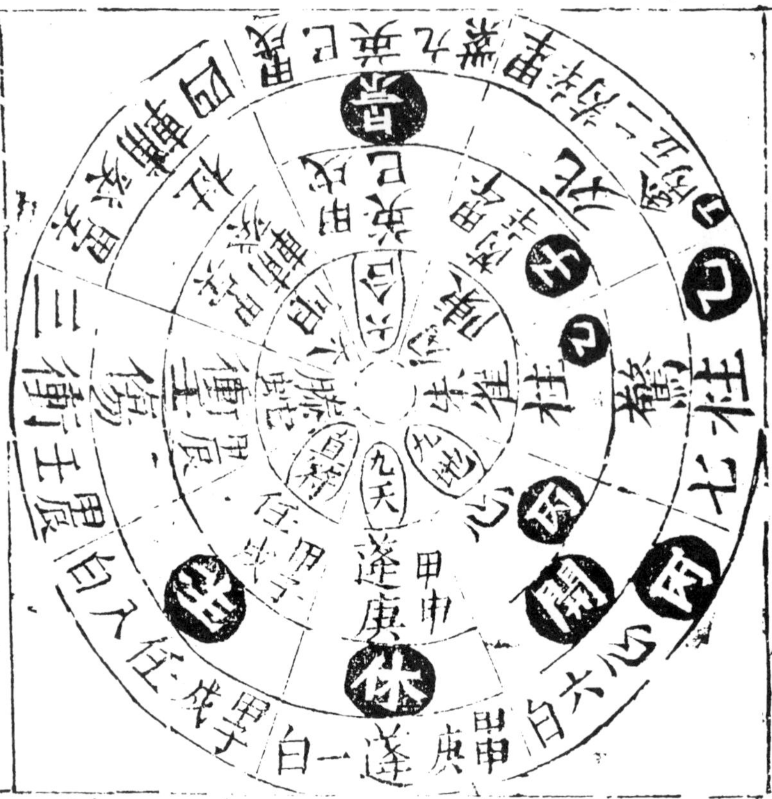

小寒中
立春上

甲子戊 任 八白
甲申庚 蓬 一白
六白 心 丙
七 柱 丁
二 芮 乙
九 英 己
四 輔 癸 甲寅
三 衝 壬 甲辰
休 生 景

○直符加時干　○直使加時宮

天任 甲子乙丑丙寅丁卯戊辰己巳庚午辛未壬申癸酉
八八七九六一五二八三九四一五二六三七四八 生

天英 甲戌乙亥丙子丁丑戊寅己卯庚辰辛巳壬午癸未
九九七一六二五三八四九五一六二七三八四九 景

天蓬 甲申乙酉丙戌丁亥戊子己丑庚寅辛卯壬辰癸巳
一一七二六三五四八五九六一七二八三九四一 休

天芮 甲午乙未丙申丁酉戊戌己亥庚子辛丑壬寅癸卯
二二七三六四五五八六九七一八二九三一四二 死

天衝 甲辰乙巳丙午丁未戊申己酉庚戌辛亥壬子癸丑
三三七四六五五六八七九八一九二一三二四三 傷

天輔 甲寅乙卯丙辰丁巳戊午己未庚申辛酉壬戌癸亥
四四七五六六五七八八九九一一二二三三四四 杜

○順布六儀　○逆布三奇

# 陽遁九局

大寒中　穀雨上

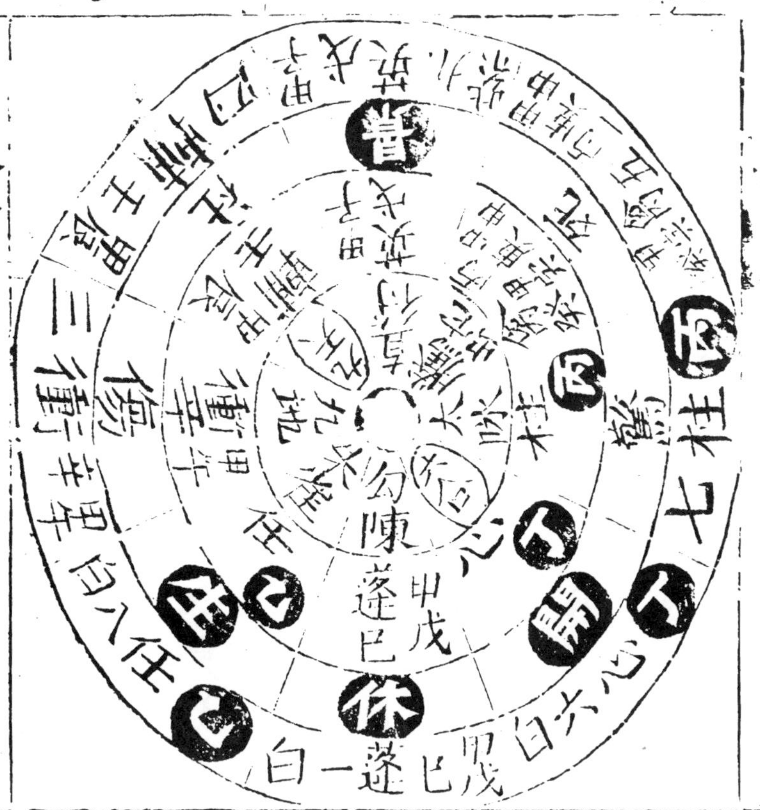

春分中　芒種下

○直符加時干　○直使加時宮

天英　甲子乙丑丙寅丁卯戊辰己巳庚午辛未壬申癸酉　九九八一七二六五九四一五二六三七四八五九　景

天蓬　甲戌乙亥丙子丁丑戊寅己卯庚辰辛巳壬午癸未　一一八二七三六四九五一六二七三八四九五一　休

天芮　甲申乙酉丙戌丁亥戊子己丑庚寅辛卯壬辰癸巳　二二八三七四六五九六一七二八三九四一五二　死

天衝　甲午乙未丙申丁酉戊戌己亥庚子辛丑壬寅癸卯　三三八四七五六六九七一八二九三一四二五三　傷

天輔　甲辰乙巳丙午丁未戊申己酉庚戌辛亥壬子癸丑　四四八五七六六七九八一九二一三二四三五四　杜

天禽　甲寅乙卯丙辰丁巳戊午己未庚申辛酉壬戌癸亥　五五八六七七六八九九一一二二三三四四五五　死

○順布六儀　○逆布三奇

# 陰遁九局

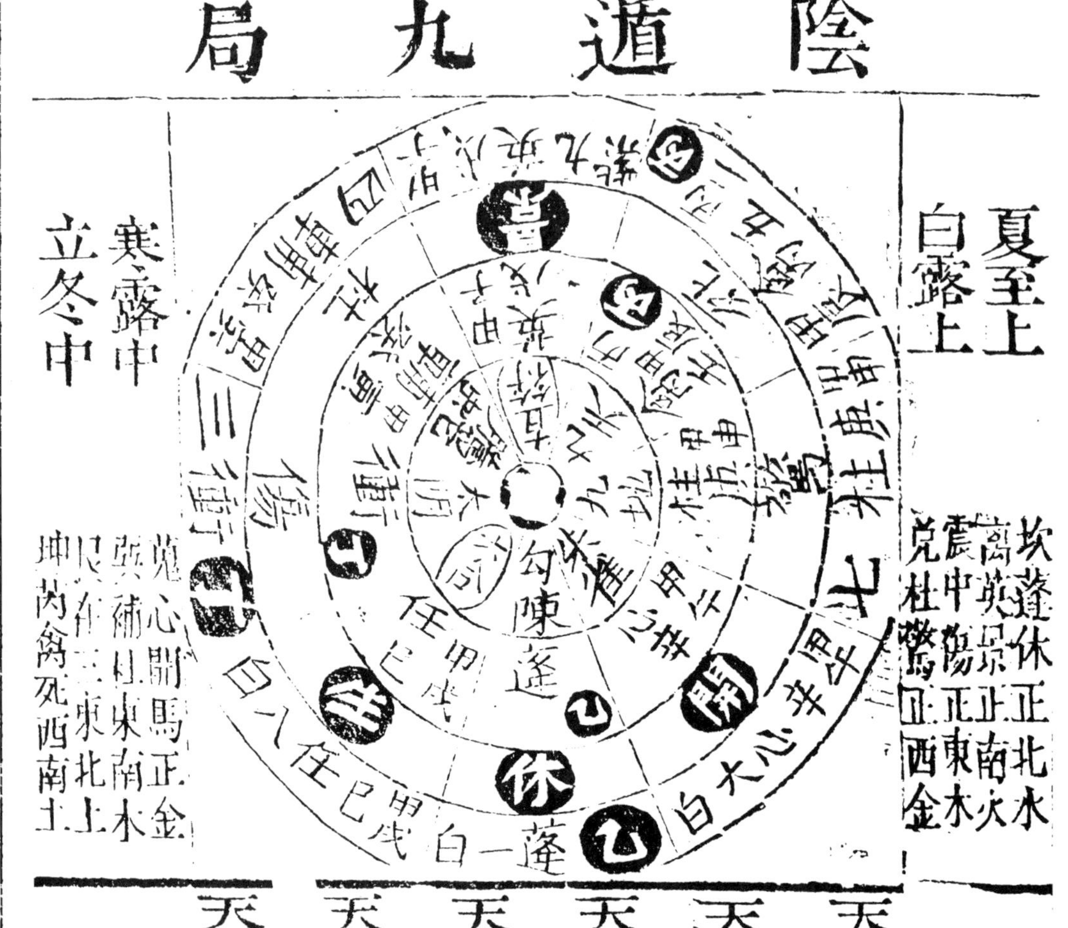


○直符加時干　○直使加時宮

天英 甲子乙丑丙寅丁卯戊辰己巳庚午辛未壬申癸酉 九九一八二七三六九五八四七三六二五一四九 景

天任 甲戌乙亥丙子丁丑戊寅己卯庚辰辛巳壬午癸未 八八一七二六三五九四八三七二六一五九四八 生

天柱 甲申乙酉丙戌丁亥戊子己丑庚寅辛卯壬辰癸巳 七七一六二五三四九三八二七一六九五四癸卯 驚

天心 甲午乙未丙申丁酉戊戌己亥庚子辛丑壬寅癸丑 六六一五二四三三九二八一七九六八五七四六 開

天禽 甲辰乙巳丙午丁未戊申己酉庚戌辛亥壬子癸丑 五五一四二三三二九一八九七八六七五六四五 死

天輔 甲寅乙卯丙辰丁巳戊午己未庚申辛酉壬戌癸亥 四四一三二二三一九九八八七七六六五五四四 杜

○逆布六儀　○順布三奇

# 陰遁八局

小暑上 立秋下

小雪中 霜降中

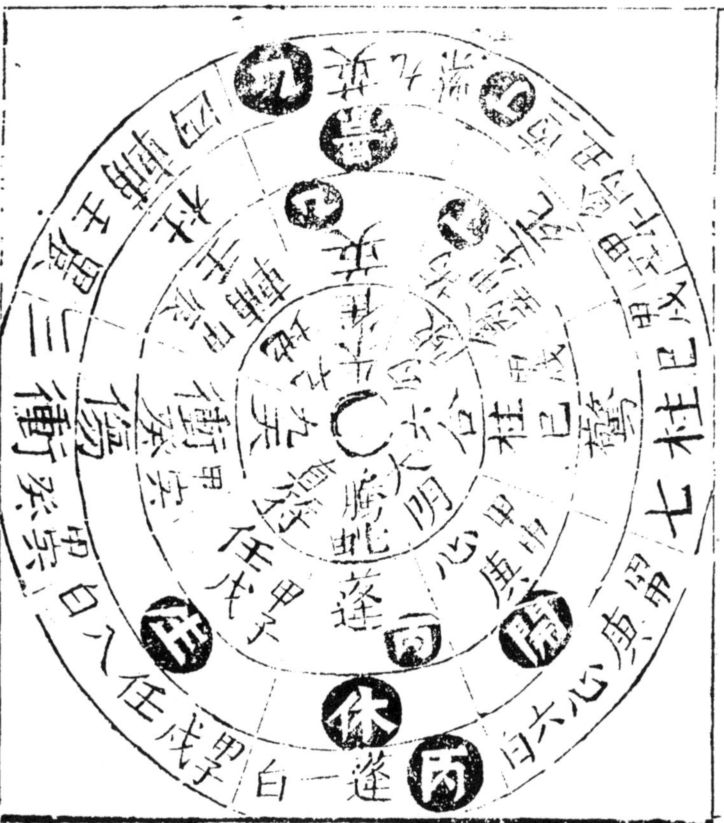

○直符加時干 ○直使加時宮

天任 甲子乙丑丙寅丁卯戊辰己巳庚午辛未壬申癸酉 八八九七一六二五八四七三六二五一四九三八 生

天柱 甲戌乙亥丙子丁丑戊寅己卯庚辰辛巳壬午癸未 七七九六二五二四八三七二六一五九四八三七 驚

天心 甲申乙酉丙戌丁亥戊子己丑庚寅辛卯壬辰癸巳 六六九五一四三三八二七一六九五八四七三六 開

天禽 甲午乙未丙申丁酉戊戌己亥庚子辛丑壬寅癸卯 五五九四三三二八一七九六八五七四六三三五 死

天輔 甲辰乙巳丙午丁未戊申己酉庚戌辛亥壬子癸丑 四四九三三三二一八九七八六七五六四五三四 杜

天衝 甲寅乙卯丙辰丁巳戊午己未庚申辛酉壬戌癸亥 二三九二二一二九八八七七六六五五四四三三 傷

○逆布六儀 ○順布三奇

# 陰遁七局

大暑上　處暑下

秋分上　大雪中

○直符加時干　○直使加時宮

天柱　甲子乙丑丙寅丁卯戊辰己巳庚午辛未壬申癸酉　七七八六九五一四七三六三五一四九三八二七　驚

天心　甲戌乙亥丙子丁丑戊寅己卯庚辰辛巳壬午癸未　六六八五九四一三七二六一五九四八三七二六　開

天禽　甲申乙酉丙戌丁亥戊子己丑庚寅辛卯壬辰癸巳　五五八四九二二二七一六九五八四七三六二五　死

天輔　甲午乙未丙申丁酉戊戌己亥庚子辛丑壬寅癸卯　四四八三九二三七九六八五七四六三五二四一　杜

天衝　甲辰乙巳丙午丁未戊申己酉庚戌辛亥壬子癸丑　三三八二九一一九七八六七五六四五三四二三　傷

天芮　甲寅乙卯丙辰丁巳戊午己未庚申辛酉壬戌癸亥　二二八一九九一八七七六六五五四四三三三三　死

○逆布六儀　○順布三奇

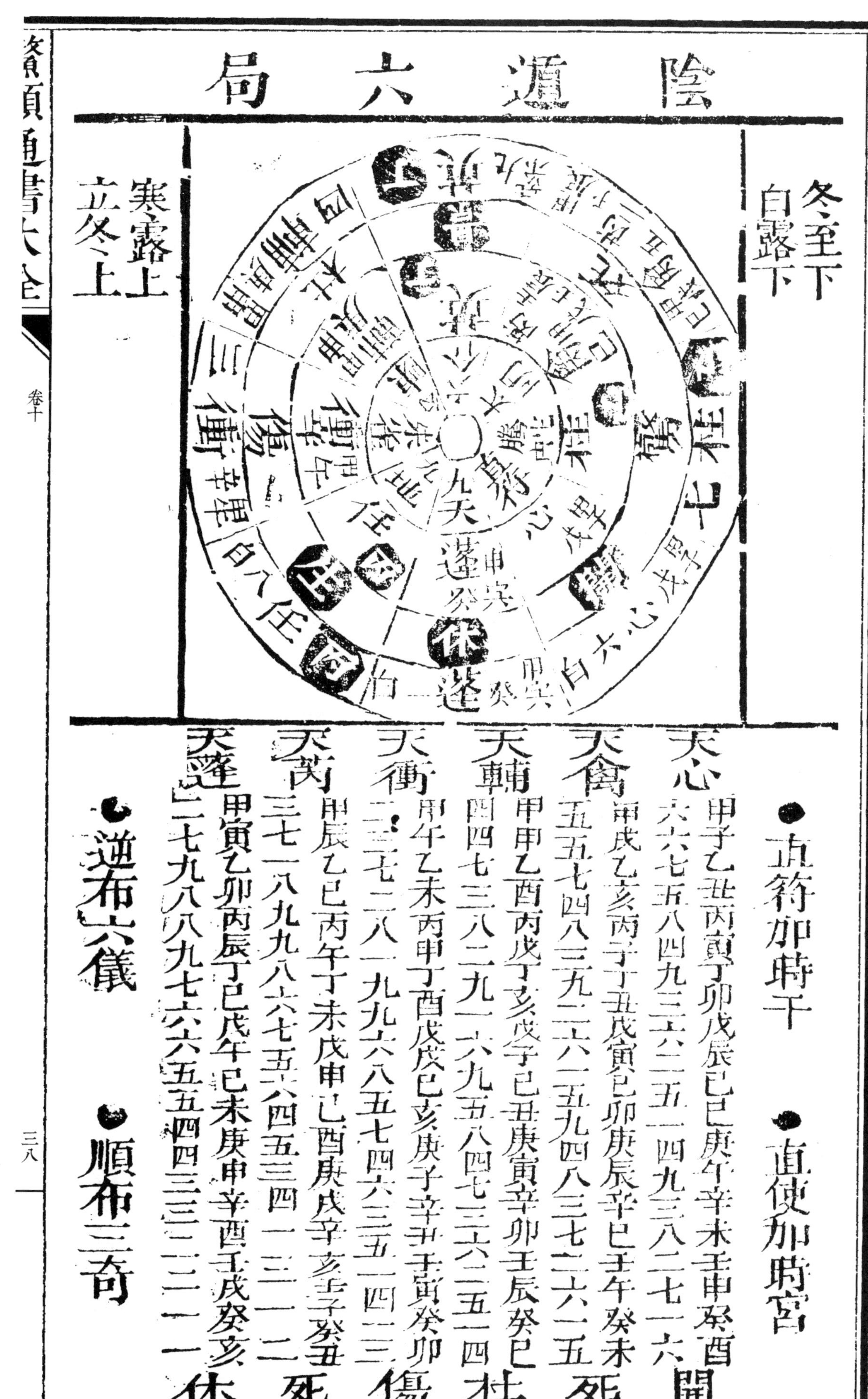

# 陰遁六局

冬至下 白露下

寒露上 立冬上

●直符加時干　●直使加時宮

天心 甲子乙丑丙寅丁卯戊辰己巳庚午辛未壬申癸酉 六六七五八四九三六三五一四九三八二七一六 開

天禽 甲戌乙亥丙子丁丑戊寅己卯庚辰辛巳壬午癸未 五五七四八三九二六一五九四八三七二六一五 死

天輔 甲申乙酉丙戌丁亥戊子己丑庚寅辛卯壬辰癸巳 四四七三八二九一六九五八四七三六二五一四 杜

天衝 甲午乙未丙申丁酉戊戌己亥庚子辛丑壬寅癸卯 三三七二八一九九六八五七四六三五二四一三 傷

天芮 甲辰乙巳丙午丁未戊申己酉庚戌辛亥壬子癸丑 三七一八九九八六七五六四五三四一三一二 死

天蓬 甲寅乙卯丙辰丁巳戊午己未庚申辛酉壬戌癸亥 二七九八八九七六六五五四四三三二二一一 休

●逆布六儀　●順布三奇

# 陰遁五局

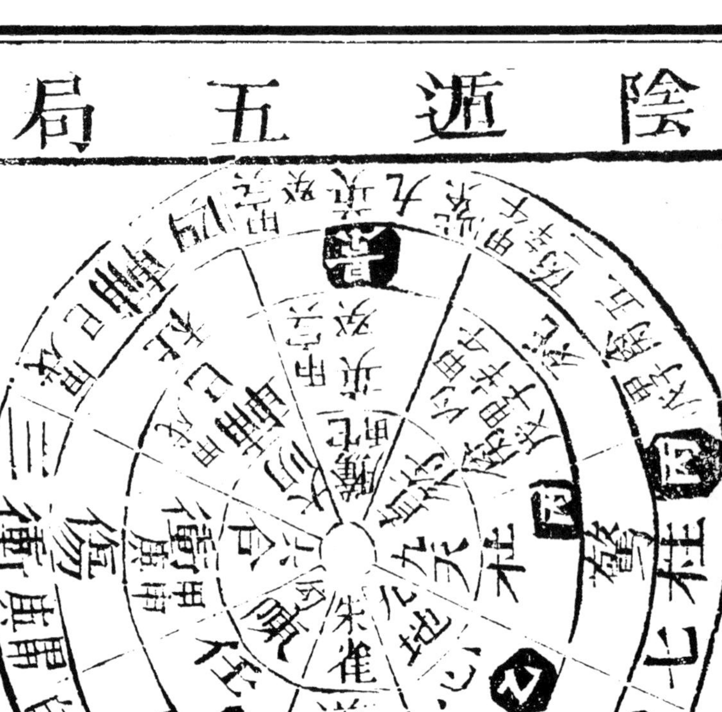


●直符加時干　●直使加時宮

天禽　甲子乙丑丙寅丁卯戊辰己巳庚午辛未壬申癸酉
五五六四七三八二五一四九三八二七一六九五　死

天輔　甲戌乙亥丙子丁丑戊寅己卯庚辰辛巳壬午癸未
四四六三七二八一五九四八三七二六一五九四　杜

天衝　甲申乙酉丙戌丁亥戊子己丑庚寅辛卯壬辰癸巳
三三六二七一八九五八四七三六二五一四九三　傷

天芮　甲午乙未丙申丁酉戊戌己亥庚子辛丑壬寅癸卯
二二六一七九八八五七四六三五二四一三九二　死

天蓬　甲辰乙巳丙午丁未戊申己酉庚戌辛亥壬子癸丑
一一六九七八八七五六四五三四二三一二九一　休

天英　甲寅乙卯丙辰丁巳戊午己未庚申辛酉壬戌癸亥
九九六八七七八六五五四四三三二二一一九九　景

●逆布六儀　●順布三奇

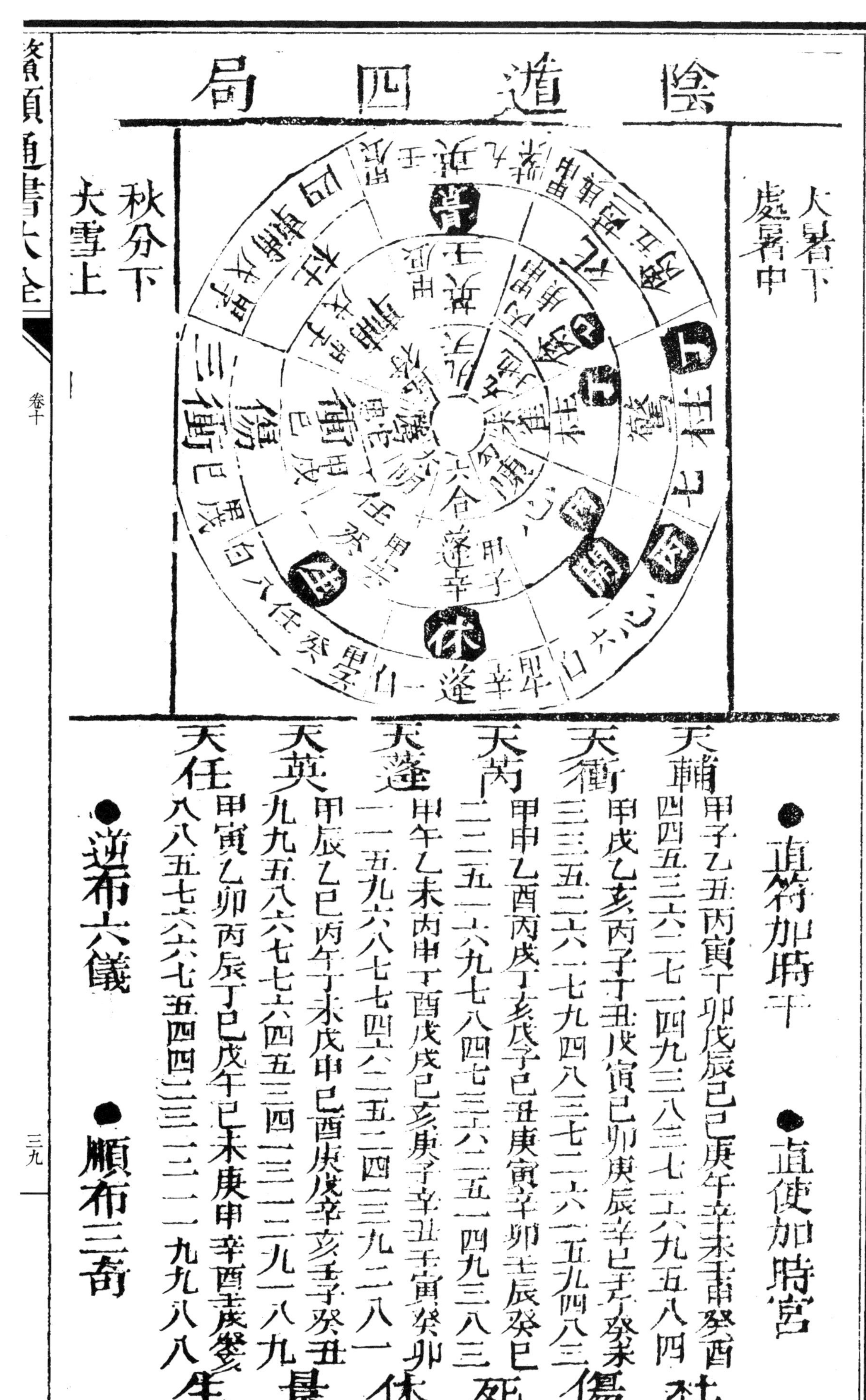

# 陰遁四局

大暑下 處暑中

秋分下 大雪上

●直符加時干 ●直使加時宮

天輔 甲子乙丑丙寅丁卯戊辰己巳庚午辛未壬申癸酉
四四五三六二七一四九三八三七二六九五八四 杜

天衝 甲戌乙亥丙子丁丑戊寅己卯庚辰辛巳壬午癸未
三三五二六一七九四八三七二六一五九四八三 傷

天芮 甲申乙酉丙戌丁亥戊子己丑庚寅辛卯壬辰癸巳
二二五一六九七八四七三六二五一四九三八三 死

天蓬 甲午乙未丙申丁酉戊戌己亥庚子辛丑壬寅癸卯
一一五九六八七七四六三五二四一三九二八一 休

天英 甲辰乙巳丙午丁未戊申己酉庚戌辛亥壬子癸丑
九九五八六七七六四五三四二三一二九一八九 景

天任 甲寅乙卯丙辰丁巳戊午己未庚申辛酉壬戌癸亥
八八五七六六七五四四三三二二一一九九八八 生

●逆布六儀 ●順布三奇

# 陰遁三局

夏至中 白露中

寒露下 立冬下

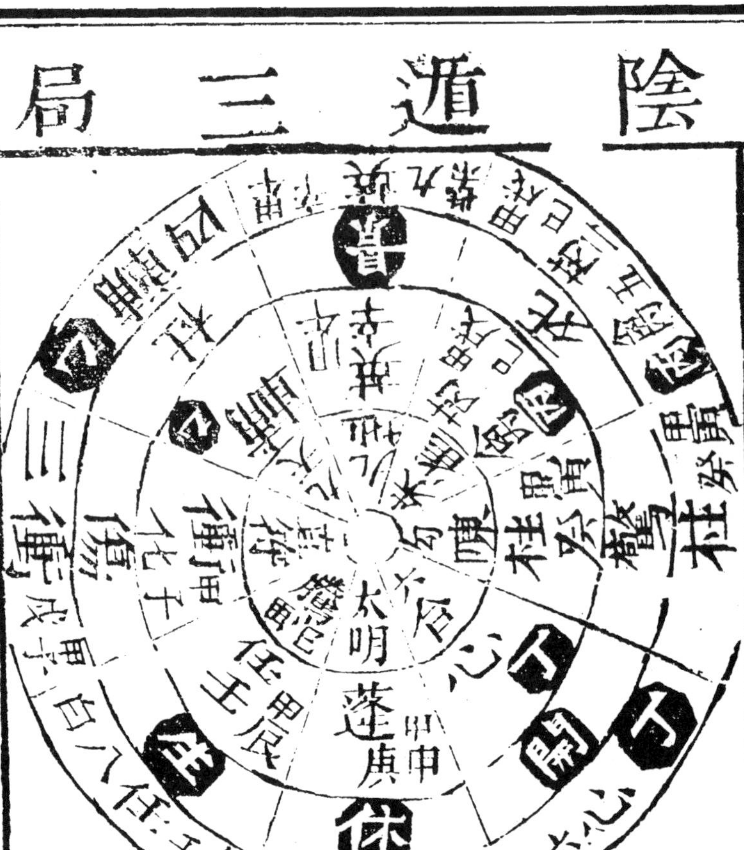

●直符加時干　●直使加時宮

| 直符 | 時干 | 宮 | 直使 |
|---|---|---|---|
| 天衝 | 甲子乙丑丙寅丁卯戊辰己巳庚午辛未壬申癸酉 | 三三四二五一六九三八二七一六九五八四七三 | 傷 |
| 天芮 | 甲戌乙亥丙子丁丑戊寅己卯庚辰辛巳壬午癸未 | 二二四一五九六八三七二六一五九四八三七二 | 死 |
| 天蓬 | 甲申乙酉丙戌丁亥戊子己丑庚寅辛卯壬辰癸巳 | 一一四九五八六七三六二五一四九三八二七一 | 休 |
| 天英 | 甲午乙未丙申丁酉戊戌己亥庚子辛丑壬寅癸卯 | 九九四八五七六六三五二四一三九二八一七九 | 景 |
| 天任 | 甲辰乙巳丙午丁未戊申己酉庚戌辛亥壬子癸丑 | 八八四七五六六五三四二三一二九一八九七八 | 生 |
| 天柱 | 甲寅乙卯丙辰丁巳戊午己未庚申辛酉壬戌癸亥 | 七七四六五五六四三三二二一一九九八八七七 | 驚 |

●逆布六儀　●順布三奇

# 陰遁二局

小暑中　立秋上

霜降下　小雪下

○直符加時干　○直使加時宮

天芮　甲子乙丑丙寅丁卯戊辰己巳庚午辛未壬申癸酉
二三三二四九五八一七二六九五八四七三六一　死

天蓬　甲戌乙亥丙子丁丑戊寅己卯庚辰辛巳壬午癸未
二二三九四八五七二六一三九四八三七二六一　休

天英　甲申乙酉丙戌丁亥戊子己丑庚寅辛卯壬辰癸巳
九九三八四七五六二五一四九三八二七一六九　景

天任　甲午乙未丙申丁酉戊戌己亥庚子辛丑壬寅癸卯
八八三七四六五五二四一三九二八一七九六八　生

天柱　甲辰乙巳丙午丁未戊申己酉庚戌辛亥壬子癸丑
七七三六四五五四二三一二九一八九七八六七　驚

天心　甲寅乙卯丙辰丁巳戊午己未庚申辛酉壬戌癸亥
六六三五四四三三二二一九九八八七七六八六　開

○逆布六儀　○順布三奇

# 陰遁一局

大暑中 處暑上

秋分中 大雪下

○直符加時干　○直使加時宮

天蓬 甲子乙丑丙寅丁卯戊辰己巳庚午辛未壬申癸酉 休
一一二九三八四七一六九五八四七三六二五一

天英 甲戌乙亥丙子丁丑戊寅己卯庚辰辛巳壬午癸未 景
九九二八三七四六一五九四八三七二六一五九

天任 甲申乙酉丙戌丁亥戊子己丑庚寅辛卯壬辰癸巳 生
八八二七三六四五一四九三八二七一六九五八

天柱 甲午乙未丙申丁酉戊戌己亥庚子辛丑壬寅癸卯 驚
七七二六三五四四一三九二八一七九六八五七

天心 甲辰乙巳丙午丁未戊申己酉庚戌辛亥壬子癸丑 開
六六二五三四四三一二九一八九七八六七五六

天禽 甲寅乙卯丙辰丁巳戊午己未庚申辛酉壬戌癸亥 死
五五二四三三四二一一九九八八七七六七五五

○逆布六儀　○順布三奇

## 奇門諸格

○奇門五十六格

○龍返首格。甲直符加地盤丙奇也。

○鳥跌穴格。丙奇加地盤加直符是也。

○天遁格。生門丙奇臨戊又曰開合丙也。

○地遁格。開門與乙奇臨六己也。

○人遁格。休門與丁奇臨太陰也。

○神遁格。生門與丙奇合九天也。

○鬼遁格。開門乙奇合

## 奇門要訣

謂取安九宮星符定論斷訣等事

○五總龜所配局式

天遁甲三層。上層象天列九星。中層象人開八門。下層象地列八卦。九宮於八方。五宮則寄於坤二宮。丑土長生居申之說也。此寄宮終非正位。星辰不止。故遇直符、直使在五宮則曰避五。今皆註丁本時之下。恐人誤用之也。十干甲、乙、丙、丁、戊五為陽時吉。己庚辛壬癸五為陰時凶。時干尅日干謂五不遇。如甲日不用庚時是也。

天盤三奇六甲九星所到之宮。與地盤俱相合。謂之伏吟。星奇所到對沖之宮。謂之反吟。上下盤門同。謂門伏。門所之宮謂之門反。星同謂星伏。星中謂之星反。宮生門謂之和。門生宮謂之義。宮尅門謂之害。門尅宮謂制。宮與門相同謂之伏。乙奇遇此下庚、丙奇遇辛。丁奇遇壬。謂之奇與儀合三奇。加休生開謂之門與奇合。乙奇到坤。丙奇到乾。謂之入墓。三奇同天盤六甲符宮。謂之權治直符九天。生門丁奇合九地在艮宮是也。

○龍遁格。休門乙奇合坎宮是也。

○虎遁格。生休門與乙奇合艮辛也。

○雲遁格。休門生與乙奇合辛在震。

○風遁格。休生開合乙奇在巽宮也。

○天假格。三奇合景門会九天是也。

○地假格。丁巳癸合杜門臨二隱宮也。

○人假格。六壬合驚門臨九天也。

○神假格。丁巳癸合傷門臨三隱宮也。

加地盤丙丁謂之相佐，直使加丙丁謂之守廓，九宮尅門又謂之門迫，即害也。凡門尅宮謂之宮迫，即制也。庚午、巳卯、戊子、丁酉、丙子、乙卯，此六時三奇遊於六儀之上，名玉女守門時也。已巳、甲申、甲午、甲辰、甲寅，此五時名天輔時也。前三為生氣，列為百事，故曰向三。如甲子日用丙寅時之類。五為害，百事皆凶，故曰避五。如甲子日戊辰時之類是也。此乃奇門之要訣，其餘諸格開于上層。

○奇門吉凶格式總論

天奇門，必知貴賤吉凶格式，方可以明遁甲之玄妙也。如甲加丙曰龍返首，凡事則選擇易遂。丙加甲曰鳥跌穴，符為則灼顧易成，生丙臨戊天遁，用兵開乙臨巳地遁，安坎休丁遇太陰人遁，宜竪營造宅。生丙合九天神遁，利設行法。開乙合艮逢九地，生丁合八在九宮，其格名曰鬼遁，可以探敵偷營。龍遁格，休門與乙奇合坎，祈雨水戰有力。虎遁格，生門與辛儀合艮，招安討險為勝。乙奇遇辛龍逃走，則身殘驟至。震遇吉門曰雲遁而為貴。辛儀遇乙虎猖狂，而財靈耗居。與有吉門風遁反為神。如三門休、開、生，合三奇，下逢三隱宮太陽、六合、九地為之三許，征戰必勝，營謀皆吉。若三門杜〇鬼假格。丁巳癸合死門臨三隱宫也。

〇真詐格、休生開門與三奇合臨太陰也。

〇重詐格、休生開門與三奇合臨九地也。

〇休詐格、生開門與三奇合臨六合。

〇三奇合格、天盤奇、與地盤儀合是也。

〇三奇得使、乙奇加甲戌、巳甲午、辛也。

〇丙奇加甲子戊、甲申庚。丁奇、加甲辰壬、甲寅癸也。

〇玉女守門、甲巳時丙、乙庚時辛、丙辛時乙、丁壬時巳戊、癸時壬十干。

景死驚傷合奇儀乙丙丁、巳壬癸下逢四吉符九天、九地、太陰、合各取其宜隨事應之。乙奇加甲戌甲午、丙奇加甲子甲申、丁奇加甲辰甲寅、為三奇得使用之最吉。甲巳時丙、乙庚時辛、丙辛時乙、丁壬時巳、戊癸之日時遇壬為玉女守門、利在陰私三勝之地。百戰皆捷直符九天生門宫也。天輔之時有罪逢赦、甲巳日巳之類也。天三門利聚爭之秋、太冲小吉從魁也。地四戶為私山之路、除定建開也。地私之門六合太陰太常也。出行有喜奇門併照、百事懽忻。天馬之下、月將起数太冲也。有难可避、劍戟如山終不足畏。三吉宫為艮吉門吉星吉符也。遇干群聚之稱、情既明貴格、百宪凶神。癸見丁為螣蛇妖嬌、翻作一驚。丁加癸為朱雀投江、文書遺失。伏干格、庚臨日干、出遺財物。飛干格、干臨六庚、戰主敗亡。庚臨直符伏干格、失盜难獲。直符加庚飛干格、追寇無存。大隔庚臨六癸、小隔庚臨六壬、刑隔庚臨六巳、悖隔丙臨日干、庚臨歲月皆為隔。庚臨時干亦同推。丙為悖、庚為隔、勃者勃乱也、隔者關隔也。天庚加丙、白入熒、出軍对敵宜防賊。天丙加庚、熒入白、此時開戦當郎艮。時干尅於日干、五不遇格、而損其明。直符至於刑地、擊刑而凶集。

時也。
○天轉時格、甲巳日巳、乙庚日申、丙辛日午、丁壬日辰、戊癸日壬、
○三勝宮　天乙直符宮、九天宮、生門宮、
○天馬方、月建加時取太冲位也。
○天三門、月建加時取太冲、小吉從魁也。
○地四戶、月建加時取除定危開是也。
○地私門　天乙貴人位上加貴人冬至順夏至逆行取六合太陰太常是也。
三吉門　休開生　次吉杜門、景門也。

奇入墓時課非吉、奇入墓宮事不明、乙入坤、丙丁在乾宮、壬轉時干地網遮、癸到時于天罗張、返吟格、星加对宮蓬加英也、伏吟格星守本宮蓬加蓬也、此皆百凶俱集須記、一等英展宮制其門、坎遇景是謂迫門、門制其宮、休遇離是謂迫宮、吉門被迫則吉事不成、凶門被迫則凶灾尤甚、三可受制、諸事难獲全吉、三凶位凶門凶星凶符有餘殃、百禍沾之难追、果能熟標題、庶幾可運式、而入遁之門也。

## 奇門斷驗

謂奇儀五星所主吉凶詩断等事

○三奇吉凶断

天三奇者、乙丙丁、日月星也。休生開、吉門也。其中格之臨之方、有奇有門會者、乃謂門與奇合、此時此方百事皆吉、故曰得奇得門、為上吉、有奇無門為中吉、有門無奇為下吉、奇門俱無則不吉也。

乙時加以乙、與神俱出、天上日奇、往來恍惚

時下得乙為日奇、凡攻擊往來逃亡者、宜從天上六乙出、既随日奇恍惚如神、人無見者、故曰與神俱出、兵將大勝、所向獲功、所求

○三吉星　禽輔心上吉，冲任次吉。
○直符、佐入太陰、六合、九天、九地也。
三上貫格三十條。凡造葬嫁娶出仕經商營爲行兵攻擊力爭大吉也。
○青龍逃走格。乙奇遇辛。
○虎猖強格。奇遇乙奇。
○蛇跃蹻格。癸見丁奇。
○雀投江格。丁見癸也。
熒入白格。丙奇加庚。
○白入熒格。庚加丙奇。
○伏干格、庚臨日干。
○飛干格、日干臨直。
○伏宮格、庚臨直符。
○飛宮格、直符加庚。
○太隔格、庚加六癸。

得利，聞憂無聞喜，有移徙，上官、市賈、嫁娶吉。日、乙爲大德，又名天蓬星。此時人君宜賞功施恩，行德吉。○日奇到震宮，日出扶桑，有祿之鄉，又爲貴人昇殿，木吉。到[□]爲玉兔遊宮，到[巽]爲玉兔乘風。到[離]爲白兔當陽吉。到[坤]爲玉兔暗目，又爲入墓，到[乾]爲玉兔入林，半吉。乾兌受制，又爲木入金鄉，凶。到[坎]爲玉兔飲泉，吉。到[艮]爲玉兔步青，亦吉也。

[丙]時加以丙。　萬兵莫往。　王侯厭伏。　賊兵不起。

時不得丙，爲月奇，又爲威火爍烘以銷金，倚兵不起，若攻戰者從天上六丙出，賊自敗，兵將大勝，聞憂無聞喜，有喜入宮，得遷市賈得利，百事大吉。○丙爲天威，又爲明堂，此時人君宜發號施令，以彰天威。○丙奇到[離]爲南離大旺之地，月照端門，又爲貴人昇丙午之殿吉。到[震]爲月入雷門吉。到[巽]名火行風起，龍神助威吉。月到[坤]爲子居母腹吉。到[兌]爲鳳凰折翅。到[乾]謂光明不全，又爲入墓凶。到[艮]名鳳入丹山，艮爲鬼道，丙火爍然凶。到[坎]謂火入水地，大凶。

[丁]時加以丁。　出幽入冥。　至老不刑。　臨險不驚。

○小隔格、庚加六壬。
○刑隔格、庚加六己。
○悖隔格、庚臨時干。
○天網四張格、癸臨時干。
○地網遮帳格、壬臨時干。
○歲隔格、庚臨歲干。
○月隔格、庚臨月干。
○時隔格、庚臨時干。
○反吟格、星符加对宮。
○伏吟格、星符加本宮。
三奇入墓、乙奇臨坤宮。丙丁奇臨乾宮。又云己未、丙戌丁丑時同。
○三奇受制格、乙奇臨乾巽臨庚辛金囚死、丙丁奇臨坎死門壬癸囚死、
○六儀擊刑格、甲子直甲時加六卯。

時下得丁、為星奇名玉女三奇之中此星最靈宜藏匿逃亡絕迹當從天上六丁出隨星奇挾玉女入太陰而藏人不見故曰出幽入冥敵人不敢侵將兵主勝。開夏喜各半。可以請謁嫁娶反陰私事入官商賈皆吉。○丁為太陰。此時人君宜安靜居處。不可行威怒。○丁奇到兑宮為天乙之神。又為貴人昇丁酉之殿大吉。到震最明吉。到巽名玉女留神吉。到離乘旺吉。到坤謂玉女遊地戶吉。到乾玉女遊天門。又謂火照天門大吉。到艮玉女遊鬼門凶。到坎朱雀投江入壬癸凶

三奇入墓乙奇臨二宮木庫居未也。丙丁臨六宮火庫居戌也。乙奇未時及坤宮木入墓丙丁奇戌時及乾上火入墓。○縱得吉宿臨門不可舉百事凶

○六儀吉凶断法

一開一闔、一開一闔、須辨陰陽。上下交接。經曰能知三甲、一開一闔、不知三甲、六甲尽閉。○六甲地之時陽星加之為開。陽星者蓬任冲輔禽也。陰星加之為閉。陰星任芮柱心英是也。三甲者甲寅甲申為孟甲也。甲子甲午為仲甲也

○符加三宮，子刑卯也。
○甲戌直符加二宮，戌未刑。
○甲申直符加八宮，申寅刑。
○甲午直符加九宮，午午刑。
○甲辰直符加四宮，寅巳刑。
○甲寅直符加四宮，寅巳刑。
○門迫格　休門加坤艮，生門加震巽，景門加坎，驚門加離，杜傷加乾兌。
○宮迫格　休門加九，生死加一，驚開加三，杜傷加二八，景門加六七宮，火尅金也。
○五不遇格，時干尅日干。
○尺寸高低格，直符臨一二三四五尺寸低宜低腰出入，直符臨六七八九尺寸過高不可

甲辰甲戌爲季甲，孟甲宜守家，不可出入凶，仲甲不出大利，進去季甲百事吉。○今日是甲，百符與時皆是爲三甲合吉。○甲爲天福，此時人君宜行恩惠，進有德，賞有功。○又曰甲爲青龍，利以遠行，將兵客勝，聞憂無聞喜，有宜上官，見貴，移徙，嫁娶，百事大吉。

**戊**

時加丙戌。乘龍萬里，莫敢阿止。戊爲天門，凶惡不起。

時下得戊爲天門，宜以遠行，商賈從天上六戊而出，挾天武入于門，百事皆吉。○戊爲天武，此時人君宜發號施令，以行除凶惡事。

**己**

時加六己。爲神所使，不知六己，出被惡咎。

時下得己爲六合，宜爲陰謀秘密之事，隱匿則知神所使，不知六己強爲顯揚之事，必逢凶咎，入官嫁娶遠行凶，只宜市賈。○己爲地戶，此時人君宜發陰事，脩封疆，埋城郭。

**庚**

時加六庚，抱木而行，不知六庚，必見閗爭。

時不得庚爲刑獄，故曰能知六庚，不被五木，不知六庚，悞出入獄。或被凌辱，將兵主勝客死，宜剛守，不宜出動。○庚爲天獄，此時人君宜斷決刑獄，誅戮奸邪。

**辛**

時加六辛，行過死人，強有出者，罪罰纏身。

用極凶。即天綱天上六癸直符加八宮也。

已上賊格三十條，皆為凶忌。凡有營為百事切不可用也。

五總龜三奇加門說。

甲丙戊庚壬屬陽吉。乙丁己辛癸屬陰凶。時干剋日，謂之五不遇。不用。　凡二奇所到之宮，與六甲天地盤同俱謂之伏，宮生門謂之和，門生宮謂之義，宮剋門謂之害，門剋宮謂之制。三奇合六儀曰謂之合。三奇同六甲符宮謂之權怡。符加丙丁曰相佐。使加六丁曰玉女入屏。

時下得辛為天庭，諸事不利，出入並凶。將兵主勝客死。此時入君可以正刑法制罪囚。　強有出者，非禍相臨。

**壬** 時加六壬。　為吏所禁。

時下得壬為牢獄，不宜遠行出入，百事凶。強有出者，早被怨仇所稽，將兵主勝。此時人君宜平詞訟，決刑獄，不可為吉事。

**癸** 時加六癸。　衆人莫覩。　不知六癸，出門見死。

時下得癸為天藏，宜隱匿逃亡，絕跡當從天上六癸下出。衆人莫見，將兵主勝，不宜入官嫁娶移徙凶。癸為天藏，此時人君宜行威武，顯揚刑罰，刑罪收斂積財。

直符反吟。上盤甲子加下盤甲午，上盤甲戌加下盤甲辰。此時不利舉兵動衆，只宜散恤倉庫之事。凡星符對冲皆返吟，遇奇門，蓋之不至凶害，不然災禍立至。

直符伏吟。上盤甲子加下盤甲子。　此時不可用兵，惟宜收斂財物。

已上六儀者，六甲常隱於六儀之下，而甲子常同六戊，甲戌己，甲申庚，甲午辛，甲辰壬，甲寅癸。六甲雖不用，而天乙之貴神謂之直符。其癸用皆在此，故謂之遁。三奇六儀任時為時干，其吉凶發明

## 奇門兆應

○謂三奇到方、八門出行
覩物有應等事。
○三奇静應
乙日奇到乾有人着黄衣
而來、不然纏錢應。○到
坎有人着色衣至、不然
鼓声七日内合進財生
孫物大發。○到艮黑白
飛禽從北方來、人帶網
應時。○到震有打獵小
見應、二十日先進財後
契書大吉。○到巽白衣
人騎馬來抱小兒應、速
南人契書生貴子。○到
離有患足目人至、或小
兒白飛鳥東方來、七月

## ○八門吉凶斷

### 休門

配蓬星坎水也。冬至旺、立春廢、春分休、立夏囚、夏至死、立秋没、
秋分胎、立冬絶。休門最好是錢財。牛馬猪羊自送來。
外戶婚姻南上應。近官職位坐京台、居家亥宅水無灾。
○休門宜和集萬事、可以休心、寧志、修造、進取、並有所合。休門與一
奇臨太明、得星所蔽、為人遁、百事吉。休門臨九宮、水尅火也凶。

### 生門

配任星艮土也。冬至絶、立春旺、春分廢、立夏休、夏至囚、立秋死、
秋分没、立冬胎、生門臨着土星辰。人旺資財每稱情。
子丑年中三七月。牛羊騾馬進門庭。蚕絲谷帛皆豐足。
朱紫兒孫任帝京。南上商音田宅進。子孫祿位至公卿。
○生門宜見貴、營造宮室、仙觀佛殿閣、登壇拜將、出兵以一勝万。所
求皆獲、入宅百事並吉。生門與丙奇臨戊、得日精所蔽、為天遁、百
事大吉。生門臨一宮、土尅水也凶。

### 傷門

配冲星震木也。冬至胎、立春絶、春分旺、立夏廢、夏至休、立秋囚、
秋分死、立冬没、傷門不可説。大煩又遭迍。瘡疹行不得。
折傷血財身。天灾人枉死。經年有人病。餘事不堪聞。

內進猪大吉○到坤人
穿白衣西方來或雷傷
牛馬應一七日進生氣
契書○到兌女人三五
個并喜鴉報事百日主
商音人送田地契書吉

**丙月奇**

乾有双飛鳥偽來
人着皂衣一月內有人
財進大發○到坎人挑
杖黃白鳥西北來六十
日內進契書東方大吉
大發○到艮人着青衣
過小兒啼哭刈鐵器後
七日內進財應○到震
人挑杖至春雷声鼓声
七日內進財貴子大發
○到巽有樂声應又唱
吉或南來人有人爭應

○傷門監造埋葬、上官出行、遭賊只宜捕捉賊寇漁獵傷門臨二八
宮木尅土也大凶○

**杜門**

配輔星巽木也○冬至沒、立春胎、春分絕、立夏旺、夏至廢、立秋伏、
秋分囚、冬至死、杜門原屬木○　犯着災損重○　亥卯未年月○
遭官入獄中○　生離并死別○　六畜一時瘟○　禍來及子孫
○杜門、宜掩捕斷奸謀、絕鬼祟、可以因其土、修山煉藥吉○餘皆凶、

**景門**

配離星離火也○冬至死、立春沒、春分胎、立夏絕、夏至旺、立秋廢
秋分休、立冬囚、景門主血光○　官符賣田庄○　非災多應有○
見孫受苦辛○　逃亡并惡鬼○　六畜也遭亡○　用着要隄防○
○景門宜上書獻策、邀士、如起造嫁娶殺宅長及小口景門臨六七
宮火尅金也凶○

**死門**

配坤星坤土也○冬至囚、立春死、春分沒、立夏胎、夏至絕、立秋旺
秋分廢、立冬休○　死門之宿是凶星○　修造逢之禍必侵○
犯着年年田地退○　更防人口損財凶
○死門受敵不開逆防○不出但宜誂究斬邪伐鬼破土、安葬射獵捕
禽、此門吉○遠行、起造嫁娶、宅母死○新婦凶○死門臨一宮○巳尅水凶

○到離黃黑飛鳥成双及來六十日進田莊應○到坤人穿皂衣南北方來二七日進女財吉○到兌人拼杖東方來小兒鼓吉應七日進鉄物百日進人口田地吉

丁壬星奇到乾人持谷來不然癸牛羊至應二十七日合進財大發○到坎人從南方來抱小兒至更有黑雲而至○到艮人推文書於筆至或小兒手持鉄器至○到震有女人成雙至及南方有女人或黑飛禽成雙至七日進財物應○到巽小兒騎馬至或南方黑

驚門配柱星兌金也冬至休立春囚春分死立夏沒夏至胎立秋絕秋分旺立冬廢　驚門不可論

瘟疫死入丁　辰年并酉月　非禍入門庭

○驚門宜捕捉開訟博戲又宜祈風雲驅祛雷霆冲劫營寨餘不吉

開門配心星乾金也冬至廢立春休春分囚立夏死夏至沒立秋胎秋分絕立夏旺

開門欲得照臨來　奴婢午羊自日廻

興隆宅舍有資財　田園招得商音送　巳酉丑年妳入來

財寶進于地戶入　印信子孫多拜受　紫衣金帶拜榮回

○開門宜遠行所向通達可以投書獻策與并赴府縣造寨營壘開門出擊可矣不可斬草破地墳塋開掘開門與乙奇臨巳得月精所爲地遁百事吉開門臨三四宮金尅木也凶

○奇到開門宜出行　休門上書并理訟　生門婚姻堪入宅

傷門索債君須記　杜門逃閃并塞穴　思量酒食景門香

死門捕捉又上陣　驚門祈雨并伏泉

八門返吟　休門加地盤天英　生門加地盤天芮　餘准此

八門伏吟　上盤天蓬加地盤天英　上盤天柱加地盤天柱

雲至○到離人穿色衣
來應三七日進橫財一
百二十日進契書大吉
到坤女着青皂衣及黑
飛禽或人擔水過三七
日獲物大發○到兌人
將文書紙筆或打魚器
網及飛禽而至

## 八門應候

○八門剋應
休門出此門三十里見陰
貴人或五十里見蛇鼠
發物吉日吉臨休門逢
牛馬及拄木人月吉臨
五十里有鼓声或樂器
之吉宜成和集萬事
生門出此門見貴人車馬

○巳上八門休生開爲上吉杜景爲小吉死傷爲大凶驚門爲小凶
各有所宜以其五行意當用之故曰得其門門皆吉不得其門門
皆凶要知返逆之加俯考墓旺之說其返逆二吟忌其刑剋諸星
宜詳三奇之細論乎迷入門之精微得其妙處乃天產地仙失其
要旨過獄爲人也

○九星吉凶斷　附四時生旺休囚死

天蓬守子坎宮水星也亥子月旺寅卯相申酉月休辰戌丑未囚
巳午月死　訟庭爭競遇天蓬　勝捉威名萬事同
春夏用之皆大吉　秋冬用此半爲凶　嫁娶遠行並不利
埋葬修造亦閉吝　須得生門同丙乙　用之万事皆興隆
○宜按撫邊竟春夏將兵大勝秋冬凶利主不利客商賈移居並凶
天芮守子成坤宮土星也辰戌丑未月旺申酉相巳午月休寅卯囚
亥子月死　授受結交宜芮星　行有旦此最難明
出行用此當見退　脩造安坟發禍刑　盜賊夏憂驚小口
吏宜因事橫官非　縱得奇門從此位　求其吉事也虗名
○宜崇尚道德交結受業不宜用兵爭訟移徙築室秋冬吉春夏凶

或五十里見公吏人着紫白色衣巾吉日奇臨

生門見兩鼠爭鬥或有孝衣人月奇臨路逢穿服或人相鬥星奇臨逢獵者或犬百事吉

傷門出此門三十里見爭訟鬥傷出血之人諸事凶只宜討捕索債博獵漁獵捕盜吉

杜門出此門二十里見男女同行或六十里見惡人日奇臨杜門主女人身着青衣月奇臨主峯火星奇臨主弓弩此應三奇神也

景門出此門二十里有憂人或三十里見大蛇七

天衝字子翹震宮木星也寅卯月旺巳午月相亥子休辰戌丑未死申酉月囚

嫁娶安營産女驚　出行移徙遇遁逃
修造埋葬皆不利　万般作事見逃迴

○宜出報怨仇春夏兵將勝秋冬無功不宜嫁娶移徙入官市賈凶

天輔字子卿巽宮木星也旺相休囚死同上天冲星

天輔之星遠行良　葬埋起造福亦長　上官移徙皆吉利
喜益人財万事昌

○兵將春夏勝秋冬不利市賈修營諸事皆吉

天禽字子公中宮寄坤土星也旺相休囚死同上天芮星

天禽遠行偏宜利　坐賈行商皆稱意　投謁貴人兩益怀
吏兼嫁娶皆豊遂

○宜祭祀求福斷絕群凶將兵四時吉百事吉

天心字子襄乾宮金星也申酉月旺亥子月相辰戌丑未休巳午囚寅卯月死

求仙合藥見天心　商途財福又迎新
更將扦葬皆宜利　万事逢之福祿深

○宜合藥療病將兵秋冬勝得地千里春夏不利已見君子不利小人

天柱字子當兌宮金星也生旺相休死同上天心星

天柱藏形謹守宜　不須遠出反營爲　万種所謀皆利益

十里有水火失物之事
死門出此門三十里見有疾病人或五十里內見血光災事
驚門出此門三十里見鴉鵲六畜抵觸或十里內損傷四十里見人爭打則吉如無主驚
開門出此門二十里見貴人着騎馬吉或四十里見豬馬逢酒食物甲奇臨開門客人紅衣公吏丙奇臨老人執杖或哭星奇臨执竹杖等物應
○入門路應
休門入生門十八里有跡人不黃上黑或公吏入
休門入傷門四里逢匠人

遠行從此見災危○宜屯兵自固隐迹將兵軍傷卒死俱不吉
天任字子常艮宮土星也旺相休囚同上土星
天任吉宿事皆通　祭祀求官嫁娶同　斷滅群凶移徙事　商賈造葬喜重重○宜請謁通財將兵四時吉万神助之敵人自除嫁娶移徙上官祭祀發增商賈皆吉
天英字子威離宮火星也巳午月旺辰戌丑未月相寅卯休亥子囚申酉月死
天英之星嫁娶凶　遠行移徙莫相逢　上官文武皆宜去　商賈求財總是空
○宜出入飲宴作樂吉不利嫁娶遠行移徙入宮祭祀商賈凶
九星反吟　上盤天蓬加地盤天英　上盤天芮加地盤天任
九星伏吟　上盤天蓬同地盤天蓬餘准此　主孝服之事
○巳上九星輔禽心三星爲上吉冲任二星爲次吉天蓬天芮大凶天英天柱小凶九吉星要遇旺相忌逢休囚經曰若上吉星乘旺相氣則大吉無旺氣則中平凶星乘旺相氣則愈凶乘死休囚廢則中平審四時而用之九星休旺者亦於同類月相於我生月休於旺我月囚於宮鬼月死於妻財月日時皆同

有條木或捧棍及有皂衣人應
休門入杜門五里逢婦人着皂衣引孩兒行唱歌
休門入景門一二里九里逢皂衣人歌驟馬公吏
休門入死門十里逢孝服人皂衣并啼哭衣果綵
休門入驚門一八里逢皂衣公吏人打足或婦人引孩兒
休門入開門十七里四足鬪戲打唱嘆皂衣陰人
休門入休門二九里逢黑衣婦人應同件聲歌
生門入杜門四里十里逢公吏行怨歎說長道吉
生門入景門九里十七里

## 星奇符呪

謂九星三奇符法報方起煞等事開山立向修方打報用吉

○九星秘符

第一天蓬貪狼水星坎宮一陽皇君符宜於坎宮造作用事動土行喪修營下集若逢返吟伏吟星入火白虎猖狂朱雀投江等神在方隅則以此符用磚石銅鐵作片硃砂篆符須召天蓬君赤身四營跣足披髮一手杖劍一手執戟把北方水印潑天一手把符眾入于宮投下鎮遂一切凶神惡煞從此起天表

呪曰北方猖天元聖勅速起唵吽吽萬神吉門大開掛斧打一丁符一下斧如雷一聲諸煞飛起出天上訖用上出皆可

○符中多有叔諱見後

○天蓬君眞符

逢勾當人騎騾馬步行隨從人

生門入死門十里公吏人逢孝棍人或啼哭声

生門入驚門九里逢公吏赶四局人言官訟理

生門入開門六里六十里逢勾當人共四足門

生門入休門一里十里內逢皂衣人或公吏人

生門入生門八里逢陽人着紅其皂衣公吏勾當

傷門入杜門七里逢公匠提捧或婦人引孩兒

傷門入景門一里九里逢二匠木棍公吏騎馬行

傷門入死門二里十二里逢巧匠把棍孝子啼哭

第二天芮巨門土星坤宫地声皇君符宜於起造動土行兵修营下寨隱遁若逢返吟伏吟白虎朱雀螣蛇等神在方則用磚召作片篆此符于坤宫釘在坤方手掐横紋召天芮星朱雀獬豸手執鐵捧左手把印匕申起黄雲单其方隔凶神惡煞退散只有三奇六曜环列其方○呪曰天中巨門四羅降官雷霆搖動人煞退避吽速散吽匕速散吉門大開勅　以斧一下念呪一遍想如雷聲打退却用於上行事大吉

天芮皇君符

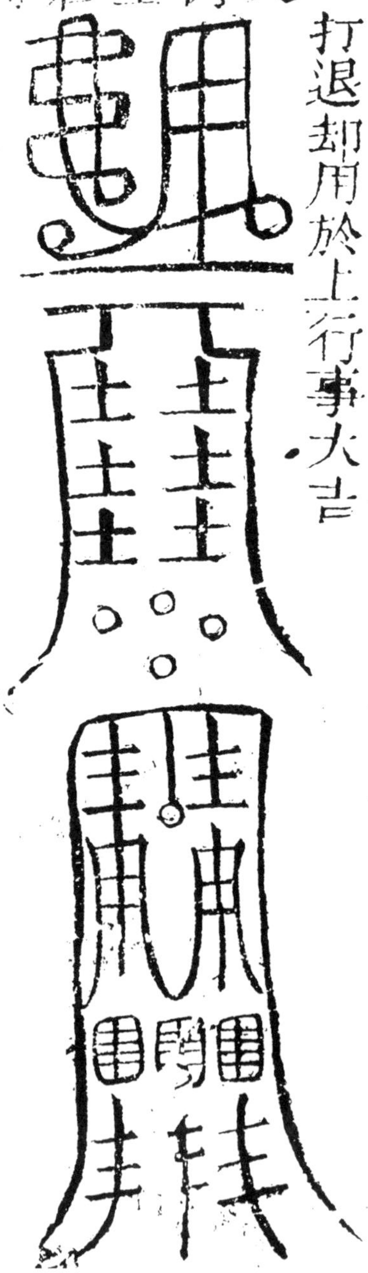

第三天衝祿存木星青陽皇君符震宫一切行事若逢諸煞到去用此符於震宫取鉄片篆符掐大指振召天冲皇君震雷身長七尺青衣左手把印匕中青雲右手將劍勅退東方凶煞避吉○呪曰急雷震救萬凶消散百惡潛蹤祿存指揮何凶敢當唵吽唵

傷門入驚門七里十二里
門入赶四足婦人引孫
兒來應
傷門入開門五六里匠人
把捧四足共開敵
傷門入休門一里四五里
逢匠人勾當公吏人婦
人穿皂衣
傷門入生門八里逢巧匠
把捧公吏唱人
傷門入傷門三五里逢匠
人把相提公吏入隨便
杜門入死門一二四里婦
人引兒孫及孝服唱哭
杜門入驚門七里逢唱歌
起四足亦言公訟事
杜門入開門五十里逢唱
歌四足鬧敵喧會應夾

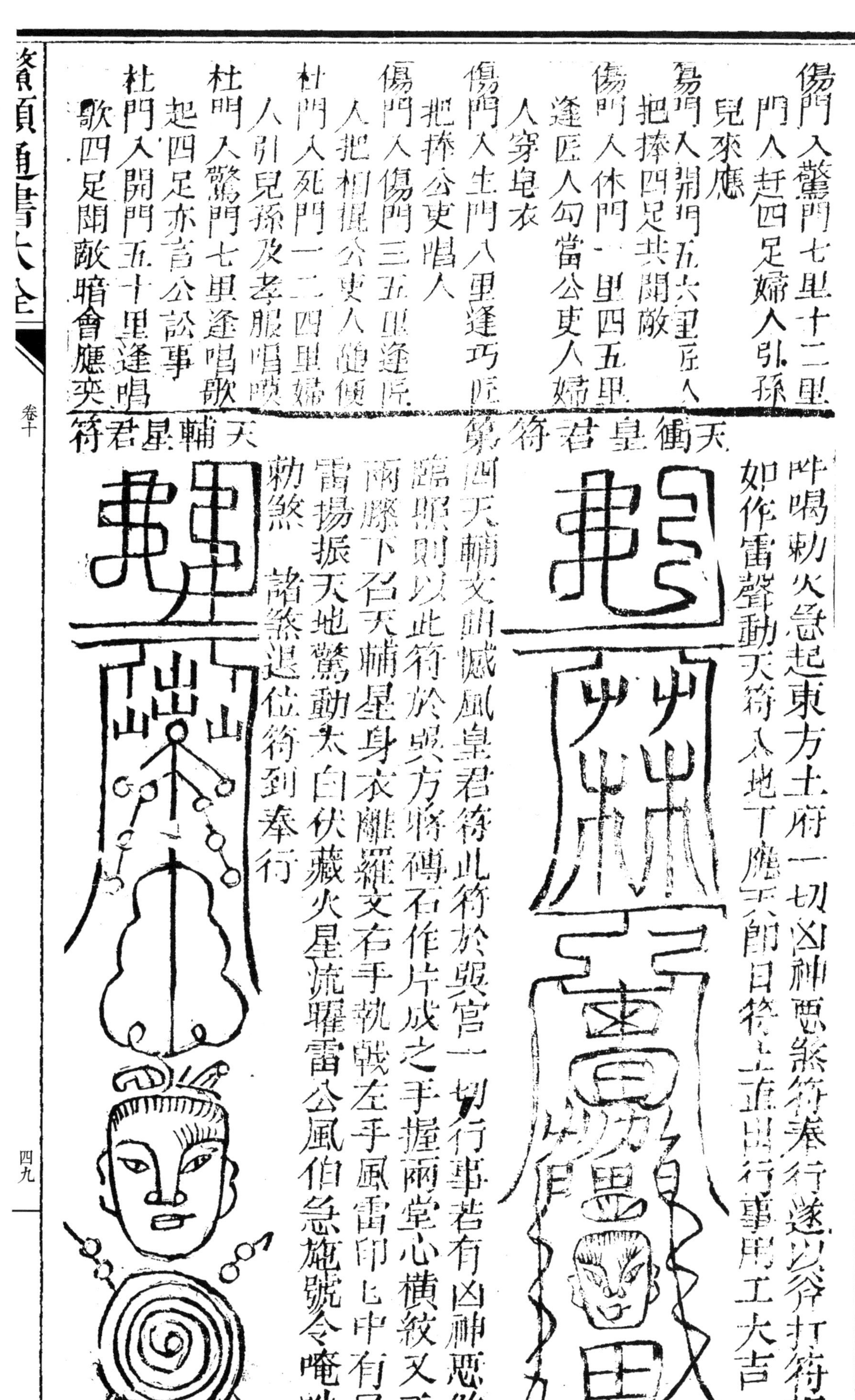

天衝皇君符

吽喝勑火急起東方土府一切凶神惡煞符奉行遂以斧打符想
如作雷聲動天符入地下應天朗日符上直凶行事用工大吉

天輔星君符

第四天輔文曲滅風皇君符此符於巽宮一切行事若有凶神惡煞
臨照則以此符於巽方將磚石作片成之手握兩掌心横紋又手
兩脉下召天輔星身衣離羅又右手執戟左手風雷印匕中有風
雷揚振天地驚動太白伏藏火星流曜雷公風伯急施號令唵吽
勑煞 諸煞退位符到奉行

杜門入休門十里急唱令
又逢皂衣婦人引孫兒
杜門入生門七八里急唱
今都是公吏陽人應矣
杜門入傷門三六里巧匠
把棍捧此應甚有理
杜門入杜門一里九里婦
人引孫兒公吏騎驢馬
景門入死門二里十二里
逢孝子啼哭公吏騎馬
景門入驚門七里十七里
公吏騎驢馬婦人引孩
景門入開門六里十六里
公吏人或騎馬孝服人
啼哭至
景門入生門十八里逢勾
當或公吏騎驢馬起行
景門入傷門三里十三里

第五天禽廉貞中鎮皇君符此符專守中宮屋宅營穴之中有飛宮凶煞到者此符驅之左手自中指節召天禽星身披黃金甲騎黃龍左手執劍右手把中土印中生起五色光照徹八方凶煞退散去聲

呪曰黃龍卧鎮照徹四方猛火速起有凶伏藏唵吽匕奉太上律令勑 以符用斧打入入門踏徹步千向其方作事出行百事大吉利

天衡星君符

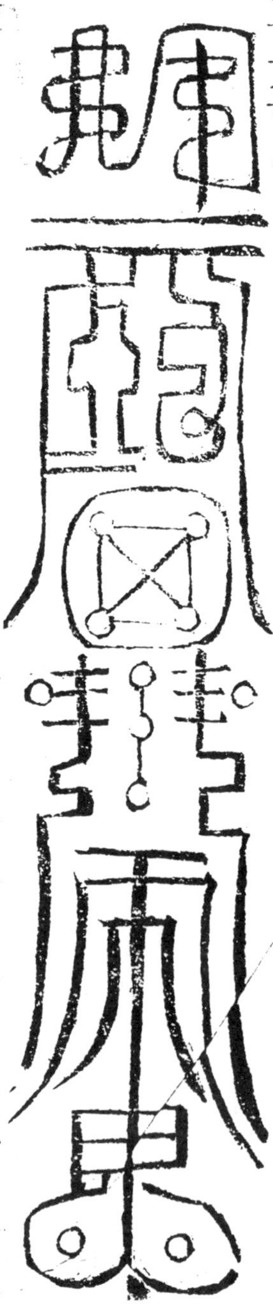

第六天心武曲金屋破兵皇君符此符勑守乾宮天門之左有凶星惡煞退之左手掐中指上節召武曲星金甲披髮朱雕左手把天符印右手持劍口吐黑雲霹靂勑一切帝座星於勑隨符起符到奉行合明帝君律輔天皇令匕一切帝星急速起急速起

唵吽匕以斧打符如雷聲應天步斗罡向方大吉利

公吏騎騾馬匠人把棍捧

景門入杜門四里逢公吏騎騾馬婦人引孩兒

景門入景門九里逢公吏騎騾馬及四足

死門入驚門七里十里逢孝服人啼哭婦人引孩兒及四足

死門入開門六七里十里逢孝服人啼四足鬥敵

死門入休門二三里逢孝服人哭婦人或皂衣更啼哭聲

死門入生門八里十八里孝子大哭更勾當人

死門入傷門二里十三里逢孝服人木匠棍捧

天心皇君符

第七天柱破軍天魁皇君符兌宮剛金之地一切惡煞照臨以石篆符守鎮方隅救起凶煞符成指斗訣召破軍星長子尺裡体左手金印匕中白雲迷天救起兌宮一切凶煞

○呪曰焰起紅雲光照十方一切凶煞速往北方唵吽匕唵吽匕以提打符入地步斗罡向方用事大吉

天柱皇君符

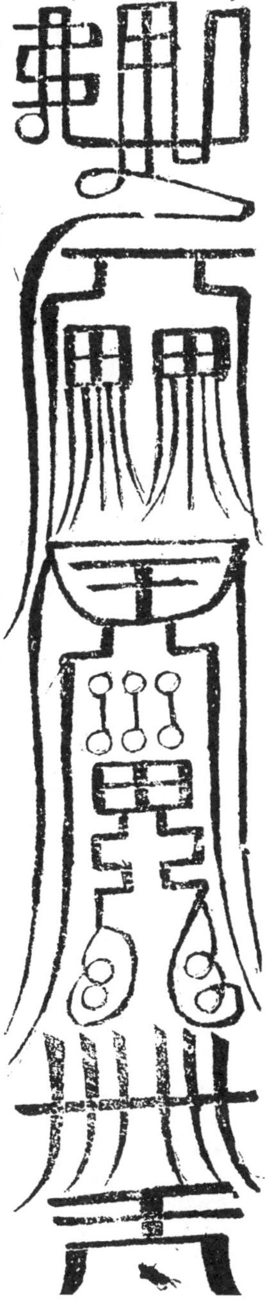

第八天任左輔木星皇君符此符專起艮宮一切凶煞以鉄作符劍之速起凶煞手掐寅紋呂召左輔星朱衣貂蟬前駕雙撞手持火劍頂起青雲彌滿世界起靈呂一切凶煞立出外界爲禍殺鬼以

死門入杜門一四里十三里孝服哭声更有急唱
死門入死門二里十二里逢孝子哭声公吏騎馬
驚門入開門五里十六里婦人引孩兒或言官訟
驚門入休門三里十里婦人着皂衣亦言官訟事
驚門入生門八里十八里婦人引孩兒男起四足
驚門入傷門三里十三里巧匠把棍捧婦人孩兒
驚門入杜門四里十四里婦人引孩兒喝赶四足
驚門入驚門七八里逢小兒或四足言公詞事
開門入休門一二里逢四足開婦人着皂衣

火燒之

○呪曰唵啼囉啼囉速起一十六位飛空伏地凶煞不許停留以搥打符入地作雷声震動世界步斗向方出行作事大吉

天任皇君符

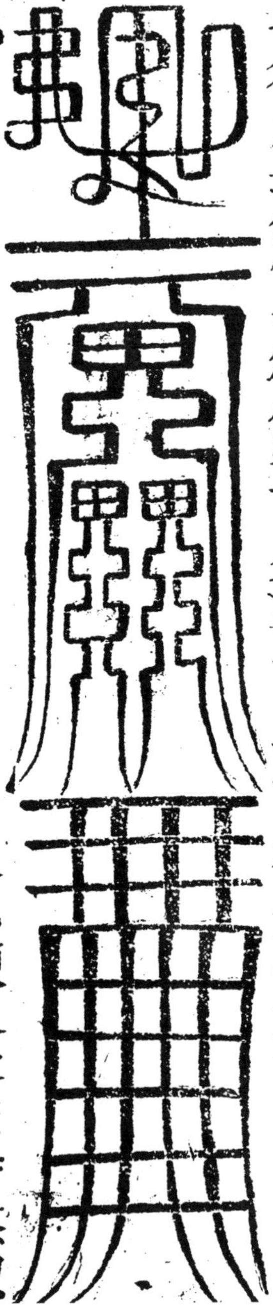

第九天英右弼火星皇君符助起離宮炎火之地煉火朱雀等煞以鉄作篆文左手午紋召右弼星貂蟬騎火龍仗劍把火印匕中起三昧真火偏燒天地一切獨火爆火凶煞出世界燒攻鬼火而出凶煞即退也○呪曰朱雀靈神禽火大神所值凶煞不得留停唵吽匕喝以斧打符如雷震交斗向方出行作事大吉

天英皇君符

開門入生門八里十八里逢婦人共四足或傷人言官訟事
開門入傷門三里十三里逢婦人四足開或匠人把火棍
開門入杜門四里十四里急唱四足鬧陽人言官司事
開門入景門九里十里逢人騎馬或四足開
開門入死門二里十二里逢人啼哭或四足鬧散
開門入驚門七里十七里婦人引小兒吏言官事
開門入開門五六里十里人共四足鬧散或打四足
〇已上八開尅應畢

右九符乃乃九星五皇君真人退煞神迎吉宿鎮于方隅萬事大吉皆曰亭通須各依式書符却以年月日時押其符到門間而用之萬無一失君行雷兵出云陣以血肉祭之法以硃砂書於符下云神起凶煞往彼處人鬼營寨中殺鬼放當大劍斬滅形切建造動土及邪鬼動竊如盜能煞鬼倚也用此煞安在要無人之方出煞神用事歲其吉也奇合開門地休門天生門人

已上符每不加太歲金鑾符書諱號於圈內依法作用取祖氣祖氣即腎下水也用雷局進水火交濟至屋低而土自泥龙回出作用詳見道法須知

起煞符式

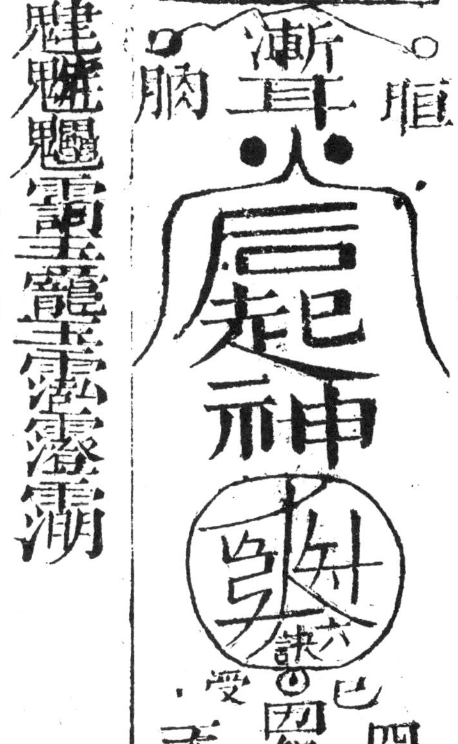

四圍着力

天下人不識

道法本無多
有辰貫北何
算來三七數
伏盡世間魔
以北帝咒天蓬咒九
歲咒金光咒塗之取

〇三奇路應

乙奇遇生門兩鼠相　或孝服人應

休門牛馬及扛木人

開門客人紅衣公吏人

可遇生門路逢病服人或人相鬨

〇休門五十里鼓声或樂歌之声

〇開門老人執杖或哭声

奇遇生門逢打獵者或伏至

〇休門二十里逢白衣鬼衣婦人

〇開門逢執竹杖者持物應之

奇之中丁奇最靈六丁本火之精化而成金若

炓天罡堯兕吹之靈驗即以月七常加戌之謂也不可正視主損目

姓　名炓每出筆在艮●罡〇或加在士頓紅旗符亦可凡書巳

上　先須請有道之士畫之如自身自書更加肉竅是以靈驗

〇三奇符式

乙奇符式

乙界印　乙界印　乙界印　乙界印　乙界印

丁奇符式

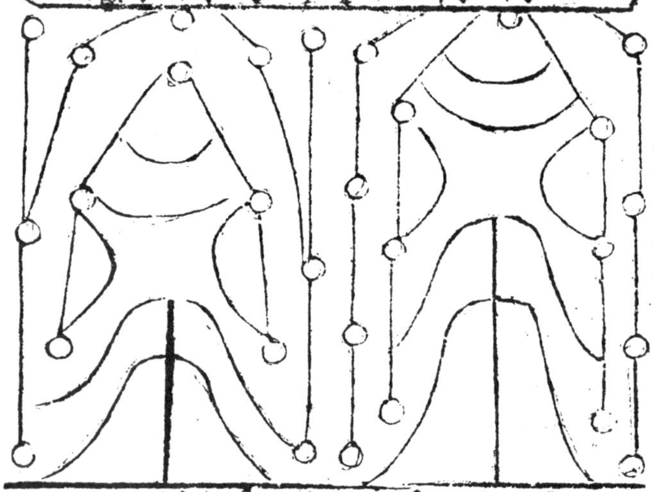

丁界印　丁界印　丁界印　丁界印　丁界印

丙奇符式

丙界印　丙界印　丙界印　丙界印　丙界印

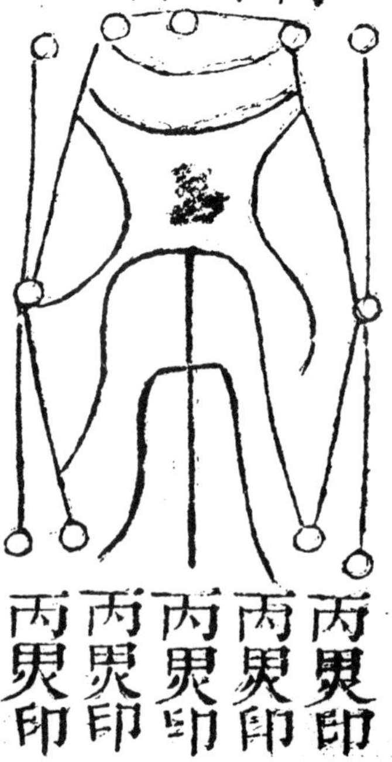

右巳上三道符用雷霹東木方圓各一寸一分官雕刻此符為佳如不然但以黃素紙書之亦好也

乙奇兕曰天帝威神諸滅鬼賊六乙相扶天道贊德吾令所行無攻不克急急如玄女律令〇又兕曰白虎蹲踞青龍踴躍前遮後衛

到震宮最明若條營此方合到其方可用竹帳七個燃火前引人夫行四步外滅火則興工必有符應也

十干魁應歌

六十干魁應有玄微　甲一一皆從騎位推
歌六甲貴人端正好　日甲爲天福吉有餘

○陰日青衣婦人陽日青衣男子應三年內得天恩大吉

六乙僧道九流醫　乙爲天貴主高賢
陽爲貴人陰爲僧道

六丙飛龍見赤白　丙爲天威行逢騎赤白

遵克存納仁德洋々太虛廖廓天乙追揖萬福俱作急々如律令

丙奇呪曰吾德大助前後遮羅白虎左右驅朱雀導前使々吾令他助我六丙除痾急々玄女律令○又呪曰天罡陽威玄武後隨玉彩搖拽熒惑流輝神光照耀太白成瑞六丙來迎百福偕歸急々如律令勅

丁奇呪曰天帝弟子部領天兵當誓罰惡出幽入冥來護我者玉女六丁有犯我者自滅其形急々如玄女律令

又六丁呪曰玉女靈神太陰淵默華蓋靜覆我形不見我氣浩然依然寰滅六丁前尊善福來格急々如律令

伍子胥渡江呪曰馮夷馮夷我將渡江風浪不得起爲我布護衛我養我活我日行千里無人禁止前開後閉蛟龍伏藏急々如律令

開門禹步大九跡罡天英土起

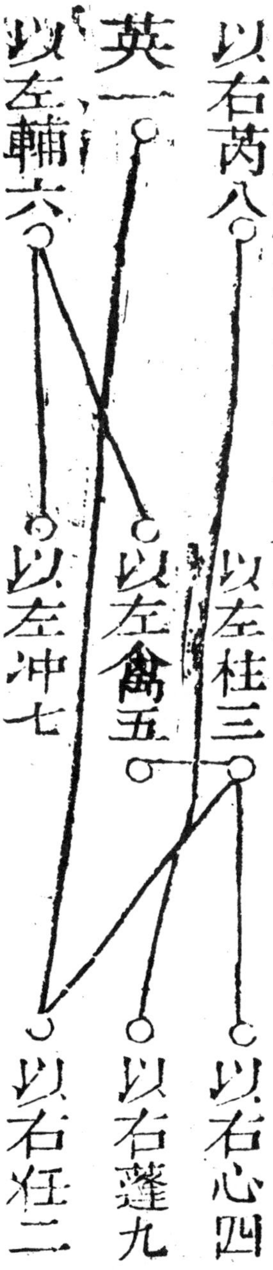

以右芮八　英一　以左輔六
以左柱三　以左禽五　以左冲七
以右心四　以右蓬九　以右任二

馬人着青衣來應
六丁玉女好容儀
丁爲玉女陰日女子物
色陽人太女人二十七
日內有進古器
六戊旗鎗并鑼鼓
戊爲天武陽日鑼鼓陰
日親友歌樂年七內得
武人財宝
六己黄衣并白衣
己爲明堂陽日黄衣人
年內得貴人陰日白衣
人一男一女
六庚衰服并兵吏
庚爲天刑陽日見兵吏
陰日見孝子白衣人四
十九日有貴人文字來
應也

○六丁符式　宜報方揚兵祭儀　凡書符忌雞犬婦人見之

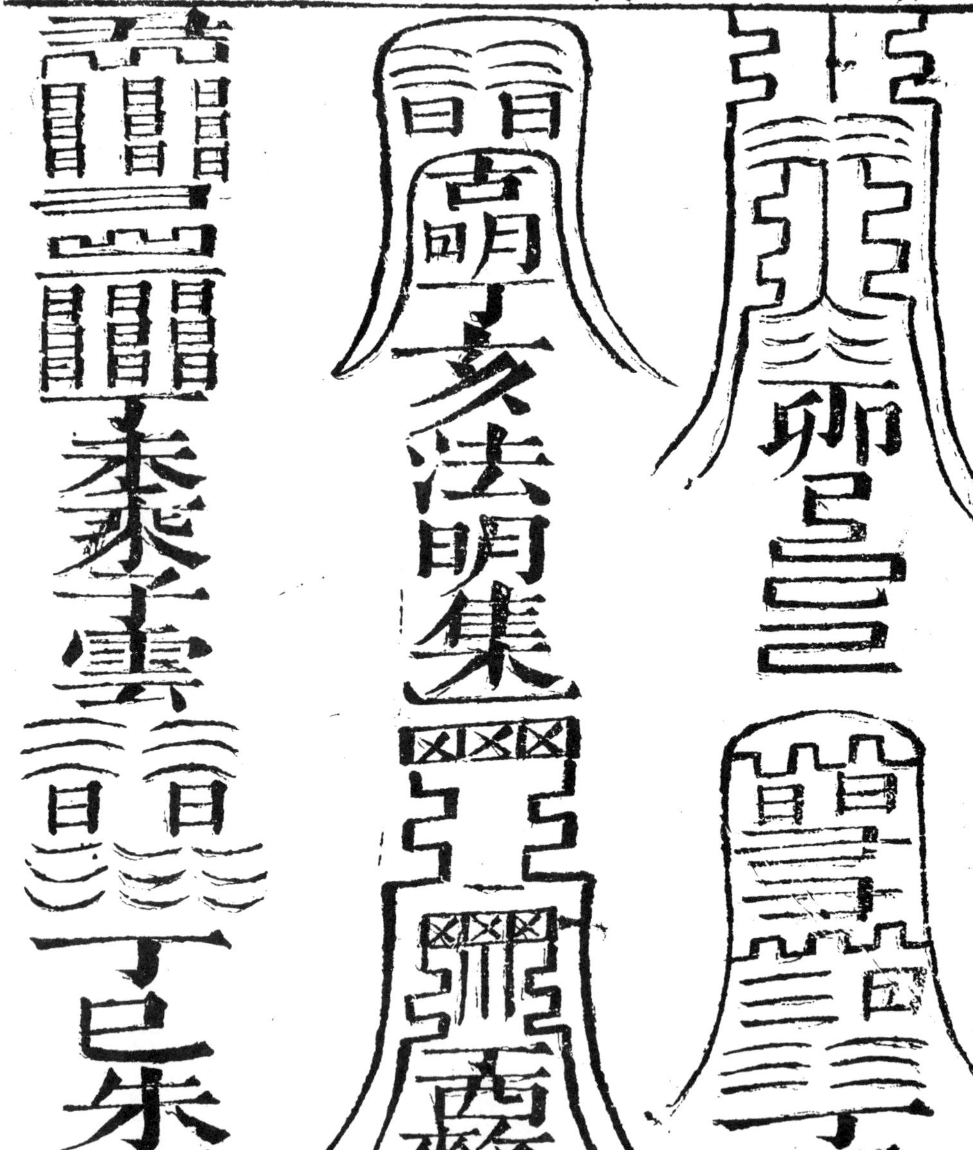

六辛禽鳥■揚飛
辛爲天禽主飛禽陽日白衣人一年內得財宝
六壬雷霆雲雨
壬爲天牢于里雷霆陰日皂衣人陽日白衣人女抱瓶主七一日內進人口
六癸孕婦喜歡歸
癸爲天藏陽日捕魚人陰日孕婦歸六十日得銅鏡
十二支魁應定法
○子時見女吃物或酒食等物○丑時見皂衣人騎馬或無馬應有貴人○寅時見僧道或公吏之人担物

○要畧天圓之圖○

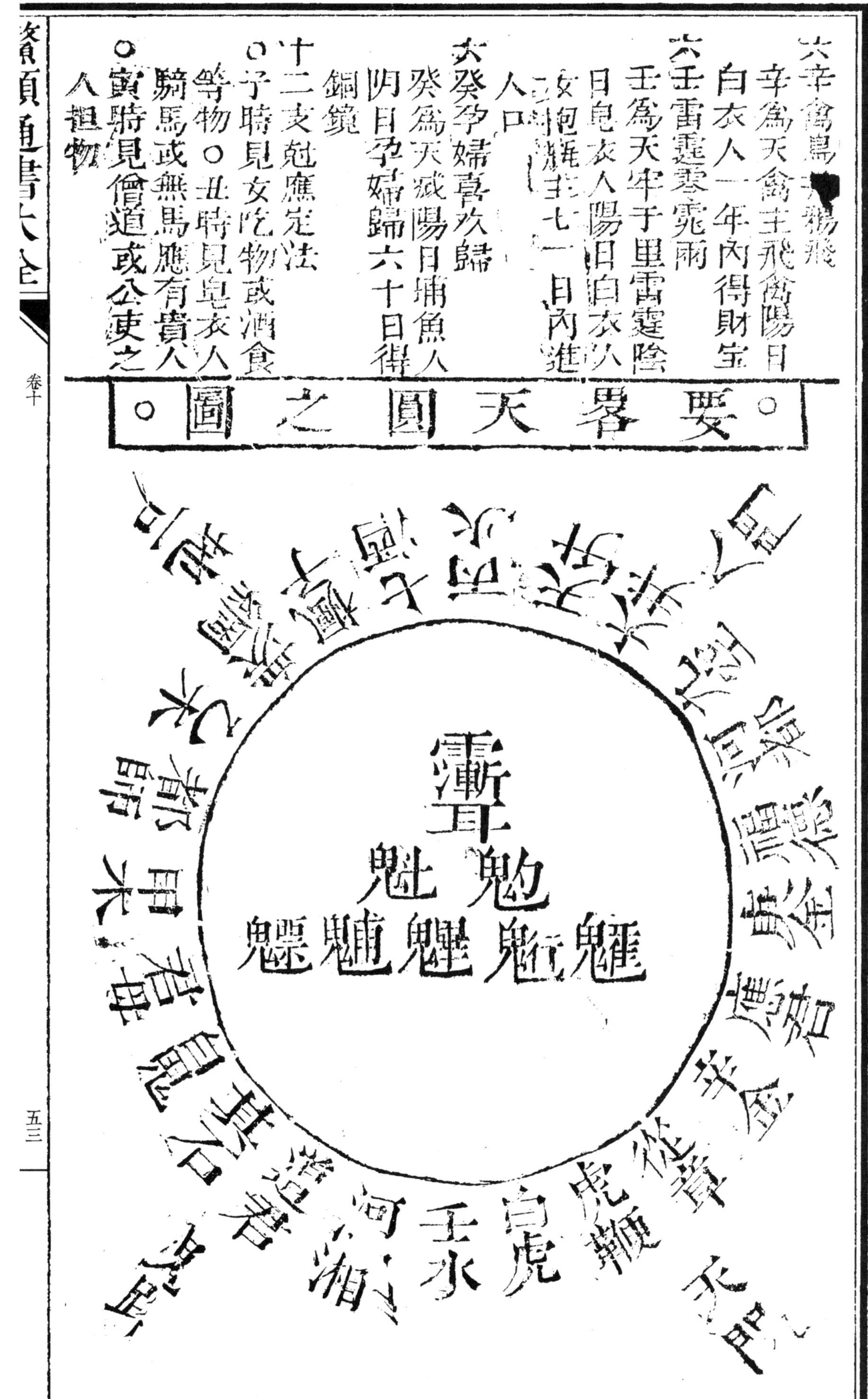

卯時見先生或皂衣人四人把捧
辰時見女人着青衣或手中有物
巳時見魚子或赤体担物
午時見担酒物或女人相問行
未時見女人担菓或挑酒物食
申時見飲酒人或送酒食物同行
酉時見女人說話或有同伴之人
戌時見男女人着青衣服大凶
亥時見公訟之事人把孝明書物
十二時畢

## 要畧地方之圖

無理謡先辯仰答善延

休 開 驚 死 景 杜 傷 生

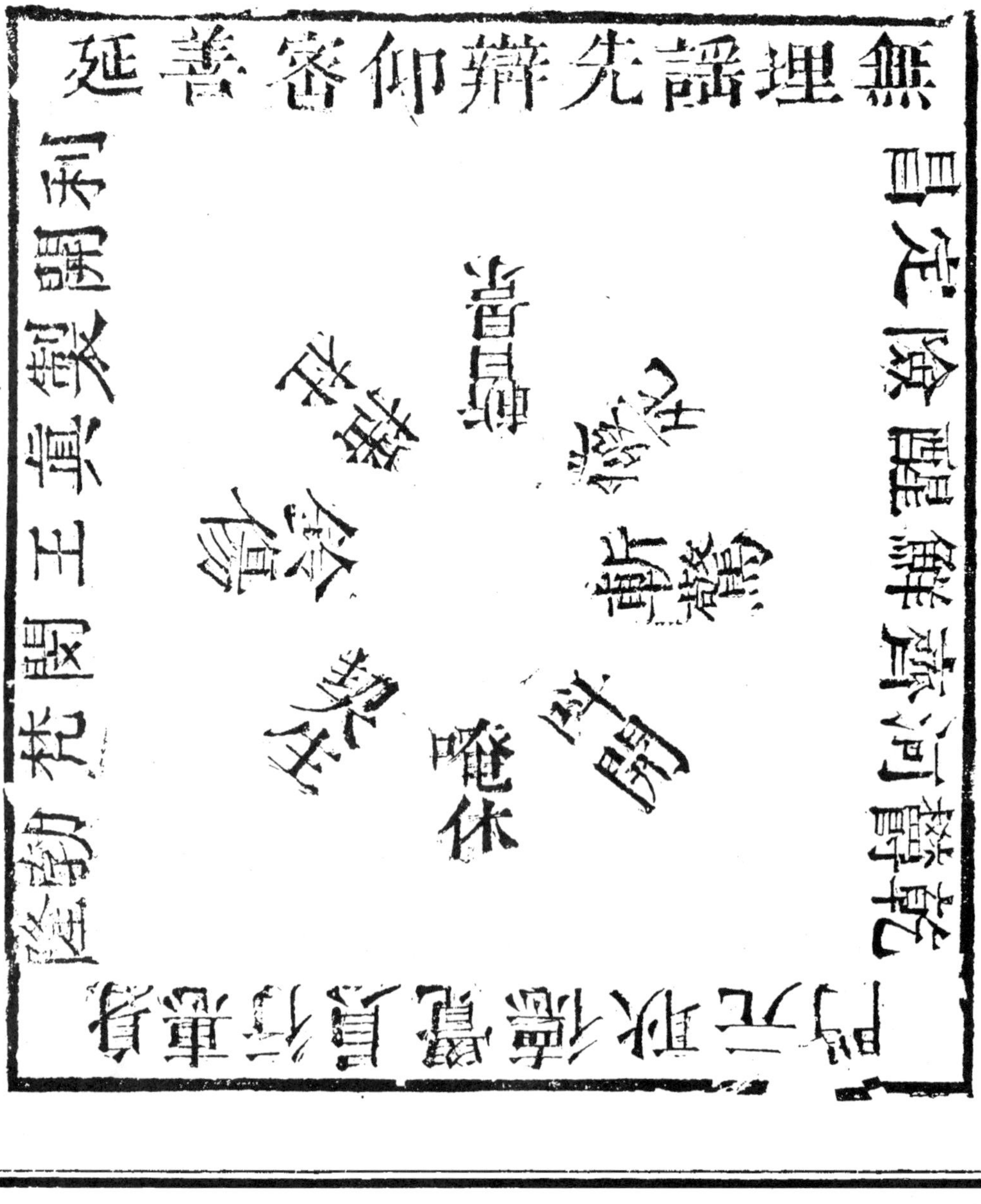

釋三奇貴神登殿

○乙日奇下臨震宮為日出扶桑有祿之鄉謂之昇乙卯之殿

○丙月奇下臨離宮為南離大旺之地月照端門貴神升丙午之殿也

○丁星奇下臨兌宮丁見兌為天乙之神貴入昇丁酉之殿

○右開休生三吉門合三奇貴神昇殿之宮門無道奇無墓此方出師用兵遠行征討嫁娶豎柱修造埋塟謁貴交易求財迁居安營百事俱大吉利

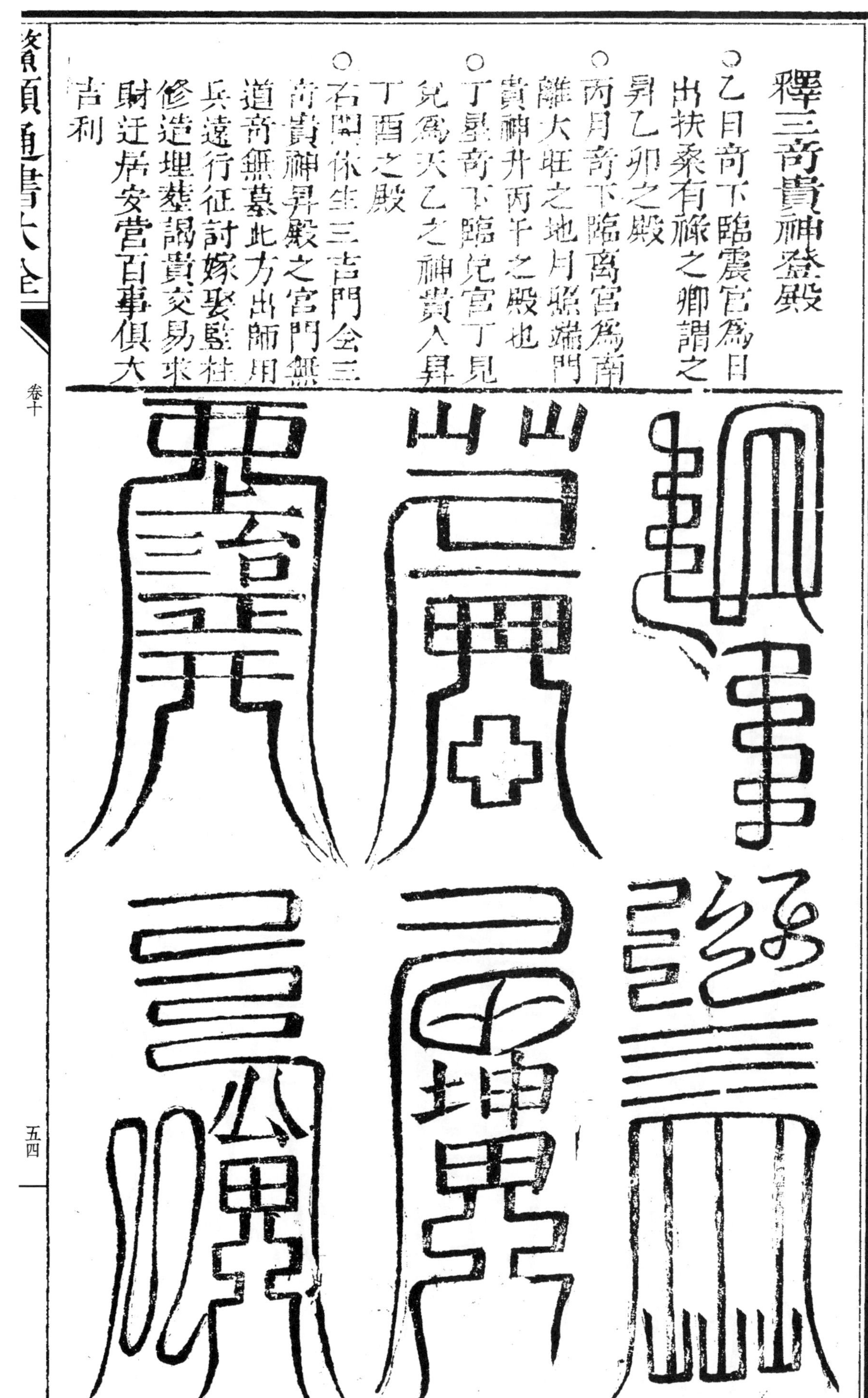

一、奇門發用歌

十二支神連八卦
神煞相似無縱縛
人人点筭盡皆知
個个說來人總怕

歌

欲求年月利修方
金神七煞及身星
[illegible]从飛廉劍鋒煞
[illegible]刀兵并火血
[illegible]主與流財
[illegible]方不脫
[illegible]多修營
[illegible]不星

歌例曰

雷霆合煞吉星到
須知守到通利將
日月蹉跎難好保
遁甲奇門說與君
天關只是手中轉
六甲直符與直使
三奇出處布諸門
奇到門通無不利
雷甚會符并太歲
日月星辰照下臨
惡煞凶星皆拱避
飛到九星皆有驗
爭奈時人會者稀
多有愚人心不伏
只道主人禍相隨
出兵戰鬪尚全功
始信神仙妙玄通
不用書符并撒土

**詩** 但將此訣掌中輪
若是合得三吉門
更兼日月星奇照
官定發福耀門庭

**曰** 若有時師明得者
方信奇門不悞人

○九星十二支時尅應

九星子時尅應
天蓬值子多不利入生
安坟上官下穴主有口
舌爭訟作用之時有雞
鳴犬吠宿鳥鬪林或鳥
北方爭鬪之飛造葬後
主有缺唇人至六十日
應雞生肉門有官訟主
主退財凶

○右符十八道其法用甲子日面西端坐依按天圓地方圖爲壇坐于其中書之書符端坐閉氣書成存六丁玉女各在卯酉七遍不筆書符須用甲子日爲頭每日燒符一道用乳香湯吞下自然心靈能知未來已往吉凶事務一一皆明通達于衷耳

○書符呪

呪曰十二時辰

九天玄女聖祖道母元君殊疑舟卽赫々然々法禦神兵八十萬于直符直使八吏三元隨吾所使隨吾使宜斬邪却怪六丁神將吏兵三五十二禁忌青龍白虎執符去處萬福咸臻百邪閉戶急々如

九天玄女聖祖道母元君律令勅

## 遁外奇術

謂不合陰陽二遁用反閉六戊出兵遠行逃藏之事

○玉女反閉法句

經曰凡窮遁用無奇門者不可出行宜玉女反閉局出在室六尺在

○天芮值子時秋冬用之吉春夏凶不可用作用之時主有走獸驚西南火光二人相逐爲應造葬後主有猫兒顛犬傷人公事至六十日內有女人自縊事秋冬作用常進羽音人田及妻

○天冲值子時主有大風雨至仙禽噪鵲鳴爲應造葬後六十日有生氣物入屋周年用蠶倍收更防新婦產亡吉凶口舌得財

○天輔星值子時若反吟主天中有物衣明西方有人穿紅白衣八前來大叫爲應造葬後六木

六步在野六十步並以六爲数先穴六数訖先左手持六筭各長一尺二寸左手持刀向旺方呼過氣一口次吹旺氣然飲訖乞叩齒十二通了禱祝心下事然後却回身背旺氣啟請祝曰維年月日時某敢昭告于天父地母六甲六丁玉女六戊藏形之神某好樂長生之術行不擇日出不問卜今欲爲某事虔告天地神祇丁甲大神謹文拜請六丁玉女眞君畫地局出天門入地戶閉金關乘玉輅玉女青龍白虎朱雀玄武勾陳螣蛇六合六甲神王將神靈乘我而行到某所左右巡防隨行隨止隨卧隨起辟除盜賊鬼魅消亡君子見我喜樂非常小人見我懼慴七兒女見我共侍酒漿百惡鬼賊見我藏亡今日禹步上應天罡玉女侍傍下辟不祥虎狼猒伏所向無殃所但術遊所與者遊所擊者破所求者得所願者成帝王大臣二千石長吏見我者愛如赤子今日請召玉女眞君隨我進急急如

九天玄女道母元君律令

呪畢畫地布東西南北玉女十二支八千四維于日在庚週而復始凡八陣掩捕出入遠行見貴上官赴任即出天門入地

日進商音人物猴猴入室甑鳴時主加官進祿生貴子若奇門並到有十二年大旺吉利

○天禽值子時生有孕女人來及紫衣至為應造葬後儒人送物為應因武得官二十年後財谷大旺人丁千口

○天心值子時主有人爭聞鼓声從西北為應造葬後主赤面人作牙進商音古器回廳十二年內田蚕大旺後因鬥毆見訟破財

○天柱值子時作用主有大風四起火從東至缺唇人為應造葬有六十

戶乘玉女而行去人皆不見凡布局左手執籌右手執刀自鬼門起左畫一圈布四方八千十二神位先取丑上一籌掩閉天門次取申上一籌橫閉地戶十一日圖如子日庚玉女酉華蓋子青龍乙地戶丙天門餘日依例布之○呪曰吾左魁右魓右魁左魓生魁下魓下魁上魓吾藏身三五之中魋魓之內魒魑之裏顛倒三五低鼎步罡為我生形吾載日戴月足履北斗三台七星覆我五星照我二十八宿羅列衛我璇璣玉衡衛我身形衣斗履我與斗同儀今我步法三五合成步璇璣衡趨祥蒸從三五騰声乘罡御斗乘正天神方立長存日月同耀邪道五害皆伏魁罡之下無動無作急七如律令

## 九宮八卦三台之圖

巳丙午丁未

巽　辰　乙　卯　甲　寅　艮

坤　申　庚　酉　辛　戌　乾

亥壬子癸丑

○上台虛精　○中台六淳　○下台曲星

○三台生我來　○三台養我來　○三台護我來

○利貞　○元亨　○乾坤

爲主有蛇犬傷人遇災
殺人血光破財
○天任値子時作用有風
雨至水畔鷄鳴東南方
持刀人過爲應造葬後
百日内主新婦自縊有
本姓人上門山頭退田
産出人男盜女娼
○天英値子時作用時有
鑼声自西北至及三五
人把火伐木爲應造葬
後主有欽唇人被家三
年内血光自刎小兒因
湯火破
九星丑時驗應
○天蓬値丑時主樹倒傷
人有雷電作及風雨爲
應造葬後七日内雞生

（布定運籌天門地戶玉女圖定局）

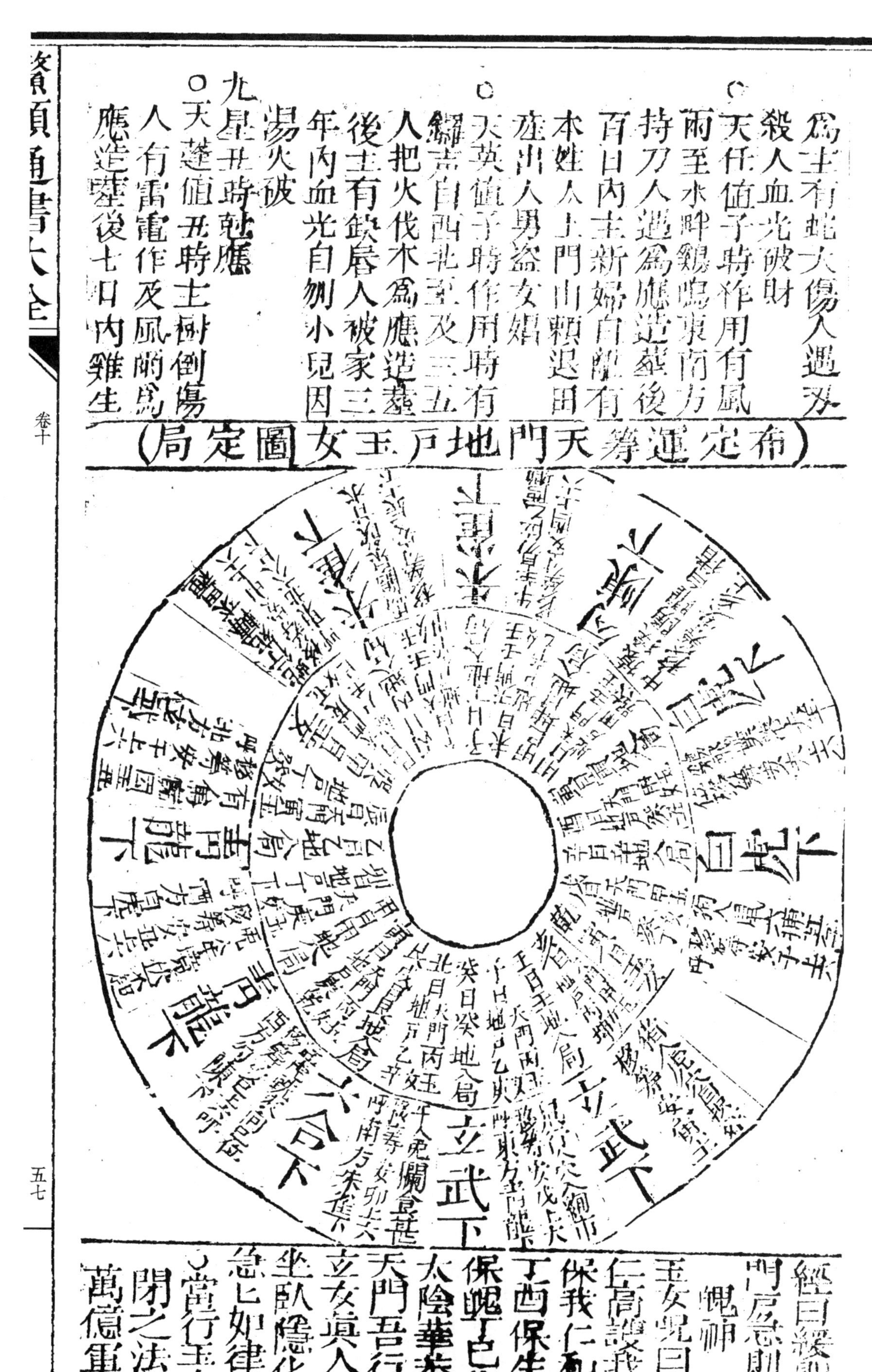

經曰緩則擇其
門户急則護依
鬼神
玉女呪曰
仁高誥我丁丑
保我仁和度我
丁酉保生仁恭
保觀丁巳食神
太陰華蓋地户
天門吾行禹步
立女眞人自然
坐臥隱化藏形
急急如律令
○當行玉女反
閉之法以全
萬億軍人

雞子卯犬上屋生衰少
巳白頭翁作牙進商首
入田契大壯財谷十年
後即退敗
天芮值丑時有金鼓声向
西北至造葬後七日有
鳥龜自林中出六十日
被盜賊退財口舌官事
天冲值丑時主雲移四合
小兒成隊來及婦人爲
應造葬後鳥猫生白子
拾得古鏡從財周年得
僧道田契生貴子
天輔值丑時主東方有犬
吠有人持刀殺入開門
造葬後有白兎野雞入
屋六十日內僧道送物
東南方羽音人送契至

呪畢畫局布東西南北至女十二支八手四維假令甲日便從甲地
入局乙日便從乙地入局丙日便從丙地入局丁日便從丁地入局
局戊日便從戊地入局己日便從己地入局庚日便從庚地入局
辛日便從辛地入局壬日便從壬地入局癸日便從癸地入局二
說戊日從艮地入局己日二從巽地入局手持六籌禱祝四方
謹請東方功曹太冲天罡青帝甲乙大神降于局所侍衛我身
謹請南方太乙勝光小吉赤帝丙丁大神降于局所侍衛我身
謹請西方傳送從魁何魁白帝庚辛大神降于局所侍衛我身
謹請北方登明神后大吉黑帝壬癸大神降于局所侍衛我身
○右謹請四方神訖便從所求日辰上安置籌法　假令子日子上
安第一籌丑上第二籌寅上第三籌卯上第四籌辰上第伍籌巳
上第六籌訖但有兩支爽一子先成爲天門後成爲地戸之門四
仲八地戸不成取初籌第一安辰所冲上却從冲上論起即成地
戸之門○○術曰　造籌之法詳見陰符經
鼠行失穴入狗市　即移子上第一籌安戌上大呼東方青龍下
牛入兎園食甘草　便移丑上第二籌安卯上大呼南方朱雀下

遠行信歸周年進入口
大旺血財加官進祿
天禽值丑時有孝婦人持
錫器來小兒拍掌笑吹
簫打鼓叫鬧爲應造葬
一後賭博獲財或拾窖發
財三年後應盜賊致富
天心值丑時用南風火光
跛足人送宅造葬後五
日內有猫兒成双白外
至四十日內遠人送物
進商音人財及契書至
天柱值丑作用時北方有
匠人七冬至樹木上生
金花爲應造葬后六十
日進羽音人金銀器三
年被火一貧徹骨出入
弄蛇戲犬

猛虎跳來向巳位　便移寅上第二籌安巳上大呼西方勾陳下
兎入牛欄伏不起　便移卯上第四籌安丑上大呼西方白虎下
龍入馬廐因留此　便移辰上第五籌安午上大呼北方玄武下
蛇行宛轉來由裏　便移巳上第六籌安申上大呼東方六合下
若午日即從午上命上第一籌
馬入龍泉飲甘水　便移午上籌安辰上　依法安籌
羊羔易位入酉鄉　便移未上籌安酉上　萬無一失
猿猴踴躍向猪中　便移申上籌安亥上　待其日訣
雞飛撲落未羊位　便移酉上籌安未上　自然獲吉
狗入鼠穴捕其子　便移戌上籌安子上
猪入虎穴自投死　便移亥上籌安寅上

專征賦云鼠穴牛兎二相對易蛇猴猪虎四順移行龍馬雞羊兩相
交互二籌換丁以戌當爲出入之神路四仲地戶不成借初籌而
續布加仲上以成門乃局中之地戶
呪白乾尊曜靈神順內营二儀交泰要合利貞配成天地永寧肅清
應感玄黃上衣下裳震離坎兌翊贊扶匡乾坤艮巽虎伏龍翔今

天任值丑用時有青衫婦人携酒至四方鼓声悉應造葬後半年進死名財物周年有鸚鵡入屋主口舌得財三年后猫犬胡咬主請舉

○天柱值丑時東北有師巫至及錢声為應造葬后一月內主火燒屋一年內犬作人言百怪俱見死亡大敗

九星值寅時應

○天蓬值寅時有青衣童子持花來北方有和尚裹衣至及女人至造葬後有賊亡家財六十日有蛇入屋咬人因馬牛死傷入三年後進田地

日行籌玉女侍傍有急相佐常輔扶匡追我者死捕我者亡牽牛織女化成河江急匕如律令

○凡欲遠行見貴上官赴任即出地戶左行入天門

呪曰天門天門令日惟良玉女侍我左右遊傍行來出谷不逢禍殃君子一見喜氣倍常所求如意萬事吉昌急匕如律令

○但欲出陣掩捕之時即出天門右行入地戶

呪曰諾匕　匕行無擇日隨斗所指與神俱出天番地覆九道皆塞中心所欲令我自得有來追我使汝迷感以東為西以南為北急急如律令　呪訖

開金關即取餘利二籌閉之如子日先取丑上一籌閉天門次取申上一籌閉地戶餘做此

乘玉女即三呼所在玉女如子日三呼庚上玉女餘做此

呪曰某在玉女某上玉女玉女速來護我保我侍我某到某方杳匕冥匕莫覩其形人莫聞其声鬼莫覩其精愛我者福惡我者殃百怪鬼賊當我者滅阻我者亡千萬人中見我者喜氣揚匕急匕　如律令　呪訖作九跡禹步每移一步持呪一句

天芮值寅用時有瘦婦懷孕至更有衰人至進蔬有奇門旺相六十日有水牛入屋大進血財加官進祿子孫大吉
天冲值寅用時有貴人乘轎至及重執金銀器至進藝後二十日進角音人契字六畜及琉璃入屋六十日雞母啼家主死因口舌爭訟得財乙巳丁生人發福
天輔值寅時見公吏入誂鈌器及藝人携物爲應進藝後六十日内白鼻猫兒咬雞吃有賊送財宝至進羽音入田契十二年大發生貴子

## 禹罡式

勝
帝
尊
天
火
離
旨

○已上禹罡每以左足先步凡出行軍伍等事如事緩先通合三奇吉門吉凶何如然後出步此罡舉兇如直一奇點念乙奇呪出一百二十步之外不可回頭如事急皇玉女方而去呼其名念其呪而去大吉利
躡光口念呪曰禹步相催登陽明白氣混沌灌我形天迴地轉步七星躡光履斗齊九靈我步我長生惡逆摧伏亦妖驚我步我長生衆灾消滅我獨存急急如律令　右禹罡呪訖
呪曰六甲九章天員地方四時五行青赤白黃太乙爲師日月爲光禹步治道蚩尤避兵五神尊我周遊八方當我者死逆我者亡萬神護我斬除盜賊一切灾殃急急如律令　叩齒七遍上應北斗天罡即以右手持刀畫四縱五横于地

## 四縱五横法

呪曰律令律令四縱五横萬鬼潛形吾去千里者回萬里者歸阿吾者死惡吾

天禽值寅用時金雞乱鳴主犬吠有人戴棕笠至造葬後六十日進羽音契于田財入丁大旺

天心值寅作用時白鷺及水禽至金鼓四鳴女人穿青携藍至造葬後遺火燒小口六十日內由賴公事至百日內大進金銀因拾得古器進兩羽音人產三年內因妻得財生貴子

天柱值寅用時有牛馬喧呌及僧道人持嵩大雷雨至喜鵲喧噪造葬後六十日內有賊牵連公訟破財女人墮胎産死

天任值寅用時女入成隊

者自受其殃急急如律令

○真人閉六戊之法

凡欲安營止宿避病者當用六戊法必先置其營落在旬中戊上以刀從鬼門上行畫地一周次取中央土六斗分置六戊之上六處各置一斗仍入取土中央

## 布六戊圖

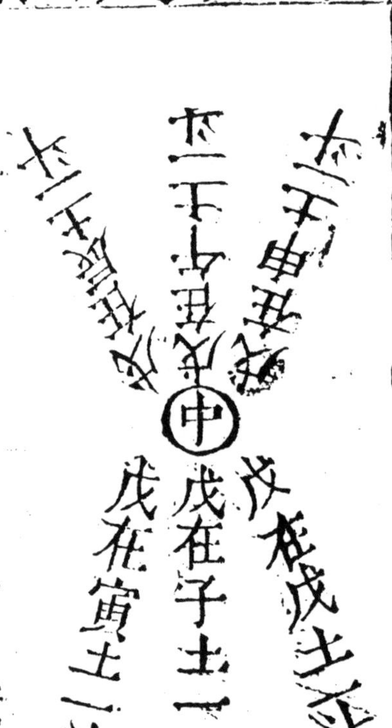

戊在申土一斗

戊在午土一斗

戊在辰土一斗

中

戊在戌土一斗

戊在子土一斗

戊在寅土一斗

甲子旬日戊在辰

甲戌旬日戊在寅

甲申旬日戊在子

甲午旬日戊在戌

甲辰旬日戊在申

甲寅旬日戊在午

○咒曰泰山之陽常山之陰盜賊不起虎狼不侵城郭不完閉以金關千萬凶惡莫之敢當急急如律令　仍在中宿不復出百惡莫敢近爲術之法○欲驗六戊之法先置營取中央土佈六戊訖將乳犢牛母繫營中悖犢在外雖飢不敢進去飲母之乳去一戊更從空處而入若欲散者盡撤嫁各戊土土土在則神守不去也

地火前行辛子拍手大笑西北轎馬至造葬後六十日内甑鳴父死百日内進六畜女人財宝自至田蚕大旺鉄唇人争訟婚事敗

天芮值寅時東方有軍馬至及捕魚伴細人至進壅後女人因行路拾得財宝六十日内進寡婦田産百日内雷打屋敗

九星卯時剋應

○天蓬值卯時黄雲四起婦把鉄器前來大蛇横過造葬後七日内半月内有微音送財物六十日内女人因賊牽執大破財白日拾得[illegible]木癸

## ○閉六戊局之圖○

未　丁　午　丙　巳　巽　辰　乙　卯　甲　寅　艮　丑　癸　子　壬　亥　乾　戌　辛　酉　庚　申　坤

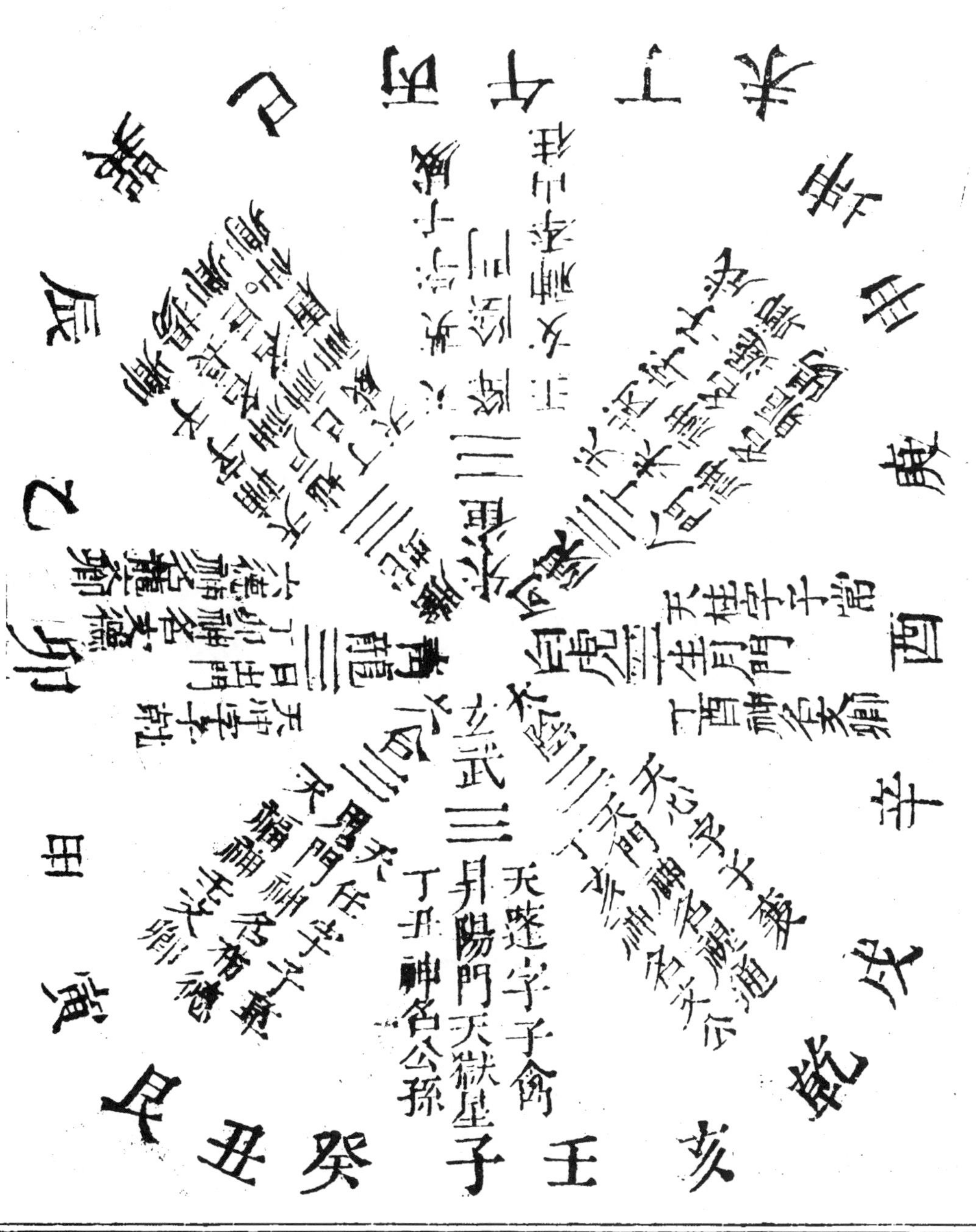

天芮天中值卯時有女人穿紅送物及貴子騎馬至兩犬相咬水牛作声造葬後六十日進東方絕戶生業因湯火傷小児進四財二年內婦人墜胎產而死

天輔值卯時女人桃全至及師巫吹角声造葬後六十日大猴添丁有生氣物入屋旺財谷因女人公事得財及田地

天禽值卯時犬屍東起小禽西叫懷孕婦人至造葬後半年猫兒自來國內得窖大發

天心值卯時有跛脚婦人相打及犬吠跛吉北方

○九天玄女閉六戊靈符百惡潛避先置營以朱神書[illegible]六戊主

六戊符式

戚魂李楚郎　飇慈居虎子張

成魄魂樂名陽　飈魑覞范少郎

戚魁魄范伯陽　戌魄多復元充

○急則從神緩則從門

三元經曰凡有事急不暇擇時并三奇吉門當天乙所在宮及直符之神若緩時則可待三奇吉門而去及天上六戊所在以六戊當為天門又曰從神謂如陽遁一局丙寅時甲子日六儀符頭以甲子天蓬星休加地下丙上郎從乙奇下出去如事急欲出路或在軍陣中門又不通只犇声神下去事緩可以就吉門奇而往從神吉五星英任中輔心也或門凶無奇又無吉星事又急追向北斗黙念三奇呪而去吉不得三奇吉門從三奇所臨方出百事吉急則從出天門入地戶過太陰居青龍法○經曰出天門六戊也入地戶太巳也過太陰六丁也居青龍六甲也所居之下百戰百勝

有轎至造葬後七日進横財三年有牛自來大旺六畜因軍得財

天柱値卯時有孕婦持刀及僧道持蓋至及女人相罵造葬後六十日內火哭雞夜啼犬上屋周年應病死絶

天任値卯時有老人持杖斧及喜鵲喧噪爲應造葬後七日內有人進古器物六十日內因女人獲財進午子六畜因賭博得財加官進祿

天英値卯時有人持燈來應或執木棉來應若見雷鳴六十日進女人財寶因而大發

○假令冬至上元甲己之日夜半起四子時初起兵出天門辰下入地戸巳下過太陰卯下居青龍地公百戰百勝○又法出天門者天上六戊在一宮入地戸天上入己在九宮過太陰在七宮居天上青龍在一宮餘倣此

○伏匿藏形

若欲伏匿者乘青龍六甲歷蓬星六乙過明堂六丙出天門六戊入地戸六己過太陰取草折半障人中入天藏六癸○假令甲子日甲子時欲伏藏者初起甲子歷丑過寅出辰入巳還取折草半障人中望卯地而入酉地去人無見者過太陰時呪曰天翻地覆九道皆塞有來追我至此而絶見我者死追我者亡吾奉九天玄女道母元君律令徑入天藏愼勿反顧凡遠行諸事不得往天庭辛天獄庚天牢壬三方大凶如誤犯者即被縛拾之咎常乘青龍歷蓬星出行百惡不敢起大吉也

○博奕勝負局　李靖孤虛立成圖

金櫃云得典祝孤虛謂樗蒱博奕以正時六甲孤上坐者勝虛上坐者負又參以三奇吉門斗罡向此他人必勝

九星辰時魁應

○天蓬天芮值辰東北方樹倒打人鼓聲四起女人着紅至造葬後鳥鵲四鳴繞屋有刼賊至破則六十日有風脚人上門由賴後家生貴子大發財谷

天中值辰時主魚上樹白虎出山僧道成羣至造葬後拾得黃色物大發横財七十日因家主見傷折之灾

天輔值辰白羊與黃犬相撞兩油人與賣菜米人相撞白衣小兒哭孕婦至造葬大發財谷一年內外生貴子

甲子旬孤在戌亥○虛在辰巳　甲戌旬孤在申酉○虛在寅卯
甲申旬孤在午未○虛在子丑　甲午旬孤在辰巳○虛在戌亥
甲辰旬孤在寅卯○虛在申酉　甲寅旬孤在子丑○虛在午未

○推迷道路

黃石公曰出軍道逢三路未知何道通以月將加時天罡在孟左道通在季右道通在仲中道通也

○避惡夢法

凡逢惡夢先閉惡事消息面東以水一碗右手持刀呪曰日出東方萬物此黃惡事化爲泥土好事变成金黃金七遍向日吹氣一口入水中念畢覆水碗反走勿回顧大吉不問早晚須想日出之像

○理髮呪

理髮呪太極絲髮經曰櫛髮之始微呪曰泥化立華保精長存右爲隱月左爲日根六合清練百神受恩呪畢漱液三過能行頭髮不落而日生

如廁呪元如廁呪先以鳴擊三下默呪云右穢神右穢神左司斗上未大人脫我死籍上我生名急急如律令

天禽值辰有師巫術人相爭犬叫及東方鴉噪造葬後六十日內有僧道人及絕戶送物產至

天心值辰有雲從西北起青衣人攜魚至女人僧道同行造葬後六十日井中氣如雲出三日內家生貴子清舉及第大富貴矣

天柱值辰有人扛樹過及男人持鼓遇黃衣老人持鋤至造葬後六十日鳥備生雛子雞生双子寡婦送契田產至

天英值辰西北方大雨至雉飛上樹女人着紅衣攜盛至造葬後七日內

# 六甲陰符

經曰凡爲上將遇其敵須作六甲陰符令敵人自誅故曰寧與人千金不與人六甲之陰天地之間仙道最禁藏行富道貴之於心不傳非人慎勿輕洩益視者盲益讀者瘖須初刑者汚犯者則無驗矣　六甲之陰者

甲子旬陰丁卯其神兎首人身　甲戌旬陰丁丑其神牛首人身

甲申旬陰丁亥其神猪首人身　甲午旬陰丁酉其神雞首人身

甲辰旬陰丁未其神羊首人身　甲寅旬陰丁巳其神蛇首人身

凡作符之法當以月朏之時伐牡荊或梧桐陰上枝亦可用栢心長九寸廣二寸厚五分以雌黃氣画之其神像并神名者像之下

丁卯神名孔民字旅音　若人吹笳可使致人物

丁丑神名梁丘字收音　若犬俱皆可使遠行令歸

丁亥神名陸盛字陸音　若壞成声可使致大水平地成山林

丁酉神名賁陽字多音　若羣獸成鳴可致爲威天呼嘯萬人

丁未神名王屈字奇音　若羣獸入城門可致飲食

有生氣至六十日內進
橫財大發
九星巳時尅應
○天蓬天芮值巳蛇背老
人披蓑衣至女携酒及
師巫人至造葬後一百
日因火大獲橫財至周
年因武獲職加官進祿
天冲值巳有牛相打羊爭
行女人相罵西南方有
鼓聲喧閙造葬後六十
日內蛇咬雞牛入室女
人送契至一百日生貴
子大旺田財
天輔值巳有人相打女人
抱布來風四起小兒嘆
叫造葬後六十日進東
方人財有魁進木大發

丁巳神名許咸字地音　若魚躍于泉可使致人虫有甲之類
凡畫符於以綿囊盛之大將自隨身若有兵時便出當旬之符于囊
外以皆敵人自之不敢支兵也
凡取符神必立齋戒以酒一斗鹿脯三隻茄一盃雞祭之日以白茆
爲藉向北再拜一呪曰遊刑之先白兒之神曾孫某甲欲俱遊六
甲之阴白兒之神與子俱遊変化某身以一所指莫不敢服者謹
奉一清酌羨脯願如響之呪訖再拜　凡三呪畢乃伐木取木時
勿令樹傍有穢物污之及女子孝子狗畜見之
先受持之法齋戒五日沐浴食者潔淨勿食五辛之物可畫符竟六
甲之日夜半醮於方壇之上爲壇方一丈二尺外埒方十二又開
十二辰門以行爲纂七長三尺一云九尺隨地色上懸六陰之符
壇上依位色以色繒綵三尺五寸爲藉各置酒三盃脯三盤茄二
盤向北跪呼其凶方所向六甲陰神名及門戶神名者○假令甲
子日陰在丁卯正東再拜而呼其神而呪之以綿帛爲囊盛陰符
常隨身則常兒與不能侵以陰符指敵人自滅若倉卒無壇者但
於庭中野外畫地爲之

天禽値巳有白頭鵰成隊飛鳴及師巫人相打貴人騎馬過造葬後七十日內有婦人來合生貴子成家支産田財大旺

天心値巳有女人抱小兒并紫衣人騎馬至烏鵲上樹造葬後半月內得四方人財物破入作牙進商音人田契六畜與旺女人成家寡婦坐堂

天柱値巳有黑牛過鐘聲鳴猪上山後二十日進商音人財物六十日家內女人下水有生死物入屋周年內猫捕得白鼠大發大貴之兆

天任天英値巳有兩犬爭

履陰符令敵兵不起

三元經曰能履陰符者令敵人不起爲術之法甲乙日平旦向南丙丁日食時西向○戊巳日日中北向○庚辛日日鋏東向壬癸日日入南向○巳上各日依所向取方寸桃板青頂姓名者左履丁所求者必得便

呪曰惡某不善大逆罵天地罵日月伐社稷使君不得血食君但持之吾願與君擊之陰陽之神共來誅之　先於地畫敵人之像從月建上呼其姓名隨六甲之神所在城之則敵人伏怨自消亡

六甲所在

甲子旬其神在頭　甲戌旬其神在左足　甲申旬其神在右足

甲午旬其神脉腹　甲辰旬其神在左手　甲寅旬其神在右手

凡行軍遇惡風倒折旗杆者取四狗上土作泥水長三尺手持桃木弓葦矢拱箭執刀披髮向風三叩齒

呪曰天有四狗以守四境吾有四狗以守四隅以城爲山以池爲河寇賊不得過來者不得進出者不得逸去者不得退急急如律令

呪畢棄之而去逆風之道即消災除矣如不能呪棄之而去

一物野人負薪過吏人持蓋至造葬後六十口內獲異路人財南方人送鯉魚生貴子異路顯達進田財

九星午時魁應

○天逢值午有人持刀上山婦人持青衣童子至四十日內家主亡六十日內犬作人語入屋爲怪赤面風聊人上門出賴行兇破財三年內得古寶大發

天芮值午有缺唇人白衣人至有孤婦過六十日內有猫兒咬人因買賣發橫財周年內得妻家財産大發

行軍立營要知六甲吉凶方位　附下營法

三元經曰夫將兵四出總衆安營必取其法以六日爲首十時一易眞車曰以歲月而爲伏或依歲或取六甲旬首而推布之大將居青龍甲也旗鼓居蓬星乙也士卒居明堂丙也伏兵居太陰也判斷居天庭辛也因擊糧備居天牢壬也府藏居天藏癸也假如甲巳之日夜半生甲子青龍在子大將居之蓬星在丑旗鼓居之明堂在寅士卒居之太陰在卯伏兵居之天門在辰軍門居之地戶在巳小將居之天獄在午斷罰居之天庭在未判斷居之天牢在申糧備居之天藏在酉府藏居之

元經曰天上十干所居臨丁之居○假如冬至上元陽一局甲巳日夜半生甲子時六甲在乙宮六乙在九宮六丙在八宮六丁在七宮六戊在一宮六巳在二宮六庚在三宮六辛在四宮六壬在五宮六癸在六宮

六甲出行訣

青龍華蓋及蓬星　明堂地戶太陰雲　人門大獄天沖周

陰陽孤宿合天庭　十二星辰眞有準　凡事依之驗如神

天冲值午有東方人家火
起穿白衣前來大發山
鳥衆鬧六十日內拾得
古器運我大發

天輔值午有僧道持蓋女
人穿綠至後六十日有
貫人至送異物進西方
人金銀周年內得寡婦
絕戶物

天禽值午有白衣女人來
狗鬬花山雞鬧風雨從
東來六十日內有犬自
外來因賭博公事得財
烏雞生白雞生燕自來
為庄田蠶大旺

天心值午有大風雨驟至
蛇橫路女人着紅裙攜
酒至後六十日蠶鳴有

行兵能識其中法　三箭天山定太平

甲子旬子上起青龍　甲戌旬戌上起青龍甲申旬申上起青龍

甲午旬午上起青龍　甲辰旬辰上起青龍甲寅旬寅上起青龍

## 真人步斗法

步斗經曰夫步以通神當夜半居星下白晝地作九斗星間相去三尺天蓬從天罡起隨作次第之人居魁前逆布之正立天英而歌斗咒誦至天英便先舉左足並呼星名以次依行布之左右更遍履之如後此去為之百日則與神人通矣秘之勿洩乃誦曰

斗要妙兮十二神　承光明兮威武陳　氣髣髴兮如浮雲

七變動兮上應天　知變化兮有吉凶　入斗宿兮過天關

合律呂兮治甲榮　履天英兮度天任　清泠淵兮可陵沉

板天柱兮擁天心　從此度兮登天禽　倚天輔兮望天冲

入天芮兮出天蓬　斗道誦兮剛柔際　天福祿兮流後世

出冥明兮千萬歲　急急如律令

跛足人送生熟物五年內進金銀田蚕大旺

天柱值午西方有人騎馬至就有大雪鴉飛鴉起後五日內孕婦先病行喪哭泣六十日內水邊得古器進小口

天任值午西北方黃色飛禽來師巫與君子人至後四十日進外寶貴人財物紫衣入屋生貴子

天英值午南方有婚姻事過捕獵人執弓箭至後六十日被木傷死及自縊公事敗

九星未時剋應

○天蓬值未寅子牵二牛主及驚飛禽至北方有

天蓬破軍
天輔武曲
天禽廉貞
天心文曲
天柱祿存
天任巨門
天英貪狼

出行行兵呼神名字入太陰中

○三元經曰若欲出行者所向之方呼其神之字而行六十步轉入太陰中直符陽遁前二辰爲太陰中陰遁後二辰爲太陰中六丁又爲太陰皆是也呼其神名謂呼所出門天上所得之星名天蓬字子禽坎○天芮字子成坤○天冲字子翹震○天輔字子卿巽天禽字子公寄坤○天心字子襄乾○天柱字子中兌○天任字子章艮○天英字子威離○假令冬至陽一局甲巳日丙寅時六丙在八宮天上六甲直符加入宮欲出東北呼其神名子禽行六十步入太陰中此時前二太陰下臨四宮東南天上六丁下臨九宮正南左回入東西正南皆是入太陰中餘倣此

出入呼六甲神名字五行相制

三元經曰若有所用百事者皆向六甲所在之方呼其神名各行六十步轉入太陰中又六丁名太陰見貴人則喜悅遇陣則脫

女人着紅衣至後六十日內軍賊入屋刼掠家財物凶敗

天芮值未有捕獵人至白衣道人携茶過七日有烏鴉繞屋噪周年內動爐見火燒屋傷敗

天冲值未有跛脚小兒着孝衣至牛馬成羣過西北方鬧呼後六十日內有白羊入室六畜大旺

天輔值未羊犬爭吠丐者携黄衣至及僧道成羣過西北方有人爭屋後一百日內有文契進財物

天禽值未有老人跛足入擔花過或青衣携酒至後六十日進羽音鉄器

○甲子旬首神行王文卿若登壇拜將欽受兵符者將運籌發令儲糧者皆向其方呼其神之名而行六十步轉入太陰則發握如神

○甲戌旬首神名徐何若開決溝渠平治道途分決河道得於自然開路無損路向其方呼其神之字左轉入太陰中則得所願自遂

○甲申旬首神名盖新若入山畋獵捕作虎狼豺獸者皆向其方呼其神之名行六十步轉左入太陰中豺獸自然不動也

○甲午旬神首名衣元若守營置陣巡狩戰鬬皆向其方呼其神之名行六十步左轉入太陰中則必大勝

○甲辰旬首神名含章若求官拜將臨民赴任者皆向其方呼其神之名而行六十步轉入太陰中則爲官不晦祿位高昇

○甲寅旬首神名曰監兵若揚兵振武教陣蕩寇行軍征伐不道者皆向其方呼其神名而行六十步左轉入太陰中若出行安還則盗賊自然不起

又曰六甲內管五行而動應無方其五行而合勝有相生相尅左手象天右手象地其神體好靜故書五行相制運化之道無不兼該若見貴人求官二千石及令表者則左手書天字若商賈興販結

六畜大旺

天柱值未有瘦婦與僧道同行更北方有人携盎騎馬至造葬後百日內因媳婦見狐狸敗

天任值未有白雞飛來飛禽西南方至北方鬧鬧鼓聲喧天風雨大至造葬後七日女人送白色物至六畜大旺

天英值未有孕婦過西北上鼓吉為應造葬後六十日內家主落水死周年瘟疫大敗

九星申時為應

○天蓬值申有取水入金笠至西方有小兒打水鼓叫敗造葬後二十日

親交朋友和好嫁娶立券交易則書和字○若入山收捕畋獵則書獅子字○若部工居衆則書强字若遇河治水則書土字或戊字○波浪騰聲舟楫將溺龍忌觸水龍招徭咸池之曰⊙若遊山入道則書龍字其蛇虫不動此是正五行相制勝負之道也

三元經曰出入呼其時十干辰名

甲為天福　其神王文卿　乙為天德　其神龍文卿

丙為天威　其神唐文卿　丁為玉女　其神季田生

戊為天武　其神甸馬羊　己為明堂　其神紀遊卿

庚為天刑　其神鄧元陽　辛為天庭　其神高子張

壬為天牢　其神王祿卿　癸為天獄　其神受子光

遁甲門戶神名　王璋曰門戶神名出軍行兵並宜用之神名

甲子旬門名徐義　戶名公孫齊解衣而去

甲戌旬門名天可　戶名徐何你天大呼而去

甲申旬門名司馬光　戶名石戰解冠而去

甲午旬門名石泉　戶名子可解衣振迅而去

甲辰旬門名公孫錯　戶名司馬勝解髮結而去

內雞窠中蛇傷人新婦
自縊淫慾公事敗
天芮值申東方宗金青蓋
僧道額戴人至及牛馬
鬪傷人犬咬人造葬後
一百日當進羽音人産
物周年內有水牛入屋
鵬馬入家主大病
天冲值申南方白衣人騎
馬過吏辛相殺造葬後
一百二十日女人作牙
進絕戶田産
天輔值申有患脚人揚酒
至三教色衣人至西北
金鼓聲起造後半年內
因婦人財大發蛇從井
中出平白人送牛羊至
天禽值申天中飛鳥大叫

甲寅旬門名公孫光　戶名司馬強解逃而去

大將軍出行及行兵無問多少往止之方必法度也以大爲法大將軍列士卒左旋入太陰呼門神名呪曰某甲有急請神佐我祐我匿我藏我無所敵人覆我蓋我五兵摧折無令至我當我者死視我者亡使敵人冥冥瞑瞑視我迷惑爲者乱其魂魄使敵人不敢起呪畢令士卒左旋直去勿反顧藏於六癸下○假令甲子旬中六癸在酉地餘倣此

出三奇吉門

經曰出六乙門禹步三呪曰白虎除道將當前道吾慎勿憹仁德之士速便求助急急如九天玄女元君律令默念後丙奇同出六丙門禹步三呪曰天罡揚威武當從青龍與白虎行誅天賊及六虜敢有不從伏天斧

出六丁門禹步三呪曰六丁玉女名神哥呼而問之道所在當從斗表入斗裏清冷之淵多神草折以自障勿驚駭凡出三奇吉門事速亦可直去志心信之其神自驗慎勿回顧

上障曰九天之上六甲子

師巫將符來造葬後百日內女人拾得珠翠歸周年生貴子大旺田蠶

天心值申僧道前來金鼓四鳴百鳥交噪紅裙女人送酒至造葬後寡婦坐堂拾得古宮大發

天柱值申水鷹拐掠禽墜地及青衣人攜蓋至造葬後囚火喪家

天任值申大風雨至人打鼓至僧道着黃衣爲孩造葬後七日甑鳴女人被火湯燒死

天英值申有孕婦大哭西方有金鼓聲及僧道持蓋造葬後六七十日內大凶

謂當六甲直符之時背之而擊其中無不勝也

○經曰揚兵於九天之上者謂易稱乾納甲壬乾爲天天道上昇以壬數至甲其數九故六甲爲九天之上六甲皆稱甲子者以干支之長舉上以明下故六甲皆稱甲子

九地之下六癸酉故謂六癸之位皆稱九地之下凡逃亡絕跡當以天上六癸所臨之方下出入易稱納乙癸坤爲地地道下降從乙數至癸亦爲九故六癸皆九地之下所六癸皆稱癸酉謂六癸係是甲子之終

三奇之靈六丁卯　謂六丁爲三奇之靈凡行來往出入用兵戰鬥皆吉又云六丁爲六甲之陰丁卯之神字文伯丁丑神字文綜丁亥神字文公丁酉神字文通丁未神字文卿丁巳神字巨卿凡鬥爭出入行來六丁之神當呼其名所謂三奇之靈六丁卿者以丁卯爲甲子之陰故也　六丁陰神名　丁丑神名梁丘叔　丁未神王屈奇　丁巳神許威虵　丁酉神費陽多　丁亥神陸成陸

丁卯神孔林族

六合之中六己巳　謂六己之位皆爲六合之中凡陰謀秘密隱伏

九星酉時剋應

○天蓬天芮值酉西方有赤馬孳鵝四蹄造葬後百日內家生貴子僧道作牙進商音田地大發

天沖天輔值酉遠方人送書至東方狐狸咬叫婈人把火至造葬後周年主貴子得横財大發

天禽值酉西方火起人家相打大叫鼓聲遠衆造葬後周年生貴子大發

天任天心值酉僧道尼姑把火西南水北方鐘鼓聲造葬後七十日內進商音牛馬官員財喜遂信主大吉

天英值酉西方有人相爭

之事皆從天上六己所臨之方而出莫覩之經曰六合爲私門獨出獨入無有見者所以六己爲六合中者從甲數至己甲與己合故六合之中矣已己者亦舉甲子一旬之義故稱六己已也

涉險危之中

元經曰若涉險危之中山河水淵之際兵不得移轉賊從利方上來即視天時若陽時者令士卒皆祖前左肩引声大叫鳴上擊鐘先而擊之若陰時令士卒含枚駐車馬桴鼓靜以待之若敵人四面圍之者宜分軍爲三部一部居月建上一部居月德上一云日月德上一部居生神上大將軍在亭亭上引兵而擊之則大勝也

飲食左右冠帶步履

三元經曰六甲爲飲食宜向旬中六甲假令甲子旬向子上也甲左右六丁謂左右宜向旬中六丁假令甲子旬向卯上也冠帶六戊爲冠帶宜向旬中六戊假令甲子旬向辰上也步履乾坤者謂初舉左足而言乾次舉右足而言坤三舉左足而言元四舉右足而言亨五舉左足而言利六舉右足而言貞一步

烏鵲喧噪白衣女人懷孕至造葬後未六十日小口宅母折定破財一百日因口舌得財

九星戌時尅應

○天蓬天芮值戌有老人持杖來西方雷雨三牙猿入擔雞來造葬後有南大自至六十日內拾得單器得横財發

天冲天輔值戌西上有三五人把火來尋物師巫人至造葬後雞上樹啼遠方信至獲羽音人財周年小口破小踏損

天禽值戌東北方有鐘聲音及鐃鈸聲青衣童子携蓋至六十日後有白

一言行六步而去勿回顧隨所去方害不能及身也

禁惡人鬼火法

呪曰吾是元皇之孫太上之子卩合聖眞神氣行於東西南北鬼隨吾驅使吾東向一噀九木皆折南向一噀火消滅西向一噀金剛缺北向一噀水流絶道氣隨吾所說急急如律令

○五將天獄訣

凡戰敵動鼓聲必審五將天獄在何方避之大吉如不避犯之者必輸爲將者流禦寇領衆發兵要陣却不得向五將天獄犯之上將死　又云攻戰宜避五將五帝生氣歲月孤方不可攻伐若賊從此方來宜避之引軍鋒利便擊之則勝

五帝五將 金方寅午戌月東方亥卯未月南方申子辰月西方巳酉丑月北方

○入出山中用局

伍子胥曰　凡入山以天輔時奇門合處入　出山以明堂時奇門合處出吉

將兵不可用旬中地兵　若犯旬中地兵上將死戰陣謹審之

旬中地兵曰甲子旬日寅甲戌旬日午甲申旬日戌甲午旬日申甲辰旬日子甲寅旬日辰

覓至大發得寡母田契
天心值戌南方大叫賊驚
小兒牽牛至百日內家
生貴子金雞鳴玉犬吠
二年後請樂
天柱天英值戌有女人把
白布至西有鼓聲北上
樹倒打人大叫六十日
蛇虫人咬人瘟疫死敗

九星亥時感應

○天蓬天芮值亥時小兒
成群女人着孝服至造
葬後四姪賊得財谷三
年出人逆法賣符呪木
起家
天冲天輔值亥有賊足青
衣人至東北上人家火
光造葬百日猫兒捕白

○王帳經論撰勝諸局

凡用兵之法有三陣爲能審之者爲良將日月星辰斗杓空石向背天陣也丘陵水泉草木山林地陣也士卒車馬計謀人陣也凡欲出戰下營佈陣先須知太歲大將軍太陰月建之位此爲地下之神萬人以上兼之利百人以上千人萬人皆同用也然出兵戰關並宜背之更不犯天罡乃大勝也天罡者即天上太歲所臨之下若天上太歲與地下太陰大將軍月建併但背一神擊之萬全勝也若天上天罡臨處陰兵出其下擊敵方不失一 但以月將加正時正時正月寅二月丑三月子四月亥五月戌六月酉七月申八月未九月午十月巳十一月辰十二月卯首天罡所在便乘天罡下擊之又當陣擊敵攻突圍之時從天罡嘜一聲鼓四出十人當於更得背太歲大將軍青龍月建大勝也

凡出陣日勿令魁罡蛇虎四神臨將軍年命日辰必爲敵擒切須避四神所在尤忌出人

凡軍馬在營可取月建加時定問路出路也若遇野戰之時可求山川之便藏伏高山之凹更要審溝瀆丘林天上神殺利便

鼠爲聰進商音人田契
大發得妻家財
天禽值亥西北上有婦人
笑聲大風從西起樹倒
折屋大叫造葬後六百
日內進鐵匠財物商音
人作牙進僧道產
天心值亥金推鳴下犬吠
老人戴皮帽手挑鐵對
主造葬後七日內有不
成姓名上門借宿遺下
財物而去
天柱天任值亥主西方有
玉磬聲山下人把火划
喧造葬後因救火得財
天英值亥咬人把火來造
葬後百日內有賴疾人
上門由幄身死破財

經曰能通五不勝可萬全○凡戰經云春宜向西夏宜向南秋宜向
東冬宜向南此時之令致然也若得日辰天上之方利便可卻藥
敵若不得其便難取路只得以天營井地下大將軍天罡青龍等
爲向皆大勝也若三百里三下人亦可以日辰天士之方取勝也
背死向生者此軍即從生門下出若便戰即背生向死擊之令敵人
在死門之下勝
若急臨敵後有風漸急則須速乘其勢若有風從左右或後起宜勒
兵向風來之處必有伏兵起也
○兵有五不擊一不擊天乙二不擊九天三不擊九地四不擊生門
五不擊直使我軍宜居其上吉
○兵有三勝　居天乙直符宮背勾陳而擊其沖一勝居九天之上
擊其沖二勝自生門擊死門此三勝也
背孤擊虛　孤虛之法萬人以上用歲孤千人以下用月孤百人以
下用時孤及旬中孤　太公曰背孤擊虛萬人無餘
孤虛法　在子時東孤西虛以一敵七丑時南孤北虛以一敵三寅
時東孤西虛以一敵五十辰時北孤南虛以一敵九十巳時西孤

○用五陽時五陰時
甲乙丙丁戊五干爲陽善
神治事百事可爲利爲
客用奇兵
己庚辛壬癸五干爲陰凶
神治事百事不可爲利
爲主用伏兵於山林可
○避三避五
三震宮生熟之方爲吉五
無門戶爲死氣爲凶
又如時下三宮甲子日用
丙寅時爲吉用戊辰時
爲凶之類是也
○逐日起天罡時吉凶
天罡時前見遇傳送登明
神后大吉功曹勝光吉
天罡太乙從魁河魁太
冲小吉凶

東虛以一敵九午時東孤西虛以一敵五未時北孤西虛以一敵
六日入東孤西虛以一敵五戌亥時南孤北虛以一敵七
○兵貴背雄擊雌
凡戰起雄者勝雌者敗　雄春寅夏巳秋申冬子　雌者春申夏亥
秋寅冬巳　又不以青抵白甲乙日不可以西攻北不可以黑抵
黄壬癸日不可以攻四維也　勿使囚對相死對生也
○兵貴背亭亭擊白奸
亭亭天之貴神當與白奸合於巳亥格寅申當合之時俱背之當搭
之時背亭亭而擊其冲無不勝也
兵貴背遊都等神
背遊都十當五百　背太歲一當萬　背大將軍一當五千　背太
陰月建河魁亦如之　貴背德向刑吉
○天門方局
從天門方百戰百勝切不可自居百死之上按天門方與月破同位
又與血傷神同位初出軍忌之若戰則不忌矣
百死方即亭亭對冲是也

## ○八神句

直符 二九天 三九地
四白虎與勾陳同宮
五玄武與朱雀同宮
六六合 七太陰
八螣蛇 惟直符九天
九地六合太陰大吉
白虎玄武螣蛇勾陳朱
雀俱凶

經曰 九天之上可揚兵 九地之下可立寨 太陰之下可設伏 六合之中可逃亡 如有急不得待吉門而出便從天乙所居宮并直符之下出吉所謂緩則從門急則從神也

## 神遁九星占

天蓬即太乙神坎宮一白水星旺于冬值此星宜按撫百姓邊境修築城池不利客利主春夏將兵大勝秋冬凶并不利遠行商賈加八宮在四季月戊己辰戌丑未日有黃雲從東北西南來戰勝加九宮在春秋冬或壬癸亥子日有黑雲從西北來吉

天任即太陰主天下陰德周賑之事八白土主艮旺于春值此星宜請謁將兵四時皆吉萬神助之不戰可令敵人降移從遣不吉加三宮冬春月或甲乙寅卯日有青雲從東來或東南來大吉加一宮在四季月戊己辰戌丑未日有黃雲從四方來吉

天冲即軒轅與文昌三公一體同三碧木主震旺於春分後值此星宜出師設伏春夏將兵大勝秋冬無功不宜嫁娶移從市賈加二八宮在冬春甲乙寅卯日有青雲從正東來或南來應吉

天輔即招從主朗兵芒角動兵起四祿屬木主巽旺於孟夏值此星宜蘊身修運敦德崇禮將兵春夏勝得地千里嫁娶多子春夏吉加六七宮在季夏後在秋月或庚申辛酉日有白雲從正西來吉加八九宮在春夏月或丙丁巳午日有赤雲從南來吉

九星旺相訣

九星旺于我生月相于我同類月死于生我月休于我剋月囚于剋我月一以五行亭推之

九上吉次吉星得旺相氣大吉若衰絶無氣中平

凡大凶星得旺相氣大凶小凶星得旺相氣中平

○八門旺相訣

凡八門旺于本宮相于前一宮胎于前二宮没于前三宮廢于後一宮休于後二宮囚于後三宮死于後四宮○吉門遇旺相大吉死囚休廢中平凶門遇旺相大凶死囚休廢凶中平

加二四宮夏秋月或庚申辛酉日有白雲自西北來吉

天心即青龍爲壽星六白屬金主乾旺于秋冬値此星宜見君子不利小人宜將兵秋冬勝得地千里春夏不利百事不吉

如八九宮在春夏月或丙丁巳午日有赤雲從正南來吉

如在二四宮夏秋月或庚申辛酉日有白雲從西北來吉

○時下得九星例

假令冬至上元一局甲巳日夜半得甲子坎一宮行至寅時在三宮下得天冲星在時宜進兵行師用事謂之看來旺氣也餘倣此

○九星行兵吉凶例

天蓬平穩宜堅固　天芮須憂士卒亡　天輔遠行近則吉　天柱軍馬近還傷　天英將兵何須出此上五星凶莫當雖合三奇門從吉亦應危難見悽惶　天冲揚威万里行　天禽雄猛敵軍傾　天心計畫他須敗　輔道天任戰大功

○九星八門主客

九星爲主爲軍八門爲客爲將以主勝客榮以軍剋將者凶

# 新鐫歷法總覽鰲頭通書大全

## 禽遁大全

謂禽年月日時起例審禽活曜等事

## 演禽經緯論

○年月總論

天昔諭昴氏日禽星者乃天地之經緯造物之樞機春夏秋冬之主宰年月日時之紀綱故北辰北極天地之樞紐居其所而衆星拱之諸星則隨天遶地左旋而歸向之也二十八宿焱羅九野爲七政次舍天度之交會也故仲春星火東星鳥南星昴西星虛北則井至軫軫宿見南方也仲夏則鳥轉西火轉

## 二十八宿所屬宮之圖

申：觜火猴　參水猿

未：井木犴　鬼金羊

午：柳土獐　星日馬　張月鹿

巳：翼火蛇　軫水蚓

酉：胃土雉　昴日雞　畢月烏

戌：奎木狼　婁金狗

辰：角木蛟　亢金龍

卯：氐土貉　房日兔　心月狐

仲春星鳥在南
仲夏大火轉南
仲秋星虛轉南
仲冬星昴轉南

亥：壁水㺄　室火猪

子：危月燕　虛日鼠　女土蝠

丑：牛金牛　斗木獬

寅：箕水豹　尾火虎

二十八宿附天而行聖人仲春仲夏仲秋仲冬之月於南方考星房虛昴之中星以正四時考天度仲春星火東星鳥南星昴西星虛北

南虛轉東昴轉北則角至箕七宿見南方也仲秋火轉西虛轉南昴轉東烏轉北則斗至壁七宿見南方也仲冬虛轉西昴轉南烏轉東火轉北則奎至參七宿見南方也循環無端乾健不已所以運造化之樞机也造運四時惟南方可考者所以聖人面南而治也故堯命羲和曆象日月星辰敬授民時舜在璿璣玉衡以齊七政也夫星之象故懸于天星之氣運行于地天與日月星辰當夜旋遶局常一瞬總停子而星與

年禽起例詩

六十年來本一元　四百二十七元全　一千二百六十十歲三元循將依舊還　但上元甲子起虛至四百二十年則虛復為中元又四百二十年則虛為下元又四百二十年則虛復為上元是一千二百六十年三元循將依舊還也要之不外乎日月火水木金土七政排論週而復始也

七元年禽定局　嘉靖四十三年中元甲子虛日鼠值年　隆慶元年丁卯壁水㺄　萬曆元年癸酉觜火猴值年至四十八年庚申歲虛日鼠值年　以後一年一星輪去

萬曆元年觜參井鬼柳星張翼軫角亢氐房心尾箕
觜宿至鬼斗牛女虛危室壁奎婁胃昴畢觜參井鬼
亥壁宿下柳星張翼軫角亢氐房心尾箕斗牛女虛
元甲子奎危室壁（下元甲子）奎婁胃昴畢觜參井鬼柳星張翼

用禽起例

會得年禽月易求　太陽用角木參頭　太陰室宿火星值
金心土胃水騎牛　如太陽值年正月起角宿順數十二月

歲月日時週流布氣何有一須刻止乎故禽星與年月日時之獨用也然禽星有天地水族之類方有鴻火刀砧之嫌飛禽走獸宜各得其旺相地位進退飛伏要各識其變化貫通喜忌含權恰惡者吞陷眞怒此故取性而言之究其理不越乎陰陽之化氣五行之衰旺善用者隨其四禽之交順審其四禽之化氣察其四禽之鎖宿合乎三奇之照耀是爲天河轉運精于年月日時之妙用而人事之吉凶禍福莫能遁矣

七元月禽定局

| | 正 | 二 | 三 | 四 | 五 | 六 | 七 | 八 | 九 | 十 | 十一 | 十二 |
|---|---|---|---|---|---|---|---|---|---|---|---|---|
| 四太陽值年 | 角 | 亢 | 氐 | 房 | 心 | 尾 | 箕 | 斗 | 牛 | 女 | 虛 | 危 |
| 四太陰值年 | 室 | 壁 | 奎 | 婁 | 胃 | 昴 | 畢 | 觜 | 參 | 井 | 鬼 | 柳 |
| 四火星值年 | 星 | 張 | 翼 | 軫 | 角 | 亢 | 氐 | 房 | 心 | 尾 | 箕 | 斗 |
| 四水宿值年 | 牛 | 女 | 虛 | 危 | 室 | 壁 | 奎 | 婁 | 胃 | 昴 | 畢 | 觜 |
| 四木宿值年 | 參 | 井 | 鬼 | 柳 | 星 | 張 | 翼 | 軫 | 角 | 亢 | 氐 | 房 |
| 四金宿值年 | 心 | 尾 | 箕 | 斗 | 牛 | 女 | 虛 | 危 | 室 | 壁 | 奎 | 婁 |
| 四土宿值年 | 胃 | 昴 | 畢 | 觜 | 參 | 井 | 鬼 | 柳 | 星 | 張 | 翼 | 軫 |

日禽起例

七元禽星會者稀　虛奎畢鬼翼氐箕　但將甲子從頭數

元元相續報君知　假如一元甲子起虛二元起奎三元起畢四元起鬼五元起翼六元起氐七元起箕爲官曆日下所值之宿是也每元以甲子己卯甲子己酉日值宿爲四將星

一元虛張室軫遊　二元奎亢胃房求　三畢尾參水覓斗

四鬼女星危月流　五翼壁角婁金狗　六氐昴心觜火猴

七箕井畔牛邊柳　此是七元四將頭

○二十八宿名目并次序

角木蛟 亢金龍 氐土貉
房日兎 心月狐 尾火虎
箕水豹 斗木獬 牛金牛
女土蝠 虛日鼠 危月燕
室火猪 壁水㺄 奎木狼
婁金狗 胃土雉 昴日雞
畢月烏 觜火猴 參水猿
井木犴 鬼金羊 柳土獐
星日馬 張月鹿 翼火蛇
軫水蚓

以後番禽翻將之用並依此序循環數矣

○七曜論

七曜者日月火水木金土也每一曜得四宿統之七四二十八宿週而復始性特運行於年月日

每將星管十五日翻禽如一元甲子虛日鼠爲一元一將頭他同

| 七元日禽局 | 一元 | 二元 | 三元 | 四元 | 五元 | 六元 | 七元 |
|---|---|---|---|---|---|---|---|
| 甲子 | 虛伏斷 | 奎 | 畢 | 鬼 | 翼 | 氐 | 箕 |
| 乙丑 | 危 | 婁 | 觜 | 柳 | 軫 | 房 | 斗伏斷 |
| 丙寅 | 室伏斷 | 胃 | 參 | 星 | 角 | 心 | 牛 |
| 丁卯 | 壁 | 昴 | 井 | 張 | 亢 | 尾 | 女伏斷 |
| 戊辰 | 奎 | 畢 | 鬼 | 翼 | 氐 | 箕伏斷 | 虛 |
| 己巳 | 婁 | 觜 | 柳 | 軫 | 房伏斷 | 斗 | 尾 |
| 庚午 | 胃 | 參 | 星 | 角伏斷 | 心 | 牛 | 室 |
| 辛未 | 昴 | 井 | 張伏斷 | 亢 | 尾 | 女 | 壁 |
| 壬申 | 畢 | 鬼伏斷 | 翼 | 氐 | 箕 | 虛 | 奎 |
| 癸酉 | 觜伏斷 | 柳 | 軫 | 房 | 斗 | 危 | 婁 |
| 甲戌 | 參 | 星 | 角 | 心 | 牛 | 室 | 胃伏斷 |
| 乙亥 | 井 | 張 | 亢 | 尾 | 女 | 壁伏斷 | 昴 |
| 丙子 | 鬼 | 翼 | 氐 | 箕 | 虛伏斷 | 奎 | 畢 |
| 丁丑 | 柳 | 軫 | 房 | 斗伏斷 | 危 | 婁 | 觜 |

時之間故經去能知七元七曜法將禽倒將日無差此可知禽之番七以此也所係詎不大歟

○分別天地山水家禽

夫上飛禽皆能伏地歌

危月燕　女土蝠　昴日雞　畢月烏井木犴

地獸不能制天禽　氐房心尾箕斗牛奎室婁胃觜參柳鬼星張

水禽不能制山禽　角亢斗壁軫　只牛金牛能伏亢金龍

中禽不能制水禽　貉兎狐虎豹牛狼鹿獐狗馬猴猿雉

家禽　猪狗羊馬牛雞

戊寅　星　角　心　牛　室伏斷胃　鬼

己卯　張　亢　尾　女伏斷壁　昴　井

庚辰　翼　氐　箕伏斷虛　奎　畢　鬼

辛巳　軫　房伏斷斗　危　婁　觜　柳

壬午　角　心　牛　室　胃　參　星

癸未　亢　尾　女　壁　昴　井　張伏斷

甲申　氐　箕　虛　奎　畢　鬼伏斷翼

乙酉　房　斗　危　婁　觜伏斷柳　軫

丙戌　心　牛　室　胃伏斷參　星　角

丁亥　尾　女　壁伏斷昴　井　張　亢

戊子　箕　虛伏斷奎　畢　鬼　翼　氐

己丑　斗伏斷危　婁　觜　柳　軫　房

庚寅　牛　室伏斷胃　參　星　角　心

辛卯　女伏斷壁　昴　井　張　亢　尾

壬辰　虛　奎　畢　鬼　翼　氐　箕伏斷

癸巳　危　婁　觜　柳　軫　房伏斷斗

## 番他禽訣論

○詩例云

用時支上起將星　順行逐位向時禽　尋得時禽权且止　逆回時位覓他入　順數一週逆二轉　逆數兩轉兩番尋　時師若不加進時　枉使千年也不靈

眞法如一元甲子管下是丁卯日將星係虛日鼠日禽係壁水貐也子時水起畢順數午時用事其時禽係星日馬卽從午上起將星虛宿順尋兩轉至甲上得時禽星日馬而止復從申上

| | | | | | | |
|---|---|---|---|---|---|---|
| 甲午 | 室 | 胃 | 参 | 星 | 角伏断心 | 牛 |
| 乙未 | 壁 | 昴 | 井 | 張伏断亢 | 尾 | 女 |
| 丙申 | 奎 | 畢 | 鬼伏断翌 | 氐 | 箕 | 虛 |
| 丁酉 | 婁 | 觜伏断柳 | 軫 | 房 | 斗 | 危 |
| 戊戌 | 胃伏断参 | 星 | 角 | 心 | 牛 | 室 |
| 己亥 | 昴 | 井 | 張 | 亢 | 尾 | 女 | 壁伏断 |
| 庚子 | 畢 | 鬼 | 翌 | 氐 | 箕 | 虛伏断奎 |
| 辛丑 | 觜 | 柳 | 軫 | 房 | 斗伏断危 | 婁 |
| 壬寅 | 参 | 星 | 角 | 心 | 牛 | 室伏断胃 |
| 癸卯 | 井 | 張 | 亢 | 尾 | 女伏断壁 | 昴 |
| 甲辰 | 鬼 | 翌 | 氐 | 箕伏断虛 | 奎 | 畢 |
| 乙巳 | 柳 | 軫 | 房伏断斗 | 危 | 婁 | 觜 |
| 丙午 | 星 | 角伏断心 | 牛 | 室 | 胃 | 参 |
| 丁未 | 張伏断亢 | 尾 | 女 | 壁 | 昴 | 井 |
| 戊申 | 翌 | 氐 | 箕 | 虛 | 奎 | 畢 | 鬼伏断 |
| 己酉 | 軫 | 房 | 斗 | 危 | 婁 | 觜伏断柳 |

星日馬番逆数兩轉至牛得虛日鼠爲番禽乃他禽也又謂之他人此係兩轉番尋之例也若從將星尋時禽但数二轉而得者轉番他禽亦從一轉而止餘依此

○時禽番活曜訣

日畢月尾火番奎　水氐木虛金尋牛
上宿逆從箕位定　此是番禽活曜頭

例日

辨論的餘試可曰按前詩訣凡番活曜頭時禽四水宿番虛日鼠四金宿番牛金牛四月宿番尾火虎四火宿番奎木狼四木宿番氐土貉四日

## 時禽起例

|  | | | | | | | |
|---|---|---|---|---|---|---|---|
| 庚戌 | 角 | 心 | 牛 | 室 | 胃伏斷 | 參 | 星 |
| 辛亥 | 亢 | 尾 | 女 | 壁伏斷 | 畢 | 井 | 張 |
| 壬子 | 氐 | 箕 | 虛伏斷 | 奎 | 畢 | 鬼 | 翼 |
| 癸丑 | 房 | 斗 | 危 | 婁 | 觜 | 柳 | 軫 |
| 甲寅 | 心 | 牛 | 室伏斷 | 胃 | 參 | 星 | 角 |
| 乙卯 | 尾 | 女伏斷 | 壁 | 畢 | 井 | 張 | 亢 |
| 丙辰 | 箕伏斷 | 虛 | 奎 | 畢 | 鬼 | 翼 | 氐 |
| 丁巳 | 斗 | 危 | 婁 | 觜 | 柳 | | 房伏斷 |
| 戊午 | 牛 | 室 | 胃 | 參 | 星 | 角伏斷 | 心 |
| 己未 | 女 | 壁 | 畢 | 井 | 張伏斷 | 亢 | 尾 |
| 庚申 | 虛 | 奎 | 畢 | 鬼伏斷 | 翼 | 氐 | 箕 |
| 辛酉 | 危 | 婁 | 觜伏斷 | 柳 | 軫 | 房 | 斗 |
| 壬戌 | 室 | 胃伏斷 | 參 | 星 | 角 | 心 | 牛 |
| 癸亥 | 壁伏斷 | 畢 | 井 | 張 | 亢 | 尾 | 女 |

日起時禽起子時　日虛月鬼火從箕
水畢木氐金奎位　土宿還從翼宿推

宿番畢月烏四十宿番箕水豹也已上六曜無疑惟有上宿本云番箕又一云番翌二者誰是固可疑也且番活曜以他禽來番或以時禽來番二者亦尤可也今將各書詳辨于左俟高明者詳之

以他禽番者其例如上丁卯日午時用事時禽星日馬番得虛日鼠為他禽却以虛來番畢月烏為活禽頭就以畢起寅宮不論順逆一向順行數至用事午時之官得鬼金羊為活曜為之我禽窃空此說為非矣

○假如太陽值日以虛起子順行十二時餘倣此　立成定局于后

七元時禽定局

| | 日 | 月 | 火 | 水 | 木 | 金 | 土 |
|---|---|---|---|---|---|---|---|
| 子 | 虛伏斷 | 鬼 | 箕 | 畢 | 氐 | 奎 | 翼 |
| 丑 | 危 | 柳 | 斗伏斷 | 觜 | 房 | 婁 | 軫 |
| 寅 | 室伏斷 | 星 | 牛 | 參 | 心 | 胃 | 角 |
| 卯 | 壁 | 張 | 女伏斷 | 井 | 尾 | 昴 | 亢 |
| 辰 | 奎 | 翼 | 虛 | 鬼 | 箕伏斷 | 畢 | 氐 |
| 巳 | 婁 | 軫 | 危 | 柳 | 斗 | 觜 | 房伏斷 |
| 午 | 胃 | 角伏斷 | 室 | 星 | 牛 | 參 | 心 |
| 未 | 昴 | 亢 | 壁 | 張伏斷 | 女 | 井 | 尾 |
| 申 | 畢 | 氐 | 奎 | 翼 | 虛 | 鬼伏斷 | 箕 |
| 酉 | 觜伏斷 | 房 | 婁 | 軫 | 危 | 柳 | 斗 |
| 戌 | 參 | 心 | 胃伏斷 | 角 | 室 | 星 | 牛 |
| 亥 | 井 | 尾 | 昴 | 亢 | 壁伏斷 | 張 | 女 |

○總論　二十八宿周流說

夫年月日時皆有二十八宿所司元元相續周流無間週而復始如

金活曜既爲我禽則應不當以他禽末番也若將番禽他人之禽末番活曜則便爲他人之活曜而非我之活曜又安得謂之我禽哉此說所以爲非也但其法載自喻晃太成通書經緯年用篇之未明設○假如用法等盤例具在示人以他禽番活曜以活曜頭從寅宮順数至用時之宮有順行而無逆行看其用時之宮所得何禽爲活曜○兼桑柯月潭官板通書起例同此是柯氏之誤與喻氏同誤之也○以時禽番者

天之行健也然而禽曰七元者何也因甲子六十值有二十八以七遍甲子配十五遍二十八宿各皆四百二十数故爲七元小是以一元甲子起虛二元奎三元畢四元鬼五元翌六元氐七元箕每元中二遍禽星而又進四宿也但六十年又有上中下元以虛奎畢鬼翌氐箕除之必一千二百六十年分作二十一元乃得虛彼爲上元矣○司月者以日月火水木金土七曜年禽計之共得八十四個月一月一禽三遍二十八宿恰周其数而太陽值年則正月起角二月亢焉○司日者以六十甲子二遍禽星而又進四宿則一元虛二元奎之例是也○司時者以值日宿之日月火水木金土七元每元十二時七元則八十四時亦三遍禽星恰過其数焉是以年月日時各有宿之所司元元相續而無間断然司時者有小数有大数小数者即七元白而三遍二十八宿八十四時是也大数者一元甲子六十日共七百二十時禽星有二十五遍零二十宿是以一元甲子虛日子時起虛二元甲子奎日子時起氐三元甲子畢日子時起鬼四元甲子鬼日子時起奎五元甲子翌日子時起箕六元甲子氐日子時起翌七元甲子箕日子時起

其例為上午時用事時禽星日馬却以星月馬畨畢月烏為活曜頭從寅上起畢逆数染時禽星日馬落在申宮就于申宮起星日馬順回数至午時上宮得箕水豹為活曜為之我禽也其法先逆後順與前之有順而無逆者不同予切信此法為是蓋時禽原属我禽畨禽原為他人之禽不從他禽畨活曜而以時禽畨之則活曜原為我禽畨出来此活曜之所以為我禽其法當矣然以法不載之喻晃大成通書七元時

畢逐元推之皆二十五遍禽星而又進二十宿也元元相續何曾有一時之間斷哉今人不會一元倒一指之而語矣

一元甲子起虛則六旬之內凡四日宿值日者以日　虛起子時
二元甲子起奎則六旬之內凡四日宿值日者以月　鬼起子時
三元甲子起畢則六旬之內凡四日宿值日者以火　箕起子時
四元甲子起鬼則六旬之內凡四日宿值日者以水　畢起子時
五元甲子起翌則六旬之內凡四日宿值日者以木　氐起子時
六元甲子起氐則六旬之內凡四日宿值日者以金　奎起子時
七元甲子起箕則六旬之內凡四日宿值日者以土　翌起子時

○如此倒指以授時歷日禽推之則每元癸亥甲子之交俱跳過一十二禽元元愈差豈是理哉且與日虛月鬼火從之訣只一元是而餘六元皆非矣誤之甚矣一元倒一指在其中後之改明可據

七元申　酉　戌　亥
伏斷未　掌　子
日時午　訣　丑
起例巳　辰　卯　寅

一元　甲子虛起寅　二元　甲子奎起卯
三元　甲子畢起辰　四元　甲子鬼起巳
五元　甲子翌起午　六元　甲子氐起未
七元　甲子箕起甲　逢丑退一位過寅是伏斷

星活擢篇之首各立有假如用法及載定硬例詳明與前經緯年月篇不明載者大異喻氏其何無定一人而前後異見一書而前後異法異兹所不服矣厥後顧𢘟間集發微通書創其先之以他禽衝者而不載從其後之以時禽衝者而錄之亦頗有主見而知主客彼我之辨者矣但顧氏所錄活曜之法雖是而其以日禽起時禽之法仍喻氏之舊集而不從日虛月鬼火箕水畢木氐金奎土翌之法反用翻活曜者日畢

○永定七元伏斷日立成

一元甲子起虛　甲子丙寅癸酉壬午己丑辛卯戊戌丁未丙辰癸亥

二元甲子起奎　壬申辛巳戊子庚寅丁酉丙午癸丑乙卯壬戌

三元甲子起畢　辛未庚辰丁亥丙申乙巳壬子甲寅辛酉

四元甲子起鬼　庚午丁丑己卯丙戌乙未甲辰辛亥庚申

五元甲子起翌　己巳丙子戊寅乙酉甲午辛丑癸卯庚戌己未

六元甲子起氐　戊辰乙亥甲申癸巳庚子壬寅己酉戊午

七元甲子起箕　乙丑丁卯甲戌癸未壬辰己亥戊申丁巳

○右七元伏斷日即官曆日下所值伏斷宿也　伏斷捷歌云

子虛丑斗寅嫌室　卯女辰箕巳房凶　午角未張申怕鬼

酉觜戌胃亥壁同　閱官曆值宿不勞推算但前例不可不知

陳希夷云　干剋支及干支比和月輕惟支剋干日反凶若犯庚辛日其禍尤速忌之修造八宅諸事忌惟葬埋修塘不忌

七元伏斷暗金齊到例

假如戊戌年胃土雖值年土以翌宿加子順行亢金龍到卯牛金牛到戌則卯戌二日犯亢牛二暗金也再立定局于左以便觀覽

月尾火奎水氐木虎金牛土箕之例用之以起時則時就起錯活曜有何驗乎此顧氏亦可哂也○看來番活曜法勿從柯氏及喻氏先載之例以他禽者俱非也當從顧氏及喻氏後載之例以時禽來番者為的故本集後番盤局俱用此法為的○起時當用七曜起時訣如日虛月鬼火從箕之例柯氏所載者為是○勿用番活曜之訣用之以起時如顧喻二氏之所載則誤○番活曜頭禽訣以日月火水木金土無疑

十二支掌

| | | | |
|---|---|---|---|
| 申 | 酉 | 戌 | 亥 |
| 未 | | | 子 |
| 午 | | | 丑 |
| 巳 | 辰 | 卯 | 寅 |

七曜禽星會者稀○日虛月鬼火從箕
水畢木氐金奎位○土宿還從翌星推
記取值年星上取○移將月宿去求時
嘉靖中元甲子虛○萬曆癸酉翼軫虛

○永定暗金伏斷齊到日立成

太陽值年一年之內只有巳日犯暗金更逢房宿伏斷齊到

太陰值年子虛未張暗金伏斷　火星值年酉觜寅室暗金伏斷

水星值年辰箕亥壁暗金伏斷　木星值年午角一日暗金伏斷

金星值年丑斗申鬼暗金伏斷　土星值年卯女戌胃暗金伏斷

## 永定值年暗金日詩

太陽逢巳陰子未　火星雞虎水猪龍
土星兎犬木騎馬　金歸申丑不須輪

○永定暗金伏斷時定局立成

子時　太陽值日虛重見鬼　丑時　火星值日斗重見婁

寅時　太陽值日室重見牛　卯時　火星值日女重見婁

辰時　木星值日箕重見鬼　巳時　土星值日房重見婁

午時　太陰值日角重見牛　未時　水星值日張重見亢

至于土宿當從其沓豹者爲是柯氏云沓翌者則非矣○外又有近刻然法大旨其沓活曜則從柯氏及喻氏先載之例以他禽來沓其法不待言矣○至於活曜之法切從柯氏及喻氏先載有順行無逆行之例要從顧氏及喻氏後載逆行而順回之法爲逆是而其始也以他禽沓活曜根本已錯以時禽沓活曜先逆順回於是覽者無謂彼典是集所載之不同而勿生疑矣二則存乎善斷者神詳而明之耳

（申時）金星值日鬼重見鬼（酉時）太陽值日觜重見婁

（戌時）火星值日胃重見牛（亥時）木星值日壁重見亢

## 永定暗金伏斷時詩

太陽子酉寅　太陰午日壽　火歸丑卯戌
金中木亥辰　水未土來巳　伏斷定時眞

推七元禽星暗金時　弁伏断脊到

七曜禽星会者稀　日虛月鬼火從箕　水畢木氐金奎位
土宿逆從翌宿推　常將日宿加時宿　子上循环重數之
若是逆牛須退轉　元元相續報君知　会者一元倒一指
不会七元七首詩

其法以官歷本日下值日星求時既得伏断時又以值時星重数以見暗金之義○假令太陽值日子時起虛順数到寅時室在寅是爲伏断室屬火火從箕再以箕星從子上重数到寅見牛是牛星金殺重來暗金伏於寅時段内此寅時忌乎室也寅本不忌室以牛星金煞重來故忌之又如太陽值日虛宿起子時本是伏断禾見暗金再依時下太陽遁虛從子上重数一遍則子時是鬼金羊金煞重來也惟火星值日丑斗十一時依逆牛退一位法不用時下

詩例歌例曰

○倒將訣法
○例他正將向何尋
將星時上向日禽
尋到日禽逆回轉
旋迴時上正星臨
倒他副將向何尋
時上逐位向日禽
尋到日禽逆回轉
旋迴時上副星尋
本身正副向何尋
將星兩轉向時禽
順把時用尋兩轉
時候分明正副星
○坐法行禽訣
七元演禽看氣將
常將氣將向時尋
尋到將辰方且住
逆回時上加一禽

木氐必退一位金奎起子重數到丑是婁爲暗金其餘倣此

又日一元倒一指者何謂也

如一元甲子起虛便以值日虛宿起子時是爲一元倒一指也

如二元甲子起奎倒次日婁宿乃以奎起子爲二元倒二指也

如三元甲子起畢倒三日參宿乃以畢起子爲三元倒三指也

如四元甲子起鬼倒四日張宿乃以鬼起子爲四元倒四指也

如五元甲子起翌倒五日氐宿乃以翌起子爲五元倒五指也

如六元甲子起氐倒六日斗宿乃以氐起子爲六元倒六指也

如七元甲子起箕倒七日室宿乃以箕起子爲七元倒七指也

天七元雖曰倒七指正合日虛月鬼火從箕水畢木氐金奎位土宿逐從翌宿推之訣又合元元相續報君知也○今喻免遍考載七元伏斷定局一元太陽值日子酉寅時犯是以虛起子也獨此一元合拾古詩二元太陽值日午時犯是以月鬼起子也三元太陽值日丑卯戌犯是以火箕起子也四元太陽值日到未時化是以水畢起子也五元太陽值日辰亥時犯是以木氐起子也六元太陽值日申丑時犯是以金奎起子也七元太陽值日到巳時犯是

假如五元甲子星日馬值日其夜子時合起虛日鼠用未時得昴日雞却將七星坐金狗於未上逐時順行到酉上見本時昴日雞乃作就酉上如昴逐位逆回到未上得觜火猴是坐禽前一位参水猿是门禽也其日禽星寅行禽参不相得可用餘以類推也

○彼我天地禽類

日禽爲他人所用之禽

時禽爲我用之禽

一云日禽爲衆家禽番禽是他禽活曜爲我禽彼禽即用禽我禽即他禽○凡番禽要番本身

以上翌起子也此皆喻宪例指之誤元七命差而所謂古歌云但將日宿去求時之旬元七相續報君知者大不同也天禽星年月日時皆無斷若依喻宪定局則二元奎不甲木氐便以奎起子每癸亥甲子之交但臨十二禽元七愈差愈遠明者查究

月禽伏斷定局

正室二奎三胃四畢五井六柳七張八軫九角十房十一箕十二牛

一禽星四季罗睺禁星青罗大煞日出行上官遠行嫁娶公訟造塋求財百事皆不利名四季伏斷日凶

春箕夏軫秋参上○　冬壁相逢不可當○　四星最惡君須記

官訟遠行皆受殃○　最忌出兵輕敵手○　却宜守寨保安康○

七元明金煞起例

一羊二兎三馬頭○　四虎五蛇六是猴○　七元辰上甲子移○

順寅便是明金煞○　俗云逢亥須退步　若是逢虎便傷人

假如一元未上起甲子則丙寅癸酉一日明金乙亥退轉壬午又是明金只此爲例餘以類推

七元禽星空亡大煞訣例

虛時柳火盡娥眉一元奎亢空亡燕鹿時二元畢烏久藏氐軫室三元

高丑有旺氣作用方吉

○禽中高貴不賤吉凶

禽中獨高宿畨禽倒將月

詩曰

第一高禽畢月烏○
諸禽來鬪盡皆輸○
斗木獬禽爲第一○
縱有高禽不敢當○
尾箕奎宿加臨到○
四足禽來盡被傷○
便是吉星從好處○
十戰九勝返故鄉○

禽出六等星以下日禽吉凶

歌曰

蛟龍熊馬升高飛○
猛烈無過奎尾箕○
狼宿若遇爲鬥敵○
不怕高山路崎嶇○

禽星吉凶人宿

鬼神攻此亢婁疑四元翌蛇去起雉箕兎五元氐蚓休教猴鬼知六元箕出應羊驚斗宿七元七元見此實堪悲○其法如三元甲子內時禽虛日鼠忌畨出他禽柳女二禽○二元內時禽危月燕張月鹿忌畨出奎木狼亢金龍之類

禽中天甲空亡　木名寡宿空亡日時逢之大凶

甲子奎婁危室壁○　甲戌胃昴畢觜參○　甲申井鬼柳星張○
甲午翌軫角亢臨○　甲辰氐房心尾箕○　甲寅斗牛女虛禽○

禽星旬中空亡十時取之

甲寅甲子土空亡○　甲午仙遊入水鄉○　甲申逢火不堪使○
甲戌逢金不可當○　甲辰木地爲空耗○　使禽先要避空亡○

禽中四季空亡

春忌四土宿○　夏忌四木宿○　秋忌四水禽○　冬忌四金宿○

禽星凶忌日

奎角氐亢斗與牛○　出兵定是不回程○　行船必定遭風浪○
造屋未成先哭声○　出行謀望皆逢盜○　經營百事總無成○
求官赴任定革職○　只爲時師說不精○

歌曰

翌危尾斗鼎星參。張日鹿兮共入禽。
赴舉求名及征討。當朝受寵立功名。

大吉禽星

詩曰

天上仙禽須細推。鹿龍行馬虎箕時。
行軍四陣皆得勝。不怕刀山劍戟林。

決忌星不可用

詩曰

欲識禽中是惡星。豬猴蛇蚓事难明。
心狐更忌箕星惡。万事施為總不成。
虛星女牛鬼金羊。作事求謀盡被傷。
更逢軫羊當路出。刑獄若身見血光。

七元禽中無頭星

一軫二氐三亢室。四虛五鬼定遭傷。六壁七張君須記。
值此凶星不可當。

禽星出入忌用太白詩

天上星禽凶最深，舉謀運用細推尋，奎婁角亢須迴避。
但要中他就死臨，牛鬼二星爲大白。君若抵犯定憂心。
若能慎得其星煞，國家何愁禍患侵。

禽星滅沒日

弦日逢虛海遇婁。朔辰遇角望亢求。虛鬼盈午爲滅沒。
凡事逢之定主憂，尾箕角亢須迴避。又爲滅沒禽強星。

禽星不吉滅沒日

金戌化爲鉄。火向未申絕。木辰枝葉枯。水土丑寅滅。

禽星值日三煞方

禽中三煞莫向方。占病房中必見殃。六甲行人多疾病。
假饒木佛也遭傷。

金煞寅午戌。火煞申子辰。水土煞亥卯未。木煞巳酉丑。

六悪禽

詩曰

氐房奎壁斗牛星。出軍定是不廻兵。戰鬪用之須敗陣。百事求謀總不成。尾箕牛女及虛危。興工造作不相宜。胃觜參井交競鬧。嫁娶遠行定不歸。

大煞大凶禽

詩曰

角亢氐房斗牛星。出軍最怕不廻兵。上官拜封俱停職。見陣須防煞盡兵。室井定應無泉出。用功修造損生灵。太白星高牛女鬼。若逢此曜定無成。

禽星凶宿忌用時

尾箕斗牛女虛危。造塟興工禍相隨。昴畢觜參井七角。嫁娶遠行定是虎。十二禽星名惡宿。年月日時一並推。

禽星十三退氣法

甲巳星日馬。乙庚須忌尾。丙辛除羊路。丁壬絕蛇蹤。戊癸猴边走。奎未怕亢尾。角星君須忌。出軍兵推逢。塟埋脩造犯。定主見災殃。行船遭風浪。買賣本錢空。

百禍禽

虛日忌逢亢。室時怕奎狼。胃日逢翌宿。造屋先架喪。

禽中天羅地網訣

戌亥爲天罗。飛禽怕难過。辰巳爲地網。走獸過生栈。

禽星逐日敗方

角乙亢氐在癸方。房坤心子尾寄羊。箕艮斗寅牛坤上。女甲虛戌危乙方。壁寅室巳奎居丙。婁寅卯丑細推詳。胃子畢亥觜居丑。參翌井寅鬼艮傍。柳庚馬卯張辛土。翌巽軫巳便成殃。天使七星相側尅。再看方道往軍場。兼看一局刀砧法。犯着須教見血光。

禽祿貴人星

詩曰

日向午時月向寅，火居巳土水居申，金居辰土木居未，土宿值卯貴人真，若遇此星爲將相，百事亨通遇貴人，此是禽中時合訣，時師能指卽通神。

之

詩訣

禽星入廟方

角乙亢壬氐在申
房癸心丁尾巳陳
箕丙斗寅女丁上
室癸虛甲壁子親
危辛奎乙胃昴好
昴亥畢宿土侵辰
觜子參癸鬼酉位
井柳生午及婁辰

## 泊落十二宮圖

## 禽星鎖泊

謂諸禽落泊江二宮休咎等事

〇鎖泊訣

申酉原來泊劍鋒，亥子日號泊江湖。
寅卯日泊山林中，辰戌日泊茅廟上。
丑未日泊田野好，巳午日泊湯火窩。

〇用法寅爲山，卯爲林，辰爲廟，巳爲湯，午爲火，未爲野，申爲刀，酉爲砧，戌爲路，亥爲河，子爲湖，丑爲田。

起例其法以本禽從長生起山順行過本時住〇如角木蛟用辰時從亥上起山順至辰值刀餘做此水十申起山火寅起山金巳起山月十月木起山是也

假如角木蛟水禽值亥子日泊亥子方江湖位上吉其餘值諸宿金水火土日皆做此加鎖得其吉位則吉也遇刀爲五刑官地禽遇之不吉不可用

## 禽星詩訣曰

星庚丑戌張辛好
軫張方中正旺與
禽星四季旺
蛟龍軫雉燕雞蛇
入到春來福自加
時日若逢居此位
自然進達轉榮華
兕獐蝠宿與狐羊
夏月逢之大吉昌
若遇廟堂多福祉
百事亨通降善祥
虎犴狼猴馬獅貐
入到秋來便可爲
百事經求多吉慶
爲官惟職未無虧
狼狗豬甲鼠豹牛
若經冬月更無憂
年月日時居此上

○鎖泊歌　張良作

寅卯山林爲第一。虎豹奎狼吉。巳午湯火最爲凶。一去便遭凶。
申酉刀砧君莫犯。地兵亦驚怕。亥子江湖振與龍。用壁定英雄。
丑上平田及絕地。千万專心記。未爲曠野細推詳。定取吉凶方。
辰崗四正君須記。方道要君知。戌爲平地路迢七。寸細好推磨。
千万占取吉凶方。坐定安將營。一戰一人勝万人。声响似雷鳴。

○禽星刑害刀砧湯火斷

尾昴湯火及刀砧　軫水須憂丑未臨　箕鬼氐房由忌子
心奎二宿一般尋　金狗從來未不學　金牛用軫酉爲刑
星張湯火憂寅上　危燕巳上莫相侵　觜參昴胃華辰凶
井壁原來忌卯宮　昴怕戌宮亢怕午　禽中刑害莫相逢

○禽星將家泊落訣

山水田園井刀砧草樨風火月週流轉所泊在其中。其法以木禽從長生數起山字順行遇木時即仕看泊在何位上如山水禽宜山水官利吉如本亥燕山水上申火寅金巳日午月未起山飛禽怕湯伏走獸忌刀砧

必出高官定作侯

禽星同李旺裝

## 詩例曰

角亢星危鬼柳房
春爲旺相夏還昌
秋天漸次衰危運
冬後還居土穴藏
昴女斗氐室壁張
夏天方便外行祥
秋天解使人榮貴
冬及三春万事昌
觜參井昴星翼奎
多繞欢悅在秋初
多季豈能超爵祿
春夏營謀万事全
奎牛心井軫婁虛
冬天送葬得便宜
秋若能生諸万物
春夏徒勞万事虧

## 諸禽且化泊落喜忌訣

龍蛟壁宿宜於江湖之歸　虎豹逞威居於山林之位　雞雉惡鳥日飛而夜藏　鼠蝠狐貉日潛而夜動　狼蛇猿猴獐鹿宮在岑中藏　豬羊蚓犬宜居平地上　斗度和之法　非爲去官之神要知泊落方隅用之則吉

○禽星領泊十二宮變化例

山宮　蛟無化　龍化蛇　犴化獅　貐化貉　豹化狐　房昴星危之吉　豬羊犬忌　壁軫亢凶　尾箕入此宮爲貴

木宮　角亢壁入此與雲布霧極貴之地　蛇吉　雞雉化鶩餘諸禽不化飛禽忌之張尾虚地禽凶

田宮　角亢化蛇　雞雉爲祿貴庫　鼠獐鹿忌　餘但不變星鬼吉諸禽凶至刑害不宜出

園宮　觜參入此爲富貴食祿之地　房尾斗牛狼吉蛇忌之諸禽凶

井宮　諸禽忌入此中也　蚓爲生閑容　角亢吉化貐富貴　飛禽畢入平上　諸星入凶惡弱不出

刀宮　飛禽水族無妨　地獄主刑傷　犴入食祿富貴獐吉豬犬凶

禽星晝夜旺長

角亢箕室參危胃
鬼牛星柳畢蛇兒
若还夜黑無生意
日中旺氣正相宜
氐房心尾箕水猶
斗午虛井軫兼奎
柳婁偏愛天昏夜
日出北濤又遲戲

詩曰

凡事大吉

禽中四季魁星方
春魁星在寅卯辰
夏月魁星在未張
秋魁星在申婁戌
冬魁星末彡萬方
凡出行偷走東方獲財宝
禽但行魁星方出兵爲
道刑害　急被八閩選
出身法各依值央斷吉　一

天宮　飛禽必変　地禽虎狼化麒麟　蛟蛇化龍　龍化升天
牛化象　狗化鰲　雞化鳳　豹化飛虎　此官極樂諸禽皆化

草宮　牛羊獐鹿馬食祿之地　奎室房八吉　角亢壁凶

岸宮　翌軫入此得地　猪羊吉　蛟龍凶　木禽值此爲剝落凶
尾畢井心星八吉　餘禽凶

風宮　諸禽並吉各隨風雨而変化　龍虎豹独樂之地　尾奎胃
畢觜鬼吉

湯火宮　狗変獅　諸禽落此恐弱之官不利一去天禽無妨餘不吉

月宮　房変玉兎　猴入此害栄華極樂　猪化象　雞化鳳　雉
化鴛　狗化龍　爲大官　龍蛇忌之此官又號折桂之官諸星
皆変宜用事吉不闹諸恶星皆吉只角畢亢翌軫凶

○鎖泊禽変化詩

角到平田化作蝠　龍逢湯火化魚兒　胃宿江湖化蛟走
雞入辰宮作鳳飛　壁猪辰上如龍見　虛來申上変成猫
觜星到戌声拂亡　軫居丑変緣毛色

禽中華蓋方歌訣

角亢先從卯上裝
氐居申酉正相當
房在壬边爲定位
心尾排來乾上藏
箕斗居坤壬上見
牛宿須知在子方
女虛二宿俱臨丙
危在午宫爲好將
室壁也須丙上見
奎婁却在戌中央
胃宿不當辰上坐
昴來巽上好求艮
畢觜加臨丑癸上
參居寅上子同鄉
井鬼長于庚上立
柳星壬上亦爲强
張宿却來并上覓

詩例訣法曰

# 諸禽斷訣

謂二十八宿星度變化合順食長吉凶斷等事

角木蛟在天號華蓋星只二星躔十二度会壽星之次在地爲水中獨角龙也常潜湖海深潭僻静之處四時興雲起霧布雨搠波其形似蛇而四足細頸七有白嬰卵生肩交故謂之蛟喜風雨霧露思雲喜合昴順參壁交亢食女虛危畏井怕畢斗失翌軫春夏有氣秋冬休囚卯爲華蓋敗在巽酉人亥子江湖得勢之宫在寅卯山林丑未田野平七申酉刀砧囟元旦立春日値之春夏多雨其年風調雨順元旦重午値之禾半收天文春風雨雷電夏秋半晴

地理東方山林之地時令凡事宜春天甲乙寅卯年月日時吉春冬吉夏平七秋不利架造時辰吉蓋不利嫁娶吉交易七成求財不宜用四上時詞訟有貴人扶持上官入宅進滯春夏吉捕捉日出時西方去不公凡出喜疾風暴雨吉忌見僧道師巫宰鷄刀劍器凶

亢金龙在天號武昌星其宿只四星躔九度會寿星之次在地爲水禽八瓜双角真龍也金星之尊水簇之貴象從雲致雨變化升天隐伏大海深潭净處龙八十一鱗具九九陽數鯉三十六鱗具六

翼軫巽上好安康

◎右華蓋方凡出行求財上官行兵布陣捉賊賭錢捕覓出洲縣行船運用此方大吉利

禽中華蓋時訣

申子辰日　辰時是
寅午戌日　戌時是
亥卯未日　未時是
巳酉丑日　丑時是

詩

禽中華蓋若臨時
凡事求謀最好爲
出陣匕中卯邊山
不怕刀山劍戟林

例

禽中華蓋方

角亢氐房外坤王
心尾軫異酉方尋

詩

斗坤牛交子虛丙

六陰數也庞亦卯生恩抱雄鳴上風雌鳴下風庞不見石蠍其穴鐵甕不能聽只鼻聞爱猛風細雨雲霧宜壬癸方不見乾位吉会角順胃交箕斗食女虛危室怕井畢娄奎伏翼軫敗在午生在巳元旦立春值之春夏多雨重午值之人災不半收天晴春夏多雨秋冬半晴地理西方水澤之地求財便見利四木時吉交易和合辰午未時成就脩造得財埋葬益子孫富貴嫁娶後二十石祿主官迁移吉捕捉東方有獲出行不宜遠行逢争鬥主口舌見白衣猪羊有失脫凡出営猛風雨霧壬癸方吉出門忌見僧道師巫女人牛鴉犬凶凡用事春夏甲乙寅卯吉夏丙丁巳午凶

氐土貉在天號大儒星其宿只四星纏十六度会大火之次爲地禽生山谷之中其形似犬乃千年獾狐精化而成貉威勢如虎身二毛長三寸與羅皆曲穴以避雨陽亦以防患此亦禽獸之智也三出穴以貉爲導能渡黄河在山林日伏夜遊春夏宜夜間及風霧起便旺喜合娄鬼交昴畢食柳張奎娄尾箕井畢女怕湯池元旦重午值之人安禾好天時夏秋雨春冬半晴地理四方丘陵墓地鄉里郊郭四野上宮赴任吉出行還去凶謀望成功嫁娶婚

## 例曰

危室壁丙奎戌臨
婁戌胃辰昴巽位
畢觜丑上参在壬
井寅鬼庚柳在比
星辰張翌軫巽明

凡遠行出陣走馬行兵
載行船出從華蓋方吉

月中華蓋方
正午二未三申四酉上
五戌六亥七子八丑是
九寅十卯十一辰十二巳

日中華蓋方以前後開位起
子八丑亥寅子卯丑方
辰寅巳卯午辰未巳方
申午酉未戌申亥酉方

時中華蓋
子亥丑子寅丑卯寅方
辰卯巳辰午巳未午方

姻吉求財有用卯時　修造行移埋葬吉　買賣交易遲滯凡出行宜見女人出木并小兒看鵝吉　見人杖刀介來凶

房日兎在天號悍夜星其宿只四星纏五度会大火之次爲地禽生在茅崗土窟之中其口有缺耳長月開吐而生子故謂之兎也兎者月之精視月而孕陶氏曰鬼跳雄毫而孕五月而吐子俗云謂視顧兎而感氣故小秋月之明聰知兎之多寡也兎日伏夜遊一曰兎不雌七雄毫而孕也能伏百獸愛山林平地草崗之中乃東火星太陽曜寄在太陰宮中爲氣也　喜合奎　順張危胃交尾奎　怕尾箕奎婁畢田在戌生于午華蓋在乾卦午未和合春夏午前旺秋冬午後衰戌亥時百事吉畏犲咬

元旦重午値之不如人安　天文春夏秋兩冬晴　地理室覓南方丙丁巳午寅戌山向吉　時令夏天宜丙丁巳午年月日時吉春夏吉秋平冬不利　捕捉用辰時有獲　上官赴任有陞欽寵買賣如意益進　遷移一七内土進　色物　出行遠去吉求財大吉用辰及水時吉官事宜和　脩造益進人口　嫁娶吉利　埋葬富貴子孫旺　詞訟得理　行人寅午戌到　行船吉

申未酉申戌酉亥戌方

遁甲青龍華蓋出入法

詩例曰

六旬遁甲理須長　此法原傳張子房
亥交天机六筭法　出兵百事有柔剛
天關地軸孤虛法　華蓋之中六甲藏
甲子元來孤子方　戶頭藏甲不須忙
戌號天門多吉慶　巳爲地戶最中難
又丙虛戶同宮方　華蓋之中六癸藏
大陰之位元來貴　若逢丁未最爲强
逃門要合華蓋上　若逃天地去無方

求事遂　占產生男五七日降

心月狐在天號文章星其宿只三星躔大少度大火之次爲地禽生茅嶺近人村之所藏爲穴日伏夜遊其狀似猫而犀長乃精魅星也性詐能惑人心亂猫之事能渡黃河能食魚偏愛猫雞性好睡又曰狐體比斗而承善变化爲妖猫乃東方太陰水星也天寒則威宿合壁願室胃參　亢娄尾　食昴胃　畏怕尾箕奎娄畢

畏戌未湯池　元旦重午值之禾損　時令冬平春夏壬癸月吉秋不利　天時春夏秋夜雨冬晴　地理北方溪澗濕地　出行遠去防口舌失脫　求財難四火時利　上官赴任有陞勅　嫁娶美　遷移獲財宝　捕捉丑時吉　起造大利益人口　求事有阻　買賣遲滯　產婦待甲子辰日見生女　凡出喜見雞鴨及執命杖吉　見人執槌棒弓弩大凶　行船不宜有驚

尾火虎在天號威烈星其宿有九星躔十九度會析木之次爲地禽生深山巖谷之中能伏百獸畫地卜食蓋此潘向王鵲巢面歲燕伏戊巳虎奮湃破此亦獸之所畏也兵法曰治開閤門俯皆連向破其以此獸類從曰虎行以爪折地觀奇偶而行今人畫地觀奇

詩曰

門土得奇爲妙訣
忽逢危除行利方
皆是六甸初遁甲
其餘方事皆吉昌
依此隨机無不利
君如臨用莫驚惶

○其法土閉天門下開地戶得者無不吉利也

篇日走方入八門

九天入不如九地去不吹

訣云

九天寅卯辰在東
春房日兎卯上吉
九地甲在西南方
夏張月鹿未上吉
九天在午正南方
九地子在正北方
秋婁金狗戌上吉
九天酉在正西方

偶者虎卜也虎食狗則醉天寒則威田伏夜遊乃火星之精虎嘯風生　喜合室順危　交牛婁室　怕畢井李　食牛猪偷虎猪羊狗　忌申酉方華蓋乾戌敗甲旺午方春夏午前旺秋冬午後衰　元旦重午値之禾損　天文春夏風雨秋冬晴　地理南方剛燥厥地丙丁寅戌午巳山向吉　遠行不利　遷移吉　交易主有失利　求財四金時就　埋葬凶火山向　捕捉丑時吉　修造不宜主失火　嫁娶小吉　上官赴任吉　買賣和平七一　凡出見老婦女吉　見獵戶帶刀鎗鑼鼓凶　行船有水厄

箕水豹在天號文昌星其宿有四星距十六少度會析木之次爲地禽生在深山岩谷之中能伏白獸身上花錢黑而小於虎名豹隱霧十日不食　喜合危　順天　交女畢　畏怕奎井畢　食百獸　忌子坤封華蓋坤將星申敗在酉旺在子春夏旺秋冬衰　元旦重午値之禾熟　天文春冬風雨水凍雪水夏晴　地理壬癸亥子北方之地　出行遠去吉有財用四火時吉　嫁娶凶若金水男女方可　造作埋葬不利　迁移損丁　捕捉丑叶獲　上官赴任位高　買賣失本　求財四火時就　行人申子辰日到

詩　九地柳在正東風
冬壁不偏亥上吉
日　九天子在正北方
九地午在正南方
○占法八門與前皆同犯
遇急难得此法但從逐
年七步上立身或將逆
行亦又出於九天入於
九地令人不見身也此
方出行逃藏大吉

太白隐時訣
日受鼠光月就牛
火逢著獄水騎龍
木恋馬土金起丑
土逢狗位橫財臨

例　莫要輕此真口訣
日　時臨太白值于金
○逃难藏身依此吉利

謀望成　凡出逢僧道或色衣貴人吉忌獵夫帶弓弩刀鎗鏤凶

斗木獬在天號武威星其宿有六星躔二十五度會星紀之次爲地禽生在深山隐林世間稀有形似麒麟頭生一角牛首馬面羔蹄其性屈曲青色有鱗其威直烈其氣勇剛身有九德出入百獸雄崇即獬豸也双角爲麒麟獨角爲獬豸今風憲官員色服皆用此生有九德使風憲官員亦有九德也惟參雲吉　喜台虚　交方箕順室参軫　食張翼　拘箕婁畢井　忌午時子上凶旺在寅卯震卦春夏旺秋冬衰　元旦亜午值之不損雷電变作　天時春夏風雨秋冬晴　地理甲乙寅卯辰山向吉　出行遠去不吉上官赴任不久被人告能　見官有刑　遷移凶三年内天火造葬不利凶　行船凶　求財遲滞　買賣折本　行人先至謀望可成　婚姻嫁娶不合有刑　産有难　捕捉难獲　凡出逢人相打又擔金人吉忌見人帶弓弩鎗刀利器凶

牛金牛在天號武昌星其宿有六星躔七少度會星紀之次爲地禽家宿即水牛是也牛頭兩三封尾之形土畜也馬火畜也土緩四和火性决健燥速故易坤爲牛乾斯馬牛耳無聰以鼻聽也生聾

禽中吉星臨時訣

詩曰　天上星辰犴馬龍　地中直獸昴箕雄
更兼婁狗逢烏宿　刑氣相吞振威風

禽中丁二時俱用井木犴
畢刀烏

詩例曰　下丑其寅大限多
外辰但唱太平歌
巳午火燒天下乱
未申必定動干戈
酉戌傷寒逢病至
戌亥洪水泛江河
此是畢井相会合
爲雨黄金不肯邪

假如畢井在卯可出行匕
船爲事皆好若巳午不
可用歌訣則好逆不和

龍亦龔也怕天零雪雨喜天陰口嚴　喜合女　順鬼　文奎
怕箕尾奎婁　食盡　春夏旺秋冬衰　元旦重午值之人災禾
稻好　天時春風雨夏秋冬半晴　地理酉乾庚甲辛酉山向吉
水澤燥地　時令秋天宜庚申辛酉年月日時辰戌丑未生旺夏
凶冬平七來財不利用四木時遷移四年內生貴子　捕捉申時
見　嫁娶土金水命男女合吉　出行遠去平匕　買賣頗獲小
利　謀望难成　行人巳酉丑上到　上官赴任四年壁　失物
東南方通尋　凡出逢貴人吉忌見農夫家具屠行凶

女

土蝠在天號陰謀星其宿有四星屬十一少度會玄枵之次爲天
禽即飛禽也又名毗蜉常行人屋簷寺廟觀屋桷棟梁岩穴之中
自京傳發九月前有氣其禽須小諸禽难伏即飛鼠夜食蚊虫蚊
目夜明夜間食人血所以飛鼠食蚊其糞中淘出蚊之目名夜明
沙眼科之藥也其狀有翼鼠黑色月伏夜遊尋蚊食也喜天晴怕
寒冷　喜合午　順房斗　忌畢虛　畏怕角亢翼婁　夏秋旺
春冬衰　天時春夏秋半晴冬全晴　地理坤艮辰戌丑未山向
吉　在獄立陵城郭　元旦重午值之人安禾熟　時令辰戌丑

高禽

詩曰

畢伏一切水地禽
井伏一切山水禽
奎虎符背伏山禽
蛟龍伏一切水禽

禽中惟有井木犴能伏不問天禽地獸故曰上山食虎豹下水食蛟龍

禽中食啖歌

歌曰

星禽交會有高低
雄猛死過至尾箕
只怕木犴來啖柳
豈壁心猴房畢驚
誰知婁狗欺狐兒
或遇犴狼魂自亡
蛟虎吐氣成樓閣

曰

危燕高飛也慎避
牛金牛井柳吐獲

未年月日時春夏吉秋冬平匕　上官赴任宜四木時吉　求名有阻遇辰戌丑未戊巳年月通　求財春夏吉宜四水時　行人至　遷移用太陽吉時可　求事不成　行船吉利　婚姻嫁娶平匕造宅平匕　埋葬損人口六畜　買賣私作成　捕捉用和禽有偷宮極吉　凡出逢師人如女吉忌見人担弓弩羅網杖卒凶

虛日鼠在天號幽級星其宿有二星躔九少度會玄枵之次爲地禽即老鼠也生在人家土穴之中日伏夜出秋冬飽煖　喜合斗順張鬼　交危畢　怕亢角婁　無食　元旦重午值之人災禾旱　天時春冬雨夏秋晴　地理南方寅午戌山向吉剛燥厥地時令春夏宜丙丁巳午年月日時吉冬不利秋平口　豎造宅凶求名先凶後吉可謀　上官赴任不利迁移不利有失　埋葬凶求財宜辰時四金時　捕捉宜巳酉丑時獲　婚姻嫁娶凶失物难尋在南方　行船平匕　行人夜歸　捕捉人逃閃难見買賣交易利少　凡出逢人騎赤馬吉　忌担弓弩槌棒稻大凶

危月燕在天號天濡星其宿有四星躔十八半少度會玄枵之次乃天禽燕子也又名元鳥以色平乃比方太陰水星也其性潇洒風

## 歌例曰

壁㺄張月聚金羊
若逢亢豹金狼位
進退加臨祭被傷
猿倖見鼠虛驚怕
猪吃蛇兒不可當
狐捉行兮其胆大
蚓逢雞位也遭傷
造化鵰兮食蛟龍
蛇化蠵兮牛莫逢
狐化豹兮豹食狗
雉化鵰兮狐兎凶
猪偷蚓兮飛龙位
蝠燕窠居去捕宮

## 人禽食啖法詩

氐貉金羊心月狐
南有星馬走行途
婁金狗赴東方兎
豹尾犹狼遇必輸

流忠信利口能言和合立去道途自在春社後秋社前有氣能穿簾入幕九章箕衍出入得貴人愛惜喜微風暖日得地丁巳　喜合箕　順觜氐　変虛　怕角亢畢尾奎將星寅申蓋午旺辛敗戌春夏旺秋冬衰　亢日兼干值之人安和熟　天時春風雨夏午時秋晴冬陰雲　地理北方壬癸亥子年月日時吉　時合北方壬癸申子辰山向江澤之地秋冬吉春平巳辰戌丑未不利　捕捉謀望獲利　上官赴任平匕　求財用四火時及寅時吉　行船卯時吉　出行遠去春夏吉秋冬不利　造屋四水時吉　埋葬四金時春夏吉秋冬凶　買賣折本　婚姻嫁娶和合吉　産婦明喜吉　遷移下損人口　公事宜和　失物半月方見甲子辰戌亥日時見　凡出遇和尚吉忌逢人帶弓箭罗網凶

室火猪迩在天駟雲漢星其宿有六星躔十七度會娵訾之次乃地禽是猪也猪者豕也名曰豳亂亥衆豕之形也以其食不潔故名之豕乃無仁無義性能照也巳四季得地甘伏夜遊愛天晴云吉喜合尾　順心危　変婁奎畢　食翼女危　怕尾箕安畢　忌寅戌華蓋両將星　敗巳旺與春夏旺秋冬衰　遇一元甲午將

# 食啖歌訣

室大行井柳土獐
壁㺄心月鬼金羊
若逢犬吠伏豺狼
相害相刑彼損傷
虛鼠逢蝠必呑卯
蛇逢鼠宿又遭傷
獐猶食蛇作狐行
軫蚓逢雞必難當
進釘蛟龍不怕耗
伏動時矛也要防
井氐斗牛四宿凶
無功之禽大不祥
亢心氐房宜赴任
奎婁室壁利婚姻
昴柳鬼心宜起造
翼軫張奎行路人
金中交刀流血切忌凶

星利用四火時吉　元旦重午值之兵動荒旱　天時春夏有雨秋冬晴　地理南方離寅午戌竹丙丁山向吉　窑灶爐冶吉時令夏宜丙丁巳午年月日時吉春夏吉秋不利冬平上　遷移四火時吉　謀望有頭無尾　求財四金時就　出行遠去逢血光有失不利　買賣交易四金時合四水時不就　上官赴任宜四水時吉　婚姻嫁娶大吉　埋葬凶損六畜招火災　公訟亢凶後吉　猪星吉寅午戌進橫財　行人五七日到　產婦男喜凡出遇十人吉忌擔梃棍鉤刀繩索凶

壁水㺄在天號文章星其宿有二星驪八大度會娵訾之次乃水禽夏獺也其狀似狐而尾大青黑色生藏坑則水坑之中係西方白虎之屬也日伏夜遊驅魚而食者獺也愛天寒雨吉　喜合心順川角　交婁畢　食翌軫　畏怕尾箕奎畢　華蓋丙將星申旺卯與敗寅春夏旺秋冬衰　遇五元巳卯爲將星刑四金時吉元旦重午值之禾麥豆好　天文春冬風雨秋夏半晴　地理北丙癸癸申子亥山向吉水澤河海湖過　時令冬宜壬癸亥子年月日時吉秋冬吉春平忌用酉土凶　捕捉用和全見　產婦生

詩曰

馬到鳥江便逆流
將忌雞鳴順向遊
若逢子午爲流血
卯酉交刀百事休

又云午起正初便逆流
順來月上听雞鳴
時加子午爲流血
遇着之時便殺人

常從午上起正月逆行
正月巳二月辰輪去至
本月上起子時順行遇
子午位大流血酉小流血
正四七十月辰戌丑未時
二五八十一月寅申巳亥時
三六九十二月子午卯酉時

角星情意好合詩

角氐相合實金牛
室壁鬼柳群野遊

男甲子辰亥日見　婚姻嫁娶吉　出行遠去用四土時吉　埋葬吉壬癸年月入則厲　行人申子辰亥夜到　上官赴任用四木時吉　造宅大利主大北方坤地　買賣交易用四火時成　公訟事成不見官　凡出逢捕魚人忌見帶弓弩前担棒羅網凶

奎木狼在天號彝基星其宿有六星躔十六半度会降婁之次乃地禽豺狼也大如豹青色作吉諸般皆沸基今前狐鳴則後應之豺祭狼卜又當遂食日獸之有才智也四季得地日伏夜遊愛寒雲雨吉　喜合房　順虎氐危　交鬼柳井　畏怕畢尾箕井危　食白獸　敗丙旺乙春夏旺秋冬衰　遇二元甲子爲將星利相四水時吉　元旦庚午日值之旱木半收　天時春夏晴秋冬雨　地理東方甲乙寅卯山向吉春冬吉秋凶夏平　謀望功名可遂大吉面觀龍顏東方之任　上官赴任用四火時吉　迁移春夏吉　出行遠去防奸盜用四金時　造宅大吉主食財　埋葬吉云主入甲　嫁娶吉宜春夏　凡出逢女人吉忌擔稼干戈凶

婁金狗在天號天劍星其宿有三星躔十二度會降婁之次乃地禽是狗也夫狗者卯也卯氣吹以守也艮爲狗艮陽在上故彼其性

詩曰　觜參見馬皆歡喜　雞好羊群龍好牛　主客逢時深自利　干戈人事大綢繆

禽星喜合例

例曰　角合昴兮亢合胃　氐合婁兮房合奎　心合壁兮尾合室　箕合危兮斗合虛　牛合女兮畢合軫　觜合翼兮參合張　鬼合柳兮星合井

禽星相和順歌

歌曰　角逢翼軫日無憂　亢宿同參壁箕遊　氐翼鬼與馬相順　兔房鹿柳不須愁　心狐與觜爲次喜

雖猛四季得地遇夜則吠有衛主義也愛風雲吉喜合房順亢交尾畢危氐房心虛室畏怕箕尾斗奎華蓋在戌將星在午秋冬旺春夏衰　遇五元將星利用四土時吉　元旦重午值之永好人安　天時春夏秋冬皆小雨　地理西方庚申辛酉山向吉水燥澤之地　時令秋天巳酉丑庚甲年月日時吉　出行遠去用和禽吉　求名用四水時禽吉　婚姻和合　謀望難成　求財用四木時有　交易買賣成　赶荒吉巳酉丑年生貴人　埋葬進入口金銀　捕捉卯時吉　凡出見貴人及女人着黃者忌見槌棒繩索飲食凶

胃土雉在天號諫官星其宿有三星躔十五度会大梁之次乃天禽是雉雞也四季得地乃中央鎮星伏藏羊嶺夜伏日遊老而成精変化入水成蜃愛天陰吉喜合亢　順房斗　交心[illegible]　食翌軫畏怕氐房心奎婁　華蓋在辰　將星卯　敗在丁旺在如春夏旺秋冬衰　遇三元甲午爲將星利用四火年吉　元旦重午值之人安和好　未時陰天四季皆無雨　地理辰戌丑未山向吉　時令四時戊巳辰戌丑未年月日時吉夏冬吉春不

歌例曰

尾丑辰星畢目遊
箕商較遊兼井犴
斗同箕壁軫參流
牛羊相合君宜往
女愛房心與斗牛
虛合燕獐爲共樂
危和虛鼠不成頭
室喜危張心共志
壁愛危蛟與犴求
奎得珍虛爲共会
婁犴比和不作仇
胃與房牛羊易美
昴羊胃宿喜和柔
畢觜共危兼馬順
猴獐羊燕自相投
猿犴獬蛇天戰尅
井鬼箕星得意休
鬼井馬牛誠意重

利市平七　占訟宜和　求名有阻　出行遠去進財獲利吉

○求財用四水時及卯時吉　上官到任平七　迁移損人丁不吉　起造安葬吉　婚姻嫁娶吉　失物难寻　捕捉用和禽吉　行船四金時吉　凡出逢女人吉　忌見人帶弓弩罗網大凶

昴日雞在天號天都星其宿有七星躔十以度會大梁之次乃地禽是雞也人家之中有五德一曰頭冠爲文二曰足距爲武三曰逢雄則鬬爲勇四曰鳴而不失時爲信五曰有食相呼爲義也雞者灵禽也太陽入地轉倒地下子位而鳴又云東海中有扶桑山地方万里中国去九万里山中有木如桑長有數千里大者數百里圍木兩相扶倚同根而生故曰扶桑上有金鳳雞鳴則天下群雞皆鳴應之次日則出地下食人食以足量地而食乃曰人不食無工之祿也四季得地日遊夜伏是西方金星也喜台角　順鬼交胃畢心　食軫　畏怕奎婁畢心　華蓋在巽　遇大元巳卯爲將星利用四木時吉　元旦重午值之人安禾好　天時春夏半雨秋冬半晴　地理南方離寅午戌巳山向吉剛壯之地　時令夏宜丙丁巳午年月日時吉春夏吉秋不利冬平七　出行遠去

**詩**　柳羊獐鹿性優遊
星馬和同鹿與燕
張羊燕馬任遨遊
翼宿共虎宜出入
軫星得馬喜相投

**例**　丙星孤虛法年月日時司
歲後一位號爲孤
冲前之上曰爲虛

**詩**　有人曾得禽中法
一女行兵敵十夫
面向虛神皆抵抓

**例**　一兵頭猛勝十夫

**曰**　有人会得孤虛法
一戰教他百万輸

孤虛之說始于軒轅黃帝此以收蚩尤後隨以爲例
假如子年歲君後一位亥是孤神也對冲巳爲虛

遇好人扶持得利　上官赴任遇貴人旌耀　迁移主凶三年內退人口求財四金時吉　捕捉辰時吉　婚姻大吉　公訟有貴人扶持　起造吉　求名可謀　交易难成　埋葬凶　行船遇貴吉　凡出見百鳥鳴吉忌相網米谷凶

昴宿常行亥卯未宮

畢月烏在天號天棲星其宿有八星躔十七少度會大梁之次爲天禽是老鴉也生在山林之中其性尊重自得其樂無物害之能伏諸禽善报吉凶有反哺之義乃灵禽也火起飛叫也有一樣火鴉乃是鴉精也雖是西方太陰水星能会於南方曜口含火放於不義人屋上西南風赤雲太陽一照其火即發其鴉群叫風猛难救燒而盡也乃天火也四季得地夜伏日遊受風霧雲大吉喜台軫

順亢　交井昴胃　怕尾箕奎井氐　食巽軫胃昴心房虛

華蓋在丑　將星在寅　敗在辰　旺在亥　春夏旺秋冬衰

遇三元甲子爲將星利用四金宿時　元旦重午值之人安禾胃粟麥麻豆熟太平之兆　天時春夏晴秋冬雨　地理北方壬癸甲子山向吉江河濕地　時令冬宜壬癸亥子年月日時吉秋冬

上句孤　虛大勝也
方人以上用年孤千人
已上用月孤五百人已
上用旬中孤百人已上
用日孤欲十人已上用
時孤大抵孤是空亡處
卽對宮也大凡出兵戰
用坐孤向虛大勝也

六甲旬孤虛法

甲子旬孤戌亥虛辰巳
甲戌旬孤申酉虛寅卯
甲申旬孤午未虛子丑
甲午旬孤辰巳虛戌亥
甲辰旬孤寅卯虛申酉
甲寅旬孤子丑虛午未

月家孤虛方月建后一位
如正月建寅后一位丑
方卽孤未爲虛方是也

吉春平辰戌月不利　婚姻金水男女命吉　上官赴任吉　[illegible]
迁移吉　求財用四　及寅時　捕捉用和會吉　交易用四
水時成　埋葬用四木時吉　起造用四金時得財　訟事得理
行人申子辰日時到　凡出行見老翁嫗忌見人担弓弩凶

觜火猴在天號成誦星其宿有三星躔半度食賓沈之次爲地會凶
中猴也其獸無狸猿類仁讓孝慈居相愛食逍遥好耍逢兒則喜
見猿卽走别山　過六元甲子巳酉爲將星利用四木時吉
喜合裂　順張志　交柳鬼危　食房　怕尾箕奎婁　將星在
巳　華蓋在癸　旺子敗在巳　春夏旺　秋冬衰　元旦重午
値之刀兵荒旱之兆　天文春夏雨秋冬晴半陰　地理南方寅
午戌丁巳山向吉　時令夏宜丙丁巳午年月日時吉　冬不利
秋平匕　出行远去不利防盜　婚姻不利　求名可謀　迁移
吉利　求財四金時吉　捕捉寅時吉　交易不成　起造埋葬
並凶　上官赴任用四水時吉　失物主見獲　公訟宜和　出
官失理　行船宜四土時凡出見有鬍鬚人忌見棒槌狗及凶

參水猿在天號文章星其宿有六星躔十半度会實沈之次爲天會

二月建卯寅方孤申方
爲虛餘月依此推
日家孤虛方與年家同
如子日亥方孤巳方虛
丑日子方孤午虛倣此
時家孤虛方即依旬中空
如子時戌亥孤辰巳虛
寅卯時子丑方孤午未
方虛　辰巳時寅卯方
孤申酉方虛　午未時
辰巳方孤戌亥虛　申
酉時午未孤子丑方虛
戌亥時申酉方孤寅卯
方虛係六甲旬甲字也

卜十干孤虛法
甲己日寅卯虛申酉孤
乙庚日子丑虛午未孤
丙辛日戌亥虛辰巳孤

乃山林土猿也其性靜夜嘯當風月食菓不鮮下地畨飛十丈會
通左右孳水下飲水也　喜合張　順井斗角　交奎畢　食心
怕虛其奎婁井　華蓋將星甲旺丙　忌辰敗巽春夏旺秋冬衰
遇三元甲午爲將星利用四金時吉　元旦重午值之不好人安
天文春冬雨夏秋晴　地理北方壬癸亥子申山向吉　時令冬
宜壬癸亥子年月日時吉春秋平　冬吉　夏不利　求名利就
迁移凶　出行遠去獲財　上官赴任陞授品職　捕捉寅時吉
求財四火時寅時吉　嫁娶凶一云用四木時吉　交易難成
起造申子辰生貴子　埋葬凶　行人申子辰亥日到　占訟貴
人和劝　凡出見漁人逢頭跣足吉　忌担弓弩羅網凶

井木犴在天號天威星其宿有八星躔三十三少度會鶉首之次爲
地禽是胡狗也二十八宿之主禽心之王上山食虎豹下水食蛟
龍飢則食銅鐵渴吸溪泉爲大貴尊星其性猛烈其狀似狐而黑
色身長七尺頭生一角大者有鱗喙灶山首獸禽鳥皆驚則猛風
木响飛沙走石入海則與波鼓浪而龙即升騰魚鱉受害愛猛風
雲霧吉　喜台星　順鬼　交畢箕尾　食尾箕奎婁鬼怕心虛

丁壬日申酉虛寅卯孤
戊癸日子丑虛午未孤
凡欲入營塟俱從天耳地耳上入卽吉

## 定例

甲子旬從卯方入
甲戌旬內丑方入
甲申旬中亥方入
甲午旬內酉方入
甲辰旬從未方入
甲寅旬從巳方入
○已上並吉卯爲天目酉爲地耳吉
又法
甲子旬庚午天目戊辰地耳　三刑寅
甲戌庚七辰天目戊寅地耳　三刑子
甲申丙寅天目戊子

柳華蓋庚將星不旺主敗寅　秋冬旺春夏敗藏　遇七元已卯爲將星利用四水時吉　元旦重午值之人求不平ヒ　天文春夏風雨秋冬晴　地理東方甲乙寅卯亥未山向吉開南山休邊時合春大宜甲乙寅卯年月日時吉　冬吉　夏平ヒ　秋不利　出行遠去得財吉　捕捉用上時獲　上京赴任有權　遷移退田園　求財用四土時吉　嫁娶和合有三石之祿　交易成有利益獲　起造大吉　埋塟凶一云益田園行船遇東方人提攜　行人亥卯未日至　凡出遇長人道術者忌見猫犬凶

**鬼金羊**在天號天狼星其宿有五星歷三斗度余鷄首之次爲地倉是家羊也其性慢而剛毅行跪乳之禮不入深山常行茅崗見青昔食大曰羊小曰羔四季得地日遊夜伏　喜合柳　順井　交參婁　畏怕氐心尾奎娄畢　華蓋將星辰　春夏旺秋冬衰　遇四元甲子爲將　利用四土時吉　元旦重午值之人求不好　天文春夏晴秋冬雨　地理西方庚申辛酉巳山向吉　水澤燥地　時合秋宜庚申辛酉年月日時吉四土月逢生旺吉夏凶冬平ヒ　出行遠去有傷防小人不利　上官到任不吉　迁移不

地耳　三刑寅
甲午旬庚子天目戊戌
地耳　三刑申
甲辰旬庚戌天目戊申
地耳　三刑午
甲寅旬庚申天目戊午
地耳　三刑辰

夫偷營劫寨報應事情從天目地耳上去人不知雖人不鳴又從六門丁入合人不知犬不鳴

四時偷營法

甲子將戌爲天不知亥爲地不知辰爲人不知巳爲鬼不知　巳卯將丑爲天不知亥爲地不知酉爲人不知申爲鬼不知　甲午將未爲天

利　求財用四未時吉　捕捉申時吉　嫁娶相刑分別　变易不成無利　埋葬吉　起造主煞宅長　求事不遂　行人巳酉丑日行到　凡出逢少女忌見屠宰人及擔刀凶

柳土獐在天號巾央犀其宿有八星躔十三大度会鶉火之次爲地禽是山中獐也狀如小鹿而美其性善曰鹿有角不能觸獐有牙不能噬飲水見影輒奔書曰獐鹿無魂日伏夜遊愛天明晴晴喜合鬼　順婁尾　畏怕奎婁尾箕　華蓋在王將星在卯旺午敗寅夏秋旺春冬衰遇七元巳酉爲將星利用四火時吉元旦重午值之人安不好　天文冬晴春夏秋午雨　地理辰戌丑未山向吉郭陵基址　時令宜戊巳辰戌丑未年月日時夏吉秋平七春不利　上官赴任平七　出行遠去不宜遲歸　移徙不吉　求財用四水時　捕捉和禽獲　埋葬凶三云甲四金日時吉变易難成　起造凶一云用四水時平嫁娶女肥大　求事不遂行人申子辰日到　凡出遇老婦肥壯之人忌見担弓獵犬羅網凶

星日馬在天號天賊犀其宿有六星躔六大度会鶉火之次爲地禽人家馬也坤爲牛乾爲馬取陽健性急燥有德而比君子良也

不知申爲地不知亥爲
人不知卯爲鬼不知
巳酉將辰爲天不知巳
爲地不知卯爲人不知
亥爲鬼不知
出宮入方道宜從四旺方
走　春房　夏氐
秋婁　冬壁　從大沖
下走不怕人圖遼
青龍吉方　百事吉
甲子青龍子丁卯天目
癸酉地耳天門辰地戶
乙華蓋酉方
甲戌青龍戌丁丑天目癸
未地耳天門寅地戶卯
華蓋未
甲申青龍申丁亥天目癸
巳地耳天門在子地戶

四季得地出入得貴人愛微風暖日怕天寒雪雨乃南方火時在百里駿彩千里威光六貴尊星也　華蓋玉將星午旺敗卯春夏旺秋冬衰　遇四元甲午爲將星利用日天時吉　元旦重午日值之人安禾好　天文春秋晴冬雨夏半晴　地理南方丙丁巳午戌寅山白吉　地宪边　時令夏宜丙丁巳午年月日時吉　春夏吉秋平七冬不利　合井　順張危　交箕　食壁　畏怕奎井箕尾　上官赴任首擢高陞　出行遠去必有貴人　行舡遇吉人扶持　遷移五年內生貴子　求財用四金及午時吉　捕捉辰時吉　嫁娶和合吉　交易買賣成有利　埋葬不利　起造吉利　未時益出園　凡出逢公吏役人牛忌見帶紫章凶

張

月鹿在六號尊崇其宿有六星躔十七少度會鶉火之次爲地禽深山之鹿也鹿者仙獸六十年必怀瓊於角下自能藥性食則相呼志不私也角生外向防人之害日遊夜伏愛百花爛熳微風暖日喜合參　順翌星鬼　交亢　食翌　畏怕奎婁尾箕畢井　華蓋辰將星寅旺敗乾春夏旺秋冬衰　元旦重午日值之人安禾熟　天文四季半晴半雨　地理北方次癸申子辰山向吉水

丑華蓋在巳
甲午青龍午丁酉天目癸
卯地耳天門戌地戸亥
華蓋在卯
甲辰青龍辰丁未天目癸
丑地耳天門申地戸酉
華蓋在丑
甲寅青龍寅丁巳天目癸
亥地耳天門午地戸未
華蓋在亥
巳上並吉青龍方吉
天目地耳　宜坐吉
求財吉　博戲吉
百事吉

六甲進神日起例
甲子巳卯進甲午巳酉進
進退伏二位十五一週天
甲巳子午卯酉爲進神

滘　出行遠去吉主有財　上官赴任吉利　起造三年喜危臨
吉　埋葬週年生貴子　迁移益人口　求財四火時及寅時
捕捉不來　嫁娶可成　行舡用四木時吉　謀望商賈得利
功名壬癸亥子年就　行人申子辰亥日到　公訟得理　交易
成美凡出遇道人漁人　忌見人帶弓箭及犬凶張宿常行核卯宮

翌火蛇在天號八哥星其宿有二十一星躔十八大度會鶉尾之次
爲地爲乃蛇也心毒口惡勢猛老者成精而有珠亦能興雲致霧
蛇耳聾以眼听也愛猛風暴雨吉也　喜合甯　順里　交心宗
畢食女虛危　畏怕奎婁壁　華蓋在巽　將星巳旺庚敗寅春
夏旺秋冬衰　遇五元甲子爲將星利用四木時吉
元旦重午値之人災來早　天文春風雨夏秋冬半晴　地理南
方丙丁巳午山向吉　時令丙丁巳午年月日時寅戌時吉　春
夏吉秋不利冬平　出行遠去不利有人侵害　迁居春夏吉秋
冬不利　求名不遂　求財难有　詞訟失理　嫁娶凶　行舡
防水厄　起造主失火　埋葬損人丁　交易难成無利　捕捉
難遇　上官到任有失　凡出逢士人鬍鬚人忌見人執小竿凶

詩曰　凡申营付遇進神
求官覓職正堪憑
但是求財皆有利
天星决定不虛陳

丙申退神日起例

甲巳寅申巳亥爲退神
巳巳甲申迂巳亥甲寅連
此是退神法五日一廻轉
退神半吉字傳凶

詩曰　近處营謀半吉凶
若要遠行終不利
更憂叅賊血光臨

六甲伏神日起例

甲巳辰戊戌丑未爲伏神
甲戌巳丑是伏神
甲辰乙未不虛陳

詩曰　一十五日一廻轉
七通八達待賢人

軫水蚓在天虎天毒尾其宿有七星踞于七度會歸星之次爲地偶　浩星是蚯蚓也生在泥穴居首陽之下逐陳功則八而上首故也一名土危善長鳴于地中乃水星天旱無雨出于地而沙上即時驟雨至也愛天陰晴　吉合壁　順斗星角亢貨　怕畢易胃危虛　華蓋與將星申　春夏旺秋冬衰　遇一元巳酉爲將星利用四金時吉　元旦亚于日值之五谷收天文春雨夏秋晴冬牛晴　地理扎方壬癸亥申子辰山向吉　時令冬宜壬癸亥申子辰年月日時吉　秋冬吉春平匕　戊巳辰戌月不利　行舡遲滯阻厄凶　出行遠去人歟　謀不利廢精神　買賣交易無利　遷移損人丁　求事不遂　上官赴任失位　嫁娶不利起造進人口吉　埋葬進人口六畜　求財不利　公訟有失理捕捉客行　行人信不到　凡出逢僧道漁人忌見扭鉄鋤鷄鴨鹵

巳上二十八宿断訣凡上官見貴遠行求財買賣結親会友謀望等事俱要相順会合禽爲好若尋人要日禽與時禽相合如子日蝠鼠丑日牛寅日虎本日之肖禽時即見也大抵宜時禽生日禽之時吉如四金日用四土時禽是也　其諸禽諸断載於日用集宜后

詩曰

伏神去處便恓惶
莫便行營走遠方
馬死人亡財帛散
盜賊臨身見血光

○進神退神交天空不吉

甲子至戊辰五日爲進吉

巳巳至癸酉五日爲退中退平

戌至戊寅五日上二日爲進平伏下三日爲天空凡事不順

巳卯至癸未五日爲退中退次吉可用

甲申至戊子五日爲退中退凡事平匕

巳丑至癸巳五日上二日爲進平伏下三日爲天空亡不順

# 分類星演法 謂天地彼我禽星所主占訣等事

## 演禽用星條訣

凡用禽例以日禽爲彼我共用之禽時禽為我禽耆禽爲彼禽法曜爲我禽耆禽名曰天禽時禽名曰地禽前言已知今又重詳之易見蓋以今人用禽多以時禽勝日禽爲我勝復不知禽星有强弱人事有善惡以善應惡以惡應善如用兵事專以我勝彼其餘事有他用他勝我者有用我勝他者有用彼我比和者有用先善後惡者爲漏禽者事類不一畧舉數事切于日用條目開列于後

占出行求財法以地禽爲我求財之人天禽爲彼出財之人日禽爲財并中間之人三禽和合不相尅制者爲上得財易而謀亦遂會人不得若日禽与天禽尅地禽惟財求尅我不惟得財人皆順之又須我禽與日合天得地彼此和合大吉利日禽尅制天禽爲中問有阻節○又云若法求財可用婁室日方得成相見禽更妙

求財吉日星宿 箕 危 房 參 柳 吉

占行人起法以地禽爲占者天禽爲行人以日禽爲道路幷行人所

甲午至戊戌五日爲進中
一進大吉
己亥至癸卯五日爲退
中退平平
甲辰至戊申五日上二日
爲進中退下三日爲天
空亡
己酉至癸丑五日爲進
中進人吉
甲寅至戊午五日爲退日
退平平
己未至癸亥五日上二
日爲退中代下三日爲
天空亡
訣曰五日一進好求財
五日一退好治病安
五日一代好戰鬪吉
爲時加進中進大吉

往之處地方地禽尅天禽行人不至天禽尅地禽行人立至日禽尅天禽中途有阻天禽或在日禽宮與日宿合行人不動天禽或在地禽宮行人即至天禽尅制日禽中途無阻即到家○又云日禽尅時禽行人即來若日禽泊在任宮者不到或往他處以本身比極又到如婁宿泊酉箕宿泊子之類○又日行人之星要出宮若不出宮總是空子午卯酉爲本地若然不離也徒然

出行吉日時　元　翼　井　星　四宿吉

遠行吉日時　犴　龍　馬　虎　豹　婁　猪　猴八宿吉

占婚姻嫁娶以地禽爲我天禽爲彼日禽爲媒地禽尅天禽不成天禽尅地禽則成日禽尅我禽皆成然我禽皆尅日禽难成三禽皆得地者成皆不得地者不成遇二合六合禽亦成天禽尅日禽不成地禽尅日禽亦不成日禽尅地禽易成　人婚姻訣法皆要內外星相合和內星外亦美要進神星得地無尅退二星和合成

占生産起法以地禽爲母天禽爲子日禽爲老娘母尅子易生子尅母難生日禽尅天禽亦易生地禽得地天禽不得地母安子危天禽得地匕禽不得地子安母危日禽弱又不得地老娘不[illegible]也

進中伏凶　進中退不利　伏中退不吉
進神用事歡喜大吉
退神用事自散　惟有
進中進利遠行恭宮

進退神時例

甲己日子時進巳時退
乙庚日卯時進中時退
丙辛日午時進亥時退
丁壬日酉時進辰時退
戊癸日子時進寅時退

臨中將星例

甲子辰日卯時　巳酉
丑日子時　亥卯未日
午時　寅午戌日酉時
六旬之边將要君　出入
求出戰一功　戰開若然
時至此亡歲一童勝十人

禽剋日禽生快一說陽禽落陽宮生男陰禽落陰宮生女陽時
生男陰時生女○亢牛虛尾壁室奎婁張畢星觜屬陽在中傳
生男中傳者過禽也○角氐鬼柳參危女斗心房井箕偏陰在事
傳者生女末傳者昝禽也又曰陰禽落在陽宮女陽禽落在陰宮
子必臨陽禽時生子陰禽生女能識落禽值萬金

占行船起法　以地禽為檣船人以天禽為買貨客日禽為船隻為財
貨為發財之主及以旌之處三禽和合不相剋者為大吉利獲財
易而船亦安檣若天禽日禽剋地禽則財主及買貨客皆相順但
要地禽得時落泊得地方見大吉若地禽剋天禽到行處少買貨
之客若地禽剋日禽則貨物不滿載再以日禽帶金殺伏其船必
險地禽若失時兼落泊失地又被天日二禽吞陷者恐艄工水稍
有失　行船吉宿宜尾奎井宿吉牛胃翼次吉　角亢斗壁軫星
當行船沉溺在長江十五里內遭洪水四十里內沒身亡
蛟龍馬虎燕稻時不怕長江路險危若豬雞牛蚓鼠行八百步之
外喪身軀

占交易等事用日時比知為好卯日禽星日馬時禽亦星日馬是為

禽中出行日家八門例

排乾兌艮離
山中
掌巽震坤坎
○八宮掌訣
八坤兌乾
宮離中坎
掌巽震艮
日家八門三日一移
訣　排山取休入宮云
例　休生傷杜爲首順
景死驚開判吉凶
起休門例訣
甲戌壬子起坎　丁辛
乙卯坤方　庚甲戌午

和也若天地人禽皆一樣妙矣

占見官坐見官須用弱禽先珍鹿危參常化仙若是角星并井宿將須不免鎖來纏見官須要觜柳危參房女謂要相隨不是喜神并弱宿終須柳鎖鄉來併

○假如春月要見官他是走獸可使危畢井最佳不宜空伏如是午婁星箕等用尾并加他如心房壁周虛室觜參相婁其危胃加他如角亢定要并加他用鍋一塊打去他人來時高強且不要去直待好時方好問見

又占官事以地禽爲原告天禽爲被告日禽爲官吏無問我訟人訟要地禽尅高一等方能降伏上下地禽尅天禽爲我有理訟勝他天禽尅地禽爲彼有理訟輸日禽生地禽尅天禽官吏順我彼有罪名日禽生天禽尅地禽官吏順彼我有罪名天地二禽俱受日禽之尅破此皆罪責天地二禽皆尅日禽彼此皆不准理三禽和合不相尅制有人和解官事消散三禽相生制相刑害官事淹延事不能決　○又訣詞訟法云詞訟日又生炁將星時合要見有貴人和釋有吞陷財必有阻滯理虧好內星有炁則已自必勝他

震宫連　癸丁辛酉巽上　丙庚子行乾位

巳癸兎走西方　丙壬腑牛到艮鄉　九巳齊飛在離方

八門尅應

詩曰

見貴求官須向開
取財覓利走休來
避病安符生門上
傷門索債好推排
尋朋覓故宜從景
釣魚射獵死路裁
捕奸捉賊驚門出
杜門走失不向來

鈐中出行時家八門起例

詩曰

日宿火曜順艮飛
月水土號向坤推
木曜將來乾宫起

占行軍出陣要時伏日則我勝日伏時則我輸若日值室壁之類則我用尾箕降伏之必勝

占行軍對陣以地禽爲我天禽爲彼敵日禽爲彼伏兵并爲我戰地禽尅天日二禽我勝天日二禽尅地禽彼勝天地日三禽比和則兩軍罷戰而散也

又開戰法訣一戰鬪要內剛外柔我强他弱我得時者自榮他失時者辱如內是尾箕外是娄室我强他弱餘倣此

占出征在营凡遇好他禽若不赴敵須敵人乘此吉時亦來如是夜間亦警背軍中防他劫寨又若平常出在地頭或他人家住而若地禽高便屯住如地禽是蛟龍就水盤泊不得放火殺人爲禽是虎狼豹狐一切山禽就山駐下不得打頭搓吃酒夙如是禽弱甚候出好禽以加之

占軍中報事情法若值天禽生旺之時便有賊臨呂帝旺賊卽至長生時賊絶發兵衰死墓絶胎養沐浴冠帶時賊不來

占主將立寨建旗法須擇將星禽星俱高逢生旺日時方道不得主將生命本音大小二墓及行年太歲諸凶殺方避此所行兵事思

金是與位定無虧

其法即尊傷帝福生死財

体八門順轉

八宮掌訣

| 坤 | 兑 | 乾 |
| --- | --- | --- |
| 離 |  | 坎 |
| 巽 | 震 | 艮 |

假如時宿劳日死或驚休此便以時門從艮上起傷在震上帝星福離生坤死兑敗乾行坎順作八門餘倣此

六甲出行訣

| 青龍 | 逢星 | 明堂 | 天陰 |
| --- | --- | --- | --- |
| 天門 | 地戶 | 天獄 | 天庭 |
| 伏守 | 華蓋 | 陽孤 | 陰虎 |

起例假如甲子旬子上起

青龍　甲戌旬戌上起

事若使風狂旗倒大凶之兆即便向軍可免遭誅凶也

出兵奇門争旗奪鼓秘經初開世界定乾坤風后戰法定奇門出兵万事戰門吉百戰百勝万般成兵門共喝成刀戟門麻豆盡成兵時師會得行兵法或是日陽或日陰陽日陽兵去戰門陰日陰兵萬事成空門去戰空兵鬧兵出定主鑼鼓声楚王軍兵八丁方後出丁人趕不停不知絕門流血去人人受灾不回兵兵門軍士去戰鬧旗旗鈸鼓共同流血門出兵人受害作戰交兵也不廢會得奇門实戰法出兵百事亦要学人能精曉奇門法朝是賢人暮在逆

定十二月旗色

| | 兵門 | 戰門 | 血門 | 空門 | 旗色 |
| --- | --- | --- | --- | --- | --- |
| 正 | 亥丙 | 丁 | 坤 | 壬 | 黃 |
| 二 | 乾巽 | 坤 | 庚 | 甲 | 白 |
| 三 | 申坤 | 壬 | 乙 | 丁 | 黃 |
| 四 | 甲庚 | 坤 | 乾巽 | 癸 | 紅 |
| 五 | 乙辛 | 丙癸 | 癸 | 乾巽 | 虎虎號 |
| 六 | 離巽 | 壬丙 | 甲庚 | 乙 | 皂 |
| 七 | 離 | 巽 | 午子 | 乙 | 皂 |
| 八 | 乾巽 | 坤艮 | 卯酉 | 未丑 | 黃 |
| 九 | 丙 | 壬 | 卯酉 | 甲庚 | 紅 |
| 十 | 巳庚 | 甲 | 酉 | 卯 | 黑 |
| 十一 | 甲乙 | 巽 | 壬癸 | 丙 | 皂 |
| 十二 | 卯乙 | 丙壬 | 丁 | 巽 | 黃 |

古雜中有事隱避起法以兜禽爲隱避之人天禽爲追捕之人日禽

青龍順行十二辰此用之定法甲爲青龍

其法凡出軍出行出天門過明堂太陰蓬星避青龍入地戶過華蓋藏身而出大吉　凡避兵遁遠行求財安營下寨則從華蓋上出從步太陰轉天門從地戶至青龍七此即三奇也遇乙奇明丙奇太明丁奇也

歌訣曰

甲爲青龍向蓬星
順從明堂太陰求
天門地戶天似數
天庭天定華蓋行
陽孤陰虛隨轉遁
百事用之見太平
行兵能識其中法

爲隱避之地須要日禽生旺落消得地爲佳地禽剋天禽即凶避天禽剋地地禽必彼追捕日禽剋地禽地禽剋天禽逃藏之處不穩相生則吉仍擇出路之禽如曰間逃避要日禽是夜禽地禽是日禽也若夜間逃避要日禽是日禽地禽是夜禽也或日禽皆時乃要穩青龍九龍符咒出杜門地戶或擇華蓋九天九地六丁玉女唐符國印等方而行則人不見知可以免患大凡隱身避難不可他人食本身山禽則食山禽水禽則食水禽大抵要比和如逃走宜用虎飛禽爭杜去好也

占捉獲逃亡勾捕囚犯起法以地禽爲追捕之人天禽爲逃亡囚犯日禽爲官府并逃亡之處俱要天日二禽剋地禽其人必自來相見地禽剋食天禽彼必畏不來大抵與漁獵同意尤須用傷門而大

占捕禽之法捕禽日要我去食他如時內是食日星必獲得如外是他人房日兔內星是婁金狗我食他必得其頭矣餘倣此

占捕漁獵法以地禽爲漁獵之人天禽爲所捕之物日禽爲所捕之處所用之器先以日時二家和會以誘引之次用天禽剋制地禽

百戰贏歸天地驚

按吳王問子胥曰凡六甲道吉凶藏見何方道而出子胥答曰凡有急难之中逃避身体便入家但從何處上癸足便起一開從青龍上起足過明堂上出天門入地戶向太陰到華蓋上出兵戰鬪大勝上曰善卿之言以次第定子胥曰凡出行此天下不逢賊盜百事大吉也子胥曰君自相襄避楚王之难在救王宮之內不得出我乃就在宮內方員地上就地画一個子午卯酉十二宮圖從青龍上癸

方獵日禽剋制天禽飲自伏天禽剋制時禽宜張網罟多仍要天禽與日禽和好捕打網要地禽剋天禽拘管要和或用伏斷或用截路空亡以截其所路或用刀砧血刃飛廉受死月煞魚鳥曾日或出驚傷死門或出向鶴神皆大吉若使他禽大高天禽受制則爲我剋其物必然難獲　忌山梁　水黑　山隔　水痕九土鬼五不遇一有犯之有亦難獲若漁獵之器直擇魚鳥曾日及用月厭飛廉受破十千上朔執危收日

占病患起法以地禽爲病人天禽爲病症日禽爲醫人地禽剋天禽不藥自愈地禽制日禽亦然天禽剋地禽病難愈日禽剋天禽宜服藥日禽剋地禽反作難又地禽不得地加彼天禽剋制者死若天禽不得地雖凶無妨但要時禽得地易好也

占天時晴雨起法以日辰與日事所屬五行論如日屬水日宿屬火是日辰剋日宿生陰變不得他日辰屬火日宿本水爲日宿剋日辰主晴如日辰生日宿主陰晦如日辰日宿比和背火則晴皆金作雨皆水作雨皆土則陰皆木則風

占謂見貴侯會人以地禽爲我禽天禽爲彼巨禽爲所會之人與所

定而走楚兵並不見之
凡去瘟疫之家万神潜
藏降伏諸事依此而行
於華蓋山下須列大吉
兆也

總論求財見官戰鬪

求財須要他生我見官
鬪戰我剋他申中水万
就到位金生在巳求無
疑若是水火終有失中
中上氣不爲奇火在午
中不須柏土在午官貴
無賞若然木在午中藏
出陳見官俱有忙

凡見官謀事俱要用合禽
出行求財賣亡結親並
嫁娶会友和事亦要用
合禽也

會之人并會之處天日二禽剋地禽其禽來地禽剋天日禽人遠行
身高其人不來時日相生其人欲來不來時日不相剋而遇伏吟
其人在家不出值空亡五不遇時者人不在家天禽泊山林其火
去州縣泊田園其人在鄉里泊田野其人在途中相遇餘倣此

○凡上官應役出外經營避凶惡但要地禽剋天禽日禽則官府盜
賊一切凶惡之人自然消滅不遇其害反此者凶

○秘傳口訣

凡看二十八宿或宜晝不宜夜或宜春不宜夏大凡看已得時否又
臨時加求財巳星雖與他人星合又看他人星得地不得地得時
否假如克亢龍昴火蛇春則旺冬則藏不生雖合不得地也
大凡擇日看內課星得地不得地得時不得時如燕子逢春社前
又看落何宮好與不好然後斟酌用之

○總訣論

大凡擇日用事亦要看三刑六害登陷入煞鶴神盜亡之類禽落吉
地則吉凶地則凶亦要待傳課大壬斗柄魁罡斗臨之類之看造
化輕重凡吉多凶少則可用凶多而吉少不可用即無全遁也

歷數太陽行方

立春在坎　雨水在壬
驚蟄在亥　春分在乾
清明在戌　谷雨在辛
立夏在酉　小滿在庚
芒種在申　夏至在坤
小暑在未　大暑在丁
立秋在午　處暑在丙
白露在巳　秋分在巽
寒露在辰　霜降在乙
立冬在卯　小雪在甲
大雪在寅　冬至在艮
小寒在丑　大寒在癸

萬事宜太陽到合時用之無不吉也若無吉時若上吉時發兵馬只取此合時合時出兵即吉如修理大暑即用事太陽

○訣斗指例

斗指真傳說與君　戌時加建位前輪
出門何者為吾福　首坐貪狼向破軍

歌曰

其法每戌時指地為月建一時移轉一辰取月建前一位為斗指方假如正月雨水中氣後日躔娵訾月建寅丁戌加寅前位卯上順行欲出行征討鬥戰一切事務俱隨斗指方上而去大吉利也

訣曰欲進表章斗戌亥乾為天門方上大吉欲入宦家斗指丑寅鬼路方大吉欲進赴宴會斗指辰巽巳地戶上吉欲行捕獵斗指未坤申人門方上吉巳上出斗指時左持斗叩吹氣一口於其上而去感應如神也

斗印式

午　未　子　丑

訣天罡臨時法

月將常加戌　時匕見破軍
飛遊八方轉　凶吉自然分
萬事皆宜利　戰鬪自然嬴
破軍前一位　誓願不傳人

至丁脩理癸山丁向便
爲扶脉照山不以坐山
論

訣用太陽臨時法

四孟月用甲庚丙壬時
四仲月用乾坤艮巽時
四季月用癸乙丁辛時
乃四煞茂沒而大吉今時
師只離節後用不時月
將過宮如中氣前後月
將巳過之方用宮歷ム
日躔ム度其日時交過
宮方有准定故時師不
明用之無驗也

訣晦五分絶日時

凡百事不宜用極凶
晦尤不合是盈虛
更有五窮人不知

每月以月將加所用正時順数至辰即天罡所在之處　假如丑月五日午時尚在四月節小滿後某日時刻日躔實沉之次傳送出將即以申加午上順数至寅即天罡辰加寅蓋中有艮故此午時宜向寅方出行凡所用事取寅方即吉行兵破賊必勝取氣治病必愈世謂五月五日午時宜合藥以是日午時罡村指鬼門故也起例要憑太陽躔度有准若依月月常如戍起例恐有閏月節氣前後太陽躔度不同故有差錯也

訣斗臨時法

月月常如戍　時巳起日辰　破軍并巖諎　時巳邪虛尋
九宮飛武曲　貪輔弼右星　日時皆順使　星曜逆回程
四吉來相遇　丑上定分明
孟弼木高仲武巨　季加祿位出朝即

又例云

要知起例牛頭上　逆轉輪回十二辰

其法寅申巳亥四孟日五加弼子午卯酉四仲日丑加武辰戌丑未
四季日五加祿並逆行　貪巨祿文廉武破輔弼九星位

應驗歌訣

# 詩例曰

不說使人多誤犯
說來又怕泄天机
河圖中數五窮凶
女士原來是宿窮
節前百刻爲絶氣
癸亥日爲六甲窮
月大晦月爲月盡
月小二十九日終
年窮并用月大小
晦爲三十爲年窮
月小二十九亦然
五窮絶日百事凶

如造葬行軍出行嫁娶諸事俱不可用此五窮絶日按時定各有每月日節氣前一日十二時絶氣

如立春前一日大寒節氣窮不可用女士禽窮日

時値貪狼貴人迎
馬前凉傘在前行
出入求財皆吉利
酒物錢財喜懽情
巨門去遇藝巫人
僧道牙人又送行
出入半吉并半凶
求財少得半豊榮
祿存文曲及廉貞
出遇巖夫女人行
或是小兒并大畜
求財未得貴人成
武曲原王大吉神
出門便見貴人迎
求財旺相于倍利
遇貴同延百物亨
輔弼星臨百事成
出門官貴便同行
萬般求財稱意得
若求尋人便出迎

## 斗柄訣例

草子一位巨門星
丑寅文武共同行
卯是破軍辰巳弼
午上祿存定吉凶
未申貪狼須記取
酉士廉貞甚分明
戌亥二宮屬武曲
此星斗中吉星神

## 陰陽貴人空亡詳例

乙辛逢亥癸丁兌
壬丙鼠子甲庚申
戊巳馬羊君莫犯
冬至四貴空莫親
冬至後忌用此日
卯支三犯乙巳辛
甲丙庚壬四共寅
癸丁逢午戊一鼠
夏至明貴空莫尋
夏至後忌用此日

# 占鴉鳴噪吉凶日

十二支辰例

子日　主親人至
丑日　主有吉兆
寅日　主有詞訟凶兆
卯日　主有酒食才吉
辰日　主遠人至大凶
巳日　主大吉兆
午日　主病有財
未日　主損六畜破財
申日　主有財大吉
酉日　主大人不安
戌日　主進財大吉
亥日　主有口舌

# 雜占時課　謂占鴉鳴卜時等事

占鴉鳴吉凶方

時　正東　東南　正南　西南　正西　西北　正北　東北

寅卯　人送物主爭競主大吉大吉利主外思酒食至口舌凶主疾病
辰巳　主風雨女客至人相召人相召內喧爭官事至親客至親客至
午　主爭競親客至主爭競主不寧人送物酒食至送大吉女送物
未申　主大凶凶信至遠信至主大雨大吉利親客至主失物在主客至
酉　公事窒外服故人至人相召主客至失物歸主病凶主疾病

歌曰

聖賢明著占鴉經　認取來方細听聲　次看時辰知禍福
百步之外不須听　飛鳴拱若有憂聲　黙念乾元亨利貞
卯酉三隨有七遍　変凶爲吉免灾迍

羅仙曰鴉鵲之鳴有群呼喚子者有競食花果者其音相同难以一概占之其鳴向我其声異於常鳴者是神之報也凡占先要听其在何方飛鳴來再定是何時辰然後断之吉凶驗也

新刻鰲頭通書大全卷之拾終

乾隆丙午年　盡美堂梓行

# 初刻鰲頭通書大全

[中]

明熊宗立◎撰集
北京學易齋刊行
鄭同◎校閱

華齡出版社

影印四庫存目子部善本匯刊[二十五]
謝路軍◎主編

# 增金補歷法合節鰲頭通書卷之五

五行纂論妙擇入門

正五行歌訣

甲乙寅卯巽東水
丙丁巳午離南火
庚申辛酉乾酉金
壬癸亥子坎北水
辰戌丑未坤艮土
此是五行老祖宗

洪範五行歌

甲寅辰巽大江水
戌坎辛申水一同
艮震巳山原屬水
離去丙乙火為宗
乾亥兌丁金生處
丑癸坤寅未土中
此是五行真妙訣
時師各自要精通

○山家墓龍變運定局　二十四山推法

山家運　金　木　火　水　土

正五行　乾申庚酉巽寅甲卯巳丙午丁亥壬子癸坤艮辰戌　辛　乙　離　坎　丑

八卦五行　乾甲酉丁巽辛卯庚午壬寅戌子癸申辰艮丙坤乙　巳丑　亥未

洪範五行　酉丁乾亥卯艮巳午壬丙乙甲寅辰巽丑癸坤庚　戌坎辛申未

甲己年　乙丑金運忌辛未土運忌甲戌火運忌戊辰木運忌金年月日時火年月日時木年月日時水年月日時冬至後當作下年運用事

乙庚年　丁巳木運忌癸未木運忌丙戌土運忌庚辰金運忌火年月日時水年月日時金年月日時木年月日時冬至後當作下年運用事

## 八卦五行歌

巽辛卯庚亥未木
子癸申辰水之因
離壬寅午戌為火
乾甲兌丁巳丑金
艮丙坤乙皆屬土
配合年家月日成

## 年月起遁訣

甲巳之年丙作首
乙庚之歲戊為頭
丙辛之年庚寅上
丁壬壬寅順行流
戊癸却從何處起
甲寅頭上好追求
假如甲巳年正月即起丙寅二月丁卯餘傚此

## 日時起遁

甲巳之日還加甲
乙庚之日丙作初
丙辛之日從戊起
丁壬之日庚子起

丙辛年：巳丑火運忌乙未金運忌戊戌木運忌壬辰水運忌土年月日時
水年月日時火年月日時金年月日時冬至後當作下年運用事

丁壬年：辛丑土運忌丁未水運忌庚戌金運忌甲辰火運忌木年月日時
木年月日時土年月日時火年月日時冬至後當作下年運用事

戊癸年：癸丑木運忌巳未火運忌壬戌水運忌丙辰土運忌木年月日事
金年月日時水年月日時土年月日時冬至後當作下年運用事

## 年尅山運定局

山運

甲巳年：（金）後乙丑金運　（木）先年冬至辛未土運　（火）甲戌火運　（火）戊辰木運　（土）戊辰木運

甲子年　甲午年　甲寅年　甲申年　甲戌辰年　巳丑未年

年尅冬至後不尅

年尅冬至後不尅

年尅冬至年尅山運後不尅　冬至後不尅

例 戊癸之日何處覓 戊癸壬子是[illegible]途
假如甲子日則起甲子
時乙庚日起丙子時
○五行墓庫例 金
庫居丑 火庫居戌 木
庫居未 水土庫居辰
○五行相生 金
生水 水生木 木生
火 火生土 土生金
○五行相剋 金
剋木 水剋土 土剋
水 水剋火 火剋金
○五行生旺死絶例 金
生在巳 敗在午 尅
帶在未 臨宮在申
帝旺在酉 衰在戌
病在亥 墓在丑 絶

己酉年 本年冬至
己卯年 後剋丁丑水運
己巳年 年剋冬至冬至後生
己亥年 後不剋 月年剋
山運 金 木 火 水 土
先年冬至後 癸未水運丙戌土運庚辰金運庚辰金運
乙庚年 丁丑水運
乙卯年 本年冬至後
乙酉年 剋己丑火運
乙巳年 過冬至後過冬至後
乙亥年 半月年剋半月不剋
乙丑年 年剋冬至過冬至後
庚辰年 後不剋 半月年剋
庚子年 年剋過冬
庚午年 至後不剋
庚寅年 年剋冬至後不剋

寅、胎在卯 養在辰
木生在亥 敗在子 冠
帶丑 臨官寅 帝旺
卯 衰在辰 病在巳
死在午 墓在未 絕
在申 胎在酉 養在
戌 火
生在寅 敗在卯 冠
帶辰 臨官巳 帝旺
午 衰在未 病在申
死在酉 墓在戌 絕
在亥 胎在子 養在丑
水土生在申 敗在酉
冠帶在戌 臨官在亥
帝旺在子 衰在丑
病在寅 死在卯 墓
在辰 絕在巳 胎在
午 養在未

庚辰年 年尅至後尅

○丙辛年年尅山運定局

〈山運〉 金 木 火 水 土

丙辛年 先年冬至 乙未金運 戊戌水運 壬辰水運 去辰水運
後巳丑癸運

丙子年 年尅冬至 過冬至後 同上

丙午年 後不尅 年尅

丙寅年 年尅冬至過冬至後

丙申年 後不尅 年尅

丙辰丙戌 過冬至後 年尅冬至 同上

辛丑辛未 半月年尅 後不尅

辛卯年 本年冬至後

辛酉年 尅辛丑土運

辛巳年 年尅冬至

辛亥年 後不尅

丁壬年生尅山運定局

〇五行旺相

當生者旺　所生者相

生我者休　尅我者囚

我尅者死

春　木旺　火相　水休

金囚　土死

夏　火旺　土相　木休

水囚　金死

秋　金旺　水相　土休

火囚　木死

冬　水旺　木相　金休

土囚　火死

天干所屬

甲乙屬木春旺　丙丁屬火夏旺

戊己屬土旺　庚辛屬金秋旺

壬癸屬水冬旺

〇天干陰陽所屬

甲屬陽　乙屬陰　丙陽

〇山家運

金　木　火　水　土

丁壬年　先年冬至後辛丑土運　丁未水運　庚戌金運　甲辰火運　甲辰火運

丁卯年　年尅冬至

丁酉年　後不尅

丁巳年　年尅冬至過冬至後

丁亥年　後不尅　半月年尅

丁丑丁未　冬至後年　年尅冬至年尅冬至

壬辰壬戌　尅山運　後不尅　後不尅

壬子年　年尅冬至

壬午年　後不尅

壬申年　本年冬至後

壬寅年　尅癸丑木運

〇戊癸年年尅山運定局

丁阴 戊阳 巳明

庚阳 辛明 壬阳 癸明

○天子相生

甲木生丁火 乙生丙火

丙火生巳土 丁生戊土

戊土生辛金 巳生庚金

庚金生癸水 辛生壬水

壬水生乙木 癸生甲木

○天干相尅

甲木尅戊土 乙尅巳土

丙火尅庚金 丁尅辛金

戊土尅壬水 巳尅癸水

庚金尅甲木 辛尅乙木

壬水尅丙火 癸尅丁火

天子相食即食神

甲食丙祿 乙食丁祿

丙食戊祿 丁食巳祿

戊食庚祿 巳食辛祿

| 山家運 | 金 | 木 | 火 | 水 | 土 |
|---|---|---|---|---|---|
| 戊癸年 | 先年冬至後癸丑水運 | 巳未火運 | 壬戌水運 | 丙辰土運 | 丙辰土運 |
| 戊子年 戊午年 | 本年冬至後尅乙丑金運 | | | | |
| 戊寅年 戊申年 | | | 年尅冬至後不尅 | | |
| 戊辰戊戌 癸丑癸未 | | | | 年尅冬至後不尅 | 年尅冬至後不尅 |
| 癸卯年 癸酉年 | 年尅冬至後不尅 | | | 過冬至後半月年尅 | |
| 癸巳年 癸亥年 | | 年尅冬至後不尅 | 過冬至後半月年尅 | | |

月尅山運在後月家凶神定局

○年家開山立向凶神定局

庚食壬祿 辛食癸祿
壬食甲祿 癸食乙祿
○天干相合化元
甲與己合化土乙與庚合化金
丙與辛合化水丁與壬合化木
戊與癸合化火
○地支相合即六合
子與丑合 寅與亥合
卯與戌合 辰與酉合
巳與申合 午與未合
○地支三合會局
寅午戌合會成火局
申子辰合會成水局
巳酉丑合會成金局
亥卯未合會成木局
寅卯屬木居東春旺
巳午屬火居南夏旺
申酉屬金居西秋旺

## 開山立向諸家凶神定局

歲干凶神 甲 乙 丙 丁 戊 己 庚 辛 壬 癸
正陰府 艮巽乾兌坎坤離震 艮巽乾兌坎坤離震
傍陰府 丙 甲丁 乙癸 丑寅 庚亥 丙 甲丁 乙癸 壬寅 庚亥
辛 丑巳 辰申 戌寅 未亥 辛 丑巳 辰申 戌寅 未亥
山家困龍 乾 庚 丁 巽 甲 乾 庚 丁 巽 甲
山家宮符 亥 酉 未 巳 卯 亥 酉 未 巳 卯
穿山羅睺 戌 申 午 辰 寅 戌 申 午 辰 寅
浮天空亡 丙壬丁癸乙辛庚甲丁癸丙壬丁癸丙壬庚甲乙辛
陰浮天空 壬 癸 辛 庚 坤 乾 丁 丙 甲 乙
頭白空白 午 子 巽 子 丁癸 酉 坤 艮 乾 卯
值山血雨 申酉 壬 辛子 亥酉 巳 申酉 壬 辛子 亥酉 巳
山家血雨 乾兌坎巽坤艮震 離 乾兌坎巽坤艮 震 離
四大星 丁 巽 甲 乾 庚 丁 巽 甲 乾 庚
十金血雨 申 寅 子 亥 巳 申 寅 子 亥 巳
昇玄爆火 丑丁 申艮 辰巽辛 未癸 戌乙 丑丁 申 艮 辰 辛 未 癸 戌乙

亥子屬水居北冬旺

〇十二支宮所藏

子宮癸水在其中
丑癸辛金巳土同
寅宮甲木兼丙火
卯宮乙木獨相逢
辰宮乙戊三分癸
巳宮庚金丙戊叢
午宮丁火並巳土
未宮乙巳丁共宗
申宮庚金壬水在
酉宮辛金獨豐隆
戌宮辛金并丁戊
亥藏壬甲是真踪

〇地支相冲

子冲午　丑冲未　寅冲申
卯冲酉　辰冲戌　巳冲亥

〇六亥相穿

## 開山立向凶神修方凶煞

| 歲干凶 | 金神七煞 | 隱伏血刃 | 破敗五鬼 | 𡚒天太歲 | 昇玄血刃 | 朱雀 | 羊刃 | 飛刃 | 正都天 | 傍都天 | 遊都天 | 夾殺都天 |
|---|---|---|---|---|---|---|---|---|---|---|---|---|
| 甲 | 午未申酉 | 乾巽 | 巽 | 辰巳 | 巳甲 | 乾 | 卯 | 酉 | 子 | 艮中兌 | 兌 | 巽 |
| 乙 | 辰巳 | 子未 | 艮 | 寅卯 | 子辛 | 坤 | 辰 | 戌 | 乾 | 乾兌 | 午 | 申 |
| 丙 | 子丑寅卯午未 | 寅戌 | 坤 | 亥戌 | 申丙 | 午 | 午 | 子 | 子 | 巽 | 巽 | 乾 |
| 丁 | 戌亥寅卯 | 亥乾 | 震 | 申酉 | 亥庚 | 巽 | 未 | 丑 | 乾 | 卯坤 | 卯 | 庚 |
| 戊 | 申酉子丑 | 丑卯 | 午 | 午未 | 壬寅 | 寅 | 午 | 子 | 兌 | 午子 | 子 | 丁 |
| 己 | 午未申酉 | 乾巽 | 坎 | 辰巳 | 巳甲 | 乾 | 未 | 丑 | 午 | 艮兌 | 卯 | 巽 |
| 庚 | 辰巳 | 子未 | 兌 | 寅卯 | 子辛 | 坤 | 酉 | 卯 | 巽 | 中乾 | 子 | 甲 |
| 辛 | 寅卯子丑午未 | 寅戌 | 乾 | 戌亥 | 申丙 | 午 | 戌 | 辰 | 午 | 巽中 | 乾 | 乾 |
| 壬 | 戌亥庚卯 | 亥乾 | 巽 | 申酉 | 亥庚 | 巽 | 子 | 午 | 巽 | 坤卯 | 兌 | 庚 |
| 癸 | 申酉子丑 | 丑卯 | 艮 | 午未 | 壬寅 | 寅 | 丑 | 未 | 卯 | 午丁 | 離 | 丁 |

壬子穿未〇丑穿午寅穿巳
卯穿辰申穿亥酉穿戌

〇地支相刑

子刑卯上寅刑子
寅刑巳上巳刑申
申刑寅上戌刑未
丑刑戌上定其真
辰〇酉亥自相刑
三刑犯着大無情

〇羊刃飛刃

甲逢卯為羊刃酉即飛刃
乙見辰為羊刃戌則飛刃
丙戊遇午羊刃子是飛刃
丁己見未羊刃丑為飛刃
庚逢酉為羊刃卯即飛刃
辛遇戌為羊刃辰是飛刃
壬見子為羊刃午即飛刃
癸逢丑為羊刃未是飛刃

## 開山立向脩方凶神定局

| | |
|---|---|
| 歲支凶 | 子丑寅卯辰巳午未申酉戌亥 |
| 坐山羅睺 | 乾艮巽離兌坤坤艮坎坎巽乾 |
| 天官符 | 亥申巳寅亥申巳寅亥申巳寅 |
| 地官符 | 辰巳午未申酉戌亥子丑寅卯 |
| 星天炙退 | 甲卯壬子庚酉丙午甲卯壬子庚酉丙午甲卯壬子庚酉丙午 |
| 支神退 | 巽兌巽兌坎坎坎乾乾坤艮坤艮離離 |
| 山家血 | 甲庚乙辛丙壬丁癸甲庚乙辛丙壬丁癸甲庚乙辛丙壬丁癸 |
| 山家刀砧 | 乙辛甲庚甲庚丁癸甲庚丁癸甲庚丁癸丙壬乙辛丙壬丁癸 |
| 白虎殺 | 申酉戌亥子丑寅卯辰巳午未 |
| 陰府太歲 | 未午巳辰卯寅丑子亥戌酉申 |
| 打劫血刃 | 坤艮乾坤離巽坤艮乾坤離巽 |
| 劫殺方 | 巳寅亥申巳寅亥申巳寅亥申 |
| 災殺即三煞 | 午卯子酉午卯子酉午卯子酉 |
| 歲殺 | 未辰丑戌未辰丑戌未辰丑戌 |
| 坐殺向殺 | 丙壬甲庚丙壬甲庚丙壬甲庚丙壬甲庚丙壬甲庚丙壬甲庚 |
| | 丁癸乙辛丁癸乙辛丁癸乙辛丁癸乙辛丁癸乙辛丁癸乙辛 |

支屬四時

寅卯辰屬〇巳午未屬夏

申酉戌屬秋亥子丑屬冬、

支屬三季

寅申巳亥爲四孟正四七十月

子午卯酉爲四仲二五八十一月

辰戌丑未爲四季三六九十二月

〇支屬卦位

子屬坎位　丑寅屬艮

卯屬震宮　辰巳屬巽

午屬離位　未申屬坤

酉居兌上　戌亥屬乾

酉正卦屬單支

四維卦屬双居

子納八卦

乾甲壬　坎戊　艮丙　震納庚

巽納辛　離納巳〇

兌納丁　坤納乙癸

## 立向凶神修方凶神緊煞定局

|  |  |
| --- | --- |
| 歲支凶 | 子丑寅卯辰巳午未申酉戌亥 |
| 巡山羅 | 乙壬艮甲巽丙丁坤辛乾癸庚 |
| 馬前六害 | 申壬庚丙甲壬庚丙甲壬庚丙 |
| 翎毛禁向 | 甲庚乙辛丙丙甲庚丙壬甲庚甲丁癸庚庚丙 |
| | 丙壬甲庚壬壬丁癸丁癸丙壬庚壬丙壬辛壬 |
| 九天朱雀 | 卯戌巳子未寅酉辰亥午丑申 |
| 通天大殺 | 寅卯辰巳申子申戌酉午未寅卯子辰亥子申戌酉未午卯丁辰子寅亥申酉午未 |
| 星天大殺 | 卯子酉午卯子酉午卯子酉午 |
| 打頭火 | 子酉午卯子酉午卯子酉午卯 |
| 飛天獨火 | 卯子酉午卯子酉午卯子酉午 |
| 獨火二 | 艮卯卯子巽巽酉午午坤乾乾 |
| 流財煞 | 戌乾未甲子丑子丑子丑子戌乾戌乾戌乾子丑未申未申酉 |
| 天太歲 | 亥申巳寅亥申巳寅亥申巳寅 |
| 地太歲 | 未巳辰寅丑亥戌申未巳辰寅 |
| 天皇災退 | 卯乙子癸酉辛午丁卯乙子癸酉辛午丁卯乙子癸酉辛午子 |
| 天命煞 | 酉卯亥巳丑未酉卯亥巳丑未 |

〇支納八卦
乾子午坎寅申艮辰戌
震子午巽丑未離卯酉
坤丑未兌巳亥
〇干支納八卦
乾納甲坎癸申辰艮納丙
震庚亥未巽辛離壬庚戌
坤乙兌丁巳丑
〇六親取用
他生我者爲印綬父母〇
我生者爲傷官食神子
孫〇剋我者爲官鬼〇
我剋者爲妻財〇比和
者爲比肩兄弟劫財〇
敗財〇陽見陽〇陰見
陽爲正〇陽見陰〇陰
見陰爲偏〇食神劫偏
生〇傷官即正生 兄

## （脩方忌用神煞古方不脩方）

| 太歲推黃 | 子 | 丑 | 寅 | 卯 | 辰 | 巳 | 午 | 未 | 申 | 酉 | 戌 | 亥 |
|---|---|---|---|---|---|---|---|---|---|---|---|---|
| 傍煞 | 巳 | 午 | 未 | 申 | 酉 | 戌 | 亥 | 子 | 丑 | 寅 | 卯 | 辰 |
| 的煞 | 午 | 未 | 申 | 酉 | 戌 | 亥 | 子 | 丑 | 寅 | 卯 | 辰 | 巳 |
| 照煞 | 未 | 申 | 酉 | 戌 | 亥 | 子 | 丑 | 寅 | 卯 | 辰 | 巳 | 午 |
| 鬼煞 | 丙壬 | 丁癸 | 坤艮 | 甲庚 | 乙辛 | 乾巽 | 壬丙 | 癸丁 | 艮坤 | 庚甲 | 辛乙 | 巽乾 |
| 兵道 | 乙辛 | 乾巽 | 丙壬 | 丁癸 | 坤艮 | 甲庚 | 乙辛 | 乾巽 | 丙壬 | 丁癸 | 坤艮 | 甲庚 |
| 死道 | 丁癸 | 坤艮 | 甲庚 | 乙辛 | 乾巽 | 丙壬 | 丁癸 | 坤艮 | 甲庚 | 乙辛 | 乾巽 | 丙壬 |
| 面道 | 丙壬 | 丁癸 | 丁癸 | 甲庚 | 乙辛 | 乙辛 | 丙壬 | 丁癸 | 丁癸 | 甲庚 | 乙辛 | 乙辛 |
| 火道 | 丁癸 | 甲庚 | 甲庚 | 乙辛 | 乙辛 | 丙壬 | 丁癸 | 丁癸 | 甲庚 | 乙辛 | 乙辛 | 丙壬 |
| 地道 | 甲庚 | 乙辛 | 乾巽 | 丙壬 | 丁癸 | 坤艮 | 甲庚 | 乙辛 | 乾巽 | 丙壬 | 丁癸 | 坤艮 |
| 淨欄煞 | 巳 | 午 | 未 | 申 | 酉 | 戌 | 亥 | 子 | 丑 | 寅 | 卯 | 辰 |
| 鉄掃箒 | 丁癸 | 乙辛 | 丙壬 | 甲庚 | 乙辛 | 丙壬 | 丁癸 | 乙辛 | 丙壬 | 甲庚 | 乙辛 | 丙壬 |
| 被碎殺 | 巳 | 酉 | 丑 | 巳 | 酉 | 丑 | 巳 | 酉 | 丑 | 巳 | 酉 | 丑 |
| 三扱宗煞 | 午 | 寅 | 亥 | 酉 | 未 | 卯 | 子 | 戌 | 巳 | 辰 | 丑 | 申 |
| 甲官祿 | 乾 | 乾 | 亥子丑 | 亥子丑 | 亥子丑 | 乾 | 乾 | 未申酉 | 亥子丑 | 未申酉 | 未申酉 | 未申酉 |

見弟為劫財○弟見兄為偏財○右值八字生旺者忌官鬼財制其太過而得中和○衰弱者喜印比忌盜氣則補其不足亦得其中和矣

○起祿例

甲祿在寅　乙祿在卯

丙祿在巳　丁祿居午

庚祿居申　辛祿居酉

壬祿在亥　癸祿在子

○起馬例

申子辰年馬居寅

寅午戌年馬在申

亥卯未年馬在巳

巳酉丑年馬在亥

假如申子辰屬水長生申○敗酉冠戌臨亥子

## 脩方神煞忌脩方

| 年支凶 | 子 | 丑 | 寅 | 卯 | 辰 | 巳 | 午 | 未 | 申 | 酉 | 戌 | 亥 |
|---|---|---|---|---|---|---|---|---|---|---|---|---|
| 飛太星 | 戌 | 亥 | 申 | 酉 | 午 | 未 | 辰 | 巳 | 寅 | 卯 | 子 | 丑 |
| 將軍大煞 | 酉 | 酉 | 子 | 子 | 子 | 卯 | 卯 | 卯 | 午 | 午 | 午 | 酉 |
| 贖刀煞 | 辰 | 卯 | 亥 | 申 | 丑 | 未 | 辰 | 卯 | 亥 | 申 | 丑 | 未 |
| 帝車煞 | 丑 | 寅 | 卯 | 辰 | 巳 | 午 | 未 | 申 | 酉 | 戌 | 亥 | 子 |
| 喪門 | 寅 | 卯 | 辰 | 巳 | 午 | 未 | 申 | 酉 | 戌 | 亥 | 子 | 丑 |
| 病符 | 亥 | 子 | 丑 | 寅 | 卯 | 辰 | 巳 | 午 | 未 | 申 | 酉 | 戌 |
| 八座 | 酉 | 戌 | 亥 | 子 | 丑 | 寅 | 卯 | 辰 | 巳 | 午 | 未 | 申 |
| 官符星 | 午 | 未 | 巳 | 辰 | 卯 | 寅 | 丑 | 子 | 亥 | 戌 | 酉 | 申 |
| 遊年五鬼 | 戌 | 癸 | 申 | 申 | 乙 | 乙 | 丙 | 酉 | 子 | 庚 | 庚 | 巳 |
| 地軸煞 | 未 | 申 | 酉 | 戌 | 亥 | 子 | 丑 | 寅 | 卯 | 辰 | 巳 | 午 |

## 九良星

廚僧堂橋　道僧堂　廚僧堂橋　道僧堂

城隍門　城隍船　城隍門　城隍船

竈社廟路　觀社廟　竈社廟路　觀社廟

## 九良煞

申庭水後堂後堂寺觀門神廟門中庭寺觀庙堂廁

及廚　井木竈觀廁　寺戌　井东宮神廟　寺觀

神廟寅丑午山水　寅辰觀亥方路北方南方　北方巳○

化忌病在寅逢病甚即死

○木乙貴人例
庚戊逢牛甲見羊
乙猴巳鼠丙鷄方
丁猪癸蛇壬是兔
六辛逢虎貴人陽

○陰貴人例
甲貴庚午庚戊羊
乙逢子位巳猴鄉
丙猪丁造辛見馬
壬蛇癸兔屬陰方

○陰陽貴人總例
甲戊庚午羊　造
乙巳鼠猴鄉　葬
丙丁猪鷄位　合
壬癸兔蛇藏　此
六辛逢馬虎　大
此是貴人方　吉

## 月魁山運

## 陰府太歲

月方　甲己年月　正五行　洪範五行　正陰府　傍陰府

右申月魁山者乃月魁總旨魁山運如甲己年正月建丙寅火魁金山係先年冬至後乙丑金運

正　二　三　四　五　六　七　八　九　十　十一　十二

申申寅寅
庚庚甲甲
辛辛卯卯
酉酉乙乙
乾乾巽巽
乾酉艮艮
酉亥坤坤
乾乾巳巳

亥壬亥壬　甲庚　中庚　巳丙　巳丙
至癸子癸
坤艮坤艮　乾酉　午　午
辰戌辰戌　酉辛　辛丁　丁
丑未丑未　乾
申艮辰巽　乾　乾午　午
戊子坤　亥　亥丙　丙
丑癸　門　酉丙　丙
庚未甲辛　丁　丁乙　乙

坎坤　離　震　艮巽　乾兌　坤坎　離　震　艮巽　乾兌　坤坎　離
乙　壬　庚　丙　甲　乙　壬　庚　丙　甲　乙　壬
癸　　　　　　丁　癸　　　　　　丁　癸
申　寅　亥　丙　巳　申　寅　亥　丙　巳　申　寅
辰　戌　未　辛　丑　辰　戌　大　辛　丑　辰　戌

〇女星貴人例
甲豬丙戌逢候貴
壬庚癸山庚蛇当
丁巳合午乙逢馬
六辛逢大貴人綱　造
葬合此出貴子
〇起山命法　各
從子上起正月二月亥
三月戌四月酉五月申
六月未七月午八月巳
九月辰十月卯十一月寅
十二月從丑挨某月期輪
某月止某日某時逢卯
即安命官〇假如用二
月逗日卯時即安命在
亥官亥卯未山上利也
〇此山運法
從天干明此而定

乙庚年月　（月魁山運）

正五行　洪範五行

正二三四五六七八九十十一十二

甲庚甲庚甲寅甲寅丙丙
乾乾巽巽午丁午丁
酉辛酉辛乙卯乙卯巳巳
乾乾艮艮離離
亥亥　壬壬
酉酉震震丙丙
丙丙巳巳乙乙

甲庚甲庚亥子壬庚
乾乾坤艮
酉辛酉辛辰丑辛未
乾乾甲寅坤庚
亥亥戌坎甲辛
兌兌丑癸坤庚
丁丁未未

（陰府太歲）

正陰府　傍陰府

震艮艮
艮乾兌坎坤
離震
艮乾坤巽兌坎
離震
巽艮

亥亥未
丙丙辛
甲乙丁癸巳申丑辰
壬庚寅亥戌未
丙辛
甲乙丁癸巳申丑辰
壬庚寅亥戌未
丙辛

丙辛年月

月魁　正五行

正二三四五六七八九十十一十二

甲庚甲庚丙丙甲寅甲寅
乾乾午丁午丁巽巽
酉辛酉辛巳巳乙卯乙卯

亥子坤辰　壬癸艮戌未

甲丙戊庚壬五干屬陽男順數未來節女逆數過去節　乙丁己辛癸五干屬陰男逆數過去日女順數未節冬逢行日如一止妄一日除一日少一日借一日入命一字管五年山運二字管十年假如而今年二月十四日順數未來節至清明則是十七日少一日借一日添作本年運節起壬辰癸巳順行又如丁未年二月十四日卯時數過去節下一日未宜四日作正　運初一行壬寅辛丑逆運行也餘做此推

| 丁未年月 | 山運 洪範五行 | 陰府太歲 正陰府 傍陰府 | 月魁山運 正五行 洪範五行 |
|---|---|---|---|
| 正 | | 乾 兌 甲 丁 巳 丑 | |
| 二 | | 坤 坎 乙 癸 申 辰 | |
| 三 | 乾 亥 酉 丁 | 離 壬 寅 戌 | 丙 丁 巳 午 離 壬 丙 乙 |
| 四 | 乾 亥 酉 丁 | 震 庚 亥 未 | 丙 丁 巳 午 離 壬 丙 乙 |
| 五 | 午 壬 丙 乙 | 艮 巽 丙 辛 | 丁亥 坤 艮 丑 甲 戌 癸 庚 |
| 六 | 午 壬 丙 乙 | 乾 兌 申 丁 巳 丑 | 壬癸 辰 戌 未 寅辰 子申 丑坤 未 |
| 七 | 艮 卯 巳 | 坤 坎 乙 癸 申 辰 | 甲寅 巽 乙卯 巽艮 辛 卯 巳 |
| 八 | 艮 卯 巳 | 離 壬 寅 戌 | 甲寅 巽 卯 艮 卯 卯 巳 |
| 九 | | 震 庚 亥 未 | |
| 十 | | 艮 巽 丙 辛 | |
| 十一 | 甲寅甲寅 戊子坤甲庚辛 丑癸未 | 乾 兌 甲 丁 巳 丑 | 申冬至 寅後魁 乾水上 酉 辛山 乾冬至 亥後魁 兌水上 丁山 |
| 十二 | | 坤 坎 乙 癸 申 辰 | |

## 造命訣

按甲山命逢甲爲比肩
乙爲劫財　丙食神
丁傷官　戊偏財　己
正財　庚七煞　辛正
官　壬偏印　癸正印
一巽山逢甲爲劫財
乙比肩　丙傷官　丁
爲食神　戊正財　巳
是偏財　庚正官　辛
爲七煞　壬正印　癸
神偏印　丙
午山逢甲爲偏印　乙
正印　丙比肩　丁劫
財　戊食財
庚偏財　辛正財　壬
爲七煞　癸正官

陰府太歲　戊癸年月　月尅山運　陰府太歲

| 正陰府 | 傍陰府 | 戊癸年月 | 正五行 | 洪範五行 | 正陰府 | 傍陰府 |
|---|---|---|---|---|---|---|
| 離震　艮乾坤　巽兌坎 | 壬庚　寅亥　丙　甲乙　丁癸　戊未　辛　巳申　丑辰 | 正 | 甲寅甲寅丙丙 | 艮艮離離 | 艮乾坤　巽兌坎 | 丙　甲丁　乙癸　壬寅　亥庚 |
| 離震　艮乾坤　巽兌坎 | 壬庚　寅亥　丙　甲乙　丁癸　戊未　辛　巳申　丑辰 | 二 | 巽巽巳丁巳丁 | 卯卯壬丙壬丙 | 離震 | 辛　巳丑　甲辰　戊未 |
| 離震 | 壬庚　寅亥　戊未 | 三 | 乙卯乙卯午午 | 巳巳乙乙 | 艮兌坤　巽兌坎 | 丙　甲丁　乙癸　壬寅　亥庚 |
| | | 四 | 亥子壬癸甲寅甲寅甲庚冬至 | 甲寅辰巽震震乾 | 離震 | 辛　巳丑　甲辰　戊未 |
| | | 五 | 坤艮巽巽乾後尅 | 戊坎甲辛艮亥壬後 | 艮乾　巽兌 | 丙　甲丁 |
| | | 六 | 辰丑戊未卯乙卯乙酉辛水山 | 丑癸甲庚巳艮兌不尅 | | 辛　巳丑 |
| | | 七 | | 未壬山巳丁 | | |
| | | 八 | | | | |
| | | 九 | | | | |
| | | 十 | | | | |
| | | 十一 | | | | |
| | | 十二 | | | | |

丁巳山逢甲正印　乙偏印　丙劫財　丁比肩　戊傷官　己食神　庚正財　辛偏財　壬正官　癸是七煞

辰戌艮山見甲七煞　乙正官　丙偏印　丁正印　戊比肩　己劫財　庚食神　辛傷官　壬偏財　癸正財

丑未坤山逢甲正官　乙七煞　丙正印　丁偏印　戊劫財　己比肩　庚傷官　辛食神　壬正財　癸偏財

庚申乾山見甲偏財　乙正財　丙七煞　丁正官　戊偏印　己正印

## 月方凶神

(月家緊殺)(大官符凶局)

| 月 | 月凶 山家朱雀 | 三劫殺 | 殺災殺 | 方歲殺 | 劍鋒殺 | 申子辰年 | 巳酉丑年 | 寅午戌年 | 亥卯未年 |
|---|---|---|---|---|---|---|---|---|---|
| 正 | 離坎坤巽乾艮兌 | 亥 | 子 | 丑 | 甲 | 中 | 未坤申 | 丑艮寅 | 中 |
| 二 | | 申 | 酉 | 戌 | 乙 | 辰巽巳 | 壬子癸 | 庚酉辛 | 庚酉辛 |
| 三 | | 巳 | 午 | 未 | 巽 | 甲卯乙 | 丙午丁 | 戌乾亥 | 戌乾亥 |
| 四 | | 寅 | 卯 | 辰 | 丙 | 未坤申 | 丑艮寅 | 中 | 中 |
| 五 | | 亥 | 子 | 丑 | 丁 | 壬子癸 | 庚酉辛 | 庚酉辛 | 辰巽巳 |
| 六 | | 申 | 酉 | 戌 | 坤 | 丙午丁 | 戌乾亥 | 戌乾亥 | 甲卯乙 |
| 七 | 離坎坤巽乾艮兌 | 巳 | 午 | 未 | 庚 | 丑艮寅 | 中 | 中 | 未坤申 |
| 八 | | 寅 | 卯 | 辰 | 辛 | 庚酉辛 | 庚酉辛 | 辰巽巳 | 壬子癸 |
| 九 | | 亥 | 子 | 丑 | 乾 | 戌乾亥 | 戌乾亥 | 甲卯乙 | 丙午丁 |
| 十 | | 申 | 酉 | 戌 | 壬 | 中 | 中 | 未坤申 | 丑艮寅 |
| 十一 | | 巳 | 午 | 未 | 癸 | 庚酉辛 | 辰巽巳 | 壬子癸 | 庚酉辛 |
| 十二 | | 寅 | 卯 | 辰 | 艮 | 戌乾亥 | 甲卯乙 | 丙午丁 | 戌乾亥 |

庚比肩　辛劫財　壬食神　癸傷官

辛酉山逢甲正財　乙偏財　丙正官　丁七煞　戊正印　巳偏印　庚劫財　辛比肩　壬傷官　癸是食神

壬子山逢甲食神　乙傷官　丙偏財　丁正財　戊七煞　巳正官　庚偏印　辛正印　壬比肩　癸劫財

癸亥山見甲傷官　乙食神　丙正財　丁偏財　戊正官　巳七煞　庚正印　辛偏印　壬劫財　癸比肩

巳上十干通照今山頭進

## 壬占山向方內

## （月家飛宮地官符局）

子年　丑年　寅年　卯年　辰年　巳年　午年　未年

正　寅丙辛丑艮寅丙午丁壬子癸未坤申甲卯乙辰巽巳中

二　戊乾亥庚酉辛丑艮寅丙午丁壬子癸未坤申甲卯乙辰巽巳

三　中戊乾亥庚酉辛丑艮寅丙午丁壬子癸未坤申甲卯乙

四　庚酉辛中戊乾亥庚酉辛丑寅艮丙午丁壬子癸未坤申

五　戊乾亥庚酉辛中戊乾亥庚酉辛丑艮寅丙午丁壬子癸

六　中戊乾亥庚酉辛中戊乾亥庚酉辛丑艮寅丙午丁

七　辰巽巳中戊乾亥寅酉辛中戊乾亥庚酉辛丑艮寅

八　甲卯乙辰巽巳中戊乾亥庚酉辛中戊乾亥庚酉辛

九　未坤申甲卯乙辰巽巳中戊乾亥庚酉辛中戊乾亥

十　壬子癸未坤申甲卯乙辰巽巳中戊乾亥庚酉辛中

十一　丙午丁壬子庚未坤申甲卯乙辰巽巳中戊乾亥庚酉辛

十二　丑艮寅丙午丁壬子癸未坤申甲卯乙辰巽巳中戊乾亥

以家五生命並以六命
于爲主於四柱中管拘
何干神定其格局次以
本命八太歲真祿馬貴
人合成格爲上局

**正印論**　如印命人見子
癸爲印綬用四癸或四
子年月日時是也
**又**如丙命人取卯乙爲印
綬用甲戌年乙亥月乙
未日乙卯時亦是也

**偏印例**　如甲命人甲見
亥壬爲偏印或用四亥
四壬年月日時是也

**正財格**　如乙命人用辰
戊戌爲正財謀取四壬
四戊或四戌年月日時
是合格也

## 地官符占山方

申年　酉年　戌年　亥年

## 打頭火占山向方

申子辰年　巳酉丑年　寅午戌年　亥卯未年

戌乾亥 庚酉辛 中 戌乾亥 戌乾亥 甲卯乙 丙午丁 戌乾亥
中 戌乾亥 庚酉辛 中 中 未坤申 丑艮寅 中
辰巽巳 中 戌乾亥 庚酉辛 辰巽巳 壬子癸 庚酉辛 庚酉辛
甲卯乙 辰巽巳 中 戌乾亥 甲卯乙 丙午丁 戌乾亥 戌乾亥
未坤申 甲卯乙 辰巽巳 中 未坤申 丑艮寅 中 中
壬子癸 未坤申 甲卯乙 辰巽巳 壬子癸 庚酉辛 庚酉辛 辰巽巳
丙午丁 壬子亥 未坤申 甲卯乙 丙午丁 戌乾亥 戌乾亥 甲卯乙
丑艮寅 丙午丁 壬子癸 未坤申 丑艮寅 中 中 未坤申
庚酉辛 丑艮寅 丙午丁 壬子癸 庚酉辛 庚酉辛 辰巽巳 壬子癸
戌乾亥 庚酉辛 丑艮寅 丙午丁 戌乾亥 戌乾亥 甲卯乙 丙午丁
中 戌乾亥 庚酉辛 丑艮寅 中 中 未坤申 丑寅艮
庚酉辛 中 戌乾亥 庚酉辛 庚酉辛 辰巽巳 壬子癸 庚酉辛

偏財格　坤乙命人用丑未巳為偏財課取四丑四未四巳年月日時

正官格　如丁命人以亥壬為正官用亥年月時或壬年月日時是

偏官格　如丁命以子癸為偏官或用子年月日時或癸年月日時是

拱貴格　如庚命貴人在未用庚申年壬午月庚申日壬午時是也

拱祿格　如甲命人甲祿在寅用丑年卯月丑日卯時祿在其中是也又名夾祿格填實者不是反為凶

建祿格　如用命祿在寅

占方月凶

飛天獨火局

大月建占方

月家修方凶

| 月 | 申子辰年 | 巳酉丑年 | 寅午戌年 | 亥卯未年 | 甲癸丁庚年 | 乙辛戊年 | 丙壬巳年 |
|---|---|---|---|---|---|---|---|
| 正 | 戌乾亥 | 戌乾亥 | 甲卯乙 | 丙午丁 | 丑艮寅 | 中 | 未坤申 |
| 二 | 中 | 中 | 未坤申 | 壬艮寅 | 庚酉辛 | 辰巽巳 | 壬子癸 |
| 三 | 庚酉辛 | 辰巽巳 | 壬子癸 | 庚酉辛 | 戌乾亥 | 甲卯乙 | 丙午丁 |
| 四 | 戌乾亥 | 甲卯乙 | 丙午丁 | 戌乾亥 | 中 | 未坤申 | 丑艮寅 |
| 五 | 中 | 未坤申 | 丑艮寅 | 中 | 庚酉辛 | 壬子癸 | 庚酉辛 |
| 六 | 辰巽巳 | 壬子癸 | 庚酉辛 | 庚酉辛 | 戌乾亥 | 丙午丁 | 戌乾亥 |
| 七 | 甲卯乙 | 丙午丁 | 戌乾亥 | 戌乾亥 | 中 | 丑艮寅 | 中 |
| 八 | 未坤申 | 丑艮寅 | 中 | 中 | 辰巽巳 | 寅酉辛 | 辰巽巳 |
| 九 | 壬子癸 | 庚酉辛 | 庚酉辛 | 辰巽巳 | 甲卯乙 | 戌乾亥 | 甲卯乙 |
| 十 | 丙午丁 | 戌乾亥 | 戌乾亥 | 甲卯乙 | 未坤申 | 中 | 未坤申 |
| 十一 | 丑艮寅 | 中 | 中 | 未坤申 | 壬子癸 | 庚酉亥 | 壬子癸 |
| 十二 | 庚酉辛 | 庚酉辛 | 辰巽巳 | 壬子癸 | 丙午丁 | 戌乾亥 | 丙午丁 |

官用寅年月日時也
衙祿格　如辛命人祿在
酉月四卯年月日時是
食祿格　如癸命人癸食
乙祿乙祿在卯用卯年
月日時是也
催祿格　如甲命人用祿
在寅用四壬寅又如乙
命人用辛卯是也
趕祿格　如甲命人甲祿
在寅用午年戌月午日
戌時三合寅午戌祿在
其中也
合祿格　如癸命人癸祿
在子用丑年月日時子丑
庚在合或用申辰年月
日時三合是也
拱祿欄馬格　如甲戌命

（小兒殺）（丙丁獨火占方局）

申子辰 寅午戌 巳酉丑 亥卯未 年 甲己年 乙庚年 丙辛年 丁壬年 戊癸年 巡山火星

年三 年三 丙火 丁火 丙火 丁火 丙火 丁火 丙火 丁火 丙火 丁火 占 火七

中 丙午丁 乾 巽 坤 卯 午 子 酉 艮 乾 赤

戌乾亥壬子癸 卯 巽 子 坤 艮 午 乾 酉 坤

辰酉辛未坤申 巽 坤 卯 午 子 酉 艮 乾 坎

丑艮寅甲卯乙 卯 巽 子 坤 艮 午 乾 酉 坎

丙午丁辰巽巳 坤 卯 午 子 酉 艮 乾 巽 中

壬子癸 中 子 坤 艮 午 乾 乾 巽 卯 巽 卯

未坤申戌乾亥 午 子 酉 艮 卯 巽 坤 卯 卯

甲卯乙庚酉辛 艮 午 乾 酉 坤 卯 子 坤 酉 九紫

辰巽巳丑艮寅 酉 艮 乾 巽 午 子 艮

中 丙午丁 乾 酉 卯 巽 子 坤 艮 午 艮

戌乾亥壬子癸 乾 巽 坤 卯 午 子 酉 艮 離

庚酉辛未坤申 卯 巽 子 坤 艮 午 乾 酉 坤 七赤

人用祿在寅須得丁丑以起之寅午戌馬在申須得酉以欄之餘倣此

**兩干不雜格**　如用甲子年乙亥月甲戌日乙丑時甲乙二字不亂　又如丙寅年丁酉月丙辰日丁酉時丙丁二字不亂是也又名兩干連珠

**雙飛蝴蝶格**　用庚申年壬午月庚申日壬午時是也又云用庚戌年戊寅月癸卯日乙卯時係二明二明者亦是也

**三奇格**　乙丙丁為天上三奇取年月日或月日時三位相連者是又云甲戊庚地下三奇亦同

(月遊火星占方)(昇玄血刃占方)

月方凶

子丑年　寅年　卯辰年　巳年　午未年　申年　酉戌年　亥年　甲巳年　乙庚年　丙辛年　丁壬年　戊癸年

順逆

正　艮卯巽子坤酉乾子申丙寅壬子辛亥庚巳甲

二　午巽申子卯艮酉坤亥庚巳甲申丙寅壬子辛

三　子申乾坤巽午艮卯壬寅子辛亥庚巳甲申丙

四　坤乾酉卯申子午巽巳甲申丙寅壬子辛亥庚

五　卯酉艮巽乾坤子申子辛亥庚巳甲申丙寅壬

六　巽艮午申酉卯坤乾申丙寅壬子辛亥庚巳甲

七　申午子乾艮巽卯酉亥庚巳甲申丙寅壬子辛

八　乾子坤酉午申巽艮寅壬子辛亥寅巳甲申丙

九　酉坤卯艮子乾申午巳甲申丙寅壬子辛亥庚

十　艮卯巽午坤酉乾子子辛亥庚巳甲申丙寅壬

十一　午巽申子卯艮酉坤申丙寅壬子辛亥庚巳甲

十二　子申乾坤巽午艮卯亥庚巳甲申丙寅壬子辛

地同流格　四壬寅　四庚辰　四己巳　四戊午　四丁未　四辛卯　四乙酉　四癸亥　四甲戌　四丙申　又名天干一氣地支同流

地支一氣格　如巳未年辛未月巳未日辛未時　但四地支相同者皆是　又名　氣推

支格

長生格　本命以長生爲主如甲乙屬木長生在亥皆以長生爲主論天下之至寶莫若長生爲寶以本命年干爲主暗藏四柱之中以成補門相生之格

月凶方忌修造　正　二　三　四　五　六　七　八　九　十　十一　十二

劍鋒禁向（向之王損財內）　乙　壬丙　乙　癸　乙　丙　卯酉　癸　乙　丙壬　乙
癸　辛　丁癸　辛　辛　午　乙辛　辛　丁癸　辛

八山刀砧　忌修造丁癸乙辛丁癸乙辛丁癸乙辛丁癸乙辛丁辛乙辛丁癸乙辛
損六畜丙壬甲庚丙壬甲庚丙壬甲庚丙壬甲庚丙壬甲庚

| | 月家禁向 | 流財星（修造動土犯之主退財） | 九紫飛宮 | 滿天紅火星忌起 | 皇帝八座方 | 土皇殺方 | 土符方 | 土瘟方（忌動土） | 月獨火方 |
|---|---|---|---|---|---|---|---|---|---|
| 正 | 寅甲巽巳 | 巳午未 | 丁 | 癸 | 亥 | 巳 | 丑 | 辰 | 乙 |
| 二 | 卯乙丁癸 | 申酉戌 | 坤 | 庚 | 子 | 辰 | 巳 | 巳 | 丙 |
| 三 | 辰巽坤申 | 酉戌亥 | 甲 | 庚 | 丑 | 卯 | 酉 | 午 | 丁 |
| 四 | 巳寅丁申丙 | 丑寅 | 乙 | 辛 | 寅 | 寅 | 寅 | 未 | 巳 |
| 五 | 午丁酉辛 | 寅卯 | 乾 | 壬 | 卯 | 丑 | 午 | 申 | 丙 |
| 六 | 辰巽未坤 | 辰巳 | 壬 | 癸 | 辰 | 子 | 戌 | 酉 | 丁 |
| 七 | 申庚壬亥 | 巳午未 | 丁 | 丁 | 巳 | 亥 | 卯 | 戌 | 辛 |
| 八 | 丙庚酉丁 | 申酉戌 | 坤 | 甲 | 午 | 戌 | 未 | 亥 | 壬 |
| 九 | 戌乾丑艮 | 酉戌亥 | 甲 | 申 | 未 | 酉 | 亥 | 子 | 癸 |
| 十 | 壬亥甲寅 | 丑寅 | 乙 | 乙 | 申 | 申 | 辰 | 丑 | 辛 |
| 十一 | 子癸甲卯 | 寅卯 | 乾 | 丙 | 酉 | 未 | 申 | 寅 | 壬 |
| 十二 | 癸丑辛戌 | 辰巳 | 午 | 戊 | 戌 | 午 | 子 | 卯 | 癸 |

論拱格　拱者秩也乙丑年巳卯月乙丑日巳卯時以天干言謂兩干不雜以地支言謂兩支不雜以二丑二卯暗夾一寅字故曰拱格用命謂拱祿丙命謂拱宝辛命謂拱貴壬命謂拱福丁命謂拱印庚辛命謂拱財巳命謂拱官大抵馬不宜拱用拱格竪造不忌重喪日安葬不忌受死日造葬不忌死無官符建日餘以類推

論真祿格　如甲祿在寅乙祿在卯丙戊祿在巳丁己祿在午以十干居祿為主以本命年干為

| 日月同 | 正 | 二 | 三 | 四 | 五 | 六 | 七 | 八 | 九 | 十 | 十一 | 十二 |
|---|---|---|---|---|---|---|---|---|---|---|---|---|
| 月建 | 寅 | 卯 | 辰 | 巳 | 午 | 未 | 申 | 酉 | 戌 | 亥 | 子 | 丑 |
| 地皇 | 午 | 巳 | 辰 | 卯 | 寅 | 丑 | 子 | 亥 | 戌 | 酉 | 申 | 未 |
| 怨煞 | 寅 | 卯 | 申 | 巳 | 寅 | 亥 | 申 | 巳 | 寅 | 亥 | 申 | 巳 |
| 遊都神 | 丙 | 丁 | 坤 | 庚 | 辛 | 乾 | 壬 | 癸 | 艮 | 甲 | 乙 | 巽 |
| 鬼道 | 艮坤 | 甲庚 | 乙辛 | 乾巽 | 壬丙 | 癸丁 | 艮坤 | 甲庚 | 乙辛 | 乾巽 | 丙壬 | 癸 |
| 兵道 | 壬丙 | 癸丁 | 艮坤 | 甲庚 | 乙辛 | 乾巽 | 壬丙 | 癸丁 | 艮坤 | 甲庚 | 乙辛 | 乾巽 |
| 傷胎神 | 春 | 子 | 午 | 夏 | 丑 | 未 | 秋 | 辰 | 戌 | 冬 | 巳 | 亥 |
| 四季天煞 | 酉 | 酉 | 酉 | 子 | 子 | 子 | 卯 | 卯 | 卯 | 午 | 午 | 午 |
| 地轄 | 酉 | 戌 | 亥 | 子 | 丑 | 寅 | 卯 | 辰 | 巳 | 午 | 未 | 申 |
| 皇虎煞 | 戌 | 亥 | 子 | 丑 | 寅 | 卯 | 辰 | 巳 | 午 | 未 | 申 | 酉 |
| 崩騰 | 辛 | 乙 | 丙 | 壬 | 庚 | 甲 | 癸 | 丁 | 巳 | 酉 | 坤 | 乾 |

| | 春 | 夏 | 秋 | 冬 |
|---|---|---|---|---|
| 帝車 | 寅 | 巳 | 申 | 亥 |
| 帝舍 | 辰 | 未 | 戌 | 丑 |
| 帝轄 | 卯 | 午 | 酉 | 子 |

| 鎮天火煞 | 卯 | 寅 | 丑 | 子 | 亥 | 戌 | 酉 | 申 | 未 | 午 | 巳 | 辰 |
|---|---|---|---|---|---|---|---|---|---|---|---|---|

主暗藏四柱之中以成

補山相生之格

真馬格　如申子辰馬在寅。寅午戌馬居申。巳酉丑馬在亥。亥卯未馬在巳。乃地居馬為主。又以本命支為主。時藏四柱之中以成相

補山之格

論貴人格。如甲戊庚命貴人在丑未。乙巳命貴人在子申。丁命貴人社酉亥。壬命貴人在卯巳。辛命貴人在寅午。以木命貴人為主。暗藏四柱之中。以成補山相生之

格局浩蕩之福慕

論福德格。夫人命以食

| 月家凶神 | 天罡（即滅門） | 河魁（大禍首爭忌） | 五貧 | 天火 | 地火 | 月盆 | 獨火（滅門同安葬忌） | 月破 | 月刑 | 月害 | 月殺（月虛同） | 月厭 | 天地殃敗 | 天羅地網 | 天地賊沒 |
|---|---|---|---|---|---|---|---|---|---|---|---|---|---|---|---|
| 正 | 巳 | 亥 | 巳 | 子 | 巳 | 申 | 巳 | 申 | 巳 | 巳 | 丑 | 戌 | 卯 | 子 | 丑 |
| 二 | 子 | 午 | 申 | 卯 | 午 | 亥 | 辰 | 酉 | 子 | 辰 | 戌 | 酉 | 寅 | 申 | 子 |
| 三 | 未 | 丑 | 亥 | 午 | 未 | 寅 | 卯 | 戌 | 辰 | 卯 | 未 | 申 | 丑 | 巳 | 亥 |
| 四 | 寅 | 申 | 寅 | 酉 | 申 | 巳 | 寅 | 亥 | 申 | 寅 | 辰 | 未 | 子 | 辰 | 戌 |
| 五 | 酉 | 卯 | 巳 | 子 | 酉 | 酉 | 丑 | 子 | 午 | 丑 | 丑 | 午 | 亥 | 戌 | 酉 |
| 六 | 辰 | 戌 | 申 | 卯 | 戌 | 子 | 子 | 丑 | 丑 | 子 | 戌 | 巳 | 戌 | 亥 | 申 |
| 七 | 亥 | 巳 | 亥 | 午 | 亥 | 卯 | 亥 | 寅 | 寅 | 亥 | 未 | 辰 | 酉 | 丑 | 未 |
| 八 | 午 | 子 | 寅 | 酉 | 子 | 午 | 戌 | 卯 | 酉 | 戌 | 辰 | 卯 | 申 | 申 | 午 |
| 九 | 丑 | 未 | 巳 | 子 | 丑 | 戌 | 酉 | 辰 | 未 | 酉 | 丑 | 寅 | 未 | 未 | 巳 |
| 十 | 申 | 寅 | 申 | 卯 | 寅 | 丑 | 申 | 巳 | 亥 | 申 | 戌 | 丑 | 午 | 子 | 辰 |
| 十一 | 卯 | 酉 | 亥 | 午 | 卯 | 辰 | 未 | 午 | 卯 | 未 | 未 | 子 | 巳 | 巳 | 卯 |
| 十二 | 戌 | 辰 | 寅 | 酉 | 辰 | 未 | 午 | 未 | 戌 | 午 | 辰 | 亥 | 辰 | 辰 | 寅 |

[illegible]餘福德甲命見丙乙
[illegible]丁丙見戊丁見巳戊
見庚巳見辛庚見壬辛
見癸壬見申癸見乙巳
本命年干為主暗藏四
柱之中以成相生之格

印

印綬格○夫命以父母為
印綬甲見癸乙見壬丙
見乙丁見申戊見丁巳
見丙庚見巳辛見戊壬
見辛癸見庚名曰印綬
乃命之根以本命年干
為主四柱以成相生之
格也

財

財神格○如甲乙見戊巳
丙丁見庚辛庚辛見甲
乙壬癸見丙丁名曰財
神門乃養命之根以本

| 日凶神 | 正 | 二 | 三 | 四 | 五 | 六 | 七 | 八 | 九 | 十 | 十一 | 十二 |
|---|---|---|---|---|---|---|---|---|---|---|---|---|
| 天刑黑道 | 寅 | 辰 | 午 | 申 | 戌 | 子 | 寅 | 辰 | 午 | 申 | 戌 | 子 |
| 朱雀黑道 | 卯 | 巳 | 未 | 酉 | 亥 | 丑 | 卯 | 巳 | 未 | 酉 | 亥 | 丑 |
| 白虎黑道 | 午 | 申 | 戌 | 子 | 寅 | 辰 | 午 | 申 | 戌 | 子 | 寅 | 辰 |
| 天空黑道 | 申 | 戌 | 子 | 寅 | 辰 | 午 | 申 | 戌 | 子 | 寅 | 辰 | 午 |
| 玄武黑道 | 酉 | 亥 | 丑 | 卯 | 巳 | 未 | 酉 | 亥 | 丑 | 卯 | 巳 | 未 |
| 勾陳黑道 | 亥 | 丑 | 卯 | 巳 | 未 | 酉 | 亥 | 丑 | 卯 | 巳 | 未 | 酉 |
| 日流財 | 亥 | 申 | 巳 | 寅 | 卯 | 午 | 子 | 酉 | 丑 | 未 | 申 | 戌 |
| 天窮 [illegible] | 子 | 寅 | 午 | 酉 | 子 | 寅 | 午 | 酉 | 子 | 寅 | 午 | 酉 |
| 五窮 [illegible] | 申 | 酉 | 戌 | 亥 | 子 | 丑 | 寅 | 卯 | 辰 | 巳 | 午 | 未 |

凶日忌用

| 日凶方 | 甲 | 乙 | 丙 | 丁 | 戊 | 巳 | 庚 | 辛 | 壬 | 癸 |
|---|---|---|---|---|---|---|---|---|---|---|
| 遊都方 | 丑 | 子 | 寅 | 巳 | 申 | 丑 | 子 | 寅 | 巳 | 申 |
| 正陰府 | 艮 巽 | 乾 兌 | 坤 坎 | 離震 | | 艮 巽 | 乾 兌 | 坤 坎 | 離震 | |
| 傍陰府 | 丙 辛 | 甲丁乙癸 巳丑申辰 | 寅庚亥 壬戌未 | | | 丙 辛 | 甲丁乙癸 巳丑申辰 | 壬寅庚亥 戌未 | | |

命年年爲主暗合四柱之中以成相生之格〇官星格〇如甲見辛乙見庚丙見癸丁見壬戊見乙己見甲庚見丁辛見丙壬見己癸見戊名曰壬官星以本命年干爲主暗合四柱之中以成補以相生之格

以用配成諸格干龍本命五相不偏推主六十四格積至三百六十五格各以選擇歷書爲主世之大全歷術通書皆大抵補山甚則題相生貴騎藏此係造命之精微此竪造墾鑿造命年月日〇時九人生世遇富貴之

滅門大禍凶日

| 年 | | 正 | 二 | 三 | 四 | 五 | 六 | 七 | 八 | 九 | 十 | 十一 | 十二 |
|---|---|---|---|---|---|---|---|---|---|---|---|---|---|
| 甲己年 | 滅門 | 己巳 | 丙子 | 辛未 | 丙寅 | 癸酉 | 戊辰 | 乙亥 | 庚午 | 丁丑 | 壬申 | 丁卯 | 甲戌 |
| | 大禍 | 乙亥 | 庚午 | 丁丑 | 壬申 | 丁卯 | 甲戌 | 己巳 | 丙子 | 辛未 | 丙寅 | 癸酉 | 戊辰 |
| 乙庚年 | 滅門 | 辛巳 | 戊子 | 癸未 | 戊寅 | 乙酉 | 庚辰 | 丁亥 | 壬午 | 己丑 | 甲申 | 己卯 | 丙戌 |
| | 大禍 | 丁亥 | 壬午 | 己丑 | 甲申 | 己卯 | 丙戌 | 辛巳 | 戊子 | 癸未 | 戊寅 | 乙酉 | 庚辰 |
| 丙辛年 | 滅門 | 癸巳 | 庚子 | 乙未 | 庚寅 | 丁酉 | 壬辰 | 己亥 | 甲午 | 辛丑 | 丙申 | 辛卯 | 戊戌 |
| | 大禍 | 己亥 | 甲午 | 辛丑 | 丙申 | 辛卯 | 戊戌 | 癸巳 | 庚子 | 乙未 | 庚寅 | 丁酉 | 壬辰 |
| 丁壬年 | 滅門 | 乙巳 | 壬子 | 丁未 | 壬寅 | 己酉 | 甲辰 | 辛亥 | 丙午 | 癸丑 | 戊申 | 癸卯 | 庚戌 |
| | 大禍 | 辛亥 | 丙午 | 癸丑 | 戊申 | 癸卯 | 庚戌 | 乙巳 | 壬子 | 丁未 | 壬寅 | 己酉 | 甲辰 |
| 戊癸年 | 滅門 | 丁巳 | 甲子 | 己未 | 甲寅 | 辛酉 | 丙辰 | 癸亥 | 戊午 | 乙丑 | 庚申 | 乙卯 | 壬戌 |
| | 大禍 | 癸亥 | 戊午 | 乙丑 | 庚申 | 乙卯 | 壬戌 | 丁巳 | 甲子 | 己未 | 甲寅 | 辛酉 | 丙辰 |

〇右滅門大禍日忌遠道茂云即歲魁罡以天罡爲滅門河魁爲大禍〇主死盜賊百事忌犯大歲月建同前乃凶不同旬單支吉星多不忌

倒家煞

甲己年五午年　乙庚年五申年　丙辛年五戌年

丁壬年五午年　戊癸年五寅年　忌脩造百事忌

〇右煞如甲己年庚午日乙庚年甲申日丙辛年戊戌日丁壬年壬

命却安富貴之福也哉
遇休囚則貧矣不能為
福矣當官熟讀継壽篇
并取富貴歌訣精細詳
論方能成格局矣

年月引證○先賢坐造以
作志命干為主取命路
局或拱祿拱貴食祿合
祿正官正印正財无子
一氣地支同流格局○
如埋塟以亡人命干為主
取合何格使亡人再生
富貴之年月蔭益見孫
之昌隆先賢之要訣矣

年月啟蒙一按悟齋洪氏
日山向修方之法須要
山向通利更與年月日
時相關陰陽純粹好隂

子日戌癸年止用寅是外四日不忌辨明推庚午用申申戌戊壬寅寅是

日三煞方

申子辰日 巳午未
巳酉丑日 寅卯辰
寅午戌日 亥子丑
亥卯未日 申酉戌 煞方

橫天朱雀

初一行嫁主再娶　初九造屋同祿殃
十七埋塟令退死　廿五移徙人財傷
紅嘴朱雀丈二長　眼似流星火燿光
等閑無事傷人命　千里飛來會過汪

紅嘴朱雀

但從震宮起甲子　巽宮甲戌順行裝　行到中宮莫生火
乾宮一辰莫安床　兌上占之莫脩并　艮宮莫作僧道堂
離宮大門君落犯　坎宮水溝大难當　坤宮嫁娶損宅長
震宮脩廚新婦亡　巽宮一位管山野　八山伐木定遭殃
昔有一人五月初二甲申日八宅归火未祿一七破人命間賴每試
○多驗矣
此命符能壓紅嘴朱雀占中宮○若遇紅嘴朱雀占中宮之日必先
一日書此符隔日粘於中宮次日朱雀見此符先占中則不爲害
八宅無妨則吉又云書李廣將軍占此隔日粘於中則吉利事占

山向方用明年月日時明內向方用明年月日時亦有分別須要山向逢三合補之有力即應仲季之說得三才之道修築若合山者不可合向若合向者不可合山坐一位合山一位合向則被朗誤為禍輕矣脩方亦倣此　如宗山午向用寅午戌四柱合成火局為子山之財局吉　若午山子向用申子辰合成水局為殺剋局凶　如寅山申向用寅午戌合成火局支泄寅山子氣不吉宜用申子辰合成水局生

扎帝敕

巳　下台
中台
上台
巳
朱雀
雷

周　一神符在
葛　此百無
唐　禁忌救

〇內書朱雀發然用六訣再點依奇門太歲下諱號於內塗之即吉

## 橫天赤口日

正「二「三「四「五「六「七「八「九「十「十一「十二」
辰　卯　寅　丑　子　亥　戌　酉　申　未　午　巳

## 橫天赤口時

子午卯酉日　忌辰戌丑未時　寅申巳亥日忌子丑時凶　辰戌丑未日忌庚酉辛戌未時凶

橫天赤口日詩

正龍二兔三虎吼　四牛五虎六猪要
七犬八雞九是猴　丁月橫天羊齊走
仲冬見馬多推折　臘日逢蛇皆赤口

忌豎造八宅分居嫁娶並凶

天上大空亡日　丁丑丁未壬辰壬戌戊寅戊申癸巳癸亥忌起造分居分家財納財放債〇宜合壽木作生壙吉

獨兒敗亡日　戊辰戌寅戊子戊午辛巳辛丑己丑己亥庚戌壬戌丁卯忌上官到任應試出兵〇其日與建破平收同日則忌餘者不忌及壬申戊辛亥庚申合大明吉日百事吉不忌

丑與未為隹 如辰戌如冰山合得一二相中就庫中行物用鎗方開若年月日時自相刑冲皆不吉也 如丙子年冲庚午月日時之類如子年利卯年月日時之類 又歲干支與日合不吉如乙丑年用庚子日之類餘倣此 作主本命被四柱冲剋者凶歲干支與作主本命冲合不吉如壬申生命用丙寅年為冲如壬戌生命用丁卯為合餘倣此修以日干祿位為命宮進何田宅宮宮祿福德如在所修之方擇吉也

五不歸日已卯已酉辛巳辛亥丙辰丙戌壬子壬辰丙申庚申辛酉

〇忌嫁娶遠行出兵商賈

五離日申申乙酉天地離忌開唐造倉庫丙申丁酉日月離忌倉客戊申己酉人民離忌嫁娶出行庚申辛酉金石離忌鑄琢壬申癸酉江河離忌行船

五帝死日壬戌日青帝死不宜栽藥木嫁娶庚戌日白帝死不宜銀黑滅申戌日黑帝死不宜決水穿井又云甲午日青帝死 丁巳日赤帝死不宜蓋屋遠行戊午日黃帝死不宜起竪動土祭祀

八絕日庚辰辛巳庚戌辛亥丙辰丁巳丙戌丁亥忌出財置業行立

〇正遊傍煞都天戊巳煞定局一卦管三山忌修造動土[illegible]

| 年方凶 | 甲 | 乙 | 丙 | 丁 | 戊 | 己 | 庚 | 辛 | 壬 | 癸 |
|---|---|---|---|---|---|---|---|---|---|---|
| 正都天 | 坎 | 乾 | 坎 | 乾 | 兌 | 離 | 巽 | 震 | 巽 | 震 |
| 遊都大 | 兌 | 離 | 巽 | 震 | 坎 | 震 | 坎 | 乾 | 兌 | 離 |
| 傍都大 | 艮兌中 | 乾巽中 | 坤 | 震離 | 坎 | 艮兌中 | 乾巽中 | 坤 | 震離 | 坎 |
| 夾煞都大 | 巽 | 申 | 乾 | 庚 | 丁 | 巽 | 申 | 乾 | 庚 | 丁 |
| 戊巳煞 | 寅卯巳 | 子丑亥 | 戌亥 | 申酉 | 午未 | 辰巳 | 寅卯子丑 | 戌亥 | 申酉 | 午未 |

# 剋擇直日

○總論

擇之法造葬比家最難，年月吉凶皆在五行之中，山向進利不出四大利星之外。凡選擇豎造葬埋，先將四大利星若之看山向利否，但得大利之年，更合最吉四大利星，或得其一利，再得祿馬年月遁利則叶大吉。工造作開山所忌者，山家墓龍変年日不剋，次正傍明府、太歲、忌剋山家、三殺、天官符、李廣箭，忌開坎山向，天星多退，忌作山頭六害、浮天空。

## ○年方吉神　附月日山向通用百事吉

年干吉方

歲干德　造葬百事吉

干德合

歲干祿　卿天貴星仝

福星貴人

天乙貴人　陽　陰

天官貴人

天喜神

文曲星　造葬修方　發科發財

科甲星　仝同

| | | | | | | | | | | | | | | |
|---|---|---|---|---|---|---|---|---|---|---|---|---|---|---|
| 甲 | 甲 | 己 | 寅 | 寅 | 未 | 丑 | 酉 | 寅 | 卯 | 巳 | 丙 | 丁 | 艮 | 丑 |
| 乙 | 庚 | 乙 | 卯 | 丑亥 | 申 | 子 | 申 | 戌 | 亥 | 午 | 丁 | 巳 | 離 | 卯 |
| 丙 | 丙 | 辛 | 巳 | 子戌 | 酉 | 亥 | 子 | 申 | 酉 | 申 | 庚 | 辛 | 坎 | 卯 |
| 丁 | 壬 | 丁 | 午 | 酉 | 亥 | 酉 | 亥 | 午 | 未 | 辛 | 酉 | 卯 | 坤 | 癸 |
| 戊 | 戊 | 癸 | 巳 | 申 | 丑 | 未 | 卯 | 辰 | 巳 | 申 | 庚 | 乙 | 震 | 卯 |
| 己 | 甲 | 己 | 午 | 未 | 子 | 申 | 寅 | 寅 | 卯 | 酉 | 辛 | 卯 | 巽 | 丁 |
| 庚 | 庚 | 乙 | 甲 | 午 | 丑 | 未 | 午 | 戌 | 亥 | 亥 | 壬 | 巳 | 申 | 卯 |
| 辛 | 丙 | 辛 | 酉 | 巳 | 寅 | 午 | 巳 | 申 | 酉 | 乾 | 戊 | 辛 | 申 | 卯 |
| 壬 | 壬 | 丁 | 亥 | 辰 | 卯 | 巳 | 午 | 午 | 未 | 寅 | 申 | 辛 | 乾 | 亥 |
| 癸 | 戊 | 癸 | 子 | 卯 | 巳 | 卯 | 巳 | 辰 | 巳 | 卯 | 乙 | 乙 | 兌 | 卯 |

右旋山羅睺只忌立向忌上函神爲緊的不可犯縱有制押亦不吉也其他右旋穿山羅睺山家困龍坐山羅睺天禁朱雀山家刀砧山家血刃羽毛禁向坐殺向殺八山頭白空亡本年天歳等殺俱有制伏擇合發馬貴人生旺有気命月屢見禎吉加合太陽太陰祿馬貴人解神星天赦三奇諸德聚命二星臨照能押凶神惡煞作之無妨觀諸先賢所作年月滌吉神多者則亦不忌此修造宅舍先取家長本命爲主過利

天帑星
魁名星
文魁星
催官星
天祿星
天財星
文昌貴人
黄甲星
天貴星
丙解神

吉

貴

戊乾亥震巽午丁辰酉丑艮寅午未巳戊寅巳
未坤申震巽午丁巳申甲卯乙辰巳午申卯巳
丑艮寅巽乾辰酉午午辰巽巳辰巳申午巳申
庚酉辛巽乾卯戊卯戊丙午丁寅卯酉辰午申
壬子癸坤兌辰酉寅亥辰巽巳寅卯申寅巳寅
丙午丁坤兌辰酉寅亥丙午丁戌亥酉戌午寅
甲卯乙乾兌巳甲甲巳未卯申戌亥亥申申酉
辰巽巳乾兌子丑子丑庚丙辛申酉戌午酉酉
丙午丁坎離午午未未戌乾亥申酉寅辰亥卯
未坤申坎離未未子丑壬子癸午未卯寅巽卯

用六壬生運如作上不过取月家过六壬利自生旺亦須俟諸家三元運內不必拘泥若合清本命祿馬貴人到山向作吉及合本命生旺有氣年月日時吉

安葬最吉命祭主本為个若合本命祿馬貴人到山最吉楊公云入生則有命入死必有命聊山要看頭合得大利格局年月墓之乃亡人更生之年月也亡命者在其墓也其諸家亡運四大鬼八煞刺八空亡落壙空亡之類皆無根之論不可專此術大

| 十支吉方 | 月支吉方 | 天支合 | 天道行 | 天德 | 天德合 | 月德 | 月德合 | 歲支德 | 歲德合 | 歲位合 | 華蓋星 | 驛馬 | 金櫃星 | 天富星 | 天財星 |
|---|---|---|---|---|---|---|---|---|---|---|---|---|---|---|---|
| 子 | 十一 | 丑 | 東南 | 巽 | 申 | 壬 | 丁 | 巳 | 申 | 辰 | 戌 | 寅 | 子 | 寅甲 | 坎 |
| 丑 | 十二 | 子 | 西 | 庚 | 乙 | 庚 | 乙 | 午 | 未 | 巳 | 亥 | 亥 | 酉 | 卯乙 | 艮 |
| 寅 | 正 | 亥 | 南 | 丁 | 壬 | 丙 | 辛 | 未 | 午 | 午 | 子 | 申 | 午 | 巽辰 | 巽 |
| 卯 | 二 | 戌 | 西南 | 坤 | 巳 | 甲 | 己 | 申 | 巳 | 未 | 丑 | 巳 | 卯 | 巳丙 | 離 |
| 辰 | 三 | 酉 | 北 | 壬 | 丁 | 壬 | 丁 | 酉 | 辰 | 申 | 寅 | 寅 | 子 | 午丁 | 坤 |
| 巳 | 四 | 申 | 西 | 辛 | 丙 | 庚 | 乙 | 戌 | 卯 | 酉 | 卯 | 亥 | 酉 | 未坤 | 乾 |
| 午 | 五 | 未 | 西北 | 乾 | 寅 | 丙 | 辛 | 亥 | 寅 | 戌 | 辰 | 申 | 午 | 申庚 | 坎 |
| 未 | 六 | 午 | 東 | 甲 | 己 | 甲 | 己 | 子 | 丑 | 亥 | 巳 | 巳 | 卯 | 酉辛 | 艮 |
| 申 | 七 | 巳 | 北 | 癸 | 戊 | 壬 | 丁 | 丑 | 子 | 子 | 午 | 寅 | 子 | 戌乾 | 巽 |
| 酉 | 八 | 辰 | 東北 | 艮 | 亥 | 庚 | 乙 | 寅 | 亥 | 丑 | 未 | 亥 | 酉 | 亥壬 | 離 |
| 戌 | 九 | 卯 | 南 | 丙 | 辛 | 丙 | 辛 | 卯 | 戌 | 寅 | 申 | 申 | 午 | 子癸 | 坤 |
| 亥 | 十 | 寅 | 東 | 乙 | 庚 | 甲 | 己 | 辰 | 酉 | 卯 | 酉 | 巳 | 卯 | 丑艮 | 乾 |

柢造葬宜有年月共殺凶神不犯然後擇月以山為主年月為福務要取山頭生旺有氣年月最宜坐向逢三合或合山或合向合得生氣為上不可使山與年相剋為世氣向大難來龍正運職宿向官切忌日主休囚龍運死絕神殺生旺山向雖利亦難免禍如選擇年月日時當合取真太陽流照山向為避一吉也及烏兔太陽是德太陽併遲太陽三奇帝星五龍天庫堪輿帝星歲月合將三德紫白祿馬貴神天乙放諸吉

|  |  |
|---|---|
| 年支吉方 | 子丑寅卯辰巳午未申酉戌亥 |
| 月支吉方 | 十一十二正二三四五六七八九十 |
| 地財星 | 艮卯乙巳丙未坤酉辛壬亥丑艮卯乙巳丙未坤酉辛壬亥 |
| 月財星 | 艮寅乾亥丑艮乾亥辛戌酉庚申坤未丁丙午巽巳乙辰甲卯 |
| 橫財星 | 巽辰酉巳子午坤未坤申辛酉乾戌亥巳癸子巳丑寅艮乙卯 |
| 天倉星 | 酉戌亥子丑寅卯辰巳午未申 |
| 地倉星 | 辰戌寅申子午巳亥卯酉寅申卯酉丑未子午辰戌卯酉寅申 |
| 八倉星 | 丑戌未辰丑戌未辰丑戌未戌 |
| 財帛星 | 庚酉戌乾丙午甲卯辰巽未坤庚酉戌乾丙午甲卯辰巽坤未 |
| 歲財位 | 辰戌卯酉子午丑未巳亥辰戌卯酉子午丑未丑未寅申 |
| 用宅位 | 卯酉辰戌巳亥子午丑未寅申卯酉辰戌巳亥子午丑未寅申 |
| 錢將星 | 未申酉戌亥子丑寅卯辰巳午 |
| 天嗣星 | 甲卯巽巳丁未庚酉乾亥庚酉辛戌壬子艮寅辛戌壬子癸丑 |
| 天壽星 | 庚酉乾亥癸丑甲卯巽巳甲卯乙辰丙午坤申乙辰丙午丁未坤 |
| 子孫進 | 乾亥巽巳丙辰丁癸坤艮甲庚乙辛乾巽丙丁丁癸坤艮甲庚乙辛 |
| 天財星 | 戌亥子丑寅卯辰巳午未申酉 |

到依之亢不吉也
或年月小利諸家不過只
要與合年月格偏自自
生旺四柱扶依无相剋
利中則自然偏勝故乙
年月乃為追命決表戌
奸命忽入傷是也
論修方先將羅經放中宮
格定其中宮之說有三
一曰止有一所廳廟則
以羅經正棟之中二曰
有重堂廂屋之分則當
羅經放天井之中三曰
有三和所堂以羅經按
一重所廳正棟之中和
其所作之宮察其所在
之殺如所作之宮年家
无殺相占相逐月凶殺

|  | |
|---|---|
| 紅鸞星 | 卯寅丑子亥戌酉申未午巳辰 |
| 天喜星 | 酉申未午巳辰卯寅丑子亥戌 |
| 太陽行殺 | 戌巳亥午子未巳申庚酉未戌辰亥酉子午丑未寅申卯酉辰 |
| 太陰守殿 | 丙壬丑未子午巳亥甲庚丁癸坤艮卯酉丙壬卯酉辰戌巳亥 |
| 進祿星 | 癸壬巽乙坤申亥壬巽巳坤申亥壬巽巳坤申亥壬巽巳坤申 |
| 催官鬼使 | 午子丑未寅申卯酉辰戌巳亥 |
| 年魁星 | 乙辰巽巳丙午丁未坤申庚酉辛戌乾亥壬子癸丑艮寅甲卯 |
| 博官星 | 丑寅卯辰巳午未申酉戌亥子 |
| 進龍星 | 艮寅甲卯乙辰巽巳丙午丁未坤申庚酉辛戌乾亥壬子癸丑 |
| 宮國星 | 戊乾亥壬子癸丑艮寅甲卯乙辰巽巳丙午丁未坤申庚酉辛 |
| 生天太陽 | 坤申辰巽壬子乾亥坤申卯乙大坤申卯丙午卯辰巽乾亥 |
| 青龍太陰 | 辛戌乾亥壬子癸丑艮寅甲卯乙辰巽巳丙午丁未坤申庚酉 |
| 天道 | 坤艮申庚乙辛乾巽丙壬丁癸坤艮甲庚乙辛乾巽丙壬丁癸 |
| 人道 | 乾巽丙壬丁癸坤艮甲庚乙辛乾巽丙壬丁癸坤艮甲庚乙辛 |
| 利道 | 乙辛丙壬丙壬丁癸甲庚甲庚乙辛丙壬丙壬丁癸甲庚甲庚 |
| 兵道 | 乙辛巳巽乾丙壬丁癸坤艮庚甲辛乙乾巽壬丙癸丁艮坤甲庚 |

之例有兇占否兇占者為通利有吉者則為不利或遇寺觀廢宮皆以佛殿為中宮凡擇修作中宮者必要中宮通利无諸煞所占方行撰用如在正屋後起造年尅陰府并月家係殺皆忌之係是開山之方而論如正屋前起厢廊厢屋係立向修方而論年尅陰府俱不忌也或兩傍起造亦是修方而論正忌年月兩係殺年尅陰府俱不忌或築造埋葬年利而月不利或吉多而凶少以戊合一二凶殺所占則用月建入中宮

| 年支吉方 | 子 | 丑 | 寅 | 卯 | 辰 | 巳 | 午 | 未 | 申 | 酉 | 戌 | 亥 |
|---|---|---|---|---|---|---|---|---|---|---|---|---|
| 天慶烏兜星 | 子 | 艮寅 | 巽辰 | 午 | 坤申 | 乾戌 | 子 | 艮寅 | 巽辰 | 午 | 坤申 | 乾戌 |
| 天宮紫微星 | 酉 | 乾亥 | 丑艮 | 卯 | 巽巳 | 未坤 | 酉 | 乾亥 | 丑艮 | 卯 | 巽巳 | 未坤 |
| 天廚北微星 | 卯 | 巽巳 | 未坤 | 酉 | 乾亥 | 丑艮 | 卯 | 巽巳 | 未坤 | 酉 | 乾亥 | 丑艮 |
| 天官鳳輦星 | 午 | 坤申 | 戌乾 | 子 | 艮寅 | 辰巽 | 午 | 坤申 | 戌乾 | 子 | 艮寅 | 辰巽 |
| 天宝御遊星 | 坤 | 亥 | 巽 | 坤 | 亥 | 巽 | 坤 | 亥 | 巽 | 坤 | 亥 | 巽 |
| 四駕帝星 | 子午 | 寅申 | 辰戌 | 子午 | 寅申 | 辰戌 | 子午 | 寅申 | 辰戌 | 子午 | 寅申 | 辰戌 |
| 天貴星 | 酉 | 戌 | 亥 | 子 | 丑 | 寅 | 卯 | 辰 | 巳 | 午 | 未 | 申 |
| 天宅星 | 午 | 申 | 戌 | 子 | 辰 | 寅 | 午 | 申 | 戌 | 子 | 辰 | 寅 |
| 提財星 | 庚 | 辛 | 乾 | 壬 | 癸 | 艮 | 甲 | 乙 | 巽 | 丙 | 丁 | 坤 |
| 五富星 | 丙巳 | 坤申 | 亥壬 | 甲寅 | 丙巳 | 坤申 | 亥 | 甲寅 | 丙巳 | 坤申 | 亥壬 | 甲寅 |
| 福德星 | 巽 | 離 | 坤 | 坤 | 兌 | 乾 | 乾 | 坎 | 艮 | 艮 | 震 | 巽 |
| 青龍生氣 | 辛 | 乙 | 壬 | 丙 | 艮 | 坤 | 乙 | 辛 | 丙 | 壬 | 坤 | 艮 |
| 年解星 | 未戌 | 酉未 | 申未 | 申未 | 酉巳 | 酉巳 | 戌辰 | 戌卯 | 寅亥 | 亥巳 | 午子 | 亥午 |
| 驛馬臨官 | 甲庚 | 丙壬 | 甲庚 | 丙壬 | 甲庚 | 丙壬 | 甲庚 | 丙壬 | 甲庚 | 丙壬 | 甲庚 | 丙壬 |
| | 乙辛 | 丁癸 | 乙辛 | 丁癸 | 乙辛 | 丁癸 | 乙辛 | 丁癸 | 乙辛 | 丁癸 | 乙午 | 丁癸 |

選擇其後所值何官吉法制作能為吉也勿因山向小瑕恐為前忌五行得失選無定致使吉月良辰恐行差過予定諸家通書及香吉本輸林集要年月並無拣多忌神其犯者反為吉福近見術人選課遂用某吉日合某吉神其無犯者反將以咎李何不明五行道礼不遵古本取用尊經言妄語謬之論誣人惑世愚人生灵深為可惡愚按諸家通用者編討輯局以成一缺名曰鰲頭塋禁通書目註圖明曰以便觀覽

# 月家總吉方定局

月家吉方

| 年干 | 月干德 | 干德合 | 福星貴人 | 月正祿 |
| --- | --- | --- | --- | --- |
| 甲 | 甲 | 巳 | 寅 | 寅 |
| 乙 | 庚 | 乙 | 珍 | 卯 |
| 丙 | 丙 | 辛 | 珹 | 巳 |
| 丁 | 壬 | 丁 | 酉 | 午 |
| 戊 | 戊 | 癸 | 申 | 巳 |
| 己 | 甲 | 巳 | 未 | 午 |
| 庚 | 庚 | 乙 | 午 | 甲 |
| 辛 | 丙 | 辛 | 巳 | 酉 |
| 壬 | 壬 | 丁 | 辰 | 亥 |
| 癸 | 戊 | 癸 | 卯 | 子 |

月支吉方目同

| 月 | 天道行 | 天道吉方 | 天德方 | 天德合 | 月德方 | 月德合 | 月恩方 | 月空方 |
| --- | --- | --- | --- | --- | --- | --- | --- | --- |
| 正 | 南 | 乙辛 | 丁 | 壬 | 丙 | 辛 | 丙 | 壬 |
| 二 | 西南 | 乾巽 | 坤 | 巳 | 甲 | 巳 | 丁 | 庚 |
| 三 | 北 | 壬丙 | 壬 | 丁 | 壬 | 丁 | 庚 | 丙 |
| 四 | 西 | 癸丁 | 辛 | 丙 | 庚 | 乙 | 巳 | 甲 |
| 五 | 西北 | 艮坤 | 乾 | 寅 | 丙 | 辛 | 戊 | 壬 |
| 六 | 東 | 庚甲 | 甲 | 巳 | 甲 | 巳 | 辛 | 庚 |
| 七 | 北 | 乙辛 | 癸 | 戊 | 壬 | 丁 | 壬 | 丙 |
| 八 | 東北 | 乾巽 | 艮 | 亥 | 庚 | 乙 | 癸 | 甲 |
| 九 | 南 | 壬丙 | 丙 | 辛 | 丙 | 辛 | 庚 | 壬 |
| 十 | 東 | 癸丁 | 乙 | 庚 | 甲 | 巳 | 乙 | 庚 |
| 十一 | 東南 | 艮坤 | 巽 | 申 | 壬 | 丁 | 甲 | 丙 |
| 十二 | 西 | 庚甲 | 庚 | 乙 | 庚 | 乙 | 辛 | 甲 |

## 諸家口訣

造擇須知論五行
不明理義莫妄傳
先合分金為定主
以選吉星作用全

註云此言造命之人須明五行生剋制化之理若不明其理切勿妄言为選擇但造葬年月以造命为体吉星為用不以造命格局为主俱以吉星取用則五天重子皆無按圖而索星安此为術者當以造命为樞机以吉星为佐使庶几体用两全而獲吉之道也

月方吉

| 月 | 青龍黃道 | 金櫃黃道 | 天德黃道 | 玉堂黃道 | 明堂黃道 | 司命黃道 | 月財方 | 生炁方 | 天倉方 | 地倉方 | 生土方 | 停部方 | 天解方 | 地解方 | 月小解神方 |
|---|---|---|---|---|---|---|---|---|---|---|---|---|---|---|---|
| 正 | 子 | 辰 | 巳 | 未 | 丑 | 戌 | 午 | 子 | 亥 | 午 | 卯 | 未 | 申 | 申 | 申 |
| 二 | 寅 | 午 | 未 | 酉 | 卯 | 子 | 乙 | 丑 | 子 | 申 | 午 | 申 | 戌 | 申 | 酉 |
| 三 | 辰 | 申 | 酉 | 亥 | 巳 | 寅 | 巳 | 寅 | 丑 | 亥 | 申 | 酉 | 子 | 酉 | 戌 |
| 四 | 午 | 戌 | 亥 | 丑 | 未 | 辰 | 未 | 卯 | 寅 | 辰 | 戌 | 戌 | 寅 | 酉 | 亥 |
| 五 | 申 | 子 | 丑 | 卯 | 酉 | 午 | 酉 | 辰 | 卯 | 丑 | 午 | 亥 | 辰 | 戌 | 子 |
| 六 | 戌 | 寅 | 卯 | 巳 | 亥 | 申 | 戌 | 巳 | 辰 | 寅 | 未 | 子 | 午 | 戌 | 丑 |
| 七 | 子 | 辰 | 巳 | 未 | 丑 | 戌 | 午 | 午 | 巳 | 巳 | 酉 | 丑 | 申 | 亥 | 寅 |
| 八 | 寅 | 午 | 未 | 酉 | 卯 | 子 | 乙 | 未 | 午 | 辰 | 午 | 寅 | 戌 | 亥 | 卯 |
| 九 | 辰 | 申 | 酉 | 亥 | 巳 | 寅 | 巳 | 申 | 未 | 午 | 申 | 卯 | 子 | 午 | 辰 |
| 十 | 午 | 戌 | 亥 | 丑 | 未 | 辰 | 未 | 酉 | 申 | 酉 | 戌 | 辰 | 寅 | 午 | 巳 |
| 十一 | 申 | 子 | 丑 | 卯 | 酉 | 午 | 酉 | 戌 | 酉 | 巳 | 子 | 巳 | 辰 | 未 | 午 |
| 十二 | 戌 | 寅 | 卯 | 巳 | 亥 | 申 | 亥 | 亥 | 戌 | 辰 | 巳 | 午 | 午 | 未 | 未 |

所得其龍變運言
莫把其龍遁元龍
指教人首山爲祖
運起來山正五行

註云言來龍變運者即來山入首脉龍𢇁以正五行遁莫把洪範五行以來龍作坐山遁運今術者多不知五行之用悉以洪範五行起遁坐山取用者非也

○洪範誰將與滅蠻
那知取叅卦音中
坐山墓運斯爲遁
音及支干尅運凶

註云此明坐山墓運以洪範五行遁運耶佯見造葬一覧如尅山家但看

| 一月 | 支德合 | 天德星 | 天醫神 | 五福星 | 吉星方 |
|---|---|---|---|---|---|
| 正 | 午 | 未 | 卯 | 乙 | 午 |
| 二 | 巳 | 申 | 亥 | 巳 | 未 |
| 三 | 辰 | 酉 | 丑 | 子 | 申 |
| 四 | 卯 | 戌 | 未 | 丁 | 酉 |
| 五 | 寅 | 亥 | 巳 | 申 | 戌 |
| 六 | 丑 | 子 | 卯 | 卯 | 亥 |
| 七 | 子 | 丑 | 亥 | 辛 | 子 |
| 八 | 亥 | 寅 | 丑 | 亥 | 丑 |
| 九 | 戌 | 卯 | 未 | 午 | 寅 |
| 十 | 酉 | 辰 | 巳 | 癸 | 卯 |
| 十一 | 申 | 巳 | 卯 | 寅 | 辰 |
| 十二 | 午 | 午 | 亥 | 酉 | 巳 |

## 飛宮天月德定局

| 甲己年天德 | 甲己年月德 | 乙庚年天德 | 乙庚年月德 | 丙辛年天德 | 丙辛年月德 | 丁壬年天德 | 丁壬年月德 | 戊癸年天德 | 戊癸年月德 |
|---|---|---|---|---|---|---|---|---|---|
| 乾 | 中 | 中 | 巽 | 震 | 坤 | 坎 | 離 | 艮 | 兌 |
| 坎 | 震 | 坎 | 坎 | 坎 | 艮 | 坎 | 乾 | 坎 | 中 |
| 離 | 離 | 兌 | 兌 | 中 | 中 | 巽 | 巽 | 坤 | 坤 |
| 兌 | 乾 | 中 | 中 | 巽 | 震 | 坤 | 坎 | 離 | 艮 |
| 坎 | 坤 | 坎 | 離 | 坎 | 兌 | 坎 | 中 | 坎 | 巽 |
| 艮 | 艮 | 乾 | 乾 | 中 | 中 | 震 | 震 | 坎 | 坎 |
| 乾 | 中 | 中 | 巽 | 震 | 坤 | 坎 | 離 | 艮 | 兌 |
| 坎 | 震 | 坎 | 坎 | 坎 | 艮 | 坎 | 乾 | 坎 | 中 |
| 兌 | 兌 | 中 | 中 | 巽 | 巽 | 坤 | 坤 | 離 | 離 |
| 中 | 中 | 巽 | 震 | 坤 | 坎 | 離 | 艮 | 兌 | 乾 |
| 坎 | 坤 | 坎 | 離 | 坎 | 兌 | 坎 | 中 | 坎 | 巽 |
| 艮 | 艮 | 乾 | 乾 | 中 | 中 | 震 | 震 | 坎 | 坎 |

干支生尅如何干支俱吉此納音相尅者只要四柱中納音自木金制吉今術謂滅蠻之說悉以此五行而選年月者亦非也

○明府生旺不堪言　相會逢財八九衆
身犯休囚居絕地　日干生旺福長年

註此言明府太歲最不宜年旺相合逢財殺入橫禍如身于犯者若財值休囚四柱鳥殺顯露日主健旺反為吉福若不明其理半字莫犯

○李廣將軍箭似鋒　若還雙犯禍蕭墻

## 飛宮水德星定局【飛宮 殺 書】

| 月 | 甲己年 | | 乙庚年 | | 丙辛年 | | 丁壬年 | | 戊癸年 | | 甲己年 | 乙庚年 | 丙辛年 | 丁壬年 | 戊癸年 |
|---|---|---|---|---|---|---|---|---|---|---|---|---|---|---|---|
| | 壬 | 癸 | 壬 | 癸 | 壬 | 癸 | 壬 | 癸 | 壬 | 癸 | | | | | |
| 正 | 坤 | 震 | 離 | 坎 | 兌 | 艮 | 中 | 乾 | 巽 | 中 | 艮 | 中 | 艮 | 中 | 坤刑 |
| 二 | 坎 | 坤 | 艮 | 離 | 乾 | 兌 | 中 | 中 | 震 | 巽 | 兌 | 坎 | 兌 | 巽刑 | 坎 |
| 三 | 離 | 坎 | 兌 | 艮 | 中 | 乾 | 巽 | 中 | 坤 | 震 | 乾 | 離 | 乾 | 震 | 離 |
| 四 | 艮 | 離 | 乾 | 兌 | 中 | 中 | 震 | 巽 | 坎 | 坤 | 震 | 離刑 | 乾 | 離刑 | 乾 |
| 五 | 兌 | 艮 | 中 | 乾 | 巽 | 中 | 坤 | 震 | 離 | 坎 | 坤 | 艮 | 中 | 艮 | 中 |
| 六 | 乾 | 兌 | 中 | 中 | 震 | 巽 | 坎 | 坤 | 艮 | 離 | 坎 | 兌刑 | 坎 | 兌 | 巽 |
| 七 | 中 | 乾 | 巽 | 中 | 坤 | 震 | 離 | 坎 | 兌 | 艮 | 中 | 坤 | 艮刑 | 中 | 艮刑 |
| 八 | 中 | 中 | 震 | 巽 | 坎 | 坤 | 艮 | 離 | 乾 | 兌 | 巽刑 | 坎 | 兌 | 坎 | 兌 |
| 九 | 巽 | 中 | 坤 | 震 | 離 | 坎 | 兌 | 艮 | 中 | 乾 | 震 | 離 | 乾 | 離 | 乾 |
| 十 | 震 | 巽 | 坎 | 坤 | 艮 | 離 | 乾 | 兌 | 中 | 中 | 離 | 乾 | 震 | 離 | 乾 |
| 十一 | 坤 | 震 | 離 | 坎 | 兌 | 艮 | 中 | 乾 | 巽 | 中 | 艮 | 中 | 坤 | 艮 | 中 |
| 十二 | 坎 | 坤 | 艮 | 離 | 乾 | 兌 | 中 | 中 | 震 | 巽 | 兌 | 巽 | 坎 | 兌 | 坎 |

帝星并值貴人到，癸福須知不等閑。

註云：此言李廣將軍本為凶煞，如地支兩字俱全，主禍不在遠也。需擸言其近耳。若命日得貴人值支辰，屢試有吉，即羊刃飛刀也。

○馬前多且號凶神，山向偷方犯亦仁。冷退只因無貴祿，休囚得祿自無速。

註云：此言多退木為凶躍，為用庚丙壬切忌立向，子午卯[illegible]於山偷方，犯之主人財冷退。若選得貴人祿馬年月或刑伏之法，以三合制之亦吉。

## 家吉神定局

| 日吉 月 | 天德尊 | 天德合吉 | 月德 | 月德合 | 月恩 | 月財 | 月空 | 天喜 | 生无 | 要安 | 玉堂 | 金堂 | 敬心 |
|---|---|---|---|---|---|---|---|---|---|---|---|---|---|
| 正 | 丁 | 壬 | 丙 | 辛 | 丙 | 午 | 壬 | 戌 | 子 | 寅 | 卯 | 辰 | 未 |
| 二 | 申 | 巳 | 甲 | 巳 | 丁 | 乙 | 庚 | 亥 | 丑 | 申 | 酉 | 戌 | 丑 |
| 三 | 壬 | 丁 | 壬 | 丁 | 庚 | 巳 | 丙 | 子 | 寅 | 卯 | 辰 | 巳 | 申 |
| 四 | 辛 | 丙 | 庚 | 乙 | 巳 | 未 | 甲 | 丑 | 卯 | 酉 | 戌 | 亥 | 寅 |
| 五 | 亥 | 寅 | 丙 | 辛 | 戊 | 酉 | 壬 | 寅 | 辰 | 辰 | 巳 | 午 | 酉 |
| 六 | 甲 | 巳 | 甲 | 巳 | 辛 | 亥 | 庚 | 卯 | 巳 | 戌 | 亥 | 子 | 卯 |
| 七 | 癸 | 戊 | 壬 | 丁 | 壬 | 午 | 丙 | 辰 | 午 | 巳 | 午 | 未 | 戌 |
| 八 | 寅 | 亥 | 庚 | 乙 | 癸 | 乙 | 甲 | 巳 | 未 | 亥 | 子 | 丑 | 辰 |
| 九 | 丙 | 辛 | 丙 | 辛 | 庚 | 巳 | 壬 | 午 | 申 | 午 | 未 | 申 | 亥 |
| 十 | 乙 | 庚 | 甲 | 巳 | 乙 | 未 | 庚 | 未 | 酉 | 子 | 丑 | 寅 | 巳 |
| 十一 | 巳 | 申 | 壬 | 丁 | 甲 | 酉 | 丙 | 申 | 戌 | 未 | 申 | 酉 | 子 |
| 十二 | 庚 | 乙 | 庚 | 乙 | 辛 | 亥 | 甲 | 酉 | 亥 | 丑 | 寅 | 卯 | 午 |

三煞之方不可栽
泊宮生旺必為災
選支三合局相制
合着三奇更發財

註云此言三煞至凶不可修作若遇得泊言生旺切不可用若其煞休囚泊宮受制而選得三合其局年月制伏合着三奇到[illegible]冬吉[illegible]曰若要發作一枚凡殺若熗山向方道切忌[illegible]擇年月扶殺生旺[illegible]吉

○天地官符不[illegible]
山向修[illegible]事
遁值休[illegible]甚奇
解神喝散[illegible]見[illegible]

註云此言天地官符若[illegible]

| 日吉 | 普護 | 福生百事吉 | 聖心 | 益後 | 續世 | 五富造葬 | 天富倉庫吉 | 驛馬 | 六合 | 天倉作倉吉 | 天財造葬作倉庫吉 | 地財同上 | 金櫃 | 天醫 | 解神 |
|---|---|---|---|---|---|---|---|---|---|---|---|---|---|---|---|
| 正 | 申 | 酉 | 亥 | 子 | 丑 | 亥 | 辰 | 申 | 亥 | 寅 | 辰 | 巳 | 子 | 丑 | 申 |
| 二 | 寅 | 卯 | 巳 | 午 | 未 | 寅 | 巳 | 巳 | 戌 | 丑 | 午 | 未 | 酉 | 寅 | 申 |
| 三 | 酉 | 戌 | 子 | 丑 | 寅 | 巳 | 午 | 寅 | 酉 | 子 | 申 | 酉 | 午 | 卯 | 戌 |
| 四 | 卯 | 辰 | 午 | 未 | 申 | 申 | 未 | 亥 | 申 | 亥 | 戌 | 亥 | 卯 | 辰 | 戌 |
| 五 | 戌 | 亥 | 丑 | 寅 | 卯 | 亥 | 申 | 申 | 未 | 戌 | 子 | 丑 | 子 | 巳 | 子 |
| 六 | 辰 | 巳 | 未 | 申 | 酉 | 寅 | 酉 | 巳 | 午 | 酉 | 寅 | 卯 | 酉 | 午 | 子 |
| 七 | 亥 | 子 | 寅 | 卯 | 辰 | 巳 | 戌 | 寅 | 巳 | 申 | 辰 | 巳 | 午 | 未 | 寅 |
| 八 | 巳 | 午 | 申 | 酉 | 戌 | 申 | 亥 | 亥 | 辰 | 未 | 午 | 未 | 卯 | 申 | 寅 |
| 九 | 子 | 丑 | 卯 | 辰 | 巳 | 亥 | 子 | 申 | 卯 | 午 | 申 | 酉 | 子 | 酉 | 辰 |
| 十 | 午 | 未 | 酉 | 戌 | 亥 | 寅 | 丑 | 巳 | 寅 | 巳 | 戌 | 亥 | 酉 | 戌 | 辰 |
| 十一 | 丑 | 寅 | 辰 | 丑 | 午 | 巳 | 寅 | 寅 | 丑 | 辰 | 子 | 丑 | 午 | 亥 | 午 |
| 十二 | 未 | 申 | 戌 | 未 | 子 | 申 | 卯 | 亥 | 子 | 亥 | 寅 | 卯 | 卯 | 子 | 午 |

向脩方知道值休囚治
官受制内選合解神貴
人喝散三奇休門到位
法用木精三個打撮官
符主訟即散也
○九天朱雀不堪言
山向方隅犯莫打
的主浮空官事至
巡撫來抚哭昊天
又云九天者浮空之謂典
山向方相刑尤凶如值
州縣官符同位主禍不
旋極犯者遭巡撫之厄
可用貴人喝散解神或
太陽到位尊泊宮受制
專以九星内宮方解神
符根之太淵解脫
日古有浮天號破軍

| 天壽星 壽作生誕 | 天嗣星 求嗣吉 | 天地解 祈福解冤 | 喝散神 詞訟消病 | 人倉 作倉庫吉 | 陽德 嫁娶等 | 陰德 修齋醮 | 太陽 百事吉 | 吉慶星 諸事吉 | 天馬 遠行征 | 福厚星 赴任嫁娶 | 吉期 交親送禮 | 天岳星 造葬婚娶 | 文德星 百事吉 | 青龍 諸事吉 | 時陰 同上 |
|---|---|---|---|---|---|---|---|---|---|---|---|---|---|---|---|
| 子丑 | 未 | 申 | 巳 | 未 | 戌 | 酉 | 酉 | 酉 | 午 | 寅 | 卯 | 申 | 未 | 子 | 午 |
| 子丑 | 酉 | 酉 | 巳 | 辰 | 子 | 未 | 子 | 寅 | 申 | 寅 | 辰 | 戌 | 申 | 寅 | 未 |
| 子丑 | 亥 | 戌 | 巳 | 丑 | 寅 | 巳 | 申 | 亥 | 戌 | 寅 | 巳 | 子 | 酉 | 辰 | 申 |
| 寅卯 | 酉 | 亥 | 申 | 戌 | 辰 | 卯 | 午 | 辰 | 子 | 巳 | 午 | 寅 | 申 | 午 | 酉 |
| 亥戌 | 戌 | 子 | 申 | 未 | 午 | 丑 | 酉 | 丑 | 寅 | 巳 | 未 | 辰 | 酉 | 申 | 戌 |
| 戌亥 | 子 | 丑 | 申 | 辰 | 申 | 亥 | 子 | 午 | 辰 | 巳 | 申 | 午 | 戌 | 戌 | 亥 |
| 子丑 | 寅 | 寅 | 亥 | 丑 | 戌 | 酉 | 卯 | 卯 | 午 | 申 | 酉 | 申 | 亥 | 子 | 子 |
| 未申 | 戌 | 卯 | 亥 | 戌 | 子 | 未 | 午 | 申 | 申 | 申 | 戌 | 戌 | 子 | 寅 | 丑 |
| 未申 | 子 | 辰 | 亥 | 未 | 寅 | 巳 | 酉 | 巳 | 戌 | 申 | 亥 | 子 | 丑 | 辰 | 寅 |
| 未申 | 丑 | 巳 | 寅 | 辰 | 辰 | 卯 | 子 | 戌 | 子 | 亥 | 子 | 寅 | 寅 | 午 | 卯 |
| 戌亥 | 卯 | 午 | 寅 | 丑 | 午 | 丑 | 卯 | 未 | 寅 | 亥 | 丑 | 辰 | 卯 | 申 | 辰 |
| 未申 | 巳 | 未 | 寅 | 戌 | 申 | 亥 | 午 | 子 | 辰 | 亥 | 寅 | 午 | 辰 | 戌 | 巳 |

犯之災殃不離身
太陽尊帝三奇到
年方相沖衝白虎
曰浮天空亡號曰破軍
星若犯向犯主招官災
宜用太陽尊帝三奇吉
星到位再取年月沖刑
前者子用午沖之例刑
者如卯用子之類經曰
殺人冷退作宅亡年月
日時中此方是也
只穿山羅睺惡陋神
山家造葬是卯居
常招災病屍生蟲
駁馬三奇一白親
註云又名坐山官符看造
堂犯之主是非災殃曰
屍食饑值駁馬三奇

| 天赦 | 春 | 戊寅 | 夏 | 甲午 | 秋 | 戊申 | 冬 | 甲子 |
|---|---|---|---|---|---|---|---|---|
| 母倉 | 春 | 亥子 | 夏 | 寅卯 | 秋 | 辰戌丑未 | 冬 | 申酉 |
| 王日 | 春 | 甲寅乙卯 | 夏 | 丙丁巳午 | 秋 | 庚辛申酉 | 冬 | 壬癸亥子 |
| 相日 | 春 | 丙丁巳午 | 夏 | 戊己辰戌丑未 | 秋 | 壬癸亥子 | 冬 | 甲乙寅卯 |
| 天貴 | 春 | 甲乙 | 夏 | 丙丁 | 秋 | 庚辛 | 冬 | 壬癸 |
| 天良 | 春 | 甲寅 | 夏 | 丙寅 | 秋 | 庚寅 | 冬 | 壬寅 |

| 星吉青龍子吉 得吉星同誰作吉用 | 正七 | 二八 | 三九 | 四十 | 五十一 | 六十二 |
|---|---|---|---|---|---|---|
| 青龍黄道天貴星天喜天魔毛頭 | 子 | 寅 | 辰 | 午 | 申 | 戌 |
| 明堂黄道執儲明星貴人紫微吉人 | 丑 | 卯 | 巳 | 未 | 酉 | 亥 |
| 金匱黄道天寶明星會天財天慶 | 辰 | 午 | 申 | 戌 | 子 | 寅 |
| 玉德黄道天福星上官昌從地財 | 巳 | 未 | 酉 | 亥 | 丑 | 卯 |
| 玉堂黄道天開明星天庫紫微天成 | 未 | 酉 | 亥 | 丑 | 卯 | 巳 |
| 司命黄道天嗣明星天富鳳輦祿 | 戌 | 子 | 寅 | 辰 | 午 | 申 |

天恩七吉日甲子乙丑丙寅丁卯戊辰己卯庚辰辛巳壬午癸未己酉庚戌辛亥癸丑宜上表頒放上官舉冊嫁娶行事吉

天福吉日吉卯辛巳庚寅辛卯壬辰癸巳己巳亥庚子辛丑塑祀冠宜婚

用一白水星年月作之無咎親者親近之辭也

〇然山家朦朧火神
向犯官災横事臨
三五六年多不吉
太陽一白最鼎親

註云又名無頭火星犯主三五六年內官災横禍不吉若遇值太陽一白吉星臨之不妨

〇山向修方殺最多
但明制伏理如何
若然條忌諸般煞
吉月良辰悉挫过

註云此總結已上山向修方神煞凡用所犯之煞必詳究神殺生旺休囚何如方得年月制伏之

天開吉日辛未　壬申癸酉丁丑己卯壬午甲申丁亥壬辰乙未壬寅甲辰乙巳丙午己酉庚戌辛亥丙辰己未庚申辛酉此二十一日合大明曆乃天地開通太陽所照之辰〇唐貞觀三年國師李淳風卷上奏

補在吉日甲子乙丑丁卯戊辰辛未壬申癸酉甲戌丁丑己卯庚辰壬午甲申乙酉丙戌丁亥己丑辛卯甲午乙未丙申丁酉丙午丁未戊申己酉庚戌乙卯丙辰丁巳戊午己未辛酉齋醮祈福還愿毀

五帝生日甲子青帝生〇甲辰赤帝生〇戊子黄帝生〇壬子黑帝生宜送作百事用之上吉

五合吉日甲寅乙卯日月合宜造作嫁娶丙寅丁卯陰陽合宜營造婚姻移居戊寅己卯人民合宜嫁娶系絹庚寅辛卯金石合宜砌石鑄鎔壬寅癸卯江河合宜遠行漁獵

地虎不食日壬申癸酉壬午甲申乙酉壬辰丁酉甲辰丙午己酉丙辰己未庚申辛酉宜安整栽種並大吉

天聾地啞日丙寅戊辰丙子丙申庚子壬子丙辰為天聾日乙丑丁卯己卯辛巳乙未丁酉己亥辛丑辛亥癸丑辛酉為地啞日用之百事吉今云宜作廁及安碓磨言

理若要無犯係忌則十無一二可作矣故吉月良辰悉行挫過此深言術者不能明察神煞五行之性枉过年月

○小兒神煞不堪論　犯之小口一齊休
三奇祿馬貴人到　解神挺煞月財求

註云此言脩方若犯小口殺主損小口若遇三奇祿馬貴人或解神擬煞月財諸德到位則吉

○脩造尤忌遊小兒　宅長小口入泉臺
泊宮制魁求三白　尊帝三白日月推

○十二月上吉日

|  |  |
|---|---|
| 正月 | 甲子丁卯丙子丁丑甲午丙午丁未丙辰 |
| 二月 | 甲戌甲辰甲申丁亥己丑己亥甲辰丁未丁巳 |
| 三月 | 丁卯壬申丁酉庚子壬寅壬子　丁亥受死之日 |
| 四月 | 乙丑庚午庚辰壬午庚子辛丑庚戌壬戌　辛未癸未天賊 |
| 五月 | 丙寅辛未戊寅丙戌丙申辛丑戊申辛亥丙辰 |
| 六月 | 甲子乙巳癸酉甲申庚寅丙申己亥癸卯　甲午丙午受死 |
| 七月 | 丁卯庚午庚辰壬辰丁酉庚子丁未　丁丑受死庚戌壬戌[illegible] |
| 八月 | 乙丑乙亥庚辰甲申己丑庚寅壬寅乙巳庚戌丙辰庚申 |
| 九月 | 丙子辛巳戊子庚子丙午辛亥　丙申戊申天賊丙寅受死 |
| 十月 | 甲子癸酉癸未甲午乙未己未　甲申受死甲辰乙巳甲寅[illegible] |
| 十一月 | 壬申甲戌甲申壬辰壬寅甲辰乙巳　丁巳正四廢壬戌[illegible] |
| 十二月 | 庚午乙亥庚寅庚子乙巳庚申　丁亥天賊丁巳正四廢 |

○右依百忌及大全諸曆書參詳用之百事大吉

○十二月上吉日內有犯天賊受死者係逐月有犯詳查考出勿吉

# 新鐫曆法合節

○太陽躔度論

按授時曆太陽行月中氣前後各七日共成十四日為天子之位月後七日之外太陽改躔之日方為地支○假如正月雨水中氣前後各心日為壬雨水後七八日躔娵訾之次亥為後

又如大寒後四日日躔玄枵之次入於子宮又二度雖云入子方到癸中前後各七日在癸午并对照午丁可以顯光皆三合則巽庚二方亦得其光矣餘依此推

○曆數真太陽行度过宮

太陽者星中之天子也曆數炎光者天上日也為萬宿之祖諸吉之宗天而無日則萬古長夜月星諸宿無日其体何光

楊公云嘗將曆數敘諸天天上星辰萬萬千樂到五更星尽落惟有陽烏耳古全文云滿君專把太陽照崇星光輝億萬年是也蓋太陽至尊極貴萬德齊全故吉曜逢之愈增輝凶星遇之拱手斂伏不問宮方到処皆吉能壓諸凶所躔之分其光所照之方大可造犂三合四正用之亦可以光是名山家所謂或遇房虛星昴四躔者名為太陽月數用之尤吉若值日蝕為天變方不可用宜避之

神龍經曰太陽乃諸吉之首莊田蠶生置宅論坐山照向坐方照方三合方位亦為有力但吉之星如到子午卯酉齊照寅申巳亥所对宮三合福力發是也凡營造安葬修方動土百事無不吉也但宜查避羅睺計都二星不可與太陽同度為難星也或云土木星與太陽同度能掩蔽日之光列宿本無光借日而有光安能掩也

〔一〕太陽过宮流年圖説

一太陽按新憲曆推步例一日一夜行一度亥宮躔二十二日六時五刻戌宮躔二十一日八時六刻酉宮躔三十一日申宮二十九七時二刻未宮躔二十九日九時三刻午宮躔三十一日四時六刻巳宮躔三十二日十時辰宮躔三十一日九時八一刻卯宮躔一十九日四刻寅宮躔二十七日二刻丑宮躔三十七日六時六刻子宮躔三十日八一刻

二年一周天求日度法

先查交節之日太陽躔在其度以周天圖逐日逆

## 太陽周天三百六十

〔正〕〔子〕亥 三 四 五 六 七 八 九 虛 一 二 三 四 五　立春太陽在子

〔二〕〔亥〕危十三 室 十五 一 二 三 四 五 六 七 八 九 十 十　雨水太陽在亥

〔三〕〔戌〕奎 乾 三 四 五 六 七 八 九 十 十一 十二 十三 十四 十五 十六　驚蟄太陽在戌

〔四〕〔酉〕胃 六 七 八 九 十 十一 十二 十三 十四 十五 一　春分太陽在酉

〔五〕〔申〕畢 八 九 十 十一 十二 十三 十四 十五 十六 一 二 參　太陽在申

〔六〕〔未〕井 十 十一 十二 十三 十四 十五 十六 十七 十八 十九 二十 十一 十二　大暑太陽在未 坤

〔七〕〔午〕柳 五 六 七 八 九 十 十一 十二 十三 一 二 三 四 五　立秋 處暑太陽在午

〔八〕〔巳〕張 十六 十七 十五 一 二 三 四 五 六 七 八 九 十 十一 十二　白露 秋分太陽在巳

〔九〕〔辰〕翼 軫 十一 十二 十三 十四 十五 十六 十七 一 二 三 四 五 六 七　寒露太陽在辰 巽

〔十〕〔卯〕氐 三 四 五 六 七 八 九 十 十一 十二 十三 十四　房　立冬太陽在卯

〔十一〕〔寅〕尾 三 四 五 六 七 八 九 十 十一 十二 十三 十四 十五　大雪太陽在寅 甲

〔十二〕〔丑〕斗 四 五 六 七 八 九 十 十一 十二 十三 十四 十五 十六　小寒太陽在丑 艮

度二用如立春後五日申百立春日太阳在虛一度起一日一度則五日在虛五度係太阳到子宮虛五度是也

太阳所照臨之宮忌四大丑土之日掩蔽其光故忌土星木星同度不吉喜金星水星同度則愈吉也今八七政歷可推之

巖山曰大太阳之光雖月隙之下光無不到論土木豈能掩乎蓋不隙有空洞以透其光故日穿其隙以射其孔爲之明無不到若夫木之以明之高爽則安能不蔽

## 五度宮分循環之圖

十六 亥　七 木　八　九 羅　危 一　二 計　三　四　五　六　七 雨水　八　九　十 炁　十一 計　十二 木

十二　十三　十四　十五　十六　十七　壁初　一　二　三 春分　四　五 太阳在乾　六　七　八　九　奎 刀　一 金

十七　婁 刀　一 羅　二　三　四　五　六 穀雨　七　八 太阳在辛　九　十　十一　十二　胃 一　二　三

三　四　五　六　七　八 小滿　九　十 太阳在庚　十一　畢 觜　二　二　三　四　五　六

三　四　五　六　七　八　九　參 夏至　一　二 太阳在坤　三　四　五　六　七　八

廿三　廿四　廿五　廿六　廿七　廿八　廿九　卅 大暑　鬼 太阳在丁　初　一　二　柳 初　一　二　三

六　張 初　一　二　三　四　五　六 處暑　七 太阳在丁　八　九　十　十一　十二　十三　十四

十三　十四　十五　十六　十七　十八 秋分　十九 太阳在庚　軫 刀 計　一　二　三　四　五　六　七　八　九

八　九　十　十一 霜降　十二 太阳在乙　九 初 火 心　一　二　三　四　五　六　七　八　氐 [illegible]　二 八

二　三　三 小雪　四　五 太阳在甲　心　刀　一　二　三　四　五　六　尾 初　一　二

十六　十七 壬　箕 初　一 寅　二　三　四　五 冬至　六　七 太阳在艮　八　斗　刀　一　二　二

七　十八　十九　廿　廿一　廿二　廿三　牛初　一　二　三　四 [illegible]　五 [illegible]　六　女初　一 木

其光裕謂山高日出遲
而相下可乘陰也是突
𡶶木爲仇星羅計爲雌
星金水爲喜星也
太陽之訣爲至吉之首
但取蓋山照坐不忌一
切三殺灸退李廣箭刑
府浮天空羅睺秘天雷
靈誥煞凡十位內冊一
百二十四家凶殺俱不
能爲害此是衆星之主
用最有權當以七政歷
數真太陽逐日躔度次
以考其時刻过到位者
外爲吞付阴杖
有烏兔太阳雷霆太阳
都天宝明太阳四利三
元太阳天心都纂太阳

# 〇歷數太陽躔度過宮

〇十二月躔度宮次

正月立春太陽在子虛初度　躔玄枵之次宜用癸乙丁辛時吉
雨水太陽在丑危七度後五日入危十三度躔娵訾之次宜甲丙庚壬
二月京蟄太陽在亥室六度　躔娵訾之次宜用甲庚丙壬時大吉
春分太陽在乾壁三度後七日入奎二度躔降婁之次宜用乾坤艮巽
三月清明太陽在戌奎九度　躔降婁之次宜用乾坤艮巽時大吉
谷雨太陽在辛婁六度後九日八胃四度躔大梁之次宜用癸乾
四月立夏太陽在酉胃八度　躔大梁之次宜用癸乙丁辛時大吉
小滿太陽在酉昴九度後十日入庚畢七度躔實沈之次宜甲庚丙壬
五月芒種太陽在庚畢十一度　躔實沈之次宜用甲庚丙壬時大吉
夏至太陽在申參九井初後九日到坤井九度躔鶉首之次宜乾坤艮巽
六月小暑太陽在坤井十六度　躔鶉首之次宜用艮巽坤乾時大吉
大暑太陽在未井廿九度後八日八丁柳四度躔鶉首之次宜乙癸辛丁
七月立秋太陽在丁柳十一度　躔鶉火之次宜用丁辛癸乙時大吉

非直太阳也所云以某其吉同太阳之故皆以太阳名之暢繇旨七個太阳中間曆數第一親也日行遲一日行一度月行速一日行十三度行月蝕於朔月蝕於望行遲故食敎少行速故食敎多日之朔月之望與天首星地尾星会為其度而始食矣日何食朔謂日月会於辰遇首尾二星則以月之陰気成而得掩日之明乃日食矣月何食望謂日月相会得日之気而遇首尾二星則月之気為二星

處暑太阳在午張五度後九日入丙張十五度躔鶉尾之次宜丙庚壬甲時

八月白露至太阳尚在丙翼二度躔鶉尾之次宜用壬申丙寅時吉

秋分太阳在巳翼十八度後十一日入巽軫十度躔壽星之次宜艮巽坤乾時

九月寒露太阳尚在巽軫十二度躔壽星之次宜用艮巽坤乾時

霜降太阳在辰角十度後十二日入巳氐二度躔大火之次宜丁癸乙辛

十月立冬太阳在乙氐四度躔大火之次宜用癸乙丁辛時大吉

小雪太阳在卯房三度後十一日入甲尾三度躔析木之次宜甲丙庚壬時

十一月大雪太阳在甲尾七度躔析木之次宜用壬甲丙庚時大吉

冬至太阳在寅箕四度後八日入艮斗四度躔星紀之次宜坤乾艮巽時

十二月小寒太二在丑斗十一度日躔星紀之次宜用艮巽坤乾時大吉

大寒大寒二癸牛三度後五日入女二度躔玄枵之次宜癸乙辛丁時

論太阳过宮有遲速月將即有早暮欲要細查过宮時刻宜將接時太統曆考之但看月下某日時刻躔到宮之次再合周天圖內某時節到某度躔何宮多則明假如躔玄枵之次就女二度數起一日一度逐一數至使用之日即知太阳行到某宮度萬無一失也

前周天橫布圖及此逐月節氣过度與圓圖並同

所奪而月乃食矣人首星羅睺也地尾星計都也其日一年一周天與二星相会非朔日不食月一月一周天則一年十二月次與二星相会非望不食推朔望同度甲食也遇此為大殺凶凡事不宜

日月所照臨之位亦如君后所至莫不福澤於民是為諸星之主衆吉之首但嫌與羅計二星同度則為天変日蝕犯之大凶也喜與金水二星同度則更吉二陰福澤也

太陽與太陰会合以為合朔臨到本山則大明大空五音修造安葬動土諸煞盡皆潜藏伏土添人進口加官進職若修寿山主福寿延長實天机之局護身之宝又云合朔到山最吉臨照之宮大可打立若遇危畢危畢星張四宿乃太陰月殿入廟之時尤吉

歌曰動明天星修造鬼神驚　有緣方遇此　千金莫示人

正月坼木在寅日月合朔在壬亥山　二月大火在卯日月合朔在乾亥山

三月寿星在辰日月合朔在辛酉山　四月鶉尾在巳日月合朔在庚申山

五月鶉火在午日月合朔在坤未山　六月鶉首在未日月合朔丁午二山

七月實沈在申日月合朔丙巳二山　八月大梁在酉日月合朔巽辰二山

九月降婁在戌日月合朔乙卯二山　十月娵訾在亥日月合朔甲寅二山

十一月玄枵在子日月合朔艮丑二山　十二月星紀在丑日月合朔子癸一山

天星貞太陰者乃星中后妃也玄堂素曜曰天上月也萬宿之母諸吉之尊善慈柔同仁懿德不問宫方尽降福澤鎮制凶神悪煞普化吉祥一得照臨吉云忘也

千金歌曰更得玉兎照旺處能使生人沾恩澤言太陽太陰合朔到山最吉照臨之宮大可打立至吉也

# 通天竅年月定局

| 年月日時 | 申子辰 | 巳酉丑 | 寅午戌 | 亥卯未 |
|---|---|---|---|---|
| 迎財星○ | 坤申 | 巽巳 | 艮寅 | 乾亥 |
| 進寶星○ | 庚酉 | 丙午 | 甲卯 | 壬子 |
| 庫珠星○ | 辛戌 | 丁未 | 乙辰 | 癸丑 |
| 大州牢● | 乾亥 | 坤申 | 巽巳 | 艮寅 |
| 小縣獄● | 壬子 | 庚酉 | 丙午 | 甲卯 |
| 小重喪● | 癸丑 | 辛戌 | 丁未 | 乙辰 |
| 大吉星○ | 艮寅 | 乾亥 | 坤申 | 巽巳 |
| 進甲星○ | 甲卯 | 壬子 | 庚酉 | 丙午 |
| 青龍星○ | 乙辰 | 癸丑 | 辛戌 | 丁未 |
| 大火血● | 巽巳 | 艮寅 | 乾亥 | 坤申 |
| 小火血● | 丙午 | 甲卯 | 壬子 | 庚酉 |
| 大重喪● | 丁未 | 乙辰 | 癸丑 | 辛戌 |

○右通天竅　年月修造安門放水埋葬妙用大吉

## 諸星發用召吉法

○通天竅馬論

通天竅走馬六壬此兩家年月乃楊救貧祖傳真訣其法取用三合年月日時如造葬用山頭吉星取應如修方以方道吉星取魁應主有立二年得蚕血財大旺

詩曰

通天竅馬古傳今
年月無成枉用心
吉宿天將扶日主
誰知造命值千金

註云竅馬乃古今之通傳也殊不知先要選擇八字日主為吉次合竅馬年月日時為第一吉也

多見小利有不合驛馬年月無煞得八字格局富貴屢見巨福可見煞擇以造命為主以吉神為用誠若無用之人縱有貴人扶佐亦不過服前之吉耳

〇論歷數真太陽

用歷數太陽乃人君之象為極吉之首能制三煞宮符太歲將軍金神殺及退符天流財天賊朱雀羅睺一切凶殺並不須忌能旺人財發官祿旺田蠶萬事皆吉也

如有陽烏照吉今須將造命註真情吉指山向固為美

〇通天竅吉凶詩斷　通天竅訣年月坐三九九宮諸家經書通利節

青龍入吉及迎財　脩之金宝人門來　若遇青龍家榮貴
進口添丁賊庫開　脩方下向二七六十日進　角羽音田地喜
子孫昌盛大旺絲蠶廣收五谷豐登
進田進宝庫積　脩方下向百福生　人口牛羊田地進
蚕絲大旺更添丁　堅造安葬脩方六十日百二十日進人口
羽音田地甲子辰年百事大旺興發
州牢縣獄大重喪　犯者瘟災百禍當　田地退財牛馬死
横禍公事手追胸　脩方下向百二十日損畜官事三年殺三人
失火因女人退財田土敗業申子辰年凶
大小火血小重喪　二個星辰不可脩　遭官瘟火年年至
退敗死丁哭不休　三年丙殺三人及家長公事退

艮坤甲庚乙辛開山立向脩方　課取申子辰　寅午戌
陽年陽月陽日陽時吉

乾巽丙壬丁癸開山立向脩方　課取巳酉丑　申子辰
陰年陰月陰日陰時吉

扶佐入門大吉日日

訣云此言山向脩方造廷得諸家大明嫁娶因為吉福之富貴要選擇年月知吉人之命再得貴人扶佐則發福何有其言貴選好年月為先向後方得長久否則大明豈無來去而終於此乎六個太阴二個紫二位之中歷數親

論太阴乃后妃之象也佐理太阴百事用之極吉不問諸凶神煞皆可制伏號日斗毋太阴也

論用烏兎太阴在人財癸官貴百事皆吉

論用雷霆太阴可以旺財

## 〇〇走馬六壬年月定局

| 年月日時 | 子 | 丑 | 寅 | 卯 | 辰 | 巳 | 午 | 未 | 申 | 酉 | 戌 | 亥 |
| --- | --- | --- | --- | --- | --- | --- | --- | --- | --- | --- | --- | --- |
| 天罡 | 乙辰 | 甲卯 | 艮寅 | 癸丑 | 壬子 | 乾亥 | 辛戌 | 庚酉 | 坤申 | 丁未 | 丙午 | 巽巳 |
| 太乙 | 巽巳 | 乙辰 | 甲卯 | 艮寅 | 癸丑 | 壬子 | 乾亥 | 辛戌 | 庚酉 | 坤申 | 丁未 | 丙午 |
| 勝光 | 丙午 | 巽巳 | 乙辰 | 甲卯 | 艮寅 | 癸丑 | 壬子 | 乾亥 | 辛戌 | 庚酉 | 坤申 | 丁未 |
| 小吉 | 丁未 | 丙午 | 巽巳 | 乙辰 | 甲卯 | 艮寅 | 癸丑 | 壬子 | 乾亥 | 辛戌 | 庚酉 | 坤申 |
| 傳送 | 坤申 | 丁未 | 丙午 | 巽巳 | 乙辰 | 甲卯 | 艮寅 | 癸丑 | 壬子 | 乾亥 | 辛戌 | 庚酉 |
| 從魁 | 庚酉 | 坤申 | 丁未 | 丙午 | 巽巳 | 乙辰 | 甲卯 | 艮寅 | 癸丑 | 壬子 | 乾亥 | 辛戌 |
| 河魁 | 辛戌 | 庚酉 | 坤申 | 丁未 | 丙午 | 巽巳 | 乙辰 | 甲卯 | 艮寅 | 癸丑 | 壬子 | 乾亥 |
| 登明 | 乾亥 | 辛戌 | 庚酉 | 坤申 | 丁未 | 丙午 | 巽巳 | 乙辰 | 甲卯 | 艮寅 | 癸丑 | 壬子 |
| 神后 | 壬子 | 乾亥 | 辛戌 | 庚酉 | 坤申 | 丁未 | 丙午 | 巽巳 | 乙辰 | 甲卯 | 艮寅 | 癸丑 |
| 大吉 | 癸丑 | 壬子 | 乾亥 | 辛戌 | 庚酉 | 坤申 | 丁未 | 丙午 | 巽巳 | 乙辰 | 甲卯 | 艮寅 |
| 功曹 | 艮寅 | 癸丑 | 壬子 | 乾亥 | 辛戌 | 庚酉 | 坤申 | 丁未 | 丙午 | 巽巳 | 乙辰 | 甲卯 |
| 太冲 | 甲卯 | 艮寅 | 癸丑 | 壬子 | 乾亥 | 辛戌 | 庚酉 | 坤申 | 丁未 | 丙午 | 巽巳 | 乙辰 |

〇右走馬六壬佐玄真人云第一莫貪天罡訣第二天符經莫偉酉

宮可以制凶神報犯也

詩

雷霆四吉福并輔
山向臨之最有情
未得吉人尋吉課
會如池水結霜冰

云

註云此言山向脩方造葬選合雷霆四台之神再得吉課為第一吉也若只合四吉未得年月吉課恰如水上之冰終無致福可知矣

論用天心都纂大陽又名天罡三奇甲乙丙丁為上吉合大宝宝蓋主拾宝容貝張財物乃進財之星也

論用龍德大陽又名轉天

論用之吉有方者力之

二六壬生　死運三經總成其同堆

〇走馬　六壬詩断

天罡星位好安排　須憑吉地作良媒　脩方下向居其位
進入金銀及横財　註云順陽之神土德之主作之進横財发生
田周年生貴子進南方財巳酉丑年發
太乙星辰極是凶　脩逢退敗見貧窮　官灾枷鎖無休歇
瘟㾴发々定遭殃　註云順陰之神火德之主脩造殺宅長退血
財卯在四孟宮遭瘟火此星在陽宮殺男在陰宮殺女百廿日應
勝光星下好脩装　連年進入好田庄　横財发々總須入
人口安寧大吉昌　註云順陽之神火德之主逢者先進血財後
進銀帛寅年戌年生貴子亥卯年發財福
小吉星位不堪開　犯者須更使殺人　三十二載終須見
百萬資財化作塵　犯之損宅母女人小口血財帊酉丑年見子辰年敗
傳送金星富貴昌　連年長見進田年　人丁大旺資財盛
加宮進戢喜非常　註云順陽之神金德之主先進田産後進横
財蚕絲血財一紀榮昌巳酉丑年小[illegible]寅申子辰年應發財

造山向修方合着最吉
用尊帝二星為福最大
極紫粟之星用之至有
力修方山向最吉大能
厭制凶殺解犯也
天河轉運最親
依月修四忌救貧
吉者若遁逢吉課
天河轉運紫通表
日言天河轉運帝一
星遁山向方隅再合得一
年月生旺則能救貧者
年日休囚縱合吉神亦
無應效故經曰尊帝一
星妄可親川着百般新
用五龍五庫捉殺帝星
主催官祿旺人財大能
制厭凶殺召吉最為緊

從魁星位退田時
退敗資財不得休
河魁星下好修裝
兒孫從此富豪強
登明星宮貴順逢
少亡宅長定遭凶
神后星宮號吉煞
兒孫鄉紫入門來
進寡婦產土若
大吉星位土災傷
更憂小口入泉鄉
功曹星下好修營
子孫跳紫換門閭
卯末年生貴子
太冲星宮不堪遷
少年定主入黃泉

官事牢獄實堪憂　年年爭訟無休歇
犯之憂女人起官災巳酉丑年見少亡長病
進入田同发旦昌　金銀橫進多盛旺
遇之潤年生貴子後進財物申子辰年應之
犯着宅母命先傾　修方下向君須避
犯之損陰命後損血財申子辰年退敗
金銀退人女家財　坐向修方居其位
註云順陽之神水德之土遇此先進橫財後
大作逢三台加官富貴申子辰年生貴子
犯之婦女定先亡　官災牢獄無休歇
犯之百日後損血財殺新婦周年內官至
資財進入足豐隆　修方下向逢三合
遇者家生貴子人財興旺申子辰年發亥
進年見禍退田園　血光橫禍年年起
犯損宅母傷六畜公辛周年退產損女人

要乃年月之立極也論月八節三奇者乃天上乙丙丁貴人陰福之氣萃于一宮能壓制地下凶神惡煞發[illegible]坐向得之造葬修居上官娶婦入宅並吉　又論修造葬埋三奇到山爲蓋前方向爲照如奇星到處能壓小可凶殺惟年月家緊切凶神不能壓制最忌犯之犯者見災此奇所到乙奇止得十五日丙奇得三十自丁奇得四十五日惟用丁奇得日稍久

遁甲三奇最有功
山向修方眞可宗

六壬課取陽年月　日時下明山明年月日時下明山修方造作亦同

○羅天大進年家吉定局

## 六十年方位

| 兌 | 艮 | 離 | 坎 | 坤 | 震 | 巽 | 中 | 乾 |
|---|---|---|---|---|---|---|---|---|
| 甲子 | 乙丑 | 丙寅 | 丁卯 | 戊辰 | 己巳 | 庚午 | 辛未 | 壬申 |
| 癸酉 | 甲戌 | 乙亥 | 丙子 | 丁丑 | 戊寅 | 己卯 | 庚辰 | 辛巳 |
| 壬午 | 癸未 | 甲申 | 乙酉 | 丙戌 | 丁亥 | 戊子 | 己丑 | 庚寅 |
| 辛卯 | 壬辰 | 癸巳 | 甲午 | 乙未 | 丙申 | 丁酉 | 戊戌 | 己亥 |
| 庚子 | 辛丑 | 壬寅 | 癸卯 | 甲辰 | 乙巳 | 丙午 | 丁未 | 戊申 |
| 己酉 | 庚戌 | 辛亥 | 壬子 | 癸丑 | 甲寅 | 乙卯 | 丙辰 | 丁巳 |
| 戊午 | 己未 | 庚申 | 辛酉 | 壬戌 | 癸亥 | | | |

○羅天大進月家吉定局

| 月方吉 | 正二 | 三 | 四 | 五 | 六 | 七 | 八 | 九 | 十 | 十一 | 十二 |
|---|---|---|---|---|---|---|---|---|---|---|---|
| 子年 | 震巽 | 中 | 天 | 天 | 天 | 乾 | 兌 | 艮 | 離 | 坎 | 坤 |

選値良期㑹合此
何愁諸煞不敢從註
註此言山向脩方若與
吉課再合三奇四吉處
位則神煞自降伏矣論
論飛天祿馬六壬天罡年
月所載　佐玄真人云
夫入五音立宅迁改仙
課取祿馬相対山頭方
向者一任用二大作十
二年無災年年進福又
云脩方下向動作山頭
年年发福一紀昌荣訣
云馬到山頭人富貴祿
到山頭貴子生忽然祿
馬皆同到定知富貴面
公卿此之謂也
○貴人祿馬喜相过

| 丑年 | 寅年 | 卯年 | 辰年 | 巳年 | 午年 | 未年 | 申年 | 酉年 | 戌年 | 亥年 |
|---|---|---|---|---|---|---|---|---|---|---|
| 坤 | 坎 | 離 | 艮 | 兌 | 乾 | 天 | 天 | 天 | 中 | 巽 |
| 震 | 坤 | 坎 | 離 | 艮 | 兌 | 兌 | 天 | 天 | 天 | 中 |
| 巽 | 震 | 坤 | 坎 | 離 | 艮 | 艮 | 乾 | 天 | 天 | 天 |
| 中 | 巽 | 震 | 坤 | 坎 | 離 | 離 | 兌 | 乾 | 天 | 天 |
| 天 | 中 | 巽 | 震 | 坤 | 坎 | 坎 | 艮 | 兌 | 乾 | 天 |
| 天 | 天 | 中 | 巽 | 震 | 坤 | 坤 | 離 | 艮 | 兌 | 乾 |
| 天 | 天 | 天 | 中 | 巽 | 震 | 乾 | 坎 | 離 | 艮 | 兌 |
| 乾 | 天 | 天 | 天 | 中 | 巽 | 震 | 坤 | 坎 | 離 | 艮 |
| 兌 | 乾 | 天 | 天 | 天 | 中 | 巽 | 震 | 坤 | 坎 | 離 |
| 艮 | 兌 | 乾 | 天 | 天 | 天 | 中 | 巽 | 震 | 坤 | 坎 |
| 離 | 艮 | 兌 | 乾 | 天 | 天 | 天 | 中 | 巽 | 震 | 坤 |
| 坎 | 離 | 艮 | 兌 | 乾 | 天 | 天 | 天 | 中 | 巽 | 震 |

掌訣

六乾七兌八艮九離詩羅天大進非常問四柔風須辯
五中　例從巽過中天上去在天三月下乾鄉
四巽三震二坤一坎○假如申子午從子数起至卯是四位卯
乃二月建即以卯二月八巽宮順行三月到中四五六月在天上
七月下乾逐一行去十二月到坤正月在震餘依此

八字休囚怎奈何
格局相成扶日建
官教發福不消磨論
云言山向脩方若遁得
命下貴人祿馬及年家
貴人祿馬同位再得課
中八字生旺合成格局
則自然發福不替矣
○消擇何曾吉凶
全憑造命討真機
年月若然成格局
世代榮華福祿基論
云此言若得已上諸吉
神而不得吉課無用也
深言造葬脩去皆貴在
年月上大故經日年法
乃爲造命法裴成好命
恐人天是也

○布羅天大進在天宜起造○在地宜安葬○在方宜脩作大吉

○羅天大退年月凶方定局附日時詩例

羅天大退年詩例 羅天大退最非常 丙丁二年居艮鄉
戊巳却來坤上立 庚辛巽位不堪逆 人癸逢離入口損
甲乙歲當造孑傷 乙歲震宮皆切忌 陰人小口入冥鄉
馬前癸退九自可 羅天大退見死亡
○羅天大退火人知 問五尋風逆數推 掌上九宮行一遍
回來三月上天梯 ○如子年從子數起至辰乃三月建即以三月
入巽逆行四月到震遂一行去十一月到中宮十二正二月在天
三月在巽是也餘倣此

羅天大退日例 初一休逢鼠 初三莫遇羊 初五馬頭上
初九問雞鄉 十一莫遇兎 十三虎在傍 十七牛耕地
廿一鼠絕糧 廿五怕犬吠 廿七兎遭傷 廿九猴作戲
卅退最難當 用四季足宿 春箕、夏軫、秋參 冬壁

羅天大退時例 甲巳退蛇 乙庚猴 丙辛羊 猶丁上牛

## 論用年月日時日法一行

神師及桑迎茂定宅經論凡人起造指爲第一必先得三白九紫在其得富有氣年月用之

接陳希夷三元遁用檢日之法乃具日之旺既旺日日又擇日白入中宮飛出八方求紫白到方或入中宮能押地下凶殺○歷書云用千千方千当用年月白千百工当用月白日白兼用时白○凡開山立向脩方新立舍字或脩作方道遇三白九紫有氣生旺年月最吉擇月白日白福爲重財古爲福較輕

戊巳三日共寅巳　事若逢之件件休

○羅天大退月家定局

| 月 | 正 | 二 | 三 | 四 | 五 | 六 | 七 | 八 | 九 | 十 | 十一 | 十二 |
|---|---|---|---|---|---|---|---|---|---|---|---|---|
| 子年 | 天 | 天 | 巽 | 震 | 坤 | 坎 | 離 | 艮 | 兌 | 乾 | 中 | 天 |
| 丑年 | 天 | 天 | 天 | 巽 | 震 | 坤 | 坎 | 離 | 艮 | 兌 | 乾 | 中 |
| 寅年 | 中 | 天 | 天 | 天 | 巽 | 震 | 坤 | 坎 | 離 | 艮 | 兌 | 乾 |
| 卯年 | 乾 | 中 | 天 | 天 | 天 | 巽 | 震 | 坤 | 坎 | 離 | 艮 | 兌 |
| 辰年 | 兌 | 乾 | 中 | 天 | 天 | 天 | 巽 | 震 | 坤 | 坎 | 離 | 艮 |
| 巳年 | 艮 | 兌 | 乾 | 中 | 天 | 天 | 天 | 巽 | 震 | 坤 | 坎 | 離 |
| 午年 | 離 | 艮 | 兌 | 乾 | 中 | 天 | 天 | 天 | 巽 | 震 | 坤 | 坎 |
| 未年 | 坎 | 離 | 艮 | 兌 | 乾 | 中 | 天 | 天 | 天 | 巽 | 震 | 坤 |
| 申年 | 坤 | 坎 | 離 | 艮 | 兌 | 乾 | 中 | 天 | 天 | 天 | 巽 | 震 |
| 酉年 | 震 | 坤 | 坎 | 離 | 艮 | 兌 | 乾 | 中 | 天 | 天 | 天 | 巽 |
| 戌年 | 巽 | 震 | 坤 | 坎 | 離 | 艮 | 兌 | 乾 | 中 | 天 | 天 | 天 |
| 亥年 | 天 | 巽 | 震 | 坤 | 坎 | 離 | 艮 | 兌 | 乾 | 中 | 天 | 天 |

○右羅天大退在天忌起造在地忌安葬在方忌脩方

論用都天轉運帝星所到之宮或官符流財血刃一在修作大吉遇凶即凶遇吉即吉此老成者試之有驗也

論用紫微鑾駕阳死明克帝星君年月日時諸吉星到開山立向修方之處能押制年月家瑣碎諸神煞較之諸家帝星此一家帝星衆備者用之

論用紫微鑾駕日帝座及中宮修葺中宮人多用之知其月有煞々在中宮則不能押制如死紫煞修作无妨如廠堂直日大殺白虎雷起白虎

三奇帝星詩曰

玄天宝宿號三奇　立向安墳切要知　修方若得奇臨位
山頭坐向一同推　若遇三奇到坐向　興丁起造任施為
不避流財諸惡煞　官符太歲尽皈依　更得奇星當對照
今人富貴足豐衣　此是某公真口訣　千金不可與人知

| 子午卯酉年 | 正 | 二 | 三 | 四 | 五 | 六 | 七 | 八 | 九 | 十 | 十一 | 十二 |
|---|---|---|---|---|---|---|---|---|---|---|---|---|
| ○奇 | 乾 | 艮 | 午 | 坎 | 坤 | 震 | 巽 | 中 | 乾 | 兌 | 艮 | 午 |
| 丙奇 | 震 | 巽 | 中 | 乾 | 兌 | 艮 | 離 | 坎 | 坤 | 震 | 巽 | 中 |
| 丁奇 | 中 | 乾 | 兌 | 艮 | 離 | 坎 | 坤 | 震 | 巽 | 中 | 乾 | 兌 |

| 寅申巳亥年 | 正 | 二 | 三 | 四 | 五 | 六 | 七 | 八 | 九 | 十 | 十一 | 十二 |
|---|---|---|---|---|---|---|---|---|---|---|---|---|
| 乙奇 | 巽 | 中 | 乾 | 兌 | 艮 | 離 | 坎 | 坤 | 震 | 巽 | 中 | 乾 |
| 丙奇 | 離 | 坎 | 坤 | 震 | 巽 | 中 | 乾 | 兌 | 艮 | 離 | 坎 | 坤 |
| 丁奇 | 坤 | 震 | 巽 | 中 | 乾 | 兌 | 艮 | 午 | 坎 | 坤 | 震 | 巽 |

| 辰戌丑未年 | 正 | 二 | 三 | 四 | 五 | 六 | 七 | 八 | 九 | 十 | 十一 | 十二 |
|---|---|---|---|---|---|---|---|---|---|---|---|---|
| 乙奇 | 坎 | 坤 | 震 | 巽 | 中 | 乾 | 兌 | 艮 | 離 | 坎 | 坤 | 震 |
| 丙奇 | 乾 | 兌 | 艮 | 離 | 坎 | 坤 | 震 | 巽 | 中 | 乾 | 兌 | 艮 |
| 丁奇 | 艮 | 離 | 坎 | 坤 | 震 | 巽 | 中 | 乾 | 兌 | 艮 | 離 | 坎 |

到中宫亦不能抑制

論卅紫微鑾駕帝星年月此一家年月取天台星天魁天帝天福到方山向脩作大利

論用紫微鑾駕年帝星入中宫月帝星入中宫被宅脩造並合明年明

訣云帝星入中宫宜倒堂竅走馬六壬巳上諸吉月明年明月又合通天月日用之脩作安葬兼主進益皆中宫發忌之

論用紫微鑾駕年龍月兎日虎時牛帝星周臨仙罗星年龍月兎帝星與紫微鑾駕帝星同位又名火罗帝星脩作大吉

# ○都天寶照吉凶定局

| 年月日時 | 子午 | 丑未 | 寅申 | 卯酉 | 辰戌 | 巳亥 |
|---|---|---|---|---|---|---|
| 太陽 | 坤申 | 乾亥 | 艮寅 | 巽巳 | 丙午 | 丁未 |
| 土宿 | 庚酉 | 壬子 | 甲卯 | 丙午 | 坤申 | 庚酉 |
| 貪狼 | 辛戌 | 癸丑 | 乙辰 | 丁未 | 坤申 | 庚酉 |
| 祿存 | 乾亥 | 艮寅 | 巽巳 | 坤申 | 庚酉 | 辛戌 |
| 巨門 | 壬子 | 甲卯 | 丙午 | 庚酉 | 辛戌 | 乾亥 |
| 破軍 | 癸丑 | 乙辰 | 丁未 | 辛戌 | 乾亥 | 壬子 |
| 武曲 | 艮寅 | 巽巳 | 坤申 | 乾亥 | 壬子 | 癸丑 |
| 文曲 | 甲卯 | 丙午 | 庚酉 | 壬子 | 癸丑 | 艮寅 |
| 左輔 | 乙辰 | 丁未 | 辛戌 | 癸丑 | 艮寅 | 甲卯 |
| 廉貞 | 巽巳 | 坤申 | 乾亥 | 艮寅 | 甲卯 | 乙辰 |
| 右弼 | 丙午 | 庚酉 | 壬子 | 甲卯 | 乙辰 | 巽巳 |
| 羅睺 | 丁未 | 辛戌 | 癸丑 | 乙辰 | 巽巳 | 丙午 |

○右都天寶照丙太陽貪狼巨門武曲左輔右弼六星吉餘凶

論用人皇鸞駕帝星年月如縣造葬埋修方吉星所到之處任意施為

論押殺帝星年月人家作用如何排名隨五行根休咎金星但用火星擒木星却用金真个好火星用水押灾缺土用木星為吉兆若還遇得此立微変凶作吉為祥曜帝星押殺屬水方向遇之能押火星司徒殺屬木方向遇之能押太歲帝星崇班此星屬水方向遇之能押火星凶殺

○已上諸家帝星開山立向脩方如不值年月縣殺值得一家帝星吉神

# 天星四龍經定局

年月日時　子 丑 寅 卯 辰 巳 午 未 申 酉 戌 亥

亡龍　壬癸丑辰寅甲卯乙辰巽巳丙午丁未坤申庚酉辛戌乾亥壬

總龍　丑艮寅甲卯巳辰巽巳卯午丁未坤申庚酉三戌乾亥壬子癸

禍龍　寅甲卯乙辰巽巳丙午丁未坤申庚酉辛戌乾亥壬子癸丑艮

死龍　卯乙辰巽巳丙午丁未坤申寅酉辛戌乾亥壬子癸丑艮寅甲

總龍　辰巽巳丙午丁未坤申寅酉辛戌乾亥壬子癸丑艮寅甲卯乙

明龍　巳丙午丁未坤申寅酉辛戌乾亥壬子癸丑艮寅甲卯乙辰巽

敗龍　午丁未坤申寅酉辛戌乾亥壬子癸丑艮寅甲卯乙辰巽巳丙

福龍　未坤申庚酉辛戌乾亥壬子癸丑艮寅甲卯乙辰巽巳丙午丁

衰龍　申庚酉辛戌乾亥壬子癸丑艮寅甲卯乙辰巽巳丙午丁未坤

病龍　酉辛戌乾亥壬子癸丑艮寅甲卯乙辰巽巳丙午丁未坤甲庚

進龍　戌乾亥壬子癸丑艮寅甲卯乙辰巽巳丙午丁未坤甲庚酉辛

怨龍　亥壬子癸丑艮寅甲卯乙辰巽巳丙午丁未坤甲庚酉辛戌乾

○總龍到山總管三十八龍太陰一年吉收尽山頭運主八丁年大富貴串子年大發○明龍到年吉初進用地財昌或出文人和者成名即損如利照利上福龍到山管下八龍太陰年吉○進龍管五十一龍大吉即吉造葬大吉

尺照壁造安葬脩方並吉但是平穩而已

論用益山黃道黃吉年月內若得吉神到山頭方向脩方之處造葬脩造大利

論用明陽貴人冬至後用陽貴人夏至後用陰貴人如時家貴人子時至巳時用陽貴人午時至亥時用陰貴人如貴人到山頭方並能制地下凶神惡煞

論用三元蠶白脩方開門放水大宜養蠶如人家火不熟蠶宜脩逐年月家三白九墓方道即見應驗仍避本年蠶官宅

○都天轉運行衙帝星年月日時

| 年建年 | 子 | 丑 | 寅 | 卯 | 辰 | 巳 | 午 | 未 | 申 | 酉 | 戌 | 亥 |
|---|---|---|---|---|---|---|---|---|---|---|---|---|
| 月建月 | 正 | 二 | 三 | 四 | 五 | 六 | 七 | 八 | 九 | 十 | 十一 | 十二 |
| 日建日 | 辰 | 巳 | 午 | 未 | 申 | 酉 | 戌 | 亥 | 子 | 丑 | 寅 | 卯 |
| 時建時 | 午 | 未 | 申 | 酉 | 戌 | 亥 | 子 | 丑 | 寅 | 卯 | 辰 | 巳 |
| 貪狼吉 | 中 | 巽 | 震 | 坤 | 坎 | 離 | 艮 | 兌 | 乾 | 中 | 巽 | 震 |
| 巨門吉 | 乾 | 中 | 巽 | 震 | 坤 | 坎 | 離 | 艮 | 兌 | 乾 | 中 | 巽 |
| 祿存 | 兌 | 乾 | 中 | 巽 | 震 | 坤 | 坎 | 離 | 艮 | 兌 | 乾 | 中 |
| 文曲 | 艮 | 兌 | 乾 | 中 | 巽 | 震 | 坤 | 坎 | 離 | 艮 | 兌 | 乾 |
| 廉貞 | 離 | 艮 | 兌 | 乾 | 中 | 巽 | 震 | 坤 | 坎 | 離 | 艮 | 兌 |
| 武曲吉 | 坎 | 離 | 艮 | 兌 | 乾 | 中 | 巽 | 震 | 坤 | 坎 | 離 | 艮 |
| 破軍 | 坤 | 坎 | 離 | 艮 | 兌 | 乾 | 中 | 巽 | 震 | 坤 | 坎 | 離 |
| 左輔吉 | 震 | 坤 | 坎 | 離 | 艮 | 兌 | 乾 | 中 | 巽 | 震 | 坤 | 坎 |
| 右弼吉 | 巽 | 震 | 坤 | 坎 | 離 | 艮 | 兌 | 乾 | 中 | 巽 | 震 | 坤 |

○右行衙帝星局貪狼巨四武曲左輔右弼五星吉餘凶

至命方道如值春二月一切忌脩作

論用一行神師四利三元年月惟太陽年德大明福德四星如中宮山頭方向若到脩營造葬百事大吉

論用李淳風四利三元年月批名抻殺三元惟四吉加臨之処首宜脩作大吉利

論甲本命祿馬貴人大芰祿馬貴人開山立向脩方至吉三合拱照財白外至應速正照山向應馬與貴人同此例催……營生貴子發福

脩

口宅鏡龍吟經　彥定局

| | 龍首 | 龍劍 | 龍吟一千声 | 龍吟聲音 | 龍喜 | 龍困 | 龍刧 | 龍敗 | 龍死 | 龍吟聲千 | 龍吟聲音 | 龍喜 | 龍破 | 龍哭 | 龍怨 |
|---|---|---|---|---|---|---|---|---|---|---|---|---|---|---|---|
| 子 | 子 | 癸 | 丑 | 艮 | 寅 | 甲 | 卯 | 乙 | 辰 | 巽 | 巳 | 丙 | 午 | 丁 |
| 丑 | 丑 | 艮 | 寅 | 甲 | 卯 | 乙 | 辰 | 巽 | 巳 | 丙 | 午 | 丁 | 未 | 坤 |
| 寅 | 寅 | 甲 | 卯 | 乙 | 辰 | 巽 | 巳 | 丙 | 午 | 丁 | 未 | 坤 | 申 | 庚 |
| 卯 | 卯 | 乙 | 辰 | 巽 | 巳 | 丙 | 午 | 丁 | 未 | 坤 | 申 | 庚 | 酉 | 辛 |
| 辰 | 辰 | 巽 | 巳 | 丙 | 午 | 丁 | 未 | 坤 | 申 | 庚 | 酉 | 辛 | 戌 | 乾 |
| 巳 | 巳 | 丙 | 午 | 丁 | 未 | 坤 | 申 | 庚 | 酉 | 辛 | 戌 | 乾 | 亥 | 壬 |
| 午 | 午 | 丁 | 未 | 坤 | 申 | 庚 | 酉 | 辛 | 戌 | 乾 | 亥 | 壬 | 子 | 癸 |
| 未 | 未 | 坤 | 申 | 庚 | 酉 | 辛 | 戌 | 乾 | 亥 | 壬 | 子 | 癸 | 丑 | 艮 |
| 申 | 申 | 庚 | 酉 | 辛 | 戌 | 乾 | 亥 | 壬 | 子 | 癸 | 丑 | 艮 | 寅 | 甲 |
| 酉 | 酉 | 辛 | 戌 | 乾 | 亥 | 壬 | 子 | 癸 | 丑 | 艮 | 寅 | 甲 | 卯 | 乙 |
| 戌 | 戌 | 乾 | 亥 | 壬 | 子 | 癸 | 丑 | 艮 | 寅 | 甲 | 卯 | 乙 | 辰 | 巽 |
| 亥 | 亥 | 壬 | 子 | 癸 | 丑 | 艮 | 寅 | 甲 | 卯 | 乙 | 辰 | 巽 | 巳 | 丙 |

用差方祿馬貴人主旺
入丁財穀莊業官貴全
山向至吉脩方次之
申催官年月主催利甲
発官祿其法用官星印
星催官鬼使官国星利
甲黃甲方驗也更合諸
貴名局神妙　論
用極富星及各殺將星
有三利加臨山方上六
旺財穀　論
用三德歲德天德月德
是也能押宮符解官訟
制凶神百事用之吉宜
还官力垂帘宮次之論
用解神天赦喝散星星
恩天赦天恩能解官訟
諸凶神殺道向脩方用

| 龍吟（六陰） | 龍吟（六陽） | 龍病 | 龍走 | 龍狂 | 龍哭 | 龍吟吟三声 | 龍吟九百声 | 龍逆 | 龍離 |
|---|---|---|---|---|---|---|---|---|---|
| [illegible]未 | 坤 | 申 | 庚 | 酉 | 辛 | 戌 | 乾 | 亥 | 壬 |
| 申 | 庚 | 酉 | 辛 | 戌 | 乾 | 亥 | 壬 | 子 | 癸 |
| 酉 | 辛 | 戌 | 乾 | 亥 | 壬 | 子 | 癸 | 丑 | 艮 |
| 戌 | 乾 | 亥 | 壬 | 子 | 癸 | 丑 | 艮 | 寅 | 甲 |
| 亥 | 壬 | 子 | 癸 | 丑 | 艮 | 寅 | 甲 | 卯 | 乙 |
| 子 | 癸 | 丑 | 艮 | 寅 | 甲 | 卯 | 乙 | 辰 | 巽 |
| 丑 | 艮 | 寅 | 甲 | 卯 | 乙 | 辰 | 巽 | 巳 | 丙 |
| 寅 | 甲 | 卯 | 乙 | 辰 | 巽 | 巳 | 丙 | 午 | 丁 |
| 卯 | 乙 | 辰 | 巽 | 巳 | 丙 | 午 | 丁 | 未 | 坤 |
| 辰 | 巽 | 巳 | 丙 | 午 | 丁 | 未 | 坤 | 申 | 庚 |
| 巳 | 丙 | 午 | 丁 | 未 | 坤 | 申 | 庚 | 酉 | 辛 |
| 午 | 丁 | 未 | 坤 | 申 | 庚 | 酉 | 辛 | 戌 | 乾 |

○龍吟年月無人曉　天機海角有誰知　二十四山分禍福
就明雲秀妙五龍身　脩造埋葬不依此　悟了凡間世上人
若有時師留得此　黃金萬兩不傳人

起例每宗以太歲加　龍首星順行如加到孟月加丑仲月加酉季月
加巳凡遇龍首龍　吉龍吟龍笑大吉　龍鼓龍困龍執病敗死哭
總走逆離破十三　龍大凶○凡脩方下向造葬合此年月能坤諸筆変吉

之至吉百事皆吉論用造尺天道着合到山官修造安葬出行嫁娶行兵出師並不忌一百二十位神煞方事吉論用太陽正照四大吉時凡遇加臨山向方照六神藏四殺沒冊日一時居垣八局用之極吉餘三時亦吉方並吉星不忌旬中空亡截路空孤辰寡宿大敗等時論用貴人符國印五符三星到方並不忌一百二十位神煞出行日實行兵捕盜方事所為御吉論用天命並時凡遇天罡到方並不忌一百二十位

## 蓋山黃道吉局　撼龍帝星吉局

論年支吉　子　丑　寅　卯　辰　巳　午　未　申　酉　戌　亥

天皇　兌丁巽　巽離壬震亥庚艮坎癸申辰乾　坤　乙

巳丑辛　辛寅戌庚未震未丙申辰坎癸甲　乙　坤

貴羅　震庚艮　丙乾兌丁巳兌巽坤　乙　離壬坎癸坎癸

亥未丙　艮甲巳丑丁丑辛乙坤　寅戌申辰申辰

紫檀　坤　離　離壬巽坎癸坎癸乾震庚亥未艮兌丁丑丁

乙寅　寅戌辛申辰申辰　申　亥未震庚丙　巳丑兌巳

地皇　巽兌丁　兌丁坤　丙　丙　震戌乾　甲　坎癸離壬寅戌

辛巳丑　巳丑乙艮　艮　亥未甲　乾　甲辰寅戌乾甲

年干吉　甲　乙　丙　丁　戊　巳　庚　辛　壬　癸

泰龍　艮寅甲　卯乙辰巽巳丙午丁未坤申、庚酉辛戌乾亥

益龍　乙辰巽　巳丙午丁未坤申庚酉辛戌乾亥壬子癸丑

升龍　丙午丁　未坤申庚酉辛戌乾亥壬子癸丑艮寅甲卯

豐龍　坤申庚　酉辛戌乾亥壬子癸丑艮寅甲卯乙辰巽巳

萃龍　辛戌乾　亥壬子癸丑艮寅甲卯乙辰巽巳丙午丁未

批龍　壬子癸　丑艮寅用卯乙辰巽巳丙午丁未坤申庚酉

凶神等煞行兵破陣必勝凡所用並吉

論用奇門遁甲全在超接正閏分明用之驗也若超接正閏不明如盲人端物暫得而不常用之無益惟能明超神接氣之閏之法與擇為神妙不問出行嫁娶主宮八宅日家同斷脩造埋葬方事永動無往不吉也論諸吉星到山及方向吉星到山為孟到方向為照若吉星到山到向併照中宮竪造安葬大利如脩方付官方主大吉星各日吉星照方脩作大吉利

## 最吉四大利星

年支　子　丑　寅　卯　辰　巳　午　未　申　酉　戌　亥

其四　乾坤寅申子午乾坤寅申子午乾坤寅申子午

山利　艮巽巳亥卯酉艮巽巳亥卯酉艮巽巳亥卯酉

方向　丑未甲庚乙辛辰戌甲庚乙辛辰戌甲庚乙辛

定局　辰戌丙壬癸丑未丙壬丁癸丑未丙壬丁癸

○右四大利星乃諸家之總要假如子午卯酉乙辛丁癸八山利在寅申巳亥四年月○甲庚丙壬寅申巳亥八山利在丑未辰戌四年　乾坤艮巽丑未辰戌八山利在子午卯酉年凡造葬脩方合此最吉四大利年不犯諸家緊殺所占為七十二之年月矣

星馬貴人吉凶方位定局天乙天定太乙三吉星餘皆凶煞

## 星馬吉凶神

| | 金神 | 將軍 | 太歲 | 太乙 | 大耗 | 喪門 | 弔客 | 天定 | 官符 | 小耗 | 病符 | 天乙 |
|---|---|---|---|---|---|---|---|---|---|---|---|---|
| 申子辰年 | 乾亥 | 壬子 | 癸丑 | 艮寅 | 甲卯 | 乙辰 | 巽巳 | 丙午 | 丁未 | 坤申 | 庚酉 | 辛戌 |
| 巳酉丑年 | 坤申 | 庚酉 | 辛戌 | 乾亥 | 壬子 | 癸丑 | 艮寅 | 甲卯 | 乙辰 | 巽巳 | 丙午 | 丁未 |
| 寅午戌年 | 巽巳 | 丙午 | 丁未 | 坤申 | 庚酉 | 辛戌 | 乾亥 | 壬子 | 癸丑 | 艮寅 | 甲卯 | 乙辰 |
| 亥卯未年 | 艮寅 | 甲卯 | 乙辰 | 巽巳 | 丙午 | 丁未 | 坤申 | 庚酉 | 辛戌 | 乾亥 | 壬子 | 癸丑 |

諸書可用

天德及天德合月德併月德合歲干歲干德合支德合天道行歲天道黄道吉方鳴吠四大吉向奏書博士金匱房星人道利道天倉建倉人倉局生炁並論[illegible]之煩亦宜參互用之但不可以專於此亦不可以求全脩也但先以造丙為主遇成格局生旺有氣然後合而用之則可以吉也

論用金櫃方脩造主旺財入丁口

申子辰年午方亥卯未卯方巳酉丑年酉方寅午戌年午方

〇玉皇鑾駕陽局立成

〇用巳丁壬成癸六陽干

| 陽年月日時 | 玉皇 | 火輪 | 金輪 | 木輪 | 土輪 | 熾輪 | 天乙 | 火帝 | 天定 | 寶臺 | 熾帝 | 炎帝 |
|---|---|---|---|---|---|---|---|---|---|---|---|---|
| 子 | 庚酉 | 辛戌 | 乾亥 | 壬子 | 癸丑 | 艮寅 | 甲卯 | 乙辰 | 巽巳 | 丙午 | 丁未 | 坤申 |
| 丑 | 辛戌 | 乾亥 | 壬子 | 癸丑 | 艮寅 | 甲卯 | 乙辰 | 巽巳 | 丙午 | 丁未 | 坤申 | 庚酉 |
| 寅 | 乾亥 | 壬子 | 癸丑 | 艮寅 | 甲卯 | 乙辰 | 巽巳 | 丙午 | 丁未 | 坤申 | 庚酉 | 辛戌 |
| 卯 | 壬子 | 癸丑 | 艮寅 | 甲卯 | 乙辰 | 巽巳 | 丙午 | 丁未 | 坤申 | 庚酉 | 辛戌 | 乾亥 |
| 辰 | 癸丑 | 艮寅 | 甲卯 | 乙辰 | 巽巳 | 丙午 | 丁未 | 坤申 | 庚酉 | 辛戌 | 乾亥 | 壬子 |
| 巳 | 艮寅 | 甲卯 | 乙辰 | 巽巳 | 丙午 | 丁未 | 坤申 | 庚酉 | 辛戌 | 乾亥 | 壬子 | 癸丑 |
| 午 | 甲卯 | 乙辰 | 巽巳 | 丙午 | 丁未 | 坤申 | 庚酉 | 辛戌 | 乾亥 | 壬子 | 癸丑 | 艮寅 |
| 未 | 乙辰 | 巽巳 | 丙午 | 丁未 | 坤申 | 庚酉 | 辛戌 | 乾亥 | 壬子 | 癸丑 | 艮寅 | 甲卯 |
| 申 | 巽巳 | 丙午 | 丁未 | 坤申 | 庚酉 | 辛戌 | 乾亥 | 壬子 | 癸丑 | 艮寅 | 甲卯 | 乙辰 |
| 酉 | 丙午 | 丁未 | 坤申 | 庚酉 | 辛戌 | 乾亥 | 壬子 | 癸丑 | 艮寅 | 甲卯 | 乙辰 | 巽巳 |
| 戌 | 丁未 | 坤申 | 庚酉 | 辛戌 | 乾亥 | 壬子 | 癸丑 | 艮寅 | 甲卯 | 乙辰 | 巽巳 | 丙午 |
| 亥 | 坤申 | 庚酉 | 辛戌 | 乾亥 | 壬子 | 癸丑 | 艮寅 | 甲卯 | 乙辰 | 巽巳 | 丙午 | 丁未 |

# 叢辰吉論

○論天赦日　按

春戊寅日　夏甲午日
秋戊申日　冬甲子日

云天之生育萬物而宥其罪甲戊為子之德子午為陰陽之成寅申為陰陽之立以午配之赦宜緩獄洗冤施恩恕罪祀神祭禳更為上吉歟吉併用修造起工八宅分居動作百事皆吉世人若合此日修造最吉然正月用午十一月用子為天赦却與天地傳殺日同加以月建厭動忌修造起工動土極凶

○太皇鸞駕陰局立成

○乙庚丙辛四陰午

| 年月日時 | 子 | 丑 | 寅 | 卯 | 辰 | 巳 | 午 | 未 | 申 | 酉 | 戌 | 亥 |
|---|---|---|---|---|---|---|---|---|---|---|---|---|
| 太皇 | 甲寅艮 | 丑癸 | 子壬 | 亥乾 | 戌辛 | 酉庚 | 申坤 | 未丁 | 午丙 | 巳巽 | 辰乙 | 卯 |
| 火輪 | 艮丑癸 | 子壬 | 亥乾 | 戌辛 | 酉庚 | 申坤 | 未丁 | 午丙 | 巳巽 | 辰乙 | 卯甲 | 寅 |
| 金輪 | 癸子壬 | 亥乾 | 戌辛 | 酉庚 | 申坤 | 未丁 | 午丙 | 巳巽 | 辰乙 | 卯甲 | 寅艮 | 丑 |
| 水輪 | 壬亥乾 | 戌辛 | 酉庚 | 申坤 | 未丁 | 午丙 | 巳巽 | 辰乙 | 卯甲 | 寅艮 | 丑癸 | 子 |
| 土輪 | 乾戌辛 | 酉庚 | 申坤 | 未丁 | 午丙 | 巳巽 | 辰乙 | 卯甲 | 寅艮 | 丑癸 | 子壬 | 亥 |
| 熾輪 | 辛酉庚 | 申坤 | 未丁 | 午丙 | 巳巽 | 辰乙 | 卯甲 | 寅艮 | 丑癸 | 子壬 | 亥乾 | 戌 |
| 天乙 | 庚申坤 | 未丁 | 午丙 | 巳巽 | 辰乙 | 卯甲 | 寅艮 | 丑癸 | 子壬 | 亥乾 | 戌辛 | 酉 |
| 火帝 | 坤未丁 | 午丙 | 巳巽 | 辰乙 | 卯甲 | 寅艮 | 丑癸 | 子壬 | 亥乾 | 戌辛 | 酉庚 | 申 |
| 天定 | 丁午丙 | 巳巽 | 辰乙 | 卯甲 | 寅艮 | 丑癸 | 子壬 | 亥乾 | 戌辛 | 酉庚 | 申坤 | 未 |
| 寶臺 | 丙巳巽 | 辰乙 | 卯甲 | 寅艮 | 丑癸 | 子壬 | 亥乾 | 戌辛 | 酉庚 | 申坤 | 未丁 | 午 |
| 熾帝 | 巽辰乙 | 卯甲 | 寅艮 | 丑癸 | 子壬 | 亥乾 | 戌辛 | 酉庚 | 申坤 | 未丁 | 午丙 | 巳 |
| 炎帝 | 乙卯甲 | 寅艮 | 丑癸 | 子壬 | 亥乾 | 戌辛 | 酉庚 | 申坤 | 未丁 | 午丙 | 巳巽 | 辰 |

○論天喜月　　按
春戌夏丑秋辰冬未而
今人不順其理愈以其
書中得見要領大抵天
喜日辰與月建合起謂
之天喜　假如正月定
寅用戌日乃寅與戌合
又如二月建卯用亥日
卯與亥合是也．

○論天德始倉日
云○正丁二坤宮三
壬四辛同○五乾六甲
上○七癸八艮逢○九
丙十居一○子巽丑庚
申　然有甲丙庚壬
乙丁辛癸日而無乾坤
艮巽之日如坤即申乾
即亥艮附寅巽即巳○

## 紫微鑾駕（年龍月兔日虎時牛）

|  |  |
|---|---|
| 年龍 | 甲子丑寅卯辰巳午未申酉戌亥 |
| 月兔 | 巳亥子丑寅卯辰巳午未申酉戌 |
| 日虎 | 丁戌亥子丑寅卯辰巳午未申酉 |
| 時牛 | 壬酉戌亥子丑寅卯辰巳午未申 |
| 天乙 | 戊庚酉辛戌乾亥壬子癸丑艮寅甲卯乙辰巽巳丙午丁未坤申 |
| 天定 | 癸乾亥壬子癸丑艮寅甲卯乙辰巽巳丙午丁未坤申庚酉辛戌 |
| 太乙 | 陽壬子癸丑艮寅甲卯乙辰巽巳丙午丁未坤申庚酉辛戌乾亥 |
| 玉皇 | 年甲卯乙辰巽巳丙午丁未坤申庚酉辛戌乾亥壬子癸丑艮寅 |
| 金輪 | 月巽巳丙午丁未坤申庚酉辛戌乾亥壬子癸丑艮寅甲卯乙辰 |
| 水輪 | 日丙午丁未坤申庚酉辛戌乾亥壬子癸丑艮寅甲卯乙辰巽巳 |
| 年龍 | 乙子丑寅卯辰巳午未申酉戌亥 |
| 月虎 | 庚亥子丑寅卯辰巳午未申酉戌 |
| 日虎 | 辛戌亥子丑寅卯辰巳午未申酉 |
| 時牛 | 丙酉戌亥子丑寅卯辰巳午未申 |
| 天乙 | 陰甲卯艮寅癸丑壬子乾亥辛戌庚酉坤申丁未丙午巽巳乙辰 |
| 天定 | 年癸丑壬子乾亥辛戌庚酉坤申丁未丙午巽巳乙辰甲卯艮寅 |

〇論天德合日

陳中火云太德日謚三日申口申與巳合五月亥日亥此寅合八月寅日寅與亥合十一月巳日巳與申合〇如正月丁爲天德丁與壬合以壬爲天德合日又如六月甲爲天德甲與巳合巳爲天德合日餘倣此

五行論刑德壬子故巳日忌也

〇論月德日

曆議云　正五九月寅午戌火火旺在丙　二六十月亥卯未木木旺在甲　三七十一月申子辰水水旺壬　四八十二月

陰年定局

六白　太山年壬子乾亥辛戌庚酉坤申　丁未丙午巽巳乙辰甲卯艮寅癸丑

五黃　皇月庚酉坤丑丁未丙午巽巳乙辰甲卯艮寅　辰甲寅艮巽癸丑壬子乾亥辛戌

六合　論日丁未丙戌巽巳乙辰甲卯　艮寅癸丑壬午乾亥辛戌庚酉坤申

水　論時丙午巽巳乙辰甲卯艮　癸丑壬子乾亥辛戌庚酉坤申丁未

寅申巳亥年　正十一二十　三四五六七八九

子午卯酉年　七八　九十十一十二四五六

辰戌丑未年　四五　六七八九正十一二三

李淳風四利三元壓煞局

一白〇戊子水　巽中　乾兌艮離坎坤震

二黑〇乙未土　中乾　兌艮離坎坤震巽

三碧〇庚寅木　乾兌　艮離坎坤震巽中

四綠〇辛卯木　兌艮　離坎坤震巽中乾

五黃〇巳未土　艮離　坎坤震巽中乾兌

六白〇壬申金　離坎　坤震巽中乾兌艮

七赤〇丁酉金　坎坤　震巽中乾兌艮離

八白〇丙辰土　坤震　巽中乾兌艮離坎

九紫〇丁巳火　震巽　中乾兌艮離坎坤

巳酉丑金々旺在庚辛取四旺処以為月德之地也

○論歩天道

陳為衷云　丑未之年甲庚过　寅申之歩乙辛坐　卯酉却向辰巽上辰戌如福丙壬做　巳亥之年丁癸方○子午之年坤艮麿　○今参祥田本惟有辰戌丑未四年所吉方向並同如子午寅申卯酉巳亥八年與甲本方向不同

○論青在黄道

戌青在黄道頭值諸凶曆書半古若得天德月德天官吉神催可以為吉

○山家日星吉方定局

| 年支吉 | 子 | 丑 | 寅 | 卯 | 辰 | 巳 | 午 | 未 | 申 | 酉 | 戌 | 亥 |
|---|---|---|---|---|---|---|---|---|---|---|---|---|
| 一白 | 中 | 兌 | 匕 | 震 | 坤 | 匕 | 乾 | 巽 | 匕 | 艮 | 離 | 匕 |
| 六白 | 坎 | 震 | 匕 | 艮 | 兌 | 匕 | 坤 | 離 | 匕 | 巽 | 中 | 匕 |
| 八白 | 震 | 中 | 匕 | 坎 | 離 | 匕 | 巽 | 坤 | 匕 | 乾 | 兌 | 匕 |
| 九紫 | 巽 | 乾 | 匕 | 坤 | 坎 | 匕 | 中 | 震 | 匕 | 兌 | 艮 | 匕 |

○天星在年　太陽吉星定局又名十干帝星凶星不年

| 年干吉方 | 甲 | 乙 | 丙 | 丁 | 戊 | 己 | 庚 | 辛 | 壬 | 癸 |
|---|---|---|---|---|---|---|---|---|---|---|
| 太陽 | 子癸 | 戌乾 | 申庚 | 午丁 | 辰巽 | 子癸 | 戌乾 | 申庚 | 午丁 | 辰巽 |
| 太陰 | 丑艮 | 亥壬 | 酉辛 | 未坤 | 巳丙 | 丑艮 | 亥壬 | 酉辛 | 未坤 | 巳丙 |
| 天門 | 寅甲 | 子癸 | 戌乾 | 申庚 | 午丁 | 寅甲 | 子癸 | 戌乾 | 申庚 | 午丁 |
| 地刀 | 卯乙 | 丑艮 | 亥壬 | 酉辛 | 未坤 | 卯乙 | 丑艮 | 亥壬 | 酉辛 | 未坤 |
| 天庭 | 辰巽 | 寅甲 | 子癸 | 戌乾 | 申庚 | 辰巽 | 寅甲 | 子癸 | 戌乾 | 申庚 |
| 天宜 | 甲庚 | 午丁 | 辰巽 | 寅甲 | 子癸 | 申庚 | 午丁 | 辰巽 | 寅甲 | 子癸 |
| 宝蓋 | 酉辛 | 未坤 | 巳丙 | 卯乙 | 丑艮 | 酉辛 | 未坤 | 巳丙 | 卯乙 | 丑艮 |

○循婁太陽吉星定局

而用

明堂黄道　金櫃　天德

玉堂　司命百事用之

吉

【詩】【訣】【例】【申】

黑道凶

正七起子二八寅

三九原來却在辰

四十須從午上方

五十一月宿居申

六十二月起接戌

黄道須詳黑道與

更從月加十二字

有之逢吉無之凶

假如正月從子上起

道遠幾時通達

路遙何日還鄉

十二字遇字有之逢者為黄道無之逢者為黑道

黄道百事吉

## 月干吉

| | 甲 | 乙 | 丙 | 丁 | 戊 | 己 | 庚 | 辛 | 壬 | 癸 |
|---|---|---|---|---|---|---|---|---|---|---|
| 太陽武曲 | 丁未 | 壬子 | 辛戌 | 甲卯 | 坤申 | 亥寅 | 癸丑 | 丙午 | 乙辰 | 庚酉 |
| 太陰在輔 | 艮寅 | 丁未 | 巽巳 | 辛戌 | 甲卯 | 寅酉 | 甲申 | 癸丑 | 乾亥 | 乙辰 |
| 水星貪狼 | 巽巳 | 辛戌 | 坤申 | 癸丑 | 丙午 | 壬子 | 乾亥 | 乙辰 | 寅酉 | 丁未 |
| 紫氣巨門 | 辛戌 | 甲卯 | 癸丑 | 丙午 | 乾亥 | 寅巳 | 乙辰 | 寅酉 | 丁未 | 壬子 |

○循環太陽月支推吉星

## 月支吉

照月直月支

| | 子 | 丑 | 寅 | 卯 | 辰 | 巳 | 午 | 未 | 申 | 酉 | 戌 | 亥 |
|---|---|---|---|---|---|---|---|---|---|---|---|---|
| 太陽武曲 | 甲卯 | 乙辰 | 巽巳 | 丙午 | 丁未 | 坤申 | 庚酉 | 辛戌 | 乾亥 | 壬子 | 癸丑 | 艮寅 |
| 太陰在輔 | 巽巳 | 丙午 | 丁未 | 坤申 | 庚酉 | 辛戌 | 乾亥 | 壬子 | 癸丑 | 艮寅 | 甲卯 | 乙辰 |
| 水星貪狼 | 艮寅 | 甲卯 | 乙辰 | 巽巳 | 丙午 | 丁未 | 坤申 | 庚酉 | 辛戌 | 乾亥 | 壬子 | 癸丑 |
| 紫氣巨門 | 庚酉 | 辛戌 | 乾亥 | 壬子 | 癸丑 | 艮寅 | 甲卯 | 乙辰 | 巽巳 | 丙午 | 丁未 | 坤申 |

○右支神乃曆數真太陽所到十二宮是也○如戊子年正月初二日立春太陽躔在子即以子支横推則太陽武曲在甲卯方向吉太陰在巽巳方向吉更合干坤同到此方向為十全大吉

○論福生要安日

正寅二申三起卯
四酉五辰六戌先
七巳八亥九起午
十子十一未上傳
十二月從俱逆起
却從丑上起回旋

假如正月從寅上起要安
順行十二宮餘倣此

要安吉 玉堂吉 金堂吉
左虎凶 罪至凶 敬心吉
普護吉 福生吉 受死凶
聖心吉 益後吉 續世吉

○右從要安數起逐 數
至續世遇者則吉也

○吉神總論

天德月德天德合月德合
天恩天瑞天福天赦月恩

○易見太陽出入星宿局

甲子壬子庚子戊午日
癸酉辛卯己酉
乙丑癸未辛丑己未日
甲戌壬辰庚戌
丙寅甲申壬寅庚申日
乙亥癸巳辛亥

| ○ | 冬至 | 立春 | 春分 | 立夏 | 夏至 | 立秋 | 秋分 | 立冬 |
| --- | --- | --- | --- | --- | --- | --- | --- | --- |
| 金星 | 坤 | 離 | 巽 | 中 | 艮 | 坎 | 乾 | 申 |
| 太陽 | 乾 | 巽 | 艮 | 離 | 巽 | 乾 | 坤 | 坎 |
| 太陰 | 兌 | 中 | 離 | 坎 | 震 | 中 | 坎 | 離 |
| 木星 | 離 | 兌 | 坤 | 震 | 坎 | 震 | 艮 | 兌 |

| ○ | 冬至 | 立春 | 春分 | 立夏 | 夏至 | 立秋 | 秋分 | 立冬 |
| --- | --- | --- | --- | --- | --- | --- | --- | --- |
| 金星 | 震 | 坎 | 中 | 乾 | 兌 | 離 | 中 | 巽 |
| 太陽 | 兌 | 中 | 離 | 坎 | 震 | 中 | 坎 | 離 |
| 太陰 | 艮 | 乾 | 坎 | 坤 | 坤 | 巽 | 離 | 艮 |
| 木星 | 坎 | 艮 | 震 | 巽 | 離 | 坤 | 兌 | 乾 |

| ○ | 冬至 | 立春 | 春分 | 立夏 | 夏至 | 立秋 | 秋分 | 立冬 |
| --- | --- | --- | --- | --- | --- | --- | --- | --- |
| 金星 | 巽 | 坤 | 乾 | 兌 | 乾 | 艮 | 巽 | 震 |
| 太陽 | 艮 | 乾 | 坎 | 坤 | 坤 | 巽 | 離 | 艮 |
| 太陰 | 離 | 兌 | 坤 | 震 | 坎 | 震 | 艮 | 兌 |
| 水星 | 坤 | 離 | 巽 | 中 | 艮 | 坎 | 乾 | 中 |

日吉併倉王宅金堂要爻
音護福生明星黃道上吉
次吉諸吉用之百事皆吉
○論天地拜後凶日
曆云蓋物極則友謂之棒
如春忌二月卯日
夏馬忌五月午日
秋鵄忌八月酉日
冬鼠忌十一月子日
如起造修營動土填塞地
并穿井御路築墻用其
日起土修造動土來主
見禍聞他禁災外不忌
○若且殺如春不旺見乙
卯乃連于旺謂之天棒
見辛卯乃旺連納音謂
之地轉要火旺見丙午
乃旺連于謂天轉見戊

丁卯乙酉癸卯 辛酉日
丙子甲午壬子
戊辰丙戌甲辰
丁丑乙未癸丑 壬戌日
己巳丁亥乙巳
戊寅丙申甲辰
庚午戊子丙午 日
己酉丁卯乙酉

| 金星 | 太陽 | 太陰 | 木星 | 金星 | 太陽 | 太陰 | 木星 | 金星 | 太陽 | 太陰 | 木星 | 金星 | 太陽 | 太陰 | 木星 |
|---|---|---|---|---|---|---|---|---|---|---|---|---|---|---|---|
| 中 | 離 | 坎 | 震 | 乾 | 坎 | 坤 | 巽 | 兌 | 坤 | 震 | 中 | 艮 | 震 | 巽 | 乾 |
| 震 | 兌 | 艮 | 坎 | 巽 | 艮 | 離 | 坤 | 中 | 離 | 坎 | 震 | 乾 | 坎 | 坤 | 巽 |
| 兌 | 坤 | 震 | 中 | 艮 | 震 | 巽 | 乾 | 離 | 巽 | 中 | 兌 | 坎 | 中 | 乾 | 艮 |
| 艮 | 震 | 巽 | 乾 | 離 | 巽 | 中 | 兌 | 坎 | 中 | 乾 | 艮 | 坤 | 乾 | 兌 | 離 |
| 中 | 坎 | 離 | 兌 | 巽 | 離 | 乾 | 艮 | 震 | 艮 | 兌 | 中 | 坤 | 兌 | 乾 | 巽 |
| 兌 | 震 | 坤 | 離 | 乾 | 坤 | 坎 | 艮 | 中 | 坎 | 離 | 兌 | 巽 | 離 | 艮 | 乾 |
| 震 | 艮 | 兌 | 中 | 兌 | 坤 | 乾 | 巽 | 坎 | 乾 | 中 | 震 | 離 | 中 | 巽 | 坤 |
| 中 | 兌 | 乾 | 巽 | 坎 | 乾 | 中 | 震 | 離 | 中 | 巽 | 坤 | 艮 | 巽 | 震 | 坎 |

午旺連納音謂之地轉
秋金旺見辛酉乃旺連
于謂之天轉見癸酉乃
旺連納音謂之地轉
冬水旺見壬子乃旺連
于謂之天轉見丙子乃
旺運納音謂之地轉也
月建同日最凶

今人但知春兔夏馬秋雞
冬鼠不知自有旺轉殺
日春癸卯金夏丙午水
秋丁酉火冬庚子土兼
月建同日則此四日最
凶蓋天地之間惟旺主
殺如無刑剋然戰未見
其凶所以為禍［illegible］及
魁其支之併丸若犯此
四日必主見災矣

辛未巳丑丁未日
庚辰戊戌丙辰
壬申庚寅戊申日
辛巳巳亥丁巳

| 金星 | 太陽 | 太陰 | 木星 | 金星 | 太陽 | 太陰 | 木星 |
|---|---|---|---|---|---|---|---|
| 離 | 巽 | 中 | 兌 | 坎 | 中 | 乾 | 艮 |
| 兌 | 坤 | 震 | 中 | 艮 | 震 | 巽 | 乾 |
| 坤 | 乾 | 兌 | 離 | 震 | 兌 | 艮 | 坎 |
| 震 | 兌 | 艮 | 坎 | 巽 | 艮 | 離 | 坤 |
| 坎 | 乾 | 中 | 震 | 離 | 中 | 巽 | 坤 |
| 震 | 坤 | 兌 | 中 | 坤 | 兌 | 乾 | 巽 |
| 艮 | 巽 | 震 | 坎 | 兌 | 震 | 坤 | 離 |
| 兌 | 震 | 坤 | 離 | 乾 | 坤 | 坎 | 艮 |

五龍擬煞帝星黃羅公年月吉星同局富星不載

| 年月日時 | 貴人寅勝 | | 五龍帷寄 | | 武庫禪壽 | | 五庫七宿 | |
|---|---|---|---|---|---|---|---|---|
| 子 | 丑 | 艮 | 辰 | 巽 | 未 | 申 | 戌 | 乾 |
| 丑 | 寅 | 甲 | 巳 | 丙 | 申 | 庚 | 亥 | 壬 |
| 寅 | 卯 | 乙 | 午 | 丁 | 酉 | 辛 | 子 | 癸 |
| 卯 | 辰 | 巽 | 未 | 申 | 戌 | 乾 | 丑 | 艮 |
| 辰 | 巳 | 丙 | 申 | 庚 | 亥 | 壬 | 寅 | 甲 |
| 巳 | 午 | 丁 | 酉 | 辛 | 子 | 癸 | 卯 | 乙 |
| 午 | 未 | 坤 | 戌 | 乾 | 丑 | 艮 | 辰 | 巽 |
| 未 | 申 | 庚 | 亥 | 壬 | 寅 | 甲 | 巳 | 丙 |
| 申 | 酉 | 辛 | 子 | 癸 | 卯 | 乙 | 午 | 丁 |
| 酉 | 戌 | 乾 | 丑 | 長 | 辰 | 巽 | 未 | 坤 |
| 戌 | 亥 | 壬 | 寅 | 甲 | 巳 | 丙 | 申 | 庚 |
| 亥 | 子 | 癸 | 卯 | 乙 | 午 | 丁 | 酉 | 辛 |

〇論四廢日

春以庚辛金为廢　夏以壬水力廢　秋以甲乙为廢　冬以丙火为廢

春庚者而申亦屬金夏壬者而子亦屬水秋甲者而寅亦屬木冬丙者而午亦属火謂之支干連見

遁■經云日廢者五行無氣之日福德不臨之辰百事皆忌用

陰陽備用云春庚辛夏壬癸秋甲乙冬丙丁为四廢之日乃五行完无福德不臨之辰諸曆皆忌修造用之或事不能了因值正四廢之月

《周望山人羅星吉年月總定局》

| 甲己年 | 戊癸陽爲月 | 紫炁 | 太陰 | 太陽 | 木星 | 金星 | 水星 |
|---|---|---|---|---|---|---|---|
| 辰 | 卯 | 癸丑 | 甲卯 | 乙辰 | 丁未 | 庚酉 | 辛戌 |
| 巳 | 辰 | 艮寅 | 乙辰 | 巽巳 | 坤申 | 辛戌 | 乾亥 |
| 午 | 巳 | 甲卯 | 巽巳 | 丙午 | 庚酉 | 乾亥 | 壬子 |
| 未 | 午 | 乙辰 | 丙午 | 丁未 | 辛戌 | 壬子 | 癸丑 |
| 申 | 未 | 巽巳 | 丁未 | 坤申 | 乾亥 | 癸丑 | 艮寅 |
| 酉 | 申 | 丙午 | 坤申 | 庚酉 | 壬子 | 艮寅 | 甲卯 |
| 戌 | 酉 | 丁未 | 庚酉 | 辛戌 | 癸丑 | 甲卯 | 乙辰 |
| 亥 | 戌 | 坤申 | 辛戌 | 乾亥 | 艮寅 | 乙辰 | 巽巳 |
| 子 | 亥 | 庚酉 | 乾亥 | 壬子 | 甲卯 | 巽巳 | 丙午 |
| 丑 | 子 | 辛戌 | 壬子 | 癸丑 | 乙辰 | 丙午 | 丁未 |
| 寅 | 丑 | 乾亥 | 癸丑 | 艮寅 | 巽巳 | 丁未 | 坤申 |
| 卯 | 寅 | 壬子 | 艮寅 | 甲卯 | 丙午 | 坤申 | 庚酉 |

| 乙庚年 | 丙辛爲月 | 紫炁 | 太陰 | 太陽 | 木星 | 金星 | 水星 |
|---|---|---|---|---|---|---|---|
| 辰 | 卯 | 乾亥 | 庚酉 | 坤申 | 巽巳 | 甲卯 | 艮寅 |
| 巳 | 辰 | 辛丙 | 坤申 | 丁未 | 乙辰 | 艮寅 | 癸丑 |
| 午 | 巳 | 庚酉 | 丁未 | 丙午 | 甲卯 | 癸丑 | 壬子 |
| 未 | 午 | 坤申 | 丙午 | 巽巳 | 艮寅 | 壬子 | 乾亥 |
| 申 | 未 | 丁未 | 巽巳 | 乙辰 | 癸丑 | 乾亥 | 辛戌 |
| 酉 | 申 | 丙午 | 乙辰 | 甲卯 | 壬子 | 辛戌 | 庚酉 |
| 戌 | 酉 | 巽巳 | 甲卯 | 艮寅 | 乾亥 | 庚酉 | 坤申 |
| 亥 | 戌 | 乙辰 | 艮寅 | 癸丑 | 辛戌 | 坤申 | 丁未 |
| 子 | 亥 | 甲卯 | 癸丑 | 壬子 | 庚酉 | 丁未 | 丙午 |
| 丑 | 子 | 艮寅 | 壬子 | 乾亥 | 坤申 | 丙午 | 巽巳 |
| 寅 | 丑 | 癸丑 | 乾亥 | 辛戌 | 丁未 | 巽巳 | 乙辰 |
| 卯 | 寅 | 壬子 | 辛戌 | 庚酉 | 丙午 | 乙辰 | 甲卯 |

詩曰
庚申辛酉春四廢
壬子癸亥夏時當
甲寅乙卯秋月值
丙午丁巳冬季防
尤當避也其日只宜置棺
木立生，貴如被土安
塟亦不忌餘事並忌單
為傍四廢皆是多則不忌

○論天地爭雄受死日
爭雄受死日在河皆斷絕
木特山用地平原成窟穴
出軍用此月不久遭亡戚
嫁娶用此月生離并死別
出行用此月遇虎并蛇龍
行船用此月波浪遭沉沒
經商用此月本利盡消折
每月有三日凶敗難盡說
世人若避此代代旺明月

○周望仙人羅睺星陽日定局

甲巳丁壬戊癸陽局

丁卯戊寅己丑壬辰癸巳甲寅
戊子 甲午 壬子 戊午
戊辰 己巳 壬寅 甲辰
癸酉 丁酉 己酉
丁卯 己卯 癸卯
甲戌 丁亥 己未
甲子 壬午
壬申癸未甲申戊戌己亥丁未庚寅壬戌癸亥

○右定局不問是何月但看
是陽局假如月期是丁丑
是太陽遂月首看又如初

|  | | | | | | | | |
|---|---|---|---|---|---|---|---|---|
| 初一 初十 十九 廿八 | 羅 | 金 | 陽 | 火 | 水 | 陰 | 木 | 計 |
| 初二 十一 二十 廿九 | 金 | 陽 | 火 | 水 | 陰 | 木 | 計 | 土 |
| 初三 十二 廿一 三十 | 陽 | 火 | 水 | 陰 | 木 | 計 | 土 | 羅 |
| 初四 十三 廿二 | 火 | 水 | 陰 | 木 | 計 | 土 | 羅 | 金 |
| 初五 十四 廿三 | 水 | 陰 | 木 | 計 | 土 | 羅 | 金 | 陽 |
| 初六 十五 廿四 | 陰 | 木 | 計 | 土 | 羅 | 金 | 陽 | 火 |
| 初七 十六 廿五 | 火 | 計 | 土 | 羅 | 金 | 陽 | 火 | 水 |
| 初八 十七 廿六 | 計 | 土 | 羅 | 金 | 陽 | 火 | 水 | 陰 |
| 初九 十八 廿七 | 土 | 羅 | 金 | 陽 | 火 | 水 | 陰 | 木 |

月朔初一日日辰是甲巳丁壬戊癸便
則初二便是羅星初二仙是金星初三
一月辰是丁卯則初一見是人星初二是

口論天賊日例

孤滿仲破季逢開
春忌秋冬白共栽
熒入白分賊不至
反此必主賊入求

且此月若脩造動土豎柱上梁求財出行定招賊盜若值天狗不食時再合奇門熒入太白方能守護其餘不准

口論地賊日例

地賊星辰不自出
正七逢開二八收
三九逢危四十執
五十一月向平求
六十二月逢閉位
犯着之時事不周
監造綽窩皆宜忌

太陰星初三水星節々救去遇太陰金星太陰水星木星爲吉羅計火土星爲凶

口周望仙人羅星明月定局

# 乙庚丙辛陰局

庚寅　丙辰

丙子
辛未

庚午　庚子　丙午
乙未　丙戌　丙申　庚戌　辛亥　庚申

辛卯　乙卯
乙酉　辛酉
乙丑　丙寅　庚辰　辛巳　辛丑　乙巳

| 初一至初九 | 初十至十八 | 十九至廿七 | 廿八至三十 | | | | | | | | |
|---|---|---|---|---|---|---|---|---|---|---|---|
| 初一 | 初十 | 十九 | 廿八 | 羅 | 金 | 計 | 木 | 陰 | 水 | 火 | 陽 |
| 初二 | 十一 | 二十 | 廿九 | 土 | 羅 | 木 | 陰 | 水 | 火 | 陽 | 金 |
| 初三 | 十二 | 廿一 | 三十 | 計 | 土 | 陰 | 水 | 火 | 陽 | 金 | 羅 |
| 初四 | 十三 | 廿二 | | 木 | 計 | 水 | 火 | 陽 | 金 | 羅 | 土 |
| 初五 | 十四 | 廿三 | | 陰 | 木 | 火 | 陽 | 金 | 羅 | 土 | 計 |
| 初六 | 十五 | 廿四 | | 水 | 陰 | 陽 | 金 | 羅 | 土 | 計 | 木 |
| 初七 | 十六 | 廿五 | | 星 | 水 | 金 | 羅 | 土 | 計 | 木 | 陰 |
| 初八 | 十七 | 廿六 | | 陽 | 火 | 羅 | 土 | 計 | 木 | 陰 | 水 |
| 初九 | 十八 | 廿七 | | 金 | 陽 | 土 | 計 | 木 | 陰 | 水 | 火 |

口右朔日定局如初一朔日辰是寅寅初一羅星初二土星餘倣此

種稍逢之種不留

按地賊自此詩破之不錯原正七逢閉六十二逢除正月從五逆行非是也○今改正七進開之例則子午各占三個月而丑寅未出俱無犯此何放明無差是也

○論滅沒日

辨辰遇角望凡求　弦日逢虛晦遇婁　虛晦鬼牛為滅沒　造葬經營百事休　○其日乃天地滅絕之日凡上官赴行起造入宅婚姻百事忌用乃虛為滅叉盈為沒皆非天地之全気故凡事不可用也

○周望仙八羅星時家定局

| 時 | 子 | 丑 | 寅 | 卯 | 辰 | 巳 | 午 | 未 | 申 | 酉 | 戌 | 亥 |
|---|---|---|---|---|---|---|---|---|---|---|---|---|
| 甲己日 | 水 | 陰 | 木 | 計 | 土 | 羅 | 金 | 陽 | 火 | 水 | 陰 | 木 |
| 丁壬日 | 火 | 水 | 陰 | 木 | 計 | 土 | 羅 | 金 | 陽 | 火 | 水 | 陰 |
| 戊癸日 | 土 | 羅 | 金 | 陽 | 火 | 水 | 陰 | 木 | 計 | 土 | 羅 | 金 |
| 乙日 | 陽 | 金 | 羅 | 土 | 計 | 木 | 陰 | 水 | 火 | 陽 | 金 | 羅 |
| 庚日 | 金 | 羅 | 土 | 計 | 木 | 陰 | 火 | 水 | 陽 | 金 | 羅 | 土 |
| 辛丙日 | 木 | 陰 | 水 | 火 | 陽 | 金 | 羅 | 土 | 計 | 木 | 陰 | 水 |

○紫微鑾駕帝星年干吉

甲己丁壬戊癸陽干年月日時定局

| 山方 | 壬子癸丑艮寅甲卯乙辰巽巳 | 丙午丁未坤申庚酉辛戌乾亥 |
|---|---|---|
| 星 | 紫微炎惑太乙宝台遊都奕遊 | 天乙天煞榮光朗耀向煞里煞 |

乙庚辛丙陰干年月日時定局

| 山方 | 壬亥乾戌辛酉庚申坤未丁午 | 丙巳巽辰乙卯甲寅艮丑癸子 |
|---|---|---|
| 星 | 紫微熒惑太子王台遊都奕遊 | 天乙天煞熒光朗耀向煞里煞 |

○若帝星局合得紫微太乙[illegible]吉天乙榮光朗耀到山方吉餘凶

永定二十四山年月大利配合山頭墓曰凶

假如壬子山屬水則山宜用申子辰寅午戌年月日時合格不宜犯明殺則指男子大婚綵三先課子午卯酉更兼辰戌丑未同論如有四年生子午卯酉寅申巳亥見孫此之謂也

其子山又宜明年以進三殺取明年月五時以補氣無害

如正月中吉合馬在寅正月頭泄氣那無明殺喜有馬扶為吉　二月犯明殺又泄氣陷長子

# 三元年方白定局

山向修方八七但三白九紫並吉利

| 上元年 | 中元年 | 下元年 |
|---|---|---|
| 一白 | 四綠 | 七赤 |
| 二黑 | 五黃 | 八白 |
| 三碧 | 六白 | 九紫 |
| 四綠 | 七赤 | 一白 |
| 五黃 | 八白 | 二黑 |
| 六白 | 九紫 | 三碧 |
| 七赤 | 一白 | 四綠 |
| 八白 | 二黑 | 五黃 |
| 九紫 | 三碧 | 六白 |

甲子乙丑丙寅
癸酉甲戌乙亥
壬午癸未甲申
辛卯壬辰癸巳
庚子辛丑壬寅
己酉庚戌辛亥
戊午己未庚申

中乾兌
乾兌艮
兌艮離
艮離坎
離坎坤
坎坤震
坤震巽
震巽中
巽中乾

丁卯戊辰己巳庚午辛未壬申
丙子丁丑戊寅己卯庚辰辛巳
乙酉丙戌丁亥戊子己丑庚寅
甲午乙未丙申丁酉戊戌己亥
癸卯甲辰乙巳丙午丁未戊申
壬子癸丑甲寅乙卯丙辰丁巳
辛酉壬戌癸亥每一卦占三山

艮離坎坤震巽
離坎坤震巽中
坎坤震巽中乾
坤震巽中乾兌
震巽中乾兌艮
巽中乾兌艮離
中乾兌艮離坎
乾兌艮離坎坤
兌艮離坎坤震

三月庫在辰故半吉
四月火旺水死五月同
六月上旺剋制
七月金旺水利三冬水
旺皆吉餘山依此推
開列于後以便推究
卯山酉向　年宜子丑卯
辰巳未申酉亥年大利
陰府太歲忌丁壬二干
辛山乙向　年宜子寅辰
午申戌年大利餘凶
陰府太歲忌丙辛二干
山用明年明月日時吉
正月半吉　二月泄氣
損長子凶　三月半吉
四月殺家長宅母凶
五月損小口退敗凶
六月猶明人

## 三元月白山向脩方定局

| 寅申巳亥年 | 子午卯酉年 | 辰戌丑未年 | 一白○ | 二黑● | 三碧● | 四綠● | 五黃● | 六白○ | 七赤● | 八白○ | 九紫○ |
|---|---|---|---|---|---|---|---|---|---|---|---|
| 四 | 十 | 七 | 兌 | 艮 | 離 | 坎 | 坤 | 震 | 巽 | 中 | 乾 |
| 五 | 十一 | 八 | 艮 | 離 | 坎 | 坤 | 震 | 巽 | 中 | 乾 | 兌 |
| 六 | 十二 | 九 | 離 | 坎 | 坤 | 震 | 巽 | 中 | 乾 | 兌 | 艮 |
| 七 | 四 | 十 | 坎 | 坤 | 震 | 巽 | 中 | 乾 | 兌 | 艮 | 坎 |
| 八 | 五 | 十一 | 坤 | 震 | 巽 | 中 | 乾 | 兌 | 艮 | 離 | 坎 |
| 九 | 六 | 十二 | 震 | 巽 | 中 | 乾 | 兌 | 艮 | 離 | 坎 | 坤 |
| 十 | 七 | 四 | 巽 | 中 | 乾 | 兌 | 艮 | 離 | 坎 | 坤 | 震 |
| 十一 | 八 | 五 | 中 | 乾 | 兌 | 艮 | 離 | 坎 | 坤 | 震 | 巽 |
| 十二 | 九 | 六 | 乾 | 兌 | 艮 | 離 | 坎 | 坤 | 震 | 巽 | 中 |

○右三元年月紫白法凡開山立向脩方年月雖得紫白力吉亦須所到之宮有氣則福重無氣則力輕又當避其八煞暗建受剋惡交劍開午等殺所謂日中有殺少人知今具定局于後用者詳焉

○三元日方白法定局

七月大吉進日 八月
巳而財入口 九月牛
吉 十月牛吉王山吉
十一月封官賊 十二
月牛吉進牛羊
四柱巳土力天星開口
黑地曜斬人
田次吉進田 乙損陰
人王山次吉 丙合王
山進午 甲子山凶
丁午吉 戊大吉 巳
犯天星殺人 庚封吉
戢 辛損田牛奴婢
壬進田牛王山凶
癸小吉進人口猪羊
甲子辰三合正局殘縮
寅午戌三合財局封官
巳酉丑王合犯催殺凶

冬至 雨水 谷雨 夏至 處暑 霜降
甲子乙丑丙寅丁卯戊辰己巳庚午辛未壬申
小寒 驚蟄 立夏 小暑 白露 立冬
癸酉甲戌乙亥丙子丁丑戊寅己卯庚辰辛巳
大寒 春分 小滿 大暑 秋分 小雪
壬午癸未甲申乙酉丙戌丁亥戊子己丑庚寅
立春 清明 芒種 立秋 寒露 大雪
辛卯壬辰癸巳甲午乙未丙申丁酉戊戌己亥
庚子辛丑壬寅癸卯甲辰乙巳丙午丁未戊申
己酉庚戌辛亥壬子癸丑甲寅乙卯丙辰丁巳
戊午己未庚申辛酉壬戌癸亥

白赤綠紫碧白 中巽震坤坎離艮兌乾
黑白黃白黑黃 乾中巽震坤坎離艮兌
碧紫白赤白綠 兌乾中巽震坤坎離艮
綠白赤白紫碧 艮兌乾中巽震坤坎離
黃黑白黃白黑 離艮兌乾中巽震坤坎
白碧紫綠赤白 坎離艮兌乾中巽震坤
赤綠白碧白紫 坤坎離艮兌乾中巽震
白黃黑黑黃白 震坤坎離艮兌乾中巽
紫白碧白綠赤 巽震坤坎離艮兌乾中

亥卯未三合地氣換八丁一氣干支暗拼貴格吉祿暗三合不可犯陰殺

癸山丁向　年宜于丑卯巳未酉亥年大利餘凶陰府太歲冬忌丙辛二字

亥山巳向二正宜丑卯巳未酉亥年大利餘凶陰府太歲忌戊癸二干

癸山周年年月合祿吉

正月泄氣損宅長　二月變木運半吉進財　三月凶　四月變火運半吉　五月殺陰入小口　六月變土運進羊　七月犯陽殺犯八月大吉進田　九月地曜殺八　十月大吉封官

| [illegible] | 白 | 黑 | 碧 | 綠 | 黃 | 白 | 赤 | 白 | 紫 |
|---|---|---|---|---|---|---|---|---|---|
| [illegible] | 紫 | 白 | 赤 | 白 | 黃 | 綠 | 碧 | 黑 | 白 |

○三元時白方定局

子午卯酉　酉戌亥卯辰巳午未申

寅申巳亥　午未申酉戌亥卯辰巳

辰戌丑未　卯辰巳午未申酉戌亥

| 中 | 乾 | 兌 | 艮 | 離 | 坎 | 坤 | 震 | 巽 |
|---|---|---|---|---|---|---|---|---|
| 巽 | 中 | 乾 | 兌 | 艮 | 離 | 坎 | 坤 | 震 |
| 震 | 巽 | 中 | 乾 | 兌 | 艮 | 離 | 坎 | 坤 |
| 坤 | 震 | 巽 | 中 | 乾 | 兌 | 艮 | 離 | 坎 |
| 坎 | 坤 | 震 | 巽 | 中 | 乾 | 兌 | 艮 | 離 |
| 離 | 坎 | 坤 | 震 | 巽 | 中 | 乾 | 兌 | 艮 |
| 艮 | 離 | 坎 | 坤 | 震 | 巽 | 中 | 乾 | 兌 |
| 兌 | 艮 | 離 | 坎 | 坤 | 震 | 巽 | 中 | 乾 |
| 乾 | 兌 | 艮 | 離 | 坎 | 坤 | 震 | 巽 | 中 |

○右諸曆書云三白汝方則大吉當是也緣備方遇之不避帝車太歲大小耗官符及作主本命[illegible]不能為害[illegible]凡旺大殺月建方不得動土凶不能[illegible]起造必先得紫白不其方大

十一月半　古十二月
進田半地午羊
四柱巳亥为天星開口
辰戌傷地曜斬人
申得下于合亥山半吉
一变金火運進田地
丙犯陽殺換人丁
丁封官　戊天星癸山
半吉　巳天星開申
辰谷癸山半吉　辛合
亥山進財癸山凶
壬進田地生貴子
癸合癸山進相地生平
甲子辰合巳陽殺凶
巳酉丑合生局封官
寅午戌合殺嘆人小口
亥卯未合变金木運大吉
亥卯未合变水土運大凶

白中凶殺定局　九紫一白二黑三碧四绿五黄六白仁赤八白
入墓年月　卯大建殺　戌　辰　辰　未　未　辰　丑　丑　辰
暗建殺　巽奪君位　離　坎　坤　震　巽　中　乾　兑　艮
受尅殺　客强主弱　坎　卯坤　震巽　乾兑　震巽　離　離　震　巽
宮巳殺　客相对坤　坎　離　艮　兑　乾　巽　震　坤
亥劍殺　金同位　兑乾
國午殺　震巽　震巽震巽震巽
自寅狼居坎屬水申酉戌亥子年为有氣　逢辰年月为入墓凶
入中宮不作坎暗建煞　白在中官不作中官受尅殺
六白武曲居乾屬金巳午未申酉年为有炁　逢丑年月为入墓凶
入中言不作乾暗建殺　六白在離不作正南受尅殺
八白左輔居艮屬土申酉戌亥子年为有氣　逢辰年月为入墓凶
入中宮不作艮暗建殺　八白在震不作正東受尅殺
九紫右弼居離屬火寅卯艮巳午年为有氣逢戌年月为入墓　凶
入中宮不作離暗建殺　九紫在坎不作正北受尅殺
金與金同位为交刼殺　金土與木同位为開午殺

丑山未向　一年宜丑卯巳
未辰酉戌亥年大利
陰府太歲忌乙庚二干
未山丑向　年宜辰巳未
酉戌亥年天利
陰府大奴忌戊癸二干
辰戌午六利合局吉
正月殺宅母奴婢
二月半吉　三月次吉
四月大吉進田　五月
半吉　六月大吉進牛羊
七月退田地宅場
八月變金水運吉
九月半吉　十月大吉
十一月半吉　十二月大發
富生寅子進財
柱甲木為天星開口
字為地擺斬入

# 三元六十年水定局

〇天汗擇運尊帝二星定局尊星即太乙帝星即天乙

三元起例詩訣
上元甲子乾宮起　中元甲子坎宮推
下元甲子起乾取　不入中宮尋歲支
太歲到處尊星是　歲君劉處帝星居
順飛八宮遊掌止　到山方向任施為

上元
下元

尊星
帝星
王印
玉清

甲子　乙丑　丙寅　丁卯　戊辰　己巳　庚午　辛未
壬申　癸酉　甲戌　乙亥　丙子　丁丑　戊寅　己卯
庚辰　辛巳　壬午　癸未　甲申　乙酉　丙戌　丁亥
戊子　己丑　庚寅　辛卯　壬辰　癸巳　甲午　乙未
丙申　丁酉　戊戌　癸亥　庚子　辛丑　壬寅　癸卯
甲辰　乙巳　丙午　丁未　戊申　己酉　庚戌　辛亥
壬子　癸丑　甲寅　乙卯　丙辰　丁巳　戊午　己未
庚申　辛酉　壬戌　癸亥

乾　兌　艮　離　坎　坤　震　巽
巽　震　坤　坎　離　艮　兌　乾
艮　坎　巽　兌　震　乾　離　坤
坤　離　乾　震　兌　巽　坎　艮

甲遇丁合未山半吉
乙合未山半吉丑山凶
丙半吉　丁封官吉
戊半吉　巳進田地
庚殺男子　辛變金火
運大吉　壬半吉
癸合丑山進田地未山凶
申子辰合犯明殺損人口
巳丑暗合變金運方申酉
字吉　寅午戌合退凶
亥未暗合吉另變木運方
用卯字吉
辰戌丑未正局大吉次
巳午吉餘凶
艮坤向　年宜子寅卯
申戌年大利
陰府太歲忌甲巳三干
戌辰向　年宜子丑寅

坎坤震巽乾兌艮離
離艮兌乾巽坤坎離
震乾離坤艮巽兌坎
兌巽坎艮坤離乾震

# 中元

## 甲巳　丙辛　戊癸　陽年

月家尊帝星陽年定局

| 月吉 | 正 | 二 | 三 | 四 | 五 | 六 | 七 | 八 | 九 | 十 | 十一 | 十二 |
|---|---|---|---|---|---|---|---|---|---|---|---|---|
| 尊星 | 艮 | 離 | 坎 | 坤 | 震 | 巽 | 乾 | 兌 | 艮 | 離 | 坎 | 坤 |
| 帝星 | 坤 | 坎 | 離 | 艮 | 兌 | 乾 | 巽 | 震 | 坤 | 坎 | 離 | 艮 |
| 玉印 | 巽 | 兌 | 震 | 乾 | 離 | 坤 | 艮 | 坎 | 巽 | 兌 | 震 | 乾 |
| 玉清 | 乾 | 震 | 兌 | 巽 | 坎 | 艮 | 坤 | 離 | 乾 | 震 | 兌 | 巽 |

## 乙庚　丁壬　陰年定局

月家尊帝星陰年定局

| 月吉 | 正 | 二 | 三 | 四 | 五 | 六 | 七 | 八 | 九 | 十 | 十一 | 十二 |
|---|---|---|---|---|---|---|---|---|---|---|---|---|
| 尊帝 | 震 | 巽 | 乾 | 兌 | 艮 | 離 | 坎 | 坤 | 震 | 巽 | 乾 | 兌 |
| 帝星 | 兌 | 乾 | 巽 | 震 | 坤 | 坎 | 離 | 艮 | 兌 | 乾 | 巽 | 震 |
| 玉印 | 離 | 坤 | 艮 | 坎 | 巽 | 兌 | 震 | 乾 | 離 | 坤 | 艮 | 坎 |
| 玉清 | 坎 | 艮 | 坤 | 離 | 乾 | 震 | 兌 | 巽 | 坎 | 艮 | 坤 | 離 |

寅午戌年吉利
明府太歲忌丁壬三子
坤艮向 年宜寅艮子
申戌年利
明府大歲忌丙辛二子
辰戌向 年宜子丑巽
辰午申未戌年大利
明府大歲忌丙辛二子
正月安吉進牛羊
二月損小口奴婢
三月大吉進用 四月
生吉 五月大吉
六月坎吉 七月鑾
運大吉 八月不吉
九月進田地十月小吉
十一月進田地中楊封官
十二月坎吉進人口牛羊
雞乙功登壽開巳卯為無曜斬人

〇天何轉運日家陽遁定局
尊星比斗內尊星
腰金衮紫做朝臣
遇着名揚四海
日面星辰盡拱揖
帝星位列比辰郎
金階殿前在盤旋
遇者名標龍虎榜
至尊至貴不須言

冬至後日家用尊帝二星定局

陽遁局

尊星
帝星
玉印
玉清

甲子 乙丑 丙寅 丁卯 戊辰 己巳 庚午 辛未
壬申 癸酉 甲戌 乙亥 丙子 丁丑 戊寅 己卯
庚辰 辛巳 壬午 癸未 甲申 乙酉 丙戌 丁亥
戊子 己丑 庚寅 辛卯 壬辰 癸巳 甲午 乙未
丙申 丁酉 戊戌 己亥 庚子 辛丑 壬寅 癸卯
甲辰 乙巳 丙午 丁未 戊申 己酉 庚戌 辛亥
壬子 癸丑 甲寅 乙卯 丙辰 丁巳 戊午 己未
庚申 辛酉 壬戌 癸亥

乾 兌 艮 離 坎 坤 震 巽
巽 震 坤 坎 離 艮 兌 乾
艮 坎 巽 兌 震 乾 離 坤
坤 離 乾 震 兌 巽 坎 艮

甲變大運生貴子進田
辛艮山凶 乙殺家長
坤山半吉 丙封官坤
艮二山凶 丁損男子
小口 戊進田地吉
己午吉艮山凶 庚發
水火運封官 辛退敗
壬進田地癸犯明殺凶
甲子辰合財局封官
巳酉丑合退敗
寅午戌合助局大旺
辰戌丑未正局大吉
亥卯未合傷明人小口
寅申向 年宜子辰寅
午申戌年大利
陰府忌丁壬二干
龍辛同 年宜子寅辰
午申戌年大利

夏至後日家用尊帝二星定局

○尊帝二星日
○玉印之星位列東
子々孫々綿秀
輔佐朝廷安社稷

○玉清之位列西方
丁多財廣壽無疆

陰遁局

尊星 帝星 玉印 玉清

家陰遁定局

世人若遇恩封 名揚都邑田財旺
遇者馳名輪鼎場

甲子乙丑丙寅丁卯戊辰己巳庚午辛未
壬申癸酉甲戌乙亥丙子丁丑戊寅己卯
庚辰辛巳壬午癸未甲申乙酉丙戌丁亥
戊子己丑庚寅辛卯壬辰癸巳甲午乙未
丙申丁酉戊戌己亥庚子辛丑壬寅癸卯
甲辰乙巳丙午丁未戊申己酉庚戌辛亥
壬子癸丑甲寅乙卯丙辰丁巳戊午己未
庚申辛酉壬戌癸亥

坎 坤 震 巽 乾 兌 艮 離
離 艮 兌 乾 巽 震 坤 坎
震 乾 離 坤 艮 坎 巽 兌
兌 巽 坎 艮 坤 離 乾 震

陰府太歲忌丙辛二十
正月旺人丁　三月半
吉　三月進甲地金銀
四月泄氣傷長子
五月變水火土運吉
六月凶　七月變金水
木運吉　八月犯地曜
殺小口　九月半吉
十月小吉十一月大吉進
金銀　十二月半吉
四柱辛為天星開口
酉為地曜斬人凶
甲大主劉官　乙半吉
丙變火運大吉乙山凶
丁損小口　戊進田地
己傷人合退月　庚變
金水運大吉　辛犯天
星開口　壬合乙山進

甲己丙辛戊癸日局

時家陽局

| 時 | 尊星 | 帝星 | 王印 | 王清 |
|---|---|---|---|---|
| 子申 | 乾 | 巽 | 艮 | 坤 |
| 丑酉 | 兌 | 震 | 坎 | 離 |
| 寅戌 | 艮 | 坤 | 巽 | 乾 |
| 卯亥 | 離 | 坎 | 兌 | 震 |
| 辰 | 坎 | 離 | 震 | 兌 |
| 巳 | 坤 | 艮 | 乾 | 巽 |
| 午 | 震 | 兌 | 離 | 坎 |
| 未 | 巽 | 乾 | 坤 | 艮 |

乙庚丁壬日局

時家陰局

| 時 | 尊星 | 帝星 | 玉印 | 玉清 |
|---|---|---|---|---|
| 子申 | 坎 | 離 | 震 | 兌 |
| 丑酉 | 坤 | 艮 | 乾 | 巽 |
| 寅戌 | 震 | 兌 | 離 | 坎 |
| 卯亥 | 巽 | 乾 | 坤 | 艮 |
| 辰 | 乾 | 巽 | 艮 | 坤 |
| 巳 | 兌 | 震 | 坎 | 離 |
| 午 | 艮 | 坤 | 巽 | 乾 |
| 未 | 離 | 坎 | 兌 | 震 |

○天督星立成　督星為帝星之灼星合帝星而又合星同到則大富貴

壬子癸山合得戊字年月日吉　丑艮寅山合得丙字天干吉

甲卯乙山合得庚字年月日吉　辰巽巳山合得辛字年月日吉

丙午丁山合得巳字天干月時吉　未坤申山合得乙字年月日時吉

庚酉辛山合得丁字天干年月吉　戌乾亥山合得用字天干吉

○假如壬子癸三山造葬課用于戊字年月日時即是督星圓也

損財家山凶發他明殺凶
申子辰合生旺局封殺
寅午戌暗合大吉庚火進
方用午字　巳酉合地
暗動入凶　亥卯未合
犯明殺　合格不可犯
明殺凶
丙山庚向　年宜子寅辰
午申戌亥年利
明府太歲忌乙庚二干
卯山酉向　年宜丑卯巳
未酉亥年利
明府太歲忌戊癸二干
巽山乾向　年宜子丑寅
卯巳未酉亥年利
明府太歲忌甲巳二干
正月亥吉　二月封殺
生寅子　三月半吉

## ○金精鰲極　謂配卦取義以明生尅吉凶

定穴爻乾坤艮巽天穴清　子午卯酉天穴濁　寅申巳亥人穴清
位清濁辰戌丑未人穴濁　甲庚丙壬地穴清　乙辛丁癸地穴濁
○乾坤艮巽天穴清水定在第六爻子午卯酉天穴濁額定在第五
爻寅申巳亥人穴清額定在四爻辰戌丑未人穴濁額定在三爻
甲庚壬丙地穴清水定在二爻乙辛丁癸地穴濁水定在初爻
○其法每從太歲支爻起一甲如子年作戌山辰向就在乾局二
爻起一甲初爻二辛六爻三丙五爻四乙四爻五庚三爻六丁值
四乙五庚六丁者大吉也餘倣此凡遇一甲二辛三丙者為後天
散氣俱凶四巳五庚六丁者為先天盈氣俱吉

○金精主山定局

### 二十四山爻穴定位

| 爻 | 穴 | 山 | 位 |
| --- | --- | --- | --- |
| 六爻 | 天穴清 | 乾坤 | 艮巽 |
| 五爻 | 天穴濁 | 子午 | 卯酉 |
| 四爻 | 人穴清 | 寅申 | 巳亥 |
| 三爻 | 人穴濁 | 辰戌 | 丑未 |
| 二爻 | 地穴清 | 甲庚 | 丙壬 |
| 一爻 | 地穴濁 | 乙辛 | 丁癸 |

四月変火逆吉巽内進
牛羊　五月煞宅毋奴
婢　六月次吉　七月
煞小口　八月犯地曜
巽山半吉　九月犯明煞
十月福禄至　十一月半
吉　十二月進人口金銀
四 絓庚为天罡開口
申为地曜斬人
甲次吉進田巽山凶
乙合卯山進田甲山凶
丙泄氣損男子退牛羊
丁大吉進牛　田戊退敗
巳進田地　巽山凶
庚煞小口巽山半吉
辛変金火逆進金銀
壬半吉　癸合甲巽吉
卯山凶

奎爻穴炁　奎爻穴炁　奎爻穴炁　奎爻穴炁

○子午年巳亥年辰戌年卯酉年寅申年丑未年
戊子水戊戌土戊申金戊午火戊辰土戊寅水
天穴清天穴濁人穴清人穴濁地穴清地穴濁
玄天炁鑛天炁素天炁赤天炁鑛天炁蒼天炁
○寅申年丑未年子午年巳亥年辰戌年卯酉年
丙寅木丙子水丙戌土丙申金丙午火丙辰土
天穴情天穴濁人穴清人穴濁地穴清地穴濁
蒼天炁玄天炁鑛天炁素天炁赤天炁鑛天炁
○辰戌年卯酉年寅申年丑未年子午年巳亥年
庚戌土庚申金庚午火庚辰土庚寅木庚子水
天穴清天穴濁人穴清人穴濁地穴清地穴濁
鑛天炁素天炁赤天炁鑛天炁蒼天炁玄天炁
○卯酉年寅申年丑未年子午年巳亥年辰戌年
辛卯木辛巳火辛未土辛酉金辛亥水辛丑土
天穴清天穴濁人穴清人穴濁地穴清地穴濁
蒼天炁赤天炁鑛天炁素天炁玄天炁鑛天炁

申子辰合犯刑殺凶
巳酉丑合凶星共山半吉
酉字宜暗合
寅午戌合泄氣損人口
亥卯未合正局封發吉
巳亥向
丙癸向年宜丑未卯巳未
酉午年大利
明庚同忌乙庚二干
正月犯明殺凶
二月進甲地山場
三月傷人口退牛羊
四月封官　五月半吉
六月吉　七月退敗
八月變金逆吉
九月凶損小口
十月變水逆次吉
十一月發家長長子

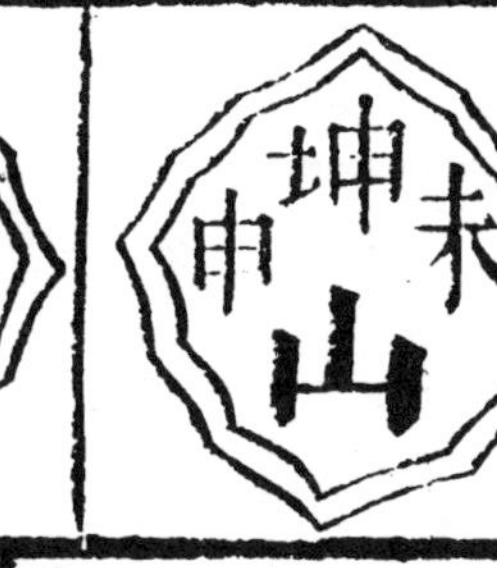


庚
酉
辛
山

戌
乾
亥
山

太歲　爻　穴　炁　太歲　爻　穴　炁　太歲　爻　穴　炁　太歲　爻　穴　炁

〇巳亥年辰戌年卯酉年寅申年丑未年子午年
巳巳火巳未土巳酉金巳亥水巳丑土巳卯木
天穴清天穴濁人穴清人穴濁地穴清地穴濁
赤天炁鑛天炁素天炁玄天炁鑛天炁蒼天炁
〇卯酉年寅申年丑未年子午年巳亥年辰戌年
癸酉金癸亥水癸丑土乙卯木乙巳火乙未土
天穴清天穴濁人穴清人穴濁地穴清地穴濁
素天炁玄天炁鑛天炁蒼天炁赤天炁鑛天炁
〇丑未年子午年巳亥年辰戌年卯酉年寅申年
丁未土丁酉金丁亥水丁丑土丁卯木丁巳火
天穴清天穴濁人穴清人穴濁地穴清地穴濁
鑛天炁素天炁玄天炁鑛天炁蒼天炁赤天炁
〇辰戌年卯酉年寅申年丑未年子午年巳亥年
壬戌土壬申金壬午火甲辰土甲寅木甲子水
天穴清天穴濁人穴清人穴濁地穴清地穴濁
鑛天炁素天炁赤天炁鑛天炁蒼天炁玄天炁

十二月半吉
罡壬為天罡開口
子水地曜斬人凶
甲合丁壬吉　乙殺三
人　丙半吉　丁封官
戊退敗　巳變金運吉
庚退奴婢　辛封贈及
賤生貴子　壬天罡開
口殺人　癸變木運吉
申子辰合犯地曜斬人
巳酉丑合財祿興旺
亥卯未暗合封官明合
卯字癸福生貴子
寅午戌合凶　四丁
四乙　四巳　四巳
四水　四丑　合局吉
酉壬向　年宜丑寅巳
午未酉亥年利

## （日精到穴定局月）

| 太歲 | 一甲 | 二辛 | 三丙 | 四乙 | 五庚 | 六丁 | 金精 |
| --- | --- | --- | --- | --- | --- | --- | --- |
| | 暗凶 | 暗凶 | 暗凶 | 明吉 | 明吉 | 明吉 | |

子午年

一子午年　二丑未年　三寅申年　四卯酉年　五辰戌年　六巳亥年
寅甲辰癸巳丙辛亥　卯巽
丁未酉申戌　壬艮　坤庚　午乾子丑乙
寅甲辰癸巳丙辛亥　卯巽
子丑乙　丁未酉申戌　壬艮　坤庚　午乾
寅甲辰癸巳丙辛亥　卯巽
午乾子丑乙　丁未酉申戌　壬艮　坤庚
卯巽　午乾子丑乙　寅甲辰癸巳丙辛亥
坤庚　丁未酉申戌　壬艮
辛亥　卯巽　午乾子丑乙　寅甲辰癸巳丙
壬艮　坤庚　丁未酉申戌
癸巳丙辛亥　卯巽　寅甲辰
申戌　壬艮　坤庚　午乾子丑乙　丁未酉
一甲　六丁　五庚　四乙　三丙　二辛
寅甲辰癸巳丙辛亥　卯巽
丁未酉申戌　壬艮　坤庚　午乾子丑乙

明府太歲忌申巳三壬
午山丁向　年宜于寅艮
午申戌年大利
明府太歲忌丁壬三干
正月進田地　二月殺
明人　三月半吉
四月半吉　五月封官
六月退敗　七月変金
運吉　八月大凶
九月終吉　十月殺宅
研小口　十一月変水運
吹吉　十二月退敗
四柱癸水為天星開口
亥未為地曜斬入
申合午丑進田丙山向
乙殺宅長々子　丙封
官　丁半吉午山凶
戊変　造吉一　巳退敗

## 華蓋金精圖定局

丑未年
寅申年
卯酉年
辰戌年
巳亥年

初一日至初五日
初六日至初十日
十一日至十五日
十六日至二十日
廿一日至廿五日
廿六日至三十日

癸巳丙棻亥　卯巽　午乾子丑乙寅甲辰
申戌　壬艮　坤庚　丁未酉
辛亥　卯巽　午乾子丑乙寅甲辰癸巳丙
壬艮　坤庚　丁未酉申戌
卯巽　午乾子丑乙寅甲辰癸巳丙辛亥
坤庚　丁未酉申戌、　壬艮
午乾子丑乙寅甲辰癸巳丙辛亥　卯巽
丁未酉申戌　壬艮　坤庚
子丑乙寅甲辰癸巳丙辛亥　卯巽　午乾
丁未酉申戌　壬艮　坤庚

○五庚○六丁●一甲●二辛●三丙○四乙
○六丁●一甲●二辛●三丙○四乙○五庚
●一甲●二辛●三丙○四乙○五庚○六丁
●二辛●三丙○四乙○五庚○六丁●一甲
●三丙○四乙○五庚○六丁●一甲●二辛
○四乙○五庚○六丁●一甲●二辛●三丙

庚進田地　辛合丙山
吉　壬丙　癸犯天星
申子辰合犯地曜斬今
巳酉丑合傷小口
寅午戌合正向封官生
貴子　亥卯未合退敗
丙山用明年明月明日時
補　吉寅午二年大吉
甲山寅向　年宜子寅辰
午甲戌年六利
明府太歲忌丙辛二干
辛山乙向　年宜子寅辰
午甲戌年大利
明府太歲忌甲巳二年
正月半吉　二月退台
三月進田地　四月殺
宅長　五月內敗
六月退瘟災凶

五天生旺定局

| 八十年 | 二十四年 | 三十四年 | 四十年 | 四十九年 | 三十九年 | 三十八年 | 三十六年 |
|---|---|---|---|---|---|---|---|

| 年月日時 | 子 | 丑 | 寅 | 卯 | 辰 | 巳 | 午 | 未 | 申 | 酉 | 戌 | 亥 |
|---|---|---|---|---|---|---|---|---|---|---|---|---|
| 君星木天五 | 敗 | 冠 | 臨 | 旺 | 衰 | 病 | 死 | 墓 | 絶 | 胎 | 養 | 生 |
| 孛天火五 | 胎 | 養 | 生 | 敗 | 冠 | 臨 | 旺 | 衰 | 病 | 死 | 墓 | 絶 |
| 太白金天五 | 死 | 墓 | 絶 | 胎 | 養 | 生 | 敗 | 冠 | 臨 | 旺 | 衰 | 病 |
| 水天五 | 旺 | 衰 | 病 | 死 | 墓 | 絶 | 胎 | 養 | 生 | 敗 | 冠 | 臨 |
| 鎮天土五 | 旺 | 衰 | 病 | 死 | 墓 | 絶 | 胎 | 養 | 生 | 敗 | 冠 | 臨 |

石五天五星及金精之訣凡胎胞养之氣主人口盛生旺之元主財穀盈豐冠臨之地主官禄近貴墓庫之元主血財盛衰敗藏元主官訟退敗病死咸元主凶禍病亡絶月元主人丁敗替凡造葬用事課四乙五庚天下謂之先天盈氣亦次求主旺年月日時不犯咸死然後詳論支干生尅制化有用者為吉局若值一甲三辛三丙謂之後天敗死凶者取生旺之氣及自害也

生我者為朝元曰福德比和者為八痲曰護旺我主者為泄氣曰

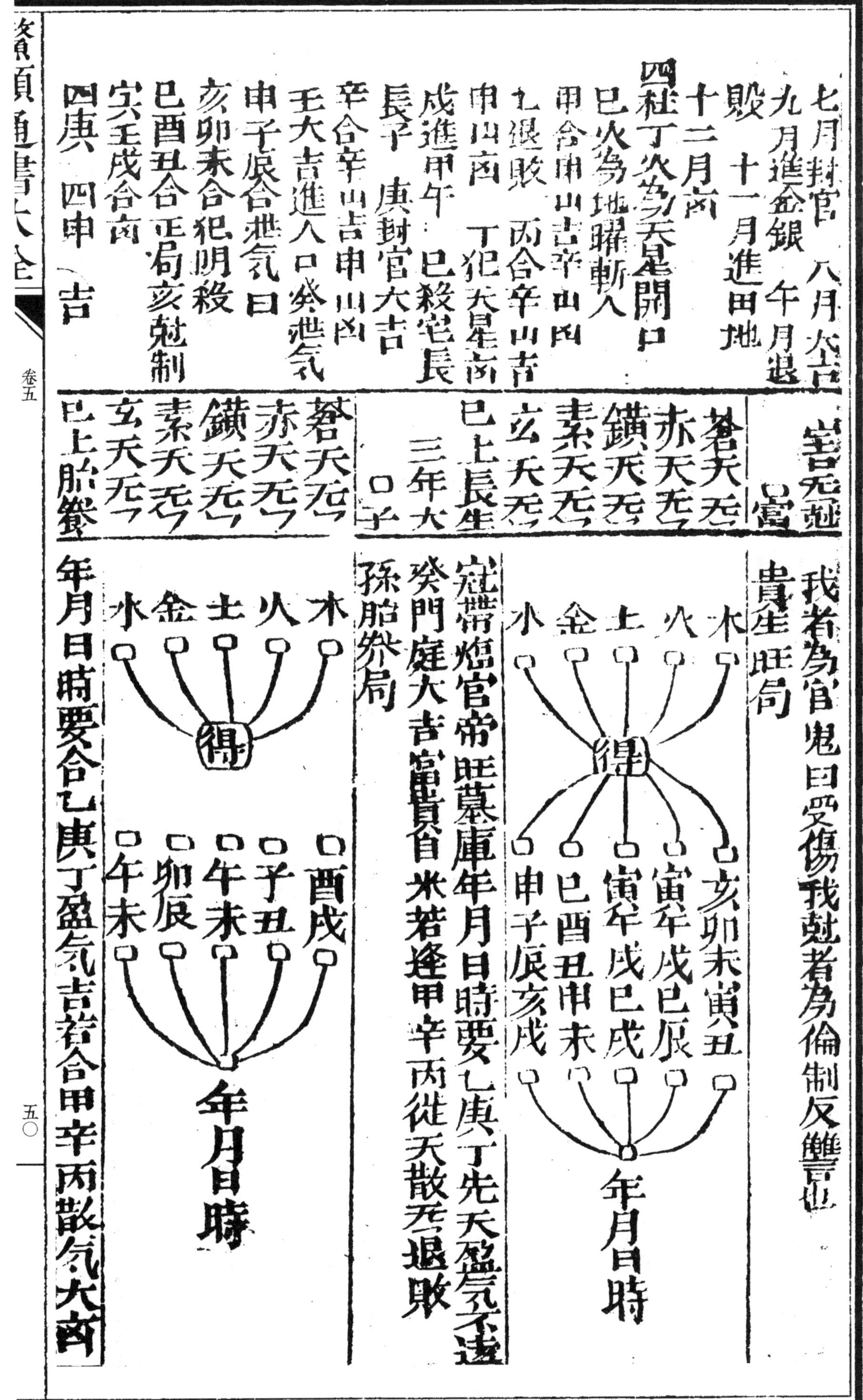

七月封官 八月大吉
九月進金銀 午月退
敗 十一月進田地
十二月凶
四柱丁火為天星開戶
巳火為地曜斬人
甲合申山吉辛山凶
乙退敗 丙合辛山吉
申山凶 丁犯天星凶
戌進甲午 巳殺宅長
長子 庚封官大吉
辛合辛山吉申山凶
壬大吉進人口癸泄氣
申子辰合泄氣曰
亥卯未合犯明殺
巳酉丑合正局亥魁制
寅午戌合凶
四庚 四申 吉

官鬼魁

蒼天吞
赤天吞
鑛天吞
素天吞
玄天吞
巳上長生
三年大
口子

蒼天吞
赤天吞
鑛天吞
素天吞
玄天吞
巳上胎養

我者為官鬼曰受傷我魁者為倫制反讐也

貴生旺局



冠帶臨官帝旺墓庫年月日時要乙庚丁先天盈氣不遠
癸門庭大吉富貴百米若逢甲辛丙從天散吞退敗

孫胎絕局



年月日時要合乙庚丁盈氣吉若合甲辛丙散氣大凶

庚山甲向　年宜子寅辰午申戌小利酉年小利
明府杢忌戊癸三十
酉山卯向　年宜丑卯巳未申酉亥年大利
乾山巽向　年宜丑卯巳未申酉亥年大利
明府酉乾向忌乙庚二午
正月殺宅長及長子一
二月　三月退敗
四月損人口牛羊
五月退敗　六月進坤地牛羊　七月半吉
八月封官　九月退敗
十月吉乾山封官
十一月　十二月次吉
**四柱丙為大星開口**午為地腓斬人

□貧賤衰敗局

蒼天炁
赤天炁
鑛天炁
素天炁
玄天炁

已上敗衰病死絶年月日時減退福炁若遇先天盈氣乙庚丁頗福乎和雖凶不吉且亦不凶遇後天申辛丙散炁愈熙凶兆也

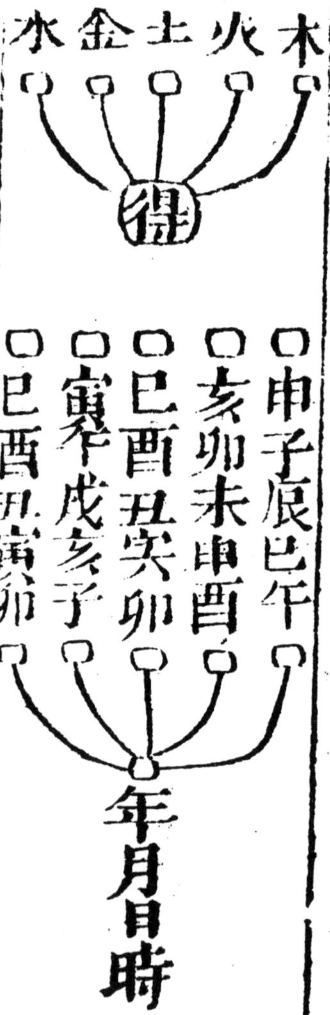

木　火　土　金　水
得
申子辰巳午
亥卯未申酉
巳酉丑寅卯
寅午戌亥子
巳酉丑寅卯
年月日時

□生炁朝元吉局　生發福招財壽命延長兒孫昌盛

蒼天炁
赤天炁
鑛天炁
素天炁
玄天炁

已上母來生我為生炁朝元局何以出長壽者母來生我進福朝元是以生炁吉所以出夭亡者我去生他泄氣虛耗減福喪亡也

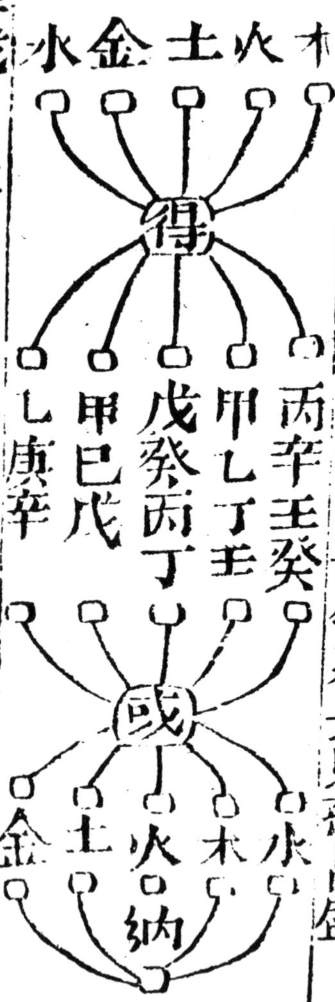

木　火　土　金　水
得
丙辛壬癸
甲乙丁壬
戊癸丙丁
甲巳戊
乙庚辛
或
水　木　火　土　金
納

甲合乾山大吉
乙合庚山吉酉乾山凶
丙不是　丁進金銀器
戊凶　巳進田地山場
庚合庚山半吉
辛掛亦吉　壬退敗凶
癸次吉　庚山凶
壬〔　〕
申子辰合化陽秋泄氣
巳酉丑合正局封官吉
亥卯未合財局發福吉
寅午戌合地曜斬八凶
大丁　六巳　六酉
大丑　俱吉
土二十四山未定年月
大利十干配合進退吉
立三合配山俱以正五
行山頭所屬而論廸吉
避凶　合無這兩無不

# 《雷霆年月星起例定局》

丙寅　甲辰
申〔天罡〕
癸巳　乙卯
壬申丁丑戊子
未〔土浮〕
六〔三〕
巳亥庚戌辛酉
丁卯戊寅癸未
午〔奇羅〕
甲午乙巳丙辰
巳丑　庚子
巳〔燥火〕
辛亥　壬戌

巳丑辛未丙子甲寅
壬午
酉〔台將〕　戊〔金水〕
丁亥
戊戌巳酉庚申
惟定六十年十二宮就本年起
正月爲甲子年在亥係月孛爲正
月二月太陽三月血刃四月紫炁
至十二月金水將本只是入中宮順
飛如正月以月孛入中宮金水乾
台將兑丁巳壬天罡艮丙土浮離
壬寅戊奇羅坎癸申辰燥火坤
乙丙乙寅庚亥未水潦巽辛
戊辰癸酉乙卯　辛丑
甲申
辰〔丙乙〕　卯〔水潦〕
庚寅
乙未丙午乙巳

甲子庚午辛未
辛巳丙戌丁酉
亥〔月孛〕
戊申癸卯
壬辰癸丑己未
雌雄言格
子〔太陽〕
不數
雌雄格
丑〔血刃〕
不到
己巳丑戊庚辰
乙酉辛卯
寅〔紫炁〕
壬寅丙申
戊午丁未癸亥

吉利

□生進魁出定論

山頭須要魁年干　年月日時總一般

若遇柦生為吉慶　合支魁日見封官

山頭魁年家長益　山頭魁月宅毋雄

山頭魁日人丁旺　山頭魁時百事昌

**詩**　**訣**　**日**

凡選擇年月宜生旺地　支宜魁出納音俱宜生　進山頭不可生年月日　時為泄氣不可用也

箭前一二干支有他及納　音泄須求日時有補敗　則為吉若俱泄則大凶　一合者亦要補助山脉

□雷霆六十年

十干年

甲子庚午乙亥辛巳丙戌丁酉癸卯戊申癸丑己未壬辰

甲寅年

乙丑戊戌辛未丙子己酉丁亥壬辛庚申

丙寅甲辰乙卯癸巳

己亥壬申　丁丑庚戌　戊子辛酉

丁卯癸未　乙巳戊寅　丙辰甲午

庚子辛亥己丑壬戌

戊辰癸酉壬午己　甲申庚寅丁巳乙

辛卯　壬子年

己巳甲戌壬寅丁未寅申　乙酉辛卯戊午癸亥丙申

十二宮求月日時定局

| 宮 | 亥 | 戌 | 酉 | 申 | 未 | 午 | 巳 | 辰 | 卯 | 寅 |
|---|---|---|---|---|---|---|---|---|---|---|
| 丙丁年 | 正 | 二 | 三 | 四 | 五 | 六 | 七 | 八 | 九 | 十 |
| 辛乙年 | 二 | 三 | 四 | 五 | 六 | 七 | 八 | 九 | 十 | 十一 |
| 庚甲年 | 三 | 四 | 五 | 六 | 七 | 八 | 九 | 十 | 十一 | 十二 |
| 戊年 | 四 | 五 | 六 | 七 | 八 | 九 | 十 | 十一 | 十二 | 正 |
| 横推月 直看星 | 五 | 六 | 七 | 八 | 九 | 十 | 十一 | 十二 | 正 | 二 |
| | 六 | 七 | 八 | 九 | 十 | 十一 | 十二 | 正 | 二 | 三 |
| | 七 | 八 | 九 | 十 | 十一 | 十二 | 正 | 二 | 三 | 四 |
| | 八 | 九 | 十 | 十一 | 十二 | 正 | 二 | 三 | 四 | 五 |
| | 九 | 十 | 十一 | 十二 | 正 | 二 | 三 | 四 | 五 | 六 |
| | 十 | 十一 | 十二 | 正 | 二 | 三 | 四 | 五 | 六 | 七 |
| 己壬年 | 十一 | 十二 | 正 | 二 | 三 | 四 | 五 | 六 | 七 | 八 |
| 癸年 | 十二 | 正 | 二 | 三 | 四 | 五 | 六 | 七 | 八 | 九 |

不宜犯氣破山則凶矣

按山家為君年月日時為臣納音為從役奴婢太歲本山納甲為將師君使臣以禮臣事君以忠不得臣悖君賤奴凌欺主主敗而民亂也太歲者當年太尖也統領諸臣而將君也四柱干支俱生進此和此謂通天進神之妙若臣慶云之格矣

論山頭剋年干者為君使臣以禮若年干生山頭是臣事君以忠山家變運則是君臣之將師五行納音有氣乃佐助之神若無佐助是敗國之

## 雷霆年月山向方位定局

| 干月 | 支年 | 干日時 | 中 | 乾甲 | 兌丁巳丑 | 艮丙 | 離壬寅戌 | 坎癸申辰 | 坤乙 | 震庚亥未 | 巽辛 |
| --- | --- | --- | --- | --- | --- | --- | --- | --- | --- | --- | --- |
| 戊癸 | 亥 | 丁壬 | 孛 | 金 | 台 | 罡 | 浮 | 羅 | 燥 | 丙 | 潦 |
| | 子 | 乙庚 | 陽 | 孛 | 金 | 台 | 罡 | 浮 | 羅 | 燥 | 丙 |
| 乙庚 | 丑 | | 血 | 陽 | 孛 | 金 | 台 | 罡 | 浮 | 羅 | 燥 |
| 丁壬 | 寅 | 戊癸 | 炁 | 血 | 陽 | 孛 | 金 | 台 | 罡 | 浮 | 羅 |
| | 卯 | | 潦 | 炁 | 血 | 陽 | 孛 | 金 | 台 | 罡 | 浮 |
| | 辰 | | 丙 | 潦 | 炁 | 血 | 陽 | 孛 | 金 | 台 | 罡 |
| 丙辛 | 巳 | 甲己 | 燥 | 丙 | 潦 | 炁 | 血 | 陽 | 孛 | 金 | 台 |
| | 午 | | 羅 | 燥 | 丙 | 潦 | 炁 | 血 | 陽 | 孛 | 金 |
| | 未 | | 浮 | 羅 | 燥 | 丙 | 潦 | 炁 | 血 | 陽 | 孛 |
| 甲己 | 申 | 丙辛 | 罡 | 浮 | 羅 | 燥 | 丙 | 潦 | 炁 | 血 | 陽 |
| | 酉 | | 台 | 罡 | 浮 | 羅 | 燥 | 丙 | 潦 | 炁 | 血 |
| | 戌 | | 金 | 台 | 罡 | 浮 | 羅 | 燥 | 丙 | 潦 | 炁 |

人也若將師佐助其君得其位以致富盛若不佐助人君則君敗臣亡管山頭魁年干為大吉山頭若生年干為泄氣又要與運土山頭大妙只用四柱納音金木水火土首金神閑為首也

玄机云

小死泉門雖屬多
只因稍造犯凶課
牛用賣尽傾家去
彼敗貧窮怎奈何
第一且看山頭利
次論行年運及身
四柱合格為奇妙
雖憑造命体中和
遁本年月誰家有

## 昇宮遷正殺年月 南方定局

詩云架屋之時君切忌金鋤犯着凶 城宮遷其可忽之

| 月方南 | 正 | 二 | 三 | 四 | 五 | 六 | 七 | 八 | 九 | 十 | 十一 | 十二 |
|---|---|---|---|---|---|---|---|---|---|---|---|---|
| 亥 甲子 庚午 乙巳 辛巳 丙戌 丁酉 戊申 癸丑 壬辰 己未 | 卯 | 寅 | 丑 | 子 | 亥 | 戌 | 酉 | 申 | 未 | 午 | 巳 | 辰 |
| 戌 癸卯 甲寅年 | 寅 | 丑 | 子 | 亥 | 戌 | 酉 | 申 | 未 | 午 | 巳 | 辰 | 卯 |
| 酉 乙丑 戊戌 辛未 己酉 丙子 壬午 丁亥 庚申 | 丑 | 子 | 亥 | 戌 | 酉 | 申 | 未 | 午 | 巳 | 辰 | 卯 | 寅 |
| 申 丙寅 甲辰 乙卯 癸巳 | 子 | 亥 | 戌 | 酉 | 申 | 未 | 午 | 巳 | 辰 | 卯 | 寅 | 丑 |
| 未 己亥 壬申 庚戌 丁丑 戊子 辛酉 | 亥 | 戌 | 酉 | 申 | 未 | 午 | 巳 | 辰 | 卯 | 寅 | 丑 | 子 |
| 午 丁卯 己巳 戊寅 癸未 甲午 丙辰 | 戌 | 酉 | 申 | 未 | 午 | 巳 | 辰 | 卯 | 寅 | 丑 | 子 | 亥 |
| 巳 庚子 辛亥 己丑 壬戌 | 酉 | 申 | 未 | 午 | 巳 | 辰 | 卯 | 寅 | 丑 | 子 | 亥 | 戌 |
| 辰 戊辰 癸酉 壬午 己卯 甲申 庚寅 丁巳 乙未 | 申 | 未 | 午 | 巳 | 辰 | 卯 | 寅 | 丑 | 子 | 亥 | 戌 | 酉 |
| 卯 辛丑 壬子 | 未 | 午 | 巳 | 辰 | 卯 | 寅 | 丑 | 子 | 亥 | 戌 | 酉 | 申 |
| 寅 己巳 甲戌 庚辰 乙酉 辛卯 壬辰 丁未 戊申 丙申 癸亥 | 午 | 巳 | 辰 | 卯 | 寅 | 丑 | 子 | 亥 | 戌 | 酉 | 申 | 未 |

## 時師熟記玄机歌

○穿山甲

一名崩天太歲

一名本山太歲

○敵本年甲頭五虎元遁

起冬至後來午例用

### 穿山甲遊方

甲巳之歲乾為首
丙辛原在午上藏
丁壬但逢巽上是
戊癸却問艮州即
乙庚但從何處是
此殺元來在坤方

若戊口辰并納音尅犯本山太歲弔客煞名曰崩天太歲煞至凶

又看六甲戰尅地支尅天干大凶丁尅地支比和則大吉

## 二十四穿山甲立成

| | (甲巳) | (乙庚) | (丙辛) | (丁壬) | (戊癸) |
|---|---|---|---|---|---|
| 子山兼壬山同 | 丙子水 | 戊子火 | 庚子土 | 壬子木 | 甲子金 |
| 丑山癸山同 | 丁丑水 | 巳丑火 | 辛丑土 | 癸丑木 | 乙丑金 |
| 寅山艮山同 | 戊寅火 | 戊寅土 | 庚寅木 | 壬寅金 | 甲寅水 |
| 卯山甲山同 | 巳卯火 | 巳卯土 | 辛卯木 | 癸卯金 | 乙卯水 |
| 辰山乙山同 | 庚辰木 | 庚辰金 | 壬辰水 | 甲辰火 | 丙辰土 |
| 巳山巽山同 | 辛巳木 | 辛巳金 | 癸巳水 | 乙巳火 | 丁巳土 |
| 午山丙山同 | 庚午土 | 壬午木 | 甲午金 | 丙午水 | 戊午火 |
| 未山丁山同 | 辛未土 | 癸未木 | 乙未金 | 丁未水 | 巳未火 |
| 申山坤山同 | 壬申金 | 甲申水 | 丙申火 | 戊申土 | 庚申木 |
| 酉山庚山同 | 癸酉金 | 乙酉水 | 丁酉火 | 巳酉土 | 辛酉木 |
| 戌山辛山同 | 甲戌火 | 丙戌土 | 戊戌木 | 庚戌金 | 壬戌水 |
| 亥山乾山同 | 乙亥火 | 丁亥土 | 巳亥木 | 辛亥金 | 癸亥水 |

○選擇之用先以穿山甲年月日時不可尅本山太歲名曰崩天太歲不宜日辰納音尅山及弔宮尅本山一破財二損家木長退

年上以穿山甲爲主若本山以馬官此和主進財主貴子子孫科第相継寅太歲　假如寅山申向用甲辰年遁得丙寅火山用十一月甲申日水尅本山丙寅火三年丙主寅災死亡人但甲申日旺數去見庚寅木到山有救故主先凶後吉

此例不直尅本山遁見叉不可泄本山之氣俱凶宜生扶山此如尅日爲吉福也

# 祿馬貴人起例

敗宜日辰　馬宮生本山主發財福科甲之貴

## □交經黃道圖

甲子至癸酉年不作辰巳山　甲戌至癸未年不作寅卯山

甲申至癸巳年不作子丑山　甲午至癸卯年不作戌亥山

甲辰至癸丑年不作申酉山　甲寅至癸亥年不作午未山

右交經黃道圖師有口訣傳授山不可坐戊巳殺凡正坐皆爲戊巳殺及不用戊巳日山若坐戊巳名曰家長煞主凶合眞太陽到不如

## □馬宮土皇殺

如寅山不用戊寅針井日□卯山不用巳卯針井巳卯日

如甲子年不作寅卯二山不用戊寅巳卯日此正犯土皇殺凶

如乙亥年戊乾辰巽山向忌用戊子巳丑日不言

如卯山用甲子年五虎遁丁卯火山遁得巳卯七火坐土爲泄氣冷退向忌戊辰巳巳一旬皆不心用名曰交經黃道土星二出家捷之謂也餘山皆以五虎遁惟子丑二山皆以五子遁矣

# □本命太歲眞祿馬貴人局

本命太歲真祿馬貴人起例

真祿歌訣

以五虎遁如甲年起丙寅爲真祿也

甲祿在寅　乙祿在卯　丙戊祿在巳　丁己祿居午　庚祿居申　辛祿在酉　壬祿在亥　癸祿居子

真祿歌訣

以五虎遁如甲申年丙寅爲真馬是

■申子辰馬居寅　寅午戌馬居申　巳酉丑馬在亥

# 本命真祿馬貴人定局　太歲入中宮遁例

六甲生命

| 太歲本命（陽命局） | 真祿 丙寅 | 申子辰馬 丙寅 | 寅午戌馬 壬申 | 陽貴人 辛未 | 陰貴人 丁丑 |
|---|---|---|---|---|---|
| 甲子 | 兌 | 匕 | 巽 | 震 | 離 |
| 乙丑 | 乾 | 匕 | 震 | 坤 | 艮 |
| 丙寅 | 中 | 匕 | 坤 | 坎 | 兌 |
| 丁卯 | 坎 | 匕 | 匕 | 離 | 乾 |
| 戊辰 | 離 | 匕 | 匕 | 艮 | 中 |
| 己巳 | 艮 | 匕 | 匕 | 兌 | 巽 |
| 庚午 | 兌 | 匕 | 匕 | 乾 | 震 |
| 辛未 | 乾 | 匕 | 匕 | 中 | 坤 |
| 壬申 | 中 | 匕 | 匕 | 坎 | 匕 |
| 癸酉 | 巽 | 匕 | 坎 | 離 | 匕 |

六丙生命

| 太歲本命（陽命局） | 真祿 癸巳 | 申子辰馬 庚寅 | 寅午戌馬 丙申 | 陽貴人 丁酉 | 陰貴人 己亥 |
|---|---|---|---|---|---|
| 甲子 | 兌 | 巽 | 坎 | 坤 | 巽 |
| 乙丑 | 乾 | 震 | 離 | 坎 | 震 |
| 丙寅 | 中 | 坤 | 艮 | 離 | 坤 |
| 丁卯 | 巽 | 坎 | 艮 | 坎 | 匕 |
| 戊辰 | 震 | 離 | 乾 | 兌 | 離 |
| 己巳 | 坤 | 艮 | 中 | 乾 | 艮 |
| 庚午 | 坎 | 兌 | 巽 | 中 | 兌 |
| 辛未 | 離 | 乾 | 震 | 巽 | 乾 |
| 壬申 | 艮 | 中 | 坤 | 震 | 中 |
| 癸酉 | 兌 | 巽 | 坎 | 坤 | 巽 |

六戊生命

| 太歲本命（陽命局） | 真祿 丁巳 | 申子辰馬 甲寅 | 寅午戌馬 庚申 | 陽貴人 乙丑 | 陰貴人 己未 |
|---|---|---|---|---|---|
| 甲子 | 匕 | 坎 | 兌 | 乾 | 匕 |
| 乙丑 | 匕 | 離 | 乾 | 中 | 匕 |
| 丙寅 | 匕 | 艮 | 中 | 坎 | 巽 |
| 丁卯 | 兌 | 巽 | 離 | 震 | 巽 |
| 戊辰 | 匕 | 乾 | 震 | 艮 | 坤 |
| 己巳 | 匕 | 中 | 坤 | 兌 | 坎 |
| 庚午 | 匕 | 巽 | 坎 | 乾 | 離 |
| 辛未 | 匕 | 震 | 離 | 中 | 艮 |
| 壬申 | 匕 | 坤 | 艮 | 巽 | 兌 |
| 癸酉 | 匕 | 坎 | 兌 | 震 | 乾 |

六庚生命

| 太歲本命（陽命局） | 真祿 甲申 | 申子辰馬 戊寅 | 寅午戌馬 甲申 | 陽貴人 己丑 | 陰貴人 癸未 |
|---|---|---|---|---|---|
| 甲子 | 兌 | 坎 | 兌 | 震 | 乾 |
| 乙丑 | 乾 | 離 | 乾 | 坤 | 中 |
| 丙寅 | 中 | 艮 | 中 | 坎 | 巽 |
| 丁卯 | 兌 | 巽 | 離 | 震 | 兌 |
| 戊辰 | 震 | 乾 | 震 | 艮 | 坤 |
| 己巳 | 坤 | 中 | 坤 | 兌 | 坎 |
| 庚午 | 坎 | 巽 | 坎 | 乾 | 離 |
| 辛未 | 離 | 震 | 離 | 中 | 艮 |
| 壬申 | 艮 | 坤 | 艮 | 巽 | 兌 |
| 癸酉 | 兌 | 坎 | 兌 | 震 | 乾 |

六壬生命

| 太歲本命（陽命局） | 真祿 辛亥 | 申子辰馬 壬寅 | 寅午戌馬 戊申 | 陽貴人 癸卯 | 陰貴人 乙巳 |
|---|---|---|---|---|---|
| 甲子 | 兌 | 匕 | 巽 | 艮 | 坎 |
| 乙丑 | 乾 | 匕 | 震 | 兌 | 離 |
| 丙寅 | 中 | 匕 | 坤 | 乾 | 艮 |
| 丁卯 | 巽 | 匕 | 坎 | 中 | 兌 |
| 戊辰 | 震 | 匕 | 離 | 巽 | 乾 |
| 己巳 | 坤 | 匕 | 艮 | 震 | 中 |
| 庚午 | 坎 | 匕 | 兌 | 坤 | 巽 |
| 辛未 | 離 | 匕 | 乾 | 坎 | 震 |
| 壬申 | 艮 | 匕 | 中 | 離 | 坤 |
| 癸酉 | 兌 | 匕 | 巽 | 艮 | 坎 |

亥卯未馬在巳

○陽貴人歌訣

庚戌逢午甲在辛
乙猴己鼠丙雞方
丁猪癸蛇壬是虎
六辛逢虎貴人明

○陰貴人歌訣

甲貴爭牛庚戌年
乙逢鼠位己猴鄉
丙雞丁猪辛見馬
壬蛇癸兎屬明方

○本命太歲真祿馬貴人起例

○詩云

本命祿馬順支遊
年月日時一例求
真從本命尋祿馬
天乙貴人亦同流

|  | |
| --- | --- |
| 甲戌 | 震ヒ離艮ヒ乾震離坎震ヒ離乾坤中乾離乾坤中乾ヒ震兌離 |
| 乙亥 | 坤ヒ艮兌ヒ中坤艮離坤ヒ艮中坎巽中艮中坎巽中ヒ坤乾艮 |
| 丙子 | 坎ヒ兌乾ヒ巽坎兌艮坎ヒ兌巽離震巽兌巽離震巽ヒ坎中兌 |
| 丁丑 | 離ヒ乾中ヒ震離乾兌離ヒ乾震艮坤震乾震艮坤震ヒ離巽乾 |
| 戊寅 | 艮ヒ中巽坎坤艮中乾艮ヒ中坤兌坎坤中坤兌坎坤ヒ艮震中 |
| 己卯 | 兌ヒ巽震離坎兌巽中兌ヒ巽坎乾離坎ヒヒ乾巽坎ヒ兌坤巽 |
| 庚辰 | 乾ヒ震坤艮離乾震巽乾ヒ震離中艮離ヒヒ中坤離ヒ乾坎震 |
| 辛巳 | 中ヒ坤坎兌艮中坤震中ヒ坤艮巽兌艮ヒヒ巽兌艮ヒ中離坤 |
| 壬午 | 巽ヒ坎離乾兌巽坎坤巽ヒ坎兌震乾兌ヒヒ震乾兌ヒ巽艮坎 |
| 癸未 | 震ヒ離艮中乾震離坎震ヒ離乾坤中乾ヒヒ坤中乾ヒ震兌離 |
| 甲申 | 坤ヒ艮兌巽中坤艮離坤ヒ艮中坎巽中ヒヒ坎ヒ中ヒ坤乾艮 |
| 乙酉 | 坎ヒ兌乾震巽坎兌艮坎ヒ兌巽離震巽坎離ヒ巽ヒ坎中兌 |
| 丙戌 | 離ヒ乾中坤震離乾兌離ヒ乾震艮坤離震離艮ヒ震ヒ離巽乾 |
| 丁亥 | 艮ヒ中乾坎坤艮中乾艮ヒ中坤兌坎艮坤艮兌ヒ坤ヒ艮震中 |
| 戊子 | 兌ヒ巽震離坎兌巽中兌ヒ巽坎乾離兌坎兌乾ヒ坎ヒ兌坤巽 |
| 己丑 | 乾ヒ震坤艮離乾震巽乾ヒ震離中艮乾侖乾中ヒ離ヒ乾坎震 |

求官求祿要求見
貴人祿馬如相隨
十二宮中飛一遍
天皇地曜應休期
太歲入宮尋命貴
月建入中尋其貴
若還兩貴同到宮
富貴功名容易至

口例云

尋造葬本命祿馬
貴人以太歲入中
宮遁飛到所作山
向謂之命貴也

口步貴例云

尋用事當年太歲
祿馬貴人以時用
月建入中宮遁到
山向謂之步貴

|  |  |
|---|---|
| 庚寅 | 中匕坤坎兌艮 中坤震中中兌艮巽兌中艮中坎巽艮艮中離坤 |
| 辛卯 | 巽匕坎離乾兌 巽坎坤巽巽坎兌震乾巽兌巽離震兌兌巽艮坎 |
| 壬辰 | 震震離艮中乾 震離坎震震離乾坤中震乾震艮坤乾乾震兌離 |
| 癸巳 | 坤坤艮兌巽中 坤艮離坤坤艮中坎巽坤中坤兌坎中中坤乾艮 |
| 甲午 | 坎坎兌乾巽坎 坎兌艮坎坎兌巽離震坎巽坎乾離巽坎中兌 |
| 乙未 | 離離乾中坤離 離乾兌離離乾震艮坤離震離中艮震震離巽乾 |
| 丙申 | 艮艮中巽坎艮 艮中乾艮艮中坤兌坎艮坤艮巽兌坤坤艮震中 |
| 丁酉 | 兌兌巽震離兌 兌坎中兌兌巽坎乾離兌坎兌震乾坎坎兌坤巽 |
| 戊戌 | 乾乾震坤艮乾 乾離坎乾乾震離中艮乾離乾坤中離離乾坎震 |
| 己亥 | 中中坤坎兌中 中艮離中中坤艮巽兌中艮中坎巽艮艮中離坤 |
| 庚子 | 巽巽坎離乾巽 坎兌艮坎巽坎兌震乾巽兌巽離震兌兌巽艮坎 |
| 辛丑 | 震震離艮中震 離乾兌離震離乾坤中震乾震艮坤乾乾震兌離 |
| 壬寅 | 坤坤艮兌巽坤 艮中乾艮坤艮中坎巽坤中坤兌坎中中坤乾艮 |
| 癸卯 | 坎坎兌乾震坎 兌巽中兌坎兌巽離震坎巽坎乾離巽坎中兌 |
| 甲辰 | 離離乾中坤離 乾震巽乾離乾震艮坤離震離中艮震震離坎乾 |
| 乙巳 | 艮艮中巽坎艮 中坤震中艮中坤兌坎艮坤艮巽兌坤坤艮離中 |

〇本命真祿馬貴人以太歲入中宮例云

凡用祿馬貴人必復尋本命真祿真馬真貴方爲有力孟堅造以家長本命爲主葬以亡人本命爲主〇假如辛酉生人祿在酉馬在亥陽貴在寅明貴在午用太歲貴辛酉起庚寅即是本命真明貴人甲午是明貴人也丁酉是真祿巳亥是真馬更將太歲入中宮順飛看貴

|  |  |
|---|---|
| 丙午 | 兌兌巽震離兌　巽坎坤　巽兌巽坎乾離兌坎兌震乾坎兌兌艮坎 |
| 丁未 | 乾乾震坤艮乾　震離坎　震乾震離中艮乾離乾坤艮離乾乾兌離 |
| 戊申 | 中中坤坎兌中　坤艮離　坤中坤艮巽兌中艮中坎巽艮中中乾艮 |
| 己酉 | 巽巽坎離乾巽　坎兌艮　坎巽坎兌震乾巽兌巽離震兌巽坎中兌 |
| 庚戌 | 震震離艮中震　離乾兌　離震離乾坤中震乾震艮坤乾震離巽乾 |
| 辛亥 | 坤坤艮兌巽坤　艮中乾　艮坤艮中坎巽坤中坤兌坎中坤艮震中 |
| 壬子 | 坎坎兌乾震坎　兌巽中　兌坎兌巽離震坎巽坎乾離坎坎兌坤巽 |
| 癸丑 | 離匕乾中坤離　乾震巽　乾離乾震艮坤離震離中艮離離乾坎震 |
| 甲寅 | 艮艮中巽坎艮　中坤震　中艮中坤兌坎艮坤艮巽兌艮艮中離坤 |
| 乙卯 | 兌兌巽震離兌　巽坎坤　巽兌坎坎乾離兌坎兌震乾兌兌巽艮坎 |
| 丙辰 | 乾乾震坤艮乾　震離坎　震乾離離中艮乾離乾坤中乾乾震兌離 |
| 丁巳 | 中中坤坎兌中　坤艮離　坤中艮艮巽兌中艮中坎巽中中坤乾巽 |
| 戊午 | 巽巽坎離乾巽　坎兌艮　坎坎兌兌震乾巽兌巽離震巽巽坎中兌 |
| 己未 | 震震離艮中震　離乾兌　離離乾乾坤中震乾震艮坤震震離巽乾 |
| 庚申 | 坤坤艮兌巽坤　艮中乾　艮艮中中坎坎坤申坤　兌坎坤坤艮震中 |
| 辛酉 | 坎坎兌乾震坎　兌巽中　兌兌巽坎離離坎巽坎乾離坎坎兌坤巽 |

入祿馬貴到何方位如用申年甲申卽將甲申太歲入中宮乙酉在乾丙戌在兌丁亥在寅戊子在離己丑在坎庚寅明貴人在坤辛卯在震壬辰在巽癸巳在中甲午酉貴入到乾乙未在兌丙申在寅丁酉眞祿到離戊戌在坎己亥眞馬到坤則坤乾離三位得眞祿馬貴人去以比爲例他皆依此更合得太歲眞祿馬貴人同到

壬戌　癸亥

陰命局

六十甲四局

甲子　乙丑　丙寅　丁卯　戊辰　己巳　庚午　辛未　壬申　癸酉

離乚乾中坤離乾震巽乾乾震離艮艮離震離中艮離離乾坎震

艮艮中巽坎艮中坤震中中坤艮兌兌艮坤艮巽兌艮艮中離坤

天乙生命二六丁生命二六己生命二六辛生命二六癸生命

眞祿己卯　亥卯未馬丁丑　己酉丑馬乙亥　陽貴人甲申　明貴人戊子
眞祿丙午　亥卯未馬乙巳　己酉丑馬辛亥　陽貴人辛亥　陰貴人己酉
眞祿庚午　亥卯未馬己巳　己酉丑馬乙亥　陽貴人丙子　陰貴人壬申
眞祿丁酉　亥卯未馬己巳　己酉丑馬己亥　陽貴人庚寅　陰貴人甲午
眞祿甲子　亥卯未馬丁巳　己酉丑馬癸亥　陽貴人丁巳　陰貴人乙卯

坤巽坎兌坤坤坎兌兌中坤坎兌艮巽坤兌巽巽艮中巽坎巽坤

坎震離乾坎坎離乾乾巽坎離乾兌震坎乾震震兌坎震離震坎

離坤艮中離離艮中中震離艮中乾坤離中坤坤乾離坤艮坤離

艮坎兌巽艮艮兌巽巽坤艮兌巽中坎艮巽坎坎中艮坎兌坎艮

兌離乾震離兌震乚坎兌乾震巽離兌震離離乾巽兌離乾離兌

乾艮中坤乾乾中坤坤離乾中坤震艮乾坤艮艮震乾艮中艮乾

中兌巽坎中中巽坎坎巽中坎坎坤兌中坎兌兌坤中兌巽兌中

巽乾震離巽巽震離乚兌坎離離坎乾巽離乾坎巽乾震乾巽

震中坤艮震乚坤艮艮乾離艮艮離中震艮中中離震中坤中震

坤巽坎兌坤坤坎兌兌中艮兌兌艮坎坤兌巽巽艮坤巽坎巽坤

山爲工士吉也

○太歲真祿馬貴人以月建入中宮遁例訣

口九祿馬貴人次當太歲真祿真馬真貴人方爲有驗在卯甲子年祿在寅馬亦在寅明貴人在未陰貴人在丑用五虎遁甲子起丙寅卽丙寅爲真祿真馬辛未爲陽貴人丁丑是陰貴人冬至後順遁夏至後逆遁卯正月用事卽將月建丙寅入中宮其年

| 甲戌 | 坎震離乾坎坎離乾乾巽兌乾乾兌離坎乾震震兌坎震離震坎 |
| --- | --- |
| 乙亥 | 離坤艮中離匕艮中中震乾中中乾艮離中坤坤乾離坤艮坤離 |
| 丙子 | 艮坎兌巽艮艮兌巽巽坤中巽坎中兌艮巽坎坎中艮坎兌坎艮 |
| 丁丑 | 兌離乾震兌兌乾震匕坎巽震離坎乾兌震離離巽兌離乾離兌 |
| 戊寅 | 乾艮中坤乾乾中坤坤離震坤艮離中乾坤艮震乾艮中艮乾 |
| 己卯 | 中兌巽坎中中巽坎坎艮坤坎兌艮巽中坎兌兌坤中兌巽兌中 |
| 庚辰 | 坎乾震離巽巽震離匕兌坎離乾兌震巽離乾坎巽乾震乾巽 |
| 辛巳 | 離中坤艮震匕坤艮艮乾離艮中乾坤震艮中中離震中坤中震 |
| 壬午 | 艮坎坎兌坤坤坎兌兌中艮兌巽中坎坤兌巽艮坤巽坎巽坤 |
| 癸未 | 兌離匕乾坎坎離乾乾巽兌乾震巽離坎乾震震兌坎震離震坎 |
| 甲申 | 乾艮艮中離匕艮中中震乾中坤震艮離中坤坤乾離坤艮坤離 |
| 乙酉 | 中兌兌坎艮艮兌巽巽坤中巽坎坤兌艮巽坎坎中艮坎兌坎艮 |
| 丙戌 | 巽乾乾離兌兌乾震匕坎巽震離坎乾兌震離離巽兌離乾離兌 |
| 丁亥 | 震中中艮乾乾中坤坤離震坤艮離乾坤坎坎震乾艮中艮乾 |
| 戊子 | 坤巽坎兌中中巽坎坎艮坤坎兌艮中坎兌兌坤中兌巽兌中 |
| 己丑 | 坎震離乾坎巽震離匕兌坎巽乾兌震巽離乾乾坎巽乾震乾巽 |

正月丙寅眞祿與馬到中宮順行丁卯到乾戊辰兌己巳艮庚午離辛未陽貴人到坎壬申在坤癸酉在震甲戌在巽乙亥在中丙子在乾丁丑明貴人到兌則中坎兌三方得眞祿直人吉以此爲例他皆以此類例

|  | | |
|---|---|---|
| 庚寅 | 離坤艮中離震坤艮艮 | 乾離艮中乾中震艮中中離震中坤中震 |
| 辛卯 | 艮坎兌巽艮坤坎兌兌 | 中艮兌巽中坎坤中巽坎艮坤巽坎巽坤 |
| 壬辰 | 兌離乾震兌坎離乾乾 | 巽兌乾震巽離坎乾震離兌坎震離震坎 |
| 癸巳 | 乾艮中坤乾離艮中中 | 震乾中坤震艮離中坤艮乾離坤艮坤離 |
| 甲午 | 中兌巽坎中艮兌巽巽 | 坤中巽坎坤兌艮坎坎兌中艮坎兌坎艮 |
| 乙未 | 巽乾震離巽兌乾震震 | 坎巽震離坎乾兌離離乾坎兌離乾離兌 |
| 丙申 | 震中坤艮震乾中坤坤 | 離震坤艮離中乾艮中離乾艮中艮乾 |
| 丁酉 | 坤巽坎兌坤中巽坎坎 | 艮坤坎兌艮巽中兌兌巽艮中兌巽兌中 |
| 戊戌 | 坎震離乾坎巽震離離 | 兌坎離乾兌震坎乾乾震兌巽乾震乾巽 |
| 己亥 | 離坤艮中離震坤艮艮 | 乾離艮中乾坤離中中坤乾震中坤中震 |
| 庚子 | 艮坎兌巽艮坤坎兌兌 | 中艮兌巽中坎艮巽坎中坤巽艮坎巽坤 |
| 辛丑 | 兌離乾震兌坎離乾乾 | 巽兌乾震巽離兌震離離巽坎震離震坎 |
| 壬寅 | 乾艮中坤乾離艮中中 | 震乾中坤震艮乾坤艮艮震離坤艮坤離 |
| 癸卯 | 中兌巽坎中艮兌巽巽 | 坤中巽坎坤兌中坎兌兌坤艮坎兌坎艮 |
| 甲辰 | 巽乾震離巽兌乾震震 | 坎巽震離坎乾巽離乾乾坎兌離乾離兌 |
| 乙巳 | 震中坤艮震乾中坤坤 | 離震坤艮離中震艮中中離乾艮中艮乾 |

仍本命太歲真祿馬貴人乃爲造葬極吉之神也如到山到向造葬上吉利到方修造催官發財進祿至遠如官員主在祿馬隨臨貴人集至祿位高昇極吉之兆也

如安葬亡人本命遁得祿馬貴人到山向極吉也

伯太歲祿馬貴人若合得到山向諸空亡亦能控制盖未有得官

| | | |
|---|---|---|
| 丙午 | 坤巽坎兌坤中坎坎坎 | 艮坤坎兌艮巽坤兌巽巽艮中兌巽兌中 |
| 丁未 | 坎震離乾坎坎離離離 | 兌坎離乾兌震坎乾震震兌巽乾震乾巽 |
| 戊申 | 離坤艮中離離艮艮艮 | 乾離艮中乾坤離中坤坤乾震中坤中震 |
| 己酉 | 艮坎兌巽艮艮兌兌兌 | 中艮兌巽中坎艮巽坎坎中坤巽坎巽坤 |
| 庚戌 | 兌離乾震兌兌乾乾乾 | 坎兌乾震巽離兌震離離巽坎震離震坎 |
| 辛亥 | 乾艮中坤乾乾中中中 | 離乾中坤震艮乾坤艮艮震離坤艮坤離 |
| 壬子 | 中兌巽坎中中巽坎坎 | 艮中巽坎坤兌中坎兌兌坤艮坎兌坎艮 |
| 癸丑 | 巽乾震離巽巽震離離 | 兌巽震離坎乾巽離乾乾坎兌離乾離兌 |
| 甲寅 | 震中坤艮震震坤艮艮 | 乾震坤艮離中震艮中中離乾艮中艮乾 |
| 乙卯 | 坤巽坎兌坤坤坎兌兌 | 中坤坎兌艮巽坤兌巽巽艮中兌巽兌中 |
| 丙辰 | 坎震離乾坎坎離乾乾 | 巽坎離乾兌震坎乾震震兌巽乾震乾坎 |
| 丁巳 | 離坤艮中離離艮中中 | 震離艮中乾坤離中坤坤乾震中坤中離 |
| 戊午 | 艮坎兌巽艮艮兌巽巽 | 坤艮兌巽中坎艮巽坎坎中坤坎坎坎艮 |
| 己未 | 兌離乾震兌兌乾震震 | 坎兌乾震巽離兌震離離巽坎離離離兌 |
| 庚申 | 乾艮中坤乾乾中坤坤 | 離乾中坤震艮乾坤艮艮震離艮艮乾 |
| 辛酉 | 中兌巽坎中中巽坎坎 | 艮中巽坎坤兌中坎兌兌坤長兌兌中 |

祿所空亡無權也理昔故先輩習楊忌廖諸遺課不避亡入空亡空亡非故犯也

其是合得亡人真祿馬真貴人到由局所以空亡無足爲害矣後人不知察此遂精口謂古人不忌空亡而臨其害者有之以存真說宇者不可不知

論祿馬貴人竪造要家長本命進墊以亡人本命

壬戌巽乾震離巽巽震離離兌巽震離坎乾巽離乾乾坎兌乾乾乾巽

癸亥震中坤艮震震坤艮艮乾震坤艮離中震艮中中離乾坤中中震

## 太歲真祿馬貴人定局　以月建入中宮逓例

| 年 | 月 | | 正 | 二 | 三 | 四 | 五 | 後閏 | 六 | 七 | 八 | 九 | 十 | 十一 | 後閏 | 十二 |
|---|---|---|---|---|---|---|---|---|---|---|---|---|---|---|---|---|
| 六甲年 | 祿馬（甲申子辰年） | 丙寅 | 甲 | 坎 | 離 | 艮 | 兌 | 震 | 巽 | 中 | 乾 | 兌 | 艮 | 離 | 坎 | 離 |
| | 陽貴人 | 辛未 | 坎 | 離 | 艮 | 兌 | 乾 | 巽 | 中 | 離 | 坎 | 坤 | 震 | 巽 | 乾 | 中 |
| | 陰貴人 | 丁丑 | 兌 | 乾 | 中 | 巽 | 震 | 兌 | 艮 | 離 | 坎 | 坤 | 震 | 巽 | 乾 | 中 |
| 六乙年 | 真祿 | 己卯 | 乾 | 中 | 坎 | 離 | 艮 | 坤 | 震 | 巽 | 山 | 乾 | 兌 | 艮 | 坤 | 坎 |
| | 陽貴人 | 甲申 | 坤 | 坎 | 離 | 艮 | 兌 | 震 | 巽 | 中 | 離 | 坎 | 坤 | 震 | 兌 | 乾 |
| | 陰貴人 | 戊子 | 乾 | 中 | 巽 | 震 | 坤 | 艮 | 離 | 坎 | 坤 | 震 | 巽 | 中 | 中 | 坎 |
| 六丙年 | 祿馬（丙亥卯未年） | 癸巳 | 艮 | 兌 | 乾 | 中 | 坎 | 離 | 坎 | 坤 | 震 | 巽 | 中 | 乾 | 巽 | 震 |
| | 陽貴人 | 丁酉 | 震 | 坤 | 坎 | 離 | 艮 | 坤 | 震 | 巽 | 中 | 離 | 坎 | 坤 | 坎 | 兌 |
| | 陰貴人 | 己亥 | 中 | 巽 | 震 | 坤 | 坎 | 離 | 坎 | 坤 | 震 | 巽 | 中 | 離 | 坎 | 離 |
| 六丁年 | 真祿 | 丙午 | 離 | 艮 | 兌 | 乾 | 中 | 中 | 離 | 坎 | 坤 | 震 | 巽 | 中 | 中 | 巽 |
| | 陽貴人 | 辛亥 | 中 | 巽 | 震 | 坤 | 坎 | 離 | 坎 | 坤 | 震 | 巽 | 中 | 離 | 坎 | 離 |
| | 陰貴人 | 己酉 | 震 | 坤 | 坎 | 離 | 艮 | 坤 | 震 | 巽 | 中 | 離 | 坎 | 坤 | 艮 | 兌 |

起真祿馬貴人為上吉，太歲真祿馬貴人次之。古本通書皆逐日单取十二支者，故不為真祿馬貴人，不足信矣。

論太歲壓本命合得真祿馬貴人者亦不忌。如甲申生人丙寅年壬申月修用宮，即水命上太歲同宮，却不是壓命殺，蓋甲申生人丙寅為真祿馬，謂之歲祿臨

大戊年八巳年六庚年六辛年六壬年

| 月 | 干支 | 正 | 二 | 三 | 四 | 五 | 夏至 | 六 | 七 | 八 | 九 | 十 | 十一 | 冬至 | 十二 |
|---|---|---|---|---|---|---|---|---|---|---|---|---|---|---|---|
| 真祿 | 丁巳 | 艮 | 兌 | 乾 | 中 | 坎 | 離 | 坎 | 坤 | 震 | 巽 | 中 | 乾 | 巽 | 震 |
| 陽貴人 | 乙丑 | 兌 | 乾 | 中 | 巽 | 震 | 兌 | 艮 | 離 | 坎 | 坤 | 震 | 巽 | 乾 | 中 |
| 陰貴人 | 己未 | 坎 | 離 | 艮 | 兌 | 乾 | 巽 | 中 | 離 | 坎 | 坤 | 震 | 巽 | 乾 | 中 |
| 真祿 | 庚午 | 離 | 艮 | 兌 | 乾 | 中 | 中 | 離 | 坎 | 坤 | 震 | 巽 | 中 | 中 | 巽 |
| 陽貴人 | 丙子 | 乾 | 中 | 巽 | 震 | 坤 | 艮 | 離 | 坎 | 坤 | 震 | 巽 | 中 | 中 | 坎 |
| 陰貴人 | 壬申 | 坤 | 坎 | 離 | 艮 | 兌 | 震 | 巽 | 中 | 離 | 坎 | 坤 | 震 | 兌 | 乾 |
| 祿庚午戊申馬 | 申 | 坤 | 坎 | 離 | 艮 | 兌 | 震 | 巽 | 中 | 離 | 坎 | 坤 | 震 | 兌 | 乾 |
| 陽貴人 | 己丑 | 兌 | 乾 | 中 | 巽 | 震 | 兌 | 艮 | 離 | 坎 | 坤 | 震 | 巽 | 乾 | 中 |
| 陰貴人 | 癸未 | 坎 | 離 | 艮 | 兌 | 乾 | 巽 | 中 | 離 | 坎 | 坤 | 震 | 巽 | 乾 | 中 |
| 真祿 | 丁酉 | 震 | 坤 | 坎 | 離 | 艮 | 坤 | 震 | 巽 | 中 | 離 | 坎 | 坤 | 艮 | 兌 |
| 陽貴人 | 甲午 | 中 | 坎 | 離 | 艮 | 兌 | 震 | 巽 | 中 | 乾 | 兌 | 艮 | 離 | 坎 | 離 |
| 陰貴人 | 庚寅 | 離 | 艮 | 坎 | 乾 | 中 | 兌 | 離 | 坎 | 坤 | 震 | 巽 | 中 | 中 | 巽 |
| 祿己酉[illegible]年馬 | 乙亥 | 中 | 巽 | 震 | 坤 | 坎 | 離 | 坎 | 坤 | 震 | 巽 | 中 | 離 | 坎 | 離 |
| 陽貴人 | 癸卯 | 乾 | 中 | 坎 | 離 | 艮 | 坤 | 震 | 巽 | 中 | 乾 | 兌 | 艮 | 坤 | 坎 |
| 陰貴人 | 乙巳 | 艮 | 兌 | 乾 | 中 | 坎 | 離 | 坎 | 坤 | 震 | 巽 | 中 | 乾 | 巽 | 震 |

身而反吉福矣

甚太歲之壓本命若命得真祿馬貴人到年月日則不忘也餘倣此而推

六癸年

| 右只祿 | 甲子乾中巽震坤艮離坎坤震巽中中坎 |
|---|---|
| 陽貴人 | 丁巳艮兌乾中坎離坎坤震巽中乾巽震 |
| 陰貴人 | 乙卯乾中坎離艮坤震巽中乾兌艮坤坎 |

右定局係六甲起遁直祿馬貴人以月建入中宮冬至後順遁夏至後逆遁看祿馬貴人到何方謂之吉也

前局排定本年真祿馬貴人到坐向謂極之神也

天官貴人時　大利求官見貴

甲愛金雞乙愛猴　丁猪丙鼠巳寅頭　戊連壬兔庚壬馬

辛癸逢蛇爵祿至　此爲六甲官星貴　官欽談笑覓封侯

福星貴人時

甲虎丁雞戊是猴　丙同犬鼠乙猪午　巳羊庚馬辛蛇位

癸兔壬龍貴可求

甲丙相邀入虎鄉　庚逢鼠穴最高強　戊猴巳羊丁宜亥

乙癸逢牛福祿昌　庚日午時辛到巳　壬騎龍背喜非常

○十干喜神　喜神百事合之主有喜事○

甲年寅卯　乙年戊亥

丙年申酉　丁年午未

戊年巳午　己年寅卯

庚年申酉　辛年戌亥

壬年辰巳　癸年午未　○

○壬方祿馬貴人定局于後

差方祿馬貴人明明二遁
年月日時九宮起例歌
○明子午乾辰戌震
寅申離上戌還原
六儀順布三奇逆
行到中宮寄艮垣
○明子午乾辰戌離
寅申卸首震宮明
戌亦還元申坤明
六儀逆布順三奇
冬至陽遁六三九起甲逆
三奇順布六儀逢戊還
元
夏至明遁六九三起甲順
三奇逆布六祿逢戊還
元
差方祿馬貴人起例歌訣
○坎來羊位艮龍頭

○差方祿馬貴人蠡山三奇白星

# 陽遁年月日時九宮定局圖

甲子戊辰　己巳丙戌　庚午癸未　辛未丁丑
辛巳丁亥
乾六　甲午戊戌　兌七　壬午己亥　艮八　乙酉庚子　離九　甲申戊子
辛丑丁未
辛亥丁巳　壬子丙辰　癸丑乙卯　甲寅戊午
乙丑庚辰　乾宮起甲子逆行戊辰還原宮順行
中五　癸巳乙未　冬至後用　震宮起甲戌逆行戊寅還原宮順行
庚戌癸亥　離宮起甲寅逆行戊午還原宮順行
中宮併食艮為例　中宮四課寄在艮宮同推
丙寅己卯　丁卯甲戌　癸酉乙亥　壬申丙子
戊寅辛卯
巽四　壬辰丙申　震三　丁酉甲辰　坤二　庚寅癸卯　坎一　己丑壬寅
己酉壬戌　戊申辛酉　乙巳庚申　丙午己未

巽宮六戊巽宮午
乾宮六壬乃無入問
坤宮甲子開秋七
金雞飛上扶桑国
玉兎巡歸西嶺起
金雞飛上扶桑即是卯兑
宮年月日時卯上起十
二星是也
玉兎即是震酉嶺即是酉
震宮年月日時酉上起
十二星是也
子午二星例
太乙正馬亦陽　太乙
勝光　小吉　傳送為雁
禄太陰　從魁　河魁
登明　神后多貴人大吉
功曹　太衝
〇三合玽白

# 陰遁年月日時九宮定局圖

甲子戊辰　乙丑庚辰　丙寅己卯　丁卯甲戌
乾六　辛巳丁亥　兑七　癸巳乙未　艮八　壬辰丙申　離九　戊寅辛卯
甲午戊戌　丁酉甲辰
辛亥丁巳　庚戌癸亥　己酉壬戌　戊申辛酉
己巳壬午　乾宮起甲子順行戊辰還原宮逆行
丙戌己亥　離宮起甲戌順行戊寅還原宮逆行
中五　壬子丙辰　夏至後用　震宮起甲寅順行戊午還原宮逆行
當宮供坤為例　中宮四課寄在坤宮同推
庚午癸未　辛未丁丑　壬申丙午　癸酉乙亥
巽四　乙酉庚子　震三　甲申戊子　坤二　己丑壬寅　坎一　庚寅癸卯
辛丑丁未
癸丑乙卯　甲寅戊午　丙子己未　乙巳庚申
〇差方祿馬貴人益山三奇白星定何于後三奇即陰陽二圖內壬丙丁是甚

又三合寅午戌　巳酉丑
申子辰　亥卯未
乾甲丁　坤乙辰
艮丙辛　巽庚癸

詩曰：正馬到君子加官常入進財，正祿到君子加官常入進橫財，貴人到主三年內生貴子，君子加官常入進財。俱要合白星同生旺為上吉也。

其法須先審前陰陽二局圖內外所作年月日時落何宮。如冬至後用子在坎宮，歌云：坎求羊位，即在未上起十二星，不問陰陽二遁，俱順數。掌上十二宮未上天罡。

## 冬至後用

甲子旬　丁丙乙奇　中巽震
甲子乙丑丙寅丁卯癸酉壬申辛未庚午己巳
甲午乙未丙申丁酉癸卯壬寅辛丑庚子己亥

甲戌旬　丁丙乙奇　坎坤離
戊辰癸巳己卯甲戌乙亥丙子丁丑癸丑壬子
戊戌癸亥己酉甲辰乙巳丙午丁未癸未壬午

甲寅旬　甲申旬　丁丙乙奇　艮兌乾
辛亥庚辰壬辰戊寅庚寅己丑甲寅乙卯丙辰
辛巳庚戌壬戌戊申庚申己未甲申乙酉丙戌
丁巳　辛卯　戊子
丁亥艮奇　辛酉　戊午

陽遁消宮
甲戌中　巽　震　坤　坎　離　艮　兌
未馬龍頭龍頭羊西領鼠子羊位大大龍頭扶未

天罡正馬　太陽　丙午乙辰癸丑庚酉壬子丁未辛戌乙辰甲卯
傳送正祿　太陰　辛戌坤申巽巳癸丑乙辰乾亥艮寅坤甲丁未
神居貴人　艮寅壬子庚酉巽巳坤申甲卯丙午壬子乾本

一白水　離坎坤震巽中乾兌艮
六白金　中乾兌艮離坎坤震巽
八白土　兌艮離坎坤震巽中乾
九紫火　艮離坎坤震巽中乾兌

正馬太陽申上太乙酉上勝光戌上小吉亥上博從正祿太陰子上從魁丑上河魁寅上登明卯上神后貴人辰上大吉巳上功曹午上太冲數到未上即天罡正馬則亥失卯三山有危方祿馬貴人多看從山白星亦查前圖中到其宮如在坎即移一白星入柳山掌不問陰陽從順行九宮一白中宮二黑到乾三碧到兌其餘節即數去則中宮得一白坎宮得六白震宮得八白巽宮得九紫餘做此推

□要後用

甲子、甲午旬　乙丙丁三奇　兌艮離

甲子　乙丑丙寅丁卯癸酉壬申辛未庚午己巳

甲午　乙未丙申丁酉癸卯壬寅辛丑庚子己亥

甲辰、甲戌旬　乙丙丁三奇　坎坤震

戊辰　庚辰己卯甲戌乙亥丙子丁丑癸丑壬子

戊戌　庚戌己酉甲辰乙巳丙午丁未癸未壬午

辛亥　癸巳壬辰戊寅庚寅己丑甲寅乙卯丙辰

辛巳　癸亥壬戌戊申庚申己未甲申乙酉丙戌

甲寅、甲申旬　乙丙丁三奇　巽中乾

丁巳　辛卯　戊午

丁亥　辛酉　戊子

陰遁洎宮

乾　兌　艮　離　坎　坤　震　巽　中

天罡正馬　太陽　丙午甲卯乙辰辛戌丁未壬子庚酉癸丑壬子

傳從正祿　太陰　艮寅乾亥壬子丙午甲卯坤申巽巳庚酉坤申

神后貴人　辛戌丁未坤申艮寅乾亥乙辰癸丑巽巳乙辰

一白水　坎坤震巽中乾兌艮離

六白金　中乾兌艮離坎坤震巽

八白土　震巽中乾兌艮離坎坤

九紫火　坤震巽中乾兌艮離坎

○捷訣歌

坎兌皆宜木局方
太局坤艮位真艮
震巽二方金局吉
乾離水局兆禎祥

○右是方祿馬貴人定局然內有捷訣不必依此推看但見前陰陽三圖內年月日時到坎兌財未亥卯三方得祿馬貴人吉到坤艮則子辰申三位吉到震巽則酉丑巳三方得祿馬貴人吉到乾離則午戌寅三方得祿馬貴人吉

○天星祿馬貴人吉山向方並吉

子丑土寅亥木辰酉金巳申水午太陽未太陰卯戌火

○假如丙子年祿巳以水星為祿元馬在寅以木星為馬元貴人在酉亥以金星木星為貴元到山為守垣到向為朝元他倣此

楊公與許氏下寅山甲向用甲戌年庚午月甲祿到寅以木為祿元馬居申以水為馬元是月水木二星同在申宮照寅山為祿馬朝元為上格又生太陽在申後許氏兄弟同年山仕為官不絕貴元亦倣此推

# 新鐫曆法合節鰲頭通書卷五　終

# 青藜閣新訂增補合節鰲魚頭通大全卷之六

鰲峯　道軒　能宗立曆法
後裔　月疇　秉懋增補
瀟邑　啓燦　淑明詳閱

## 日凶雜忌

入風丁丑巳酉　四窮乙
往亡　春後七　胎神占床
三不返　辦戊辛　宅龍占灶
絕烟火辰戊　財離辰月
五不遇戊日　咸池卯日
四虛敗巳酉　爭雄巳午
九良星占楷　伏龍中庭
解水龍丙子　離別丙子
返泉巳未　芝苍未日

四順　建宜行　成宜離
寅宜往　卯宜歸

四逆　申不行　酉不離
七不往　八不歸

○日用集宜

## 正月

建　天德丁　寅月德丙月　月空壬　月恩在丙宜丙辛壬上修造取土上吉

**立春　雨水**

後太陽始過亥宮登明　尚在子宮神后　為天月將

按此曆日時刻躔玄枵之次宜用乙辛丁癸時

其戶時刻纏娵訾之次宜用甲丙丁壬時

初一　初二少方　空亡四　初三赤口　初四天休廢四不祥
初五六壬空　月忌　初六大天　空亡　絕煞　初七天地不爭長星　初八四老禁
初九瘟皇出天伏亡赤　初十小空亡　十一六壬空　十二　十三楊公忌
十四月忌空亡禁　十五赤口　十六四不祥　十七六壬空
十八小空亡七　十九四不祥　二十荒禁　廿一天地爭雄　敗短星
廿二大空亡長短星　廿三六壬空　廿四　廿五　廿六大小空亡
廿七赤口　廿八四不祥　廿九六壬空　三十大空亡

立春甲子金〇宜子丑
二白 開義午時
雨水七赤

吉天恩黄道母倉益後 生氣上吉神在内天火星星重丧地賊刀砧
宜入學出行給由冠笄 祭井動土脩原祭祀沐浴剃頭求醫問祀灶会
親牧券開渠安碓安產 室出兵 忌起任嫁娶脩道蓋屋安葬納畜

立春乙丑金〇宜寅卯
三黑 開制巳申時
雨水八白

吉天恩明堂黄道續世 天醫神伍明星 内火星月殺遍忌血忌血支
宜祭祀求嗣補垣塞穴 給由動土開廁出火求財枋猫大脩等應試
求医結網塞鼠断蚁依 則安床設帳忌嫁娶遠回移徙種植登造船

壹碧丙寅火〇宜子丑
雨水九紫 建義辰未時

吉天恩月德月恩要安 滿德宅危德内黑道天敗六不成月建虫尤
宜安葬伐木放生畜羊棧 解安宅会忌結婚祀灶新船下水栽種冠笄

立春丁卯火〇宜寅卯
四绿 除義午未時
雨水一白

吉天恩天德顕星玉堂 上吉五合不将神在 内朱雀黑道
宜脩造動土出行移徙 冠笄天井祭祀除服上官交易安葬嫁娶立
契求醫脩築馬枋入倉 栽種造門掃舍 忌瘟宫視事乘船

春寅戊辰水〇宜寅辰
亞黑 滿專巳申時

吉金櫃黄道天醫天恩 天富金堂曲星 内土瘟天賊九空焦坎天狗
宜詞訟剃頭求醫結網 畋魚 忌祭祀嫁娶造倉種蒔凡事

立春
六白己巳水〇宜丑辰
平義午未時
雨水三碧

吉天德黄道活曜星 内地火獨火月火游禍危虎天罡蓋無水消
宜平治道塗泥飾垣墻
忌豎造嫁娶蓋屋凡百事不宜

立春七赤 庚午 土〇宜丁丑 定伐卯午時
雨水四綠

吉次吉月財三合　凶黑道死上官符四廢
宜冠帶結婚會親出行登柱上梁上官赴任栽衣收割禁畜牧牛馬
祀祈求嗣齋醮斷蟻安碓斷取　忌治病動土安產室栽植安葬啟攢

立春八白 辛未 土〇宜卯巳 伏義辰時
雨水五黃

吉月德合青龍道傳星敘心欽吉神在　凶黑道天瘟四廢
宜求嗣上梁出行赴舉給由動土捕捉修廚祭祀起工進人口栽植
伸情會親牧養出兵校捕獵畋佩祈福　忌開市出財上官交易服藥

立春九紫 壬申 金〇宜丑辰 破義巳未時
雨水六白

吉天德合月空明星曾獲神在　凶黑道進大耗月破
宜治病求醫祭祀破屋壞垣　忌隨事不宜

立春一白 癸酉 金〇宜卯寅 危義午時
雨水七赤

吉福生吉慶上吉神在　凶黑道
宜冠笄入學給由移居出行栽衣安宋入倉開庫祭祀登造安葬
屋繪像剃頭作灶入宅放債起工分居乔蠶栽種結網割蜂造門天
井定桑祈福開市　忌結婚治病詞公會客

春二黑 甲戌 火〇宜寅辰 戌制巳申時
雨八白

吉天喜黃道神在天醫　凶受死月厭地火飛廉重喪火星
宜宴會宗祖斷蟻結網畋漁　忌諸事不宜

春三碧 乙亥 火〇宜丑辰 收義午時
雨九紫

吉聖心幽微星丹倉六合　凶黑道刀砧河魁勾絞丙年土符
宜結網出火剃頭捕捉納財　忌凡事不宜

立春四綠 丙子 水口宜子丑 開伐卯午財
雨水一白

立春五黃 丁丑 水口宜寅巳 開伐亥時
雨水二黑

立春六白 戊寅 土口宜巳未 建伐戌時
雨水三碧

立春七赤 己卯 土口宜子寅 除伐午未時
雨水四綠

立春八白 庚辰 金口宜寅辰
雨水五黃 滿義巳午酉

立春九紫 辛巳 金日宜丑辰
雨水六白 平戌午未時

吉月恩天德黃道母倉頭星盈後生炁上吉 凶黑道天火刀砧地賊
宜入學求婚求醫脩築堤[illegible]出行求才会親下定移徙冠笄安碓磑
攢立契穿井開店肆天[illegible]井開渠納才 忌赴任乘船裁衣種積竖造

吉天德月德天醫黃道續世上吉不將神在 凶月殺血支月忌血忌
宜求婚交易祭祀求嗣習又云安葬栽接補垣塞穴伐木起工經絡開
仕出行立寨臨試裁衣合帳作陂池作廁築墻 忌嫁娶移徙

吉天赦天瑞滿德星要安既德天会 凶黑道迎月大大不成大敗宝九
宜解除宅舍詞訟堆垛塞壅伐術作 破脩栅栽種作羊棧猪欄作灶
開池〔 忌冠笄祭祀

吉天恩天福天瑞五常不將神在五合 凶黑道忌移徙乘般結婚
宜上官冠任解除給由嫁娶求婚脩造動土立券交易冠笄祭祀入
倉開庫詞訟伐木 [illegible]天井馬枋經絡收割安床求醫針灸雕刻欄

吉天恩黃道傳星金堂天宮 凶土瘟天賊四廢九空焦坎天狗
宜会親友求醫結網畋漁 忌祭祀開市嫁娶安葬破攢交易

吉天恩黃道活曜星天福 凶天罡九虎羲廉地火游禍 四廢求消 十年上朔
宜平治道塗泥飾垣墻 忌凡事不宜

立春一白 壬午 木口宜丑卯 定制時吉
雨水七赤
立春二黑 癸未 水口宜寅卯 執伐辰巳申
雨水八白 時
立春三碧 雨水四紫 甲申 水口宜子丑 破伐未用戌
春綠 雨白 乙酉 水口宜子丑 危伐寅卯時
春黃 雨黑 丙戌 土口宜寅巳 成宝申酉時
立春六白 丁亥 土口宜丑辰 雨水三碧 收伐午未時
春赤 雨綠 戊子 火口宜子午 開制申時

【吉】天德合月空天恩上吉神在三合 【凶】黑道罪至死无岩官符
【宜】上官赴任冠笄結婚出行交易安葬竖柱上梁入倉開庫栽衣行
船斬車破土伐木起土安碓祈福納猫脩造動土栽接木納畜邑舍
【吉】天恩黃道紋心次吉玉堂明星【凶】火星天瘟小耗 【忌】出財竖造
【宜】入學出行給由上官赴任結婚捕捉進人只会親牧養畋漁
【吉】明星普護神在 【凶】黑道重喪大耗月破
【宜】祭祀療病破屋壞垣針灸 【忌】凡事不宜
【吉】福生吉慶星神在 【凶】黑道【忌】交易結婚赴任栽植
【宜】祈福祭祀解除安床登造安葬成服沐浴破土結綢割蜂剃頭徙
【吉】六喜黃道月德月恩曲星司命明星 【凶】月厭飛廉受死
【宜】安葬結綢塞鼠斷緣 【忌】涂事不宜
【吉】天德幽微星母倉聖心六合神在【凶】黑道刀砧河魁勾絞賊出
【宜】納財祭祀栽種收斂貨財整容針灸結綢捕起
【忌】嫁娶出行安葬
【吉】母倉黃道益後生炁【凶】黑星天火刀砧地賊不孝【忌】移徙
【宜】入學出行求婚下定求医会親沐浴紋养经絡剃頭修築垣

春白 雨黄 己丑 火〇宜寅卯 閉事辰申時

立春 九紫 庚寅 水〇宜子丑 建制辰巳時

雨水六白

立春 一白 辛卯 水〇宜寅辰 餘制門時

雨水七赤

春黒 雨白 壬辰 水〇宜丑寅 滿伐辰巳時

立春 三碧 癸巳 水〇宜丑卯 平制午時

雨水九紫

立春 四綠 甲午 金〇宜子丑 定宝卯時

雨水一白

春黄 雨黒 乙未 金〇宜子寅 破制卯巳時

---

吉 黄道天醫溥星續世神在 凶 月殺血支婦忌血忌

宜 祭祀給由求嗣祀灶作廁塞鼠斷蟻補垣 忌 餘事不吉

吉 天福天瑞要安滿德星龍德天倉 凶 天敗六不成四廢黒道大耗

宜 詞訟成服除服解安宅合 忌 祭祀開倉行船起工

吉 天福月德合玉堂神在五合 凶 黒道四廢

宜 赴封赴任嫁娶療病修造動土立券交易啟攢嗣訟剃頭針灸

祀祈福冠笄除靈服裁種作難栢求婚 忌 出行乘船移徙

吉 天福天富天德合黄道金堂次吉 凶 天賊火星土瘟九空焦坎[illegible]

宜 上官詞訟剃頭牧养針灸 忌 嫁娶啟造種蒔乘船

吉 天福活曜星黄道 凶 天罡絢絞荒无游禍地火獨火水消郱上火[illegible]

宜 成服泥飾垣墻平治道塗 忌 餘事不吉

吉 顯星上吉神在三合 凶 黒道罪至重喪死无管符

宜 上官赴任入學冠帶結婚會親友出行納財修造動土竪柱上梁

定磉安碓 忌 治病立券啟攢安產室栽植安葬

吉 黄道曲星放心王堂 凶 天瘟小耗

宜 赴举給由下定嫁娶起土捕捉遷人口牧养畋獵 忌 餘事不吉

春白 雨碧 丙申 火 □ 宜子丑 破制辰未時
立春 丁酉 火 □ 宜午未 危制時吉
七 雨 四
春白 雨黃 戊戌 辰 □ 宜子寅 成專卯午時
春紫 雨白 己亥 木 □ 宜丑辰 收制午未時
立春 一白 庚子 土 □ 宜子丑 開宝卯午時
雨水七赤 吉
立春 二黑 辛丑 土 □ 宜卯巳 閉義申時
雨水八白
春碧 雨紫 壬寅 金 □ 宜丑寅 建宝巳未時

吉普護明星月德月恩神在
凶黑道大耗月破
宜祭祀求医治病破屋壞垣
忌餘事不吉
吉天德吉慶星福生次吉神在
凶黑道
宜入學冠笄移居安葬裁衣安床出行入倉開庫入宅造門蓋屋起
工豎造天非祭祀分居冷望救養定磉修造動土開池雕刻應試
吉黃道天喜傳星
凶受死月厭飛蕪
宜結網塞鼠斷蟻
忌餘事不吉
吉天福幽微星聖心母倉六合不將
凶黑道刀砧河魁庚年上朔
宜收斂貨財剃頭捕捉針灸畋獵
忌餘事不吉
吉天福青龍黃道母倉生炁後不將
凶黑道天火地火四廢地切賊
宜結婚嫁娶入學出行療病脩置產室剃頭下定交易攻朱牧养治
田穿井
忌餘事不吉
吉天福黃道月德合次吉續世天醫
凶月殺火星四廢棲忌並支
宜補垣塞穴作廁結網脩築垣墻
忌餘事不吉
吉天德合月空滿德星要安龍德天倉
凶六不成黑道大敗宜亢
宜鮮除宅舍種蒔接木安葬
忌餘事不吉

立春四綠 雨水一白 癸卯 金口宜卯巳 除宝王午未時

立春五黃 雨水二黑 甲辰 火口宜辰巳 滿制時

春白 雨碧 乙巳 火口宜丑卯 平宝辰午未

春赤 雨綠 丙午 水口宜子卯 定專午時

立春八白 丁未 水口宜寅卯 執宝巳申時

雨水五黃 吉

春紫 雨白 戊申 土口宜丑卯 破宝巳未時

立春一白 雨水七赤 己酉 土口宜丑卯 危宝辰未時

---

吉 顯星 玉堂 次吉 五合　凶 黑道 朱雀

宜 上官赴任修造動土立券交易啟攢冠笄安葬除服嫁娶剃頭應病建醮入倉開庫養蠶栽種破土天井雕刻作酒醋

吉 天富 金櫃 黃道 曲星 金堂　凶 天賊 土瘟 重喪 九空 焦坎 天狗

宜 會親針灸　忌 餘事不吉

吉 天福 天德 黃道 皓曜星　凶 游禍 龍虎 天罡 絢絞 荒蕪 地火 獨火 水消 辛年上朔

宜 粉飾垣墻平治道塗　忌 餘事不吉

吉 月德 月恩 上吉神在　凶 黑道 罪至 死炁 官符

宜 上官赴任冠帶結婚出行納財移徙修造動土豎柱上梁入倉庫安葬

吉 天德 玉堂 黃道 上吉 敬心神在　凶 天瘟 小耗

宜 入學結婚下定祭祀移徙捕捉進人口栽移牧養出行畋獵

吉 明星 普護神在　凶 黑道 大耗 月破

宜 祭祀治病破屋壞垣　忌 餘事不吉

宜 天恩 吉慶 星福 生神在　凶 玄武 黑道

宜 登造安床祭祀祈福破土安葬剃頭栽種解除設齋雕刻割蜂出行　忌 結婚赴任移徙治病交易乘工

二日庚戌金〇宜寅辰
分八白 成未巳午時
春雷 辛亥金〇宜子辰
雨九紫 收壬午未時
立春 木〇宜子丑
四绿 壬子 開寅卯午時
雨水一白
春黃 水〇宜寅卯
雨黑 癸丑 閉伐巳申時
立春 水〇宜巳卯
六白 甲寅 建寅辰巳未
雨水三碧 時
立春 水〇宜子寅
七赤 乙卯 除寅卯午時
雨水丙绿
八白 火〇宜寅辰
五黃 丙辰 滿宅巳時

吉天喜司命黃道天恩 凶月厭受死四廢飛廉災煞
宜交易宴會塞鼠穴 忌凡事
吉天恩幽微星月德合毋倉六合圣心 凶黑道四廢河魁刀砧五離
宜收斂货財制頭給由行船開塘作杜種時栽枯捕捉教止
吉天德合天恩青龍黃道毋倉益後生死顯星 凶黑星地賊天火劫
宜入学出行交易冠笄祈福治病经給制頭針灸案墻動土修置産
室 忌赴任結婚移徙蓋屋豎造安葬
吉天恩明堂黃道曲星次吉續世天医 凶月杀血支血忌
宜給由起工安床補垣塞穴经絡祀灶定磉作厕修灶栽種
吉天倉滿德星要安德 凶黑道重喪天吏十不成
宜安宅舍伐木 忌凡事
吉玉堂神在五合 凶黑道
宜上官赴任祭祀求医療病修造動土立券交易給由破土啟攢
頭詞訟出火分居嫁娶除服穿井穿牛針灸安床造酒伐木
吉天官金櫃黃道月德上吉金堂傳星 凶土瘟天吉九空焦坎天狗
宜冠笄宴会赴任針灸 忌餘事不

春九紫 雨六白 丁巳 火○宜丑辰 專午未時
吉天德天福黃道活曜星 凶雀虎將禍天罡荒无獨火地火冰消瓦解
宜平治道塗修築垣墻 忌凡事不吉

立春一白 戊午 土○宜子丑 定义卯午時
雨水七赤
吉三合神在月財 凶黑道罪至死炁官符
宜上官赴任冠帶出行結婚會親祭祀修造動土竪柱上梁安碓栽衣納畜雕刻作廁 忌治病移徙安產室栽插蓋屋詞訟

春二黑 雨八白 己未 土○宜子寅 執專卯巳時
吉玉堂黃道敬心神在 凶天瘟火星小耗忌開市成服入宅修造
宜給由赴舉祭祀結婚進人口會親收養捕捉動土

春三碧 雨九紫 庚申 木○宜丑辰 破專巳時
吉天福天岳明星普護 凶黑道正四廢大耗月破
宜求醫治病破屋壞垣 忌凡事吉

立春四綠 雨水一白 辛酉 水○宜寅卯 危專巳午未時
吉月德合吉慶星福生顯星神在 凶黑道正四廢
宜祭祀祈福解除沐浴破土安葬交易栽種
忌赴任結婚移徙修造

春五黃 雨二黑 壬戌 水○宜辰巳 成伐申酉時
吉天德合月空司命黃道天喜坎吉曲星三合 凶受死月厭飛廉
宜交易宜參塞鼠 忌凡事不吉

春六白 雨三碧 癸亥 水●宜丑卯 收專時
吉幽微星田倉聖心六合神在 凶黑道刀砧次絞申年上朔
宜祭祀收斂財貨栽接捕捉 忌詞訟嫁娶內苗諸事不吉

## 日凶雜忌

去別癸丑　財丙丑日
八風丁酉己丑反放己未
三不返子卯酉月
九良指　咸池子日
往亡京畜後十四日
芝危甲日　宮危占灶
五不遇午丑日　威門辰日
四窮乙亥日　伏危申定
化烟火巳亥　爭雄亥子
四虛敗己酉日　恰神離門
觸水危癸丑

四顛　建宜行　成宜丙
寅宜往　卯宜歸

四遊　申不行　酉不丙
七不往　八不歸

## 二月　卯建

天德坤●月德甲●地月將在戌自京至春分後作二
月合氣用●天道西南行宜向西南行宜修造西南維

驚蟄　尚在亥●登明
後太陽始過乾●河魁

春分　為天月將
從時歷日時刻躔娵訾之次宜用申庚丙壬時
取月時刻躔降婁之次宜用艮巽坤乾時

初一小空亡　初二赤口危禁　初三四方耗　初四四不祥六壬空長星
初五瘟星八大空亡　月忌　初六　初七天乙絕四不祥
初八嘔瘟星出危禁赤　初九小空亡　初十六壬空　十一楊公忌
十二危神朝帝　十三天休廢大空亡　十四赤口危禁月忌　十五
十六烟四不祥六壬空　十七小空亡　十八大休廢　十九天地四廢敗亞星
二十赤口　廿一大空亡　廿二瘟危禁六壬空　廿三月忌
廿四　廿五小空亡　廿六赤口危禁　廿七
廿八四不祥六王空　廿九大空亡　三十危神朝此帝

京春 七赤 **甲子** 金● 宜子寅 收義 卯时

吉天恩月德司金黄道毋倉神在 凶天罡地賊火星罪至刃砧水消

宜祭祀收斂貨種蒔栽植捕捉剃頭 忌修造出行詞訟納畜

京立 春分 八白 **乙丑** 金● 宜寅卯 開制 巳申时

吉天恩敬心生死天倉續在不將 凶黑道重喪九空焦次

宜上官赴任祭祀結婚嫁娶求医治病修造動土安碓開渠穿井入学出行破券栽衣開池分居作灶入宅 忌造倉庫安葬冠笄啟攢

京立 春分 九紫 **丙寅** 火● 宜子丑 閉義 辰未时

吉天恩黄道吉慶星次吉顯星普護天医 凶游禍黑星血支歸忌

宜入學出行給田起産安床修灶立券交易啟攢起工定磉作倉動土栽種牧養破土補垣塞穴設帳修築 忌嫁娶移徙治病入宅

京立 春分 一白 **丁卯** 火● 宜寅卯 建義 午未时

吉天恩月恩黄道曲星福生危德神在 凶天火地賊

宜冠笄祭祀出行受封起樑

忌剃頭穿井開倉修造動土

京立 春分 二黑 **戊辰** 水● 宜寅辰 除專 巳午時

吉天恩幽微星神在 凶受死黑道獨火蚩尤

宜解除塞鼠穴捕魚 忌道事不吉

京立 春分 三碧 **己巳** 木● 宜丑辰 滿義 午未时

吉天德合聖心月德合天宮 凶黑道飛廉土瘟天狗乙年上朔

宜結婚受封開市造倉廚起工經絡裁衣剃頭移徙開張店肆放責造酒醋結網習獵 忌嫁娶出行動土營造祭祀安葬啟攢

京宜四綠 庚午 土〇宜子丑 平伐 知午時

京宜春分五黃 辛未 土〇宜寅申 定義 巳時

京春六白 壬申 金〇宜丑辰 執義 巳未時

京春七赤 癸酉 金●宜寅卯 破義 午時

京宜春分八白 甲戌 火●宜寅辰 危制 巳亥時

京宜春分九紫 乙亥 火〇宜丑辰 成義 午時

吉 黃道月空傳星益後　凶 何魁約絞四廢地火大敗六不成

宜 修造起造產室泥飾垣牆平治道塗針灸破土斬草　忌 結網蓋屋

宜 滿德星天德黃道續世神在　凶 血忌死炁官符四廢

宜 入學祭祀冠帶求嗣結婚會親修造動土竪柱上梁給由收捕魚

行赴擧入宅作倉庫安碓磑栽衣安葬作灶　忌 治病安產室針刺

吉 天德要安次吉神在　凶 黑道小耗

宜 祭祀解除破土安葬啟攢冠笄剃頭　忌 結婚立券安床交易■

吉 玉堂黃道神在　凶 火星天賊大耗月厭荒蕪

宜 治病破屋壞垣　忌 百事不宜

吉 月德天岳明堂金堂上吉神在活曜星六合　凶 黑道月煞天瘟

宜 入學裁衣祭祀祈求結婚安床出行立券交易經絡動土上官捕

魚教馬祈福安神結網畋獵　忌 行船開倉庫納財修造栽種納畜

吉 天喜母倉顯星三合　凶 黑道龍虎刀砧重喪丙年上朔

宜 入學治病修造上梁交易安碓出行入宅出火作破祀灶穿井動

土開池閉塞築堤染塑給由畋獵捕魚栽接

忌 嫁娶栽植安葬詞訟

京春十日 丙子 水□宜子丑 收伐午申時

京直春分二黑 丁丑 水●宜寅卯 閉宝巳時

京直春分三碧 戊寅 土□宜丑巳 閉伐未時

京春四绿 己卯 土●宜子寅 建伐午未時

京直春分五黄 庚辰 金●宜寅辰 除義巳午時

京直春分六白 辛巳 金□宜丑辰 滿伐午未時

吉黄道地倉不将曲星 凶地賊天罡約絞罪至刀砧水消
宜嫁娶收歛財貨進人口針灸補捉栽種 忌安葬作灶猪欄出行
吉天倉月恩敬心生炁不将神在 凶黑道九空焦坎
宜上官祭祀結婚嫁娶移徙入學治病修造動土出行開渠穿井針
灸豎柱下定造酒起染栽種 忌修倉庫出納財貨安葬啟攢冠笄
吉天赦青龍黄道吉慶星普護天瑞天醫 凶黑星游禍血忌歸忌
宜冠笄立券交易補垣塞穴詞訟修築伐木起土豎造開地動土安
床修竈券蚕井欄作廁 忌嫁娶遠回入宅治病祭祀
吉天福黄道月德合天恩天瑞傳星神在福生龍德 凶天地轉煞天火
宜出行赴舉詞訟祭祀求婚放債起染 忌豎造作灶安產宜蓋屋
吉天恩月空幽微星神在 凶道九黑道受死四廢
宜祭祀解除除服 忌凡事不宜
吉天恩天德合來福天瑞聖心天富 凶土瘟黑道四廢飛廉天狗
宜会親栽衣經絡詞訟剃頭入倉開庫開市開張出火開池作陂塞
獵斷蟻補寨垣墻
忌上官出行治病安葬動土牛欄

京春 七赤 壬午 木〇宜丑卯 平制時

京春 八白 癸未 木〇宜寅卯 定伐巳申時

京首 春分 九紫 甲申 水〇宜子丑 挑伐辰巳未時

京春 一白 乙酉 水〇宜子丑 破伐寅卯時

京春 二黑 丙戌 土〇宜子寅 危宜辰巳時

京春 三碧 丁亥 土〇宜丑辰 成伐午未時

京春 四綠 戊子 火〇宜卯巳 收制午時

吉 天恩金匱黃道普護神在 凶 火星大敗六不成河魁勾絞地火
宜 祭祀平治道塗泥飾垣墻針灸斬草 忌 餘事

吉 天恩天德黃道滿德星次吉續世 凶 血忌死炁官符
宜 入學冠笄結婚會親豎柱上梁栽衣納畜天井剃頭交易下定出行

吉 天德月德上吉顯星要安神在 凶 黑道小耗
宜 祭祀出行上官解除給由修造動土安葬沐浴剃頭移居冠笄修
吉 蓋屋捕捉祈福作灶伐木畋獵豎造
忌 開倉安床結婚交易

吉 玉堂黃道曲星神在 凶 荒蕪月厭天賊重喪大耗
宜 療病破屋壞垣 忌 凡事不宜

吉 活曜星次吉六合金堂神在明星不將 凶 月殺黑道天瘟
宜 上官祭祀納采結婚出行移徙下定安床交易動土安葬栽衣結繹

吉 天喜月恩母倉上吉不將神在三合 凶 黑道龍虎刀砧戊年上朔
宜 立券交易治病栽衣納財種植上官給由造門經絡移居豎造天井

吉 黃道母倉傳星明星 凶 天罡勾絞刀砧罪至地賊水消
宜 進人口斂貨財捕捉取魚求醫剃頭 忌 作倉豎造出行詞訟

京春 五黃 **己丑** 火● 宜子寅 專開 外巳申

吉 天仓 月德合 敬心神在 生炁 不特　凶 黑道 九空 焦坎

宜 移居 会親 祭祀 疗病 竖造 下定 经络 祀灶 起染 剃頭 出行 求財

京春 六白 **庚寅** 木○ 宜子丑 閉制 巳未 时

吉 天瑞 天福 月空 普護 黃道 吉慶星　凶 黑星 血支 灶忌 游禍 四廢

宜 給由 立券 交易 求婚 動土 起土 盖屋 冠笄 安葬 補垣 塞穴 裁衣 開池

京春 七赤 **辛卯** 木● 宜子寅 建制 卯午 时

吉 天福 黃道 福生 危德 神在　凶 天地轉煞 火星 天火 四廢

宜 求婚 交易 祭祀 出行 詞訟 針灸 穿牛 造令牌　忌 修造 作灶

京春 八白 **壬辰** 水○ 宜辰巳 除伐 亥 时

吉 天福 幽微星 次吉　凶 受死 獨火 黑道 蚩尤

宜 解除 塞穴 除服 祭祀 祈福 驅邪 治病　忌 凡事不吉

京春 九紫 **癸巳** 水● 宜丑卯 滿制 午未 时

吉 天德合 天福 顯星 聖心 天宮 次吉　凶 黑道 土瘟 飛廉 巳年上朔

宜 受封 移徙 冠笄 经絡 裁衣 納財 剃頭 栽種 雕刻

京直 春分 一白 **甲午** 金○ 宜子丑 平宝 卯 时

吉 月德 黃道 曲星 益後 神在　凶 河魁 勾絞 地火 大敗 六不成

宜 祭祀 修産室 平治道涂 除泥 飾垣墙　忌 開金 起工 盖屋 栽種 開溝

京直 春分 二黑 **乙未** 金○ 宜子寅 定制 卯巳 时

吉 黃道 滿德星 次吉 續世 神在　凶 血忌 死炁 官符

宜 祭祀 求嗣 冠帶 会親 繪像 上官 行船 赴任 入学 下定 出行 祈福 作仓庫 欄栅 伐木 娶嫁 安床 納畜 出火 安修 碓磨

忌 上梁 動土 安塋 安葬 開室

京春 三碧 丙申 火○宜子丑 执制辰未時

京直 春分 丁酉 火○宜午未 破制時

四绿

京春 五黄 戊戌 木○宜子寅 危專巳午時

京直 春分 己亥 木○宜丑辰 成制午未時

二月 六白 吉

京春 七赤 庚子 土●宜子丑 收宝卯午時

京直 春分 辛丑 土●宜寅卯 開義巳申時

八白 吉

京春 九紫 壬寅 金●宜丑辰 閉宝巳未時

吉 天德要安六吉神在 凶 黑道小耗

宜 冠笄给由祭祀解除捕捉破土安葬栽接種蒔经络移居经造

吉 月德玉堂黄道傳星 凶 月厭大耗八耗荒蕪

宜 求医治病破屋壞垣 忌 餘凡事不出

吉 活曜星金堂六合明星 凶 月殺黑道大煞

宜 納采問名经洛立券交易進人口畋魚收割栽種 忌 竹船嫁娶

吉 天福月德合册倉上吉天喜不將 凶 黑道龍虎刀砧血刃已劍

宜 冠笄入学治病結婚剃頭脩造動土竖柱上梁交易造閣行船盖屋牧养移徙針灸下定納財安碓作倉天井種蒔栽接定磉

忌 嫁娶安葬出猪

吉 天福司命黄道月空母倉不將 凶 天罡絞絞罪至刀砧四廢地火星賊

宜 冠笄嫁娶斂貨財剃頭納財教牛取魚 忌 脩作竖造倉出行

吉 天倡敬心生炁天倉 凶 黑道四廢九空焦坎

宜 出行会親婚姻入学治病修造動土開渠穿井安碓剃頭牧养

吉 天医黄道顯星吉慶星普護 凶 黑道游禍血忌歸忌

宜 冠笄立券交易補垣塞穴破土安葬作廁斷蟻 忌 祭祀嫁娶移徙

京春 一白 癸卯 金 ● 宜寅卯 建 宜午未時

京直 春分 二黑 甲辰 火 ● 宜巳亥 除 制時

京直 春分 三碧 乙巳 火 ● 宜子丑 滿 宝辰未時

京春 四緑 丙午 水 ● 直子丑 平 専卯午時

京直 春分 五黃 丁未 水 ● 宜寅卯 定 宝巳申時

京宜 春分 六白 戊申 土 ● 宜丑卯 扶 宝辰巳時 吉

京春 七赤 己酉 土 ● 宜子寅 破 宝卯辰時

---

吉 黃道福生曲星龍德 凶 天火月建天地轉殺 忌 脩造作倉開倉

宜 拜受封出行交易求婚冠笄起栾造畜尺令牌穿牛出共牧捕

吉 月恩幽微星上吉 凶 黑道受死獨火月火蚩尤

宜 塞穴断蟻分親餅除服治病 忌 餘事不吉

吉 天德合天福天富聖心玖吉 凶 黑道土瘟飛廉重喪年年止朗

宜 受封求婚針灸祭蚕冠笄剃頭開市論造倉庫開店肆

忌 出行動土

吉 金匱黃道傳星益後神在 凶 約絞地火天敗大不成

宜 祭祀脩産室針灸斬草平治道塗補垣墻 忌 餘事不吉

吉 天恩土吉天德黃道滿德星續世神在 凶 血忌死炁官符

宜 祭祀求嗣冠帶上官結婚会親出行移徙納財脩造動土上梁栽衣安産入宅交易下定行船入倉庫祈福開地入宅祠音安碓栽接

吉 天德要安神在 凶 黑道小耗

宜 祭祀餅除脩造捕捉伐木剃頭動土蓋屋取魚納表章栽殖脩築

吉 天恩玉宇黃道月德合神在 凶 月厭天賊火星大耗荒蕪

宜 求医治病拆屋壞垣 忌 百事不吉

京春庚戌金●宜辰巳
八白　危義午酉亥

京直辛亥金●宜丑辰
春分　成寶午未時
九紫　吉

京春壬子水●宜子丑
一白　收專午申時

二月京直癸丑木●宜寅卯
春分　開伐巳申時

二黑
京直甲寅水●宜子丑
春分　閉專辰未時

三碧
京春乙卯水●宜子寅
四綠　建專卯午時

京春丙辰土●宜[illegible]酉
五黃　除寶亥時

(吉)天恩月空天宗明星金堂活曜星六合神在(凶)黑道月殺天罡[illegible]
(宜)納采問名祭祀結婚安床交易立券動土(忌)行船修倉入宅嫁娶

(吉)天恩母倉頭星天喜天醫次吉(凶)黑道龍虎刀砧四廢壬午上朔
(宜)入學冠笄結婚納財治病修造動土豎柱上梁交易[illegible]由行船作
灶入倉開庫安碓蓋屋下定穿井栽種安床設帳　(忌)嫁娶安葬

(吉)天恩司命黃道天瑞母倉曲星(凶)天罡勾絞非至刀砧地賊水消
(宜)造入口收財貨剃頭針灸捕捉(忌)開市入倉庫出行栽種

(吉)天恩敬心生氣天倉(凶)勾陳黑道九空焦坎五虛
(宜)入學出行結婚牧養出火作灶修造治病進人口起基定磉起工
剃頭(忌)百事不吉

(吉)天醫月德吉慶星青龍黃道次吉普護(凶)黑星游禍血支歸忌
(宜)入學求婚立券交易冠笄動土起工造門安床起基[illegible]出定磉[illegible]

(吉)黃道傳星福生青龍德神在(凶)天火天地轉殺重喪
(宜)出行交易祭祀修宮受封納奴婢裁衣牙作(忌)百事不吉

(吉)[illegible]微星次吉[illegible]在(凶)重光大刑黑道受死月火
(宜)解除[illegible][illegible]破屋穴(忌)百事不宜

京春 六白 丁巳 土 ● 宜丑辰 滿 專 午未時
京直 春分 七赤 戊午 火 ● 宜卯午 平 義 申酉時
京直 春分 八白 己未 火 ● 宜寅卯 定 專 巳時
京春 九紫 庚申 木 ● 宜丑巳 執 專 辰時
京直 春分 一白 辛酉 木 ● 宜壬寅 破 專 平未申 酉時
京春 二黑 壬戌 水 ● 宜辰巳 危 伐 申酉時
京春 三碧 癸亥 水 ● 宜午未 戌 專 時

吉 天德合 月恩 天福 聖心 上吉 天富神在 凶 黑道 土瘟 飛廉 鉄 上朔
宜 冠笄 受封 移徙 問市 經絡 栽種 蒔牧 赤起 紫詞 訟 栽接
吉 金櫃 黃道 益後神在 凶 火星 河魁 勾絞 地火 天敗 六不成
宜 祭祀 修產室 泥牆 治路 忌 餘事不吉
吉 月德合 天德 黃道 滿德星 續世 上吉神在 凶 血忌 死氣 官符
宜 上官赴任 出行 祭祀 結婚 修造 動土 竪柱 上梁 安碓 下定 給像 作
倉 安葬 入宅 設齋 伐木 出火 作灶 蓋屋 入李 安床 行船 栽衣 開池 求
嗣 納畜 祈福 忌 安產室 治病
吉 天德 月空 天福 要安 顯星 凶 黑道 四廢 小耗
宜 成服 破土 安葬 捕捉 畋獵 忌 百事不吉
吉 玉堂 黃道 幽星 神在 凶 月厭 天賊 正四廢 大耗 荒蕪
宜 治病 破屋壞垣 忌 百事不吉
吉 金堂 活曜 星次 吉曲星 六合 凶 月殺 黑道 天瘟
宜 納采 開名 結婚 栽衣 動土 立券 交易 結網 捕魚 畋獵 忌 百事不
吉 天喜 母倉神在 凶 黑道 虎 刀砧 卸上梁 忌 安葬 出行 嫁娶
宜 祭祀 納財 起柴 入倉 開庫 祀社 穿井 栽植 治病 安床 設帳 種蒔 [illegible]

## 日內雜忌

争雄午未日　財離戊日
伏龍中庭　離別丙寅
雨水龍丙丁　咸池卯壬
四虛敗巳酉　冶神在門
八風丁丑巳酉　四窮乙亥
九良占灶占廚　成門卯日
往亡清明後廿四日
五不遇午日　宅龍占灶
絕烟火子午　反敗巳未
三不返辰申日　六㱿巳未
葵龍戊日

**四順**　建宜行　成宜離　寅宜往　卯宜歸

**四逆**　甲不行　酉不離　七不往　八不回

## 三月 建辰

天德壬○月德壬○地月將在酉自清明穀雨後並作

三月節氣使用○天道北行宜向北行宜修造北方吉

**清明**後六陽尚在戌○河魁

**穀雨**後過辛○從魁

**為天月將**

按時曆日時刻躔降婁之宮宜用艮坤乾時

甚日時刻躔大梁之宮宜用癸乙丁辛時

初一 天地凶敗
初二 龍禁
初三 瘟星公 六壬空
初四 大空 四不祥 四方孔
初五 月忌
初六 瘟星出
初七 赤口 四不祥
初八 小空 天乙絕氣 龍禁
初九 陽公忌 六壬空
初十
十一
十二 天地凶敗 大空
十三 赤口
十四 龍禁 月忌
十五 六壬空
十六 瘟星 小空 四不祥
十七
十八
十九 赤口 四不祥
二十 大空亡 龍禁
廿一 六壬空
廿二 天休廢
廿三 月忌
廿四 小空亡
廿五 赤口
廿六 龍禁
廿七 大空 天休廢 六壬空
廿八 四不祥 大空亡
廿九
三十

清明七赤 **甲子** 金○宜子丑 成危寅午時
谷雨四綠

吉 天恩 母倉 聖心 次吉 明星 天倉 天喜 不將 神在 凶 天牢 黑道 血忌
宜 入學 冠笄 祭祀 納采 治病 上梁 交易 安葬 行船 求嗣 給由 進人口 安床 修廚作灶 蓋屋 竪造 作陂 剃頭 開池 天井 種蒔 定磉 竪柱 出行 牧養

清明八白 **乙丑** 金○宜子寅 收制卯巳申酉時
谷雨五黃

吉 天恩 顯續 益後 幽微星 神在
宜 祭祀 納財 捕捉
忌 嫁娶 移徙 動土
凶 黑道 河魁 荒蕪 冰消
忌 百事不吉

清明九紫 **丙寅** 火○宜子丑 開義辰未時
谷雨六白

吉 天恩 月空 黃道 次吉 曲星 續世 生炁
凶 天賊 血忌
宜 上官赴任 受封 襲爵 治病 啟攢 交易 牧養 安碓磨 穿井 開渠 栽植 [illegible][illegible] 冠笄 下定 官會 求醫
忌 造葬 嫁娶 開市

清明一白 **丁卯** 火○宜寅卯 閉義午未時
谷雨七赤

吉 天德合 月德合 天恩 要安 上吉 天醫 神在 凶 黑道 血支 獨火 月火
宜 出行 冠笄 祭祀 祈福 求嗣 婚姻 行船 栽種 入倉 開庫 造欄 柵 修齋

清黑 **戊辰** 木○宜寅巳 建專午酉時
谷八白

吉 天恩 黃道 滿德星 五富 龍德 神在
凶 黑道 天瘟 月建
宜 祭祀 出行 裁衣 泥飾 舍宇
忌 開倉 修造 動土 造倉欄

清明三碧 **己巳** 木○宜丑辰 除義午未戌
谷雨九紫

吉 黃道 傳星 金堂 母倉 上旺居
凶 重喪 亡午 土朔
宜 受封 襲爵 起工 會親 掃舍宇 治病 修造 動土 開市 裁衣 剃頭 行船 裝載 栽種 補垣 詞訟 屋 給由 移居 穿井

清明四綠
谷雨百 庚午 土○宜子丑 滿戊卯午時
清明五黃 辛未 土○宜寅卯 平義戊亥時
谷雨二黑
清明白 壬申 金○宜丑巳
谷雨三碧 定義未時
清明七赤 癸酉 金○宜午未
谷雨四綠 執義時
清明白 甲戌 火○宜寅辰
谷雨黃 破制巳亥時
清明 乙亥 火○宜丑辰
九紫 危義戌時
谷雨六白
清明 丙子 水○宜子丑
二白 成伐卯午時
谷雨 吉
七赤

【吉】六富月恩 上旺 后時陰合 【凶】黑道天火天狗七煞四廢龍虎飛廉九虛
【宜】剃頭破土 開市栽衣教牛安葬出行針灸移徙造酒斷乳
【吉】活曜星神 在 【凶】月殺四廢地火黑道天罡絢絞退朵
【宜】祭祀泥飾 垣墻平治道塗 【忌】餘事不吉
【吉】天德黃道 上吉月德敬心 神在 【凶】月厭火星死氣官符
【宜】入學祭祀 解除破土安葬納畜安修磨 【忌】嫁娶出行豎造
【吉】黃道次吉 普護六合神在 【凶】小耗滅沒
【宜】上官赴任 [illegible]入學冠笄解除治病捕捉安葬作灶剃頭栽
【吉】顯星臨官 臨任不將 【凶】大耗黑道九空焦坎大敗六不成
【宜】祭祀治病 針灸破屋壞垣 【忌】餘事不吉
【吉】黃道母倉 吉慶星次吉曲星 【凶】游禍受死刀砧地賊丙午上朔
【宜】捕魚結網 畋獵 【忌】凡事不吉
【吉】天恩月空 次吉母倉聖心明星天倉 【凶】歸忌黑道刀砧
【宜】上官給由 結婚會親出行治病修造動土入學冠笄豎柱上梁啟
攢廝福入倉 交易下定安床蓋屋天井平基種蒔栽接針灸
【忌】作灶入宅 乘船

清黑 谷白 丁丑 水○宜巳申 收宅戊亥時

清明三碧 谷雨九紫 戊寅 土○宜丑辰 開戊巳未時

清明四綠 谷雨一白 己卯 土○宜子寅 閉戊午未時

清五 谷黑 庚辰 金○宜寅辰 建義巳酉時

清明六白 辛巳 金●宜丑未 除伐時

谷雨三碧

清明七赤 壬午 水●宜丑午 滿制時

谷雨四綠

清白 谷黃 癸未 水○宜卯辰 平伐巳申亥

---

吉 天德合月德合後幽微星不將神在 凶 黑道河魁約絞荒蕪冰消

宜 針灸栽種接花木 忌 凡事不吉

吉 天赦天瑞傳星黃道續世生炁 凶 天賊血忌

宜 冠笄襲爵受封上官下定立券交易會親治病詞訟開渠穿井

吉 天恩天福天瑞要安天醫神在 凶 黑道重喪血忌獨火月火

宜 祭祀祈福交易冠笄裁衣給由動土祀灶入倉開庫栽種詞訟補垣塞穴作廁馬枋祀灶脩築開池栽接 忌 杜任脩造安葬移徙

吉 天恩月恩滿德星龍德玉堂黃道神在 凶 黑星天瘟四廢

宜 祭祀出行會親解除穿牛 忌 凡事不吉

吉 天恩金堂明堂黃道天瑞天福土后母倉 凶 火星丁年辛年十惡大敗四廢

宜 會親掃舍解除治病開市除服脩合種蒔 忌 嫁娶出行安葬

吉 天德月德上册后母倉天恩天福 凶 天火龍虎黑道土瘟飛廉獄

宜 開市交會親入倉開庫裁衣破土針灸種蒔栽接安葬剃頭

忌 祭祀納財移徙竪柱上梁伐不皆凶

吉 天恩星顯星 凶 黑道天罡約絞 月殺地火

宜 泥墻栽種 忌 凡事不吉

清明九紫 谷雨六白 甲申 水 口宜丑寅 是伐辰未時

清明一白 谷雨七赤 乙酉 水 口宜子丑 执伐寅卯午時

清明谷白 丙戌 土 口宜寅亥 破宝酉亥時

清明三碧 谷雨九紫 丁亥 土 口宜丑辰 危伐未戌時吉

清明四綠 谷雨一白 戊子 火 口宜卯巳 成制午未時

清明谷雨 己丑 火 口宜子寅 收專卯戌亥

吉 黃道曲星敬心坤在　凶 月厭死炁宫符

宜 祭祀解除修造竪柱上樑納畜破土安葬入學求師蓋屋作陂
絡設醮祭祀灶栽衣開池安碓伐木起工定磉　忌 嫁娶移徙赴任

吉 黃道普護六合神在　凶 小耗

宜 上官赴任傳爵受封解除求醫治病赴舉納財捕捉安葬剃頭沐
浴取魚祈福祭祀設齋安香火　忌 凡事不吉

吉 福生月空神在　凶 黑道九空焦坎月破木敗六不成大耗

宜 祭祀針灸治病胡屋拆垣　忌 餘事不吉

吉 天德合母倉玉堂黃道月德上吉　凶 游禍受死地賊戊年上朔

宜 沐治会親結網畋獵

忌 餘事不可

吉 天喜母倉聖心明星天倉君三合　凶 黑道归忌刀砧

宜 結婚納財治病修造動土上梁交易下定立券安床牧恭結絡天
井会親蓋屋修築剃頭種蒔栽接雕刻　忌 遠回移徙安葬

吉 幽微星益後神在　凶 黑道重喪河魁勾絞荒蕪水潲

宜 補捉　忌 凡事不吉

清六白 谷三碧 庚寅 木 ○宜子丑 開制辰巳時

清七赤 谷四綠 辛卯 木 ○宜丑寅 閉制巳午時

清明八白 谷雨五黃 壬辰 水 ○宜寅巳 建戌時

清明九紫 谷雨六白 癸巳 火 ○宜丑卯 除制午時

清一白 谷七赤 甲午 金 ○宜子巳 滿宝卯時

清明二黑 谷八白 乙未 金 ○宜子寅 平制卯戌時

清明三碧 谷雨九紫 丙申 火 ○宜子丑 定制辰未時

吉 天福天瑞月恩黃道續世生氣　凶 天賊四廢火星血忌

宜 上官赴任受封襲爵会親治病安葬下定詞訟穿井　忌 嫁娶作倉

吉 天福要安天醫神在　凶 黑道四廢血支獨火　忌 結婚姻移徙修造樹

宜 祭祀入倉開庫立券交易破土啟攢詞訟栽種造欄枋羊棧

吉 天德月德黃道玉堂天福顯星滿德星危德　凶 黑星天瘟月建

宜 出行交易裁衣沐浴餙舍宇上官針灸種植穿井　忌 百事不吉

吉 天福黃道金堂曲星土旺后母倉　凶 巳年上朔　忌 結婚出行安葬

宜 危爵受封解除求醫治病修造動土開市剃頭開池分居起土進人口会親掃舍作陂收割割蜂登造種蒔栽接修合除服冠笄

吉 天富次吉土旺后母倉神在　凶 天火危虎黑道土瘟飛廉天狗

宜 会親嫁娶經絡破土啟攢剃頭開市種蒔栽植修作倉庫

吉 活曜星神在　凶 黑道月綠罪至天罡狗咬地火

宜 祭祀泥墻砌修　忌 凡事不宜

吉 黃道月空傳星敬心神在　凶 元亡官符月厭

宜 入學安葬祭祀解除破土入倉開庫進人口登造雕刻納畜安碓

忌 嫁娶出行移徙作灶

清明四緑 谷雨三白 丁酉火 執制時 〇宜午未

清明六白 谷雨二黒 戊戌木 破專午亥時 〇宜寅卯

清六白 谷三碧 己亥木 危制戌時 〇宜午未

清明七赤 谷雨四緑 庚子土 戊宝卯午時 〇宜子丑

清明八白 谷雨五黄 辛丑土 畋義申亥時 〇宜寅巳

清明九紫 谷雨六白 壬寅金 開寅未戌時 〇宜丑辰

吉 天德合月德合黄道普護神在 凶 小耗

宜 上官赴任祭祀解除治病牧养捕捉安葬冠笄入學立券治山赴

條伐木定磉修造動土修築出火取獵移居祈福安神 凶 黒道大耗九空焦坎

忌 嫁娶開市交易新船下水

吉 福生 凶 白虎黒道大耗九空焦坎

宜 治病破屋壞垣 忌 凡事不吉

吉 天官生氣黄道要安吉慶星 凶 受死火星游禍重喪地賊刲刃上節[illegible]

宜 沐浴捕魚種蒔栽接花木 忌 凡事不吉

吉 天福月恩上吉母倉聖心明星天喜天倉 凶 黒道归忌刀砧四廢

宜 入學裕田滿財修造動土上梁交易枚养啟攢安床安葬治病安

碓蓋屋冠笄不定行船求婚定磉作灶剃頭祈福上官移徙詞訟[illegible]

吉 天福顯星益後幽微星 凶 黒道四廢河魁約絞荒蕪水消

宜 捕捉取魚 忌 餘事不吉

吉 天德月德黄道上吉曲星續世生气 凶 天賊血忌

宜 上官赴任襲爵受封冠笄会親治病穿井造天井開渠雕刻施恩

拜封上表章親民立券交易 忌 嫁娶安葬出竹行牲作倉

清白癸卯金〇宜寅卯
谷七赤　閉室午未時
清明　火〇宜巳亥
二黑甲辰建制時
谷雨八白
清明乙巳火〇宜丑辰
三碧　除室午未時
谷雨九紫
清綠丙午水〇宜子丑
谷白　滿專卯午時
清明丁未水〇宜巳申
五黃　平室戌亥時
谷雨二黑
清杏戊申土〇宜卯巳
谷三碧　定室未戌時
清明　土〇宜子寅
七赤己酉
執室卯辰未
谷雨四黑　時

吉天医要安次吉　凶月害黑道血支獨火月火
宜立券交易破土啟攢補垣塞穴作厠斷蟻安床　忌結婚出行栽妹
吉黃道滿德星玉堂危德上吉　凶黑道天瘟月建
宜泥飾舍宇出行穿牛脩造畜欄　忌百事不吉
吉天福明堂黃道傳星次吉金堂土旺后毋倉　凶辛年上朔
宜冠笄会親祭祀解除起土造門治病開市移徙竪造作陂開池捨
由分居八宅絵像求財針灸被剃安床種蒔脩作倉庫　忌結婚出行
吉天富月空次吉上任后毋倉神在　凶天狗天火土瘟飛廉危虎
宜移徙出行剃頭脩告動土開市絵絡裁衣裁種按荐破土安葬
吉天德合月德合活曜星神在　凶月殺黑道天罡鉤絞罪至地火
宜祭祀泥牆治路　忌餘事不吉
吉全櫃黃道敬心天下明星神在　凶月厭火星死氣官符五離地火
宜祭祀動土解除結婚交易病畜安碓磨　忌嫁娶出行安葬安床
吉天恩天德黃道普護六合神在　凶重喪四耗五離五虎
宜祭祀冠衣爵受封上官赴任入學解除治病捕捉畋獵
忌祈婚交易移徙

既白 谷黄 庚戌 金〇宜辰巳 破義午未門
清明 九紫 辛亥 金〇宜丑午 危宝未申戌
谷雨六白 時
清明 一白 壬子 木〇宜子丑 成専午卯時
谷雨七赤
濇黑 谷谷 癸丑 木〇宜寅巳 収伐申戌亥
清明 三碧 甲寅 水〇宜子丑 開専巳申戌
谷雨九紫 時
清明 四緑 乙卯 水〇宜子寅 閉専卯酉時
谷雨一白
濇黄 谷黑 丙辰 土〇宜丑寅 建宝亥時

吉天喜天恩月恩 天医顯星福生 凶黑道大耗四券大敗六不可
宜祭祀治病破屋壞垣 忌凡事不吉
吉天恩玉堂黄道 母倉曲星 凶幽賊受死游禍刀砧四廢[illegible]上朔
宜會親納財栽種 忌凡事不吉
吉天德月德天恩 月恩母倉 天瑞天倉上吉 凶黑道歸忌刀砧
宜納財修造動土 豎柱上梁 定磉蓋屋破土啟攢安葬入學冠笄安
床作陂開池交易牧養治病行船種植栽接花木 忌結婚移徙入宅
吉天恩普護幽微星 凶黑道河魁絞紋荒蕪水消
宜捕捉成服 忌凡事不吉
吉司命黄道傳星續世次吉生炁五合 凶天賊血忌
宜上官赴任襲爵受封冠笄治病會親啟攢開店 忌作倉開庫
吉天医要安五合 凶勾陳黑道血支
宜祭祀立券交易 嫁娶冠笄進人口安床補垣塞穴作陂開池作灶
破土安葬 忌結婚移徙牧養栽植
吉黄道月空滿德星玉堂龍德神在 凶黑道天瘟
宜祭祀出行泥飾舍宅穿牛 忌凡事不吉

清明六白 谷雨三碧 **丁巳** 水○宜辰未 除專戌時

吉天德合月德合明堂黄道土旺后上吉 凶火星癸年上吉

宜祭祀祈福動土雕除栽植牧養治病進入口針灸開市會親拜封頒詔招賢親民破土安葬除服 凶結婚出行嫁娶安碓作合

清明七赤 谷雨四綠 **戊午** 火○宜卯午 滿義申酉時

吉福德大福土旺后母倉神在 凶天火龍虎上塩黑道飛廉天狗

宜剃頭補垣開市經絡整容種蒔修築 忌移徙安葬豎柱動力

清八白 谷五黄 **己未** 火○宜寅卯 平專戌時

吉上吉活曜星顯星神在 凶黑道月殺重喪天罡約絞罪至地火

宜祭祀泥飾垣墻治路 忌凡事不吉

清明九紫 谷雨六白 **庚申** 木○宜丑辰 定專巳時

吉天福月恩金櫃黄道開星敬心天宅明星 凶月厭四廢死炁官符

宜解除裁衣納畜破土安葬安碓磑進入口

清一白 谷七赤 **辛酉** 木○宜子申 執專午未時

忌結婚出行修造移徙安床

吉天德黄道普護六合神在 凶正四廢小耗咸池

宜祭祀解除治病捕捉取魚安葬收殮 忌結婚移徙交易動土豎柱

清二黑 谷八白 **壬戌** 水○宜辰巳 破伐申酉時

吉天德月德福生 凶黑道大耗九空焦坎大敗六不成月破

宜治病破屋坏垣收殮 忌凡事不吉

清三碧 谷九紫 **癸亥** 水○宜午戌 危專亥時

吉玉堂黄道母倉傳星神在 凶受死游禍地賊刀砧甲年上朔

宜捕魚結網收殮 忌凡事不吉

## 日內雜忌

爭雄丑日　胎神古龍
財離未日　妖龍申日
觸水龍丙子癸未日
五不遇未日　咸池午日
往亡立夏後八　反激戊辰
伏龍在中堂　滅門寅日
四虛敗甲子　八風卯申辰
九良星在廚　宅龍大門
三不返寅未　四窮丁亥
絕烟火丑未　離別丙辰

四順　建宜行　成宜離
寅宜往　卯宜往

四逆　申不行　酉不離
七不往　八不往

## 四月建巳

天德辛○月德庚○地月將在申自立夏小滿後[illegible]
四月節氣使用○天道西行宜向西行宜修造西方吉

## 立夏

太陽前在酉○從魁為天月將
授時曆日時刻躔大梁之次宜用申庚丙壬時

## 小滿

太陽始過庚○傳候為天月將
某日時刻躔實沈之次宜用申庚丙壬時

初一　初二六壬空　初三大空亡　初四天休廢
初五月忌四方耗　初六赤口　初七小空亡楊公忌四不祥
初八龍禁六壬空　初九天休廢凶敗長星天乙絕　初十
十一大空亡　十二赤口　十三　十四朔龍禁六壬
十五小空亡　十六四不祥　十七　十八赤口
十九大空亡四不祥　二十龍禁六壬空　廿一　廿二龍禁
廿三小空亡月忌　廿四赤口　廿五瘟星出瘟星入凶敗　廿六龍禁
廿七大空亡　廿八　廿九　三十赤口

立夏小滿四綠 甲子 金○宜子丑 危義寅卯時 吉

立夏小滿二黃 乙丑 金○宜子寅 成制卯巳申時

夏滿六白 丙寅 火○宜子丑 牧義辰戌時

立夏小滿七赤 丁卯 火○宜寅卯 開義午未時

立夏小滿八白 戊辰 木○宜巳壬 閉專酉亥時

夏滿九紫 己巳 木○宜丑辰 建義午未時

吉天恩災吉月空活曜星神在 凶黑道龍虎 忌出財治病

宜祭祀嫁娶出行安床剃頭入學分居作灶竪柱上梁冠笄經絡八宅移居納畜動土定磉蓋屋栽種栽衣脩造穿井下定安床設帳體門

吉天恩月德合上吉五堂黃道天喜三合神在 凶火星罪至厭對宮

宜入學納采祭祀治病交易動土安碓開倉庫安葬開池納畜放債

忌嫁娶遊回移徙栽植乘船

吉天德合母倉天恩敬心天岳明星 凶天瘟黑道重喪刀砧天罡殺獨火

宜種植捕獵 忌凡事不吉

吉天恩顯星母倉天倉敬心生炁神在 凶黑道刀砧

宜入學出行會親治病脩造動土立券交易栽種啟攢牧養冠笄求婚豎柱上梁開渠穿井祭祀行船蓋屋天井安碓磨上官赴任補垣起

吉天恩司命黃道吉慶星福生曲星天醫神在 凶月殺血支

宜出行移徙冠笄脩造動土祭祀祈福交易栽接脩倉脩舍補垣塞穴作廁斷蟻築隄推垛脩造納由合帳結網斷岐 忌凡事不吉

吉月恩龍德 凶黑道受死大敗六不成乙庚年二殃

宜安葬塞鼠啟攢 忌凡事不宜

立夏 小滿 庚午 土○宜子丑 除伐卯午時 一白

立夏 小滿 辛未 土○寅申 滿義戌時 二黑

立夏 小滿 壬申 金○宜丑辰 平義午未時 三碧

立夏 小滿 癸酉 金○宜寅卯 定義午未時 四綠

立夏 小滿 甲戌 火○宜寅卯 執制辰巳時 五黃

立夏 小滿 乙亥 火○宜丑辰 破義戌時 六白

立夏 小滿 丙子 水○宜子丑 危伐卯午時 七赤

（吉）黃道月德上吉幽微星聖心吉期青龍　（凶）咸池黑道

（宜）上官赴任入學出行冠笄解除沐浴納栽求嗣祭祀一家掃舍移居栽種剃頭受封忌安床出火開倉破土安葬開池造欄枋入井（忌）月事

（吉）天德上吉明堂黃道星益後天喜　（凶）月煞土瘟八賊九空焦坎

（宜）安產室進人口　（忌）凡事不吉

（吉）六合續世神在　（凶）黑道遊禍河魁約絞地火四廢荒蕪乙[illegible]午大敗

（宜）泥墻治路　（忌）凡事不吉

（吉）滿德星要安神午　（凶）黑道天火死炁官符四廢　忌結婚等事

（宜）祀祭解除安葬冠帶剃頭破土沐浴經絡作陂圳灌安碓磨納畜

（吉）金匱黃道月空五富次吉不將神在　（凶）火星小耗咸池（忌）出行嫁

（宜）祭祀解除結婚進人口納由會親嫁娶捕捉動土修築安床設帳

（吉）天恩月德合天德黃道金堂不將　（凶）小耗月破內年上朔

（宜）破屋壞垣　忌百凡事不吉

（吉）天德合次吉活曜星不將　（凶）黑道白虎重喪致死五虛

（宜）入學出行起工蓋屋赴學冠笄造豬欄剃頭沐浴納財裁衣栽植

（忌）嫁娶作灶

立夏 小滿 八白 丁丑 水○宜寅卯 成寶巳申時

立夏 小滿 九紫 戊寅 土○宜巳未 收伐戌時

立夏 小滿 一白 己卯 土○宜子寅 開伐午未時

夏滿 二黑 庚辰 金○宜寅辰 閉義巳酉時

小滿 三碧 辛巳 金○宜丑午 建伐未戌亥

立夏 小滿 四綠 壬午 木○宜丑寅 除制時

吉大喜次吉曲星黃道天王明星天醫三合神在 凶歸忌罪至

宜結婚納財治病入學祭祀修造動土蓋屋豎造上梁安葬交易捕

工立券下定裁衣安床上官納財栽種經絡醞釀平基入倉開庫

忌遠回移徙乘船穿井起染

吉天瑞母倉敬心天岳明星 凶黑道大殺天罡狗絞刀砧月火

宜栽種捕捉 忌凡事小吉

吉天恩月恩天瑞天福母倉神在上吉五合 凶黑道九醜玄武刀砧

宜入學祭祀出行結婚會親冠笄下定治病交易給由豎造蓋屋經

絡下定嫁娶收養納財作倉祀灶栽種醞釀剃斬草剃頭入倉庫

吉天恩月德上吉司命黃道吉慶普福生傳星天醫 凶月殺血忌

宜冠笄祭祀祈福交易結由繪像移居作廁 忌開倉種植牧養治病

吉天恩天瑞天德天福上吉 凶受死黑道大敗六不成丁年上朔

宜塞鼠斷蟻 忌諸事不宜

吉天恩幽微星聖心青龍黃道上吉 凶黑星四廢

宜上官赴任祭祀冠笄療病剃頭詞訟上表起工伐木交易針刺祈

福斬草栽種掃舍宇納畜牧除安葬除服 忌結婚移徙學藝

夏滿 五黃 **癸未** 水○宜丑寅 滿伐卯申亥

夏滿 **甲申** 水○宜丑辰 平伐巳午未

夏滿 六赤 **乙酉** 水○宜子丑 定伐寅卯時

夏滿 八白 **丙戌** 土○宜寅申 執宝酉亥時

立夏 小滿 **丁亥** 土○宜丑辰 破伐未戌時 九紫

立夏 小滿 **戊子** 火○宜卯巳 危制午時 一白

立夏 小滿 **己丑** 火○宜子寅 成專卯巳亥時 二黑

吉 天富天恩明堂黃道上吉 凶 火星天城天瘟四廢九空焦坎八[illegible]

宜 會親友進人口塞穴 忌 凡事不宜

吉 月空續世六合神在 凶 黑道游禍河魁約絞血忌地火荒蕪水消

宜 平治道塗 忌 百事不宜

吉 月德滿德星要安神在顯星 凶 黑道天火生炁官符

宜 祭祀受封冠帶牧養剃頭動土破土安葬穿井沐浴 忌 凡事

吉 天德合金匱黃道次吉玉堂曲星不將 凶 重喪小耗地賊

宜 祭祀祈福解除結婚畋獵會親捕捉納表章安床設帳 忌 餘事

吉 天倉天德黃道玉堂神在 凶 大耗月破戊年上朔

宜 祭祀破屋壞垣針灸 忌 餘事不宜

吉 活曜星不將 凶 黑道白虎

宜 出行嫁娶安床修造動土剃頭冠笄詞訟蓋屋求婚經絡立券豎造六井栽種雕刻牧養造豬欄 忌 移徙出財治病

吉 太陰天恩月恩黃道傳星次吉神在 凶 月厭爐忌罪至

宜 祭祀納采問名會親視納財治病交易上官下定安葬經造經絡剃頭雕刻作灶起[illegible]入倉開庫割蜂堆垛一 忌 嫁娶移徙動土行船

立夏 小滿 庚寅 水○宜子寅 收制辰戌時 三碧

立夏 小滿 辛卯 水○宜子寅 開制卯午時 四綠

立夏 小滿 壬辰 水○宜寅辰 閉伐巳時 五黃

立夏 小滿 癸巳 水○宜戌亥 建制時 六白

立夏 小滿 甲午 金○宜子丑 除宝卯時 七赤

立夏 小滿 乙未 金○宜子卯 滿制午戌時 八白

(吉)天瑞月德毋倉天福敬心大岳明星(凶)黑道天罡約絞天瘟刀砧
(宜)種植捕結網成服(忌)凡事不吉
(吉)天德毋倉天福黃護生炁神在(凶)黑道刀砧
(宜)入學出行祭祀結婚治病會親造門開倉庫上梁安碓脩造動土
嫁娶立券交易栽種牧養啟攢剃頭蓋屋殯葬行船作酒(忌)移徙整
(吉)天福日命黃道吉慶星臨生天醫(凶)刀砧火星四廢血支
(宜)斬草交易補垣塞穴安床合帳作廁
(忌)開倉牧養安葬作灶
吉天福九德(凶)黑道月建四廢受死六不成巳年上朔大敗
(宜)不吉(忌)凡事不宜
(吉)天赦月空幽微星顯星聖心青龍黃道次吉神在(凶)黑星
(宜)上官赴任解除治病破土啟攢剃頭移徙安葬除服祈福祭祀求
嗣出火分居安碓磨磑造栽種進人口雕刻(忌)結婚行船開倉
(吉)天富月德合明堂黃道益後(凶)土瘟天賊飛廉九空焦坎天獄
(宜)進人口歸舍宇開吉肆上吉
(忌)凡事不吉

立夏　丙申　火□宜子丑
小滿　平制未戌時
九紫
夏滿　丁酉　火□宜午未
一白　定制時
夏滿　戊戌　木□宜子寅
二黑　執專午亥時
立夏　己亥　木□宜丑辰
小滿　破制午未戌
立夏　時
夏滿　庚子　土□宜子丑
四綠　危宜卯午時
夏滿　辛丑　土□宜寅卯
五黃　成義巳申時
夏滿　壬寅　金□宜丑辰
六白　收宝未戌時

吉天德合月德合六合凶黑道重喪遊禍河魁勾絞血忌地火荒蕪
宜泥飾垣牆平治道塗　忌凡事不吉
吉滿德星次吉要安神在　凶黑道天火死炁官符
宜祭祀解除祈福嫁娶納畜破土安葬立券交易經絡行船冠帶伐
木裁衣　忌豎造作灶冠笄
吉金匱黃道傳星玉堂不將　凶小耗地賊
宜會親結婚解除下定栽種進人口上表章捕捉　忌出行交易開市
吉天福天德玉道月恩金堂天倉　凶大耗月破庚年上朔
宜破屋壞垣針灸　忌諸事不吉
吉天福月恩上吉活曜星　凶黑道龍虎
宜出行安床破土啟攢上官入宅赴學紛山移居修築動土定磉豎
造交易下定求婚裁衣栽種分居立券進人口起工穿井納畜造
吉門堂天福天德玉堂黃道上吉天喜凶火星歸忌罪至　凶凡事
宜納婚納采問名納財入學修築交易安葬安碓剃頭栽種牧養
吉母倉敬心明星　凶黑道天罡天瘟匪廢勾絞月火
宜種栽捕捉結婚　忌隨事不吉

夏小满 癸卯 金○庚寅申 开宝午未申 七赤

吉普护母仓显星生炁 凶黑道四废月建

宜入学出行会亲结婚治病修造动土立券交易开库盖屋上梁剃头竖造下定嫁娶开渠栽植祀灶安床 忌穿井上官

夏小满 甲辰 火○宜巳亥 闭制时 八白

吉天医月恩司命黄道福生地星次吉吉庆星 凶月杀血支

宜作厕补塞断蚁结网畋猎作陂池祈福冠笄移居出兵立案

夏小满 乙巳 火○宜子丑 建宝辰未戌 九紫

吉月德合天福龙德 凶黑道受死大败六不成午午上朔

宜塞鼠断蚁 忌随事不宜

夏小满 丙午 水○宜子丑 除专巳午时 一白

吉天德合幽微星圣心吉龙黄道神在 凶黑星重丧 忌结婚安葬

宜上官赴任祭祀祈福解除求医裁衣词讼起染移居定磉安床帐

夏小满 丁未 水○宜巳申 满宝戌亥时 二黑

吉天富黄道傅星益后天医明堂 凶月厌土瘟天贼飞廉九空焦坎

宜会亲友进人口结婚 忌凡事不吉

夏小满 戊申 土○宜巳未 平宝用戊时 三碧

吉续世六合不将神在 凶黑道游祸河魁纳绞地火血支荒芜水消

宜平治道涂 忌凡事不吉

夏小满 己酉 土○宜子寅 定宝卯辰未 四满 时

吉天恩月恩满德星要安 凶九丑五离天火黑道死炁官符

宜出行纳财祭祀解除祈福沐浴剃头栽种牧养破土安葬纳畜

忌结婚移徙

夏滿五黃 庚戌 金○宜辰巳 執宜戌午酉時

夏滿六白 辛亥 金○宜丑午 破宜未酉亥時

夏滿七五 壬子 木○宜子丑 危宜午申時

夏滿八白 癸丑 水○宜寅卯 成伐巳時

入白

夏滿三紫 甲寅 水○宜子丑 收宜辰未戌

夏滿一白 乙卯 水○宜子寅 開宜卯未時

夏滿二黑 丙辰 土○宜酉亥 閉宜時

吉 天恩月德上吉金匱黃道天后堂神在　凶 火星小耗地賊

宜 祭祀解除結婚會親捕捉畋獵上表章　忌 出行交易作灶豎造

吉 天恩天德黃道金堂天倉　凶 大耗月破王午上朔

宜 破屋壞垣　忌 凡事不吉

吉 天恩天瑞活曜星韻星　凶 黑道五虛[illegible]龍虎

宜 出行交易栽種　忌 凡事不吉

吉 天恩曲星玉堂黃道天喜一　凶 四廢歸忌罪至　忌 嫁娶移徙乘船

宜 上官入學納采結婚納財治病修造動土上梁交易安葬進

人口作灶下定安床牧養剃頭穿井栽植定磉入倉開庫雕刻納畜

凶 黑道天罡天瘟刀砧[illegible]月水

吉 明星月空用倉敬心

宜 栽種捕捉畋獵　忌 凡事不吉

吉 月德合母倉普護生氣神在　凶 黑道刀砧

宜 入學冠笄祀祭出行結婚修造動土蓋屋分居作灶豎造上梁　忌 瘟管

吉 天德合次吉司命黃道吉慶星福生　凶 月殺重喪血忌

宜 冠笄祭祀祈福開池修造交易裁衣補垣塞穴作廁結網作陂畋獵

忌 安葬開倉

夏滿 三碧 丁巳 土○宜丑辰 建傳午未戌
夏滿 四綠 戊午 火○宜卯午 除義申酉時
夏滿 五黃 己未 火○宜子丑 滿專卯戌時
夏滿 六白 庚申 木○宜丑辰 平專巳時
小滿 夏至 七赤 辛酉 木○宜子寅 定專午未時
小滿 夏至 八白 壬戌 水○宜辰巳 執伐申酉時
夏滿 九紫 癸亥 水○宜午戌 破專亥時

吉六儀龍德神在 凶受死大敗六不成癸年上朔
宜塞鼠斷蟻 忌凡事不吉
吉黃道幽微星青龍聖心神在 凶黑星咸池忌嫁娶結婚移徙乘船
宜上官赴任襲爵受封冠笄出行牧養治病脩造動土栽蒔
吉天富月恩明堂黃道益後 凶月厭上瘟火星天賊飛廉九空焦坎
宜收貨進人口 忌凡事不宜
吉天福月德續世六合天富 凶黑道游禍河魁約絞地火荒蕪血忌水消
宜成服平治道塗泥飾舍宅 忌凡事不宜
吉天德滿德星聖安神在 凶黑道天火死炁府符五離
宜祭祀解除冠帶上官安葬交易行船入學開居庫詞訟剃頭納畜
安碓磑 忌結婚移居
吉金櫃黃道明星玉堂上吉 凶小耗四廢地賊
宜結婚會親修造動土捕捉冠笄進人口上表章
忌出行交易安葬作灶
吉天德天倉黃道金堂 凶正四廢大耗月破甲年上朔
宜破屋壞垣 忌凡事不吉

# 日凶雜忌

争雄未申日　伏龍在堂
財離寅日　胎神在身
離別丁巳　咸池卯日
四廢一亥　焚龍戊日
蝕火龍柄子癸　反激戊辰
四虛收甲子　滅門丑日
王不遇寅日　八風申辰
三不逢卯午　宅龍六門
絕烟火寅申　往亡　
九良星　六白
四順　建宜行　成宜離
寅宜往　卯宜歸
四逆　申不行　酉不離
七不往　八不歸

# 五月建午

天德乾○月德丙○地月將在未自芒種夏至後並行

五月節氣使用○天道西北行宜向西北行宜修造西北

## 芒種

後太陽尚在申○傳送

擇時擇日時刻遞貴光之

次宜用甲庚丙壬時

## 夏至

後太陽始過申○小吉　為天月將

其日時刻遞貴光之

次宜用艮巽坤乾時

初一六壬空　初二大空亡龍禁戶方耗　初三
初四四不祥　初五赤口月忌楊公忌　初六小空亡
初七六壬空四不祥　初八龍禁　初九　初十六壬大空亡絕氣
十一赤口　十二　十三六壬空天休廢　十四月忌龍禁小宜
十五長星天地凶敗　十六四不祥　十七赤口　十八六空亡天休廢
十九六壬空四不祥　二十龍禁　廿一　廿二小空亡龍禁
廿三月忌赤口　廿四瘟星入　廿五六壬空四廢瘟星　廿六大空亡龍禁
廿七瘟星出　廿八四不祥　廿九赤口　三十小空亡

芒種甲子金○宜子丑
四綠　破義寅卯時
夏至九紫
芒種乙丑金○宜子寅
五黃　危制卯巳申
夏至八白　時
芒種丙寅火○宜子丑
六白　成義辰未時
夏至七赤
芒種丁卯火○宜午未
七赤　收義寅酉時
夏至六白
芒種戊辰木○宜寅辰
八白　開專巳午時
夏至五黃
芒種己巳木○宜丑辰
九紫　閉義午未戌
夏至四綠　時

吉天恩金櫃黃道天富　凶月破火星受死大耗天賊天火荒蕪
宜破屋壞垣　忌諸事不吉
吉六合天恩天德黃道聖心吉慶星神在　凶月殺往亡火月火
宜出行赴舉祭祀經絡安床修造動土開池收割上表章
忌結婚出財
吉天恩天德合月德母倉顯星益後天富　凶黑道歸忌飛廉刀砧
宜上官赴任冠笄下定結婚納采會親出行入學求醫修造動土豎
柱上梁交易安床修倉庫破土啟攢栽種造門定磉收割合醬牧養
吉天恩玉堂黃道陽德星母倉　凶重喪河魁勾絞九空焦坎血忌砧
宜祭祀捕捉　忌諸事不吉
吉天恩月恩要安天后明星生炁神在　凶黑道
宜入學出行祭祀結婚上官作灶冠笄治病牧養行船開倉庫求財
裁衣剃頭雕刻栽種收割試新穿井伐木
吉福星天醫玉堂　凶黑道游禍血支乙年上朔
宜祭祀裁衣修造動土種植牧養修倉修厨出兵收割作灶作廁伐
木移居推車蓋屋塞穴穿牛造畜欄　忌餘事不吉

庚午　土口宜丑卯　建伐申酉時
夏至三碧

芒種二黑　辛未　土口宜寅卯　除義甫時
夏至二黑

金口宜丑辰
芒種　夏至一白　壬申　滿義巳未時

芒種四綠　癸酉　金口宜卯午　平義甫時
夏至九紫

芒種　甲戌　火口宜寅辰　定制巳時
夏至八白

芒種　乙亥　火口宜丑辰　執義未時
夏至七赤

---

宜　[illegible]德星神在
宜　襲[illegible]收[illegible]牛動土
凶　天瘟　月建　月厭　天地轉殺
忌　餘事不吉

吉　月德合　上吉　六合　神在
宜　冠笄　安床　裁衣　行[illegible]入[illegible]開[illegible]安葬　給由　解除　結婚　會親　修造　動土
上[illegible]開池[illegible]交易[illegible]栽種　納畜　竪造　入宅　造門
凶　黑道　龍虎
忌　服藥　上官　嫁娶

吉　[illegible]龍[illegible]月空　神在
宜　[illegible]除[illegible]納財　開市　破土　安葬　剃頭　收養
凶　黑道　土瘟　天罡　五[illegible]　天狗
忌　餘事

吉　明堂　黃道[illegible]不將　神在
凶　地賊　火星　大敗　六不成　四廢
宜　祭祀　嫁娶　剃頭　泥[illegible]路
忌　餘事不吉

吉　天倉[illegible]三合　神在　不將
宜　祭祀　結婚[illegible]會親　嫁娶　修造　動土　竪柱　上梁　裁衣　作灶　入學　安[illegible]
凶　黑道　死氣　官符[illegible]
安碓　破土[illegible]出火　收養　納畜　結網
忌　開倉　臨官[illegible]

吉　天德　顯星[illegible]福生　不將
凶　黑道　小耗　丙年上朔
宜　上官　入學[illegible]出火　起工　給由　修造　祈福　捕捉　剃頭　修築　動土　出[illegible]
兵[illegible]沐浴[illegible]裁衣　結網[illegible]
忌　冠笄　交易　嫁娶　栽植　安葬

**丙子** 水○ 宜子丑 破 伐午申酉時
- 吉 金櫃黃道 月德 曲星
- 宜 破屋壞垣
- 凶 大耗 受死 天賊 天火 荒蕪
- 忌 隨事不吉

**丁丑** 水○ 宜寅巳 危 寶 用時
- 吉 天德 黃道 吉慶星 聖心 神在
- 宜 上官 出行 祭祀 安床 修造 動土 裁衣 納表 經絡 交易 砥礪
- 凶 月煞 重喪 獨火 月火
- 忌 餘事

**戊寅** 土○ 宜丑巳 成 伐未時
- 吉 天德合 月恩 母倉 天瑞 六合 普護 上吉 益後
- 宜 入學 出行 上官 結婚 會親 治病 修造 動土 交易 安葬 安碓 室 冠笄 栽種 求嗣 建醮 安碓磨 合醬
- 凶 黑道 歸忌 飛廉 刀砧
- 忌 移徙 竪柱 上梁 納畜

夏至四綠

**己卯** 土○ 宜子寅 收 伐午未時
- 吉 天恩 玉堂 黃道 母倉 六合 天瑞 天願
- 凶 河魁 勾絞 刀砧 血忌 冰消瓦解
- 宜 祭祀 栽接 捕捉 納財
- 忌 餘事不吉

**庚辰** 金○ 宜寅辰 開 義 巳午酉時
- 吉 天恩 要安 次吉 天后 明星 生炁 神在
- 宜 祭祀 會親 治病 栽種 剃頭 給由 赴舉 造葬 作灶 下定 冠笄 安床 入倉 開倉
- 凶 黑道
- 忌 出財 上官

夏至三碧

夏至二黑 時

**辛巳** 金○ 宜丑辰 開 伐午未時
- 吉 天恩 天瑞 天願 月德合 次吉 玉堂 天醫
- 凶 黑道 游禍 血支 行狠 上朔
- 宜 入倉 開庫 冠笄 詞訟 補垣 塞穴 起染 移居 作灰 栽種
- 忌 出行 安葬

**壬午** 木○ 宜丑卯 建 制 時
- 吉 天恩 月空 尾德 司命 黃道 金堂
- 凶 天地轉殺 四廢 月厭 火星 天瘟
- 宜 頒詔 受封 祭祀 剃頭 作
- 忌 餘事不吉

芒種五黃 夏至八白 癸未 木 宜寅卯 除 伐辰巳時

芒種六白 夏至七赤 甲申 水 宜丑巳 滿 伐未申戌時

芒種七赤 夏至六白 乙酉 水 宜子丑 平 伐寅卯酉時

芒種八白 夏至五黃 丙戌 土 宜寅辰 定 宝巳亥時

芒種九紫 夏至四綠 丁亥 土 宜丑辰 執 伐未戌時

芒種一白 夏至三碧 戊子 火 宜卯午 破 制申酉時

芒種二黑 夏至二黑 己丑 火 宜卯申 危 專戌亥時

吉天恩天合不將 凶黑道四廢龍虎 忌嫁娶安葬乘船服鄉

宜冠穿給由修解除沐結婚會親立券交易豎造栽衣經絡修造牌

吉黃道次吉不將神在 凶黑[illegible]土十血忌罪至

宜出行納財解除嫁娶移徙修造入倉開庫經絡裁衣破土給由赴

舉考滿剃頭泥墻治路塞鼠斷蟻 忌餘事不吉

吉明堂黃道活曜星曲星敬心 凶天罡納殺大敗六不成地賊地火

宜祭祀上冠泥墻治路 忌餘事不吉

吉天合月德上吉普護不將神在 凶黑道死炁官符

宜祭祀上官冠帶結婚會親栽衣開池納畜下定伐水立券進人口

忌修造動土作灶

吉天德福生神在 凶黑道重喪小耗朱雀刃殺戊午土府

宜祭祀畋獵捕捉 忌諸事不吉

吉金櫃黃道月恩傳星 凶月破大耗受死天賊荒蕪

宜破屋壞垣 忌諸事不吉

吉天德黃道吉慶星 凶月殺獨火月火

宜祭祀嫁娶起染經絡 忌諸事不吉

芒種三碧 **庚寅** 木○宜子丑 成制辰巳時
夏至一白

吉 天德合 母倉天瑞天福天喜次吉五合 凶 黑道歸忌飛廉刀砧
宜 結婚會親出行治病入學修造動土冠笄上梁定磉安床蓋屋安
葬安產室立券交易穴井作陂下定合醬 忌 移徙納畜遠回

芒種四綠 **辛卯** 木○宜子寅 收制午酉時
夏至九紫

吉 天福月德合玉堂黃道幽微星 凶 河魁絞刀砧九空焦坎血忌
宜 祭祀栽植捕捉 忌 諸事不肯

芒種五黃 **壬辰** 水○宜寅辰 開伐巳時
夏至八白

吉 天福月罡要安天岳明星生炁 凶 黑道四廢
宜 結婚出行入學治病修造動土安葬安碓進人口下定穿井栽種
上表上官安床蓋屋出火冠笄栽衣入倉開庫作灶竪柱上梁納畜

芒種六白 **癸巳** 水○宜子戌 閉制亥時
夏至七赤

吉 天福顯星玉堂天醫 凶 黑道游禍血支四廢巳年上朔
宜 修宅栽衣補垣塞穴 忌 出行安葬療病啟攢作事

芒種七赤 **甲午** 金○宜子卯 建寶午時
夏至六白

吉 天赦司命黃道龍德滿德星金堂 凶 月厭天瘟天地轉殺
宜 祀祭襲爵受封 忌 諸事不宜
忌 諸事不吉

芒種八白 **乙未** 金○宜子辰 除制卯申時
夏至五黃

吉 六合神在 凶 黑道龍虎
宜 祭祀解除結婚會親立券交易剃頭 竪造行船破土沐浴
服安床造欄枋起柴堆垜 忌 嫁娶臨棺視事栽植

芒種 夏綠 丙申 金〇宜子丑 滿義辰未時

芒白 夏碧 丁酉 金〇宜午未 平寶時

芒種 二黑 戊戌 木〇宜子寅 定專辰午時

夏至二黑

芒碧 夏白 己亥 木〇宜丑辰 執伐午未時

芒綠 夏紫 庚子 土〇宜子丑 破專申未時

芒黃 夏白 辛丑 水〇宜寅卯 危專巳時

芒種六白 夏至七赤 壬寅 土〇宜辰巳 成寶未時

吉天醫青龍黃道 月德上吉天福神在人 凶黑星土瘟 忌諸事不吉

宜解除納財給由冠帶冠笄開市經絡破土安塟

吉明堂黃道活曜星傳星敬心 凶重喪天瘟紂絞大收六不成地賊

宜祭祀栽種牧養納畜 浴泥倫通鑰平治道塗 忌餘事不吉

吉天倉月恩普護次吉不將 凶黑道死氣官符 忌治病栽植安產室

宜上官冠帶結婚姻嫁娶會親出行移徙修造動土竪柱上梁安碓磨

裁衣 忌治病栽植安產室

吉天德天福次吉福生 凶黑道小耗災年上朔

宜出行移徙修造動土栽植牧養捕捉祈福 忌結婚姻交易啟攢安塟

吉天福金櫃黃道 凶火星受死大耗天賊天火荒蕪

宜破屋壞垣 忌百事

吉天喜天福月德合吉慶星大德黃道上吉聖心 凶月殺獨火八

宜納采問名安床修造動土祭祀嫁娶設齋祈福結網起染上表

吉天德合月空顯星母倉益後大吉 凶黑道飛廉四廢

宜結婚入學出行治病修造動土安葬安產室六畜交易破土定四

上表章安碓栽種牧養上官求嗣祈福結網剃頭 忌移徙遠回網獵

芒七赤 夏四白 癸卯 金○宜寅卯 收宝午未時

吉玉堂黃道 母倉 幽微星 續世 曲星 凶河魁 約絞 四廢 血忌 九坎

宜栽種捕捉 忌餘事不吉

芒八白 夏三黃 甲辰 火○宜辰巳 開制時

吉明星 要安 次吉 生炁 凶黑道

宜會親友 嫁給由 赴舉 詞訟 安葬 冠笄 求婚 下定 安床 作灶 起深泉 忌出財 乘船 上官 開倉

吉天福 玉堂 天岳神在 凶黑道 游禍 血支 辛年上朔

芒九紫 夏四綠 乙巳 火○宜子丑 閉宝辰巳戌

宜養蠶 作灶 推塚 塞鼠 補垣 忌凡事不吉

吉傳星 司命黃道 月德 滿德星 金堂神在 凶月厭 天瘟 天地轉殺

芒一白 夏三碧 丙午 火○宜子丑 建專申酉時

宜祭祀 襲爵受封 忌餘事不吉

吉六合 上吉神在 凶黑道 重喪 龍虎

芒種 二黑 丁未 水○宜寅卯 除宝巳時

夏至二黑

宜祭祀 解除 婚 會賓 立券 交易 裁衣 動土 出行 竪造 上梁 修築 起染

牧割 納奴婢 養蠶 割蜂 堆垛 除 求醫 治病 忌臨官 安葬 破攢 服藥

吉青龍黃道 月恩 上吉 不將神在 凶黑星 土瘟 罪至 天狗 五離

芒種 三碧 戊申 土○宜丑卯 滿宝未戌時

宜襲爵受封 冠笄 納財 出行 移徙 修舍 動土 裁衣 開市

忌餘事不吉

夏至一

芒四綠 夏九紫 己酉 土○宜子寅 平宝卯辰未

吉天恩 明堂黃道 活曜星 敬心 凶地賊 火星 天敗 六不成 天罡 勾絞

宜祭祀 剃頭 泥墻 治路 忌諸事不吉

芒種 庚戌 金○宜寅辰
五黃 定義巳午時
夏至八白

芒六白 辛亥 金○宜丑辰
夏七赤 執寶午未時

芒七赤 壬子 木○宜子丑
夏六白 破專午申時

芒八白 癸丑 木○宜卯巳
夏五黃 危伐申戌亥

芒九紫 甲寅 水○宜子丑
夏四綠 成專辰未戌

芒一白 乙卯 水○宜子寅
夏三碧 收專卯酉時

芒二
一黑 丙辰 土○宜寅辰 開寶巳時
夏至二黑

吉天恩普護天赦 天倉三合上吉神在 凶黑道死氣官符
宜祭祀冠帶結婚 會親修造動土豎柱上梁栽衣牧養安碓放債
忌治病詞訟
吉天德月德合六 凶頭日臨生上吉 凶黑道小耗王年上朔
宜祈福修造動土 捕捉上給由冠笄剃頭教牛 忌結婚交易
吉天恩月空天嗣 黃道生 凶正四廢大耗大火天賊受死荒蕪
宜破屋壞垣 凶凡事不宜
吉天喜天恩吉慶 星天德黃道聖心 凶觸火月殺四廢復日月火
宜安床修造動土 經絡栽衣斬草破土 忌結婚嫁娶安葬冠笄詞訟
吉天德合歲合六 吉益後天喜天醫 凶黑道歸忌飛廉刀砧六殺
宜結婚會親出行 入學造門修造動土 安養交易安產室安葬作灶
吉五堂黃道幽微 星母倉續世 凶河魁納殺刀砧血忌九空焦坎滿沐
宜祭祀捕捉收斂 凶除事不吉
吉月德上吉要安 天岳明星生氣神在 凶黑道
宜祭祀上官結婚 出行入學修造動土治病安葬裁衣行船蓋屋涵
作開倉庫進人口 下定安床安碓開渠栽種穿井天井造欄枋試新

芒三碧
夏白一
丁巳 土○宜丑午
開專未戌亥

芒四綠
夏九紫
戊午 火○宜卯午
建義申酉時

芒種
五黃
己未 火○宜子寅
除專巳午時

夏至八白

芒種
六白
庚申 木○宜丑辰
滿專巳時

夏至七赤

芒七赤
夏六白
辛酉 木○宜子午
平專未申酉

芒八白
夏五黃
壬戌 水○宜子寅
定伐午未酉

芒九紫
夏四綠
癸亥 水○宜午戌
執專亥時

吉天福天醫玉堂神在
宜修倉裁衣補垣塞穴作廁
凶黑道遊禍重喪血支癸年土瘟
忌出行治病針刺啟攢安葬

吉司命黃道月恩福德星金堂龍德
凶天地轉殺天瘟火星月厭

宜祭祀襲爵穿牛
忌諸事不吉

宜上官六合神在
凶黑道龍虎

宜祭祀會親結婚出行移徙修造動土立券交易栽種牧養剃頭冠

葬修築入宅安床行船蓋屋入學作倉開庫豎造除服定磉分居

吉天德顯星黃道青龍土吉
凶黑星罪至土瘟
忌餘事不宜

宜襲爵受封出行移徙修造開市裁衣破土安葬剃頭放債納財

忌餘事不宜

吉明堂黃道月德合活曜星
凶地賊天盜納殺大敗六不成地火

宜祭祀泥牆治路
忌凡事不吉

吉天倉月空普護神在
凶黑道死炁官符四廢

宜結婚會親修造動土豎柱上梁安碓裁衣牧養冠帶
忌臨官栽植

吉天德福生神在
凶黑道小耗正四廢劫殺朱雀甲年土瘟

宜祭祀祈福捕捉畋漁

# 日凶雜忌

爭訟丑寅日　伏龍內边
財離亥日　殺龍甚日
離別丁巳　咸池子日
往亡刑暑後　胎神在灶
觸水龍丙子癸亥癸未
四廢庚申辛酉　威門子日
五不遇卯日　八風丁丑丁酉
三不返辰巳未　宅龍在坤
絕烟火卯酉　四窮丁亥
凡良星東及水路

**四順**　建宜行　寅宜往　成宜造　卯宜灯

**四逆**　申不行　七不往　酉不造　八不灯

# 六月建未

天德甲○月德甲○月將在午自小暑六時後在未
六月節氣使用○天道東行宜向東行宜修造東方吉

**小暑**　後太陽尚在未○小吉　始進丁○勝光

**大暑**　後六月將其日時刻躔娵訾之次　投將臨日時刻日躔鶉首之次　宜用艮巽坤乾時　宜用癸乙丁辛時

初一大空亡天地凶敗　初二龍禁　初三月刃龍禁小耗公忌　初四赤口不祥
初五月忌小空亡　初六六壬空　初七四不祥　初八龍禁
初九六空亡　初十赤口長星　十一天乙絕氣　十二六壬空
十三小空亡　十四月忌龍禁　十五　十六四不祥赤口
十七大空亡　十八六壬空　十九四不祥　二十天隨龍禁商敗短星
廿一小空亡　廿二天休廢　廿三瘟星入月　廿四六壬空
廿五六空亡　廿六瘟星出龍　廿七天休廢　廿八四不祥赤口
廿九小空亡　三十六壬空

小暑 大暑 九紫 甲子 金○宜子丑 執義寅卯時

小大 暑谷 乙丑 金○宜寅卯 破制巳申酉

小暑 大暑 七赤 丙寅 火○宜子丑 危義辰未時

小暑 大暑 六白 丁卯 火○宜寅卯 成義午未時

小大 暑黃 戊辰 水○宜丑寅 收專午酉亥

小暑 大暑 四綠 己巳 水○宜丑未 開義辰午戌 時

---

吉天恩天德月德上吉金堂神在凶天瘟九空焦坎歸忌小耗月火
宜祭祀上官赴任捕捉解除破土
忌結婚嫁娶移徙治病納財乘船

吉天喜天恩馹星神在凶黑道龍虎大耗天敗六不成獨火
宜祭祀療病破屋壞垣忌諸事不吉

吉天恩金櫃黃道活曜星母倉曲星凶游禍罪至刀砧
宜上官出行結婚下定安床修造動土開市交易立券冠笄作倉修
築結山入宅出火赴舉進人口定磉起梁栽種雕刻忌治病猪欄

吉天恩母倉天德黃道敬心次吉天喜凶飛廉天火刀砧
宜冠笄嫁娶祭祀結婚會親治病立券交易破土啟攢針灸下定行
納入倉開庫安碓動土修築經絡織紡合醬忌赴任豎柱上梁

吉天恩普護神在凶黑道天罡約絞荒蕪
宜捕捉忌諸事不吉

吉天月德合福生傳星玉堂黃道生氣上吉母倉凶重喪天賊九[illegible]
宜結婚剃頭牧養祈福動土安碓治病上冊受封開張穿井栽植出
兵拜封親民天非放水忌出行移徙嫁娶啟攢

小暑 大暑 三碧 庚午 土〇宜丑卯申酉時 閉伐

小暑 大暑 辛未 土〇宜寅卯巳時 建義 一黑

小暑 大暑 壬申 金〇宜丑辰巳未時 除義 一白

小暑 大暑 癸酉 金〇宜寅卯午時 滿義 九紫

小暑 大暑 八白 甲戌 火〇宜寅辰巳亥時 平制

小暑 大暑 乙亥 火〇宜丑辰午未時 定義 七赤

吉 天醫 月空 天后 開星 次吉 六合 凶 黑道 受死 血支 地賊

宜 補垣塞穴作廁 忌 餘事不吉

吉 月恩 聖心 龍德 神在 凶 黑道 月建 妖星

宜 入倉 出行 雕刻 行船 收割 馬枋 放債 安葬 竪柱 上梁 排彩 出兵 祭祀 收捕 安床 穿牛 作廁 忌 餘事不吉

吉 司命 黃道 幽微星 福後 神在 凶 火星 四廢

宜 冠笄 衣闌 祭祀 開市 掃舍 納出解餘 破土 安葬 治病

忌 結婚 出行

吉 天富 上吉 續世 天倉 不將 神在 凶 黑道 土瘟 血忌 四廢

宜 嫁娶 結婚 解除 修合 開市 經絡 裁衣 牧養 破土 安葬 納財 伐木 起工 安床 造欄櫪 蓋屋 收割 醞釀 忌 祭祀 出兵 針刺 出行

吉 天德 月德 青龍 黃道 顯星 要安 凶 黑兕 綱絞 月殺 河魁 地火 冰消

宜 祭祀 泥牆 治路 忌 餘事不吉

吉 明堂 黃道 滿德星 曲星 玉堂 三合 凶 死炁 官符 丙年 上朔

宜 入學 出行 冠笄 結婚 修造 動土 竪柱 上梁 裁衣 上官 下定 作陂 開池 入倉 開庫 作灶 安香火 蓋屋 修築 定磉 伐木 設齋 起工 納畜 繪像

小暑大暑 丙子 火○宜子丑 執伐午申酉時 六白

小大暑黃 丁丑 火○宜巳申 破宝亥時

小暑大暑 戊寅 土○宜辰巳 危伐未時 四綠

小暑大暑 己卯 土○宜子寅 成伐午未時 三碧

小大暑黑 庚辰 金○宜寅丑 收義巳酉亥

小暑大暑 辛巳 金○宜丑午 開戊未戌亥時 一白

吉金堂次吉 凶黑道九空焦坎小耗歸忌天瘟重九月

宜上官赴任解除捕捉破土啟攢

忌餘事不吉

吉天官神在 凶六不成黑道六耗龍虎天敗獨火

宜祭祀治病破屋壞垣 忌諸事不吉

吉天瑞洒曜星金櫃黃道母倉傳星 凶游禍罪至刀砧

宜結婚會親出行移徙安床修造動土立券交易冠笄嫁娶作灶修

築起柒栽種牧養撥割蠶縲豎造進人口裁衣 忌安葬啟攢上官

吉天瑞天德合月德合草道母倉天福敬心 凶天火飛廉重喪刀砧

宜入學冠笄作灶祭祀下定結姻出行治病修造動土立券技養割

頭嫁娶經絡入倉開庫祈福齋醮安碓交易栽衣栽種收割試新修

吉天恩月空普護神在 凶黑道天罡約絞荒蕪

宜捕捉 忌諸事不吉

吉天恩玉堂黃道天牆天福月恩生炁 凶月厭天賊火星丁年上朔

宜祈福會親治病詞訟剃頭求醫修合栽種安神締緣開市求婚施

恩拜封親民試新 忌出行嫁娶移徙安葬啟攢豎柱作灶

小暑 九紫 壬午 木〇宜丑酉 開制時

小暑 六黑 癸未 木〇宜寅卯 建伐辰巳亥

小暑 大暑 七赤 甲申 水〇宜子丑 除伐寅辰未時

小暑 六白 乙酉 水〇宜子丑 滿伐寅卯午

小暑 五黄 丙戌 土〇宜寅申 平宝酉亥時

小暑 四綠 丁亥 土〇宜丑辰 定伐午未時

小暑 三碧 戊子 火〇宜卯午 九制申時

吉 天恩吉慶星明星一合天醫[illegible]在 凶黑道受死四廢血支地賊

宜 破土補垣塞穴立券安葬 太 忌諸事不吉

吉 天恩顯星聖心龍德不將 凶黑道月建四廢

宜 結婚嫁娶安葬交易收割穿井入倉開庫 忌餘事不吉

吉 天德月德上吉司命黃道明微星益後不將神在出星

宜 入學冠笄解除嫁娶治病修造動土造倉開市破土安葬造門房所福受封出火作倉開池穿井修築栽種進入口割蜂收割設醮雕刻出行

吉 天倉續世不將神在 凶黑道土瘟血忌天狗 忌祭祀結婚移徙

宜 嫁娶納財修造動土開市經絡裁衣牧養破土安葬詞訟塞鼠

吉 青龍黃道要安神在 凶月殺河魁紉絞地火水消

宜 祭祀泥牆治路 忌餘名不吉

吉 明堂黃道滿德星五堂傳星成吉三合 凶死炁官符戊年上朔

宜 祭祀結婚視事進入口納畜豎造上梁會親天井雕刻堆架斷蟻

吉 金堂 凶獨火黑道歸忌小耗天瘟九空焦坎蚩尤月火

宜 解除裁衣栽植捕捉上官赴任進章沐浴 忌餘事不吉

小暑 大暑 己丑 火○宜子寅 破專卯戌亥 二黑

小暑 大暑 庚寅 木○宜子丑 危制辰巳時 一白

小暑 大暑 辛卯 木○宜子寅 成制巳午時 九紫

小暑 大暑 壬辰 水○宜辰巳 收伐亥時 八白

小暑 大暑 癸巳 水○宜午戌 開制亥時 七赤

小暑 大暑 甲午 金○宜子丑 閉寶卯時 六白

小暑 大暑 乙未 金○宜子寅 建制卯戌時 五黄

吉 天德合月德合神在 凶 黑道大耗重喪危虎十惡大敗六不成
宜 祭祀治病破屋壞垣 忌 諸事不吉

吉 天福金匱黃道活曜星上吉月空母倉 凶 火星遊禍罪至刀砧
宜 結婚會親安床修造動土開市交易破土安葬立券上表入學出
行赴舉給由栽種養蚕祭祀進人口成服 忌 治病竪柱作灶牧養

吉 天福月恩母倉天德黃道敬心天喜 凶 天火刀砧飛廉
宜 祭祀結姻會親治病修造動土安碓立券交易破土安葬啟攢入
學祈福針灸冠笄入倉開庫出行求婚下定嫁娶進人合結姻 忌 移徙

吉 天福顯星普護 凶 荒蕪黑道天罡絢絞四窮
宜 捕捉畋魚 忌 道事不吉

吉 天福玉堂黃道福生曲星生炁母倉 凶 月厭天賊四廢巳年上朔
宜 祈福龍爵受封治病牧養剃頭結婚會親 忌 出行嫁娶移徙動土

吉 天德月德吉慶星天醫明星 凶 黑道受死血忌地火
宜 築堤立券補垣塞穴 忌 諸事不吉

吉 聖心危德神在不將 凶 黑道玄武月建 忌 栽植服藥開倉
宜 祭祀出行嫁娶入倉開庫竪柱上梁交易收割教牛馬帝欄穿井

小暑 大暑 丙申 火〇宜子丑 除制辰未時
四綠
小暑 大暑 丁酉 火〇宜午未 滿制時
三碧
小暑 大暑 戊戌 木〇宜子寅 平專午亥時
二黑
小暑 大暑 己亥 木〇宜丑辰 定制午未戌
一白
小暑 大暑 庚子 土〇宜子丑 執寶申酉時
九紫
小暑 大暑 辛丑 土〇宜寅時 破義戌亥時
八白
小暑 大暑 壬寅 金〇宜丑辰 危寶巳未時
七赤

吉 司命黃道上吉幽微 星傳星益後天府明星
宜 祭祀開市解除治病 安葬塗灶帶造門裁衣入宅冠笄上官經給給
凶 詞訟興造作破栽種 益星破土臨刻掃舍分居 忌 安床出行作灶
吉 續世次吉神在 凶 黑道土瘟血忌天狗飛廉
宜 繪像安床設帳納財 動土修倉開市經絡裁衣交易安葬給出冠
笄沐浴益星牧養 忌 針灸納畜
吉 青龍要安黃道 凶 月殺黑道河魁勾絞地火水消
宜 結網泥飾垣墻平治 道塗 忌 餘事不吉
吉 天德合月德合明堂 黃道上吉玉堂 凶 火星重喪死炁庚午上朔
宜 所福臨官視事結網 結婚出行納畜放債動土進入口針灸下定
吉 天福月空次吉金堂 凶 黑道小耗歸忌天瘟九空焦坎月火
宜 上官赴任進表解除 沐浴捕捉破土殺牲 忌 餘事不吉
吉 天喜天福月恩顯星 凶 黑道龍虎天敗大耗六不成
宜 治病破屋壞垣 忌 餘事不吉
吉 金櫃黃道活曜星斗 魁曲星 凶 遊禍罪至四廢刀砧伏罪 忌 詞訟
宜 結婚會親進入口安 床修造動土開市立券交易破土安葬入學

小暑 大暑 癸卯 金○宜寅卯 成宜午未時
六白

大暑 甲辰 火○宜巳亥 收制時
二黃

小暑 大暑 乙巳 火○宜子丑 開宜辰戌亥
四綠 待

大暑 丙午 水○宜子丑 閉專申酉時
三碧

大暑 丁未 水○宜巳申 建宜戌亥時
二黑

大暑 戊申 土○宜卯辰 除宜巳未時
一白

大暑 己酉 土○宜子寅 滿宜卯辰未
九紫

吉天喜天德黃道母倉 敬心上吉明星 凶天火四廢刀砧飛廉

宜結婚會親怡病立券交易破土啟攢上官入學出行冠笄下定嫁

娶入倉庫肥灶剃頭進人口會醫醫設醮試新納奴婢斬草 忌豎柱修造

吉天德月德普護 凶黑道天罡約絞荒蕪

宜納財 忌百事不吉

吉天福玉堂黃道福生 次吉傳星[illegible] 凶天賊地火月殺卒年上朔

宜祭祀祈福牧養下定動土剃頭治病受封襲爵

忌作倉出行栽植 凶黑道受死血忌地賊

吉天醫古慶星天府明星六合神在

宜掃舍補垣塞穴立券 忌餘事不吉

吉聖心龍德神在 凶黑道月建

宜祭祀出行祈福收割穿教牛馬堆垛破土安葬 忌餘事不吉

吉司命黃道幽微星益後天府明星不將 凶火星 忌出行立券

宜祭祀襲爵受封解除嫁娶治病開市安產室動土牧養冠笄求嗣

吉天恩天德合月德合續世神在 凶黑道土瘟血忌重喪天狗

宜受封解除出行納財修倉動土開市經絡裁衣栽種牧養 忌[illegible]

小暑庚戌金○宜辰巳
大暑平義午酉亥
八白時
吉天恩月恩青龍黄道鳴吠要安神在　凶黑道月殺河魁絢絞地火
宜祭祀泥牆治路　忌餘事不吉

小暑辛亥金○宜丑辰
大暑定寶午未時
吉大恩月恩滿德星明堂黄道玉堂次吉曲星　凶死炁王作上朔
宜結婚會親下定納財修造動土豎柱上梁安碓裁衣牧養納畜作
灶進入口蓋屋　忌餘事

七赤
小暑壬子木○宜子丑
六白執專午申時
吉天瑞大恩金堂　凶黑道正四廢歸忌大煞小耗九空焦坎荒蕪灱
宜解除沐浴掃捨破土啟攢　忌餘事不吉

小暑癸丑木○宜丑寅
五黄破伐卯申戌
吉天恩　凶黑道龍虎大耗四廢大敗六不成
宜治病破屋壞垣　忌凡事不吉

小暑甲寅水○宜子丑
大暑危專辰巳未
四綠時
吉天德月德母倉活曜星金櫃黄道傳星　凶遊禍罪至刀砧
宜上官結婚會親安床修造動土開市交易啟攢安葬造門冠笄入
學下定作灶出行移居蓋屋作倉修築出火入宅殺牛馬開池　忌祭祀

小暑乙卯水○宜子寅
三碧成專卯未時
吉天喜天德黄道明倉敬心明星三合神在　凶天火刀砧飛廉　忌修造
宜祭祀會親治病立券交易破土啟攢安床入學出行冠笄求婚

小暑丙辰土○宜寅酉
二黑收寶亥時
吉普護神在　凶黑道天罡絢絞荒蕪
宜不吉　忌諸事

小大暑日 丁巳 土口宜丑辰 開專午未戌

小大暑九紫 戊午 火口宜卯午 閉父申酉時

小大暑八白 己未 火口宜子寅 建專卯巳時

小大暑七赤 庚申 木口宜丑辰 除專巳時

小大暑六白 辛酉 木口宜寅午 滿專時

小大暑五黃 壬戌 水口宜辰巳 平伐申酉時

小大暑四綠 癸亥 水口宜午戌 定專亥時

吉 天福玉堂黃道福生 生炁地倉神在 凶 火星月厭天賊癸年上朔

宜 祭祀受封襲爵沐浴 開渠牧養 忌 嫁娶移徙種蒔安葬啟攢

吉 天恩吉慶星六合天 岳明星 凶 黑道受死血支地賊

宜 作厠納財補塞 忌 餘事不吉

吉 天德合月德合顯星 聖心龍德神在 凶 黑道重喪月建

宜 祭祀出行求財入倉 針灸畋割納奴婢穿井堆築木料開庫穿牛

忌 立券交易服藥

吉 天福月空司命黃道 幽微星次吉曲星益後上吉 凶 五虛五離

宜 襲爵受封給由蓋屋 掃舍除病安葬安產室動土破土起工竪造

納畜入學經絡伐木造 門修整合床剃頭 忌 出行結婚作倉開市栽

吉 月恩續世天倉上吉 凶 黑道土瘟血支 忌 結婚移徙祭祀動土

宜 納財修倉經絡裁衣 破土安葬蓋屋交易行船祀灶給由開市

吉 青龍黃道要安不將 凶 黑星月殺河魁紈絞四廢地火水消

宜 嫁娶兆墻治路 忌 諸事不吉

吉 玉堂傳星明堂黃道 滿德星 凶 正四廢死炁官符甲年上朔

宜 祭祀會親友納畜牀 浴治宮祀事進人口 忌 餘事不吉

# 七月申建

天德癸○月德壬○地月將在巳自立秋處後卯位

七月節氣便用○天道北行宜向北行宜修造北方吉

立秋後太陽尚在午○勝光　始過丙○乙　為天月

處暑後太陽始過丙○太乙

按時曆日時刻躔鶉火之次宜用乙辛丙壬時

某日時刻躔鶉尾之次宜用甲寅丙壬時

## 日內雜忌

爭雄申酉日　伏龍西壁

冥水辰日　離別丙子

往亡立秋後九　咸池酉日

胎神子日　四窮辛亥

凡艮星在井　滅門亥日

三不返辰巳月　八風丁辛未

四虛敗辛卯日　財離酉日

不遇辰日　反激巳正

絕烟火辰戌　宅龍在牆

斷水龍丙子癸未

四順　建宜行　成宜離

寅宜往　卯宜歸

四逆　申不行　酉不離

七不往　八不歸

初一楊公忌　初二龍禁　初三赤口　初四四廢天休廢

初五朔忌六壬　初六　初七不祥　初八長星凶敗

初九天干發赤　初十　十一六壬空　十二天乙絕氣小空

十三　十四月忌龍禁　十五赤口　十六八座四不祥

十七六壬空　十八　十九四不祥　二十瘟星八小空亡

廿一赤口地凶敗　廿二短星　廿三瘟星凶月忌大空

廿四大空亡　廿五　廿六龍禁　廿七赤口

廿八小空亡四不祥　廿九楊公忌六壬空　三十

立秋 八紫 處暑三碧 **甲子** 金○宜子丑 定義寅卯時

吉 天恩壽龍黃道福生神在 凶 黑星死炁官符四廢
宜 上官赴任冠帶結婚修造動土祭祀祈福裁衣祀灶出行納奴安床經絡作破行船入宅出火蓋屋定磉扇架 忌 治床安葬啟攢造倉

癸白 暑黑 **乙丑** 金○宜子寅 執制卯巳酉

吉 天恩明堂黃道丹倉 凶 火星受死歸忌小耗
宜 捕捉 忌 凡事不吉

秋赤 暑白 **丙寅** 火○宜子丑 破專朱戌時

吉 天恩月空聖心 凶 黑道六耗月破蚩尤
宜 療病破屋壞垣 忌 諸事不吉

立秋 暑白 **丁卯** 火○宜午未 危專甲酉時

吉 天恩月德合吉慶星龍後顯星上吉神在凶黑道 忌 餘事不吉
宜 祭祀結婚會親入倉開庫安葬立券交易啟攢破債雕刻安修產室襲爵受封起工豎柱求婚不定冠笄栽種收割試新合醬起染

處暑 九紫 立秋 大黃 **戊辰** 木○宜寅辰 成專巳酉時

吉 天恩天德合旧倉庫星次吉續世天喜黃道 凶 日獸血忌飛廉
宜 入學祈福求嗣結婚豎造上梁祭祀動土交易安碓牧養裁衣設帳伐木起工蓋屋進入口入倉開川作灶定磉 忌 出行移徙嫁娶[illegible]

處黃八白 立秋 四綠 **己巳** 木○宜丑辰 收兼午未戌 處暑七赤 時

吉 天德黃道幽微星要安六合 凶 河魁約絞刀砧乙年上朔
宜 剃頭捕捉納財栽種取割納畜結網進入口整容收斂貨財
忌 餘事不吉

處暑三碧 庚午 土○宜丑卯 開伐酉時
處暑六白
立秋二黑 辛未 土○宜寅午 閉未時
處暑五黃
秋分白 暑月 壬申 金○宜丑辰 建兼巳未時
秋分紫 暑君 癸酉 金○宜寅卯 除兼午時
秋分白 暑黑 甲戌 火○宜寅辰 滿制巳亥時
秋分赤 暑白 乙亥 火○宜丑辰 平兼戌時
立秋六白 丙子 水○宜子丑 定伐卯午時
處暑九紫

吉 玉堂生氣上吉月財　凶 黑道天上地賊刀砧重喪　忌 安葬豎柱針
宜 求婚動土修築穿井冠笄開渠會親友剃頭上官出行入學治病
吉 天恩玉堂黃道次吉母倉金堂仰星　凶 月殺血支
宜 冠笄祭祀修造動土上官出行交易分居豎造上梁出火納畜扯
舉修築作灶安碓開倉定磉移徙次求安葬　忌 出納財貨行船開倉
吉 天倉月德月恩天后明星龍德神在　凶 黑道起虎天敗大不成
宜 安葬作廁祭祀　忌 諸事不吉
吉 天德合上吉神會　凶 黑道大耗罪至九空焦坎滅沒五離大敗
宜 裁衣納婚祭祀除服安葬補除求恩破土動土　忌 嫁娶出行詞事
吉 天喜司命黃道次吉敬安神在　凶 火星土瘟天賊四廢天狗
宜 納財分家收養針灸會賓剃頭進人口　忌 嫁娶祭祀乘船起造修作
吉 活曜尾宿護　凶 黑道游禍天罡紹殺四廢血火荒蕪小消癖肝灶
宜 平治道塗　忌 餘事不吉
吉 青龍黃道月空次吉顯星福生　凶 黑星死氣官符
宜 上官外任冠帶結婚會親沐浴修造動土豎柱上梁安碓裁衣納
財破土安葬祈福伐木起工豎造蓋屋入倉交易　忌 安產室作灶

秋黃一 暑白二 丁丑 水〇宜巳申 執宝亥時

秋四綠 暑赤 戊寅 土〇宜巳未 破伐戌時

立秋三碧 處暑六白 己卯 土〇宜子寅 危伐午未時

立秋二黑 處暑五黃 庚辰 金〇宜子寅 成義辰巳午

立秋一白 處暑四綠 辛巳 金〇宜丑午 收伐未戌亥 時

立秋九紫 處暑三碧 壬午 水〇宜丑卯 開制時

吉明堂黃道月德合二吉 凶受死小耗歸忌

宜捕捉 忌隨事不吉

吉天德合天瑞聖心 凶黑道大耗

宜治病破屋壞垣 忌凡事不吉

吉上吉天恩天瑞天福吉慶益後 凶黑道

宜祭祀結婚姻會親立券交易安產室

忌諸事不吉

吉天恩金匱黃道傳星續世明星上吉天富 凶月厭重喪飛廉血忌

宜祭祀納財問名求嗣治病會親交易栽種修造下定安床帳入倉

開庫祈福祀灶雕刻作灶竪造上梁收割詞訟新栽種 忌啟攢安葬

吉天恩天德黃道天福天瑞要安六合 凶何魁約殺刀砧丁年上朔

宜祭祀作灶收斂貨財捕捉剃頭栽植 忌餘事不吉

征遣嘗攔初凡百事

吉天恩月德月恩玉堂生炁不將補任 凶黑道天火刀砧地賊

宜祭祀結婚姻會親嫁娶出行納財入學治病修造動土安碓磑开廁

池交易冠笄 忌醞作移居苫蓋啟攢安葬竪柱作倉

立秋八白 處暑二黑 癸未 水 □ 宜寅卯 閉 伐 辰巳時

秋□赤 暑□ 甲申 水 □ 宜丑辰 建 伐 巳未時

秋六白 暑紫 乙酉 水 □ 宜子寅 除 伐 丑未時

七月 秋五黃 暑白 丙戌 土 □ 宜寅申 滿 寶 酉亥時

秋四綠 暑紫 丁亥 土 □ 宜丑未 平 伐 申戌時

立秋三碧 處暑六白 戊子 火 □ 宜卯巳 定 制 午時

秋黑 暑黃 己丑 火 □ 宜子寅 執 專 卯戌亥

吉 天恩 天德 次吉 玉堂 黃道 天福 併倉　凶 [illegible]月殺 血支

宜 嫁娶 出行 赴舉 交易 納財 栽接 補垣 塞穴

宜 牧養 求財 作倉 上吉

吉 天合 龍德 天馬 明星 滿德星　凶 黑道 罪至 天瘟 四廢 四窮 焦坎

宜 針灸 安葬 祭祀　忌 開倉 安床 栽植

吉 顯星 將不神在　凶 黑道 罪至 天瘟 四廢 九空 焦坎

宜 祭祀 解除 破土 安葬 除服　忌 餘事不吉

吉 天福 月空 母倉 六合 司命 黃道 曲星 敬心　凶 天賊 土瘟 天狗

宜 補垣 塞穴 交易 針灸 牧養　忌 餘事不吉

吉 月德合 活曜 星官 日□　凶 黑道 朱雀 天罡 刻殺 地火 荒蕪 戌午 大□ 水富 月大

宜 補牆 治路　忌 諸事不吉

吉 天德合 青龍 黃道 福生 三合　凶 黑星 死氣 官符 九醜

宜 上官 赴任 冠帶 結婚 會親 修造 動土 豎柱 上樑 栽衣 伐木 蓋屋 造

工 下定 經絡 納畜 修築 定磉 畜欄 穴井　忌 移徙 安產 空 栽植

吉 明堂 黃堂 母倉 衛星　凶 受死 小耗 歸忌

宜 捕捉　忌 諸事不吉

立秋一白 處暑四綠 **庚寅** 木〇宜子丑 破制辰戌時
吉天福天瑞聖心
宜治病破屋壞垣
凶黑道大耗重喪月破
忌凡事不吉

立秋九紫 處暑三碧 **辛卯** 木〇宜寅巳 危制午時
吉天神吉慶星益後神在
宜祭祀結婚姻給由天赦詞訟結網斷草下定嫁娶披剃安床栽種起架針灸冠笄會親交易修置產室作廁雕刻求嗣啟攢
凶黑道

立秋八白 處暑二黑 **壬辰** 水〇宜辰巳 成伐亥時
吉天福月德月恩金櫃黃道上吉天喜母倉
宜納財問名結姻入學祈福入倉開庫治病動土安碓磑塞穴交易牧
凶地火月厭飛廉

立秋七赤 處暑一白 **癸巳** 水〇宜午戌 收制亥時
吉天德黃道幽微星天福要安六合明星
宜嫁娶剃頭納財捕捉收斂貨財栽植
凶河魁巳午上朔
忌餘事不吉

立秋六白 處暑九紫 **甲午** 金〇宜子丑 開寶卯時
吉顯星玉堂生炁不將神在
宜祭祀嫁娶結婚會親出行入學治病修造動土開渠牧養種時
凶黑道四廢天火刀砧血賊

立秋五黃 處暑八白 **乙未** 金〇宜子寅 閉制卯時
吉天醫玉堂黃道母倉明星金堂神在
宜祭祀祈福修合上官行船修造上梁入學赴舉給由破土補垣塞穴移居
凶月殺血支四廢
忌出行出財收債針灸作倉栽植

立秋四綠 處暑七赤 **丙申** 火〇宜子丑 收制未時
吉天倉月空天岳明星龍德星滿德星
宜祭祀安葬收割放債
凶黑道龍虎八敗六不成
忌凡事不吉

秋碧 暑白 丁酉 火○宜午未 除制時

秋黑 暑黃 戊戌 木○宜寅卯 滿專午亥時

秋白 暑綠 己亥 木○宜丑辰 平制午未戌

立秋九紫 月處暑三碧 庚子 土○宜子丑 定寶卯午時

秋八白 暑黑 辛丑 土○宜寅申 執義戌亥時

秋赤 暑白 壬寅 金○宜丑辰 破寶未戌時

立秋六白 處暑九紫 癸卯 金○宜寅卯 危寶午未時

吉 月德合上吉神在　凶 黑道罪至天瘟九空焦穴

宜祭祀解除修造動土破土安葬上船受封　忌 赴任嫁娶出行開庫

吉 天德合母倉司命黃道傳星天富敬心○凶 天賊土瘟天狗

宜納財交易進人口剃頭針灸　忌 祭祀作倉動土

吉 天願普護活曜星　凶 黑道天罡勾絞斧瘟地火荒蕪[illegible]上朔[illegible]

宜泥飾治路　凶 凡事不吉

吉 天福七聖五富龍黃道福生三合　凶 黑道血支死炁官符

宜上官赴任冠帶會親修造動土竪柱上梁裁衣納畜出行起工入學出火交易安床蓋屋求婚納奴婢行船修築伐木定磉祈福[illegible]

吉 天福明堂黃道母倉　凶 火星受死小耗歸忌

宜捕捉　忌 凡事不吉

吉 月德月恩聖心　凶 黑道大耗月破

宜求醫破屋壞垣　忌 凡事不吉

吉 天德次吉吉慶星顯、星名後　凶 黑道

宜結婚會親出行立券交易安產室牧養栽種移居[illegible]

啟攢冠笄結網造酒醋、倉入倉開庫雕刻放債、　忌 修事

立秋 五黃 **甲辰** 火○宜巳亥 成制時
處暑 八白

立秋 處暑 **乙巳** 火○宜子丑 收壬酉戌亥

立秋 三碧 **丙午** 水○宜子丑 開宜戌酉時
處暑 六白

立秋 二黑 **丁未** 水○宜寅卯 閉宜巳午時
處暑 五黃

立秋 一白 **戊申** 土○宜卯巳 建宜未時
處暑 四綠

立秋 處暑 三碧 **己酉** 土○宜子寅 除宜卯辰未

吉 天喜金匱黄道月倉明星續世 凶 地火月厭四廢飛廉血忌

宜 納財得名會親求婚交易下定詞訟祈福祀灶進人口經絡

忌 嫁娶出行遠回移徙納財針灸種時堅造

吉 天德天福貞道幽微星要安六合 凶 四廢刀砧河魁紛紋上辛

宜 祭祀針灸結網披剃捕捉收斂貨財 忌 凡事不吉

吉 玉堂月空生炁次吉月財神在 凶 黑道天火刀砧地賊

宜 祭祀結姻會親出行入學治病修造動土給由祀灶安床開

嫁娶并牧養祈福招賢遣使修築 忌 出行營造六畜欄枋

吉 明星天醫月德合母倉玉堂黄道上吉神在 凶 月殺血支

宜 入學求婚祭祀修金動土上官安葬堅造上梁出火築隄起基移

居裁衣冠笄錫栖塞鼠斷收補垣 忌 出財貨牧養針剌乘船

吉 天德合天赦龍德天岳明星六合 凶 黑道龍虎月建天敗六不成

忌 餘事不吉

宜 救割造猪欄牛棧作陂作厠祭祀安葬出行

吉 天恩神在 凶 黑道罪至上瘟九空焦坎

宜 祭祀解除破土安葬 忌 凡事不吉

秋白暑赤庚戌金□宜辰巳滿寅午酉卯

秋赤暑白辛亥金□宜巳午平宅未申

立秋六白壬子水□宜子丑定專卯午時

處暑九紫

秋黃暑白癸丑水□宜寅卯執伐巳申戌

秋綠暑赤甲寅水□宜子丑破專辰未戌

秋碧暑白乙卯水□宜子酉危專亥

立秋二黑丙辰土□宜寅辰成寶巳時

處暑五黃

吉天恩司命黃道上吉母倉敬心天富凶火星天賊土瘟重喪天狗

宜捕捉納財交易牧養剃頭會親進人口 忌祭祀作倉安葬動土

吉天恩普護活曜星凶黑道游禍天罡約絞耻火荒蕪王上朔月火

宜泥墻治路 忌凡事

吉天恩月恩月德天瑞青龍黃道福生續星 凶黑道死氣官符

宜上官赴任冠帶結婚會親出行納財修造動土豎柱上梁茂衣安

床催啟攢破土安葬出火入學作倉庫祈福交易伐木定磉作修廁

吉天恩大德次吉母倉黃道 凶受死小耗歸忌

宜捕捉動土 忌凡事

吉聖心 凶黑道正四廢月破大耗寅九

宜求醫補垣針灸破屋 忌凡事

吉吉慶星益後 凶黑道正四廢

宜祭祀定親啟攢求嗣針灸結婚剃頭 忌赴任移徙豎柱上梁出行

吉天喜月空黃道母倉傳星續世次吉 凶月厭飛產血忌

宜入學結婚治病修造動土裁衣伐木安床安葬出火開池下定蓋

屋豎柱上梁作門開帳繪像修架立券入倉庫經絡 忌出行移徙

立秋 一白 處暑四綠 丁巳 土〇宜丑午 收專未申戌

立秋 九紫 處暑三碧 戊午 火〇宜卯午 開美申酉時

秋八白 暑二黑 己未 火〇宜子寅 開專卯戌時

立秋 七赤 處暑一白 庚申 水〇宜丑辰 建專巳時

秋六白 暑九紫 辛酉 水〇宜子寅 除專卯午未

秋五黃 暑八白 壬戌 水〇宜辰巳 滿伐申酉時

秋四綠 暑六白 癸亥 水〇宜午戌 平專亥時

---

吉 天福月德合黃道幽微星要安六合 凶 刀砧河魁約絞轉上朔

宜 取歛貨物結網祭祀納財捕捉 忌 餘事不吉

吉 天德合玉堂生氣月財神在不將 凶 黑道天火刀砧地賊

宜 祭祀祈福宴會求嗣成服冠笄開渠修造動土種植牧養

忌 赴任結婚嫁娶柱竪作廁修造倉庫

吉 天醫黃道泥倉金堂 凶 月殺火星血支

宜 祭祀動土行船修築塞鼠斷蟻 忌 出行牧養竪造作灶出財針灸

吉 天福明星天倉滿德龍德 凶 黑道龍虎重喪月建大敗六不成

宜 收割修厨作廁牛欄羊棧放情修造出行

忌 諸事不吉

吉 顯星神在 凶 黑道天瘟罪至九空雀獄

宜 解除沐浴破土安葬 忌 餘事不吉

吉 天富月德月恩敬心明星成倉上吉 凶 天賊土瘟天狗

宜 會親交易牧養拔劍補垣塞穴 忌 餘事不吉

吉 天德活曜星普護 凶 黑道消滅禍天罡約絞甲乙年十惡大敗 [illegible]

宜 治路泥墻 忌 諸事不吉

## 日凶雜忌

爭雄寅卯日　伏龍午井
財離午日　滅龍未日
雄別戊辰　咸池午日
往亡八白露后十　胎神在廚
三不返卯午酉　反激巳丑
四虛敗辛卯　滅門戊日
五不遇己日　四窮辛亥
九良星巳午　宅龍在灶
絕煙火巳亥　八風辛未
觸水龍癸未癸丑

四貴　建宜行　成宜離
四順　寅宜往　卯宜歸
四逆　申不行　酉不離
四逆　七不往　八不歸

## 八月

建 天德艮○月德庚○地月將在辰自白露八月節後卯八
酉月節氣用○天道東北行宜向東北行宜修造東北維　假時壁日時刻躔時尾少

白露 尚在巳○太乙　後宜用丙庚丙壬時
後太陽 躔天月將　此日時刻躔壽星之
秋分 始過巽○天罡　後宜用乾巽坤艮時

初一　初二長星天地凶敗龍禁赤日　初三小空亡龍禁
初四四窮五空不祥　初五明星長星　初六　初七大空亡四不祥
初八赤口龍禁　初九　初十大王空　十一小空亡
十二　十三天乙天赦絕氣　十四朝臨龍禁　十五大空亡
十六四不祥　十七　十八天地凶敗短星天休廢
十九小空亡短星　二十赤口龍禁　廿一大王空亡　廿二龍禁
廿三大空亡月忌　廿四　廿五　廿六龍禁
廿七求星八陽公忌小空　廿八四不祥　廿九　三十瘟星出

白露 三碧 甲子 金□宜子丑 平義寅卯時

秋分

白露 秋分 二黑 乙丑 金□宜午寅 定制卯巳申時

白露 秋分 一白 丙寅 火□宜子丑 執義未酉時

白露 秋分 九紫 丁卯 火□宜午未 破某申酉時

白露 秋分 八白 戊辰 木□宜寅巳 危專午酉亥

白露 秋分 七赤 己巳 水□宜丑辰 成義午未戌時

白露 秋分 六白 庚午 土□宜丑寅 收伐卯申時

吉 大恩月空司命黃道玉堂 凶 火星河魁約絞天敗六不成四廢牲

宜 祭祀泥牆治路 忌 餘事不吉

吉 天德月德合上吉母倉金堂滿德星神在 凶 勾陳黑道死炁酷

宜 祭祀結婚會親修造動土豎柱上梁裁衣牧養上官出行嫁娶安床入宅出火納奴安碓磑屋作灶納畜 忌 冠笄交易栽植出財

吉 天恩天德次吉青龍黃道顯星 凶 黑道龍虎歸忌小耗

宜 冠笄會親修造動土解除捕捉破土啟攢納表上章 忌 嫁娶移徙

吉 天恩明堂黃道曲星神在 凶 月厭天賊罪至小耗荒蕪

宜 破屋壞垣療病 忌 諸事不吉

吉 天恩母倉活曜星次吉六合天喜 凶 黑道月殺天刑 忌 臨官牧養

宜 祭祀結婚安床交易立券栽植下定裁衣作灶起工架雕刻

吉 天喜普護天恢 凶 黑道刀砧合年上朔

宜 冠笄結婚入學給由治病修造動土豎柱上梁立券交易安碓磑

八會開日 忌 臨官啟攢安葬造畜欄

吉 月德黃道傳星福生 凶 天罡約絞地賊刀砧九空焦坎

宜 [illegible]教牛剃頭捕捉 忌 餘事不吉

白露 秋分 辛未 土 口 宜寅申 開義戌時
吉 天倉 母倉 黃道 生炁
宜 納財
凶 受死 重喪 五虛
忌 百事不吉

五黃 白露 秋分 壬申 金 口 宜丑辰 閉義巳未時
吉 天醫 聖心 吉慶 星神在
宜 解除 破土 安葬 神垣 塞穴 栽植
忌 結婚姻 交易 治病 針灸 納畜
凶 黑道 游禍 天賊 血支

四綠 白露 秋分 癸酉 金 口 宜寅卯 建義午時
吉 月恩 五富 黃道 危德 福後
宜 襲爵受封 祭祀 出行
凶 天地轉殺 火星 天火
忌 餘事不吉

三碧 白露 秋分 甲戌 火 口 宜寅辰 除制巳時
吉 月空 天喜 明星 母倉 幽微星 續世 神在
宜 上表 冠笄 祭祀 解除 求嗣 動土 栽種 行船 入倉 除服 修倉 給由 老
補修 窯掃 舍 開池 造畜欄棧
凶 黑道 四廢 血忌 獨火 炟
忌 結婚 修造 開庫 針灸

二黑 白露 秋分 乙亥 火 口 宜丑辰 滿義午時
吉 福德 天德 月德 天德合 月德合 上吉 要安 顯星
凶 黑道 四廢 飛廉 丙年 上朔
宜 出行 受封 修舍 開市 裁衣 上官 入學 交易 求婚 行船 入倉 開庫 伐
木 起工 作門 冊上 冠笄 破剝 豎造 祀灶 出火 教牛馬 移居 入宅

一白 白露 秋分 丙子 水 口 宜子丑 平伐午申酉時
吉 黃道 幽星 玉堂
凶 河魁 約絞 地火 大敗 六不成
宜 泥牆 治路 餘壁 針灸
忌 諸事不吉

九紫 時

白露秋分 丁丑 水○宜寅卯 定宝巳時

八白

白路秋分 戊寅 土○宜巳丑 執伐未時

七赤

白分六白 己卯 土○宜子寅 破伐午未時

白露秋分 庚辰 金○宜寅辰 危朱巳時

五黄

白八四綠 辛巳 金○宜丑未 成伐戌亥時

白分三碧 壬午 木○宜丑酉 收制時

白分二黑 癸未 水○宜寅卯 開伐辰巳申

吉時德星母倉金堂次吉 凶黑道死炁官養

宜祭祀結婚會親修造動土豎柱上梁安碓裁衣牧養破土安葬出

行交易經絡祈福納畜栽植針灸 忌安産宅臨官剃頭冠笄

吉天德天瑞青龍黃道次吉 凶黑道歸忌龍虎小耗 忌餘事

宜冠笄解除會親修造動土捕捉平基起工豎造安葬剃頭進章

吉天恩天瑞天福明堂黃道傳星神在 凶月厭天賊罪至大耗荒蕪

宜治病破屋坏垣 忌諸事不吉

吉天喜天恩月德母倉活曜星敬心上吉 凶黑道月殺蚩尤

宜祭祀納采問名立券交易上官下定豎造安床分居作灶繪像

剉

吉天恩天福天瑞天喜次吉普護不將 凶黑道刀砧重喪丁年上朔

宜會親治病交易納財上倉庫起染 忌啟攢安葬會醫作欄枋

吉天恩金櫃黃道福星 凶火星天罡約絞刀砧九空焦坎地賊水消

宜祭祀捕捉 忌餘事不吉

吉天德月恩母倉次吉 凶受死荒蕪

宜納財 忌諸事不吉

白露 秋分 一白 甲申 水〇宜丑寅 閉伐辰巳時

吉天醫月空吉慶星 上吉星心顯星神在 凶黑道滯禍天瘟四虛
宜嫁娶交易破土安葬上官伐木裁衣經絡作灶開池補垣塞穴設帳解除 忌結婚治病針灸出行開倉安床納畜交易

白露 秋分 九紫 乙酉 水〇宜子丑 建伐寅卯酉

吉玉堂黃道月德合 曲星危德旺後 凶天火四廢天地轉殺
宜祭祀受封襲爵出行修置產室 忌餘事不吉

白露 秋分 八白 丙戌 土〇宜寅申 除寶酉亥時

吉幽微星母倉天居 明星續世 凶黑道血忌獨火
宜上官祭祀求嗣解除修造動土栽種冠笄雕刻教牛馬 忌餘事

白露 秋分 七赤 丁亥 土〇宜丑辰 滿伐未戌時

吉天醫天德合次吉 要安大富 凶黑道土瘟飛廉大狗戊年上朔
宜冠笄給由經絡開市詞訟針灸放債補垣塞穴 忌餘事

白露 秋分 六白 戊子 火〇宜卯午 平制時

吉司命黃道玉堂傳星 凶河魁死氣地火天敗六不成
宜泥墻治路 忌諸事不吉

白露 秋分 五黃 己丑 火〇宜子寅 定專卯戌亥

吉滿德星母倉上吉金堂 凶黑道死氣官符
宜祭祀作灶會親嫁娶入倉開庫放債納畜栽種 忌上官治病冠笄

白露 秋分 四綠 庚寅 木〇宜子丑 執制辰巳時

吉天德青龍黃道月德上吉天福天瑞 凶黑星龍虎小耗歸忌
宜上官會親修造捕捉冠笄破土安葬定礎豎柱上梁入宅赴舉行船給田修築 忌結婚嫁娶出行移徙開市交易建回

三露秋分三碧 **辛卯** 木○宜子寅 破制午酉時

吉天德明堂黃道神在　凶月厭天賊火星血忌大耗罪至荒蕪

宜祭祀治病破屋坏垣　忌諸事不吉

白露秋分二黑 **壬辰** 水○宜寅辰 危伐巳時

吉天福生曜星母倉敬心六合　凶黑道

宜納采問名結婚出行移徙修造動土立券安床交易竪造入學修築安葬起土下定分居裁衣作灶繪像　忌冠笄開市嫁娶

白露秋分一白 **癸巳** 水○宜午未 成寶時

吉天福月恩顯星普護天喜不將　凶黑道刀砧巳午上剎

宜結婚嫁竪冠笄移徙納財入宅治病修造動土竪柱上梁安碓磨栽種牧養　忌臨官視事啟攢安葬作倉欄枋

白分九紫 **甲午** 金○宜子丑 收寶卯時

吉月恩黃道曲星福星　凶天罡紉緞九空焦坎地賊匹廃水溜

宜祭祀捕捉剃頭　忌尼事不吉

白分八白 **乙未** 金○宜子丑 閉制卯時

吉天倉月德合母倉上吉　凶受死四廃

宜納財　忌諸事不吉

白分七赤 **丙申** 火○宜子丑 閉制巳未時

吉天喜聖心吉慶旱神在　凶黑道游禍血支天瘟

宜解除破土安葬補垣塞穴作陂　忌結婚治病立券交易[illegible]出行

白分六白 **丁酉** 火○宜午未 建制時

吉玉堂黃道益後傳星龍德　凶天火天地轉殺

宜祭祀襲爵受封出行詞訟伐木補垣塞穴　忌百事不吉

白露 戊 木〇宜子丑
秋分 戌 除丑寅亥時
五黃 時
白露
秋分 己 木〇宜丑卯
四綠 亥 滿制辰未戌
白分 時
三碧 庚 上〇宜子丑
八白分 子 平寶申酉時
月二黑 辛 土〇宜子寅
白分 丑 定義午亥時
一白 壬 金〇宜丑辰
三碧 寅 執寶未戌時
白分 癸 金〇宜寅卯
九紫 卯 破寶午未時
白露 甲 火〇宜巳亥
秋分 辰 危制時
八白

吉幽微星母倉天岳明星續世 凶黑道血忌獨火月火
宜冠笄解除栽植除服修倉治病 忌餘事不吉
吉天福要安天德合次吉天富 凶黑道土瘟飛廉天狗庚年上朔
宜出行修徙修造動土豎造上梁蓋屋經絡裁衣入倉開庫詞訟針 忌餘事不吉
灸
吉天福月德司命黃道玉堂 凶火星河魁絞地火天敗六不成
宜泥墻治路針灸 忌餘事不吉
吉天福滿德星母倉玉堂 凶黑道重喪死炁官符勾陳
宜結婚會親裁衣收養納畜針灸作廁栽植 忌修造動土凡事
吉天德青龍月德玉堂大吉 凶黑道虎小耗歸忌
宜解除修造動土會親友 忌納表破土安葬入學剃頭定磉
吉明堂黃道月恩曲星 凶月厭天賊罪至大耗荒蕪
宜破屋壞垣治病 忌諸事不吉
吉月空母倉活曜星天合敬心不將 凶黑道月殺四廢
宜納采問名立券交易經絡祀灶祈福安帳收割移居起染略獵捕
魚結網罟 忌餘事不吉

白分 七赤 乙巳 火○宜午丑 成宝辰戌時
吉 天福 月德合上 西貴 護天喜
凶 黑道 刀砧 四廢 年上朔
宜 祭祀 納采 療病 交易 給由 赴舉 剃頭 安碓 醞醡 針灸 破新 出兵 鍼

白分 六白 丙午 水○宜子丑 收宝申酉時
吉 金櫃 黃道 傳星 福生 神在
凶 天罡 絞 刀砧 九空 雀坎 地賊 水消
宜 祭祀 針灸
忌 諸事不吉

白分 五黃 丁未 水○宜巳申 開宝戌亥時
吉 天倉 天德 黃道 母倉 次吉 生炁
凶 受死 荒蕪
宜 不吉
忌 諸事不吉

白露 秋分 四綠 戊申 土○宜卯巳 閉宝戌時
吉 天赦 吉慶 星次吉 聖心 天醫 神在
凶 黑道 游禍 天瘟 血忌
宜 出行 解除 嫁娶 沐浴 補垣 塞穴 伐木 起工 作廁
忌 結婚 治病 針灸 立券 交易

白分 三碧 己酉 土○宜寅卯 建宝辰巳時
吉 天恩 玉堂 黃道 福後 官德
凶 天火 天地轉殺 火星
宜 祭祀 出行 恒祭 閱 受封
忌 諸事不吉

白分 二黑 庚戌 金○宜辰巳 除義午酉時
吉 天恩 月德 母倉 天后 明星 上吉 續世
凶 黑道 天狗 火血忌 月火
宜 祭祀 求嗣 上官 解除 修造 動土 栽植
忌 結婚 針刺 納財 牧養

白露 秋分 辛亥 金○宜丑午 滿宝未申戌
吉 天恩 顯星 要安 天德合 次吉 天富
凶 黑道 戊賊 土瘟 重喪 往 上朔
宜 出行 移徙 沐浴 修造 經路 栽衣 行船 伐木 砌灶 蓋屋
忌 結婚 移徙 安葬

四 時

白露 秋分 九紫 壬子 木〇宜子丑 平專午申時

白露 秋分 入白 癸丑 木〇宜寅卯 定伐巳申時

白分 入七赤 甲寅 水〇宜子丑 執專辰未戌

月白露 秋分 六白 乙卯 水〇宜子寅 破專卯酉時

白露 秋分 五黃 丙辰 土〇宜寅辰 危宝巳時

白露 秋分 四綠 丁巳 土〇宜丑辰 成專午未戌時

吉 天恩天瑞司命黃道曲星玉堂 凶 河魁鉤絞天敗地火六不成

宜 泥墻治路針炙 忌 餘事不吉

吉 天恩月恩滿德星明倉金堂次吉 凶 黑道死氣官符

宜 上官結婚出行會親移徙修造動土上梁裁衣納財牧養蓋屋出

又 放債雕刻進人口嫁娶安葬入倉開匣造欄棧作厠

忌 治病詞訟徵催

吉 天恩月空上吉青龍黃道 凶 黑星正四廢白虎小耗歸忌

宜 會親捕捉破土啟攢剃頭 忌 餘事不吉

吉 明堂黃道月德合傳星神在 凶 月厭天賊罪至四廢大耗荒蕪

宜 壞垣治病破屋 忌 諸事不吉

吉 活曜星母倉六合破心神在 凶 黑道蚩尤月殺

宜 祭祀結姻安床納財立券交易上官裁衣起工竪造上梁下定分

居 入宅安葬入學修築祀灶赴舉經絡 忌 嫁娶收養作灶

吉 天福普護次吉天喜三合天醫 凶 黑道刀砧癸年上朔

宜 祭祀結婚療病竪柱上梁交易入學冠笄天井雕刻祈福納財收

割 安床赴舉求醫詞訟作厠 忌 出行動土安葬交易修欄枋

白分 三碧 戊午 火〇宜卯下 收義申酉時

白分 二黑 己未 火〇宜子寅 開專卯戌時

白露 秋分 庚申 木〇宜丑辰 閉專巳時

二白

白露 秋分 辛酉 木〇宜子寅 建專未時

九紫

白露 秋分 壬戌 水〇宜寅辰 除伐巳申時

八白

白露 秋分 癸亥 水〇宜午戌 滿專亥時

七赤

---

吉金匱 黃道福生不將神在 凶火星天罡刎絞九空焦坎地火氷消

宜祭祀 嫁娶捕捉 忌凡事不吉

吉天倉 天德黃道母倉 凶受死荒蕪

宜宴會 納財 忌諸事不言

吉天福 月德吉慶星聖心顯星上吉神在 凶黑道遊禍天瘟血

宜入學 沐浴冠帶解除出行破土安葬伐木開庫破屋壞垣起工

忌治病 交易安床結婚

吉玉堂 黃道曲星生德益後神在 凶天火月建重喪天地轉殺

宜祭祀 祈福進爵交易修置產室出行穿井

忌餘事不吉

吉幽微 星明星母倉續世 凶黑道獨火血忌月火

宜除服 栽種收割塞鼠斷蟻冠笄解除出行移徙修造動土

忌結婚 治病牧養針灸

吉天富 天德合月恩要安神在 凶黑道天狗飛廉土瘟五虛坤解

宜祀灶 收割剃頭修築開市經絡補垣種植開池作陂祈福開張[illegible]

凶拜封 修作倉庫塞鼠斷蟻 忌祭祀嫁娶上官竪柱上樑安葬動土

九月建戌

天德丙○月德丙○地月將在卯寒露霜降後並作

九月節氣使用○天道南行宜向南行宜修造南方吉

授時曆日時刻躔壽星之

寒露

後太陽尚在辰○天罡宿過乙○太衝為天月將次宜用艮巽坤乾時

霜降

辰日時刻躔大火之次宜用丁癸乙辛時

初一赤口　初二小空亡龍禁西方耗　初三天地大空凶敗長星
初四長星四不祥　初五月忌　初六大空亡　初七赤口四不祥
初八龍禁　初九六壬空　初十小空亡　十一
十二短星　十三赤口　十四天月忌乙絶龍禁　十五六壬空
十六天地凶敗短星四不祥　十七瘟星入　十八小空亡
十九赤口四不祥　二十瘟星出　廿一六壬空　廿二天休廢大空亡
廿三月忌　廿四　廿五楊公忌　廿六赤口六壬空亡龍禁六
廿七天休發　廿八四不祥　廿九　三十大空亡

日凶離忌

爭雄丙戊日　伏龍西南
財離亥申　蒼龍辰日
離別辛未　滅門酉日
往亡寒露二十　四窮辛亥
三不返寅未戌　反激巳丑
四虛敗辛卯　咸池卯日
五不遇子日　八風辛未
尾長星大門　宅龍在房
絶烟火子午　胎神門戶
觸水龍丙子

[illegible]　建宜行　成宜離
　寅宜往　卯宜歸
[illegible]　申不行　酉不離
　七不往　八不歸

寒露三碧 霜降六白 **甲子** 金○宜子丑 滿義寅卯時

寒露二黑 霜降五黃 **乙丑** 金○宜子寅 平制卯巳酉

寒露一白 霜降四綠 **丙寅** 火○宜子丑 定義辰戌時

寒露九紫 霜降三碧 **丁卯** 火○宜寅卯 執義午未時

寒露八白 霜降二黑 **戊辰** 木○宜寅巳 破專午申酉亥

寒露七赤 霜降一白 **己巳** 木○宜丑辰 危義午未戌

寒露六白 霜降九紫 **庚午** 土○宜子丑 成伐卯午時

(吉)天恩天后明星金匱護次吉天官(凶)黑道天火飛廉歸忌四廢土瘟

(宜)冠笄會親開市經絡行船剃頭沐浴(忌)嫁娶移徙竪柱上梁動土

(吉)天恩顯星母倉活曜星福生(凶)黑道月殺天罡勾絞四廢地火

(宜)祭祀破屋壞垣治路(忌)餘事不吉

(吉)天恩曲星司命黃道天德月德(凶)月厭受死死氣官符九空焦坎

(宜)安葬[illegible]破土啟攢(忌)餘事不吉

(吉)天恩六合神在(凶)黑道小耗咸池勾陳大敗天

宜上官赴任修造動土求婚冠笄祭祀捕捉畋獵移居針灸上表章

(忌)結婚交易嫁娶出財開市行船作倉

(吉)天恩青龍黃道母倉益後神在(凶)黑道大耗天賊六不成

(宜)祭祀破屋壞垣(忌)諸事不吉

(吉)明堂黃道吉慶星次吉(凶)大敗刀砧血忌重喪游禍地賊九坎上朔

(宜)結婚安床下定進人口收割(忌)凡事不吉

(吉)天喜月恩要安次吉母倉天倉土旺后(凶)黑道刀砧血忌

(宜)上官結婚嫁娶修徙剃頭納財修造動土竪柱上梁治病安葬入

學出行安床納財起攢塞屋祀灶修築造門作倉定磉交易砌天井

寒露五黄 霜降八白 辛未 土〇宜申戌 收危時

寒露四綠 霜降七赤 壬申 金〇宜丑辰 開義巳時

寒露三碧 霜降六白 癸酉 金〇宜寅卯 閉義午時

寒露二黑 霜降五黄 甲戌 火〇宜寅辰 建制巳亥時

寒露一白 霜降四綠 乙亥 火〇宜丑辰 除義戌時

寒露九紫 霜降三碧 丙子 水〇宜子丑 滿伐時

吉天德合月德合幽微星金堂母倉 凶黑道河魁劫殺荒蕪土符八風

宜祭祀捕捉納財 忌餘事不吉

吉金櫃黃道月德月空金堂生炁神在 凶火星天賊

宜祭祀解除療病上官冠笄進人口動土拔剃

忌豎柱作灶開市安床

吉天醫天德黃道次吉神在 凶獨火能虎血支月火

宜出行移徙沐浴修造動土經絡給出赴舉破土安葬補垣塞穴八起

欒作雞栖收割祀灶安床作廁祭祀 忌赴任結婚治病交易

吉顯星滿德星龍德母倉 凶黑道月建罪至四廢 忌餘事不吉

宜豎造安葬破土架牛作牛欄豬欄雞栖教馬祭祀蓋屋出行

吉五堂黃道曲星次吉徵心 凶四廢丙年上朔

宜襲爵受封上官赴任給出進人口解除掃舍沐浴療病開市裁衣

作灶冠笄拔剃求醫會親友起工除服 忌餘事不吉

吉天德月德上吉天官明星普護天富 凶黑道天火飛廉土瘟爐獵

宜入學開市經絡破土啟攢交易針灸求婚造紅冠笄詞訟放債沐

浴結婚宴會上官雕刻塞鼠開池 忌嫁娶移徙上梁動土乘船葺墓

寒六白 霜二黑 丁丑 水○宜巳申 平室亥時

寒七赤 霜一白 戊寅 土○宜巳未 定伐戌時

寒露六白 霜降九紫 己卯 土○宜子寅 執伐午未時

寒露五黃 霜八白 庚辰 金○宜寅巳 破柔申酉亥

寒露四綠 霜降七赤 辛巳 金○宜丑午 危伐未戌亥時

寒露三碧 霜降六白 壬午 木○宜丑卯 成制時

寒露二黑 霜降五黃 癸未 木○宜寅卯 收伐辰巳亥

吉活曜星母倉福生 凶黑道月殺地火天罡約絞

宜祭祀救馬結網泥飾垣墻平治道塗 忌諸事不吉

吉司命黃道傳 凶月厭死炁官符受死九空焦坎

宜不吉 忌諸事不吉

吉天恩天瑞天福六合聖心神在 凶黑道重喪小耗

宜祭祀上官赴任修造動土蓋屋納表伐木詞訟修築披剃冠笄

忌移徙交易結婚嫁娶出財開市收債行船安葬

吉大恩月恩母倉青龍黃道益後 凶黑星大耗丙辛年十惡大敗

宜祭祀破屋壞垣 忌諸事不吉

吉天恩天德合月德合上吉天福 凶火星游禍刀砧地賊血忌上朔

宜祈福求嗣會親嫁娶交易 忌諸事不吉

吉天恩月空要安大壽土旺后母倉天倉天醫上吉神在 凶黑道砌刀

宜結婚出行修造動土豎柱上梁交易安葬出人入學下定破土上作

厕剑灸作灶治病栽種作倉定磉剃頭大川上表章祭祀 忌造畜欄

吉天恩幽微星母倉玉堂鼎星 凶黑道洌冠紹絞水消九陌荒蕪

宜不吉 忌諸事不吉

寒露一白 霜降四綠 甲申 水○宜丑巳 開伐未申戌

上吉金櫃黃道明星天企堂 次吉生炁神在 凶天賊四廢

宜冠笄上官赴任進爵受封剃頭牧養治病開渠針灸安葬沐浴

忌作倉開市出行嫁娶

寒露九紫 霜降三碧 乙酉 水○宜子丑 閉伐寅卯時

吉天醫天德黃道神在 凶龍虎血支四廢獨火月火 忌餘事不吉

宜祭祀掃除沐浴修造破土補垣塞穴裁衣設帳合帳

寒露八白 霜降二黑 丙戌 土○宜寅申 建宜酉亥時

吉天德月德母倉作德滿德神在 凶黑道月建羅王 忌餘事不吉

宜祭祀出行伐木進人口求財起梁立券冠笄作陂塘造畜欄

寒露七赤 霜降一白 丁亥 土○宜丑辰 除伐未戌時

吉玉堂黃道傳星敬心神在 凶戊年上朔

宜祭祀開市掃除治病掃舍上官裁衣詞訟針灸進人口雕刻除服

作廁堆垛起染割蜂移居吉不友 忌餘事不吉

寒露六白 霜降九紫 戊子 火○宜卯午 滿制申時

吉天富天岳明星普護上吉 凶黑道天火土瘟飛廉歸忌天狗

宜開市經絡進人口詞訟披剃 忌嫁娶移徙動土豎柱上梁安葬

寒露五黃 霜降八白 己丑 火○宜子寅 平專卯戌亥

吉母倉活曜星福生 凶黑道月殺天罡約絞重喪地火

宜祭祀泥補垣路 忌凡事不吉

寒露四綠 霜降七赤 庚寅 木○宜子丑 定制辰巳時

吉天福天瑞月恩司命黃道 凶火星月厭受死死炁官符九空焦坎

宜會親友破土安葬 忌百事不吉

寒露三碧辛卯木○宜寅卯 執制午時
霜降六白

二黑壬辰水○宜辰巳
霜降 破伐亥時

寒露一白癸巳水○宜午戌 危伐亥時
霜降四綠

寒露九紫甲午金○宜卯辰 成室丑時
霜降三碧

寒露八白乙未金○宜子寅 收制卯巳時
霜降二黑

寒露七赤丙申火○宜子丑 開制辰戌時
霜降一白 未時

吉天福天德合月德合 六合聖心神在 凶黑道小耗
宜上官赴任納表修造動土捕捉破土啟攢祭祀祈福冠笄入學
冢安床起工蓋屋入宅詞訟給田修築求婚姻嫁娶作灶修廁斬草

吉天福刀空青龍黃道 顯星母倉益後 凶黑道大耗天賊六不成
宜安產室破屋壞垣 忌餘事不吉

吉天福明堂黃道續世 母倉 凶天瘟地賊游禍刀砧血忌巳年上朔
宜結婚姻嫁娶捕魚安床
忌餘事不吉

吉天喜要安母倉三合天醫神在 凶黑道刀砧[illegible]四廢
宜祭祀結婚剃頭納財治病修造破土啟攢豎柱上梁上官交易動
土移居安碓磑斎收割會親友進人口給由 忌赴任冠笄造橋枋

吉幽微星玉堂母倉神在 凶黑道四廢河魁絞荒蕪水消
宜捕捉 忌凡事不吉

吉天德金櫃黃道月德傳星金堂生炁 凶天賊
宜上官赴任祭祀治病進人口牧養穿井沐浴開渠解除施恩拜封
頒詔施恩入使 忌結婚姻嫁娶乘船交易出行作倉開市

寒露六白 霜降九紫 丁酉 火○宜午未 開制時

吉天醫天德黃道福在　凶龍虎血忌獨火斧頭殺月火
宜祭祀修倉補塞給由起染解除詞訟作廁　忌結婚姻治病交易

寒露五黃 霜降八白 戊戌 木○宜子寅 建專午亥時

吉母倉德滿德星　凶黑道月建界至
宜雕刻收割作廁池染堆築修造蓋屋穿牛造畜欄　忌凡事不吉

寒露四綠 霜降七赤 己亥 木○宜丑辰 除制午未時

吉天福玉堂黃道敬心次吉　凶火星重喪披蔴上朔　忌餘事不吉
宜祭祀受封上官赴任詞訟解除沐浴治病開市栽種進人口拔刺

寒露三碧 霜降六白 庚子 土○宜子丑 滿宜申酉時

吉天福月恩天岳明星上吉天富　凶黑道天火飛廉歸忌災狗
宜冠笄破土啟攢進人口納采行船拔刺交易開市修作倉庫開池塘　忌餘事不吉

寒露二黑 霜降五黃 辛丑 土○宜寅申 平義戌亥時

吉天德合月德福生顯星天福母倉　凶黑道天罡勾絞月殺地火
宜結網治獵堵墻平治道塗　忌凡事不吉

寒露一白 霜降四綠 壬寅 金○宜丑辰 定義巳未時

吉司命黃道月空曲星　凶月厭受死死炁官符九空焦坎
宜破土安葬會親友動土　忌凡事不吉

寒露九紫 霜降三碧 癸卯 金○宜寅卯 執宅午未時

吉聖心六合次吉　凶黑道小耗
宜上官赴任出行移徙修造動土栽種收養斬草破土啟攢入學冠并天井修築起工蓋屋進人口定磉　忌嫁娶開市交易乘船作倉

寒八白 霜二黑 甲辰 火○宜巳亥 破制時

寒七赤 霜一白 乙巳 火○宜子丑 危寶辰亥時

寒露六白 霜降九紫 丙午 水○宜子丑 成專卯午時

寒五黃 霜八白 丁未 水○宜巳午 收寶戌亥時

寒四綠 霜七赤 戊申 土○宜卯巳 開寶未戌時

寒露三碧 霜降六白 己酉 土○日干寅 閉寶卯辰未

寒二黑 霜五黃 庚戌 金○宜寅辰 建義巳午時

吉母倉黃道益後 凶黑星大耗四廢大敗六不成

宜破屋壞垣 忌餘事不吉

吉天福明堂黃道凶天 瘟游禍四廢荒年上朔地賊庚午十惡大敗

宜求嗣祭祀經絡結網 忌凡事不吉

吉天德月德上吉要安 天喜母倉天倉 凶黑道刀砧重尼忌作灶

宜上官結姻納財治病 修造動土豎柱上梁交易破土安葬剃頭進

人口入倉開庫安碓磑 祀嫁娶入宅出火安床出行入宅進章修門穿井

吉幽微星母倉六合玉 堂神在 凶黑道河魁勾絞荒蕪水消

宜捕捉 忌諸事不吉

吉天赦金匱黃道上吉 金堂生炁神在 凶火星天賊 忌餘事不

宜上官赴任冠笄披剃 解除疾病受封動土療病祭祀開渠

吉天恩天德黃道天醫 神在 凶黑道 虎重喪獨火月火[illegible]

宜祭祀解除沐浴修造 動土栽種補垣塞 築堤作陂

忌結婚嫁娶交易立券 行船啟攢安葬

吉天恩月恩顯星滿德 星宿德母倉 凶月建黑道罪至

宜祭祀出行修造雕刻 作廁穿井 忌凡事不

寒露一白 辛亥 金 ○宜丑辰 除 宝 午未時
霜降四綠

寒露九紫 壬子 水 ○宜子丑 滿 專 午申時
霜降三碧

寒八白 霜二黑 癸丑 木 ○宜寅卯 平 伐 巳申戌

寒七赤 霜一白 甲寅 水 ○宜子辰 定 專 未申戌

寒六白 霜九紫 乙卯 水 ○宜丑寅 執 專 卯酉時

寒五黃 霜八白 丙辰 土 ○宜寅申 破 宝 亥時

寒四綠 霜七赤 丁巳 土 ○宜丑辰 危 專 午未戌

吉 天德合 月德合 上吉 曲星 敬心 玉堂黃道 天岳 明星 凶 壬年上朔
宜 上官赴任 解除 掃舍 治病 冠笄 椎豎 安葬 考滿 造門 益星 進人口
会親 割蜂 除服 起攢 祈福 披剃 修廚 作灶 忌 餘事

吉 天恩 天瑞 月空 天岳 明星 普護 天富 凶 黑道 天火 飛廉 上瘟 帰忌
宜 出行 啟攢 開市 經絡 裁衣 破土 訴訟 交易 冠笄 牧養 剃頭 進人口
教牛 忌 餘事不吉

吉 天恩 母倉 活曜星 福生 凶 黑道 月殺 天罡 納絞 地火
宜 泥墻 治路 作灶 穿井 造羊棧 忌 餘事不吉

吉 司命黃道 傳星 凶 月厭 受死 正四廢 死氣 官符 九空 焦坎
宜 破土 啟攢 會親 忌 餘事不吉

吉 天合 聖心 神在 凶 天賊 黑道 正四廢 小耗
宜 祭祀 上官赴任 捕捉 破土 啟攢 封冢 斬草 忌 餘事不吉

吉 天德 青龍黃道 月德 母倉 [illegible]後 凶 黑道 大耗 大敗 六不成
宜 祭祀 安產室 破屋 壞垣 忌 餘事不吉

吉 天福 明堂黃道 續世 吉慶星 凶 火星 游禍 血忌 刀砧 地賊 天瘟
宜 求嗣 結婚 進人口 忌 餘事不吉

寒露十一 五碧 霜降六白 戊午 火 ○ 宜子丑 成兼卯巳時

寒黑 霜黃 己未 火 ○ 宜子寅 收專卯戌時

寒露一白 霜降四綠 庚申 木 ○ 宜丑辰 開專巳時

寒露九紫 霜降三碧 辛酉 木 ● 宜子寅 閉寶卯午未

寒白 霜黑 壬戌 水 ○ 宜辰巳 建伐申酉時

寒露七赤 霜降一白 癸亥 水 ○ 宜午戌 除專亥時

---

吉 天赦天恩要安母倉天倉三合天醫神在 凶 黑道刀砧重喪九醜鬼[illegible]

宜 祭祀嫁娶剃頭納財治病修造動土豎柱上梁交易入學作倉去癸雕刻安碓裁衣定磉 忌 移徙放債安葬上官造欄枋

吉 紫微星母倉玉堂顯星神在 凶 黑道河魁勾絞重喪荒蕪冰消

宜 祭祀納財捕捉 忌 餘事不吉

吉 天福金櫃黃道月恩明星金堂生炁次吉 凶 天賊

宜 冠帶受封上官赴任解除求醫成服剃頭詞訟祀灶進人口

忌 嫁娶出行作倉開市

吉 天德合月德合黃道天醫神在 凶 龍虎血支無祿火星火

宜 祈福解除沐浴冠笄給由赴任出火交易修造動土入倉開庫行船拆破壬納進大紀灶作廁補帳教牛馬求婚起灶敗割 忌 餘事

吉 月空滿德星母倉龍德 凶 月建[illegible]遁羅至

宜 出行冠笄起染收割 忌 餘事不吉

吉 玉堂黃道傳星紋心天玉明星 凶 [illegible]年上[illegible]

宜 祭祀掃舍開市解除祈福求醫治病收割移居[illegible]塚起[illegible]拔[illegible]

宴會親友進人口割蜂塞鼠斷蟻 忌 餘事不吉

## 十月建亥

天德乙○月德甲○地月將在寅自立冬小雪後葬作
十月節氣使用○天道東行宜向東行宜修造東方吉

立冬　小雪

後太陽尚在卯○大衝
始虛甲○功曹
為天月將
按曆月時刻躔大火次宜用丁癸乙辛時
某日時刻躔析木之次宜用甲庚丙壬貴

## 日凶雜忌

爭雄小河辰日　伏龍西南
財離卯日　受龍南口
離別丙午　咸池子日
往亡驚冬後十　胎神門戶
三不返戊申亥　截戌戌
四虛敗寅卯　滅門申日
五不遇五時　四廢癸亥
九良星大門　八風卯戌寅
絕日火丑未　宅龍在堂
解水龍丙子癸未癸丑

四順　建宜行　成宜離　寅宜往　卯宜歸
四逆　申不行　酉不離　二不往　八不歸

初一長星天地凶敗小空亡　初二六壬空龍　初三四方耗
初四大不祥休廢四　初五大空亡七　初六赤口　初七四不祥
初八龍禁六壬　初九天休廢　初十　十一
十二赫曜八　十三大空亡　十四天地凶敗龍禁短星忌
十五天乙絕煞　十六瘟曜出四　十七小空亡七　十八赤口
十九四不祥　二十六龍耗空　廿一大空亡　廿二
廿三楊公忌　廿四赤口　廿五小空亡　廿六龍禁
廿七　廿八四不祥　廿九大空亡　三十赤口

立冬 小雪 六白 甲子 金○宜子丑 除箕寅卯時

冬至 五黃 乙丑 金○宜午寅 滿斛卯巳申 酉時

冬至 四綠 丙寅 火○宜子丑 平家未戌時

冬至 三碧 丁卯 火○宜午未 定蓑申酉時

冬至 二黑 戊辰 木○宜寅巳 執專午酉亥

冬至 一白 己巳 木○宜丑寅 破蓑辰午戌

立冬 小雪 九紫 庚午 上○宜子丑 危代卯午時

吉天赦天恩上吉月德幽微星 要安神在 黑道 忌結婚嫁娶[illegible]

宜上官赴任解除出行移徙療病修造動土栽種收斂蓋屋竪造[illegible]

人口安葬作灶分居入學安床 冠笄告門給由入宅祭祀設醮[illegible]

吉天德天恩月恩黃道玉堂 忌月厭天財火星飛廉土瘟天狗

宜會親披剃技斧塞鼠穴 忌餘事不吉

吉天恩天赦明星六合金堂 凶黑道四廢河魁勾絞許禍荒蕪[illegible]

宜平治道塗 忌餘事不吉

吉天恩顯德星滿德次吉神在 凶黑道天火龍虎四廢死元官符

宜祭祀冠帶結婚會親嫁娶小定針灸行船納畜動工 忌餘事

吉天恩司命黃道曲星天府明星 凶羅王小耗地賊

宜祭祀解除納財結姻捕捉剃頭納表進章 忌餘事不吉

吉月德合然 凶黑道月破大耗乙年上朔

宜求醫破屋壞垣 忌餘事不吉

吉天德月空次吉活曜星青龍 黃道[illegible]不將 凶黑星

宜入宅冠笄給由赴舉破土安葬出嫁娶裁衣分居作倉祈祀作灶

起工安床伐木蓋屋下定修築 動土天井[illegible]進人口造門扇閣[illegible]

立冬、小雪 辛未 土○宜寅 成義寅時
八白
立冬 小雪 壬申 金○宜丑辰 收義巳未時
七赤
立冬、小雪 癸酉 金○宜寅卯 開義午時
六白
立冬、小雪 甲戌 火○宜寅卯 閉制巳時
五黃
立冬、小雪 乙亥 申○宜丑辰 建義戌時
四綠
立冬、小雪 丙子 水○宜子丑 除伐卯午時
三碧

吉 月財天喜天醫明堂黃道福生傳星神在三合 忌 嫁娶治病
宜 入宅結姻動土豎柱上與立券交易上官修造扱券冠笄安葬栽
衣安床 戊木造則会親進人口修倉栽種作灶定磉穿井開池高欄
吉 田倉 凶 黑道受死天罡河魁重喪刀砧月火
宜 塞鼠捕捉畋獵 忌 諸事不吉
吉 田倉上吉聖心生炁神在 凶 黑道刀砧 忌 結姻立券交易造畜欄
宜 出行修造動土牧養安葬冠笄求財納人宅放債安碓開榮開
井種植造酒橫琢醫祀灶起梁祭祀解除除服豎柱上梁穿井收副
吉 天醫月德合吉慶星金櫃黃道益後神在 凶 月殺火星血支
宜 祭祀出行服綱上官社路開池動上修築補垣塞穴斷蟻作厠結
欄 忌 牧養種蒔出財
吉 天德月恩黃道屋德續世 凶 天瘟血忌九空枷土朔天敗六成不
宜 襲爵受封病奴婢砍伐樹木穿井
吉 也微星顯星要安吉 凶 四虎白虎黑道 忌 結婚破土啟攢乘船
宜 上官出行治病冠笄裁衣修作栽種入倉開庫移居安葬豎造止
粱出火冶由交易詞訟求婚掃舍納声納奴婢修造欄櫚除服

立冬、小雪 丁丑 水口 宜巳申 滿 宜亥時
二黑

立冬、小雪 戊寅 土口 宜巳未 甲伐戊時
一白

立冬、小雪 己卯 土口 宜子寅 定伐午未時
九紫

立冬、小雪 庚辰 金口 宜寅巳 執義申酉亥時
九紫

立冬、小雪 辛巳 金口 宜丑午 破伐未戌亥時
七赤

立冬、小雪 壬午 木口 宜丑卯 危制時
六白

吉 天富 玉堂黃道 曲星 天玉 明星 凶 地火 天賊 土瘟 飛廉 四廢 婦忌
宜 全親 進人口 補垣塞穴 斷蟻 修造 寿木 開生坟
忌 餘事不吉

吉 天瑞 天岳 明星 金堂 六合 凶 黑道 荒蕪 游禍 河魁 勾絞 水痛
宜 平治道塗 修飾垣墻 造寿木 開生坟
忌 餘事不吉

吉 天恩 天瑞 天福 月德合 滿德星 凶 黑道 天火 左虎 死氣 官符
宜 祭祀 冠帶 結姻 公親 嫁娶 剃頭 安碓磑 經絡 上冊受封 苫蓋 裁衣 袖
畜 動土 斬草
忌 餘事不吉

吉 天恩 司命黃道 傳星 月空 天德合 天府 明星 凶 地賊 罪主 小耗
宜 祭祀 初福 解除 捕捉 祀灶 雕刻 破剃 赴舉 結網
忌 餘事不吉

吉 天恩 天瑞 天福 敬心 天倉 凶 黑道 六耗 易破 丁年上朔
宜 祭祀 治病 破屋 壞垣
忌 餘事不吉

吉 天恩 活曜星 扂黃 普護 上吉神在 凶 黑道 重喪
宜 嫁娶 裁衣 公安床 伐木 詞訟 交易 下定 修築 動土 起工 造門 上梁 求
婚 祀 筭 祉 陸 十 柔 補 帝 錄 刻 設帳 割時 寅井 求財 作廁 宜會 醞酒

立冬 小雪 五黃 癸未 水口宜寅卯 成伐巳時
冬雪 四綠 甲申 水口宜子丑 收伐巳未辰
立冬 小雪 三碧 乙酉 水口宜子丑 開伐寅卯午
冬雪 二黑 丙戌 土口宜寅申 閉寶酉時
冬雪 一白 丁亥 土口宜丑辰 建伐未戌時
立冬 小雪 九紫 戊子 火口宜子午 除制申時
冬雪 八白 己丑 火口宜子寅 滿專卯戌亥

吉 天恩明堂黃道上吉福生天喜 凶 火星月火
宜 結婚納財入宅交易給田安葬不定安碓納采造酒醞進人口祈
福動土開池穿井牧養披剃 忌 嫁娶出行赴任治病
吉 月德母倉上吉神在 凶 黑道受死天罡勾絞刀砧月火
宜 捕捉畋獵 忌 諸事不吉
吉 天德月恩母倉顯星聖心生氣神在 凶 黑道刀砧
宜 上官出行沐浴納財入宅治病修造動土牧養冠笄安葬納表劄
頭安碓開渠穿井種蒔登柱上梁求婚納采栽種出行求財 忌 結婚姻嫁
吉 天醫金櫃黃道吉慶星普護曲星 凶 月殺血忌四廢 忌 餘事
宜 祭祀修倉安產室求嗣裁衣開市起梁結網捕獵作廁補塞
吉 天德黃道續世居德 凶 四廢天瘟血忌九空戊年上朔大敗六擲
宜 祭祀施恩拜封穿井 忌 餘事不吉
吉 幽微星要安 凶 黑道 宜 上官赴任解除出行沐浴治病披剃動土
豎柱定磉天井穿井求醫蓋屋栽種起梁豬欄除服 忌 結婚移從服侯
吉 天富月德合傳星玉堂黃道 凶 月厭天賊歸忌土瘟天尚飛廉
宜 全親補垣塞穴祀灶修造開池 忌 餘事不吉

冬雪 七赤 庚寅 水□宜子丑 平制辰戌時

立冬 冬雪 六白 辛卯 木□宜子寅 定制午酉時

立冬 小雪 五黃 壬辰 水□宜辰巳 制伐亥時

立冬 小雪 四綠 癸巳 水□宜午戌 破制亥時

立冬 小雪 三碧 下 甲午 金□宜子丑 危宝卯時

立冬 小雪 二黑 乙未 金□宜子寅 成制卯巳時

吉天德合月空天福明星金堂六合 凶黑道荒蕪河魁勾絞游禍地火

宜成廉平治道塗 忌餘事不吉

吉天福滿德星神在 凶黑道天火庵虎死炁官符

宜祭祀結婚冠帶会親入學行船動土剃頭紋積安碓納畜破土嫁

娶招賢詞訟針灸斬草 忌移徙治病栽植作灶安產室

吉天福司命黃道天府明星 凶火星小耗重喪罪至地賊

宜結婚嫁娶裁衣捕捉畋獵解除針灸上表章結網

忌諸事不吉

吉天福敬心天倉 凶黑道大耗月破巳年土朔

宜治病破屋壞垣 忌餘事不吉

吉青龍黃道月德顯星上吉活曜星普護神在 凶黑星

宜祭祀受封拜爵出行移徙修造動土天井倉由起任起舉分居交

易起土伐木剃頭雕刻牧養納畜祀灶破土啟攢祈福設齋

吉天德曲星明堂黃道福王月財上吉天喜神在 忌栽植

宜結婚納財入學修造動土豎柱上梁祭祀入宅出火移徙分居蓋

屋出行求財納來給由冠笄安床作灶交易裁衣破土安葬安碓磨

小雪 一白 丙申 火○宜子丑 收制 未戌時
吉 月合天吉神在 凶 黑道受死四廢天罡勾絞甲巳年十惡大敗
宜 補垣 忌 諸事不吉

立冬 小雪 九紫 丁酉 火○宜午未 開制 時
吉 母倉天吉聖心生氣神在 凶 黑道四廢刀砧朱雀
宜 入學出行解除修造動土安碓上樑冠笄給田殯瘞起工行船裝載沐浴納表章入倉開庫開渠穿井栽種 忌 結婚立券交易

冬雪 八白 戊戌 火○宜子寅 開專 午亥時
吉 明星天德合福德黃道吉慶星傅星益後 凶 月殺血支
宜 修倉安葬宅補垣塞穴 忌 針灸作倉開市剖蜂

冬雪 七赤 己亥 水○宜未戌 建制 時
吉 天福天德黃道月德合龍德 凶 天瘟血忌九空庚年上朔秋大敗大成
宜 襲爵受封出行穿井 忌 餘事不吉

立冬 小雪 六白 庚子 土○宜子巳 除寶 午辰時
吉 天福天德合月空天恩上吉紫微星要安 凶 黑道 忌 餘事不吉
宜 上官赴任解除療病啟攢出行移居裝屋入宅進門定磉豎造上樑除服給由冠笄雕刻交易開倉庫安床裁衣納畜經絡造欄櫪棧

冬雪 五黃 辛丑 土○宜寅申 滿義 戌亥時
吉 天福玉堂黃道天富 凶 月厭火星天賊飛廉土瘟歸忌天狗
宜 會親補垣塞穴披剃修作陂池 忌 餘事不宜

冬雪 四綠 壬寅 金○宜丑辰 平寶 未戌時
吉 六合天后明星金堂 凶 黑道荒蕪游禍河魁勾絞地火重喪木馬
宜 平治道塗 忌 百事不吉

立冬 小雪 三碧 癸卯 金〇宜寅卯 定寶午未時
吉滿德星上吉 顯星　凶黑道天龍虎死 官符
宜冠笄結婚嫁娶剃頭納畜破土啟攢安碓動土 會親
忌治病栽植安產官赴任苫蓋修造裁衣豎柱

立冬 小雪 二黑 甲辰 火〇宜巳亥 執制寅時
吉黃道月德上吉 曲星　凶罪至小耗丙辛年十惡大敗地賊
宜解除捕捉合縱針灸畋獵　忌動土開市交易出行出財

冬雪 一白 乙巳 火〇宜子丑 破寶辰戌時
吉天福月恩天德上吉敬心大倉　凶黑道大耗月破
宜祭祀療病破屋壞垣　忌餘事不吉

冬雪 九紫 丙午 水〇宜子丑 危寶卯午時
吉青龍黃道活曜外次吉普護　凶黑星正四廢五虛
宜祭祀安床伐木栽種祀灶安葬針灸斷福畋獵　忌餘事不吉

立冬 小雪 八白 丁未 水〇宜寅卯 成寶巳申時
吉天喜明堂黃道福生傳星神在　凶四廢　忌嫁娶行船
宜結姻納采問名納財修造動土豎柱上梁蓋屋起工交易伐木出火入宅牧養入學納畜安修碓磨破土啟攢作齋木生墳安香火

冬雪 七赤 戊申 土〇宜卯未 收寶申戌時
吉母倉神在　凶黑道受死天罡紅紗刀砧月火
宜捕捉畋獵　忌餘事不吉

冬雪 六白 己酉 土〇宜子寅 開寶卯辰未
吉天恩月德合母倉神在聖心生炁上吉　凶黑道刀砧
宜入學出行修造動土治病牧養安葬栽植祭祀開渠穿井　忌餘事

小雪 五黄 庚戌 金○宜辰巳 閉義午申亥
立冬 小雪 四緑 辛亥 金○宜丑午 建宝未辰戌
立冬 小雪 三碧 壬子 水○宜子丑 除専卯午時
冬雪 二黒 癸丑 木○宜寅卯 満伐巳申戌
立冬 小雪 一白 甲寅 水○宜子丑 平専辰未戌
立冬 小雪 九紫 乙卯 水○宜子卯 定専酉時
冬雪 八白 丙辰 土○宜寅辰 執宝巳時

吉天恩天德月空金櫃黄道次吉天医福後 凶谷星月刑血支
宜祭祀祈福求嗣補垣塞穴 忌牧養栽植動土作倉開市針刺腋
吉續世天恩天德黄道龍德 凶血忌天瘟九空王亡上朔六不成
宜襲爵受封穿牛 忌餘事不吉
吉天恩天瑞幽微星要安頭星 凶九醜咸池黒道重喪
宜上官赴任解除出行治病裁衣栽種詞訟竪造蓋屋出火冠笄納商賈架定磉雕刻造葬除服修舎經絡 忌結婚嫁娶移徙安葬
吉天恩玉堂黄道曲星天富 凶月厭大賊土瘟血忌飛廉天狗
宜會親友補垣剃頭栽種修池作陂 忌餘事不吉
吉月德天岳明星上吉金堂 凶黒道游禍河魁勾絞水消
宜平治道塗 忌諸事不吉
吉天德月恩滿德星 凶黒道龍虎天火死炁官符
宜祭祀冠帶結婚會親出行剃頭納財畜破土啟攢動土針灸嫁娶
忌竪柱蓋屋赴任
吉黄道次吉傳星明星神在 凶罪至四廢小耗地賊
宜祭祀結婚捕捉畋獵伐木安葬納表上官忌出行動土開市交易

冬雪 七赤 丁巳 土〇宜丑辰 破專午未戌

吉天倉天福敬心神在　凶黑道四廢大耗月破癸年上朔

宜祭祀治病破土壞垣　忌餘事不吉

立冬 小雪 六白 戊午 火〇宜卯午 危義申酉時

吉青龍黃道活曜聖普護神在　凶黑道　忌移徙赴任治病蓋屋行船

宜祭祀襲爵受封安封伐木畋獵雕刻定磉冠笄安葬栽種

立冬 小雪 五黃 己未 火〇宜子寅 成專卯巳時

吉天喜月德合上吉明堂黃道福星神在　凶天火星

宜祭祀祈福納采問名結婚姻納財入學上官給由冠笄下定交易祀灶進人口種植牧養安碓破土安葬安香火　忌嫁娶赴任出行

冬雪 四綠 庚申 木〇宜丑辰 收專巳時

吉天德合月空金櫃黃道　凶黑道受死天罡約絞刀砧獨火月火

宜捕捉畋獵　忌諸事不吉

立冬 小雪 三碧 辛酉 木〇宜子寅 開專午未時

吉顯星母倉生炁神在上吉聖心　凶黑道刀砧

宜入學出行祭祀解除沐浴修造動土治病上章安葬修築冠笄豎造行船安碓大井作磨牧養入宅　忌結婚上官

立冬 小雪 二黑 壬戌 水〇宜辰巳 閉伐申酉時

吉明星天醫金櫃黃道吉慶生炁星神在後　凶月殺重喪血支

宜修倉裁衣安葬築堤塞穴起築冠笄合帳結網　忌出火作灶

冬雪 一白 癸亥 水〇宜午戌 建專亥時

吉天德黃道續世天德　凶天瘟血忌九空焦坎大敗六不成

宜祭祀破土　忌諸事不吉

## 日凶雜忌

争雄戌亥日 伏在西南
財離申日 姓在子日
離別丙午 滅地酉日
往亡秋臨後二 胎神作外
三不返丙日 反激戊戌
四虛敗寅午 滅門未日
五不遇甲日 四廢癸亥
九良星中庭 宅危任堂
絶烟火寅申 八風申酉戌
觸水龍丙子癸未癸丑

四順 建宜行 成宜離 寅宜往 卯宜歸

四逆 申不行 酉不離 七不往 八不歸

## 十一月子建

大雪 冬至

天德巽月德壬○地月將在丑日○大雪立冬後並作

十一月節使用○天道東南行宜向東南行宜修造東南

投瑲曆日時刻躔析末之

後天陽 尚在寅○力曹 為天力將 次宜用申庚丙壬時

姑遇艮○大吉 某日時刻躔星紀之 次宜用艮巽坤乾時

初一六壬空 初二龍禁 初三 初四大空亡 四方耗 四不祥

初五赤口 日月忌 初六 初七咱坏 初八小空亡 虎禁

初九 初十大地凶敗 星出 十一赤口 十二火星 長星 瘟

十一天休廢 十四天地凶敗 龍禁 月忌 十五天地凶敗 瘟星

十六天乙絶氣 小空亡 十七赤口 十八天休廢

十九四不舉 大空 二十大禁空亡 虎 廿一楊公忌 廿二短星

廿三赤口 日月忌 廿四小空亡 廿五六壬空 廿六龍禁

廿七 廿八四大空亡 廿九赤口 三十

大雪六白 冬至一白 **甲子** 金○宜子丑 建義寅卯時

吉天赦天恩月恩金櫃黃道龍德 凶月厭火星天地轉殺
宜祭祀襲爵受封給由考滿赴舉交易放債進人口收捕出兵徵討
忌結婚開市

大雪五黃 冬至二黑 **乙丑** 金○宜子寅 除制卯巳時

吉天恩天德黃道六合普護[illegible]吉明星神在往 凶天瘟
宜祭祀解除出行移徙結婚給由上定歲交會親修造動土交易[illegible]
忌行船栽種牧養納畜入倉開庫開池掃舍宇上官赴任除服

大雪四綠 冬至三碧 **丙寅** 火○宜子丑 滿義辰未時

吉天恩月空顯星福生 凶黑道土瘟四廢歸忌天狗
宜出行納財修造動土開市立券交易經絡裁衣求嗣上官安床作
忌伐木給由定磉會親納聘冠笄繪像修廚掃宇破土啟攢

大雪三碧 冬至四綠 **丁卯** 火○宜子未 平義申酉時

吉天恩月德合曲星玉堂 凶受死四廢天罡絞殺地賊六不成
宜泥飾垣牆平治道塗針灸大凶大忌餘事不吉

大雪二黑 冬至五黃 **戊辰** 木○宜寅辰 定義巳午時

吉天恩天岳明星聖心天倉神在 凶黑道死氣官符
宜祭祀冠笄結姻會親納財修造動土豎柱上樑雕刻下定行船捕猪
剃頭裁衣納畜入井進人口安修碓磨 忌治病安產[illegible]官

大雪一白 冬至六白 **己巳** 木○宜丑辰 執義午未時

吉天德普護不將 凶黑道小耗乙年上朔
宜移居嫁娶修造動土安產至給由剃頭捕捉畋獵 忌餘事不宜

大寒庚午土○宜丑卯
冬七赤　破伐申酉時
大雪辛未土○宜寅申
八白　危義戌時
冬至八白
大雪壬申金○宜丑辰
七赤　成義巳未時
冬至九紫
大寒白癸酉金○宜寅卯
冬至白　收義午時
大雪甲戌火○宜寅辰
五黃　開制巳亥時
冬至二黑
大寒乙亥火○宜卯辰
　閉義巳時
冬至三碧
大寒丙子水○宜子丑
　建伐午申酉

吉黃道普護續世　凶大耗天賊天火血忌荒蕪
宜療病破屋壞垣　忌餘事不吉
吉要安吉慶天神在　凶黑道月殺獨火月火　忌結婚動土治病
宜祭祀納采問名安床冠笄出火伐木起柴交易收獵
吉天德合月德天喜普護黃道上吉　凶[illegible]飛廉月破大空焦坎
宜入宅冠笄祭祀伐木治病安葬上官不定作灶移居新通溝渠剃頭
忌結婚開市立券交易動土豎柱上梁造倉櫃
吉黃道幽微星母倉金堂　凶火星河魁狗絞重喪刀砧水消
宜祭祀納財栽植捕捉入殮　忌開市結婚動土上梁
吉月恩上吉生氣神在　凶黑道危虎星光　忌餘事不吉
宜祭祀結婚移徙納財入學修造動土給由出被剃栽種祀灶起紫衍
吉天醫顯星玄吉　凶黑道遊禍九空血支丙午上朔
宜出行補由修造動土裁衣牧養入倉開庫求醫出火築墻移徙安
床設帳造倉櫃栽種斷蟻作則實民閉蟻進人口　忌治病針刺安葬
吉金櫃黃道月空滿德星神星龍德敬心　凶月厭四廢天地轉殺
宜襲爵受封給由求作造倉櫃　忌餘事不吉

大雪二 二黑 冬至五黃 **丁丑** 水○宜寅卯 除宜巳時

吉天德月德合黃道六合普護神在 凶天罡四廢忌 忌啓攢安葬造釀

宜入學出行祭祀解除結婚會親交易合帳動土立券上官進表行船教牛馬斫船進人口起工嫁娶裁衣經絡設齋醮合作壽木生墳

吉天瑞顯星天官 凶黑道上瘟歸忌天狗 一

大雪一 一白 冬六白 **戊寅** 土○宜丑巳 滿伐未時

宜會親出行納財裁衣修倉開市立券交易冠笄詞訟起工安葬定綵經絡造酒 忌嫁娶移徙動土作竈祭祀遷回

吉天恩天瑞天福黃道 凶受死天罡紐殺地賊天敗六不成迪當

大雪九 九紫 冬七赤 **己卯** 土○宜午寅 平伐午未時

宜泥塗治路 忌諸事不吉

大雪八 八白 冬八白 **庚辰** 金○宜寅午 定義巳酉亥

吉天恩天岳明星聖心次吉天倉神在 凶甲黑道死符官符

宜祭祀會親納財冠笄作灶雕架納畜 忌臨官治病安葬

大雪七 七赤 冬九紫 **辛巳** 金○宜丑午 執伐未戊亥

吉天恩大德天瑞大喜後次吉 凶黑道小耗丁午上

宜冠笄會親捕捉求嗣求婚姻出 忌裁衣開市交易安葬破土

大雪六 六白 冬一白 **壬午** 水○宜丑酉 破制時

吉天恩月德司命黃道續世 凶大耗天火血忌天賊荒蕪

宜治病破屋壞垣 忌諸事不吉

大雪五 五黃 冬二黑 **癸未** 水○宜巳申 危伐亥時

吉天恩要安吉慶普護 凶黑道月厭 忌重喪復日 次忌結婚治病牧養安葬

宜納采問名入學冠笄出火交 忌嫁娶安 裁衣栽接經絡

大雪四綠 甲申 水〇宜子丑 成伐辰巳未時
冬至三碧

吉 天德合青龍黃道月恩母倉上吉　凶 黑星飛廉刀砧九空焦坎
宜 上官出行祭祀入學定磉伐木安葬移徙動土竪造上梁八宅出
火 作灶蓋屋　忌 結姻安床作捕

大雪三碧 乙酉 水〇宜子丑 收伐寅卯酉時
冬至四綠

吉 明堂黃道幽微星母倉金堂曲星　凶 河魁絢殺水消瓦陷刀砧
宜 祭祀納財剃頭捕捉畋獵　忌 餘事不吉

大雪二黑 丙戌 土〇宜寅卯 開寶酉亥時
冬至五黃

吉 月空生炁神在　凶 黑道龍虎四廢　餘事不吉
宜 給由名滿祭祀安碓會親結姻入學修造動土牧養開渠井

大雪一白 丁亥 土〇宜丑辰 閉伐未戌時
冬至六白

吉 天願月德合六合神在　凶 黑道遊禍四廢罪至血支戊午上朔
宜 安床設帳給由名滿補垣塞穴作廁結網畋漁　忌 臨官赴任治病

大雪九紫 戊子 火〇宜卯午 建制申時
冬至七赤

吉 金櫃黃道微心龍德明星　凶 月厭大地轉殺
宜 襲爵受封詞訟放債納牛造令粺害　餘事不吉

大雪八白 己丑 火〇宜子寅 除專卯戌亥
冬至八白

吉 天德黃道六合普護神在　凶 天瘟　忌 嫁娶上官冠笄
宜 祭祀立券交易僻除會親治病掃舍入倉開庫栽種進人口除服

大雪七赤 庚寅 木〇宜子丑 滿制辰巳時
冬至九紫

吉 天喜天瑞天吉福生天富　凶 黑道土瘟歸忌獄　忌 嫁娶移徙
宜 出行開市求財交易立券栽衣安葬詞訟起工修造動土豎柱上
梁 定磉立基蓋屋泥飾求婚冠笄繪像安床造捕入學作倉庫剃頭

大六白 冬八白 辛卯 木〇宜子寅 平制午酉時

大雪五黃 冬至二黑 壬辰 木〇宜辰巳 定伐時

大四綠 冬三碧 癸巳 水〇宜午酉 執制亥時

大三碧 冬四綠 甲午 金〇宜子丑 破寶亥時

大雪二黑 冬至五黃 乙未 金〇宜子寅 危制卯戌時

大一白 冬六白 丙申 火〇宜子丑 成制辰未時

大九紫 冬七赤 丁酉 火〇宜午未 收制時

---

吉 天願玉堂黃道活曜星 凶 火星受死天罡約絞天敗大敗大戊不

宜 沐浴掃舍 諸事不吉

吉 天願月德天后明星聖心天倉上吉 凶 黑道死氣官符

宜 上官冠笄嫁娶會親結姻納財裁衣入學安[illegible]動土作灶交易經絡

絡牧養設帳出火進人口針灸進欄枋 忌 修造豎柱上梁治病安碓

吉 天德天福顯星天吉益後 凶 黑道重喪巳年上朔小耗

宜 冠笄剃頭修造安產室捕捉裁衣收獵 忌 結婚出行開市交易藝

吉 黃道月恩幽星續世 凶 大耗天賊血忌天火荒蕪

宜 治病破屋壞垣 諸事不吉

吉 要安吉慶星天喜神在 凶 黑道月殺燭火

宜 祭祀出行伐木安床修造動土冠笄納采祈福雕刻起梁斬草栽

植移徙畋獵 忌 結婚治病出財牧養

吉 天德合青龍黃道月空母倉玉堂 凶 黑道飛廉四廢刀砧九空

宜 祭祀伐木解除治病安葬嫁娶冠笄移居豎造入塹經絡 忌 祿詩

吉 明堂黃道月德合母倉幽微星金堂 凶 四廢刀砧河魁約絞冰消

宜 祭祀納財栽植捕捉畋獵 餘事不吉

大雪八白　冬至八白　**戊戌**　木○宜子午　開專申亥時

吉　生炁
宜　會親裁衣剃頭
凶　黑道龍虎蚩尤荒蕪
忌　諸事不吉

大雪七赤　冬至九紫　**己亥**　木○宜丑辰　閉制午未時

吉　天福天醫
宜　沐浴裁衣收捕修築推架補垣塞穴作廁
凶　黑道遊禍血支罪至庚午上朔
忌　上官治病安葬冠笄

大雪六白　冬至一白　**庚子**　土○宜子丑　建宝申酉時

吉　天福黃道滿德星敬心龍德
凶　火星月厭天地轉殺
宜　受封襲爵給由赴舉穿牛造雷尺令牌
忌　豎柱蓋屋作灶

大雪五黃　冬至二黑　**辛丑**　土○宜寅申　除宝戌亥時

吉　天德天福黃道六合普護
凶　天瘟
餘事不吉
宜　結婚會親解除治病交易動土立券進入目栽種掃舍除服祈福

大雪四綠　冬至三碧　**壬寅**　金○宜卯辰　滿宝巳未時

吉　天富顯星月德福生上吉
凶　黑道土瘟歸忌天狗
宜　出行納財修造動土立券交易破土安葬入學作倉起工剃頭修

大雪三碧　冬至四綠　**癸卯**　金○宜寅卯　平宝午未時

宜　塞鼠收捕栽衣開市開池會親雕刻掃舍
忌　嫁娶出財祭祀違回
吉　玉堂黃道活曜星
凶　受死天罡約絞大敗太不成重喪地賊
宜　平治道塗
百事不吉

大雪二黑　冬至五黃　**甲辰**　火○宜巳亥　定制時

吉　天倉月恩天岳明星聖心上吉
凶　黑道死炁官符
宜　結姻會親納財安葬嫁娶冠笄作灶天井納畜堆架種植結網
忌　治病安產宅上官

六一白 冬六白 乙巳 火○宜子丑 執宝辰戌亥

吉天福天德合後上吉神在 凶黑道小耗辛年上朔 忌餘事

宜給由冠笄求嗣祭祀種植補捉針灸作灶畋獵結網捕魚

六九紫 冬七赤 丙午 水○宜子丑 破宝申酉時

吉黃道月空傳星續世 凶死無大耗四廢天賊天火血忌

宜治病破屋大道 諸事不吉

大雪 八白 丁未 水○宜巳申 危宝戌亥時

冬至八白

吉天喜月德合吉慶星要安神在 凶黑道月殺四廢獨火日

宜納采問名安床修造動土伐木上官赴任開池井交易

忌結婚治病牧養納財安葬

大雪 七赤 戊申 土○宜丑卯 成宝巳未時

冬至九紫

吉天喜天德合黃道母倉玉堂次吉 凶黑星飛廉刀砧九空焦坎

宜祭祀冠笄動土剃頭定磉造酒求醬塗屋修造起工伐木牧養祈福

作灶祀灶治病修築破土安葬立券交易

六六白 冬一白 己酉 土○宜子寅 收宝卯辰未

吉天恩明堂黃道母倉鳴吠星金堂 凶火星河魁約殺刀砧水消

宜祭祀納財捕捉安葬進人口耕種 餘事不吉

六五黃 冬二黑 庚戌 金○宜辰巳 開義午未亥

吉天恩次吉生氣神在 凶黑道龍虎出亢 餘事不吉

宜祭祀結姻修造動土開渠井放養安碓起工雕刻剃頭出行求財

冬四綠 六三碧 辛亥 金○宜丑午 開宝定申時

吉天恩次吉顯星天醫 凶黑道罪至遊禍血支王年止朔

宜沐浴給由裁衣修築行船動土栽種補垣塞穴 忌臨官安葬冠笄

大雪
三碧壬子 木 口宜子丑 建 專卯申時
冬至四綠

吉 天恩月德天瑞敬心金櫃黃道
宜 襲爵受封造符只令牌
凶 月厭天地轉殺
忌 餘事不吉

大雪
二黑癸丑 木 口宜寅巳 除 戊申戌時
冬至五黃

吉 天恩天德黃道次吉六合
宜 結姻会親治病交易栽衣立券伐木出行下定入學進人口開倉庫經路安机栽種掃舍子除服祈福
凶 天瘟重喪
忌 啟攢安葬動土乘船冠笄

大雪
一白甲寅 水 口宜子丑 滿 專寅辰時
冬至六白

吉 天富福生上吉月恩天医
宜 出行納財開市交易栽衣破土啟攢上官詞訟入學安碓開池作破作倉造門安床求婚不足投務経絡冠笄起工脩厨定磉手基
凶 黑道土瘟歸忌天狗

大雪
九紫乙卯 水 口宜子寅 平 專卯酉時
冬至七赤

吉 玉堂黃道活曜星
宜 泥墻治路
凶 受死天罡鈎絞地火大敗六不成地賊
忌 諸事不吉

大雪
八白丙辰 土 口宜寅酉 定 宜亥時
冬至八白

吉 天倉月空天岳明星益七
宜 結婚会親脩造動土竪柱上梁納財栽衣納畜入學伐木脩築泥飾行船作破経絡投務定磉造畜欄祭祀祈福
忌 安產室作灶栽植
凶 黑道四廢死氣官符

大雪
七赤丁巳 土 口宜辰巳 執 專午未戌
冬至九紫

吉 天德合月德合上吉天福益後神在
宜 祭祀安產室捕捉安碓畋獵
忌 結婚出行交易安葬竪柱
凶 黑道正四廢癸年上朔

大雪六白 冬至一白 **戊午** 火 ○宜卯午 破 義 申酉時

吉 黃道 續世 神在
宜 祭祀 治病 破屋壞垣
凶 火星 大耗 天火 血忌 天賊 若無
忌 諸事不吉

大雪五黃 冬至二黑 **己未** 火 ○宜子寅 危 專 卯戌時

吉 要安 吉慶 星神在
宜 祭祀 納采 問名 安床 修造 雕刻 招美 穿井 起染 伐木 動土 收獵 畋 齋醮 結網 罟 作廁 祈福
凶 黑道 月殺 獨火 月火
忌 餘事不吉

大雪四綠 冬至三碧 **庚申** 木 ○宜丑辰 成 專 巳時

吉 天德合 黃道 母倉 天福 吹吉 天宮 玉堂
宜 入學 治病 伐木 牧養 安碓磑 蓋屋 泥飾 豎柱 上梁 一定 出火 冠笄 作灶 祭祀 拜封 進表章 談 齋醮 祈福 種植 作破 開池 起工 動土 定磉 修築
凶 黑道 九空 刀砧 飛唐

大雪三碧 冬至四綠 **辛酉** 木 ○宜子寅 收 專 午未時

吉 母倉 紫微星 曲星 黃道 金堂 月財
宜 祭祀 栽種 教馬 結網 捕捉 進人口 納財 畋獵
凶 刀砧 河魁 勾絞 冰消
忌 餘事不吉

大雪二黑 冬至五黃 **壬戌** 水 ○宜辰巳 開 伐 申酉時

吉 月德 生炁 上吉
宜 入學 結婚 造門 修造 動土 安碓 起工 會親 剃頭 起染 開渠 牧割 造酒 穿井 割蜂 牧養 栽
凶 黑道 虎 重尤 看無
忌 餘事不吉

大雪一白 冬至六白 **癸亥** 水 ○宜午戌 閉 專 亥時

吉 天隙
宜 唯祭 補垣 塞大 作廁 合帳
凶 黑道 重喪 游禍 旧年 上朔
忌 諸事不吉

日家雜忌

[illegible] 伏虎在灶
財離巳丑 送虎巳丑
八風甲寅甲戌 離別癸巳
往亡小寒后二 截地午月
三不返丑戌亥 府神在戌
四虛敗寅卒 反激戊戌
五不遇酉日 成門午月
九良星市宮 四窮癸亥
絕烟火卯酉 宅龍占堂
[illegible]水龍丙子

四顧 建宜行 成宜[illegible]
[illegible] 宜從 卯宜[illegible]
[illegible] 申不行 酉不[illegible]
[illegible] 不祀 八不嫁

十二月 建丑

天德庚○月德庚○地月將在子自小寒大寒後並修
十二月節氣使用○天道西行宜向西行宜修造西方

小寒 大寒

後太陽 躔在丑○大吉 如過癸○神后

授時曆日時刻躔星紀之

為天月將 宜用艮巽坤乾時 計某日時刻躔玄枵之 次宜用癸乙丁辛時

初一 初二危禁 初三大空亡 初四四不存杏

初五四忌 方耗月 初六六壬空 初七紅紗小空 初八危禁

初九天忌地 凶敗 初十赤口 十一大默空亡瘟 十二六壬空

十三 十四危禁月忌瘟星出 十五小空亡

十六赤口四不祥 十七天地絕氣 十八六壬空 十九四不祥大空亡

二十危禁 廿一 廿二天休廢 廿三小空亡月忌

廿四六壬空 廿五天地凶敗瘟星 廿六危禁

廿七天休廢大空亡 廿八四不祥赤口 廿九 三十六壬空

小寒 大寒 甲子 金○宜子丑 開義寅卯時
一白
小大 寒二 乙丑 金○宜寅巳 建制時
皂
小寒 大寒 丙寅 火○宜子丑 除義辰未時
三碧
小寒 大寒 丁卯 火○宜午未 滿寶申酉時
四綠
小大 寒五 戊辰 木○宜寅巳 平專午酉亥
黃
小寒 大寒 己巳 木○宜丑辰 定義巳午時
六白

[吉]天赦天恩月空吉慶星續世上吉　[凶]黑道血支血忌帶忌
[宜]祭祀出行立券交易上官給由經絡牧券動土伐木沐浴起攢
刻脩築補垣塞穴　[忌]餘事
[吉]天恩天德合月德合顯德辰德要安　[凶]黑道月建　[忌]餘事
[宜]祭祀開池天貯求婚安宅除服作欄放債安床起攢斫午出行
[吉]天恩幽微星明星黃道玉堂次吉　[凶]河魁　[忌]作灶祭祀
[宜]冠笄受封嫁娶會親立券治病修造交易上官出行冠笄求婚下
定安床造門分居出入行船納畜造屋解除破土收攢除服登造上梁
[吉]天恩天福黃道金堂天倉神在　[凶]四擊天瘟土瘟天狗
[宜]受封登爵會親嫁娶納財破土交易栽衣祀灶行船牧券塞穴征
路修作倉庫開池作陂做攢　[忌]祭祀安坐動土
[吉]天恩神在　[凶]黑道白虎月殺地火河魁枯焦水消
[宜]泥飾修路祭祀　[忌]諸事不吉
[吉]玉堂黃道滿德星傳星毋倉　[凶]罪至重喪死炁宮行九空也上朔
[宜]請姻會親修造動土豎柱上梁栽衣納畜冠笄作灶定磉蓋屋起
土求婚下定安修碓磨　[忌]嫁娶開市種植乘船安葬安產室徹攢

小寒 大寒 七赤 庚午 土○宜丑卯 執伐申酉時

吉天德合德天醫明星上吉敬心母倉 凶黑道小耗獨火咸池月火

宜祭祀給由上官赴任修造動土進人口解除詞訟伐木捕捉

忌結婚開市交易出財乘船

小寒 大寒 八白 辛未 土○宜寅申 破義戌時

吉上吉月恩普護神在 凶黑道大耗大敗六不成

宜祭祀破屋壞垣 忌凡事不言

大寒 九紫 壬申 金○宜丑辰 危義巳未時

吉母倉吉道福生活曜星神在 凶火星遊禍刀砧 忌餘事不吉

宜祈福伐木開市破土安葬給由剃頭祀灶入倉開庫解除

大寒 一白 癸酉 金○宜寅卯 成義午時

吉天喜母倉次吉天醫 凶黑道飛廉受死天火刀砧

宜破土安葬補垣塞穴 忌諸事不吉

大寒 二黑 甲戌 ○宜寅辰 收制巳亥時

吉黃道月空顯星聖心神在 凶黑道天罡狗絞荒蕪

宜畋獵捕捉 忌諸事不吉

小寒 大寒 三碧 乙亥 火○宜丑辰 開義戌時

吉天德合月德合明堂黃道上吉曲星生炁炁後 凶天賊再年上朔

宜上官入學結婚祀灶剃頭動土牧養開渠穿井求醫進人口治病納牛馬祈嗣水合宜倉 忌嫁娶出行移徙安葬栽植作倉開市

大寒 四綠 丙子 水○宜午申 閉伐酉時

吉天醫吉慶星六合續世 凶黑道四廢血忌血支歸忌尤

宜給由詞訟沐浴立券交易補塞啟攢合帳 忌嫁娶移徙動土

小寒大寒 五黃 丁丑 水口宜巳申 建寶亥時

小寒大寒 六白 戊寅 土口宜辰巳 除伐未時

小寒大寒 七赤 己卯 土口宜子寅 滿伐午時

小寒大寒 八白 庚辰 金口宜寅辰 平義巳酉亥

小寒大寒 九紫 辛酉 金口宜丑午 定伐未戌亥時

小寒大寒 一白 壬午 才口宜子酉 執制時

小寒大寒 二黑 癸未 木口宜寅卯 破伐辰巳申

吉天官龍德要安　凶黑道月建凶廢

宜祭祀針灸解安宅舍教牛馬作寿木開生坟穿井　忌餘事不吉

吉天瑞幽微星金匱黃道玉堂不將俯星次吉　忌餘事不吉

宜龍蒿修造修築伐木起工定磉上梁蓋屋祈福求嗣冠笄嫁娶求婚披剃作灶進門動土栽衣交易除服納音修造欄枋破土啟攢

吉天恩天瑞天福天倉黃道金堂神在　凶天瘟土瘟重喪大禍

宜會親嫁娶納財修造開市栽衣交易求婚給由牧養經絡機開池

吉天恩天德月德　凶黑道龍虎河魁納殺月殺地火水消

宜祭祀泥増治路結綱　忌凡事不吉

吉天恩天瑞天福月恩玉堂黃道　凶火星月厭死炁九空焦坎上朔

宜會親友下定納畜　忌餘事不吉

吉天恩天后明星微心母倉神在上吉　凶黑道小耗咸池獨火月火

宜祭祀上官赴任冠笄剃頭解除動土伐木捕捉收獵

忌結婚開市交易移徙出財興帅

吉天恩顯星普護　凶黑道大耗大敗六不成

宜破屋壞垣治病　忌凡事不吉

小寒 大寒 七紫 甲申 水○宜寅丑 危戊辰未時

二碧 小寒 大寒 乙酉 水○宜子丑 成戊寅酉時

四綠 小寒 大寒 丙戌 土○宜寅申 收寅丙亥時

五黃 小寒 大寒 丁亥 土○宜丑辰 開戊辰戌時

六白 小寒 大寒 戊子 火○宜卯午 閉制申酉時

七赤 小寒 大寒 己丑 火○宜子寅 建寅卯戊亥

八白 小寒 大寒 庚寅 木○宜子丑 除制辰巳

九紫

吉黃道月空時倉次吉符贈星神在曲星　凶遊禍刀砧

宜出行納表修造動土開山安葬上官入學起工造門入宅出火移

徙分居作灶作倉結網交易栽屋修築豎柱上梁天井定磉造酒醋

吉天德合月德合時倉[illegible]　凶黑道飛廉天火受死刀砧

宜成服安穴斷蟻收攢開除　忌餘事不吉

吉黃道聖心　凶黑星四廢大空約絞荒蕪

宜祭祀捕捉畋獵　忌諸事不吉

吉明堂黃道傳星上吉生死並後神在凶四廢月厭大賊戊年上朔

宜會親友治病祀福祈福出行祭祀　忌移徙安葬嫁娶作倉開市

吉天醫吉慶星六合續世　凶黑道血支血忌崑九地賊

宜沐浴立券交栽衣詞訟　忌餘事不吉

吉天富九德要安神在　凶黑道重喪月厭

宜祭祀解除安官倉放債交易穿牛造畜欄　忌餘事不吉

吉天德月德幽微星金櫃黃道天福天瑞上吉玉堂　凶火星

宜會親襲爵扶倉動土交易開市納財進人口入學冠笄求醫詞訟

祈福行船裝載拔刺破土安葬除服治病修倉　忌結婚出行竪造作倉

小寒 大寒 一白 辛卯 木□宜子丑 滿制午酉時

小寒 大寒 二黑 壬辰 水□宜辰巳 平伐亥時

小寒 大寒 三碧 癸巳 水□宜丑卯 定制午時

小寒 大寒 四綠 甲午 金□宜子丑 執宜卯時

小寒 大寒 五黃 乙未 金□宜子寅 破制卯戌時

小寒 大寒 六白 丙申 火□宜子丑 危制巳未時

吉 天福 月恩 金堂 天德 黃道 天倉 神在　宜 會親 嫁娶 破土 啟攢 開市 交易 裁衣 給由 行船 納財 經絡 牧養 入倉 開庫 進人口 塞鼠 斷蟻 針灸 開池 作陂 入學　凶 天瘟 上瘟 天狗　忌 祭祀 移徙 動土

吉 天福 顯星　宜 泥墻 治路　凶 黑道 河魁 約絞 龍虎 月殺 地火 水消　忌 諸事不吉

吉 天福 玉堂 黃道 滿德星 出星 母倉　凶 罪至 死炁 官符 九空 祀上朔　宜 結姻 會親 修造 動土 竪柱 上梁 冠笄 嫁娶 安碓磨 裁衣 起工 納畜 栽種 進人口　忌 開市 治病 安產 宗裁植 乘舡 安葬

吉 月空 天岳 明星 次吉 敬心 母倉　宜 祭祀 上官 出行 移徙 修造 動土 破土 啟攢 冠笄 披剃 伐木 捕捉 畋獵 栽種　凶 黑道 小耗 咸池 獨火 月火　忌 結 市交易 出財 乘舡

吉 天德合 月德合 普護 神在　宜 祭祀 破屋 壞垣　凶 黑道 大耗 天賊 六不成　忌 餘事不吉

吉 黃道 母倉 活曜星 福生 傳星 次吉 神在　宜 赴舉 給由 冠笄 詞訟 入倉 開庫 造門 結網 起染 竪造 安葬 入宅 歸火 祈福 解除 開市 伐木 作陂 開池 蓋屋 斬草 破土　凶 遊禍 四廢 刀砧　忌 餘事不吉

小寒 大寒 丁酉 火○宜午未
七赤 成 卯午未時
小寒 大寒 戊戌 木○宜子寅
六白 收 卯午未時
小寒 大寒 己亥 木○宜丑辰
九紫 開 卯午未戌
小寒 大寒 庚子 土○宜子丑
一白 閉 卯申酉時
小寒 大寒 辛丑 土○宜寅申
二黑 建 卯辰戌亥時
小寒 大寒 壬寅 金○宜丑辰
三碧 除 巳未時
小寒 大寒 癸卯 金○宜丑辰
四綠 滿 巳未戌時

吉 天喜 母倉 天醫
宜 破土 安葬 成服
吉 黃道 望心
宜 捕捉 納財 栽種
吉 天福 明堂 黃道 主 [illegible] 役
宜 襲爵 受封 治病 [illegible] 沐浴 剃頭 結婚 牧養 開渠 穿井 栽種
吉 天福 月德 慶星 [illegible] 上吉 六合
宜 上官 赴任 沐浴 [illegible] 啟攢 納猫 大求嗣 起染 修築 垣墻
吉 天福 要安 月恩 [illegible] 老人宮
宜 針灸 雕刻 穿井 [illegible] 合會 [illegible] 造畜欄 出行 求財 安床 作倉庫
吉 玉堂 黃道 幽微 [illegible] 吉
宜 襲爵 上官 求醫 [illegible] 破開 池破土 安葬 起工 動土 定磉 竪造 上梁 作
倉 分居 移徙 作灶 [illegible] 嫁娶 拔剃 解除 交易 入學 割蜂 雕刻 鞴
吉 天倉 天德 黃道 [illegible] 金堂
宜 入學 上官 出行 [illegible] 受封 納由 會親 納財 開市 立券 交易 經絡 栽
衣 行船 入倉 開庫 [illegible] 斷蟻 牧養 啟攢 嫁娶

凶 黑道 四廢 刀砧 死 飛廉 天火
忌 不吉
凶 黑道 天罡 約絞 荒蕪
忌 諸事不吉
凶 火星 月厭 天賊 重喪 庚年 上朔
凶 黑道 歸忌 [illegible]
凶 黑道 月建
忌 除事不吉
凶 天瘟 土瘟 天狗
忌 祭祀 動土 詞訟

大寒 五黄 甲辰 火〇宜巳亥 平御時
小寒 大寒 六白 乙巳 火〇宜子丑 定宜辰午未時
小寒 大寒 七赤 丙午 水〇宜子丑 執專卯午時
小寒 大寒 八白 丁未 水〇宜巳申 破宜戌亥時
小寒 大寒 九紫 戊申 土〇宜卯巳 危宜未戌時
小寒 大寒 一白 己酉 土〇宜子寅 成宜卯辰未
小寒 大寒 二黑 庚戌 金〇宜辰巳 收義午酉亥

吉月空次吉
宜泥飾道路結網收斂
忌凡事不吉
凶惡道龍虎河魁鉤絞月殺地火天賊

吉天德合月德合玉堂黃道滿德星上吉神在
凶死炁官符焦坎往亡
宜祭祀祈福會親嫁娶納畜作牲蓋屋冠笄穿井豎造上梁取魚
忌安葬行船嫁娶開市治病種植啟攢

吉明星敬心上吉天后母倉神在
凶黑道小耗正四廢咸池獨火月
宜祭祀伐木捕捉上官解除畋獵
忌結婚交易豎柱上梁

吉普護神在
凶黑道大耗四廢大敗六不成
宜祭祀治病破屋壞垣
忌餘事不吉

吉黃道福生活曜聖母倉次吉
凶火星遊禍刀砧
宜祈福開市伐木收割冠笄動土大倉開庫修築栽種解除沐浴
忌結婚立券安葬裁衣牧養修造欄枋

吉天恩母倉天喜天醫
凶黑道受死飛廉重喪刀砧天火
宜解除沐浴塞鼠穴結網
忌餘事不吉

吉天恩天德月德司命黃道顯星要安
凶黑道天罡鉤絞荒蕪
宜捕捉
忌諸事不吉

小寒 大寒 辛亥 金○ 宜丑午 開 宜未申戌時
三碧
小寒 大寒 壬子 木○ 宜子丑 閉 專午申時
四綠
小寒 大寒 癸丑 木○ 宜寅巳 建 伐申戌時
五黃
小寒 大寒 甲寅 水○ 宜子丑 除 專寅辰時
六白
小寒 大寒 乙卯 水○ 宜子寅 滿 專卯酉時
七赤
小寒 大寒 丙辰 土○ 宜寅酉 平 宜亥時
六白

吉 天恩月恩曲星 明堂黃道益後生炁 凶 天賊月厭壬年上朔
宜 齋醮祭祀栽種 祈福拔刺沐浴納財牧養開渠 忌 嫁娶出行移徙
吉 天恩大暘吉慶 星天醫續世六合 凶 黑道歸忌血支血忌
宜 立券交易詞訟 經絡破屋起染納音作廁補塞斷蟻雞栖
忌 嫁娶移徙赴任 動土修病針刺造門
吉 天恩要安龍德 天喜 凶 黑道月建
宜 衛安宅舍交易 出行學牛造畜欄安床 忌 餘事不吉
吉 玉堂黃道幽微 [illegible]吉
宜 會親出行上官 移徙赴舍治病修造作倉立券交易入宅分居出
火作灶造門安床 拜締婚嫁娶給由詞訟栽衣起工定磉求嗣進
人口斷蟻安葬除 服開池作陂修廚栽種教牛造欄柵竪造上梁
吉 天德合月德合 執道金堂天倉神在 凶 大瘟土瘟天河
宜 給由考滿出行 納財入學開市交易裁衣破土啟攢結婚嫁娶經
絡茂木牧養入倉 開庫行船開池塞鼠穴會作陂雞栖 忌 餘事
吉 神在不將 凶 黑道龍虎河魁約絞四廢月殺地火水痟
宜 祭祀嫁娶泥墻 治路 忌 諸事不吉

小大寒 九紫 丁巳 土〇宜辰巳 定專午未戌

小大寒 一白 戊午 火〇宜卯午 执義申酉時

小大寒 二黑 己未 火〇宜子寅 破宝卯戌時

小寒 大寒 三碧 庚申 木〇宜丑辰 危專巳時

小大寒 四綠 辛酉 木〇宜子寅 成專午未時

小寒 大寒 五黃 壬戌 水〇宜辰巳 收伐申酉時

小寒 大寒 一白 癸亥 水〇宜午戌 開專亥時

---

吉 天福玉堂黃道 天德星上吉 凶 火星正四廢罪至死无光九空[illegible]

宜 祭祀結姻會親 牧養納畜 忌 餘事不吉

吉 明星敬心母倉 神在 凶 黑道小耗咸池獨火月火

宜 祭祀上官修造 動土成交伐木雕除伐獵捕捉 忌 餘事不吉

吉 頭星普護神在 凶 黑道大耗重喪天敗六不成

宜 祭祀治病破屋壞垣 忌 餘事不吉

吉 天德月德敬安 天嗣星司命母倉曲星福生上吉 凶 遊禍刀砧

宜 上官解除給由 修造動土開市伐木破土安葬天井修築砧磑

屋造門出火入宅 豎造上梁修厨作灶穿井雕刻入倉開庫分居[illegible]

吉 天醫天岳月德 母倉神在 凶 黑道飛廉受死天火刀砧

宜 解除破土安葬 忌 餘事不吉

吉 黃道聖心 凶 黑星天罡狗絞荒蕪

宜 捕捉畋獵 忌 諸事不吉

吉 黃道傳星生炁 普護神在 凶 月厭天賊地火甲年 上朔

宜 祭祀祈福求嗣 會親祀灶剃頭開渠沐浴牧養

宜 結婚嫁娶開市 出行安葬修造作倉山行

一

## 彭祖百忌日

甲不開倉財物耗散
乙不栽植千株不長
丙不修竈必見災殃
丁不剃頭頭必生瘡
戊不受田田主不祥
己不破券二比並亡
庚不經絡織機虛張
辛不合醬主人不嘗
壬不汲水更難隄防
癸不詞訟理弱敵強
子不問卜自惹災殃
丑不冠帶主不還鄉
寅不祭祀神鬼不嘗
卯不穿井水泉不香
辰不哭泣必主重喪
巳不遠行財物伏藏

## 建　除　滿　平　定　執

吉宜泥飾舍宇修置產室解安宅舍出行祭祀入學冠帶作事
求人緣謁貴士書
凶忌起土動土開倉祀竈新船下水行船裝載筏渡
吉宜祈福祭祀納表章安宅舍出行牧養交易求醫解除免征祗
栽接花木祀竈逐邪除靈孝服
凶忌移徙出行
吉宜掃舍修置產室牧養裁衣經絡出行栽種移接花木入倉
開庫店市求財出行祭祀祈福合帳塞鼠穴修飾舍宇
凶忌動土服藥治病又忌經商興販移徙豎造
吉宜泥飾垣牆平治道塗平基修置產室置器祀竈祭祀安机
收泥動土修治
凶忌開渠種植經絡
吉宜入學祈福祭祀裁衣結婚姻納采問名求嗣牧養納畜安
帶作冠帶交易
凶忌詞訟出行交易
吉宜祈福祭祀納表進章求嗣畋獵捕捉刑獄婚姻立券交易
忌入宅移居出行還回開庫入倉出財納財新船下水主招盜
主修作六畜欄枋上樑架屋粧大

午不苫蓋屋主重喪
未不服藥毒氣入腸
申不安床鬼祟入房
酉不出雞令其耗亡
酉不會客醉坐顛狂
戌不乞犬作怪上床
亥不嫁娶不利新郎
亥不出猪再養難償
建可出行不宜開倉
除可服藥針灸亦良
不宜取債財物難償
滿可市肆服藥遠殃
平可塗泥安機吉昌
又忌決水開講塗下
定可進畜入學宜良
執可捕捉盜賊難藏
破可治病必獲安康
不宜交習必易其殃

破　危　成　收　開　閉

吉宜求醫作病破屋壞垣服藥破賊
凶忌起工動土出行遠回移徙乘舟渡船下水行船裝載嫁娶
進人口祈福立券納畜修倉開市
吉宜祭祀祈福納采大進人口嫁娶納采問名捕捉出獵捕魚安床
交易立券契
凶忌登高履險大山伐木行船裝載
吉宜祭祀祈福入學裁衣結婚納采嫁娶納表章解安宅舍牧
養安碓磑交易立券求醫修產室種植接出行遠回移徙
冠帶納之畜凶忌詞訟
吉宜捕捉收獵收斂財貨修置產室種植移接花木祭祀入學
嫁娶修倉捕魚納畜納財取債
凶忌造宅安葬我事出行針刺經絡
吉宜祈福祭祀納表章安宅舍入學裁衣結婚牧養開塘井砌
路碓磑交易立券産室栽種出行開庫
凶忌開門忌纖南興破動土
吉宜祈福祭祀求嗣牧養交易立券收斂財貨修倉補垣塞
穴壟坑攘接花木安床設帳作厠
凶忌針刺灸火出行殺牲祀灶季月忌遠回豎造移徙動土

危可討魚不利行船
成若詞訟道理成牢
收宜祈吉求財行藏
開可求仕安葬不良
閉不宜何□□安床
〇角木蛟宜合昴順參壁
畢井相與牛食交亢食
女合危
〇亢金龍宜合角牛食女
虛危宜相并畢婁奎
〇氐土貉宜與鄉順鬼合婁
相□□合斗作亥交
房日兔宜合斗順張交
尾奎斗危箕奎婁胃
〇心月狐合箕安室怕金
箕無食昴胃順奎井翼

〇二十八宿吉凶符斷

角木蛟角星造作主榮昌　外進田財及女郎　嫁娶婚姻生貴子
文人及第見君王　惟有埋葬不可用　三年之後主瘟疫
起工修築墳墓地　堂前立見主人亡
亢金龍亢星造作長房當　十日之中主有殃　田地消磨官失職
投軍定見虎狼傷　嫁娶婚姻用此日　兒孫新婦守空房
埋葬若還用此日　當年災禍主重喪
氐土貉氐星造作主災凶　費盡田園倉庫空　埋葬不可用此日
懸繩弔頸禍重重　若是婚姻離別散　夜招浪蕩入房中
行船必定遭沉沒　更生聾啞子孫宮
房日兔房星造作田園進　血財牛馬遍山岡　更招外處田和宅
榮華富貴子孫康　埋葬若然用此日　高官進職拜君王
嫁娶婚姻歸月殿　三年抱子主朝堂
心月狐心星造作大為凶　更遭刑訟獄囚中　將遭官非山宅退
埋葬卒暴死相從　婚姻若是逢此日　子死鬼亡泪滿腮

尾火虎喜合室順危交
心婁室怕鬼井奎
箕水豹喜合危順牛亢
氐婁鬼昴
斗木獬合虛交亢順壁
參軫食張翼怕尾箕井
畢井
牛金牛喜合女交虛怕
箕尾奎婁食翼
女土蝠喜合牛交畢虛
危食怕角亢翼婁

三年之內逢遭調　事事教君沒始終

尾火虎　尾星造作得天恩　富貴榮華福壽寧　進財進寶招田地
和合婚姻貴子生　埋葬若然依此日　男清女正子孫興
開門放水招田宅　代代公侯遠播名

箕水豹　箕星造作最高強　歲歲年年大吉昌　埋葬修墻大吉利
田蠶牛馬遍山岡　開門放水招財穀　篋滿金銀谷滿倉
福蔭高官增祿位　六親豐祿足安康

斗木獬　斗星造作主招財　文武官員位鼎台　田宅錢財千萬進
墳塋修築富貴來　開門放水招牛馬　旺蠶男女主和諧
遇此吉星來照護　時時福慶永無災

牛金牛　牛星造作主災危　九橫三災不可推　家宅不安人口退
田蠶不利主人衰　嫁娶婚姻皆自損　金銀財穀漸無之
若是開門并放水　牛豬羊馬亦傷悲

女土蝠　女星造作損婆娘　兄弟相嫌似虎狼　埋葬生災逢鬼怪
顛邪疾病更瘟癀　為事遭官財失散　瀉痢留連不可當
開門放水逢凶日　全家散敗主離鄉

○虚日鼠合牛順張鬼交
畢怕角亢婁

○危月燕大合箕順觜角氐
交虛心尾箕怕角亢畢

○室火猪合尾順心危交
畢食女翌危怕尾箕婁
畢

○壁水㺄合星順非交婁
畢食翌軫怕尾箕奎婁
畢

○奎寸良合房順亢氐危
交井食日獸怕畢尾箕
井

○婁金狗合氐順亢交尾

虛日鼠虛星造作主凶殃
兒孫媳婦伴入床
三三五五連年病
危月燕危星不可造高堂
後生出外不还鄉
開門放水招刑杖
室火猪室星脩造進田牛
壽如彭祖入百秋
埋葬若能逢此日
壁水㺄壁星造作進庄田
開門放水出英賢
婚姻吉利生貴子
奎水狼奎星造作得禎祥
當年定主兩三喪
開門放水招災禍
婁金狗婁星竪立進起門庭

男女孤眠不一雙
開門放水招災禍
家破人亡不可當
自弔遭刑見血光
埋葬若还逢此日
三年五載一悲傷
代代兒孫近王侯
開門放水招財帛
門庭興旺長孫枝
絲蚕大熟福滔天
埋葬招財官品進
早播名声着祖鞭
家下柴利大吉昌
看看軍令刑傷到
三年兩次損兒郎
門旺家和事事興

内乱風声無孔前
虎咬蛇傷又卒亡
三歲孩兒遭水厄
週年百日卧高床
富貴榮華天上至
和合婚姻生貴兒
奴婢自來人口進
家中諸事樂滔然
着是埋葬陰卒死
重重官事主瘟瘟
外境錢財百日進

牛食房心虛室怕尾箕
斗
柳土獐合亢順房斗交
參畢怕心房氐奎婁食
蚯蚓
昴日雞合角順鬼交胃
畢心怕奎婁翼心食蚓
畢月烏合軫順亢女昴
胃食昴胃心房參忌井
氐怕尾箕井婁奎
觜火猴合翌順張心女
婁畢食房怕尾箕婁奎
宿
參水猿合張順井牛伯
交里食心怕屋箕婁奎

胃土雉
胃星造作事如何
一家兄弟播声名
放水開門皆吉利
三災九禍不逢他
從此門庭生吉慶
婚姻進益生貴子
男榮女貴萬千奏
富貴榮華萬氣多
婚姻遇此家富貴
兒孫代代拜金坡
王帛金銀箱滿盈
埋葬進瘟官祿位
天婦齊眉永保和

昴月雞
昴星造作進田牛
賣畜田園不記坡
婚姻不可逢此日
埋葬官災不得休
開門放水招災害
死別生離真可憂
夏長二日三人死
三歲孩兒白了頭

畢月烏
畢星造作主光前
田蚕大熟永豐年
婚姻若还逢此月
買得田園有粟錢
開門放水須吉慶
生得孩兒福壽全
埋葬此日添官職
合家人口得安夫

觜火猴
觜星造作主徒刑
取定寅年便殺人
家門田地皆退散
三年必定主於行
三喪不止皆因此
倉庫金銀化作壁
埋葬卒死却因此
一人藥毒二人身

參水猿
參星造作旺人家
埋葬招疾喪更沁
文星照耀大光華
開門放水加官職
兒因造作田財旺
房又子孫見田加

口合星順鬼亢箕星食
箕奎婁女怕心奎柳宿
口合柳順井交婁奎由
心尾畢女狼狀畢
口柳土獐合兒交婁尾順
兒無食怕奎婁星箕
口星日馬合井順張危六
星食壁伯尾箕奎婁
張月鹿合參順[illegible]
奎婁星箕畢井宿

婚姻許定相刑尅　男女朝開暮落花

井木犴
犴星造作旺蠶田　金榜題名第一先　埋女[illegible]驚學子死
忽注風疾入黃泉　開門放水招田宅　牛馬猪羊旺莫言
寡婦田蠶來入宅　兒孫興旺有餘錢

鬼金羊
鬼星起造卒人亡　堂前不見主人郎　埋葬此日官祿至
兒孫代代近君王　開門放水須傷死　嫁女夫妻不久長
修土築墻傷產女　手扶雙女淚汪汪

柳土獐
柳星造作主遭官　晝夜閑偷不暫安　埋葬瘟疸多病死
田園退盡守孤寒　開門放水招聾瞎　腰駝背屈似弓弈
更有棒刑宜謹慎　婦人隨客走盤桓

星日馬
星宿日好造新房　進職加官近帝王　不可埋葬井放水
凶星臨位女人亡　生離死別無心戀　自要歸休別嫁郎
孔子九曲珠難度　放水開溝天壽傷

張月鹿
張星只好造龍軒　年年便見造田生　埋葬不久陞官職
代代為官近帝王　開門放水招財帛　婚姻和合福綿綿
田蠶大利倉庫滿　自般稱意自安然

火順兒交心室壁怕
妄畢食女虛危宿
陽水引合畢順交亢維
時川奏
帷畢昴胃危虛宿
帝星入中宮星論
斎帝星辨曰先儒謂天
即理也以其形体而言
謂之天以其主宰而言
謂之帝天之有帝猶人
之有心為善則天心順
為惡則天心不順垂軫
老子曰王皇稱呈天垂
尊皇皇王帝天皇紫微
稱天之太帝上元天官
中元地官下元水官皆
稱人帝由是言之大有
措殺之分而帝君是之
象革至軫三元直月中

翌火蛇　翌星不利造高堂　三年兩載見瘟癀　埋葬不須用此日
子孫必定走他鄉　婚姻此日不宜利　孀家定是不相當
開門放水家須敗　少女貪花戀外郎

軫水蚓　軫星臨水造龍宮　代代為官受勅封　富貴榮華增福壽
倉盈木滿自昌隆　埋葬言屋来照助　宗宅安寧不目凶
更有為官招帝寵　婚姻龍子出龍宮

口接之十八宿躔大十花甲子各有所屬而四時之用各其時各有
所宜若遇凶惡星值日為屬土春受剋秋為泄氣用之則吉逢夏
各為生旺用之則凶不可拘泥乎詩斷吉則喜用凶則忌用致使
吉日良辰悉行錯過甚是誤也

九天秘傳金符經

貪貢顯直星曲人專傳或星星切
即　即　即　即火
星　星　星　忌凶

口甲子橫推　甲子乙丑丙寅丁卯戊辰已巳庚午辛未壬申
癸酉甲戌乙亥丙子丁丑戊寅己卯庚辰辛巳
壬皇即致貢　壬午癸未甲申乙酉丙戌丁亥戊子己丑庚寅

宫帝星頭冊傳日日中宫帝星如此輪流直月直日入中宫是編排天帝來當差也尚以入中宫爲吉加宫客宫惟求凉裸休凡諸穢觸並不見化天帝反遭譴責了

○如八字生旺勿全拘此

○制凶神法

**制金神法** 假如甲己年遁得午未之干屬庚辛爲天金神宜用寅卯制之蓋取寅卯之下遁得丙丁故也又如丙辛年遁得午未之納音屬金爲地金神宜用申酉制之蓋取甲酉之音遁得屬火故也他倣此

天皇郎言臺

紫微即入專

在鶯中宫吉

寅申巳亥四孟月

子午卯酉四仲月

辰戌丑未四季月

辛卯壬辰癸巳甲午乙未丙申丁酉戊戌己亥

庚子辛丑壬寅癸卯甲辰乙巳丙午丁未戊申

己酉庚戌辛亥壬子癸丑甲寅乙卯丙辰丁巳

戊午己未庚申辛酉壬戌癸亥

妖星或星未刀煞貢直星下木角巳入專立章

或星未刀煞貢直星下木用巳入專立星妖星

未刀煞貢值星下木角巳入專立星妖星或星

○制諸凶神煞法

**制魁出家法** 假如甲子年作水亡山遁得戊辰木運逢金年謂之年家宜用正月建丙寅火音之或火日火時火命作可制又須魁殺休囚制神有氣其月日時魁倣此

○土火命匠人皆

**制陰府太歲法** 凡陰府休囚用梟神也七煞可以制伏梟即扁即殺郎偏官假如甲木陰府用土水庚金制之蓋甲木屬木用庚金固可制又用木化氣屬土而壬水化木亦可制也用木見庚爲七煞見壬爲梟神其餘倣此若陰府生財八字扶合大凶

**制白虎法** 若所用之日大殺當權白虎占中宮忌于中宮用事動作鼓樂宜殺牲取血滴於中宮則吉俗謂白虎見血則止也又云用鼓樂從門外擊而進之則白虎自避偶効又云先一日令人先已鋪設吉却中宮則次日雖犯白虎亦無害也其行嫁白虎所占之處所牲滴血亦可禳之吉

**制赤口法** 明朱書沒口字凡係攝翻面向正安于儀東虎則無口舌天出行依法安于門路七出門時那踰三下

**制神殺總法** 神煞例多凡制伏之法不同若干犯以干制支犯以支制納音犯以納音制化氣犯以化氣制飛宮犯以飛宮制三合犯以三合制坐宮犯以坐宮制之此說最為確論五行生旺能制休囚吉神則置於生旺凶神則置于休囚

**諸殺所屬泊宮旺休囚法** 以五虎遁尋殺方所屬何音便以月建八中宮看他生旺休囚何如○假如煞屬木泊為震巽木宮為得令泊于坎水宮為扶殺不可用也泊於乾兌金宮為受制泊為離火宮為泄氣泊為坤艮中土宮為財帛俱可用也其餘倣此

**制三殺法** 此殺以五虎遁尋三殺納音所屬宜以八字納音制之或作主匠人生命納音亦可制若三殺泊宮休囚制神生旺合局尤美凡年犯以年遁月犯以月遁日時犯以日時遁他煞皆倣此○假如甲子年作巳方遁得己巳殺屬己巳木年之納音之金制之也午未方殺遁得庚午辛未土用戊辰己巳月令納音之木亦可制也餘倣此其怨殺仇殺報殺埜殺暗刀飛廉小耗大耗流財天命地轉帝車白虎殺喪門陰中殺天地宮符炙退羊刃兩牛皋

口廿口則口舌八地奔
口口口又竪造日犯用
口口口幾一丈木金字
攝字面向下埋于左邊
中柱下則竪進次無
口酒凡作法害地不可
令入見

**禳木匠魘法** 人家造屋已完用銅盤盛水掬被醮酒令木家男女呪曰木郎木郎一去何方為首自受作者自當 太上元告急急如律令 勑 若此遍屋洒呪則木匠魘魅不能為害擇吉日禳之則吉

七殺被碎殺皆倣此制

**制炙退法** 假如用丁年炙退在卯以五虎遁得卯屬丁卯火為用水年月日時制之餘倣此○炙退乃馬前一位宜用三合六合年月日時扶馬馬首料進而不退如炙退在卯宜用亥卯未及戌年月日時扶合大吉日用推條午月合亦吉○炙退泊宮受制休囚吉生旺凶

**制官符法** 假如甲子年天官符在亥以五虎遁得屬乙亥火宜用水年月日時井水局以制之他倣此又云官符屬火用一白星可制走馬六壬亦可制○地官符制法同前○官符泊宮休囚吉生旺凶其遊山官符陰中官符坐山山家官符用官符皆倣此制

**制火星法** 此火星例多有起於干者有起於支者有起於三合者有起於干支相連者有起於年月日時者若干犯用干制支犯用支制干支相連犯干支相連制之又須火星休囚制神生旺則吉又云一白星及帝星中之水輪亦可制火如入星屬金又須用火制金星屬木又忌用木局能明是理同有不減○凡無頭火

打頂火天火地火獨火年獨火月獨火日飛天獨火丙丁獨火年烈火月烈火昇玄爆火巡山火月遊火赤火火道火血制法皆屬

## 時家白星

冬至後用
一白卯時 二黑辰時 三碧巳時 四綠午時 五黃未時 六白申時 七赤子酉 八白丑戌 九紫寅亥

夏至後用
一白寅亥 二黑丑戌 三碧子酉 四綠申時 五黃未時 六白午時 七赤巳時 八白辰時 九紫卯時

干木支土

乙丑日

納音屬金

日家奇門

中 青龍吉
乾 開門金 咸池凶
坎 休門土 攝提內
艮 生門火 太乙吉
震 傷門木 招搖平
巽 杜門上 天符凶
離 景門未 太乙吉
坤 死門木 軒轅平
兌 驚門上 太陰吉

丙子 丑 寅 卯 辰 巳 午 未 申 酉 戌 亥

干剋支制日平地啞日

坐下二月

鶴神東南上公河神扎方

八神在腰乙不登山喉耳

八棺利乙未殮棺寅卯時的呼辛巳生人

天狗時剋下十牛貴

●在倉生產向東方 乙不栽植 丑不冠笄

陰陽曆法云宜婚姻聘送利益進人口

子 天乙貴人六合 太陽

曉星貴人金星

金櫃黃道月仙福德

天德黃道寶光天德 祿五符

玉堂黃道少微天開 木星

貪狼

右弼水星

司命黃道鳳輦日仙 天官天乙貴人左輔

三合

青龍黃道太乙天貴 唐符武曲喜神 金星

明堂黃道貴人明輔 驛馬國印喜神

●天刑黑道

●朱雀黑道天訟時建飛廉

●五鬼發喉

●五鬼上星

●白虎黑道天殺河魁計都

●寡宿五不遇

●天牢黑道鎖神時害五不遇

●元武黑道天獄時害截路空

●勾陳黑道地獄

●天賊時刑旬中空

●孤辰旬中空

## 時家白星

**冬至後用**

一白午時
二黑未時
三碧申時
四綠子酉
五黃丑戌
六白寅亥
七赤卯時
八白辰時
九紫巳時

**夏至後用**

一白巳時
二黑辰時
三碧卯時
四綠寅亥
五黃丑戌
六白子酉
七赤申時
八白未時
九紫午時

干火支木　丙寅日　納音屬火

## 日家奇門

| 宮 | 門 | 神 |
|---|---|---|
| 中 | 天符凶 | |
| 乾 | 開門火 | 青龍吉 |
| 坎 | 休門水 | 太乙吉 |
| 艮 | 生門土 | 太陰吉 |
| 震 | 傷門木 | 軒轅平 |
| 巽 | 杜門火 | 招搖平 |
| 離 | 景門火 | 天乙吉 |
| 坤 | 死門土 | 攝提凶 |
| 兌 | 驚門金 | 咸池凶 |

支生干義日吉天尊　月[illegible]三月　陰陽合　土公河神北方

人神在面　丙不[illegible]　鶴神南方　人脐喉　乙癸殯棺亥子時　的呼丙午生人

天狗在酉　日[illegible]　丑牛黃　在倉作碓　向西吉　朱雀入中宮　丙不作灶　寅不祭祀

喜神[illegible]　甲子旬四　[illegible]六合利丙寅作宅大吉

| 時 | 吉 | 凶 |
|---|---|---|
| 子 | 青龍黃道天官貴人福星太乙天貴貪狼唐符 | ●孤辰三鬼 |
| 丑 | 明堂黃道明輔貴八座印右弼太陰 | ●五鬼 |
| 寅 | 水泉 | ●天刑黑道時建 |
| 卯 | 貪狼 | ●朱雀黑道天訟 |
| 辰 | 金櫃黃道福德月仙右弼太陽 | ●截路空亡不遇 |
| 巳 | 天德黃道八寶光五符左輔金星 | ●天罡時害截路空時天刑星 |
| 午 | 三合 | ●白虎黑道天殺寡宿羅睺 |
| 未 | 玉堂黃道天開少微武曲 | ●七星 |
| 申 | 驛馬天喜 | ●天牢黑道鎮神路破計都 |
| 酉 | 天乙貴人喜神天星 | ●元武黑道天獄 |
| 戌 | 司命黃道三合鳳輦日仙太陰 | ●旬中空 |
| 亥 | 天乙貴人六合水星 | ●勾陳黑道地獄河魁旬中空 |

時家白星

冬至後用
一白子酉時
二黑丑戌時
三碧寅亥時
四綠卯時
五黃辰時
六白巳時
七赤午時
八白未時
九紫申時

夏至後用
一白申時
二黑未時
三碧午時
四綠巳時
五黃辰時
六白卯時
七赤寅亥時
八白丑戌
九紫子酉

丁火卯木
丁卯日
納音屬火

日家奇門
甲 招搖平
乾 天符 傷門 凶 土
坎 天乙 杜門 吉 火
艮 咸池 景門 凶 火
震 死門 攝提 凶 土
巽 軒轅 驚門 平 木
離 太陰 開門 吉 土
中 休門 明 吉 木
坤 太乙 吉
兌 生門 火 青龍 吉

亥生子義日吉地啞日　陰陽合　離巢空亡五月上公河神北方

八神在鼻 祈心脈 丁不 鶴神東方午頭在金殘棺利寅卯時的呼甲戌甲午

天狗 時四月下寅 生產吉 東南 八棺 楚吉 騰 丁不剃頭　卯不穿井

狗殺云 利四孟仲並青龍金櫃入宅天地開通造宅子孫富貴 四季不利

| 子 | 丑 | 寅 | 卯 | 辰 | 巳 | 午 | 未 | 申 | 酉 | 戌 | 亥 |
|---|---|---|---|---|---|---|---|---|---|---|---|

司命黃道鳳輦日仙

居符武曲水星

青龍黃道太乙天貴國印左輔太陰

明堂黃道貴人明輔福德木星

武曲

驛馬

金匱黃道福德月仙八祿五符喜神

天德黃道寶光三合喜神金星

玉堂黃道少微天開貪狼福星天乙貴人

六合右弼木星

天德黃道寶光天乙貴人三合左輔太陰

ー天罡時刑火星

●勾陳黑道地獄孤辰

●截路空

●時建截路空五不遇

ー天刑黑道時害計都

ー朱雀黑道天訟土星

●河魁受睺

ー寡宿

ー白虎黑道天殺

●時破

ー天牢黑道鎖神五鬼旬中空

●元武黑道旬中空天獄

時家白星

冬至後用

一白卯時　二黑辰時　三碧巳時　四綠午時　五黃未時　六白申時　七赤子酉　八白丑戌　九紫寅亥

夏至後用

一白寅亥　二黑丑戌　三碧子酉　四綠申時　五黃未時　六白午時　七赤巳時　八白辰時　九紫卯時

干土支上

戊辰日

納音屬木

日家奇門

| 中 | 乾 | 坎 | 艮 | 震 | 巽 | 離 | 坤 | 兌 |
|---|---|---|---|---|---|---|---|---|
| 軒轅平 | 傷門木<br>招搖平 | 杜門土<br>太陰吉 | 景門火<br>青龍吉 | 死門水<br>太乙吉 | 驚門土<br>攝提凶 | 開門金<br>咸池凶 | 休門火<br>天乙吉 | 生門金<br>天符凶 |

十支同和日吉天聾日　空亡七月離窠　破群　土公河神北方

八神宜在螣蛇勝光不　鶴神南方　入棺輔利申丁庚　入棺時利巳申　天狗時在日月食丁卯

天殺白虎入中宮　牛黃雞生雇南吉的呼鑠酉未戌不受田辰不哭河

天罘地枉崩陷之日　又為二十生大敗之日不宜起造殺家長

| 子 | 丑 | 寅 | 卯 | 辰 | 巳 | 午 | 未 | 申 | 酉 | 戌 | 亥 |
|---|---|---|---|---|---|---|---|---|---|---|---|
| 三合唐符 | 天乙貴人國印 | 司命黃道鳳輦日仙驛馬金星 | 天官貴人太乙太陽 | 青龍黃道太乙天貴 | 明堂黃道明輔貴人八祿五符喜神木星 | 貪狼太陰 | 八乙貴人八合驅木星 | 金櫃黃道福德月仙福星貴人三合左輔 | 天德黃道寶光六合 | 武曲 | 玉堂黃道少微天開金星 |
| ●天牢黑道鎖神截路空 | ●元武黑道天獄河魁截路 | ●孤神五不遇 | ●勾陳黑道地獄時害 | ●時建時刑土星 |  | ●天刑黑道 |  | ●寡宿五鬼計都 | ●五鬼土星 | ●白虎黑道天殺時破旬中空 | ●旬中空 |

## 時家白星

**冬至後用**

一白午時
二黑未時
三碧申時
四祿子酉
五黃丑戌
六白寅亥
七赤卯時
八白辰時
九紫巳時

**夏至後用**

一白巳時
二黑辰時
三碧卯時
四綠寅亥
五黃丑戌
六白子酉
七赤申時
八白未時
九紫午時

## 巳巳日

干上支火
納音屬木

## 日家奇門

中 坤提離
乾 傷門木 騰蛇平
坎 杜門金 咸池凶
艮 景門土 天符凶
震 休門火 天乙吉
巽 傷門木 太乙吉
離 開門火 青龍吉
坤 休門土 太陰吉
兌 生門木 招搖平

支生于義日吉 空亡十 日離窠 土公河神北方

八神在手 巳不 鶴神南方 入棺時利乙庚 子棺午丁時旺 的呼丙辰巳寅進

天狗時食 六月下辰 一牛黃吉廚 生產酉時吉 子巳不破券 巳不遠行

巳巳地戶開日起造出文人發身大富貴

子 天乙貴人貪狼 ●白虎黑道天殺

丑 玉堂黃道少微天開三合右弼唐符太陰 ●五不遇

寅 天官貴人國印喜神木星 ●天牢黑道鎖神天罡時空

卯 貪狼喜神 ●玄武黑道天獄孤辰計都

辰 司命黃道鳳輦日仙右弼

巳 左輔 ●勾陳黑道地獄時建五鬼

午 青龍黃道太乙天貴人祿五符金星 ●五鬼

未 明堂黃道明輔福星貴人武曲太陽

申 天乙貴人六合 ●火星天刑黑道河魁截路空

酉 三合 ●朱雀黑道天訟寡宿截路空

戌 金櫃黃道福德月仙太陰

亥 天德黃道寶光驛馬木星 ●旬中空時破五不遇

## 庚午日

干金支火　納音屬土

支剋干　伐日凶　空亡八月　百忌不食日 [illegible]

八神游禍在[illegible]　庚下　鶴神南方　八棺[illegible]　丁癸殯棺[illegible]　辰巳的呼　壬戌生人

天狗[illegible]下　巳　牛黃在扉　生產子酉[illegible]　土公河神[illegible]　午不苫蓋

四孟仲六合主之　造屋入宅進益公爵　男女食祿二千万

### 時家白星

**冬至後用**

一白子酉　二黑丑戌　三碧寅亥　四綠卯時　五黃辰時　六白巳時　七赤午時　八白未時　九紫申時

**夏至後用**

一白申時　二黑未時　三碧午時　四綠巳時　五黃辰時　六白卯時　七赤寅亥　八白丑戌　九紫子酉

### 日家奇門

中　太乙吉

乾　死門土　攝提凶

坎　驚門火　青龍吉

艮　開門木吉　招搖平

震　休門土　太乙吉

巽　生門火　天乙吉

離　傷門十　天符凶

坤　杜門金　咸池凶

兌　景門木　軒轅平

### 子　丑　寅　卯　辰　巳　午　未　申　酉　戌　亥

丙子　金櫃黃道福德月仙金星　●時破五不遇

天德黃道寶光太乙貴人武曲　●時害羅睺

三合左輔　●白虎黑道天殺五鬼土星

玉堂黃道少微天開唐符　●河魁五鬼計都

國印喜神武曲木星　●天牢黑道鎖神孤辰

太陰　●元武黑道天獄

司命黃道鳳輦日仙天官福星貴人水星　●時建時刑截路空

天乙貴人六合　●勾陳黑道地獄截路空天火星

青龍黃道太乙天貴人祿驛馬五符太陽　●天

明堂黃道貴人明輔貪狼金星

三合喜神右弼　●天刑黑道寡宿旬中空五不遇羅睺

左輔　●朱雀黑道天訟

## 時家日星

**冬至後用**

一白卯時 二黑辰時 三碧巳時 四绿午時 五黄未時 六白申時 七赤子酉 八白丑戌 九紫寅亥

**夏至後用**

一白寅亥 二黑丑戌 三碧子酉 四绿申時 五黄未時 六白午時 七赤巳時 八白辰時 九紫卯時

干金支上

## 辛未日

納音屬土

## 日家奇門

中 天乙吉
乾 死門水 太乙吉
坎 驚門土 天符凶
艮 開門水 軒轅平
震 休門金 咸池凶
巽 生門土 太陰吉
離 傷門木 招搖平
坤 杜門火 青龍吉
兌 景門土 攝提凶

支生干義日吉大明日 空亡四月百虫不食日 [illegible]

人神在頭手辛 鶴神西南 八棺乙時辛時 殯棺丑時午時 的呼癸亥生人

天狗[illegible] 八月下午 牛黃在廨 生產東北 上公河神沖宮 音不合將酉亦不服藥

利四孟主之起屋大吉進益二千石八外財六年漸已進益

子 木星 ●天刑黑道時害五鬼
丑 太陰庫珠 ●朱雀黑道天訟時破時刑五鬼
寅 金櫃黃道福德月仙天乙貴人水星
卯 天德黃道宝光三合 ●火星
辰 唐符 ●白虎黑道天殺天罡截路空
巳 玉堂黃道少微天開天宮貴人福星國印驛馬金星 ●孤辰截路空
午 天乙貴人六合 天牢黑道鎖神罗睺
未 右弼 ●元武黑道天獄時建土星
申 司命黃道鳳輦日仙左輔喜神 ●計都
酉 八祿五符喜神水星 ●勾陳黑道地獄五不遇
戌 青龍黃道太乙天貴武曲太陰 ●河魁旬中空
亥 明道黃道貴人明輔三合水星 ●寡宿旬中空

時家日星

冬至後用

一白午時
二黑未時
三碧申時
四綠子酉
五黃丑戌
六白寅亥
七赤卯時
八白辰時
九紫巳時

夏至後用

一白巳時
二黑辰時
三碧卯時
四綠寅亥
五黃丑戌
六白子酉
七赤申時
八白未時
九紫午時

干水支金

壬申日

納音屬金

日家奇門

中 太陰吉
乾 死門火 天乙吉
坎 驚門水 招搖平
艮 開門土 攝提凶
震 休門火 青龍吉
巽 生門金 咸池凶
離 傷門木 軒轅平
坤 杜門土 天符凶
兌 景門木 太乙吉

天明地虎不食日義日吉江河離 空亡十月離窠 土公河神中宮

人神治頭在頸背玉不鶴神西南八棺利申癸殮棺神申時亥 的呼丁巳生人

天狗九月時食下未 牛黃在欄生產東吉 子辛若壬不決水 申不安床

選擇成書云 起屋主家破人亡娶婦主殺夫此日利葺蓋田蠶吉

庚子丑寅卯辰巳午未申酉戌亥

青龍黃道太乙天貴三合貪狼 ●寡宿水星

明堂黃道貴人明輔左輔水星 ●天刑黑道時破截路空時刑

驛馬太陰 ●朱雀黑道截路空天公時害

天乙貴人貪狼木星

金匱黃道福德月仙福星貴人三合右弼 ●計都

天德黃道寶光天乙貴人六合左輔 ●河魁土星

天官貴人唐符喜神 ●白虎黑道天殺孤辰羅睺

玉堂黃道少微天開國印喜神武曲金星

太陽 ●天牢黑道猶神五不遇時建

●元武黑道天獄火星

司命黃道鳳輦日仙水星 ●旬中空亡鬼

八祿五符太陰 ●勾陳黑道地獄天罡時害五鬼十惡大敗馮緣相

# 癸酉日

干水支金 納音屬金

## 時家白星

### 冬至後用

| | | | |
|---|---|---|---|
| 一白 | 子 | 酉 | 時 |
| 二黑 | 丑 | 戌 | 時 |
| 三碧 | 寅 | 亥 | 時 |
| 四綠 | 卯 | | 時 |
| 五黃 | 辰 | | 時 |
| 六白 | 巳 | | 時 |
| 七赤 | 午 | | 時 |
| 八白 | 未 | | 時 |
| 九紫 | 申 | | 時 |

### 夏至後用

| | | | |
|---|---|---|---|
| 一白 | 申 | | 時 |
| 二黑 | 未 | | 時 |
| 三碧 | 午 | | 時 |
| 四綠 | 巳 | | 時 |
| 五黃 | 辰 | | 時 |
| 六白 | 卯 | | 時 |
| 七赤 | 寅 | 亥 | |
| 八白 | 丑 | 戌 | |
| 九紫 | 子 | 酉 | |

## 日家奇門

| | | |
|---|---|---|
| 中 | 咸池 | 凶 |
| 乾 | 景門 | 土 |
| | 太門 | 吉 |
| 坎 | 死門 | 木 |
| | 軒轅 | 平 |
| | 驚門 | 水 |
| 艮 | 太乙 | 吉 |
| 震 | 開門 | 土 |
| | 天符 | 凶 |
| 巽 | 休門 | 火 |
| | 青龍 | 吉 |
| 離 | 生門 | 土 |
| | 攝提 | 凶 |
| 坤 | 傷門 | 木 |
| | 招搖 | 凶 |
| 兌 | 杜門 | 火 |
| | 太乙 | 吉 |

天明地虎不食月　義日吉江河離　空亡十月土公河神中宮

人神在背治足　癸不鶴神西南　入棺時刻丁壬　殮棺時刻辰申　的呼辛丑生人

天狗時計餘月下申　牛黃在解　生産東北吉　癸不詞訟　酉不出雜行會客

| [illegible] | 子 | 丑 | 寅 | 卯 | 辰 | 巳 | 午 | 未 | 申 | 酉 | 戌 | 亥 |
|---|---|---|---|---|---|---|---|---|---|---|---|---|
| [illegible] 壬申癸酉日天地離散空亡四仲勾陳土四季朱雀白虎凶 | 司命黃道鳳輦日仲八祿五符 ● 河魁截路空亡土星 | 福星貴人三合武曲 ● 勾陳黑道地獄寡宿截路空亡羅睺 | 青龍黃道太乙天貴左輔金星 | 明堂黃道福星明星天乙貴人太陰 ● 時破 | 六合武曲 ● 天刑黑道火星 | 天官天乙貴人三合喜神水星 ● 朱雀黑道天訟 | 金匱黃道福德月仙太陰 ● 天罡 | 天德黃道寶光唐符木星 ● 孤辰五不遇 | 國印 ● 白虎黑道天殺五鬼計都 | 玉堂黃道少微天開貪狼 ● 時建時刑五鬼土星 | 右弼 ● 天牢黑道鎖神時害羅睺 | 駟馬喜神左輔金星 ● 元武黑道天訟旬中空 |

時家白星

冬至後用
一白卯時
二黑辰時
三碧巳時
四綠午時
五黄未時
六白申時
七赤子酉
八白丑戌
九紫寅亥

夏至後用
一白寅亥
二黑丑戌
三碧子酉
四綠申時
五黄未時
六白午時
七赤巳時
八白辰時
九紫卯時

干太支上 甲戌日 納音屬火

官家奇門
中 青龍吉
乾 景門金 咸池凶
坎 死門土 招提平
艮 驚門火 天乙吉
震 開門木 招搖平
巽 休門土 天符凶
離 生門金 咸池凶
坤 傷門木 軒轅平
兌 杜門土 太明吉

于魁支剬日平 黑帝死忌造屋嫁娶空亡三月土公河神申宮
人神離頭 酉甲不治 鸛神西南 八棺胖族壬癸 殯棺腳申酉戌 的呼戌午生人
天狗時食一月 下四午黄在欄 生産𧫢後 東子英 甲不開倉 戊不乞犬

玄空經云 甲戌日起屋利子孫富貴招進南方財帛不利女子啜嚦

子 福星貴人水星 ●元武黑道鎖神
丑 天乙貴人太陰 ●天牢黑道天獄天罡
寅 司命黃道鳳輦月仙福星貴人八祿五符三合喜神木星 ●寡宿
卯 六合喜神 ●勾陳黑道地獄計都
辰 青龍黃道太乙天貴 ●時破土星
巳 明堂黃道貴人明輔 ●五鬼羅睺
午 三合貪狼水星 ●天刑黑道五鬼五不遇
未 天乙貴人右弼太陽 ●朱雀黑道天訟河魁時刑
申 金匱黃道福德月仙驛馬左輔
酉 天德黃道寶光天官貴人唐符水星 ●時害截路空
戌 國印武曲太陰 ●白虎黑道天殺時建
亥 玉堂黃道少微天開水星

時家日星

冬至後用
一白午時
二黑未時
三碧申時
四綠子酉
五黃丑戌
六白寅亥
七赤卯時
八白辰時
九紫巳時

夏至後用
一白巳時
二黑辰時
三碧卯時
四綠寅亥
五黃丑戌
六白子酉
七赤申時
八白未時
九紫午時

壬水支水
乙亥日
納音屬火
日家奇門
中 天符凶
乾 景門火 青龍吉
坎 死門火 太乙吉
艮 驚門土 太陰吉
震 開門水 軒轅平
巽 休門木 招搖平
離 生門火 天乙吉
坤 驚門土 攝提凶
兌 杜門金 咸池凶

支 生于義日吉 空亡 七月朱雀入中宮 首出不食日 土公 中宮

人 神在頸 神遊頭 乙不 鶴神西南 入棺乙酉時 殮棺喇酉亥的呼乙未生人

天 狗食 戊時 十二月下 牛黃在倉生產 東兆壬午 乙不栽種 亥不嫁娶

太 大經宗 乙亥日起屋利益子孫當出貴招南方財帛葬娶不利 ▬白虎黑道天殺

子 天乙貴人貪狼太陽

丙 天乙貴人貪狼太陽福星貴人右弼金星 ▬天牢黑道鎖神河魁五鬼羅睺

丑 六合 ▬元武黑道天獄寡宿五鬼土星

寅 八祿 五符三合貪狼 ▬計都

卯 司命黃道鳳輦白仙喜神右弼 ▬勾陳黑道地獄五不遇時破

辰 騏馬左輔水星 ▬截路空

巳 青龍黃道太乙天貴太陰 水星 ▬截路空

午 明堂黃道貴人明輔三合 ▬黑道天刑天牢時害火星

未 天官貴人天乙貴人 ▬朱雀黑道天訟孤辰旬中空

申 太陽

酉 金櫃黃道福德月仙唐符喜神金星

戌 天德黃道寶光國印

亥 ▬時建時刑羅睺

時家白星

冬至後用

一白子酉
二黑丑戌
三碧寅亥
四綠卯時
五黃辰時
六白巳時
七赤午時
八白未時
九紫申時

夏至後用

一白申時
二黑未時
三碧午時
四綠巳時
五黃辰時
六白卯時
七赤寅亥
八白丑戌
九紫子酉

干火支水

丙子日

納音屬水

日家奇門

中 招搖 平
乾 休門 土 天符 凶
坎 生門 火 天乙 吉
艮 傷門 土 咸池 凶
震 杜門 木 攝提 凶
巽 景門 木 軒轅 平
離 死門 土 太陰 吉
坤 驚門 水 太乙 吉
兌 開門 水 青龍 吉

支 人 天

亥 戌 丑 寅 卯 辰 巳 午 未 申 酉 戌 亥

兌下日凶天龍日　空亡六月瘟愴利日出時土公河神中宮
神在日丙不治眉　鶴神西南八官利甲庚時　的呼丁丑生人
狗忌月下亥時食　生產向西南告了相好丙不作灶　子不問卜
子 亥經云 起土者傷人作屋吉茂書陰陽歷云此日不宜起屋主欺
金櫃黃道福德月仙天宜福星貴人唐符 ●時建五鬼
天德黃道寶光六合國印武曲太陰 ●五鬼
福星貴人驛馬左輔水星 ●白虎黑道天殺
玉堂黃道少微天開 ●天罡時刑炎星
三合武曲太陽 ●天牢黑道鎖神寡宿截路空五不遇
六祿五符金星 ●元武黑道天訟截路空
司命黃道鳳輦白仙 ●時破耗
●勾陳黑道地獄賊星土星
青龍黃道太乙天貴三合寶扇神 ●旬中空計斷
明堂黃道貴人明輔天乙貴人貪狼喜神 ●河魁
右弼太陰 ●天刑黑道孤辰
天乙貴人左輔水星 ●朱雀黑道天訟

時家白星

冬至後用

一白卯時
二黑辰時
三碧巳時
四緑午時
五黃未時
六白申時
七赤子酉
八白丑戌
九紫寅亥

夏至後用

一白寅亥
二黑丑戌
三碧子酉
四緑申時
五黃未時
六日午時
七赤巳時
八白辰時
九紫卯時

干火支土

丁丑日

納音澗水

日家奇門

甲軒轅平
乙休門木
乾招搖平
坎生門平
坎天陰吉
艮傷門火
艮青龍吉
震杜門水
震太乙吉
巽景門木
巽攝提凶
離死門木
離咸池凶
坤驚門火
坤天乙吉
兌開門土
兌天符凶

干　生支寶日天明日吉空亡三月天土大空亡　土公河神中宮
人　神雞耳千不鵪神酉方人棺喇利乙午嬡棺喇利寅卯的呼癸未生人
天　狗刑一月丁平牛黃在倉生產多少年大殺白虎入中宮　丁丑不剃頭

亥　經云起星合天和吉選擇戊書云起造大凶

庚　子六合　唐符水星

丑　金櫃黃道［illegible］月山國印太陰
一天刑黑道火星

寅　天德黃道寶光木星
一朱雀黑道天訟時建

卯　一截路空

辰　玉堂黃道少微天開三合
一截路空五不遇

巳　八祿五符喜神貪狼
一白虎黑道天殺河魁

午　右鄉喜神金星
一寡宿土星

未　司命黃道鳳輦日仙
一天牢黑道鎖神時害

申　三合福星天乙貴人
一元武黑道天獄時破

酉　青龍黃道天乙天貴武曲水星
一勾陳黑道地獄旬中空

戌　一天罡時刑五鬼

亥　明堂黃道明輔天官貴人天乙貴人驛馬一孤辰

時家白星

冬至後用
一白午時
二黑未時
三碧申時
四綠子酉
五黃丑戌
六白寅亥
七赤卯時
八白辰時
九紫巳時

夏至後用
一白巳時
二黑辰時
三碧卯時
四綠寅亥
五黃丑戌
六白子酉
七赤申時
八白未時
九紫午時

干土支木
戊寅日
納音屬土
日家奇門
中 攝提凶
乾 休門木 軒轅平
坎 生門金 咸池凶
艮 傷門土 天符凶
震 杜門火 太乙吉
巽 景門水 天乙吉
離 死門火 青龍吉
坤 驚門土 天門吉
兌 開門木 招搖平

支 離 天 子 丑 寅 卯 辰 巳 午 未 申 酉 戌 亥

魁罡丁伐日日入民合日　空亡　天上大空亡　上公河神東方
寡　八神游禍戊不鶴神西北入棺利癸巳時的呼人用長丙午生
狗時三餘月下　丑牛黃在舍生產嫡西子殄棺殯辰巳戌不受甲寅不葬
經云土谷東禁三殺符之日又經紗殺造葬家長子孫必傷
青龍黃道大乙天貴唐符貪狼　● 孤辰截路空
明堂黃道明輔大乙貴人國印右弼　● 截路空
金星　● 天刑黑道時建丑不遇
太官貴人貪狼太陽　● 朱雀黑道天訟
金櫃黃道福德月仙右弼　● 火星
天德黃道寶光八祿五符唐符神左輔水星黑天罡時害時刑
三合太陰　● 白虎黑道天殺寡宿
玉堂黃道少微天開天乙貴人武曲木星
福星貴人驛馬　● 天牢黑道鎖神時破旬中空五鬼
司命黃道　● 元武黑道天獄五鬼土星
司命黃道鳳輦日仙三合　● 羅睺
六合金星　● 勾陳黑道地獄河魁

挨家白星

冬至後用

一白子酉
二黑丑戌
三碧寅亥
四綠卯時
五黃辰時
六白巳時
七赤午時
八白未時
九紫申時

夏至後用

一白申時
二黑未時
三碧午時
四綠巳時
五黃辰時
六白卯時
七赤寅亥
八白丑戌
九紫子酉

干土支木

己卯日

納音屬土

奇家奇門

中　太乙吉

乾　生門土　攝提凶

坎　傷門火　青龍吉

艮　杜門水　招搖平

震　景門土　太明吉

巽　死門火　太乙吉

離　驚門土　天符凶

坤　開門金　咸池凶

兌　休門七　軒轅平

支魁干伐日凶天明幽啞人民合日　空亡二月上公忌沖神東方

人神在鼻巳不鵲神西方人棺喇利　丙壬燎棺喇利巳申的呼生人亥丑未

天狗四月下寅時食　牛黃在倉生旗向鯨向九醜破群巳不破劣卯之不空

玄女經云己卯天地敗散之日不可造屋主殺妻

子　司命黃道鳳輦日仙天乙貴人水星　●大[illegible]時刑

丑　唐符武曲太陰　●勾陳黑道地獄孤辰

寅　青龍黃道天乙貴人天官貴人國印吉神左輔木星

卯　明堂黃道貴人明輔吉神　●時建計都

辰　武曲吉神　●天刑黑道[illegible]吉土星

巳　驛馬　●朱雀黑道天訟五鬼羅睺

午　金匱黃道福德月仙八祿五符金星　●河魁五鬼

未　天德黃道寶光福星貴人三合太陰　●寡宿

申　天乙貴人　●白虎黑道天殺截路空火星

酉　玉堂黃道少微天開六合貪狼水星　●將破旬中空截路空

戌　六合右弼太陰　●天牢黑道鎖神

亥　三合左輔木星　●元武黑道天獄五不遇

時家白星

冬至後用
一白卯時
二黑辰時
三碧巳時
四綠午時
五黄未時
六白申時
七赤子酉
八白丑戌
九紫寅亥

夏至後用
一白寅亥
二黑丑戌
三碧子酉
四綠申時
五黄未時
六白午時
七赤巳時
八白辰時
九紫卯時

干金支土

庚辰日

納音屬金

日家奇門

中　天乙吉
乾　生門水　太乙吉
坎　傷門土　天符凶
艮　杜門木　軒轅平
震　景門金　咸池凶
巽　死門土　太陰吉
離　驚門木　招搖平
坤　開門火　青龍吉
兌　休門土　攝提凶

支生干義日吉空亡正月牛黄在所殯棺利巳申時上公河神東方
人神在腰庚不治腰膝鶴神西方入棺利甲庚時的呼戊辰戊戌生
天狗時食五月下卯生氣無諱向東北吉生之庚不經絡辰不哭泣
亥　玄女經云此日宜起造上梁大吉不利嫁娶理趫

丙子　三合金星　●天牢黑道鎖神
丑　天乙貴人　●元武黑道天獄河魁羅睺
寅　司命黄道鳳輦月仙驛馬　●孤辰五鬼土星
卯　唐符　●勾陳黑道地獄時害五鬼
辰　青龍黄道太乙貴人國印水星　●時建時刑
巳　明堂黄道貴人明輔太陰
午　天官福星貴人合貪狼水星　●天刑黑道截路空
未　天乙貴人右弼　●朱雀黑道天訟天罡截路空
申　金匱黄道福德日仙八祿五符三合太陽　●寡宿十惡大敗空亡甲祿卯
酉　天德黄道寶光六合金星
戌　武曲喜神　●白虎黑道天殺時破羅睺五不遇
亥　玉堂黄道少微天開　●土星

時家白星

冬至後用

一白午時
二黑未時
三碧申時
四綠子酉
五黃丑戌
六白寅亥
七赤卯時
八白辰時
九紫巳時

夏至後用

一白巳時
二黑辰時
三碧卯時
四綠寅亥
五黃丑戌
六白子酉
七赤申時
八白未時
九紫午時

干金支火

辛巳日

納音屬金

日家奇門

中 太陰吉
乾 生門火 太乙吉
坎 傷門水 招搖平
艮 杜門土 攝提凶
震 景門火 青龍吉
巽 死門土 咸池凶
離 驚門木 軒轅平
坤 開門土 天符凶
兌 休門水 太乙吉

支魁干伐日凶地啞日　坐壬十一月離窠　上公河神東方

人神在手　遊神治時　辛不　鶴神西方　八棺時利　乙庚殯棺丑未時　的呼巳未生人

天狗時食　大月下辰　牛黃在胖　生產西北吉　辛不合醬　巳不遠行

玄女經云辛巳日大宜起屋上梁吉　不利埜埋嫁娶凶

戊子　貪狼木星　●白虎黑道天殺五鬼

丑　玉堂黃道少微天開三合右弼太陰　●五鬼

寅　天乙貴人水星　●天牢黑道鎖神時害天空

卯　貪狼

辰　司命黃道鳳輦日仙唐符右弼太陰　●截路空

巳　天官福星貴人國印左輔金星　●勾陳黑道地獄時建截路空

午　明堂黃道太乙天貴天乙貴人　●叉賊

未　明堂黃道貴人明輔武曲　●七星

申　六合喜神　●天刑黑道河魁寺刑計都

酉　八祿九符三合喜神　●朱雀黑道狗食旬中空計天訟大殺五不遇截路空

戌　金匱黃道福德月仙太陰

亥　天德黃道寶光驛馬水星　●時破

時家白星

冬至後用
一白子酉
二黑丑戌
三碧寅亥
四綠卯時
五黃辰時
六白巳時
七赤午時
八白未時
九紫申時

夏至後用
一白申時
二黑午時
三碧午時
四綠巳時
五黃辰時
六白卯時
七赤寅亥
八白丑戌
九紫子酉

干水支火
正午日
納音傍木

日家奇門
中 成也凶
乾 驚門土 太陰吉
坎 開門木 軒轅平 休門水
艮 太乙吉 生門土
震 天符凶 傷門火
巽 青龍吉 杜門土
離 天提凶 景門水
坤 招搖平 死門火
兌 天乙吉

丁魁支制日中平天明地虎不食日空亡服九醜離巢土公河神旗
人神縮頭于不 鶴神西井八 樹 癸王 殯棺巳未時白門王寅生人
天狗時六食 月下辰午黃在廨 生產兩智點王不決水 午不苦蓋
玄女經云 起造合天和地客大吉葬埋利吉

庚子 金匱黃道福德月仙
丑 大德黃道寶光武曲水星
寅 三合左輔太陰
卯 玉堂黃道少微天開天乙貴人水星
辰 福德貴人武曲
巳 天乙貴人
午 司命黃道鳳輦日仙天官貴人唐符喜神
未 六合國印寄神金星
申 青龍黃道天貴太乙驛馬太陽
酉 明堂黃道貴人明輔貪狼
戌 三合右弼木星
亥 八祿五符左輔太陽

●時破火星
●時害
●白虎黑道天殺截路空
●河魁截路空
●天牢黑道鎖神孤辰計都
●元武黑道天獄土星
●時建時刑黑道
勾陳黑道地獄
●旬中空亡不遇
●天罡
●天刑黑道寡宿五鬼
●朱雀黑道天訟五鬼

時家白星

冬至後用　一白卯時　二黑辰時　三碧巳時　四綠午時　五黃未時　六白申時　七赤子酉　八白丑戌　九紫寅亥

夏至後用　一白寅亥　二黑丑戌　三碧子酉　四綠申時　五黃未時　六白午時　七赤巳時　八白辰時　九紫卯時

干水支土　癸未日　納音屬水

日家前門　中 青龍吉　乾 驚門金 咸池凶　坎 開門土 攝提凶　艮 休門火 天乙吉　震 生門水 招搖平　巽 傷門土 天符凶　離 杜門水 太乙吉　坤 景門水 軒轅平　兌 死門土 太陰吉

支魁干伐日凶空亡四月殺棺丑未　時土公　東方癸不詞訟

入神在頭癸不鶴神酉方入棺喇乙　辛的呼甲申生人未不服藥

天狗時飲八月下午牛黃在廨生產向酉　扎子姆相見

玄女經云四季利起造四孟仲並凶　不利

亥 壬 子 丑 寅 卯 辰 巳 午 未 申 酉 戌 亥

子八祿五符　●天刑黑道時害截路空

福星貴人　●朱雀黑道天訟時破時刑截路空

金匱黃道福德月仙金星

天德黃道寶光天乙福星貴人三合太陽

●白虎黑道天殺天罡火星

玉堂黃道少微天開天官天乙貴人驛馬宮神水星　●孤辰

六合貪狼太陰　●天牢黑道鎖神

右弼唐符木星　●玄武黑道天獄時建五不遇

司命黃道鳳輦日仙左輔国印　●五鬼計都

●勾陳黑道地獄旬中空五鬼

青龍黃道天貴太乙武曲　●河魁五不遇叉眹

明堂黃道貴人明輔三合金星　●寡宿

時家白星

冬至後用

一白午時
二黑未時
三碧申時
四綠子酉
五黃丑戌
六白寅亥
七赤卯時
八白辰時
九紫巳時

夏至後用

一白巳時
二黑辰時
三碧卯時
四綠寅亥
五黃丑戌
六白子酉
七赤申時
八白未時
九紫午時

干木支金

甲申日

納音屬水

日家奇門

中 天符 凶
乾 景門 火 青龍 吉
坎 開門 水 大乙 吉
艮 休門 土 太陰 吉
震 生門 水 軒轅 平
巽 傷門 木 招搖 平
離 杜門 火 天乙 吉
坤 景門 土 攝提 凶
兌 死門 土 咸池 凶

支尅干伐日凶 大明 地虎 不食 日空亡 十一月天地離 忌嫁去公[illegible]

人神在頭[illegible] 甲不 鶴神酉南 入棺喪利甲癸 生産[illegible]向[illegible]的呼 壬辰生人

天狗未時 五月下食 牛黃在欄 殮棺葬利酉 未 雀入中宮[illegible] 不開倉 申 不安床

天文經云 此日起屋子孫富貴亢田 蠶戌書云秋不利葬吉

亥 甲 子 丑 寅 卯 辰 巳 午 未 申 酉 戌 亥

子 青龍黃道太乙天貴福星貴人 三合貪狼水星 ●寡宿

明堂黃道貴人明輔天乙貴人右弼 ●天刑黑道時破時刑

福星貴人入祿五符驛馬喜神 ●朱雀黑道天訟計都

貪狼喜神 ●土星

金匱黃道福德月仙三合右弼 ●河魁五鬼受賊

天德黃道宝光六合左輔 ●白虎黑道 天殺孤辰旬中空亡五鬼五不遇

玉堂黃道少微天開天乙貴人武曲太陽 ●元武黑道鎖神時建截路空亡火星

●天牢黑道天獄截路空

天宮貴人唐符

司命黃道鳳輦日仙國印水星

●勾陳黑道地獄天罡時[illegible]

水星

乙酉日　丁木支金　納音屬水

支魁干伐日凶地虎不食日　天地離　空亡七月土公河神中[illegible]

八神浴在甲乙不鶴神酉　八棺嘛利丁壬　殮棺嘛利甲酉的呼內干生人

天狗財餉月下申　牛黃在欄生產忌向坎兆　子　九醜九土男乙不栽植酉不[illegible]

**日家奇門**　此日起造子孫富貴益田蚕戊書云主益子孫富貴吉

**時家白星**

**冬至後用**

一白子酉
二黑丑戌
三碧寅亥
四綠卯時
五黃辰時
六白巳時
七赤午時
八白未時
九紫申時

**夏至後用**

一白申時
二黑未時
三碧午時
四綠巳時
五黃辰時
六白卯時
七赤寅亥
八白丑戌
九紫子酉

**日家奇門**

中　招搖凶
乾　杜門土　天符凶
坎　景門火　天乙吉
艮　死門金　咸池凶
震　驚門土　攝提凶
巽　開門木　軒轅平
離　休門二　太陰吉
坤　生門水　太乙吉
兌　傷門火　青龍吉

**玄女經云**

丙子　司命黃道鳳輦日仙天乙貴人太陽　●河魁
丑　福星貴人三合武曲金星　●勾陳黑道地獄寡宿
寅　青龍黃道太乙天貴左輔　●五鬼羅睺
卯　明堂黃道貴人明輔祿五符　●時破五鬼土星
辰　六合武曲　●天刑黑道計都
巳　三合木星　●朱雀黑道天獄五不遇
午　金匱黃道福德月仙太陰　●天罡截路空
未　天德黃道寶光水星　●孤辰旬中空截路空
申　天乙貴人天官貴人　●白虎黑道天獄火星
酉　天牢黃道少微天闕貪狼太陽　●時建時刑
戌　唐符右弼喜神金星　●天牢黑道鎖神時害
亥　驛馬國印左輔　●元武黑道天獄羅睺

時家白星

冬至後用：一白卯時　二黑辰時　三碧巳時　四綠午時　五黃未時　六白申時　七赤子酉　八白丑戌　九紫寅亥

夏至後用：一白寅亥　二黑丑戌　三碧子酉　四綠申時　五黃未時　六白午時　七赤巳時　八白辰時　九紫卯時

丙戌日　干火支土

納音屬土

日家奇門

中　軒轅平

乾　杜門水　招搖平

坎　景門土　太陰吉

艮　死門火　青龍吉

震　驚門水　太乙吉

巽　開門上　攝提平

離　休門金　咸池凶

坤　生門火　太乙吉

兌　傷門上　天符凶

干生支　寶日吉　空亡三月　六殺白虎入中宮　土公河神中宮

人神在顱頂　丙不　鶴神西北　入棺東壬時　殮棺戌亥時　的呼甲午生人

天狗時食十月下巳　牛黃在欄　生產東南吉　丙不作灶　戊不乞火

玄女經云　此日不宜起屋婚姻出行

戊子　天官福星貴人唐符木星　●天牢黑道鎖神五鬼

丑　國印太陰　●元武黑道天獄天罡五鬼

寅　司命黃道鳳輦日仙福星貴人水星　●寡宿

卯　●勾陳黑道鎖神火星

辰　青龍黃道太乙天貴太陽　●時破截路空亡不遇

巳　明堂黃道貴人明輔八祿五符金星　●截路空

午　貪狼　●天刑黑道旬中空哭眠

未　右弼　●朱雀黑道天訟河魁時刑土星

申　金匱黃道福德月仙明星喜神左輔　●孤辰計都

酉　天德黃道天乙貴人寶光喜神木星　●時害

戌　武曲太陰　●白虎黑道天殺時建

亥　玉堂黃道少微天開天乙貴人水星

將家白星　干火支水

亥日

納音屬土

冬至後用

一白午時　二黑未時　三碧申時　四綠子酉　五黃丑戌　六白寅亥　七赤卯時　八白辰時　九紫巳時

日家奇門

中　佛提凶

乾　杜門火　軒轅平

坎　景門金　咸池凶

艮　祭門土　天符凶

夏至後用

一白巳時　二黑辰時　三碧卯時　四綠寅亥　五黃丑戌　六白子酉　七赤申時　八白未時　九紫午時

震　驚門火　天乙吉

巽　開門木　太乙吉

離　休門火　青龍吉

坤　生門土　太明吉

兌　傷門水　招搖平

支紂　干伐日凶大明日　空亡十月人棺利乙辛時土公河神中害

人神在頭治心頭　丁不　鶴神酉北　牛黃在欄　殘棺巳上不時的呼人　丁巳丁亥生

天狗時合　十二方下皮　生產向東吉于土壽　丁不剃頭　亥不出豬行嫁

亥女　經云不宜起造婚姻埜送凶

戊子　貪狼　●白虎黑道天火黑星

丑　玉堂黃道少微天開唐符右弼水星

寅　六合國印太陰　●天牢黑道鎖神河魁截路空

卯　三合貪狼木星　●元武黑道天獄寡宿截路空五不遇

辰　司命黃道鳳輦日仙右弼　●計都

巳　驛馬右輔　●勾陳黑道地獄時破

午　青龍黃道太乙天貴人祿五符寶神　●土惡大敗祿陷空亡羅睺

未　明堂黃道貴人明輔三合武曲喜神　●旬中空

申　太陽　●天刑黑道天罡時害

酉　福星天乙貴人　●朱雀黑道天訟孤辰火星

戌　金匱黃道福德月仙水星　●五鬼

亥　天德黃道寶光天開福星天乙貴人　●時建時刑五鬼

子土支水

# 戊子日

納音屬火

黃帝生日 制巳中平天聾地啞日 空亡六月 土公河神中宮

八神在胃治腸 戌不 鶴神酉方入櫃物利用 庚會相寅申時的呼巳卯生人

天狗下食正月 下亥 牛黃在舍生逢東吉子 九醜離窠戌不受甲子不聰

## 日家奇門

中 太乙吉

乾 開門土 拱提門凶

坎 休門火 青龍吉

艮 生門木 招搖平

震 傷門土 太明吉

巽 休門木 天乙吉

離 景門土 天符凶

坤 死門金 咸池凶

兌 驚門土 軒轅平

## 時家白星

### 冬至後用

一白子酉

二黑丑戌

三碧寅亥

四綠卯時

五黃辰時

六白巳時

七赤午時

八白未時

九紫申時

### 夏至後用

一白申時

二黑未時

三碧午時

四綠巳時

五黃辰時

六白卯時

七赤寅亥

八白丑戌

九紫子酉

亥 玄 經天 此日不宜起屋葬娶

壬子 金匱黃道福德月仙唐符 ●時建截路空土星

丑 六德黃道寶光武曲天乙貴人六合國印 ●截路空羅睺

寅 驛馬左輔金星 ●白虎黑道天殺五不遇

卯 玉堂黃道少微天開天貴太陽 ●天罡時刑

辰 三合武曲 ●天牢黑道鎖神寡宿火星

巳 八祿五符喜神水星 ●元武黑道天獄

午 司命黃道鳳輦日仙太陰 ●時破旬中空

未 天乙貴人木星 ●勾陳黑道地獄時害

申 青龍黃道太乙天貴福星貴人三合 ●五鬼計都

酉 明堂黃道貴人明輔貪狼 ●河魁五鬼土星

戌 右弼 ●天刑黑道孤辰羅睺

亥 左輔金星 ●朱雀黑道天訟

時家白星

冬至後用
一白卯時
二黑辰時
三碧巳時
四綠午時
五黃未時
六白申時
七赤子酉
八白丑戌
九紫寅亥

夏至後用
一白寅亥
二黑丑戌
三碧子酉
四綠申時
五黃未時
六白午時
七赤巳時
八白辰時
九紫卯時

己丑日 干支上土 和日 吉
納音屬火

白家奇門
中 天乙 吉
乾 開門 水 太乙 吉
坎 休門 土 天符 凶
艮 生門 金 軒轅 平
震 傷門 金 咸池 凶
巽 杜門 土 太陰 吉
離 景門 木 招搖 平
坤 死門 火 青龍 吉
兌 驚門 土 攝提 凶

人神 雞[illegible]肥不 鶴神北方 殯棺丑未時 黃在倉 的呼丁未生人

天狗 時二月餓 下户 生產西南子婿 巳不破券 丑衣冠帶

[illegible]寅 息移徙入棺利乙辛時空亡 二月 土公河神中堂

經云 此日不宜起造婚姻殺宅長

亥子 天乙貴人六合水星 ●天刑黑道
丑 唐符太陰 ●朱雀黑道天訟時建五不遇
寅 金匱黃道福德月仙天官貴人國印喜神木星
卯 天德黃道寶光喜神 ●計都
辰 一白虎黑道天殺河魁土星
巳 玉堂黃道少微天開三合 ●寡宿五鬼羅睺
午 八祿五符貪狼金星 ●天牢黑道鎖神時害五鬼十惡大敗[illegible]
未 福星貴人右弼太陽 ●元武黑道天獄時破旬中空
申 司命黃道鳳輦日仙天乙貴人左輔 ●截路空火星
酉 三合水星 ●勾陳黑道地獄截路空亡
戌 青龍黃道太乙天貴武曲太陰 ●天罡時刑
亥 明堂黃道貴人明輔驛馬木星 ●孤辰

時家白星

冬至後用
一白午時
二黑未時
三碧申時
四綠子酉
五黃丑戌
六白寅亥
七赤卯時
八白辰時
九紫巳時

夏至後用
一白巳時
二黑辰時
三碧卯時
四綠寅亥
五黃丑戌
六白子酉
七赤申時
八白未時
九紫午時

干金支木 庚寅日
納音屬水

日家奇門
中 太陰吉
乾 開門火 太乙吉
坎 休門水 招搖平
艮 生門土 攝提凶
震 傷門火 青龍吉
巽 杜門金 咸池凶
離 景門木 軒轅平
坤 死門土 天符凶
兌 驚門木 太乙吉

干尅支制日 中平 金石合 破群 空亡九月 上公河神中宮
人神在碓床磨 庚不 鶴神在北方 人宿山 安時入殮棺 丑申時 的呼 丙申生人
天狗二刻時食 下乘牛黃在倉 庚不經絡 寅不祭祀
玄女經云 四仲月利造

丙子 青龍黃道太乙天貴貪狼金星吉 ● 孤辰五不遇
丑 明堂黃道明輔天乙貴人右弼 ● 羅睺
寅 ● 天刑黑道時建
卯 貪狼唐符 ● 朱雀黑道天訟五鬼
辰 金匱黃道福德月仙右弼國印
巳 天德黃道寶光左輔太陰 ● 天罡時害時刑
午 天官福星貴人三合水星 ● 白虎黑道截路空亡旬中空天殺[illegible]
未 玉堂黃道少微天開天乙貴人武曲 ● 截路空火星
申 八祿五符驛馬太陽 ● 天牢黑道鎖神時破
酉 金星 ● 元武黑道天獄
戌 司命黃道鳳輦日仙三合喜神 ● 羅睺五不遇
亥 六合 ● 勾陳黑道地獄河魁

**明家皇星**

辛卯日 干金支木

納音屬木

**冬至後用**

一白子酉
二黑丑戌
三碧寅亥
四綠卯時
五黃辰時
六白巳時
七赤午時
八白未時
九紫申時

**日家奇門**

咸池凶

中

乾 傷門土 太陰吉

坎 杜門水 軒轅平

艮 景門火 太乙吉

震 死門土 天符凶

巽 驚門水 青龍吉

離 開門土 攝提凶

坤 休門水 招搖平

兌 生門火 天乙吉

**夏至後用**

一白申時
二黑未時
三碧午時
四綠巳時
五黃辰時
六白卯時
七赤寅亥
八白丑戌
九紫子酉

干魁支制日中 干金石合 允醮 空亡五月 土公河神中宮

人神在膝 胃 庚不 鶴神北方 入宮 嫁娶 丑未時 的呼 辛未 主人

天狗時食 酉月 丁丑 牛黃在 君 生產 酉面 北 吉 生子 辛不合醬 卯不穿井

亥 玄女經云不宜起造

子 司命黃道鳳凰日 仙木星 ●天罡時刑五鬼

丑 武曲太陰 ●勾陳黑道地獄孤辰五鬼

寅 青龍黃道太乙天貴 貴人左輔水星 ●時建火星

卯 明堂黃道貴人明輔 ●天刑黑道時害截路空

辰 唐符武曲太陽 ●朱雀黑道天訟截路空

巳 天官福星貴人國印 驛馬金星 ●河魁羅睺

午 金櫃黃道福德月仙 天乙貴人 ●寡宿旬中空亡土星

未 天德黃道寶光三合 ●白虎黑道天殺計都

申 喜神

酉 玉堂黃道少微天開 人祿五符喜神貪狼木星 ●時破五不遇

戌 六合右弼 ●天牢黑道鎖神

亥 三合左輔水星 ●元武黑道天訟

干水支土

壬辰日

納音屬水

日家奇門

中 青龍吉

乾 傷門金 咸池門凶

坎 杜門土 攝提門凶

艮 景門火 太乙門吉

震 死門木 招搖門平

巽 驚門土 天符門凶

離 開門火 太乙吉

坤 休門木 軒轅門平

兌 生門土 天明去

時家白星

冬至後用

一白卯時 二黑辰時 三碧巳時 四綠午時 五黃未時 六白申時 七赤子酉 八白丑戌 九紫寅亥

夏至後用

一白寅亥 二黑丑戌 三碧子酉 四綠申時 五黃未時 六白午時 七赤巳時 八白辰時 九紫卯時

支魁午伐日凶 大明識 虎不食日 白帝生 天空亡 破群

八神治在腹 三不 鶴神在北方 八節利申丁 餘利申酉的呼 壬申生人

天狗時在食 月不卯 空亡正 月生產 惱向東子 壬不決水 辰不哭泣

通書經云 壬辰利四季 起造吉 八月十一月造吉 餘不利

| 子 | 丑 | 寅 | 卯 | 辰 | 巳 | 午 | 未 | 申 | 酉 | 戌 | 亥 |
|---|---|---|---|---|---|---|---|---|---|---|---|
| 三合 水星 | 司命黃道 鳳輦 日仙 驛馬 太乙 | 天乙貴人 未星 | 青龍黃道 太乙貴人 福星貴人 | 明堂黃道 明輔 天乙貴人 | 天官貴人 唐符 貪狼 喜神 | 喜神 國印 右弼 金星 | 金櫃黃道 福德 月仙 三合 左輔 太陽 | 天德黃道 寶光 六合 | 武曲 水星 | 玉堂黃道 少微 天開 八祿 五符 太陰 | |
| 天牢黑道 鎖神 | 元武黑道 天獄 河魁 | 孤辰 截路空 | 勾陳黑道 地獄 時害 截路空 | 時建 時刑 計都 | 土星 | 天刑黑道 旬中空 要眠 | 朱雀黑道 訟 天皇 | 寡宿 五不遇 | 火星 | 白虎黑道 天殺 時破 五鬼 | ○五鬼 |

時家日星 子水 亥火

癸巳日 納音屬水

冬至後用
一白午時
二黑未時
三碧申時
四綠子酉
五黃丑戌
六白寅亥
七赤卯時
八白辰時
九紫巳時

日家奇門
中 天符凶
乾 傷門火 青龍吝
坎 杜門水 太乙吉
艮 景門土 太陰吉
震 死門金 軒轅平
巽 驚門木 招搖[illegible]
離 開門火 天乙吉
坤 休門土 攝提凶
兌 生門金 咸池凶

夏至後用
一白巳時
二黑辰時
三碧卯時
四綠寅亥
五黃丑戌
六白子酉
七赤申時
八白未時
九紫午時

制日 中平 天空亡 忌覆死日 九土鬼 朱雀入中宮 土公河神

人神在足 壬癸不治 鶴神在天空亡 十二月煞 柞五未時 的呼人甲午生

天狗在辰 六甲制食 牛黃在脾 入棺乙庚時 生產子向 東心吉 癸不詞訟

經云 起造利四仲四季吉 巳不遠行

亥 壬子 丑 寅 卯 辰 巳 午 未 申 酉 戌 亥

八祿 五符 貪狼
玉堂黃道 少微 天開 福星貴人 三合 右弼
天乙貴人 貪狼 福星貴人 太陽
司命黃道 鳳輦 日仙 右弼
天官貴人 天乙貴人 左輔 喜神 水星
青龍黃道 太乙 天貴 太陰
明堂黃道 貴人 明輔 唐符 武曲 木星
六合 國印
三合
金匱黃道 福德 月仙
天德黃道 寶光 福德 驛馬 金星

●白虎黑道 天殺 截路空 土星
●截路空亡 羅睺
●天牢黑道 鎖神 天罡 時害
●元武黑道 天獄 孤辰
●火星
●勾陳黑道 地獄 時建
●旬中空亡 不遇
●天刑黑道 河魁 時刑 五鬼
●朱雀黑道 天訟 寡宿 五鬼
●羅睺
●時破

干木支火

甲午日

納音屬金

室日上吉　黑帝死　九土鬼　離窠　空亡八月主公河神中宮

人神在心脾不治頭　鶴神在天　入棺時丁癸　生產向北子長的呼人　丁酉庚壬坐

天狗喋日月食下巳　牛黃在胎　殮棺巳未時　甲不開倉　午不苫蓋

爻經云　此日遇四孟仲天恩天赦起屋利益家長子孫加官進祿

## 時家白星

### 冬至後用

一白子午卯酉

二黑丑未辰戌

三碧寅申巳亥

四綠卯時

五黃辰時

六白巳時

七赤午時

八白未時

九紫申時

### 夏至後用

一白申時

二黑未時

三碧午時

四綠巳時

五黃辰時

六白卯時

七赤寅亥

八白丑戌

九紫子酉

## 日家奇門

中　招搖平

乾　死門才　天符凶

坎　驚門火　太乙吉

艮　開門火　咸池凶

震　休門上　攝提凶

巽　生門木　軒轅平

離　傷門土　太陰吉

坤　杜門水　太乙吉

兌　景門火　青龍吉

子　金匱黃道福德月仙福星貴人水星　●時破

丑　天德黃道寶光天乙貴人武曲太陰　●時害

寅　福星貴人祿五符三合喜神左輔木星　●白虎黑道天殺

卯　玉堂黃道少微天開喜神　●河魁計都

辰　武曲　●天牢黑道鎖神孤辰旬中空

巳　●元武黑道天獄五鬼羅睺

午　司命黃道鳳輦日仙金星　●時建時刑五鬼五不遇

未　天乙貴人六合太陽　●勾陳黑道地獄

申　青龍黃道太乙天貴馹馬　●截路空火星

酉　明堂黃道明輔天官貴人唐符貪狼水星　●天罡截路空

戌　三合國印右弼太陰　●天刑黑道寡宿

亥　左輔木星　●朱雀黑道天訟

時家白星

冬至後用

一白卯時
二黑辰時
三碧巳時
四绿午時
五黄未時
六白申時
七赤子酉
八白丑戌
九紫寅亥

夏至後用

一白寅亥
二黑丑戌
三碧子酉
四绿申時
五黄未時
六白午時
七赤巳時
八白辰時
九紫卯時

干木支土
乙未日
納音屬金
日家奇門

中 軒轅平
乾 死門木 招搖平
坎 驚門土 太陰吉
艮 開門火 青龙吉
震 休門水 太乙吉
巽 生門土 攝提凶
離 傷門金 咸池凶
坤 杜門火 天乙吉
兌 景門土 天符凶

干尅支制日中平大明 地啞日 空亡八月 上公河神南方
人神在頤 鶴神在天八 管利辛 乙殯棺 申酉時 的平 丙子生人 乙不栽種 未不服藥
天狗時入飼 丁丑牛黄在 所生產 多鍊東 賠南 子大殺白虎八中官
玄女經云 此日孟月造屋青龙主之天地和合利益家長聰明者旺

玄 丙子 丑 寅 卯 辰 巳 午 未 申 酉 戌 亥

天乙貴人太陽
福星貴人金星
金匱黄道福德月德
天德黄道宝光八祿 五符三合
玉堂黄道少微天貴 驛馬木星
六合貪狼太陰
右弼木星
司命黄道鳳輦日仙 天官天乙貴人左輔
太陽
青龙黄道太乙天貴 唐符武曲喜神金星
明堂黄道貴人明輔 三合国印

天刑黑道時害
朱雀黑道天訟時破時刑
五鬼罗睺
五鬼土星
白虎黑道天殺天罡計都
狐辰何中空五不遇
天牢黑道鎖神截路空
玄武黑道天獄時建
火星
勾陳黑道地獄
河魁
寡宿罗睺

時家白星

冬至後用
一白午時
二黑未時
三碧申時
四綠子酉
五黃丑戌
六白寅亥
七赤卯時
八白辰時
九紫巳時

夏至後用
一白巳時
二黑辰時
三碧卯時
四綠寅亥
五黃丑戌
六白子酉
七赤申時
八白未時
九紫午時

干火支金
丙申日
納音屬火

日家奇門
中 攝提 凶
乾 死門 木 軒轅 平
坎 驚門 金 咸池 凶
艮 開門 土 天符 凶
震 休門 火 天乙 吉
巽 生門 水 太乙 吉
離 傷門 火 青龍 吉
坤 杜門 土 太陰 吉
兌 景門 木 招搖 平

干剋支制日 中平 天牢 地虎不食 日月離 土公河神南方
入神在頭 丙不治病 鶴神在天 入棺利甲癸 殯利寅 的呼乙丑生人
天狗[illegible]下未 生產子向 酉此牛黃在欄 空亡三月 丙不作灶 申不安床
丙申日天地和寧 大宜造屋安葬大吉

支建起

子 青龍黃道太乙天貴天官福星貴人唐符貪狼木三台 ●寡宿魁
丑 明堂黃道貴人 ●五鬼
寅 福星貴人驛馬水星 ●天刑黑道時破時刑
卯 貪狼 ●朱雀黑道天訟火星
辰 金匱黃道福德月仙三合方局太陽 ●旬中空截路空五不遇
巳 天德黃道寶光入祿五符六合金星左輔 ●河魁截路絲計德惡大[illegible]
午 ●白虎黑道天殺孤辰
未 玉堂黃道少微 ●土星
申 喜神 ●天牢黑道鎖神時建[illegible]
酉 天乙貴人喜神木星 ●玄武黑道天獄
戌 司命黃道鳳輦月仙太陰
亥 天乙貴人水星 ●勾陳黑道地獄天[illegible]時[illegible]

# 丁酉日

丁火支金
納音屬火

地啞地虎不食干殺支制日
人神在背 丁不 鶴神在 天 八 棺未丁壬 燒棺刑寅卯的呼丁酉生人
天狗在 食 月下申 牛黃南方生產 向東北利 煞了不剃頭 酉不會客雞
月離 亢 空亡 土月土 公河神 [illegible]

## 曆家奇門

| 中 | 乾 | 坎 | 艮 | 震 | 巽 | 離 | 坤 | 兌 |
|---|---|---|---|---|---|---|---|---|
| 太乙吉 | 景門上 攝提南 | 死門火 青龍吉 | 驚門木 招搖平 | 開門土 太乙吉 | 休門火 天乙吉 | 生門土 天符內 | 傷門金 咸池內 | 生門木 軒轅不 |

## 時家星

冬至後用
一白子酉
二黑丑戌
三碧寅亥
四綠卯時
五黃辰時
六白巳時
七赤午時
八白未時
九紫申時

夏至後用
一白申時
二黑未時
三碧午時
四綠巳時
五黃辰時
六白卯時
七赤寅亥
八白丑戌
九紫子酉

[illegible]

天地和合造屋入宅墊埋子孫富貴
司命黃道鳳輦日仙 ■河魁火星
合府符武曲水星 ■勾陳黑道地獄宿
青龍黃道太乙天貴國印左輔太陰 ■截路空
明堂黃道貴人明輔水星 ■時破截路空五不遇
六合武曲 ■天刑黑道計都
三合 ■朱雀黑道天訟旬中空土星
金匱黃道福德月仙 ■天罡
天德黃道寶光宮神 ■孤辰
太陽 ■白虎黑道天殺
玉堂黃道少微天開福星天乙貴人會合 ■時刑火星
不遇水星 ■天牢黑道鎖神時害五鬼
天官福星太乙貴人驛馬左輔太陰 ■玄武黑道天獄五鬼

時家白星

冬至後用

一白卯時　二黑辰時　三碧巳時　四綠午時　五黃未時　六白申時　七赤子酉　八白丑戌　九紫寅亥

夏至後用

一白寅亥　二黑丑戌　三碧子酉　四綠申時　五黃未時　六白午時　七赤巳時　八白辰時　九紫卯時

下土支土

戊戌日

納音屬木

日家奇門

中　天乙吉

乾　景門水　太乙吉

坎　死門土　天符凶

艮　驚門土　軒轅平

震　開門金　咸池凶

巽　休門水　太陰吉

離　生門土　招搖平

坤　傷門火　青龍吉

兌　杜門土　攝提凶

和日　離巢　春魚會　神叔日忌出財　牛黃在棚上　公河神南方

八神在頭治病　不入棺　剃頭　殯棺巳申　時鶴神在天的　呼癸亥生人

天狗時上剃不食　酉生產　酉比吉子有孩　戊不受田　戌不乞犬

玄女經云　此日天地寡敗孟神季天刑伏屍凶

唐符

乙貴人國印

司命黃道鳳輦日仙　三合金星

六合貴人六合太陽

青龍黃道太乙天貴

明堂黃道明輔八祿　五符喜神水星

三合貪狼

天乙貴人右弼水星

金匱黃道福德月仙　福星貴人驛馬左輔

天德黃道寶光

武曲

玉堂黃道少微天開金星

●天牢黑道鎖神截路空

●玄武黑道天獄天罡截路空

●寡宿五不遇

●勾陳黑道地獄

●時破旬中空土星

●十惡大敗祿絕空亡

●天刑黑道

●朱雀黑道天訟河魁時刑

●孤辰五鬼計都

●時害五鬼土星

●白虎黑道天殺時建羅睺

時家白星　冬至後用

一白午時　二黑未時　三碧申時　四綠子酉　五黃丑戌　六白寅亥　七赤卯時　八白辰時　九紫巳時

夏至後用

一白巳時　二黑辰時　三碧卯時　四綠寅亥　五黃丑戌　六白子酉　七赤申時　八白未時　九紫午時

下土支木　巳亥日　納音屬木

日家奇門

中　太明吉

乾　景門火　天乙吉

坎　驚門木　招搖平

艮　驚門土　攝提凶

震　開門火　青龍吉

巽　休門金　咸池凶

離　生門水　軒轅平

坤　傷門土　天符凶

兌　杜門水　太乙吉

子鬾支制日平　地啞日　空亡　土月離窠　土公何神南方

人呼在頭　巳不沾　鶴神在天入棺　利乙辛殯棺巳申時　白呼辛亥生人

天狗時食　丑月下戌　牛黃在欄生產子向　酉姚巳不破券　亥不行嫁出豬

選擇戌書云起星盜田蠶富貴吉

申丑寅卯辰巳午未申酉戌亥

子　天乙貴人貪狼水星

玉堂黃道少微天開唐符右弼　太陰

大官貴人六合國印喜神木星

三合喜神貪狼

司命黃道鳳輦日仙右弼

驛馬左輔

青龍黃道太乙天貴人祿五符

明堂黃道明輔福星貴人三合

天乙貴人

金櫃黃道福德月地太陰

天德黃道寶光木星

白虎黑道天殺

五不遇

天牢黑道鎖神河魁

元武黑道天獄寡宿

土星

勾陳黑道地獄時破旬中空五鬼

金星　五鬼

武曲太陽

天刑黑道天罡時害截路空火星

朱雀黑道天訟孤辰截路空

時建時刑五不遇

# 庚子日

干金支水　納音屬土

## 時家白星

冬至後用：
一白子酉
二黑丑戌
三碧寅亥
四綠卯時
五黃辰時
六白巳時
七赤午時
八白未時
九紫申時

夏至後用：
一白申時
二黑未時
三碧午時
四綠巳時
五黃辰時
六白卯亥
七赤寅亥
八白丑戌
九紫子酉

## 日家奇門

中　咸池凶
乾　休門土　太陰吉
坎　生門水　軒轅平
艮　傷門木　天乙吉
震　杜門土　天符凶
巽　景門木　青龍吉
離　死門土　攝提凶
坤　驚門木　招搖平
兌　開門火　天乙吉

干生支宝日　天聾日　空亡九月　土公河神中宮　牛黃在倉生

八神在日疾不沐浴髮　鶴神在天　逾棺戌亥時的呼乙未生人　寅不經絡空

天狗時在食月下亥　入棺利甲庚生産　向西北生子壽　子不問卜

又云庚子日五符道作動土　三神入宅殺家長官訟

子：金櫃黃道福德月仙金星　●時建五不遇
丑：天德黃道保光天乙貴人六合　武曲　●羅睺
寅：驛馬左輔　●白虎黑道天殺五鬼
卯：玉堂黃道少微天開唐符　●天罡五鬼
辰：三合國印武曲木星　●天牢黑道鎖神句中空寡宿
巳：太陰　●元武黑道天獄
午：司命黃道鳳輦日仙天官福星貴人木星　●截路空
未：天乙貴人　●勾陳黑道地獄時害截路空火星
申：青龍黃道太乙未貴人祿五符　太陽
酉：明堂黃道貴人明輔貪狼金星　●河魁
戌：喜神右弼　●天刑黑道孤辰五不過
亥：明輔　●朱雀黑道天訟土星

〔轉家白星〕

冬至後用

一白卯時　二黑辰時　三碧巳時　四綠午時　五黃未時　六白申時　七赤子酉　八白丑戌　九紫寅亥

夏至後用

一白寅亥　二黑丑戌　三碧子酉　四綠申時　五黃未時　六白午時　七赤巳時　八白辰時　九紫卯時

辛丑日　子金支土

納音屬土

月家奇門

| 中 | 乾 | | 坎 | | 艮 | | 震 | | 巽 | | 離 | | 坤 | | 兌 | |
|---|---|---|---|---|---|---|---|---|---|---|---|---|---|---|---|---|
| 青龍吉 | 休門金 | 咸池凶 | 生門土 | 攝提凶 | 傷門火 | 太乙吉 | 杜門水 | 招搖平 | 景門土 | 天符凶 | 死門水 | 天乙吉 | 驚門木 | 軒轅平 | 開門火 | 太陰吉 |

支生干義日吉地啞　九七鬼　穿古三月離棄　士公河神中宮

八神在午辛不治將殿　鶴神在天　八棺利　巳辛斂棺利丑寅　的呼壬子生人

天狗時二月子午會共　牛黃在倉生產四　南吉　午不合醬　丑不冠帶

玄女經云　此日起屋同上庚子生　凶敗

| 戊子 | 丑 | 寅 | 卯 | 辰 | 巳 | 午 | 未 | 申 | 酉 | 戌 | 亥 |
|---|---|---|---|---|---|---|---|---|---|---|---|
| 六合木星 | 太陰 | 金櫃黃道福德月仙天乙貴人水星 | 天德黃道寶光 | 唐符 | 玉堂黃道少微天開天官福星貴人三合國印金星 | 天乙貴人貪狼 | 右弼 | 司命黃道鳳輦日仙左輔喜神 | 八祿五符六合喜神木星 | 青龍黃道太乙天貴武曲太陰 | 明堂黃道貴人明輔驛馬水星 |

━天刑黑道五鬼

━朱雀黑道天獄時建五鬼

━火星

━白虎黑道天殺河魁截路空

━（寶光）旬中截路空

━天牢黑道鎖神時害

━元武黑道天獄時破土星

━計都

━勾陳黑道地獄五不遇

━天罡時刑

━孤辰

時家日星

冬至後用

一白午時
二黑未時
三碧申時
四綠子酉
五黃丑戌
六白寅亥
七赤卯時
八白辰時
九紫巳時

夏至後用

一白巳時
二黑辰時
三碧卯時
四綠寅亥
五黃丑戌
六白子酉
七赤申時
八白未時
九紫午時

干水支水
壬寅日
納音屬金

日家奇門

| 中 | 乾 | 坎 | 艮 | 震 | 巽 | 離 | 坤 | 兌 |
|---|---|---|---|---|---|---|---|---|
| 天符凶 | 休門火 | 生門水 | 傷門土 | 杜門木 | 景門水 | 死門火 | 驚門土 | 開門金 |
|  | 青龍吉 | 太乙吉 | 太明吉 | 軒轅平 | 招搖平 | 天乙吉 | 攝提凶 | 咸池凶 |

亥子　庚丑　寅　卯　辰　巳　午　未　申　酉　戌　亥

干生支宝日吉地虎不食日　江河合　九上鬼　土公河神中官

人神在路勝甲壬不　鶴神在天　入棺利　癸乙殯棺亥子時　的呼甲辰生

天狗時食二月下丑　牛黃在倉　生產子向　酉門有　朱雀白虎入中宮　壬子不決水　寅不祭祀

經云　此日四仲季通用造家　長田蚕作馬百事大吉

青龍黃道太乙天貴貪狼　一孤辰火星

明堂黃道貴人明輔右弼水星

太陰

天乙貴人貪狼木星

金櫃黃道福星貴人　福德月仙　台弼

天德黃道宝光天乙貴人左輔

天官貴人三合唐符國印

玉堂黃道少微天開國印喜神　武曲金星

驛馬太陽

司命黃道鳳輦月仙三合水星

人祿五符六合太明

一天刑黑道時建截路空

一朱雀黑道天訟截路空

一伏中空計都

一天罡辨害時刑

一白虎黑道天殺寡宿羅睺

一天牢黑道鎖神時破五不遇

一元武黑道天獄火星

一五鬼

一勾陳黑道地獄河魁五鬼

時家日星

冬至後用

一白子酉
二黑丑戌
三碧寅亥
四綠卯時
五黃辰時
六白巳時
七赤午時
八白未時
九紫申時

夏至後用

一白申時
二黑未時
三碧午時
四綠巳時
五黃辰時
六白卯時
七赤寅亥
八白丑戌
九紫子酉

干水支木

癸卯日

納音屬金

日家奇門

中 招搖 平
乾 生門火 天符凶
坎 傷門木 太乙吉
艮 杜門金 咸池凶
震 景門土 攝提凶
巽 死門木 軒轅平
離 驚門水 太陰吉
坤 開門水 太乙吉
兌 休門火 青龍吉

干生支宝日吉江河合 坐亡三月土公河神中宮的呼 丁巳丙屬

人神在踝不 鶴神在天人棺利丙壬嫁棺丑未時 癸不詞訟

天狗四月食時 寅牛貪在倉生產向西南吉子亥 卯不穿井

玄女經云癸卯日天地開道造作屋宅大吉不利藝理

壬子 司命黃道鳳輦日仙八祿五符 ●天兵時刑截路空亡土星

丑 福星貴人武曲 ●勾陳黑道地獄截路空亡羅睺

寅 青龍黃道太乙天貴左輔水星

卯 明堂黃道明輔福星天乙貴人太陽

辰 武曲 ●時建

巳 天官天乙貴人駟馬喜神水星 ●天刑黑道時害大星

午 金櫃黃道福德月仙太陰 ●朱雀黑道天訟旬中空

未 天德黃道宝光三合唐符木星 ●河魁

申 國印 ●五不遇

酉 玉堂黃道少微天開貪狼 ●白虎黑道天殺五鬼計都

戌 六合右弼 ●時破五鬼土星

亥 三合喜神金星 ●天牢黑道鎖神羅睺 ●玄武黑道天獄

時家白星　下未支上

甲辰日

冬至後用　納音屬火

日家奇門

一白卯時
二黑辰時
三碧巳時　中　軒轅平
四綠午時　中
五黃未時　乾　杜門水
六白申時　乾　招搖平
七赤子酉　坎　傷門土
八白丑戌　坎　太明吉
九紫寅亥　艮　杜門火

夏至後用　艮　青龍吉

一白申亥　震　景門火
二黑卯時　震　天乙吉
三碧辰時　巽　死門土
四綠巳時　巽　攝提凶
五黃午時　離　驚門金
六白未時　離　咸池凶
七赤申時　坤　開門火
八白子酉　坤　天乙吉
九紫五戌　兌　休門土
　　　　　兌　天符凶

千魁支制日孚　地虎不食日　赤帝生　空亡　大殺白虎入中宮

八神雉在浴盤曬翅　鶴神在天　八堂　甲丁時　喜神　寅申時　的呼　庚辰生人

天狗下食午　寅在廁　生產　土公河神中宮　申不開倉

女經云甲辰日孟仲季造屋殺家長凶　辰不哭泣

子　福星貴人三合水星　●天牢黑道鎖神

丑　天乙貴人太明　●元武黑道天訟河魁

寅　司命黃道鳳輦日仙福星貴人驛馬八祿五符喜神　●孤辰旬中空

卯　喜神　●勾陳黑道地獄時害計都

辰　青龍黃道太乙天貴　●時建時刑土星

巳　明堂黃道貴人明輔　●五鬼哭殺

午　倉獄金星　●天刑黑道五鬼五不遇

未　人乙貴人右弼太陽　●朱雀黑道天罡天訟

申　金櫃黃道福德月仙三合左輔　●寡宿截路空火星

酉　天德黃道保光天官貴人六合唐符水星　●截路空

戌　國印武曲太明

亥　玉堂黃道紫微天開木星　●白虎黑道天殺時破

時家白星

冬至後用

一白午時
二黑巳時
三碧辰時
四綠卯時
五黄寅亥
六白丑戌
七赤子酉
八白申時
九紫未時

夏至後用

一白巳時
二黑辰時
三碧卯時
四綠寅亥
五黄丑戌
六亥子酉
七赤申時
八白未時
九紫午時

午木支火

乙巳日

納音屬火

日家奇門

中 [illegible]凶

乾 生門木 軒轅平

坎 傷門金 咸池凶

艮 杜門土 天符凶

震 景門火 天乙吉

巽 死門水 天乙吉

離 驚門火 青龍吉

坤 開門土 太陰吉

兌 休門木 招搖平

干生支寶日上吉　空亡十一月殮棺亥子時土公河神中宮

人神在子乙不治暖頭鶴神東方　入棺乙庚時的呼丙子生人

天狗時大鈍朗丁寅牛黄在癖生產狗向胴湖甬子乙不栽植　巳不遠行

女經云乙巳日四季六合主之造作進人財吉

子　了天乙貴人貪狼太陽　●白虎黑道天殺

丑　玉堂黄道少微天開福星貴人三合右弼金星

寅　●天牢黑道鎖神天罡時暗耍賊五鬼

卯　八祿五符貪狼　●元武黑道天獄孤辰旬中空亡鬼金星

辰　司命黄道鳳輦日仙喜神右弼　●計都

巳　左輔　●勾陳黑道地獄時建五不遇

午　青龍黄道天乙天貴太陰　●截路空

未　明堂黄道貴人明輔武曲水星　●截路空

申　天官天乙貴人六合　●天刑黑道河魁時刑火星

酉　三合太陽　●朱雀黑道天訟寡宿

戌　金匱黄道福德月仙唐符喜神金星

亥　天德黄道空光驛馬國印　●時破受賊

時家日星 丙午日 干火支火 納音屬水

冬至後用

一白子酉 二黑丑戌 三碧寅亥 四綠卯時 五黃辰時 六白巳時 七赤午時 八白未時 九紫申時

夏至後用

一白申時 二黑未時 三碧午時 四綠巳時 五黃辰時 六白卯時 七赤寅亥 八白丑戌 九紫子酉

日家奇門

中 太乙吉
乾 驚門土 攝提凶
坎 解門火 青龍吉
艮 休門水 招搖平
震 生門土 太陰吉
巽 傷門木 太乙吉
離 杜門土 天符凶
坤 景門金 咸池凶
兌 死門水 [illegible]平

初日吉大明地虎不食日、八專日 空亡正月上公河神中宮

人神在心 流有 丙不 牛黃在人 入棺壬癸時殮棺利寅卯 的呼丁巳生人 丁未

天狗在五 飢下 巳 鶴神在天 生產酉時 內不作灶 午不苦蓋

女 經云丙午日六合主之作屋宅人外財大吉

| 戊子 | 丑 | 寅 | 卯 | 辰 | 巳 | 午 | 未 | 申 | 酉 | 戌 | 亥 |
|---|---|---|---|---|---|---|---|---|---|---|---|
| 金櫃黃道福德月仙天官福星貴人唐符 | 天德黃道寶光國印武曲太陰 | 福星貴人三合左輔水星 | 玉堂黃道少微天開 | 武曲太陽 | 八祿五符金星 | 司命黃道鳳輦日仙 | 六合 | 青龍黃道太乙天貴驛馬喜神 | 明堂黃道明輔天乙貴人貪狼喜神 | 三合右弼太陰 | 太乙貴人左輔水星 |
| ●時破五鬼 | ●時害五鬼 | ●白虎黑道天獄旬中空 | ●河魁火星 | ●天牢黑道鎖神孤辰截路空五不遇 | ●元武黑道天獄截路空 | ●時建時刑受殺 | ●勾陳黑道地獄土星 | ●計都 | ●天罡 | ●天刑黑道寡宿 | ●朱雀黑道天誅 |

丁未日

干火支土　納音屬水

干生支宅日吉天亡大空亡　牛黄往辦　坐亡九月

人神在頭丁不治八棺利乙辛時 除棺利丑亥時　的呼巳未生人

天狗食亥九月下午時鶴神在天生產向東北丁不剃頭未不服藥

箭家白星

冬至後用

一白卯時
二黑辰時
三碧巳時
四緑午時
五黄未時
六白申時
七赤子酉
八白丑戌
九紫寅亥

夏至後用

一白寅亥
二黑丑戌
三碧子酉
四緑申時
五黄未時
六白午時
七赤巳時
八白辰時
九紫卯時

月家奇門

中　天乙吉
乾　驚門水　太乙吉
坎　開門土　天符凶
艮　休門木　軒轅平
震　生門土　咸池凶
巽　傷門金　太陰吉
離　杜門木　招搖平
坤　景門火　青龍吉
兌　死門土　攝提凶

子　屋云　此名天牢日起造屋宮貴大吉官出行婚姻吉

丑　天德黄道　保光三合水星
寅　金櫃黄道　福德月仙國印太陰
卯　唐符水星
辰　玉堂黄道　少微大開顯曜
巳　喜神右弼金星
午　八禄五符　六合喜神貪狼
未　司命黄道　鳳輦日仙左輔太陽
申　天乙貴人　福星貴人
酉　青龍黄道　太乙天貴武曲水星
戌　明堂黄道　明輔天官福星天乙貴人三合太陽
亥

●天刑黒道時害火星
●朱雀黒道天訟時破時刑
●截路空
●旬中空截路空亡不遇
●白虎黒道天殺天罡計都
●孤辰土星
●天牢黒道鎖神羅睺
●玄武黒道天獄時建
●勾陳黒道地獄火星
●河魁五鬼
●寡宿五鬼

時家白星

冬至後用

一白午時　二黑未時　三碧申時　四綠子酉　五黃丑戌　六白寅亥　七赤卯時　八白辰時　九紫巳時

夏至後用

一白巳時　二黑辰時　三碧卯時　四綠寅亥　五黃丑戌　六白子酉　七赤申時　八白未時　九紫午時

戊申日　干土支金　納音屬土

日家奇門　太陰吉

中　驚門火

乾　天乙吉　開門水

坎　招搖平　休門水

艮　攝提凶　生門土

震　青龍吉　生門火

巽　咸池凶　傷門金

離　軒轅平　杜門水

坤　天符凶　景門土

兌　太乙吉　死門水

干生支保日　吉人民離　空亡肸天上大空亡離窠　土公河神

人神在頭戌治腹　不鶴神在天　入棺甲癸時　殮棺寅申時的呼庚戊生人

天狗九月下非食　未牛黃在欄生產　婚比少吉　子戊不受田　申不安床

此日起造大利進財益人口

[illegible]

天貴　青龍黃道　太乙　三合　貪狼　唐符　●寡宿　截路空亡　土星

天乙貴人　明堂黃道　明輔　国印　右弼　●截路空亡　羅睺

驛馬　金星　●天刑黑道　時破　時刑　佃中　空亡　五不遇

天乙貴人　貪狼　太陽　●朱雀黑道　天松

金櫃黃道　福德　月仙　三合　右弼　●火星

天德黃道　保光　八祿　五符　六合　喜神　左輔　水星　●河魁

金星　●白虎黑道　天移　孤辰

玉堂黃道　天開　天乙貴人　宝光　少微　武曲　水星

福星貴人　●天牢黑道　鎖神　時建　五鬼　五不遇

●玄武黑道　天獄　五鬼　土星

司命黃道　鳳輦　日仙　●羅睺

金星　●勾陳黑道　地獄　時害

時家白星

冬至後用
一白子酉
二黒丑戌
三碧寅亥
四緑卯時
五黄辰時
六白巳時
七赤午時
八白未時
九紫申時

夏至後用
一白申時
二黒未時
三碧午時
四緑巳時
五黄辰時
六白卯時
七赤寅亥
八白丑戌
九紫子酉

丁土支金

巳酉日

納音驛土

日家奇門

中　咸池凶
乾　杜門土　太陰吉
坎　景門水　軒轅平
艮　死門水　太乙吉
震　驚門火　天符凶
巽　開門土　青龍吉
離　休門水　攝提凶
坤　生門木　招搖平
兌　傷門土　天乙吉

干生支保　吉　空亡八月火明地虎不食六九上鬼　上公河神
八神治牌在皆巳　不鶴神東北　八棺利丁壬癸縊棺判巳酉的呼庚申生人
天狗時食二月丁申　牛黄在伊生産手折后　酒西北　巳不破券　酉不会客出
巳酉日自造埜益家長田蚕大利

子　天乙貴人司命黄道鳳輦日仙水星　●河魁
丑　三合唐符武曲太陰　●勾陳黒道地獄旁宿不遇
寅　天乙天官貴人青龍黄道国印喜神左輔木星
卯　明堂黄道貴人明輔喜神　●時破旬中空計都
辰　六合武曲　●天刑黒道土星
巳　三合　●朱雀黒道天訟五鬼旡聯五不遇
午　金匱黄道福徳月仙八禄五符金星　●天罡五鬼
未　天徳黄道宝光福星貴人太陽　●孤辰
申　天乙貴人　●天殺白虎黒道火星截路空
酉　玉堂黄道少微天開貪狼木星　●時建時刑截路空
戌　右弼太陰　●天牢黒道鎖神財宝
亥　駅馬左輔木星　●玄武黒道天獄

時家白星

冬至後用

一白卯時　二黑辰時　三碧巳時　四綠午時　五黃未時　六白申時　七赤子酉　八白丑戌　九紫寅亥

夏至後用

一白寅亥　二黑丑戌　三碧子酉　四綠申時　五黃未時　六白午時　七赤巳時　八白辰時　九紫卯時

干金支土

庚戌日

納音屬金

日家奇門

中　青龍吉
乾　杜門金　咸池凶
坎　景門水　攝提凶
艮　死門木　太乙吉
震　驚門木　招搖平
巽　開門土　天符凶
離　休門水　太乙吉
坤　生門水　軒轅平
兌　傷門土　太乙吉

[illegible]

支生干義日　吉人明日　九土鬼白帝死蚕室忌出　垂空亡五月

八神在頭顱皮面　不鶴神東方　入棺庚壬時　殯棺巳申時　的呼辛丑生人

天狗時在月下　酉牛黃在欄　生產子孫　鎖絲土公河神西方　庚不經絡

金星　庚　戌日孟仲季起造皆凶　戌不乞犬

天乙貴人

司命黃道　鳳輦月仙三合

六合唐符

天官貴人　青龍黃道太乙國印水星　●時破

明堂黃道　貴人明輔太陽

天官福星　貴人三合貪狼水星

天乙貴人　布弼

金櫃黃道　福德月仙八祿五符驛馬左輔太陽　●孤辰

天德黃道　玉光金星

喜神武曲

天開玉堂　黃道小殺

●天牢黑道鎖神五不遇

●天獄天罡玄武黑道羅睺

●寡宿月中空五鬼土星

●勾陳黑道地獄五鬼計都

●天刑黑道截路空

●朱雀黑道天訟河魁狗刑截路空火星

●時害

●天殺白虎黑道明狗五不遇

●上兄

## 時家白遁

冬至後用
一白午時
二黑未時
三碧申時
四綠子酉
五黃丑戌
六白寅亥
七赤卯時
八白辰時
九紫巳時

夏至後用
一白巳時
二黑辰時
三碧卯時
四綠寅亥
五黃丑戌
六白子酉
七赤申時
八白未時
九紫午時

干金支水
辛亥日
納音屬金

## 日家奇門

中　天符凶
乾　杜門火　青龍吉
坎　景門水　太乙吉
艮　死門土　太陰吉
震　驚門水　軒轅平
巽　開門木　招搖平
離　休門火　天乙吉
坤　生門土　攝提凶
兌　傷門金　咸池凶

干生支宅日大明地虎日離窠　空亡三月朱雀入中宮土公西河方
人神在頭辛不鶴神東北人棺利　辛乙殮棺巳未時的呼辛亥生人
天狗時　牛黃在廁生產向　酉方吉地此辛不合酉亥不行嫁出行
辛亥日四仲季六合主之忌造宗望員一千石

子丑寅卯辰巳午未申酉戌亥

子　貪狼木星　●白虎黑道天殺五鬼
丑　天開玉堂黃道少微太陰　●五鬼
寅　天乙貴人六合水星　●天牢黑道鎖神河魁
卯　三合貪狼　●天獄元武黑道寡宿旬中空火星
辰　司命黃道鳳輦日仙唐符右弼太陽　●截路空
巳　天官福星貴人驛馬國印左輔金星　●勾陳黑道時破地獄旬空
午　天乙貴人天賞青龍黃道太乙　●羅紋
未　明堂貴人明輔三合武曲　●土星
申　喜神　●天刑黑道
酉　八祿五符喜神木星　●朱雀黑道天訟孤辰五不遇
戌　金櫃黃道福德月仙太陰
亥　天德黃道寶光水星　●時建時刑

時家值星干水支水

**壬子日**

**冬至後用** 納音屬水

一白子酉 **日家奇門**

二黑丑戌

三碧寅亥 招搖平

四綠卯時 **中**

五黃辰時 開門土

六白巳時 **乾** 大祥凶

七赤午時 休門火

八白未時 **坎** 天乙吉

九紫申時 生門金

**艮** 咸池凶

**夏至後用** 傷門土

一白申時 **震** 攝提凶

二黑未時 杜門水

三碧午時 **巽** 軒轅平

四綠巳時 景門土

五黃辰時 **離** 太陰吉

六白卯時 死門七

七赤寅亥 **坤** 太乙吉

八白丑戌 驚門火

九紫子酉 **兌** 青龍吉

[illegible]

干支神日 天罡黑帝生 八專 九土鬼 四月土公 河神西方

八神在朝 壬不 鶴神東北 八棺 利申庚 喪棺利辰戌的呼乙亥生人

天狗時在飢 下亥午 黃在倉 生產子酉 ……不洪水上手不問卜

壬子日四孟月天赦…… 通作…大吉

……金匱黃道福德月仙不吉 ● 時建

天德黃道 寶光 六合武曲水星

驛馬左輔太陰 ● 天殺白虎黑道 旬中空截路空

天開天乙貴人 五堂黃道少微水星 ● 天罡時刑截路空

福星貴人 三合武曲 ● 天牢黑道 鎖神 寡宿 計都

天乙貴人 ● 天獄元武黑道土星

天官貴人 司命黃道 鳳輦日仙 喜神 唐符 ● 時破 ● 大煞

國印 喜神 金星 ● 勾陳黑道 地獄 時害

天貴 青龍黃道 太乙 三合 太陽 ● 五不遇

明堂黃道 貴人 明輔 貪狼 ● 河魁火星

右弼火星 ● 天刑黑道 孤辰 九醜

八祿 五符 左輔 太陰 ● 朱雀黑道 天訟 五鬼

時家白星 干水支土 支尅干伐日 地啞 大殺白虎 八中宮 空亡八月土公河神居

冬至後用 癸丑日 八神游在丑癸 鶴神東北 入棺利 乙辛殮棺利丑未的呼生八丁亥申辰

納音屬木 天狗時 下午 牛貴 在舍生產向酉北 癸不詞訟 丑不冠帶

日家奇門 支亥經三 癸丑日四孟月造屋大吉 四仲月不利

一白卯時 中 軒轅平

二黑辰時 乾 開門水 招揺平

三碧巳時 坎 休門土 太陰吉

四綠午時 艮 生門火 青龍吉

五黃未時 震 傷門水 太乙吉

六白申時 巽 杜門土 攝提凶

七赤子酉 離 景門土 咸池凶

八白丑戌 坤 死門火 天乙吉

九紫寅亥 兌 驚門木 天符凶

夏至後用

一白寅亥

二黑丑戌

三碧子酉

四綠申時

五黃未時

六白午時

七赤巳時

八白辰時

九紫卯時

壬子 八祿 五符 ● 天刑黑道截路空亡土星

丑 福星貴人 ● 天訟朱雀黑道時建截路空亡羅睺

寅 金櫃黃道福德月仙金星

卯 天德黃道寶光福星天乙貴人 太陽 ● 旬中空

辰 ● 天殺白虎黑道河魁火星

巳 天開天官天乙貴人 玉堂黃道 少微喜神三合水星 ● 寡宿

午 貪狼太陰 ● 天牢黑道鎖神時害

未 唐符右弼木星 ● 元武黑道時破五不遇天訟

申 司命黃道鳳輦日仙國印左輔 ● 五鬼計都

酉 三合 ● 勾陳黑道地獄五鬼土星

戌 天貴太乙青龍黃道武曲 ● 天罡羅睺

亥 明堂黃道貴人明輔驛馬金星 ● 孤辰

時家白星　冬至後用
一白午時　二黑未時　三碧申時　四綠子酉　五黃丑戌　六白寅亥　七赤卯時　八白辰時　九紫巳時

夏至後用
一白巳時　二黑辰時　三碧卯時　四綠寅亥　五黃丑戌　六白子酉　七赤申時　八白未時　九紫午時

甲寅日（干木支水）　納音屬水

日家奇門
中　攝提凶
乾　開門水　軒轅平
坎　休門金　咸池凶
艮　生門土　天符凶
震　傷門火　天乙吉
巽　杜門火　太乙吉
離　景門火　青龍吉
坤　死門土　太明吉
兌　驚門水　招搖平

日月合天地合和日吉　空亡三月破群　土公河神中宮
人神在頭甲不鶴神東北　入棺癸乙時　殮棺寅申時　的呼煞巳癸未
天狗三時食月下丑　牛黃在倉生產陳　補結甲不開倉　寅不祭祀
玄女經云　甲寅日利四季天地開通造葬大吉

子　天貴青龍黃道福星貴人太乙貪狼　●旬中空亡辰
丑　天乙貴人明堂黃道明輔右弼太陰
寅　福星貴人八祿五符萬神水星　●天牢黑道時建
卯　萬神貪狼　●朱雀黑道天訟計都
辰　金櫃黃道福德月仙右弼　●土星
巳　天德黃道寶光左輔　●天罡時害時刑五鬼
午　三合　●白虎黑道天殺寡宿五鬼五不遇
未　天開天乙貴人玉堂黃道少微武曲太陽
申　驛馬　●天牢黑道鎖神時破截路空火星
酉　天官貴人唐符水星　●元武黑道天獄截路空
戌　司命黃道鳳輦月仙三合國助
亥　六合木星　●勾陳黑道地獄河魁

## 時家日星 乙卯日

冬至後用 納音屬水

日家奇門

一白子酉 二黑丑戌 三碧寅亥 四綠卯時 中

五黃辰時 乾 傷門 攝提 土凶

六白巳時 坎 杜門 青龍 火吉

七赤午時 艮 景門 招搖 木平

八白未時 震 死門 太陰 土吉

九紫申時 巽 驚門 天乙 火吉

夏至後用

一白申時 離 開門 天符 土凶

二黑未時 坤 休門 咸池 金凶

三碧午時 兌 生門 軒轅 水平

四綠巳時

五黃辰時

六白卯時

七赤寅亥

八白丑戌

九紫子酉

干支和日吉日月合天地合太師曠死日不合樂 土公河伯[illegible]

八神在[illegible]乙不[illegible] 鶴神東方 人相利丙 上殮棺喇利丑 的呼戊子生人[illegible]

天狗時四卯 寅午黃在倉 生產子向東天占 空亡門耳 乙不栽植

乙卯利四季天地開通道造屋婚姻大吉出入 卯不穿井

丙子 丑 寅 卯 辰 巳 午 未 申 酉 戌 亥

子 天乙貴人司命黃道鳳輦日仙太陽 ● 天罡時刑

丑 福星貴人武曲金星 ● 勾陳黑道地獄孤辰旬中空

寅 天貴青龍黃道太乙左輔 ● 五鬼羅睺

卯 明堂黃道貴人明輔入祿五符 ● 時建五鬼土星

辰 喜神武曲 ● 天刑黑道時害計都

巳 驛馬水星 ● 天訟朱雀黑道五不遇

午 金匱黃道福德月仙太陰 ● 河魁截路空

未 天德黃道寶光三合水星 ● 寡宿截路空

申 天官天乙貴人 ● 白虎黑道天殺火星

酉 天開玉堂黃道少微貪狼太陽 ● 時破

戌 唐符六合右弼喜神金星 ● 天牢黑道鎖神

亥 國印三合左輔 ● 元武黑道天獄羅睺

時家白星遁 丙辰日 干火支土

冬至後用遁 納音屬土

日家奇門遁

一白卯酉時 二黑辰戌時 三碧巳亥時 四綠午子時 五黃未丑時 六白申寅時 七赤子酉時 八白丑戌時 九紫寅亥時

夏至後用遁

一白寅亥 二黑丑戌 三碧子酉 四綠申時 五黃未時 六白午時 七赤巳時 八白辰時 九紫卯時

中 天乙吉

乾 傷門木 太乙吉

坎 休門土 天符凶

艮 生門木 軒轅平

震 死門金 咸池凶

巽 驚門土 太明吉

離 開門水 招搖平

坤 休門火 青龍吉

兌 生門土 攝提凶

干生支宝日吉 大明 地虎不食 天醫 日空亡 七月 土公 河神害

人神在腰內不宜鍼灸 鶴神東方 入棺子申時 殮棺巳亥時 的呼甲卯辰申生人

天狗時在月下食卯 牛黃在房 生產孕婦胎占 丙不作灶 辰不哭泣

丙辰日四時不利起造 秋冬利造屋

子 丑 寅 卯 辰 巳 午 未 申 酉 戌 亥

[illegible] 大官 福星貴人 唐符 三合 水星 ●天牢黑道 鎖神 五鬼 旬中空

國印 太陰 ●元武黑道 天獄 河魁 五鬼

司命黃道 鳳輦 月仙 福星貴人 驛馬 水星 ●孤辰

●勾陳黑道 地獄 時害 火星

天貴 青龍黃道 太乙 太陽 ●時建 時刑 截路空 五不遇

明堂黃道 貴人 明輔 八祿 五符 金星 ●截路空

貪狼 ●天刑黑道 叉勝

右弼 ●天訟 天罡 朱雀黑道 土星

金匱黃道 福德 月仙 三合 武庫 左輔 ●寡宿

黃道 宝光 天乙貴人 六合 天德 火星

武曲 太陰 ●天殺 白虎黑道 時破

天開 天乙貴人 玉堂黃道 少微 水星

時家白星　丁巳日　子　火土火火

冬至後用　納音屬土

一白午時
二黑未時
三碧申時
四綠子酉時　中
五黃丑戌時　乾　傷門　火
六白寅亥時　太乙　吉
七赤卯時　坎　杜門　水
八白辰時　招搖門　平
九紫巳時　艮　攝提門　土

日家奇門

夏至後用

一白巳時　火　凶
二黑辰時　太乙　吉
三碧卯時　咸池門　金
四綠寅亥時　攝提門　凶
五黃丑戌時　離　開門　木
六白子酉時　休門　平
七赤申時　坤　天符門　土
八白未時　生門　凶
九紫午時　兌　太乙　水　吉

丁巳和日吉赤帝死　孔子死忌入葬几土鬼　土公…

八神游在心　丁不鴉神東方　入棺乙庚者嫁棺列亥子的呼　庚子坐八

天狗…下辰　午黃在倡　生產多難酉子空亡六月　丁不剃頭

丁巳日四時不利起造凶　巳不遠行

子　貪狼　● 天殺白虎黑道

丑　天開玉堂黃道少微　天符三合右弼水星　● 旬中空

寅　國印太陰　● 天牢黑道鎮神天罡時害截路空亡

卯　貪狼木星　● 元武黑道天獄旬辰五不遇截路空

辰　司命黃道鳳輦日仙台　術　● 計都

巳　六輔　● 勾陳黑道地獄時建土星

午　貪門青龍黃道太乙人　福五符…　● 羅睺

未　明堂黃道明輔武曲　…貴人金星

申　六合太陽　● 天刑黑道河魁…建　朱雀黑道天訟寡宿

酉　天乙貴人三合福星

戌　金匱黃道福德月仙水星

亥　天德黃道寶光天官天乙貴人驛馬太陽　● 時破五鬼

**戊午日** 干土支火 支生干義日吉 貴 帝 死 九土鬼離窠 空亡 二月土公 河神中宮

納音屬火 人神離廠 戊不 鶴神東方 入棺丁癸時 發棺巳申時 的呼辛未生人

天狗日食 巳月下 巳午 黃 生產麒麟子 九醜 戊不受田 午不苫蓋

**時家白星**

**冬至後用**

一白子酉時　二黑丑戌時　三碧寅亥時　四綠卯時　五黃辰時　六白巳時　七赤午時　八白未時　九紫申時

**夏至後用**

一白申時　二黑未時　三碧午時　四綠巳時　五黃辰時　六白卯亥時　七赤寅亥時　八白丑戌時　九紫子酉時

**日家奇門**

中 截流 凶　乾 死門 土 太乙 吉　坎 開門 木 軒轅 平　艮 開門 太乙 士 吉　震 休門 土 天符 凶　巽 生門 火 青龍 吉　離 傷門 十 攝提 凶　坤 杜門 士 招搖 平　兌 景門 火 天乙 吉

此日不宜起造 凶

子　金匱黃道 福德 月仙 唐符
丑　天德黃道 寶光 國印 天乙貴人 武曲
寅　三合 左輔
卯　天官 天開貴人 玉堂黃道 少微 太陽
辰　武曲
巳　八祿 五符 喜神 水星
午　司命黃道 鳳輦 日仙 太明
未　天乙貴人 六合 水星
申　青龍黃道 天貴 福星貴人 太乙 驛馬
酉　明堂黃道 貴人 明輔 貪狼
戌　三合 右弼
亥　左輔 金匱

● 時破 旬中空 截路空
● 時害 旬中空 截路空 旬空
● 天殺 白虎黑道 五不遇
● 河魁
● 天牢黑道 鎖神 孤辰 火星
● 元武黑道 天獄
● 時建
● 勾陳黑道 地獄
● 五鬼
● 天罡 五鬼 土星 計都
● 天刑黑道 宿 計都
● 朱雀黑道 天訟

時家白星　巳未日　干土支土

冬至後用　納音屬火

一白卯時
二黑辰時
三碧巳時
四綠午時
五黃未時
六白申時
七赤酉時
八白丑戌時
九紫寅亥時

夏至後用

一白寅亥
二黑丑戌
三碧子酉
四綠申時
五黃未時
六白午時
七赤巳時
八白辰時
九紫卯時

日家奇門

中　青龍吉
乾　死門金　咸池凶
坎　驚門土　招提凶
艮　開門火　太乙吉
震　休門木　招搖平
巽　生門土　天符凶
離　傷門大　太乙吉
坤　杜門木　軒轅平
兌　景門土　太陰吉

干支和同吉　大明　咄虎不食日　空亡三月　上公河神中宮
八神[illegible]不　大偷利辛乙嫁娶子申時　鶴神東方的呼丙戌生人
生産子多病[illegible]吉　牛黃在廁　巳不破券　未不服藥
玄女經云此日起造大富貴發益子孫吉

甲子　天乙貴人水星　●天刑黑道時害
乙丑　唐符太陰　●天訟時破朱雀黑道旬中空五不遇
丙寅　天官貴人金匱黃道福德月仙國印喜神木星
丁卯　天德黃道寶光三合喜神　●計都
戊辰　●天殺天罡白虎黑道[illegible]
己巳　天開玉堂黃道少微驛馬　●孤辰左鬼羅睺
庚午　八祿五符六合貪狼金星　●天牢黑道鎖神五鬼
辛未　福星貴人右弼太陽　●元武黑道天獄時建
壬申　天乙貴人左輔司命黃道鳳輦月仙　●截路空亡火星
癸酉　木星　●勾陳黑道地獄截路空亡
甲戌　天貴青龍黃道太乙武曲太陰　●河魁
乙亥　明堂黃道貴人明輔三合木星　●寡宿五不遇

時家白星

冬至後用

一白午時
二黑未時
三碧申時
四綠酉時
五黄丑戌
六白寅亥
七赤卯時
八白辰時
九紫巳時

夏至後用

一白巳時
二黑辰時
三碧卯時
四綠寅亥
五黄丑戌
六白子酉
七赤申時
八白未時
九紫午則

庚申日　干金支土

納音屬木

日家奇門

中　天符凶
乾　死門火　青龍吉
坎　驚門水　太乙吉
艮　開門土　太陰吉
震　休門木　軒轅平
巽　生門不　招搖平
離　傷門火　天乙吉
坤　杜門土　攝提凶
兌　景門金　咸池凶

干支和日吉大明地虎不食金石離　空亡七月破群土公河魁宮

人神在踝下　治腸背　鶴神東方入棺利甲癸殯葬辰巳時呼特人尼辛酉

天狗時丸食朔月丁未午黄在檔生產門心北時吉朱雀入　庚不經絡

玄女經云庚申日和寧大宜趨避逢凶安吉貴　申不安床

壬子天貴青龍黄道太乙三合貪狼金星　●

丑人乙貴人明堂黄道明輔右弼　●空宿刑中空丁不過

寅駟馬　●左[illegible]黑道時破時刑五鬼

卯唐符貪狼　●朱雀黑道天訟五鬼計都

辰金櫃黄道福德月仙國印三合右弼水星

巳天德黄道寶光六合左輔木星　●河魁

午天官福星貴人木星　●天殺白虎黑道截路空孤辰

未天開大乙貴人玉堂黄道少微武曲　●截路空火星

申八祿五符太陽　●天牢黑道鎖神時建

酉金星　●元武黑道天獄

戌司命黄道鳳輦月仙喜神　●羅睺五不過

亥水星　●天罡勾陳黑道地獄時害

時家白星

干金支金　辛酉日　納音屬金

冬至後用：一白子酉　二黑丑戌　三碧寅亥　四綠卯時　五黃辰時　六白巳時　七赤午時　八白未時　九紫申時

夏至後用：一白申時　二黑未時　三碧午時　四綠巳時　五黃辰時　六白卯時　七赤寅亥　八白丑戌　九紫子酉

日家吉門

中　招搖平

乾　景門土　天符凶

坎　死門火　天乙吉

艮　驚門金　咸池凶

震　開門土　攝提凶

巽　休門木　軒轅平

離　生門土　太陰吉

坤　傷門木　天乙吉

兌　杜門火　青龍吉

干支和日吉大明地虎不食地啞日　八專　九醜　六壬大月

八神在皆治勝　辛不鶴神東南入棺利丁壬生產向心巧東千的呼庚辰生人

六狗時食十月　丁申牛黃在欄殮棺寅申時士公河神中宮辛不合涵四

立女經云辛酉日和宜皆利造葬吉　四不會客

戊子　司命黃道鳳輦日仙　●河魁五鬼

丑　三合武曲太陰　●勾陳黑道地獄旬中蠶官五鬼

寅　天貴天乙貴人壽龍黃道太乙左輔木星

卯　明堂黃道貴人明輔　●時破火星

辰　唐符六合武曲太陽　●天刑黑道截路空

巳　六合福星貴人國印三合金星　●朱雀黑道截路空天訟

午　天乙貴人金櫃黃道福德月仙　●大[illegible]夕曜

未　六德黃道寶光　●孤辰土星

申　喜神　●天殺白虎黑道計都

酉　天開玉堂黃道少微八祿五符喜神貪狼　●時建時刑五不遇

戌　右弼太陰　●天牢黑道鎖神時害

亥　駟馬左輔木星　●天獄元武黑道

時家白星

冬至後用

一白卯時
二黑辰時
三碧巳時
四綠午時
五黃未時
六白申時
七赤子酉
八白丑戌
九紫寅亥

夏至後用

一白寅亥
二黑丑戌
三碧子酉
四綠申時
五黃未時
六白午時
七赤巳時
八白辰時
九紫卯時

壬戌日 干水支土 納音屬水

日家奇門

中 軒轅平
乾 景門木 招搖平
坎 死門土 太陰吉
艮 驚門火 青龍吉
震 開門水 太乙吉
巽 休門土 攝提凶
離 生門金 咸池凶
坤 傷門火 天乙吉
兌 杜門土 天符凶

支魁下伐日凶青帝死 天上大空亡離窠空亡二月大殺白虎中宮
人神治在頭面 不 鶴神東南 入棺利庚壬癸棺寅丑時的呼辛酉生人
天狗時十二月下食酉 牛黃在欄 生產向東招髮躲避 子士公河神中宮 壬不決水
玄女經云宜造屋吉出行安葬婚姻凶 戌不乞犬

庚子 ●天牢黑道鎖神旬中空火星
丑水星 ●天獄天罡元武黑道乞火
寅 司命黃道鳳輦日仙三合太明 ●寡宿截路空
卯 天乙貴人六合水星 ●勾陳黑道地獄截路空
辰 人貴福星貴人青龍黃道六乙 ●時破計都
巳 天乙貴人明輔明堂黃道 ●土星
午 天官貴人唐符三合貪狼喜神 ●天罡黑道叉喉
未 國印喜神右弼金星 ●朱雀黑道天訟河魁時刑
申 金櫃黃道福德月仙驛馬左輔太明 ●孤辰五不遇
酉 天德黃道寶光 ●時害火
戌 武曲水星 ●天殺時是白虎黑道
亥 天開玉堂黃道少微八祿五符太陰 ●

時家白虎 干水吉水
冬至後用 癸亥日
一白午時 納音屬水
二黑未時 日家奇門
三碧申時 中 拇提凶
四綠子酉
五黃丑戌 乾 景門 平
六白寅亥 輒 轅門 平
七赤卯時 坎 死門 金
八白辰時 咸池 凶
九紫巳時 艮 命門 土
夏至後用 天符門 凶
一白巳時 震 天關門 火
二黑辰時 六乙 吉
三碧卯時 巽 休門 水
四綠寅亥 天乙 吉
五黃丑戌 離 生門 火
六白子酉 青龍 吉
七赤申時 坤 傷門 土
八白未時 太陰門 吉
九紫午時 兌 社門 水
黑搖 平

干支屬 和日吉 離窠 大土公在亡 空亡 三月土公河伯神在宮
人神治在足 頭 鶴神小吉 入棺乙辛時 殯葬巳申時 的呼兩寅大人
天狗食 月下戊 黃 在欄 生產向東北 後癸不詞訟 亥不行嫁出諸
玄女絕 六甲 殺日不利興工起造主大貧
壬子人 祿五符貪狼
丑天開 堂黃道少微福星貴人右弼
寅六合
卯天乙 貴人三合貪狼福星太陽
辰司命 黃道鳳輦月仙右弼
巳天官 六乙貴人驛馬今輔喜神水星
午大貴 太陰太乙青龍黃道
未明堂 黃道貴人明輔唐符武曲三合
申國印
酉
戌金櫃 黃道福德月仙
亥天德 黃道寶光金星

一天殺白虎黑道截路空亡
●旬中空截路空羅睺
●天牢黑道鎖神河魁
●天獄元武黑道寡宿
●火星
●勾陳黑道地獄時破
●土星五不遇
●天刑黑道天罡時害五鬼
●天訟朱雀黑道孤辰五盜
●羅睺
●時建時刑

## 銅壺晝夜百刻圖式

錄依司台

制本官府定時用晝夜百刻圖凡每日晝夜一百刻分十二時每時有八刻二十分每刻有六十分共二十四氣者每氣差一分半冬至日極短春分月均半冬至後行盈夏至後行縮召陰陽升降之期二十四氣分為二十四圖要其經天符天定庚三式有異今反錄以定符天宴晝夜行度十二月刻時因為準

初唐貞觀十二年九月　吕才撰

## 銅壺滴漏晝夜百刻圖

自夜天池水流下自天池而至萬水壺壺中置一水圓板浮水面時童詵更籌抵木板離壺水滿一分則板浮矢高一刻定某時戌亥一更起至五更寅卯止此定夜時準

夜天池

日天池

平壺

萬水壺

巳時　午時　未時

水海

五更　四更　三更　二更　一更

逐節氣加減用節籌

更籌

添水桶

影表

定圖

□定命時□□四刻分數

晝夜刻配十二時之數天行之周晝夜百刻每一時得八刻十時得八十刻又二時得十六刻總九十六刻所餘者四刻每刻分為六十分四刻該二百四十分布之十二時每一時得八刻二十分故有初初刻者二十分正初刻者二十分一時有五百分初初刻十分初一刻至初四刻各六十分共二百九十分謂之上四刻正初刻至正四刻亦二百五十分謂之下四刻

□晝□循環時刻定局

今以地盤分十二支時每時各八刻以天盤分二十四時每時止四刻呂才云晝夜一百刻分十二支時每時有八刻二十分又作八路時准測

子　子初三刻至正三刻
寅　寅初三刻至正二刻
辰　辰初三刻至正二刻
午　午初三刻至正二刻
申　申初三刻至正二刻
戌　戌初三刻至正二刻

癸　子正三刻至丑初二刻
甲　寅正三刻至卯初二刻
巽　辰正三刻至巳初二刻
丁　午正三刻至未初二刻
庚　申正三刻至酉初二刻
乾　戌正三刻至亥初二刻

丑　丑初三刻至正二刻
卯　卯初三刻至正二刻
巳　巳初三刻至正二刻
未　未初三刻至正二刻
酉　酉初三刻至正二刻
亥　亥初三刻至正二刻

艮　丑正三刻至寅初二刻
乙　卯正三刻至辰初二刻
丙　巳正三刻至午初二刻
申　未正三刻至申初二刻
辛　酉正三刻至戌初二刻
壬　亥正三刻至子初二刻

## 定貴時歌訣例法

正九五更二點徹
二八五更四點歇
三七平光是寅時
四六日出寅無別
五月日高三丈地
十月十二四更二
仲冬纔到四更初
此是寅時君須記

時凶各忌總訣

孤辰寡宿忌婚姻
時害大刑損六條
五不遇兮片截際
出行斋醮莫申文

造葬時凶總忌訣

六牢天殺及大刑
時破尤嫌朱雀神
日吉不須拘忌此
日衰遇此自生嗔

## 時家吉神定局

日吉

| | 甲 | 乙 | 丙 | 丁 | 戊 | 己 | 庚 | 辛 | 壬 | 癸 |
|---|---|---|---|---|---|---|---|---|---|---|
| 天乙貴人（上官出行求財見貴百事大吉） | 酉 | 寅 | 申 | 午 | 子 | 巳 | 亥 | 午 | 卯 | 巳 |
| 福星貴人（同上） | 壬寅 | 未 | 丑 | 午 | 壬寅 | 巳 | 亥酉 | 辰 | 申 | 卯丑 |
| 陽貴人（同上） | 未 | 申 | 子 | 丑 | 酉 | 寅 | 亥 | 卯 | 丑 | 巳 |
| 陰貴人（同上） | 丑 | 子 | 申 | 未 | 亥 | 午 | 酉 | 巳 | 未 | 卯 |
| 五符（八祿凡上官出行求財見貴吉） | 寅 | 午 | 卯 | 申 | 巳 | 酉 | 午 | 亥 | 巳 | 子 |
| 唐符（出行收神百事吉） | 酉 | 丑 | 戌 | 卯 | 子 | 辰 | 丑 | 午 | 子 | 未 |
| 國印（同五符唐符用事吉） | 戌 | 寅 | 亥 | 辰 | 丑 | 巳 | 寅 | 未 | 丑 | 申 |
| 喜神（和合百事吉） | 寅 | 卯 | 亥 | 戌 | 申 | 酉 | 午 | 未 | 巳 | 辰 |

日吉

| | 子 | 丑 | 寅 | 卯 | 辰 | 巳 | 午 | 未 | 申 | 酉 | 戌 | 亥 |
|---|---|---|---|---|---|---|---|---|---|---|---|---|
| 明堂黃道（百事吉） | 酉 | 亥 | 丑 | 卯 | 巳 | 未 | 酉 | 亥 | 丑 | 卯 | 巳 | 未 |
| 金匱黃道（同上） | 子 | 寅 | 辰 | 午 | 申 | 戌 | 子 | 寅 | 辰 | 午 | 申 | 戌 |
| 天德黃道（百事吉） | 丑 | 卯 | 巳 | 未 | 酉 | 亥 | 丑 | 卯 | 巳 | 未 | 酉 | 亥 |
| 玉堂黃道（百事大吉不宜修作） | 卯 | 巳 | 未 | 酉 | 亥 | 丑 | 卯 | 巳 | 未 | 酉 | 亥 | 丑 |

○時上八門出行詩斷

欲求利市往生方
打獵須知死路涮
若欲遠行開口吉
休門最好見君王
杜門有難宜迴避
捕捉逃驚景得方
索債要須傷路去
思量酒食景門吞

○時上九星出行詩斷

太乙逢時必稱皆
青龍財喜滿門庭
太陰得遇嫁婚利
天乙提揚得貴人
天符咸池遭口舌
招搖攝提不堪親
軒轅牛吉宜安靜
凶吉逢辰仔細尋

| 神名 | 註 | 子 | 丑 | 寅 | 卯 | 辰 | 巳 | 午 | 未 | 申 | 酉 | 戌 | 亥 |
|---|---|---|---|---|---|---|---|---|---|---|---|---|---|
| 司命黃道 | 日間用 夜不吉 | 午 | 申 | 戌 | 子 | 寅 | 辰 | 午 | 申 | 戌 | 子 | 寅 | 辰 |
| 青龍黃道 | 上吉 祈神祭 | 申 | 戌 | 子 | 寅 | 辰 | 午 | 申 | 戌 | 子 | 寅 | 辰 | 午 |
| 三合時 | 嫁娶吉 出入吉 | 申辰 | 巳酉 | 午戌 | 亥未 | 申子 | 酉丑 | 寅戌 | 亥卯 | 子辰 | 巳丑 | 寅午 | 卯未 |
| 六合時 | 同上 | 丑 | 子 | 亥 | 戌 | 酉 | 申 | 未 | 午 | 巳 | 辰 | 卯 | 寅 |
| 驛馬時 | 出行[illegible] 財[illegible] | 寅 | 亥 | 申 | 巳 | 寅 | 亥 | 申 | 巳 | 寅 | 亥 | 申 | 巳 |

## 時家凶神定局

| 日凶 | 註 | 子 | 丑 | 寅 | 卯 | 辰 | 巳 | 午 | 未 | 申 | 酉 | 戌 | 亥 |
|---|---|---|---|---|---|---|---|---|---|---|---|---|---|
| 河魁 | 上事凶吉 忌不用 | 酉 | 辰 | 亥 | 午 | 丑 | 申 | 卯 | 戌 | 巳 | 子 | 未 | 寅 |
| 天罡 | 同上 | 卯 | 戌 | 巳 | 子 | 未 | 寅 | 酉 | 辰 | 亥 | 午 | 丑 | 申 |
| 時建 | 諸事凶 | 子 | 丑 | 寅 | 卯 | 辰 | 巳 | 午 | 未 | 申 | 酉 | 戌 | 亥 |
| 時破 | 百事凶 | 午 | 未 | 申 | 酉 | 戌 | 亥 | 子 | 丑 | 寅 | 卯 | 辰 | 巳 |
| 時刑 | 上官嫁娶 | 卯 | 戌 | 巳 | 子 | 辰 | 申 | 午 | 丑 | 寅 | 酉 | 未 | 亥 |
| 時害 | 諸事 諸事凶 | 未 | 午 | 巳 | 辰 | 卯 | 寅 | 丑 | 子 | 亥 | 戌 | 酉 | 申 |
| 孤辰 | 忌婚姻嫁娶 | 戌 | 亥 | 子 | 丑 | 寅 | 卯 | 辰 | 巳 | 午 | 未 | 申 | 酉 |
| 寡宿 | 同上 | 辰 | 巳 | 午 | 未 | 申 | 酉 | 戌 | 亥 | 子 | 丑 | 寅 | 卯 |

〇陰陽貴人登天門時例

用本日貴人加乾上數用本月將到處便是貴人時分〇如按時歷元旦已未正月雨水後二十九日甲戌午正初刻後日躔娵訾之次亥明天盤方過亥宮亥登明為天月將〇假如甲日用明貴人登天門時其去以明貴人且如乾正月登明亥將在庚上日庚時即明貴人登天門〇又如甲日用陽貴人登天門時其法以陽貴人未加乾正月登明亥將在甲上明申時初陽貴人登天明其餘

旬中空亡

甲子旬中戌亥　甲戌旬中申酉　甲申旬中午未
甲午旬中辰巳　甲辰旬中寅卯　甲寅旬中子丑

截路空亡

甲己日申酉　乙庚日午未　丙辛日辰巳　丁壬日寅卯　戊癸日子丑

（公賊天敗）（孫隋空亡）

壬申日亥　庚辰日申　辛巳日酉　丁亥日午　己丑日午
戊戌日巳　癸亥日子　甲辰日寅　乙巳日卯　丙午日巳

五不遇

甲乙日午巳　丙丁日辰卯　戊己日寅丑　庚辛日子酉　壬癸日申未

五鬼

甲己日巳午　乙庚日寅卯　丙辛日子丑　丁壬日戌亥　戊癸日申酉

貴人登天門時局

雨水後四日

春分後六日

穀雨後八日

小滿後九日

| 日 | 陽 | 陰 | 陽 | 陰 | 陽 | 陰 | 陽 | 陰 |
|---|---|---|---|---|---|---|---|---|
| 甲 | 乙 | 辛 | 甲 | 庚 | 艮 | 坤 | 癸 | 丁 |
| 乙 | 甲 | 乾 | 艮 | 辛 | 癸 | 庚 | 壬 | 坤 |
| 丙 | 艮 | 壬 | 癸 | 乾 | 壬 | 辛 | 乾 | 申 |
| 丁 | 壬 | 艮 | 乾 | 癸 | 辛 | 壬 | 庚 | 乾 |
| 戊庚 | 辛 | 乙 | 庚 | 申 | 坤 | 艮 | 丁 | 癸 |
| 己 | 乾 | 甲 | 辛 | 艮 | 庚 | 癸 | 坤 | 壬 |
| 辛 | 庚 | 巽 | 坤 | 乙 | 丁 | 甲 | 丙 | 艮 |
| 壬 | 坤 | 丙 | 丁 | 巽 | 丙 | 乙 | 巽 | 甲 |
| 癸 | 丙 | 坤 | 巽 | 丁 | 乙 | 丙 | 甲 | 巽 |

放此冬至後用陽貴夏至後明此謂有力諸事吉反此雖吉力軽

右明門貴入時取日干貴入在乾爲登天明則螣蛇火在上爲障水朱雀火在癸爲破頭六合木在艮爲得迣勿陳土在甲爲入獄青龍木在乙爲乘生天空上在巽爲破戮白虎金在丙爲燒身太常土在下爲依母元武水在坤爲所足太陰金在庚爲家家天后入在辛爲徒黨天如是用神受制吉神得和月起造葬理上官入宅嫁娶出行擇定此時出

夏至後八日

大暑後七日

處暑後九日

秋分後十一日

霜降後十二日

小雪後十一日

冬至後八日

大寒後四日

| | | | | | | | | | |
|---|---|---|---|---|---|---|---|---|---|
| 陽 | 壬 | 乾 | 辛 | 坤 | 丙 | 丁 | 巽 | 乙 | 艮 |
| 陰 | 丙 | 丁 | 坤 | 辛 | 壬 | 乾 | 癸 | 艮 | 乙 |
| 陽 | 乾 | 辛 | 庚 | 丁 | 巽 | 丙 | 乙 | 甲 | 癸 |
| 陰 | 巽 | 丙 | 丁 | 庚 | 乾 | 辛 | 壬 | 癸 | 甲 |
| 陽 | 辛 | 庚 | 坤 | 丙 | 乙 | 巽 | 中 | 艮 | 壬 |
| 陰 | 乙 | 巽 | 丙 | 坤 | 辛 | 庚 | 乾 | 乙 | 艮 |
| 陽 | 庚 | 坤 | 丁 | 巽 | 甲 | 乙 | 艮 | 癸 | 乾 |
| 陰 | 甲 | 乙 | 巽 | 丁 | 庚 | 坤 | 辛 | 乾 | 巽 |
| 陽 | 坤 | 丁 | 丙 | 乙 | 艮 | 甲 | 癸 | 壬 | 辛 |
| 陰 | 艮 | 甲 | 乙 | 丙 | 坤 | 丁 | 庚 | 辛 | 壬 |
| 陽 | 丁 | 丙 | 巽 | 甲 | 癸 | 艮 | 壬 | 乾 | 庚 |
| 陰 | 癸 | 艮 | 甲 | 巽 | 丁 | 丙 | 坤 | 庚 | 乾 |
| 陽 | 丙 | 巽 | 乙 | 艮 | 壬 | 癸 | 乾 | 辛 | 坤 |
| 陰 | 壬 | 癸 | 艮 | 乙 | 丙 | 巽 | 丁 | 坤 | 辛 |
| 陽 | 巽 | 乙 | 甲 | 癸 | 乾 | 壬 | 辛 | 庚 | 丁 |
| 陰 | 乾 | 壬 | 癸 | 甲 | 巽 | 乙 | 丙 | 丁 | 庚 |

人修官乃貴人登天門無不吉利皆不忌旬中截路孤辰寡宿大敗等時又不用硬木責人祿馬善時並無犯的

○陰陽貴人時局

○日纏辰次

亥娵子娵訾亥降婁戌

○六壬時

掌訣

大安　留連　速喜　赤口　小吉　空亡

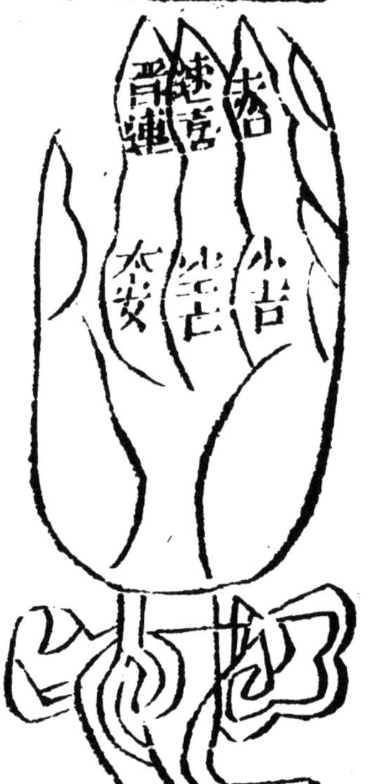

從月下起初一日日下起時假如三月初五日辰時乃就速喜上起初一順數一日一位數至初五日大安就起子時順行辰時得一位便在小吉上推占

大安人不動時屬木青龍主事正七月起大安萬事昌求財在坤方失物去不遠宅舍保安康行人身未動病者不爲殃將軍還舊恩仔細與推詳

留連事未歸時屬水元武主事二八月起留連事未成求謀日未明官事只宜緩去者不回程失物與上覓急討方称心更須防口舌人口且平平

速喜人便至時屬火朱雀主事三九月起速喜遠來臨求財離上得失物坤午未相逢道路上尋官病有福德病者無禍侵田宅六畜吉行人有信音

[illegible]德酉寃沉申鶉首未
鶉火午鶉尾巳寿星辰
大火卯析木寅星紀丑

十二月將

天罡辰太乙巳勝光午
小吉未傳送申從魁酉
河魁戌登内亥神后子
大吉丑功曹寅大衝卯

## 五音姓屬

複姓

角音 鍾離会稽 澹臺太山

徵音 郡遲太原 西門晉陽

獨孤 高 司徒趙郡 司空頓即

赤口宫事凶時屬金白虎主事四十 月起赤口主口舌官災亦慎妨
失物急去討行人有驚惶雞犬多妖怪病者出抻方更須防異阻
切思祟瘟瘽

小吉宫事喜時屬木六合主事五十一月起小吉最吉昌路上好商
量陰人來報喜失物在坤方行人立便至父閑甚是強凡事皆和
合病者告穹蒼

空亡音信稀時屬上勾陳主事六十 一月起空亡事不長陰人少乖
張求財無信息行人有災殃失物在土裏官事有損亡病人逢暗
鬼解愿保安康

## ○五音姓屬

角音屬木 趙天水 周汝南 朱沛国 孔魯国 曹譙国 金彭城 華武陵 命河間 康河東 樂南阳
和汝南 蕭蘭其 董隴西 虞陳留 裘渤海 艾天水 弘太原 國下來 秋天水 高渤海 郜京兆 印馮翊
懐河丙 從東莞 索武威 喬梁国 洪豫章 崔博陵 陸河南 家京兆 焦中山 車京兆 侯上谷 宓平昌
雍京兆 濮曾国 晁京兆 荆廣陵 寗太原 革濟陽 由陳留 樂南陽 衛河東 申齊郡 揣新平 岳馬翊

司馬河內 拏魏郡 屈男武陽
故第京兆 皆門京兆 斛斯武陵
信都濟陽 諸葛瑯琊 呼延 官
乞伏陵西 屈突河內 申屠京兆
東門海陽

羽音

慕容敦煌 乙弗高平
比于遼西 宇文趙郡 端木曾國
淳于河郡 於[illegible]廣陵 朱節范陽
斛往雁門 宗正彭城 僕固同末
皇甫京兆 南宮河南 單于千乘
索盧南陽 士孫河南 顓孫國陽
翟滎陽 兜羅豫章 伊祁國咸

敬平陽 戢栗平 慮會稽 劉彭城 鄒范陽

徵音屬火

錢彭城 李隴西 鄭滎陽 陳潁川 秦天水 尤吳興 施吳興 姜天水 賓折風 雲取則
史京兆 唐晉陽 薛河東 滕南陽 羅豫章 畢河南 郝太原 時隴西 皮天水 齊汝南 尹天水 祁太原
米京兆 戴譙國 紀平陽 舒京兆 藍汝南 季渤海 蔓譙國 刁弘農 鍾潁川 蔡濟陽 田雁門 支郃陽
胥太原 管晉陽 經范陽 于潁川 邊隴西 郟武陵 別京兆 莊天水 瞿松陽 連上党 宦中山 易太原
慎天水 廖武威 真卞邳一云士谷 祭河南 貟天水 智魯國 晉平陽 練河內 會天水 辛隴西 菅渤海
聶河東 酈新蔡 宰西河 芮平原 軒中山 吉馮翊 右武威 單濟陽 鄧南陽 貢宣城 宣治平 丁濟陽
翟南陽 幸天水 閻吳興 苟河內 池西平 卓西河 賴潁川 咸汝南 黎京兆 厲范陽 樂河西 甯齊郡
華山陽 師太原 東平原

羽音屬水

吳渤海 褚河南 衛河東 許高陽 呂東平 喻江夏 蘇武功 魯扶風 韋京兆 馬扶風
苗東陽 袁汝南 費江夏 于河南 卞濟陽 伍安定 余下邳 下河南 屠武陽 孟平昌 穆河南 毛西河
禹陝西 貝清河 梅汝南 盛廣陵 夏云洁 胡安定 凌河間 霍太原 繆[illegible] 扈京兆 燕范陽 苑河南

沙吒祭西

[illegible]

閭方太原 公孫高陽

豆盧范陽 東方平原 閭邱頓邱

太邱吳興 第五隴西 公冶魯國

南門河南 仲孫高陽 大兄隴西

析中京兆 太叔東平

商音

上官天水 東平河東

令狐太原 鮮于太原 相里西平

去斤京兆 赤[illegible]渤海 濮陽廉陵

拓拔[illegible] 托拔[illegible] 賀蘭河東

壽陽[illegible] 賢侯譙國 拔也樂安

万俟蘭陵 賀拔下柳 司寇平昌

魚馮翊 古新安 庾齊郡 越晉陽 戌江陵 祖范陽 武太原 符瑯琊 瞻京兆 龍武陵 夔京兆 莆河內

胥瑯琊 宗京兆 巴上党 龔武陵 翁鹽官 羿濟陽 儲河榮 汲清河 富濟陽 饒平陽 涂象章 須渤海

楚新平 來河內 施南安 牛平昌

宮音屬土

孫樂安 馮始平 沈吳興 嚴天水 被鉅鹿 陶濟陽 水吳興 范高平 彭隴西 鳳胡陽

任樂安 鄭京兆 鮑上党 岑南陽 倪千乘 殷汝南 門吳興 計京兆 談廣平 宋京兆 熊豫陽 屈臨海

閔隴西 童雁門 林西河 邱河南 應濟陽 龔渤海 農雁陽 晏濟郡 閭太原 充太原 容敦煌 暨渤海

耿高陽 寇上谷 廣海陽 闞下邳 隆南陽 仰汝陰 仲中陰 宮太原 甘渤海 景西陽 幸雁門 司頓邱

韶太原 蒯內黃 蒲雁門 藺中山 居陳留 蒙安定 陰始平 鬱太原 雙天水 貢廣平 郁黎陽 麴果興

封渤海 糜汝南 松東莞 隗淮杭 逢長樂 桂天水 牛河西 匈平陽 敖譙國 融南康 簡范陽 空頓丘

沙汝南 乜晉陽 鞠汝南 豐括陽 紅平昌 游廣平 權天水 相雒國 公括陽 鹿河南 酒江陵 欽太原

栗黎陽 蹇山陽 奄內黃

商音屬金

壬太原 蔣樂安 韓南陽 何盧江 閭清河 成東海 謝陳留 柏魏郡 章河間 潘榮陽

端木蘭陵 軒轅却阳 舍利勃海

公羊潁丘 長孫洛阳 千秋彭城

吐万河東 普屯河南 風勤内黄

東鄉清河 介縣咸阳 立販河内

賀賓河内

萬潁谷 失雁国 郎中山 昌汝南 花東平 方河南 柳河東 雷馮翊 賀廣平 湯中山 鄔潁川 常平康

傅清河 康京兆 元河南 乎河内 黄江夏 姚吳興 邵博陵 湛豫章 汪平阳 狄天水 衡雁門 伏太原

戚上谷 茅東海 龐始平 頃遼西 祝太原 梁安定 杜京兆 阮陳留 席安定 麻上谷 賈武成 路内黄

余雁門 江淮阳 顏魯国 徐東海 駱内黄 樊上党 藺扶雁 柯濟阳 盧范阳 莫鉅鹿 房清河 鮮平阳

壽京兆 遒西河 尚上党 温太原 柴平阳 習東阳 巫雁阳 歐牛阳 殳武力 伊陳留 暴魏郡 璩南阳

白武昌 鄂武昌 藉廣平 能太原 蒼武陵 黨馮翊 杭餘杭 程安定 嵇譙国 邢河間 滑下邳 裴河東

寇上谷 羊太山 惠扶風 邴平阳 巫平阳 牧弘農 山河国 全京兆 郗山阳 班扶風 甲魏郡 郤濟阳

桑黎阳 闞天水 巢彭城 關隴西 蒯襄阳 查汝南 蓋陰郡 桓馮翊 勤汝南 留南阳 鐔都阳 緱中山

介河内 慶河内 長河南 南汝南 萇魏郡 况炉江 投瑯琊 過高平 靖臨青 附南阳 譙京兆 風江国

商京兆 鄉门黄 楊弘農 安武威 城東海 危晉昌 景河阳 郭太原云汾陽 俞会稽 斛平阳 匡晋阳

向河内 衡雁門

## 開山凶神詩起例

年尅山運詩例

山運原是坐山起
堪二娶納一同訳

詩曰

年尅山家喪宅長
月尅山家宅母亡
日尅山家新婦夭
時尅山家大孫亡

正傍陰府太歲詩例

詩曰

陰府殺人不用刀
尅我生旺命難逃
陰府殺人不可量
我尅休囚發福强
年值八卦正陰府
天干地支名為傍

曰

造葬若然犯着者
殺人官非血財傷

## 合年·月日時吉凶神註解詩例絕局

### 年家開山凶神註

諸家通書神煞方位皆有差訛今校正並詩例附平神煞註立于上曾以便稽考

**年尅山家** 今按呂景蔡進皇表文以洪範五行起造坐山運其義許見史學傳定例見後二十二卷○凡新立宅合修造動上停喪愈月安葬並論○空宅爭盡拆去售屋治堂竪造論依原見存居地不動土基地則並不論○如年尅山家無宅長不忌月尅山家無宅母不忌日尅山家無人如不忌時尅山家無子孫不忌○地理云年尅如婦小日月尅災家長日尅正家長時尅子孫○太上山吋尅正重病破財金水火山受尅傷人必矣○墓尅歲考財祿至歲尅墓考禍患侵相生相旺家富貴相尅相刑損家門若四柱納音中有制伏亦無咎金用火制水用金制太用水制當令不能制要制伏生旺尅神休囚制伏則亦吉前賢發制用吉福

**正傍陰府太歲** 如年月犯者安葬主六十日百二十日內主殺人牢獄官災立造犯之在三五年內其禍方至若日犯作葬主六十日百一十日內主殺人病患官頭一則犯若有制損不四山殺惟忌山頭若半山頭若坐家或先造堂屋後造廊廡作向係非修方論則亦不忌如安葬切不可犯見禍甚速又日止陰府若在主旺半字不可犯央主殺人官災橫禍若值休日四柱得星後透露制化準宜方主吉福單犯○字者雖生旺屢損血財小日詩例見上層

**傍陰府太歲** 年月時並忌作山頭如脩造不動土有吉星到打壓正傍陰府並不忌凡生旺屢試不吉理葬修造動土切且忌之

天禁朱雀
山家困龍二家同詩例
坐山官符

詩 甲巳戊乾亥不許
乙庚申庚酉難當
丙辛午丁未是殺
丁壬辰巽巳為殃

曰 戊癸之年何用犯
寅申卯上打官防

○開山立向詩起例

四大金星詩例

詩 甲巳歲逢丁乙庚
巽土停丙辛休下
甲丁壬乾不寧戌

曰 癸年庚土犯之日
不明

入山空亡詩列

**天禁朱雀** 一名山家官符一名損天朱雀若造葬犯之逢年小口官非若合太陽三奇帝星天月二德到不妨若與天官符同位見官事

**山家困龍** 一名巡山大耗造葬犯之只損六畜犯是陽宅陰地唯吉難更發福若合得通天竅走馬六壬作之不妨

**坐山官符** 一名穿山大殺造葬犯之常招疾病是非若合太陽三奇天月二德到作之不妨●坐山官符山家困龍天禁朱雀名曰三煞

連殺詩例同在上層

**山家血刃** 一名陽府太歲主損血財得合太陽三奇解神出貝入臨位則不防詩例甲巳犯乾亥乙庚坎巽中丙辛坤艮上丁壬下震宮遭癸南離位血財盡成空

**倉山血刃** 主損六畜詩例甲巳申酉乙庚壬丙辛辛子值血刃丁壬亥酉不堪立戊癸巳寅登無成

開山立向修方凶神註

**四大金星** 一名寒鵲暗雖犯主損目開山修方並忌其殺得丙丁奇年月日家九紫到有人作之則亦不妨

**浮天空亡** 按金精廖氏云一年正占一字忌立卯犯之主病官訟三得真寅入太陽三奇尊帝解神到向用夫共書九星三奇當方土也再十申刑年月為吉詩例壬年占申甲年壬十二年申神患仮癸年巳乙乙年癸十六年中三病頭庚不向丁丁不庚十八年中訟病生辛不丙分丙不辛卜年財谷化為之戊坤巳乾若下向二十年閫官病不

**入山空亡** 與浮天空亡同位造葬山何並忌折屋妃損向安門立向亦忌十層云对中山位即是殺相氏云一年只占一字

詩曰

甲巳辛年作丙壬
十二年中禍患侵
乙庚戊歲一丁癸
疾病官災十四春
丙癸乙辛十八載
丁壬與甲但雙句

昇玄順逆詩例

詩曰

甲巳順蛇逆甲求
乙庚順子逆辛神
丙辛順申逆在丙
丁壬順亥逆庚遊
戊癸順從寅上起
逆從壬上起星頭

頭白曜 山頭或向犯之主官災橫事疾病退敗一云即浮天空亡異一只忌立向以坐山向二位論者非是詩例甲巳歲雖山向丙壬十二年中災禍臨乙年坎山丁癸向二八之年禍禁丙歲巽山辛乙癸十六年中退不停丁年坎山庚申向二十年空家平戊歲忌打丁癸向二十四載禍陣吟辛年艮山壬丙向二十年中失劫八壬歲乾山丁癸向三十年空不可侵癸年震山來乙向十二之年大禍侵

昇玄順逆血刃 主血財損亂若作關禍最忌山向修造忌●占辭為逆占枝為順年月權論詩甲巳順蛇逆甲求今術者便例六甲年血刃避忌但逢甲年避巳與甲而不知尋太歲所在如甲子年又犯卯癸是血逆血刃之禍遂繫於順血刃或謂年月日時同用此例並不曾有騰虎將月建之說皆後八逆白推演未可以為準一

孫鍾仙順逆血刃 主損八口六畜忌作由頭方向及脩六如得八節三奇月家白家九紫先從吉方起手相扶作之或有焦用斬射以歷禳●占卜為逆占枝為順逆血刃禍速於順血刃詩例甲巳順申逆丙庚正六十一月同求二七臟順亥庚逆三八順寅逆壬春四九順巳逆甲位五十順子逆辛頭乙庚順寅逆壬飛正六十一月同財二七臟順巳逆甲二八順子逆辛推四九順申逆在丙五十順亥逆庚棟丙辛順子逆辛金正六十一月同輸二七臟順申逆丙三八順亥逆庚尋四九順寅逆壬走五十順巳逆甲林丁壬順亥逆庚方正六十一月同看二七臟順子午逆三八順巳逆甲當四九順子逆辛去五十順申逆丙子戊癸順巳逆甲真正六十一月同尋二七臟順子辛逆三八順申逆丙搖四九順亥逆庚上五十順寅逆居五

# 修方凶神詩起例

破敗五鬼詩例

詩曰

甲干二載居巽方
乙癸須知艮户藏
丁震丙坤戊離位
巳坎辛乾庚兑防

金神詩例

詩曰

五虎正月遁金神
每月干枝并納音
天金即是天金論
地枝納音金方真

九良殺詩例

詩

子丑二載古中庭
五歲排來到廚寅
五上寅年爲何吉
卯春後堂動無寅
龍見寅辰皆不利

# 修方凶神註

破敗五鬼 忌云修造大凶

隱伏血刃 修作動主損血財詩例甲巳乾穿巽乙庚子秀嶋丙辛壬合戊丁壬乾亥卯戌癸子遥巳隱伏血刃方

千斤血刃 損六畜詩例甲巳怕猴宫乙庚畏虎凶丙辛尋老鼠丁壬猪覓逢戊癸居同處大蛇路不遁

[illegible]燥火 犯主火災詩例甲巳犯午丁乙庚占山猴丙辛修龍辛上丁壬羊癸求戊癸尋乙狗吃方不可

金神 一云金神上殺其殺大忌修方動上求得三前或月日家九紫到方有氣作之無害 ■一云主目思

九良星 忌修整主見災殃詩例丙寅庚午辛未年辛巳乙酉丙戌運至卯壬辰丙申歲辛丑癸卯乙巳金丙午壬子并乙卯俱在天官技本言乙亥庚辰丁酉宮巳亥辛亥壬戌同六年九良占門處寺觀不辛亂修營甲子社廟乙丑廚丁卯後門寅艮居占及神廟興道觀戊辰丁辰寺觀樓巳巳甲方井寺觀壬申在所不須疑癸酉寅艮卯午方又占後門堂修爲甲戌廟州州縣丙子中庭不可欺丁丑廚井與寅方戊寅東北須當記巳卯後門僧尼寺又觀王午在神廟癸未水頭井非未申申中庭及正不丁亥人門及巳方又并僧寺只修丁戌子廚月休神門巳丑寅方廚舍防庚寅一年占午宮癸巳大門僧方南申午戌亥吉作作乙未來史井亥同戊戊州縣及僧堂城隍社廟[illegible]僧看庚子申道首所士王寅東北丑午方又無廚井橋門洛甲辰僧堂社廟[illegible]社廟防城隍切莫去僧堂戊申中庭正廟巳忌巳門寺觀社廟減癸丑[illegible]

縱然隨作亦非官
馬在戌亥方難折
若從水路不易行
堂廟豈於戊年整
寺觀所在亥步遠
此殺修營君須避
都是京本九艮神

（二）開山凶神詩起例

山家火血詩例

詩曰
寅午戌怕丙壬方
申子辰上甲寅當
巳酉丑忌乙辛位
亥卯未中丁癸殃

詩例
火局北方亥子丑
水局南方巳午未
金局東方寅卯辰

寺觀社廟甲寅丑方君休造作辰寅辰方要防丁巳前門九艮到出堂
戊亥丑廚灶巳未住井庚申橋社廟門路井棚丁辛酉午方休向作宮
亥占船及巳方九艮犯着禍槽槥君
得太陽來一下照三奇打報始無干

九艮殺忌修作

（二）開山凶神註

山家火血當年犯之損血財

山家刀砧忌云損六畜詩例子酉二年乙辛山丑辰寅午甲寅湯洲夫巳亥丁癸上甲戌二載丙壬卿山家若犯刀砧殺发发畜兇血財傷

支神退犯主令退詩例午未乾山退子丑巽坤丙申酉坤艮位亥離不論寅卯辰巳發皆休丁癸宜

皇天灾退一名山家灾退又名馬前灾退一名曲直神偏殺六害陽卯殺如申子辰年屬水馬於寅卯三合死位水長生於申死於卯故又名致死一木云馬前六害惟申寅丙壬切忌亦向天皇灾退占子午卯酉忌作山并修方口訣云其年惟忌修份本年所坐山併修方土爲退又云宰可向之不可坐之○天皇灾退猛如雷犯着家財化作灰任爾開門深処坐禍從天上入家來

三殺切殺灾殺歲殺名曰三殺此殺犯之立見殺人○法以月建入中宮飛得方把正殺納音五行所屬消在何宮知逢生旺之宮或一周一

水局西方申酉戌

坐殺向殺詩例

詩 陽年丙壬丁癸向
陰年甲乙庚辛上
八山刀砧一同論
月 本年三合月爲殃

○立向凶神詩起例

馬前六害詩例

太歲須尋病死閒
假如水局用子詳
金上火局從庚位
水局原從丙火

月立見殺小口橫凶苦修方值之亦然故曰三殺可向不可坐

坐殺向殺 凶○犯主損失人才退敗 ○八山刀砧仝位

陰中太歲 一名明中殺又名游山宮符 埋葬主凶詩例見白虎殺下

白虎殺 一名明符又名明中官符犯之主明私公事○此殺即是四斜二元十二年內白虎詩例白虎殺例子午中順行十二看其停閉中

太歲加未逆二殺逆行不差輪 坐山羅猴 招官災白蚁

○開山立向凶神詩

巡山羅睺 一名無頭火星此殺一年止占一宮百忌云宅墓逢之忌不此向犯主三五六年內特見害災橫事雖有吉星不能壓制百一白

水局年月詩例子年乙向屈休作辰歲須知艮向凶辛向申年能易忘寅年艮向莫相逢丁向午年須莫犯戊年癸向不堪容丙向巳年皆要避酉年乾向禍相攻壬向丑午災禍起亥年庚向禍重乙卯年甲向逆須忌未歲尤嫌坤日中

坐殺向殺 七損失人財詳見前開山坐殺向招下向

馬前六害 最忌立向犯主退敗災患詳見前開山六害火退下

鐵帚禁向 忌云損血財詩例下忌甲庚丙壬向丑艮甲庚乙辛常寅卯亥嫌丙壬向辰戌甲庚丁癸藏巳申忌丙壬丁癸午年申庚丙壬

□開山立向詩起例

天官符詩例

詩　天官符殺在臨官　水局須知亥地看

曰　大向巳宮水寅位　金局申宮一切防

地官符詩例

詩　歲君起建須尋定　宅守原來是此神

曰　地官年旺緊廻避　山向方犯官事臨

九天朱雀詩例

詩　九天朱雀勢浮空　例收明平原是蹤

曰　災君刑位休全位　巡撫來拿叫上窮

煬未安用庚庚酉壬庚
寅忌逢辛庚向安

□開山立向凶神訣

天官符　其名有五曰大太歲州官符州半殺官長殺口訣云一年只占一天歲年山向有犯立見公訟若不能制化修方犯亦大凶宜用三奇遁白星有氣方重造幾如子年官符在亥從戌乾方或從三子方連及亥方爲吉方作子

地官符　其名有五曰死氣官符縣官符縣半殺畜官符口訣云一年出占一宅字化修造安葬開山立向犯之主官災口舌州道得泊官受刑任告與作其八合得走馬六壬年月破吉星到山向方主進絕戶寡母甲產橫財兼用三奇並年月日・白水星以制爲吉修方如合三奇諸吉星到方九月日一白到從吉方起手修作大吉如今得走馬六壬吉星刑單修其方先進絕戶則產橫財後進六畜無吉星主損血財地官符屬火若得月日白水興以制吉

九天朱雀　與天官符同位極凶口訣云開山立向修方犯之周年內主官訟口舌

邱公五子　丁刀血刃提魚捕獵應多吉起造逆婚切莫開修方立向君須才土血刃忌牛馬豬羊化作靡周年二載丑人死更遭公事入牢門時師不信但將試遠生修造細推原□開山立向修方求三奇祿馬轉運帝星到位帝旺到方但得一吉到則不忌

八山刀砧詩例

子午寅申辰戌年

詩 丙壬丁癸禍來纏

丑未卯酉巳亥歲

甲寅乙辛災禍連

日 開山修方犯此忌

更有刀化與同年

歲殺詩例

詩 歲殺原與大禁同

胎養之間大禍宫

三合長生并歲殺

日 優如小局養羊除

帝旺詩例

四例三元道太陽

詩 太歲二位法消詳

但逢除位君付造

日 帝主新婦入泉鄉

太歲雜審詩例

八山刀砧者犯之損人口六畜申修其方最忌

鐵精箭犯之人財耗散詩例子午二年丁癸方寅申巳亥丙壬寅卯酉二年日庚位辰戌丑未乙辛地

李廣將軍箭鬼道同行此殺即羊刃飛刀是也古云李廣將軍箭似龍官人犯着禍難當一箭一人死二箭二人當三箭并四箭父子尽皆亡年月日時同山向修方並忌詩例甲庚卯酉年爲禍乙辛辰戌殺人多丁癸子午休踏跡丙壬子午動干戈乾巽猪蛇爲大禍坤艮候虎不堪過天丁有箭走無箭犯着災臨不常同

歲殺一名的殺開山立向修方主宫災疾病失財百忌云殺子孫集云此兩府害之神皆在歲之死地○大禁同位

地軸官符殺同修山向修方得吉星到作之不忌詩例太歲尋危帝軸星子午水土與修官犯之宅冊與惟得餘歲須知此例親

帝合長男殺喪門亡虛同位皆得吉星作之不妨詩例宿舍星名殺長男喪門亡虛其處詳歲君尋滿爲真訣子歲寅方不等閑

帝旺新婦殺太陽同位有吉星制則不妨已上地軸帝合帝旺與帝輅殺長男殺新婦殺同位故不重載

帝輅病符日值山向修方得吉星到作之不忌詩例帝輅須從閏土詩丁午亥上詩直情太歲十二病符位知與帝輅一同輪

〇修方凶神訣年支例附四利三元十二年例吉凶神同位訣

太歲非吉即木年太歲集云木星之精歲之君也府台之処不可修作動土必遭禍居宮事凶犯之殺字長行事有陣不可向之忌云禁

太歲建位號堆黄
又名宅長殺侗看
泊宮受制方無咎
泊宮旺地切須防

將軍詩例

此方亥子丑水地

詩 敗在酉東方寅卯
辰敗子不須輪南
方巳午未火敗卯

曰 宮是酉方申酉戌
金敗午未安

歲破詩例

大耗須知開破鄉

詩 入局安破一同推
假如子年午是破

曰 年支冲處輕君量

小耗詩例

小耗年年論挑方

自一十步犯之或家凶○星論入晝之象後一宜者甚廣前照錯此重

紛家君厥門也故曰一百二十年守言此也俱不可犯也

**太陰**集云七星之精太歲之后妃常居歲後一辰凡與工動土後從抵犯

位自道女人小口治明司之厄日忌云女人病只宜學道古詩例人

刚下上從戌起十二順行逢酉止與

工動七有刑私傷損人丁并奸女

**將軍**集云金神之精方伯之神百事不可抵犯之周年已者八九唯宜修

飾吉動上凶總各云或與太陰大殺歲壓歲刑照神会于一方名群

醜經云大凶殊必有祥醜君融犯之法當滅

日訣云紫一百步犯之三年妃妃歲厭見後卷

**歲刑**集云此五行生旺之氣恃強相刑其方不可與工土争鬪血光忌云

刑動子孫八节不可出兵交陣戲詩例子刑卯上卯刑子寅刑巳上巳

刑申申刑寅上戌刑未未刑戌上見其

真酉刑酉分午刑午亥刑亥分辰刑辰

**歲破**一名大耗集云太歲所動天上之天罡也此日不可與工動土移徙

緣緣賢遠行安葬犯之殺宅長凡安破之日亦不可修造動用○其殺

出忌修方要忌入倉庫作刑罰之損六畜若大修作得三畜大四到

旅年月日星同到其方從吉方起手連及大耗不利之方却又從吉方

上往下如子年大耗在午從丙丁方起手用亡神

及午方又從丙丁方往下○大耗可安破敵不重載

**小耗**一名死氣一名淨欄殺死符事節同殺此忌修方集止云其方不可

造倉庫自忌云犯之損六畜是吉方起手而後連及小耗不利之方

卯又從吉上往下如子午卯酉年庚二殺方同位切忌單修此方犯之

六畜損耗良敗不旺當見人偷修日在小耗方土修壁閉三年後其

然符符部一順看
浄欄神殺原同論
修之財竒不收藏

劫殺詩例

詩曰 水局年應兆処尋
金寅火亥木申眞
㒶作立主傷人戸
盜賊頻𢬵失却銀

災殺詩例

詩曰 的殺原從何処穷
甲子辰年水是踪
水局長生申上起
数到癸処例當同

大禍詩例

詩曰 大禍原來胎絶方
水局原來丁火鄉
金局乙方火局癸
水局年來辛未詳

災應

**大殺** 一名霹靂火犯之主官刑衰敗人口凶忌云主滅門詩例大殺原居帝旺將申子辰歩于殺神奉此一兩年可藏犯主官非人口殃

**劫殺** 一名害氣一名殺氣犯之招盜賊損人丁

**災殺** 犯之人財衰耗災王不則口舌云合通天竅吉星三奇到方先從吉方起手如子年先從與山起手連至丙上住手或從丙上起手連及張住手首與丙丁坤但其方有吉星盖照通及巳午未亦可修止只宜修巳午未方詩例三合年第胎是踪示須午地金犯眞水酉火子君應記犯之人財良耗凶

**歲殺** 一名的殺一名人口殺月殺同已上劫殺火殺的殺即三殺也說見前開山三殺下

**年流殺** 其殺上占方道如小可修營犯之便損血財若大修作難得上吉轉連帝星月宗朋龍朋兔帝星到方宜大修作吉星詩曰紅着流財七便発詩例龍虎兔猴居子丑馬羊蛇鼠戊乾方排犬猪羊戌乾便是流財殺何藏

**田宮殺** 犯之退田産詩例亥子丑巳午年乾上不堪言寅卯辰巳安亥子丑方忌未酉戌亥首眞丁未申所

**大禍** 諸曆云犯之有災名曰大禍有三日伏兵大禍也有次大禍與劍男同位不傷深害其方只行凶殺即大凶

**病符** 犯之主殺宅長以至門三年內應○一云子年崩騰犯之主殺長月丁及忌行喪詩例子丑天寅歩辛卯乙辰丙巳居壬午庚未甲申

獨火詩例

詩曰　子年山上丑寅雷
卯坎辰巳丑風推
午兌未申亡方地
戊亥禍從天上來

黃幡詩例

詩曰　水局常辰墓火局
在戌鄉水墓原在
未金泉居丑場

八座詩例

詩曰　八座尋收此訣真
子午卯酉位遇收神
開山立向居其位
殺師須知早避身

飛廉詩例

子午寅申丑未年

年癸申戊
巳亥宿曜

**獨火**　一名五虛，即蓋山黃道年月內朱雀五鬼獨火星在命位，一年止於一宮，惟忌修營蓋屋動土，主見火災破財，准甚不忌口日。如子丁字在離卦五鬼在艮是獨火，又如丑寅午日坤卦五兒在震是獨火日明申年一卦犯之大凶。○右殺隨月建八中宮順飛會得丙丁二字到木年独火方上修作動土犯之，其火即發，吉不能制，或與年独火土得月家一白木星同到本年独火方上，有氣作之吉，無氣不利，或得壬癸木死独火方七作之即地下五星中独火。忌云人凶禁無步数士破財百事凶亡失火血光官事。如丁未年独火在離，二月道起癸卯入中宮順飛到離上見丁未，近見一家動土修造設犯離方，則其火隨手燒屋蓋，飛得丁字到離故也。

**黃幡**　年八此大煞之墓也，五行之墓並有四季屬土，其色黃，封樹如旌幡，以黃傍其封，故名黃幡。忌開門取工及嫁娶納財收畜生，損失。忌云火驚人。

**豹尾**　與黃幡对位，集云黃幡所居，随而變之，動靜疾速如豹尾，主忌嫁娶反作百事，損人丁六畜，禁五十步。詩例申子辰太歲豹帶是其方金豹遊未肫火局燒庵塲木局年何処金牛豹尾鄉。

**八座**　即黃帝八座，墨云其方井白，大忌修造，破家墓發，造作凶，王殺宅長隨人。

**千斤殺**　損六畜，忌用修。詩例鼠狗蛇怕酉，馬牛猴犯辰，兔猴忌亥上，羊虎豹牛豬，龍雞在何処，長蛇常道侵。

**飛廉**　一名飛廉大殺，乃发之朋神，忌六畜造動土移徙嫁娶，百事凶，主公事疾例。

詩遁尋成位是飛廉
曰卯酉巳亥辰戌兼
但逢沸位堂中傳

力士詩例

亥子丑衰病死怱
詩寅卯辰强宮不
用擒巳午未申地
曰何須記申酉戌乾
宮分巳賁

天命殺詩例

子午年居酉丑未
卯宮進寅申辰任
亥卯酉刀蛇傷成
戌隨午走蛇猪值
未方此名天命殺
犯着淋汪汪

暗刀殺 犯之損人忌動修詩例鼠男发鷄龍牛羊絕鬼猿虎猴
樹莫犯難東忌猴逢龍犬鷄牛走猪蛇羊最凶

五鬼 集云主虎耗失財病患如值发刀合日祭祀修動之吉詩例子午
年位逆加辰丑发須知逆邪尋寅見寅方邪見丑辰逢于卯巳者酉
午筝戌地未筝酉申過申方鷄未鳴
戌向午宮亥向巳日鬼方小莫修營

力士 犯之中亂
變防手足

上皇遊 集云犯之一年內主瘟疫非災忌云凡在一方則避例中一方一
方谷占三位其刑如衛子部從其衆分群私家切忌動作犯之大
家破敗中舌怪夢口陳希夷云犯之令人血光仍分陰陽輕重斷之孤
分後五日得凶地塊卦用事無得詩例子丑辰巳年乾巽壬癸前寅卯
戌亥发除艮災殊絕午申間三殺了
午方上发惟有未太发卯酉傷不利

天命殺 一名年遊一名亦虛起遊動土大凶公
禦犯之大有所防無人犯之大殺十人

伏兵 集總云犯之主有暗傷災咎詩例寅絕卯交號伏兵
午之間內是巳申子辰年亦同例推此一端殺君倫

蠶官蠶室 大忌春間修作集云蠶室在將軍後三辰前將軍之妻室之年
作損蠶每遇发疫以香祭來歲丁具方烟錢祭之今年申得蠶
詩例宮支宅卦細推分亥子丑年居未坤寅卯辰年戌乾上巳年未亥
丑辰門申酉戌年辰巽位作犯之時必見道假如亥子丑太歲亥

卦典
君論

蠶命詩例

詩曰　子羊丑馬寅猪位，卯犬辰蛇巳怕午，午戌未猴申占兎，酉龍戌鼠亥雞稠。

蠶大忌詩例

詩曰　子甲二年去尋羊，丑酉兩載畏蛇傷，寅戌騎龍卯亥虎，辰午巳猪午犬鄉，又有未年猴作戲，犯之人口受災殃。

巨門詩例

詩曰　巨乾廉離破直坤，一年一位逆行遵，數至八年逆順轉，十二支神九宮分。

蠶命　忌云犯之損蠶

白虎煞　說見前白虎殺下　與中男殺同位

病符　犯之主疾病出損人集云主瘟疫口訣云若有吉神照作之不妨詩例太歲前一是病符與前二位弔客居喪門歲移幅一位並上修造大忌

併

喪門　集云造作百事凶更不宜出喪（詩例）同上

弔客　犯之主招哭泣疾病（詩例）同上

天太歲　雖總云犯之損宅長　詩例同前天官符

地太歲　集云犯之損宅母及少口

祿存　犯之大凶主損產婦及招賊盜（詩例）子年兌上逆行蹤數到坎宮復轉坤申震酉巽戌申論亥乾逢之是祿存

文曲　犯之主退財損瘟損人口（詩例）子年加艮逆兌宮數至坤宮伏離東申艮酉中戌乾上亥年遇兌損胎凶

巨門　犯之傷災不主猛烈先損財後主退

廉貞　犯之大凶主公事失火退人口詩例見上

破軍　犯上大凶（詩例）同上

奏書　集云此是歲之吉神天之掌記其方不可穿鑿修營使是月天道天德星到位可以修飾註云歲神也向之吉與博士同論說見後天德司下（詩例）亥子丑乾兩寅卯辰艮鄉巳午未年巽申酉戌坤方此爲奏書

三金詩例

詩 子乾丑寅等鼠踢
卯兎辰巳向馬踪

曰 午坤未申巽上立
酉雞戌亥天市東

碎金煞詩例

四孟四維四仲蛇
辰戌丑未問牛家
時人若犯碎金煞
破財官事更烴邪

開山修方吉神例

煞轉上付宮裏

年飛廉 其方犯之主牛畜因詩例子丑牧崔辰寅卯居午真 辰巳立申上午未申戌嗔卯酉尋子路戌亥好避寅

三金 忌云火凶禁無遊道宮靡 三犯之主刀兵利禁之

三土 犯之主土壓凶詩例子午居坎丑寅乾卯辰艮 巳居坤垣未申古酉酉午巽戌亥二年在外邊

二木 犯之主木打凶詩例子午午上午住子坤寅二歩共坤處如年酉 上酉午卯辰巳在乾皆一路未申居艮不須論戌亥二年居巽戶

畜官 一名縣官符集云不可興工動土造作百事 及迎刑祇主防小口六畜詩例同前地官符

天皇灸退方 詩例詳見前開 山天息灸退下

碎金殺 各俾金三殺犯之 主私情公説破財

附四相三元十二年例吉凶神同位

一太歲 推前 同

二太陽 帝車 同

三喪門 帝舍與堆黃殺 同忌堆木植

四太陰 振阴入小口 疾病招阴私

五官符 地官符步 位合房星

六死符 步支德小 耗同位

七歲破 天馬 同

八龍德 地輔 同

九陰符 白虎 同

□歲德詩例

甲年在申乙年庚
丙逢丙位丁壬連
詩
戊德在戊己德甲
庚向庚位辛年丙
壬德尋壬癸尋戊
日
歲德臨方百福駢
如壬年年甲辰月行
壬山天德月德歲德
到午方修之大吉

□歲天道詩例

正巳二申三月亥
四酉五子六寅是
七丑八卯九月午
十辰仲未十二戌

□天道方行百事大吉

□天道月臨之方
寅戌子月南壁馬正九

十福德之青八座同

十吉各飛天独火華蓋太陽吉能生死生星同位　十凶各病符□同

□開山立向修方吉神註吉神校正無訛不必詩例附連天歲四大利同

歲天德集總云此天地至福之神陰陽感動之位凡修作動土移徙嫁娶出入百事向之及用此日大吉也

歲位合集總云此五行相合之辰而相扶助者也動土修造嫁娶百事向之大吉

歲位德集云五行向類異位之德陰陽交会之辰修造安葬嫁娶出入百事向之大吉

歲德合集云此陰陽恩義和洽之德五行相和之發動百事主百福助之總云修造動土吉

歲支德歲位德此方向造葬修昔百事吉

歲德集云此方向之百事大吉只忌嫁娶池塘

歲支合此造動土百事用之大吉

人道修造大吉總云百事大吉

四大利道其法常在太歲之前十字取四位何位吉支與下二位一年支干共八位之吉

歲天道此明陽開通之地修造嫁娶移徙主大吉

天德合月德合其方位修造整理百事吉

歲合集云修作百業大吉

天道此方修作百事大吉

刑道集總云修作主進人口田宅資財牛馬大吉昌

左輔不入中宮但行八方修造大吉

十一月天道行南卯巳
丑月迷日酉二四十日二
天道行酉辰午申月行
北道三丑七月天道行北未
西亥東寅是期六七月
天道東行天道方吉
華蓋生炁方
子年戌上丑年亥寅年
子位卯歲丑辰逢寅位
巳年卯午年辰方未年
巳申歲午位酉年歲戌
年申位亥年酉上炁華
蓋并同位百事用之日
巳新
驛馬方一寅午戌馬在
申　亥卯未馬在巳
巳酉丑馬在亥申子
辰馬在寅

**右弼**集云吉與五輔同說

**貪狼**此方修作加官祿益人口田蚕六畜血財百事大吉

**華蓋**忌云造故興塋誤犯黃幡八座日并方者主殺宅長顛人可與華蓋下避其禍凶

**生炁**其方宜嫁娶起造出入百事吉

**房星**集云百事向之吉即康樓內房頭星

**驛馬**集總云其方遠行百事吉

**博士**集云此歲之貴神忌動土與工候安德月德對位發修熱鬧無忌總云此喜神旁修作吉

**一金**忌云大行二所公修之加官祿旺宅舍人宜安床吉

**一土**忌云大吉二歷云修其方吉利

**驛馬臨官**山向遷塋大吉

南北惟申庚乙辛坤艮向大吉巳酉日亥卯未六年煞在東西惟丙壬丁亥乾巽向大吉

**武曲**修作大吉主進橫財田宅牛馬奴婢牛羊

**青龍**集云修造嫁娶有喜事忌云其方禁玉女步忽與太陰吊客同位

**牛星**集云修作右非常之慶此即庫樓內天牛星

**金匱**集云大宜修作進益人口

**八倉**集云宜修作倉庫庄宜吉

**一木**忌云吉二歷云修其方進財庄

**一水**忌云吉二歷牛吉不可大修作

**附通天竅四太利向**其庄申子辰寅丁戊六午殺在

# 〇月開山立向修方凶神註

山家朱雀詩例

正離二八坎坤宮
詩 三九巽戶兩雷同
四十月乾休要作
五十一月艮兌中
曰 惟有七月居離震
六十二月悉爲空

打頭火詩例

詩 三合之年尋旺宮
水局子上定其蹤
曰 火局午未木局卯
金局酉地火飛紅

修月凶方詩起例

小兒煞詩例

詩 陽起中宮陰起離
明陽二年並順推

山家朱雀官符關山土口舌若與天地官符同位尤凶

飛宮天官符有囚各說見前開山立向註內○犯之吉不能制上殺宜長
及非橫官災若有祿馬同到其官見禍尤甚詩例常將月建
八中宮順尋年建爲何逢假如
水局亥爲禁正建八中亥占中

飛宮地官符凡二名註前占舍位五十步尚不可犯而飛宮又不可犯內
犯山頭官災自內發若立向及修方官災自外發又名宙宮
動土興工修作妨小口損六畜二官符起遁所臨見前註詩例俱尋定
字爲年禁矬順中飛道禁神干支定辰爲禁字是中節禁在何停

打頭火古山向最忌修方整擬隨手火發與別火星不同惟甚不忌○打
頭火寅午戌屬火旺在午亥卯未屬木旺在卯申子辰屬水旺在
子巳酉丑屬金旺爲酉蓋子午卯酉合在本宮旺鄉又是飛宮故犯之
其火卽發如飛天独火申子辰屬水死于卯巳酉丑屬金死于子寅午
戌屬火死于酉亥卯未屬木死于午蓋子午卯酉火星皆在水宮死地
雖是飛宮故其火無應若與打頭火飛宮同位及年独火飛得丙丁字
同到方道則
此火卽發

○月修方凶

小兒煞一名小月建一名順小兒煞一名陰陽月建方起造動土犯之主
損小口煞陽宅灌水簷外尤緊禁無步數犯之卽見凶禍○假如
申子辰寅午戌卯年正月在中宮二月乾三月兌
四月艮五月離之類每一卦占三宮其餘倣此

曰九宮數至遇何月
到此一宮煞小兒
月遊火詩例
子丑午年居艮寅年
詩震上巽卯辰居巽
位巳年在離卯午
未遊坤地申年兌
上藏西戌尊乾去
曰亥年占坎方此為
正月例次第順推
詳
三元尊帝星月詩例
○甲巳丙辛戊癸陽年局
正月艮坤二離坎三月
坎離四坤艮五月震兌
六巽乾七月乾巽八兌
震九月艮坤十離坎十
一坎離十二坤艮是

飛天獨火若與宮順月家火打頭火同位火即發○假如子年正月以寅入中
行到乾見如字即是若與打頭火同位其火即發餘倣此
推（詩例）三合年飛死位尊假如水局如宮
真巳酉丑安死居了金火二局倒堪論
月遊火占舍位頭火同止思一字與打
位其火即發
巡山火星犯之宮六主火殃（詩例）正月十二火星乾二坤三四切宮眠五六中
七如入酉九十艮夏煎十一十二巽離君好記犯之紅火定傳
天

○年月開山立向修方吉星註

太吉
入節三奇帝星三奇者乃貴人餘福之炁萃于一宮能壓制地下凶神衆
殺發見吉神中宮向坐得之造葬殺居上宮修娶入宅並
三元尊帝星尊祟帝三星為福最大極要緊之星修山向方陽用之上富貴
昌發福無劣田蚕進旺百事皆吉大能壓制凶神惡殺
三元白星凡開當用山立向修方得紫白最吉十財祿田蚕小畜牲旺
有炁年月有炁福德與逢力輕混造為第一吉星
升天太陽主夫第大富貴及吉之星
守殿太陰主發則祿及主女
貴與陽貴人同
飛天馬飛天祿益發福馬相对山頭方向
任辰主大作十二年無決發年年進
祿昌又云馬到山頭人富貴祿到山頭貴子生忽然祿馬
皆同到百事
富貴出大吉
解神能解諸凶神殺及解官訟
所亦山向修方用之百事並吉

乙庚丁壬陰年
正月震兌巽乾三月
乾巽巳兌震五月艮坤
六離坎七月坎離八坤
艮九月震兌十巽乾子
乾巽艮兌震是

起白星詩例

詩 子午卯酉起八白
寅申巳亥二黑求
辰戌丑未五黃起
日 掌上飛宮用逆遊

二年分三元
子午卯酉年為上元正
月起八白二月七赤三
月六白辰戌丑未年為
中元正月起五黃二月
四綠三月三碧寅申巳
亥為下元正月起二黑

一行禪師四利三元 又名博天關用之極有方開山立向修方最吉有誤犯他煞者即於四吉方併上頭之其災自消

中宮紫微帝星 帝星入中宮修造中宮用之大吉也如有煞不能壓

紫微鑾駕值月入中宮 同上

三元中宮帝星 同上

都天轉運行衙帝星 吉星所到之宮修作大吉 又云遇吉即吉遇凶即凶

蓋山黃道 吉星到処造葬修作者大吉利

北辰帝星 吉方主大吉利

星馬貴人 吉星到処主旺人財發官貴百事吉

大心催太貴 照吉星官旨事大吉利

李淳風四利三元 此名照煞三元四吉加臨之処並宜修作及諸事皆吉

遁天寂走馬六壬 用子午卯酉年宜用申子辰寅午戌月日時巳酉丑年宜用巳酉丑亥卯未月日時寅午戌年宜用寅午戌申子辰月日時亥卯未年宜用亥卯未巳酉丑月日時合得六壬星玉十二年自壓血財大旺添丁進業此與別星不同大有力驗

五龍捉煞帝星 主能官祿旺人財 無為緊要能壓制凶煞

官國星 王催官祿招進財富

吉星鑾駕 吉星致值到処能壓制凶神開山立向修方大利如不值紫微得一家帝星吉神照造葬此作無防只是乎穩

紫微帝星 同上

紫微鑾駕 同上

二月一白三月九紫並逆行以來值月星既得值月星即移入中宮順飛八方白星到方爲吉

○月修方凶神起例詩

丙丁獨火詩例

詩曰

正月十一巽十空
二臘卯巽九乾烘
三月如坤四坤子
五月子午豔飛紅
六月辰午七月艮
八月乾酉火相逢

隱伏血刃詩例

詩

甲己正月兌順隱
離上逆隱遍九宮
乙庚孟春巽伏順
逆子乾上是行蹤

紫微年龍月兎日虎時羊 同上與紫微鑾駕傳帝星同位○又名金璽帝星　周仙羅星 吉方大吉利

○月開山凶神註

月尅山家 說見年冠前開山凶山家註下　陰府太歲 說見○開山凶陰府太歲註下

○月修方凶神註

丙丁獨火 說見赤口前修方註此煞將月建入中宮用得丙丁二字本年独火壬丙丁屬火則其火即發如丁未年独火在離三月用事將月建癸卯入中宮順行到離上見丁大近見一家動土修造犯離方其火即發蓋能得丁字到離凶

大月建 一名旺年凢將建煞一名逆小兒煞古歷並云一行禪師以此傷明中火甲大殺宮符災諸凶神犯者尚可被惟此不可也主先殺宅長灾煞了孫立見衰敗百忌又云援三白九紫之與星住不避大歲禁煞并宅長凶年亦忌犯此月建所破非三白之無功也○假如庚戌年正月起艮上逆行二月兌三月乾四月中宮五月巽之類也詩例中癸丁庚起艮鄉乙辛戌歲起中央丙壬巳向坤宮從遊走三不定建方

隱伏血刃 修造動土上損血財　另立血刃 犯之主血財損耗

印公暗刃煞 其殺忌修整若修廚殺宅長修堂煞宅母修門殺次長修廚殺婦植西牢樓倉庫犯之立見禍患若鼎新造作則不避忌詩例遁甲逐從忌上起正月時師仔細推甲己之年曰戌起乙庚之歲甲申遊丙辛之年甲午出丁壬之年甲辰求戊癸但從用寅[illegible]

丙辛順坎逆震位
丁壬震順逆走中
戊癸順離坤不順
一卦排定占二宮

飢渴血刃詩例

甲巳蛇戌子當中
乙庚龍雞未月逢
丙辛兎猴亥宮避
丁壬羊虎酉無蹤
戊癸馬猪申月犯
飢食渴飲血財空

## 詩曰

## 日家吉神註詩例

**天德** 集云此方為福之地可與工動土修宮主官又宜嫁胎衣宜起造安葬移居入宅求財出行求福結婚又云

十二辰周流

**飢渴血刃** 飢則食肉渴則飲血不論方道惟忌修作中宮若修作中宮并動土主損血財若合得三奇諸德貴人大陽解神主烝臨中宮有吉又援先賢口訣以月建入中宮屬木能剋中宮之七或月日家九紫得一吉到中庭修作無妨

○山向修方吉神註

**天乙貴人** 造葬主發財福貴祿百事大吉

**飛天祿** 說見前飛天馬註下

**天德神** 百事大吉

**月德神** 百事大吉

**天赦星** 能解諸家凶神用之大吉其解凶神同註

**水德星** 能壓制凶星用之大吉

**催官鬼使** 主催貴祿大吉之神

○日家凶神註 詳吉凶神論首凶同錄此便覽

**天地争雄** 忌出軍行兵立寨宜嫁娶出行經商行船百事凶詩例正巳申日二亥子三午未四子未得正未申六亥逢七申酉八虎兕鬼九酉戌十卯辰当十一戌亥臨辰巳不宜犯着爭立日死河皆絕出軍不此日不久遭亡行然用此日生離并死別出行用此日本利尽消切行然用此月欲復退沂没每月有二日凶敗碓宜說古人若避之代代逢明月若合古星多解救無他說

百事大吉名日堯兒詩例正丁二申三辰逢酉辛五不六甲用七癸八寅九丙十月癸十一仲冬巳日窮空二月壽庚日是百事皆成福自崇

月德 洪範論云此陰陽同類巽位之德在名生氣福德之辰所在方萬福咸集可以封拜上表謁貴求賢上官赴任修造動土嫁娶移徙納財買畜市價契券百事並吉詩例寅午戌月丙上亥卯未月甲本便申子辰月壬日是巳酉丑月逢庚地

絕烟火日 忌分居入宅作灶虎狼詩例正七辰戌巽分居二入巳亥鄉同忌三九子午依居火四十丑未不堪為丑十一月寅申日六牛二月卯酉鋪移居入宅君須記犯着灶滅火多絕

八風日 忌行船詩例春忌巳酉丁丑甲申辰凶秋嫌辛未共丁未冬惡用戌甲寅逢

四窮日 忌入宅分居安門詩例春乙夏丁秋金窮冬水壬巽支亥同假如春乙亥為例四窮值日與相逢

財離日 忌分居經商合伴較放財物詩例正龍二牛三天是四羊五虎六鼠了七隹八馬九猪頭十兔十一中触巳

滅門日 忌造作安修門路又云蛇人考詩例正巳七亥號戌門二辰作人戊三卯輪九酉四直跳五丑十一未土親六子十二月居午造叢驗之損少丁

九良星 所占處修作損一日凶一詩例正二良星占在階三四廚房不用猪五六東方八木路七在丙方八巳午季秋十月大門神伸冬甘

上古

中庭

伏龍 總云不可犯之凶詩例春在中庭四五堂六七酉井八井鄉九十十一西南古十二灶上見帽悞

咸池 忌買飲嫁娶利合在月亡是作詩例寅午戌月卯巳忌亥卯未月一無疑申子辰月酉月見巳酉丑月午上推

龍 忌行船捕貨物及造橋梁作哦詩例正八未二日十申三五逢亥恨沂減六牛七九龍行水十一鼠嘯蛇生嘆

白事所作同有兆
白詩例正五三巳
丁四丙五寅六巳
修七戊八亥九辛當十
殃十一月逢申十二月
中尊乙用百事施為忌
合情

德合　洪範論云此五行
生旺之辰相扶為
福所在方百事俱吉可
以封拜上官祭祀修造
開張動土遠行結好婚
姻移徙市賈納財當種
植百事吉惟忌詞訟
例寅午戌月合辛亥卯
未月巳子觀甲子辰月
亥丁火巳酉丑月乙為
休

反激　忌行舟載物造橋梁作陂器
遇戊辰最忌愁秋值巳丑不
離別　忌嫁娶出行凶詩例正七丙
五六丁巳八庚辰十二癸巳
忌行兵嫁娶出行求財凶詩
往亡　二立夏後八景值種二十大
寒露十七立冬十朝露
大雪二十位小寒二十沉
歸忌　忌遠回入宅嫁娶詩例正四
十一寅同三六九隔求子曰
三不返　忌上官赴任出行陳兵詩
三月申辰酉逢未五月山
申莫逢八月酉午不見九月
畏十一猴將西日窮十二月亥
五不遇　忌出行求財捉捕拜謝詩
鬼七龍八蛇頭九逢兒子
四虛敗　忌開倉庫分居八宅詩例
辛卯冬庚午此是四虛敗
天地凶敗　百事並忌極凶詩例孟
十二廿初一孟夏初九
十忌孟秋初八二十一仲秋初
值孟冬初一是四明仲冬十四
天休廢　忌上官八宅凶詩例寅甲
十一月中十三十八皆無

例凶吉逢巳未莫行舟忌
如值冬畏戌戌有憂前
子癸亥丑四月丙辰三丙寅
九辛未十月十一丙午臨
例立春後七日京直十四真清明一十
小暑廿四日立秋方九日白露十八明
七十思居丑二五八
入宅還回嫁娶凶
例四月庚戌辛亥共二子午卯酉日同
午隨行凶六月辰巳一月忌七月辰巳
戌求寅無■十月戌亥申亡
出戌亥遠行定是不回蹤
例正大二亥求二馬四羊遊瓜虎六是
位十牛十一猴曉月所離唱自損明難守
春逢日西夏虱子秋值
敗日開賬
春初七廿一推仲春十九是凶期季春
廿五是仲夏十五反廿五季夏朔日一
二十八知季秋初三十六
連十五初九日臘生疑
巳亥四个月初四初九與君說二五八
別辰戌丑未四季月廿二廿七無餘跡

**月恩** 宜起造入宅移居出行婚姻嫁娶造葬百事吉 詩例正丙二丁三九庚四巳五戊六月辛七壬八癸十逢乙十一月恩甲上停

**月空** 季淳風云此月內明堂之辰吉慶之位宜設籌謀定計策陳利害獻章疏造床帳修造宅註云動土取土修造並吉 詩例寅午戌月逢壬地亥卯未月合庚金申子辰月求丙火巳酉丑月甲子節

**月財** 此寅帝招才之地若起造出行移居令人得財凡興造即擇其地

**楊公忌** 忌入宅分居歸火詩例正月十三二十一三月初九日初七五月初五六初三七月初一廿九宦入逢廿七九廿五十月廿三送值緣子日廿一朏十九一年周如不許除神仙晉此十三日不犯凶神儲日忘

**天乙絕氣** 宜作鳳冠葬埔伸綑兒忌餘事詩例月上起日連行程數值西宮絕氣神假如正建寅初一初六逢酉訣為宜

**長短星** 官歷忌市賣交易栽衣納財詩例正月初七并十一二月初四十九是三月初一十六逢四日初九廿五忌五月十五單廿五六月初十二十移七月初八廿一日八月初二五不移还有十八十九九月初三初四推十大十七月还是十月初三十四競仲冬十一廿二六臘逢初五廿九知

**瘟星出八** 忌八宅修造六畜栖枋詩例正初六八初九[illegible]二初五入原不失三月初三四是真四廿五八無宅或五月廿四七端然大逢廿三六無別七月二十廿三連人忌廿七與二十九值十七二十日十月十三八日說仲冬十二五同規蝕十三人十四出

**四方耗** 忌出行開張商販買賣六畜店詩例正五九逢初二日二六十月初三真三七十二初四值四八十二初五真

**四不祥** 忌上官入宅嫁娶出行詩例每月初四併初七十六十九定凶斷日八日為四不祥有人犯着新凶至

**大空亡** 忌求財出行經商出財上官詩例初一每從月建首逆數空支皆順是數壬水局為空亡遁壬辰戌名亦日亥卯支支二個空處有小空從至大行內坐貫串及忌亦日納音定可否

方圓三天取土泥飾填基並吉詩例正午三乙三門宮四未伍酉六亥窮七午八月仍原乙九巳十一月酉逢十二月則何處覓原來亥上是真蹤

**天恩** 宜覃恩肆赦上官恭選受封造葬婚姻嫁娶百事吉詩例四季何巳是天恩甲子乙丑丙寅連丁卯戊辰開巳卯庚辰辛巳壬午言癸未隱來巳酉日庚戌辛亥亦同下壬子癸丑無遺課此是天恩吉日傳

**天瑞** 宜上官佩印受領綱私百事吉詩例四季

**小空亡** 忌出行經商求財出射宜作壽木詩例見上

**天刑** 忌詞訟上官嫁娶八宅移居修舍字犯之上殺八口損六二詩例正七尋寅二八辰三九午四十逢申五十一月知應戊六十二月子鼠

**天牢** 忌出行詞訟移居詩例正七是申二八戌三九崔子四十寅五十一月尋辰地六十二月午上明

**罪刑** 忌詞訟詩例春木冠帶丑夏火罪刑辰秋金在未上冬水是戌神

**死別** 忌上官嫁娶安床入宅出行移從詩例春水逢養值戊神夏火墓丑秋金辰冬水但尋水爲是生離死別兩無情

**不舉** 忌出宮移居婚姻交易入墓詩例春木逢子見敗鄉夏火值卯不須詳秋金過午君須息冬水逐居四內傷

**天罡絞殺** 勾絞詩例天罡正絞蛇二子三羊四寅午雞六辰七豬絞除八午九牛訣十殺兔仲冬十二驚犬吹經絡訟已逢

**河魁絞** 約絞詩例河魁正絞猪二馬三牛居四猴五兔猴六犬七蛇絞輪八鼠九羊九十虎十一雞冬季河位土庵蟠溝緊操

**赤口** 忌云犯之主口舌爭鬪不宜公客覩之吉詩例同十

**蚩九** 忌行兵出陣冠笄八宅詩例正七逢寅二八辰三九午上四十申五十一月原居戊六十二月子爲真

**雷公** 忌八宅居火詩例正七原鼠二八虎三九逢辰四十午五十一月弄猿猴六十二月戌爲裡

**飛流** 忌上官嫁娶詞訟詩例正七求卯二八巳三九未土四十酉五十一月亥爲真六十二月丑土核

天瑞是何辰戊寅己卯
辛巳貞庚寅壬子無差
別百事逢之瑞氣與

天赦 宜疏獄施恩祀神賽會修造起工入宅移
居百事吉。今俗云五
月甲午十一月甲子為
天赦非與天地赦罪日
同加以月建壓動凡修
造起工動土極凶宜辟
之詩例春逢戊寅夏甲
午秋值戊申天赦蘇冬
月甲子最為良百事逢
之多吉助

要安玉堂金堂聖心益後

續世福生普護敬心 宜起造作

朱雀 忌八宅分居詞訟詩例正七兑申取二八蛇頭當三九羊居棧四十雞栖藏五十一猪四六廿二牛闌

月忌 百事並忌詩例初五十四二十三凶君有錢莫去趕

四耗 忌開張出財造倉庫詩例春逢壬子不為良夏值乙卯莫商量秋當戊午皆不利冬季辛酉耗須詳

四廢 忌修造交易安床詩例庚申辛酉為春廢壬子癸亥夏臨當甲寅乙卯秋月值丁巳丙午冬季防

五虛 忌開張庫舖店肆詩例春廉巳酉日夏惡申子辰秋忌亥卯未寅午戌冬嗔

五墓 忌百事凶詩例乙未正二切須防三六九彌戊辰當四五月忌丙戌日七八辛丑八墓藏

九空焦坎 八忌種植開倉庫出行出財商賈詩例宜辰二丑三戌所四未五卯六子陽七酉八午九寅上十亥仲申臘巳當

無翹 忌嫁娶詩例正亥二戊並逆求三酉四申五未棲六午七巳八辰月九卯冬月次第推

龍禁日 忌行船裝載造橋梁作坡詩例初三初八廿十四二十廿六日凡百危禁立石安橋沒行船孟宜忌之

血忌 忌針灸刺血宰剝割六畜詩例正丑二坤水三寅四申是五卯六酉日七辰八戌忌九巳冲十亥十一午臘子

血支 忌針灸割六畜宰生詩例日月須尋開正丑二寅推一月一位輪位支越逢期

滅沒 忌百事凶詩例弦日逢虛晦遇婁朔辰遇角望亢求虛鬼盈牛為滅沒凡為百事尽皆休去

求八上官移居及嫁娶安葬出行祭獻百事吉○福生宜作道場設齋祭祀祈福求財大吉○普護宜祈福出行百事大吉稍○散心宜作道場設齋祭祀吉詩例
正寅二申三起卯四酉
五辰六戌先七巳八亥
九起午十下十一未上
傳十二月從何處起那
求丑上起迴旋要安王
堂與金堂在虎號至敬
心連普護福生并受慶
聖心益後續世言假如
正月從寅上順加要安
十二垣

**離窠**　合吉星則吉與建破平收魁罡日同則凶有壬申壬子戊申辛亥今太明太陽所照之辰考正無拘詩例丁卯戊辰己巳歇壬申戊寅辛巳過壬午戊子己丑是戊戌己亥辛丑多戊申辛亥戊午日壬戌癸亥總窩巢

**九醜**　忌醜乃天地爲殃之日忌出行嫁娶移徙安葬餘則不忌內有己卯酉己酉辛酉合太陰太陽所聞之辰今考正無拘也詩例己卯壬午并
乙酉戊子辛卯己酉忍壬午戊
午及辛酉九日原來名九醜

**九土鬼**　忌首忌云土官起造動土忌之趙世範云九事有始無終其月與建破魁罡相併者則凶有吉星相扶則無妨今依通用符應經所忌壬寅己酉甲午日干生支傷寶日上吉戊午辛丑支生干傷義日上吉不可以土鬼論之詩例乙酉癸巳連甲午辛丑壬寅己酉若庚戌丁
巳戊午期值此
有頭無尾領

**敗亡猖鬼**　忌猖鬼敗亡考諸曆不同皆其日與建破收平同則凶餘有吉星則無妨內有壬申戊申辛亥庚申合太明吉星丙是天地開通太陽所照之辰百事用之大吉今以考正無拘此月詩例丁卯戊辰併戊寅辛巳戊子己巳直戊戌己亥辛丑日庚戌庚午壬戌值

**八專日**　忌行軍出陣安營詩例丁未癸丑連甲寅乙卯巳水尽庚申自古流傳八專日行軍出陣又安營

**五不歸日**　忌遠行商賈詩例己卯辛巳丙戌是壬辰可申己酉忌辛亥午子丙辰遠庚申辛酉丑不歸

**天地殘敗**　忌百事凶詩例正月寅自卯宮起逆從寅丑子亥去一月一支定佳期週回十二時辰取

吉慶幽微滿德活曜宜萬事吉
利與受火同日則凶
詩例正午二亥三是申
四五丑戌六卯真七子
八巳九寅十十未仲冬
辰上栽更有十二月酉
地順行十二求星辰大
煞大禍井玄加吉慶大
凶幽微星死炁天劫及
滿德神後白舌活曜輪
宜與取債同日宜納
天喜取問名受賀取索債
負詩例正戌二亥三鼠
喜四午五虎六兕是七
辰八巳九馬逢十羊十
二猴臘難

七元伏斷詩例甲子值虛加一元二奎三畢四鬼五翊六氐七箕
宿七上缺來仍一元若值江金須退轉伏斷俱在一元傷

伏斷定例宜作厠塞穴斷自蠱作收與餘凶詩例子虛丑牛寅與室
如女辰箕房巳凶午角未張申泊鬼酉觜戌昌亥壁傷

獨火日忌修造作灰告火筵詩例正月獨火加巳飛二辰
三如四虎是一月一位逆支求蹤月原來逢午未

天火日忌蓋屋舍字詩例正五九月打鼠千二六十月
赴克兒三七十一曠馬羊四八十二聽維啼

地火日忌栽種五穀百藥詩例正月加巳二加午三未四
申五酉戶一月一位逆順飛犯之種損盡焦枯

火星日忌蓋造脩蓋屋宇灰舍裁衣造作木牀篙灶詩例孟月巳丑酉戌
是癸未壬辰辛卯寅庚戌巳水一司管日孟起乾艮七赤口門仲
申子井癸酉壬午辛如庚子癸巳酉戊午南火星仲月七赤火兌遊四
季壬申辛巳凶庚寅巳亥丙寅向戊申丁巳艮官癸犯遭回祿絕虛空
修造切忌惟
整理不忌

徒隸伏罪詩例四季原逢絕徒隸例無差伏罪緣何起長生位上
香春水夏火起秋金冬水加長生并絕地即是二神如

天棒即白虎黑道口詞訟出行詩例正七南離馬二八無候
孫三九間火坎四十鼠坤坊五十一尋虎六十二信高

水消死陷日忌修造詩例正巳二子三逢丑四申五卯六戌未七亥八午
九未逢十寅十一酉宮遊十二月申辰月忌爲陷水消以水喚

天賊忌動工竪造與修人宅開倉庫整理犯主招賊盜詩例孟滿仲破
季逢開犯之賊從天上來常八白方賊不至白人炎分定却賊

天合 宜求婚送礼嫁娶交易作和合事 詩例 正亥二戌三酉飛四申五寅六午是七巳八辰九卯輪十寅十一丑上棲十二月管子爲的日事逢之最合宜

天倉 宜修作倉庫起造俱吉 詩例 正寅二丑三逢午四亥五戌六酉是七申八未九午擒十巳十一辰相宜十二月中管卯 修倉作庫最堪爲

驛馬 宜遠行療病求醫吉 詩例 寅午戌月馬居申亥卯未月逢巳真申子辰月馬居

地賊 忌起造出行入宅倉庫栽種開幽 詩例 地賊星辰不肯 正丑十逢不二 八收云九逢危四十執五十一月同平來六寸二月 俱隨修犯者 星招賊偷

荒蕪 即九若八窮百事凶 詩例 孟平仲破季逢收 百物營爲盡不周 惟有埋葬原無咎 縱然大事也休囚

受死 忌上官起造嫁娶出入宜捕獵 詩例 正戌二辰三亥取四巳五子六午棲七丑八未九寅門十申十一

天地空 天空忌修造地空忌埋葬種植有占多不忌 詩例 八宮空上教追 窮年值天空子地空寅申巳亥宜一裁子午卯酉 定年時假細干 年值卯子初一初九地空宮初五 十二天空亡凡須當避顛逆

四離四絕 忌上官遠行 詩例 四離當是節先一日名爲四絕 不須說二分二至節前一日 一日分定四離

起上下元 忌上官赴任入學求師 詩例 四孟正月起乾宮順 離坤坎艮順通 陰年正月原加與依次從離順左坤但從月上 起初一坎離乾 艮吉無凶次七坤下皆爲九閏月仍居本月同上元本宮下 自從歸上弟下數若窮六輪九內從頭數本各從將一筆終

大敗六不成 出軍謀官求婚百事並凶 詩例 四孟建日四季破二 午二酉六子數十二月中等壬兌六不成何 大敗凶

雜緩 修作動土手足癲顛 詩例 丁卯甲戌連辛巳戊子 乙未七寅癸乙酉丙辰癸酉日緣資級輝事不用 修作門戶廚灶小爐惟牆床帳有犯者忌之 詩 甲巳之日皆

六甲胎神 在門乙庚碓磨休移動丙辛廚灶丁壬倉庫忌修弄戊

寅巳酉丑月馬亥親
天[illegible] 宜造葬并作倉庫百
事吉詩例寅午戌月
丑宫亥亥卯未月寅日
戌用子辰日逢巳日巳
酉丑月申日排

天倉 宜造麯作倉庫百事
吉詩例逐日滿日名
天倉正辰二巳順行筒
一月一位無差錯百事
逢之是吉兆

天財 宜報方填基泥飾造
造倉庫百事並吉
詩例正七逢辰二八午
三九值申爲家占四十
戌五十一子六十一月
遇寅虎

癸房床若移繫犯
之姙婦墮孩童一

六甲胎 所占修之損孕婦詩例子午二日碓須忌丑未閉道莫修移窗
申火姓休要動如酉犬門修生避辰戌雞栖巳亥床犯看六甲
身隙胎

龍虎 起造入田伐木宜取六畜詩例正巳二亥三平當四子丑未六丑栽
七申八分九居酉十卯十一戌須防十二辰日宜猫大推有鬼神不
宜攘

遊禍 宫壓忌服非詩例正五九月巳日忌二六十月寅須防三七十一亥
川莫用四六十二月申詩祭祀服藥君須忌旂禍須知族不祥

死神 申絵塑動土詩例每月節中號死神正巳二午
可詳評二未四申五在酉二月一位順行程

水隔 開塘掘魚合得申子辰日網魚縛水及建日不避水隔詩例正七須
知大二八看猿猴三九騎馬去四十拔龍頭五十一虎咲大十二子
愁

人隔 娶婦進人日合嫁娶月則不避八隔詩例正七金雞叫二八
瓜羊眠三九蛇當路四十眠龍五十一牛四六臘豬作耍

地隔 安葬合適五鼓走馬六十天田午月陽龍陰鬼君星年月[?]山陰向
栽種求三奇祿貫人官陽陽皆星同到不避地隔種合收成日此亦不
避之詩例正七龍吐珠二八虎咲風三九鼠丁叫四十犬
相逢五十一猴猴對六臘馬騰飛塑兼種植農月總無功

神隔 所祠祭祀合天德月德齋道敬心齊祿種生如祭祀合神在上亦不
避此神隔詩例正七蛇吐焰一八兜兒眠三九酉生望四十延禱

合　宜起造婚姻作合之
百事吉象本云斷事
俱吉詩例春逢亥子虎
卯合各位寅卯日爲艮
妙察辰戌丑未日冬逢
申酉好收藏

生氣　即開位也五行論云
此安月樞臨之辰亦
各天官時陽官上任拜
官婚姻出行修造動土
填基開渠避病種植泥
飾造葬合壽木百事吉
主加官祿進橫財永吉
詩例月月逢開生氣神
正子二丑三月寅四卯
五辰六巳順十二支中
觸類輪

正十　雞叫六腑子沙圖
求神祭賽力欲絕無應驗

天隔　出行求官進長合得貴道不避天隔詩例正七逢虎二八鼠三九犬
四十候是五十一月馬嘯昏六猴黃龍下海去出行求財天不祐中

又進音
總成由

火隔　合火日不避詩例正七馬騰空二八龍歸海三九虎嘯風四十
風過街五十一犬吠六猴來番狗灰狼嘯貝幾多災

林隔　張捕合月殺飛廉既收日不避林隔詩例正七連卯是二八宮北戈
三九各亥十四十酉日是五十一未日六十十二巳頭出行并捕獵犯

此空
回去

山隔　八山伐木合吉日某亦不避之詩例正七逢未二八巳三
九卯四十丑是五十一亥蟒原四八山捕獵采寄勞夭

鬼隔　祭祀設鬼神合黑道壬癸日及癸亥日不避鬼隔詩例正七原申
二八午三九辰四十寅是五十一子藏伏直祭祀無益

州隔　忌合六壬理訴日定日不避州隔詩例正七辛丹八
三九年四十蛇是五十一兎臘牛未登詞告狀無終

重喪日　出喪理塋切須防依法禳之免激流忘喪存重喪詩例正甲二乙
三六九臘月巳日總同求四丙五十七喪金八辛十壬不可在廿
一月癸日爲凶犯
看重喪麻簽首

天地正轉　忌起造修營動土基地開地穿井爵劍癸如春
正卯來忌丙午夏不良秋值丁酉日庚子冬不麻

旺門 宜上官赴任入學應舉出行造葬婚姻百事吉詩例春旺寅甲卯乙木夏火丙丁巳午未秋旺庚辛申酉金冬旺亥壬子癸水

相門 宜上官赴任入學赴舉出行造葬婚姻百事吉詩例春相丙丁巳午火夏相須知四墓神秋相亥壬子癸日冬相甲乙寅卯木

天乙貴人 宜造葬上官赴舉受封興修百事吉詩例甲戊庚午羊乙巳鼠猴鄉丙丁猪雞位壬癸兔蛇藏庚辛逢馬虎天乙貴人方

天地轉殺 忌開田土修作陂塘結網堵墻詩例春卯二月莫逢夏午丑不用秋酉八月防冬子冲冬凶節因夏

天轉地轉 忌其日起手修作決主見禍詩例春遲乙卯辛莫用忌丙午戊午逢秋值癸酉與辛酉壬子丙子冬假

披麻殺 忌嫁娶入宅伏裡法不忌詩例五行胎處見披麻所火旬子無忌亥卯未月酉爲例木午金卯其胎十

木馬殺 忌合壽木起工架馬詩例正蛇二羊三鳳舞四猴五犬六鼠露七豬八牛九猴頭十虎十一龍騰牛十二

斧頭殺 忌起工架馬詩例春日飛龍土九夏是湖子窄底猴秋後分雞當月夜冬嫌鼠子過窩前

宅空 忌入宅燒火犯辟宇吉爹可用詩例春虎山猿弄箭芮鼠井白虎嘯風清秋猴南蛇朝北海野猪冬令對南村

伏尸 忌臨病從行入山出軍詩例春怕猴雞夏虎牛秋嫌猪犬兩頭蛇冬怕龍蛇相会処遠行療病入山愁

天上大空 宜合壽木開生基詩例丁丑丁未連戊寅壬辰疾巳及戊申壬戌癸亥卯八月各爲天土大空神

天聾地啞 詩例丙庚壬共丁戊丙兩同辰丙午寅申共天聾不用輔乙辛癸在壯丁辛其酉支丁乙卯同巳辛巳乙未是巳辛原共亥地

此中惟

天殺白虎 忌修方宴会詩例甲子常將伏三親顯走救君輪與卯戊辰居申位門是大殺忌修方宴会詩例甲巳順申走乙庚回遊內辛

雷霆白虎 從震宮送丁壬順與戊癸起兌順甲子在為依

一官貴人 宜造葬施恩作封上官赴擧造作百事並吉詩例用日逢雞乙猴衆丙亦鼠丁錦添花丁猪戊兎巳虎位庚壬同馬辛癸蛇

福星貴人 宜興脩安葬嫁娶婣恭賀貴人吉期俱吉詩例用騎龍虎丁未雞戊猴巳辛庚馬居辛蛇壬乙癸兎乙遇牛猪當可卯內見福星在何處鼠人原來不必推

天喜神 宜嫁娶交易貞會秦賀和合事詩例甲巳詩字卯乙庚戊亥排丙辛申酉位可壬午未撥戊癸辰巳立

陰錯 詩例正庚戌二辛酉三庚申四丁未五丙午六丁巳防七甲辰八乙卯秋九甲戌十月癸丑十一壬子冬亥辛十二癸亥不其柔明

錯頂當 平記乎

陽錯 皆忌出行移居諸事大凶詩例正月寅二乙卯三甲辰方十巳留金丙午六丁未七庚申八辛酉九庚戌亥十癸亥十一壬子十二月癸

宅龍 總云犯之損人口六畜內七騙頭八壯原九房十宅常詳求十一十二在竈詩例春灶四五上門六八

胎神 宜古之避修作宅堆胎中九月門户中四六十一灶多泥五申七手入路詩例正十二月在床三

五離 忌出行嫁娶行律半布凶戊申巳酉入試訪寒甫不舍合石宛陞神所詩例甲申乙酉天地離丙申丁酉日月酉須洞房公爲犯者

帝 伐

水痕 忌作地塘破壠行船詩例大月初一七十一十七廿三廿三十小月初三初七發十二廿六死差失

用痕 忌開渠出寿非莫種詩例大釜初六八死差廿廿三廿一家初八十一二三通小十七十九再死他

出痕 忌入山伐木詩例大月初二八有宗十二十亡二十其小月初五十四日廿一廿三山辰南

土痕 忌動土詩例大月初三五七同十五十六五樹通小月初一二典六廿二六七在其中

金痕 忌思叙造金銀害物詩例天忌初五六七其穿有廿七又雷回小月初二廿八九都是金痕巳為節

吉神類

天福宜上官入宅送礼嫁
娶事吉詩例四癸天福
最堪觀巳卯庚寅午卯
尋壬辰癸巳俳巳亥庚
丁午丑乙巳真

天馬宜遠行出軍經商吉
詩例正七南窩天馬
地二八猴三九大推四
十鼠五十一虎六丁二
月尋蒼驕

天合宜出行合伴經商結
婚嫁娶姦和合等
事吉詩例每月逢收六
合直長補相合有息情
假如正寅合在亥二戌
三酉逆行程

天盲穿忌蓋屋開池作陂堰信例初五三五求
十一三六七十九廿七九三十皆穿流

天百空忌開池蓋屋作陂堰浄例每月初五曲初七十三
六七九廿一廿七廿九天百空蓋屋犯之流雨計

十惡大敗忌百事不吉詩例甲巳正月戊戌征癸亥七月十丙申十
亥日大忌丙辛三月辛巳慎九忌辦辰十甲辰乙庚四月壬
慎乙巳九月莫相親戊癸六月巳丑侵
年值丁壬亥惡敗遇此須知非不亡

水消瓦解忌作修造作值子午日九卯詩例年上加月々起日順行十二
辰中心下為瓦解子水消了午日值為災疾假如子歲正加子
月在丑起初一初六九解
十一水將此解類余可倣

孤辰寡宿忌嫁娶孤辰詩例寅是寡宿開孤辰子年辰寡戌
亥孤貞假如亥日即時豕西是孤辰不出偏

旬中空亡忌出行寅陣宜合存水詩例甲子旬中戌亥空申戌爺
酉內用申旬中午未辰甲午旬中辰巳逢甲辰旬中寅卯是
実旬中子丑旁陽日陽時
為此空明日陰時安是時

截路空亡水出行用陣宜合存木詩例六甲原來壬癸空壬癸
水隔是其實假如甲逢申酉申酉天干壬癸逢

出遊忌出論造南詩例立春春秋不作東方春月順夏不南己立
辰夏壬作亥動不向不在西夏至卯秋分在窩不堪親九離
除仍窩辛秋不西方出用論次不作北冬二至
後鬼膾月平常遭遊刑必南犯凶存惰亂罪

娶 宜出行合作求婚嫁 癸亥易和合生[illegible]

詩例寅月逢午戌卯與

亥未同辰合子申丑巳

與酉丑逢午遇寅戌合

未旋亥卯其中與子辰

合余月可推窮

醫 宜求醫治病針灸服 藥合九忌[illegible]詩例月

月尋開是天醫正[illegible]

寅三[illegible]酉辰丑巳六

午月七未八申九酉是

十戌仍亥逢亥[illegible]

月求子[illegible]

開[illegible] 上官赴任入學

[illegible]詩例春

三月寅午亥二月求辰

秋三月卯子冬三月問

造葬 宜修造內詩例正月立春後在巳二月春分居巽位三月春[illegible]

秋分後[illegible]宮四月立夏占寅是五六下 至後在亥七月立秋到[illegible]坤地八月

秋分後西宮九降霜降後[illegible]十月立冬木助上[illegible]

一冬至午宮推一二冬至依[illegible]作遊流[illegible]犯[illegible]危

四正忌修作犯者於占方上服之 四季方[illegible]是帝[illegible]格[illegible]白[illegible]

四日凶詩例正寅二卯三辰遊凶 巳五午六未求七申八酉九戌是土[illegible]

十一子

[illegible]九

地[illegible] 忌修造動土詩例正申二 三酉[illegible]四六子[illegible]逢五 亥[illegible]

[illegible]月八九卯十[illegible] [illegible]十一[illegible]巳[illegible]丙上[illegible]

天[illegible] [illegible]天時[illegible]名曰[illegible] 未[illegible]下[illegible]死門詩例[illegible]九月

[illegible]巳[illegible]二六十月[illegible]三 巳十一[illegible]四八[illegible]三男[illegible]

小時 犯之令小兒肚脹[illegible]詩例 [illegible]五九[illegible]

[illegible]六十月[illegible]三七十一逢[illegible] 七四八[illegible]

月火血 [illegible]陰陽[illegible]地[illegible]造[illegible] 亥八八[illegible]詩例正[illegible]月[illegible]

[illegible] [illegible]月[illegible]三七 十[illegible]四八[illegible]白[illegible]

日好[illegible]戲中[illegible] [illegible]詩例[illegible]月[illegible]

[illegible]二六十月[illegible]三七十 [illegible]八六四八[illegible]有[illegible]

[illegible]犯之上官[illegible] [illegible]詩例[illegible]月[illegible]上[illegible]

[illegible]二卯[illegible]位逆[illegible]一月一位 [illegible]上[illegible]

玄武 求[illegible]上犯之招盜賊水[illegible]詩 例玄武正月加亥行[illegible]

[illegible]子三丑四逢寅[illegible]月一位[illegible] [illegible]犯之盜賊[illegible]

傷[illegible] [illegible]上官[illegible]詩例正五九月 [illegible]傷九二六十月

卯不好三七十一作[illegible]四 八十二[illegible]

宜

臨官宜赴任佩印百事吉
詩例正七遇戊二八
子三九寅四十辰窺五
十一月午端的六十二
月申莫移

陰德百事大吉詩例正七
行逢酉二八未三九巳
四十卯遇五十一月丑
死差六十二月亥不移

解神宜報方退散訟檢
神本與刑衝非吉詩例正
申二自二戊推四亥丑
子六吕七寅八卯九
辰 辰當十十一午臘未

六儀吉詩例正丑
儀忌六又二兎三虎
四兮八雞九猴十羊

上朔忌上官入宅詩例巳巳巳亥 冬丁亥乙亥癸亥
癸巳戟辛巳辛亥非乙巳更有丁巳辛排

去公詩依正二三東及北酉四五六南吉門寅七九月西北占井催有人
月此門同十月角比中逢立十一在北申庭攻十二小庭井占此當

庚勃十偏來辰

天狗忌嫁娶上產詩例正辰二未是午四未五申六酉七戌八亥
兒子逢十丑十一月寿虎十二月中辰卯龍天狗亞月依例數

天喜宜進內詩例申子辰年竜作寅巳酉五是虎
亥卯未午戌年龍氣寅亥卯未年戌陰陈求

天官宜進動七吉多先吉又吉安宅向詩例正月陰素先气
詩忌逢未能此同辰偕進星看值地吉勝凶星不出面

天同公七官進章術書事為詩例正年二子三未是四
九九申六寅寅七酉八卯九戌逢十辰十一亥臘巳

天武用道犯生女入私情溢失財物詩例正七逢亥二八酉三
九詩牛四十兎五十一月亦在位

天狗用道犯七退財用十詩例正七十戌八牛二九午
四十蛇休五十一鼠在六十一路上猴而

天昌用道忌命喪家或後詩例正巳虫卯六二八寅辰迎三
五八方四十鼠正鳴辰十一鼠虎六十危紙

天白用道忌丙火光色帷植發文忌詩例正巳巳子二八寅戌三九
辰未卯有辰四十卯有十一如五十一月並居申六十二月建卯

戊尚道力行思道逆加道時逆達路須何
日迷鄉倫有之說名為道之風道自分月

居十一月內的寄馬十
一月中蛇透迤

**青龍黃道** 青龍半吉詩例
正七月逢鼠二
八虎明堂三九龍朱水
四十馬刀求五十一侯
舞六十二犬走

**天寶金櫃** 定修造求嗣宜
事大吉詩例正
七蹲龍去二八騎馬走
三九昕猴四十嫌犬
帽五十 鼠今六十二
虎吼

**天對天德** 修作 事吉詩
例正七蛇當路
二八羊歸棧三九金雞
啼四十 鼠猶傷六十
牛床六十二兎述

**八風** 行船詩例春忌丁丑巳酉日夏忌甲申甲
辰丑秋嫌辛未典丁未冬忌甲戌甲寅逢

**四道** 出行求財營事詩例申不遠行去酉
出雞不祥逢七莫出遇八休轉郎

**天倉** 修造入宅開火六合詩例正月半位執可收二月逢危中小偏三五
十月第雞十七十一除不周全四收入開滿位記取天狗負犯馬

**月厭** 嫁娶造酒醋詩例正六二雞三侯來四午五馬
六蛇栽七龍八丘九虎口十牛十一鼠臘亥

**飛廉** 六畜取內宜張網詩例正五六七十一臘戌門
馬飛廉殺二三四八九十月指等滿日在可祭

**五離** 嫁娶詩例正丙正二四六七九十臘月酉
日上負推有三五九十一占從由占可推也

○時家凶神註三百六十日時家吉凶神註并詩例等事

**天刑黑道** **天刑星** 利用出師戰无不勝公人卽入用事凶動作不宜
人忌詞訟詩例已上黑道俱同日家例如子日全
十一月建子 **朱雀黑道** **天訟星** 說例
六刑黑道具餘做此 全上

**白虎黑道** **天殺星** 宜行兵遊獵祭祀吉餘事不利

**天牢黑道** **鎖神星** 明人用事小吉餘者皆不利

**元武黑道** **天獄星** 君子令大道用事小吉小人
用事凶防賊盜忌詞訟轉戲

天寶金堂 宜修作安床帳開倉庫店安牛馬並主進財大吉詩例正七羊二八雞求三九頭猪四十牛五十六月玉元兔六十二月南蛇

天府司命 宜修作百事大吉詩例正七逢犬二八鼠四十猪危三九虎五十一月馬行遲六十二月猿猴鬭

執儲明堂 宜修造上官受爵封詩例正七蛇年八二兔三九逢龍四十羊五十一月以雞酉六十二月犯猪詐

勾陳黑道 地獄星 百事皆凶

天罡黑道 諸事忌用若遇黃道福星天乙貴人唐符國印諸吉併亦可用若此黑道截路旬中空亡滅門殺併命前詩例難飼月家天罡夠該以月建論卯子日用十一月卯上是餘做此推

河魁 諸事忌用詩例同上

時建 諸事忌用例云節本日支辰之時謂之時建如子日子時是也

時破 諸事忌用例云節本日支時相沖之時謂之時破如子日午時是也

時刑 諸事不利詩例寅刑巳上巳刑申申刑寅未丑戌子刑卯上卯刑子辰午酉亥自相刑

時害 諸事忌用詩例六害子未上不堪親丑午害午兮寅巳嗔此書辰兮卯害亥酉戌相逢情見深口子日逢未上離逝行是也

截路空亡 忌納表進章出行遠船開張店肆嫁娶行船修造諸並不忌詩例甲己申酉時傷愁乙庚午未不須求丙辛辰巳何方門丁壬寅卯．陽．戊癸子丑爲堂作時犯空亡事休

旬中空亡 宜合壽木作生墳葬埋不忌餘事並忌詩例見前日凶下

十惡大敗 無祿附空亡 惟嫁娶不忌餘事並忌詩例壬申日時辛亥時庚辰甲戌不異丙辛巳見難空只是丙申辰逢虎木鵝雞亥時來丁龍巳丑丁亥遇馬啼丙申戊戌戊𡕥刻至巳巳日遇之移

凡擇取時取黃道貴人唐符國印天赦福德日月仙太陽今合四大吉時列在不忌已上諸凶時神但竪造安葬合得吉神多及得時干支扶計日主生旺及六命主命生旺有氣合歲格局之時爲至吉不必專拘時下凶多而不用也

**五不遇時** 詩例甲怕庚兮乙怕辛庚嫌丙火辛嫌丁丁忌癸水戊忌甲巳畏乙兮自畏壬巳嗔乙水壬遭戊癸木忌嫌巳上庚

**五鬼** 忌嫁娶天宅有言并不忌詩例甲巳日巳午乙庚寅卯部內辛子丑酉丁壬戊亥壬戌癸是何處申酉五鬼是

**孤辰** 忌婚姻詩例見前日註下

**寡宿** 詩例同前

**火星** 南方火之精忌修作土招火災詩例甲乙巳在申一壬酉庚未戊癸辰上是丙辛卯位尋

**土星** 中央土之精忌興道動土主招災病詩例戊在門壬丁壬巳上因甲巳辰乙卯丙辛未庚

**羅睺** 甚殺不能與當是事不宜用之詩例午壬丙丁辛申巳巳乙寅庚戊癸丑戊羅睺不順清

**計都** 此星爲災不淺凡事不宜用之詩例戊癸因辛申乙丁壬遇辰申巳庚卯是計都不由人

**天燥火** 不宜安葬詩例壬子巳甲申酉六山忌寅申時丑未坤辰巽辛六山忌巳亥時丙午亥三山忌壬午時艮丁癸三山忌卯酉時寅卯

庚三山忌辰戌時乙

乾戊三山忌丑未時

**地燥火** 不宜種詩例云壬子巳甲申酉六山忌巳亥時丑未甲辰巽辛六山忌寅申時丙午亥三山忌卯酉時艮丁癸三山忌子午時寅卯

庚三山忌丑未時乙

乾戊三山忌辰戌時

## (二)時家吉凶註

青龍黃道　天乙星　天貴星　用事大吉如合唐符國印福星天乙貴人同到可作全吉用

明堂黃道　貴人星　明輔星　百事用之大吉

天德黃道　寶光星　天德星　百事大宜用之大吉

金匱黃道　福德星　月仙星　忌癸兵凶其餘百事大吉

玉堂黃道　少微星　天開星　正是泥性不利其餘百事並吉

司命黃道　鳳輦星　日仙星　司命日間用百事夜間用事不利

五符　唐符　國印　宜出入遠行見貴求財上官赴任輔蒞方再用之吉

福星貴人　天乙貴人　天官貴人　天祿　驛馬　凡上官出行求財見貴負券事大吉

太陽　太陰　金星　水星　木星　百事宜用之大吉利

貪狼　武曲　左輔　右弼　其吉同是並吉諸事用宜

三合　六合　喜神　宜求婚嫁娶送禮吉易初合等事並吉

口五運化氣天綱地紀

甲己之歲戊爲統運以土司化鎮天上氣　乙庚之歲庚爲統運以金司化素天金氣　丙辛之歲壬爲統運以水司化玄天水氣　丁壬之歲甲爲統運以木司化蒼天木氣　戊癸之歲丙爲統運以火司化丹天火氣統運火德上臨陶以戊癸化符兼元亨故丙遇辛得用于辰而辛發乙遇庚得巳酉丑而撒惠丁遇壬得亥卯未而[illegible]甲遇己得辰

## 五運六氣　謂四時五行氣候等事

口物理　天時發揮

大道春溫夏熱秋凉冬寒四時之序人皆知之及其玄微之理人所知者少而不知者多觀諸物理亦足以見天地之心造化之妙穀水木之氣而播遇金令而熟麥木金之氣而種遇火令而登此在天之種屬陽也桃李皆少陽月而華遇溫土而肥桂菊值炒令而發逢寒水而謝此在地之根屬陰也是知天氣始于少陰而終始播終于厥陰百穀收藏地氣始于厥陰萬木發生終于寒水而華煿根子故曰當時者生失時者死何朔人孳孳營陽宅以發見卜陰地少藏骨安身藏骨屬蓄達者播谷值不又在老農身谷順天之氣也不收地之氣也人苟知播值于當時而不知安藏牧牛氣說若過時而安藏氣去而死前失時播種苗長而死實又不可不知今皆明辨以俟後智潛心鑑焉

戊丑未而相制是以五運以五宮爲正而我入母宮爲福德我入子宮爲泄氣我入鬼宮爲刑傷我入妻宮爲財帛子反能剋制下凶煞仍究終氣制之所以五運造究窮生剋制化

甲與巳合化土有二而化一不能化則還本位之性乙與庚合化至一不化也丙與辛合化水一不能化也丁與壬合化木一不化也戊與癸合化火一不化也所謂一不能生物必兩也此天干一陰一陽如夫如婦配合成偶方能變化哉

〇五運化氣歌

甲巳化土乙庚金　丁壬化木成成林　丙辛化水滔滔去

戊癸南方火焰侵

〇化合論篇

十干合而化者陰陽之配夫婦之道也遇六則合遁三則化以五干幹數也至巳上得合既合遁虎統龍七主陽德司天而成變化者也子者坎之位天一之水錯精之象胎脤陽中故男從子左行三十至巳陽也故三十而娶女子從右行二十至巳陰也故二十而嫁此八事合五行之造化詎可過于此期哉

東壬子至丁巳六數故丁與壬合　丁壬化木甲德統龍

南戊子至癸巳六數故戊與癸合　戊癸化火丙德統龍

西庚子至乙巳六數故乙與庚合　乙庚化金庚德統龍

中甲子至巳巳六數故甲與巳合　甲巳化土戊德統龍

北丙子至辛巳六數故丙與辛合　丙辛化水壬德統龍

〇總論運氣

天干皆有天地之運天地之氣有正有別別爲消長正氣艮則

形陰陽不合安能得化
氣之宜哉
甲己化土喜戊辰時四季
月土旺有氣爲上乙庚
化金喜庚辰秋月旺有
氣爲上丙辛化水喜壬
辰時冬月生旺有氣爲
上丁壬化木喜甲辰時
春月旺有氣爲上戊癸
化火喜丙辰時夏月爲
上忌沖激損壞

大凡化氣只取日干而言
配合之神或年干月干
時干可用但要日辰旺
氣得時旺若不得月中
旺氣只取時上旺氣亦
可倘得月中旺氣而時
上不乘旺氣則不可用

氣盛邪氣弱則正氣強此出陰消長之必然也故五行之氣有本
初之氣有更革之氣本初者正氣也更革者利氣也正氣有定位
邪氣无定位占八於此深致意焉法則甲己化土一六同宗乙庚
化金二七同道丙辛化水三八爲朋丁壬化木四九爲友戊癸化
火五十同途此五運化氣皆爲天一更革之氣不得中正也陽年
五運化氣太過陰年五運化氣不過與不及悉法爲妖是故六
甲之歲推爲之紀歲土太過溫氣流行其和于水羽音乃孤餘說
詳見五運例

已定六氣論

夫十二支辰者行地之氣五行之氣生乎地中有盛衰消長夫金水
木土俱以形化惟火以氣化者也故木分則小金分則輕水分則
竭土分則散獨火則愈分愈盛況火又爲天地之化氣故金木水
土各一而火獨二者按京房太元玉鑰以太陽化寒水陽明化燥
金以少陽化相火太陰化濕土少陰化君火厥陰化風木爲陰陽
六氣運化之氣以支辰推之子午之歲少陰司天陽明在泉丑未
之歲太陰司天太陽在泉寅申之歲少陽司天厥陰在泉卯酉之

若月與日時庚得旺氣此爲全吉之日

十干中又有妬化之說如甲巳化土柱中見乙不化乙庚化金柱中見辛則不化丁壬化水柱中見丙則不化戊癸化火柱中見壬則不化丙辛化水柱中見丁不化所謂妬化者曰恣其坐遂成一家之好親愛恣情何能從化之故甲巳見乙同乙之本家也

如柱中干支一純此乃天元一氣極吉尤詳氣旺極有力一聯之干或二二之聯地支一氣各取坐旺自生尤不吉動

歲陽明司天少陰在泉辰戌之歲太陽司天太陰在泉巳亥之歲厥陰司天少陽在泉以氣辨推之則自大寒日至春分日八十七刻半厥陰風木主之謂之生氣　自春分日至小滿日八十七刻半少陰君火主之謂之舒氣　自小滿日至大暑日八十七刻半少陽相火主之謂之長氣　自大暑日至秋分日八十七刻半太陰濕土主之謂之化氣　自秋分日至小雪日八十七刻半陽明燥金主之謂之收氣　自小雪日至大寒日八十七刻半太陽寒水主之謂之藏氣

其法以一氣運于甲子二氣運于甲戌三氣運于甲申四氣運于甲午五氣運于甲辰六氣運于甲寅隨天而左旋一元甲子二元丙子三元戊子四元庚子五元壬子隨地而左轉是以卽元起運則運行氣氣有消長運有逆順用以消天地察理陰陽明道在心通建造化之妙妥天地同周流而行者也

## 六氣論　厥陰風木蒼天才氣

厥陰風木之氣蒼天之氣也初氣行于大寒之後三候大寒日丁丑春日凡十五日爲一氣一氣分三候一候凡五日厥陰風木候氣

一□□之氣候應世人之
□□□□
□運氣說
□運者乃十天干化運
□行也六氣者乃十
二支所屬之五行也
凡開山立向宜取山音與
年月運氣相生則吉比
和次之山音克運氣吉
運氣剋山音凶

◎逐年五運歌

詩曰
大寒木運始行初
清明前三火運居
芒種後三土運是
立秋後六金運推
立冬後九水運伏
週而復始年年如

◎逐年六氣歌

行于地中每日氣行三百二十三里零二十六步六尺六寸其氣
行其候則雞始乳伦馬房疾水澤腹堅是時日行于子天地之氣
已行坎之六三也風木二氣一動則飛設冒之灰泰開三陽發萌
萬物其氣此行立春後三候感其氣應者則東風解凍蟄虫始振
魚陟負冰是時天行于丁日行壬月行丙天地之氣已行坎之九
五也風木終氣行于驚蟄之後大壯乘正其氣行于地中感而應
候者則桃始華鶬鶊鳴鷹化為鳩是時天行于坤日行于乾月行
于甲天地之氣以行坎之上六以周坎之六氣也風木之氣行于
地凡六十日其氣行一方四千里其氣風木本山之人大宜修造理
基營另百事皆合皆吉不問緣凶天罡地煞及能制服年月日時
合風木生旺者吉剋泄者凶觀元象曰天地之生氣不易明也
九剋擇下地者不可不明地中生氣也若寅甲卯乙之山風木所
治之地凡造葬剋擇者必須風木氣臨之時生旺之候以取年月
日時以合風木生氣旺相者發福非常主出人厚貪才富貴久長
若風木之氣休囚剋擇剋地者必主人丁衰損資財耗散物業水
消灾禍登至所謂剋泄者凶是也

詩曰

子午少陰君火尊
丑未濕土太陰臨
寅申少陽相火位
卯酉陽明值燥金
辰戌太陽寒水是
巳亥厥陰風木侵

○逐日六氣歌

厥陰木氣火寒初
君火春分二上居
小滿少陽三候主

詩曰

太陰入暑四交之
秋分五定陽明位
寒水終于小季歇

○逐年主氣歌

初氣逐年木土先
二君三相火排運
四來是土常爲主
五燥金生六水天

○少陰君火　亦天之氣

少陰君火初氣行于春分之後三候君火一候氣行甲子水七火暗應故元鳥至二候氣行甲寅木八暗應雷乃發聲三候氣行甲辰土九金暗應始電是時日行于戊天地之氣臨于震之初九發育萬物感之氣舒故易曰帝出乎震節君火所臨其候陽升陰降往所當洋君火二氣行于清明之後三候其氣其氣行于地中一候氣行庚午火一木暗應故曰桐始華二候氣行于庚申金一火暗應故曰田鼠化于鴽三候氣行庚戌土三木暗應故虹始見是時天行于壬日行于辛月行于壬天地之氣行于震之六二也君火三氣行于谷雨之後三候其氣于地中氣行其候則萍始生鳴鳩拂其尾戴勝降于桑是時日行于酉天地之氣行于震之六三也君火中氣行于立夏之後三候氣行其候則螻蟈鳴蚯蚓始出是時天行于丁辛同行于庚月行于庚天地之氣已行于震之九曰也法以君火力雖故升五陽之令純陽之候繼以相火而相乘凡君火氣臨本山大宜打立不問諸凶惡煞悉可制伏生旺者則吉囚者則凶

○逐年客氣歌

詩曰
每年退二是客鄉　上臨尖數臨方
初中六氣排輪取　主剋與衰定弱強

○推五運此形十二化氣　乃天運行之氣也

六甲之歲　敦阜之紀　歲土太過　明氣盛行　其和于水　羽音為

二乙之歲　從革之紀　歲金不及　炎火盛行　其和于金　商音為曰

六丙之歲　浸衍之紀　歲水大過　寒氣流行　其和于火　徵音為孤

四丁之歲　委和之氣　歲木不及　燥金盛行

(一)少陽相火　丹天之氣

少陽相火乃天地之化氣愈分愈盛故五行之氣各一而火獨二也君為天地陶冶萬物之惟火故以必陽相火而相承之相火初氣行于小滿之後三候其氣行于地中臨其候則若歲秀靡草死麥秋至是時乾陽剛而有悔天地之氣行于震之六五相火二氣行于芒種之後其氣行其候則螳螂生鵙始鳴反舌無声是時天行于乾日行于坤月行于丙天地之氣巳行于震之上六也相火三氣行于夏至之後其氣行其候感其氣應者則鹿角解蟬始鳴木榮華其候也溫風行巨谷曰行于未天地之氣行于離之初九也一陰生焉姤臨其賊夏蕡遭霜相火中氣行于小暑之後其氣行[illegible]地中應其候者則有溫風至蟋蟀居壁是時也天行于甲日行于丁月行于甲天地之氣行于離之六二也相火之氣臨其山声尾少陽相火之氣所治之山大宜造葬營為百事所令大吉發福最快蓋得天地熱火之氣相火氣臨不問諸凶天曜煞悉能制伏剋擇者必求其生旺以資補相火之氣主旺也大能炎上愈生愈旺俱不犯休囚剋泄也

其邪干木　角音爲虛
四戊之歲　赤義之祀
歲火太過　炎暑盛行
其邪干金　商音爲孤
四巳之歲　卑監之祀
歲土不及　風氣盛行
其邪干土　宮音爲虛
二庚之歲　堅成之祀
歲金太過　燥金盛行
其邪干木　角音爲孤
四辛之歲　涸流之祀
歲水不及　濕土盛行
其邪干水　羽音爲虛
六壬之歲　發生之祀
歲木不及　風氣盛行
其邪干水　羽音爲孤
四癸之歲　伏明之祀
歲火不及　寒氣盛行

〇太陰濕土　輸天之氣

太陰濕土初氣行于大暑之後三候其氣行于地中應其候成其氣化者腐草爲螢土潤溽暑大雨時行小暑者得各升之氣助也大地之氣並行于離地之九三初氣行于地中三子五百里八十一刻有奇濕土二氣行自坤而八動于梧桐西南隅之根催落一葉而報天地之秋此乃濕土之氣行一地中應其候者則涼風至白露降寒蟬鳴是候天行于癸日行于丙月行于壬天地之氣正行離之九四也濕土三氣行于處暑之後三候感其氣應者鷹祭鳥天地肅木乃登是時也日行于巳天地之氣行于離之六五也濕土中氣行于白露節後感于氣應者鴻雁南來玄鳥北歸群鳥养羞是時天行于艮日行于亞月行于庚天地之氣行于離之上九濕上之氣臨其山大可打造葬理營行百事所合皆吉不問諸凶惡煞悉能制伏生旺名吉剋泄者凶

〇陽明燥金　素天之氣

陽明燥金初氣行于秋分之後三候其氣行于地中感其氣而應候雷收其声蟄虫壞戸水始涸日行于辰觀卦六候也是時天地之

其邪于火　徵音爲虛

口右前邪氣所干之行遇其山首所值者並不宜扦立是名天運空亡犯之大凶切宜忌之通書以山頭作化氣而論陰府太歲皆余非也君子宜洞然其之勿惑可也

升明之紀　謂戊辰戊戌二年也火本太過上逢天刑尅之減而得其平也癸巳癸亥二年火本不及土逢順化天氣生之助而行其子也氣化得均

備化之紀　謂己丑己未二年上逢太乙天符助之得其平也氣化均

氣已行兌之初九無金二氣行于寒露之後三候其氣行于地交感其氣而應候者鳴雁來賓雀入大水爲蛤菊有黄花是時天行于丙日行于乙日行于丙天地之氣已行于兌之九一也燥金中氣行于立冬之後三候感氣而應候者水始冰雉入水爲蜃是時天行于乙日行于甲天地之氣已行于兌之九四也陽明燥金之氣宿其山六宜扦立造葬所合皆吉生旺者吉剋泄者凶

口太陽寒水玄天之氣

太陽寒水初氣行于小雪之後其氣候則虹藏不見天氣上騰地氣不降天地不和閉塞成冬是時日行于庚天地之氣已行于兌之九五也寒水三氣行于大雪之後其後則鶡鴠不鳴虎始交荔挺出是時天行于巽日行于艮月行于壬天地之氣已行于兌之上六也寒水三氣行于冬至之後其候則蚯蚓結麋角解水泉動復卦始生天地之氣已行于坎之初六也一陽生焉梢根燧回寒水中氣行于小寒之後則雁北鄉鵲始巢雉始雊是時天行于庚日行于癸月行于庚天地之氣已行于坎之九二太陽寒水氣臨亥壬子癸水大宜扦立造葬向山所合皆吉生旺者吉剋泄者凶禍

當平之紀 謂庚子庚午二年上逢君火庚寅庚申上逢相火天刑尅之成而得其平也乙丑乙未二年上逢順化生之乙卯年天符乙酉年逢太乙天符助之得其平也氣化均

靜順之紀 謂辛酉辛卯二年上逢順化生之得其平也氣化均

敷和之紀 謂丁巳丁亥二年上木下及上逢天符助之得其平也氣化得均

此十八年得氣化之均山頭無空亡之犯

發生之紀 六壬之年太

## 五運六氣循環之圖

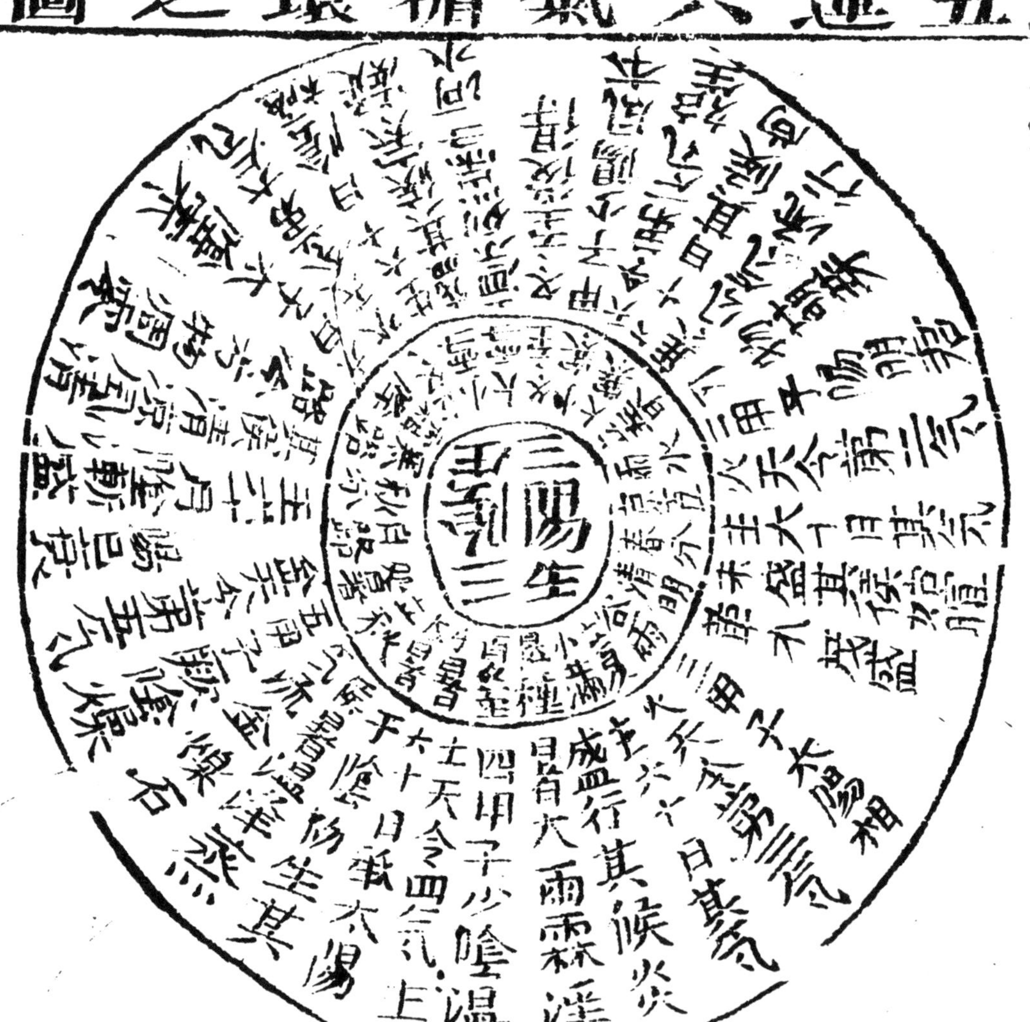

五運有旋轉之機六氣有遲早之變天以是終始之因以地地以是終始之因以物五運首即五行也六氣首五行之變風火暑濕燥寒也故二氣主六十日六十三百六十日六甲終以爲期而甚首是運而成正歲至後得甲子爲甲任上用節爲卯或任正月爲遲宜至做此故物之生從運氣應十此正已矣

木太過風氣流行，土受其邪，歲星明是。

赫曦之紀　戊子、戊午、戊寅、戊申四年，歲火太過，金受其邪，熒惑星明見。

敦阜之紀　六甲之年，歲土太過，濕氣流行，水受其邪，鎮星明見。

堅成之紀　庚辰、庚戌年，歲金太過，木受其邪，太白星明見。

流衍之紀　丙子、丙午、丙寅、丙申四年，歲水太過，火受其邪，辰星明見。

委和之紀　丁丑、丁未、丁卯、丁酉四年，歲木不及，不反受邪，太白星光芒。

伏明之紀　癸丑、癸未、癸

# 六歲年主客氣

主氣司天

少陰司子午年　太陰司丑未年　少陽司寅申年　陽明司卯酉年　太陽司辰戌年　巳亥年

厥陰　雨水驚蟄　春分清明
初　太陽　厥陰　少陰　太陰　少陽　陽明
烝寒，小切剌熱，大風殺榮，熱風傷人，風雨疑明，為豆變至，清風霧
烝霜雪水冰，雨生毛虫，時熱流行，不散，蒙昧

少陰　谷雨立夏　小滿芒種
二　厥陰　少陰　太陰　少陽　陽明　太陽
烝為風溫，雨天下測疫，時雨，大熱早行，溫涼不時，寒雨間熱
烝雨生毛虫，以正得位，疫病乃行

少陽　夏至小暑　大暑立秋
三　少陰　太陰　少陽　陽明　太陽　厥陰
烝大暑炎光，雷雨電雹，其秋寒主，濕風晚布，涼風間發，宗熱間至，熱風大作
熱淫水雹，雨生羽虫

太陰　處暑白露　秋分寒露
四　太陰　少陽　陽明　太陽　厥陰　少陰
烝人服，霜雨濕電，炎熱拂勝，清風霧露，告雨濕物，雨生蝶虫，暴雨濕，風雨催左，挽氣反濁

陽明　霜降立冬　小雪大雪
五　少陽　陽明　太陽　厥陰　少陰　太陰
烝溫風乃至，大涼燥疾，早寒，涼風大作，私風濕涼，雨生介虫，熱病時行，特雨沉陰

太陽　冬至小寒　大寒立春
六　陽明　太陽　厥陰　少陰　太陰　少陽
烝燥寒劫功，大寒疑刻，寒風飄蕩，蟄虫出現，疑修寒雪，冬溫華出
時冬蟄虫，流水不冰，地氣溫，流水不

卯癸酉四年炎火不及
火反受邪　星辰光芒
卑監之紀　巳卯巳酉巳
巳巳亥四年炎土不及
土反受邪　歲星光芒
從革之紀　乙巳乙亥二
年炎金不及　金反受
推　熒惑星光芒
涸流之紀　辛丑辛未辛
巳辛亥四年炎水不及
水反受邪　鎮星光見
此則天運五行有正受其
邪有反受其邪知造化
者當察其天時以明地
利天時地利既明方能
召于人和人未有背天
時而得地利能召人知
之理

交六氣之時日　申子辰年　巳酉丑年　寅午戌年　亥卯未年

厥陰風木

大寒日交　初之氣始于寅　初之氣始于巳　初之氣始于申　初之氣始于亥
立春　初刻終于子正　正之中巳初刻　初一刻終于午　初一刻終于酉
雨水　八十七刻半　終于子午二刻半　正之中　正之中
驚蟄　二之氣始于丑　二之氣始于卯　二之氣始于子　二之氣始于酉
春分日交　八十七刻終于　一十二刻六分　三十七刻終于　六十二刻終于
清明　穀雨　戌正四刻　終于丑正四刻　辰正四刻　未正四刻

少陰君火

立夏　三之氣始于亥　三之氣始于寅　三之氣始于巳　三之氣始于申
小滿日交　芒種　初刻終于酉　正初一刻終于子　初一刻終于未　初一刻終于午
夏至　之中　正八十刻　正一十一刻半　正之中

少陽相火

小暑　大暑日交　四之氣始于酉　四之氣始于子　四之氣始于卯　四之氣始于午
立秋　六十刻終于未　八十七刻六分　一十二刻六分　三十七刻終于
處暑　正四刻　終于戌正四刻　終于丑正四刻　辰正四刻

太陰濕土

白露　秋分日交　五之氣始于申　五之氣始于亥　五之氣始于寅　五之氣始于巳
寒露　霜降　初刻終于午　初刻終于酉　初一刻終于子　初一刻終于卯
立冬　正之中　正之中　八十七刻半　正　十二刻

陽明燥金

小雪日交　六之氣始于午　六之氣始于酉　六之氣始于子　六之氣始于卯
大雪　冬至　正三四刻終于　六十二刻終于　八十七刻終于　十二刻六分終
小寒　辰正四刻　未正四刻　戌正四刻　丑正四刻

太陽寒水

定子午年少陰君火司天陽明燥金在泉　卯酉年陽明燥金司天少陰君火在泉
六丑未年太陰溫土司天太陽寒水在泉　辰戌年太陽寒水司天太陰溫土在泉
氣寅申年少陽相火司天厥陰風木在泉　巳亥年厥陰風木司天少陽相火在泉

右法以大五行推之盛陽于为木过明于为不及當抑其太过而扶不及卯甲土太过而水受弱用角音以抑其太过用商以扶其弱之不及以四日临義之以歲会之平会于之以相合及亥氣日滑于相合則得为巳所克自于氣克穴

○假令辛亥年作癸山阴年得本運不及遇亥歲北方水相佐平安又領年亥物氣于年前太寒之月如下乡交司之日遇日期與壬合各日土德符合亦为平氣若交司之時遇壬亦日干德

○此六氣者乃司天在泉之各系九生旺主氣者吉剋泄主氣者古也

○六氣次

六寒在丑厥阴風木生氣始艮中穴未申　春分佳辰少阴君火舒系始乙中辰未巽　小滿在巳少阳相火長氣始丙中午未丁

大暑在未太陰溼土化系始坤中申未庚　秋分在酉阳明燥金收氣始辛中戌未乾　小雪在亥太陽寒水藏氣始壬中子未癸

○一系運丁甲子冬至之朔比卦　三氣運于甲戌霜降之朔小过

二系運于甲申大暑之朔訟卦　四氣運于甲午处暑之朔訟卦

五系運于甲辰穀雨之朔中孚　六氣運于甲寅雨水之朔明夷

六甲巳土運在六曰合在系曰注　丙辛水在六曰井在系曰出　乙庚在六曰經在氣曰行　丁壬　木運在六曰俞在系曰过　戊癸火運在六曰榮在系曰流

○六氣應候

大寒日起立春雨水京蟄末　自止此四節乃厥明風木司蒼天木系所主为生系

春分日起清明穀雨立夏末　日止此四節乃少陰君火司丹天火系

相符除此交初氣日時之後相遇皆不相濟也明年中若逢月干相符合相濟皆未逢勝而見之干合若应为平氣若行勝已後符伏已畢逢月干合則得正位故上氣之正不可頓絶之十干之刃到以陰阳年紀之此乃大槩設此然易知也十氣紀以當年之辰日時以法推之

【木運】太角日發生是为太过　少角生日委和是为不及
正角生日敷發是为平氣

【火運】太徵生日赫羲是为太过　少徵生日伏明是为不及
正徵生日昇明是为平氣

所主為舒氣

小滿日起至芒種夏至小暑　未日止此四節乃少陽相火丹天穴氣所主为長氣

大暑日起至立秋处暑白露　未日止此四節乃太陰温土司黅天土氣所主为化氣

秋分日起寒露霜降立冬　未日止此四節乃陽明燥金司素天金氣所主为收氣

小雪日起至大雪冬至小寒　未日止此四節乃太陽寒水司玄天水氣所主为藏氣

○六氣生舒長化收藏乃二十四山之主氣各應其候遇其山家與氣相符按節候凡有作立大吉之兆也

○二十四内外運

如坎山從申起至子为天建經九再從子至辰为地建逢九從辰入至巳为人建逢九合宮水令为居垣燥金令为得势癸水合度癸福氣潛餘山倣此

凡各山三氣自有一定不移合山墓運每從冬至後以五子元用老

土運宮土曰敦阜是為太過
少宮土曰卑監是為不及
正宮土曰備化是為平氣
金運商金曰堅成是為太過
少商金曰從革是為不及
正商金曰審平是為平氣
水運羽水曰流衍是為太過
少羽水曰涸流是為不及
正羽水曰靜順是為平氣
〇各以巳之太過不及悉
能為妣若氣平則同正
化死太過不及也又祥
太過運中有為司天之
氣有抑者亦為平氣則
謹叢之紀宋水司天二
年戊辰戊戌為成之先
二火司天四年庚子庚
午庚寅庚申皆平氣之

五行亥壬丁癸大江東之真氣變運勿用其餘五行
凡論化氣者乃天運行之氣為天運也墓氣者乃地運行也為山
運也然天運有孤辰有平復山運有剋有制
亥壬次癸四山正氣屬水　羽音太陽寒水主守之位為黑天水氣
自小雪日至小寒末日止為之藏氣
艮坤辰戊丑未六山正氣屬土　宮音太陰濕土主守之位為黅天
土氣自　大暑名日起白露末日止為化氣
水土十山皆運在辰止　水囟天運甲年為孤辛年為虛甲子辛亥
年平氣吉土山天運壬年為孤巳年為虛壬辰壬戌巳丑巳未年
為平氣吉
甲兌庚辛乾五山正氣屬金　南音陽明燥金主守之位為素天金
氣自　秋分日起至冬至末日止為之收氣　金山墓在
金山天運戊年為孤乙年為虛囟戊申乙酉年為平氣吉
震巽寅甲乙五山正氣屬木　角音厥陰風木主守之位為蒼天木
氣自　大寒日起至驚蟄末日為之生氣　木山墓未
木山天運庚年為孤丁年為虛囟庚寅丁卯年為平氣

此也餘以類推

○六氣主機

子午年 少陰君火司天 陽明燥金在泉

火勝金衰

皇極屬水 壬子 壬午

初氣 大寒至春分

主氣厥陰風木 客氣

太陽寒水 主氣受邪

二氣 春分至小滿

主氣少陰君火 客氣

厥陰風木 金炁受邪

三氣 小滿至大暑

中氣少陽相火 客氣

少陰君火 金氣受邪

四氣大暑至秋分

主氣太陰溼土 客天

太陰溼土 水天受邪

離丙巳丁四山正氣屬火 徵音君相二火主守之位為丹天氣自

春分君火主之為舒炁 自小滿相火主之為長炁 火山屬戊

火山天運丙年為孤癸年為虛卤丙寅癸丑為平炁吉

○右水土山造葬用申子辰亥年月日時為大吉戊子未為坎吉

○右金山造葬宜用巳酉丑申年月日時為大吉 未卯辰為坎吉

○右木山造葬宜用亥卯未寅年月日時為大吉 丑戌為坎吉

○右火山造葬宜用寅午戌巳年月日時為大吉 辰丑為坎吉

凡山家墓運年尅家長忌月尅宅母忌日尅塚婦忌時尅子孫忌

若遇四柱中納音有制伏者則並不忌也謂子來救母化煞為權

友卤為吉也

○巳上二十四山主忌客 依其月節候按臨其山取生旺有氣得合

祿馬貴人三奇尊帝太 明太陰金水二星撵方祿馬貴人太陽到

則行息造作切勿誤信 通書妄作生旺錯認依四編定某作某月

用某鳴吹造以某月用 某四柱造屋棄生旺丁不順用作因而煤

人戒之戒之

○各氣受邪

五氣　秋分至小雪
陽明燥金　客氣
少陽相火　金氣受邪
六氣　小雪至小寒
太陽寒水　客氣
主氣　火氣受邪
陽明燥金司天
少陰君火在泉
卯年
□氣　乙卯　乙酉
初氣　大寒至春分
主氣　厥陰風木　客氣
太陰濕土　土氣受邪
二氣　春分至小滿
主氣　少陰君火　客氣
火　金氣受邪
三氣　小滿至大暑
主氣　少陽相火　客氣

〇金氣受邪忌用納音金日〇甲子　乙丑　壬申　癸酉　庚辰
辛巳　甲午　乙未　壬寅　癸卯　庚戌　辛亥
〇木氣受邪忌用納音木日〇壬子　癸丑　庚申　辛酉　戊辰
己巳　壬午　癸未　庚寅　辛卯　戊戌　己亥
〇水氣受邪忌用納音水日〇丙子　丁丑　甲申　乙酉　壬辰
癸巳　丙午　丁未　甲寅　乙卯　壬戌　癸亥
〇火氣受邪忌用納音火日〇丙寅　丁卯　甲戌　乙亥　戊子
己丑　甲辰　乙巳　戊午　己未　丙申　丁酉
〇土氣受邪忌用納音土日〇庚子　辛丑　戊寅　己卯　丙辰
丁巳　庚午　辛未　戊申　己酉　丙戌　丁亥
〇右各氣受邪日仍看其候若木氣受邪其用在寅卯木旺之月若火氣受邪其候在巳午火旺之月金氣受邪其候在申酉金旺之月水氣受邪其候在亥子水旺之月土氣受邪其候在辰戌丑未土旺之月皆爲平氣不受邪而無忌

是氣也一日司天一日在泉乃氣之對待也司天者天之氣候也在泉者地之氣候也然天地之氣天行中而行八萬四千里一日計

陽明燥金　金氣受虧

四之氣　大暑至秋分

主氣太陰濕土　客氣

太陽寒水　水氣受邪

五之氣　秋分至小雪

主氣陽明燥金　客氣

厥陰風木　木氣受邪

六之氣　小雪至大寒

主氣太陽寒水　客氣

少陰君火　火氣受邪

（戊辰年）太陽寒水司天

太陰濕土在泉

土運　衰

皇極屬土　甲辰　甲戌

初之氣　大寒至春分

主氣厥陰風木　客氣

少陽相火　金氣受邪

二之氣　春分至小滿

---

行三百三十二里一十六步六尺六寸六分凡卜擇須看地之脈氣長短而步籌其氣得其多寡然後分測其氣以應一紀二紀之十數紀之中天符歲會交變何如禍福與替何如則天地之氣重山川造化之生氣不待通說而知之則審主氣臨其候者而用之如太陽寒水自小雪至小寒未候氣臨亥壬子癸是也蓋亥壬子癸山乃太陰寒水所治之地伏藏其冬候乃太陽寒水主也諸山倣此夫歷以五日爲一候三候爲一氣六氣爲一時歲二十四氣也七百二十氣爲三十年一千四百四十氣爲八年太過不及于斯可見矣經曰顯明之右在卯地君火之位君之右退行一步相火治之復行一步濕土治之復行一步燥金之復行一步寒水治之復行一步風木治之故每氣一步各司十日又餘八十七刻半總之乃三百六十五日二十五刻春溫熱秋涼冬寒以成一歲之令千載則一此主氣之常也故四維靜而守位也○是以大寒至驚蟄厥陰風木主事謂之生氣臨艮寅山○春分至立夏少陰君火主事謂之舒氣臨卯乙辰巽山○小滿至小暑少陽相火主事謂之長氣臨巳丙午丁山○

主氣少陰君火　客氣
陽明燥金　木氣受邪
三氣　小滿至大暑
主氣少陽相火　客氣
太陽寒水　火氣受邪
四氣　大暑至秋分
主氣太陰濕土　客氣
厥陰風　土氣受邪
五氣　秋[illegible]小雪
主氣[illegible]陽[illegible]　客氣
[illegible]火　金氣受邪
六氣　小雪[illegible]大寒
[illegible]氣太陽[illegible]水　客氣
[illegible]明濕土[illegible]水氣[illegible]濕
太陰濕土　司天
（丑未）太陽寒水　在泉
十[illegible]水衰
皇極屬木　巳丑[illegible]

至白露太陰濕土主事謂之化氣臨未申坤庚山〇秋分至立冬
陽明燥金主事謂之政氣臨酉戌辛乾山〇小雪至小寒太陽
水主事謂之藏氣臨亥壬子癸山又逐年司天客氣加于守位
氣之上而推其變故曰天氣動而不息也其六氣之源則同而
氣之緒則異何也蓋天氣始于少陰終于厥陰地氣始于少陽
于太陽是故當其時行變之常非其時行變之灾也客氣尅淫
主氣者禍之端也客氣旺相其主氣者福之須也仍客氣義有
化政令之常時有暴風疾雨迅雷飄雹之變冬有燥石之熱夏
有[illegible]風之清此無他乃天地之氣勝復鬱之所致也然地氣有溫
[illegible]之常時有寒溫燥濕骨節胎息之變生者感冒是氣必有
[illegible]暑濕之變死者煞乘其氣必有吉凶禍福之應此豈有地亦[illegible]
氣勝脹興衰之所致也是氣也嚴乎五氣太過不及之徵也又有
所謂平氣故有天符歲會同天符同歲會太乙天符凡此五者所
謂敷和升明備化審平靜順之紀乃都天太歲之正氣也

運氣相間曰天符

內辛水運辰戌太陽寒水司天運氣皆水丙辰丙戌爲天符水

初氣　大寒至春分
主氣厥陰風木　客氣
陽明　木小氣受邪
二氣　春分至小滿
主　陰君火　客氣
小　太陽　金氣受邪
三氣　小滿至大暑
主　相火　客氣
太　小氣受傷
四氣　大暑至秋分
主氣太陰濕土　客氣
少陽相火　水氣受傷
五氣　秋分至小雪
主　明燥金　客氣
陽　金　木氣受傷
六氣　小雪至大寒
主氣太陽寒水　客氣
太陽寒水　火氣受傷

丁壬木運巳亥厥陰風木司天運氣皆木丁巳丁亥爲天符木
戊癸火運子午少陰君火司天運氣皆火戊子戊午爲天符火
乙庚金運卯酉陽明燥金司天運氣皆金乙卯乙酉爲天符金
甲巳土運丑未太陽濕土司天運氣皆土巳丑巳未爲天符土
六十年中有此十二年天符也內乙卯屬天地真本運氣天符又
屬金丁巳屬天地真火運氣天符又屬木夫天地
後專位尊而天符卑也則乙卯可以天地真木專位丁巳可以大
地真火專位也

運臨本氣之位曰歲會
丙辛水運水律子正旺亥次旺運律皆水丙子辛亥爲歲會水
丁壬木運木律卯正旺寅次旺運律皆木丁卯壬寅爲歲會木
戊癸火運火律午正旺巳次旺運律皆火戊午癸巳爲歲會火
乙庚金運金律酉正旺申次旺運律皆金乙酉庚申爲歲會金
甲巳土運土律丑未　屬土四正旺運律皆土甲辰甲戌巳丑巳
未爲歲會土
六十年中有此十三年歲會也內有壬寅庚申辛亥癸巳不以爲

戊申二年　少陽相火司天　太明寒水在泉

火勝金衰

皇極屬水　戊申　戊寅

初氣　大寒至春分

主氣厥明風木　客氣

少明君火　金氣受邪

二氣　春分至小滿

主氣少明君火　客氣

太明温土　水氣受邪

三氣　小滿至大暑

主氣少陽相火　客氣

少陽相火　金氣受邪

四氣　大暑至秋分

主氣太明温土　客氣

陽明燥金　木氣受邪

五氣　秋分至小雪

主氣陽明燥金　客氣

命皆謂不當正中之令也

太過之運加地氣曰同天符

丁壬木運寅申厥明風木在泉運氣皆木壬寅壬申司天符水

乙庚金運子午陽明燥金在泉運氣皆金庚子庚午司天符金

甲己土運辰戌太明温土在泉運氣皆土甲辰甲戌司天符土

六十年中有此六年司天符也

不及之運加地氣曰同歲會

丙辛水運丑未太陽寒水在泉運氣皆水辛丑辛未同歲會水

戊癸火運巳亥卯酉少陽相火少明君火在泉運氣皆火癸巳癸亥癸卯癸酉同歲會火

六十年中有此六年同歲會也

天符歲會相合曰太乙天符

戊火運午君火司天午律屬火運氣律皆火戊午太乙天符火

乙金運酉燥金司天酉律屬金運氣律皆金乙酉太乙天符金

巳土運丑未温土司天丑未律屬土運氣律皆土巳丑巳未合太乙天符土也

六十年有此四年太乙天符也

太陽寒水　火氣受邪
六氣　小雪至大寒
主氣太陽寒水　客氣
厥陰風木　主氣受邪

**巳亥之年** 厥陰風木司天 少陽相火在泉

火勝金病
皇極屬水　辛巳　辛亥
初氣　大寒至春分
主氣厥陰風木　客氣
厥陰燥金　木氣受虧
二氣　春分至小滿
主氣少陰君火　客氣
太陽寒水　火氣受虧
三氣　小滿至大暑
主氣少陽相火　客氣
厥陰風木　金氣受邪
四氣　大暑至秋分

接六氣司天者主行天之令上之位也岁運者主天出而入物化生之氣中之位也蓋泉者主地之化行乎地中之位也一岁之中有此上中下三氣各行化令而氣臨符会而同者則同其化是謂當年之中司天之氣與中氣運同者命曰天符符之爲言合也天符共十二年又當年干化運與年辰十二律五行同者命曰岁会氣之平也岁會其八年外有四年壬寅者皆木庚申皆金癸巳皆火辛亥皆水亦運與年辰五行相会故曰次岁会也又當年有天符岁會運會三者相同命曰太乙天符太乙者尊之號也上有四年故曰天符爲取法岁會爲行令太乙天符爲貴人邪氣中執法者其禍速邪氣中行令者其禍遲邪氣中貴人者其禍必至敗絶凡理氣與在泉合其氣化陽年曰同天符陰年曰同岁会故六十年中太乙天符四年天符十二年岁会八年次岁会四年同天符六年同岁会六年五者分而言之共四十年合而言之只有二十九年經年二十四年者不言岁会也

如是則變行有多少貴賤有輕重禍福有遲速按經推步可知矣

一擇法當先審其山之主氣而取年月生旺扶以應如丟其[illegible]

五氣　秋分至小雪
主氣陽明燥金　客氣
太陽寒土　水氣受剋
六氣　小雪至大寒
主氣太陽寒水一客氣
少陽相火　火氣受邪
已上各氣受傷之說，如主
客皆火，即金受傷；如主
木客土，月木受邪。餘可
類推。天火狗主客俱以
勝負為盛衰之所剋者
即受邪矣。

自家主氣其月其候復照本山合年月日時之主旺天符歲會之
補六大宜作之造宅安墳百事皆吉，如犯休囚剋泄而事皆凶。此
五運六氣為諸家年煞揲之首，學者當盡心而詳察焉。

六氣年月專看相生
丙辛辰戌寒水年月不可下子午寅申君相火戊癸化火　山穴
乙庚卯酉燥金年月不可下巳亥風木丁壬化木　山穴
丁壬巳亥風木年月不可下丑未濕土甲己化土　山穴
甲己丑未濕土年月不可下辰戌寒水丙辛化水　山穴
戊癸子午寅申君相火年月不可下卯酉燥金乙庚化金　山穴

訂刻歷法總覽合節鰲頭通書大全卷七終

明熊宗立◎撰集

北京學易齋刊行

鄭同◎校閱

華齡出版社

# 初刻鰲頭通書大全

［上］

影印四庫存目子部善本匯刊［二十五］

謝路軍◎主編

责任编辑：薛　治
责任印制：李未圻

**图书在版编目（CIP）数据**

影印四库存目子部善本汇刊. 25 /（明）熊宗立撰集.
—— 北京 ：华龄出版社，2021. 2
ISBN 978－7－5169－1830－2

Ⅰ. ①影… Ⅱ. ①熊… Ⅲ. ①哲学－古籍－善本－汇编－中国 Ⅳ. ①B2

中国版本图书馆 CIP 数据核字（2021）第 000708 号

**本书影印，概依底本。凡古本有旧残及漫漶之处，一律保持原貌，特此说明。**

书　　名：影印四库存目子部善本汇刊（二十五）：初刻鳌头通书大全
作　　者：（明）熊宗立撰集　郑同校

出版发行：华龄出版社
地　　址：北京市东城区安定门外大街甲 57 号　邮　　编：100011
电　　话：（010） 58122246　传　　真：（010） 84049572
网　　址：http://www.hualingpress.com

印　　刷：廊坊市长岭印务有限公司
版　　次：2021 年 4 月第 1 版　2021 年 4 月第 1 次印刷
开　　本：889×1194　1/16　印　　张：86.75
字　　数：880 千字　印　　数：600
定　　价：1140.00 元（全三册）

# 鰲頭通書大全序

前成宏間家　宗立先生以剋擇造人之福者數十年著有通書大全行世後數世而曾孫　月疇先生習其道踵而行之其義益精其理益明以年月日時富貴人者又七十餘年每日執贄求課戶外屨常滿

其福澤所及幾半天下是時以歲差推算未悉詔天下有精歷象者許郡邑以名報馳驛京師縣父母以先生名應之因年至耄耄不便興居獲辭生平手集有通書秘篋中一夕夢有詔名詣金門立鰲柱下晤嘆曰吾老矣吾之日月吾既知之矣其所

以應四方命者其可必耶篋中書吾生平得力者在是即四方之所需索者亦在是書若行吾雖徃也而猶存焉盍公諸梓乎因命其名曰鰲頭通書中載若斗首若河洛等篇真剖千古之秘發百家之蒙者也書行五十餘年四方摘其本遵而用之所

惠者甚博所及者甚遠後以兵燹之故遂致殘燬夫以福世之物而忍聽其灰燼先生有靈應亦太息且尤此君子福澤廣被之心因重梓之俾四方之求富貴昌嗣續者復得所指南云

康熙辛丑年仲秋吉旦序

# 書業堂新訂增補合節鰲頭通書大全卷之一



## 二卷目錄

# 斗首元辰目錄



七層尅擇源流

# 三卷目錄

## 玉函斗首元辰

嘉慶下元起萬年歷

## 三卷上層目錄



# 一卷目錄

## 四卷上層目錄



## 四卷目錄

## 五卷上層目錄



## 五卷目錄

六卷上層目錄





# 六卷目錄

## 卷上層目錄



## 七卷目錄

詩義之紀　敦阜之紀
堅成之紀　流衍之紀
秀容之紀　伏明之紀
卑監之紀　從革涸流
五運圖說　六氣玄机

## 八卷上層目錄



## 八卷目錄　造命玄機

## 九卷上層目錄



## 十卷上層目錄



## 九卷目錄

### 二十四山



## 十卷遁甲奇門目錄

## 奇門演禽目錄

# 新鍥歷法總覽合節鰲頭通書大全卷之一

鰲峯道軒熊宗立通書大全

後裔[illegible]　秉懋重訂

## 周天度數（日月歷象總論）

按諸儒曾曰天體至圓周圍三百六十五度四分度之一天象數以九百四十分作四分分之四分之中以一分筭之得二百三十五分乃周天三百六十五度零二百三十五分是也九一度二千九百三十二里周天積一百七萬九百一千三里至二十五萬六千九百七十一里乃周天之全數也其体至健遶地左旋七政就又與

## 太極圖說（謂太極混沌初判而生陰陽五行八卦等事）

### 太極圖

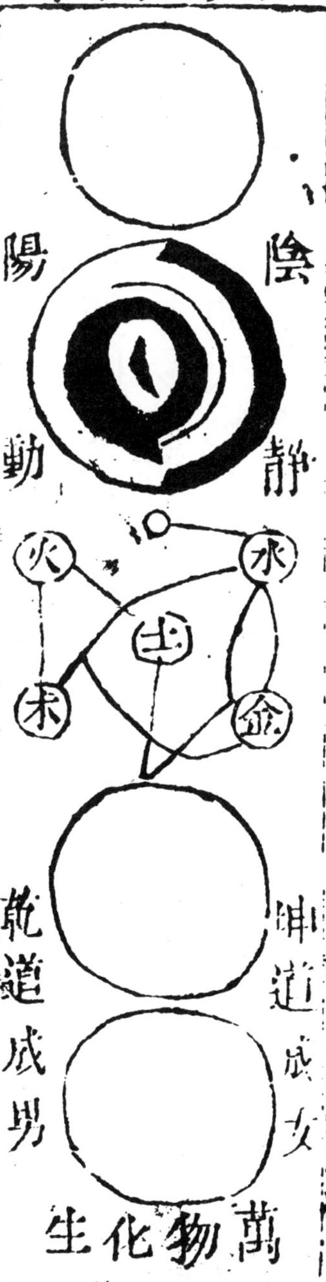

陰
陽
靜
動
火
水
土
木
金
乾道成男
坤道成女
萬物化生

無極而太極太極動而生陽陽極而靜靜而生陰靜極復動一動一靜互爲其根分陰分陽兩儀立焉陽變陰合而生水火木金土（天一生水地二生火天三生木地四生金天五生土）五氣順布四時行焉（四時者春夏秋冬也）五行一陰陽也陰陽一太極也太極本無極也五行之生也各一性無極之

之同運而不及其健見漸退而反似右耳七政皆隨天左旋而不及其健如蟻行磨上磨健蟻遲不得不西天一晝夜繞地一周三百六十五度而又過一度二百三千五分是天之行健也易說象天行健以人一呼一吸爲一息一萬三千五百一息之間天已行十餘里非至健不能日行次健飛天之而少遲其行一晝夜繞地一周天三百六十五度一百三十五分以其行遲處一日作一度衍一日不及天之一度以天之進而

易有太極

虛五與十

太極

即爲太極

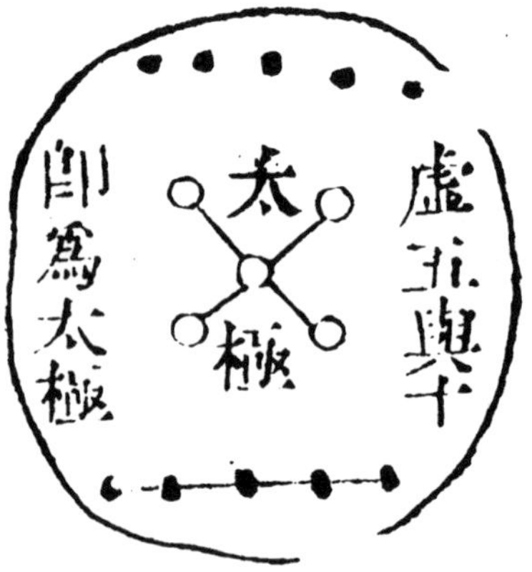

作易圖

是生兩儀

地二四六八爲偶屬陰

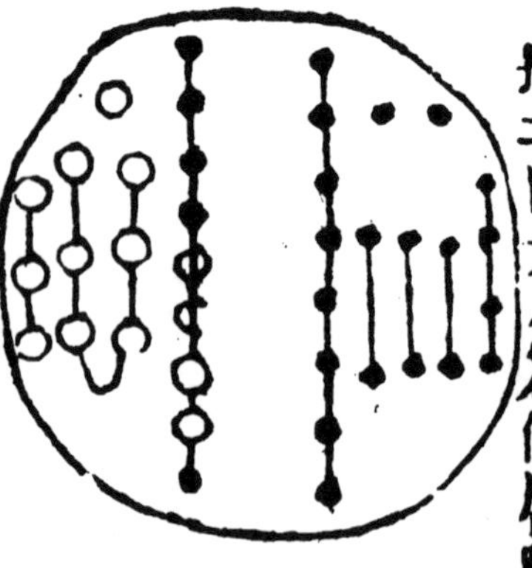

天一三五七九爲奇屬陽

作易圖

眞二五之精妙合而凝乾道成男坤道成女二氣交感化生萬物生生變化無窮焉惟人也得其秀而最靈形既生矣神發知矣五性感動而善惡分萬事出矣聖人定之以中正仁義而主靜立人極焉故聖人與天地合其德與日月合其明與四時合其序與鬼神合其吉凶君子修之吉小人悖之凶

易曰立天地之道曰柔與剛立人之道曰仁義又曰原始反終故知生死之說大哉易也斯其至矣周子作道書太極只是天地萬物之理在天地則天地中有太極在萬物則萬物中有太極未有天地之先畢竟先有此理

反似退耳積至三百六十五日四分日之一是一歲日行之數也日法以九百四十分爲一日四分日之一者亦零數也三四分之中一分二百三十五分是也日法四分度之一便是天度四分度之一蓋在天爲度在歷爲日天所以進退之度周得本數而日所退之度恰退盡本數與天會于初進初退之度已周三百六十五日二百三十五分是成一年所謂歲一周天此也月麗天而尤遲一晝夜繞地一周天三百五十二

## 兩儀生四象

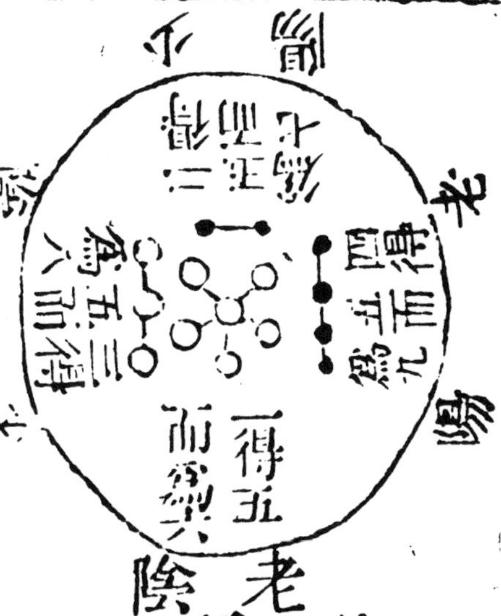

作易圖

## 四象生八卦

作易圖

太極生兩儀天地兩儀生四象老陽少陽老陰少陰四象生八卦乾坎艮震巽離坤兌八卦定位震東兌西離南坎北乾坤艮巽居四維則各專其令各專其氣矣東方木春令南方火夏令西方金秋令北方水冬令中央土所寄四季天道成地道平人道立矣夫歷家術學星辰神煞要亦不過自入卦中六十甲子內而取之也相生相尅相刑相冲相合與不合和與不和而吉凶之星象立矣世人不知此而昧於吉凶之趍深於此懼而先哲諸公通此之所作也今具此圖以覺後學之人要須使知星辰神煞向立方所有自來矣

## 天地定位

謂兩儀圖說并天休度數等事

度有奇每一日不及天十三度十九分度之七十九分度之七者是月不及天十三度有奇以九百四十分筭之得三百四十分有奇歷家以進數難筭只得以退筭之故謂之右行進數爲天而左退數爲天而右以進之則反似疾耳積至二十九日九百四十分日之四百九十九分即九百四十分日之內得四百九十九分而與日會于辰次之所是爲一月天一日周天以其與日會者也以九百四十分爲百以七十八分

天 地

易有太極是生兩儀疏云太極謂天未分之前元氣混而爲一二氣既分之後陽氣居上爲天陰氣居下爲地居上者輕清居下者重濁有如此水於是天地位焉乃謂之兩儀朔係天形如雞子天大地小表裏有水地乘氣而立載水而浮二十八宿半隐半見天轉如車轂渾天儀天园而地方天南高而北下是以望之如倚蓋焉

天圓如倚蓋

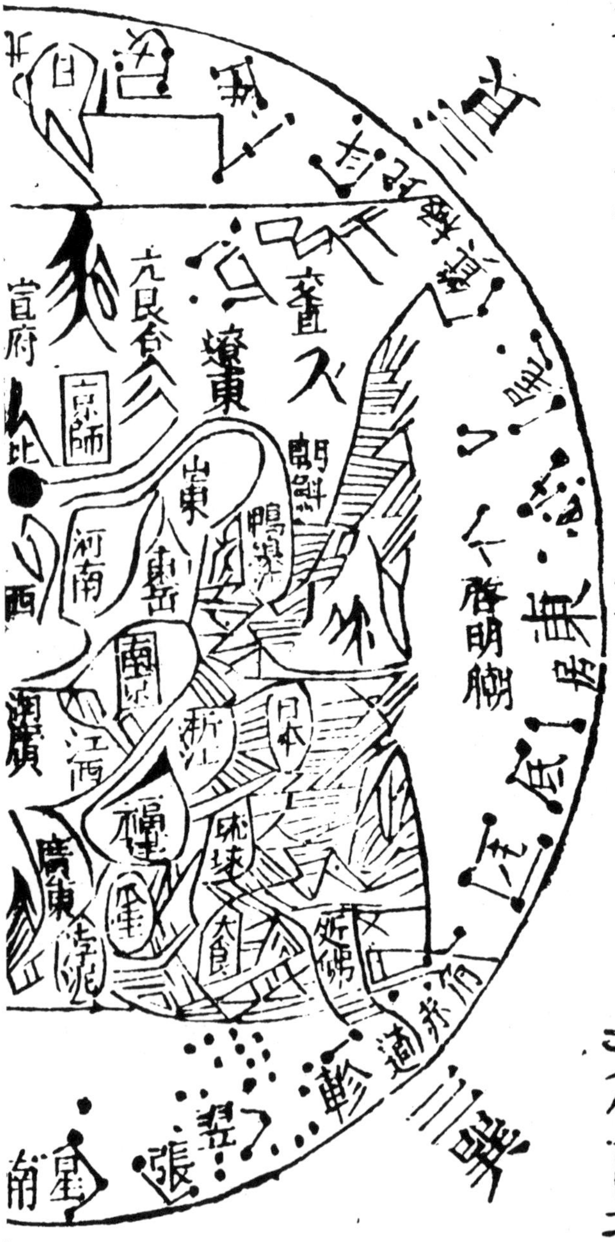

天傾西北界

三厘三毫三絲三忽爲一時以九分四厘爲刻積至二十九日六時三刻零而與日會於十二次舍之所是爲一月一周天也十二會得全日三百四十八日十二會即十二個二十九日六時共得三百四十八日餘分之積六日三百四十八分餘分之積者零数也十二個四百九十九分筭之共得五千九百八十八分以九百四十分爲一日筭之乃得六日零三百四十八分也加之通得三百五十四日三百四十八分所謂

## 三定位

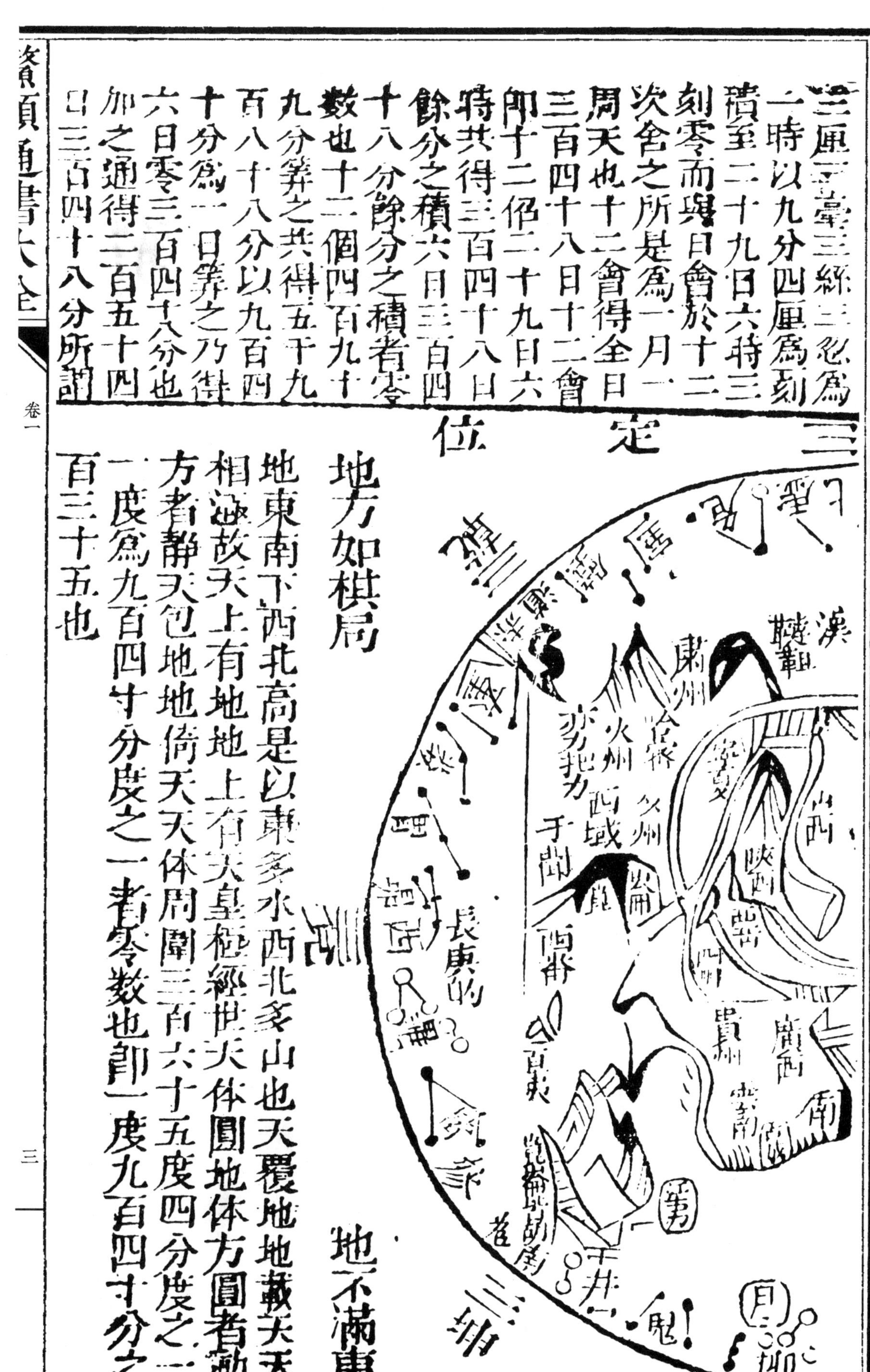

地不滿東南

地方如棋局

地東南下西北高是以東多水西北多山也天覆地地載天天地相涵故天上有地地上有天皇極經世天体圓地体方圓者動而方者静天包地地倚天天体周圍三百六十五度四分度之一凡一度爲九百四十分度之一者零数也即一度九百四十分之二百三十五也

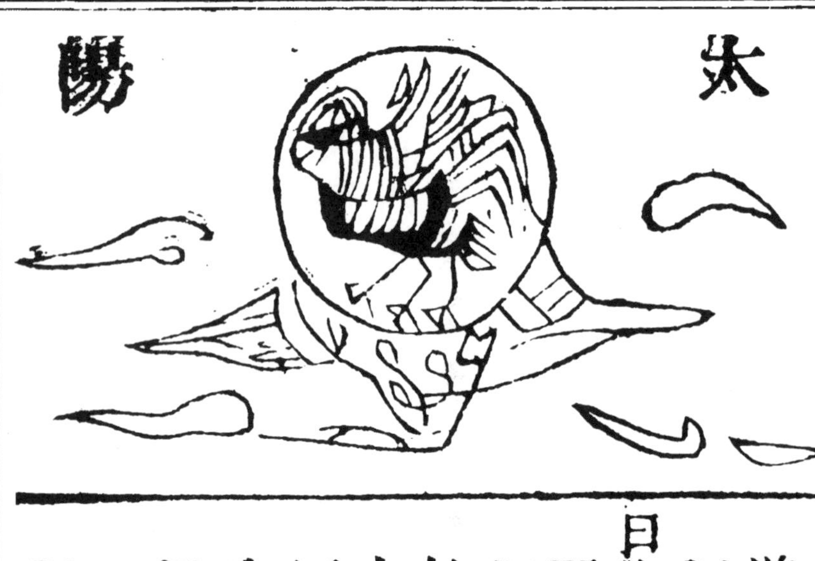


一歲月行之數也再以六日二百四十八分加之是得其數謂之月行一小歲也

## 兩曜圖說 謂論日月出入蝕明魄望交會等事

日者太陽之精主生養恩德人君之象也麗天左旋一日繞地一周天地天運不及一度日中道（中道者黃道也）半在赤道內半在赤道外日去南極遠晝短夜長則晷長日去北極近晝長夜短則晷短晷長則寒晷短則暑（萬花谷說）

日出於暘谷浴於咸地拂於扶桑是謂晨明登於扶桑之上東方之野爰始將行是謂朏明（朏音斐朏明將明也）至於曲阿（山名）是謂朝陰臨於曾泉（東方多水之地）是謂早食次扶桑野是謂晏食臻於衡陽是謂禺中對於昆吾（南方邱名）是謂正中靡於鳥次西南方（山名）是謂小還至於悲谷（大壑）是謂晡時迴於女紀是謂大還經於泉隅是謂高舂（未冥）頓于連石是謂下舂爰止羲和爰息六螭是謂縣車自鳥六螭羲和御之至虞泉止六螭薄收虞泉是謂黃昏淪於蒙谷是謂定昏自入於虞泉之汜曙於蒙谷之浦行九州七舍有五億萬七千三百九里

詳見淮南鴻烈解

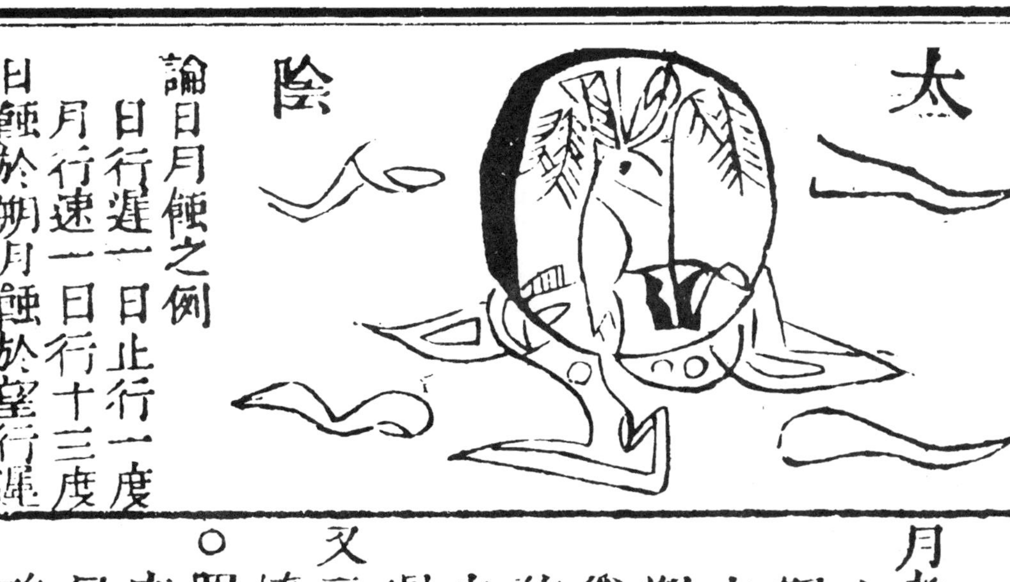


論日月蝕之例

日行遲一日止行一度

月行速一日行十三度

日蝕於朔月蝕於望行遲

○太陰圖說

月者太陰之精主刑罰威權后妃之象也亦麗天左旋一日不及天十三度魄者之体也月本無光受日則光合壁謂之朔近一遠三謂之弦相與爲衡分天之中則謂之望以速及舒光靜体復則謂之晦日光當滿而有弦望晦朔者所見之地不同也說見万花谷

朔月初之名也朔蘇也月死復蘇生也晦月盡之名也晦灰也月死爲灰月光尽似之也弦月半之名也其形一旁曲一旁直若張弓方弦也望月滿之名也日月遥相望也經名對日之衡其大爲日日光不照謂之闇虛闇虛逢月則爲月蝕同經同緯日爲月之掩不得其光則謂日蝕也

又云羅睺爲天首星計都爲地尾星若月與羅睺計都二星同度則掩其光故爲蝕矣詳見後論

○羅睺計都二星一十八個月移一宮十九年一周天諸星並順行度逆行宫惟羅計二星逆行度順行宫朔日遇日則日蝕望日遇月則月蝕不是朔望不蝕乃積逆施惡之星欲要細查遇度以政歷考之

故蝕数少行速故蝕数多日之朔月之望與天首地尾二星會爲其度而始蝕矣日何蝕朔謂日月會於辰遇首尾二星則以月之陰氣盛而得掩日之明乃日蝕矣月何蝕望謂日月相望月得日之陽氣而明遇首尾星則旦之氣爲二星所衝而月乃蝕矣天首羅睺也地尾計都也其日一年一周天與二星相公非朔日不蝕月一月一周天一年十二月次與二星相會非望只則不蝕惟朔望同度則食出遇日月蝕曰凶變

## ○日月蝕之圖○

晦朔之日朔初百晦三十日
照其表又在其裏日月
相疊故不見其明晦灰
也月死爲灰矣朔蘇也
月死復蘇生也朔後二
日哉生明
弦之日上弦初八下弦
廿三日照其側之現其旁故
半明半魄是謂近一遠
二上弦是月盈及一半
如弓之上弦下弦是月
虛及一半如弓之下弦
朔後漸盈望後漸虛
日望之日十五日月相望
人居其間盡覩其明是
謂相與爲衡分天之王
而爲望也望後二日旣
生魄

# 晦朔弦望魄之圖

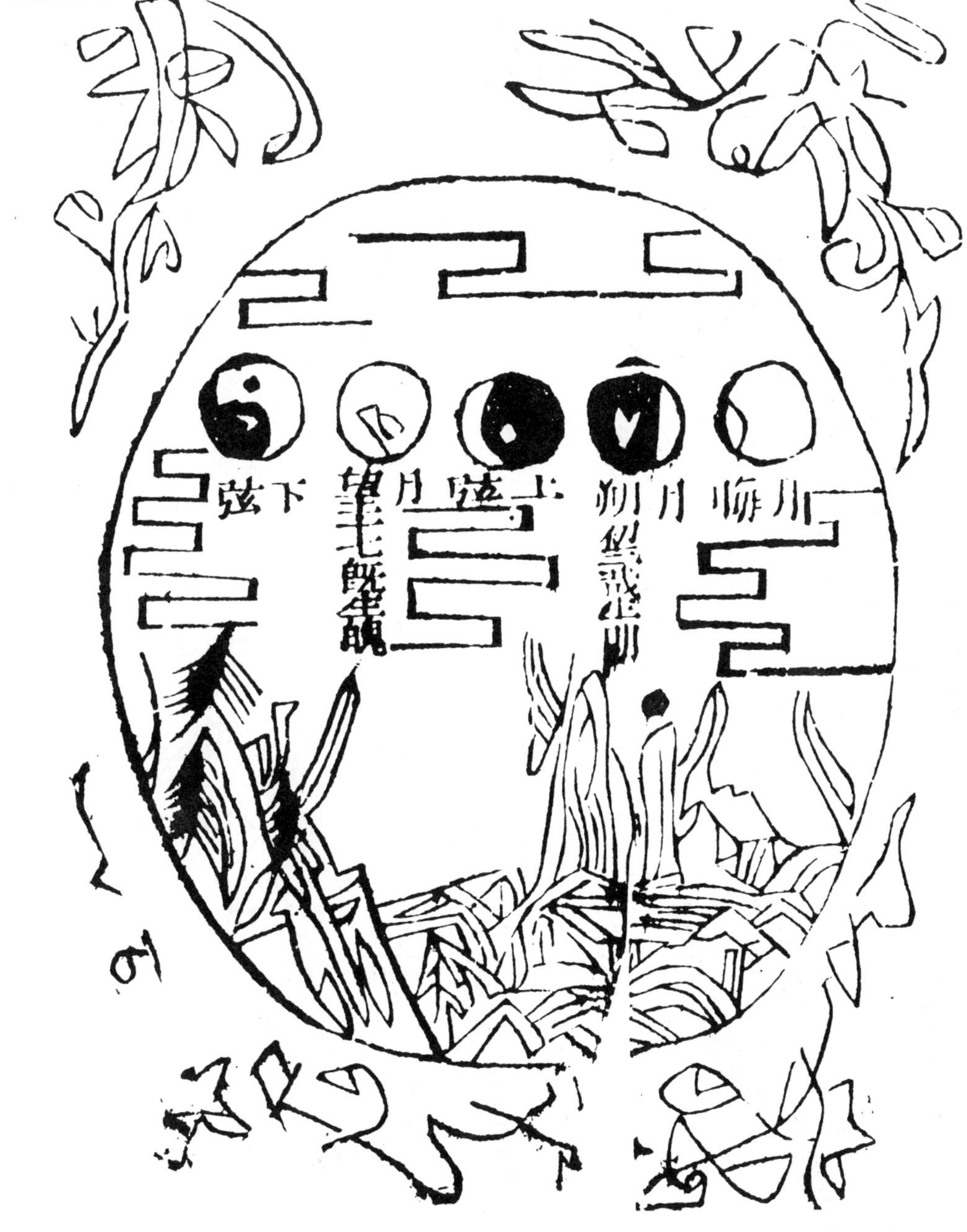

○○武成　旁死魄　哉生明　既生魄

○康誥　哉生魄

○召誥　既望　丙午朏

○顧命　哉生明

○畢命　庚午朏

## 明魄朔望之圖

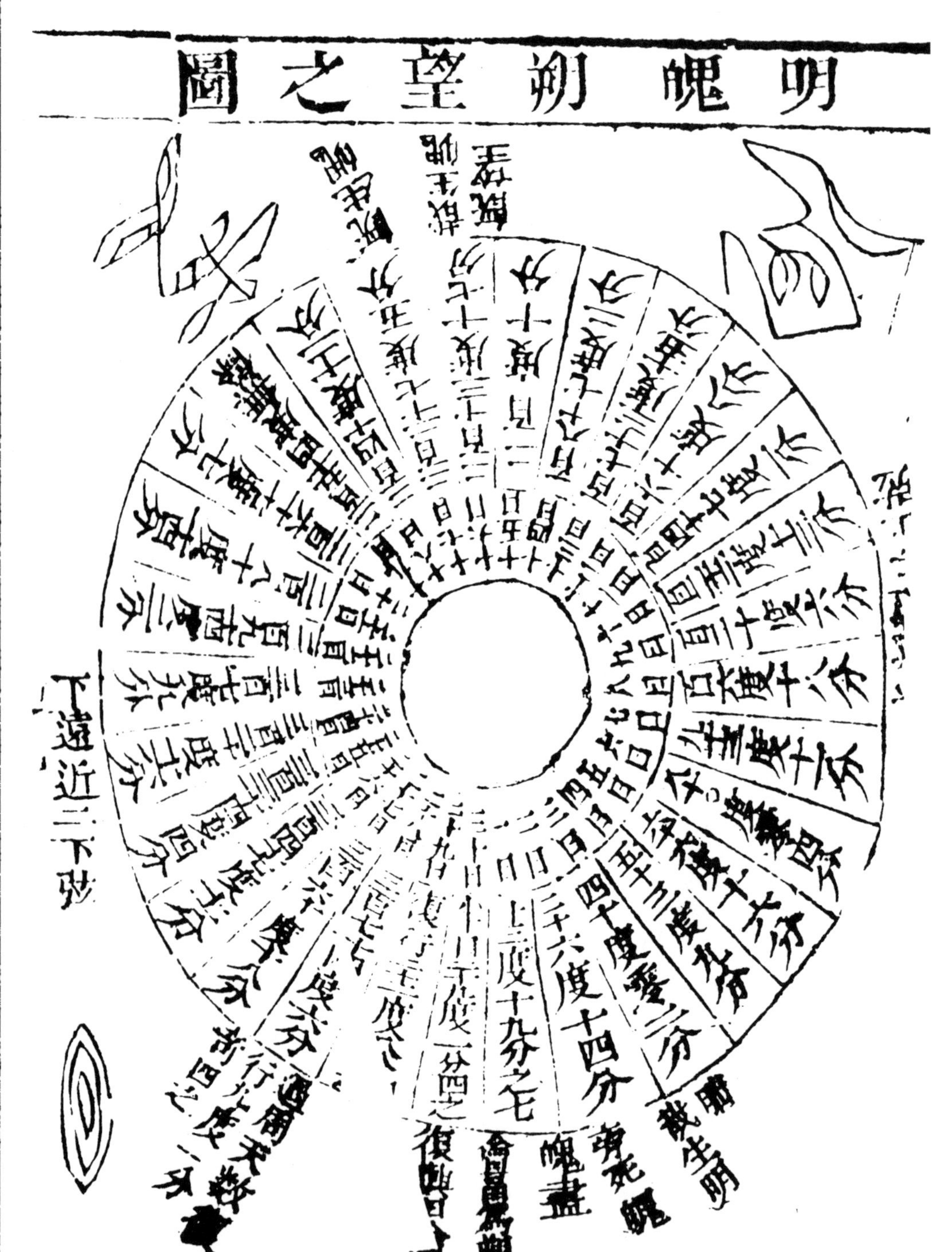

## 日月圖說

註云
一歲日月十二次交會
所會之神次如正月辰
次在析木二日辰次在
大火是也

### 詩例云

析木本居寅在正
大火卯宮存星辰
巳是鶉尾午鄭火
鶉首非在未主真
實沈原來居申上
大梁酉宮戌降婁
娵訾孟冬亥宮位
玄枵在于仲冬月
季冬星紀丑宮尋
逆数却在掌中輪

## 十二次日月交會之圖

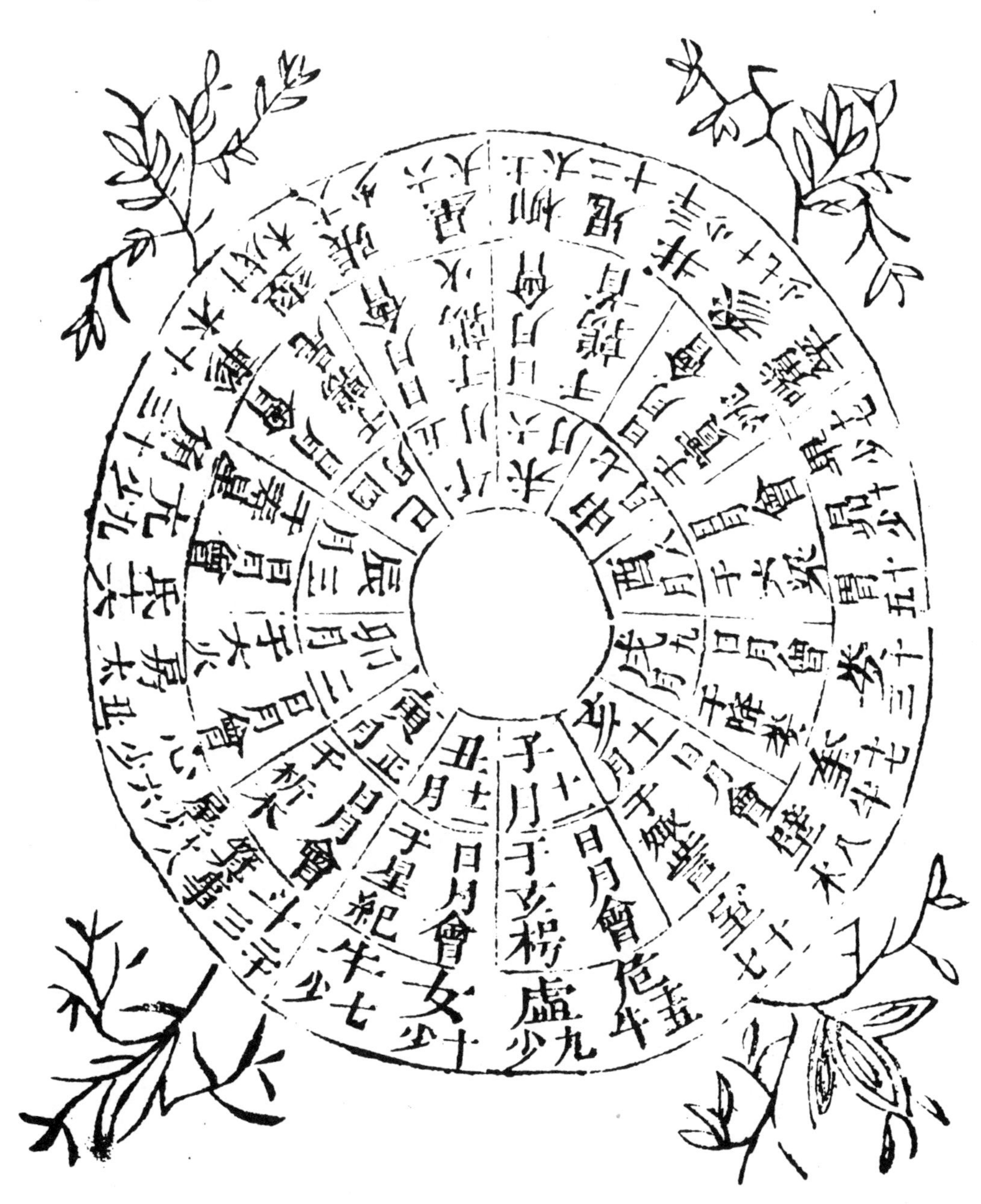

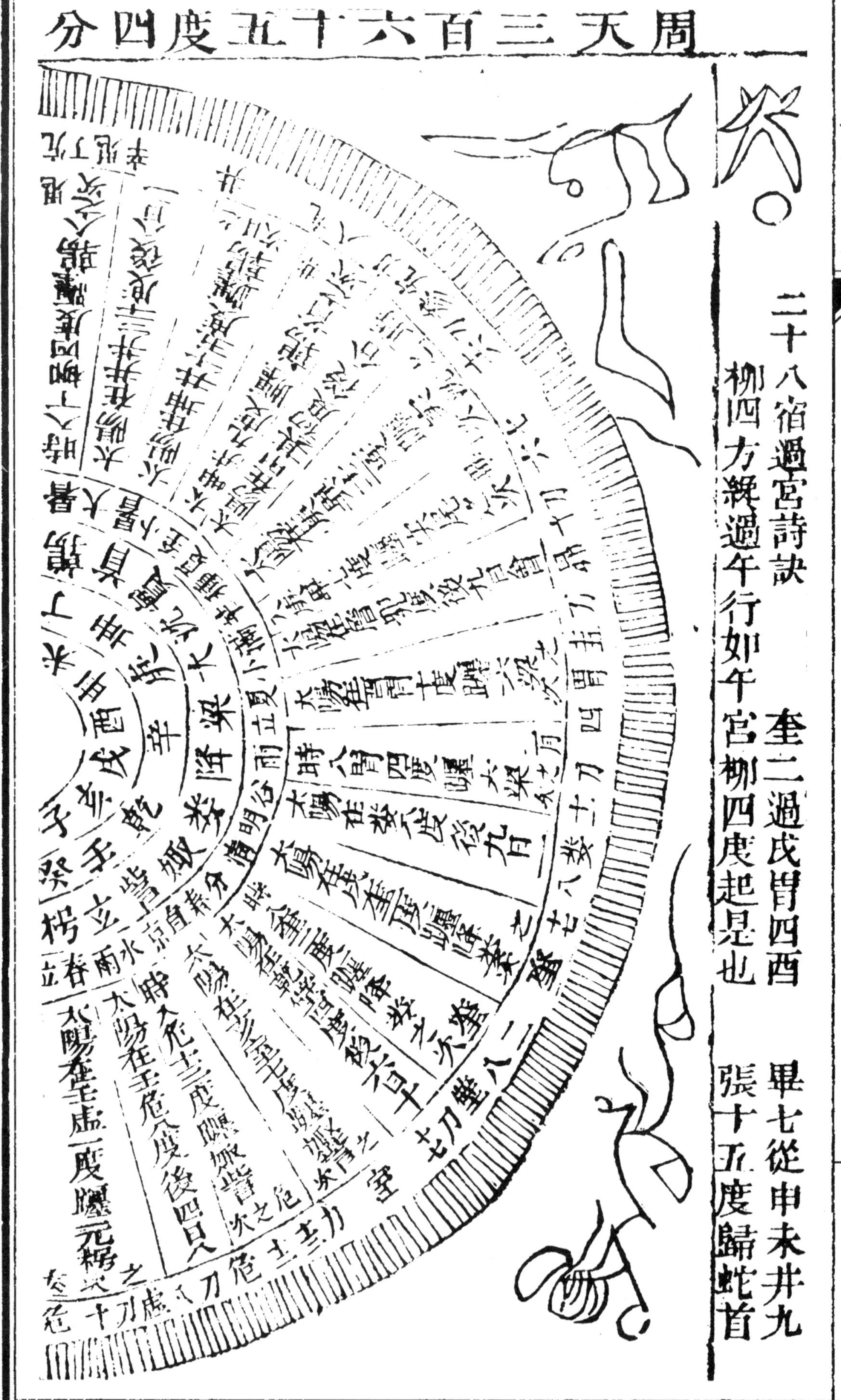
周天三百六十五度四分
二十八宿過宮詩訣
奎二過戌胃四酉
畢七從申未井九
柳四方緣過午行如午宮柳四度起是也
張十五度歸蛇首

# 度之一太陽躔度過宮圖

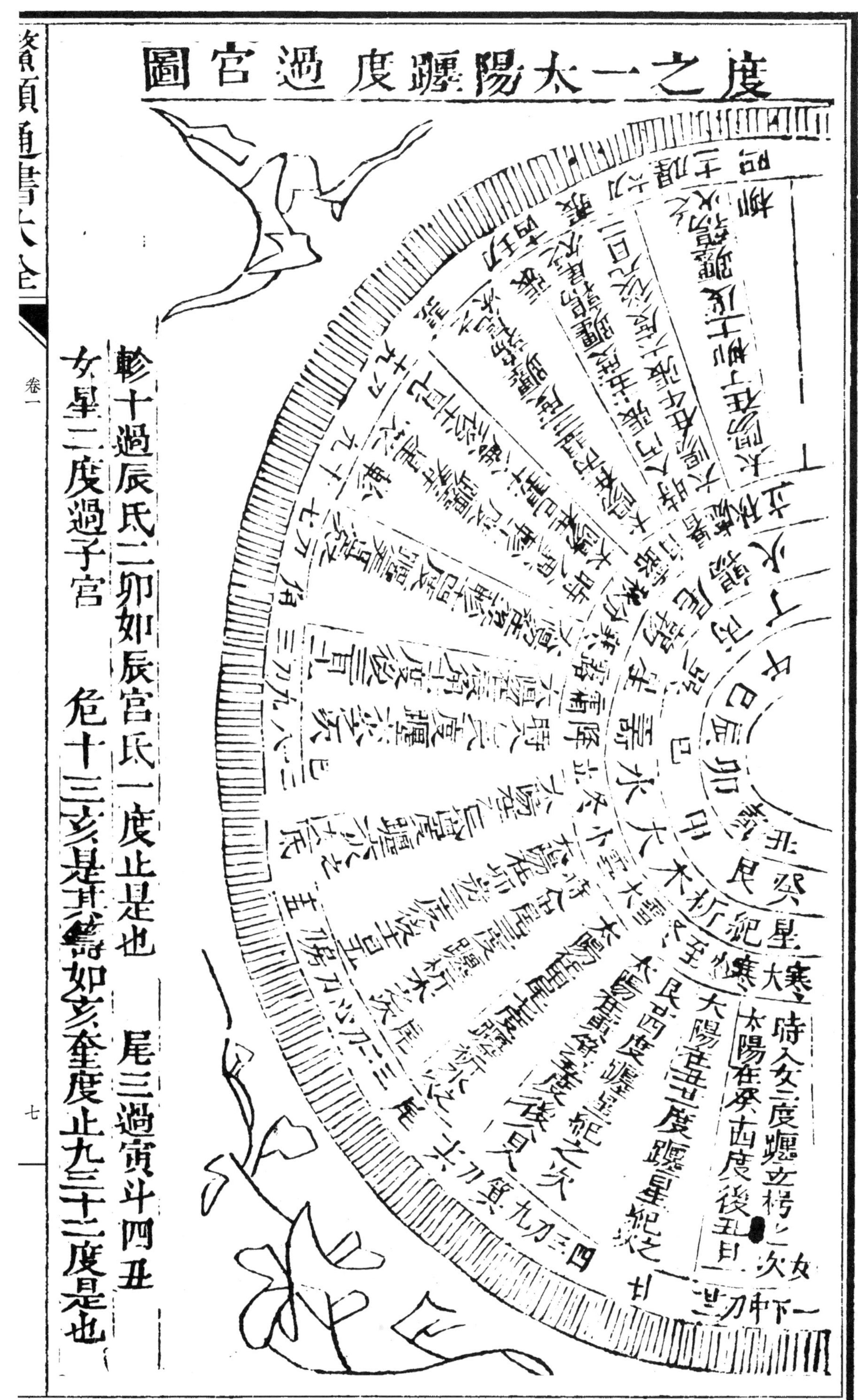

軫十過辰氐二卯如辰宮氐一度止是也　尾三過寅斗四丑

女星二度過子宮　危十三亥是其躔如亥奎度止九三十二度是也

○約太陽行度過宮訣

詩例訣

太陽行度不虛行
大寒六日室邪宮
雨水六朝亥土逢
春分七八絕行戌
谷雨十朝趙酉宮
小滿十一臨申上
夏至十日去尋未
大暑十朝騎馬走
處暑十日入酡卿
秋分十日龍潭底
霜降十四卯中央
小雪十三寅上去
冬至九日丑宮藏
此是太陽行度數
十二宮中不暫停
依新例臺曆查定

## 太陽圖說

陳搏註曰日者陰中之陽也其德至剛其休至健一日一周天而在天爲不及一度一歲之積恰與天會故曰日有三道北至東井極近南至牽牛去極遠東至角西至婁去極中匕道南道北道爲一道也蓋從南至於牽牛則爲冬至晝四十刻夜六十刻極北至於東則爲夏至晝六十刻夜四十刻南北極中則爲春秋分晝五十刻夜五十刻則其行東陸謂之春行南陸謂之夏行西謂之秋行北謂之冬所以成陰陽寒暑之節也

周天一十二宮分廿八宿總統三百六十五度四分度之一以應一年三百六十五日零二十五刻或問曰一年朞三百六十日而多五日零二十五刻者何也蓋以舊年冬至日起至今年冬至日止謂之一年是得其數也太陽一日行一度一年行一大周也

**歷數太陽過宮硬局** 謂官曆中氣躔度乃爲眞訣

大寒五日太陽到癸十五日過子　立春太陽在子十五日後過壬

乾受時歷考無差
合宮以此爲定準

# 約太陰行度過訣

## 詩例訣

欲識太陰行度時
正月初一起于危
一日常行十三度
五日兩宮次第移
二奎三胃四從畢
五井六柳張居七
八月翼宿以爲初
辰宮月度季秋遊
十月房宿作元仲
十一箕上細推尋
十二牛女切須記
十母所　百事吉

雨水四日太陽到壬十五日過亥　驚蟄太陽在亥十五日後過乾
春分六日太陽到乾十五日過戌　清明太陽在戌十五日後過辛
穀雨九日太陽到辛十五日過酉　立夏太陽在酉十五日後過庚
小滿九日太陽到庚十五日過申　芒種太陽在申十五日後過坤
夏至七日太陽到坤十五日過未　小暑太陽在未十五日後過丁
大暑九日太陽到丁十五日過午　立秋太陽在午十五日後過丙
處暑十一日太陽到丙十五日過巳　白露太陽在巳十五日後過巽
秋分十一日太陽到巽十五日過辰　寒露太陽在辰十五日後過乙
霜降十二日太陽到乙十五日過卯　立冬太陽在卯十五日後過甲
小雪十一日太陽到甲十五日過寅　大雪太陽在寅十五日後過艮
冬至七日太陽到艮十五日過丑　小寒太陽在丑十五日後過癸

按授時歷每月中氣前後各七日共十三日爲天子之位月中後七日之外太陽改纏之日方爲地支如正月雨水中氣前後各七日爲壬雨水後八九日改纏之次方爲後　如大寒後五日躔立朽之次入子女二度雖云入子方到癸若對照午十可以真光君三合則異庚二方得真光於申辰則無干矣

○太陰圖說

陳轉註曰月者陽中之陰也其德至柔其体至順其行天所以佐理太陽驗之夜影以爲消息月本無光鹿日而行明以示明之体言之則泥陰其行天之度一月一周天而與日会辰次之所一年一二會得三百五十四日三百四十八分而與天會是爲一歲也日月會合之辰三合所照之方是爲天德月德之星故三月是辰其三合申子辰日月會于酉出於庚八垣於壬天德月德在壬六月建未三

○斗母太陰臨到山方

| 月 | 正 | 二 | 三 | 四 | 五 | 六 | 七 | 八 | 九 | 十 | 十一 | 十二 |
|---|---|---|---|---|---|---|---|---|---|---|---|---|
| 壬子山方 | 初一 | 廿六 | 廿四 | 廿二 | 十九 | 十七 | 十五 | 十二 | 初十 | 初八 | 初五 | 初三 |
| 壬子山方 | 初二 | 廿七 | 廿五 | 廿三 | 二十 | 十八 | 十六 | 十三 | 十一 | 初九 | 初六 | 初四 |
| 壬子山方 | 初三 | 廿八 | 廿六 | 廿四 | 廿一 | 十九 | 十七 | 十四 | 十二 | 初十 | 初七 | 初五 |
| 乾亥山方 | 初四 | 初一 | 廿七 | 廿五 | 廿二 | 二十 | 十八 | 十五 | 十三 | 十一 | 初八 | 初六 |
| 乾亥山方 | 初五 | 初二 | 廿八 | 廿六 | 廿三 | 廿一 | 十九 | 十六 | 十四 | 十二 | 初九 | 初七 |
| 辛戌山方 | 初六 | 初三 | 初一 | 廿七 | 廿四 | 廿二 | 二十 | 十七 | 十五 | 十三 | 初十 | 初八 |
| 辛戌山方 | 初七 | 初四 | 初二 | 廿八 | 廿五 | 廿三 | 廿一 | 十八 | 十六 | 十四 | 十一 | 初九 |
| 庚酉山方 | 初八 | 初五 | 初三 | 初一 | 廿六 | 廿四 | 廿二 | 十九 | 十七 | 十五 | 十二 | 初十 |
| 庚酉山方 | 初九 | 初六 | 初四 | 初二 | 廿七 | 廿五 | 廿三 | 二十 | 十八 | 十六 | 十三 | 十一 |
| 庚酉山方 | 初十 | 初七 | 初五 | 初三 | 廿八 | 廿六 | 廿四 | 廿一 | 十九 | 十七 | 十四 | 十二 |
| 坤申山方 | 十一 | 初八 | 初六 | 初四 | 初一 | 廿七 | 廿五 | 廿二 | 二十 | 十八 | 十五 | 十三 |
| 坤申山方 | 十二 | 初九 | 初七 | 初五 | 初二 | 廿八 | 廿六 | 廿三 | 廿一 | 十九 | 十六 | 十四 |
| 丁未山方 | 十三 | 初十 | 初八 | 初六 | 初三 | 初一 | 廿七 | 廿四 | 廿二 | 二十 | 十七 | 十五 |
| 丁未山方 | 十四 | 十一 | 初九 | 初七 | 初四 | 初二 | 廿八 | 廿五 | 廿三 | 廿一 | 十八 | 十六 |

合亥卯未日月會於午出乎丙入垣於甲天月二德在甲九月建戌三合寅午戌日月會于卯出於甲入垣於丙天月二德在丙十二月建丑三合巳酉丑日月會于子出於壬入垣於庚天月二德在庚蓋子午日月之終始卯酉月之門戶其分度多故日月出没也

周天一十二宮廿八宿總統三百六十五度四分度之一以一月二十日每日十二時月共三百六十時

太陰二時行一度一日行十三度一月一小周天

| 山方 | | | | | | | | | | | | |
|---|---|---|---|---|---|---|---|---|---|---|---|---|
| 丙午山方 | 十五 | 十二 | 初十 | 初八 | 初五 | 初三 | 初一 | 廿六 | 廿四 | 廿二 | 十九 | 十七 |
| 丙午山方 | 十六 | 十三 | 十一 | 初九 | 初六 | 初四 | 初二 | 廿七 | 廿五 | 廿三 | 二十 | 十八 |
| 丙午山方 | 十七 | 十四 | 十二 | 初十 | 初七 | 初五 | 初三 | 廿八 | 廿六 | 廿四 | 廿一 | 十九 |
| 巽巳山方 | 十八 | 十五 | 十三 | 十一 | 初八 | 初六 | 初四 | 初一 | 廿七 | 廿五 | 廿二 | 二十 |
| 巽巳山方 | 十九 | 十六 | 十四 | 十二 | 初九 | 初七 | 初五 | 初二 | 廿八 | 廿六 | 廿三 | 廿一 |
| 乙辰山方 | 二十 | 十七 | 十五 | 十三 | 初十 | 初八 | 初六 | 初三 | 初一 | 廿七 | 廿四 | 廿二 |
| 乙辰山方 | 廿一 | 十八 | 十六 | 十四 | 十一 | 初九 | 初七 | 初四 | 初二 | 廿八 | 廿五 | 廿三 |
| 甲卯山方 | 廿二 | 十九 | 十七 | 十五 | 十二 | 初十 | 初八 | 初五 | 初三 | 初一 | 廿六 | 廿四 |
| 甲卯山方 | 廿三 | 二十 | 十八 | 十六 | 十三 | 十一 | 初九 | 初六 | 初四 | 初二 | 廿七 | 廿五 |
| 甲卯山方 | 廿四 | 廿一 | 十九 | 十七 | 十四 | 十二 | 初十 | 初七 | 初五 | 初三 | 廿八 | 廿六 |
| 艮寅山方 | 廿五 | 廿二 | 二十 | 十八 | 十五 | 十三 | 十一 | 初八 | 初六 | 初四 | 初一 | 廿七 |
| 艮寅山方 | 廿六 | 廿三 | 廿一 | 十九 | 十六 | 十四 | 十二 | 初九 | 初七 | 初五 | 初二 | 廿八 |
| 癸丑山方 | 廿七 | 廿四 | 廿二 | 二十 | 十七 | 十五 | 十三 | 初十 | 初八 | 初六 | 初三 | 初一 |
| 癸丑山方 | 廿八 | 廿五 | 廿三 | 廿一 | 十八 | 十六 | 十四 | 十一 | 初九 | 初七 | 初四 | 初二 |

右太陰每行太陽所到之宮再起初一逆行十二宮尋所用之日每一宮管兩日只有子午卯酉管三日推所用之日到山爲吉也

〇天星真人陰定論
與太明者乃星中后妃也之堂素曜曰天上月也為方宿之母諸星之尊善惡榮化同仁懿德不問宮方盡降福澤鎮制凶神惡煞皆化吉祥一得臨照到山最吉至也

〇論考二十八宿度数

角 初度至十二共十三度
亢 初度至八共成九度
氐 初度至十五共十六度
房 初度至五度共六度
心 初度至六度共七度
尾 初度至十七共十八度
箕 初度至九度共十度
斗 初度至廿三共二十四度
牛 初度至六度共七度

# 太陰行度過宮定局

正月初一日從子宮虛危度行起至二十八日又到虛危度
廿九日三十日到室壁度
二月初一日從亥宮壁奎度行起至二十八日又到壁奎度
廿九日三十日到奎婁度
三月初一日從戌宮婁胃度行起至二十八日又到婁胃度
廿九日三十日到胃昴度
四月初一日從酉宮昴畢度行起至二十八日又到昴畢度
廿九日三十日到畢參度
五月初一日從申宮參井度行起至二十八日又到參井度
廿九日三十日到井鬼度
六月初一日從未宮井柳度行起至二十八日又到井鬼度
廿九日三十日到柳星度
七月初一日從午宮星張度行起至二十八日又到星張度
廿九日三十日到張翼度

女 初度至十共十一度
虛 初度至九度共十度
危 無初度只十五度
室 初度至十七共十八度
壁 初度至九度共十度
奎 初度至十七共十八度
婁 初度至十一共十二度
胃 初度至十五共十六度
昴 初度至十共十一度
畢 初度至十五共十六度
角 只一度參初度共十一度
井 初度至三十共三十一度
鬼 初度至一度共二度
柳 初度至十二共十三度
星 初度至五度共六度
張 初度至十七共十八度
翼 初度至十九共二十度
軫 初度至十七度共十八度〇已上共三百六十五度爲一周天也

八月初一日從巳宮張翼度行起至二十八日又到張翼度
廿九日三十日到翼軫度
九月初一日從辰宮軫角度行起至二十八日又到軫角度
廿九日三十日到角亢度
十月初一日從卯宮氐房度行起至二十八日又到氐房度
廿九日三十日到房心度
十一月初一日從寅宮尾箕度行起至二十八日又到尾箕度
廿九日三十日到箕斗度
十二月初一日從丑宮斗牛度行起至二十八日又到斗牛度
廿九日三十日到牛女度

蓋月有大小行有遲速故太陰有晨昏之筭特不同刻也欲要細查時刻躔在何度宜將七政歷放之但查前是何日時過宮所用日躔到某宮之次再加周天圖內一時一度逐一查至所用之時即知太陰躔到宮度則無差矣用之極吉之兆係斗母所臨諸神降伏

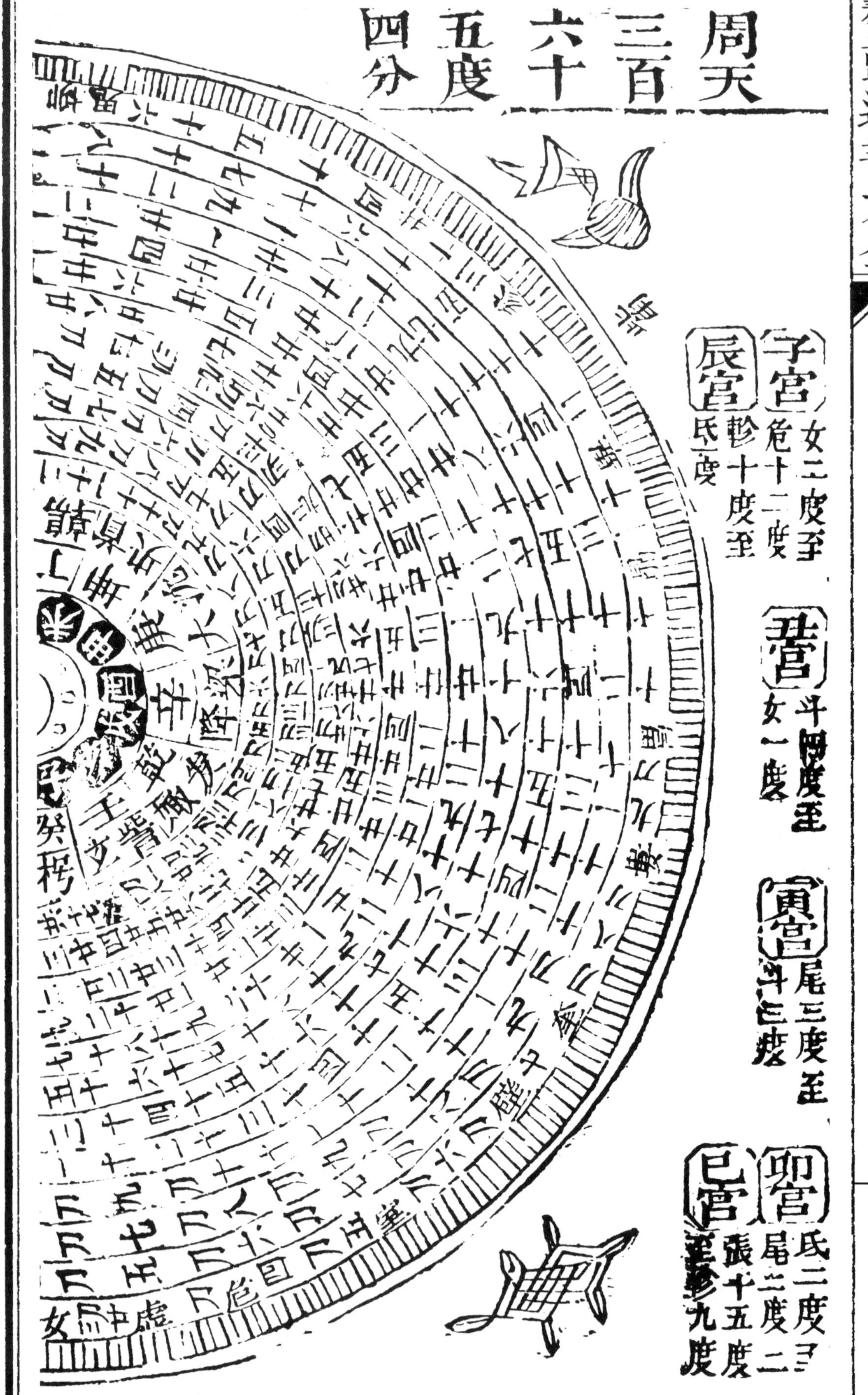
周天三百六十五度四分
子宮 女二度至危十二度
辰宮 軫十度至氐一度
丑宮 斗四度至女一度
寅宮 尾三度至斗三度
卯宮 氐二度至尾二度
巳宮 張十五度至軫九度

# 慶之一太陰躔度過宮圖

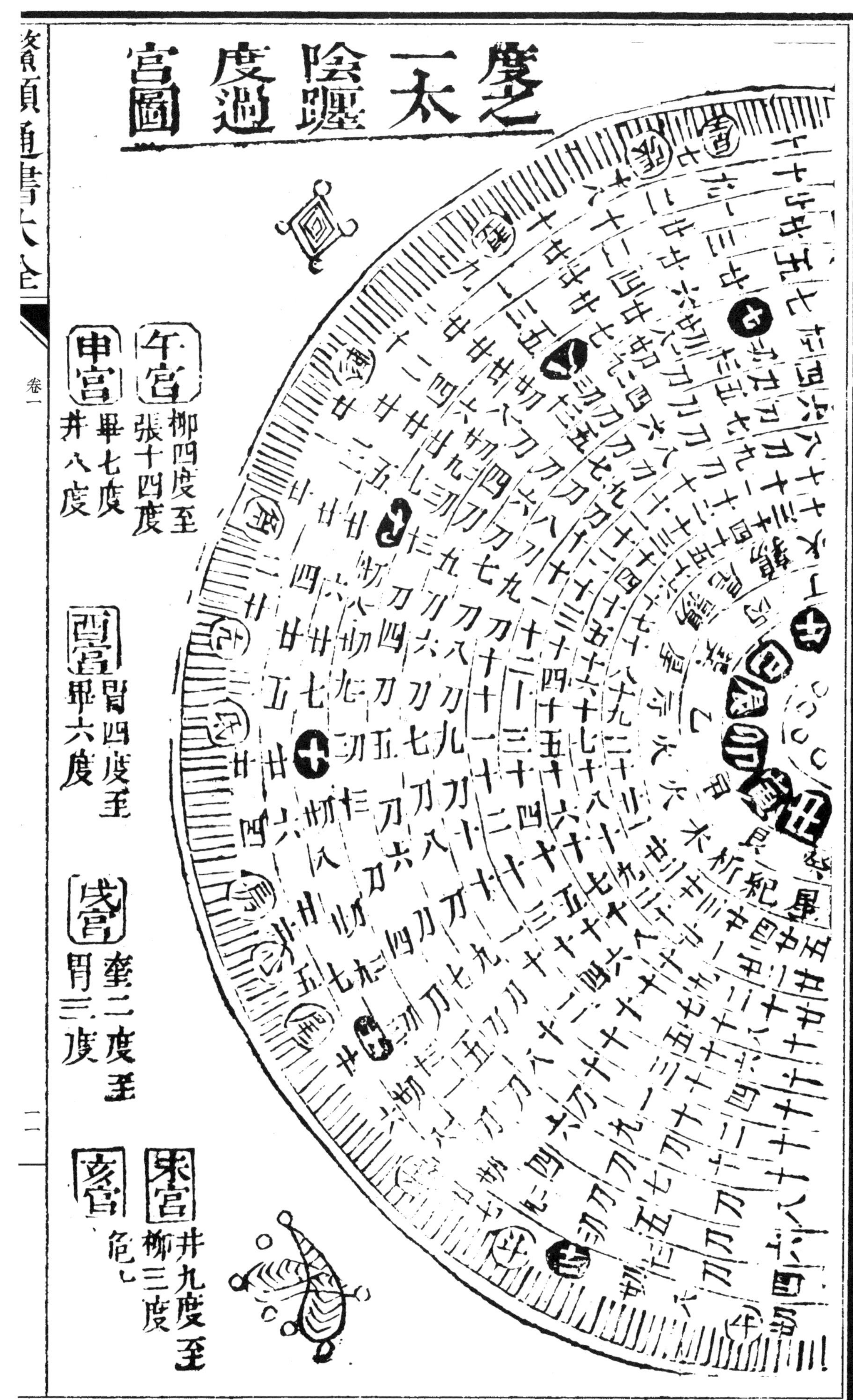

午宮 柳四度至張十四度

申宮 畢七度至井八度

酉宮 胃四度至畢六度

戌宮 奎二度至胃三度

未宮 井九度至柳三度

亥宮 危七

## 〇星曜圖說

謂論天符十一曜行躔宫度休咎等事

夫日月木火土金水謂之七政紫炁月孛羅睺計都謂之四餘合七政四餘謂之十一曜凡天地之所以位萬物之所以育與四時之代謝陰陽之消長何莫而非七政四餘爲之運行爲之化施者乎故人事之吉凶悔吝得喪休咎亦莫逃此而古之聖人仰觀天文以驗人事良有以也然七政運行于天有遲有速有順有逆各司其

## 五星圖說　木星

夫木星者東方木之精也其名歲星又名攝提星其色青其性仁君臣之象也青囊經云木爲歲星其德配仁其方配東其時配春超舍爲盈退舍爲縮出入當其軌則國有慶不當其次必有夭妖其行天之分星光所照之方或三方四正得之大可扶立不問天曜地煞俱可降伏若值順軌入垣升殿旺樂喜之時主文章科第更與水星同宫太陽對照不犯四餘戰鬬主狀元及第若在留際名曰長喪曜主減福生災若值逆段名曰災愁星主天折木壓枷杖之禍若值伏段名曰欄干不管事無禍無福

天機歌木德東方步號星厥色亦維青行有留伏順與逆常度見諸曆留時名爲長喪曜滅福興災咎入逆又曰災愁星主禍却非輕伏時乃號天關于禍福總無于此星順軌無他曜致福應難勝當其順度遇刑星減半福力輕其行六日歷一度此亦非常路或是三日一度遊或是五日開大抵一年移一宫此是約行踪十二年中一小周躔度要詳求幾時歷遍大周天八十有三年

曆家云太歲在子午卯酉之歲匕行三宿太歲在寅申巳亥辰戌丑

戢九人君之有政事故曰七政日曰太陽人君之象月曰太陰君后之象其所照臨之位亦如君后所至莫不福澤於民是爲諸星之主衆吉之首但嫌與羅計同度則爲天变日蝕犯之大凶五星行度各有順逆運留伏退之殊當其順軌入垣旺樂皆爲福祥如値退逆尅關入爲凶咎切不可犯四餘皆無形可見猷行于天亦無遲留伏逆吉凶各有所主大抵紫炁月孛多助吉而羅睺計都多降凶也近時須頻知用太陽

木之年歲行二宿寅申巳亥辰戌丑未歲四四一十六子午卯酉歲三四一十二而行二十八宿十二年而週天凡六日行一度或三日五日行一度十二月移一宮疾則五六個月移一宮十二年一小週天八十三年一大週天

○火星

夫火星者南方火之精也其名熒惑應朱雀之位其色赤其性禮爲眺法之象青囊經云火爲熒惑其德配禮其方配南其時配夏火行一舍二舍爲不祥出入當其道則國有慶失次爲旱飢其行天之分星光所照之方大可廾立三合四正亦吉天曜地殺俱可制伏若値順軌入垣升殿旺樂喜段中主爵祿增新聖君寵眷烜赫威名權傾中外亦主文章炳煥神童狀元若留段名曰天虹主火災若在逆段名曰天火主瘟疫又名破家星主橫禍破敗若入伏段名曰黑天曜主橫禍飛災冤枉強盜之事及眼疾盲瞎之災

天机歌南方熒惑火之精列象甚分明行有疾遲并順逆留伏宜詳識遲留伏逆總與災順軌主榮昌入留段號曰天虹招火最爲凶逆號天坎破家星瘟疫遭天刑入伏名號黑天曜作惡極殘暴入

照臨山向之訣然不知宪五星四餘故福亦無驗蓋五星四餘人臣之象職司執法禍福吉凶皆其所秉雖太陽在位固爲吉矣而五星四餘或值不當順軌之時猶李林甫秦檜王安石賈似道諸權臣操美國柄聖主爲之掌蔽黎庶遂遭其禍故天況書必以五星四餘爲主而不獨拘于太陽也若太陽在山向而五星四餘之中又得升殿入垣旺樂順軌之星同在山方是爲聖主賢相上下同心如堯舜在位而皐陶稷契

垣旺樂總爲祥權耀煥文章其行天度細推論莫作等閒文一十八時週一度乃是順遊路五十日四一宮移此際任施爲降福須知在此時坐向總相宜更遇入垣旺樂宮權貴快如風此星專主文章貴狀元人及第更主神童入廟廊宰輔近君王若過遲留并伏逆二日一度歷兩月纔方過一宮此際極與凶疾行七日退五度四十五日一度一宮就遲限行時三四月拾移一宮越一年歷一小週天妙訣不輕傳七十九年大週天密度細精研

歷家云常以十月入太微垣受制而出行宿所司無道其出入無常行一舍二舍爲不祥東行疾則兵聚于東西行疾則兵聚于西南北亦然晨始見去日半以順日行九十二分度之五十三二百七十六日復留不行而旋退逆日行六十二度七之十七六十日復留十日不行而旋復順日行九十二分度之五十三二百七十六日而伏晨伏七十一日行五十一度去日云十度晨見東方夕伏七十一日凡一日半行二度五十日移一宮若疾七日半行五度四十五日移一宮若遲退二四個月移一宮二年行一小週天也十九年行一大週天

諸臣都俞吁咈于廟堂之上而天下受其福矣其通書諸神煞猶之在外之臣與小官卑職之類若朝廷正宰輔賢則彼在下之人孰敢不各安其位或有不軌亦隨滅之以安天下如堯舜之時雖有四凶安能爲害故通書之諸神煞大抵皆聽令于天符如值天符之吉雖凶神亦不敢肆其惡而供手歸伏以爲福若值天符之凶則吉神亦隨變而爲凶神何也譬之君子在上則小人不敢肆其兇小人得位則君子退藏

○土星

夫土星者中央土之精也其名鎮星應鉤陳之下位其色黃其性德尊主之象青囊經云土爲鎮星其德配信其位居中其時寄旺其行順軌國有慶失度爲國殃其行天之分星光所照之方及三方四正之位大可扦立凡天權地煞悉可制伏若值順軌入垣升殿旺樂段中主財帛橫至富敵枚國位極人臣公侯方伯宰執重臣五福壽考若在伏段名曰瘟星主疫癘極凶若在留段名曰猾曜主癲疾冷退長　滑啞等凶若在逆段名曰破家星主橫禍破財退産業

天機歌坤德中央號鎮星戊己土之精經中又曰地羅睺凶吉細推陶行有伏留逆與順逐一須詳論伏時名號曰瘟星慢犯禍非輕留時又名曰猾曜亦主興災咎逆時名與破家星逢之橫禍生入垣旺樂順逆逢富貴永與降若遇月孛同到宮凶吉半相從其行三歲移一宮小周念八同大周五十九年期厚重故行遲

歷家云常以甲辰元始建斗之歲失次而辰上一舍二舍則爲水火次失而下三舍有后戚之変長始見去日半次順日行十五度之

吾則友受其害其不思退藏不羅其害者必已之節亦隨變而不得爲君子矣故曰蕭君專用太阳照三合对宫福力兼又云金水二星升殿孫太陰同用尤爲並叉曰天星未有十一曜但兼伏逆禍炎也

楊公於此固已盡泄天机之妙但世人未得其傳鮮能知此指陳者爽詳青囊經亦嘗詳言之耳

太阴拔蟄歷推算一日一夜行十三度一時纏一度有餘五日移兩宫二十七五時一周天求日時度此先查本月初一

二八十日始留三十四日不行而旋退逆日行八十一分度之五一百一日伏留三十二日有奇而旋復日行十五分度之一八十五日而伏晨伏二十一日有奇行二度七十五分去日十九度而晨見於東方夕伏二十一日有奇與日會三年移一宫五十九年一大週天

○金星

夫金星者西方金之精也其名太白主白虎之位其色白其性義將軍之象青囊經云金爲太白其德配義其方配西其時配秋其行順軌爲國慶失度有天殃其行天之分及三方四正之位大可抵立凡天曜盡可制伏若値順軌入垣升殿旺樂宮段中主文武全才去將入相后妃寵眷武將威名若在遲留伏逆段中不爲禍福

天机歌云西方太白曰金星又號曰長庚行有遲留順與逆占候分晨夕伏見循時行順軌爲禍真無比失度經天非時宜兵革禍相隨與火同宫爲受制斯時何足貴與上同宫正得宜福祉昧常時當其留逆併逆行無凶但福輕只畏孛及首尾同即羅計也威力貴相逢日月水星同到位一舉登科第其行日半週一度一月一

太陰在其宿度以周天圖教逐時逐度一日按十三度推用如乙巳年正月初二日午時用事太陰正月初一日昏危八度昏即黃昏日仮後乃立春後即酉時危八度起一時一度初二日午時到亥宮室四度是也十六晨翌十四度晨即黎明日未出時此乃雨水後卯時也一時行一度至十七日卯時到巳宮軫八度是也餘倣此

五星四餘依萬年曆抄其五星有疾遲留退順逆之不齊宮宿度數有潤狹不一每月行度不同

宮就一年行歷小遁天與小每相遇六遍遍週天是幾時記取八年期此星大抵不爲災逆之沾福澤恭照山方爲大利尤喜太陽聚入垣升殿福無涯官貴列三台君仙木星同在垣敵國富堪言

歷家云金曰太白也出辰戌入五未晨東方二百四十日而入夕出西方二百四十日而入三十日復出與日同行南北爲盈與日分南北爲縮出早爲日蝕出晚爲天妖出兵象也此星附日而行不離太陽前後二宮晨始見去日半次逆行日二分度之一六日始留八日不行而旋退始順日行四十六分度之一三十三秋四十六日順疾行一度九十二分度之十五一百八十四日而伏夕伏三十九日而行四十九度五十分半而夕見晨伏三十九日而行四十九度五十分凡日六時止行一度一月移一宮三年亦行一小週天八年行一大週天

○水星

夫水星者北方水之精也其名辰星其色黑應玄武之位其性智爲衛尉之象青囊經云水爲辰星其德配智其方配北其時配冬其行順軌則歲豐失舍則兵興其行天之分星光所照之方及三方

繫而不能偷。木星十二月移一宮疾則五六個月移一宮大抵十二年一周天。火星疾則五六十日移一宮遲則三四個月移一宮二年一周天。土星三年移一宮五十九年一周天。金星一月移一宮一年一周天。水星疾遲天同大抵一年一周天。四餘行度無疾遲留逆。紫炁三年移一宮二十八年一大周天。月孛九個月移一宮九年一周天。羅睺計都年半移一宮十九年一周天。諸星並順行度隨行宮惟

四正之位大可托立不問天軆地煞惡可制伏若值順軌入垣升殿旺樂喜限中主女貴綠善進財得水利官淮消閑肆若在遲留伏退限中主減福亦不致禍。

天機歌 北方水德曰辰星懸象劉天庭行有疾遲退伏時常順無逆期此星大抵主為祥遇日福無量若值退遲力稍減孛火同相反其行常近太陽旁如相輔君王一日常行一度半一月一宮過遲行六十九日移疾行二十期最疾十七過一宮每月不相同大抵一年週小遍察度宜查算六十五載大週天妙訣謝師傳

歷家云 春見奎婁夏見東井秋見角亢冬見牽牛出以辰戌入以丑未晨見候于東夕見候于西出早為日飢出晚為彗星四時不出天下大飢出于房間主地動晨始見去日半次日行二度十日始留二日不行而旋順日行七分度之六十七日順日行一度三分度之一順遲十日去三十一度五十分十八日而伏七十八日行三十四度五十分而夕見于西方晨伏十八日凡一日行一度少一月過一宮遲則六十九日始過一宮疾則二十日或十七日過一宮一年一小周天六十五年一大周天

羅計二星逆度順行宮朔日遇日而日蝕望月遇月而月蝕不是朔望則不蝕乃横逆施惡之星也故要細查過度須將七政台歷考之今依未來歷畧迷周天過宮名月以傳知者方與加譔推用則無悞矣

天帝天將合符交會

天將即太陽

天帝順行十二月布四時之令天將逆行三百六十五度宜入卯之功

○大寒天帝入丑天將司子交會于子丑之間萬物咸滋發易曰成言乎艮○雨水天帝司寅

○紫炁

夫紫炁者木星之餘氣也又曰餘奴凡入山向主助福生一切祥瑞喜慶之事天機歌木星之餘名紫炁爲福宜遭際禎祥瑞氣喜臻逢所作營亨通此星大抵多招福性善無凶毒入垣旺樂福非常審度可推詳其行常順易尋求無遲逆伏留大抵一月行一度年週十二度三年共行過一宮此是定遊踪歷遍渾天天週廿八春秋

○月孛

夫月孛者水星之餘奴也凡入山向遇吉星同宮則爲福遇凶星同宮則爲禍大抵視他曜爲吉凶乃奴僕之星助主而已天機歌月孛本是水之餘名號太陰神又名彗帶大將軍減吉助凶深五星順軌恰相逢亦有助福功若遇逢逆本星惡逢孛凶大作月孛入垣與樂廟禍福觀他曜凶力愈助凶吉則吉相從其行無有遲留逆一月三度歷九個月中過一宮行度有常躔十二月孛行幾度恰好四十九九年行一小週天寄度好推研六十二年一週天

○羅睺

夫羅睺者火星之餘奴也凡入山向主火災瘟厲盜賊

大將按亥寅亥交符丑寅輔艮東北之位也

○春分天帝司卯天將按戌卯戌交符甲乙輔震正春之令也萬物發生易曰帝出乎震○谷雨天帝司辰天將按酉辰酉交符萬物長齊易曰齊乎巽○小滿天帝司巳天將按申巳申交符辰巳輔巽東南之位也

○夏至天帝司午天將按未子未交符丙丁輔離正夏之令萬物皆茂易曰相見乎離○大暑天帝司未天將按午未午交符萬物致養易曰致役乎坤○處暑天帝司

天機歌羅睺本是火之餘天首名不殊不逢忌曜最有權凶吉細推研全無伏退無遲留常道逆行遊此星大抵性凶惡爲福力全薄朔遇太陽同度時日蝕不相疑望遇太陰同在度月蝕爲凶咎嘗其薄蝕最爲崇萬事不堪逢若還不曾悞逢之克日見凶危惟有入廟逢火星助福力非輕一十九日行一度一月度半就十八月中移一宮諸曆總相同一十九年一小週步七逆行遊大週九十有三年天機莫乱傳

○計都

夫計都者土之餘奴也凡入山向主少亡孤寡橫禍

天機歌土餘名號計都星蝕神豹尾稱此星性與羅睺似凶多吉少遇逆常度也無形伏遲不用許日月同度即相蝕爲惡莫相敵入問諸事忌相逢七着便成凶入垣廟樂看同星吉凶却相伴火土同宮執順時爲福不須疑若當火土伏逆際橫禍從天至其行常與火羅對都無留與退十九日中行一度七半一月過一年半始過一宮十九年小週九十三年一大週循環何有休

若五星同餘過度推作定局要明查過度須將七政審曆攷而用之

申丙天將己申巳亥符中未輔坤西方之位也○秋分天帝司酉天將按辰酉辰亥符庚辛輔兌正秋之令万物說戊易曰說言乎兌○霜降天帝司戌天將按卯戌卯亥符陰陽相傳易曰相戰乎乾○小雪天帝司亥天將按寅亥寅亥符戊亥輔乾西北之位也○冬至天帝司子天將按丑壬癸輔坎正冬之令方物歸藏易曰勞乎坎觀斯可見方物造化隨帝將以出入四六陰陽陞帝而升降其所關不亦大乎

## 定諸星入垣 圖局定位載後以便推覽

陳博註曰天順行諸星亦順行每日一時諸星居垣入局則爲大吉得福但登垣入局元有所定四土四月四月定在子午卯酉之宮四木四金定在辰戌丑未之宮四火四水定在寅申巳亥之宮善推步者以中星定之則知某月將諸星居垣入局竪造安葬百事吉利如星宿火位或侵垣局若上官赴任必有休官退敗之禍當詳之不可忽畧

每年以冬至日度爲首日在箕五度日與天會其日寅時初三刻天運始于寅日行亦始於寅其時星宿在午諸星居垣入局又如大寒後五日日入女二度躔立禍之次其夜子時初四刻女宿在子卯宿在午諸星居垣入局

立春日日在虛宿一度其月子將正一刻虛宿在子張宿在午諸星居垣入局餘例此

朝廷須降歷日每以四大吉時定躔度數四大吉時乃台日月五星各居其正位俾士庶遵行可法

# 星曜入垣昇殿

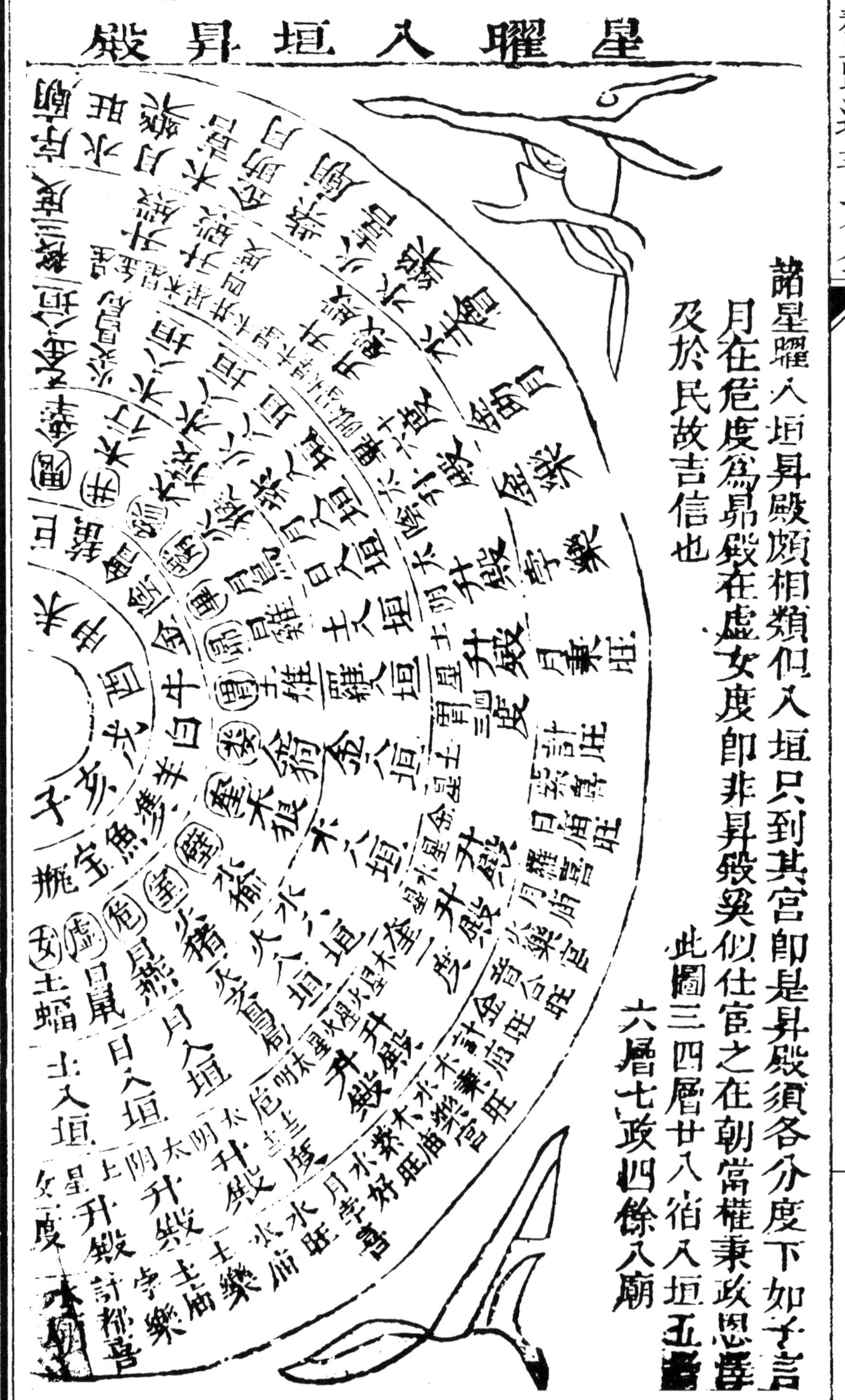

諸星曜入垣昇殿頗相類但入垣只到其宮即是昇殿須各分度下如子言月在危度爲鼎殿在虛女度即非昇殿奚似仕宦之在朝當權秉政恩寵及於民故吉信也

此圖三四層廿八宿入垣五層六層七政四餘入廟

# 廟旺喜樂總圖

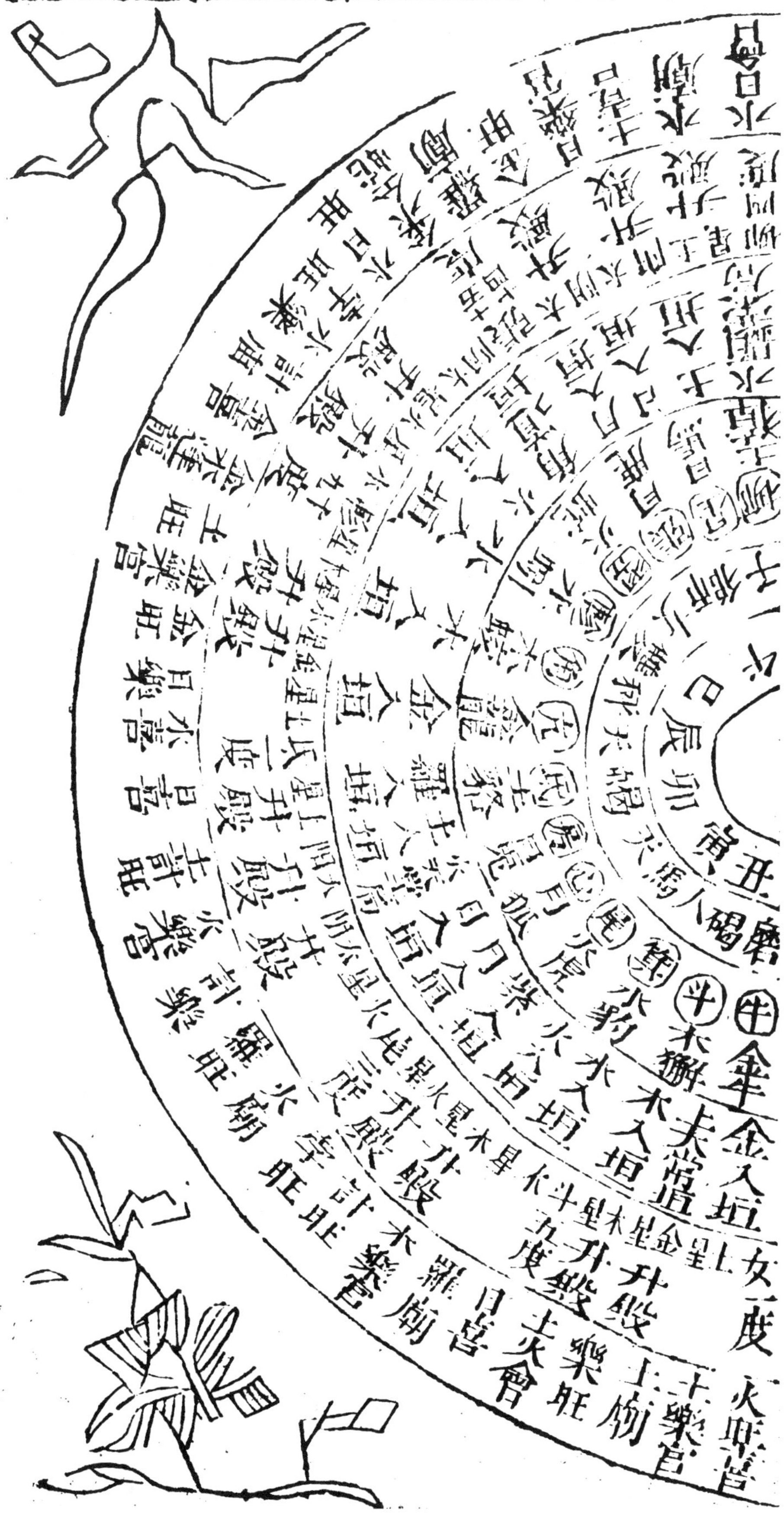

凡星曜入廟及旺樂喜好之宮謂之得地最能爲福縱有仇难同度不能加害若更得合時令爲福尤大又爲權星或值運留亦爲福神其得地故也

## 緯星本初圖說

此星流行於周天隨時而變易者也其填註于十二宮分者則星家本物之位也其填註于二十四山向也即自其本初者分之耳凡尊貴人祿馬必須先尋本初之尾然後方可直其流行落於何宮度如癸祿在子則尋計星申子辰馬居寅則尋炁星丙丁豬雞位則尋金木星餘倣此推

## 緯星本初之圖

○氣候圖說

○氣候本功

春秋曰伏羲建八節以爻應候晉律歷志曰炎帝分八節以始農功

伏羲畫八節作三爻以象二十四氣

禮記月令註曰周公作時制定二十四氣分七十二候則氣候之始于伏羲而定于周公也以五日爲一候每月分作六候六五三十日于一也也一氣皆十五日是月

設五辰劃四時各分九十一日八十分之二十五一年二十四氣全數也

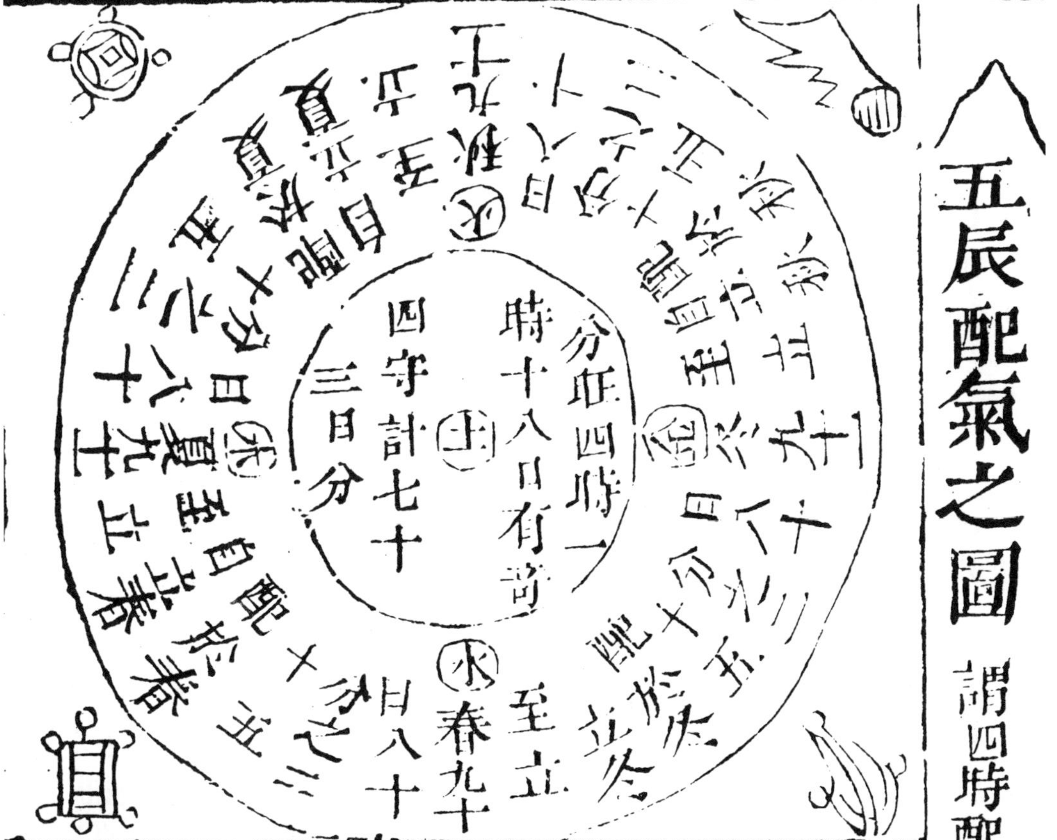

## 五辰配氣之圖

謂四時配氣節候等事

四季計七十三日分

時十八日有奇

分旺四時一

孔丙曰五行之時即四時也言撫順五行之時則衆功皆成

禮運曰播五行於四時蓋四時者氣也五行者象也四時各分九十一日八十分之二十五爲一時之正而五行則以木配春以火配夏以金配秋以水配冬以土則分旺於四時每季二十八日有奇

胡氏曰曰五行在地爲物在天爲時順其時而行之

凡三百六十五日零二時七刻一十分一氣有十五日零二時五刻一十分四時春夏秋冬各分九十一日三時六刻弱也土分千四時各季旺一十八日三時一刻一十分强也共成七十三日零四刻四十分有奇

○律呂生配十二月令

漢律歷志黄帝使伶倫自大夏之西崑崙之陰取竹於嶰谿之谷斷兩節間長三尺九分以生空竅而吹之以爲黄鍾之宮制十有二篇以聽鳳凰之鳴其雄鳴爲六雌

## 律呂配卦之圖

律

一曰黄鍾　二曰大簇　三曰姑洗

四曰蕤賓　五曰夷則　六曰無射

屬陽

呂

一曰林鍾　二曰南呂　三曰應鍾

四曰大呂　五曰夾鍾　六曰仲呂

屬陰

前漢律歷志許張晏曰推歷十二辰以生律呂也自十一月冬至一陽自下而生至四月六陽而終自五月夏至一陰自下而生至十月六陰而終終則復生蓋陽極生陰已極生陽天地盛衰消長之理如此然二至常在月之中如未交冬至陰未交夏至陽故與十二辰十二卦皆相配已

鳴亦六以此黄鍾之官生六律六吕候氣之應以立宫商角徵羽之声常陰陽之氣即四時之变推律歷之数也消息正閏餘益陽六爲律陰六爲吕六律六吕總謂之十二律以配十二月黄鍾大簇姑洗蕤賓夷則無射陽声也大吕應鍾南吕林鍾仲吕夾鍾陰声也自十一月一陽生其卦復黄鍾氣應至四月六陽已極自五月一陰生其卦姤蕤賓氣應至十月六陰已極一律一吕遁月分配是爲一歲成焉

○論律吕隔八以相生

陳搏註曰先王因辨天地陰陽之氣而辨十二辰陽六爲律陰六爲吕謂之十二律每三分而損益隔八位以相生損益即乘除之数相生即循環之道也故以氣候之管爲樂声之均子爲黄鍾丑爲大吕寅爲大簇卯爲夾鍾辰爲姑洗巳爲仲吕午爲蕤賓未爲林鍾申爲夷則酉爲南吕戌爲無射亥爲應鍾法用竹管十二損益而長短之正五音者以之而成則上氣者以之而驗也其閉八相生之法則先黄鍾之地以九寸爲法明陽数之極故用九自乘得九九八十一数七多者下生陽律生陰吕爲下生数少者上生陰吕生陽律自上生下生者三分損一上生者三分益一官生徵官数八十一三分去一得五四以爲徵每分二十七徵生商徵数五十四益一分得七十二以爲商每分十八商生羽商數七十二三分天一得四十八以爲羽每分二十四羽生角羽数四十八三分益一得六十四以爲角每分十六如黄鍾九寸隔八下生林鍾則三分九寸而損其一當有六寸故林鍾長六寸林鍾又隔八上生大簇則三分六寸而益其一當有八寸故大簇長八寸大簇下生南

呂南呂上生姑洗姑洗下生應鍾應鍾上生蕤賓蕤賓又重上生大呂大呂上生夷則夷則下生夾鍾夾鍾上生無射無射下生仲呂其增減之数皆不出於三故相生之数皆不出坎入淮黃鍾林鍾大簇三管爲三統各得全寸黃鍾子行於天統林鍾丑爲地統太簇寅爲人統除外九管則有零分此局卄二律三分損益隔八相生之法也所謂十二律旋相爲宮先以本管爲均而加以衆声如黃鍾之均是以黃鍾爲宮下生林鍾爲徵林鍾上生大簇爲商太簇下生南呂爲羽南呂上生姑洗爲角如大呂之均是以大呂爲均大呂上生夷則爲徵夷則下生夾鍾爲商夾鍾上生無射爲羽無射下生仲呂爲角其他諸均各有五声皆自爲宮斯爲迭爲宮商角徵羽此十二宮旋相爲宮之法也

氣候之法爲室三重戸閉塗釁必周密布提縵室中以木爲按每律各一按內畢外高從其方位加律以管入葭灰實其端以薄紗覆之按曆而候之氣至則灰飛而管通矣灰飛半出者爲和氣灰飛全出者爲猛氣灰飛不出者爲衰氣以驗氣之管爲五音之和上因長短正变之数斗其升降之数在冬至則黃鍾九寸氣升五分

○四時氣候論

按包羲氏河圖畫八卦定五行配四時其数曰一三五七九陽也二四六八十陰也所以天一生水地六成之在北方播按冬天三生木地八成之在東方播于春天之陽数故冬春之日皆陽又自復始陽推出陰故衆地之陰数成之乃衆陰之氣也故冬寒而春漸暖陰極陽生也地二生火天七成之在南方播於夏地四生金天九成之在西方播於秋地之陰数生之故夏秋之月卦皆陰也陽数炎熱自姤始陰推出

天之陽數成之乃熱陽之
氣也故夏熱而後秋漸
涼陽極陰生也天五生
土地十成之土爲萬物
之母尊居中以配天代
天而生萬物蓋五作生
成之數故天一得五而
六成天三得五而八成
地二得五而七成地四
得五而九成天五得五
而十成土播於四季月
之末也天生者屬陽地
生者屬陰後天卦位也
故冬至子而陽生夏至午
而陰生以四時詳之冬
水生春木春生夏火夏
生秋金秋生冬水是以
象四時

一厘三毫大寒則大呂八寸三分七厘六毫升三分七厘六毫雨
水則太簇八分升四分五厘一毫春分則夾鍾七寸四分三厘七
毫三絲升三分三厘七毫三絲穀雨則姑洗七寸一分升四分三
厘五毫四絲小滿則仲呂六寸五分八厘三毫四絲五忽升三分
五厘四毫三絲六忽夏至則蕤賓六寸二分八厘升二分八厘大
暑則林鍾六寸升一分三厘四毫處暑則夷則五寸五分五厘五
毫升二分五厘五毫秋分則南呂五寸三分升三分五厘四毫一
絲霜降則無射四寸八分八厘四毫八絲升二分二厘四毫八絲
小雪則應鍾四寸六分六厘氣弱不升

論

卦爻以配七十二候陳摶註曰冬至日在坎夏至日在離春分日
在震秋分日在兌四正之卦每卦爻主一氣每時之卦又配成三
卦而十二月之卦備而每爻主一候爲餘六十餘每卦主六日七
分八十分日之七歲有十二日三百六十五日四分日之一六十
卦一周也聖人仰觀俯察遠求博取以四卦之爻計二十有四而
成廿四卦以十二卦之爻計七十二而成七十二候用以推氣建
候是故冬至之候蚯蚓結麋角解水泉動小寒之候雁北鄉鵲始巢

五聲八音七

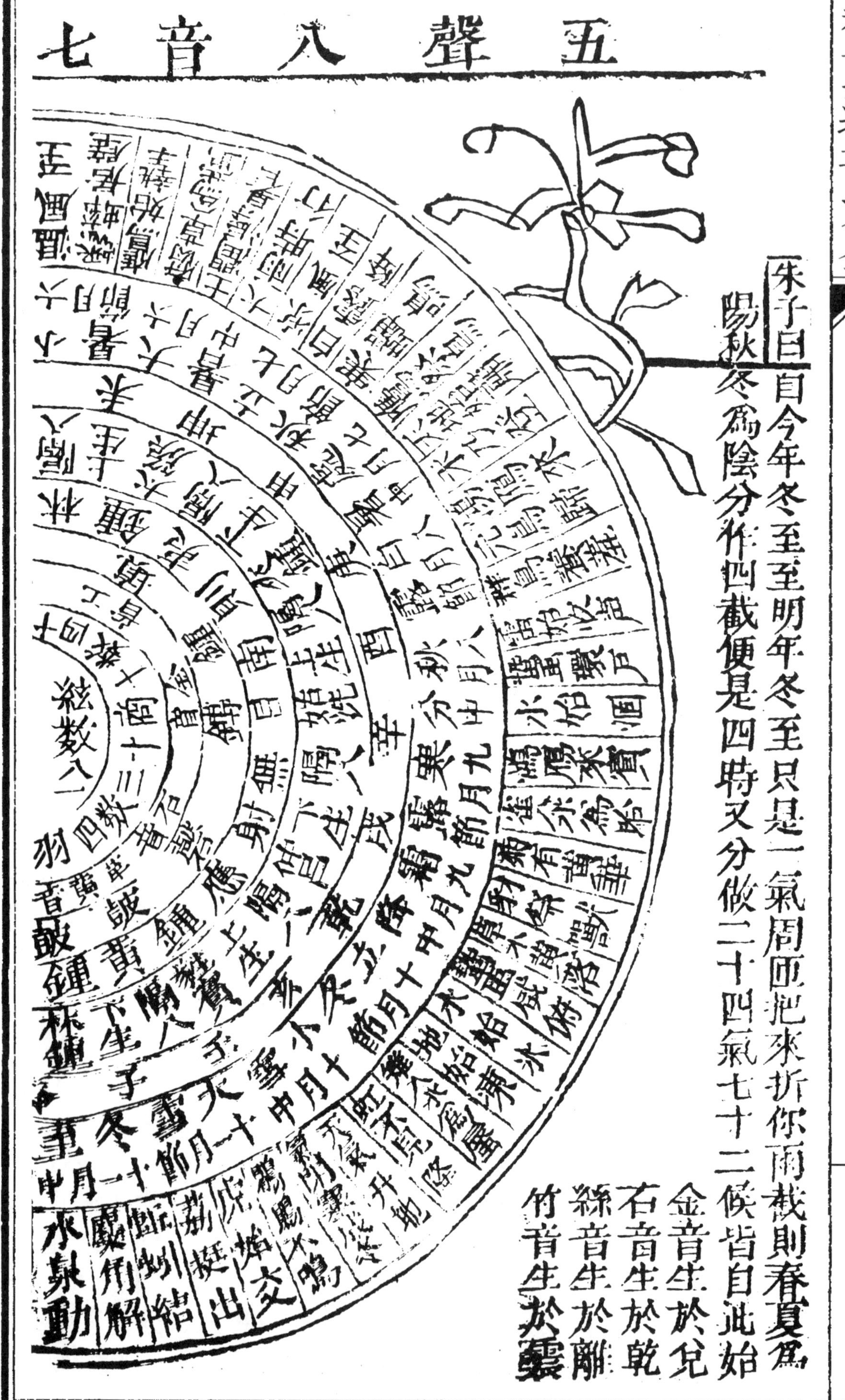

朱子曰自今年冬至至明年冬至只是一氣周匝把來折你兩截則春夏為陽秋冬為陰分作四截便是四時又分做二十四氣七十二候皆自此始

金音生於兌
石音生於乾
絲音生於離
竹音生於震

# 十二候總圖

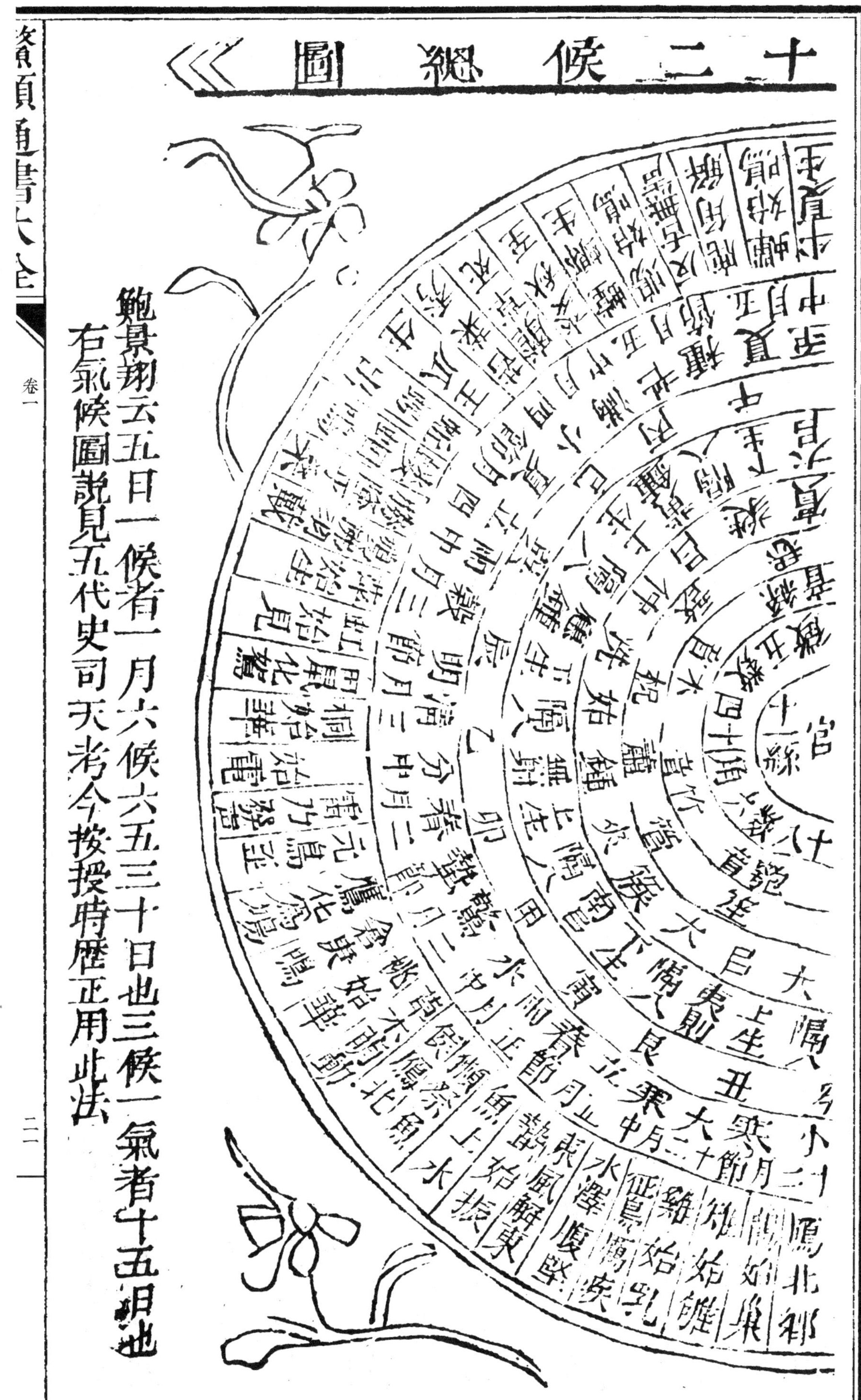

鮑景翔云五日一候者一月六候六五三十日也三候一氣者十五日也

右氣候圖說見五代史司天考今按授時歷正用此法

定卽氣時刻訣

六七年前寒露卽便向今歲立春時但將此法從頭对時七刻七不差秘

又云定卽之法不多有前九之年加後九月大月小閏斯年便是當年卽氣候天干三数地支七執記心中須歷七如前九年卽氣是甲子今則丙午是也

廖氏云今年雨水明年春天干不動加兩辰二十四添皆做此時加三刻萬年靈如萬歷五年正月三十三日辛亥酉初初刻雨水除辛干不動以亥支如兩辰是逢丑

定月大小法前九之年二月中今年元旦日時同月大月小此爲例次第推來理自通又云正月一　日日辰說九年二月十五同二月一日日辰位卽是九年三月中

移訣云授時歷法要君知但將九年舊歷推月大月小起初一看其初一天地支大月天干五支九小月天四地八偶月大三十日無差月小分明二十九節氣只憑九年歷二十四氣眞端的　欲起今年歷當推九年前歷看每月初一是何干支如正月大初一日是甲子則甲至戊五数子至申九数卽戊申今年正月初一日如前正月小則甲至丁四数子至未入数卽丁未日是今年正月初一日也餘做此

定閏月法若問閏月如何截四十七年加兩月神仙妙訣不須多萬兩黃金莫漏洩又云四十七年前有閏七前兩月是今逢假如以丙戌年筭起到壬申年卯是四十七年丙戌年閏三月壬申年加兩月其年必閏四月方合加兩月之說并閏月筭總共二十三個月爲一閏也

廖氏云上年天干來尅我下年天干我尅他有閏之年地支同無閏之歲地支冲假如乙卯年該閏以前甲寅年丑月初一日辰以對

也辛年加丑即辛丑即是胡年立春日酉初七加二刻即初三刻是也

又云今歲先卯來歲春但隔五日二時辰

又云前九年推後九通于食支冲即氣同閏月必定無中炁此訣教人最有功如己亥年壬戌日立春則丁未年甲辰日立春此壬水生甲木為食神辰戊相冲此為干支冲也餘做此推

## 又詩

若要求立春
相冲对食神
閏月無中氣
說與星卜人

乙卯年正月初一日辰君是干剋支冲其年必無閏也如甲寅年十一月初一日是戊戌剋对乙卯年十一月初一日辰是壬戌乃是上年天干來剋我又是地支相同其年必有閏也故日有閏之年地支同餘做此

論月凡一歲凡三百五十四日有閏三百八十四日自今年立春至明年立春二十四炁全数凡三百六十五日零二時七刻一十分故經云期三百六旬有六日者此也一氣有十五日零二時五刻二十分一時八刻二十分一刻六十分行初上刻十分止初刻十分一月有二氣必有二十日零五時二刻始交後月節氣四時各九十一日零三時六刻二十分十二月有大小盡因節氣之行餘與小盡之不足而置閏於其間然後四時不差歲功得成置閏之法以小盡有餘之数積之與而难言故立擬法于後

又法云欲知來歲閏先筭至之餘甲有大小盡决定不差後如來歲欲置閏則以今年冬至後餘日為率如十一月廿二日冬至尚餘八日即明年閏八月若月小餘七日閏七月若冬至在廿旬以望日為断十二日定復起一数焉

# 閏月定時

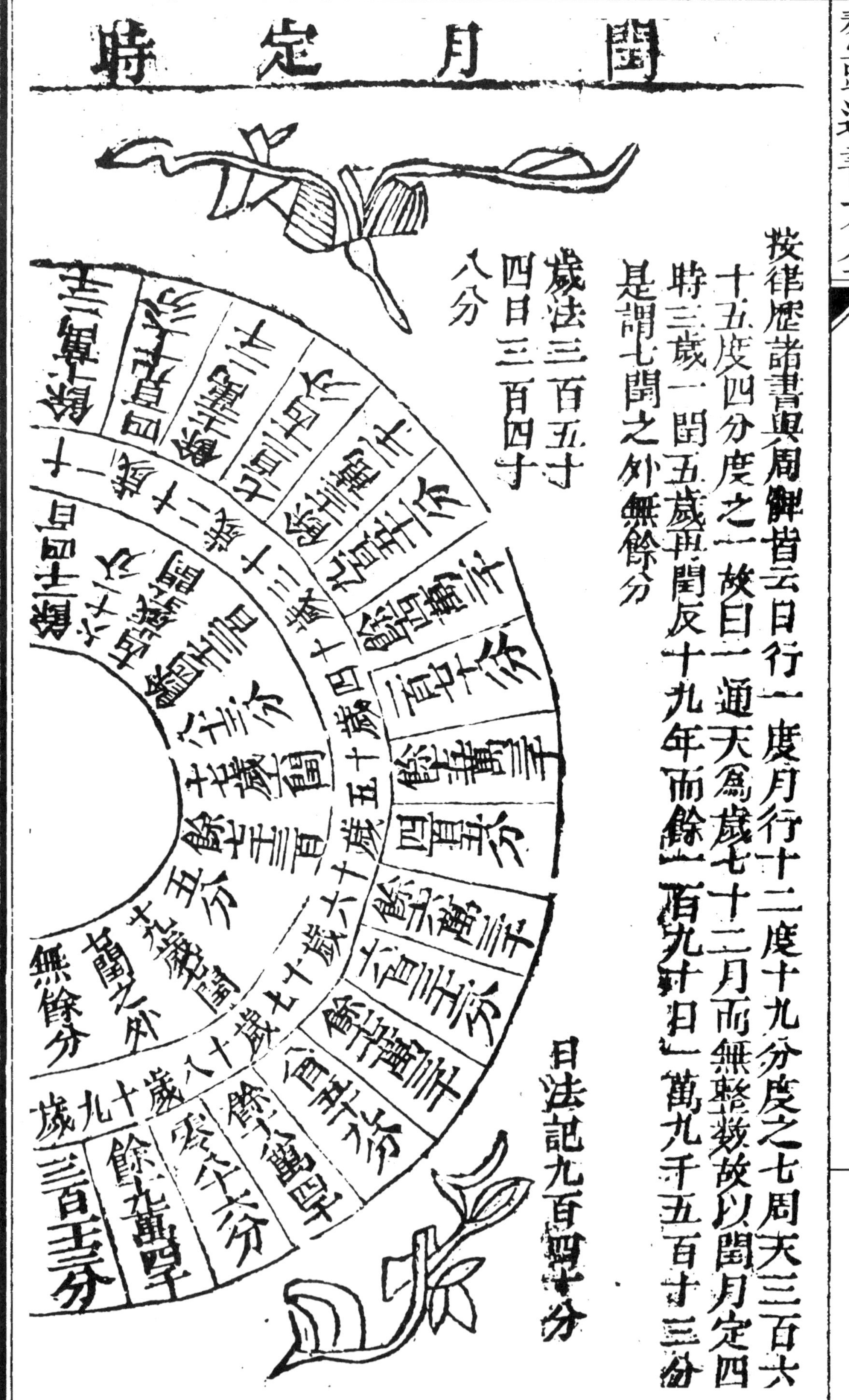

按律歷諸書與周髀皆云日行一度月行十二度十九分度之七周天三百六十五度四分度之一故曰一通天爲歲七十二月而無整數故以閏月定四時三歲一閏五歲再閏反十九年而餘一百九十日二萬九千五百十三分是謂七閏之外無餘分

歲法三百五十四日三百四十八分

日法記九百四十分

# 成歲之圖

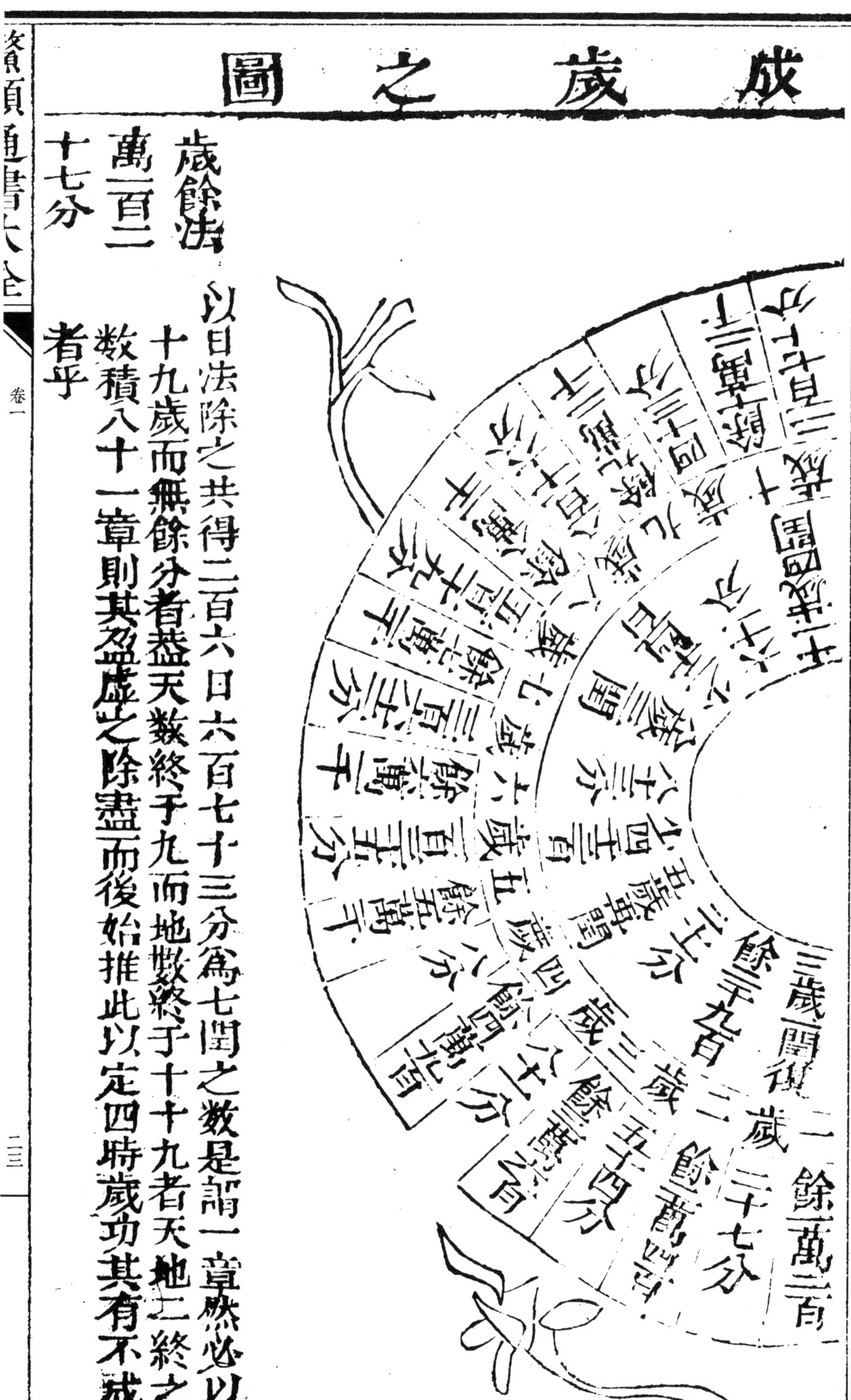

**歲餘法萬一百二十七分** 以日法除之共得二百六日六百七十三分爲七閏之數是謂一章然必以十九歲而無餘分者蓋天數終于九而地數終于十十九者天地二終之數積八十一章則其盈虛之除盡而後始推此以定四時歲功其有不成者乎

# 夏晝日永

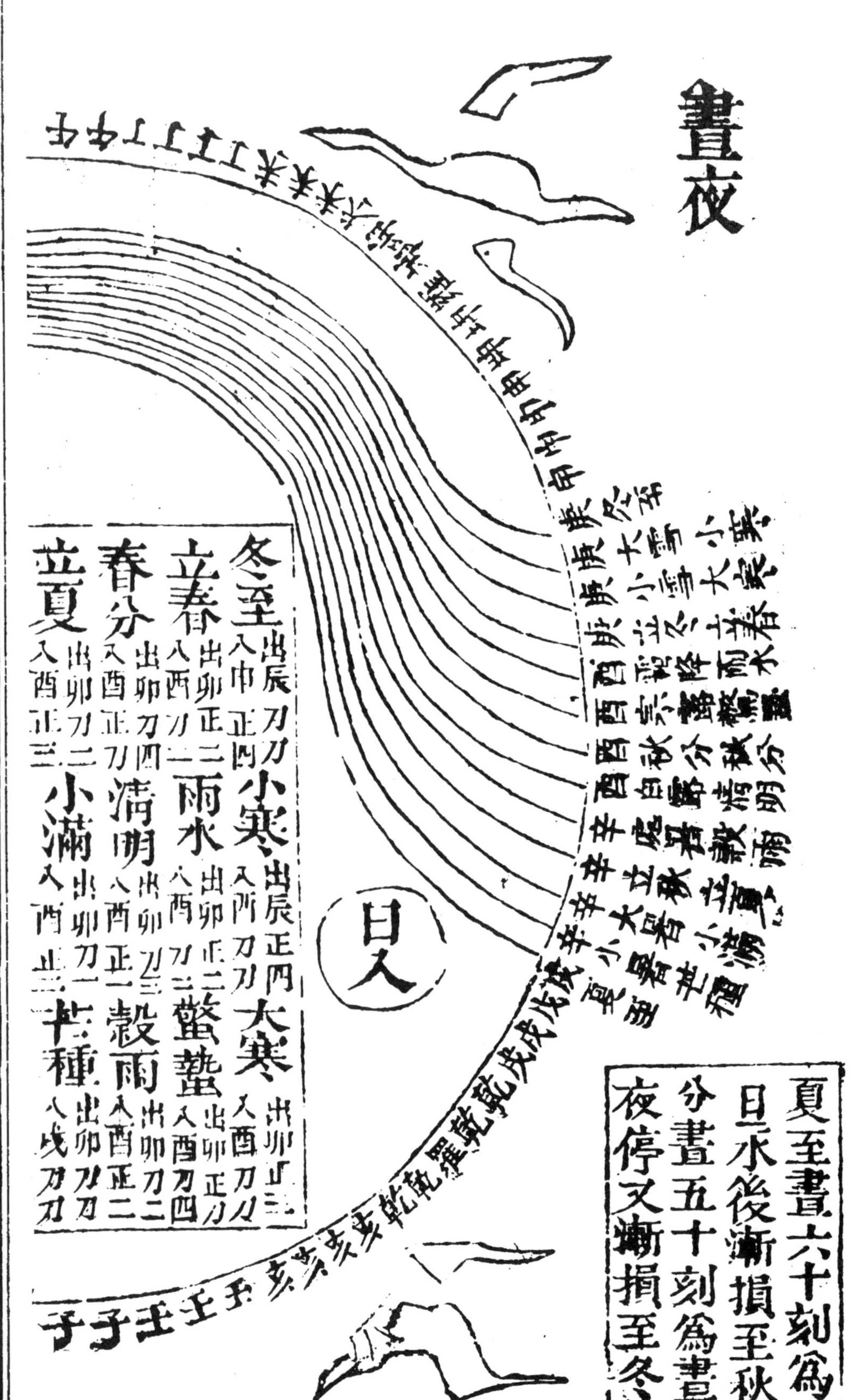
晝夜
日入
冬至 小寒 大寒
立春 雨水 驚蟄
春分 清明 穀雨
立夏 小滿 芒種
夏至晝六十刻爲日永後漸損至秋分晝五十刻爲晝夜停又漸損至冬

# 日短之圖

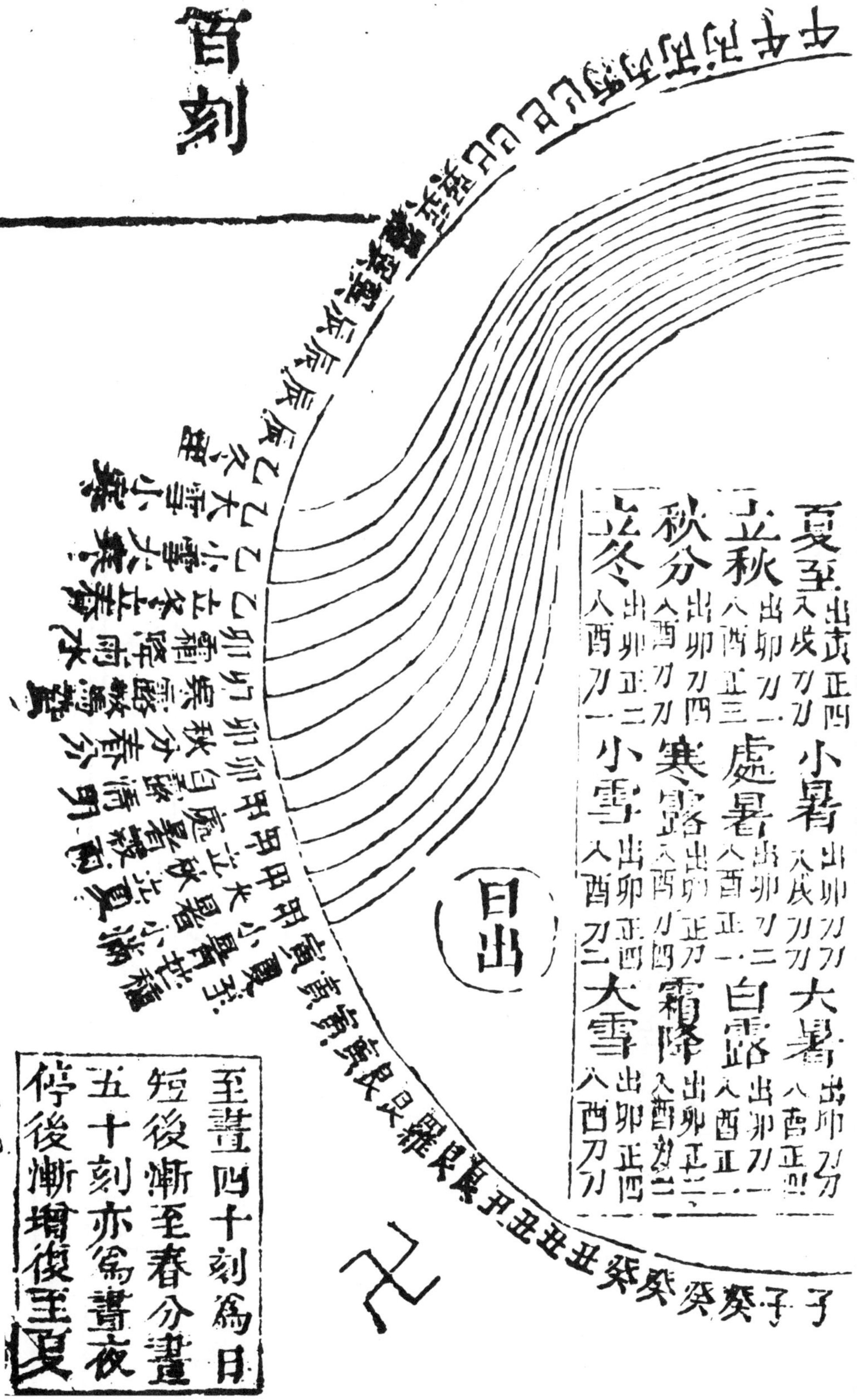

百刻

日出

| 節氣 | 出 | 入 | 節氣 | 出 | 入 | 節氣 | 出 | 入 |
|---|---|---|---|---|---|---|---|---|
| 夏至 | 寅正四 | 戌初初 | 小暑 | 卯初初 | 戌初初 | 大暑 | 卯初分 | 酉正四 |
| 立秋 | 卯初一 | 酉正三 | 處暑 | 卯初二 | 酉正一 | 白露 | 卯初一 | 酉正一 |
| 秋分 | 卯初四 | 酉初初 | 寒露 | 卯正初 | 酉初四 | 霜降 | 卯正三 | 酉初二 |
| 立冬 | 卯正二 | 酉初一 | 小雪 | 卯正四 | 酉初三 | 大雪 | 卯正四 | 酉初初 |

至晝四十刻爲日短後漸至春分晝五十刻亦爲晝夜停後漸增復至夏至也

論曆數太陽推步之法大体至則南高而北下形如倚蓋北極出地三十六度常見而不隱南極入地三十六度常隱而不見其体主建發夜運行不息本無度可測以經星三百六十五度四分度之一有分九十一度有奇于四持昏日之際以中星識之則一昼夜行三百六十五度而又過一度日逐天行少遲一晝夜行三百五十二度有奇不及天十三度十九分度之七五星亦逐天行遲速各有度數蓋天度與背中星相去常九十一度日面初出等以前九十一度為

## 測時圖說

謂量天尺推定時刻論日永日短等事

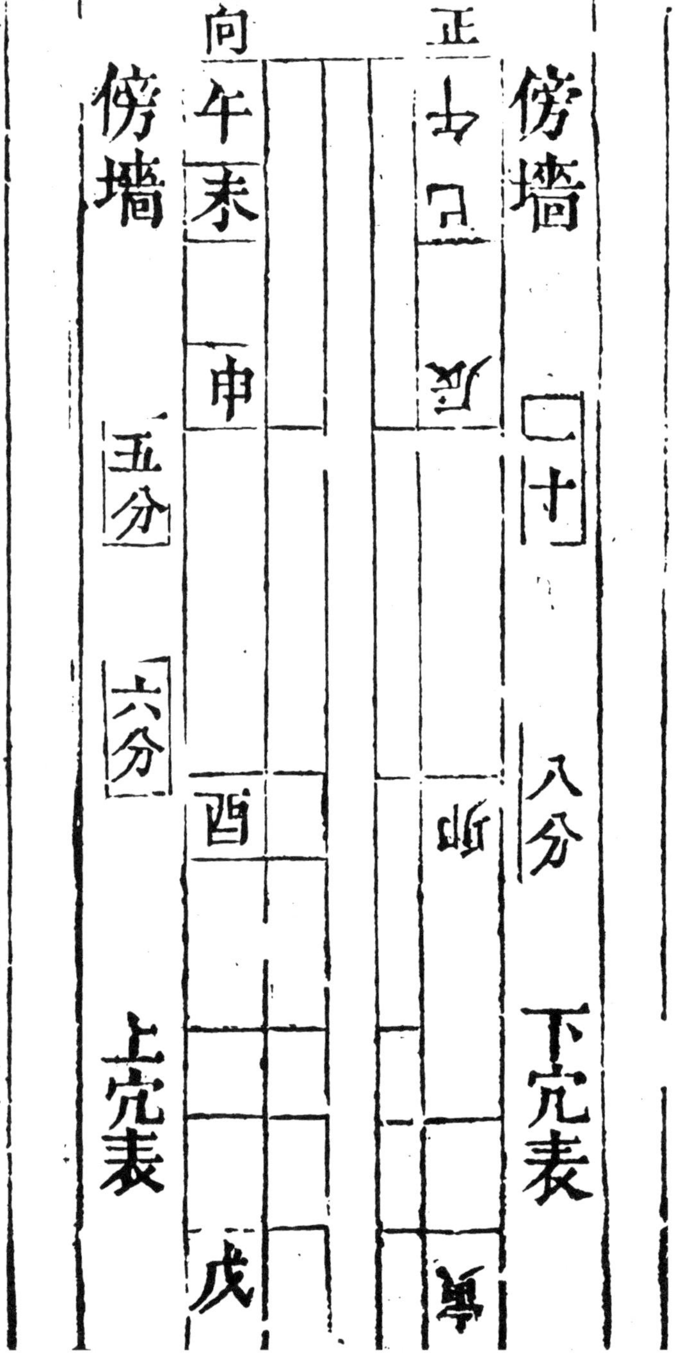

旁墻 一寸 八分 下穴表

正 午 巳 辰 卯 寅

向 午 表 申 酉 戌

旁墻 五分 六分 上穴表

春分北極之表春分白露清明處暑穀雨立秋表長八分 下穴

夏至芒種小暑小滿大暑立夏表長一寸

秋分驚蟄寒露雨水霜降立春表長六分

秋分南極之表冬至大雪小雪小寒大寒立冬表長五分 上穴

中星月入之際以後九十一度爲中星當子午平分各相去一百八十二度有奇俟日發天所至之度于日出日入之際以定昏日中星天順行縿星亦順行每宮以三十度爲法每月以三十日爲法

定四時中星日出入時刻

冬至日在箕五度每年以冬至日度爲首至日在箕五度日與天会其日寅時初二刻天運始于寅日行亦始天寅按推步之法以璇玑玉衡圖天盤轉輪推步至辰時初七刻日欲出以前九十一度則見軫宿在子

右量天景尺長四寸八分寬一寸厚四分正面劃以刻数首有二穴以定南北二極之正表上穴深一分半下穴深一分而傍牆刻天表寸数以就量截安穴内對日影正中星爲度表頭盡處即是其時皆面以節氣用表方寸而爲准驗之規

冬至日在斗去極一百十五度影一丈三尺三寸　小寒日在女去極一百十三度影一丈二尺三寸

大寒日在虛去極一百十度影一丈一尺　立春日在危去極一百六度影九尺六寸

雨水日在室去極一百一度影七尺七寸五分　驚蟄日在壁去極九十五度影六尺五寸

春分日在奎去極九十一度影五尺二寸　清明日在胃去極八十三度影四尺一寸五分

穀雨日在昴去極七十七度影二尺五寸　立夏日在畢去極七十三度影二尺五寸

小滿日在參去極六十九度影一尺六寸九分　芒種日在井二十度去極六十七度影一尺六寸八分

夏至日在井十五度去極六十七度影一尺六寸　小暑日在柳去極六十七度影一尺五寸

大暑日在星去極七十度影一尺　立秋日在張去極七十二度影二尺三寸五分

處暑日在翼去極七十八度影二尺三寸　白露日在軫去極八十四度影四尺二寸五分

秋分日在角去極九十一度影五尺五寸二分　寒露日在亢去極九十六度影六尺八寸五分

霜降日在氐去極一百八十三度影八尺四寸　立冬日在尾去極一百七度影一丈八寸二分

小雪日在箕去極一百八十一度影五丈四寸　大雪日在斗去極一百八十一度影一丈二尺五寸

爲旦中日入之際加申時正四刻以後九十一度則見壁宿在午於昏中後入日日入艮斗四度躔星紀之次

小寒日在斗十一度將斗十一度自丑順行至卯時正二刻日始出則見角宿在午爲旦中至午時正一刻斗宿在午井宿在子爲日中順行至酉時初七刻則見奎宿在午爲昏中順行至子時初四刻斗宿在井宿在午爲宵中

大寒日在牛四度後四日日入女二度躔元枵之次其夜子時初四刻女

○定太陽出入歌訣

正九出乙入庚方　二八出兎入雞塲
三九發甲入辛地　四六生寅入戌房
五月生艮歸乾上　仲冬出巽入坤方
惟有十與十二月　出辰入申仔細詳

○定太陰出時歌訣

三辰五巳入午昇　初十出未十三申
十五酉時十八戌　二十亥上記其神
二十三日子時出　二十六日丑時行
二十八日寅時立　三十加來卯上輪

定曉昏時總論　日未出地二刻半而地上已明即曉昏時日入地二刻半而地上明盡即黃昏時故晝常多夜五刻夜常少晝五刻說見前天文志世人但知以昏明爲晝夜不知日出在巳明之後日入在未昏之前也

定論時上下四刻分數　日百刻配十二時之數天行之同晝夜百刻每一時得八刻十時得八十刻又二時得十六刻總九十六刻所餘者四刻每刻分爲六十分四刻該二百四十分布之十二時每一時得八刻二十分故有初七刻者一十分正初刻者一十分一時有五百分初七刻十分初一刻至初四刻各六十分共二百五十分謂之上四刻正初刻至正四刻亦二行五十分謂之下四刻

爲昏中

小暑日坤井十七度卯初初壁且中午正初井爲日中戌初上角爲昏中

大暑日在未井三十度後七日八丁柳□度躔鶉火之次午時正初刻柳宿在午爲日中酉時氐宿在午爲昏中子時女宿在午爲宵中卯時胃宿在午爲旦中

立秋日在丁柳十三度卯初一刻癸在午爲旦中午正初柳爲日中酉正三刻房爲昏中

處暑日在午張大度後九日八丙張十五度躔鶉尾之次卯時畢在午爲

○論定半夜子時隔界說

凡半夜子時隔界之類一時有八刻二十分上四刻屬本日管下四刻屬第二日管○謹按大明成化十八年壬寅歲授時官歷四月二十六日甲子夜子時初二刻小滿是上四刻作二十六日管故有夜字等下四刻交節則無夜字是第二日管但凡擇時者詳之

欽天七政太陽交節躔度歌

立春虛一雨危八　驚直室七分壁四　清明奎九穀婁七

立夏胃十滿昴八　芒畢十二夏井初　小井十四大念九

立秋柳十處張六　白露翌四分十九　寒軫十三角十一

立冬氐三小房四　大雪尾七冬箕五　小斗十一大牛四

○論十一曜行度例

〔太陽〕一日行一度〔太陰〕一日行十三度〔木星〕或一日行三度或一日行一度〔火星〕三日行一度〔水星〕三日一遲十三日一留若〔金星〕與〔水星〕同三日一退十二日一留〔土星〕一日行三度字星見太陽留五星見日皆伏藏三合逢陽且是留〔炁星〕二十日行一度〔羅計星〕十八日行一度

旦中午正一刻張宿爲
日中酉時正二刻心在
午爲昏中子時危宿爲
宵中
白露日在丙翌三度卯時
畢爲旦中午正初翌爲
日中酉正初尾爲昏中
秋分日在巳翌十八度後
十二日入巽軫十度卯
時參爲旦中午正一翌
日中酉初四十宿昏中
寒露日在巽軫十四度卯
正一刻井爲旦中午正
初軫爲日中酉初四刻
斗爲昏中
霜降日在辰角十一度後
十三日入乙氐三度卯
時正二刻鬼爲旦中午正

太陽躔度　冬至　小寒　大寒　立春　雨水　驚蟄　春分　清明　穀雨　立夏　小滿　芒種

一日　箕五　斗十一　牛三　虛一　危七　室七　壁五　奎十　婁八　胃十　昴九　畢十一
二日　寅六　丑十一　癸四　子二　壬八　亥八　乾六　戌十一　辛九　酉十一　酉十　庚十三
三日　七　十三　五　三　九　十九　七　十二　十　十二　畢初　十四
四日　八　十四　六　四　十　廿　八　十三　十一　十三　一　十五
五日　九　十五　女初　五　十一　廿一　九　十四　十二　十四　二　觜一
六日　斗初　十六　一　六　十二　十二　奎初　十五　胃初　十五　三　參初
七日　二　十七　二　七　十三　十三　一　十六　一　昴初　四　一
八日　三　十八　三　八　十四　十四　二　十七　二　一　五　二
九日　四艮　十九　四　九　十五　十五　三　婁一　三　二　六　三
十日　五　二十　五　危一　室一　十六　四　二　四　三　七　四
十一日　六　廿一　六　二　二　十七　五　三　五　四　八　五
十二日　七　廿二　七　三　三　壁一　六　四　六　五　九　六
十三日　八　廿三　八　四　四　二　七　五　七　六　十　七
十四日　九　牛一　九　五　五　三　八　六　八　七　十　八
十五日　十　二　虛初　六　六　四　九　七　九　八　十一　九

在午為旦中自卯至午奎宿在午為旦中自午至酉井宿在午為昏中

清明日在戌奎十一度自戌時正二刻順行至子時正初刻角宿在午為昏中順行至卯初三刻斗宿在午為旦中自卯順行至酉時正二刻井宿在午為昏中

谷雨日在辛婁八度後九日入酉胃四度躔大梁之次其日酉時諸星入局据垣其夜胃宿在子氐宿在午為宿中卯時女宿在午為旦中酉時柳宿在午為昏中

立夏日在酉胃十三度胃

立秋七月節
日出卯初三刻
日没酉正三刻
晝五十六刻
夜四十四刻

白露八月節
日出卯初三刻
日没酉正一刻
晝五十二刻
夜四十八刻

寒露九月節
日出卯正一刻
日没酉初四刻
晝四十八刻
夜五十二刻

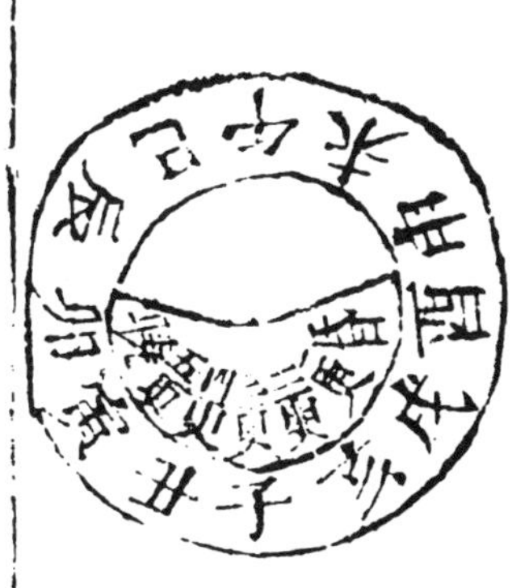

處暑七月中
日出卯初二刻
日没酉正二刻
晝五十四刻
夜四十六刻

秋分八月中
日出卯正初刻
日没酉正初刻
晝五十刻
夜五十刻

霜降九月中
日出卯正二刻
日没酉初二刻
晝四十六刻
夜五十四刻

宿在午爲旦中酉正三刻即爲昏中

小滿日正酉昴宿九度後九日入庚畢七度躔宿沉之次卯初一刻虛宿爲旦中午正一刻昴宿爲旦中酉正三刻張宿爲昏中

芒種日在畢十三度卯初初危宿爲旦中午正初畢宿爲旦中酉正四畢宿爲昏中

夏至日在申井二度後八日入庚井九度躔鶉首之次自子時斗宿在午爲昏中卯時奎宿在午爲旦中午時井宿在午爲旦中酉時軫宿在午

立冬十月節
日出卯正二刻 乙屬
日沒酉初二刻 庚屬
晝四十五刻
夜五十五刻

小雪十月中
日出卯正三刻 乙屬
日沒酉初一刻 庚屬
晝四十三刻
夜五十七刻

大雪十一月節
日出卯正四刻 乙屬
日沒酉初 刻 庚屬
晝四十一刻
夜五十九刻

冬至十一月中
日出辰初七刻 乙屬
日沒申正初刻 庚屬
晝四十一刻
夜五十九刻

小寒十二月節
日出辰初七刻
日沒酉初七刻
晝四十一刻半
夜五十八刻半

大寒十二月中
日出卯正四刻 乙屬
日沒酉初七刻 庚屬
晝四十三刻
夜五十七刻

宿在子柳宿在午諸星居垣八局順行至卯時正二刻氐宿在午為旦中自卯時順行至午時正初刻女宿在午為中自午時順行至酉時初七刻胃在午為昏中

立春日在虛四度其日子時正一刻虛宿在子諸星居垣入局而星宿在午為明中自子至卯時正一刻房宿在午為旦中自卯至午正初刻虛宿在午為日中自子至酉時正一刻虛在酉昴宿在午為昏中

雨水日在危九度其夜亥時正四刻危宿順行至

立春正月節
日出卯正三刻屬
日沒酉初一刻
晝四十四刻
夜五十六刻

京蟄二月節
日出卯正一刻
日沒酉初三刻
晝四十八刻
夜五十二刻

清明三月節
日出卯初三刻
日沒酉正一刻
晝五十二刻
夜四十八刻

雨水正月中
日出卯正二刻
日沒酉初二刻
晝四十六刻
夜五十四刻

春分二月中
日出卯初四刻
日沒酉正初刻
晝五十刻
夜五十刻

穀雨三月中
日出卯初一刻屬甲
日沒酉正二刻
晝五十四刻
夜四十六刻

子時而張宿在午爲昏中自子順行至卯時正一刻尾宿在午爲旦中自卯至酉時初二刻畢宿在午爲昏中後四日入壬危十三度躔辰胃之次

京立日在室九度其夜子時而翼宿在午爲昏中卯時尾宿在午爲旦中酉時觜宿在午爲昏中

春分日在乾壁四度後六日午時入戌奎二度躔半婁之次其日戌時諸星居垣入局自戌時順行至子時正初刻奎宿在子角宿在午爲昏中自子至卯正二刻亢宿

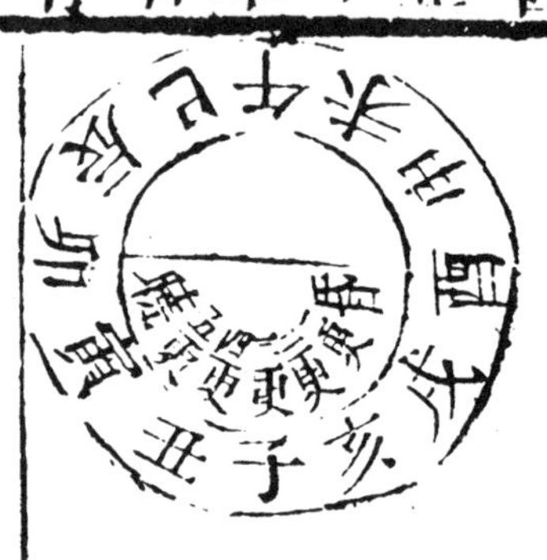


立夏四月節
日出卯初二刻屬甲
日没酉正三刻屬辛
晝五十六刻
夜四十四刻

小滿四月中
日出卯初一刻屬甲
日没酉正三刻屬辛
晝五十七刻
夜四十三刻

芒種五月節
日出卯初刻屬甲
日没酉正一刻
晝五十八刻
夜四十二刻

夏至五月中
日出寅正四刻屬甲
日没戌初七刻屬辛
晝五十九刻
夜四十一刻

小暑六月節
日出卯初七刻屬甲
日没戌初七刻屬辛
晝五十八刻半
夜四十一刻半

大暑六月中
日出卯初刻屬甲
日没酉正四刻屬辛
晝五十七刻
夜四十三刻

刻角日中酉初三斗爲昏中

立冬日在乙氐五度卯正二柳日中午正初日中酉初二牛宿昏中

小雪日在卯房三度卯正三張旦中午正一房爲日中酉初一女爲昏中後十一日八甲尾三度躔析太之次

大雪日在甲尾七度卯正四翼旦中午正初尾日中酉初七危昏中

假如冬至月日在箕五度則以箕五度加酉時正四刻見壁在午爲昏中以箕五度加如初二刻則見軫在午爲旦中

太陽陰局

一日　二日　三日　四日　五日　六日　七日　八日　九日　十日　十一日　十二日　十三日　十四日　十五日

夏至小暑大暑立秋處暑白露秋分寒露霜降立冬小雪大雪

未井初　未井十五　未井二十　丁鬼十二　午張七　丙翼初　巳翼十九　巽軫十四　辰角十二　乙氐四　卯房二　甲尾十六

一　十六　九　初　星初　八　五　軫初　十五　十二　五　四　八
二　十七　一　一　九　六　一　十六　九　初六　五　九
三　十八　柳初　二十　一　七　二　十七　一　七心初　十
四　十九　一　三　十一　八　三　角初二　八　一　十
五　二十　二　四　張十二　九　四　一　三　九　二　十一
六　廿一　三　五　十三　十　五　二　四　十　三　十三
七　廿二　四　六　十四　十一　六　三　五　氐十一　四　十二
八　廿三　五　張初　十五　翼十二　七　四　六　十二　五　十五
九　廿四　六　一　十六　十三　八　五　七　十三　尾一　十一
十　廿五　七　二　十七　十四　九　六　八　十四　二　十七
十一　廿六　八　三　翼初　十五　軫十　七　氐初　十五　三　箕
十二　廿七　九　四　一　十六　十一　八　一　房初　四　二
十三　廿八　十　五　二　十七　十二　九　二　一　五　三
十四　廿九　十一　六　三　十八　十三　十　三　二　六　四

天順行諸星亦順行每日一時諸星居垣入局造葬百事吉利如星失位或浸垣局上官必有休官退敗之禍當詳之不可忽畧

朝廷頒歷每以四大吉時定日度數今之歷大差古歷冬至太陽在斗宿今歷太陽在箕九六度矣

大道亦與古之不同矣

欽天七政歷太陽二十四宮躔度定局

立春虛十雨危七　驚蟄室七分壁五　清明奎十穀婁八
立夏胃十滿昴九　芒種十二至井初　小井十五大三十
立秋柳十三處張七　白露翌四分十九　寒軫十霜角十二
立冬氐四小房三　大雪尾七冬箕五　小斗十一大牛三

論十一曜移宮訣

太陽一月移一宮　太陰二日半別遷　木住一年過一位
火星二月是真踪　土星到宮三年足　金水一月一宮中
紫炁三年一宮滿　孛星九月始不同　再有羅計二星生
到宮上八月方終

論十一曜

日屬陽　月屬陰　木星屬陽　火星屬陰
土星屬陽　金星屬陰　水星屬陽　炁星屬陽
孛星屬陽　計星屬陰　羅星屬陰

# 新鐫王函全奇五氣朝元斗首合

〇斗首二十八宿臨
〇四日禽
虛日鼠房行申子辰宮
子日登垣犯伏断凶
〇日忌甲子　庚子　戊申
庚申　丙辰
〇日忌丙子　壬子
甲申　丙辰　戊子
壬申　壬辰日凶
金交食怕等及泊路殺
俱後擒禽列宿俱全倒
星日馬　房行寅午戌宮
午日登垣牛申登鶴
造者犯凶
〇日忌甲寅　丙寅　壬寅
甲午　丙午　戊午　丙戌

## 二十四山五行

## 斗首五行

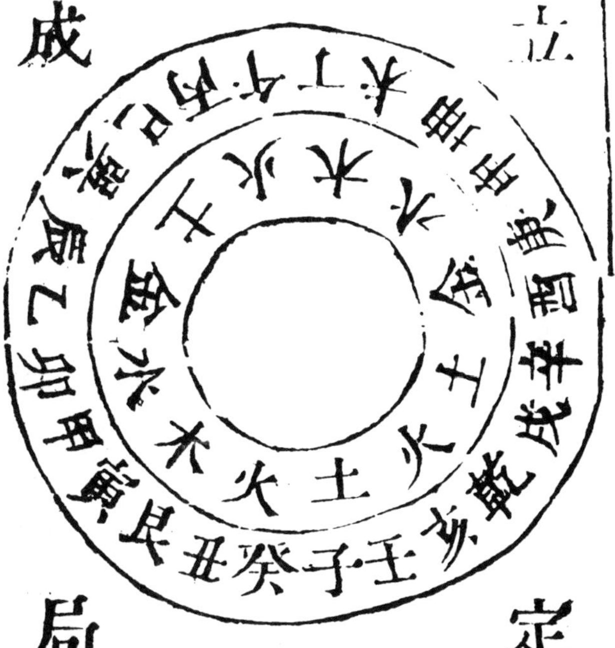

立成定局

壬子土　癸丑火　艮寅木　甲卯水　乙辰金　巽巳土
丙午火　丁未木　坤申水　庚酉金　辛戌土　乾亥火

起例訣曰

甲己立元子己戌
乙庚辰酉是金神
丙辛卯申元屬水
丁壬寅未木成林
戊癸丙午木屬火
乾亥癸丑火同宗

庚戌
卯日雄 常行亥卯未宮
卯日登垣 婚嫁娶吉
○日喜乙亥 辛亥丁卯
乙卯癸卯 丁未辛未
忌癸卯日 財吉多可用
喜金水時禽相坐
房日兕 常行巳酉丑宮
酉日登垣 豎造俱吉
○日喜巳巳 丁巳 巳酉
丁丑 辛丑 癸酉 甚忌
虛子星午日登垣 昴午
參身垣鬬金 昴遇卯
也房垣酉 若遇癸鬬
即安然 寅卯辰出日
即鬬 日鬬午上什宿
有 若論登垣生身局
日酉鬬登則自然 登

○年月日時元辰五氣立成定局

| | 甲己屬土 | 乙庚屬金 | 丙辛屬水 | 丁壬屬木 | 戊癸屬火 |
|---|---|---|---|---|---|
| 土山壬子 | 元土 | 廉水 | 武火 | 破金 | 貪木 |
| 火山癸丑 | 廉金 | 武木 | 破土 | 貪水 | 元火 |
| 木山艮寅 | 武水 | 破火 | 貪金 | 元木 | 廉土 |
| 水山甲卯 | 破木 | 貪土 | 元水 | 廉火 | 武木 |
| 金山乙辰 | 貪火 | 元金 | 廉木 | 武土 | 破水 |
| 土山巽巳 | 元土 | 廉水 | 武火 | 破金 | 貪木 |
| 火山丙午 | 廉金 | 武木 | 破土 | 貪水 | 元火 |
| 木山丁未 | 武水 | 破火 | 貪金 | 元木 | 廉土 |
| 水山坤申 | 破木 | 貪土 | 元水 | 廉火 | 武金 |
| 金山庚酉 | 貪火 | 元金 | 廉木 | 武土 | 破木 |
| 土山辛戌 | 元土 | 廉水 | 武火 | 破金 | 貪木 |
| 火山乾亥 | 廉金 | 武木 | 破土 | 貪水 | 元火 |

○九論斯格俱以坐山所屬五行爲主爲我〻生他者爲廉身爲子

垣生身兩無合　定取
癸駕日光天　日禽俱
無垣自駕　用之無益
總是閑　架造娶婦諸
事吉　名為双喜向古
傳　日宿蓋垣加月建
血癆絕没出奸凶
又日顯揚光百事和　架
造經商創業多　求官
赴任得高職　出行移
從居吉科　娶妻買田
生貴子　諸為百事發
呵已　若泊坐身登垣
驚　如位冲舉至大羅
宝業專全會愈妙　制
定日逢定不明　日禽
若落未日下　曜之
鄉惩耐何　獨魁一門

孫他生我者貪狼為官方我尅他者為武曲為妻財他尅我者為破軍為破鬼也位廉貞為子孫火喜一位不宜重見廉貞損子孫與我同類者為元辰宜生旺有氣宜生出不宜死絕受尅生我者為貪官不宜生入尅入宜休囚月上相生無害不宜在日時我尅他者為武才宜生旺有氣宜生入尅入吉不宜生出尅出尅我者為破鬼宜尅出又宜休囚無氣兩頭關得倒者無妨主所謂關鬼鬼衰鬼自滅者是也不宜在月時若見生旺有氣立見損人退財大凶重則人命官非輕則丁粮耗散凡擇日期以年月為上為外為出日時為下為內為入凡武財決宜生入尅入不可生出尅出立見退財生入尅入立見進財又看納音四柱屬何星即以先天數斷之水一火二木三金四土五數之百發百中萬無一失

○論遡流四千十世分經造化化六十四卦龍分經十千化焉八卦者皆復問直龍滌歲元辰定見縱斗柄夜如天上照北辰維達在離宮以天合抛問支干要合元辰問鼠即乙庚雞唱龍吟處比極元辰斗上藏惟有三合存一位乃求太歲與元辰丙辛宮中屬水神尅猴照見斗星辰戊癸馬牛猪一隊丁壬羊處一同羣申巳

逢日宿　血痨絕投自
皮磨　日宿藝凶加月
建　定出强徒作乱入
日乃人君之象名曰雙喜
宜用日間時當論升明沉
晦傳仁東南之地爲升明
西北之地沉晦若遇制日
定日其福滅半若遇伐日
縱遇水爲登垣生身登駕
亦是凶爲卯逢寅卯辰巳
午日若謂七陽登垣登駕
之日獨寅卯二日要看宮
歷内月分節須日出之時
爲　方之得太陽登駕其
辰巳午三日遇日爲是登
駕也若未日以下皆日乃
日入陰曜之鄉即非太陽
登駕也此乃不能發福或

昌蛇同戌大陰陽變化義由深一坐元辰魁斗曜太初一氣是爲靈二儀分判三才祖萬物因茲性命生

楊公老夫元辰之理天地之間此道隱妙深微不可語傳外人精究留與子孫在乎人之聰明作用上之禍福有驗萬無一失

○体用五氣之法

○出爲体分柱爲用　用于化炁观生尅　尅体破鬼最爲凶
武財吉曜体之賦　生体貪官反不順　我生廉子忌多得
全見全分爲元辰　元辰福德爲利域

出法以山頭五行爲体爲内爲主以四柱爲外爲用爲客要客來生主用下救主爲吉加火山喜灶中亥卯未水局生入内忌申子辰水局尅入比和生扶者吉尅入洩氣者凶父以年月日時十干化炁與山頭五行論生尅比和而分五曜以山頭之生化炁者爲廉貞爲子孫如金山見丙辛二干也以山頭之尅化炁者爲武財如金山見丁壬二干是也以化炁尅山頭者爲破鬼如金山見戊癸二干是也以化炁生山頭者爲貪官如金山見甲己二干是也以山頭與化氣同類者爲元辰爲福德如金山見乙庚二干是也

寅日亦可中有宝兼專和亦可用諸事吉獨架造九妙其架造宜用日月水禽喜金水二時禽用扶本日太陽大吉忌火禽恐火燒傾陷

又曰若得太陽行度數合年月日時不用山脉起龍運來向山起屋運又不必論造入生命與坐山命有制無剋等件及論刑冲克害四字一切語俱歸除合聚造日禽有忌最重年月日時天干怕犯五局正陰府太歲二十四字及重遲擇定除等十二件等日吉凶最凶又重忌天火日必定火燒若犯天火曰無風

○元辰立法

太初元辰始先天炁在天曾星斗在地應人間萬物之性命在御衡曾官祿之星玄樞脩持此宗成道若見元辰五氣三陽交際日月光輝春雷震動萬物發生夜雨時臨諸苗皆秀若無元辰五氣有矢不成形陰陽皆失度種子也焦枯修而無成花發一場空如無之夫水諸物皆不成若元辰五氣全萬物皆化生諸命喜完成諡載之吉也

○論元辰起例歌

要求太歲與元辰須向于頭仔細明衰病絕官無福爲長生墓旺始爲榮造葬若逢元辰旺富貴榮華日日新時師若會元辰訣莫把諸家煞殺入修方造葬皆如此立宅安坟要貴人陽損家長陰損魂坐穴曾照逢消息何怕同宮惡星辰安坟自有神龍護立宅須知有貴人分配五行定禍福更無玄妙與追尋甲巳甲子起於元乙庚丙子起廉貞丙辰戊子逢武曲丁壬庚子破軍边戊癸壬子子貪先数五星逢鼠便一般永定元辰皆此法○專用天干所用年月日時而言之年月日時皆從壬子順行甲巳即是元辰壬子

無雨三五年間忽然自家倒塌又重忌大殺白虎入中宮日犯着甲辰戊辰丁丑癸丑丙戌壬戌巳未月主傷家長宜用雞雞割血在中宮地上壓之尤忌不免又忌祿空財空天地不載日五窮天地滅沒日及將軍箭受財及犯羅金用一得九用二得八用四得六対中対逢俱凶獨選用三得七為妙又暗金伏斷日及浮天空亡羅天大退巡山羅睺天牢黑道此俱是架造日禽不用者

又忌天兵時忌截路空其截路空縱奏時禽好亦凶除丑不遇暗金伏斷時皆

為正元廉武破貪與巳辛戌為偏元廉貞生旺為生氣有氣進人為吉利重坐廉貞犯子孫但要仔細與推分

解曰　此星不宜重見必損子孫

長生　沐浴　冠帶　臨官　帝旺　衰　病　死　墓　絕　胎　養

○論元辰注魂　修造忌生命犯元辰　埋葬忌亡命犯元辰

天地陰陽二氣分清為陽物濁為陰已陽二氣為根本主出元辰作禍魂安妓立宅為主曜次論星宿護示辰壽取五行相聚會何愁福祿不孫榮休將本命為宮主錯認神魂候殺人修方造葬皆如此陽損家長陰損魂　元辰陰陽立宅安致要別陰陽

計曰立舍用陰氣為滅沒元辰安妓用陰氣為元魂仍要入墓乃得龍神擁護立宅星辰扶持夫五氣為福也若埋葬務要五氣交度過生旺者大貴也若休囚者家長亡若然人命刑冲元辰正殺家長若犯元神魂損亡人尅子孫順相生相合福德也○且如甲巳年忌甲子甲戌巳巳亡命生命忌修方下向○如乙庚年忌乙酉庚辰二命○丙辛年忌丙申辛卯二命○丁壬年忌壬寅丁未二命○戊癸年忌戊午癸丑癸亥三命餘倣此

是輕忌者埋塟用之必有重立天災惡禍又遇本日禽坐垣反登笈禍患重速塟則土耗散財物出孤寡添惡疾男帶癆瘵吐血衂四傷血墜胎產亡刀兵刑孩以傷奴婢凶葩并損六畜若再得凶日及加月建是本日禽又遇月建是凶加凶又主一世之內絕矣若塟少年之人一七二七同家塟老人主出顛狂吐血傷

推月建列法如有塟埋用卯日遇禽是昴日雞又遇一月建邦是加刀建也若卯日雞遇昴宿坐三日月[illegible]建辰已非加月建也

○論五氣吉凶

同我者爲元辰元辰宜生出有位有氣宜生出不宜死絕受尅失時刑冲

我生他者爲廉子子只喜一位有氣不可重犯重犯則泄氣反損子孫縱山水緊拱亦主慢發並元辰亦関係子孫若値死絕刑冲空陷則二三相扶有氣反吉清賢一生子孫興旺昌盛刑冲破損失子孫

他生我者爲貪官爵氣爲殺故名凶曜宜家可用只許一位多則反害或貪財去職必彼降㡳民得之若當山頭貴府則因官破財或生好子孫交官被收妄求倖冒富貴而致禍官非牢獄不免居年月位上爲外逢內尅出無妨若居日時爲內不宜尅入爲凶不宜有位有氣如火生在寅日有位旺在午七日有氣火凡遭塟多而有氣有位更重七主入命官非輕則丁粮耗散如値死絕空亡亦損六畜口舌官非生旺年月見若居死絕或月上相生克出亦無大害不宜生入尅入只在日時上生旺爲忌

我尅他者爲武曲爲妻財宜生旺有氣宜生入尅入不宜生出尅出

又如用午日遇星禽又五
月建午是加月建也若在
六七月建未申又非加月
建也餘倣此

四太陰禽

心月狐　寅日登垣
畢月烏　申日登垣
危月燕　丑月登垣
張月鹿　未日登垣代断
八寅畢申月登垣　危
丑未張兩垣纏　惟有
張未垣身倚　月禽登
鴛自卽安　甲子戌日
入卽鴛　戊亥子丑月
卽完　月遇登垣生身
地　縱不登垣福縂匕
不垣不自何定取　定
取登鴛日光天　如垣

喜三武共一家清純無刑冲尅害失陷死絶則生旺三合之年發財以先天之数水一火二木三金四土五天数年月納音断之再合奇門主大發財富貴如刑冲尅破卯損妻亦破財若無氣失陷雖重逢禄拱逢敗絶位卽四柱清純立見破財

他尅我者爲殺鬼是凶星偏官立廟建學堂日時帶鬼生尅出于不受制兒孫衰運學要鬼生尅出凶鬼子頭生貪官宜祿馬貴人到凶頭本命官鬼生旺歲尚过立宅安坟嫌貪破重匕損才丁若逢生旺尅入不出周年災殃見又損于頭化殺制匕着廉子損丁亡制者元辰家長死制者武曲尅妻才又要兩頭閒得往破鬼無氣莫甚嫌大凡吉神要生入生吉凶宜尅出元辰及天干地支化殺俱要相生和合吉星生入爲順也凶星克出亦宜以年月爲外爲上日時爲内爲下尅出月下謂上尅入自上尅下

元辰武才廉子爲吉神貪官破鬼爲凶權吉神要當陽進氣生旺得位又從外宜生入從内宜尅出不宜生示年月爲外爲上日内爲下長生爲有位帝旺爲有氣庫墓稍吉嫌病死絶空亡三武喜爲一家廉子只宜一位不宜重見洩氣吉神遇子亡

身駕俱無一 月禽雖言也徒然 月明照体百般好 造塟經商萬事和 嫁娶更美名利吉 移徙出行獲利多 月禽若生身垣駕 加錦而上又添花 再演生身垣駕曰 室義專同居吉利 制日相逢喻可用 偶逢伐日凶禍多 月禽垣駕俱無一 乎過無益怎 何宅上義次專中苛 制定相逢福半絶 惟有月禽井木苗 百爲皆喜笑何乜 已上四禽皆忌制伐日成半禍 月乃后妃之象名曰善宿

財進財若 氣刑冲死絶敗陷損子破財
貪官破鬼生旺主官非入命退敗若值休囚敗絶亦主六畜小口之灾不宜生入尅入生旺尅制破鬼子頭最忌番化尅制乜廉死子制財損財制元辰家長先敗

○論元辰五氣配合

合者陰陽交度刑者三刑五過○又曰合者周廻配合元辰五氣中和是也詩曰靜 乾坤不可言 亥申妙坤在陰陽 元辰不合陰陽道 縱有諸家總徒然○又曰先看元辰生不生 次看元辰向何星 五炁配合元辰旺 坐山立向氣相通 山向元辰破尅散 断定瘟癀灾病喪 冲破刑害損家長 冲山尅向見灾殃 上尅下冲出入夫 休囚死絶萬物枯 貪鬼廉貞瘟火至 必然歲士官非連 五炁元辰喜生合 全憑吉曜得生旺 妻財子孫逢三合 定出清高富貴人 尅出生回須興旺 無財空祿果刑八 一辰二財三子位 四山五炁六合運 元辰五氣成造化 尅出生大福千般

○論元辰五炁相生

宜用夜間時須看上下位
與晦朔無光望夜全光其
登垣生身及登駕之日乃
有宝義日專制伐之分又
當詳審去取其架造俱同
日禽之科吉凶所宜所忌
俱同人又月禽大吉者是
埜埋也所忌者上月火日
即白虎消屍骨殺者又名
地中白虎殺若犯此者尸
骸埜在塚中消化無存又
忌入地空土縱吉地不能
發達直用金水二時禽來
扶大陰又用木月火時禽
俱吉所忌者日時土時禽
截路空五不遇縱奏時禽
吉亦不可用巳申酉戌亥
子丑為生身登駕之地吉

○元辰真炁要相生　生我元辰定富榮　生辰有力方為吉
退氣休囚福不成
○乙庚金生丙辛水　定断其家福無比　若逢馬虎猪雞貴
必定才子登科第　丙会狗鼠　辛蛇是福生
○丙辛水生丁壬木　三六九年進官祿　亥卯未年生貴子
入戶安寧長發福　木應三六九及亥卯未年喜東方忌乙庚傷元辰
○丁壬戊癸好修裝　進入田園歲土昌　六畜田產多興旺
蚕絲豐足出賢良　火應寅午戌七四年期喜南方忌丙辛三合水局
○戊癸火生甲己土　須要吉地人發福　元辰若得生旺地
金銀財宝入門屋　要金四庫怕丁辛未傷應辰戌丑未年乙與金局洩氣
○甲己土生乙庚金　定是金門富貴人　辰戌丑未年應旺
加官進職足豐盈　金喜秋生得令巳酉丑合局應尅出生向迎子進祿刑傷忌火局
凡五炁元辰要相生勿相尅制為吉　五氣于頭主夫者為順
○論五炁尅制　大抵要吉星尅惡曜加一尅一　火陽勝陰
衰旺宜生旺募　表為制伏
○乙庚尅制丁壬木　犯着須臾傷殺人　蒼木炁衰病無休

如卯辰巳午乃月無光之時此日遇日宿亦徒然耳若遇宝義專日百事造葬肯妙若逢制代之日亦藏禍

○今紀日爲月爲發傷月宜用當年官歷查看節氣月出日入之時方可用之無差○節若是夏至是五月中日出寅正四刻日入戌初二刻月分此后若交小暑便是六月節第二日即日出卯初二刻第八日即日入酉正四刻○節若交冬至是十一月中其日即日出辰初二刻日入申正四刻之月分此后

百般美事化爲塵
○丁壬尅制甲巳土
定主家長命先死
○甲巳制伏丙辛水
血財牛羊絶除縱
○丙辛尅制戊癸火
恨殺世間多少人
○戊癸火尅乙庚金
亦教禍祿一時傾
○丁壬乙庚只忌多
退敗妻財怎柰何
○甲巳仍愁丁壬才
洩炁之年有禍殃
○乙庚最忌戊癸火
一家人脊反遭亡
○丙辛愁怕甲巳土

造葬退敗見貧苦
水神受病見禍殃
元辰遭逢有徒流
多少榮謀費用心
三合格局反成灾
柱申亥卯未难當
寅午戌年出瘋狂
大煞元辰不可當

元辰再行水旺坤
造葬沖泄應年到
離別夫婦涙滂成
若不退財并損失
洩氣身衰無征相
床頭因見淫慾事
五氣再行衰絶地
定断瘟火退田庄

若交小寒十二月節前一日即日入酉初二刻第五日即出卯正四刻今月日禽若遇日入戌之月分其寅卯辰巳午五日俱屬陽是日登駕也若不申酉戌亥子丑七日俱屬陰非日登駕也

○若用月禽遇月出寅入戌之月分其戌亥子丑四月俱屬陽是月登駕也若寅至酉入日則氣屬陽非月登駕也

○今用日禽若遇日出辰入申之月分其辰巳午三日屬陽是日登駕也寅卯二日屬陽非日登

尸舌官災關一場　必遭官事損丁粮　五炁再逢休囚地

○戊癸丙辛反為殃　入丁六畜盡皆傷

牧牛師○訣曰自甲子至癸亥六十日日日可安坟在人活法用之得者能知則氣化灌蔭山命富貴立至時師拘泥大葬之日反致凶禍是不知元辰五氣之法也　牧牛師即楊公

○總斷詩訣

○三元三武具一家　子孫世代享榮華　時師若會元辰法
必出公侯宰相家　立宅安坟元辰主　次論星宿變元辰
尋取五行相聚會　何愁禍祿不臻榮　元辰為吉又為凶
受氣臨官總不同　若逢生旺墓為吉　或逢衰病即成空
五炁亦要生旺墓　死絶衰病定為凶　元辰死絶不可用
五炁放絶病亦凶　三氣得合方為吉　州傷山向氣不鍾
若然對山在外死　男子不死過房即

○論貴人

○脩造若逢天乙星　上曜臨方下曜臨　貴明五星生旺炁

駕也○用月禽若逢日出辰日入申之月分戌亥子丑寅卯六月屬陰是月登駕也○用日禽遇日出卯日入酉之月登其卯辰巳午四日屬陽是日登駕也惟寅日在此節氣屬陰非日登駕也○用月禽若遇日出卯日入酉之月分其戌亥子丑寅日屬陰是月登駕也雖申酉卯氣屬陰非月登駕也

○此四月禽所值之日謂之善宿百事皆善要合得登垣生身及登駕之局絕大吉有驗仍有宝義專日登駕上吉制日

何愁同位惡星辰　立法須合山與向造葬修方要貴人

牧牛師論元炁有無貴人詩惟六壬六癸六辛有之其餘元辰無貴人

○論命殺

○禍福元來有所鍾　天星地曜命同求　申子辰年殺巳命

命入衰方不可脩　但將太歲干神遁　遁見三殺便殺人

識得元辰中和氣　何愁凶曜破元辰

○再明鬼官

○忌曜重七見鬼貪　定要破敗見傷殘　家中積德子金宝

恰如水溢浪洗沙　如修橋梁與元辰不向坐子孫方者有鬼子孫在何方

若在方道定煞子孫破貪怕居日財若有炁爲禍甚速若用之

建廟起儒學生克上亦好

○貪官廉寅不言凶　要合山向妙理通　五氣交度番時貴

何愁太歲爲相逢　不直相剋遇太歲　洩氣身衰定有凶

牧牛師曰立舍用陰氣爲滅沒元辰用陽爲元魂故曰陽損家長陰

損魂比七便沒剋子孫仍或乃墓方得龍神擁護埋葬務要五炁

定日福減若遇伐日縱得本禽登駕生身登垣之局亦主大凶訣不可用○今架造月禽俱同日禽之吉并所宜忌吉凶俱同日禽架造之利一般用

凡造葬一往重選月禽居第一者尤重本日務要合着本月禽登垣生身登架之局方驗大吉不合乎過今葬埋宜用月禽井木禽火禽

用官歷差殺年月日時俱不用宅求脉起龍運足坐山起墓運又不用京入年命及祭主生命與墓坐山論有利不利寺

交度吉星生旺墓生入不生出無刑冲尅害敗死絕空若休囚家長亡若然年命刑冲元辰主殺家長犯元辰魂損亡人克子孫

○如甲巳年忌甲子甲戌巳巳亡命蓋甲巳元辰子巳戌亥

乙庚年忌庚辰乙酉二命蓋乙庚辰酉元辰金

丙辛年忌丙申辛卯二命蓋丙辛甲卯元辰屬水

丁壬年忌壬寅丁未二命蓋丁壬寅未未戌林

戊癸年忌戊午癸亥癸丑三命蓋戊癸元辰木屬火　亥丑年

總一同乃命犯元辰修造忌生命安放忌亡命犯之凶

以忌陰府太歲忌主重凶損戶丁

元辰興衰法

元辰爲吉又爲凶受氣臨官總不同若逢生旺墓爲吉若遇衰病絕命用事即成空

用巳元辰子巳戌　坎山元辰敢旺爲福最厚　戊山冠帶福方平

巳山元辰逢絕無氣然坎山甲子年正旺何主退不利若犯伏吟

申年元辰大利三台甲辰年元辰入墓吉甲午年冲山家長凶戌年冠帶甚好然向犯伏吟不利家長甲辰年冲山反吟不利家母

用午牛吉

往及刑冲尅害一切說
明摘除無疑矣
塟埋月餘首忌最重年
月日時天干怕犯五局
立門府傍陰府二十四
山若年月日時有一犯
山各主有禍○塟埋重
選山頭并年月日時俱
陰陽一順不雜一件方
吉雖雜上禍患又重選
宝義專寺白吉凶最灵
者宝日爲上吉義爲次
專爲中吉制爲吉凶相
伴伐爲大凶又重選建
造葬日吉凶最灵者建
除滿破開日塟極凶危
塟亦凶平塟平常無益
定日乃死氣之日好事

○乙庚辰酉元辰金　如酉山用酉年造塟元辰雖旺然冲何傷
不利卯年冲山反吟不利巳年造生六吉丑年入墓吉未年冠帶
主吉○乙亥年無氣有病

○丁壬寅未水元辰　不生在亥　用寅年旺臨官吉又用寅山丁
卯年丁亥年生丁未年墓用吉壬辰年冲山反吟主退未山用丑
丑山主退丁卯年旺吉壬辰年衰巳年病無氣主退

○丙辛卯申元辰水　丙申年水長生其福最厚若卯山逢死炁
申山用丙申造塟冲向伏吟主退丙子年正旺大發丙辰年入墓
大吉丙戌年冠帶半吉寅年死氣卯年病反吟凶餘同此

○戊癸元辰亥丑午火　如午山用戊寅年逆生大吉戊子年冲山
主退反吟戊午年冲向主退伏吟戊辰年冠帶戊申年逢敗戊戌
年入墓吉癸亥年火絕不吉　坤申老母冲寅山犯必衰不可正
向用三七分經乾亥天門巽巳地戶

○論先天元辰

人之一身配分天地元辰多陽明五炁合六甲五炁並分五行運並分六甲叅五行有旺有
衰有順有逆合者陰比交度刑者忤逆不調元辰不離五炁互叅

雖未有阻福祿減数挑
日主有權柄威儀亦出
顯貴成收閂三日俱大
福祿並生富貴双主吉

重遐天干四字一順相連
俱生入者為妙一順相
連俱克出者亦妙一順
相連俱生出乎過一順
相連俱克入者大凶若
隔位雜乱者相生相克
者禍福不準

又重地支四字順看一順
相連相合者是吉順看
逆看左右相逆相冲者
是凶若隔位雜乱相合
相冲者禍福亦不準

合酉甲子辰四局三合也
中是子與午二局四冲

不雜元辰二儀有虛相生益順榮華顯達甲巳坐於勾陳丙丁定
見發福戊巳天干為主四姓要在生旺辰戌丑未四墓之地甲巳
元辰四柱剛強逢乙庚便是子孫金多洩氣返害子孫早壬木逢傷而
有禍土傷尸頭取得丙辛綿局天地榮貴冠出生同切忌戊癸生甲刑酉而得秋木森毒在東方春
生榮昌甲乙有根乡卯未成祥丙辛化水墓辰旺子水退水養水
盛不畏乙庚忌見有殺反凶傷破元辰家損退敗○支天火氣正
在南方炎帝之精丙丁之地不生生火切忌丙辛三合水局有刑
有害巢甲午戊火生於寅五行上貴元辰配于六合之地甲巳常推了孫必然發達
○乙庚元辰庚辛之地白帝之方乙逢庚旺秋令剛強墓旺酉丑巳
上長生魁出生向迎財就祿若見刑傷家業飄散甲巳化土金賴
上生祖宗有根子孫必貴金能生水多則洩氣元辰破魁吉地反
凶魁出生回而因才庫居生旺之地龍迎得合造化者貴
○丙天水氣郎分土癸丙辛透露壬癸為介用巳官星見然為凶乙
庚父母發育為根丁壬木為了孫壽逢三合青雲得路水居冬旺
生於丙辛子孫富貴不多洩氣水能生木損母不祥長生墓旺便
遇吉昌龍鳳成祥水土發明火龍鳳三合水金化者微暉唯明

若地支合陰陽混雜皆不能用矣四干論生剋不論合冲四支論合冲不論生克墓忌月火日即白虎消骸殺又名地中白虎殺尸骸消化豈能隆佑大凶

又重忌入地空亡日大殺入中宮日犯着申辰戌辰丁丑癸丑丙戌乙未等日主傷家長術用惟雜制而中宮壓之尤恐不免其禍○又忌祿空財空河魁成氣日月忌日天不藏日五窮日天地滅沒日在此埋葬用月爲不吉滅沒日重火水木金土方有不吉

已上元辰妙論大抵欲丑亥生同元辰及亥生于生旺之局反地支三合結局助旺如元辰旺甚雖見貪官而不忌魁見破鬼而不忌洩若得破鬼有轉生之妙則反爲福若見元辰不旺求五亥同生又宜在中和若木無根遇水而浮金輕微遇土而沉晦大將臧逢濕木而反息是也如生中不生夏木見木而無用冬火見水而反寒是也又如元辰空亡刑冲破害皆無受生受用之地及元辰太旺反爲無依孤魁而斷經所謂生旺過甚喜剝削衰病太過宜生扶又曰生我之神再喜生神之爲吉魁我之煞重忌扶煞之爲殃此四句足以盡一篇之大旨

○論生旺魁制

○如辛亥年作甲山庚向天元辛化水是元辰天忌辛卯辛亥遁得辛卯地元納音屬木目旺見亥乃木之長生辛水臨官亥地天元臨水不死

○論金五行生旺　乙辰庚酉四山屬金

乙庚化金惟庚辰乙巳年宜作庚酉甲卯向乙庚得卯酉天元有亥庚辰本家自旺又辰爲養金爲有孫天元水如旺官宜用壬寅到

減沒所忌日并重犯將
軍箭射二殺又忌羅金
用一得九用二得八用
四得六对冲対縱俱凶
獨選用三得七爲妙
又暗金伏斷日及筭祿到
山筭定到山順逆小兒
二煞天地官符受死日
重喪日天賊日方盡此
局俱是埜埋月偷所用
避忌者埋葬月偷無看
五音大葬鳴吠不盡不
筭○外又天瘟日天地
空亡日羅天大退巡山
羅睺朱雀黑道天牢黑
道此俱是埋葬月偷不
用者○今埜埋月偷又
得金水二時偷俱吉重

遁得巳酉戌土金器戌用辛巳爲長生須遁武才元辰金見吉是
年不宜坐酉是反吟伏吟破才退敗
○論木五行生旺二艮寅丁未四山屬木
丁壬化木惟有丁亥長生丁卯旺壬寅臨官壬戌養如丁卯年天元
旺丁壬化木爲天元木旺在卯遁得壬寅爲元辰木臨元有氣益
艮寅山屬木用丁卯年五虎遁得壬寅丁壬化木至寅爲臨官有
忝也辨向爲向駟馬扶元辰吉壬寅七午戌合馬居申是也宜坐
寅丁亥年天元自生地元上臨官在亥人元遁得丁未見元辰入
墓吉宜坐丁未壬戌年天元養宜坐艮寅吉○且如丙子丙辰丙
戌辛亥辛未宜作坤申山遁得丙申化真水是水入申行也
○論火五行生旺　乾亥癸丑丙午六山屬火
戊癸化火惟戊寅長生戊午自旺戊戌庫戊子胎宜作丙午山益丙
午屬火生寅甲午庫戌故也戊辰癸丑癸未宜作乾亥山大發也
○論水五行生旺　甲卯坤申四山屬水
丙辛化水惟丙子丙申丙辰丙戌辛亥辛未宜作坤申山辛亥遁得
丙辛化真水元辰長生在申旺在子冠在戌墓在辰胎在午養在

忌日時禽必主入禍並土時禽亦忌○又重忌截路空縱察時禽好亦凶不可用餘宿金伏斷時五不遇時皆葬埋月禽聽忌者○已上葬埋月禽凡俗錄所用宜忌吉凶無俱要逐一查過合吉離凶方爲至美之兆也

四火禽騮登垣并生克本禽斷訣曰禽一騮

翼火蛇　子日登垣

室火猪　午日登垣

尾火虎　卯日登垣

觜火猴　酉日登垣犯伏斷

翼子室午火登垣　尾卯觜酉垣皮纏　火禽

未臨官在亥皆吉者卯丑字出是爲無煞

○論土五行生旺　壬子與巳辛戌六山屬土

上旺辰戌丑未及甲子辰年月日時得氣大吉且如甲己化土宜坐壬子與巳辛戌六山用亥月乃臨官有氣大吉宜亥子午未入吉餘多凶

○論元辰生旺年月日時

如丙午山宜用戌癸丙丁寅午戌年月日時○艮丁山宜甲丁壬申巳亥卯未年月日時○坤申山宜用丙辛戌癸申子辰年月日時庚酉山宜用乙庚申巳酉丑年月日時○如甲巳元辰土旺辰戌丑未山取四季月日及戌巳辰戌丑未申子辰之支如木山吉喜冬月五十日○火山喜夏月土山喜四季月金山喜秋月水山喜春月各以司令之氣而斷其衰旺以五運六氣司令之月而定之爲妙

○論元辰詩訣曰

元辰一體最相關　大忌刑沖併死亡

有位有氣兼交度　入財昌盛世榮光

○元辰者與山頭五行相同是也最爲相關

號吉細方驗　出富出
貴不等閑　又嫌未亥
戊申日　寅主午旺禽
有緣　架道火廉商外
死　百禽哭泣夾禍遲
哥逢伐日刀兵起　殺
傷凶禍不周全　此怕
生申寅午山　宜遇未
申戌亥支　生旺吉凶
隨取用　絕沒吉凶理
自然　燥宿埋塟取
用　餘皆凶禍不須言
火乃南方熒惑星朱明之
象也名曰燥宿發坤日
仍有宗義再制伐月之
分又有日主相生相尅
方有所宜忌
火禽埋塟吉凶俱禽日

最要有位有氣無冲尅害空亡死絕之地凶或得運氣生扶及天干來助則山家有烝矣既有氣卽能生育卽能擔當利名縱聚凶殺反謂之身殺兩停徵殺為權之美加以貴人祿馬陽烏陰克帝星臨照三奇到方則昌盛富貴矣○但元辰有隱見吉凶之異不可不察如主山屬土柱中見元辰土是元辰見也若四柱並無元辰土出是元辰隱也若見最怕刑冲破害空亡死絕帶及切煞其福緊速又怕破鬼貪官尅剝之灾若元辰隱而山頭之五行亦忌刑冲破害空亡死絕帶双刼等凶殺及無位無氣尅剝之害但賊稱綫耳

○論五氣所由生

山為体令杜為用　用干化氣觀生尅　尅休為鬼用為武
生我貪官又無盜　生用廉子生子孫　元辰卽是山家客
如火見火同一類　最喜生旺方得力

比皆由午頭化烝所由生也如山屬火見甲巳干頭化土火生土我生者為廉子也見丙辛干頭化水水尅火尅我者破鬼見乙庚干頭化金火尅金我尅他為武財見丁壬午頭化木木生火主我

禽葬埋之利一般宜用寅午時并月木火時禽俱吉忌用未申時戌亥時日時禽用之必凶截路空五不遇縱合時禽湊好亦不宜用巷未申日是滅沒不吉亥日火絕戊日火值旺午日若值火禽登絕忌嫁娶百事皆凶百戊日或註加凶吉化室尾尾柎迎觜昴星縱些○翌用子日室用午日尾卯日觜酉日俱登坦婁吉逢寅義專日壬行貴得横財架屋火災出行商本財破盜嫁娶移徙求官上任百事主人財兩空有

者為貪官見戊癸子頭化火火見火為北邪為元辰是也其餘倣此而推

○論干頭化煞

甲己化土　乙庚化金　丁壬化木　丙辛化水　戊癸化火

○論五行生旺墓

火生寅旺二基戌　木生亥旺卯墓未　水土生申旺子墓辰

金生巳旺酉墓丑

○第一要山家旺如木山要春天要柱中有丁壬二字及亥卯未或有壬癸亥子水來則吉○火山頭要夏天要戊癸二字及寅午戌或甲乙寅卯吉○金山頭要秋天要乙庚山及巳酉丑吉○水山頭要冬天要土癸亥子及丙辛二字及庚辛申酉子辰出吉○土山頭要四季月要甲巳及辰戌丑未丙丁申子辰出則吉

○第二要元辰有氣○如土山見土是元辰土生旺申子辰及四季月要於見申子辰支及甲巳干吉

○第三要武才有位有氣○第四要貪鬼無位無氣要居外下要生入要空亡冲散第五要祿馬貴人○第六要知吉凶何事如貪破

太陰時大吉
○猛虎变燒煉出金　宝義專逢妙愈親　百用火禽霜土雪　獨逢埂蓺錦浮花　最重登垣次生次　方得横才次顯身　架屋火燒商外死　娶損孩傷禍不淺凡為百事三年內　家中哭泣不曾傳　學者宜當仔細用　雨下分開足濁清

此四火禽専看年月合得奉火禽登日又看本月生旺絶庫滅没終各得伐得登驗如神不吝得禍福亦輕緩此若用火禽癸垣之日架屋决有位有氣遇十田土事破敗官司如見貪丑事主争財見水主水利見木争五穀樹木見火生因火燒疾

○五炁立成

○壬子巽巳辛戌六山屬土　甲巳元辰土化二元　乙庚廉子水化水財　丙辛武財火化火官　丁壬破鬼金化金子　戊癸貪官木化木破

○癸丑丙午乾亥六山屬火　午巳廉子金　乙庚武才木　丙辛破鬼土　丁壬貪官水　戊癸元辰火

○艮寅丁未四山屬木　甲巳武才水　乙庚破鬼火子　丙辛貪官金鬼　丁壬元辰木元　戊癸廉子土才

○甲卯坤申四山屬水　甲巳破鬼木子　乙庚貪官土鬼　丙辛元辰水元　丁壬廉子火才　戊癸武財金貪

○乙庚辰酉四山屬金　甲巳貪官火鬼　乙庚元辰金元　丙辛廉子木才　丁壬武才土貪　戊癸破鬼水子

巳上所屬三行俱以酉柱子頭起五子元遁至本山止○如千山亦数到水山所附之支看得何子而化炁論之

○武才論

定三年二次火燒百禍交至如用火禽登垣之日近出經商五六日歸者雖凶不凶若遠出經商至五七月及一年者決主財本耗尽或被賊偷劫或尽水淹船遭悪風并主病纏外死不回家矣○若嫁娶求官上任百爲做事遇此火禽登垣之日及年旺本命之日定主人財兩亡三年之内哭泣不停若遇伐日凶上加凶定主刀兵之禍若逢家尾二火相來遲若值建日伐日亦禍速矣○此四火禽諸事不宜用外宜蓋埋

武者武曲也屬金爲北斗九星中之至吉也才妻才也合者爲妻盜合者爲才才乃養命之源亦是吉曜故曰武才以山頭尅者爲武才然尅之中又有生我之妙只患我所尅者無氣力不旺而已餘旺相當權我反得其生扶之道自無未旺身衰之嫌所以爲美也備元辰衰而武才旺才主退敗之餘而有所享之兆故牧牛仰所謂三元三武共一家者始有見乎最怕坐亡死絶敗衰病之鄉及刑冲尅害關克之凶最有生於虛墓長生之位則用之不竭

○斷因祖業之才

如年上見才坐冠帶帝旺臨官之地而月之干支交合之則主因上祖之才業享福若年月刑冲破衰墓病空亡及與自家冲刑尅害及年月上逢馬則祖業退敗或有福不享矣

○斷因妻子之才及本身進退

以日干爲自己以日支爲妻妾或曰以日爲自己以時之干支爲妻妾如日上帶財得五行交生干無刑冲對殺又得内外有位有氣或自坐長生胎養庫之官則自進財若得貴人祿馬主因貴人得財或因財得官若帶劫刃等殺財因空手求來或藝術得之或多

但問水鏡所禽之吉所宜所忌吉凶俱同日禽整理之科用之

○今整火禽圖知吉利務要合得登垣之宮兼專日及得日主生旺并合得吉形無犯凶煞終得橫財大出英雄大富遇貴人相扶出風憲顯官做小官亦有英烈名聲

此四火禽獨整官用若得登垣雖犯伏斷亦主得吉又遇寅日午日本禽生旺吉上愈吉福未更速若遇戌日亥日并戊沒未日申日縱合宜義專日福來輕均忘用四火合家造作

聚散或合時支及時之年支交合位氣及武才入於時座亦三合交氣定因妻子進才倘日時冲刑尅害空亡死絕等定是破傷貧賤又見劫刃等或因搶劫致死見孤寡華蓋定因入僧道而食間飯矣

牧牛師曰武才宜生旺有氣宜生入年月為出日時為入則位在年月而生日時為生入或才在年月而日時有位有氣亦是才在外尅入是財來尅身大吉　喜三武共一家則格局清純無刑冲尅害失陷死絕則生旺三合之年主發財如犯刑冲等非損妻亦破才若無氣失陷雖重見無益逢敗絕位雖四位清純並見敗才

○廉子論

廉者廉貞也子者子孫也以山頭所生者為廉子主生育子孫後裔長久之兆亦為吉曜但示辰生他為洩氣而廉子下変又為元辰之所尅者而盜氣為深使元辰衰或山頭失令無助則有衰弱不興之兆縱生子孫亦是幼失所養貧賤懦夭矣況四柱之中不可多見經曰廉子不宜重見重見則尅子孫不尅子孫亦損父母人怕刑冲破害尅賊兇明空亡苑絕敗病帶凶神惡煞無位無氣非

事俱凶若值生旺登垣凶愈凶禍來速若值絶車滅没禍來　又宜用月時禽水時火時禽俱大吉若用太陽日時禽必主大禍用水時禽金時禽俱凶惡忌截路空亡時縱發時禽亦凶餘五不遇暗金伏斷時皆甚輕用者

四水禽躍登垣并生剋本禽歌斷訣

箕水豹　辰日登垣犯伏斷

參水猿　戊日登垣

軫水蚓　巳日登垣

壁水㺄　亥日登垣　軫箕辰參戌水登垣，造葬巳壁亥垣皮纏

多生少養則是不生不育非忤逆愚頑不送親若則幼失所天用道死亡若廉于帶祿馬貴人等則子孫出貴矣

○貪官論

貪者貪狼也官者官星也經曰生我者爲貪狼官星失月貪狼乃惡曜也蓋其貪如狼其凶可知况生我之門反爲克我之戶如火生土火一變而木之類而官星至重又非庸常之人淺薄之地所當者大山家既受剋則畏官而禍害不免矣第一怕貪官有位有氣爭月令之勢而生入克入縱元辰有合旺生墓之美亦謂之兩敵流年遇生扶貪官知支干則貪官恃勢而作禍矣第一喜貪官無位無氣庫墓無妨居於衰病死絶敗胎之位或值刑冲破害空亡之地縱有亦不生禍矣經曰貪官重見最爲凶又嫌有位併有氣造葬犯多而有位有氣重則人命官非輕則丁粮耗散如值死絶空亡亦損六畜口舌官非生旺年月見若居死絶或月上相生剋出無大害若有位有氣又居日時之内及年月中見而剋入者帶凶神惡殺其禍難追矣

牧牛師曰人皆知貪官之惡殺而不知惡有美者使元辰健旺

四水俱不利　若遇登垣加時延　姦盜人命皆誣枉　賊盜人欺招禍訟　弱宿如此坐次禍　前犯難說言直言若遇主美專生月　王旺懸比馬乎祿

四水禽乃北方辰星玄武之象也名月弱宿仍有室義專制代之分又用日生相生相尅與有所宜所忌○水禽造葬爲事俱不可用恍犯之主子孫男女淫不剛正情弱被人欺詐多招無家官訟人命賊情及生疾病嫁娶犯之遭淫亂之誣雖得吉日亦不取

山頭有氣武才三合有位最喜貪官一位有氣則有不旺生官之美富貴兩全之妙蓋貪官生才匕生元辰此所謂五杰交度者也若貪官又混雜破鬼則謂之官煞混雜多不成終又如建學堂起官衙士大夫門第及架高樓亭閣及世族官家脩整正堂則用一位不爲凶反爲進貴加官之慶　又要貪官在外生八在內兜出帶祿貴馬元與元辰交互及命主與之生合則可推貴矣　又君山家兼令得前門陽烏等吉神及山頭有貴祿有氣四柱中天干地支生扶陰陽不駁或天干地支一氣與山頭有情而貪官四見或三見而無位無氣未可斷爲凶也所謂官多無官鬼多無鬼亦平匕而已若遇刑冲則終必有災矣

○破財論

破者破宜也鬼者鬼煞也以克山頭者爲破鬼其名又已凶又能盜竊元辰之氣使人忘其克入爲禍而不知蓋破鬼一化而爲我所生者其貪欢樂禍何如故甚忌之若兼令當陽進氣有生臨官冠庸主扶之位而尅入居內則凶欢甚速重則瘟病死亡喪服音見如以刼刃等凶星則主強盜詐卑被傷服藥懸梁水火之灾尚纏

得宜專義日好養六畜作欄四又宜祈雨開地塘移花接木并制藥器做網罟等件宜用甲子辰時忌用休囚時忌則已丑以上宜忌者然水土同一官俱主西旺此伐東四南○鶴神己酉日以下下地東北方以下乙卯五日轉正東庚申日東南丙寅六日正南辛未六日西南丁丑五日正南壬午正北癸未在天上北戊戌在天上南甲辰在天上東巳酉下地週而復始

一訣云從癸巳日上天堂巳酉逆旋東北方上天下

之惡輕則破才賊病連累鬪毆小口瘟疫之禍不主家中不和及淫逸賭蕩血光之厄官非口舌積年不散縱逢空亡亦主六畜之災陰宅中克亡命主亡人作怪遷変不定水蟻之患若居死地無位無氣則冲破害在外克出亦無妨若单見並無貪官與混有廉獨旺則可以反禍為祥其吉凶畧同貪官

## 貪鬼總斷

忌曜重七見鬼貪　定遭破敗見傷殘

家中積德千金寶　恰如水溢浪淘沙

立宅安墳見破軍　眷七官災不可論

官鬼兩混俱凶位　合家災殃死無存

## 破軍總斷

此言貪破之凶夫曰貪而見官必因貪財取禍有官者敗職名節掃地無位者放利而行亷恥盡喪而富貴之家不久亦敗此句是指言元辰衰敗者有此而貧賤者凶可知矣夫曰破而見鬼必主先破敗家國財產費盡因飛敗賭賻之事而充軍徒流斷之以財敗入亡之慘而入於鬼録矣用者詳之

右破鬼帶祿貴馬元在外生入及生元辰或在內克出或生山頭及于頭有制化縱一位有氣亦無妨反因禍変福承世無災不過虛

地之口晴主久晴若雨主久雨○箕辰軫巳參戌壁亥日忌演武造麯行船裁衣結帳造酒醋放債百事遇主奸詐盜賊相侵若值宝義專日宜養六畜凡事不宜用四水禽若台生旺凶係亦凶若遇辰巳日庫絕禍術輕

四木禽
角水蛟 寅日登垣
奎木狼 申日登垣
斗木獬 丑日登垣伏斷
井木犴 未日登垣 井
角寅奎申木登垣
未丑斗垣度壢 造葬
嫁娶生貴子 傍合登

驚而已及起官衙建祀廟學堂一切大事俱可用之亦要帝吉神無妨若小事無吉神亦不忌

貪官廉貞不言凶　要合山向妙理通　五炁交度番成貴
何愁太歲急相逢　此言変凶為吉

○相生相順方為吉　尅出生回何必定　若然相尅洩身命
太歲生扶兩淚汪

○五炁總斷

○若五炁吉凶之權俱以山向為主建山論山修向論向修方論方元辰及天干地支化氣俱要相生和合吉星生入為順也凶星克出亦宜年月位為上為外日時位為下為內大抵要吉神生入尅入凶星要生出尅出若吉星生出尅出其福亦薄居外地亦然凶星克入其禍重矣吉星亦要當陽進氣生旺得位凶星要受制克又要克倒如水尅火水旺火衰日克倒

牧牛師曰凡吉凶進期各以生三合之年主發財以先天水一火二木三金四土五天數年月納音所屬斷之

○論何吉凶

垣定出貧　求官得位
近高職　行利商賈從
平安　木盛林崇廕茂
實　英雄禽耀要帝垣
他年定做金魚客　宝
義尊同會有緣　東喜
生旺如添祿　如逢庫
絕福難全　四木總名
一女府　流傳吉耀不
儲言　再値居垣并生
旺　相助木禽上九天
得垣若遇絕庫沒　禍
利有阻不周全　不得
登垣得生旺　日下雖
吉也稀安　不垣又隨
辰未申　木禽雖吉總
是閑
四木禽乃東方木星文明

不論吉凶神煞各似人之本命支干化煞三合生克斷之如甲巳化土申子辰之類如甲是破鬼得巳入命是如貪官無位無氣屬水見申子辰入是也及本命歸祿馬非及刑冲破害之凶矣

○斷生子事

元辰亦爲子孫若元辰有位有氣雖無廉子出現亦主多育若空亡死絕縱別宮有位有氣亦是多生少養傾岭側室之鬼若元辰無氣無位犯前須之凶又無廉子或有廉子亦居敗絕空亡冲刑則平生不育或多生女子或廉子被干頭化氣制着或兩頭閑克多是胎不成而生不育矣元辰廉子無氣則主生子夭折不壽矣

○斷夭折不壽

山家休囚元辰無位無氣又洩氣或多居在沐浴病死胎絕之地則出夭壽之人矣

○斷人財利進退吉凶

要元辰克五炁五炁怕尅元辰五炁生元辰吉元辰生五氣爲洩洩多則凶故曰洩氣太重當代貧窮洩氣稍輕後代必與先有本山休旺之年次怕神殺生旺之歲五炁吉者亦應三合之年吉神

之象也名曰文宿登垣之日仍有生義專制伐之分并日主相生相克若遇宝義專日又逢生旺日出太貴若無登垣得遇生旺日得福輕此若遇制日福藏伴若遇伐日絶庫日沒日雖登垣亦不可用其造葬宜忌俱同月禽之科其所宜所忌亦同月禽之科宜亥卯未生旺之時禽并日時禽俱吉忌申未辰之時

凡此四木禽其造葬嫁娶求官上任經商移徙出行等件得之俱吉利務要合得本木禽登垣反

衰絶者亦怕死絶之歳應驗矣

○五黍中別用吉凶神殺

第一要黍入列宿如木元辰要用角亢氐房心尾箕七宿　水元辰要用斗牛女虛危室壁七宿　金元辰要用奎婁胃昴畢觜參七宿　火元辰則用井鬼柳星張翼軫七宿

又曰木山宜用四木宿　水山宜用四水宿　火山宜用四火宿　土山宜用四土宿　金山宜用四金宿此爲真訣

第二要明五運六氣及四時旺相合乎山頭見通書局

第三要合奇門遁用必使奇門到山向爲盡善見通書局

第四要推祿馬貴人見後集如甲子辰年月日時馬在艮寅山餘倣此

○論元辰會天乙貴人福星貴人訣例

○金雞啼起惹慇懃　飛向申而对虎林　馬帶釘鈴人不識
此星拱北对南辰　秦臣輔位登金殿　楚地風波作貴人
雖有九官留日月　年頭定見斗元辰

經曰元辰大庙須要天乙福星二貴人合之对君臣會賓主方出貴也○金雞者　辛年遇戊子曰申乃丙申長生元辰有氣

日土生旺木禽之局大吉有妨若得垣又逢絕害娠汝宰亦辰日融祿亦減分数若得發垣兼生旺造葬定生文章秀士出行遇貴趣樂必利片試百求皆吉宜用月時禽火時木時禽皆吉○忌用太陽日時禽必主大禍用水土時禽俱凶以上係埋葬用木禽者君嫁娶用者宜用日月木時禽俱吉用火水土金時禽俱凶○求官上任出行經商等件用者又宜日月木金時禽俱吉用火水土時禽俱凶已土者事用木禽重忌

如坤一向艮寅是為貴人六辛逢馬具六辛遇寅午山向年月日時並是辛字為上甚吉○馬帶釘鈴者如甲年坐子癸山向是天乙福星二貴人　對元辰為福德臨官貴人辛年月日時吉泰臣輔位是六癸年作乾亥山是元辰向要巳六癸逢貴也且如癸酉年元辰於酉不可作用　如九宮得戊癸二干化氣化丙午山為元辰有氣合精交度遇者發福作于午遇祿元辰对貴人祿馬到吉日月取天乙貴人对元辰年七斗曜不增空二十四神十二官惟有天乙貴人难尋还其向日月輪○大概要祿馬貴人用到山為土或到時或時干祿貴到合為妙

第五忌三殺　如申子辰年煞在南方巳午未及巳午未命餘倣此

又忌陰府太歲重主損戶丁

○凡造葬二事有分別立宅乃生人所住有活動之理故以天干位煞之元辰生之為之陽元辰第一要干德干祿干馬五煞生旺之而遇刑冲破害雖凶但稍輕而禍易過耳

至若埋葬乃死者陰魂所依欲其永固保固如地支之不動故以下論之化煞觀煞之交度會合刑冲破害旃而斷其吉凶

截路空亡時縱時禽好亦
亦不可用並不遇時亦
其輕忌者

四金禽

鬼金羊　子日登垣
牛金牛　午日登垣
亢金龍　卯日登垣
婁金狗　酉日登垣

鬼子牛午金登垣亢
卯婁酉垣度纏　病任
征伐最高妙　稼台登
垣始驗然　商賈出行
多利益　釘門作灶最
安康　再逢生巳旺酉
丨　相助金星極妙玄
若遇寅午戌三日　雖
宜金宿福難全　造葬
嫁娶并移徙　六畜骨

第一要元辰入墓方得龍神擁護百年發福若陽宅元辰入墓則不爲全美主出入懸晽但亦享安逸老壽之休○經曰立命用陰氣爲城設凶埋葬用陰氣爲元魂此理最妙又曰埋葬又要五㤂交度生旺主大吉若休囚者主家長亡若入命冲刑元辰生殺家長若犯元魂損亡入克子孫○且如甲巳年忌甲子甲戌巳巳亡命忌修方下向盡甲巳元辰子戌巳是

兩頭關格○相關吉凶○相關相克兩頭強中有大關及鬼關七鬼鬼裴鬼自殺關入人必受灾殃關財須要財鄉旺中破財鄉退一場或是元辰亦生旺貴人進物竟非常○或關年月或關日時日如年時是甲巳月日是乙庚依此之類爲兩頭關格今集經驗一二以爲後學之法程庶不疑惑焉

○兩頭關格　金山頭　乙庚山

巳酉　貪官火　解曰此是兩頭關火克入中心金關絕子
乙亥　元辰金　孫縱有酉爲金之旺見卯中之元辰自坐
乙亥　元辰金　病位亦爲凶幸火居敗死之位則亦無大
巳卯　貪官火　害矣難爲子孫也

肉尽傷殘 只宜在巳
旺酉日 怕遇寅午戌
日間 不拘生旺墓絶
地 吉凶隨取垣照然
威宿如此分別用 萬
古不可前數言 造葬
嫁娶并移徙 犯着金
餘六畜虧 又加箭射
代金日 丁財官沒害
相值 空手求財金得
令 凶忌埋沒遭村隨
○金乃西方太白星也名
曰威宿登垣之日仍有
宗義尊制伐之分及相
生相克日主若遇宝義
專日又逢巳酉丑生旺
日亦不吉
陳術覽云此金宿乃天地

以年時天干是甲巳乃申巳化土土生金山向貪官所以甲元起
甲子遁至辰酉見戊辰癸酉貪官之下係戊癸化火年時屬火再
以乙亥月日天干是乙乃乙庚化金爲元辰金再以乙庚起丙子
遁至辰酉是庚辰乙酉番化又是乙庚屬金餘倣此遁

○番化捉訣

元辰武化貪 官鬼子孫財 只此兩句郎知

解曰元辰化元辰 武財化貪官 五氣朝元回者即此也
貪官化破鬼 五炁剋元辰者此也 破鬼化子孫爲氣洩元辰此也
子孫化武才 原忌子孫爲洩元辰番化武才元辰克洩太甚故
廉子忌多只取一位爲美

○且如乾山巽向 乾屬火

乙酉 武才木
甲申 廉子金
巳酉 廉子金
乙丑 武財木

○此格中心剋出兩頭財格主先剋妻後生子

酉方天上金神是也造葬嫁娶移徙作事一切並忌只宜上任得大名望然商遷只宜征伐獲大勳功定有陞擢排宜出行得人欽敬經商買寶尚十分利益釘門作灶喜事增輝俱吉若造葬嫁娶移徙及作牛馬欄圈等件用四金衝又合登垣并犯六畜如犯將軍箭則二煞人蕩小口破才招官方瘟疾又遇庚申辛酉日于支純金相助其禍尤急因此見戊申辛酉二日亦不是喜辰若無遇之亦損六畜凡事當避之者

○相關詩

內外五行信有常　中心克出主灾殃　元辰之位或財位
半是吉神半是凶　財物有求又是殺　財殺死无禍难當
有妻便見妻有难　無妻却是退才郎　妻才在外受兩克
必能重聲娶兩房　若然克出在外死　男子不死過房郎
倘見克入成家計　外送兒孫入此娘

○又癸山丁向　房穴

癸丑　元辰火　此癸山亦中心克出兩頭格凶星雖要不
壬戌　貪官水　出然克元辰忌克子孫克出在外死不死
丁卯　貪官水　亦過房又曰克妻主妻失無妻主退才有
癸卯　元辰火　孫亦減半無孫定見火

○此格切忌元辰關貪破要貪破無氣且閑在月日上則不可關入鬼知得有向關之氣關鬼要關得倒○又如兩頭關克入若造庙觀寺院要生起鬼有氣不受克極是顯灵大抵凶者主克出吉者主克入吉

○三元一子格

過造是金日輕忌獨
子是金日則不忌矣
又若值年月日時干支皆
是金或逢時金伏斷日
又山頭是金則是金煞
疊疊相逢其禍如亟破
才傷丁損負命速凶
用四金爲合着登垣若
選宜義與但半吉可用
或制日將就用之若是
伐日極凶決不可用
四金爲乃任征伐出入經
商出門作灶等件俱重
選第一宜用是吉者只
合登垣決然是吉人遇
已日酉日主旺本爲吉
上加吉福來更速更大
若遇寅日丑日絕庫井

甲午　元辰土
甲申　元辰土
甲戌　元辰土
庚午　廉子水

此頭山屬土見三元一廉子土克八此謂吉神喜克八也四柱有位經曰三元三武共一家子孫萬代享榮華壬申子辰年大發財發福矣

○又三元格　癸山火

己亥　廉子金
癸酉　元辰火
戊寅　元辰火
癸丑　元辰火

此癸山屬火三火克金克出次之元辰火生任寅有位金病在亥子孫不旺孫有酉丑旺氣吉　亦取三元三武共一家吉局

○三武才格

己亥　元辰土
丙子　武才火
丙辰　武才火
丙申　武才火

此壬山屬土三武火生出元辰土爲極氣但生元辰則山家有氣係冬月山頭主水有爲元辰土見申子辰三合有位有氣雖武才火無位幸三丙助之吉遇申子辰年發福

○四武才格

癋投戊日縱合宝義專日福未輕綏○如造葬嫁娶移徙等件俱忌用是凶者若台登垣決然凶若遇巳酉生旺日凶上加凶若遇丑寅絕庫幷滅投戊縱合宝義專日禍亦輕綏

今與凡事宜用禽者但同日月木禽時吉幷所宜所忌吉凶辰所用吉凶之時俱照日月木禽各料用之即定矣○不得巳癸造金一宜用日月木時禽若用火水土金時禽及天六時凶

不得巳塟坤起金禽宜用月水火凶禽吉

辛卯　武才火　此巳山元辰屬土屬陰用四陰干支得陰
辛卯　武才火　陽不駁雜之美人皆謂奇殊不知四火俱
辛卯　武才火　坐敗地辛金俱絕在卯所以主官非大敗
辛卯　武才火　貧窮○昔黃姓人用此格有五百稅不十
餘年大敗尽矣

○克出格

甲申　元辰土　此巳山屬土貪木生武火火生元辰土似
癸酉　貪官木　吉但武才巳死在酉土山八月無氣貪官
癸亥　貪官木　得長生貽居內其凶勢甚急雖元辰土坐
辛酉　武才火　申長生難當二木克之所以大凶

○昔湖廣武江彭欽用之后廿七日双生子天亡是其驗也

○克出格　艮山屬木

庚子　破鬼火　此艮山屬水亦克出克局益木山丑月進
巳丑　武才水　氣元辰居壯地武才長生克破鬼應申子
甲申　武才水　辰年進財亥卯未年生貴子吉局
丁卯　元辰木

若日時禽必主大成井一木土金時禽俱忌不得已嫁娶用四金禽亦宜用日月木時禽吉用水火土金時禽俱凶

若前犯任征伐等件用日月木金俱吉用水火時禽俱凶獨作灶水時禽吉又宜忌截路經亡時從遇婦禽亦不吉時金伏斷時亦不遇吉輕忌然金生東南旺西休北四東又金禽又到冬月見水而變化羊牛狼木吉

四土禽

氐土貉　辰日登垣

胃土雉　戌日登垣伏斷

○三武格　乙山金

壬寅　武才土

癸丑　破鬼水

丁子　武才土

壬寅　武才土

此乙山屬金三武有氣所謂甲巳上生右庚金定是金門富貴人辰戌丑未年應驗加官進職三土克水必驗所謂鬼闕魁歲是也故吉凶又論破鬼有氣也

○三貪官格　巽山土

壬寅　破鬼金

癸丑　貪官木

癸卯　貪官木

癸丑　貪官木

此巽山屬土破鬼克八鬼然有氣官然溫離法曰丁壬克剋甲巳土造避退敗見貧窮是也木洞貴在合用此造又至丁未年大敗矣

○四廉格　寅山木

癸巳　廉子土

癸亥　廉子土

戊午　廉子土

戊午　廉子土

此寅山屬木見酉土巳爲火洩又年月相中又癸巳年以午爲空亡斷曰午未年損烈丁又一說寅山木即是丁壬木克制甲巳土造墓退敗見貧初元辰最行木旺地定主家長命先終寅申卯魁之年亥卯來木旺之歲損丁

柳土獐　巳日登垣
女土蝠　亥日登垣
氐辰胃戊土登垣　柳
巳之亥垣度纏　白爲
做事且愁怨　登垣禍
福在眼前　獨胃土戊
是宝日　雖犯伏斷嫁
娶安　只宜生申旺子
日　又嫌辰巳寅日干
總拆生旺絕或日吉
凶隨取理固然　怒宿
所爲怨不樂　官符悔
昧是眞吉　從來晦昧
莫當頭　百事爲之只
愁愁　推能解却心中
怒　一派長江洗盡憂
乃中央鎮星黃帝之象
也名曰怒宿登垣日從

○四貪格　亥山巳向屬火○此課貪官重見雖貪官無氣無位似
丁酉　貪官水　若不凶但貪乃賊也兵刃也群賊持刀來刺
壬寅　貪官水　彼空拳之夫雖有重有之剪亦敗之矣況元
丁酉　貪官水　辰又不旺扶經曰貪破重逢重則人命徒流
壬寅　貪官水　輕則丁艱耗散後果應之申子辰巳酉丑絆人丁六配者
○四鬼格　丙山壬向屬火○此課重見破鬼今爲凶又兇殺
辛丑　破鬼土　坐於長生申位而元辰無位無氣伏藏病枚
辛丑　破鬼土　申位火生鬼土愈資其剝削而破鬼之干又
丙申　破鬼土　有相主之害所不出月餘爲人命破敗益火
丙申　破鬼土　山本急丙申納音火所以二月即應驗矣
此局係張玉湖葬親止四十日爲人命敗家也
○三廉格　水山
辛丑　元辰水　此尅八格元辰克子孫顛子孫有氣有位廉
丁酉　廉子火　貞重鬼可脩方不可造葬洩炁太星損戶頭
壬午　廉子火
壬寅　廉子火

有先義專制代之殃土
禽忌用寅日造葬嫁娶
百事忌定土官符不祥
之兆上官赴任主傷家
丁及本身患病如遇初
二十六爲不樂終無所
懸救諺曰初二十六勿
嫁娶上官赴任欲占魁
此之謂也逢太白同龍
神如逢吉無大凶葬此
土禽北水禽便可此北
金禽又界此北火禽又
東高此惟胃土雖獨嫁
娶遇丙戌日法大吉可
用戊日乃胃　纏度到
戊合頓局切可取也其
丙戌又是壬日雖犯伏
断亦吉可用也宜用甲

○喻方格　此乾山屬火喜木火金忌土水此用金化土用金

己酉　廉子金　制木元辰雖决藏　夏月火旺二木東助同
辛未　破鬼土　生雖破鬼見辰日有煞坦兩木克之又廉子
庚辰　武才木　金兆凶後吉所以爲美土大土日進生氣物興遇
乙酉　武才木　年生貴子甲子辰得絕戶田地横才大英發少修

○艮山屬木

庚子　破鬼火　艮山木也用時水生元辰吉經曰丙辛水生
己丑　武才水　丁壬木三六九年進官祿亥卯未年生貴子
丁酉　元辰木　八口安寧長發福况武才有氣成吉但子一
甲辰　武才水　庚克木未全妙也陳步雲張文果三年入學

○申山屬水　三貪格

庚子　貪官土　申山屬水貪官三土重見再行元辰休囚之
己丑　破鬼木　地丁才盡空水敗酉死卯絕巳此等乎敗無
乙酉　貪官土　貪官有煞其凶甚矣
庚辰　貪官土

○經驗五煞朝引訛

子辰時井日月火金土時禽俱吉忌巳辰時寅時其餘庚戌月戌戌日專日不可用又甲戌制日壬戌伐日不待說也余柳氏女土禽雖得纏度發垣之室口嫁娶亦忌不用然四上原非吉躔又合發垣是甲子生旺本日禽洪福亦見然水土長生中旺子若遇巳辰絕之日并滅沒寅日偏求

重忌絕路空亡時逆時禽好亦凶脂金丑不遇亦輕忌用

水土土星金福生于西旺于北休于東囚于南

甲申　元辰土　有饒師與許鄉宦擇起造附五年發科首
丙子　武才火　本山坐辛乙辛屬土以土爲主而課中元辰
辛丑　武才火　土於申乃長位之位又見丙子爲土之旺地
戊子　貪官木　是山家獨旺又見貪官之木武才之火同生

元辰上是才官兩見生句格局甚美值日房日鬼冬至後得地翼宿值時又助其美且元辰爲子火旺福力綿遠應甲子辰年添丁進財果戊子科得選矣但貪官屬木乃克元辰之煞雖宦家不忌但亥卯未年助木旺故損宅母寅午戌年吉巳酉丑年定然損傷申子辰年半吉半凶是爲土格

○酉山卯向屬金

壬寅　武才土　酉山屬金一富家用此課武鬼並見雖武才
壬寅　武才土　同生但春季土巳休囚又坐于病官宜有同
戊午　破鬼木　生之理破鬼雖無位無氣但坐午土乃胎宮
戊午　破鬼木　酉山生出耗氣助破鬼之川生戊土制之所

以來至大凶次年亥卯未六壞元辰休囚又水局克破武才且癸卯年納音金又生扶破鬼兼癸與戊合化火又是破鬼故是年損

春月宜用四木宿吉
夏月宜用四火宿吉
秋月宜用四金宿吉
冬月宜用四水宿吉
春月忌用水土禽
夏月忌用金禽　收尅
秋月忌用四水禽
冬月忌用四火禽　不吉
○總記七曜及宜義專制

伐日

寶善　弱支賊怒
隨宜取用要相當
虛昴生得爲喜宿
百事皆宜葬不良
危畢心張爲善宿
奎鬼行向百事昌
箕軫參壁爲惰宿
所爲慵弱受欺殘

丁破財然破鬼居戊午納音木之下火二數故應二年損財賠貨

○續集近用驗課

巳酉　元辰土　此造壬山丙向土元辰敗在酉墓在丑病在
丁丑　破鬼金　寅爲無氣無位破鬼貪官俱有氣爲官發亥
戊寅　貪官水　害巳運年官非破財損丁乙卯春偶所其驗
癸丑　貪官水　遂譏脩敗　材家課

○又驗課　巳山屬土

癸丑　貪官木　此潮陽　人葬巳山元辰屬土隱伏不現破
乙丑　廉子水　鬼之金墓丑貪官年時重見木雖無位冠帶
壬午　破鬼金　在丑乙卯年卯月逢旺有氣二月丙破人幸
戊申　貪官木　連破財已書矣　訣曰丁壬尅制用巳土造
葬退敗見貪若元辰再行生旺地定主家長命先終
癸酉　武才金　此卯山屬水元辰格
癸亥　武才金　四格俱財旺於酉年大吉
戊午　武才金　亥卯甲木又生財
戊午　武才金　葬主得財大發福

角亢斗井爲女宿
出事求名大顯揚
亢牛婁鬼爲威宿
上任征伐最高强
胃柳氐女爲怒宿
先遇官符大不祥
觜室昴翼爲煞宿
葬艮商納家遭殃
四煞若然逢閉日
兇加咒咲葬凡良
問喜雖然爲大吉
架造須良犯見殃
四　造葬諸事忌
奸盜誣賴見災殃
○論寶義專制伐
寶義專三日用之必稱情
制日尚可用伐日不堪親
臣犯君不喜慎用損人丁

○十二星斷
○建宜出行收嫁娶　定宜冠帶滿修倉　破除療病勃宜捕
危本安休閉葬良　成開所作成而吉　平乃作事摠平常
○十二星所屬
建計土月除陰滿是羅　平火定金執水河　破木危陽戌是上
收炁開金閉孛遇
建日相逢造葬凶　顛狂乱舞破家風　行嫁出行上任吉
教馬教牛此事良　建日可謀不爲事　君改前爲再莫亡
摠訓建除平收日　出兵斬破大有功
建者健也乃建旺之氣宜教馬教牛習武行兵出行亦吉惟正四
七十一月不宜出行最忌架造埋葬主出行妄之人酒色昏迷明
作乱爲破懷家門最宜行嫁謁貴上書吉如二月八十二月遇建
日又更利害足木旺在卯午火旺之類余米
除遇妻亡并造葬　求官上任阻前程　經商出行及移走
興工動土楚戰秦　療病捉賊除服好　宜令[illegible]帳除邪情
消毒斷蚊塞鼠穴　解釋冤愆一切忌　貪酷官吏惡人類

若說無制化至凶至極禍
惟逢已卯乙酉日更重
己上五件天干論其生
八地支論其左右中合
齊　過趨吉避凶方爲
全美

（八）論元辰祿馬貴人格
天上貴人視星斗　鳳
凰報五更天　金雞
未出狀癸貢　五鬼鬥
明帶祿生　楚地元辰
遊到申　庚山禍祿存
星明　雷鳴辛酉遮天
遠　霹面金牛起五更

註日六乙年元辰金胜酉
坐七分庚申故曰帝報
五更天東王鬼到甲卯
乙祿到卯也六巳年六

除日告之問假真

除者爲除舊生新之象宜除服療病斷邪塞鼠穴出行嫁娶亦吉
埋葬修造遇吉宿好生旺亦吉○又曰最忌嫁娶埋葬凡求官上
任經營移徙出行并起工動土俱忌只宜做帳帷及宜解釋冤忌
治邪魔斬鬼精捉盜賊掘白蟻告貪惡人

滿宜造倉井作櫃　諸事爲之大吉昌　婚姻結義完全好
一團春色百花齊　古云滿日土瘟是　架造可爲葬不良
不宜栽種并服藥　開鑿池塘魚滿塘

滿乃豐亨豫大益之義也號曰土瘟不可動土栽種布菜只宜造
倉箱籠櫃婚姻結義開塘如合好宿宜架造出富強壯忌埋葬然
葬者藏也不用滿日決不能受益豈能藏乎

平宜收盜及收瘟　剃頭除災百事亨　又宜行嫁及教畜
過伐逢盜斷賊根　造葬埋之俱平過　餘皆守分及高增

平者乃繩祁齊一之義平常之謂宜行船收捕治邪瘟治病除災
行嫁教牛馬與平治道及屋塌地基修造泥飾墻壁等事若遇伐
日及逢金禽宜出兵除賊根　造葬用之亦是平常

丁年上坐官祿六巳年壬辰在子乃貴人故楚地元辰遊到處日官祿是也故爾庚小福祿存星明六辛年元卯震雷鳴向庚午日又辛祿到酉金雞地霹而金牛起五更癸祿居子乃福匕也

○論驛馬貴人官祿會格

猴虎相逢聚一羣
天乙南向作子神
陰陽未分無人曉
坐向艮寅虎變身
虎馬現龍向如伴
斗宮毒道卽三王
從前燕國先賢地

定可冠帶及安牀　餘作雖爲是不良　招惹官非召死氣
縱逢吉曜也平常　造葬若逢此定日　好事生來却有妨

定者　氣也忌做六畜欄經商出行移徙入宅詞訟見官俱凶只宜冠笄安牀嫁娶上任求官若造葬不得宝義專日及合日月木宿福不凋全也

執有威儀縱勢權　得遇之星出大賢　捕賊擒兇稱妙手
狂教網鄉百心寒　若合宝義專好宿　用之大吉有成權

執乃固執之義亦日執持操守之義也又有威儀權勢宜捕賊角兇此執日宜逢造葬嫁娶三件若遇木宿登垣主出文明賢士宜宝義專吉月及月宿尤大吉

破日造葬嫁娶凶　諸事交關無始終　說合不和謀不就
經商買賣求不通　縱好宝義專好宿　用之亦在破敗中
療病針灸皆可用　秀士赴考奪天工

破者剛壯破敗之義百事俱忌婚姻不諧縱合宝義專日及好宿决不能成見破敗矣若遇辰戌丑未日値木宿逢此破日秀才赴考名爲破天荒井鬼醫療病服藥針灸破屋壞垣破賊陣亦可

壬母官中对朝訓
猪鬼群羊同一樣
地神所奏上天庭
去從地戶號馹馬
九鳳飛光見帝君
璽鳳變牛頭號地
南遊天上躍星君
五福大貴無人識
柱在閶闔問所術

註日甲子元辰是也丙子丙申丙辰馹馬福星貴入在寅山作向用艮是也周玄天宗杰是元辰生也天乙是有方故稱丙午南離方明陽求卅兩宮寅午戌壬戌壬寅壬午馬居申坐艮丑也巽在寅時坤申是老母

危日登高及行船　日良宿好却多緣　作事交関全得好
所謀百事獨稱先　危日安床亦可許　造屋移徙亦不安

危乃危險之義高大之象先賢之謂最忌登高徙險行船若逢降峻淵深之地又有四抑着驚之事又遇伐日并逢明怒三宿主見傷人之禍若遇寶義專日及好宿最宜與人交関全得利益經官求官謀為百事俱吉獨稱先遇人惟造葬嫁娶俱凶但可安床而已

成日百為諸事諧　造葬分明待貴來　娶妻必定生貴子
求名求利亦恢哉　若問隔年新舊事　結冤結仇不須裁

成者結果成就之義凡為百事只有成就之兆但主先难後易終有和合之義若遇日吉宿好百為俱吉造葬出貴嫁娶生貴子求名利遂音皆成就若事已成不必再謀更移欲結冤害亦不必謀為去栽種也

收日娶妻興葬吉　又好出行及買庄　若遇寶義專好宿
百為皆美及作商　架造不宜用收日　陽君宜覔陰宅藏

收者收天下之滇也有收成之義又為藏紀之象用此日遇寶義專日及好宿最宜娶妻定生貴子葬必出貴及經商出行移徙但

神寅山犯必衰也不可正向分金三分則不忌也要元辰生旺亥卯未癸亥癸卯癸未年月日時元辰在宫年月日時亥與巳駟馬貴人隨去挾地北辰行北辰所謂乾亥也地戶乃巽巳也九九飛者癸年屬火丙子爲九宫皇帝發中宫五　震爲之登九五位是壬帝乃向北地觀望辯執癸亥到子通川南方之氣須中有坊吉凝大雲制伏死忌煞事有慎云辰元辰有旺而光忌餘倣此

得利益安寧買賣金銀財物收財于箱及收買田地屋宇納財取債諸事大吉利入學捕捉田獵收置倉厫等件若此收日縱舍宇義専日及好宿亦不宜架造蕃陽居宜顯陰宅要收藏也

開日相逢百事昌　天開生炁到生方　最宜架造生貴子
開門放水進田庄　嫁娶移徙出行吉　求名求利喜增光

開者乃天下也係生炁之位最宜架造生貴子開門放水進田庄嫁娶移徙出行求財百事宜用開日如遇太陽登垣駕之日午生貴子福祿獨埋葬主大火禍極凶切不可用

閉日埋葬及藏宗　遇此爲之終到老　六畜欄坊造亦宜
架造医日最不好　施針下灸不當爲　塞路合張稱妙巧
大宜娶婦不妄動　守靜閉門名譽好

閉者乃牢固之義也最宜埋葬主得富貴大吉收金藏主不被盜賊偷劫造六畜欄坊合帳　塞路斷蟻鼠穴修築塋墳作廁等件忌医眼針灸上任經商移出端事不宜又忌架造屋宇如遇坐牢閉而不通定主賠禍此日娶婦主公婦靜守不妄動閨門端正名譽好

○論斗宿生旺到方
持時人穴尅應
○元辰坐山爲主
元辰持時主貴人坐馬持
途或有親令之喜送財
物進益
廉貞持時主有人抱鬼來
孕婦來鳥声應之
武曲持時貴人担物財來
女人送生氣物來日衣
人來應
破軍持時有武官軍器或
鬼童師巫人神僧之人
來應

○秘傳五炁朝元五函 從選擇要旨

一論五運六氣　二論大利年月　三論龍運生死
四論山運生兄　五論太陽太陰　六論星宿垣宙
七論奇門遁甲　八論演禽星象　九論天河轉運
十論雷霆太陽　十一論貞祿馬貴人　十二論生命化命
十三論三白吉星　十四論差方祿馬　十五論星宿日時
十六論五炁元辰　十七論推官推富　十八論補龍補運
十九論脩方脩　二十論陰府吉凶　廿一論捉煞帝星
廿二論時尅應

# 新鍥三函全奇五炁朝元斗首元辰合節通書一卷

## 未來流年

謂月分星宿值日節候日時等事

按弘治十七年甲子係上元箕水星值年畢宿主事至嘉靖四十二年癸亥女星值年婁宿主事而上元畢矣

嘉靖四十三年甲子係中元太陽虛星值年虛宿主事以至癸亥年壁水星值年畢宿主事而中元畢矣

天啟四年甲子係下元奎木星值年氐宿主事以至癸亥年太陽昴日鷄值年虛宿主事而下元畢矣

皇清康熙二十三年復係上元甲子畢星值年鬼宿主事以至癸亥年井星值年氐宿主事而上元畢矣

乾隆九年復係中元甲子鬼宿值年奎宿管事以至嘉慶八年癸亥太陰張值年鬼金管事而中元畢矣

但前已往者不及詳載今以

嘉慶九年復係下元甲子逐一開具於左以便觀覽曆數萬萬年

## 未來流年

謂月令星宿生尅節候日時等事

嘉靖四十三年甲子係中元虛星值年虛宿主事以至癸亥年壁星值年畢宿主事而中元畢矣

天啟四年甲子係下元奎星值年氐宿主事以至癸亥年角宿值年虛宿主事而下元畢矣

皇清康熙二十三年甲子復係上元畢星值年鬼宿主事以至癸亥年井星值年氐宿主事上元畢矣

大清乾隆九年甲子係中元鬼星值年奎宿主事以至癸亥年張星值年鬼宿主事而中元畢矣

大清嘉慶九年甲子係下元翼星值年箕宿主事以至癸亥年亢星值年虛宿主事而下元畢矣

嘗及同治三年甲子復係上元從一開列於左以便觀覽歷數萬萬年

太歲姓金名赤 **甲子年** 氐土星值年鬼宿管局正月胃宿值月卯文戌胃日暗金伏斷

正月小癸卯亥丑壬申雨水二十七巳巳未驚蟄

二月小壬申辰午十三丙春分二十八巳亥戌清明

三月大辛丑酉亥十七巳卯寅穀雨二十三申時立夏

四月小辛未卯巳十六寅小滿

五月大庚子申戌初二戌芒種十八未夏至

六月小庚午寅辰初四卯小暑二十子大暑

七月大巳亥未酉初六申立秋二十二卯處暑

八月大巳巳丑卯初七酉白露二十三寅秋分

九月小巳亥未酉初八巳寒露二十三午霜降

十月大戊辰子寅初九午立冬二十四辰小雪

十一月大戊戌午申初九寅大雪二十三亥冬至

十二月小戊辰子寅初八未小寒二十三辰大寒

太歲姓陳名泰　乙丑年

正月大丁酉巳未初九丑立春二十三亥雨水
二月小丁卯亥丑初八戌京蟄二十三亥春分
三月小丙申辰午初十丑清明二十五巳谷雨
四月大乙丑酉亥十二戌立夏二十七巳小滿
五月小乙未卯巳十三丑芒种二十八酉夏至
又五月大甲子申戌十五午正二刻三分小暑
六月小甲午寅辰初一卯大暑十六亥立秋

房日星值年室宿值事角宿管　局巳房　日暗金伏斷

七月大癸亥未酉初二午處暑十八子白路
八月大癸巳丑卯初四巳秋分十九申寒路
九月小癸亥未酉初四酉霜降十九酉立冬
十月大壬辰寅辰初五未小雪二十巳大雪
十一月大壬戌申午初三酉冬至十九戌小寒
十二月小壬辰子寅初四丑大寒十九辰立春

太歲姓沈名興　丙寅年

正月大辛酉巳未初五寅雨水二十丑京蟄
二月小辛卯亥丑初五寅春分二十辰清明
三月小庚申辰午初六申谷雨二十一丑立夏
四月大己丑酉亥初八申小滿二十三辰芒种
五月小己未卯巳初十子夏至二十五酉小暑
六月小戊子申戌十二午大暑二十八寅立秋

心月星值年畢宿管局正月室值月子虛未張暗金伏斷

七月大丁巳丑卯十四酉處暑三十卯白路
八月大丁亥未酉十五申秋分三十亥寒路
九月小丁巳丑卯十六子霜降
十月大丙戌午申初一夜子立冬十六戌小雪
十一月大丙辰子寅初一申大雪十六巳冬至
十二月大丙戌午申初一丑小寒十五戌大寒三十未立春

太歲姓耿名章 丁卯年

正月小丙辰子寅十五巳雨水
二月大乙酉巳未初一辰驚蟄十六巳春分
三月小乙卯亥丑初一未清明十六亥穀雨
四月小甲申辰午初三辰立夏十八亥小滿
五月大癸丑酉亥初五未芒種二十一卯夏至
六月小癸未卯巳初七子小暑二十三酉大暑

辰星值年氐宿管局正月星宿值月酉巳寅室晴金伏斷

七月小壬子午戌初九巳立秋二十五子處暑
八月大辛巳丑卯十一午白露二十六亥秋分
九月小辛亥未酉十二寅寒露二十七卯霜降
十月大庚辰子寅十三卯立冬二十八丑小雪
十一月大庚戌午申十二亥大雪二十七未冬至
十二月大庚辰子寅十二辰小寒二十七丑大寒

太歲姓趙名達 戊辰年

正月小庚戌午申十一戌立春二十六申雨水
二月大己卯亥丑十二未驚蟄二十七申春分
三月大己酉巳未十二戌清明二十八寅穀雨
四月小己卯亥丑十三未立夏二十九寅小滿
又四月小戊申辰午十五戌初一刻二分芒種
五月大丁丑酉亥初二午夏至十八卯小暑
六月小丁未卯巳初三夜子大暑十九申立秋

鎮星值年奎宿管局正月牛宿值月辰貸亥壁晴金伏斷

七月小丙子午戌初六卯處暑二十一酉白露
八月大乙巳丑卯初八寅秋分二十三巳寒露
九月小乙亥未酉初八午霜降二十三午立冬
十月大甲辰子寅初九辰小雪二十四寅大雪
十一月甲戌午申初八戌冬至二十三未小寒
十二月小甲辰子寅初八卯大寒二十三丑立春

太歲姓郭名燦 己巳年

斗木星值年翼宿當局正月觜宿值月午角巳日晴金伏斷

正月大癸酉巳未初八亥雨水二十三戌驚蟄
二月大癸卯亥丑初八亥春分二十四丑清明
三月小癸酉巳未初九巳穀雨二十四戌立夏
四月大壬寅十一巳小滿二十七丑芒種
五月小壬申戌子十二酉夏至二十八午小暑
六月大辛丑亥酉十五卯大暑三十亥立秋
七月小辛未卯巳十六午處暑
八月小庚子申戌初二夜子白露十七巳秋分
九月大己巳丑卯初四未寒露十九酉霜降
十月小己亥未酉初四酉立冬十九未小雪
十一月大戊辰子寅初五巳大雪二十丑冬至
十二月小戊戌午申初四戌小寒十九午大寒

太歲姓王名清 庚午年

牛金星值年危宿當局正月心宿值月丑斗申鬼晴金伏斷

正月大丁卯亥丑初五巳立春二十寅雨水
二月大丁酉巳未初五丑驚蟄二十寅春分
三月大丁卯亥丑初五辰清明二十申穀雨
四月小丁酉巳未初六丑立夏二十一申小滿
五月大丙寅戌子初八卯芒種二十三夜子夏至
六月小丙申辰午初九酉小暑二十五巳大暑
七月大乙丑酉亥十二寅立秋二十七酉處暑
八月小乙未卯巳十三卯白露二十八未秋分
九月小甲子申戌十四戌寒露二十九夜子霜降
十月大癸巳丑卯十五亥立冬三十戌小雪
又十月小癸亥未酉十五未大雪
十一月大壬辰子寅初一辰冬至十六丑小寒三十[illegible]
十二月小壬戌午申十五午正二刻六分立春

太歲姓名 辛未年

奎星值年婁宿管局正月胃宿值月分女戊胃頃金伏斷

正月大辛卯丑初一辰雨水十六辰京至
二月大辛酉巳未初一辰春分十六未清明
三月小辛卯亥丑初一亥谷雨十七辰立夏
四月大庚申辰午初三午小滿十九午芒種
五月大庚寅戌子初五卯夏至二十夜子小暑
六月小庚申辰午初七申大暑二十三巳立秋
七月大己丑酉亥初八夜子處暑二十四午白露
八月小己未卯巳初九戊秋分二十五寅寒露
九月大戊子申戌十一子霜降二十六寅立冬
十月小戊午寅辰十一丑小雪二十五戌大雪
十一月小丁亥未酉十一未冬至二十五辰小寒
十二月大丙辰子寅十二子大寒二十六卯立春

太歲姓名 壬申年

虛日鼠值年虛宿管局正月角宿值月巳房一日增金伏斷

正月小丙戌午申十一未雨水二十六未京至
二月大乙卯亥丑十二未春分二十八戌清明
三月小乙酉巳未十三丑谷雨二十八未立夏
四月大甲寅戌子十五丑小滿三十未芒種
五月大甲申辰午十六午夏至
六月小甲寅戌子初二卯小暑十七亥大暑
七月大癸未卯巳初四未立秋二十卯處暑
八月小癸丑酉亥初五酉白露二十一丑秋分
九月大壬午寅辰初七辰寒露二十二巳霜降
十月大壬子申戌初七巳立冬二十二辰小雪
十一月小壬午寅辰初七丑大雪二十一戌冬至
十二月大辛亥未酉初七未小寒二十二卯大寒

## 太歲姓康名志 癸酉年

尾宿星值年鬼宿管局正月室宿值月子虛未張暗金伏斷

正月小辛巳丑卯初一子立春二十一戌雨水
二月小庚戌午申初七戌驚蟄二十二戌春分
三月大己卯亥丑初九子清明二十四辰穀雨
四月小己酉巳未初九戌立夏二十五辰小滿
五月大戊寅戌子十二子芒種二十七酉夏至
六月小戊申辰午十三巳小暑二十九寅大暑
閏六月大丁丑酉亥十五戌立秋
七月大丁未卯巳初一午處暑十六夜子白露
八月小丁丑酉亥初二辰秋分十七未寒露
九月大丙午寅辰初三申霜降十八申立冬
十月大丙子申戌初三未小雪十八辰大雪
十一月小丙午寅辰初三丑冬至十七酉小寒
十二月大乙亥未酉初三午大寒十八卯立春

## 太歲姓誓名廣 甲戌年

室火星值年箕宿管局正月心宿值月酉觜寅室暗金伏斷

正月小乙巳丑卯初三丑雨水十八子驚蟄
二月小甲戌午申初四丑春分十九卯清明
三月大癸卯亥丑初五未穀雨二十一五立夏
四月小癸酉巳未初六未小滿二十二卯芒種
五月大壬寅戌子初八亥夏至二十四申小暑
六月小壬申辰午初十巳大暑二十六丑立秋
七月大辛丑酉亥十二申處暑二十八卯白露
八月小辛未卯巳十二未秋分二十八戌寒露
九月大庚子申戌十四亥霜降二十九亥立冬
十月大庚午寅辰十四戌小雪二十九未大雪
十一月大庚子申戌十四辰冬至二十九子小寒
十二月小庚午寅辰十三酉大寒二十八午立春

# 乙亥年

太歲姓伍名保

壁水星值年昴宿管事七月牛宿值月辰壁巳壁暗金伏斷

正月大己亥婁十四辰雨水二十九卯驚蟄
二月小己巳卯十四辰春分二十九午清明
三月小戊戌申十五戌谷雨
四月大丁卯亥初二卯立夏十七戌小滿
五月小丁酉未初三午芒種十九申夏至
六月小丙寅子初五亥小暑二十一申大暑
七月大乙未巳初八辰立秋二十三亥處暑
八月小乙丑亥初九巳白露二十四戌秋分
九月大甲午辰十一丑寒露二十六寅霜降
十月大甲子戌十一寅立冬二十六丑小雪
十一月大甲午辰初十戌大雪二十五未冬至
十二月小甲子戌初十卯小寒二十四夜子大寒

# 丙子年

太歲姓郭名嘉

參水星值年氐宿管事正月觜宿值月午角丑心暗金伏斷

正月大癸巳卯初十酉立春二十五未雨水
二月大癸亥酉初十午驚蟄二十五未春分
三月小癸巳卯初十酉清明二十六丑谷雨
四月小壬戌申十二午立夏二十八丑小滿
五月大辛卯丑十四酉芒種三十巳夏至
閏五月小辛酉未十六寅小暑
六月小庚寅子初二亥大暑十八未立秋
七月大己未卯初五寅處暑二十申白露
八月小己丑酉初六丑秋分二十一辰寒露
九月大戊午辰初七巳霜降二十二巳立冬
十月大戊子戌初七午小雪二十二丑大雪
十一月小戊午辰初六戌冬至二十一午小寒
十二月大丁亥酉初七卯大寒二十二夜子立春

## 太歲姓汪名文 丁丑年

婁金星值年奎宿管事正月心宿值月丑斗申鬼暗金伏斷

正月大丁巳丑卯初六戌雨水二十一酉驚蟄
二月大丁亥未酉初六戌春分二十二子清明
三月小丁巳丑卯初七辰谷雨二十二酉立夏
四月小丙戌午申初九辰小滿二十四夜子芒種
五月大乙卯亥丑十一申夏至二十七巳小暑
六月小乙酉巳未十三寅大暑二十八戌立秋

七月小甲寅戌子十五申處暑
八月大癸未卯巳初一亥白露十七辰秋分
九月小癸丑酉亥初二未寒露十七申霜降
十月大壬午寅辰初三申立冬十八午小雪
十一月小壬子申戌初三辰大雪十八丑冬至
十二月大辛巳丑卯初三酉小寒十八午大寒

## 太歲姓曾名光 戊寅年

胃土星值年翌宿管事正月胃宿值月卯女戌一日暗金伏斷

正月大辛亥未酉初三卯立春十八丑雨水
二月大辛巳丑卯初三子驚蟄十八丑春分
三月小辛亥未酉初三卯清明十八未谷雨
四月大庚辰子寅初五子立夏二十一未小滿
五月小庚戌午申初六卯芒種二十一亥夏至
六月大己卯亥丑初八申小暑二十四巳大暑

七月大己酉巳未初十丑立秋二十五申處暑
八月小戊寅戌子十二寅白露二十七未秋分
九月大丁未卯巳十三戌寒露二十八亥霜降
十月小丁丑酉亥十三亥立冬二十八酉小雪
十一月大丙午寅辰十四未大雪二十九辰冬至
十二月小丙子申戌十四子小寒二十八酉大寒

太歲姓伍名仲　己卯年　帝星值年虛宿值年正月角宿值月巳星日房暗金伏斷

正月大乙巳卯十四午立春二十九辰雨水
二月大乙亥酉十四卯驚蟄二十九辰春分
三月小乙巳卯十四午清明二十九戌穀雨
冬三月大甲戌申十六卯立夏
四月大甲辰寅初一戌小滿十七午芒種
五月小甲戌申初三寅夏至十八亥小暑
六月大癸卯丑初五日大暑二十一辰立秋
七月小癸酉未初六亥處暑二十二巳白露
八月小壬寅子初八戌秋分二十四丑寒露
九月大辛未卯初十寅霜降二十五寅立冬
十月小辛丑酉初十子小雪二十四戌大雪
十一月大庚午辰初十午冬至二十五卯小寒
十二月小庚子戌初十夜子大寒二十五酉立春

太歲姓重名德　庚辰年　坐月星值參鬼宿值年正月室宿值月子虛日暗金伏斷

正月大己巳卯初十未雨水二十五午驚蟄
二月小己亥酉初十未春分二十五酉清明
三月大戊辰寅十一丑穀雨二十六午立夏
四月大戊戌申十三申小滿二十八申芒種
五月小戊辰寅十四巳夏至
六月大丁酉未初一寅小暑十六戌大暑
七月大丁卯丑初二未立秋十八寅處暑
八月小丁酉未初三申白露十九子秋分
九月大丙寅午初五卯寒露二十巳霜降
十月小丙申午初五巳立冬二十卯小雪
十一月小乙丑酉初六丑大雪二十酉冬至
十二月小甲午辰初六午小寒二十二寅大寒

太歲姓鄭名祖 **辛巳年** 參水星值年箕宿管局正月心宿值月酉畢寅室暗金伏斷

正月小甲子申戌初五夜子立春二十戌雨水
二月大癸巳丑卯初六酉驚蟄二十一酉春分
三月小癸亥未酉初六夜子清明二十二辰谷雨
四月大壬辰子寅初八酉立夏二十四辰小滿
五月小壬戌午申初九亥芒種二十五申夏至
六月大辛卯亥丑十一巳小暑二十八丑大暑
七月大辛酉巳未十三戌立秋二十九巳處暑
又七月小辛卯亥丑十四亥白路
八月大庚申辰午初一卯秋分十六午寒路
九月大庚寅戌子初一申霜降十六未立冬
十月小庚申辰午初一午小雪十六卯大雪
十一月大己丑酉亥初三子冬至十六酉小寒
十二月小己未卯巳初一巳大寒十六卯立春

太歲姓路名明 **壬午年** 觜火星值年亢宿管局正月牛宿值月辰軫亥壁暗金伏斷

正月小戊子申戌初二丑雨水十六夜子驚蟄
二月大丁巳丑卯初二子春分十六卯清明
三月小丁亥未酉初三午谷雨十八夜子立夏
四月大丙辰子寅初五午小滿二十一寅芒種
五月小丙戌午申初六亥夏至二十二申小暑
六月大乙卯亥丑初九亥大暑二十五子立秋
七月小乙酉巳未初十申處暑二十六寅白路
八月大甲寅戌子十二午秋分二十七酉寒路
九月大甲申辰午十一亥霜降二十七戌立冬
十月小甲寅酉亥十二酉小雪二十七午大雪
十一月大癸未卯巳十三卯冬至二十七夜子小寒
十二月大癸丑酉亥十二申大寒二十七巳立春

大歲姓魏名仁 **癸未年** 井木星值年氐宿管局正月觜宿值月午角二口暗金伏断

正月小癸未卯巳十二卯雨水二十七卯驚蟄
二月小壬子戌十三卯春分二十八午清明
三月大辛巳卯十四酉谷雨二十卯立夏
四月小辛亥酉十五酉小滿
五月小庚辰寅初二巳芒種十八寅夏至
六月大巳酉未初四戌小暑二十未大暑

七月小巳卯卯丑初六卯立秋二十一亥處暑
八月大戊申辰午初八巳白露二十三酉秋分
九月大戊寅戌子初九子寒路二十四寅霜降
十月大戊申辰午初九丑立冬二十三夜二小雪
十一月小戊寅戌子初八酉大雪二十三午冬至
十二月小丁未卯巳初九卯小寒二十三亥大寒

大歲姓方名公 **甲申年** 鬼金羊值年翼宿管局正月心宿值月丑斗申女暗金伏断

正月大丙子戌午初八申立春二十三午雨水
二月小丁未卯巳初八午驚蟄二十三午春分
三月小丙子戌午初九申清明二十五子谷雨
四月大乙巳卯丑十一午立夏二十七子小滿
五月小乙亥未酉十二申芒種二十八巳夏至
閏五月小甲辰寅午十五丑小暑
六月大癸酉巳未初一戌大暑十五午立秋

七月小癸卯亥丑初三寅處暑十八申白路
八月大壬申辰子初五子秋分二十卯寒路
九月大壬寅戌子初五辰霜降二十辰立冬
十月小壬申辰子初五卯小雪二十子大雪
十一月大辛丑酉亥初五酉冬至二十巳小寒
十二月大辛未卯巳初五寅大寒十九亥立春

## 乙酉年

太歲姓蔣名嵩

正月大辛丑酉亥初四酉雨水十九申驚蟄
二月小辛未卯巳初四酉春分十九亥清明
三月小庚子申戌初六卯谷雨二十一酉立夏
四月大己卯卯巳初八卯小滿二十三亥芒種
五月小己亥未酉初九未夏至二十五辰小暑
六月小戊辰午申十三丑大暑二十七酉立秋

柳土星值年翌宿管局正月胃宿值月卯戌胃暗金伏斷

七月大丁酉巳未十四辰處暑二十九戌白露
八月小丁卯亥丑十五卯秋分
九月大丙申戌子初一午寒露十六未霜降
十月小丙寅辰午初一未立冬十六午小雪
十一月大乙未卯巳初二卯大雪十六子冬至
十二月大乙丑酉亥初一申小寒 大寒

## 丙戌年

太歲姓向名般

正月大乙未卯巳初一寅立春十六子雨水三十亥驚蟄
二月小乙丑酉亥十六子春分
三月大甲午寅辰初一寅清明十七午谷雨
四月小甲子申戌初二亥立夏十八午小滿
五月大癸巳丑卯初五寅芒種二十戌夏至
六月小癸亥未酉初六未小暑二十二申大暑

星宿值年牛星管局正月角宿值月巳星一日虛金伏斷

七月小壬辰子寅初九子立秋二十四未處暑
八月大辛酉巳未十一丑白露二十六午秋分
九月小辛卯亥丑十一酉寒露二十六戌霜降
十月大庚申辰午十二戌立冬二十七酉小雪
十一月小庚寅戌子十二巳大雪二十七卯冬至
十二月大己未卯巳十二亥小寒二十七申大寒

## 太歲姓鈞名宓 丁亥年

張月鹿值年婁宿當局正月室值月子虛日昴晴金夜斷

正月大己丑酉亥 十二巳立春 二十七卯雨水
二月小己未卯巳 十二寅驚蟄 二十七卯春分
三月大戊子申戌 十三巳清明 二十八酉谷雨
四月大戊午寅辰 十四寅立夏 二十九酉小滿
閏四月小戊子申戌 十五巳芒種
五月大丁巳丑卯 初二丑夏至 十七戌小暑
六月小丁亥未酉 初三未大暑 十九卯立秋
七月小丙辰子寅 初五戌處暑 二十一辰白露
八月大乙酉巳未 初七酉秋分 二十二夜子寒露
九月小乙卯亥丑 初八丑霜降 二十三丑立冬
十月大甲申辰午 初八亥小雪 二十三酉大雪
十一月小甲寅戌子 初八午冬至 二十二寅小寒
十二月大癸未卯巳 初八亥大寒 二十三酉立春

## 太歲姓郢名班 戊子年

翼火蛇值年氐宿當局正月心宿值月酉畢日寅室晴金夜斷

正月大癸丑酉亥 初六午雨水 二十一巳驚蟄
二月小癸未卯巳 初六午春分 二十一申清明
三月大壬子申戌 初九夜子谷雨 二十五巳立夏
四月大壬午寅辰 初十夜子小滿 二十六申芒種
五月小壬子申戌 十二辰夏至 二十八午小暑
六月大辛巳丑卯 十四戌大暑 三十午立秋
七月小辛亥未酉 十六丑處暑
八月小庚辰子寅 初二未白露 十七夜子秋分
九月大己酉巳未 初四卯寒露 十九辰霜降
十月小己卯亥丑 初四辰立冬 十九寅小雪
十一月大戊申辰午 初四夜子大雪 十九酉冬至
十二月小戊寅戌子 初四巳小寒 十九寅大寒

## 己丑年

太歲姓潘名盖

軫水蚓值年奎宿管局正月牛宿值月辰鎮參參鎮暗金鉄斷

正月大丁未卯初四亥立春十九酉雨水
二月小丁丑酉亥初四申驚蟄十九酉春分
三月大丙午辰初五亥清明二十一卯谷雨
四月大丙子戌初六申立下二十二卯小滿
五月小丙午寅辰初七亥芒种二十三未下至
六月大乙亥酉初十辰小暑二十六丑大暑
七月小乙巳卯十一酉立秋二十七辰处暑
八月大甲戌申十三戌白露二十九卯秋分
九月小甲辰寅十四午寒露二十九未双降
十月大癸酉未十五未立冬三十巳小雪
十一月小癸卯丑十五卯大雪二十九夜子冬至
十二月大壬申辰十五申小寒三十巳大寒

## 庚寅年

太歲姓鄔名桓

角木蛟值年翼宿管局正月昴宿值月在角一日躔金鉄斷

正月小壬寅子十五寅立春二十九夜子雨水
二月大辛未卯十五亥驚蟄三十夜子春分
又二月小辛丑酉亥十六寅清明
三月大庚午辰初二午谷雨十七亥立下
四月小庚子申戌初三午小滿十九丑芒种
五月大己巳卯初五戌下至二十一未小暑
六月小己亥酉初七辰大暑二十二夜子立秋
七月大戊辰寅初九未处暑二十五丑白露
八月大戊戌申初十午秋分二十五酉寒露
九月小戊辰寅初十戌双降二十五戌立冬
十月大丁酉未十一申小雪二十六午大雪
十一月小丁卯丑十一卯冬至二十五亥小寒
十二月大丙申辰十一申大寒二十六丑立春

## 太歲姓范名寧 辛卯年

太金星值年虛宿 局三月心宿值月丑斗申男增命伏斷

正月小丙寅戌時十一卯雨水二十六寅驚蟄
二月大乙未卯時十二卯春分二十七巳清明
三月小乙丑酉時十二酉谷雨二十八寅立夏
四月大甲午戌時十四酉小滿三十辰芒种
五月小甲子戌時十六丑夏至
六月大癸巳卯時初二戌小暑十八午大暑
七月小癸亥酉時初四卯立秋十九戌處暑
八月大壬辰寅時初六辰白露二十一申秋分
九月大壬戌申時初六亥寒露二十二丑霜降
十月小壬辰寅時初七丑立冬二十一亥小雪
十一月大辛酉未時初七酉大雪二十二巳冬至
十二月小辛卯丑時初七寅小寒二十一亥大寒

## 太歲姓彭名泰 壬辰年

氐土星值年鬼宿 局正月斗宿值月卯戌男增命伏斷

正月小辛亥巳時初六申立春二十一午雨水
二月小庚寅戌時初七巳驚蟄二十二午春分
三月大己未卯時初八申清明二十三夜子谷雨
四月小己丑酉時初九巳立夏二十四夜子小滿
五月小戊午寅時十一未芒种二十七辰夏至
六月大丁亥酉時十四丑小暑二十九酉大暑
閏六月小丁巳卯時十五巳立秋
七月大丙戌申時初二丑處暑十七未白露
八月大丙辰寅時初二亥秋分十八寅寒露
九月小丙戌申時初三辰霜降十八辰立冬
十月大乙卯丑時初四寅小雪十八夜子大雪
十一月大乙酉未時初三申冬至十八巳小寒
十二月大乙卯丑時初三丑大寒十七亥立春

太岁姓徐名舜 癸巳年

房日星值年 寒宿值事 正月角宿管月 巳房日昴金伏断

正月小乙酉昧初二酉雨水十七申惊蛰
二月小甲寅破初三申春分十八亥清明
三月大癸未吡初五寅谷雨二十申立夏
四月小癸丑酸初六寅小满二十一戌芒种
五月小壬午斛初八未夏至二十四卯小暑
六月大辛亥栖初十子大暑二十五申立秋
七月小辛巳班十二庚处暑二十七戌白露
八月大庚戌衔十四寅秋分二十九巳寒露
九月小庚辰掁十四未霜降二十九午立冬
十月大己酉昧十五丑小雪三十日寅大雪
十一月大己卯斑十四亥冬至二十九申小寒
十二月大己酉昧十四辰大寒二十九丑立春

太岁姓张名词 甲午年

心月星值年 鬼宿值事 正月室宿值月 子虚日张晴金伏断

正月小己卯翟十三亥雨水二十八亥惊蛰
二月大戊申尉十四亥春分三十寅清明
三月小戊寅破十五巳谷雨
四月大丁未吡初二亥立夏十七巳小满
五月小丁丑酸初三丑芒种十八戌夏至
六月小丙午斛初五午小暑二十一卯大暑
七月大乙亥栖初七亥立秋二十三未处暑
八月小癸巳班初九丑白露二十四巳秋分
九月[illegible]戌衔初十申寒露二十五戌霜降
十月小甲辰掁初十酉立冬二十五申小雪
十一月大癸酉昧十一巳大雪二十六寅冬至
十二月大癸卯斑初十亥小寒二十五未大寒

太歲姓楊名彥　乙未年

尾火虎星值年氐宿管局正月心宿值月畢宿寅室宿金伏斷

正月大癸酉卯未初十辰立春二十五寅雨水
二月小癸卯酉丑初十寅驚蟄二十五寅春分
三月大壬申辰午十一辰清明二十六申穀雨
四月小壬寅戌子十二寅立夏二十七申小滿
五月大辛未卯巳十四辰芒種三十未夏至
又五月小辛丑亥酉十五酉小暑
六月小庚午辰子初二午大暑十八寅立秋
七月大己亥酉卯初四酉處暑二十辰白露
八月小己巳卯丑初五申秋分二十亥寒露
九月大戊戌午申初七子霜降二十二子立冬
十月小戊辰寅午初六亥小雪二十一申大雪
十一月大丁酉巳未初七巳冬至二十二寅小寒
十二月大丁卯亥丑初六戌大寒二十一未立春

太歲姓管名仲　丙申年

箕水豹星值年女宿管局正月牛宿值月辰翼亥斗宿金伏斷

正月小丁酉巳未初六巳雨水二十一巳驚蟄
二月大丙寅戌子初七巳春分二十二未清明
三月大丙申辰午初七亥穀雨二十三辰立夏
四月小丙寅戌子初八亥小滿二十四未芒種
五月大乙未卯巳十一卯夏至二十七子小暑
六月小乙丑亥酉十二酉大暑二十八巳立秋
七月小甲午寅辰十五子處暑
八月大癸亥酉卯初一午白露十六亥秋分
九月小癸巳卯丑初二寅寒露十七卯霜降
十月大壬戌申寅初三卯立冬十八寅小雪
十一月小壬辰子寅初二亥大雪十七申冬至
十二月大辛酉巳未初三辰小寒十八寅大寒

## 太歲姓康名傑 丁酉年

斗木星值年翼宿管局正月昴宿值月角年角日暗金伏斷

正月小辛卯丑亥初二戌立春十七申雨水
二月大庚申辰午初二未驚蟄十八申春分
三月大庚寅戌子初三戌清明十九寅穀雨
四月小庚申辰午初四未立夏二十寅小滿
五月大己丑酉亥初六戌芒種二十二午夏至
六月小己未卯巳初八卯小暑二十三亥大暑
七月大戊子戌初十申立秋二十六卯處暑
八月小戊午寅辰十一酉白露二十七寅秋分
九月大丁亥未酉十三巳寒露二十八午霜降
十月小丁巳丑卯十三午立冬二十八巳小雪
十一月大丙戌午申十四寅大雪二十八亥冬至
十二月小丙辰寅十三未小寒二十八辰大寒

## 太歲姓姜名武 戊戌年

牛金星值年虛宿管局正月心宿值月井年鬼日暗金伏斷

正月大乙酉巳未十四丑立春二十八亥雨水
二月小乙卯亥丑十三戌驚蟄二十八亥春分
三月大甲申辰午十五丑清明三十巳穀雨
閏三月小甲寅子十五戌立夏
四月大癸未卯巳初二巳小滿十八丑芒種
五月大癸丑酉亥初三酉夏至十九午小暑
六月小癸未卯巳初五卯大暑二十亥立秋
七月大壬子戌初七午處暑二十三子白露
八月小壬午寅辰初八丑秋分二十三申寒露
九月大辛亥未酉初九酉霜降二十四酉立冬
十月小辛巳丑卯初九申小雪二十四巳大雪
十一月大庚戌午申初十寅冬至二十四戌小寒
十二月小庚辰寅初九未大寒二十四辰立春

太歲姓謝名壽 己亥年

正月大己酉初十寅雨水二十五丑京蟄
二月小己卯初十寅春分二十五辰清明
三月大戊申十一申谷雨二十七丑立下
四月小戊寅十二申小滿二十八辰芒仲
五月大丁未十四子下至三十酉小暑
六月小丁丑十六午大暑

女土星值年鬼宿管局正月胃宿值月卯氐日吉金伏斷

七月大丙午初三寅立秋十八巳處暑
八月大丙子初四卯白露十九申秋分
九月小丙午初四亥寒露十九子霜降
十月大乙亥初三夜子立冬十八戌小雪
十一月小乙巳初五申大雪二十巳冬至
十二月大甲戌初六丑小寒二十一戌大寒

太歲姓虞名起 庚子年

正月小甲辰初五未立春二十巳雨水
二月大癸酉初六辰驚蟄二十一巳春分
三月小癸卯初六未清明二十一亥谷雨
四月小壬申初八辰立下二十三亥小滿
五月大辛丑初十午芒仲二十六卯下至
六月小辛未十一夜子小暑二十七酉大暑
七月大庚子十四巳立秋三十夜子處暑

虛日星值年箕宿管局正月角宿值月己房日吉金伏斷

八月大庚午十五午白路三十亥秋分
又八月小庚子十六寅寒路
九月大己巳初二卯霜降十七卯立冬
十月大己亥初二丑小雪十六亥大雪
十一月小己巳初一申冬至十六辰小寒
十二月大戊戌初二丑大寒十七戌立春

## 太歲姓湯名信　辛丑年

正月小戊辰子寅初一申雨水十六未驚蟄
二月大丁酉巳未初二申春分十八戌清明
三月小丁卯亥丑初三寅穀雨十八未立夏
四月小丙申辰午初五寅小滿二十酉芒種
五月大乙丑酉亥初七午夏至二十三卯小暑
六月小乙未卯巳初八亥大暑二十四申立秋

危月星值年畢宿管局正月室宿值月子虛未張暗金伏斷

七月大甲子申戌十一卯處暑二十六酉白露
八月小甲午寅辰十三寅秋分二十七巳寒露
九月大癸亥未酉十三午霜降二十八午立冬
十月大癸巳丑卯十二辰小雪二十八寅大雪
十一月大癸亥未酉十二亥冬至二十七未小寒
十二月小癸巳丑卯十二辰大寒二十七丑立春

## 太歲姓賀名諤　壬寅年

正月大壬戌午申十二亥雨水二十七戌驚蟄
二月小壬辰子寅十二亥春分二十八丑清明
三月大辛酉巳未十四巳穀雨二十九戌立夏
四月小辛卯亥丑十五巳小滿
五月小庚申辰午初一子芒種十七酉夏至
六月大己丑酉亥初四午小暑十九寅大暑

室火星值年氐宿管局正月星宿值月酉觜寅室暗金伏斷

七月小己未卯巳初五亥立秋二十一午處暑
八月大戊子申戌初七夜子白露二十三辰秋分
九月小戊午寅辰初八未寒露二十三酉霜降
十月大丁亥未酉初九酉立冬二十四未小雪
十一月大丁巳丑卯初九巳大雪二十四丑冬至
十二月大丁亥未酉初八戌小寒二十三未大寒

太歲姓名 **癸卯年**

壁水星值年奎宿管局正月牛宿值月辰日亥時金伏斷

正月小丁巳丁卯初八辰立春二十三寅雨水
二月大丙戌丙申初八丑驚蟄二十四寅春分
三月小丙辰丙寅初九辰清明二十四未谷雨
四月大乙酉乙未十一丑立夏二十六未小滿
五月小乙卯乙丑十二卯芒種二十七夜子夏至
閏五月小甲申甲寅十四申小暑
六月大癸丑癸未初一巳大暑十七丑立秋

七月小癸未癸丑初二酉處暑十八卯白露
八月小壬子壬午初四未秋分十九戌寒露
九月大辛巳辛亥初五夜子霜降二十夜子立冬
十月大辛亥辛巳初五戌小雪二十申大雪
十一月小辛巳辛亥初五辰冬至二十丑小寒
十二月大庚戌庚辰初五戌大寒二十未立春

太歲姓名 **甲辰年**

奎木星值年婁宿管局正月斗宿值月午日[illegible]日壁金伏斷

正月大庚辰庚戌初五辰雨水二十辰驚蟄
二月大庚戌庚辰初五辰春分二十未清明
三月小庚辰庚戌初五戌谷雨二十一辰立夏
四月大己酉己卯初七戌小滿二十三午芒種
五月小己卯己酉初九卯夏至二十四亥小暑
六月小戊申戊寅十一申大暑二十七辰立秋

七月大丁丑丁未十三夜子處暑二十九午白露
八月小丁未丁丑十四戌秋分
九月小丙子丙午初一丑寒露十六卯霜降
十月大乙巳乙亥初二寅立冬十七丑小雪
十一月大乙亥乙巳初一亥大雪十六未冬至
十二月小乙巳乙亥初一辰小寒十六子大寒

太歲（姓賀 名遂）乙巳年

坐金星值虛宿管局正月心宿值月丑斗申鬼暗金伏断

正月大甲戌坤初一戌立春十六申雨水
二月大甲辰巽初一未京蟄十六未春分
三月小甲戌坤初一戌清明十七寅谷雨
四月大癸卯艮初三未立夏十九丑小滿
五月大癸酉坤初四酉芒種二十巳夏至
六月小癸卯艮初六寅小暑二十一亥大暑
七月小辛未乾初八未立秋二十四寅處暑
八月大辛丑艮初十酉白路二十六寅秋分
九月小辛未乾十一辰寒路二十六午双降
十月大庚子乾十二巳立冬二十七辰小雪
十一月小庚午巽十二丑大雪二十六戌冬至
十二月大己亥艮十二未小寒二十七卯大寒

太歲（姓郭 名濟）丙午年

昴星值鬼宿管局正月虛宿值月卯氐戌未暗金伏断

正月小己巳卯十二子立春二十六戌雨水
二月大戊戌坤十二戌京蟄二十七戌春分
三月大戊辰巽十三子清明二十八辰谷雨
四月小戊戌坤十三酉立夏二十九辰小滿
閏四月大丁卯艮十五夜子芒種
五月小丁酉坤初一申夏至十七巳小暑
六月大丙寅艮初四寅大暑十九戌立秋
七月小丙申坤初五巳處暑二十一亥白路
八月大乙丑艮初七辰秋分二十二未寒路
九月小乙未乾初七申双降二十二申立冬
十月大甲子乾初八未小雪二十三辰大雪
十一小小甲午巽初八丑冬至二十三戌小寒
十二大癸亥艮初八午大寒二十三卯立春

## 太歲姓繆名丙　丁未年

昴日星值年[illegible]值月角宿值月巳房日暗金伏斷

正月小癸巳壬寅初八子雨水二十三丑驚蟄
二月大壬戌癸卯初九子春分二十四卯清明
三月小壬辰甲辰初九未谷雨二十五子立夏
四月大辛酉乙巳十一未小滿二十七卯芒種
五月小辛卯丙午十二亥夏至二十八申小暑
六月大庚申丁未十五巳大暑
七月大庚寅戊申初一丑立秋十六申處暑
八月小庚申己酉初二寅白露十七未秋分
九月大己丑庚戌初二戌寒露十八亥霜降
十月小己未辛亥初三亥立冬十八戌小雪
十一月大戊子壬子初四未大雪十九辰冬至
十二月小戊午癸丑初四丑小寒十八酉大寒

## 太歲姓俞名志　戊申年

畢月烏值年[illegible]值月[illegible]伏斷

正月大丁亥甲寅初四午立春十九酉雨水
二月小丁巳乙卯初四卯驚蟄十九辰春分
三月小丙戌丙辰初五午清明二十戌谷雨
四月大乙卯丁巳初七卯立夏二十二戌小滿
五月大乙酉戊午初八午芒種二十四寅夏至
六月小乙卯己未初九亥小暑二十四申大暑
七月大甲申庚申十二辰立秋二十七亥處暑
八月小甲寅辛酉十三巳白露二十八戌秋分
九月大癸未壬戌十五丑寒露三十寅霜降
十月大癸丑癸亥十五寅立冬三十丑小雪
十一月小癸未甲子十四戌大雪二十九未冬至
十二月大壬子乙丑十五卯小寒三十子大寒

太歲姓程名寅 **己酉年** 参水猿值年氐宿管局正月星宿值月酉巳丑寅宅頭金伏斷

正月小壬午十四酉立春二十九未雨水
二月大辛亥十五午京蟄三十未春分
又二月小辛巳十五酉清明
三月小庚戌初二丑谷雨十七午立夏
四月大己卯初四丑小滿十九酉芒種
五月小己酉初五巳夏至二十一辰小暑
六月大戊寅初七亥大暑二十二未立秋
七月小戊申初九寅處暑二十四申白露
八月大丁丑十一丑秋分二十六辰寒露
九月大丁未十一巳霜降二十六巳立冬
十月大丁丑十一辰小雪二十六丑大雪
十一月小丁未初十戌冬至二十二午小寒
十二月大丙子十一卯大寒二十六子立春

太歲姓化名秋 **庚戌年** 觜火猴值年室宿管局正月牛宿值月辰巳丑寅宅頭金伏斷

正月小丙午初十戌雨水二十五酉京蟄
二月大乙亥十一戌春分二十七子清明
三月小乙巳十二辰谷雨二十七酉立夏
四月小甲戌十四辰小滿二十九夜子芒種
五月大癸卯十六申夏至
六月小癸酉初二巳小暑十八寅大暑
七月大壬寅初四戌立秋二十巳處暑
八月小壬申初五亥白露二十一辰秋分
九月大辛丑初七未寒露二十二申霜降
十月大辛未初七申立冬二十二未小雪
十一月大辛丑初七辰大雪二十二丑冬至
十二月小辛未初六酉小寒二十一午大寒

太歲姓葉名堅 辛亥年

井木犴值年 金柳宿管事 正月觜宿值月 午角日增金狗晰

正月大庚子戌初七卯立春二十二丑雨水

二月小庚午辰初七亥驚蟄二十二丑春分

三月大己亥酉初八卯清明二十三未穀雨

四月小己巳卯初八子立夏二十四未小滿

五月小戊戌申十一寅芒種二十六亥夏至

六月大丁卯丑十三申小暑二十九辰大暑

又六月小丁酉未十五丑立秋

七月小丙寅戌初一申處暑十七午白露

八月大乙未卯初三未秋分十八戌寒露

九月大乙丑酉初三亥霜降十八亥立冬

十月小乙未卯初三酉小雪十八未大雪

十一月大甲子戌初四辰冬至十九子小寒

十二月大甲午辰初三酉大寒十八午立春

太歲姓邱名德 壬子年

男命鬼金羊值年 虛宿管事 正月心宿值月

正月大甲子戌初四辰雨水十九寅驚蟄

二月小甲午辰初三辰春分十八午清明

三月大癸亥酉初四戌穀雨十九卯立夏

四月小癸巳卯初五戌小滿二十一巳芒種

五月小壬戌申初八寅夏至二十三亥小暑

六月大辛卯丑初十未大暑二十六辰立秋

七月小辛酉未十一亥處暑二十七巳白露

八月小庚寅戌十三戌秋分二十八丑寒露

九月大己未卯十五寅霜降三十寅立冬

十月大己丑酉十五子小雪二十九戌大雪

十一月大己未卯十四未冬至二十九卯小寒

十二月大戊子戌十三子大寒二十九酉立春

## 太歲姓林名薄 癸丑年

柳土獐星值年鬼宿管事井宿值月胃宿值日昴宿戊胃頭人夜斷

正月大戊午寅辰十四未雨水三十巳驚蟄
二月小戊子申戌十四未春分二十九酉清明
三月大丁巳丑卯十六丑穀雨
四月大丁亥未酉初一午立夏十八丑小滿
五月小丁巳丑卯初二申芒種十八巳夏至
六月小丙戌午申初五寅小暑二十戌大暑
七月大乙卯亥丑初七未立秋二十三寅處暑
八月小乙酉巳未初八申白露二十四丑秋分
九月大甲寅戌子初十辰寒露二十五巳霜降
十月小甲申辰午初十巳立冬二十五卯小雪
十一月大癸丑酉亥十一丑大雪二十五戌冬至
十二月小癸未卯巳初十午小寒二十五卯大寒

## 太歲姓張名朝 甲寅年

星日馬星值年翼宿管事房日兔值月房日躔人夜斷

正月大壬子申戌初十子立春二十五戌雨水
二月大壬午寅辰十一申驚蟄二十六戌春分
三月小壬子申戌十一子清明二十六辰穀雨
四月大辛巳丑卯十二酉立夏二十八辰小滿
五月小辛亥未酉十三亥芒種二十九申夏至
又五月大庚辰子寅十六巳小暑
六月小庚戌午申初二丑大暑十七戌立秋
七月大己卯亥丑初四巳處暑十九亥白露
八月小己酉巳未初五辰秋分二十未寒露
九月大戊寅戌子初六申霜降二十一申立冬
十月小戊申辰午初六午小雪二十一辰大雪
十一月大丁丑酉亥初七丑冬至二十一酉小寒
十二月小丁未卯巳初六午大寒二十一卯立春

## 太歲姓方名清　乙卯年

張宿值年畢宿管事正月室宿值月牛虛鬼張昴金伏斷

正月大丙子軫初七丑雨水二十二亥京垫
二月小丙午亢辰初七丑春分二十二卯清明
三月大乙亥稻酉初八未谷雨二十三子立下
四月小乙巳丑卯初九未小滿二十五寅芒种
五月大甲戌午申十一亥下至二十七申小暑
六月大甲辰子寅十三辰大暑二十九丑立秋

七月小甲戌午申十四申處暑
八月大癸卯亥丑初一寅白路十六未秋分
九月小癸酉巳未初一戌寒路十六亥双降
十月大壬寅亥子初二亥立冬十七酉小雪
十一月小壬申辰午初二未大雪十七辰冬至
十二月大辛丑酉亥初三子小寒十七酉大寒

## 太歲姓辛名亞　丙辰年

翼宿值年氐宿管事正月星宿值月酉觜室箕壁金伏斷

正月小辛未亢初二午立春十七辰雨水
二月小庚子申戌初四寅京垫十八辰春分
三月大己巳丑卯初四午清明十九戌谷雨
四月小己亥稻酉初四卯立下二十戌小滿
五月大戊辰子寅初七巳芒种二十三寅下至
六月小戊戌午申初八亥小暑二十四未大暑

七月大丁卯亥丑十一辰立秋二十六亥處暑
八月大丁酉巳未十二巳白路二十七戌秋分
九月小丁卯亥丑十三丑寒路二十八寅双降
十月大丙申辰午十四寅立冬二十九子小雪
十一月大丙寅戌子十三戌大雪二十八未冬至
十二月小丙申辰午十三卯小寒二十八子大寒

太歲姓易名彦 丁巳年　軫水星值年奎宿管局正月牛宿值月辰年甚多壁晴金伏斷

正月大乙丑酉亥十一酉立春二十六亥雨水
二月小乙未卯巳十四巳驚蟄二十九未春分
又二月小甲子戌子十四酉清明
三月大癸巳丑卯初一丑谷雨十五午立夏
四月小癸亥未酉初二丑小滿十七申芒種
五月大壬辰子寅初四巳夏至二十寅小暑
六月小壬戌午申初五戌大暑二十一未立秋
七月大辛卯亥丑初八寅處暑二十三申白露
八月大辛酉巳未初九丑秋分二十四辰寒露
九月大辛卯亥丑初九巳霜降二十四巳立冬
十月小辛酉巳未初九卯小雪二十四丑大雪
十一月大庚寅戌子初九戌冬至二十四午小寒
十二月小庚申辰午初九卯大寒二十三子立春

太歲姓姚名黎 戊午年　角木星值年張宿管局正月是宿值月年角一日晴金伏斷

正月大己丑酉亥初九戌雨水二十五申驚蟄
二月小己未卯巳初九戌春分二十五子清明
三月小戊子戌子十一辰谷雨二十五酉立夏
四月大丁巳卯巳十三辰小滿二十八亥芒種
五月小丁亥酉亥十四申夏至
六月大丙辰子寅初一巳小暑十七丑大暑
七月小丙戌午申初二戌立秋十八巳處暑
八月大乙卯亥丑初四亥白露二十辰秋分
九月大乙酉巳未初五未寒露二十申霜降
十月大乙卯亥丑初四申立冬二十午小雪
十一月小乙酉巳未初五辰大雪二十子冬至
十二月大甲寅戌子初五卯小寒二十午大寒

太歲姓傅名悦 己未年

正月小甲申辰午初四卯立春二十五雨水
二月大癸丑酉亥初六亥驚蟄二十一丑春分
三月小癸未卯巳初六卯清明二十一未穀雨
四月小壬子申戌初七子立夏二十三未小滿
五月大辛巳丑卯初十寅芒種二十五亥夏至
六月小辛亥未酉十一申小暑二十七辰大暑
七月小庚辰寅辰十二酉立秋二十九申處暑

六金星值年虛宿當局正月心宿值月丑斗鬼宿暗金伏斷

閏七月大己酉巳未十六寅白露
八月大己卯亥丑初一未秋分十六戌寒露
九月小己酉巳未初一亥霜降十五亥立冬
十月大戊寅戌子初二酉小雪十七未大雪
十一月大戊申辰午初二辰冬至十七子小寒
十二月大戊寅戌子初一酉大寒十五午立春

太歲姓毛名倖 庚申年

正月小戊申辰午初二辰雨水十七寅驚蟄
二月大丁丑酉亥初二辰春分十七午清明
三月小丁未卯巳初三戌穀雨十七卯立夏
四月小丙子申戌初四戌小滿二十巳芒種
五月大乙巳丑卯初七寅夏至二十二亥小暑
六月小乙亥未酉初八未大暑二十四辰立秋

氐土星值年鬼宿當局正月胃宿值月卯女戌宿暗金伏斷

七月小甲辰寅辰初十亥處暑二十六巳白露
八月大癸酉巳未十二戌秋分二十八丑寒露
九月大癸卯亥丑十三寅霜降二十七寅立冬
十月小癸酉巳未十三子小雪二十七戌大雪
十一月大壬寅戌子十三未冬至二十八卯小寒
十二月大壬申辰午十三子大寒二十六酉立春

太歲姓○名○　辛酉年

正月小壬寅戊子十一未雨水二十六巳驚蟄
二月大辛未卯巳十三未春分二十八酉清明
三月大辛丑酉亥十四丑谷雨二十八午立下
四月小辛未卯巳十五丑小滿
五月大巳亥未酉初一申芒種十八巳下至
六月大巳巳丑卯初四寅小暑十九戌大暑

房日星值年　其宿值月　正月角宿　當月己房　日躔　伏断

七月小巳亥未酉初五未立秋二十一亥處暑
八月大戊辰子寅初七申白露二十三秋分
九月小戊戌午申初八辰寒露二十三戌霜降
十月大丁卯亥丑初八巳立冬二十三卯小雪
十一月小丁酉巳未初九丑大雪二十二戌冬至
十二月大丙寅亥卯初九午小寒二十四卯大寒

太歲姓洪名范　壬戌年

正月大丙申辰午初八子立春二十二戌雨水
二月小丙寅戌子初九申驚蟄二十三戌春分
三月大乙未卯巳初十子清明二十五辰谷雨
四月小乙丑酉亥初九酉立下二十六辰小滿
五月大甲午寅辰十一亥芒種二十八申夏至
又五月小甲子申戌十四巳小暑
六月大癸巳丑卯初一丑大暑十六戌立秋

心月星值年　其宿值月　正月室宿　過月子　宿　伏断

七月小癸亥未酉初二巳處暑十七亥白露
八月大壬辰子寅初四辰秋分十九未寒露
九月小壬戌午申初四申霜降十八申立冬
十月大辛卯亥丑初五午小雪二十辰大雪
十一月小辛酉巳未初四丑冬至十九酉小寒
十二月大庚寅戌子初五午大寒十九卯立春

大歲姓虞名程 癸亥年

尾火星值年氐宿當令正月畢宿值月四喜星塞聽暗衣衫斷

正月小庚申辰午初四丑雨水二十亥驚蟄
二月大己丑酉亥初六丑春分二十一卯清明
三月小己未卯巳初六未谷雨二十一子立夏
四月大戊子申戌初八未小滿二十四寅芒種
五月大戊午寅辰初九亥夏至二十五申小暑
六月小戊子卯戌十一辰大暑二十七丑立秋
七月大丁巳卯午十三申處暑二十九寅白露
八月小丁亥未酉十四未秋分二十九戌寒露
九月大丙辰午申十五亥霜降二十九亥立冬
十月小丙戌申午十五戌小雪
十一月大乙卯巳亥初一未大雪十五辰冬至
十二月小乙酉巳未初一小寒十六酉大寒二十

象吉備要通書又六卷未來甲子終

# 初補河圖洛書合節鰲頭通書首卷中

〇郭氏心經序　伏羲本河圖而畫八卦夏王得洛書而布九疇元文因八卦而明地理皆所以順天地之精微闡明陰陽之奧妙將使世人趋吉避凶而已至於萬物之繁可辨於毫釐之内寓世之遠可覌於瞬息之間大如萬国細若鹿荷須違在遐陬迂在自曉夫沉淪於不惻幽顯於無形者莫不默而該之真而會之聖人既定於法不傳於世久矣故家国多非横而亡使

〇河洛圖說

## 河圖

繫辭傳曰河出圖洛出書聖人則之又曰天一地二天三地四天五地六天七地八天九地十天數五地數五五位相得而各有合天數二十有五地數三十凡天地之數五十有五以成變化而行鬼神也

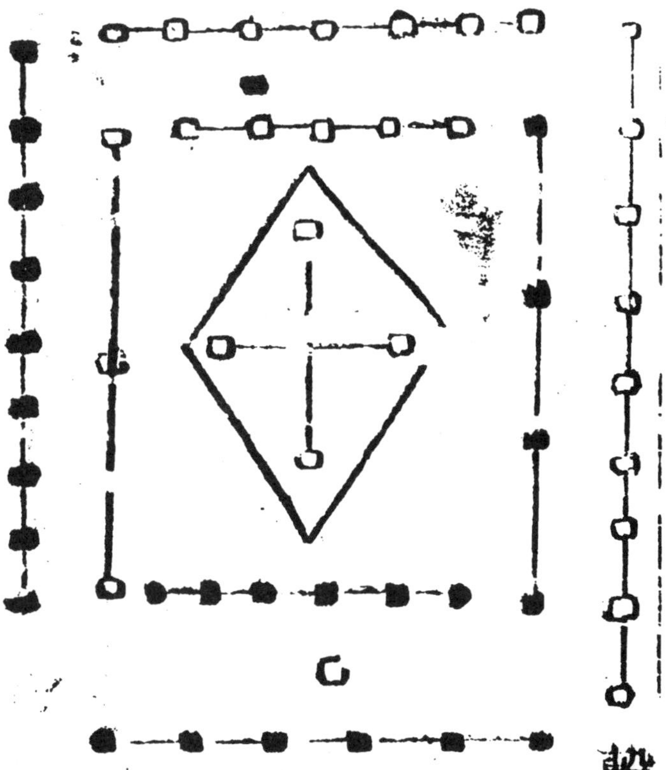

晦菴曰河圖之數一與六居北二與七居南三八居東四九居西五與十居中蓋其爲數不過一陰一陽一奇一耦以兩其五行而已

人民有天折之喪伏恐來世愈失其由迺躋尤衣於遺書還推倏於成數山山合於八卦卦卦合於六爻妙坊用於乾坤記精神於離坎乾坤應在坎離艮巽發樞机之要震兌間造化之端艮巽應在坎兌上焉正八曜之昭回下焉定五行之生尅自六明而通变乾二氣而周旋田水官而起筭隨節候以推迂循环乎一十二卦之宫中經串乎二十八宿之纏度白然誰合則無設也夫然後剥者則知復之道泰者則知否之

陽數奇故一三五七九屬天陰數偶故二四六八十屬地天數五地數五各以類相求之天一生水地六成之地二生火天七成之天三生木地八成之地四生金天九成之天五生土地十成之所謂各有合也積五奇而爲二十五積五偶而爲三十是謂五十有五也河圖不取其數而取其位雖取其位而復其中位蓋虛中以爲用也取五而不亂五位爲成數也

## 洛書

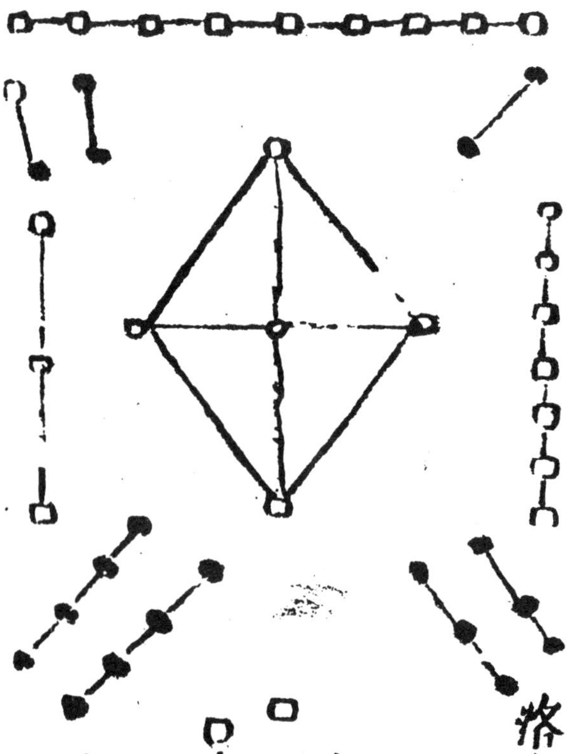

洛書取其數而不盡其數取其一至九而不取其十蓋建中以爲体也此則縱横十五之數也

康節先生曰圖者是也河圖之數方有七也洛書是之文也

蔡元定曰洛書九宫之数戴九履一左三右七二四爲肩六八爲足

任驗將承之休咎表已往之興亡審人間之姓氏識地理之稽詳其生也知時死也知自福來也知微禍來也知机文使凶人免其凶吉人集其吉且建邦立都迁坟立宅欲所其方而定其位者舍此何求非斯文莫能正也僕不虞天譴集以成書君曰正心夫正心者正天地之心直以救世爲之非敢擬而作也湊方類包八荒上可贊至首之治国下可俾黎庶以安居易所謂知幽冥之故知生死之訣知鬼神之情狀矣天

正龜背之象關子明邵康節皆以十爲河圖九爲洛書牧臆見以九爲河圖十爲洛書其易置圖書無明驗但謂伏羲兼取書則爲可疑其實天地二數圖象圓圓者天也書象方方者地也圖數十而書數九原先賢義取則十爲河圖九爲洛書明矣圖中五數者以配四方爲成數凡十爲主數五則成之五爲主則十不能成也

## 伏羲八卦之圖

先天之卦

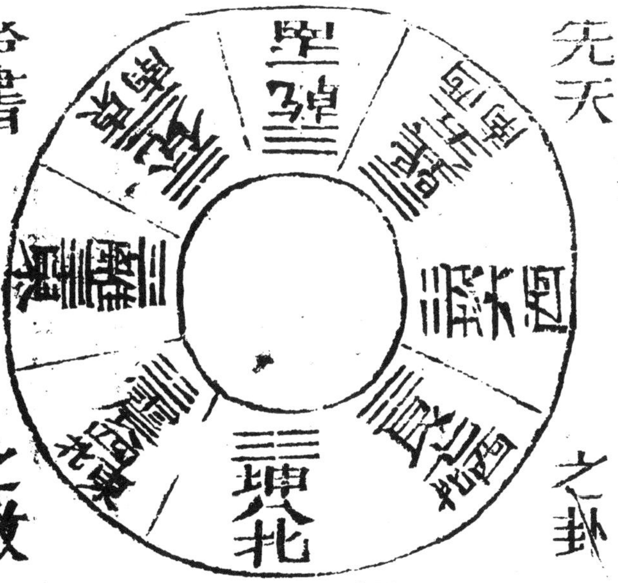

洛書之數

## 大禹九疇之圖

九疇示河圖之數

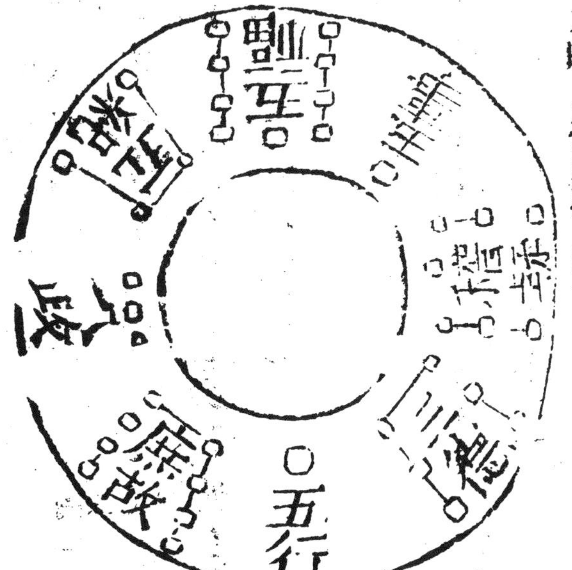

○天地定位篇論
地定位數行其間河洛
圖書聖人寓意學之者
易語之者难逢師者授
熟了如閃真誇巳能逍
遥任緣古人遭遇凶士
愚碩洛閱造化法出神
仙有人知此方伐留傳
此一篇論得數者也那
氏達英數者也太極判
而有天地有天地而後
有河洛之數上行乎其
間人稟天地之氣而生
此隨數之吉凶巳有分
定是數也人患乎不得
一得之矣又患乎不達
達數者英天地並立而
不悖寄世而不住世信

原先天之卦乾一坤八離三坎　九籌本河圖之數一合而為十
六兌二艮七震四巽五取九　二合八而為十　三合七為十
官虛中對數各合成九數係　四合六而為十河圖以虛數相
洛書之義也　合而為四十九籌以寅數相合
而五十自然之數也

## 河圖洛書二十四山合陰陽之訣

陽干山　乾壬癸艮甲乙　陽支山　戌亥子丑寅卯
陰干山　巽丙丁坤庚辛　陰支山　辰巳午未申酉
陽山天數須返順　陰山地數用逆流　乾坤艮巽原無姓
子午卯酉帝宮遊　逐一推詳排地位　吉八吉穴產公侯
○四正日不移孟季互卜　四正者子午卯酉以陽干丙壬甲庚配
其位亦名四仲　寅申巳亥為四孟以乾坤艮巽配其位
辰戌丑未為四季以乙辛丁癸配其位也
惟四仲年月日時不移也
○生成數列　八卦配屬　乾坎艮震屬陽　巽離坤兌屬陰三合

綠而不泥綠去在自申逍遥白在雖生乎字寅之內者孰不欲趋富貴而厭貧賤也且生者不可無所居死者不可無所葬夫陰陽風水者君走貴賤之方順之者昌逆之者亡是知建邦立都安坟八宅不可不得其人有得其人反災不用者有達數者當如所走向知其近孰如慮不可為也故曰吉人遭遇凶士愚頑余初授此篇不甚法意惟習心形象而已師笑曰汝法後觀此一篇有大利益然而未悟及歸体法用事

干山用月干例

| | | |
|---|---|---|
| 甲丁之月震宮木水 | 陽山天三八中宮 | 陰山地八八中宮 |
| 丙辛巳月用離州火 | 陽山天七八中宮 | 陰山地二八中宮 |
| 癸庚之月臨西兌金 | 陽山天九八中宮 | 陰山地四八中宮 |
| 戊壬乙月坎宮遊水 | 陽山天一八中宮 | 陰山地太八中宮 |

〇右已上陽山遇陽月天數八中宮陰山遇陰月地數八中宮順飛九宮陽山遇陰月以陽數八中宮逆飛看何數守山如生數到山用成數合之成數到山尋生數合之

支山用支月例

| | | |
|---|---|---|
| 寅午戌月離宮取 | 陽山天七八中宮 | 陰山地二八中宮 |
| 巳酉丑月兌山頭 | 陽山天九八中宮 | 陰山地四八中宮 |
| 申子辰月居坎位 | 陽山天乙八中宮 | 陰山地六八中宮 |
| 亥卯未月震宮求 | 陽山天三八中宮 | 陰山地八八中宮 |

巳土陽山遇陽月將天數八中宮順飛陰月八中宮逆飛陰山遇陽月將地數八中宮順飛陰月地數八中宮逆飛九宮看何數守山如生數到山求成數月合之如成數到山則求生數同合矣

明阻不中和未尝與人王立河圖不竒耦未尝與人用筮必九六同宮三氣順序然後屬意焉奈何用舍由人皆不可執方省師語固嘆曰用之則行舍之則藏聖賢事也

○河洛圖書二論

洛圖書地理樞机聖賢心傳知言者希鮮煙洪水昧於地理九載不成辛然有禹人列九州不復堯憂九州斷定表居吉流濬决畝佐方邦作人禹憑河洛功成自若箕子居周始陳其由曰天錫禹洪範九疇象有

○乾坤艮巽八干山　陰干地数取循環

如得本山頭上数乃天五　宮飛坐本山得地十合

依前次亭走歸山　得乙便從庚七合

甲丙戊庚壬屬陽　乙丁巳辛癸屬陰

尋取陰湯月建于　支辰山論月支起

数九宮無地十合数將　之此乃名歸山還家也

乃看山頭数何数　生成数法定班宮

一三五七九來詳　二四六八十合数

陽月　于求天数起　数到歸山揔一般

日在何宮数八中　合取　生成在日于

貴命二星相配合　乃合数法最為真

《四維山用納音月》

|  | |  |  | |
|---|---|---|---|---|
| 甲子壬申庚辰 | 甲午壬寅庚戌 | 月金局 | 天九 | 八中 |
| 丙寅甲辰戊子 | 丙申甲戌戊午 | 月火局 | 天七 | 八中 |
| 戊辰壬子庚申 | 戊戌壬午庚寅 | 月木局 | 天三 | 八中 |
| 庚午戊寅丙戌 | 庚子戊申丙辰 | 月土局 | 天五 | 八中 |
| 乙丑癸卯辛巳 | 乙未癸酉辛亥 | 月金局 | 地四 | 八中宮 |
| 丁卯乙巳巳未 | 丁酉乙亥巳丑 | 月火局 | 地一 | 八中宮 |
| 巳巳癸丑辛卯 | 巳亥癸未辛酉 | 月木局 | 地八 | 八中宮 |
| 辛未巳卯丁亥 | 辛丑巳酉丁巳 | 月土局 | 地十 | 八中宮 |

大小妙無不周明旧丘
行二氣所出川川者前
綱也五行者五氣也皆
甚於河圖也不識不知
有生有参相河洛者地
理商綱　　洲
洛書數也柔有天地而
有此數經月天地者生
子此數中也而此數者
該乎天地之大是知此
位乎其中者皆不逆此
數也冥造化之端究尋
倫之序聖矣相承未嘗
離此數是故伏羲以之
而演八卦夏主得之以
布九疇玄女因之而[illegible]
地現郭璞用之以玄通
蓋表正而影正原清而

（例）丙子甲申壬辰月水局天一　丁丑乙卯癸巳月水局地八中宮
（二）丙午甲寅壬戌八中　丁未丁酉癸亥月水局六
右四維山月取納音五行爲例陽月陽山天數八中順陰月陰山
地數八中逆看所作何山六局何數如生數守山求成數和合成
數守山求生數合卦氣

## 起日數例

|  |  |  |  |
|---|---|---|---|
| 冬至（小寒）大寒（立春） | 一宮起甲子順 | 雨水（驚蟄）春分（清明） | 七宮起甲子順 |
| 谷雨（立夏）小滿（芒種） | 四宮起甲子順 | 夏至（小暑）大暑（立秋） | 九宮起甲子逆 |
| 處暑（白露）秋分（寒露） | 三宮起甲子逆 | 霜降（立冬）小雪（大雪） | 六宮起甲子逆 |

右例起日數法也依例隨氣起甲子尋所用日到何宮定其數爲
主以例起等支山用支月如離山用乙卯月甦特地八八中宮逆
數得天三到離爲主數用戊子日係京直候於七宮起甲子順尋
戊子日在巽四宮係地四數即以地匹八中宮順尋地八到離宮
本山爲客數方前主數天二地八合成本數生成迴真夫婦也

流清歷世猶一月也且河洛本始也不識本始有殺有生明矣本始者五行所自出五氣之所卦分也且人之生得之不得曰有命及其死之無得無夭命果安在方其生也有歲月日時與之謂五行五行者命也及其五行之數終數終則人死人死則五行不復生矣謂死者有形而無命也葬者用河洛乘生炁則爲當矣若用之不當未免穴吉葬凶之患也且生者之得五行與葬者之得五炁一也故其生者得其八時則取如用德日、

離山用乙卯月宜候戊子日朏數陰八六 乾山用壬子月冬至候酉皆朏數陰天八十

一山用乙卯月春分候壬午日朏數 艮山用辛卯月宜候乙未皆朏數五十

○元生成數訣起日 一元虛 二元奎 三元畢 四元鬼

五元翼 六元氐 七元箕 見綴時歷

虛坤奎兌畢從乾 鬼坎房來翌艮存 氐震箕從巽位起

宮宮甲子順飛逆 順尋德日歸何位 七六 生成次第分

不出九宮皆合數 停天造化妙難言

王侖壽王逆何飛相 祖坎離山癸向作乙辛用戊子年 二月乙卯初五月戊子係四元甲子管直日畢月鴆離是明亥山用月亥例地八八中宮順飛到離得地二火癸未日數就坎宮起甲子順尋氐子曰到兌便是七數離宮爲穴八得地二生數從得天七成數爲還家數發福王諫

天一生水 地六成之 地二生火 天七成之 天三生木

地八成之 地四生金 天九成之 天五生土 地十成之

河洛生成之數和合爲吉

終身致福失其歲時則終身致賤及其甚也以形八十也得其歲時與失其歲時致吉凶之理亦從此也絡曰穴吉甚凶與龍日同是謂可各不明也

大抵秋密大所括拙遊數之用也辨凶吉之理自信焉不可必之信施之各當不可強大之從所以大乃特構推洛河洛成數万無一損成數一篇用河洛乘元死也能如形坐向皆用施者有吉而无凶也或不識河洛則氣不明陰陽天序乘独陽独陰則

一陽干山用月干例

如癸山丁向用乙丑年甲申月辛酉日癸山亥坎宮陽干山甲丁之月天三入中宮逆巽四震五坤六坎得天七守山辛丑日甲午旬宮　甲丁月震宮起甲子坤宮甲戌坎宮甲申離宮甲午艮宮乙未兌宮丙申乾宮丁酉中宮戊戌巽宮己亥震宮庚子坤宮辛丑得地二數合天七成數吉

又如丙山用丙午年丁酉月壬午日壬陽干山離宮管事用甲丁月天三八中宮逆巽四震五坤六坎七離得地八守山用六候処暑節二宮起甲子岳午日中戊句管坤宮甲戌癸乙亥離丙子艮丁丑兌戊寅乾己卯中庚辰巽辛巳震壬午天三生數合地八成數吉以子年壬山大乙明龍酉月合天乙吉

陰支山用月支例

如子山午向用丁卯年癸卯月戊子日陽支山天三入中宮順乾四兌五艮六離七坎八成數守山用丙水中候大宮起甲子兌宮甲戌艮宮甲申離宮乙酉坎宮丙戌坤宮丁亥震宮戊子得天三生數合地八成數　卯年子山合大吉天龍　卯月合太乙宝龙　戊丁日合六白武曲三龍吉

嗣續衰絶丘氣頹倒則
凶禍如響皆穴吉塟凶
之所致也河洛其可忽
哉得此方是地理也
鼎河洛天地同布擲地
金吉人天集護非人莫
言非人莫傳人賤德全
貴地当賤人貴德無賀
上登途〇一行云吉人
下地論陰德不去支顧
倫孫息那支却有陰德
扶便去那支前官職那
支作惡那支貧那全支
支陰得均但得陰德助
陰德不又拘巳皆術人
此語非惟戒人德福時
勢藝天道当與善人固
可以爲戒然術者当观

附于山用月干例　如坤山坐未向丑用乙未年戊寅月丁亥日作
坤明于山戊壬乙月地六八中順乾七兊八艮九離十坎一坤二
坎數守山用立春下候二宫起甲子震甲戌巽甲申中宫九酉乾
丙戌兊丁亥得天七成數合地二生數未年未山合太吉天龙月
合傳送日合九紫

明支用月支例

如作辰山坐巽向乾用丙辰年丙申月辛未日巳時辰明支坎宫
晋事用申子辰月地六八中逆巽七震八坤九坎十成數守山用
六候震宫起甲子坤乙丑坎丙寅數至申得辛未天五生數合地
十成數辰[illegible]巽小吉生虚月合神后日合六白時合傳送

右上七十二候依門明二遁順逆九宫尋冬至坎宫一七四順行
夏至離宫九三六例
六候遁甲例何節冒六十日推
冬至一七四例在後上層

起例

例陽日入中宮順陰日八宮逆○一例用日只隨陰陽二遁分逆順陽遁用陰日亦順陰遁用陽日亦逆前二例雖未深明但陽遁用陽日陰遁用陰日雖准八用故必爲二例兩得須以四仲伏吟孟季反逆爲正

○二十四山定局　起例法上層

陽陰陽陰陽陰陽陰陽陰陽陰陽陰陽陰陽陰
遁遁遁遁遁遁遁遁遁遁遁遁遁遁遁遁遁遁
陽陰陽陰陽陰陽陰陽陰陽陰陽陰陽陰陽陰
日日日日日日日日日日日日日日日日日日
到到到到到到到到到到到到到到到到到到
乾乾兌兌艮艮離離坎坎坤坤震震巽巽中中

乾坤艮巽寅申巳亥宮

甲庚丙壬子午卯酉宮

乙辛丁癸辰戌丑未宮

中宮　地六地六天七天七地八地八、天九天九天一天一地二地二天三天三地四地四天五天五

乾甲丁　天七八天五地八地六天九天、天一地八地二天九天三天六一地四地二天五天三地六地四

兌巳丑　地八地四天九天五天一地六地二天七天三地八地四天九天五天一地六地二天七天三

艮丙辛　天九六天三天一地四地二天五天三地六地四天七天五地八地六天九天七天一地八地二

離寅戌　天一地一地二天二天三天三地四地四天五天五地六地六天七天七地八地八天九天九天一天一

坎申辰　地二天六天三地二地四天一天五地四地六天五天七地六地八天七天九地八天一天九

坤壬乙　天三天九地四天一天五地一地六天三天七地四地八天五天九地六天一天七地二地八

震亥未　地四地八天五天九地六天一天七地三地八天三天九地四天二天五地二地六天三天十

巽庚癸　天五天七地六地八天七天九地八天一天九地二天一天三地二地四天三天五地四地六

○生成数法

亥山用月支月支起洛書
月干起洛書八干并四維
箔用云甲丁之月震宮求
丙辛巳月在離州庚癸
之月臨酉兌戊壬乙月
坎宮求陽山須用陽数
入陰山陰入便陰流
洛書求其数陰耦而陽奇
阻順而用逆中宮九路
飛数遇本宮坐偶則歸于
後奇遇奇便歸偶二至上
六陽丙三元逆順推二
至冬至夏至也六陽子
寅辰午申戌旧中気也
自子至辰巳謂之陽三元白
午至戌謂之陰三元陽順陰逆
冬至一七四夏九三六也

二局

洛書起始　乾甲巽庚乾甲巽庚乾甲巽庚乾甲巽庚壬卯癸寅甲子寅午甲子寅午甲子寅辰
河圖後乘　艮丁卯癸艮丁坤癸艮丁坤癸艮丁坤癸辰未巳午辰亥戌巳辰亥戌巳
河圖起始　甲辛壬乙丙辛壬乙丙子壬乙丙辛壬乙甲亥酉亥卯未酉丑卯未酉丑
洛書後乘　陽陰陽陰陰陽陰陽陰陽陰陽陰陽陰陽陰
于山用月干　干干干干干干干干干干干干干干干
亥山用月支　山山山山山山山山山山山山山山山
月干支　甲丁甲丁庚癸庚癸丙辛丙辛戊乙戊壬寅庚辛寅庚辛申庚辛申子巳酉巳丑亥卯亥卯未
中宮　天三天七天九地四天七地三天一地六天九地三天一地六天九地四天三地八
乾甲丁　地四地六地十地二地八地十地二地四地八地十地四地十地三地四地六
兌巳丑　天五天五天一天一天九天三天九天九天三天一天三天五天五
艮丙辛　地六地四地二地十地八地四地二地十地八地四地二地十地六地四
離寅戌　天七天五天三天九天一天七天五天十天三天九天七天一
坎申辰　地八地二地四地八地四地六地六地十地二地十地四地四地八地八地一
坤壬乙　天九天一天五天三天七天九天九天三天五天七天九天九天一
震亥未　地十地十地六地四地四地四地八地八地八地六地六地十地十
巽庚癸　天一天九天七天五天五天九天七天五天三天九天七天七天五天一天九

四正日不移孟季日互
迎[illegible]云孟山用季日季
用孟日四正之山用四正之
瓜宫遂用布先用通尽数求
日丁次用四正孟季求口
支後用河洛逆用奮逆数河
洛得其数以数八中宫[illegible]
逆順布今偶遇前偶前
偶換日依前討生成奇
偶成利用神鬼驚前偶
洛書之偶也
璞記地理之精微五気
之行乎地中皆不逃此
數用之巧者乘得生炁
生成奇偶則公侯可致
穴宜其不生藉春風和炁
生長万物殊無齟齬自
然發達榮茂至神妙矣

二局　書數　中　五乾　六兌　七艮　八

一宮　七宮　四宮　九宮　三宮　六宮
甲子順　甲子順　甲子順　甲子逆　甲子逆　甲子逆
冬至小寒雨水京蟄谷雨立夏夏至小暑處暑白露霜降立冬
大寒立春春分清明小滿芒種大暑立秋秋分寒露小雪大雪
戊辰丁丑丙戌辛未庚辰巳丑乙丑丙戌癸未戊辰丁丑丙戌辛未庚辰巳丑乙丑甲戌癸未
壬戌　己未　戊戌　己未
乙未甲辰癸丑戊戌丁未丙辰壬辰辛丑庚戌乙未甲辰癸戊戌丁未丙辰壬辰辛丑庚戌
巳巳戊寅丁亥壬申辛巳庚寅丙寅己亥甲申丁卯丙子乙巳庚子己卯戊子甲子癸酉壬午
癸亥　庚申　辛酉　戊午
丙申乙巳甲寅己亥戊申丁巳癸巳壬寅辛亥壬午癸卯壬子丁酉丙午乙卯辛卯庚子己酉
庚午己卯戊子甲子癸酉壬午丁卯丙子乙酉丙寅乙亥甲申己巳戊寅丁亥壬申辛巳庚寅
丁酉丙午乙卯辛卯己酉庚子甲申壬癸卯壬子癸巳壬寅辛亥丙申乙巳甲寅己亥戊申丁巳
戊午　辛酉　庚申　癸亥
辛未庚辰己丑乙丑甲戌癸未戊辰丁丑丙戌乙丑甲戌癸未戊辰丁丑丙戌辛未庚辰己丑
己未　壬戌　壬戌
戊戌丁未丙辰壬辰辛丑庚戌乙未甲辰癸丑壬辰辛丑庚戌乙未甲辰癸丑戊戌丁未丙辰

口干支貴賤論

墳陽宅支干須識不識支干汪立不宜天貴于地貴支神局天支神局地天貴其干地貴其支亦各貴巽類也地理不貴于神亦犹貴命婦人反所以爲賤也

干配定向配俱慶陽生于子子復丑臨寅泰卯牡辰央巳乾明生于午午姤未遁申否酉观戌剝亥坤自能韜合七星照臨爻阴阳按圖可見奇偶一生成

松曰地升九星照墓宅

同前

一宫甲子順七宮甲子順　四宮甲子順九宮甲子逆　三宮甲子逆　六宮甲子逆

冬至小寒雨水京直谷雨立夏　夏至小暑處暑白露霜降立冬

大寒立春春分　明小滿芒種大暑立秋秋分寒露小雪大雪

離

壬申辛巳庚寅丙寅　甲申巳巳戊寅丁亥甲申　甲子癸酉壬午丁卯丙子乙酉庚午巳卯戊子

九

巳亥戊申丁巳癸巳壬寅辛亥丙申乙巳甲寅辛卯庚子巳酉甲午癸卯壬子丁酉丙午乙卯

癸亥　戊午　辛酉

坎

甲子癸酉壬午丁卯丙子乙酉庚午巳卯戊子辛　甲申辛巳庚寅丙寅乙亥甲申巳巳戊寅丁亥

一

辛卯庚子巳酉甲午癸卯壬子丁酉丙午乙卯巳亥　戊申丁巳癸巳壬寅辛亥丙申乙巳甲寅

戊午　辛酉　庚申　癸亥

坤

乙丑甲戌癸未戊辰丁丑丙戌辛未庚辰巳丑辛未　庚辰巳丑[illegible]甲戌癸未戊辰丁丑丙戌

巳未　壬戌　巳未　壬戌

二

壬辰辛丑庚戌乙未甲辰癸丑戊戌丁未丙辰戊戌　丁未丙辰壬辰辛丑庚戌乙未甲辰癸丑

震

丙寅乙亥甲申巳巳戊寅丁亥壬申辛巳庚寅庚午　巳卯戊子甲子癸酉壬午丁卯丙子巳酉

庚申　癸亥　戊午

三

癸巳壬寅辛亥丙申乙巳甲寅巳亥戊申丁巳丁酉　丙午乙卯庚子辛卯巳酉甲午癸卯壬子

巽

丁卯丙子乙酉庚午巳卯戊子甲子癸酉壬午巳酉　戊寅丁亥壬申辛巳庚寅丙寅乙亥甲申

辛酉　戊午　癸亥　庚申

四

甲午癸卯壬子丁酉丙午巳卯辛卯庚子巳酉丙申　乙巳甲寅巳亥戊申巳巳癸巳壬寅辛亥

天乙司帝絳七星常遊
十二支太乙及紫微臨
所以地貴其支也
于不居照臨支神天下
輔弼並無定應建立权
宅于神藏指乾坤艮巽
五鬼文曲甲庚丙壬乙
辛丁癸文曲五鬼
于神非特不順一半居
文曲一半居廉貞
原曠野切宜避忌于向
于凶吉平原也
支向支昌言形應也
極日史有二星尊作主
此貴偏支貴常逆八干
反爵維宮爵宅中推穴
無正受官不久年少多
災咎是也

（乾甲丁丙數目數依候宅生成局）

## 陽遁順

甲天三中　丁地四生　月天九成　艮八
震天三中　辛地八生　順月天三成　坤二　順
離庚天九中　癸地十生　月天五成　巽四　順
乙天一中　丙地二生　順月天七成　乾六　坎　順

宮一冬至小寒　辛未庚辰巳丑乙丑甲戌癸未丁卯丙子乙酉巳巳戊寅丁亥
順大寒立春　戊戌丁未丙辰壬辰辛丑庚巳戌甲午癸卯壬午丙申乙巳甲寅　巳未　辛酉
七雨水京蟄　乙丑甲戌癸未戊辰丁丑丙戌壬午巳卯戊子壬申辛巳庚寅
順春分清明　壬辰辛丑庚戌乙未甲辰癸丑丁酉丙午乙卯巳亥戊申丁巳　乙未　壬戌
宮四谷雨立夏　戊辰丁丑丙戌辛未庚辰巳丑甲子癸酉壬午丙寅乙亥甲申
順小滿芒種　乙未甲辰癸丑戊戌丁未丙辰辛卯庚子巳酉癸巳壬寅辛亥　壬戌　戊子　庚申

## 陰局逆

地四主坎一　地八主巽四　地十主乾六　地二主艮八

宮九夏至小暑　壬申辛巳庚寅巳巳戊寅丁亥丁卯丙子乙酉乙丑甲戌癸未
逆大暑立秋　巳亥戊申丁巳丙申乙巳甲寅甲午癸卯壬子壬辰巳丑庚戌　癸亥　辛酉　七未
三處暑白露　丙寅乙亥甲申壬申辛巳庚寅庚午巳亥戊子戊辰丁丑丙戌　壬戌
逆秋分寒露　癸巳壬寅辛亥巳亥戊申丁巳丁酉丙午乙卯乙未甲寅癸丑　庚申
宮六霜降立冬　巳巳戊寅丁亥丙寅乙亥甲申甲子癸酉壬午辛未庚辰巳丑　癸亥　戊午
逆小雪大雪　丙申乙巳甲寅癸巳壬寅辛亥辛卯庚子巳酉戊戌丁未丙辰　庚申

〇神迎鬼避篇

坎艮震明宮順進罪離
坤兌明宮逆退取數居
中用洛書宮夏至明逆
冬至明順上中下元中
氣分三体法推數移居
中布逐宮下馬合成前
數奇偶生成感召有灵
此是神迎也諸殺避殺
須濛不明此是鬼避也
神仙秘密似晞六情不
合人情也

〇仲藏合朔篇

天竅精河洛當明日用
河洛方無一錯
前云推修成數方無
誤此云日用河洛方無
錯河洛者維持成數

（艮丙辛山日數依候生成定局）

陽遁順

甲天中 丁地六主 月天成 兌七　丙天中 辛地上 乙月六成 坤二　庚天九中 癸地二主 月天七成 巽四　戊天一中 壬地四主 乙月天九成 乾六

一冬至小寒 庚午巳卯戊子乙卯甲戌癸未丁卯丙子乙酉巳巳戊寅丁亥
宮大寒立春 丁酉丙午乙卯壬辰辛丑庚戌甲午癸卯壬午甲申乙巳甲寅 辛酉 癸亥
七雨水驚蟄 甲子癸酉壬午戊辰丁丑丙戌庚午巳卯戊午壬申辛巳庚寅
宮春分清明 辛卯庚子巳酉乙未甲辰癸丑丁酉丙午乙卯巳亥戊申丁巳 戊午
四穀雨立夏 丁卯丙子乙酉辛未庚辰巳丑甲子癸酉壬午丙寅乙亥甲申 辛酉 戊午 庚申
宮小滿芒種 甲子癸卯壬子戊戌丁未丙辰辛卯庚午巳酉癸巳壬寅辛亥

陰遁逆

主數同前 巽四 主數同 艮八 主數同 坎一 主數同 震三
客數異前 客數異 客數異 客數異

九夏至小暑 巳巳戊寅丁亥乙丑甲戌癸未壬申辛巳庚寅庚子巳卯戊子 癸亥 巳未
宮大暑立秋 丙申乙巳甲寅壬辰辛丑庚戌巳亥戊申丁巳丁酉丙午乙卯 戊午
三處暑白露 壬申辛巳庚寅戊辰丁丑丙戌癸巳壬寅庚申甲子癸酉壬午 壬戌
宮秋分寒露 巳亥戊申丁巳乙未甲辰癸丑乙亥甲申辛亥庚子辛卯巳酉
六霜降立冬 丙寅乙亥甲申辛未庚辰巳丑巳巳戊寅丁亥丁卯丙子乙酉 庚申
宮小雪大雪 癸巳壬寅辛亥戊戌丁未丙辰丙申乙巳甲寅甲午癸卯壬子 辛酉

数皆以八何各宫俱之人
不能故重復乘宗川之
算者必定復数故用方
無一錯
天侯所自公卿所出愚蒙
者疾貧富壽夭皆從此
分別
禍來也知織福來也知
戕故此見也
君子逢言小人避內獨陽
不生獨陰不成不得奇
耦之數則傷子孫
氣運起始河圖後乘大陽
當明二氣當轉逆順詳
當孟季五迎超伏當熟
不然誤入藏神合糊要
於通卦來學者知此
書易藏悉具後四卷篇註

## 與庚癸山数日数依候生成定局

陽道順

坎地六中逆　丁天九主　月地四成　中五
丙地甲逆　辛天三主　肌地八成　離九
戊地□逆　癸天□主　肌地十不能成　肌地一成
一冬至小寒　戊辰丁丑丙戌　壬申辛巳庚寅丁卯丙子乙酉　丙寅乙亥甲申
宮大寒立春　乙未甲辰癸丑壬戌　己亥戊申丁巳甲午癸卯壬子辛酉　癸巳壬寅辛亥庚申
七雨水驚蟄　辛未庚辰己丑　丙寅乙亥甲申庚午己卯戊子　己巳戊寅丁亥
宮春分清明　戊戌丁未丙辰　癸巳壬寅辛亥庚申　丁酉丙午乙卯　丙申乙巳甲寅癸亥
四谷雨立夏　乙丑壬戌癸未　己巳戊寅丁亥癸亥　甲子癸酉壬戌　壬申辛巳庚寅
宮小滿芒種　壬辰辛巳己未戊戌　丙申乙巳甲寅　辛卯戊子戊午　己酉　己亥戊申丁巳
土數同前天三　土數同前天七　天五生數　土數同前
日數八巽中逆　日數八巽中逆　地十不成　日數六巽逆

陰道逆

九夏至小暑　庚午己卯戊子　丙寅乙亥甲申　己巳戊寅丁亥　壬申辛巳庚寅
宮大暑立秋　丁酉丙午乙卯　癸巳壬寅辛亥　丙申乙巳甲寅癸亥　己亥戊申丁巳
三處暑白露　甲子癸酉壬午　己巳戊寅丁亥　壬申辛巳庚寅　丙寅乙亥甲申
宮秋分寒露　辛卯庚子己酉戊午　丙申乙巳甲寅癸亥　己亥戊申丁巳　癸巳壬寅辛亥庚申
六霜降立冬　丁卯丙子乙酉　丙申辛巳庚寅　丙寅乙亥甲申　己巳戊寅丁亥
宮小雪大雪　甲午癸卯壬子辛酉　己亥戊申丁巳　癸巳壬寅辛亥庚申　丙申乙巳甲寅癸亥

心此書甚顯其旨至深
得旨觀書自無餘蘊即
書專旨言或難明後學
不可輕用慎之哉

河洛五行數

水數一　火數二
木數三　金數四
土數五

其五行之數共成十五
之數其成十五之數配
月因而行之氣而圓圖
五行之氣而缺故河洛
圖書共範九疇五行八
卦所以不離縱橫十五
之數明陽奇偶合則為
之真矣婦也

## 坤壬乙山數目依候生成定局

陽遁順

離九（月地八中逆　丁天二壬　月地六戊）　巽四（丙地三逆　辛天五壬　月地七戊）　中五（庚地四甲　癸天七午　月地二戊）　兌七（戊地六甲　壬天九壬　申地四戊）

一冬至小寒　壬申辛巳庚寅　丁卯丙子乙酉　戊辰丁丑丙戌　庚午己卯戊子

宮大寒立春　己亥戊申丁巳　甲午癸卯壬子　辛酉　己未申辰癸丑　丁酉丙午乙卯

七雨水驚蟄　丙寅乙丑甲申　庚申　庚午己卯戊子　辛未庚辰己丑　甲子癸酉壬午

宮春分清明　癸巳壬戌辛亥　丁酉丙午乙卯　戊戌丁未丙辰　辛卯庚子己酉　戊午

四穀雨立夏　己巳戊寅丁亥　甲子癸酉壬午　乙丑甲戌癸未　丁卯丙子乙酉

宮小滿芒種　丙申乙巳甲寅　辛卯庚子己酉　戊午　壬辰辛丑庚戌　己未　甲午癸卯壬子　辛酉

陰遁逆

主數同　震三　此月河圖取
客數異　　　　數洛書不合

同前　巽八逆　同前　坎一逆　中

九夏至小暑　庚午己丑戊子　己巳戊寅丁亥　癸亥　乙丑甲戌癸未　壬申辛巳庚寅

宮大暑立秋　丁酉丙午乙卯　丙申乙巳甲寅　壬辰辛丑庚戌　己亥戊申丁巳

三處暑白露　甲子癸酉壬午　壬申辛巳庚寅　戊辰丁丑丙戌　丙寅乙亥甲申　庚申

宮秋分寒露　辛卯庚子己酉　戊午　己亥戊申丁巳　乙未甲辰癸丑　壬戌　癸巳壬寅辛亥

九霜降立冬　丁卯丙子乙酉　丙寅乙亥甲申　辛未庚辰己丑　己巳戊寅丁亥

宮小雪大雪　用午癸卯壬子　辛酉　癸巳壬寅辛亥　庚申　戊戌丁未丙辰　丙寅乙巳甲寅　癸亥

神煞經年成局數
如山丁丙穴用乙卯年
正月戊寅以五數八中
順飛地八到艮丙
甲庚丙壬乙辛丁癸八穴
用月年取數八中宫
順行

甲月用天三八中宫
乙月用地八八中宫
丙月以天七八中宫
丁月用地二八中宫
戊月以天五八中宫
己月用地十八中宫
庚月以天九八中宫
辛月用地四八中宫
壬月以天一八中宫
癸月用地六八中宫

## 以申辰山數月數依候生成定局

陽遁順

寅天七中坤　巳天九中巽　申天六中坎　亥天三中乾
午月地二生　酉月地四生　子月地六生　卯月地八生
戌天七成二　丑天九成四　辰天三成五　未天五成七
一冬至小寒乙丑甲戌癸未己未丁卯丙子乙酉辛酉戊辰丁丑丙戌壬戌庚午己卯戊午
宮大寒立春壬辰辛丑庚戌申午癸卯壬子乙未甲辰癸丑丁酉丙午乙卯
七雨水驚蟄戊辰丁丑丙戌壬戌庚午己卯戊子辛未庚辰己丑甲申癸巳壬午
宮春分清明己未甲辰癸丑丁酉丙午乙卯戊戌丁未丙辰辛卯庚子己酉戊午
四穀雨立夏辛未庚辰己丑甲子癸酉壬午乙丑甲戌癸未己未丁卯丙午乙酉辛酉
宮小滿芒種戊戌丁未丙辰辛卯庚子己酉壬辰辛丑庚戌甲午癸卯壬子

陰遁逆

全前天三　八全前中五　八全前乾六　八全前艮八
九夏至小暑庚子己卯戊子戊辰丁丑丙戌丁卯丙子乙酉乙丑甲戌癸未己未
宮大暑立秋丁酉丙午乙卯乙未甲辰癸丑壬戌甲午癸卯壬子辛酉壬辰辛丑庚戌
三處暑白露申子癸酉壬午辛未庚辰己丑庚午己卯戊子戊辰丁丑丙戌壬戌
宮秋分寒露辛卯庚子己酉戊午戊戌丁未丙辰丁酉丙午乙卯乙未甲辰癸丑
六霜降立冬丁卯丙子乙酉乙丑甲戌癸未甲子癸酉壬午辛未庚辰己巳
宮小雪大雪甲午癸卯壬子辛酉壬辰辛丑庚戌己未辛卯庚子己酉戊午戊戌丁未丙辰

乾坤艮巽四山論月家納
音所属取係入中宮
如甲戌水月即以天一
八中宮順行
屬火以地二八中宮
木以天三八中宮
屬金以地四八中宮
土用六五八中宮
名八中宮看坐穴
宮申巳亥辰戌丑未八山
以月支取数八中宮順
行

月支正寅天三八中宮
二卯地八八中宮
三辰天五八中宮
四巳地二八中宮
五午天七八中宮
六天地十八中宮

## 震亥未山合数生成依候定局

陽遁順

寅　天三中申巳　天九中辰申　天七中申亥　天三中兌七
午　月　地四生丁酉　月地六　子　月　地八生卯　月地十生
戌　天九成二丑　天一成三辰　天三成五未　天五成九

一冬至小寒　乙丑甲戌癸未丙寅乙亥甲申戊辰丁丑丙戌庚午己卯戊午
宮大寒立春　壬辰辛丑庚戌己未癸巳壬寅辛亥庚申乙未甲辰癸丑壬戌丁酉丙午乙卯
七雨水京直　戊辰丁丑丙戌己巳戊寅丁亥辛未庚辰己丑甲子癸酉壬午
宮春分清明　乙未甲辰癸丑壬午丙申乙巳甲寅癸亥戊戌丁未丙辰辛卯庚子己酉乙午
四谷雨立夏　辛未庚辰己丑壬申辛巳庚寅乙丑甲戌癸未丁卯丙子乙酉
宮小滿芒種　戊戌丁未丙辰己亥戊申丁巳壬辰辛丑庚戌己未甲午癸卯壬午辛酉

陰遁逆

同前兌七　同前艮八　同前坎一　同前震三

九夏至小暑　丙寅乙亥甲申庚申乙丑甲戌癸未壬甲辛巳庚寅庚午己卯戊子
宮大暑立秋　癸巳壬寅辛亥壬辰辛丑庚戌己亥戊申丁巳丁酉丙午乙卯
三處暑白露　己巳戊寅丁亥癸亥戊辰丁丑丙戌壬戌丙寅乙亥甲申甲子壬午癸酉
宮秋分寒露　丙申乙巳甲寅乙未甲辰癸丑癸巳壬寅辛卯庚辛辛卯庚子己酉戊午
六霜降立冬　壬申辛巳庚寅辛未庚辰己丑己巳戊寅丁亥丁卯丙子乙酉
宮小雪大雪　己亥戊申丁巳戊戌丁未丙辰丙申乙巳甲寅癸亥甲午癸卯壬子辛酉

七申天九入中宮
八酉地八入中宮
九戌天五入中宮
十亥地六入中宮
十一子天一入中宮
十二丑地十入中宮
各以其入中宮順飛看坐
穴
子午卯酉四山坐穴
以月女三合辰數入中
宮順看
寅午戌月天七入中宮
甲子辰月天一入中宮
亥卯未月地八入中宮
巳酉丑月地四八中宮
名入中宮看坐穴得數
為主
如艮山坐丑穴丑屬兌

## 兌巳丑山數日數依候生成定局

寅　地中遁坤巳　地四中遁巽中　地五遁乾亥
午　月天八生　酉月天一生　子月天三生　卯八　此月河
戌　地四成二丑　地六成四辰　地八成六未　取數天五
洛書無戌

### 陽遁順

一冬至小寒　乙丑甲戌癸未丁卯丙子乙酉己巳戊寅丁亥
宮大寒立春　壬辰辛丑（己未）庚戌甲午癸卯壬子（辛酉）丙申乙巳甲寅（癸亥）
七雨水驚蟄　戊辰丁丑丙戌庚午己卯戊子壬申辛巳庚寅
宮春分清明　乙未甲辰（壬戌）癸丑丁酉丙午乙卯己亥戊申丁巳
四穀雨立夏　辛未庚辰己丑甲子癸酉壬午丙寅乙亥甲申
宮小滿芒種　戊戌丁未丙辰辛卯庚子己酉（戊午）癸巳壬寅辛亥（庚申）

### 陰遁逆

同前乾六　同前艮八　同前坎一

九夏至小暑　丁亥丙子乙酉乙丑甲戌癸未壬申辛巳庚寅
宮大暑立秋　甲午癸卯壬子（辛酉）壬辰辛丑庚戌（己未）己丑戊申丁巳
三處暑白露　庚午己卯戊子戊辰丁丑丙戌丙寅乙亥甲申（庚申）
宮秋分寒露　丁酉丙午乙卯乙未甲辰癸丑（壬戌）癸巳壬寅辛亥
六霜降立冬　甲子癸酉壬午辛未庚辰己丑己巳戊寅丁亥
宮小雪大雪　辛卯庚子己酉戊戌丁未丙辰丙申乙巳甲寅

宮官十二月蟄以地十
入中宮順行地二到丑
穴合用辛月得天七數
以成之　釣卦管宮
有前山家坐穴得數與日
數合成大數謂之成生
如地六直山則用一數
而取月合成餘倣此推
乾歸父母生成大數
乾生三男　坤生三女
奇耦生成數也
乾配天配父
震亥庚未長女
坎癸申辰中男
艮　丙　少男
坤配地配母
巽　辛　長男
離壬寅戌中女

（寅午戌山數日數依候生成定局）

陽遁順

寅 地五逆兌申 地六逆坤申亥 地六逆巽巳 地六逆
午 月天七生 子月天一生 卯月天三生 酉月天九生
戌 月地二成七 辰地六成一 未地八成四 丑地四成

冬至小寒　庚午己卯戊子壬申辛巳庚寅乙丑甲戌癸未丁卯丙子乙酉

大寒立春　丁酉丙午乙卯己亥戊申丁巳壬辰辛丑庚戌甲午癸卯壬子　己未

雨水京直　甲午癸酉壬午丙寅乙亥甲申戊辰丁巳丙戌庚午己卯戊子　戊午 庚申 壬戌

春分清明　辛卯庚子己酉癸巳壬寅辛亥己未甲辰癸丑丁酉丙午乙卯

穀雨立夏　丁卯丙子乙酉己巳戊寅丁亥辛未庚辰己丑甲子癸酉壬午　戊午

小滿芒種　甲午癸卯壬子丙申乙巳甲寅戊戌丁未丙辰辛卯庚子己酉　辛酉 癸亥

陰遁逆

同前乾六逆　同前艮八逆　同前坎一逆　同前震三逆

夏至小暑　丁卯丙子乙酉乙丑甲戌癸未壬申辛巳庚寅庚午己卯戊子　辛酉 己未

大暑立秋　甲午癸卯辛子壬辰辛丑庚戌己亥戊申丁巳丁酉丙戌乙卯

處暑白露　庚午己卯戊子戊辰丁丑丙戌丙寅乙亥甲申甲子癸酉壬午　壬戌 庚申 戊午

秋分寒露　丁酉丙午乙卯乙未甲辰癸丑癸巳丙寅辛亥辛卯庚子己酉

霜降立冬　甲子癸酉壬午辛未庚辰己丑己巳戊寅丁亥丁卯丙子乙酉　戊午 癸亥

小雪大雪　辛卯庚子己酉庚戌未丙辰丙甲乙巳甲寅甲午癸卯壬子

兌丁巳丑成女

乾亥陽金山自得天九宜用乙未乙丑癸酉癸卯辛巳辛卯陰金日地四合天九成數

兌丁陰金山自得地四宜用甲子甲午壬申壬寅庚辰庚戌陽金日天九合地四成數

震庚陽木山自得天三宜用癸未癸丑辛卯辛酉己巳己亥陰木地八合天三成偶

巽辛陰木自得地八宜用壬午戊辰戊戌庚申庚寅壬子陽木日天三合地八成偶

坎申辰陽水山自得天

## 《黃道生成數二十四山立成定局》

坎山 申子辰 巳酉丑 月 地六 地四 直山 乙卯乙酉天一 癸卯癸酉天五 合 寅午戌 亥卯未 月 地二 地八 直山 辛卯辛酉天七 丁卯丁亥天三 合

癸山 巳酉丑 申子辰 月 地四 地六 直山 癸巳癸亥天五 乙巳乙亥天一 合 亥卯未 巳酉丑 月 地八 地七 直山 丁巳丁亥天三 辛巳辛亥天七 合

丑山 寅午戌 申子辰 月 地四 地八 直山 癸巳癸亥天九 丁巳丁亥天三 合 亥卯未 寅午戌 月 地十 地六 直山 己巳己亥天五 乙巳乙亥天一 合

艮山 巳酉丑 申子辰 月 天七 天九 直山 丙辰壬戌地二 戊辰戊戌地四 合 亥卯未 寅午戌 月 天七 天五 直山 庚辰庚戌地六 甲辰甲戌地十 合

寅山 巳酉丑 申子辰 月 天三 天五 直山 壬辰壬戌地八 甲辰甲戌地十 合 亥卯未 寅午戌 月 天七 天一 直山 丙辰丙戌地二 庚辰庚戌地六 合

甲山 寅午戌 申子辰 月 地八 地二 直山 丁卯丁酉天三 辛卯辛酉天二 合 亥卯未 巳酉丑 月 地四 地十 直山 癸卯癸酉天九 己卯己酉天五 合

卯山 寅午戌 申子辰 月 天九 天三 直山 戊子戊午地四 壬子壬午地八 合 亥卯未 巳酉丑 月 天五 天一 直山 甲子甲午地十 庚子庚午地六 合

乙山 寅午戌 申子辰 月 天三 天七 直山 壬寅壬申地八 丙寅丙申地二 合 亥卯未 巳酉丑 月 天九 天五 直山 戊寅戊申地四 甲寅甲申地十 合

一用丁丑丁亥乙酉乙卯癸巳癸亥陰水日地六合天一成數
巽壬寅戌陰水山自得地六宜用丙子丙午甲申甲寅壬辰壬戌陽水自天一合地六成偶
丙陽火山自得天七宜用巳丑巳未丁卯丁酉乙巳乙亥陰火日地二合天七成偶
壬乙陰火山自得地二宜用戊子戊午丙寅丙申甲辰甲戌陽火日天七合地二成偶
庚癸陽土山自得天五宜用辛丑辛未巳卯巳酉丁巳丁亥陰土日地

## 《黃道生成數日合二十四山定局》

| 山 | 三合 | 月 | 吉 | 合 | 三合 | 月 | 吉 | 合 |
| --- | --- | --- | --- | --- | --- | --- | --- | --- |
| 辰山 | 寅午戌 巳酉丑 | 地二 地四 | 辛巳辛亥天七 癸巳癸亥天五 | 合 | 申子辰 亥卯未 | 地六 地八 | 乙巳乙亥天一 丁巳丁亥天三 | 合 |
| 巽山 | 寅午戌 巳酉丑 | 地一 地四 | 巳丑巳未天五 辛丑辛未天七 | 合 | 亥卯未 申子辰 | 地六 地四 | 乙丑乙未天一 癸未癸丑天五 | 合 |
| 巳山 | 寅午戌 申子辰 | 地四 地八 | 癸丑癸未天九 一丑丁未天三 | 合 | 亥卯未 巳酉丑 | 地十 地六 | 巳丑巳未天五 辛丑辛未天一 | 合 |
| 丙山 | 寅午戌 申子辰 | 天五 天九 | 甲子甲午地十 戊子戊午地四 | 合 | 亥卯未 巳酉丑 | 天一 天七 | 庚子庚午地六 丙子丙午地二 | 合 |
| 午山 | 寅午戌 申子辰 | 天一 天五 | 庚子庚午地六 甲子甲午地十 | 合 | 亥卯未 巳酉丑 | 天七 天三 | 丙子丙午地二 壬子壬午地八 | 合 |
| 丁山 | 寅午戌 申子辰 | 地四 地八 | 癸巳癸亥天九 丁巳丁亥天三 | 合 | 亥卯未 巳酉丑 | 地十 地六 | 巳巳巳亥天五 乙巳乙亥天一 | 合 |
| 未山 | 寅午戌 申子辰 | 天九 天三 | 戊寅戊申地四 壬寅壬申地八 | 合 | 亥卯未 巳酉丑 | 天五 天一 | 甲寅甲申地十 庚寅庚申地六 | 合 |
| 坤山 | 寅午戌 申子辰 | 天三 天七 | 壬辰壬戌地八 巳卯巳酉地二 | 合 | 亥卯未 巳酉丑 | 天九 天五 | 戊辰戊戌地三 甲辰甲戌地四 | 合 |

十合天五成偶
壬除七山自得地十宜
用庚子庚午戊寅戊申
丙辰丙戌陽上日天五
合地十成偶
右假如一佣郡王匣金鋑
離山陰火山用戊子陽
火日天七合地二成偶
閭提刑坎山陽水用乙酉
陰木日地六合天一
吳太保乾陽金山用癸酉
陰金地四合天九
寅日空艮陽木山用癸宜
陰木日地八合天三
韋季相辛山陰水用壬戌
月陽日天一合地六
左侍郎丁陰金山用壬寅
陽合日天九合地四

## 《黄道生成數合二十四山定局》

申山
寅午戌月地二　申子辰月地六
直山　辛丑辛未天七　乙丑乙未天三　合
亥卯未月地八　巳酉丑月地四
直山　丁丑丁未天二　癸酉癸未天九　合

庚山
寅午戌月天九　申午辰月天二
直山　戊子戊午地四　壬子壬午地八　合
亥卯未月天五　巳酉丑月天二
直山　甲子甲午地十　庚子庚午地六　合

酉山
寅午戌月地四　申子辰月地八
直山　癸卯癸酉天九　丁卯丁酉天三　合
亥卯未月地十　巳酉丑月地六
直山　巳酉巳卯天五　乙卯乙酉天三　合

辛山
寅午戌月地十　申子辰月地四
直山　巳巳巳亥天五　癸巳癸亥天九　合
亥卯未月地六　巳酉丑月地二
直山　乙巳乙亥天三　辛巳辛亥天七　合

戌山
寅午戌月天二　申子辰月天五
直山　庚寅庚申地六　甲寅甲申地十　合
亥卯未月天七　巳酉丑月天二
直山　丙寅丙申地二　壬寅壬申地八　合

乾山
寅午戌月地八　申子辰月地二
直山　丁丑丁未天二　辛丑辛未天七　合
亥卯未月地四　巳酉丑月地十
直山　癸丑癸未天九　巳丑巳未天三　合

亥山
寅午戌月天九　申子辰月天三
直山　戊辰戊戌地四　壬辰壬戌地八　合
亥卯未月天五　巳酉丑月天二
直山　甲辰甲戌地十　庚辰庚戌地六　合

壬山
寅午戌月天一　申子辰月天五
直山　庚子庚午地六　甲子甲午地十　合
亥卯未月天九　巳酉丑月天七
直山　丙子丙午地二　壬子壬午地八　合

山 乾坤艮巽 四山坐向

|  | 中宮 | 乾甲 | 兌丁巳丑 | 艮丙 | 離壬寅戌 | 坎癸申辰 | 坤乙 | 震庚亥未 | 巽辛 |
|---|---|---|---|---|---|---|---|---|---|
| 水 | 一天 | 二地 | 三天 | 四地 | 五天 | 六地 | 七天 | 八地 | 九天 |
| 火 | 二地 | 三天 | 四地 | 五天 | 六地 | 七天 | 八地 | 九天 | 十地 |
| 水 | 三天 | 四地 | 五天 | 六地 | 七天 | 八地 | 九天 | 十地 | 一天 |
| 金 | 四地 | 五天 | 六地 | 七天 | 八地 | 九天 | 十地 | 一天 | 二地 |
| 土 | 五天 | 六地 | 地天 | 八地 | 九天 | 十地 | 一天 | 二地 | 三天 |

山家月家成激定局

山 申庚丙壬乙辛丁癸八山 ○○○○ 子午卯酉四山

| 月干 | 中宮 | 乾甲 | 兌巳丑 | 艮丙 | 離壬寅戌 | 坎癸申辰 | 坤乙 | 震庚亥未 | 巽辛 |
|---|---|---|---|---|---|---|---|---|---|
| 甲 | 三天 | 四地 | 五天 | 六地 | 十天 | 八地 | 九天 | 十地 | 三天 |
| 乙 | 八地 | 九天 | 十地 | 一天 | 二地 | 三天 | 四地 | 五天 | 六地 |
| 丙 | 七天 | 八地 | 九天 | 一地 | 一天 | 二地 | 三天 | 四地 | 五天 |
| 丁 | 二地 | 三天 | 四地 | 五天 | 六地 | 七天 | 八地 | 九天 | 十地 |
| 戊 | 五天 | 六地 | 七天 | 八地 | 力天 | 十地 | 一天 | 二地 | 三天 |
| 己 | 十地 | 一天 | 二地 | 三天 | 四地 | 王天 | 六地 | 七天 | 八地 |
| 庚 | 九天 | 十地 | 一天 | 二地 | 三天 | 四地 | 五天 | 六地 | 七天 |
| 辛 | 四地 | 王天 | 六地 | 七天 | 八地 | 九天 | 十地 | 一天 | 一地 |
| 壬 | 一天 | 二地 | 三天 | 四地 | 王天 | 天地 | 七天 | 八地 | 九天 |
| 癸 | 六地 | 七天 | 八地 | 九天 | 十地 | 一天 | 二地 | 三天 | 四地 |

寅年甲子亥卯巳酉

戌月辰日水白丑月

|  |  |  |  |  |  |  |  |  |
|---|---|---|---|---|---|---|---|---|
| 七天 | 刁地 | 九天 | 十地 | 一天 | 二地 | 三天 | 四地 | 五天 |
| 一天 | 二地 | 三天 | 日地 | 王天 | 六地 | 七天 | 八地 | 九天 |
| 八地 | 九天 | 十地 | 一天 | 二地 | 三天 | 四地 | 五天 | 六地 |
| 四地 | 五天 | 六地 | 七天 | 八地 | 九天 | 十地 | 一天 | 十地 |

## 月家數立成

一數乙巳酉丑　亥卯未　月
二數丙寅午戌　申子辰　中宮　天三地八天五地二天七地十天九地四天五地六天一地十
三數丁亥卯未　巳酉丑　乾甲　地四天九地六天三地八天一地十天五地六天七地二天一
四數戊寅午戌　申子辰　兌巳丁丑　天五地十天七地四天九地二天一地六天七地八天三地二
五數巳亥卯未　巳酉丑　艮丙　地六天一地八天五地十天三地二天七地八天九地四天三
六數庚寅午戌　申子辰　離壬寅戌　天七地二天九地六天一地四天三地八天九地十天五地四
七數辛亥卯未　巳酉丑　坎申癸辰　地八天三地十天七地二天五地四天九地十天一地六天五
八數壬寅午戌　申子辰　坤乙　天九地四天一地八天三地六天五地十天二地二天七地六
九數癸亥卯未　巳酉丑　震庚亥未　地十天五地二天九地四天七地六天二地二天三地八天七
十數甲寅午戌　申子辰　巽辛　天一地六天三地十天五地八天七地二天三地四天九地八

## 山家月家立成定局

寅申巳亥辰戌丑未八山坐炙

正　二　三　四　五　六　七　八　九　十　十一　十二

坎宮冬至京直一七四
坤宮小寒二八五爲期
震宮大寒秋分二九六
艮宮立春八五二中覓
离宮雨水九六三是宜
乾宮清明立夏四一七
乾宮谷雨小滿二五八
乾宮芒種木三九周的
离宮夏至白路九二大
艮宮小暑八五二中得
兌宮大暑秋分七一四
坤宮立秋二九八局出
坎宮處暑七三四中覓
乾宮寒路立冬六九三
中宮霜降小雪五二八
巽宮大雪四七　無偏
右冬至順夏至逆道尋
丁甲子

○二十四山生成數　又名大綿入房數

乾山　癸丑癸未　　亥山　辛丑辛未　　壬山　戊子戊午
子山　己卯己酉　　癸山　己巳己亥　　丑山　丙寅丙申
艮山　丁丑丁未　　寅山　戊辰戊戌　　甲山　癸卯癸酉
卯山　辛卯辛酉　　乙山　甲寅甲申　　辰山　己巳己亥
巽山　庚辰庚戌　　巳山　丙辰丙戌　　丙山　丁卯丁酉
午山　戊子戊午　　丁山　丙寅丙申　　未山　辛巳辛亥
子山　甲辰甲戌　　申山　己丑己未　　庚山　辛卯辛酉
酉山　丙子丙午　　辛山　庚寅庚申　　戌山　戊寅戊申

○李淳風祭星例　凡造葬修整取其功莫測之墨

乾甲壬　子寅巳 午申亥　　坎戊　子申辰 寅午戌　　艮丙　辰子申 戌午寅　　震庚　子寅庚 壬申戌
巽辛　丑巳酉 未亥卯　　離巳　卯丑巳 未酉亥　　坤乙　未巳卯 丑亥酉　　兌丁　巳卯未 丑亥酉

## 通天竅詩例

# 年家詩例

通天竅局少人會
子酉寅申并巳亥
本年小吉順宮飛
干進逆飛大吉位
辰戌丑未支大吉
干進二神迎小時
卯年本位起天罡
干乙天罡逆□前
干壬支上順河魁
干丁逆作河魁酉
逐年排家看山頭
逆順吉凶隨太歲
直下一行是年位
年位橫尋認本山
歲值吉星真爲美
若合月日時全徽

## 河洛通天竅年家定局

年支：子丑寅卯辰巳午未申酉戌亥

天罡遊龍　凶破軍　辛酉巽辰壬亥乙卯坤未甲寅癸子乾戌丙巳丁午艮丑庚申
太乙明龍　吉祿存　庚戌乙巳乾子申巽丁甲艮卯壬丑辛寅庚午丙未癸寅卯酉
勝光青龍　凶祿存　坤亥甲午辛丑艮巳丙酉癸辰乾寅庚子乙未巽申壬卯丁戌
小吉太龍　吉貪狼　丁子艮乙庚寅癸午巽戌壬巳辛卯坤甲申乙酉乾辰丙亥
傳送玉龍　吉貪狼　丙丑癸甲坤卯壬未乙亥乾午丙辰丁寅艮酉庚戌辛巳巽子
從魁水龍　凶文曲　巽寅辛酉壬辰乾申甲子辛未坤巳丙卯癸戌艮亥庚午乙丑
河魁角龍　凶文曲　乙卯乾戌丙巳辛酉艮丑庚申丁午巽艮壬亥癸子坤未甲寅
登明金龍　吉武曲　甲辰辛亥巽午庚戌癸寅坤酉丙未乙巳乾子壬丑丁申艮卯
神后宗龍　吉武曲　艮巳庚子乙未坤亥壬卯丁戌巽申甲午辛丑乾寅丙酉癸艮
大吉天乙龍　吉巨門　癸午坤丑甲申丁子乾辰丙亥乙酉艮未辛寅辛卯巽戌壬巳
功曹任龍　凶廉貞　壬未一寅艮酉丙丑辛巳巽子甲戌癸申坤卯庚辰乙亥乾午
太衝狂龍　凶廉貞　乾申丙卯癸戌巽寅庚子乙丑艮亥壬酉丁辰坤巳甲午辛未

〇右通天竅橫推年直看山值吉者用

○通天宝竅月家訣例

# 月家訣例

子午卯酉須尋完
寅申巳亥馬頭當
辰戌丑未隨天走
擇月尋山子細詳
甲庚丙壬中主起
乾坤艮巽子宮求
乙辛丁癸騎龍背
山頭取月順行遊

○通天竅日家起例

# 日家

月日須卿合吉星
通天竅妙寔通艮
九天玄女推宮算
六十甲子合天星
子午卯酉四宮起
寅申巳亥入坤遊
辰戌丑未當三沫
午聯退後一宮求

## ○通天寶竅月家二十四山定局

| 二十四山 | 子午卯酉 | 寅申巳亥 | 辰戌丑未 | 甲庚丙壬 | 乾坤艮巽 | 乙辛丁癸 |
|---|---|---|---|---|---|---|
| 天罡破軍狂龍凶 | 正月 | 五月 | 九月 | 七月 | 十一月 | 三月 |
| 太乙祿存進龍吉 | 二月 | 六月 | 十月 | 八月 | 十二月 | 四月 |
| 勝光祿存單龍凶 | 三月 | 七月 | 十一月 | 九月 | 正月 | 五月 |
| 小吉貪狼明龍吉 | 四月 | 八月 | 十二月 | 十月 | 二月 | 六月 |
| 傳送貪狼明龍吉 | 五月 | 九月 | 正月 | 十一月 | 三月 | 七月 |
| 從魁文曲建龍凶 | 六月 | 十月 | 二月 | 十二月 | 四月 | 八月 |
| 河魁文曲建龍凶 | 七月 | 十一月 | 三月 | 正月 | 五月 | 九月 |
| 登明武曲宝龍吉 | 八月 | 十二月 | 四月 | 二月 | 六月 | 十月 |
| 神后武曲宝龍吉 | 九月 | 正月 | 五月 | 三月 | 七月 | 十一月 |
| 大吉巨門天龍吉 | 十月 | 二月 | 六月 | 四月 | 八月 | 十二月 |
| 功曹廉貞真龍凶 | 十一月 | 三月 | 七月 | 五月 | 九月 | 正月 |
| 太冲廉貞真龍凶 | 十二月 | 四月 | 八月 | 六月 | 十月 | 二月 |

# 詩例

申庚丙壬三吉起
乾坤艮巽七山頭
乙辛丁癸居坤位
但把，辰順九州
甲丙戊庚壬接去
乙辛丁己癸周流
三白九紫局吉耀
更加三綠得相投
擇日須教合星主
用之必定出王侯

又云

下穴須合黃道星
山頭用日一同情
子午卯酉伏吟吉
孟季元來丑相迎
申寅丙壬四仲吉
乙辛丁癸穴通明
乾坤艮巽四季吉

（將）日家二十四山

四綠　文曲　单龍凶
五黃　廉貞　死龍凶
六白　武曲　定龍吉
七赤　破軍　游龍凶
八白　左輔　旺龍吉
九紫　右弼　進龍吉
一白　貪狼　生龍吉
二黑　巨門　退龍凶
三碧　祿存　明龍吉
癸酉　附甲　胎龍吉
寄宮　吉凶龍

| 中子四 | 乙丑八 | 丁巳三 | 甲午十二 | 乙未七 | 丙申十二 |
|---|---|---|---|---|---|
| 青龍 | 朱雀 | 勾陳 | 螣蛇 | 玄武 | 白虎 |
| 子午 | 寅申 | 辰戌 | 甲庚 | 乾坤 | 乙辛 |
| 卯酉 | 巳亥 | 丑未 | 丙壬 | 艮巽 | 丁癸 |
| 甲子甲午 | 乙丑乙未 | 丙寅丙申 | 丙子午 | 丁丑未 | 戊寅申 |
| 丙子丙午 | 丁丑丁未 | 戊寅戊申 | 戊子午 | 己丑未 | 丙寅申 |
| 戊子戊午 | 己丑己未 | 庚寅庚申 | 庚子午 | 辛丑未 | 壬寅申 |
| 庚子庚午 | 辛丑辛未 | 壬寅壬申 | 壬子午 | 甲辰戌 | 乙巳亥 |
| 壬子壬午 | 甲辰甲戌 | 乙巳乙亥 | 乙卯酉 | 丙辰戌 | 丁巳亥 |
| 乙卯乙酉 | 丙辰丙戌 | 丁巳丁亥 | 丁卯酉 | 戊辰戌 | 己巳亥 |
| 丁卯丁酉 | 戊辰戊戌 | 己巳己亥 | 己卯酉 | 庚辰戌 | 辛巳亥 |
| 己卯己酉 | 庚辰庚戌 | 辛巳辛亥 | 辛卯酉 | 壬辰戌 | 甲寅申 |
| 丁卯丁酉 | 壬辰壬戌 | 甲寅甲申 | 甲子午 | 乙丑未 | 丙寅申 |
| 辛卯辛酉 | 癸巳癸亥 | 癸未癸亥 | 癸卯酉 | 癸丑未 | 癸巳亥 |
| 出龍 | 旺龍 | 胎龍 | 胎龍 | 進龍 | 建龍 |
| 會凶 | 會吉 | 會吉 | 會吉 | 會凶 | 會凶 |

起造葢理大通明
天有九星名九曜
照臨地下八山名
春秋夜八須詳細
年月日時最通元
一白生龍　二黑進龍
三碧明龍　四綠鼎龍
五黃死龍　六白寶龍
七赤遊龍　八白旺龍
九紫進龍　十是貼龍
癸壬日遇癸干補申位
吉凶龍忽一般

家例

年月日時須順令
各起天罡拘要知
甲庚巽上丙壬艮
乙辛癸位順推移
丁癸乾[illegible]戌坎位

## ○通天寶照時家定局

合四大吉時

| 日午取時 | | | 月 | 甲 | 乙 | 丙 | 丁 | 戊 | 己 | 庚 | 辛 | 壬 | 癸 |
|---|---|---|---|---|---|---|---|---|---|---|---|---|---|
| 天罡 | 破軍 | 遊龍 | 凶 | 巽 | 癸 | 艮 | 乾 | 坤 | 丁 | 巽 | 癸 | 艮 | 乾 |
| 太乙 | 祿存 | 明龍 | 吉 | 丙 | 艮 | 甲 | 壬 | 庚 | 坤 | 丙 | 艮 | 坤 | 壬 |
| 勝光 | 祿存 | 青龍 | 凶 | 丁 | 甲 | 乙 | 癸 | 辛 | 庚 | 丁 | 甲 | 乙 | 癸 |
| 小吉 | 貪狼 | 生龍 | 吉 | 坤 | 乙 | 巽 | 艮 | 乾 | 辛 | 坤 | 乙 | 巽 | 艮 |
| 傳送 | 貪狼 | 生龍 | 吉 | 庚 | 巽 | 丙 | 甲 | 壬 | 乾 | 庚 | 巽 | 丙 | 申 |
| 從魁 | 文曲 | 鬼龍 | 凶 | 辛 | 丙 | 丁 | 乙 | 癸 | 壬 | 辛 | 丙 | 丁 | 乙 |
| 河魁 | 文曲 | 弟龍 | 凶 | 乾 | 丁 | 坤 | 巽 | 艮 | 癸 | 乾 | 丁 | 坤 | 巽 |
| 登明 | 武曲 | 宗龍 | 吉 | 壬 | 坤 | 庚 | 丙 | 甲 | 艮 | 壬 | 坤 | 庚 | 丙 |
| 神后 | 武曲 | 宗龍 | 吉 | 癸 | 庚 | 辛 | 丁 | 乙 | 甲 | 坎 | 庚 | 辛 | 丁 |
| 大吉 | 巨門 | 宗龍 | 吉 | 艮 | 辛 | 乾 | 坤 | 巽 | 乙 | 癸 | 辛 | 乾 | 甲 |
| 功曹 | 廉貞 | 祇龍 | 凶 | 甲 | 乾 | 壬 | 庚 | 丙 | 巽 | 艮 | 乾 | 壬 | 庚 |
| 太沖 | 廉貞 | 旺龍 | 凶 | 乙 | 壬 | 癸 | 辛 | 坎 | 丙 | 甲 | 壬 | 癸 | 辛 |

巳日丁時順布求
若能此法名會龍
時師莫氣泄天机
直寫一行日十位
于位横尋內吉時

## 寶竅立穴深淺法

立穴于龍蛇居武
甲蛇寅雀乙居虎
辰陳一天四位推
貝恰南神傷本土
子山坐下乃勾陳直穴
不可深一丈二尺傷本
主〇甲庚丙壬山坐下
勾陳將不可深四尺傷
本山將

## 通天寶竅立穴深淺法定局

| 山位 | 貴人 | 螣蛇 | 朱雀 | 六合 | 勾陳 | 青龍 | 天空 | 白虎 | 太常 | 玄武 | 太陰 | 天后 |
| --- | --- | --- | --- | --- | --- | --- | --- | --- | --- | --- | --- | --- |
|  | 吉 |  |  | 吉 |  | 吉 |  |  | 吉 |  | 吉 |  |
| 甲庚丙壬 | 丈二 | 一尺 | 二尺 | 三尺 | 四尺 | 五尺 | 六尺 | 七尺 | 八尺 | 九尺 | 一丈 | 丈一 |
| 子午卯酉 | 八尺 | 九尺 | 一丈 | 丈一 | 丈二 | 一尺 | 二尺 | 三尺 | 四尺 | 五尺 | 六尺 | 七尺 |
| 乾坤艮巽 | 四尺 | 五尺 | 六尺 | 七尺 | 八尺 | 九尺 | 一丈 | 丈一 | 丈二 | 一尺 | 二尺 | 三尺 |
| 寅申巳亥 | 丈一 | 丈二 | 一尺 | 二尺 | 三尺 | 四尺 | 五尺 | 六尺 | 七尺 | 八尺 | 九尺 | 一丈 |
| 乙辛丁癸 | 六尺 | 七尺 | 八尺 | 九尺 | 一丈 | 丈一 | 丈二 | 一尺 | 二尺 | 三尺 | 四尺 | 五尺 |
| 辰戌丑未 | 九尺 | 一丈 | 丈一 | 丈二 | 一尺 | 二尺 | 三尺 | 四尺 | 五尺 | 六尺 | 七尺 | 八尺 |

九天玄女八山天星重步点穴法○例云○乾巨艮文坤破鄉離貞坎武兌存當震行左輔巽右弼排足星辰子細詳六尺為步但於山下小坑畔山鄉下步量取吉穴或步長穴要高則周而後始○且如乾甲九天起貪狼二步即是巨門也餘依例推

鐫金補遺法合

貪狼　巨門　祿存　文曲　廉貞　武曲　破軍　左輔　右弼

## 天玄女推步點穴法立成

乾甲　艮丙　坤乙　巽巳辛　坎癸甲辰　離壬寅戌　震庚亥未　兌丁巳五

九尺　七尺　四尺　二尺　五尺　六尺　三尺　三尺　八尺　八尺

步同　步同　步同　步同　步同　步同　步同　步同　步同　步同

一步　八步　五步　三步　六步　七步　四步　四步　九步　九步

二步　九步　六步　四步　七步　八步　五步　五步　一步　一步

三步　一步　七步　五步　八步　九步　六步　六步　二步　二步

四步　二步　八步　六步　九步　一步　七步　七步　三步　三步

五步　三步　九步　七步　一步　二步　八步　八步　四步　四步

六步　四步　一步　八步　二步　三步　九步　九步　五步　五步

七步　五步　二步　九步　三步　四步　一步　一步　六步　六步

八步　六步　三步　一步　四步　五步　二步　二步　七步　七步

一用易卦氣通天通法圖

## 氣通天通法

進作宅基先定坐山陽生拔○故自子至巳為明乾卦主之所生於午自午至亥爲明坤卦主之所以宜坐明七水而陰水出陰山宜坐明七水八而陽水出則明阳相濟無不吉矣

一歲有十二月月有三十日三百六十日一歲之常數也一歲常數以坎震離兌四正卦配之冬至日在坎春分日在震夏至日在離秋分日主兌卦有六爻七主一氣十五日六爻共九十

## 周易大象天地定位圖

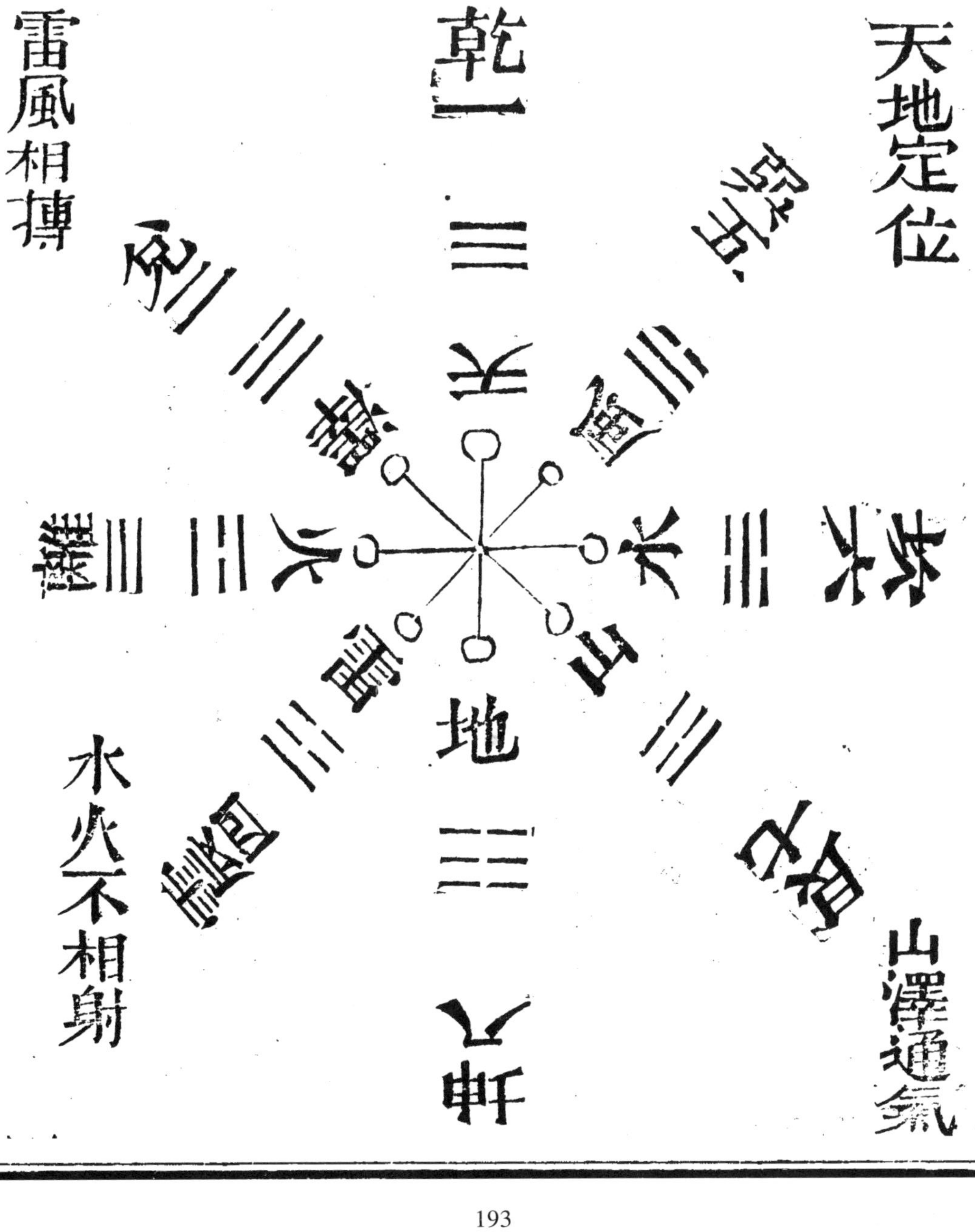

天地定位

山澤通氣

雷風相搏

水火不相射

乾一　天

兌二　澤

離三　火

震四　雷

巽五　風

坎六　水

艮七　山

坤八　地

日四卦四九三百六十自而週一歲常數又以一過常數配六十卦一卦管六日一日值一爻五卦得一月十二月得六十卦六六三百六十日全周一歲之常數也周天三百六十五度四分度之一一歲全數自今年冬至至明年冬至共有三百六十五日四分日之一除一歲常數一百六十日餘五日九百四十分日之二百三十五分爲氣盈又一歲月小五日九百四十分日之五百四十九分爲朔虛合氣盈朔虛而閏

## 卦氣配日之圖局

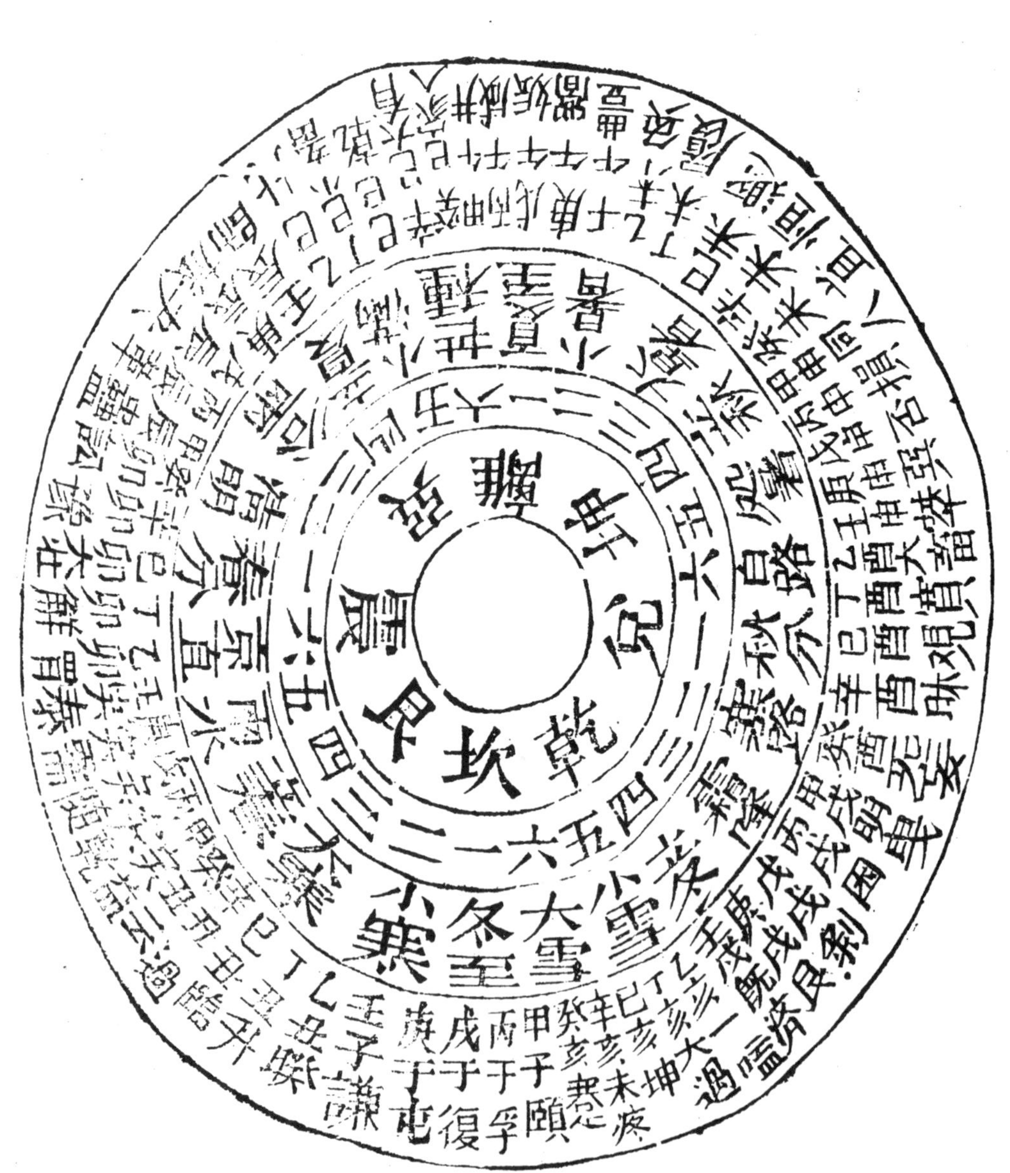

土馬是閏者歲之樞紐也一歲閏率則十日九百四十分之八百廿七三歲一閏則三十二日九百四十分日六百單一五歲再閏則五十四日九百四十分日之三百七十五分十九歲七閏是爲天運一章

日行周天三百六十五度四分度之一月行一月行周天爲不及天十三度十九分度之七遲

二十八宿屬八八六十四卦所主氣候以驗生物出見隱藏見其他四時氣候一定與若識也故日用依爲節候卦氣

右六十甲子配六十四卦內除坎離震兌四卦蓋坎離爲陰陽之樞紐震兌爲日月之門路實統于六十卦內耳此先天之卦位與周天節氣也地法因之以察生氣審孤虛明言凶者也重六十四而爲百二十分金者皆本于此

按陳希夷云分金之法則以甲丙戊庚壬分隸子寅辰午申戌之位乙丁己辛癸分隸丑卯巳未酉亥之位重而倍之爲百二分金其所以隸五行生旺休囚則同一例其坤藏大卦所用除坎離震兌公爲本体不用餘位戊己位爲本卦之体以坎行則甲子配頤丙子配屯戊子配復庚子配益壬子配謙此子癸宮之分金也乙丑得睽丁丑得升己丑得臨辛丑小過癸丑配蒙此丑艮宮之分金卦也甲寅配益丙寅配漸戊寅配泰庚寅配需壬寅配復此寅甲宮分金卦也乙卯配晉丁卯配解己卯配壯辛卯配豫癸卯得訟此卯乙宮分金卦也甲辰配蠱丙辰配革戊辰配天庚辰配旅壬辰配師此辰巽宮之分金卦也乙巳配此丁巳小畜己巳配乾辛巳配大有癸巳配家人此巳丙宮之分金卦也甲午配井丙午配咸戊午配姤庚午配鼎壬午配豐此午丁宮之分金卦也乙未配夫

盛衰節候之淺深運六配合山家日辰配合渾天官其相生不宜相乾卦氣以律呂相爲表裏如擇日巳合造葬正日又合渾天爻象天干取合地支亦取合務要與本山頭相關否則貴客逃門不入也

○用卦氣法

凡甲日以四時卦爻所用配日辰務取本卦爻中配合如甲子日爻亦無合之吉則取日辰庚爻中甲子十支合亦吉或三合或六合或律呂配入相生日時與本山和閏則有應念

丁未配履巳未配遯辛未配恒癸未得節此未坤宮之分金也甲申配同人丙申配損戊申得否庚申配巽壬申配井此申庚宮之分金也乙酉配小畜丁酉配損巳酉得覌辛酉配歸妹癸酉配家此酉辛宮之分金卦也甲戌配明夷丙戌配困戊戌配大有庚戌配艮壬戌配既濟此乾戊宮之分金卦也乙亥配豫噬丁亥配大過巳亥配坤卦辛亥配未濟癸亥配蹇卦此亥壬宮之分金卦也是一氣甲子二氣甲戌　三氣甲申　四氣甲午　五氣甲辰六氣甲寅隨天而左旋　一元甲子　二元丙子　三元戊子四元庚子　五元壬子　隨地而右轉逐入斷以別地理宜以立八極寔在于此

**節卦爻象候氣**　**八山立歲**

震離坎兌分之一年四季一卦六爻每一爻管十五日一卦管九十日四卦得四九三百六十日而周一小歲也如震卦起春分節前後壽甲巳日立夏尾震初爻庚子

震卦春一　初爻　庚子十五日二月中後日離降　發入戍乾亥位

假如擇日用春分節值辰卦初爻庚子庚申之日申子辰三合口若候卦春分節值晋卦外三爻巳酉值事又繇卦云爻大射六爻各卦內有庚子庚申甲子甲寅但古

假如戊山戊乃五音所到之地合在卯二月春分大壯卦用事二月卯與戌合律呂相生及大壯四陽並進此乃陰襯明之法

大壯[illegible]先審坐向察酉陰有餘之氣觀節氣卦候盛衰以年日月時如病配合為例

節卦候卦憑爻論渾天納

|  |  |  |  |
|---|---|---|---|
| | 清明 | 二爻 | 庚寅十五日三月節 |
| | 穀雨 | 三爻 | 庚辰十五日三月中後日躔大梁入辛酉戌 |
| | 立夏 | 四爻 | 庚午十五日四月節 |
| | 小滿 | 五爻 | 庚申十五日四月中後日躔大沈入坤申庚 |
| | 芒種 | 六爻 | 庚戌十五日五月節 |
| 離 | 夏至 | 初爻 | 巳卯十五日五月中後日躔鶉首入丁未坤 |
| | 小暑 | 二爻 | 巳丑十五日六月節 |
| | 大暑 | 三爻 | 巳亥十五日六月中後日躔鶉火入丙午丁 |
| | 立秋 | 四爻 | 巳酉十五日七月節 |
| | 處暑 | 五爻 | 巳未十五日七月中後日躔鶉尾入巽巳丙 |
| | 白露 | 六爻 | 巳巳十五日八月節 |
| 兌 | 秋分 | 初爻 | 丁巳十五日八月中後日躔壽星入辰巽乙 |
| | 寒露 | 二爻 | 丁卯十五日九月節 |
| | 霜降 | 三爻 | 丁巳十五日九月中後日躔大火入甲卯 |
| | 立冬 | 四爻 | 丁亥十五日十月節 |
| | 小雪 | 五爻 | 丁酉十五日十月中後日躔析木入艮寅 |

音為主日辰為客七生主則吉主生客為凶主剋客者為財也卯坎之・上音剋下音為財下音剋上音者為煞凶也

## 機玉曆卦爻配山

如乾山隸戌亥二山乾為爻必須用坤為每卦六爻渾天甲子取一爻日辰配之或乙未乙卯乙巳癸丑癸亥癸酉之月配乾卦

如子山隸壬癸二山坎為中男用離為中女卦六爻日辰配之或巳卯巳丑巳亥巳酉巳未巳巳之日配次

大雪　六爻　丁未十五日十一月節

坎冬至　初爻　戊寅十五日十一月中後日躔星紀八丑艮寅

小寒　二爻　戊辰十五日十二月節

大寒　三爻　戊午十五日十二月中後日躔玄枵八子癸丑

立春　四爻　戊申十五月正月節

雨水　五爻　戊戌十五日正月中後日躔娵訾八亥壬子

京直　六爻　戊子十五日二月節

易大象曰天地定位山澤通氣雷風相搏水火不相射此為用日之準也故用年月日時須按八卦納甲取大象為法一取節卦二取候卦三取日卦然後加諸以奇門及諸吉曜同照山向方隅為吉

## 年月日時卦例

每月大陽躔度日月交會昏中旦中星律呂立成例

子年地雷復卦　正月地天泰卦　寅日寅時　泰正月日在室昏參中旦尾中　卦日月會娵訾之坎律中大簇

丑年地澤臨卦　二月雷天大壯　卯日卯時　大壯二月日在奎昏弧中旦建中　壯日月會降婁之坎律中夾鐘

艮山隸丑寅二山艮爲少男用兌卦爲少女六爻月辰配之或丁巳丁卯丁亥丁丑丁未丁酉之日配艮卦

如酉山隸庚辛二山兌爲少女用艮卦爲少男六爻日辰配之或丙辰丙午丙申丙戌丙子丙寅之日配兌卦

如震山隸甲乙二山震爲長男用巽卦爲長女六爻日辰配之或辛丑辛亥辛酉辛未辛巳辛卯之日配震卦

如離山隸丙丁二山離爲中女用坎卦爲中男六爻日辰配之宜戊寅戊

寅年地天泰卦　三月澤天夬卦　辰月辰時　夬三月日在胃昏星中旦牽牛中卦日月會在大梁之次律中姑洗

卯年雷天大壯卦　四月乾爲天卦　巳月巳時　乾四月日在昴昏翌中旦女中卦日月會實沈之次律中仲呂

辰年澤天夬卦　五月天風姤卦　午月午時　姤五月日在參昏亢中旦危中卦日月會鶉首之次律中蕤賓

巳年乾爲天卦　六月天山遯卦　未月未時　遯六月日在柳星昏火中旦奎中卦日月會鶉火之次律中林鐘

午年天風姤卦　七月天地否卦　申月申時　否七月日在張昏建中旦在畢中卦月月會鶉尾之次律中夷則

未年天山遯卦　八月風地觀卦　酉月酉時　觀八月日在翌昏張生中旦觜中卦日月會壽星之次律中南呂

申年天地否卦　九月山地剝卦　戌月戌時　剝九月日在角昏虛中旦如中卦日月會天火之次律中無射

酉年風地觀卦　十月坤爲地卦　亥月亥時　坤十月日在房昏危中旦七星中卦日月會析木之次律中應鐘

辰戌午戌申戊戌戊子之日配離卦

如坤山隸未坤二山坤爲母用乾卦爲父配六爻日辰配之宜甲子甲寅甲辰壬午壬申壬戌此六日配坤卦

如與山隸辰巳二山巽爲長女用震卦爲長男六爻日辰配之震用庚子庚辰庚寅庚子庚戌庚申日辰配巽卦

用日各山配合以符河洛生成之數也

## 天行經氣候合朔

合朔者合天地所用卦數也一天一至地十乃

戊午 山地剝卦　十一月地雷復卦　子日子時　復十一月日在箕昏壁中旦軫中卦日月會星紀之次律中黃鐘

壬午 坤爲地卦　十二月地澤臨卦　丑日丑時　臨十二月日在斗昏婁中旦氐中卦日月會玄枵之次律中大呂

中星卦氣定眉立

六爻六　五爻五　四爻四　三爻三　二爻二　一爻一

## 日卦日星

丙子風澤中孚　上九辛卯　九五辛巳　六四辛未　六三丁丑　九二丁卯　初七丁巳

平　斗廿三　斗廿二　斗廿一　箕六　箕七　冬至蚯蚓

戊子地雷復　上六癸酉　六五癸亥　六四癸丑　六三庚辰　六二庚寅　初九庚子

斗十九　斗十八　水泉動　斗十七　斗十六　斗十五　斗十四

庚子水雷連　上六戊子　九五戊戌　六四戊申　六三庚辰　六二庚寅　初九庚子

斗十五　斗十四　小寒雁北　斗十三　斗十二　斗十一　斗十

壬子地山謙　上六癸酉　六五癸亥　六四癸丑　六三丙申　六二丙午　初六丙辰

斗廿一　斗二十　斗十九　斗十八　鵲始巢　斗十七　斗十六

乙丑火澤睽　上九己巳　六五己未　九四己酉　六三丁丑　九二丁卯　初九丁巳

牛四　牛三　牛二　牛一　斗廿三　斗廿二

天地陰陽自然之數而其應卦以爲數則配三陰三陽流行循成七十二候卦爻之數七十二候而爲變化用者由表而裏由裏出表而在二十四位以爲節數下臨坐穴然後參以究元五行來所用之日通合五行生成數得五行奇偶六氣八卦九星七曜二十八宿同居乎穴

其法先定地氣之常次求天運之變常者四時之主氣厥陰風木守丑寅之用風木之常少陽相火巳午之用爲熱之常木陰濕土守未申之月

| 丁丑地風升 | | 己丑地澤臨 | | 辛丑雷山小過 | | 癸丑山水蒙 | | 甲寅風雷益 | | 丙寅風山漸 | | 戊寅地天泰 | | 庚寅水天需 | |
|---|---|---|---|---|---|---|---|---|---|---|---|---|---|---|---|
| 上六癸酉 | 女三 | 上六癸酉 | 女九 | 上六庚戌 | 虛五 | 上九丙寅 | 危三 | 上九辛卯 | 危八 | 上九辛卯 | 危十四候雁北 | 上六癸酉 | 室五 | 上六戊子 | 室十二 |
| 六五癸亥 | 女二 | 六五癸亥 | 女八水澤腹堅 | 六五庚申 | 虛四 | 六五丙子 | 危一 | 九五辛巳 | 危七 | 九五辛巳 | 危十三 | 六五癸亥 | 室四草木萌動 | 九五戊戌 | 室十 |
| 六四癸丑 | 女一 | 六四癸丑 | 女七 | 九四庚午 | 立春東風解凍 | 六四丙戌 | 虛九 | 六四辛未 | 危六 | 六四辛未 | 危十二 | 六四癸丑 | 室三 | 六四戊申 | 驚蟄桃始華 |
| 九三辛酉 | 女初 | 六三丁丑 | 女六 | 九三丙申 | 虛二 | 六三戊午 | 虛八蟄蟲始振 | 六三庚辰 | 危五 | 九三丙申 | 危十一 | 九三甲辰 | 室二 | 九三甲辰 | 室八 |
| 九二辛亥 | 牛六 | 九二丁卯 | 女五 | 六二丙午 | 虛一 | 九二戊辰 | 虛七 | 六二庚寅 | 危四魚陟負冰 | 六二丙午 | 危十 | 九二甲寅 | 室一 | 九二甲寅 | 室七 |
| 初六辛丑 | 大寒雞始乳 | 初九丁巳 | 女四 | 初六丙辰 | 虛初 | 初六戊寅 | 虛六 | 初九庚子 | 危二 | 初六丙辰 | 雨水獺祭魚 | 初九甲子 | 危十五 | 初九甲子 | 室六 |

爲濕之常陽明燥金主酉戌之月爲燥之常太陽寒水守亥子之月爲寒之常分定而守之象地之靜故曰地氣之常物不可以終靜時動而爻七者四時之客氣也子午之歲少陰司天陽明在泉治冬至小寒爲初之氣太陽治雨水京直爲二之氣厥明治谷雨立夏爲三之氣少陰治夏至小暑爲四之氣太明曲處暑白露爲五之氣少陽治霜降立冬爲六之氣

丑未之歲太陰司天太陽在泉一寅申之歲少陽

| 卦 | 上爻 | 宿 | 五爻 | 宿 | 四爻 | 宿 | 三爻 | 宿 | 二爻 | 宿 | 初爻 | 宿 |
|---|---|---|---|---|---|---|---|---|---|---|---|---|
| 壬寅澤雷隨 | 上六丁未 | 室十七 | 九五丁酉 | 室十六 | 九四丁亥 | 室十五 | 六三庚辰 | 室十四倉庚鳴 | 六二庚寅 | 室十三 | 初九庚子 | 室十二 |
| 乙卯火地晉 | 上九己巳 | 壁六 | 六五己未 | 壁五 | 九四己酉 | 壁四 | 六三乙卯 | 壁三 | 六二乙巳 | 壁二鷹化鳩 | 初六乙未 | 壁一 |
| 丁卯雷水解 | 上六庚戌 | 奎二雷乃發聲 | 六五庚申 | 奎一 | 九四庚午 | 奎初 | 六三戊午 | 壁九 | 九二戊辰 | 壁八 | 初六戊寅 | 春分玄鳥至 |
| 己卯雷天大壯 | 上六庚戌 | 奎八 | 六五庚申 | 奎七始電 | 九四庚午 | 奎六 | 九三甲辰 | 奎五 | 九二甲寅 | 奎四 | 初九甲子 | 奎三 |
| 辛卯雷地豫 | 上六庚戌 | 奎十四 | 六五庚申 | 奎十二 | 九四庚午 | 清明桐始華 | 九三乙卯 | 奎十一 | 六二乙巳 | 奎十 | 初六乙未 | 奎九 |
| 癸卯天水訟 | 上九壬戌 | 婁三 | 九五壬申 | 婁二 | 九四壬午 | 婁一 | 六三戊午 | 奎十七田鼠化爲鴽 | 九二戊辰 | 奎十六 | 初六戊寅 | 奎十五 |
| 甲辰山風蠱 | 上九丙寅 | 婁九 | 六五丙子 | 婁八 | 六四丙戌 | 婁七 | 九三辛酉 | 婁六 | 九二辛亥 | 婁五虹始見 | 初六辛丑 | 婁四 |
| 丙辰澤火革 | 上六丁未 | 胃一鳴鳩拂其羽 | 九五丁酉 | 胃二 | 九四丁亥 | 胃 | 九三己亥 | 婁十二 | 六二己丑 | 婁十一 | 初九己卯 | 穀雨萍始生 |

陰在泉一卯、日
明司天小陰在
戌之歲太陽司天
在泉巳亥之歲厥
天少陽在泉隨歲
周旋易治謂之天令今
行而始之象天之動故
曰天氣之變守分者地
行令者天也分行按運
分之主隨天令而分川
故曰大寒立春后十
二之氣地分守之而用事
也此三陰三陽統攝一
十四氣之節令有彼同
而天地卦數之所由也
天一生於子復坤之朋
而陽冬至之復卦刀魚
五日蚯蚓結炎用刀九

戊辰澤天夬 上六丁未 九五丁酉 九四丁亥 九三甲辰 九二甲寅 初九甲子
胃九 胃八 戴勝鳴栗 胃七 胃六 胃五 胃四
庚辰火山旅 上九己巳 六五己未 九四己酉 九三丙申 六二丙午 初六丙辰
胃十五 胃十四 立夏螻蟈鳴 胃十二 胃十一 胃十
壬辰地水師 上六癸酉 六五癸亥 六四癸丑 六三戊午 六二戊辰 初六戊寅
昴五 昴四 昴三 昴二 蚯蚓出 昴一 昴初
乙巳水地比 上六戊子 九五戊戌 六四戊申 六三乙卯 六二乙巳 初六乙未
昴十一 昴十 昴九 昴八 昴七 王瓜生 昴六
丁巳風天小畜 上九辛卯 九五辛巳 六四辛未 九三甲辰 九二甲寅 初九甲子
畢五 [illegible] 畢四 畢三 畢二 畢一 小滿苦菜秀
己巳乾 上九壬戌 九五壬申 九四壬午 九三甲辰 九二甲寅 初九甲子
畢十一 畢十 麥秋 畢九 畢八 畢七 畢六
辛巳火天大有 上九己巳 六五己未 九四己酉 九三甲寅 九二甲辰 初九甲子
畢十七 畢十六 芒種螳螂生 畢十四 畢十三 畢十二
癸巳風火家人 上九辛卯 九五辛巳 六四辛未 九三己亥 六二己丑 初九己卯
參四 參三 參二 參一 鵙始 參初 [illegible] 觜

而應天地之數爲天一甲候五日麋角解爻用六二而應天地之數爲地六下候五日水泉動爻則六三而應天地之數爲地六餘爻各隨陰陽爻變之數上知六氣五行中亂節氣三候下視六爻九六斯爲天地之卦數也既得其數然後由表而裏隨陰陽二遁自裏出表逆順行之如九宮之數飛臨八卦所管之地乃知其數然坐穴開之客數客不□勝主反求主數推之主數者穴元五行也龍脉之水在陽日爲地二生

甲子水風井 上六戊子 井初 九五戊戌 參九 六四戊申 參八 九三辛酉 參七 九二辛亥 參六反舌無聲 初六辛丑 參五

丙午澤山咸 上六丁未 井六鵙始鳴 九五丁酉 井五 九四丁亥 井四 九三丙申 井三 六二丙午 井二 初六丙辰 夏至鹿角解

戊午天風姤 上六壬戌 井十二 九五壬申 井十一半夏 九四壬午 井十 九三辛酉 井九 九二辛亥 井八 初六辛丑 井七

庚午火風鼎 上九己巳 井十八 六五己未 井十七 九四乙酉 小暑溫風至 九三辛酉 井十五 九二辛亥 井十四 初六辛丑 井十三

壬午雷火豐 上六庚戌 井廿四 六五庚申 井廿三 九四庚午 井廿二 九三己亥 井廿一 六二己丑 井二十 初九己卯 井十九

乙未風水渙 上九辛卯 九五辛巳 井廿九 六四辛未 井廿八 六三戊辰 井廿七 九二戊辰 井廿六鷹始鷙 初六戊寅 井廿五

丁未天澤履 上九壬戌 柳一土潤溽暑 九五壬申 柳初 九四壬午 鬼三 六三丁丑 鬼二 九二丁卯 鬼一 初九丁巳 大暑腐草爲螢

己未天山遯 上九七戌 柳七 九五壬申 柳六大雨時行 九四壬午 柳五 九三丙申 柳四 六二丙午 柳三 初六丙辰 柳二

陰宮爲天七龍頳之金在陽宮爲地四在陰宮爲天者龍腹之壬在陽宮爲天丑在陰宮爲地十龍其之水在陽宮爲天一在陰宮爲地六龍角之未在陽宮爲天三一陰宮爲地八而八于四难于陽支陰客既不賊則戊日數乍戊日數者在山六氣之例未少陰少陽之氣加天停其日用寅申巳亥加地停其日用子午卯酉加八停其日用辰戌丑未口寅卯爲木其旅八巳傷火其數七甲爲金數九亥爲水數六子一寅卯

辛未雷風恒 上六庚戌 六五庚申 九四庚午 九三辛酉 九二辛亥 初六辛丑
星一初 柳十五 立秋涼風 柳十 柳九 柳八
癸未水澤節 上六戊子 九五戊戌 九四戊申 六三丁丑 九二丁卯 初九丁巳
星六 星五 星四 星三白露降 星二 星一
甲申天火同人 上九壬戌 九五壬申 九四壬午 九三己亥 九二己丑 初九己卯
張五 張四 張三 張二 張一寒蟬鳴 星七
丙申山澤損 上九丙寅 六五丙子 六四戊戌 六四丁丑 九二丁卯 初九丁巳
張十一天地始肅 張十 張九 張八 張七 處暑鷹[illegible]
戊申天地否 上九壬戌 九五壬申 九四壬午 六三乙卯 六二乙巳 初六乙未
翌初 張十六禾乃登 張十五 張十四 張十三 張十二
庚申巽 上九辛卯 九五辛巳 六四辛未 九三辛酉 九二辛亥 初六辛丑
翌六 翌五 白露鴻雁來 翌三 翌二 翌一
壬申澤地萃 上六丁未 九五丁酉 九四丁亥 六三乙卯 六二乙巳 初六乙未
翌十二 翌十一 翌十 翌九玄鳥歸 翌八 翌七
己酉山天大畜 上九丙寅 六五丙子 六四丙戌 九三甲辰 九二甲寅 初九甲子
翌十八 翌十七 翌十六 翌十五 翌十四群鳥養羞 翌十三

三十二國四辰戊在未
十各以生成得之也以
水日干定甲三乙八丙
四丁七戊五己十庚四
十九壬一癸六合二支
一數滿十去十而用餘
九用爻以月數爲巳
身月數爲父母父母生
我者爲上比和者次之
我剋者又次之反剋我
者大凶用此卦數八穴
也
丁丑年開坤山丁丑未
自辰起首應不午丁
火坤山得火運合
司天左局火火之
二歲數初七也配
立秋 六月卦

丁酉山火賁 上九丙寅 六五丙子 六四丙戌 九三己亥 六二己丑 初九己卯
軫五白露八月節 軫四 軫三 軫二 軫一 秋分雷始收聲
己酉風地觀 上九辛卯 九五辛巳 六四辛未 六三乙卯 六二乙巳 初六乙未
軫十一 軫十[illegible] 軫九 軫八 軫七 軫六
辛酉雷澤歸妹 上六庚戌 六五庚申 九四庚午 六三丁丑 九二丁卯 初九丁巳
軫十七 軫十六 寒露鴻雁來賓軫十四 軫十三 軫十二
癸酉天雷无妄 上九壬戌 九五壬申 九四壬午 六三庚辰 六二庚寅 初九庚子
角五 角四 角三 角二雀入大水為蛤 角一 角初
甲戌地火明夷 上六癸酉 六五癸亥 六四癸丑 九三己亥 六二己丑 初九己卯
角十一 角十 角九 角八 角七菊有黃華 角六
丙戌澤水困 上六丁未 九五丁酉 九四丁亥 六三戊午 九二戊辰 初六戊寅
亢五草木黃落 亢四 亢三 亢二 亢一 霜降豺乃祭獸
戊戌山地剝 上九丙寅 六五丙子 六四丙戌 六三乙卯 六二乙巳 初六乙未
氐二 亢十蟄蟲咸俯 亢九 亢八 亢七 亢六
庚戌艮為山 上九丙寅 六五丙子 六四丙戌 九三丙申 六二丙午 初六丙辰
氐六 氐[illegible] 立冬水始冰氐五 氐四 氐三

也、山遯二陰在下四陽在上若立秋候陽爻用事丑羊栖火局坤表初中末三候皆揚爻遯卦外爻用生炁地二八中宮逆飛得天丑到坤遯局坤宮官以地六就坤宮起順飛到中宮得天在夏至過於陰遯遯極地六在巽宮亡在震地八到坤守中用天三自徐合黃道以爲生成之數須用之以初候壽天一日子念地八如無天三日合數則不成矣

壬戌水
既上六戊子　九五戊戌　六四戊申　九三己亥　六二己丑　初九己卯
濟氐十四　氐十三　氐十二　氐十一雞始　氐十　氐九

乙亥火
噬上九己巳　九五己未　六四己酉　六三庚辰　六二庚寅　初九庚子
嗑房三　房二　房一　房初　氐十六雉入大水為蜃　氐十五

丁亥土
大上六丁未　九五丁酉　九四丁亥　九三辛酉　九二辛亥　初六辛丑
過心四[illegible]　心三　心二　心一　房五　小雪虹藏不見

己亥木
上六癸酉　六五癸亥　六四癸丑　六三乙卯　六二乙巳　初六乙未
萃四　尾三閉塞成冬　尾二　尾一　尾初　心五

辛亥金
未上九己巳　六五己未　九四己酉　六三戊午　九二戊辰　初六戊寅
濟尾十　尾九　大雪鶡鴠不鳴　尾七　尾六　尾五

癸亥水
蹇上六戊子　九五戊戌　六四戊申　九三丙申　六二丙午　初六丙辰
尾十六　尾十五　尾十四　尾十三虎始交　尾十二　尾十一

甲子山雷
頤上九丙寅　六五丙子　六四丙戌　六三庚辰　六二庚寅　初九庚子
頤箕四　箕三　箕二　箕一　尾十八蚯蚓結　尾十七
冬至日之午日酉分度之　半餘度　虛一　牛日　牛度
半餘度　每度八分每見包四分半　夜度之一

上用四卦日是依十二月節氣以節自甲子自下而上逐爻挨用然後看易卦爻辭如困自兑而備初己卯千用正月廿七日癸酉看大統歷十六日壬戌雨水亥風山漸卦初爻節將壬戌日初爻癸亥日二爻甲子日三爻乙丑日四爻逐爻算去至地天泰卦六爻癸酉日係上六

# 新鐫歷法總覽合節鰲頭通書

鰲峯　道軒　熊宗立歷法
後裔　月曉　秉懋增補
　　　淑明　敬燦梓行

## 歲時紀事

○求龍治水

自歲日數去遇辰日均龍治水如正月一日得辰便爲一龍治水是也

○求牛耕地

自歲日數去遇丑日爲牛耕地如正月一日遇丑日便爲一牛耕地是也

○求日得辛

自歲日數去遇辛日便爲得辛卯正月一日遇辛便爲一日得辛也祈穀祀

○求二社日

## ○明公規　謂官員拜正迎春祝誕致祭勸農等事

○正月朔旦爲元日各衙門官吏於公所設位率士庶以道稱賀

春節先一日各府州縣官吏士庶耆社鼓樂出東郊迎春公神至衙門各安位官吏香花燈燭拜勾芒神次日立春將官吏公服行禮畢各執采杖鞭春牛謂十二月建丑屬牛寒將極以送之

二月十五日花朝節各府州縣官長出郊勸農

洪武八年欽天監奏降春牛經式礼部奏准通行天下遵依牛式

○春牛顏色詩

年干爲頭身屬支　納音爲腹不差移
春日天干角尾耳　支爲蹄脛納音蹄
陽年牛口開爲豹　牛尾左繳不須疑
陰年牛口端納合　牛尾右繳與人仰

自立春立秋第五個戊字便爲社又云春分秋分前後近戊者爲社又有六戊爲社者何也曰其尤春立分边見戊字取得節氣時刻在午前定五戊爲社如在午後定六戊爲社故春社常在二月之内春祭祈谷之生秋社常在八月内秋祭社報谷之則按礼記祭仪云共工氏之子曰勾爲后土能平水土故記之以爲社〇春社日雨年豐果少秋社日雨求田豐稔

〇求姑把蚕

九四孟年一姑把蚕四仲

年干甲乙木青色丙丁火紅色庚辛金白色壬癸水黑色戊己土黃色支亥子水黑色寅卯木青色巳午火紅色申酉金白色辰戌丑未土黃色●如甲子日立春納音屬金白色屬木青色屬水用黑色屬火用紅色屬土用黃色

石願枸索以立春支日爲龍頭色孟日用麻仲日用苧季日用絲樹子用桑柘木孟日寅申巳亥仲日子午卯酉季日辰戌丑未

〇芒神服色以立春支辰受尅爲衣色尅衣色爲繫腰色假如立春子日屬水辰用土取黃色尅衣色爲繫腰色用木取青色其法亥子日黃衣青繫腰寅卯日白衣紅繫腰巳午日黑衣黃繫腰申酉日紅衣黑繫腰辰戌丑未日青衣白繫腰

〇芒神閑忙以每年正旦前後各五日内立春者是農忙芒神與牛並立在正旦日前五辰外立春者是農早忙芒神在牛前立在正旦後五辰外立春者是農事閑忙芒神在牛後立陽年左边立陰年在右边立陽年子寅辰午申戌陰年丑卯巳未酉亥

●策芒神髻以立春時爲法從卯至戌八時芒神用手提鞋耳辰午申戌陽時左手提卯巳未酉陰時右手提八時見日温和寅時芒

年二姑把蚕四季年三姑把蚕却以蔟且數去見木日爲蚕食葉蔟如正月一日納音屬木便是蚕食一葉也

□定三伏日

夏至後三庚爲初伏四庚日中伏立秋後逢庚爲末伏若三庚在立秋前不爲末伏須用見秋方是如夏至日遇庚便數也

□求臘日法

冬至日後第三戌爲臘日如冬至日值戌便爲一戌之數或三戌在十一月之內須用第四戌日在十一月內定係第

神戴掩耳揭起左边亥時爲通氣故揭起一边子壬時芒神全亥卷耳爲嚴凝時故全掩也

□芒神頭髻以立春日納音爲法金日平梳兩髻在耳前木日平梳兩髻在耳後水日午梳兩髻右髻在耳後左髻在耳前火日平梳兩髻右髻在耳前左髻在耳後土日平梳兩髻在頂直上

□芒神鞋袴行纏以立春日納音爲法金日繫行纏鞋袴全左閉行纏在腰左懸木日繫行纏鞋袴全右關在腰右懸水日繫行纏鞋俱全火日行纏袴俱無土日着袴無行纏鞋

□芒神老少高低鞭結以立春年爲法如寅申巳亥孟年立春芒神老像子午卯酉仲年立春芒神少壯辰戌丑未季年立春芒神孩童像芒神身高三尺六寸按一年三百六十日鞭手用柳枝長二尺四寸按二十四氣上用結子其結子以立春爲法孟日立春用麻仲日立春用苧季日立春用絲俱用五綵色蘸染

□造春牛式胎骨木再長短法以冬至節後辰日於歲德方取木土用桑柘木爲胎骨牛頭至尾椿八尺按八節牛尾一尺二寸按十二時高四尺按四時橛板用縣衙門扇子寅辰午申戌時年用左

五戌為明日也
○定雷雨
南以三月為迎雷雨五月為送雷雨埋雅云閩人以五月逢庚日入雷芒種後逢壬日出雷得雨百耕神樞云芒種後逢丙入小暑後逢未出亦曰雷辟金云芒種後逢壬曰入夏至後逢庚日出亦曰欲天披芒種逢丙之説近是其時
○定夜雨日
冬至後十日入為夜至小雪為出取得雨謂之夜亦曰藥雨百毋飲此雨則蟄至來年春二月雷鳴啟蟄也

扇丑卯巳未酉亥陰年用右扇
○牛頭朝向祭拜方位以牛頭向東祭拜東方耒神之位

歲德方位

| 春牛取土水方 | 〔甲〕 | 〔乙〕 | 〔丙〕 | 〔丁〕 | 〔戊〕 | 〔己〕 | 〔庚〕 | 〔辛〕 | 〔壬〕 | 〔癸〕 |
|---|---|---|---|---|---|---|---|---|---|---|
| | 甲 | 庚 | 丙 | 壬 | 戊 | 巳 | 庚 | 丙 | 壬 | 戊 |
| | 東 | 西 | 南 | 北 | 颴 | 東 | 西 | 南 | 北 | 東西 |

○地母經占

五子歲〔甲子年〕水潦損白晦蠶娘須即喜耕夫不免愁桑無人採高低禾稻收春夏多淹浸秋冬少滴流吳楚桑麻好齊燕禾麥稠六種無成實鼠雀共秋匕〔地母〕曰少種空心草是油麻也多種老婆須是豆也白鶴土中渴不名黃龍水底眠是麥也雖然蠶藥茂細絹不成錢

丙子年春秋多雨水桑葉無人要青女如金貴是秋黃蠶上丙殺蛇成蝴蝶起高山中低下禾後喜魯衛災匕熱客楚五穀美〔地母〕曰田一禾犬豆麥牛中收蠶娘宜房坐前喜後迍秋熟絲綿細紗黃蠶賊

□占雷鳴法

天兒艮巽風門□東來

西金八卦神□南火花

水依次第□若論初起

定卯□金木門爲八

多病□正北水方有八

旱□天門獲及僧門風

□人門八疾爲傷重

## 四時雜占

□歲首三風

月一日平旦漸漸風云

暮漸漸晴明有風一

宿湯陰二有陰云其年

天曾後缺一不驗

子日未出時至晚自且

至暮無風云大收

□歲首占天時

戊子年逢瘟癀相侵奪吳楚多災院燕齊民快活種植高下偏、鼠耗不

成割春夏蠶旺後傷秋冬亡信爲桑葉頭風貴鋏上如霜雪 地母曰

歲中逢戊子入亂災八黄邪王女亡中成無入收拾汝若得 見三冬

瘟瘽方始起

庚子年逢人民多氣作每苦須淹溺秋冬多飢渴高山猶得半 晚稻無

可割秦淮几流傷吳越多劫盜蠶葉頭後賤蠶娘情不悅 見蚕不

見絲從然用心切猶恐鼠耗出 明年高低多顛播更看 三冬裡

山頭起禾田

壬子年旱澗那大子早禾一半空秋後無甘雨豆麥熟齊吳 偶荒及

燕蠶桑柘貴中貴絲綿滿箱貯百物無定價一物五商估 地母曰

鼠頭出直年夏秋多甘泉麻麥不宜晚田蚕切向前更憂 三秋裡

瘧疾起偏偏

五丑年乙丑年逢春瘟害方民偏傷殃魯楚多損魏燕人高田 宜種旱

晚禾不成八分蚕娘爭鬧走支蠶亂紛紛漁父活山劉洞郎 陌上遲

午羊多瘴死春夏米如珍地母曰木牯田頭倒是祖麻油 犢子水

中眼是豆也桑蠶物生貴三伏不成錢有八辯言語種植 倍收全

月一日天氣清明人安
日春四夷未賓二日向
無風雨太熟三日衛天
氣晴明君安民樂四日
羊天氣晴和臣順君命
五日牛晴明四野無怨
氣六日馬日月光明大
熟七日人夜晴人民安
君臣和悅八日穀後見
星五谷豐
正日得甲
月二日甲爲正歲四日
甲爲中歲五日甲爲下
芟
口正月一日得辛
日陽高田熟四月米貴
未麥收蠶不受丑日高
田收午羊人麻谷貴寅

丁丑年高下物得收桑葉初還賤蠶娘未免愁春夏多淹没 裡角崖
際遊燕齊牛災燕秦吳瀨漠疗多雨水黄牛閩際卧麥也 青女遊
波流秋也六畜多瘴難家巳無一留瘟毋曰少種黃蜂于 麥也多
下白頭翁禾也農夫相賀百尽道麥年豐
己丑年高低得成穗燕齊遇兵殺趙衛好妖起春夏豆麥豐 秋多苗
穀婚王女出中卧耕夫無一工桑葉自青青誰能採得收 地母日
歲名值破田早晚得團白金玉滿街道羅綺不成錢
辛丑年疾病稍紛紛以越桑麻好荆楚米麥饒春夏均甘雨 秋冬得
十分桑葉樹頭秀蠶娘自喜忻人民日蘇息六畜瘴瘟巡 地母日
辛丑牛爲首高低甚可怜人民留一半快活好桑田
癸丑年人民多害前准吳主旱㝢燕宋定流連黃龙與青括 價倒否
高錢粟主麻麥貴桑柘葉不長蠶娘愁不眠禾苗多蚱蜢 收成苦
不全地母曰芟號牛爲首田桑五分收日泉時復闕淹没 在年冬
六畜瘟瘴厄耕犁枉用工牛多死
五寅歲丙寅年虫獸沿林走疾疫多夏前燕子居山巖牛羊 宿高流
蝦魚大庭脯燕趙桑麻貴荆楚禾稻厚地母曰桑葉初賤 不成錢

日先旱後雨不歸三四
月人病卯日春旱秋雨
禾生大豆收五六月人
病辰日高田蚕麻少收
五六月大水巳日比人
[illegible]收中等田月水
黃[illegible]通山生次下日旱
蚕收[illegible]八月雨旱
災未日大蚕人病雨日
水中貴稻貴賤九月
稻[illegible]收成[illegible]收人午
災[illegible]多[illegible]日[illegible]收
春雨憂不[illegible]未土交災
[illegible]日立春日觀雲色
東方青雲小麥收南方赤
雲小豆收西方白雲糯
谷收北方黑雲小黍貴
黃雲禾收中央黃雲黍

蚕 猴無分卦相前魚行人道豆麥必晚 本命稻不多會貧兒
相 对位只愁水谷貴當年
戊寅 毛高下禾苗秀桑葉枝頭空討蚕爭鬧 疟疾筆值麥多齊興水
合 少三春流出帰九秋多前草百物價例尚谷商柯憫傷地母曰
蚕 民行村鄉人民皆破傷冬令賊霜雪災人凶把妖任早收思家女
不 豈免犯風寒
庚寅 人物事風流麻麥雖然秀禾苗多損失蚕禾多淹沒桑葉亦
[illegible] 淡熊初生賤後貴[illegible]來[illegible]如金[illegible]桑葉好摘拘聯有方
[illegible] 白虎年高下熟水中文多耳苗牛耕田[illegible]小麥青牛卧餓前
稼 稻絲霜早用家哭放隨[illegible]從人民相逼勞
壬寅 年高低尽得豐春晏秋[illegible]冬[illegible]蚕桑就安地谷麥益
汗 東桑蚕不堪貴蚕[illegible]半豐[illegible]三秋[illegible]不[illegible]人民雖
富 樂六畜尽豐凶地毋曰[illegible]在[illegible]田[illegible]桑不貴
蚕 娘免憂愁禾稲多成[illegible]耕[illegible]用发
甲寅 生豆晚不全收春[illegible]淹沒[illegible]在[illegible]秋虎豹巡村野人民不
自 由曾魏多灾抛秦[illegible]麥豆[illegible]桑[illegible]前[illegible]貴[illegible]半勿搖抽地毋曰

半收到晚不見日色六收有風半收

立春日云氣晴明百物成陰則旁東有積雨[illegible]歉風從戌西方早谷豐又云大風入離主無風方姓欢天明步多旁雨雪國民安口明明一氣先造化握而人當看立春日甲乙是豐年丙丁遇大旱戊己損傷田庚辛人不静壬癸水發川、山立占

立春日雨四時雨切其日扁金三伏無和民多疾三月三日是龍王生日若晴主是米价雨下一日主大水雨下半日主

先歲民不泰耕種枉施工蠶桑葉難得又是少天主五谷價初高後來亦中庸

丁卯年丁卯年猶求得財三春作來多雨水是傍在秋來蟲天相欺泣耕種枉施工曾衛蠶麻火深求麥麻空通世回禾穗不收失種禾秋有厄低田多不收高田還水穫亦空心苗虛滿山陌

己卯年禁夫多供店春來多雨水傾損還逢渴要多雨秋呈流瀉遭淹汶蠶娥沿路行無雅相前道箭籠山蠶卯發出滋巡化剝繅禾稲秋來蠶旆寢家口收斛維曽八多疾要逢桑麻活地虛日蠶虫蟲淵淌秋前八十作蠶娥叫天位蠶樹難下牛苗共午不成粒六畜多瘟妖三秋多淹沒九變日被瑕疑秋去雨水多

辛卯年高下甚辛勤麻麥連淹沒禾苗是得求豢惟受飢餓只無旱涸畑禾栢不生蕉蠶好部諸童無盡少成火線綿緞銀絲絞多旅療苦若少火免池川田壬死出年處了蠶麻好水大半收喚稲九分好谷米稼穡高慚了相師雨要看莊頭米耕大火煩惱

癸卯年高低半要蠶春夏雨雪多秋來缺雨水無道好蠶麻是地禾雨美火民多受禍六畜難煙起蠶葉枝上空天主無可食逐處走

旱連下三尺夜半來
浩三月七日南風雨晴
若早此風而兩年豐已
春甲子附夏至後有六
十日大雨
立夏日蛙鳴稻熟收麥前
鳴東主豐四月八日是
泉源只有雨去早夏至
日是雨分路日有雨七
桑田路其夜天河小星
密有兩尾蹤內多五月
二十五日泗龍王会日
下雨早甘六日雨七癸
由路生豐足六二有甲子
早晚禾十分好半收好
壬手晚禾半收六月六
日蛙鳴早禾雨多雨要
甲子前後有六十日旱

作上提蓋相对沽难得多採綿帛尽入心力地無旦大小免頭豐
高低稻麥雖辰耕夫皆力種府債在三冬，双兼雖然貴絲綿却已豐
乙卯年五谷有蚕餘長麥豆好年豐熟，越足粮儲春夏桑均潤秋
冬，入間六蟲虫即好双兼树頭無蚕娘細对沽得繭少成絲
地卅日安中逢乙卯高下好曰蚕豆麥山坡熟禾粮在處足
五辰丙戌辰年禾苗蟲横起入民多疾病六畜要多死龙頭出细年
水旱多惟楚低田真極多秋季要洪水双兼無定價蚕娘空自喜
豆麥秀山兩结实鮮多平也好曰官毛禾半熟此豬喜得全流即
要中出豆麥滿山川双兼不值不
庚辰年歲衛次缺起大害蟲傷田禾蝗重起春夏地塌泉秋冬豐
災子双兼賤如土蚕娘哭少絲也無曰來種豆多種麻家家多得
收處處總因以春夏少缲而秋冬飽雨水農務急忙觸首待水滾起
壬辰年高下恐遭傷蓉要豉花明秋冬知集藏豆麥無成实双麻五
冷東吞魚絕冬热铜與好田双蚕子晏笪卧哭泣灵蚕娘見雨絲
綿火乱秋冬搁岸地曰是要過壬辰蚕娘空耍蓉禾苗多有換
田家家憂驚惊嚇收成曰却得六分成

立秋日雷雪秋缺收，其日
雨非晚禾亦多損，金
八月戌亥日下雨冬
主後生風雨三夜八日
元壬子晚禾缺收，八月
朔日明晴來年豐，春霞
來年旱，重來田花來年
旱。秋甲子雨，秋有十日
雨一次雨，低田耕三次雨
低處種。九月九日雨
九路口有雨，來年豐稔
冬日屬火，死晴，豐土發
來年屬水，水來年春
雨多東水，明花來年早
口闈刻，治
東方朔，開枝子日，成，日
豐豐來，傳，先知之
合參日要全在，五月初

甲辰　年稻麻一半空，春夏豐淹沒秋冬，流不通，魯地雙麻好，吳郢谷
不　豐。雙蠶禾後貴，相賀好天，重估價，價貴，東，三冬，地別曰
在　頭屬甲辰，高低共五分，豆麥無成，共六畜亦豐，定更有冬，至後
雨　雪成紛紛
丙辰　年春來雨水，田豆麥乏，齊魯用蠶好，吳越中，生亦甚多
虎　疾，雙蠶樹頭多發，要流，多定，地口
在　來，為麥苗淹沒，有豆麥宜早，種晚隨夜流走
乙巳　巳年，在路，兵發，瘟須免，蠶八，吳春夜多淹
樹　楚及胡禾早，不宜，種一種，倍千株，異大，雙，如珠
地　用日，逢蛇出，次民賀太平，雙麻，豆麥，日多種
天　仙草稻秋冬，蠶雖少，多雨水，黎庶盡歡悅
丙午　年鯉魚庭除，逐高田，低下，雙，初來賤，後貴
出　危登，相對前，相一半，楚，田麥，齊，禾稻，六畜多
　　氣入民，瘟疾，重地，曰蠶，米，果實天，頭，千
　　子得
癸　年豐民牛要，各有方，麥種蠶，楚地多災，荊是

二三四主米貴一云上
旬初七八米價平一云
中五末旬米貴又向水
旱若何荅曰正月有三
亥大水三巳三年大旱
三卯麥豆收東風比風
大水南風旱西風豐〇
雨水若何荅曰但是正
月朔月得甲寅雨在春
多丙寅麦手後雨多戊
寅雨在秋多居壬寅雨
在冬多
〇六甲晴雨古
四時甲申風雨五谷異貴
小雨小黄大雨大貴荅
虚虎滿意備防饑春
甲申至己丑雨帰貴甲
寅乙卯雨盈米豐熟寅

災厄双桑典苗秀天虫蘇如雪粟麥着傾偏傾禾宇水衛地利日
蛇頭為歲呑陞種有虎耗秋成 一五六分老初生煩惱三冬見水雲
晚禾宜及早
乙巳年高下禾苗甚春夏冬漂流秋冬五谷美豆麥豐産齊双柑益
吳楚天虫篋内走蚕娘哭桒貴絲綿不上秤天綿価無比地母曰
蛇頭値歲物五谷食豬餘早禾蘗 晚蚕桒貴今年麥種麥苗秀
三冬成實肥
丁巳年豐熟民多害曾衛豆麥出蔡赤双麻多高低總得成種植死
好得双葉前後空天虫好十倍春夏豐淹蕪偏益秋冬在地母曰
蛇來稍歲中農夫宜種前黃花撒不尽宜多下麥青如見追秋少
蚕娘雖哭桒還得秆頭絲
壬午歲庚午年春蚕多災厉洪饑水旱傷荊湘少谷米 双桒貴加金
蚕娘空作討春三流郎以秋來还南慶原禾熟晚禾不了官巾稅
地母曰白鶴田中渇禾谷黃苍蛇上眠麥苗旅紅誘危走米巢泣
消前滄麥多雨水秋冬地少泉有人會我意誠天在其年江東水
旱荊浙少米

至癸巳雨糴貴寅庚辰
辛巳雨主蝗大雨大蝗
丙寅丁卯雨主秋穀貴
夏三月辰日雨兆虫來
日雨穀貴秋庚辛年卯
日雨冬穀貴冬壬寅癸
卯日雨春穀貴庚辰六
至癸巳日雨糴米折本
○甲子日吉去西
東方青云甲乙日雨南方
赤云丙丁日雨西方白
云庚辛日雨北方黑云
壬癸日雨中央黃云戊
己日雨
○占甲子雨
春甲子雨赤地千里　夏
甲子雨撐船入市　秋
甲子雨禾頭生耳　冬

壬午年水旱不調均高田雖可望低下枉施工蠶婆家家齊喚苦
周全蠶絲皆堅藥及早莫辭偏地瘠白晝好蠶絲當斷分多窮
多下筍心草少種各發頭雙萑後來貴天西及早催晚禾從淦覓
耕夫不用家
甲午年人民不用憂禾麥皆榮秀高田全得收只說多風雨削穫非
滑流蠶娘爭餘菜葉闌秋秋蠶老多成繭何須更尺愛地好目
蛇頭馬將來稻麥喜倍催人民多災厄牛羊亦少實纖候豐年裡
耕夫不用借
丙午年春夏多洪水曾到逢災疫各執荒何良種種宜高地低源遭
水淹天晴見少絲雙布賤米糧多偏窮人民少疾終地好日
馬頭牛歲陸豐盈好田雙春夏須防備種植怕流漏豆麥并麻粟
偏好宜高田
戊午年高低一半空楊花遭淹沒剩只足暴風豆麥宜低下麥稻得
全工雙蠶從來賤蠶老費絲從蠶娘直叫苦棉綿倍常年地好日
稀逢今歲裡蠶雙無可偏種植宜於田旱候兒秋前雖然要早潤
低下得全收

甲子雨牛羊東死
○朔晦占
正月朔日疾風盛雨發屋
湯又主絲繭蠶敗五谷
不成○二月朔日雨稻
貴晦日雨人多疾○三
月朔日風雨民疾蟲生
晦日雨麥不熟○四月
朔日風雨麥米貴晦日
同○七月朔日風雨米
貴人不安○八月朔日
明雨豆麥有之麻貴○
九月朔日風雨來春旱
要水麻貴○十月朔日
風雨來年要旱芝麻貴
○十　月朔日大雪長
次月雨雪冬春米平○
十二月朔日風雨春旱

五未歲辛未年　高下尽可憐　江東豆麥秀　魏上少流泉　蠶蟲初遷異
向後不成錢　國土無災難　人民須感天　地男自主女　衣裳秀麥苗
青女陌上黃　細此從今　二三載盈倉　總於君　君人戴粮語　種植足
飯粮
癸未年　高下尽堪憐　一井百家共　春要又少耳　泉蟲一趙逾　豆秀客吳多
頗偏天更待　常歲討蠶總　蒼天六種宜　成早青女得　貌野地男自
歲若逢癸未　田蚕多僋意　青牛山上秀　一子倍盈稅　更看三秋後
產滿閒日色
乙未年　五谷寅和稔　蟲衛小　田又偏插日　貞魏春要定　漂流秋冬多
旱地又又　桑向失膝　蚕逐依貴人　民難無災　六畜多塵氣　六種不
宜晚取　冷無成　置地毋目　山歲逢羊頭出　高下中無失　蠶監好查又
斤斤皆有实
丁未年　桔焦在秋後　早禾稔念稍晚　木豆且越　宜下失　至田不盃孚
心草又乘　前後貴天更見　絲火春畏雨水周　秋未要失細　是物倏
檣高絲綿何処討　地毋曰若遇逢羊歲　高低中半收　癰烟防六畜
民療地而以憂

要多雨水男長
○占丙寅晴
蠶丙暘々無水粮缺要丙
暘々乾死禾娘秋丙暘
々乾晴八倉多丙暘々
无雪无霜
○占巳卯風
春巳卯風樹頭空 要巳
卯風末頭空 秋巳卯
風水裡空 冬巳卯風
牛欄空
○占口月胜法
子丑寅逢要牛多 卯辰
豐稔万民歌 巳年必
定人不静 未申一样
至每波 酉逢紅口兆
寅德戌亥逢年水波大
○八前風候吉气占 一

己未年一種植家々要蠶鬼撓 甲双 吳楚粮消有春要血郎紅鯉魚天
庭稨 双蠶盧是賤種收娘子喜豆麥結實多宜任三冊後地毋日
見歲值羊首高低民物欣稼穡多商估來往足交用 農夫宜早
種莫候此風寒
庚申歲 壬申年春夏多漫漫高下也無偏中要耳泉少豆麥方岐秀
双兼稍成錢斯夫興蠶妇細兒勿要虫地毋日 白鳩士中秀禾各
水桔半山高處低皆淋總地土高安宜三冬定疾未六畜有傷刑
甲申年高低定可愛春來雨不足早免焦枯死秋冬無雨六畜衛主
瘟瘴疾齐枝不收双蠶初生賤蠶娘不用愁地毋日歲逢甲申祥
旱稻切須防高低苗不秀疾齐徘徊舟船空下載仰面哭流郎
丙申年高下限滂洪春末雨降凶其中还禾利秋冬香不通早禾难
得割晚稻枉施工蠶桑好豆麥秦淮麻麥空天禹相稱足痴怨哭
天公六畜多災瘴八民子暴終 地毋日歲丑逢丙申 双田亦主逃
分野須步豁郎候助家民
戊申年豊高人烟 美蠶楚良甲双齐庚熟穀子黃花上申蒇化成䥶
蝶起種桔莫低 安若穴遺決禾 双紫枝頭絲蠶娘宅白齿編價几

元旦東風權貴南風權賊
主旱西風麥米貴豢熟
地風水災四方黃云五
谷豐青雜黃云主蝗赤
云主星黑云主大水
春日東風麥賤蠶豐西南
風五日先水後旱西風
麥貴一倍北風米貴一
倍東方青云豆麥豐登
无云方物人安人度其
日晴明方物不成
春甲日東風雷電五谷收
人无瘟疫東南風年豐
民安西風蝗起人災比
風泉娚地動人疫畜盛
廣君巳時東南青云氣
年豐卯无青云多災
病在十月

時宜一地母曰高下偏宜早逢晚見流即豆麥無成 若淹沒尽遭傷
更看三冬裡蝴蝶得成食
庚申年高下壹無偏蠶宋田桑好龜異禾麥全六畜多災瘴人民少
横瘟疫兼初生賊蚕婦多快樂去後又成錢更看三陽後秋兼何
相連地母曰年若遇庚申四方民物新耕夫與蚕另欣喜苦折上
秋來有淹沒收割費因循
辛酉步癸酉年人民亦快活雨水在三春明東花無災蚕娘走不傍
争忙蚕災蝴蝶飛高喉耕夫愁殺人地母曰春夏也厭雨秋冬
温飽豁旱禾收得全晚禾半活次絲綿砲倒高價抽多耗折難填
桑麻好齊吳豆麥豐禾稻物增高封疆主盜賊
乙酉年旱晚雖收半田夫亦苦辛人物無快活雨水不調均燕魯桑
麻好荊吳麥豆清蚕娘雖要兼蔟上白如銀三冬雪霜凍淹沒浸
東倫地母曰苗蚕半豐足種作不盈遲空心多結子禾稻生蟬起
看蚕娘蹔害恐道得銀絲
丁酉年高低徒種植春夏遭淹沒秋冬少流滴吳楚足卯嗟荊楊逃
嘆息桑柘葉苗盛天蚕兆半失蠶箔少絲綿蚕娘無喜色地母曰

夏至日東風八月人病南
風大旱西風秋大雨北
風山水出午时南方赤
云气百谷豐無云气日
月无光五谷不成人病
旦痛
立秋日東風人疫旱木更
藥南風秋旱酉風大雨
北風冬多雪其日申時
西南赤黃云豆谷如死
方物不成地虎牛羊死
序在来年正月
秋分日東風方物不次谷
貴南風凶北風民安年
豐冬嶺巽西風白云如
年梧协不至冬霜人民
齐疾流在来年二月
正尽日東風冬雷凶南風

歲逢丁酉蚕桒多偏傾豆麥有些々 其苗高下 可六畜瘟疾多
五谷不成顆
邑酉年高低尽可怜曾衛豐豆麥淮異好水田桑稻 些更葉天臣足
頗偏蚕娘相怨惱得繭少絲綿六種宜於早收成得十全 地毋目
酉上々好桑麻豆麥益家々百物成高價民物有生 遲春夏遭瘟疫
三冬雪結花
辛酉年高低禾不莫齐魚苗多遭沒泰異六畜死秋冬 井無泉春旱多劳
有水豆麥山頭黃耕六桃不甩蚕娘僕求容多奈葉还貴種植宝
及早遲晚恐失利地毋且酉年民多瘴田蚕七分 收豆麥高处好
低下恐难收
五戊步上甲戌年五未有蝗蟲災瀬民劳疫饑楚粮储 室蚕好是貧走
田夫枉用工早未維郎好悅未溥々豐春夏多淹 設私深滴不通
多種青半草少楠白頭公桐六畜冬多瘴又恐犯好 凶地毋目春末
桑葉貴秋至米粮高豐登亂云十一半是逢凶
四戊年夏秋井八無泉春冬傷河沒耕[illegible]早天 宜早下晚稍早
畜逢偶益[illegible]麻之異齐最可於[illegible]初生甚貧者 都成不地兩月

来年五月人災西風凶
北風冬雪兼死獸西北
風日雲如龍馬主麻如
不至大災傷物人疫應
在来年四月

冬
至日東風人災南風谷
貴北風年豊西風禾熟
人安北方青云来年豊
無凶赤云微旱黒云
主大水白云人疾
口山風中二朔

三甲朔熟三伏大熱三乙
朔小麥大豆熟三丙朔
麻熟三丁朔小豆熟三
戊朔大豆熟三巳朔大
麥熟三庚朔小麥熟不
靜三辛朔用少收三壬
朔旱三癸朔澇

歲瘟於丙戊高下皆無豆麥　芽生長在後得成　六畜多瘴瘟
人民多災疾
戊戌年耕夫漸漸愁高下多偏頗　兩水在春秋燕宋　豆麥皆齊吳禾
戊收桑葉初生賤　蚕娘未免憂牛羊逢瘴氣人物　主漂游地冊日
戊亥憂多各耕夫不足衣　早禾難收　晚稻不能乾　一晴并一雨
三冬多雪寒
庚戌年瘴疫害黎民　禾麻吳地好　麥稔在荊秦　春憂漂流沒　秋冬旱
不侵桑葉雖貴　六畜成十分　田夫與蚕月相看　喜折折　地冊日
歲逢庚戌者　兩廣民　初收高下　田桑好　絲麻豆苗　夏後冬多雨雪
收歲呉犯寒
壬戌年高低亦不空　春憂遭沒溺　燕宋豆麥豊　桑賤　天蚕少　秋漂雨
不調　兩水饒　深憂平洞在　秋高六畜遭災瘴　出家少得半　地冊日
歲下逢壬戌　耕種宜麥　禾低下　虚用工　漂流無一粒　春夏憂災瘴起
六畜多瘟疫
五亥歲乙亥年　高下總無偏　淮楚憂水漲　吳禾豕　人主九　要丑豕錯
三秋　衛道船　蚕娘吃青飯　桑葉兩兩賤連連　絲綿人皆貴　糜米不

○占風

正月一日平旦西風定正北風豆收秋雨多東風麥收秋澇東北風小收民疫東南風五谷平收六月多風南風罷五月谷貴西南風宜禾年羊瘟民病

○占云

正月一日平旦至午无風宜早禾午至暮无風宜晴來東風黑云春雨多南方黑云夏雨多赤云旱五月見六月雨見西方黑云秋雨多開曰云秋民不靜

四時占地母經卷終

成錢六畜多瘟疾人民少横纏地母曰蚕娘君不應撈益外兼忙更看五六月相望哭流卽

丁亥年高低尽得通吳越桑麻好黍稷豆麥通三冬足雨水九夏未無蹤桑葉前後貴豚畔不施工見蚕不見繭也地母曰要種遲秋渴秋成得八分人民多瘟瘴六畜尽遭迍

戊子年大民多横起秋冬草不售春要少淡前豆熟熟桑麻稚魯曾死葉少天虫多蚕浪面無書稼穡不能登金國鐵根窖地母曰歲逢巳亥刀貧富少糧儲蚕娘栅对位樑葉被空枝夏看要秋禋蜂蝶滿村飛

辛亥年耕夫多快活春夏雨地濕秋冬好收割豆麥淮無瘟疾禽畜備不飢渴桑葉前後虫蚕娘多喜悅種植宜山陂高禾得盈結地母曰储須出中中高下好施工耕夫與蚕婦争不荷天公大畜春多瘴積薪供過冬主春冬多寒

癸亥年家家活樂豊足春夏亦多水豆麥主漂流蓬種莳及宜早晚者不成工吳地桑葉貴江淮少天虫禾麻不結實卑個邑秋中地母曰生逢六甲未人民亦得安田桑七成熟割禾須及早莫過紀冬來

## 元旦燒香

国慶士皆以元旦為首各潔致香花灯燭菓品香案擇取丑寅卯辰时忌空亡时令屏條虔焚香遍经拜告天地方灵祝延聖壽 四府福神香火及家祖宗礼畢然後各尽其戰 假如元旦丁未日忌寅卯时係是截路空亡又旬中空亡宜丑辰时焚香開門吉戌亥春後忌用寅时開門係犯摳門官將凶

## 元旦出行

謂首正一日出行遊方逢吉避凶事

宜 天德合天德月德月德合吉方元旦行遊吉利忌截路空亡时

忌 鶴神日遊方元旦出行不利其日在天宫宜行本月吉方

元旦何方好出行東西方道利春前巳大後利西南北鶴神在天吉

## 鶴神遊方

乙卯丙辰丁巳戊午己未五日 忌正東 甲卯乙

庚申辛酉壬戌癸亥甲子乙丑六日 忌東南 辰巽巳

辛未壬申癸酉甲戌乙亥丙子六日 忌西南 未坤日

丁丑戊寅己卯庚辰辛巳五日 忌正西 庚酉辛

壬午癸未甲申乙酉丙戌丁亥六日 忌西北 戌乾亥

戊子己丑庚寅辛卯壬辰五日 忌正北 壬子癸

癸巳起至戊申此十六日鶴神在天宫

己酉庚戌辛亥壬子癸丑甲寅六日 忌東北 丑艮寅

丙寅丁卯戊辰己巳庚午五日 忌正南 丙午丁

日截路空亡時例
甲己申酉最為愁
乙庚午未不須求
丙辛辰巳君休問
丁壬寅卯一場憂
戊癸子丑高堂坐
時犯空亡萬事休

日旬中空亡時例
甲子旬中　空戌亥時
甲戌旬中　空申酉時
甲申旬中　空午未時
甲午旬中　空辰巳時
甲辰旬中　空寅卯時
甲寅旬中　空子丑時
日元旦燒香出行忌截路空亡時及旬中空亡時五不遇時並忌

未交春用此圖尚正月節

鶴神遊日

| 正東 | 東南 | 正南 | 西南 | 正西 | 西北 | 正北 | 東北 |
|---|---|---|---|---|---|---|---|
| 宜行正西 | 宜行正西 | 宜行正西 | 宜行正西 | 宜行正東 | 宜行正西 | 宜行正西 | 宜行正西 |

已交春後用此圖正月節

鶴神遊日

| 正東 | 東南 | 正南 | 西南 | 正西 | 西北 | 正北 | 東北 |
|---|---|---|---|---|---|---|---|
| 宜行正南 | 宜行正西北 | 宜行正北 | 宜行正西北 | 宜行正南 | 宜行正南 | 宜行正南 | 宜行正南 |

天德在庚合吉
月德在庚吉　正東月德合在乙吉
月德在庚吉　正東月德合在乙吉
月德在庚吉　正東月德合在乙吉
月德合在乙吉
月德在庚吉　正東月德合在乙吉
月德在庚吉　正東月德合在乙吉
月德在庚吉　正東月德合在乙吉
天德在合丁壬　正西月德在丙辛吉
月德合辛壬　正南天德丁月德丙
月德合壬　正西月德合在辛吉
月德合辛壬　正西天德丁月德丙
天德在壬丁　正南月德在丙吉
月德在丙丁　正北天德合壬吉
月德在丙　正西月德合在辛
月德在丙　正西北月德合在辛壬吉

## 出行吉日

宜丁丙子乙丑丙寅丁卯
戊辰辛未甲戌乙亥己
卯甲申己丑庚寅甲寅
乙未庚子辛丑壬寅癸
卯丁未己酉壬子甲寅
乙卯庚申辛酉壬戌
曆云有　庚午　丁丑丙戌
丙午癸丑

宜　滿成開日吉
忌　每月十五日

四順日
建宜行　成宜离
寅宜往　卯宜歸

四逆日
申不行　酉不离
七不往　八不歸

## 求財出行

謂商賈經營乘船渡水等事

堂司出行吉忌　出行正子午　三申丑未辰　三月寅申吉
四子卯天　五月寅申馬　七馬猴最緩　八未出夢
九子戌吉往　十子者和酉　丙未十一亥　十二子寅馬

| 凶日 | 正 | 二 | 三 | 四 | 五 | 六 | 七 | 八 | 九 | 十 | 十一 | 十二 |
|---|---|---|---|---|---|---|---|---|---|---|---|---|
| 婦忌 | 丑 | 寅 | 子 | 丑 | 寅 | 子 | 丑 | 寅 | 子 | 丑 | 寅 | 子 |
| 受死 | 戌 | 辰 | 亥 | 巳 | 子 | 午 | 丑 | 未 | 寅 | 申 | 卯 | 酉 |
| 天賊 | 辰 | 酉 | 寅 | 未 | 子 | 巳 | 戌 | 卯 | 申 | 丑 | 午 | 亥 |
| 地賊 | 子 | 子 | 亥 | 戌 | 酉 | 午 | 午 | 午 | 巳 | 辰 | 卯 | 子 |
| 往亡 | 寅 | 巳 | 申 | 亥 | 卯 | 午 | 酉 | 子 | 辰 | 未 | 戌 | 丑 |
| 五鬼 | 午 | 寅 | 辰 | 酉 | 卯 | 申 | 丑 | 酉 | 子 | 亥 | 未 | 戌 |
| 荒蕪 | 巳 | 酉 | 丑 | 申 | 子 | 辰 | 亥 | 卯 | 未 | 寅 | 午 | 戌 |
| 咸池 | 卯 | 不 | 酉 | 午 | 卯 | 子 | 酉 | 午 | 卯 | 子 | 酉 | 午 |
| 九空 | 辰 | 丑 | 戌 | 未 | 卯 | 子 | 酉 | 午 | 寅 | 亥 | 申 | 巳 |
| 財離 | 辰 | 丑 | 戌 | 未 | 寅 | 子 | 酉 | 午 | 亥 | 卯 | 申 | 巳 |

商賈興販吉日
只宜巳卯丙戌壬寅丁未
巳酉甲寅日宜
天德月德天德合月德合
滿成開日建除日驛馬
天馬四相日祿行求財
忌六壬空亡大小空荒蕪
天賊往亡[illegible]遠同忌績
忌月厭月忌
乘船忌九空焦坎招搖危
禁八風咸地解水危
合伴吉日宜大合三合
天德合月德合黃道室
又滿成開日　忌否
戊地空亡破日
尋鴛凶日　忌月厭天羅
同日及破危日
且要安平定日登高晚危

天罡　巳午未寅酉辰亥午丑申卯戌
河魁　亥午丑申卯戌巳子未寅酉辰
月厭　戌酉申未午巳辰卯寅丑子亥
天地爭雄　初巳　午亥子午未子丑未申酉寅申酉寅卯酉戌卯辰戌亥辰巳
亡羸　甲　寅甲午甲戌丁卯丁巳庚辰庚寅庚子戊辰癸亥癸巳
陰錯　庚　戌辛酉庚申丁未丙午丁巳甲辰乙卯甲寅癸丑壬子癸亥
陽錯　甲　寅乙卯甲辰丁巳丙午丁未庚申辛酉庚戌癸亥壬子癸巳
天翻地覆　出行忌如正月巳日不用亥時亥不用巳　巳辰申巳丑子亥戌卯午寅巳
亥戌酉申卯午酉辰酉辰未卯
大隔　寅子戌申午辰寅子戌申午辰
赤松子　忌造　巳酉行　初　七初四十六初九初一初六初一初八初三十四初三初六
逆　十　一初二廿六廿二初一廿七廿三二十五二十日廿一廿五
伏斷　子虛　丑斗　寅室　卯女　辰箕　巳房　午角　未張　申鬼　酉觜　戌胃　亥壁
丁卯　戊辰　己巳　戊寅　辛巳　戊子　己丑戊戌
雜箕　巳亥　辛丑　戊午　壬戌　癸亥
八民離　戊申　己酉

出行宜合八天吉局及奇門三奇驛馬五馬四相建滿成開日

忌歲殺沒蕪月忌旬中空截路空離絕往亡五不遇天賊巳日

□總論

論出行遠回日宜天月德并合天恩月恩上吉次吉除滿執成開日

忌月厭四離四絕受死伏断滅沒空亡遠回忌歸忌九醜鬼日不用

論出行回家日時看官歷逐月下未四大吉時並用黃道時且得一吉神到可免大凶所有九醜天罡河魁句中截路空

| 五不歸 | 己卯辛巳丙戌壬申丙川己酉辛亥壬子丙辰庚申辛酉日 |
|---|---|
| 九上鬼 | 乙酉　癸巳　辛丑　庚戌　丁巳　甲午　壬寅　己酉　戊申 |
| 九醜 | 壬午　乙酉　戊午　辛卯　壬子　戊子　己酉　乙卯　辛酉 |
| 四離 | 春分　秋分　夏至　冬至　前一日是 |
| 四絕 | 立春　立夏　立秋　立冬　前一日是 |

□周公八天定局

| 天門日 | 初一 | 初九 | 十七 | 廿五 | 主得貴人助之大吉 |
|---|---|---|---|---|---|
| 天城日 | 初二 | 初十 | 十八 | 廿六 | 主有非災所爲大凶 |
| 天財日 | 初三 | 十一 | 十九 | 廿七 | 主倍獲財寶喜大吉 |
| 天陽日 | 初四 | 十二 | 二十 | 廿八 | 主見貴人方事大吉 |
| 天倉日 | 初五 | 十三 | 廿一 | 廿九 | 主因商賈得利大吉 |
| 天集日 | 初六 | 十四 | 廿二 | 三十 | 主所爲百事不遂凶 |
| 天富日 | 初七 | 十五 | 廿三 | | 主爲商賈求財大吉 |
| 天益日 | 初八 | 十六 | 廿四 | | 主百事所爲不宜凶 |

右周公八天局日擇吉辰多有不合人皆所疑按此無驗不令多有吉星不犯凶亦吉

孤寡雖被大敗滌空亡等時皆不避忌既得不問方道　八方皆大吉　舊有孤虛方孤辰寡宿方大白遊方建破魁罡方並不必忌但依此吉時出行遠回不避諸雜凶忌

論九土鬼日出行百事有始無終與建破平收同月的大忌之

論離巢日九醜日與建破平收同日則亦忌之

論天地爭雄日犯之最忌有撿書中間有兄弟二人於弘治十年正月初四丙午日往廣西買賣犯之俱喪他鄉

○逐月出行吉月

|  |  |
| --- | --- |
| 正月 | 乙丑辛未癸酉　外　丁丑癸未丁未丁酉甲子庚子丙子 |
| 二月 | 辛未甲申己未癸未己未乙亥甲戌　三月　庚午　外　丙午甲子下卯 |
| 四月 | 甲子戊子庚子乙卯　外　庚午辛卯戊子戊午 |
| 五月 | 丙辰乙丑丁丑　外　己亥辛未丁未己未 |
| 六月 | 乙未乙亥辛卯癸卯乙卯　外　丙寅庚寅甲寅辛未乙未 |
| 七月 | 甲子庚子辛未　外　丁未庚午丙午癸未丙子癸卯 |
| 八月 | 乙丑乙亥　外　丁丑癸丑己亥辛亥癸酉己丑丁酉壬戌 |
| 九月 | 庚午甲戌　外　丙午癸卯　十月　庚午甲戌庚子癸酉丁酉甲午 |
| 十一月 | 乙丑　外　丁丑癸丑乙亥戊寅庚寅甲寅 |
| 十二月 | 乙丑丙寅癸丑庚寅乙卯甲申甲寅甲午 |

○右吉日下犯破平收日魁罡約絞天賊地賊受死九空財離往亡九醜咸池大耗小耗五不歸月厭五鬼離窠轉殺亡嬴破敗九土鬼正四廢陰陽錯八民離天地爭雄凶敗赤松子日天替地覆時丑日犯歸忌並忌遠回惟出行不忌

○日家八門定局見前家局上

八門總論

生 仕宦高迁求財
商律利百事大吉
主百里外遇疾病
財物出師行兵大敗
傷門 主六十里內見血
光兵陣相傷宜漁獵
杜門 主遠行必憂求謀
不遂出軍大敗不利
開門 主求財見貴方重
利宜見官陳詞得理
驚門 主求財不遂防有
血光之災見驚恐大凶
生門 主方事吉利營賣
得意見貴得財出軍大
得勝
景門 主八十里外逢盗
賊求謀不遂出軍大敗

○八門日

| 日 | | | 門 | 休 | 死 | 傷 | 杜 | 開 | 驚 | 生 | 景 |
|---|---|---|---|---|---|---|---|---|---|---|---|
| 甲子乙丑丙寅 | 戊子巳丑庚寅 | 壬子癸丑甲寅 | | 坎 | 坤 | 震 | 巽 | 乾 | 兌 | 艮 | 離 |
| 丁卯戊辰巳巳 | 辛卯壬辰癸巳 | 乙卯丙辰丁巳 | | 坤 | 震 | 乾 | 坎 | 離 | 巽 | 兌 | 艮 |
| 庚午辛未壬申 | 戊午巳未庚申 | 甲午乙未丙申 | | 震 | 乾 | 離 | 坤 | 艮 | 坎 | 巽 | 兌 |
| 癸酉甲戌乙亥 | 辛酉壬戌癸亥 | 丁酉戊戌巳亥 | | 巽 | 坎 | 坤 | 兌 | 震 | 艮 | 離 | 乾 |
| 丙子丁丑戊寅 | | 庚子辛丑壬寅 | | 乾 | 離 | 艮 | 震 | 兌 | 坤 | 坎 | 巽 |
| 巳卯庚辰辛巳 | | 癸卯甲辰乙巳 | | 兌 | 巽 | 坎 | 艮 | 坤 | 離 | 乾 | 震 |
| 壬午癸未甲申 | | 丙午丁未戊申 | | 艮 | 兌 | 巽 | 離 | 坎 | 乾 | 震 | 坤 |
| 乙酉丙戌丁亥 | | 巳酉庚戌辛亥 | | 離 | 艮 | 兌 | 乾 | 巽 | 震 | 坤 | 坎 |

## 大金剛日

室娄角亢鬼牛星
經商求利自無成
穿井須知無水出
成親嫁娶主分離
更有路途商旅客
出在天符秘密經

○忌經商遠行

出軍定是不还兵　買賣遠行逢賊盜
行船粧載遭沉没　買賣交開不稱心
奏官拜職罷功名　起造埋葬多破碎
男女十生逢此日　十個全無一個生
只見書回不見人　欲識星辰吉凶處

# 行船裝載論

〇論占風云

春夏四季必有風暴遇天天色温熱其日午後或云起或雷声所起之方必有暴雨起急宜安船避之

秋冬兩季雖無風暴每日行船先覌四方天色明争五更初解纜至辰時以來天色無変雖有微風不問順與不順行船不妨

云頭從東起必有庚風或是云頭從西起必有西風南北亦然如前面云頭已過後面云脚不尽

## 〇行船裝載 附修造舟楫等事

行船裝載吉日宜甲子丙寅丁卯戊辰己巳丁丑戊寅壬午乙酉辛卯癸巳甲午乙未庚子辛丑壬寅辛亥丙辰戊午己未辛酉官滿成開日〇忌滅沒危日

造船起工駕馬吉日與修造起工駕馬日同〇逐月成既定日合龍吉日合底起縻安梁頭與竪柱上梁同同船関頭前三條宜黄道天恩月恩天德月德天德合月德合要安平定成日

〇忌天賊地賊火星伏断正四廢水痕沒受死執破日

做板宜向天月德方起工言〇行船忌張宿丙子癸未戊戌癸丑乙卯〇觸水龍日丙子癸丑忌行紂

葢船篷吉日與蓋屋日同用〇忌天火天賊地賊八風破日

艌船吉日宜伏断收閉日吉〇忌執破日

新船下水吉日與出行日同宜天德合月德合配安月財平定成日

〇忌風波白浪咸池水痕觸水龍日大惡時天瘟爭雄日天翻地覆時河泊張宿

[illegible]風[illegible]止如雪側如天色明自後面無雲則風漸□大

雲片相还聚散不常其色深白圍繞日光主有風禽鳥翻飛天色昏淡主有風鳥高飛冲天主大風雲行急主大風星播主大風日月風暈主大風不日晝見主大風參星動搖主大風入道煩燥主大風灯火焰明作声主大風

行船須知進條緩急物件如遇順風便帆之時風勢顛猛便須放減既偶後與落風積滯不得含程恐風勢不正天色

[illegible]

正月 初一初七十三十九廿五日
四月 初二初八十四二十廿六日
七月 [illegible]
十月 [illegible]
二月 初六十二十八廿四三十日
五月 初四初十十六廿二廿八日
八月 初六十二十八廿四三十日
十一月 初二初八十四二十廿六日
三月 初五十一十七廿三廿九日
六月 初四初十十六廿二廿八日
九月 初五十一十七廿三廿九日
十二月 初四初十十六廿二廿八○

江河離日 壬申癸酉 河泊死日 庚辰 子胥死日 壬辰

子胥死日 每月忌七九不行船若先一日多載船頭則亦不忌○

○年建為風波月建發白浪將建為天惡

| 丙日 年 | 風波日 太歲辰 | 河泊日 三溫爛 | 吉月 月○ | 白浪 | 覆舟 | 咸池 | 天賊 | 荒蕪 |
|---|---|---|---|---|---|---|---|---|
| 子 | 子 | 亥 | 正 | 寅 | 申 | 卯 | 辰 | 巳 |
| 丑 | 丑 | 子 | 二 | 卯 | 酉 | 子 | 酉 | 酉 |
| 寅 | 寅 | 丑 | 三 | 辰 | 戌 | 酉 | 寅 | 丑 |
| 卯 | 卯 | 寅 | 四 | 巳 | 亥 | 午 | 未 | 申 |
| 辰 | 辰 | 卯 | 五 | 午 | 子 | 卯 | 子 | 子 |
| 巳 | 巳 | 辰 | 六 | 未 | 丑 | 子 | 巳 | 辰 |
| 午 | 午 | 巳 | 七 | 申 | 寅 | 酉 | 戌 | 亥 |
| 未 | 未 | 午 | 八 | 酉 | 卯 | 午 | 卯 | 卯 |
| 申 | 申 | 未 | 九 | 戌 | 辰 | 卯 | 申 | 未 |
| 酉 | 酉 | 申 | 十 | 亥 | 巳 | 子 | 丑 | 寅 |
| 戌 | 戌 | 酉 | 十一 | 子 | 午 | 酉 | 午 | 午 |
| 亥 | 亥 | 戌 | 十二 | 丑 | 未 | 午 | 亥 | 戌 |

昏暮進退而行不知稍泊之処多有疎失不可不知

遇順風正使帆且朋忽然轉打頭風便當回風奔港汊爲穩勿得當江抵捍指望風息恐致悮事

緩急卒遇風暴奔港汊不及之時急將上風多把鉄猫牢繫纜乜如電載船則類乜點斷木倉指容水浸入隨処鉩船如小船則看風勢如何

別尋泊處

凡春夏間於港汊而泊船頭要多用壯纜深打樁激不然其晚恐有山水

| 受死 | 招搖 | 橫敗 | 九空 | 蛟龍 | 水隔 | 危日 | 四激 |
|---|---|---|---|---|---|---|---|
| 戌 | 辰 | 卯 | 辰 | 未 | 戌 | 酉 | |
| 辰 | 卯 | 寅 | 丑 | 申 | 申 | 戌 | 丑日 |
| 亥 | 寅 | 丑 | 戌 | 戌 | 午 | 亥 | |
| 巳 | 丑 | 子 | 未 | 申 | 辰 | 子 | |
| 子 | 子 | 亥 | 卯 | 戌 | 寅 | 丑 | 戌日 |
| 午 | 亥 | 戌 | 子 | 丑 | 子 | 寅 | |
| 丑 | 戌 | 酉 | 酉 | 辰 | 戌 | 卯 | |
| 未 | 酉 | 申 | 午 | 未 | 申 | 辰 | 辰日 |
| 寅 | 申 | 未 | 寅 | 辰 | 午 | 巳 | |
| 申 | 未 | 午 | 亥 | 申 | 辰 | 午 | |
| 卯 | 午 | 巳 | 申 | 子 | 寅 | 未 | 未日 |
| 酉 | 巳 | 辰 | 巳 | 巳 | 子 | 申 | |

| | 八風 | 四廢 |
|---|---|---|
| 春 | 丁丑 己酉 | 庚申 辛酉 |
| 夏 | 甲申 甲辰 | 壬子 癸亥 |
| 秋 | 辛未 丁未 | 甲寅 乙卯 |
| 冬 | 甲寅 甲戌 | 丙午 丁巳 |

內時日：子 丑 寅 卯 辰 巳 午 未 申 酉 戌 亥

大殺時[illegible]時建：子 丑 寅 卯 辰 巳 午 未 申 酉 戌 亥

海角經

氐 尾 箕 斗 危 婁 胃 昴 畢 張 星 軫

共六吉 室 牛 房 参 井 並坎吉 巳能禁日○

天月：初一 初七 廿三 [illegible] [illegible] 廿三 [illegible] 十 廿六 日遊船行船

水漲退滅沒：弦 虛 晦 婁 [illegible] 角 [illegible] 亢 [illegible] 鬼 [illegible] 牛

癸洪中之患

如秋冬間行船當江稍消夜間動起着觀風色加麻從驚恐有貪睡不加風起倉卒之間措手不及

船上合用物件如帆幔檣也之類須要完備稍有損壞預先脩整縴纜椿櫥鉄錨竹篙等物不可少缺卒河有餘臨時要用無覓處

臨船準脩大斧打鑽鋸鑿水斗大小針麻灰舊布被絮之類火把暮夜之睬難爲灯燭

在船人等過晚不可盡醉恐不測要人使唤

○逐月行船吉日造舟修艌

|  |  |  |  |
|---|---|---|---|
| 正月 | 辛亥 外 壬午 甲子 庚子 壬子 | 二月 | 乙未 辛亥 外 丁未 巳亥 晦 |
| 三月 | 甲子 丁卯 巳巳 庚子 外 壬子 | 四月 | 丁卯 辛卯 辛酉 外 丁酉 |
| 五月 | 戊辰 乙未 丙辰 外 辛未 巳未 | 六月 | 丁卯 辛未 辛酉 外 甲寅 |
| 七月 | 甲子 乙未 庚子 壬子 巳未 | 八月 | 丙寅 巳丑 戊寅 辛亥 甲戌 |
| 九月 | 甲子 庚子 辛酉 外 丙午 | 十月 | 丁卯 辛卯 辛酉 外 丁酉 |
| 十一月 | 戊辰 丙辰 辛亥 乙丑 丁丑 | 十二月 | 丙寅 丁卯 戊寅 庚寅 辛卯 癸卯 |

○右吉日不犯建破約絞天賊受死白浪張伯觸水龍咸池歧龍四激招摇殃敗九空止四廢九土鬼轉殺水隔江河離子背河泊忌日滅沒龍禁危破扰巳日

○許眞君傳授龍神行日不可行船七風

|  |  |  |  |
|---|---|---|---|
| 正月 | 初三 初八 十一 廿五 三十 龍会 | 二月 | 初三 初九 十二 三十 龍神朝上帝 |
| 三月 | 初三 初七 廿七 龍神朝星辰 | 四月 | 初八 十二 二十 十九 龍会太白 ○ |
| 五月 | 初五 十一 廿九 天帝朝玉皇 | 六月 | 初九 廿七 ○ 地神龍王朝玉皇 |
| 七月 | 初七 初九 十五 廿七 神殺交会 | 八月 | 初三 初八 廿七 ○ 龍神朝会 ○ |
| 九月 | 初八 十五 廿七 龍神朝玉皇 | 十月 | 初八 十五 廿七 東府君朝玉皇 |

所到州府關津岸不可
令婦人出露頭面恐惹
眼目
在船器皿勿用金銀衣服
不必鮮華
所到處賣貨物交收錢
鈔密地包藏上船勿得
彰露
過晚泊船須趁同伴在後
向前在前向後不可孤
另
所到處或有而生人拾船
不可容易把載恐是外
鄉之人
泊船去州城迴遠無人烟
去處皆有軍器遇夜收
抬旋內船中諸倉勿得
隔斷通旅往來先令二

# 開張店肆

謂開市鋪場邸店等事

司開市吉日　三五七八九十月　十二皆用滿成開
餘月成開開市好　亂編開市廢心懷
市吉日宜天德合月德合月財六合要安五富陽德滿成開日
忌天賊地賊荒蕪滅沒正四廢九土鬼虛耗亡嬴小耗大耗大小
空亡受死赤口長短星九空五窮伏斷建不能破收閉日

凶日雖刻同看

| 月 | 九空財離 | 財離歲空 | 天地荒蕪 | 日流財 | 天賊 | 地賊 | 天窮 | 受死 |
|---|---|---|---|---|---|---|---|---|
| 正 | 辰 | 辰 | 巳 | 亥 | 辰 | 子 | 子 | 戌 |
| 二 | 丑 | 丑 | 酉 | 申 | 酉 | 子 | 寅 | 辰 |
| 三 | 戌 | 戌 | 丑 | 巳 | 寅 | 亥 | 午 | 亥 |
| 四 | 未 | 未 | 申 | 寅 | 未 | 戌 | 酉 | 巳 |
| 五 | 卯 | 寅 | 子 | 卯 | 子 | 酉 | 子 | 子 |
| 六 | 子 | 子 | 辰 | 午 | 巳 | 午 | 寅 | 午 |
| 七 | 酉 | 酉 | 亥 | 子 | 戌 | 午 | 午 | 丑 |
| 八 | 午 | 午 | 卯 | 酉 | 卯 | 午 | 酉 | 未 |
| 九 | 寅 | 亥 | 未 | 丑 | 申 | 巳 | 子 | 寅 |
| 十 | 亥 | 卯 | 寅 | 未 | 丑 | 辰 | 寅 | 亥 |
| 十一 | 申 | 申 | 午 | 辰 | 午 | 卯 | 午 | 卯 |
| 十二 | 巳 | 巳 | 戌 | 戌 | 酉 | 子 | 酉 | 酉 |

一人制稍後編梢坐更換
有不測急起齊向船艙
存任開拖樓門可以施
弓箭及長鎗等物如用
軍器得竹鎗五七條使
甲暗地亦難近傍不可
帶弓箭環刀在於船內
宿卧暮夜賊未坐定杜
板把住倉口船內灣曲
不得歸文欲前不能須
有軍器盔以待其強切宜
戒之
大凡上水船忽見後面小
船遠遠相逐恐是賊色
入宜早奔港後宿泊日
將落時先消兩岸港淺
候若昏不見人時折江
移舟過東岸從東岸行

亡忘魁　四方耗　五虛　五窮　四耗　虛敗　正四廢　伏斷　滅沒　乙醜鬼　九土鬼　五離日

甲寅甲子申戌丁卯丁巳庚辰庚寅庚子戊辰癸未癸巳癸卯
初一初二初四初五初一初三初四初五初二初三初四初五
丑丑丑子子子未未未寅寅寅

春　甲子乙亥　壬子　己酉　[illegible]酉
夏　丙子丁亥　乙卯　甲子　壬子癸亥
秋　庚子辛亥　戊子　辛卯　甲寅乙卯
冬　壬子癸亥　辛酉　庚午　丙午丁巳

子虛　丑牛　寅室　卯女　辰箕　巳房
午角　未張　申鬼　酉觜　戌胃　亥壁
弦虛　晦婁　朔角　望亢　虛鬼　盈牛

戊子戊午壬子壬午己卯己酉辛卯辛酉乙酉
丁巳癸巳乙酉己酉壬寅戊午甲子庚戌辛丑
戊申己酉人民離

逐月開張店肆吉日
正月　己卯癸卯壬午丙午　卯　丁卯丁酉癸酉
二月　己巳乙未己未辛未癸未　亥　卯　乙巳辛巳丁未乙亥辛亥癸亥

艄行下碇甩水將宿泊則可免盜賊之患或插件入衆船中御杭下挽移轉船上動用作下水船塊模泊夜碇盜賊難至一時不能辨認庶可

外免

右行船法大江合避日辰德候風雲準備緩急物件

〇總論

論行船壞載必須擇吉日移船又擇日行船不向拘定舊本行船下載吉日

凡行船俗忌遇七九日不行船若前一日移棹船頭則亦不忌

| 三月 | 丙子庚子己卯辛卯癸卯壬午 外 戊子丁卯丙申壬申 |
| --- | --- |
| 四月 | 乙丑己卯辛卯癸卯庚午壬午 外 丁丑己丑癸丑 |
| 五月 | 丙辰己未辛未 外 甲辰戊辰庚辰壬辰 |
| 六月 | 己卯辛卯癸卯乙亥己亥 外 丁卯辛亥 |
| 七月 | 乙卯癸卯丙辰 外 丁卯戊辰庚辰壬辰 |
| 八月 | 乙丑己巳庚申甲戌乙亥己亥 外 丁丑己丑癸丑乙巳辛巳[illegible] |
| 九月 | 丙午庚午壬午辛酉 十一月 甲子丙子庚子壬午戊子丁酉癸酉 |
| 十月 | 乙丑甲戌乙亥己癸丑 十二月 乙卯辛卯癸卯庚申丙申戊申壬申 |

〇右吉月不犯建破收平執白九空財離天賊地賊荒蕪受死五虛

## 〇雕刻印板

附勒牌陴銘灯造牌坊及冊板等事

〇逐月雕刻造牌坊吉日 考正與登造日同

| 正月 | 癸酉丁酉丁卯庚午癸卯 二月 辛未乙亥己亥己丁未辛亥癸未 |
| --- | --- |
| 三月 | 甲子丙子戊子壬子甲申丙申己巳癸巳 |
| 四月 | 丁卯己卯甲午乙卯 外 甲子庚午丁丑己丑庚子丙午癸丑 |
| 五月 | 丙寅庚寅甲寅庚辰丙辰 外 辛未己未甲戌乙未戊辰 |

○剛刻郎板牌切吉日

宜天德月德天德合月德合晶曲傳星月財旺相黃道續世成開除滿日

●忌大皇天地火獨火天賊荒蕪正四廢伐斷天休廢滅沒亡嬴天穷財

雜日

## 出財放債節

庚辰庚午乙酉丙戌癸巳己亥乙巳辛亥乙卯辛酉成滿開日

忌戊申戊寅戊戌丙辰日

赤口空亡財離破債不債不內日忌出財放債

六月初三十一十九廿七日

八月初二初十十八廿六日

六月　辛未甲申丙申庚申己未　外乙亥辛亥丙寅甲寅丁亥己亥

七月　戊辰庚辰丙子壬子丙辰　外辛未乙未丁未戊子庚子癸卯丁卯

八月　己巳乙丑乙亥丁巳癸丑　外丁丑丙辰戊辰庚辰壬辰丁己亥

九月　庚午壬午丙午乙亥丁亥辛亥　外戊午丙戌庚戌

十月　甲子辛未乙未丁未癸酉己酉辛酉　外庚午壬午壬子甲午戌

十一月　甲戌庚戌甲寅　外戊辰庚辰甲辰壬辰丙辰甲申壬寅

十二月　乙丑辛丑甲寅丙寅甲申丙申庚申甲子壬子癸丑壬寅

# 出財放債

謂放生金銀谷粟等事

○逐月出財放債吉日

凶星在開張店肆同看

正月　丙寅庚午癸酉丙午丁酉　二月　己巳乙未辛亥丁亥辛巳己卯

三月　丙子丙午戊申乙巳　四月　乙丑庚午己卯戊子己丑庚子

五月　甲戌丙戌庚戌庚申　六月　辛未己卯乙亥己丑辛亥辛酉

七月　乙卯戊辰庚辰癸卯丙申　八月　己巳庚辰丁亥辛巳己丑癸丑

九月　庚午丙子壬午丙戌丙午　十月　庚午壬午　外癸酉

十一月　甲子戊子庚寅甲寅甲戌　十二月　己丑辛卯癸丑乙卯庚申甲子

## 立券交易節

宜 丁未丙子壬午癸未甲申辛卯乙未癸卯庚子壬子甲寅乙卯己未辛酉日 執成收日

宜 天月德天月德合六合三合五合陽德黃道日

忌 空亡長短星赤口咸池荒蕪天賊魁罡約絞受死五離大小耗財離耗絕九土鬼伏斷正四廢五窮虛敗耗絕日

## ○納財取債

謂收歛財貨等事

宜 天德月德天月德合天恩月恩天財月財天富天倉母倉豐旺收成滿閉日 逐月吉日與出財放債逐月吉日同看

豐旺吉日 春 亥 夏 巳 秋 申 冬 寅

● 忌 財離虛敗破日十干無祿大敗天地大空亡月空長短星四廢

外凶星日與交易局同看

天上大空亡日 丁丑 戊寅 丁未 壬辰 癸巳 戊申 壬戌 癸亥

## ○立券交易

謂經立券務買田屋交易等

宜財聚日 壬午 丁未 壬辰 辛酉 收滿成閉日

| 凶日 月 | 正 | 二 | 三 | 四 | 五 | 六 | 七 | 八 | 九 | 十 | 十一 | 十二 |
|---|---|---|---|---|---|---|---|---|---|---|---|---|
| 天賊 | 辰 | 酉 | 寅 | 未 | 子 | 巳 | 戌 | 卯 | 申 | 丑 | 午 | 亥 |
| 地賊 | 子 | 子 | 亥 | 戌 | 酉 | 午 | 午 | 午 | 巳 | 辰 | 卯 | 子 |
| 荒蕪 | 巳 | 酉 | 丑 | 申 | 子 | 辰 | 亥 | 卯 | 未 | 寅 | 午 | 戌 |
| 小耗 | 未 | 申 | 酉 | 戌 | 亥 | 子 | 丑 | 寅 | 卯 | 辰 | 巳 | 午 |

## 習掌技藝

宜天德月德天德合月
德合黄道普護福生天
馬驛馬月空活曜星顯
曲傳星滿成開日
正四廢赤口破日大不
成十惡六敗無祿受死
荒蕪九七鬼滅沒天地
凶敗天休廢
□逐月吉日兵後偃武殺
兵逐日同看
凶日即與丁局同查
□天敗六不成凶日

劍

正寅二午月八戌
四巳五酉六是丑
七申八子九月辰
十亥仲卯十二未

月

亡嬴　大耗　財離　約絞　受死　長星　短星　四方耗　四耗　虛敗　五窮　正四廢

伏斷

耗絕　九土鬼

甲寅甲申甲戌丁卯丁巳庚辰庚寅庚子壬辰癸亥癸巳癸巳
申酉戌亥子丑寅卯辰巳午未
辰丑戌未寅子酉午亥卯申巳
亥午丑申卯戌巳子未寅酉辰
戌辰亥巳子午丑未寅申卯酉
初七　初四　初一　初九　十五　初十　初八　初五初三　初四初三　初一　十二　初一
廿一　十九　廿六　廿五　廿五　二十　廿二　十八十九　十七十六　十四　廿三　廿五
初一　初二　初四　初五　初二　初三　初四　初五　初二　初三　初四　初五

春

壬子　乙卯　戊午　辛酉
巳酉　甲子　辛卯　庚午
甲子乙亥　丙子丁亥　庚子辛亥　壬子癸亥
庚申辛酉　壬子癸亥　甲寅乙卯　丙午丁巳

夏　秋　冬

子丑寅卯辰巳午未申酉戌亥
虛斗室女箕房角張鬼觜胃壁
庚辰　辛巳　丙戌　丁亥　庚戌　辛亥　丙辰　丁巳　廿
乙酉　癸巳　甲午　辛丑　壬寅　己酉　庚戌　丁巳　戊午

## 出兵收捕

出師吉日乙丑丙寅丁卯庚子辛丑庚戌丁酉甲午

宜兵吉兵宝兵福天月德天月德合天恩青護黃道斗建唐符並宜用之

攻取吉日甲子丙寅甲戌乙亥己丑乙未己亥己庚戌除許日

忌戊日八專猖敗亡五不歸八絕十惡大敗日往亡伏日

收捕出行吉日宜用天賊吉日名制日乙丑甲戌壬午戊子庚寅辛卯癸巳己未丙申丁酉己亥

〇逐月立勢吉日

|  |  |
| --- | --- |
| 正月 | 丁丑甲寅辛卯癸卯乙卯壬午辛酉 外 丙子庚子壬子癸酉 |
| 二月 | 癸未甲寅辛卯癸卯乙卯 外 丁酉 |
| 三月 | 丙子庚子壬子壬午辛卯癸卯乙卯甲申壬辰 |
| 四月 | 丙子庚子壬子壬午辛卯癸卯乙卯丁卯丁酉丁丑辛酉 |
| 五月 | 丁丑辛未壬午壬辰癸未乙未丁未 |
| 六月 | 丁卯甲申甲寅辛卯癸乙卯癸未乙未辛酉 |
| 七月 | 丙子庚子壬子壬辰丁未辛未癸未甲申 外 壬午 |
| 八月 | 乙亥辛酉癸丑丁丑壬辰甲申 |
| 九月 | 丙子庚子壬子壬午丙午辛酉 |
| 十月 | 丙子庚子壬子癸未辛未乙未辛酉 外 壬午 |
| 十一月 | 甲子癸丑丁丑丁未辛未癸未甲寅壬辰 |
| 十二月 | 癸卯辛卯乙卯丁丑甲申用寅 外 甲子丙子庚子壬子壬寅 |

## 〇偃武教兵

習教軍伍偃習武藝兩祭旗纛等事

宜天月德兵宝黃道恩勝成動普護福生天馬驛馬成開日

甲辰巳上制门宜捕入

□支魁子日名曰伐日

庚午丙子戊寅巳卯辛巳癸未甲申乙酉丁亥庚午癸丑壬戊並凶

攻取舉兵忌日即前支魁干伐日凶

（八專日）　丁未癸丑甲寅乙卯巳未庚申巳上最忌出兵教閱

（八絕日）　庚辰辛巳丙戌丁亥庚戌辛亥丙辰丁巳日行兵切不可用

（猖鬼敗亡日）　丁卯戊辰戊寅辛巳戊子巳丑戊戊巳亥辛丑庚戌壬戌戊午

（五不歸日）　巳卯辛巳丙戊午辰丙申巳酉辛亥

忌十惡無祿大敗日正四廢赤口荒蕪滅沒受死天賊重九伏兵凶

月罪至天敗六不成巳上未八逐月日用集宜可看

□逐月偃武教兵日　吉凶星與後立寨欵同查

|  |  |
|---|---|
| 正月 | 辛卯丁卯巳卯乙卯癸卯丁酉甲子乙丑辛未癸酉乙丑巳丁未 |
| 二月 | 巳巳乙巳癸酉丁酉丁卯甲申丙申癸乙丑丁乙亥巳丁未癸未辛亥 |
| 三月 | 巳巳乙巳癸酉丁酉丁卯甲申丙申甲子庚子壬子丙子 |
| 四月 | 乙卯辛卯庚子庚午辛丑癸卯甲戌丙子丙戌壬午丙午戊辰 |
| 五月 | 丙寅戊寅庚寅甲寅甲申庚申戊辰庚辰壬辰丙辰辛未乙亥 |
| 六月 | 甲寅申申丙申甲寅申丁亥巳庚戊丙寅庚寅辛卯乙未亥乙卯癸卯 |
| 七月 | 甲子庚子丁丑癸卯巳巳辛未巳未庚午丙子壬午丙午壬子 |
| 八月 | 乙丑丙寅乙亥巳巳庚寅戊寅辛亥乙巳庚申癸丑 |
| 九月 | 乙亥丁亥巳亥辛亥辛卯癸卯癸酉丙申丁酉辛酉丙子 |
| 十月 | 甲子庚子庚午癸酉丁酉辛酉甲戌丙戌丙子壬午乙未 |
| 十一月 | 乙丑辛丑丙寅戊寅庚寅甲寅壬申甲申庚申庚甲子壬辰丁丑 |
| 十二月 | 丙寅甲寅庚寅乙卯丁卯癸卯乙卯辛卯甲申申丙申庚申巳巳 |

祭旗纛　每年季秋月值霜降日各府衛州縣設旗纛依儀致祭

壬子丙辰庚申辛酉

口論出兵征討賊寇先賢俱無一逐月吉日其事欵多弊恐必有差訛况軍情重務不可不慎故將原定吉凶條欵選定成局逐月吉日於下層以便急用 大忌遊都 魯都 奴都 天罡四張五不遇仰中空亡并太歲月建方行兵大凶詳見符危經及武經總要在統兵之首不可不知當付壬友反閉之法以全萬億軍入秘云以當旬神符掛于竿上以指敵人則敵人即自服

兵吉月

| 兵凶月 | 月 | 正 | 二 | 三 | 四 | 五 | 六 | 七 | 八 | 九 | 十 | 十一 | 十二 |
|---|---|---|---|---|---|---|---|---|---|---|---|---|---|
| 兵福 | 宜閱武 | 亥 | 子 | 丑 | 寅 | 卯 | 辰 | 巳 | 午 | 未 | 申 | 酉 | 戌 |
| 兵寶 | 宜出兵 | 卯 | 辰 | 巳 | 午 | 未 | 甲 | 酉 | 戌 | 亥 | 子 | 丑 | 寅 |
| 兵禁 | 忌出兵 | 寅 | 子 | 戌 | 申 | 午 | 辰 | 寅 | 子 | 戌 | 申 | 午 | 辰 |
| 天馬 | 宜遠征 | 午 | 申 | 戌 | 子 | 寅 | 辰 | 午 | 申 | 戌 | 子 | 寅 | 辰 |

正月子丑寅卯二月亥子丑寅三月戌亥子丑四月酉戌亥子五月申酉戌亥六月未申酉戌七月午未申酉八月巳午未申九月辰巳午未十月卯辰巳午十一月寅卯辰巳十二月丑寅卯辰

口逐月出兵征討吉日 吉凶星與立寨局同看

正月 甲子乙亥庚子 [內]癸未丁丑癸酉

二月 丙寅甲寅 [內]壬寅癸卯

三月 乙巳 [內]癸卯己巳癸酉

四月 甲午 [外]甲辰丙子

五月 丙寅乙亥 [內]己巳癸亥

六月 乙巳乙亥 [內]辛未

七月 甲子庚子甲午丙午辛未丙子八月乙亥乙巳丁丑己巳癸酉

九月 乙亥庚午甲午丁丑癸卯丙午壬午十月甲子庚子癸酉丁酉

十一月 甲子丙寅壬寅甲寅丁丑十二月丙寅壬寅卯寅癸卯辛卯庚寅

口右吉月不犯伐四八專吕鬼敗亡五不歸八絕亡惡大敗 無往亡受殘

一○大金倒日
九堯奎婁鬼牛星
出兵定是不还兵
凡行兵征討并出行其例
裁在出行局
○月建所屬九星詩
寳許除陰滿罗睽　平定
水貪挑水破　破木危
陽成是土　收紫開金
閉月孛　建为青左用
为頭　陰是明堂黃道
遊　滿为天刑　平朱雀
定为金櫃吉神求　執
为天德五黃道　破为
白虎危玉堂　成为天
牢堅固守　收为玄武
盈賊愁　開德司命为
黃道　勾陳为閉主亡

## ○立寨置柵墩　謂偷築城池等事同

| 日吉 \ 月 | 天德 | 月德 | 天德合 | 月德合 | 天德黃道 | 明堂 | 金櫃 | 玉堂（天成同） | 司命 | 兵宝（吉期同） | 普護 | 天馬 | 驛馬 |
|---|---|---|---|---|---|---|---|---|---|---|---|---|---|
| 正 | 丁 | 丙 | 壬 | 辛 | 巳 | 丑 | 辰 | 未 | 戌 | 卯 | 申 | 午 | 甲 |
| 二 | 申 | 甲 | 巳 | 巳 | 未 | 卯 | 午 | 酉 | 子 | 辰 | 寅 | 申 | 巳 |
| 三 | 壬 | 壬 | 丁 | 子 | 酉 | 巳 | 申 | 亥 | 寅 | 巳 | 酉 | 戌 | 寅 |
| 四 | 辛 | 庚 | 丙 | 乙 | 亥 | 未 | 戌 | 丑 | 辰 | 午 | 卯 | 丁 | 亥 |
| 五 | 亥 | 丙 | 寅 | 辛 | 丑 | 酉 | 子 | 卯 | 午 | 未 | 戌 | 寅 | 申 |
| 六 | 甲 | 甲 | 巳 | 巳 | 卯 | 亥 | 寅 | 巳 | 申 | 申 | 辰 | 辰 | 巳 |
| 七 | 癸 | 壬 | 戊 | 丁 | 巳 | 丑 | 辰 | 未 | 戌 | 酉 | 亥 | 午 | 寅 |
| 八 | 寅 | 庚 | 亥 | 乙 | 未 | 卯 | 午 | 酉 | 子 | 戌 | 巳 | 申 | 亥 |
| 九 | 丙 | 丙 | 辛 | 辛 | 酉 | 巳 | 申 | 亥 | 寅 | 亥 | 子 | 戌 | 申 |
| 十 | 乙 | 甲 | 庚 | 巳 | 亥 | 未 | 戌 | 丑 | 辰 | 子 | 午 | 子 | 巳 |
| 十一 | 巳 | 壬 | 申 | 丁 | 丑 | 酉 | 子 | 卯 | 午 | 丑 | 丑 | 寅 | 寅 |
| 十二 | 庚 | 庚 | 乙 | 乙 | 卯 | 亥 | 寅 | 巳 | 申 | 寅 | 未 | 辰 | 亥 |

流　黄道出行为大吉
行軍戰鬪黑罷憂
凡天刑者出軍必主傷賜
狂六畜死亡之事
凡天牢黑道主入傷賊害
亡則失利
犯玄武者亡敗走失利息
奴婢遭劫賊傷胎孕也
犯青龍者父母兄弟張婦
死入獄出逃亡賊主惡
凶之事
犯白虎者治明堂
犯朱雀者囚死兄血光亡
財故此
犯天牢者治玉堂即此厭
狭處以災消大有功
惟合是死道日百事大吉
口忽絕

| 凶日 月 | 蓋後 | 續世 | 守日 | 成勳 | 思勝 | 福厚 | 陰私 | 天賊 | 天瘟 | 劫煞 | 受死 | 重九 | 天地吹敗 | 後日 | 荒蕪 |
|---|---|---|---|---|---|---|---|---|---|---|---|---|---|---|---|
| 正 | 子 | 丑 | 春 | | | | 酉 | 辰 | 未 | 亥 | 戊 | 寅 | 卯 | 甲 | 己 |
| 二 | 午 | 未 | 酉 | 午 | 巳 | 寅 | 亥 | 酉 | 戌 | 申 | 辰 | 辰 | 寅 | 乙 | 酉 |
| 三 | 丑 | 寅 | | | | | 丑 | 寅 | 辰 | 巳 | 亥 | 午 | 丑 | 戊 | 丑 |
| 四 | 未 | 申 | 夏 | | | | 卯 | 未 | 寅 | 寅 | 巳 | 申 | 子 | 丙 | 申 |
| 五 | 寅 | 卯 | 子 | 酉 | 申 | 巳 | 巳 | 子 | 午 | 亥 | 子 | 戌 | 亥 | 丁 | 子 |
| 六 | 申 | 酉 | | | | | 未 | 巳 | 子 | 申 | 午 | 子 | 戌 | 戊 | 辰 |
| 七 | 卯 | 辰 | 秋 | | | | 酉 | 戌 | 酉 | 巳 | 丑 | 寅 | 酉 | 庚 | 亥 |
| 八 | 酉 | 戌 | 卯 | 子 | 亥 | 申 | 亥 | 卯 | 申 | 寅 | 未 | 辰 | 申 | 辛 | 卯 |
| 九 | 辰 | 巳 | | | | | 丑 | 申 | 巳 | 亥 | 寅 | 午 | 未 | 巳 | 未 |
| 十 | 戌 | 亥 | 冬 | | | | 卯 | 丑 | 亥 | 申 | 申 | 申 | 午 | 壬 | 寅 |
| 十一 | 巳 | 午 | 午 | 卯 | 寅 | 亥 | 巳 | 午 | 丑 | 巳 | 卯 | 戌 | 巳 | 癸 | 午 |
| 十二 | 亥 | 子 | | | | | 未 | 亥 | 卯 | 寅 | 酉 | 子 | 辰 | 巳 | 戌 |

論收捕出行征討擇其日不值麻煞火日宜用旺相時如敗絕休囚日合旺相時亦可用　如旺相日再得旺相時大吉若無黃道日并行黃道方不避孤虛方　旺相日時如丙午屬火取巳時寅卯亦火旺于時黃道要干枝吉

四旬旺相局下欵俱看

論兵吉日　口万年曆云宜行遠方　口如二月用寅日為兵吉其日赤無兵禁日同恐雄信服宜斟酌

地賊日合吉多不忌

論收捕出行征討　忌雄

三不返

寅卯丑寅卯辰辰卯寅丑子申

戌酉辰巳亥巳巳午戌申酉戌

破日

亥子申未午未申酉未亥酉亥

申酉戌亥子丑寅卯辰巳午未

天地雌雄

巳亥午子未丑甲寅酉卯戌辰

午子未丑申寅酉卯戌辰亥巳

十惡大敗

甲巳年　三月戊戌七月癸亥十月丙申十一月丁亥

乙庚年　四月壬申九月乙巳（戊癸年）六月巳丑

丙辛年　五月辛巳九月庚辰十月甲辰丁壬年無忌

減沒日

弦　虛　晦　婁　朔　角　望　亢　虛　鬼　盈　牛

口此吉星凶星定局與偃武教兵出兵征討收捕行兵左寨同看

口逐月立寨置烟墩吉日

正月　庚子乙丑　閏丙子巳丁丑癸丑（二月）乙未辛未閏癸未巳丑癸丑

三月　丁卯癸酉丁酉　閏甲子丙子庚子癸卯乙卯

四月　戊辰庚辰丙戌壬辰甲辰庚午癸酉丁酉甲戌戊戌戊壬戌壬午

五月　丙寅甲寅壬辰甲辰丙辰　（六月）丁卯癸卯乙卯巳卯

絶日成後日往亡日
四順四逆日惟建宜行
又忌五鬼破敗天地爭雄
三不返天敗大不成受
死離窠天賊台尤破平
收日與九土鬼同日凶

七月丁卯癸卯乙卯辛未乙未．〔外〕丁未癸未丙子巳未
八月乙丑甲戌丙戌戊戌壬戌丁丑〔九月〕丁卯乙卯癸卯〔外〕丙午
十月甲子甲戌庚子戊戌癸酉丁酉〔外〕丙子
十一月壬辰戊辰庚辰甲辰丙辰
十二月庚午庚申丙午壬申甲申丙申戊申
○右吉日不犯九土九醜十惡大敗天地爭雄陰私劫殺天賊受死
重復日天瘟荒蕪滅沒伏廢台尤三不返离敗地賊者多不忌

| 日時 | 〔季月〕 | 〔春〕 | 〔夏〕 | 〔秋〕 | 〔冬〕 |
|---|---|---|---|---|---|
| 榦旺 | 戊巳 | 甲乙 | 丙丁 | 庚辛 | 壬癸 |
| 榦相 | 庚辛 | 丙丁 | 戊巳 | 壬癸 | 甲乙 |
| 枝旺 | 辰戌丑未 | 寅卯 | 巳午 | 申酉 | 亥子 |
| 枝相 | 申酉 | 巳午未 | 辰戌丑未 | 亥子丑 | 寅卯辰 |

# 新編曆法合節鰲頭通書

## 童蒙訓讀

求師吉日　甲戌乙亥丙子癸未甲申丁亥庚寅辛卯壬辰乙未丙申癸卯甲辰乙巳丙午丁未甲寅乙卯丙辰庚申辛酉　及寅申巳亥日

宜天德月德天德合月德合六合要安上吉黄道益後續世定成開日

忌杏敬平收閉日陰陽錯正四廢天休廢滅沒日荒蕪受死大敗六不成六壬空大小空九土鬼離窠上下九不舉雜

## 入學求師　謂尊師傳授經業之事

聖賢死葬日三丑日孔子死辛巳日葬○丙寅日蒼頡死辛巳日葬忌入學

| 凶日 | 正 | 二 | 三 | 四 | 五 | 六 | 七 | 八 | 九 | 十 | 十一 | 十二 |
|---|---|---|---|---|---|---|---|---|---|---|---|---|
| 天賊 | 辰 | 酉 | 寅 | 未 | 子 | 巳 | 戌 | 卯 | 申 | 丑 | 午 | 亥 |
| 月空 | 壬 | 庚 | 丙 | 甲 | 壬 | 庚 | 丙 | 甲 | 壬 | 庚 | 丙 | 甲 |
| 荒蕪 | 巳 | 酉 | 丑 | 申 | 子 | 辰 | 亥 | 卯 | 未 | 寅 | 午 | 戌 |
| 受死 | 戌 | 辰 | 亥 | 巳 | 子 | 午 | 丑 | 未 | 寅 | 申 | 卯 | 酉 |
| 河魁 | 亥 | 午 | 丑 | 申 | 卯 | 戌 | 巳 | 子 | 未 | 寅 | 酉 | 辰 |
| 天罡 | 巳 | 子 | 未 | 寅 | 酉 | 辰 | 亥 | 午 | 丑 | 申 | 卯 | 戌 |
| 陰錯 | 庚申 | 辛酉 | 庚戌 | 丁未 | 丙午 | 丁巳 | 甲辰 | 乙卯 | 甲寅 | 癸卯 | 壬子 | 癸亥 |
| 陽錯 | 甲寅 | 乙卯 | 甲辰 | 丁巳 | 丙午 | 丁未 | 庚申 | 辛酉 | 庚戌 | 癸亥 | 壬子 | 癸丑 |
| 不成 | 寅 | 午 | 戌 | 巳 | 酉 | 丑 | 申 | 子 | 辰 | 亥 | 卯 | 未 |

四廢　春庚申辛酉（夏）壬子癸亥（秋）甲寅乙卯（冬）丙午丁巳

## 遣試卷

吉日 宜甲子甲戌乙亥丙子甲申癸卯辛卯甲寅乙卯 滿成開日

宜天德月德天月德合小合五合要安上吉益後續世黃道生炁日

忌六壬空亡月空正四廢天休癸火星被日

## 蠶家雜忌

口入：蠶家師忌離巢

離巢 丁卯戊辰己巳壬申戊寅辛巳壬午戊子己丑戊戌己亥辛丑戊申辛亥戊午壬戌癸亥日

凶日 月 正七〈二八〈三九〈四十〈五十一〈六十二

赤口 初三初九五初三初九酉初酉初七十三初七十六初辛十七初四初十六
二十三七二十廿六十九廿五廿四三十廿三廿九廿二廿九

六壬空 初辛十七初四初九初六初三初九十五初二初八四初一初七十三初六十二十八
二十三十九二十二三六二十三十七二十一十六十九二十五二十四二十

天休廢 初四初九十三十八二十三二十七初四初九十三十八二十三二十七

伏斷 子〈丑〈寅〈卯〈辰〈巳〈午〈未〈申〈酉〈戌〈亥
虛 斗 室 女 箕 房 角 張 鬼 觜 胃 壁

陽年 六輪元旦甲丙戊庚壬年定局

正七 上元初四初十十六廿二廿八
下元初六十二十八廿四三十

二八 上元初三初九十五廿一廿七
下元初五十一十七廿三廿九

三九 上元初二初八十四二十廿六
下元初四初十十六廿二廿八

四十 上元初一初七十三十九廿五
下元初三初九十五廿一廿七

五十一 上元初六十二十八廿四三十
下元初二初八十四二十廿六

六十二 上元初五十一十七廿三廿九
下元初一初七十三十九廿五

陰年 上下元旦乙丁巳丁癸年定局

〇九土鬼凶日
乙酉 癸巳 辛丑
丁巳 庚戌 甲午
壬寅 己酉 戊午

忌没凶日
弦虚晦婁朔角
望亢虚鬼盈午

逐月吉日不犯陰陽錯兵地滅没天賊九空赤口破平收除伏斷荒蕪空亡四離四絶受死黑道日惟合明星天月德合吉星多凶星小亦爲次吉論可用

不舉日董蒙入學忌
春子 夏卯
秋午 冬酉

二七
上元初一初七十三十九廿五
下元初三初九十五廿一廿七

二八
上元初六十二十八廿四三十
下元初二初八十四二十廿六

二九
上元初五十一十七廿三廿九
下元初一初七十三十九廿五

二四
上元初四初十十六廿二廿八
下元初六十二十八廿四三十

二五
上元初三初九十五廿一廿七
下元初五十一十七廿三廿九

二六
上元初二初八十四二十廿六
下元初四初十十六廿二廿八

魁星吉日 甲戌 庚[illegible] 甲辰 庚戌

文星吉日 乙亥 春屬六木長生在亥臨官在寅成開日學生高貴

〇逐月入學吉日 八淨宮同用

正月 甲子 癸酉 丁酉 (外)丙子 癸未 丙午 丁未 乙卯 壬子 子刪吉多
二月 甲戌 癸未 乙未 壬寅 甲寅 (外)丁未 丁丑 己未 丙寅 乙亥
三月 甲子 甲申 丁酉 庚辰 癸酉 (外)庚子 壬子 丙子
四月 甲戌 辛卯 乙卯 癸卯 辛酉 (外)甲子 庚午 丁丑 己卯 癸丑 丙子
五月 甲戌 乙亥 庚寅 甲寅 壬寅 (外)丙辰 己未 戊辰 丙寅
六月 乙亥 甲申 庚寅 辛卯 癸卯 甲寅 乙卯 (外)己卯 壬寅 庚申 丙申
七月 壬辰 乙未 辛未 丙子 (外)庚子 丙午 丁未 壬午 丙庚壬子

## 應試吉日 與出行兼用

宜甲子乙丑丙寅丁卯辛未甲戌乙亥丙子丁丑己卯甲申己丑庚寅乙未庚子癸卯丁未甲寅乙卯庚申辛酉

歷法有庚午丙戌丙午癸丑日 宜滿成開日

宜天德合月德合明星天堂天恩月恩天喜生月德天德合黃道上吉日

又天馬驛馬日

○吉日不犯黑道死氣官符十惡大敗無祿日天休廢四不祥猖鬼哭敗往亡明門錯八賊九空赤口九土鬼破平收閉

|  |  |  |
|---|---|---|
| 八月 | 乙亥庚寅壬寅丙寅 | 忌庚申壬寅丙寅丁丑 |
| 九月 | 辛卯庚午庚申辛酉 | 忌壬午丙子丙午癸卯戊午 |
| 十月 | 甲戌辛卯壬庚乙未 | 忌癸卯癸未甲子癸酉巳未辛未 |
| 十一月 | 甲申庚寅甲寅壬寅 | 忌癸未庚申癸丑丁丑壬寅丙辰 |
| 十二月 | 乙亥庚寅辛卯癸卯 | 忌乙卯庚申壬寅甲申 |

○右吉日不犯建破魁罡受死陰陽錯正四廢離窠休廢地下隔

## 應試赴舉 謂士子赴科場求功名等事

宜黑道天德月德二合天官六成貴人顯曲傳星六合

忌黑道死氣十惡無祿不祥猖鬼滅沒不樂門閉錯

○逐月應試赴舉吉日 不舉（春子夏卯秋午冬酉）

|  |  |  |
|---|---|---|
| 正月 | 甲子乙丑辛未乙未丁酉丙午丁丑癸未丁未癸丑巳未庚子 | |
| 二月 | 丙寅巳卯庚寅辛卯壬寅癸卯甲申甲寅丁巳癸巳丙戌甲戌 | |
| 三月 | 癸酉庚寅乙酉丁酉巳酉 | 忌壬午壬子 |
| 四月 | 甲子乙丑丁丑庚寅丙戌 | 忌癸丑壬庚丙子乙卯 |
| 五月 | 丙寅乙亥癸丑丙庚甲庚寅庚乙丑丙辰 | |

日伏断名然客亡四離四絶受死游別五不歸三不返凶日天隔月里道日游　明星天巳德吉星多凶星少亦可爲次吉

○所忌諸凶星例在出行求財局同看載于前卷

| 六月 | 丙寅庚寅壬寅甲寅〈七月〉辛未乙未丁未癸卯巳未癸未 |
|---|---|
| 八月 | 丙寅庚寅癸巳乙巳丁巳〈外〉壬寅壬辰丙辰 |
| 九月 | 癸酉丁酉辛酉巳卯辛卯〈外〉丙午乙酉巳酉庚午 |
| 十月 | 庚辰庚午甲午壬辰壬午〈十一月〉甲子庚子壬寅乙巳丙子丁未 |
| 十二月 | 巳卯甲申辛卯丙申癸卯甲子庚子壬子 |

## 求賢吉日

宜天德月德天德合月德合歲德歲德合三吉黃道天喜福星福德六合三合天貴天成天恩成開執日

忌月破天休廢滅沒上朔不舉荒蕪伏斷往亡干惡大敗蚩尤天隔人隔

○求賢　進士　謂招進賢良等事

○逐月求賢進士往京會試吉日

| 正月 | 癸卯乙卯辛未癸酉丁酉丙午〈二月〉乙丑甲申巳巳丁亥 |
|---|---|
| 三月 | 丙寅庚寅甲寅癸酉丁酉戊寅壬寅 |
| 四月 | 庚午丙午甲子丙子庚子壬午甲午丁酉 |
| 五月 | 丙寅乙亥庚寅壬寅甲寅癸〈六月〉甲申丙申乙亥丙寅庚寅甲寅 |
| 七月 | 甲子丙子庚子戊子壬子丁酉〈八月〉乙亥甲申丙申壬寅庚申 |
| 九月 | 甲申丙申丁卯庚午辛卯丁亥巳亥癸卯 |
| 十月 | 甲子丙子庚子庚寅癸卯壬子〈十一月〉丙寅庚寅甲寅甲申庚申 |
| 十二月 | 丙寅庚寅乙亥甲寅癸卯辛卯甲子甲申庚子庚申壬寅丙申 |

上下元在丙廢平收破凶日

天聾日 忌求醫求官應試上表章

正七寅　二八子
三九辰　四十申
五十一月午　六十二辰

八□日 忌求賢赴舉

正七酉日　一八未
三九巳日　四十卯
五十一月丑　六十二亥

○三不退凶日

正月戌亥　二月子卯酉
三月辰申　四月寅未卯
五月卯未　六月辰巳未
七月辰巳　八月卯午酉
九月寅戌　十月申戌亥

○襲爵受封、謂受官賜爵等事

宜甲子丙寅丁卯庚午丙子甲申戊子辛卯癸巳丁酉壬午己亥庚子壬寅癸卯辛亥壬子丁巳庚申

○黃道天德月德天月德合天恩歲德天赦天喜旺相官民守吉日

○忌死別伏罪不舉罪刑牢獄破平收閉官符徒隸黑道荒蕪受死天休廢正四廢凶敗滅沒伏斷往亡本命刑冲日及六不成日

(正)(二)(三)(四)(五)(六)(七)(八)(九)(十)(十一)(十二)

凶日

| 季 | 牢日 | 獄日 | 徒隸 | 死別 | 伏罪 | 不舉 | 刑獄 |
|---|---|---|---|---|---|---|---|
| 春 | 辰 | 未 | 申 | 戌 | 亥 | 子 | 丑 |
| 夏 | 未 | 戌 | 亥 | 丑 | 寅 | 卯 | 辰 |
| 秋 | 戌 | 丑 | 寅 | 辰 | 巳 | 午 | 未 |
| 冬 | 丑 | 辰 | 巳 | 未 | 申 | 酉 | 戌 |

官符：午未申酉戌亥子丑寅卯辰巳

十月酉日十二月亥

○五不遇月

(正)戊 (二)亥 (三)逢午
(四)未 (五)寅 (六)是卯
(七)辰 (八)巳 (九)月子
(十)丑 (十一)申 (十二)逢酉

○天不遇時亦忌

甲日午時 乙日巳
丙逢辰時 丁日卯
戊逢寅時 己是丑
庚日子時 辛日酉
壬是申時 癸是未

○往亡凶日

立春後七日 驚蟄後十四日
清明後廿一日 立夏後八日
芒種後十六日 小暑後廿四日
立秋後九日 白露後十八日
寒露後廿七日 立冬後十日

○逐月冊封受吉日

|  |  |
|---|---|
| 正月 | 癸卯丁卯癸酉己酉乙酉丁酉乙卯辛[illegible]日 |
| 二月 | 丁卯辛卯癸卯 (外)己巳己卯[illegible]卯乙巳丁巳癸巳 |
| 三月 | 戊寅癸巳壬寅丙午 (外)丙寅己巳癸酉庚寅己酉甲寅辛巳己巳 |
| 四月 | 庚午甲午乙酉 (外)丙午壬午戊午 |
| 五月 | 丙寅庚午戊申 (外)丙午壬午甲午戊午 |
| 六月 | 甲申癸巳丁巳庚申戊申己巳丙申辛巳壬申乙巳己酉 |
| 七月 | (外)丁酉壬申 |
| 八月 | 丁酉己酉癸酉丁亥乙亥乙酉己亥 |
| 九月 | 甲申庚申 (外)壬申丙申辛卯壬子戊申 |
| 十月 | 庚午己亥辛亥 (外)甲午乙亥丁亥己卯戊子庚子壬午戊午 |
| 十一月 | 甲子庚子 (外)丙子戊子壬子丙寅庚寅甲寅 |
| 十二月 | 丙寅戊寅壬寅丁卯辛卯癸卯己亥庚寅甲寅己卯乙亥辛亥 |

○上冊受封 謂立壇墠受冊封蔭等事

宜天德月德天德合月德合益後續世福星福德黃道上吉日

忌罪至伏罪牢獄日死別罪刑建破平收閉日荒蕪往亡凶敗日

大雪後廿日小寒後廿日

**施恩拜封** 謂恩命

宜入朝等事

宜丙子丙寅丁卯庚午丙子戊寅壬午甲申戊子辛卯丁酉己亥庚子壬寅癸卯辛亥壬子丁巳戊午庚申日

宜天明日黃道天恩天德月德天月德合福德上吉龍德天喜民旺相日

忌月破天休廢滅沒天斷荒蕪凶敗破平收閉日伏罪亡至罪刑四廢

選月吉日與上冊拜封同

○逐月上冊受封

正月辛卯　二月己巳　三月丁巳　四月乙卯　五月無

六月己巳己酉　七月丁酉丁卯　八月乙亥　九月辛亥辛卯　十月無

十一月原無載　十二月乙亥乙卯

## ○上官赴任

謂恭承恩命赴任治政等事

赴任吉日宜甲子丙寅丁卯戊辰庚午乙亥丙子己卯壬午甲申丙戌戊子庚子壬寅丙午辛亥壬子癸丑庚申辛酉

宜天月德天月德合天月恩天赦天貴并倉歲月德歲德合黃道上吉旺官民相守日　○驛馬宜赴任　○月德月恩宜上官

忌建破平收滿閉滅沒天吏天獄受死陰陽錯字獄日徒隸死別伏罪不舉刑獄正四廢離巢猖鬼敗亡伏斷離絕日休廢赤口往亡天地空亡凶亡罪亡不祥九醜本命日本命時沖同旬沖月

| 吉日　年 | 甲 | 乙 | 丙 | 丁 | 戊 | 己 | 庚 | 辛 | 壬 | 癸 |
|---|---|---|---|---|---|---|---|---|---|---|
| 茂子德 | 申 | 庚 | 丙 | 壬 | 戊 | 甲 | 庚 | 丙 | 壬 | 戊 |
| 歲德合 | 己 | 乙 | 辛 | 丁 | 癸 | 己 | 乙 | 辛 | 丁 | 癸 |

## 上官赴任

□總論

論正五九月按宋、唐書皆訓其詔高祖私正五九月不行刑移民智論日天帝怪以大寶鏡照見四大部州每月一移察人善惡正五九月照南贍部州故於此三月置刑條專隨曆以奉事佛甚謹者在法律遇此九月則禁刑所屠後人以其有禁刑斷屠之條故士大夫於此正月不上官以其有斷屠之令宮中清齋過此三月不支羊肉錢故一九朝每年

| 吉日 \ 月 | 正 | 二 | 三 | 四 | 五 | 六 | 七 | 八 | 九 | 十 | 十一 | 十二 |
|---|---|---|---|---|---|---|---|---|---|---|---|---|
| 天德 | 丁 | 申 | 壬 | 辛 | 亥 | 甲 | 癸 | 寅 | 丙 | 乙 | 巳 | 庚 |
| 天德合 | 壬 | 巳 | 丁 | 丙 | 寅 | 巳 | 戊 | 亥 | 辛 | 庚 | 甲 | 乙 |
| 月德 | 丙 | 甲 | 壬 | 庚 | 丙 | 甲 | 壬 | 庚 | 丙 | 甲 | 壬 | 庚 |
| 月德合 | 辛 | 巳 | 丁 | 乙 | 辛 | 巳 | 丁 | 乙 | 辛 | 巳 | 丁 | 乙 |
| 月空 | 壬 | 庚 | 丙 | 甲 | 壬 | 庚 | 丙 | 甲 | 壬 | 庚 | 丙 | 甲 |
| 月恩 | 丙 | 丁 | 庚 | 巳 | 戊 | 辛 | 壬 | 癸 | 庚 | 乙 | 甲 | 辛 |
| 驛馬 | 申 | 巳 | 寅 | 亥 | 申 | 巳 | 寅 | 亥 | 申 | 巳 | 寅 | 亥 |
| 旺日（即福厚） | 寅 | 寅 | 寅 | 巳 | 巳 | 巳 | 申 | 申 | 申 | 亥 | 亥 | 亥 |
| 官日（係安日） | 卯 | 卯 | 卯 | 午 | 午 | 午 | 酉 | 酉 | 酉 | 子 | 子 | 子 |
| 民日（即成勲） | 午 | 午 | 午 | 酉 | 酉 | 酉 | 子 | 子 | 子 | 卯 | 卯 | 卯 |
| 相日（即恩勝） | 巳 | 巳 | 巳 | 申 | 申 | 申 | 亥 | 亥 | 亥 | 寅 | 寅 | 寅 |
| 守日（寡怨日） | 酉 | 酉 | 酉 | 子 | 子 | 子 | 卯 | 卯 | 卯 | 午 | 午 | 午 |
| 天貴 | 甲乙 | 甲乙 | 甲乙 | 丙丁 | 丙丁 | 丙丁 | 庚辛 | 庚辛 | 庚辛 | 壬癸 | 壬癸 | 壬癸 |
| 天赦 | 戊寅 | 戊寅 | 戊寅 | 甲午 | 甲午 | 甲午 | 戊申 | 戊申 | 戊申 | 甲子 | 甲子 | 甲子 |
| 母倉 | 亥子 | 亥子 | 亥子 | 寅卯 | 寅卯 | 寅卯 | 辰戌丑未 | 辰戌丑未 | 辰戌丑未 | 申酉 | 申酉 | 申酉 |

過正五九月然君禁刑斷屠之修其宗法唐明帝而後人相傳以正五九月爲内月而忌用

**論上官受職宜用天官即**司命貴人即明堂天德黃道驛安即榮官日同旺宮見而局恩勝即相日成動即民石寡怨即守成日同天良春用寅夏丙寅秋庚寅冬壬寅甲綬庚申辛亥丁未戊申戊午七曜吉日春太明太陰木星水星夏太明水星秋太陰金星水星冬太陰木星水星

**論奏覽謁時上官赴任吉時宜用授時歷逐月用**

| 凶日 | 正 | 二 | 三 | 四 | 五 | 六 | 七 | 八 | 九 | 十 | 十一 | 十二 |
|---|---|---|---|---|---|---|---|---|---|---|---|---|
| 天吏 | 酉 | 午 | 卯 | 子 | 酉 | 午 | 卯 | 子 | 酉 | 午 | 卯 | 子 |
| 天獄 | 子 | 卯 | 午 | 酉 | 子 | 卯 | 午 | 酉 | 子 | 卯 | 午 | 酉 |
| 受死 | 戌 | 辰 | 亥 | 巳 | 子 | 午 | 丑 | 未 | 寅 | 申 | 卯 | 酉 |
| 陰錯 | 庚 | 辛酉 | 庚申 | 丁未 | 丙午 | 丁巳 | 甲辰 | 乙卯 | 甲寅 | 癸丑 | 壬子 | 癸丑 |
| 陽錯 | 甲寅 | 乙卯 | 甲辰 | 丁巳 | 丙午 | 丁未 | 庚申 | 辛酉 | 庚戌 | 癸亥 | 壬子 | 癸丑 |
| 准日 即虎哭 | 辰 | 辰 | 辰 | 未 | 未 | 未 | 戌 | 戌 | 戌 | 丑 | 丑 | 丑 |
| 獄日 即分離 | 未 | 未 | 未 | 戌 | 戌 | 戌 | 丑 | 丑 | 丑 | 辰 | 辰 | 辰 |
| 徒隸 禮罪刑 | 申 | 申 | 申 | 亥 | 亥 | 亥 | 寅 | 寅 | 寅 | 巳 | 巳 | 巳 |
| 死別 即抱形 | 戌 | 戌 | 戌 | 丑 | 丑 | 丑 | 辰 | 辰 | 辰 | 未 | 未 | 未 |
| 不舉 即客寡 | 子 | 子 | 子 | 卯 | 卯 | 卯 | 午 | 午 | 午 | 酉 | 酉 | 酉 |
| 別獄 非訣 | 丑 | 丑 | 丑 | 辰 | 辰 | 辰 | 未 | 未 | 未 | 戌 | 戌 | 戌 |
| 伏罪 | 亥 | 亥 | 亥 | 寅 | 寅 | 寅 | 巳 | 巳 | 巳 | 申 | 申 | 申 |
| 冰消瓦陷 | 巳 | 子 | 丑 | 申 | 卯 | 戌 | 亥 | 午 | 未 | 寅 | 酉 | 辰 |
| 正四廢 | 春 庚申辛酉 夏 壬子癸亥 秋 甲寅乙卯 冬 丙子丁巳 | | | | | | | | | | | |
| 九土鬼 | 己酉 癸巳 辛丑 庚戌 丁巳 乙酉 甲午 壬寅 戊午 | | | | | | | | | | | |

凶大吉時俱用黄道吉
時不忌諸凶

論本命日本命对神忌用
假如甲午水命忌甲子
日对神日忌庚午戊午
日其餘倣此

上兀下兀日塔纔觀徽
亂不安之義恭謹古歷
初無兀日至宋朝始有
和經所謂六輪不宜命
兀九宮兀月兀年兀衛
神兀坎離兀九元兀順
逆兀凡有三十義皆究
繫本經惟六輪兀乃兆
李士存中在輪林臨修
元豐歷閣下命出用之
有驗今世士官以為凶
日尤忌之

伏断　九醜　離窠　偃蹙　四不祥　滅没　上朔　四離　四絕　月　上旬　中旬　下旬

子　丑　寅　卯　辰　巳　午　未　申　酉　戌　亥
虛　斗　室　女　箕　房　角　張　鬼　觜　胃　壁
壬午　乙　丙子　辛卯　壬子　戊午　巳酉　巳卯　辛酉
丁卯戊辰　巳巳戊寅辛巳戊子巳丑戊戌巳亥辛丑戊午壬戌癸亥
丁卯戊辰　巳寅辛巳戊子巳丑戊戌巳亥辛丑庚戌戊午壬戌
每月初　四　初七　十六　十九　二十八日
弦　虛　晦　娄　朔　角　望　亢　虛　斗　盈　午
用　年　癸　乙巳巳日丙年乙亥日丁年辛巳日戊年丁亥日
巳年　癸　巳日庚年巳亥日辛年乙巳日壬年辛亥日癸年丁巳日
春分　秋分　夏至　冬至　前一日是
立春　立夏　立秋　立冬　前一日是
上官壇　經　值迁学吉
正　二　三　四　五　六　七　八　九　十　十一　十二
遷　遷　遷　凶　死　吉　失位　遷　連禍　遷　死　遷
公　爭訟　吉　遷　死　位三公　獄亡　遷　凶　吉　方伯　失爵
大　凶　凶　吞　遷　死　位三公　獄亡　大吉　吉　吉　失爵　方伯

論四不祥日歐所忌歲註事云犯之多不終任遷察閱兌云林復之言上官用此日者鮮有善罷犯此日者皆不得善脫

論九土鬼日趙恆菴云遇堂界日之凡事有始无終者吉星相扶則免禍而已如凶神相会其禍九速曾當叔云具日與建破見罡相併者大凶餘日

論牢日春未獄日春卯徒隸春酉俱是春月有恙今依須 歷書成正

論修斷日忌辰魁干日若其時又值亢婁牛鬼宿極凶乃暗金伏斷時亦

天遷圖定局 值遷字吉

| 月 | 正 | 七 | 二 | 八 | 三 | 九 | 四 | 十 | 五 | 十一 | 六 | 十二 |
| --- | --- | --- | --- | --- | --- | --- | --- | --- | --- | --- | --- | --- |
| 大小 | 大 | 小 | 大 | 小 | 大 | 小 | 大 | 小 | 大 | 小 | 大 | 小 |
| 初一初七十三十九廿五 | 遷 | 遷 | 遷 | 遷 | 亡 | 亡 | 如 | 如 | 失 | 失 | 罪 | 罪 |
| 初二初八十四二十廿六 | 如 | 遷 | 遷 | 亡 | 遷 | 失 | 罪 | 遷 | 亡 | 罪 | 失 | 如 |
| 初三初九十五廿一廿七 | 罪 | 亡 | 如 | 失 | 遷 | 罪 | 失 | 遷 | 遷 | 如 | 亡 | 遷 |
| 初四初十十六廿二廿八 | 失 | 失 | 罪 | 罪 | 如 | 如 | 亡 | 亡 | 遷 | 遷 | 遷 | 遷 |
| 初五十一十七廿三廿九 | 亡 | 罪 | 失 | 如 | 罪 | 遷 | 遷 | 失 | 如 | 遷 | 遷 | 罪 |
| 初六十二十八廿四三十 | 遷 | 如 | 亡 | 遷 | 失 | 遷 | 遷 | 罪 | 罪 | 亡 | 如 | 失 |

右圖內值遷字大吉如字次吉值罪亡失字凶不用

| 赴任出行吉方 | 正 | 二 | 三 | 四 | 五 | 六 | 七 | 八 | 九 | 十 | 十一 | 十二 |
| --- | --- | --- | --- | --- | --- | --- | --- | --- | --- | --- | --- | --- |
| 時陽方 | 子 | 丑 | 寅 | 卯 | 辰 | 巳 | 午 | 未 | 申 | 酉 | 戌 | 亥 |
| 天德方 | 丁 | 坤 | 壬 | 辛 | 乾 | 甲 | 癸 | 艮 | 丙 | 乙 | 巽 | 庚 |
| 月德方 | 丙 | 甲 | 壬 | 庚 | 丙 | 甲 | 壬 | 庚 | 丙 | 甲 | 壬 | 庚 |
| 德合方 | 辛 | 己 | 丁 | 乙 | 辛 | 己 | 丁 | 乙 | 辛 | 己 | 丁 | 乙 |
| 月空方 | 壬 | 庚 | 丙 | 甲 | 壬 | 庚 | 丙 | 甲 | 壬 | 庚 | 丙 | 甲 |

須忌之

月忌日年月術要云初五十四廿三世俗常忌前輩云此俗忌之吉多可用

猖鬼大敗日世說李林甫相唐每陰謀大臣必以猖鬼大敗日除權公鄉立見禍敗然考諸歷書其說不同寔無可拠若其日與建破平收日併則凶

入金門即死之說爲非只有八月辛酉日未時即死餘日無載傳送從魁爲金明假令八月辛酉未時傳送從魁亥子上若從巳午向亥子上

● 右歷云黃道百事皆最宜上官上官辭職宜拜封出行吉六合德天月德合月空並宜上章獻策、拜封上任大吉忌三夜為忌月

● 逐月上官赴任吉日 上下元六輪載在入學局查看

正月 巳卯癸卯丁酉癸卯乙卯辛卯甲午癸未丁未壬午丁卯丙午

二月 巳 (外)乙丑丁丑甲申乙亥丙寅

三月 巳酉丙寅癸酉庚寅丁酉甲寅(外)庚午壬辰戊寅壬寅

四月 丁酉巳卯庚午甲午丙午乙丑丁酉丁丑癸丑巳丑乙卯甲子

五月 (外)丙寅辛未乙亥丙戌庚寅壬辰甲寅丙辰戊寅戊辰

六月 巳巳甲寅庚申甲申丙申(外)丙寅乙亥庚寅壬寅辛亥丙子

七月 甲子庚子(外)壬子戊子丙子

八月 丙寅乙亥甲申庚寅(外)甲戌丙戌癸丑庚戌

九月 甲申癸卯辛卯戊申丙申壬申巳卯庚申(外)丙子庚子巳亥

十月 甲子庚子(外)乙酉辛未癸酉甲戌戊子丙戌巳未辛酉癸亥癸卯

十一月 丙寅庚寅甲寅(外)乙丑壬申甲申

十二月 丙寅乙亥庚寅癸卯甲寅辛卯壬寅(外)甲子甲申庚子庚申

● 右吉日不犯建破平滿收閉滅沒上朔往亡空亡本命対沖魁日

堂是也餘倣此吉星衆則亦不忌

正官上任避忌換俗傳正官礼任之日不宜從城市南門入乃離官九紫正火方主惟正官礼任則忌之犯者主城市火災

上官横推吉日與凶口同忝諱正月天福巳日與天罡日同天瘟甲與破日同天德亥與可魁日同巳上並犯凶忌而剋作上官吉日用該不是應故不徧入

所入門上神剋年上神主死敗令行年亥向午方上官其日時中小吉

天吏牢獄受 死陰陽錯徒隷死別一下牢刑獄罪至正四廢倡鬼四

不祥離棄伏 與九日四離四絶天火廢亦自滅沒日天罡罰銜聦

● 按原歷所載 有犯凶局今考出不甚並忌出行凶日故分外吉也

● 假如子年 太歲即從子上起正月月上起初一日在子上爲地空節七數去初五日到午上爲天空 ● 又如二月從丑寅上起初一節七數去初四日到午上爲天空數去初八到子上爲地空其餘倣此並順行 又名天掃地掃

● 上官入宅忌天空埋葬種植忌地空

## 天地空亡圖例

● 遊神歌 上官赴任出行求財皆忌太白遊神方位

遊神癸巳上天堂十六日 巳酉下來東北方四十四日

天上凶星不可遊 正七閉分二八收 三九危分四十鼓

五十一月平上長 六十二月除中忌 拜官封職萬事休

四不祥日

上官初四不爲祥 初七下六甚堪傷 十九更嫌二十八

愚人不信定遭殃 俱定任上人鳥死 防此五日盜爲肯

上官交任雖式須選吉日方可交任如未得良日而先到者且合於歲德天道天德歲合之位乃選日將旅致然後謁也

封拜襲恩事出於上官無所忌惟用逐年十二共上歷吉見歷法合歲正入逐月

●紅紗殺日忌上任

四仲金雞四孟蛇
四季丑日是紅紗
出行赴任皆不吉
起造埋葬事如麻
買賣經營皆不遂
中途將亦不留此
若人不信紅紗殺

㊀宜大明天赦天恩天解七神聖心皆德陰陽合人民合

忌上帝殺害罪至罪刑獄日牢日徒隸伏罪政原官符死不成地系日受死天瘟凶逐月吉日與詞訟例同

● 給由 考滿 謝致仕歸亦同看

宜黃道天恩天福天成要安天解益後續世生炁成勳福厚民口守日旺日復月

忌九土鬼十惡大敗天地殃敗水消瓦陷死別死氣受死正四廢荒蕪五不遇六不成三不返伏斷日

眷職宜番道挑備生炁天福旺守成日福生要安續世益後成勳日

忌五離八絕上明絕阻十惡無祿大敗大小空亡

謝恩宜天恩天赦天喜天德月德月德天月德合日

○逐月給由考滿吉日

|  |  |
|---|---|
| 正月 | 甲子庚子乙丑己卯癸卯乙卯辛未乙未癸酉丁酉丁亥辛亥 |
| 二月 | 丙寅庚寅甲寅壬申丙申戊申丁亥朔戊寅己巳辛巳甲申丁亥 |
| 三月 | 甲子庚子己卯癸卯己巳乙巳癸酉丁酉朔丙子丁卯辛卯 |
| 四月 | 甲子戊子丁卯乙卯癸卯戊辰甲辰庚午甲戌戊子壬辰壬午 |

孩限後未不開花

●天地荒蕪詩例

孟冬仲破季逢收
子寅巳戌壽爲仇
用春歷日心牢記
犯着荒蕪方事休

正又歷云
蛇二雞鳴三牛四猴櫞
鼠六龍位七猪八兎春
羊井十虎十一馬頭寅
有十二月逢大便相侵

惟辨正天地荒蕪 天地荒蕪係孟春巳日 仲春酉日 季春丑日 孟夏申日 仲夏子日 季夏辰日 孟秋亥日 仲秋卯日 季秋未日 孟冬寅日 仲冬午日

五月 戊辰庚辰 壬辰甲辰丙辰辛巳癸未丙壬申戊申甲庚申辛亥乙亥

六月 丙寅庚寅 甲寅壬申丙申甲申庚申癸酉丁酉丁酉

七月 丁卯己卯 辛卯癸卯乙卯辛未己未 凶 壬午丙午癸未己未

八月 丙寅庚寅 甲寅己巳癸巳庚申甲戌戊戌丙戌 凶 戊寅壬戌

九月 丁卯辛卯 庚午癸酉丁酉辛酉乙亥丁亥辛亥 凶 壬午丙午

十月 甲子庚子 庚午癸酉乙酉丁酉甲午乙未 凶 丙子戊子癸未壬午

十一月 甲子庚子 乙丑丙寅己巳丙申戊丁巳戊戌壬戌辛丁亥 凶 丙子壬戌

十二月 甲子庚子 甲寅戊寅丙寅庚寅丁卯辛卯己卯癸卯乙卯庚午

壬申甲申 戊申丙申庚申 凶 丙子戊子壬子壬寅壬午

〇右吉日不犯九土鬼十惡大敗天地殃敗水消瓦陷死別死無受死滅沒休廢荒蕪伏斷正四廢九空赤口五不遇六不成三不送

〇納表上章

謂進納表章披陳利害伸理詞訟等事

宜 天月德 天月德合月空聖心解神定成月

忌 天獄天吏官符臨日癸日受死十八隔月刑建破平收滿閉反支月

**反支日**

初戌亥一日反 初一申酉二日反 初一午未三日反

初辰巳四日反 初一寅卯五日反 初一子丑六日反

上在寅功曹木加午是也他倣此○年上神魁所入門上神主有徵役不安假令年在亥拎午方上宮其日时申大中木加亥河魁上加午是也其餘倣此

論推迁官附以上官月日干生青龍太常遠近為午迁期以日干生青龍太常遠近為月迁之期以青龍太常所生為迁日期所魁為时假令三月甲戊日未时文官視事以從魁加未青龍乘勝光火加辰临甲日祖生吉度迁及祖宗甲失青龍隔三位則三年為

論本命穿破对冲日

子冲巳 甲庚冲 乙辛冲 丙壬冲 丁癸冲 戊己無冲

支冲一 子午冲 丑未冲 寅申冲 卯酉冲 辰戌冲 巳亥冲

○假如丙寅生人忌壬申日壬申生人忌丙寅日其餘倣此

○赴任忌対金門日凶 庚午 庚辰 庚寅 庚子 庚申日是

## 臨政親民

謂礼上参賀頒布條令受負因籍聽決獄訟等事

宜旺官民相守日六儀日六吉 忌建破平收滿閉日上朔九土鬼凶敗死炁滅沒受死休廢空亡天吏雷公飛流天棒隂私型勦日

○逐月臨政親民吉日

三月 丙寅 己巳 戊寅 辛巳 庚寅 癸巳 壬寅 乙巳 甲寅 丁巳 辛酉

例 癸酉 乙酉 丁酉 己酉

六月 己巳 壬申 乙亥 辛巳 甲申 丁亥 癸巳 丙申 己亥 乙巳 戊申 辛亥 丁巳 庚申 癸亥

九月 壬申 甲申 丙申 戊申 庚申

十二月 丙寅 己巳 乙亥 戊寅 辛巳 丁亥 庚寅 癸巳 己亥 壬寅 乙巳 辛亥 甲寅 丁巳 癸亥

例 庚午 壬午 甲午 丙午 戊午

迁期又從戌上數至青龙得巳則七月為迁期八此日青龙乘勝而入生亡以戌日為迁期又青龙加辰為食时則知第三年戌巳日食當迁官他倣此勝數

論迁官内外 凡日干生青龙太常則迁在外青龙太常生日干者則迁在内又青龙太常所畏者為凶期以四时之氣休旺推其輕重凡上官不宜向六甲金門凶

論六甲金門 甲子旬午地甲戌旬辰地甲申旬寅地甲午旬子地甲辰旬戌地甲寅旬申地是也

呂按遂擇曆書無載正二四五七八十十一月不敢擅增愚考之宜與襲爵受封吉日同看以備全用

## 臨官視事

接遂月吉日與上官赴任例同看

宜天恩天德月德六儀日 忌雷公飛流天倭陰私士字黑道天吏庚日建平收滿閉日勿令年上神煞受官日假令行年在丑以甲乙受官不日凶天干相煞地支相冲故言凶

## 文武視事

接遂月吉日亦與上官赴任同看

又官欲令日辰之陽用傳中有青龙武官欲令日辰之陰用傳中有太常又無螣蛇白虎相尅者無咎如有螣蛇相尅主有厄也蹉跌又欲令青龙太常與今日相生將神不剋上下不相尅加官高迁都無災殃盗賊若臣利用子孫當福若上剋下必得免咎下剋上不居此官及多病凶

## 檢舉刑獄

謂下獄點檢罪人等事

季冬戊日是
盖春三月以木司令為主氣巳酉丑會金局为客氣春不旺火相金受剋故荒無處三月以火为主气申子辰会水局为客氣衰火旺土相水受尅为荒無旨君二季係客氣受制为荒無也
然秋三月以金司令为主氣亥卯未为客氣冬三月以水司令为主气寅午戌为客氣秋冬二季係主氣然客氣故为荒無也舊云孟平仲破季逢收勸为德矣
且主客相尅为忌者明矣有等通書所載春三

○逐月納表上章吉日

正月 甲子丙子辛卯(外)丙午壬子(二月)甲申戊申庚申寅戊(外)甲戌
三月 甲子丙寅庚子戊子旺寅酉(四月)庚午甲戌甲午壬午丙戌戊庚
五月 乙丑壬辰辛丑壬寅(外)丁丑(六月)甲子庚子庚寅庚申丙子壬子
七月 丙辰 (八月)丙寅甲戌戊戌庚戌壬寅甲寅
九月 丁卯己卯辛卯乙卯壬午(十月)庚辰己酉壬子庚子己酉壬辰
十一月 丙辰 (十二月)甲申甲寅(外)庚午壬午甲午丙午戊午

論進表呈疏上書陳言叅官見青(宜)天德月德天月德合黃道月空
开倉日 (忌)建破平收滿閉日

論求謀文書印信(宜)天德月德天月德合六合黃道 (忌)赤口大空亡小空亡無伏斷受死凶敗爭誰日

## 八○公庭訴訟

謂告官申理寃情等事

訴訟日(宜)天德月德天月德合定成日 (忌)破日罪至刑獄伏罪日天獄天吏刑罪紛狡癸不訴訟○州縣忌投詞入狀合六壬理訟日則不忌

日巳酉丑日是以孟冬卯日仲冬申季冬子日孟秋卯日仲秋未日季秋亥日孟冬寅日仲冬戌日季冬午日此數日係執陰危向吉日也何反為荒無觀此差說辨明備錄改正

春巳酉丑　夏申子辰
秋亥卯未　冬寅午戌

此係古本正理也其後新增妄載者切不可信也

上官赴任宜用四季生旺相有氣之日為上吉休囚死絶之日凶

春甲乙寅卯旺丙丁巳午相庚辛申酉囚壬癸亥子休

六壬理訟于魁支曰制日上訟下者用乙丑甲戌壬午戊子庚寅辛卯甲辰乙未丙申丁酉巳亥　○支魁于日伐日下訟上者甲庚午丙子戊寅己卯辛巳壬戌甲申乙酉丁亥壬辰癸丑　○子生支日宝日支生于日專日于支同日和日和解者用之如甲午甲子甲宜之類

○六合出行吉凶掌訣

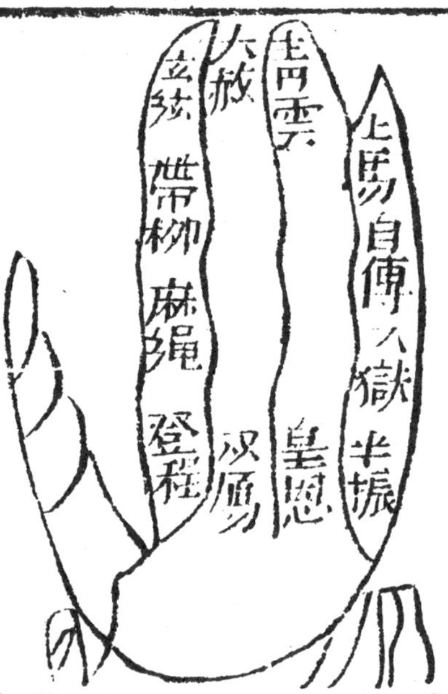

每從月建上起初一順行一日一位遇吉則吉遇凶則凶萬無一失假如正月初六日出行就於寅上起初一順數初六日到未是青雲吉矣

歌

子午皇恩并大赦　丑未双鳴失青雲
寅申登程扶上馬　卯酉麻繩自縛身
辰戌帶枷須入獄　巳亥玄絃也折明

青雲
上馬
自傳入獄
光振
皇恩
大赦
双鳴
玄絃
帶枷
麻繩
登程

罪人赴官宜活曜天恩天赦天解生氣獄鑰天月德乙巳丙寅己巳

開除日　忌罪至罪刑伏罪獄日不廉分骸天刑黑道日時

見官宜黃道上官天赦貴人天喜天月德人民合明陽合日

服罪宜天恩天赦天喜貴人天赦解神天解獄鑰要安音壞月

辰戌壬未戊巳死
丙丁巳午旺　庚辛申酉
囚壬癸亥子休甲乙寅卯
死戊巳辰戌丑未相
庚辛申酉時　壬癸亥子相
甲寅乙卯囚　丙丁巳午死
戊巳辰戌丑未休
壬癸亥子旺　甲乙寅卯相
丙丁巳午休　庚辛申酉死
戊巳辰戌丑未囚
擇日上官赴任拜命授
官襲爵受封出行應試
給由考滿往京等事俱
宜選旺相之日為吉
休囚死絶之日凶
上任日宜出行黄道日
正七起子二八寅
三九辰求卦在辰

## 逐月

正月　三月　五月　七月　八月　九月　十月　十二月

庚寅戊寅巳卯辛卯戊辰三月戊寅庚寅甲寅巳卯辛卯乙巳
戊寅庚寅甲寅辛卯乙卯丁巳四月丙子戊子庚午壬午丙午丁酉
丙戊辰庚寅行巳甲辰辛未六月辛巳甲申丙申庚申乙酉丁酉
丙子戊子壬子巳卯辛卯戊辰壬辰庚子申辰丙辰
乙酉丁酉丁亥巳巳辛巳乙巳丁巳
丙子壬子巳卯辛卯甲申丙申庚申乙酉辛酉丁亥巳亥丙午
丙子戊子巳卯辛卯庚午壬午十一月丙子戊子戊寅庚寅甲寅
丙子戊子壬子戊寅庚寅庚午壬午甲申丙申庚申
○右吉日除不犯羅至分散抱刑伏罪獄日咸池赤口受死天瘟月
忌荒蕪凶敗藏没不現往亡等日天下衛門向衛七為火宜木日
入就之事大成小○速用縱橫法　事急不暇擇日當作捉橫法

## 四縱五橫門

定心　○正立門内叩齒三十六通以右手大拇指
正身　先畫四縱後畫五橫畫訖即念咒
齊冠　四縱五橫吾今出行禹王衛道蚩尤辟兵
作用　賊盜不得起虎狼不得行遠歸故鄉遇吾

四土須知午十一是
三十二月的居中
六十二月起於戌
黃道為詳黑道遁
其法假如正月從子官
起道達凡時通達路遥
何日逐卿遇字有之遁
者為黃道無之遁者為
黑道餘倣此
道百事吉黑道凶若合
明星與吉星多則亦為
吉用
德黃道宜上尝謁貴
推黃道宜出行商賈星
堂明堂祭官見貴吉

藏身圖式



者死當吾者亡急急
出行將此咒念七遍
一又奇門藏身法
如九天玄女律令　○咒畢出行慎勿返顧每
蓋地軍以土壓之吉
凡出門足以丁字向口念足躡
躡罡履斗躋七元一氣混沌炘成形
天向地轉步七星　禹步相推登陽明
凡出行若要先遁合奇門若要奇門吉門
○巳止禹罡每以方足先
行就望吉門出步此罡畢咒卯伯乙奇就默念乙奇咒一首
十步外不可回顧

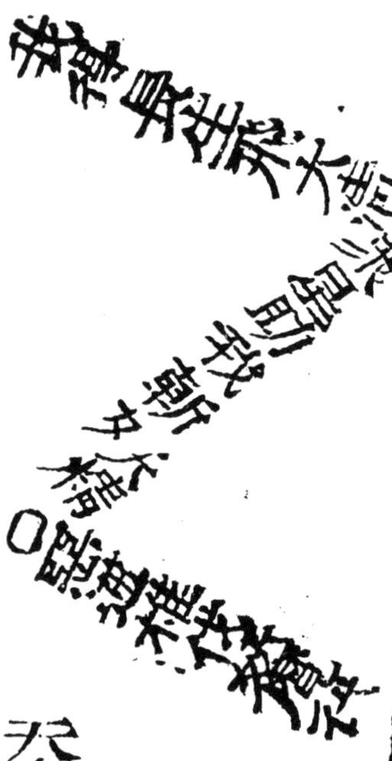

新編歷法合節鰲頭通書三卷終

# 新鐫歷法總覽合節鰲頭通書卷之三

鰲峯　道軒　熊宗立歷法
後裔　月嶠　秉懋增補

## ○男冠女笄

謂冠帶巾服等事

宜天德月德天月德合天月恩生炁福生益後續世黃道天乙絕氣

忌蚩尤火星日　丑日不冠帶　惟忌八月定日餘月定日吉

蚩尤凶日正七月寅二八辰三九午四十申五十一戌六十二子

犯之主髮滯結作亂敗也忌火星日主髮乾燥枯結

### ○逐月冠笄吉日

正月甲子丙子壬午辛卯丙午　死壬子癸卯己卯庚午癸酉丁酉

二月丙寅丁卯甲寅癸卯癸巳丁巳辛未甲申丁亥己亥辛亥壬寅

三月甲子丙子丁卯癸巳乙巳　死庚子壬子己卯丁酉癸酉乙卯

四月甲子丁卯戊辰庚午辛酉辛卯庚辰己卯癸卯乙卯甲辰丙辰

### 香髮木樨油法

但宜採桂花半開者拾去莖蒂令淨每花二升用香油一斤輕手拌勻納入瓷罐中用油紙緊封罐口於釜中湯煮一餉持起安頓燥處十數日後傾出夏布一方濾絞其清依收之要封閉謹密愈久愈香極美

茉莉花油香法採其花去蒂用小瓷入香油拌勻油紙封器只釜湯煮一餉持起數日去查密封愈久愈香

染髮威灵仙油 用威灵仙十兩、栢葉二枝、牙皂角三莖、黑牽牛二十粒、黃柏一斤，手指大，各細剉，以絹袋納入甕器中，入真麻油一斤，浸七日，煮之，要頓冷處用之，能去垢膩。若髮結不堪梳用，以脂抹去鮮。

結髮神梳散

川當歸 荊芥 黑牽牛
白芷 柑子 威灵仙
側栢葉

○右各等分為細末，隔夜用油滲髮中，次早埋之，能去風消除垢膩，鮮結髮梳妙。

五月 丙寅戊辰辛未戊寅壬寅甲辰庚寅甲寅庚辰丙辰癸未己未
六月 丙寅戊寅甲寅丁卯癸卯甲申丙申庚申己卯乙卯乙亥丁酉
七月 甲子丙子庚子辛未壬丙午丁未辛卯癸卯庚午丁卯壬辰丙辰
八月 丙寅戊寅癸巳乙巳丙戌庚寅己巳甲戌乙亥丁卯丁巳壬戌
九月 甲子丙子丁卯辛卯癸卯己卯乙亥辛亥辛酉丙戌庚子壬子
十月 甲子丙子丁卯辛卯癸卯乙卯壬午甲午辛酉丙戌庚子壬子
己卯庚午癸酉丁酉己酉壬戌
十一月 丙寅戊寅甲寅戊辰壬辰甲辰癸巳乙巳壬申丙申戊申庚申
十二月 甲子丙寅戊寅己巳壬寅甲寅乙巳癸巳甲申丙申庚申庚寅
乙卯辛卯癸卯

○右吉日不犯魁罡絢絞月厭荒蕪陰陽錯正四廢九上鬼丑破日嵗光火星天賊滅沒日　九上鬼不與建破平收同日則不忌諱

○男女合婚　謂推合八字吉凶合婚等事

[吉本]三元男女從本宮起甲子，数至本命宮，分却以男女兩宮之数合卦。如男命在一宮，女命在四宮，即今之生炁吉，餘倣此推之。

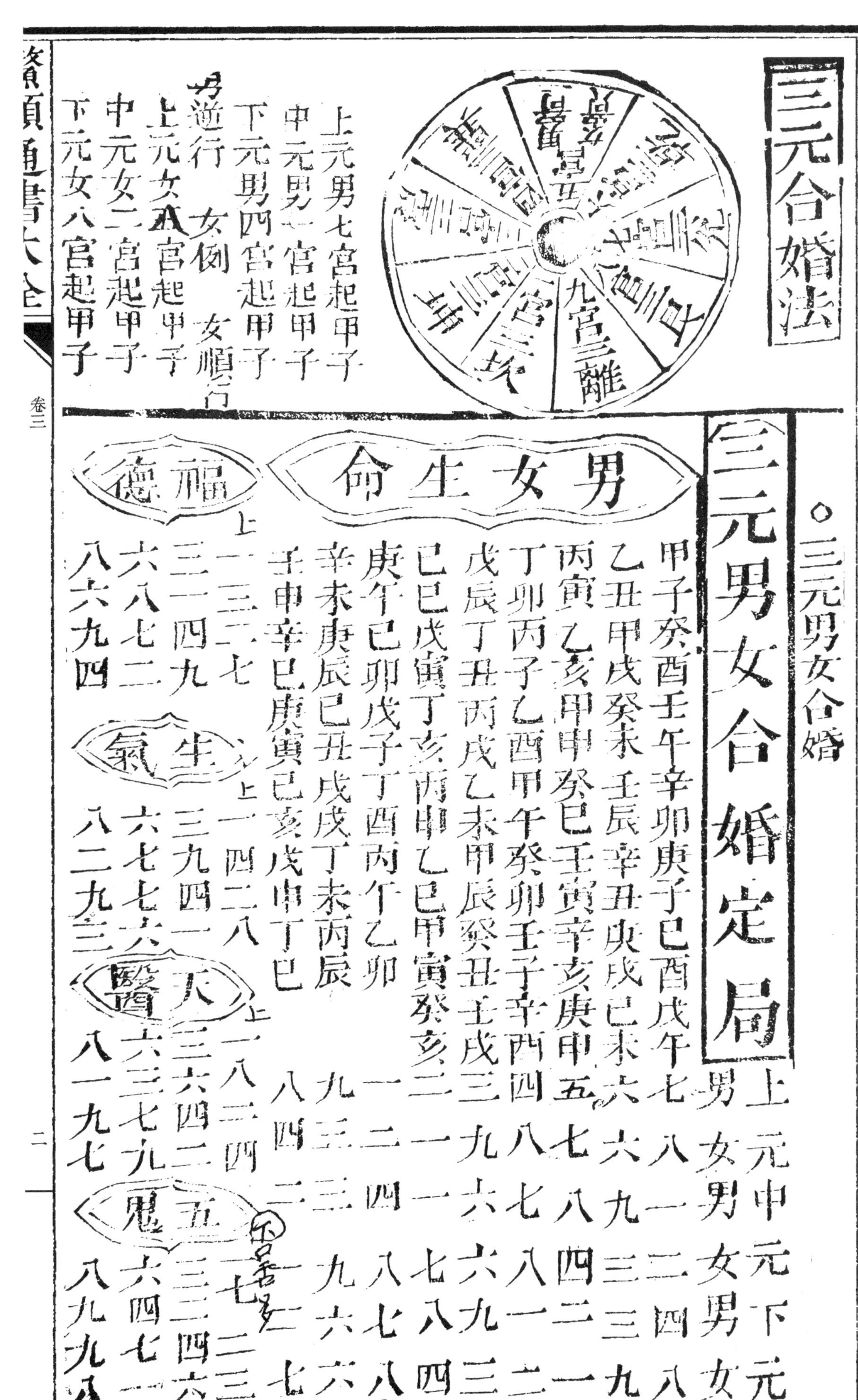



# 三元合婚法

上元男七宮起甲子
中元男一宮起甲子
下元男四宮起甲子

男逆行　女倒　女順行

上元女五宮起甲子
中元女二宮起甲子
下元女八宮起甲子

# 三元男女合婚定局

○三元男女合婚

男女生命

| 干支 | 上元男 | 上元女 | 中元男 | 中元女 | 下元男 | 下元女 |
|---|---|---|---|---|---|---|
| 甲子癸酉壬午辛卯庚子己酉戊午 | 七 | 八 | 一 | 二 | 四 | 八 |
| 乙丑甲戌癸未壬辰辛丑庚戌己未 | 六 | 六 | 九 | 三 | 三 | 九 |
| 丙寅乙亥甲申癸巳壬寅辛亥庚申 | 五 | 七 | 八 | 四 | 二 | 一 |
| 丁卯丙子乙酉甲午癸卯壬子辛酉 | 四 | 八 | 七 | 八 | 一 | 二 |
| 戊辰丁丑丙戌乙未甲辰癸丑壬戌 | 三 | 九 | 六 | 六 | 九 | 三 |
| 己巳戊寅丁亥丙申乙巳甲寅癸亥 | 二 | 一 | 一 | 七 | 八 | 四 |
| 庚午己卯戊子丁酉丙午乙卯 | 一 | 二 | 四 | 八 | 七 | 八 |
| 辛未庚辰己丑戊戌丁未丙辰 | 九 | 三 | 三 | 九 | 六 | 六 |
| 壬申辛巳庚寅己亥戊申丁巳 | 八 | 四 | 二 | 一 | 二 | 七 |

福德

上
一三二七
三一四九
六八七二
八六九四

生氣

上
一四二八
三九四一
六七七六
八二九三

天醫

上
一八二四
三六四二
六三七九
八一九七

五鬼

一七二三
三三四六
六四七一
八九九八

## 小兒生命關煞

百日關

寅申巳亥月生辰戌丑未時是
子午卯酉月生寅申巳亥時是
辰戌丑未月生子午卯酉時是

○俗忌百日不出門止忌大門房門不忌無妨
夫百日關者尋以十二生肖月忌各所值時犯之兼限月內百日必有是辰難養又云忌過滿歲又云止忌百日之外則無妨

| | 遊魂 | 歸魂 | 絕體 | 絕命 |
|---|---|---|---|---|
| | 中 | 中 | 中 | 下 |
| | 一六二九 | 一一二三 | 一九二六 | 一二一一下 |
| | 三八四七 | 三三四四 | 三四四三 | 三七四八 |
| | 六一七四 | 六六七七 | 六一七八 | 六九七三 |
| | 八三九二 | 八八九九 | 八七九一 | 八四九六 |

吉才云合得福德生炁天醫爲上吉子孫昌盛不避衝刑害絕納䘮及胞胎有犯月內諸凶並無忌也如遇遊魂歸魂絕體者稱之中等可以較量輕重而言之命取命通和月中少忌然後可以成婚姻之事理無十全但得中平之上者用之亦吉若遇五鬼之婚於男女多主口舌相違若遇絕命之婚禍必深重於男女各有憂亡縱使命卦和悅又得凡吉相當亦不宜爲婚也

十二生命

孤辰男忌孤辰不宜
寡宿女忌寡宿主嫁別鄉

| 男女生命 | 孤辰 | 寡宿 |
|---|---|---|
| 亥子丑 | 正月 | 九月 |
| 寅卯辰 | 四月 | 十二月 |
| 巳午未 | 七月 | 三月 |
| 申酉戌 | 十月 | 六月 |

胞胎相衝

| | | |
|---|---|---|
| 寅申 | 四月 | 十月 |
| 卯酉 | 五月 | 十一月 |
| 辰戌 | 六月 | 十二月 |
| 巳亥 | 七月 | 正月 |
| 子午 | 二月 | 八月 |
| 丑未 | 三月 | 九月 |

## 千日關

甲乙馬頭猴不住
丙子猴母在山關
戊巳逢蛇藏在草
庚辛遇虎歸林下
壬癸丑亥時須記
孩兒值此有可嗟

夫千日關者自如甲乙生人忌午時是命傚此犯之乃驚癇吐乳

## 鐵蛇關

金戍化成鉄
火向未申絕
木辰枝葉枯
水十丑寅滅

○此關最凶童命時上帶童限更値之則難養并忌見麻痘凶旺命行限亦之亦有災以命納音如甲子生戍時

胞胎冲名穿胎如寅申生男不娶四十月女卯酉生女不嫁十二月男

| 十二生命 | 子 | 丑 | 寅 | 卯 | 辰 | 巳 | 午 | 未 | 申 | 酉 | 戌 | 亥 |
|---|---|---|---|---|---|---|---|---|---|---|---|---|
| 骨髓破 男破女 | 二 | 三 | 十 | 正 | 十二 | 正 | 八 | 九 | 四 | 十二 | 六 | 七 |
| 骨髓破 女破男 | 六 | 四 | 三 | 五 | 六 | 四 | 三 | 正 | 六 | 四 | 三 | 正 |
| 鐵掃箒 男掃女 | 正 | 六 | 四 | 二 | 正 | 六 | 四 | 二 | 正 | 六 | 四 | 二 |
| 鐵掃箒 女掃男 | 十二 | 九 | 七 | 八 | 十二 | 九 | 七 | 八 | 十二 | 九 | 七 | 八 |
| 六害 | 六 | 五 | 四 | 三 | 二 | 正 | 十二 | 十一 | 十 | 九 | 八 | 七 |

| 四敗下生 | 大敗 | 狼籍 | 飛天狼籍 | 八敗 |
|---|---|---|---|---|
| 子辰巳生命 | 四月 | 五月 | 二三月 | 六月 |
| 丑申酉生命 | 七月 | 八月 | 正七月 | 九月 |
| 寅卯午生命 | 十月 | 十一月 | 五六月 | 十二月 |
| 未戌亥生命 | 正月 | 二月 | 十一月 | 三月 |

| 男女生命 | 孤 | 虛 |
|---|---|---|
| 甲子旬中 | 九十月 | 三四月 |
| 甲申旬中 | 五六月 | 十一十二月 |
| 甲辰旬中 | 正二月 | 七八月 |

| 男女生命 | 孤 | 虛 |
|---|---|---|
| 甲戌旬中 | 七八月 | 正二月 |
| 甲午旬中 | 三四月 | 九十月 |
| 甲寅旬中 | 十一十二月 | 五六月 |

## 短命關

寅午戌生龍位當
巳酉丑人在虎鄉
申子辰生蛇頭上
亥卯未人去尋羊
○此關生時上帶主煞叫夜啼难養備月子旺過則可無事矣

## 夜啼關

子午卯酉单怕羊
寅申巳亥處羊鄉
辰戌丑未雞常叫
運宵不睡到天光
春八怕馬夏逢雞
秋子冬卯不暫移

小兒若犯此關煞，定有三週半夜啼。此關利害难治，只是兩樣起例不同，因併錄之，云後一節有驗。

酉才三之男女孤虛淚滂，雖居男多傷妻，女必防夫，縱然匹配後寫離書，年难上吉，犯此有危。

| 男命 | 金 | 木 | 水 | 火 | 土 |
|---|---|---|---|---|---|
| 益財 | 七月至十一月生 | 七月至十二月生 | 正月至六月生 | 四月至九月生 | 五月至十月生 |
|  | 益女家十七年 | 益女家五十年 | 益女家四十年 | 益女家二十年 | 益女家三年 |
| 退財 | 正月至六月生 | 正月至六月生 | 七月至十二月生 | 十月至十二月生 | 十一月至四月生 |
|  | 退女家九年 | 退女家九年 | 退女家五十年 | 退女家十九年 | 退女家二十九年 |
| 望門守鰥 | 七月 | 四月 | 十月 | 正月 | 四月 |
| 妻多厄 | 五六月 | 二三月 | 八九月 | 十十二月 | 二三月 |
| 死墓防妻 | 五六七月 | 二三四月 | 八九十月 | 十十二正月 | 二三四月 |

| 女命 | 金 | 木 | 水 | 火 | 土 |
|---|---|---|---|---|---|
| 益財 | 十二月至五月生 | 二月至六月生 | 七月至十二月生 | 六月至十月生 | 十月至三月生 |
|  | 益夫家廿九年 | 益夫家廿九年 | 益夫家卅四年 | 益夫家廿九年 | 益夫家五十年 |
| 退財 | 六月至十二月生 | 九月至十一月生 | 正月至十二月生 | 十一月至五月生 | 四月至九月生 |
|  | 退夫家十九年 | 退夫家卅五年 | 退夫家十九年 | 退夫家卅九年 | 退夫家卅五年 |
| 望門寡 | 十月 | 正月 | 四月 | 四月 | 七月 |

## 四柱關

正七休生巳亥時
二八辰戌不須推
三九卯酉生鬼惡
四十寅申主哭悲
五十一月丑未死
六十二月子午嗔
○此關俗云忌坐簷仔止
忌主時帶童限不忌

## 雞飛關

甲乙巳酉丑
後兒难保守
庚辛亥卯羊
父母哭斷腸
壬癸寅午戌
生下不見月
乙戊丙丁子
不過三朝死
○此關童命犯之难養童
限遇之亦凶以年下取時用

天多厄　八九月　十一十二月　二三月　二六月

死墓防夭　五六七月二三四月八九十月十一十二正月一三月

## 陰錯陽差

陰錯陽差是何如　辛卯壬辰癸巳多
丙午丁未戊申位　辛酉壬戌癸亥過
丙子丁丑戊寅日　十二宮中仔細推
男子逢之退外家　女子逢之命姑寡

○遇此與妻是卯少合其殺不論男女月日時兩重三重犯之極重只男家犯之尤重不得外家力縱有妻財亦成虛花向後與妻家如仇不相往來也

曲腳殺　乙巳己巳丁巳日是曲腳殺八命日主犯之主剋頭妻男主剋妻女主剋夫矣

平頭殺　如甲子年乙亥月丙寅日丁酉時一路犯之八命犯之

論撿婚書法先將男女生命要看生月或值大敗八敗骨髓破鐵掃帚退財等殺但男女合婚大抵無十全美要兩家神煞相抵敵得則又無妨　今人多將年月命隱減反成自害矣

論男女生月看節氣假如男命是十二月二十八日先一日巳交立春節以後生命並作次年正月以求年月吉凶

## 斷橋關

正寅二兎三猴子
四月耕牛懶下田
五犬六鷄門外立
七龍臧水八蛇纏
九馬十羊十一猪
冬猴老鼠關啾匕

此關以月建取時生時帶雖發限值遇凶星加以剋度凶星到必倒寿

## 落井關

甲己見蛇傷
乙庚鼠内藏
丙辛猴覓果
丁壬犬吠狂
戊癸愁逢兎
孩兒有水殃

如甲己生人巳時是君流年浮沉合之災旺命皆有水厄之災切宜防吉

論退財凡男女命值退財之年 凶男退女家女退夫家犯之惟忌九年十八年十九年最毒餘退年数多年則亦無妨

論子息多寡詩訣云長生之位申旬半沐浴一雙保吉昌冠帶臨官三子位旺中五子自成行衰中二子病中一死中至老没兒郎陰非養取他人子入墓之時难保雙受氣爲絶一個子胎中頭女有孤娘養中三子只留一男女宮中仔細詳○男女宮者坐命宮逆第五位也○以剋我者起長生如火年人亥宮坐命男女宮在未以水主長生在申則火命人未宮是養中三子只留二是也

論骨髓破煞男破女家女破男家訣云蛇鼠牛猴兎犬猪馬羊虎鷄龍十二位此是破家子叅詳其煞典逐月魁罡方同也

論死墓絶若男命犯之防三妻女命犯之防三夫假如甲子生男納音属金匕能剋木匕死於午墓在未絶在申若男子生命於五六七月生則能剋妻娶得丙寅生女納音火火能剋金則兩家神煞自相抵敵又無妨也餘倣此

## ○男女合婚

謂結婚會親聘禮納吉請期等事

## 閻王取命關

春忌牛羊木上波
夏逐辰戌見閻羅
秋逢子午君須避
冬季生人虎兎磨
甲乙丙丁申子辰
戊己庚生亥卯未
辛兼壬癸寅午戌
生孩切慮不成人
日上生兆不妨弱則难養

## 鬼門關

子丑寅生人
酉午未時嗔
卯辰巳生人
申亥戌爲刑
午未申生命
莫犯丑寅卯
酉戌亥生命
子巳辰時嗔
年之生取時值限前遠行

結婚吉日丙寅丁卯戊寅己卯丙子戊子丙戌戊戌庚壬寅癸卯乙巳
○宜天德合月德合六合吉期即除日陽德時陽開日同三合五合
玉堂續世六儀天寶天對天后天府天玉執儲月恩抗危成開日
●忌五離上朔小財四耗八龍七鳥九虎六蛇大時月刑月害劫殺
建破收滿破閉日及紅嘴朱雀日

納采問名吉日乙丑辛未戊寅己卯庚辰丙戌己丑乙未辛丑甲辰
丁未庚戌癸丑丙辰　宜天喜定危成日　忌破平收日

| 吉月 | 正 | 二 | 三 | 四 | 五 | 六 | 七 | 八 | 九 | 十 | 十一 | 十二 |
|---|---|---|---|---|---|---|---|---|---|---|---|---|
| 天德 | 丁 | 申 | 壬 | 辛 | 亥 | 甲 | 癸 | 寅 | 丙 | 乙 | 巳 | 庚 |
| 天德合 | 壬 | 巳 | 丁 | 丙 | 寅 | 巳 | 戊 | 亥 | 辛 | 庚 | 申 | 乙 |
| 月德 | 丙 | 甲 | 壬 | 庚 | 丙 | 甲 | 壬 | 庚 | 丙 | 甲 | 壬 | 庚 |
| 月德合 | 辛 | 巳 | 丁 | 乙 | 辛 | 巳 | 丁 | 乙 | 辛 | 巳 | 丁 | 乙 |
| 月恩 | 丙 | 丁 | 庚 | 巳 | 戊 | 辛 | 壬 | 癸 | 庚 | 乙 | 甲 | 辛 |
| 六合 | 亥 | 戌 | 酉 | 申 | 未 | 午 | 巳 | 辰 | 卯 | 寅 | 丑 | 子 |
| 陽德（天宸司命同） | 戌 | 子 | 寅 | 辰 | 午 | 申 | 戌 | 子 | 寅 | 辰 | 午 | 申 |
| 六儀 | 辰 | 卯 | 寅 | 丑 | 子 | 亥 | 戌 | 酉 | 申 | 未 | 午 | 巳 |

## 李廣將軍箭

酉戌辰時春不旺，未卯子時夏中亡，午寅丑時秋併忌，冬亥申巳爲殃。一箭傷人三歲死，二箭須教六歲亡，三箭傷人九歲亡，四箭傷人十二亡。此箭有弓則凶，何也？十二支相沖是，如酉戌辰時春生，帶箭八字有相沖，弓箭全不吉，無沖則不忌矣。

## 桃花煞

寅午戌兔從茅裡出，巳酉丑躍馬南方走，申子辰雞叫亂人倫，亥卯未鼠子當頭忌。○此煞男女皆忌，乃五行沐浴也，主淫亂。

| 凶日厄 | 正 | 二 | 三 | 四 | 五 | 六 | 七 | 八 | 九 | 十 | 十一 | 十二 |
|---|---|---|---|---|---|---|---|---|---|---|---|---|
| 續世 | 丑 | 未 | 寅 | 申 | 卯 | 酉 | 辰 | 戌 | 巳 | 亥 | 午 | 子 |
| 天寶金匱 | 辰 | 午 | 申 | 戌 | 子 | 寅 | 辰 | 午 | 申 | 戌 | 子 | 寅 |
| 天赦天德 | 巳 | 未 | 酉 | 亥 | 丑 | 卯 | 巳 | 未 | 酉 | 亥 | 丑 | 卯 |
| 天玉堂 | 未 | 酉 | 亥 | 丑 | 卯 | 巳 | 未 | 酉 | 亥 | 丑 | 卯 | 巳 |
| 執儲明星 | 丑 | 卯 | 巳 | 未 | 酉 | 亥 | 丑 | 卯 | 巳 | 未 | 酉 | 亥 |
| 月害 | 巳 | 辰 | 卯 | 寅 | 丑 | 子 | 亥 | 戌 | 酉 | 申 | 未 | 午 |
| 月刑 | 巳 | 子 | 辰 | 申 | 午 | 丑 | 寅 | 酉 | 未 | 亥 | 卯 | 戌 |
| 劫殺 | 亥 | 申 | 巳 | 寅 | 亥 | 申 | 巳 | 寅 | 亥 | 申 | 巳 | 寅 |
| 大時 | 卯 | 子 | 酉 | 午 | 卯 | 子 | 酉 | 午 | 卯 | 子 | 酉 | 午 |

五合：註云甲寅乙卯日月合，戊寅己卯人名合。

四耗：春壬子，夏乙卯，秋戊午，冬辛酉。

八龍：春甲子乙亥。七鳥：夏丙子丁亥。

九虎：秋庚子辛亥。六蛇：冬壬子癸亥。

五離：註云戊申己酉人民離，忌結婚；丙申丁酉日月離，忌會客。

○逐月求婚吉日

不節女命最忌又名咸池煞

## 紅艷煞

多情多欲少人知，六丙逢寅辛見雞，癸臨申上丁見未，眉開眼笑樂嬉嬉，甲乙午申庚見戌，世間只是眾人妻，戊己怕辰壬怕子，祿馬相隨作路妓，任是富家官宦女，花前月下會佳期。

如丙年生人遇寅時是辛年生人逢酉時餘倣此

## 流霞

甲雞乙犬丙羊卯，丁見猴兒戊怕蛇，己馬庚龍辛見兔，壬猪癸虎禍如麻。

〈正月〉丙子辛卯丁丑癸卯庚午辛未丙午丁未壬午壬子

〈二月〉丙寅丁卯己巳乙巳庚寅辛卯癸卯己卯甲寅丙戌甲戌庚戌

〈三月〉丁卯庚子丙子戊子壬子癸酉己酉

〈四月〉丙子戊子庚子乙丑丁丑庚午丁卯辛卯癸丑乙卯

〈五月〉戊寅丙寅甲寅壬辰辛未甲辰戊辰丙辰己未庚寅

〈六月〉戊寅己卯甲寅乙卯丙寅丁卯庚寅辛卯壬寅癸卯

〈七月〉甲子丙子戊子庚子壬子戊辰壬辰丙辰壬午癸未丙午丁未

〈八月〉乙丑丁丑癸丑丙寅戊寅壬辰乙巳乙亥丙辰

〈九月〉丙子庚午壬午丙午辛卯 〔十月〕丙子庚午壬午辛未己未丁未癸未

〈十一月〉戊申寅庚寅甲寅壬寅 〔十二月〕乙丑丙寅戊寅庚寅甲寅乙卯辛卯己卯癸卯

○右吉日不犯魁罡約絞月破受死九空八隔陰陽錯九土鬼日

○逐月下定結婚吉日

〈正月〉辛未丙子戊子乙未丁未 〔凶〕癸未庚子

〈二月〉辛未己丑乙未丁未 〔凶〕丁丑癸未己亥丁亥辛亥己未甲戌丙戌

〈三月〉丙寅丙子戊子戊寅庚寅 〔凶〕戊子庚子

〈四月〉丁卯乙丑己卯丙戌癸卯 〔凶〕甲子甲戌乙卯辛卯庚子壬子庚子

○流霞殺如女甲生命見酉時行酉限運是忌羊餘同到女主産厄男主刀傷文云男主他鄉死女主産後亡

白虎關

火人白虎須在子
金人白虎在卯方
水土生人原是午
木人白虎酉中藏

○此關帶上帶主兒驚風之症又忌出痘時帶難養當限遇之則有血光損傷之厄

雷公打腳關

甲午乙馬丙子鼠
戊己原來在戌鄉
庚辛逢虎須防避
壬癸猪有憂傷

○限遇此而流年

〈五月〉丙寅辛未戊寅庚寅庚辰丙戌甲辰丙辰戊辰壬辰甲寅

〈六月〉丙寅丁卯戊寅己卯庚寅辛卯癸卯乙亥辛亥甲寅乙卯[illegible]

〈七月〉丙子戊子壬午庚辰甲辰壬辰丙辰丁卯辛卯癸卯

〈八月〉乙丑丁丑癸丑丙辰壬辰戊辰〔九月〕庚午丙午丙己巳乙辛卯

〈十月〉丁卯庚午辛未壬午癸未丙子乙未丁未己未癸卯乙卯

〈十一月〉乙丑癸丑戊辰壬辰壬申丁丑甲寅庚寅庚申甲申

〈十二月〉丙寅丁卯戊寅己卯庚寅辛卯癸卯甲寅乙卯作古本者正

○右吉日不犯月刑月害大時七鳥八龍九虎六蛇八民離破平收

## ○送禮納吉 謂送儀物請期納采等事

〔送禮吉日〕己卯庚寅辛卯壬辰癸巳己亥庚子辛丑乙巳丁巳庚申

○〔宜〕天德合月德合天喜要安益後續世上吉黃道日

●〔忌〕月殺正四廢月忌赤口大小空亡受死凶敗天賊荒蕪滅沒伏斷破平收日

## ○男女嫁娶 謂女行嫁男求婚等事

天厄子梟陽月星值之主雷火之厄若遇天月三德可以解之

子人見戌　丑人亥
寅人見子　卯人丑
辰人見寅　巳人卯
午人見辰　未人巳
申人見午　酉人未
戌人見申　亥人酉

## 天狗關

此即天狗星是生孩子生人則從戌上起子順行丑亥寅子卯丑辰寅巳卯也小兒行年重限值之有驚風血光之疾命甲時上帶則有狗傷之厄切宜防犬慎之

## 男婚凶年

犯此多疾少樂

| 生命 | 子 | 丑 | 寅 | 卯 | 辰 | 巳 | 午 | 未 | 申 | 酉 | 戌 | 亥 |
|---|---|---|---|---|---|---|---|---|---|---|---|---|
| 年● | 未 | 申 | 酉 | 戌 | 亥 | 子 | 丑 | 寅 | 卯 | 辰 | 巳 | 午 |

## 女嫁凶年

犯厄多疾患

| 生命 | 子 | 丑 | 寅 | 卯 | 辰 | 巳 | 午 | 未 | 申 | 酉 | 戌 | 亥 |
|---|---|---|---|---|---|---|---|---|---|---|---|---|
| 年● | 卯 | 寅 | 丑 | 子 | 亥 | 戌 | 酉 | 申 | 未 | 午 | 巳 | 辰 |

| 男女命 |  | 子午 | 丑未 | 寅申 | 卯酉 | 辰戌 | 巳亥 |
|---|---|---|---|---|---|---|---|
| 大利月 | 合得大利辰月上吉 | 六十二 | 五十一 | 二八 | 正七 | 四十 | 三九 |
| 妨媒人 | 首子 | 正七 | 四十 | 三九 | 六十二 | 五十一 | 二八 |
| 妨翁姑 | 無忌翁姑不 | 二八 | 三九 | 四十 | 五十一 | 六十二 | 正七 |
| 妨父母 | 無忌父母不 | 三九 | 二八 | 五十一 | 四十 | 正七 | 六十二 |
| 妨夫主 |  | 四十 | 正七 | 六十二 | 三九 | 二八 | 五十一 |
| 妨女自身 |  | 五十一 | 六十二 | 正七 | 二八 | 三九 | 四十 |

○女命得行嫁大利月無諸忌則吉若用有他親忌月亦防其咎

嫁娶吉日宜不將天德月德天月德合母倉黃道上吉次吉月恩益

後續世戊寅己卯人民合無不將亦為吉日不必拘也

●忌月厭　對歸忌赤口天賊離絕大殺白虎霜降白虎入中宮亥日人民離日　月厭殺公厭對殺姑凶

## 浴盆關

浴盆之殺最無良
春忌龍兮夏忌羊
秋季犬兒切須忌
冬月逢午定主傷
○此煞生了浴時
不用艸盆宜用鉄
銅大盆洗之後無忌

## 湯火煞

子午卯酉休遇馬
寅申巳亥虎驚人
辰戌丑未羊相鬥
常防湯火厄相侵
○其煞如子午卯
酉生人忌午時犯
小兒犯此招湯火之厄
春生巳丑不爲祥

## 四季關

夏遇用辰惹禍殃
秋子猪羊都不吉
冬逢虎兎兩相傷

| 凶日 | 月 | 正 | 二 | 三 | 四 | 五 | 六 | 七 | 八 | 九 | 十 | 十一 | 十二 |
|---|---|---|---|---|---|---|---|---|---|---|---|---|---|
| 歸忌 | 人口 進 | 丑 | 寅 | 子 | 丑 | 寅 | 子 | 丑 | 寅 | 子 | 丑 | 寅 | 子 |
| 月厭 | 殺公 | 戌 | 酉 | 申 | 未 | 午 | 巳 | 辰 | 卯 | 寅 | 丑 | 子 | 亥 |
| 厭對 | 殺姑 | 辰 | 卯 | 寅 | 丑 | 子 | 亥 | 戌 | 酉 | 申 | 未 | 午 | 巳 |
| 天賊 | 嫁娶忌 | 辰 | 酉 | 寅 | 未 | 子 | 巳 | 戌 | 卯 | 申 | 丑 | 午 | 亥 |
| 月破 | 娶忌 | 申 | 酉 | 戌 | 亥 | 子 | 丑 | 寅 | 卯 | 辰 | 巳 | 午 | 未 |
| 受死 | 娶忌 | 戌 | 辰 | 亥 | 巳 | 子 | 午 | 丑 | 未 | 寅 | 申 | 卯 | 酉 |
| 往亡 | 嫁忌 | 寅 | 巳 | 申 | 亥 | 卯 | 午 | 酉 | 子 | 辰 | 未 | 戌 | 丑 |
| | | 春 | | | 夏 | | | 秋 | | | 冬 | | |
| 天寡 | 嫁忌 | | 卯 | | | 午 | | | 酉 | | | 子 | |
| 地寡 | 嫁忌 | | 酉 | | | 子 | | | 卯 | | | 午 | |
| 紅紗殺 | 娶忌 | 巳 | 酉 | 丑 | 巳 | 酉 | 丑 | 巳 | 酉 | 丑 | 巳 | 酉 | 丑 |
| 披麻殺 | 嫁娶忌 | 子 | 酉 | 午 | 卯 | 子 | 酉 | 午 | 卯 | 子 | 酉 | 午 | 卯 |
| 天罡約絞 | | 巳 | 子 | 未 | 寅 | 酉 | 辰 | 亥 | 午 | 丑 | 申 | 卯 | 戌 |
| 河魁約絞 | 嫁娶 | 亥 | 午 | 丑 | 申 | 卯 | 戌 | 巳 | 子 | 未 | 寅 | 酉 | 辰 |
| 續伸 | 嫁娶忌 | 酉 | 巳 | 丑 | 酉 | 巳 | 丑 | 酉 | 巳 | 丑 | 酉 | 巳 | 丑 |
| 無朝 | 婚姻忌 | 亥 | 戌 | 酉 | 申 | 未 | 午 | 巳 | 辰 | 卯 | 寅 | 丑 | 子 |

此關乃四季天地荒
無日入命逢此日有始
無終斷而不秀亦怕參
春忌亥子不過關
夏逢卯未有中間
秋季寅戌還須忌
冬月辰戌死不難
○此關即入座未

急腳關

惟忌修造動土犯之凶
甲乙命人申酉是
丙丁亥子寅堪悲
戊己怕逢寅卯
庚辛巳午不須
壬癸切須防丑未
更加辰戌命濟央

急腳煞

此煞卸甲乙午生人遇申
四時是也主幼小之來
雜義

天雄 忌娶婦 戌 亥 子 丑 寅 卯 辰 巳 午 未 申 酉
地雄 忌娶女 辰 巳 午 未 申 酉 戌 亥 子 丑 寅 卯
陰錯 庚戌辛酉庚申丁未丙午丁巳甲辰乙卯甲寅癸丑壬子癸亥
陽錯 甲寅乙卯甲辰丁巳丙午丁未庚申辛酉庚戌癸亥壬子癸丑
荒蕪 巳 酉 丑 申 子 辰 亥 卯 未 寅 午 戌
嫁娶 忌宿 心畢井參鬼 亢氐及昴午 婚姻不犯此 夫婦樂無憂
天狗 無嗣 立春 春分 立夏 夏至 立秋 秋分 立冬 冬至
滅沒 弦虛 晦婁 朔角 望亢 虛鬼 盈牛
丁虛 且斗 寅室 卯女 辰箕 巳房
午角 未張 申鬼 酉觜 戌胃 亥壁

伏斷

●若遇伏斷辰魁午日極凶如庚午丙子戊寅己卯辛[illegible]乙酉

紅嘴朱雀損宅長 壬申 辛巳 庚寅 己亥 戊申 丁巳
丁卯 戊辰 己巳 戊寅 辛巳 戊子 己丑 壬申 壬午

離窠

戊戌 己亥 辛丑 戊午 戊申 辛亥 壬戌 癸亥

上朔

甲年丁亥 乙年己巳 丙年乙亥 丁年辛巳 戊年丁巳
己年癸巳 庚年己亥 辛年乙巳 壬年辛亥 癸年丁亥

## 五鬼關

子人見辰　丑人見卯
寅人見寅　卯人見丑
辰人見子　巳人見亥
午人見戌　未人見申
申人見酉　酉人見未
戌人見午　亥人見巳

○此關只是死煞也四柱多見雜者童限值之主有跌傷之想

## 金鎖關

戌上起子不通番
順年順月任循環
順日順時依此煞
男逢辰戌便爲關
女逢丑未輪爲害
遇着應須用解關

●惟犯此關則不可佩帶金銀玩鎖之物及紐扣串維索之條有驗也

---

四離　四絕　八民窗

| 四離 | 春分 | 秋分 | 夏至 | 冬至 | 俱各前一日是 |
|---|---|---|---|---|---|
| 四絕 | 立春 | 立夏 | 立秋 | 立冬 | |
| 八民窗 | 戊申 | 己酉 | 亥日 | 壬生離 | |

## 雷霆白虎入中宮日

| 月 | | | | | | | |
|---|---|---|---|---|---|---|---|
| 甲己月 | 丁卯 | 丙子 | 乙酉 | 甲午 | 癸卯 | 壬子 | 辛酉 |
| 乙庚月 | 戊辰 | 丁丑 | 丙戌 | 乙未 | 甲辰 | 癸丑 | 壬戌 |
| 丙辛戊癸月 | 辛未 | 庚辰 | 己丑 | 戊戌 | 丁未 | 丙辰 | |
| 丁壬月 | 乙丑 | 甲戌 | 癸未 | 壬辰 | 辛丑 | 庚戌 | 己未 |
| | 戊辰 | 丁丑 | 丙戌 | 乙未 | 甲辰 | 癸丑 | 壬戌 |

伏殺白虎入中宮

橫天朱雀　每月初一日是書至初一行嫁王甫娶

## 嫁娶周堂　行嫁周堂

| 堂 | 姑 | 夫 | 死 | 床 | 堂 |
|---|---|---|---|---|---|
| 翁 | | | 廚 | 廳 | 竈 |
| 第 | 竈 | 婦 | 門 | 路 | 廚 |

只論月分大小不問節氣大月從夫向姑順行○小月從婦向灶逆行遇第堂廚灶日用之如值翁姑宜出宅少避無翁姑不忌

○火月從灶向堂順行○小月從廚向路逆行如值死[illegible]廚[illegible]如值門床堂路則析[illegible]

## 直難關

小兒最怕逢直难
羊刃劫煞不須輪
甲子戌旬逆申起
庚丙旬人数起字
数至本年方是煞
三九六十二爲真
小兒若是逢斯难
父母徒然生此身

此關主多災卽星辰却不爲大害琴堂所說更灵而此復載隨人用有已上關煞小兒命宮所繫重者極难撫養今世俗不知其故自以結親費用財禮男女夭折無得完婚豈不恤哉今錄附此合婚者不可不知切宜避之

## 陰陽不將日例定局

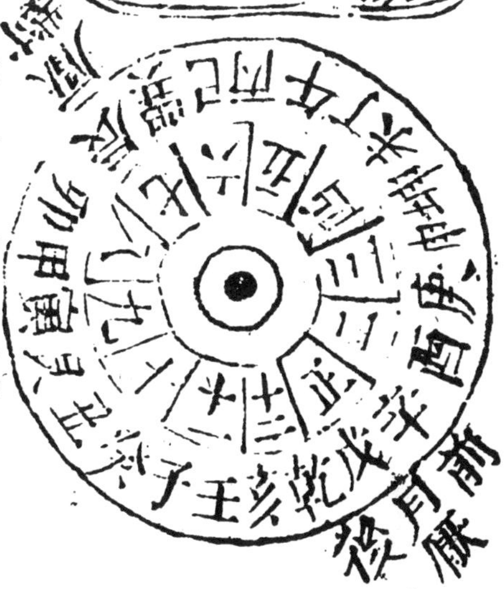

前月厭 後 對厭

正月一厭在戌厭對在辰日辛至巽爲前爲陽自乾至乙爲後爲陰陽遇取干陰遇取支干支配合爲陰陽不將純陽遇取干支爲陽將純陰遇取干支爲陰將皆反陰遇取干陽遇取支爲陰陽俱將經云陰將女死陽將男亡陰陽俱將男女相傷陰陽不將夫婦吉昌

撮要云若非不將日雖得天月德諸吉星亦不可用也將字平聲

二月對厭在酉厭對在卯其餘倣此推

論正月陰陽不將日丙寅丁卯辛卯丙子己卯庚寅庚子是陽遇取干陰遇取支陰陽配合故爲不將也更有辛亥丁亥丁丑辛丑四日亦是不將蓋亥日不行嫁丑日祀歸忌所以遂月定局不載矣

陽將日辛酉辛未辛巳庚申庚午戊午丙午己酉己未己巳丁酉丁未丁巳純是陽遇干支故爲陽將○陰將日壬子壬寅癸卯癸亥甲子甲寅乙卯乙丑乙亥純是陰遇干支故爲陰將

# 嫁娶總論

論女家大利月妨親屬月出呂才大義婚書今此入用之

論嫁娶擇日俱女家惟擇吉月吉時出門男家亦擇吉時入門若女家遂遠又先擇吉日時出門男家擇嫁娶吉日吉時入門成婚

論披麻殺日正五九月子日二六十月酉日三七十一月午日四八十二月卯日犯之主孝服俗有厭禳法其日入門時令新人手執麻布門後用除之于外或用麻布

陰陽俱將日如壬午壬申癸巳癸未癸酉甲午甲申乙未乙酉乙巳

純是陰邊于陽邊支為陰陽俱將餘倣此

○逐月不將吉日定局　訣曰犯歸忌受死亥不行嫁百忌不

正月　丙寅丁卯丙子己卯庚寅辛卯庚子卯丁丑辛丑丁亥辛亥

二月　乙丑丙子丁丑乙酉丙戌己丑庚子庚戌卯丙寅庚寅

三月　乙丑甲戌丁丑乙酉丙戌己丑丁酉己酉外甲子丙子

四月　甲子甲戌丙子甲申乙酉丙戌戊子丙申丁酉戊戌戊申

五月　癸酉甲戌癸未甲申乙酉丙戌乙未丙申戊戌戊申

六月　壬申癸酉甲戌癸未甲申乙酉乙未戊戌戊申

七月　壬申癸酉壬午癸未甲申乙酉癸巳甲午乙未乙巳戊申戊午

八月　戊辰壬申戊午辛巳壬午甲申壬辰癸巳甲午甲辰戊申戊子

九月　己巳庚午辛未庚辰辛巳壬午癸未辛卯壬辰癸巳癸卯戊子

十月　戊辰庚午己卯庚辰壬寅庚寅癸卯辛卯壬辰壬午戊寅戊子

十一月　己巳丁丑庚辰辛巳己丑壬辰辛丑丁巳

十二月　丙寅丁卯丁丑己卯庚辰己丑庚寅辛卯辛丑丙辰戊寅

○右吉日不犯陰將陽將陰陽俱將月厭厭对亥日人民離受死歸忌

包雖頭向所前斬縷並
吉
論古歷書不可盡信假如正月用丁丑月春有五男二女之喜二卯日春有殺夫之嫌而丁卯有不將天德天恩玉堂上吉辛卯有月德合天福玉堂雖二卯有殺夫之嫌得吉神尤多而子丑有五男二女之喜却犯婦忌善擇日者宜活用之不可拘也
論受死日如十一月辛卯日乃受死有人不忌新人入門時則斬牲於地以厭穰無妨亦見納搭用此日制穰無事避忌

嫁娶通用吉日今攷正六甲用只乙丑丁卯丙子丁丑辛卯癸卯乙巳七日有不將壬子癸丑乙卯三日無不將今以爲吉是不可拘也百忌取用癸巳壬午乙未總又支取丙辰辛酉辛亥六甲圖兼取己丑庚寅八日爲次吉爲內又分四季吉日
四季吉且丙子丁丑壬子癸丑壬午春秋吉　癸巳癸卯乙巳夏秋冬吉○乙丑己丑乙未春夏秋吉○辛卯秋冬吉丁卯乙卯夏冬
○逐月嫁娶吉日
正月　丙子不將合季分丁卯辛卯係不將壬子壬午己未合季分己卯人民合
二月　乙丑己丑丁丑係不將合季分乙未癸丑合季分三月己卯人民合月
四月　丁卯癸卯乙卯合季分己卯人民合日○卯日犯披麻煞禳之吉
五月　乙丑己丑合季分丁丑癸丑不合季亦可用也
六月　癸卯丁卯乙卯合季丑辛卯庚寅不合季亦可用戊寅己卯人民合
七月　壬午乙未上吉不將合季○午日犯披麻煞禳之吉丙子壬子係合季
八月　乙丑丁丑癸丑合季分己丑合季分
九月　癸卯癸巳上吉不將合季分辛卯壬午合季分己卯人民合月
十月　辛卯癸卯己卯不將合季分上吉己卯丁卯合季分

論月忌日不忌嫁娶卯辛亥年十一月初五日辛卯壬子年十二月初五日乙卯嫁娶用之亦多畧舉此以袪俗忌

論伏斷日支尅干日極凶如庚午丙子戊寅已卯辛巳甲申乙酉丁亥二辰癸丑壬戌是也

論雷霆白虎大殺白虎其日占中宮新人從傍門入房間坐床則不忌曆云於厮中斬徃魔禳然緣新人入一厮下喬拜見不宜在正堂更忌中宮大宴作鼓樂

論隱伏血忌占中宮其日納音屬金凶若凶吉二

十一月癸巳乙巳合季分

十二月辛卯丁卯巳卯庚寅係不將合季分癸卯乙卯合季分

○右吉日不犯黜罡月厭厭對月破天賊受死紅紗吟神八民離四忌五窮陰陽錯亥日往亡日四離四絕紅觜朱雀

○逐月嫁娶結婚吉日借急用

正月丁卯丙子辛卯不將癸卯乙卯五合壬午丙午三合辛未明德

二月乙丑丙戌不將巳巳月合　三月壬寅戊寅甲寅乙卯係三合

四月甲戌丙戌戊戌係不將辛卯係三合

五月甲戌丙戌係不將辛丑月德合乙丑係大吉日

六月壬申癸酉甲申乙酉不將戊寅庚寅五合癸卯乙卯三合五合

七月乙未不將八月甲申辛巳不將戊戌吉期乙巳巳巳癸丑三合

九月庚午壬午癸巳癸卯辛巳不將辛卯六合丙午係三合五合

十月庚午辛未丁未係三合辛卯係三合五合

十一月丁丑壬辰係不將丙申庚申甲辰係三合

十二月庚寅辛卯巳巳不將癸巳三合壬寅甲寅戊寅癸卯五合庚申

嫁娶日依歷取三合五合不將月德合六合者急用不必拘煞[illegible]

事忌用鼓樂凶如月家九紫戊日家九紫到中宮則不忌
天地官符到中宮亦忌中宮鼓樂
○上朔日忌會客
論白虎占中宮娶婦用鼓樂且妨延禍庚申十一月初二日丁丑新涂熊南門劉家欲用鼓樂娶婦衙者云其日早晨從大街上起動鼓樂行入所堂用鼓樂大宴正廳今已三載並無災禍六據白虎占所堂其日忌從鐘堂中間起鼓諸讓如鄉村人家吉凶一事亦宜門外遠處起動鼓

## ○鋪筵設席

謂開宴會親戚事

除滿定執危成開日　忌赤口破日酉日上朔尸忌作樂

雷霆白虎大殺白虎忌入中宮○隱伏血刃忌到中宮生者惟帝忌

○有云二、白虎入中宮日忌用鼓樂俗見嚴條以象大書獅子占此賠中宮客將坐先以酒滴地上則不忌○又月州縣官符在中宮月日有九紫到中宮不忌○若設用酉日大書一酉字倒懸以禳之惟大宴忌之小飲急客皆不忌

雷霆白虎　隱伏血刃

大殺白虎入中宮日丁丑　丙戌　乙未　戊辰　甲辰　癸丑　壬戌
甲己月丁卯　丙子　甲午　癸卯　壬子　乙酉　辛酉
乙庚月戊戌　丁丑　丙戌　乙未　甲辰　癸丑　壬戌
丙辛戊癸月　辛未　庚辰　己丑　戊戌　丁未　丙辰
丁壬月乙丑　甲戌　癸未　壬辰　辛丑　庚戌　己未
甲己丙辛年五月八月占中宮
丁壬年正三月占中宮　乙庚年二月十一月占中宮
戊癸年六月　四月　七月　十月占中宮

樂在右行入厨堂則亦無妨其餘倣此

論行嫁周堂如其日成親周堂值翁姑及夫新人入門之時俗權出外少避候新人入房坐床後翁姑及夫可回家如其日拜見宜大厨居中堂至於大宴厨堂則不妨○如夫去就親婦人行嫁若值別擇吉日

論周堂歷云值弟女宅家呂才書云值婦人之弟於弟有害姑有其說曾試亦有驗

論行嫁白虎如其日值路先就門外路上斬牲以釁禳之若值其余亦不

○養子納婿 謂繼後招贅血抱養子過房等事

養子吉日宜天德月德天月德合黃道益後續世六合天喜日

納婿吉日宜忌與嫁娶日同擇 忌人隔日

人隔日 正七酉 二八未 三九巳 四十卯 五十一丑 六十二亥

納婿周堂

姑 弟 翁

夫 門

戶 廚 灶

只論月分大小不論節氣○大月從夫向姑順行○小月從戶同廚逆行若值姑弟翁可出外少避惟值夫則別擇吉日嫁娶周堂兼用同論

○兄弟結義 謂小兒契拜父母等事

結義吉日宜司命黃道生炁挑儲天慶吉慶天德月德天月德合陰陽德五合六合三合日 忌五離八絕人隔赤口咸池破敗日

○買納奴婢 謂買小廝工顧進人口等事

買納奴婢吉日宜甲子乙丑丙寅丁卯戊辰壬申乙亥戊寅甲申丙

又忌當見人誤犯值門路者至新人入門其日見虐驚

論納婿周堂其日周堂值姑弟翁可宜出外少避若值夫別擇吉日至若嫁娶周堂亦須兼用

論紅紗殺出楊曾教法歌曰四仲金雞四孟蛇四季丑日是紅紗若還有人犯着者生離死別嫁三家又云戊寅己卯是紅紗者殊無義理蓋戊寅己卯昇人民合各月取以為吉日不可以無義理之說惑人

論古歷行嫁凶方其說無驗不必忌之

戊辛卯壬辰癸巳甲午乙未己亥庚子癸卯丙午丁未辛亥壬子

甲寅乙卯己未辛酉

宜明堂玉堂司命黃道天月德收滿日　忌絢絞赤口破收日

| 凶日 | 月 | 正 | 二 | 三 | 四 | 五 | 六 | 七 | 八 | 九 | 十 | 十一 | 十二 |
|---|---|---|---|---|---|---|---|---|---|---|---|---|---|
| 歸忌 | | 丑 | 寅 | 子 | 丑 | 寅 | 子 | 丑 | 寅 | 子 | 丑 | 寅 | 子 |
| 天賊 | | 辰 | 酉 | 寅 | 未 | 子 | 巳 | 戌 | 卯 | 申 | 丑 | 午 | 亥 |
| 荒蕪 | | 巳 | 酉 | 丑 | 申 | 子 | 辰 | 亥 | 卯 | 未 | 寅 | 午 | 戌 |
| 受死 | | 戌 | 辰 | 亥 | 巳 | 子 | 午 | 丑 | 未 | 寅 | 申 | 卯 | 酉 |

| | 春 | 夏 | 秋 | 冬 |
|---|---|---|---|---|
| 死別 | 戌 | 丑 | 辰 | 未 |
| 伏罪 | 亥 | 寅 | 巳 | 申 |
| 從隸 | 申 | 亥 | 寅 | 巳 |
| 正四廢 | 庚申辛酉 | 壬子癸亥 | 甲寅乙卯 | 丙午丁未 |

雞緩　丁卯　甲戌　辛丑　戊子　乙未　壬寅　乙酉　丙辰　癸酉

丁卯　戊辰　己巳　戊寅　辛巳　戊子　己丑　戊戌　己卯

離巢　辛丑　壬申　戊申　辛亥　戊午　壬戌　癸亥

九土鬼　乙酉　癸巳　辛丑　庚戌　丁巳　戊午　甲午　己酉　壬寅

論太白遊方日忌迎婚嫁娶往來抵向

論總聖用辛亥日嫁娶擿一百忌日亥不行嫁今人一忌用

論翻弓倒踏殺俗忌日其法以月建上起初一逆行遇寅午戌爲翻弓是也倒踏殺即八隅是也翻弓倒踏不全者則不忌

論表門方凡新人入門忌踏其方正五九月[亥]二六十月[戌]三七十一月[丑]四八十二月辰方是

論推年遊月遊宮符月建天官符新人入門忌行其方○年月遊宮符從

九醜 乙酉 辛卯 戊子 壬子 戊午 己丑 己卯 辛酉 壬午

[凶日] 天休廢

赤口

月 正七月 二八月 三九月 四十月 五十一月 六十二月

初四初九十三十八廿二廿七初四初九十三十八廿二廿七

初三初九初二初八初一初七初六十二初五十一初四初十

十五 十四 二十 十三 十九 十八 廿四 十七 廿三 十六 廿二

廿七 二十一 廿六 廿五 三十 廿 廿八

○逐月納奴婢吉日

|  |  | |
|---|---|---|
| 正月 | 丁卯辛未壬午乙卯丙午丁未 | [illegible]辛卯癸卯己未 |
| 二月 | 乙丑乙卯辛卯癸巳 | [illegible]丁丑己丑癸丑 |
| 三月 | 乙卯癸卯 | [illegible]辛卯己卯壬辰丙午丁酉 |
| 四月 | 甲子丙子庚子丙午甲午 | [illegible]戊辰壬辰丁酉辛酉 |
| 五月 | 戊辰辛未丁未己未甲申丙戌 | [illegible]癸未丙申庚申壬辰 |
| 六月 | 乙卯癸卯己未甲申 | [illegible]己卯辛卯丙申庚申 |
| 七月 | 甲子庚子辛未丁未 | [illegible]丙子壬子癸未癸卯 |
| 八月 | 乙丑甲申丙戌乙亥 | [illegible]癸丑丁丑庚戌庚申 |
| 九月 | 癸卯丙戌丙午 | [illegible]己卯辛卯庚午甲午己亥辛亥乙亥 |
| 十月 | 甲子庚子甲午辛酉丙戌 | [illegible]丙子壬子庚午丁酉庚戌壬戌 |

太歲月建前取弟四位十一月甲子庚子壬辰坐巳辰庚辰丁辰壬戌丙戌
如子年遊在辰之類餘十二月乙丑甲寅丙寅戊寅庚寅己卯癸卯辛卯己卯丁卯
做此○天官符申子辰○右吉日不犯歸忌人隔天賊月破受死伏罪徒隸正四廢納絞雜
夫局焰宮到之類又忌絞九土鬼九醜休廢荒蕪威沒凶敗九土醜離窠不與建平收同日忌
夫妻本命上行

## 論新人入門雜忌

如新人入門之時公姑只得坐于堂上不可下也行令殺魁身亡候新人進房坐床方可來往行也

新人初入門之時不送客出新人遇夜不可將火照面令人相嫌并無子三朝不得失火及相罵打破家事物件又忌出財令人家破又不可於夫本命上行主殺夫又不可新人本命上行主亡

## ○胎產雜忌　附嬰兒避忌等事

| 年內方 | 子 | 丑 | 寅 | 卯 | 辰 | 巳 | 午 | 未 | 申 | 酉 | 戌 | 亥 |
|---|---|---|---|---|---|---|---|---|---|---|---|---|
| 祿存 | 兌 | 乾 | 中 | 巽 | 震 | 坤 | 坎 | 坤 | 震 | 巽 | 中 | 乾 |
| 文曲 | 艮 | 兌 | 乾 | 中 | 巽 | 震 | 坤 | 震 | 巽 | 中 | 乾 | 兌 |
| 血道 | 壬丙 | 丁 | 癸 | 甲庚 | 乙 | 辛 | 壬丙 | 丁 | 癸 | 甲庚 | 已 | 辛 |

| 月內方 | 正 | 二 | 三 | 四 | 五 | 六 | 七 | 八 | 九 | 十 | 十一 | 十二 |
|---|---|---|---|---|---|---|---|---|---|---|---|---|
| 六甲胎神 | 床 | 戶 | 門 | 竈 | 身 | 床 | 碓 | 廁 | 門 | 房 | 竈 | 房 |
| | 房 | 窓 | 堂 | 竈 | 床 | 倉 | 磨 | 戶 | 房 | 床 | 竈 | 床 |

| 四季傷胎殺 | 春 | 子午 | 夏 | 丑未 | 秋 | 辰戌 | 冬 | 巳亥 |
|---|---|---|---|---|---|---|---|---|

| 日內方 | 甲己 | 乙庚 | 丙辛 | 丁壬 | 戊癸 |
|---|---|---|---|---|---|
| 六甲胎神 | 門 | 碓磨 | 厨灶 | 倉庫 | 床房 |

妨自身又不得於太歲上行主妨公姑又不可與孕婦交接物色

論新人初下轎進門出拜四方之時面向東殺家公面向南殺宅母面北殺丈夫面向西害翁大吉利也大凡新人家父母先宜囑付勿令四顧勿視四方

論紅鸞朱雀值坤宮六日嫁殺犯之主損宅長宜用云符付以硃砂書讓之吉符法在後可查式而用書貼所堂壓之大吉

## 洗頭沐浴

| 日凶方 | 六甲胎神 |
| --- | --- |
| 子午 | 碓 |
| 丑未 | 厠 |
| 寅申 | 爐 |
| 卯酉 | 大門 |
| 辰戌 | 雞栖 |
| 巳亥 | 床 |

論胎神月日所值處切忌修整犯者損身孕年月僃要所載昔有人戊日於房中釘換門廿當夜果損身孕慨素云隣有王拱癸日修房其夜損孕婦亡又隣有黃兌用丑日修厠即日亦損孕婦身亡凡有孕婦者宜仔細推究不可輕用有悮

藏胎衣法宜於百二十步之外埋藏並不問方道吉凶又宜生炁方如多產女孩用覆埋之以黑炭夾於陰門主生男子也○忌埋九良星方犯之主九年無子今後試有驗如正月起子二月丑順行餘倣此○十二良星殺逆宜避之

## ○小兒剃頭

謂剃頭留髮及了開向穿耳斷乳纏足等事

剃頭吉日宜乙丑壬申丙子巳卯壬午丙戌甲寅辛酉

○宜天德月德黃道並從續世　●忌建破丁日每月十五日

○逐月小兒剃頭吉日

正月　壬午甲午巳卯辛卯癸乙卯死乙亥巳亥癸辛亥甲子戊子孩

○宜甲子丁卯辛未癸酉壬申乙亥丙子丁丑戊子辛卯丁酉己酉癸丑丁巳戊子癸

○宜初三富貴初四悅色初八長命初九宜婚初十加歡十一眼明十三宜男十四招財十五大吉廿二酒食廿三廿六大吉廿七自如已上大于剃頭吉日

●忌立秋三伏二社四殺之神遊之

洗頭吉日

○宜甲子丙子丁丑己卯庚辰辛巳丁亥辛卯壬辰日

●忌癸未建破平收日

二月乙亥己亥辛亥癸亥乙丑己丑辛丑癸丑乙巳辛巳己巳癸巳甲申戊申　閏甲子戊子庚子壬子

三月甲子戊子庚子壬子己巳乙巳癸巳癸酉乙酉己酉　閏癸未己未庚午壬午甲午甲申戊申

四月乙丑己丑辛丑癸丑己卯辛卯癸卯乙卯庚午壬午甲午甲戌戊戌庚戌閏甲子戊子庚子癸酉乙酉己酉辛酉辛未己未乙未

五月戊寅庚寅壬寅甲寅戊辰庚辰壬辰甲辰辛未癸未乙未己未乙丑己丑辛丑癸丑甲戌庚戌壬戌甲申庚申乙亥己亥戊戌

六月己卯辛卯癸卯乙卯甲申庚申乙亥己亥辛亥戊寅壬寅庚寅甲寅己巳乙巳辛巳癸巳

七月己巳乙巳辛巳癸巳庚午壬午甲午乙卯辛卯癸卯甲子戊子庚子壬子甲戌戊戌

八月乙丑己丑辛丑癸丑己巳辛巳癸巳乙巳戊寅庚寅壬寅甲寅乙亥己亥辛亥癸亥戊辰庚辰壬辰甲辰

九月庚午壬午甲午甲子戊子壬子己卯辛卯癸卯壬申甲申戊申庚申乙亥己亥辛亥

小兒復洗
宜天氣晴暖無風處洗
無糟症之患慎之
宜逐月吉日用可好

## 釋氏披剃

○宜天德月德天德合月德合天恩月恩黃道福生益後續世上吉次吉日除滿定執成開日

## 小兒斷乳

○宜伏斷日卯日天德合黃道除滿成日
●忌五月七月死氣受死凶日

## 小兒穿耳

十月甲子戊子庚子壬子戊辰庚辰壬辰辛未乙未己未癸酉乙酉己酉辛丑庚午壬午甲午癸未乙卯辛卯癸卯己卯
十一月庚寅壬寅甲寅戊辰庚辰壬辰甲辰壬申甲申戊申甲戌庚戌辛未乙未癸未己未乙酉戊寅
十二月庚午壬午甲午戊午戊寅庚寅壬寅甲寅壬申甲申丙申戊申庚申乙亥己亥辛亥己巳乙巳癸巳
○右吉日不犯建破丙丁望日正四廢天瘟受死荒蕪○建破望日、剃頭主生瘡　○小兒剃胎髮須待察其清爽之時擇吉日無風處洗剃先用手採水濕熱得宜却用軟絹蘸水次第洗之次第剃之則兒不驚搐婦不可不知○宜四季午日

## ○小兒坐欄　謂坐轎子立欄等事

猖鬼敗亡凶日　丁卯戊辰壬申戊寅辛巳戊子己丑戊戌己亥辛丑　庚戌辛亥戊午庚申壬戌
關煞凶忌金生命忌戌日時火生命忌未申日時木生命忌辰日時水土生命忌丑寅日時則跌蛇關

○宜鼎星黃道活曜星天月德合日

●忌黑道血支血忌月厭受死破日

## 女子纏足

纏足吉日宜天德月德天德合月德合黃道死炁天喜天成吉慶活曜星要安天乙絕氣成收閉日

忌黑道破敗血支血忌人神在足本命日九醜生炁受死月忌荒蕪閉日

四柱關正七休生巳亥時　二八辰戌不堪推　三九卯酉生人惡　四十寅申並哭悲　五十一月逢丑未　六十二月子午虧

此關俗云忌坐轎子並欄杆忌兒命生時

小兒坐欄轎凶時　甲己命忌巳酉丑月時　庚辛命忌亥卯未日時　壬癸生命忌寅午戌日時　乙戊丙丁生命忌申子辰日時

○逐月小兒坐欄吉日　放正吉日

正月　癸卯甲子辛未癸酉丙子癸未丁酉庚子丙午壬午丁未

二月　乙丑辛未甲戌丁丑癸未甲申丙戌乙未丁未己未

三月　甲子丙寅戊寅庚寅甲寅癸酉丁酉丙子庚午

四月　甲子乙丑庚午丙午甲戌丙子丁丑壬午丙戌庚子癸丑甲申

五月　丙寅乙亥辛未乙丑庚寅壬寅甲寅壬辰丙辰己未丙戌

六月　丙寅庚寅甲寅甲申丙申乙亥辛卯癸卯乙卯

七月　甲子丙子庚子庚午辛未壬辰乙未丙午丁未丙辰壬子

八月　乙亥乙丑丙寅甲申庚寅丙戌壬辰癸丑丙辰甲戌

九月　庚午乙亥甲申丙申辛卯癸卯

十月　甲子丙子庚子庚午辛未癸未己未丁未癸酉丁酉癸卯甲戌

十一月乙丑丙寅庚寅甲寅甲申壬辰丁丑壬寅

十二月丙寅庚寅甲寅甲申丙申辛卯癸卯甲子庚子乙亥壬寅庚申

○右吉日不犯約絞四廢受死猖鬼敗亡六不成空亡閉煞离日

# 新刻歷法合節鰲頭通書

## 養蚕吉論

將軍入室方 蚕室係將軍之裏若誤犯蚕室惟將軍入蚕室用菓酒於本方謝之吉

如甲子年二月蚕室在坤方將軍在酉以月建丁卯入中宮順飛得癸酉在坤宮即是餘倣此

每遇八夜以香茶菓米食錢紙於蚕室方祀之令人得蚕王

浴蚕吉日 甲子丁卯庚午壬午戊午

出蚕吉日 甲子庚午癸酉

## 養蠶作繭 謂修作蚕架繰灶等事

| 年方宮 | 子 | 丑 | 寅 | 卯 | 辰 | 巳 | 午 | 未 | 申 | 酉 | 戌 | 亥 |
|---|---|---|---|---|---|---|---|---|---|---|---|---|
| 蚕官 | 未 | 未 | 戌 | 戌 | 戌 | 丑 | 丑 | 丑 | 辰 | 辰 | 辰 | 未 |
| 蚕室 | 坤 | 坤 | 乾 | 乾 | 乾 | 艮 | 艮 | 艮 | 巽 | 巽 | 巽 | 坤 |
| 蚕命 | 未 | 午 | 亥 | 戌 | 巳 | 丑 | 寅 | 申 | 卯 | 辰 | 子 | 酉 |

○已上蚕官室命逐年官歷方位遇之春三月修葺犯之凶

| 凶日 月 | 正 | 二 | 三 | 四 | 五 | 六 | 七 | 八 | 九 | 十 | 十一 | 十二 |
|---|---|---|---|---|---|---|---|---|---|---|---|---|
| 天瘟 | 未 | 戌 | 辰 | 寅 | 未 | 子 | 酉 | 申 | 巳 | 亥 | 丑 | 卯 |
| 小耗 | 未 | 申 | 酉 | 戌 | 亥 | 子 | 丑 | 寅 | 卯 | 辰 | 巳 | 午 |
| 大耗 | 申 | 酉 | 戌 | 亥 | 子 | 丑 | 寅 | 卯 | 辰 | 巳 | 午 | 未 |
| 天賊 | 辰 | 酉 | 寅 | 未 | 子 | 巳 | 戌 | 卯 | 申 | 丑 | 午 | 亥 |
| 受死 | 戌 | 辰 | 亥 | 巳 | 子 | 午 | 丑 | 未 | 寅 | 申 | 卯 | 酉 |
| 地賊 | 子 | 子 | 亥 | 戌 | 酉 | 午 | 午 | 午 | 巳 | 辰 | 卯 | 子 |

庚辰乙酉甲午乙巳甲申壬午乙未癸卯丙午丁未戊申壬寅戊午生旺日吉

安蠶架吉日 甲子庚午癸酉丙子戊寅己卯丙戌庚寅甲午乙未丙午甲寅戊午宜滿成生炁開日及卯巳未午日

出蠶浴蠶日宜天德月德天月德合黃道天月恩滿成收開日

○庚午蠶父生日吉

○忌庚戌蠶姑死日不用

作取絲灶吉日宜子寅申酉成收開日吉

忌耗絶蠶王穀倉荒蕪天瘟正四廢日

| | | | | | | | | | | | | |
|---|---|---|---|---|---|---|---|---|---|---|---|---|
| 狼籍 | 子 | 卯 | 午 | 酉 | 子 | 卯 | 午 | 酉 | 子 | 卯 | 午 | 酉 |
| 荒蕪 | 巳 | 酉 | 丑 | 申 | 子 | 辰 | 亥 | 卯 | 未 | 寅 | 午 | 戌 |

蠶王穀倉 申 丑辰 未戌 亥 卯子 酉午 寅 丑辰 未戌 巳 卯子 酉午

正四廢日 春 庚申辛酉 夏 壬子癸亥 秋 甲寅乙卯 冬 丙午丁巳

九土鬼 乙酉癸巳甲午辛丑壬寅己酉庚戌丁未戊午

○已上凶日修作動土犯之損蠶最忌春三月夏五月正值蠶時

○逐月餋浴蠶安架吉日

正月 癸卯癸酉甲寅丁卯庚午壬午丙午 二月 乙巳戊寅庚寅

三月 丁卯癸卯乙巳甲申戊申 四月 甲子癸丁卯庚午丙子壬午

五月 乙未戊寅甲寅乙巳庚午庚寅 外 丁未壬午

六月 甲寅乙未甲申戊申癸酉庚寅戊寅

七月 甲子癸酉乙未丙子 八月 甲申戊申乙巳

九月 庚午癸酉壬午丙午 十月 甲子庚午癸酉乙未壬午丁未

十一月 戊寅甲寅庚寅 十二月 乙卯戊申甲寅庚寅戊寅甲申乙巳

○右吉日不犯天賊受死魁罡約絞大小耗狼籍破敗四耗九土鬼

## 經絡吉日

宜甲子乙丑丁卯癸酉甲戌丁丑己卯癸未甲申辛巳壬申丁亥戊子己丑壬辰癸巳甲午丙申丁酉戊戌己亥壬寅甲辰乙巳辛亥壬子癸丑甲寅丙辰日

○宜滿成開日

○忌庚日建破收日

安机吉日宜平定日宜黃道上吉天月德合活曜星要安天喜福生六合日

忌天賊受死天罡河魁絢絞正四廢九土鬼建破收日

## ○安機經絡

謂經紡績絲麻織造布帛絹緞等事

| 凶日＼月 | 正 | 二 | 三 | 四 | 五 | 六 | 七 | 八 | 九 | 十 | 十一 | 十二 |
|---|---|---|---|---|---|---|---|---|---|---|---|---|
| 天賊 | 辰 | 酉 | 寅 | 未 | 子 | 巳 | 戌 | 卯 | 申 | 丑 | 午 | 亥 |
| 荒蕪 | 巳 | 酉 | 丑 | 申 | 子 | 辰 | 亥 | 卯 | 未 | 寅 | 午 | 戌 |
| 受死 | 戌 | 辰 | 亥 | 巳 | 子 | 午 | 丑 | 未 | 寅 | 申 | 卯 | 酉 |
| 蚩尤 | 寅 | 辰 | 午 | 申 | 戌 | 子 | 寅 | 辰 | 午 | 申 | 戌 | 子 |
| 絢絞 | 巳 | 子 | 未 | 寅 | 酉 | 辰 | 亥 | 午 | 丑 | 申 | 卯 | 丑 |

正四廢：春庚申辛酉　夏壬子癸亥　秋甲寅乙卯　冬丙午丁巳

| 伏斷 | | | | | | | | | | | |
|---|---|---|---|---|---|---|---|---|---|---|---|
| 子 | 丑 | 寅 | 卯 | 辰 | 巳 | 午 | 未 | 申 | 酉 | 戌 | 亥 |
| 虛 | 斗 | 室 | 女 | 箕 | 房 | 角 | 張 | 鬼 | 觜 | 胃 | 壁 |

九土鬼：乙酉　癸巳　甲午　辛丑　壬寅　巳酉　庚戌　丁巳　戊午

○逐月經絡吉日

正月　甲子乙丑丁卯丁丑己卯戊子壬子癸丑

二月　乙丑甲戌辛巳癸未丁亥己丑戊戌己亥己巳癸丑凶己未

三月　甲子戊子壬子辛巳甲申丙申乙巳

忌伏断[illegible]光凶日天地荒蕪日滅沒六不成等日

起碙作染吉日

宜黄道天德月德天月恩顯星傳星上吉益後續世生天福作倉月殺

忌飛廉天地正轉日

宜除成定危開閉日

忌天罡河魁絞天賊地賊天瘟受死月厭死氣

○起碙作染　謂染造布帛緞紬等事

○逐月起碙作染吉日

正月　丁丑己丑癸丑〔凶〕丁卯癸卯癸酉己卯丁酉乙卯

二月　乙亥丁亥癸亥己亥〔三月〕己巳乙巳乙卯〔凶〕丙甲子戊子壬子

四月　戊子戊辰丁丑庚辰己丑甲辰丙辰丙戊子乙己卯丙庚午庚子辛卯

五月　丁乙丑己丑辛丑戊丙寅戊辰辛丁未庚寅庚辰辛巳丙壬辰乙未辛巳

四月　甲子乙丑丁卯癸酉丁丑己卯戊子己丑丁酉

五月　乙丑甲戌丁丑癸未己丑壬辰癸丑甲寅丙辰

六月　丁酉己卯甲申己卯丁亥丙申己亥辛亥甲寅丁酉

七月　甲子癸酉戊子壬辰甲辰壬子丙辰丁未

八月　乙丑丁丑辛巳己丑己亥甲辰乙巳癸丑丙辰甲申

九月　丙子戊子庚子癸酉丁酉己亥

十月　甲子丁卯癸酉甲戌己卯癸未乙未戊戌丁酉己未

十一月　乙丑丙辰癸丑丁丑癸未甲申己丑乙未丙申甲寅壬辰

十二月　甲子壬子丁卯己丑甲申丙申乙巳甲寅　凶星宜忌在上層

火星正四廢天休廢大
小空亡天地滅沒九土
鬼月破荒蕪伏斷
執破滿日
黑道日合吉星多乃明
星到日則不忌

## 裁衣合帳吉日

宜甲子乙丑丙寅丁卯戊辰己巳癸酉甲戌乙亥丙子丁丑己卯庚辰辛巳癸未甲申乙酉丙戌丁亥戊子己丑庚寅壬辰癸巳甲午乙未丙申戊戌庚子辛丑癸卯甲辰乙巳戊申己酉癸丑甲寅乙卯丙辰辛酉

六月 丙寅戊寅甲寅
七月 外丁卯辛卯乙卯癸卯
八月 外戊辰己巳庚辰辛巳壬辰丙辰甲辰
九月 丁亥丁酉辛酉外庚午癸酉壬午丙戌丙午戊戌壬戌癸亥
十月 乙未辛未丙戌戊戌壬戌外甲子庚午戊子庚子壬子辛酉
十一月 外辛未甲戌癸未乙未己未壬戌
十二月 甲申庚申外甲子乙丑戊子丙子庚子壬子癸丑

## ○裁衣合帳

詔製造冠冕佩帶衣衾等事

| 凶日月 | 正 | 二 | 三 | 四 | 五 | 六 | 七 | 八 | 九 | 十 | 十一 | 十二 |
|---|---|---|---|---|---|---|---|---|---|---|---|---|
| 天瘟 | 未 | 戌 | 辰 | 寅 | 午 | 子 | 酉 | 申 | 巳 | 亥 | 丑 | 卯 |
| 天賊 | 辰 | 酉 | 寅 | 未 | 子 | 巳 | 戌 | 卯 | 申 | 丑 | 午 | 亥 |
| 荒蕪 | 巳 | 酉 | 丑 | 申 | 子 | 辰 | 亥 | 卯 | 未 | 寅 | 午 | 戌 |
| 天火 | 子 | 卯 | 午 | 酉 | 子 | 卯 | 午 | 酉 | 子 | 卯 | 午 | 酉 |
| 月火 | 巳 | 辰 | 卯 | 寅 | 丑 | 子 | 亥 | 戌 | 酉 | 申 | 未 | 午 |
| 受死 | 戌 | 辰 | 亥 | 巳 | 子 | 午 | 丑 | 未 | 寅 | 申 | 卯 | 酉 |
| 小耗 | 未 | 申 | 酉 | 戌 | 亥 | 子 | 丑 | 寅 | 卯 | 辰 | 巳 | 午 |

○宜天德月德天德合月
德合六合黃道天恩月
恩母倉福生

○忌天賊刀砧火星天火
月火獨火朱雀受死正
四廢九土鬼天瘟長短
星往亡日凶星執破日並
荒蕪赤口日

## 裁衣二十八宿吉凶

角安魏亢得食氐不安
房益衣心盜賊尾必害
箕粉糯斗美珠牛進益
女有疾虛得粮危遭毒
室水厄壁護宋奎得財
婁塘壽胃減服昴火燒
畢多爭觜鼠咬參逢盜
井离别鬼吉祥柳丧服

大耗　申　酉　戌　亥　子　丑　寅　卯　辰　巳　午　未

長星　初七　初四　初一　初九十五　初十　初八　初五　初二　初三　十二　初九

短星　廿一　十九　十六　廿五　二十　廿二　十八十九　十六十七　十二　十四　廿二　廿五

正四廢　春庚申辛酉　夏壬子癸亥　秋甲寅乙卯　冬丙午丁未

刀砧殺　春亥子　夏寅卯　秋巳午　冬申酉

九土鬼　乙酉　癸巳　甲午　辛丑　壬寅　己酉　庚戌　丁巳　戊午

火星月內

正四七十月　乙丑　甲子　癸未　壬辰　辛丑　庚戌　己未

二五八十一月　甲子　癸亥　壬午　辛卯　庚子　己酉　戊午

三六九十二月　壬申　辛巳　庚寅　己亥　戊申　丁巳

○逐月裁衣合帳吉日考正

正月　癸酉丁酉　死丁丑己丑癸丑

二月　乙丑庚寅乙未甲寅丙戌死丙寅戊寅癸未甲戌己丑癸丑丁巳

三月　己巳戊辰壬辰乙巳甲申丙申

四月　甲子丙子庚子丁丑癸丑庚午戊辰庚辰甲辰己丑丙午[illegible]

五月　戊辰壬辰丙辰己巳乙未辛未癸未庚辰甲辰甲申丙申戊戌[illegible]

六月　乙亥甲申辛亥庚申　死癸酉丁酉辛酉丙申丁亥

星喪服張遂欢聖得財
彰長病失火

○浣濯法

垢膩汚衣用苔邃灰洗又搗碎萝蔔洗○茶子去壳搗爛洗○墨汚嚼棗洗○半夏洗○急用根去壳膜嚼碎揉汚處及水洗杏仁亦可○油汚用蠶洗飯湯亦可○嚼萝蔔吐其上擦之其汚即去

桐油汚用生銀杏搗碎用熱湯洗用海漂消滑石爲末糝而熨之即去

紅色緞油汚用酸漿和皂莢洗○紅紫衣油汚用豆豉湯擺去色不動

七月　甲午戊辰庚子丙辰[死]庚辰甲辰辛未丙子戊子丁未壬子

八月　乙丑癸丑戊辰壬辰丙辰乙亥甲申[死]庚辰丁丑己丑

九月　丙寅戊戌丙戌　[死]乙亥丁亥辛亥

十月　甲子丙子庚子乙未丙戌庚午辛未壬午戊子壬子丁未[死]

十一月　乙丑庚寅壬辰丁丑乙亥癸丑丙寅戊寅壬寅丙辰甲寅

十二月　甲子乙丑庚子甲寅乙卯己卯癸卯乙巳辛卯戊寅丙寅

○右吉日不犯天火月火朱雀受死天賊天瘟正四廢火星刀砧九土鬼長短星值日凶星執破荒蕪大小耗日

## ○造作床吉日

造床吉日宜天德月德天月德合二合六合黃道天喜益後續世金櫃生死成定日與竪造起工凶例同造床與竪造逐月吉日同

### 忌宿詩

心昴奎婁胃尾參　危宿逢之總不安
造床不犯此星宿　夫妻和樂子成行

○逐月造床吉日

正月　丁卯辛未壬午丁丑癸丑丁酉癸酉辛卯癸卯乙卯

## 安床設帳吉日

宜甲子乙丑丙寅丁卯己巳庚午辛未甲戌丙子丁丑庚辰辛巳乙酉丙戌丁亥戊子癸巳丁酉乙未己亥庚子壬寅癸卯甲辰乙巳丙午甲寅乙卯丙辰丁巳戊午己未辛酉

○宜天德月德天德合月德合三合六合天喜福後續世青龍金匱黃道生炁要安活曜星吉慶星三白開成定危日

●忌忘鼎奎婁其尾參危宿值日凶不用

○詩例云

二月　丙寅戊寅庚寅甲寅己巳丁丑癸丑乙巳辛巳癸巳丁巳

三月　己巳乙巳癸巳

四月　丁丑庚午丙午甲午己丑丙子癸丑

五月　辛未癸未乙未乙亥己亥辛亥

六月　癸酉乙亥辛亥丁酉甲申庚申辛酉

七月　戊辰丙辰庚辰丙子壬子丁卯癸卯

八月　乙亥己亥辛亥庚辰丙辰庚寅

九月　乙亥丁亥辛亥

十月　甲子辛未乙未丁未丙戌庚子戊戌

十一月　丙寅庚寅壬寅甲寅乙巳戊寅乙丑丁丑

十二月　丙寅戊寅壬寅甲寅甲子甲申

○右吉日不犯天火獨水火星魯班殺刀砧陰陽錯木馬柔餘殺司后

凶宿與安床局同看

○**安床設帳**　謂安置座室豎立幛帳張掛幔幔等事

| 凶日 | 月 | 正 | 二 | 三 | 四 | 五 | 六 | 七 | 八 | 九 | 十 | 十一 | 十二 |
|---|---|---|---|---|---|---|---|---|---|---|---|---|---|
| 天瘟 | | 未 | 戌 | 辰 | 寅 | 午 | 子 | 酉 | 申 | 巳 | 亥 | 丑 | 卯 |
| 天賊 | | 辰 | 酉 | 寅 | 未 | 子 | 巳 | 戌 | 卯 | 申 | 丑 | 午 | 亥 |
| 荒蕪 | | 巳 | 酉 | 丑 | 申 | 子 | 辰 | 亥 | 卯 | 未 | 寅 | 午 | 戌 |

仙人留下一張床
心昴箕婁牽屋參
安床若犯此星宿
十個孩兒九個亡

又忌建破平收天罡河魁約絞申日滅沒天地荒蕪卧尸受死五離死煞天床廢正四廢赤口朱雀空亡離窠火星伏断天瘟孤辰寡宿天狗天刑又忌安病待方遊神所在之方

日遊神所在不宜安床并忌安産室胎産雜忌在嫁娶款後

● 癸巳甲午乙未丙申丁酉日在房內北方

● 戊戌己亥日在房內中

| 受死 | 戌 | 辰 | 亥 | 巳 | 子 | 午 | 丑 | 未 | 寅 | 申 | 卯 | 酉 |
|---|---|---|---|---|---|---|---|---|---|---|---|---|
| 卧尸 | 子 | 酉 | 未 | 申 | 巳 | 辰 | 卯 | 寅 | 丑 | 午 | 戌 | 亥 |
| 月破 | 申 | 酉 | 戌 | 亥 | 子 | 丑 | 寅 | 卯 | 辰 | 巳 | 午 | 未 |
| 九空 | 辰 | 丑 | 戌 | 未 | 卯 | 子 | 酉 | 午 | 寅 | 亥 | 申 | 巳 |
| 朱雀 | 卯 | 巳 | 未 | 酉 | 亥 | 丑 | 卯 | 巳 | 未 | 酉 | 亥 | 丑 |
| 天罡 | 巳 | 子 | 未 | 寅 | 酉 | 辰 | 亥 | 午 | 丑 | 申 | 卯 | 戌 |
| 河魁 | 亥 | 午 | 丑 | 申 | 卯 | 戌 | 巳 | 子 | 未 | 寅 | 酉 | 辰 |
| 死炁 | 午 | 未 | 申 | 酉 | 戌 | 亥 | 子 | 丑 | 寅 | 卯 | 辰 | 巳 |
| 建日 | 寅 | 卯 | 辰 | 巳 | 午 | 未 | 申 | 酉 | 戌 | 亥 | 子 | 丑 |
| 正四廢 | 春庚申辛酉 | | | 夏壬子癸亥 | | | 秋甲寅乙卯 | | | 冬丙午丁巳 | | |
| 平日 | 巳 | 午 | 未 | 申 | 酉 | 戌 | 亥 | 子 | 丑 | 寅 | 卯 | 辰 |
| 收日 | 亥 | 子 | 丑 | 寅 | 卯 | 辰 | 巳 | 午 | 未 | 申 | 酉 | 戌 |
| 伏断日 | 子 | 丑 | 寅 | 卯 | 辰 | 巳 | 午 | 未 | 申 | 酉 | 戌 | 亥 |
| | 虛 | 斗 | 室 | 女 | 箕 | 房 | 角 | 張 | 鬼 | 觜 | 胃 | 壁 |

九土鬼 辛丑 癸巳 乙酉 己酉 壬寅 庚戌 甲午 丁巳 戊午

五離日 戊申 己酉 丙申 丁酉

●庚子辛丑壬寅日在房内南
●甲辰乙巳丙午丁未日在房内東
●癸卯日在房内西
●戊申日在房内中
●己酉至壬辰日出外
四子日

飛宮承周堂

富吉 疾凶 凶凶
平吉 地吉
病凶 安吉 例凶

○起例
大月從平何富順行
小月從地向凶逆行

四離日 春分 秋分 夏至 冬至 四絕 立春 立夏 立秋 立冬 前日是

死別日 春戌 夏丑 秋辰 冬未

寅申巳亥月 乙丑 甲戌 癸未 壬辰 辛丑 庚戌 己未
子午卯酉月 甲子 癸酉 壬午 辛卯 庚子 己酉 戊午
辰戌丑未月 壬申 辛巳 庚寅 己亥 戊申 丁巳

天星日凶
丁卯 戊辰 己巳 壬申 戊寅 辛巳 壬午 戊子 己丑
戊戌 己亥 辛丑 戊申 辛亥 戊午 壬戌 癸亥

離窠日

滅沒日 弦一虛 晦一婁 朔一角 望一亢 虛一鬼 盈一牛

病待方 子年起亥 丑年在子 順行十二位是也

紅嘴朱雀凶日 丁卯丙子乙酉甲午癸卯壬子辛酉忌安床造不宜

○逐日安床設帳吉日

正月 癸酉丁酉乙卯 延己卯辛卯乙丑丁丑癸丑
二月 丙寅甲寅乙未丁未丁未庚寅 三月 甲子庚子乙卯己巳
四月 卯子庚子庚午乙卯丙子丁丑丙辰 延辛卯
五月 丙寅辛未乙未甲寅丙辰甲辰庚寅 延壬辰己酉 丙壬月吉宜辛丁
六月 丙寅甲寅乙卯 延丁亥 七月 甲子辛未庚子壬子丙辰乙未

安床雜忌
右吉日不犯建破平收魁罡約絞荒蕪天賊臥刀等殺

## 作粧奩吉日

宜甲子乙丑辛未癸酉丁丑己卯壬午甲申丁亥壬辰壬寅丙午辛亥丙辰己未庚申辛酉

○宜黃道生炁要安活曜吉慶星天喜金堂益后續世天德月德天德合月德合三合六合上吉天成開成日

忌天賊大敗六不成九土鬼離窠天休廢正四廢日

八月 乙丑乙亥丁丑丁亥丁巳甲辰庚辰丙辰

九月 庚午乙亥 囚 癸酉辛亥丙午丙子丁亥癸卯

十月 甲子丙子辛未乙未庚子丙戌

十一月 乙亥丙寅甲寅乙辛未陰

十二月 外 乙丑丙寅甲寅甲子丙子庚子壬子壬寅

## ○造作粧奩

謂打造首飾行嫁橇槕物件等事

| 凶日 | 天瘟 | 天賊 | 受死 | 天罡 | 河魁 | 破日 | 危日 | 天休廢 | |
|---|---|---|---|---|---|---|---|---|---|
| 正 | 未 | 辰 | 戌 | 巳 | 亥 | 申 | 酉 | 初四 | 初九 |
| 二 | 戌 | 酉 | 辰 | 子 | 午 | 酉 | 戌 | 十三 | 十八 |
| 三 | 辰 | 寅 | 亥 | 未 | 丑 | 戌 | 亥 | 廿一 | 廿七 |
| 四 | 寅 | 未 | 巳 | 寅 | 申 | 亥 | 子 | 初四 | 初九 |
| 五 | 午 | 子 | 子 | 酉 | 卯 | 子 | 丑 | 十三 | 十八 |
| 六 | 子 | 巳 | 午 | 辰 | 戌 | 丑 | 寅 | 廿二 | 廿七 |
| 七 | 酉 | 戌 | 丑 | 亥 | 巳 | 寅 | 卯 | 初四 | 初五 |
| 八 | 申 | 卯 | 未 | 午 | 子 | 卯 | 辰 | 十三 | 十八 |
| 九 | 巳 | 申 | 寅 | 丑 | 未 | 辰 | 巳 | 廿二 | 廿七 |
| 十 | 亥 | 酉 | 申 | 申 | 寅 | 巳 | 午 | 初四 | 初九 |
| 十一 | 丑 | 午 | 卯 | 卯 | 酉 | 午 | 未 | 十五 | 十八 |
| 十二 | 卯 | 亥 | 酉 | 戌 | 辰 | 未 | 申 | 廿二 | 廿七 |

## 造作儀仗

謂造男女轎牛車馬車推車等事

宜黃道鸞輿鳳輦祿庫天成吉慶星大儀天恩福生福德天福天德月德天喜建除開定閉成日天地轉殺日

天恩吉日甲子乙丑丙寅丁卯戊辰己卯庚辰辛巳壬午癸未己酉日

天福吉日己卯辛巳庚寅辛卯壬辰癸巳己亥庚子辛丑乙巳丁巳庚申

天明吉日辛未壬申癸酉己卯壬午甲申壬寅甲辰丙午己酉庚戌丙辰

荒蕪 巳酉丑申子辰亥卯未寅午戌

正四廢 春庚申辛酉夏壬子癸亥秋甲寅乙卯冬丙午丁巳

九土鬼 乙酉 癸巳 辛丑 庚戌 丁巳 戊午 壬寅 己酉 甲午 丁卯 戊辰 己巳 壬申 戊寅 辛巳 壬午 戊子 己丑

離窠 戊戌 己亥 辛丑 戊申 辛亥 戊午 壬戌 癸亥 日

火星凶日

寅申巳亥月 乙丑 甲戌 癸未 壬辰 辛丑 庚戌 己未

子午卯酉月 甲子 癸酉 壬午 辛卯 庚子 己酉 戊午

辰戌丑未月 壬申 辛巳 庚寅 己亥 戊申 丁巳 日

○逐月造作轎倉吉日

正月 丁卯癸卯乙卯己卯辛卯癸丑 二月 丙寅甲寅乙亥丁亥庚寅

三月 丙申子庚子乙癸卯乙巳壬子 四月 丙寅午庚辰乙癸卯癸丁丑丙申辰辛卯

五月 丙寅乙辛未甲寅丙庚辰庚寅甲辰乙丁未 六月 甲申甲寅丁亥辛亥

七月 戊丙辰甲庚辰甲子庚丙子壬子 八月 乙丑丁丑甲戌丙戌乙亥丁亥

九月 庚午丙午乙亥辛癸酉丁酉 十月 甲子丙子乙辛未丙戌戊子庚子 外 壬子

十一月 乙亥丙寅甲寅乙巳癸巳 十二月 甲子丙子庚子壬子 外 乙丑

○右吉日不犯魁罡㓋絞火星滅沒凶敗荒蕪天瘟破日

巳未庚申辛酉日

忌朱雀黑道正四廢九土鬼伏斷火星魁罡刼殺受死荒蕪㓕沒天賊大敗六不成执破危平收十惡大敗日

## 十惡無祿大敗日

甲巳年三月戊戌日　七月癸亥日　十月丙申日　十一月丁亥日

乙庚年四月壬申日　九月乙巳日

丙辛年三月辛巳日　九月庚辰日　十月申丙日

丁壬年無忌

## ○置造樂器

謂打造器皿首飾銅錫器物附滌漆物

宜天成天庫祿天財地財月財天德月德福厚寅日庚寅辛卯金石合日天恩天福大明吉月在上局・忌大敗六不成乙卯師曠習

| 吉日月 | 天德 | 月德 | 祿庫 | 天敗 | 地財 | 月財 | 福厚 | 天庫天成 | 大敗六不成 | 破敗 | 天賊 |
|---|---|---|---|---|---|---|---|---|---|---|---|
| 正 | 丁 | 丙 | 戊 | 辰 | 巳 | 午 | 春 | 未 | 寅 | 申 | 辰 |
| 二 | 申 | 申 | 子 | 午 | 未 | 巳 | 寅 | 酉 | 午 | 戌 | 酉 |
| 三 | 壬 | 壬 | 寅 | 申 | 酉 | 巳 | 日 | 亥 | 戌 | 子 | 寅 |
| 四 | 癸 | 庚 | 辰 | 戌 | 亥 | 未 | 夏 | 丑 | 巳 | 寅 | 未 |
| 五 | 亥 | 丙 | 午 | 子 | 丑 | 酉 | 巳 | 卯 | 酉 | 辰 | 子 |
| 六 | 甲 | 甲 | 申 | 寅 | 卯 | 亥 | 日 | 巳 | 丑 | 午 | 巳 |
| 七 | 癸 | 壬 | 戌 | 辰 | 巳 | 午 | 秋 | 未 | 申 | 申 | 戌 |
| 八 | 寅 | 庚 | 子 | 午 | 未 | 巳 | 申 | 酉 | 子 | 戌 | 卯 |
| 九 | 丙 | 丙 | 寅 | 申 | 酉 | 己 | 日 | 亥 | 辰 | 子 | 申 |
| 十 | 乙 | 甲 | 辰 | 戌 | 亥 | 未 | 冬 | 丑 | 亥 | 寅 | 丑 |
| 十一 | 巳 | 壬 | 午 | 子 | 丑 | 酉 | 亥 | 卯 | 卯 | 辰 | 午 |
| 十二 | 庚 | 庚 | 申 | 寅 | 卯 | 亥 | 日 | 巳 | 未 | 午 | 亥 |

戊癸年六月巳丑日是

## 火星凶日

子午卯酉月甲子癸酉壬午辛卯庚子己酉戊午
寅申巳亥月乙丑甲戌癸未壬辰辛丑庚戌己未
辰戌丑未月壬申辛巳庚寅己亥戊申丁巳

## 作儀仗逐月吉日

與下層造樂器逐月同看

○逐月置造樂器吉日

正月 壬午丙午 次 戊午

二月 丙寅乙亥癸未乙未巳亥辛亥丁未甲寅巳未 次 乙丑戊寅

三月 申丁巳巳丙子戊子丙申乙巳 次 壬子乙卯甲申

四月 丁卯戊辰庚午丁丑己卯庚辰己丑辛卯甲辰丙午乙卯丙辰

五月 丙寅戊辰辛未戊寅庚寅庚辰甲辰甲寅己未 次 巳巳辛巳丙辰戊戌丙戌甲戌

六月 辛未乙未丁未辛亥乙亥丁亥

七月 戊辰庚辰丙辰丙壬子戊庚子

八月 甲戌乙亥乙丑丁丑癸己丑庚寅

九月 庚午丙壬午辛丁亥癸酉辛酉

十月 甲子戊子辛未庚子戊戌壬子

十一月 甲戌乙丑丁丑壬辰丙辰

十二月 甲子庚子戊寅壬丙子申寅壬寅

## ○打造桔槔

謂造水車附造紡車絎車等事

造水車吉日 宜青龍黃道平定日 ● 忌黑道虛耗焦坎天亘穿鬼火地火九土鬼水隔水痕四廢絲絞伏斷執破日

造紡車絎車吉日 宜黃道天地轉殺建除滿開閉定成日 ● 忌絲絞伏斷四廢蕪荒赤口日 ○逐月吉日與前置造樂器吉日同看

## ○種蒔栽植

謂播植百穀菜蔬栽接花木竹等事

### 種栽吉日

耕種吉日：甲子乙丑丁卯己巳庚午辛未癸酉乙亥丙子丁丑戊寅己卯辛巳壬午癸未甲申乙酉丙戌己丑辛卯壬辰癸巳甲午乙未戊戌己亥庚子辛丑壬寅癸卯甲辰丙午戊申己酉癸丑甲寅丙辰丁巳戊午己未庚申辛酉癸亥

浸穀吉日：甲戌乙亥壬午乙酉壬辰乙卯成開日　今人多用社日浸種

下秧吉日：辛未癸酉壬午庚寅甲午甲辰乙巳丙午丁未戊申己酉乙卯

| 凶日 月 | 小耗 | 大耗 | 天賊 | 地賊 | 受死 | 焦坎 | 天火 | 地火（地狼藉） | 死炁 | 死神 | 土瘟（耕作忌） | 荒蕪 | 鬼火（咸日） |
|---|---|---|---|---|---|---|---|---|---|---|---|---|---|
| 正 | 未 | 申 | 辰 | 子 | 戌 | 辰 | 子 | 戌 | 午 | 巳 | 辰 | 巳 | 戌 |
| 二 | 申 | 酉 | 酉 | 子 | 辰 | 丑 | 午 | 酉 | 未 | 午 | 巳 | 酉 | 亥 |
| 三 | 酉 | 戌 | 寅 | 亥 | 亥 | 戌 | 卯 | 申 | 申 | 未 | 午 | 丑 | 子 |
| 四 | 戌 | 亥 | 未 | 戌 | 巳 | 未 | 酉 | 未 | 酉 | 申 | 未 | 申 | 丑 |
| 五 | 亥 | 子 | 子 | 酉 | 子 | 卯 | 子 | 午 | 戌 | 酉 | 申 | 子 | 寅 |
| 六 | 子 | 丑 | 巳 | 午 | 午 | 子 | 午 | 巳 | 亥 | 戌 | 酉 | 辰 | 卯 |
| 七 | 丑 | 寅 | 戌 | 午 | 丑 | 酉 | 卯 | 辰 | 子 | 亥 | 戌 | 亥 | 辰 |
| 八 | 寅 | 卯 | 卯 | 午 | 未 | 午 | 酉 | 卯 | 丑 | 子 | 亥 | 卯 | 巳 |
| 九 | 卯 | 辰 | 申 | 巳 | 寅 | 寅 | 子 | 寅 | 寅 | 丑 | 子 | 未 | 午 |
| 十 | 辰 | 巳 | 丑 | 辰 | 申 | 亥 | 午 | 丑 | 卯 | 寅 | 丑 | 寅 | 未 |
| 十一 | 巳 | 午 | 午 | 卯 | 卯 | 申 | 卯 | 子 | 辰 | 卯 | 寅 | 午 | 申 |
| 十二 | 午 | 未 | 亥 | 子 | 酉 | 巳 | 酉 | 亥 | 巳 | 辰 | 卯 | 戌 | 酉 |

辛酉日

栽植吉日宜天倉六儀除滿成收開日●忌死神死炁乙建破日

栽木吉日甲子丙子丁丑己卯壬辰宜四相成日

栽竹吉日辰日午月十三日竹醉日又云正月一日二月一日三月三日

種花木吉日宜除滿成收開閉日四相日

栽接移花菓吉日宜滿成開閉日甲子丙子丁丑己卯癸未壬辰正三月吉

種麻吉日四月三卯日

種豆宜六月三卯日

種葵宜八月二卯日

種蒔吉日宜天倉四相

地隔　辰寅子戌申午辰寅子戌申午

水隔　戌申午辰寅子戌申午辰寅子

月建轉殺〔春〕卯日〔夏〕午日〔秋〕酉日〔冬〕子日

○逐月種蒔栽植吉日

正月　丁卯癸酉己卯辛卯丁酉己亥癸卯己酉乙卯癸亥丁丑己巳

二月　丙寅己巳丁未甲戌庚戌癸未辛未戊戌己亥辛亥

三月　丁卯己巳己卯辛巳癸巳壬子甲子丙子

四月　甲子丁卯庚午丙子己卯壬午辛卯甲午庚子壬子癸卯

五月　戊辰辛未庚辰辛巳甲辰壬辰丙辰

六月　丙寅戊寅庚寅壬寅甲申丙申庚申

七月　丁卯己巳己卯癸巳丁巳辛巳〔八月〕甲戌庚戌壬戌

九月　庚午己巳己酉辛酉甲戌壬午

十月　甲子庚子癸酉丙子壬午戊子甲午丁酉庚子己酉壬子醉

十一月　癸酉甲戌丁酉己酉庚戌癸丑辛酉

十二月　壬申甲寅甲申丙申戊申庚申　別本用戊日犯荒蕪俱删去

○右吉日不犯大小耗受死天地火死神天地賊天地不成收地空

氣除滿平收開日
百虫不食日乙丑乙亥乙未己亥壬寅癸卯壬子
宜下種子吉忌天火地火焦坎日
鼠雀不食日甲午癸亥日
宜種植
飛虫不食日初一初四日初五初七初九初十日
廿廿九日宜種五穀吉
天地不成收內日丙戌乙未壬辰辛亥忌天賊地賊空亡種作無收
弄風旬日秋社前逢庚入秋社後逢巳住十日內忌種菜無收
田父田祖田夫后稷死忌日丙戌丁亥丁未甲寅

○六種收割 謂收割稻粟麥豆麻子等事

○逐月收割吉日

正月 庚午壬午甲午己卯癸卯癸酉己酉(外)丙午乙卯辛卯丁酉
二月 癸未甲戌丙戌壬戌戊戌丁亥己亥己巳辛巳癸巳乙巳丁巳
三月 己卯癸卯甲辰(外)丙子戊子乙卯丁卯戊辰丙辰己巳癸巳乙巳
四月 己卯癸卯甲辰庚午壬午甲午(外)乙丁丑辛丑丁辛卯戊辰丙辰
五月 乙丑辛丑戊丙寅庚寅壬寅甲寅丙戊辰庚辰辛未乙癸未丁未己未己巳己辛
六月 癸酉己巳己酉丁卯甲申丙申庚申辛未丙寅甲寅戊寅
七月 丁卯己卯戊辰甲辰丙辰庚辰己巳癸巳癸卯
八月 癸丑戊辰庚辰甲辰丙辰壬辰紀巳癸巳乙巳丁巳辛亥紀
九月 庚午壬午甲午丙午癸酉丁酉己酉辛酉丙戌戊戌
十月 甲午壬午癸酉己酉甲子庚子戊子丙子丁辛酉己辛未丙戌
十一月 乙丑己丑丁丑癸丑辛未癸未乙未乙亥己亥辛亥
十二月 己卯癸卯甲子乙丑戊子庚子辛丑辛卯甲申丙申庚申

○右吉日不犯大小耗天地賊受死荒蕪五虛四耗天敗天窮四廢

乙巳辛亥癸日忌種植

○田痕忌日

大月初六初八廿廿三日

小月初八十一十三十七日

忌耕種凶

## 造酒吉日

宜天月德天月德合黃道生炁福生天月恩上吉日

春用氐箕宿夏用亢宿

秋用奎宿　冬用危宿

●忌戊子甲辰滅沒日

丁酉杜康死日忌作酒

造麴餅藥吉日辛未乙未庚子日

●忌六甲蝕日不用

## ○五穀試新

謂試食五穀等事

建日嘗新宅長亡　除日貧窮滿禍殃　危日吉慶平利福

定日招客上高堂　執破太敗官事至　成收開閉定田庄

○逐月試新吉日

正月癸酉丁酉　二月己亥丁亥辛亥癸亥

三月丙子庚子己卯癸卯辛卯丁卯　四月己丁丑乙丑癸丑己丁卯癸卯

五月丙辰戊辰庚辰辛巳甲辰壬辰乙丑己巳辛丑丙寅庚寅甲寅

六月辛卯癸卯己卯丙寅庚寅甲寅乙卯丁卯

七月丁卯己卯癸卯丙辰丁巳乙未辛未癸巳己巳辛卯庚辰壬辰

八月己巳辛巳乙巳癸巳丁巳戊辰庚辰壬辰丙辰

九月庚午壬午丙午癸酉丁酉　十月庚午辛未癸酉甲午乙未

十一月無吉　十二月庚申甲申壬申丙申戊申

## ○造酒醋醬

謂藏淹脯鮓等事

造酒吉日丁卯癸亥庚午甲午己未　宜滿成收開日

藏醃脯胙瓜薑吉日
初一初三初七初九日
十一十三十五日
●忌滅沒日　晦日即卅日

造醬吉日丁卯及黃道天月德天月德合六合諸吉日●忌辛日蛀日

煮酒法每酒一斗入黃蠟二錢竹葉五片天南星一片入酒中煮滚揚起置于淨處不得移動自酒黃將桑葉遮味不退

治酸酒法每酒一斗用錯一斤火煅令熱投于酒中停一日較未即去錯可再用又法用甘草一兩桂二枝白芷砂仁各二錢為末入酒中不酸

| 凶日 | 正 | 二 | 三 | 四 | 五 | 六 | 七 | 八 | 九 | 十 | 十一 | 十二 |
|---|---|---|---|---|---|---|---|---|---|---|---|---|
| 天賊 | 辰 | 酉 | 寅 | 未 | 子 | 巳 | 戌 | 卯 | 申 | 丑 | 午 | 亥 |
| 地賊 | 子 | 子 | 亥 | 戌 | 酉 | 午 | 午 | 午 | 巳 | 辰 | 卯 | 子 |
| 荒蕪 | 巳 | 酉 | 丑 | 申 | 子 | 辰 | 亥 | 卯 | 未 | 寅 | 午 | 戌 |
| 天瘟 | 未 | 戌 | 辰 | 寅 | 午 | 子 | 酉 | 申 | 巳 | 亥 | 丑 | 卯 |
| 月厭 | 戌 | 酉 | 申 | 未 | 午 | 巳 | 辰 | 卯 | 寅 | 丑 | 子 | 亥 |
| 受死 | 戌 | 辰 | 亥 | 巳 | 子 | 午 | 丑 | 未 | 寅 | 申 | 卯 | 酉 |
| 死氣 | 午 | 未 | 申 | 酉 | 戌 | 亥 | 子 | 丑 | 寅 | 卯 | 辰 | 巳 |

水痕　天月初一初七十一十七廿三三十　小月初三初七十二廿六日

○逐月造酒吉日

正月　丁卯己卯癸卯乙卯辛卯
二月　乙丑己巳乙亥丁丑己亥癸丑
三月　甲子丙子庚子庚午壬午丙午
四月　乙丑丁卯庚午丁丑壬午辛卯丙午乙卯癸卯
五月　丙寅辛未戊寅庚寅己未
六月　丁卯己卯癸酉庚戌甲寅癸卯乙卯辛卯
七月　辛未丁未乙未癸未
八月　戊辰己巳乙亥壬辰己亥丙辰
九月　庚午壬午丙午辛酉
十月　甲子庚子庚午辛未癸酉甲戌乙未

## 作陂塘吉日

宜甲子己巳庚午癸酉甲戌己卯辛巳癸未甲申乙酉乙巳庚寅丙申己亥壬子癸丑乙卯伏斷土閉黃道天月德合日

●忌滿破開日冬壬癸日及崩騰龍蛇會日

修築隄防同用土閉成日

塞水吉日宜伏斷土閉日

●忌土瘟破開日

江河决水吉日癸酉戊申四吉星伏断水閉日

●忌壬不决水

周黃吴吉日甲子乙丑辛未己卯庚辰丙戌平開日

十一月丙寅戊寅甲寅甲戊申庚申十二月乙丑甲申丙申戊申庚申

○右吉日不犯天牢黑道絇絞天地賊受死天瘟月厭死炁破日

## ○堆垜禾稈

謂堆垜禾稈料理了打樁等事

○逐月堆垜吉日

宜天德月德暗金伏断三白建除閉成定日○忌年三殺太歲凶方

正月丁卯己卯壬午癸乙卯二月乙亥戊寅癸未乙丁未甲寅丁己亥

三月甲子己巳戊壬子乙卯四月戊辰庚辰庚午丁丑己丑甲辰

五月己巳辛未甲戌戊寅辛巳庚寅乙未戊戌乙巳丁未己未甲寅

六月辛未乙丁亥乙丁未辛亥己未七月戊辰庚辰戊子庚子壬子

八月己巳丁乙丑辛巳壬辰癸巳九月庚午壬午丁亥戊戌辛亥

十月甲子辛未戊子乙未戊戌庚子壬子壬戌

十一月戊辰庚辰乙丙辰乙辛亥十二月甲子乙丑庚子壬子癸丑己丑

○右吉日不犯天地賊大小耗四方耗執破荒蕪正四廢火星

## ○修作陂塘

謂瀦積水利種蔭田禾等事

●忌天賊四部子日

紅嘴朱雀凶日辛未庚辰己丑戊戌丁未丙辰日

忌開溝渠凶

作陂吉日不犯天賊受死土瘟魁罡絢絞龍蛇會龍口咸池伏龍蛟龍日大小耗轉殺正四廢水隔開日天百空蕪荒破日水痕忌●已上凶星載在開池塘局例同看修塘作陂宜伏斷日吉

## 開池塘吉日

宜甲子乙丑壬午甲申庚子辛丑癸巳辛亥癸丑乙巳丁巳辛酉癸亥

○逐月修作陂塘吉日

|  |  |
|---|---|
| 正月 | 癸酉乙丑癸丁酉丑 |
| 二月 | 丙寅戊寅庚寅甲寅乙亥辛亥己亥 |
| 三月 | 甲子庚子丙子壬子甲申丙申乙巳 |
| 四月 | 庚午乙丑癸酉癸壬丁丑 |
| 五月 | 丙寅庚寅辛巳己巳壬寅 |
| 六月 | 乙亥辛亥丁卯甲申庚申庚寅甲丙 |
| 七月 | 甲子丙壬子丙壬辰庚子 |
| 八月 | 甲申庚申己巳甲戌辛巳戊申 |
| 九月 | 庚午壬午丙戌甲午丙午 |
| 十月 | 甲子庚午辛未己卯乙卯乙未己卯 |
| 十一月 | 癸未甲申庚申丙辰 |
| 十二月 | 甲申丙申庚申甲寅庚寅壬寅己丑 |

## ○開鑿池塘

謂鑿養魚事

| 凶日＼月 | 正 | 二 | 三 | 四 | 五 | 六 | 七 | 八 | 九 | 十 | 十一 | 十二 |
|---|---|---|---|---|---|---|---|---|---|---|---|---|
| 天賊 | 辰 | 酉 | 寅 | 未 | 子 | 巳 | 戌 | 卯 | 申 | 丑 | 午 | 亥 |
| 地賊 | 子 | 子 | 亥 | 戌 | 酉 | 午 | 午 | 午 | 巳 | 辰 | 卯 | 子 |
| 大耗 | 申 | 酉 | 戌 | 亥 | 子 | 丑 | 寅 | 卯 | 辰 | 巳 | 午 | 未 |
| 小耗 | 未 | 申 | 酉 | 戌 | 亥 | 子 | 丑 | 寅 | 卯 | 辰 | 巳 | 午 |
| 土瘟 | 辰 | 巳 | 午 | 未 | 申 | 酉 | 戌 | 亥 | 子 | 丑 | 寅 | 卯 |
| 龍口 | 卯 | 子 | 酉 | 午 | 卯 | 子 | 酉 | 午 | 卯 | 子 | 酉 | 午 |

●宜諸吉及成閉日

●忌建破滿執開日死氣天百空穿天賊地賊諸凶日

## 天狗守塘吉日

詩 春酉夏馬良 秋雞冬鼠藏 有人會得此 傾耗不來塘

例 右吉日會合暗金伏斷吉 暗金伏斷日

太陽星值年逢巳日房月

太陰星值年子虛未張年

火星值年酉觜寅室三日

水星值年辰箕亥壁二日

木星值年逢午角日是

金星值年丑斗申鬼二日

| 荒蕪 | 天瘟 | 水隔 | 九空 | 受死 | 死氣 | 地耗 | 地耗 | 鬼賊 | 天休廢 | | 五虛 | 四耗 | 四部 | 龍會 | 蛇會 |
|---|---|---|---|---|---|---|---|---|---|---|---|---|---|---|---|
| 巳 | 未 | 戌 | 辰 | 戌 | 午 | 申 | 辰 | 初二 | 初四 | 初九 | | 春 | 午 | 未 | 杵 |
| 酉 | 戌 | 申 | 丑 | 辰 | 未 | 戌 | 卯 | 初三 | 十三 | 十八 | 丑 | 壬 | 午 | 戌 | 杵 |
| 丑 | 辰 | 午 | 戌 | 亥 | 申 | 子 | 寅 | | 廿二 | 廿七 | | 子 | 午 | 亥 | 戌 |
| 申 | 寅 | 辰 | 未 | 巳 | 酉 | | 未 | 初五 | 初四 | 初九 | | 夏 | 卯 | 亥 | 戌 |
| 子 | 午 | 寅 | 卯 | 子 | 戌 | 辰 | 子 | 初二 | 十三 | 十八 | 子 | 乙 | 卯 | 丑 | 戌 |
| 辰 | 子 | 子 | 子 | 午 | 亥 | 丑 | 巳 | 初三 | 廿二 | 廿七 | | 卯 | 卯 | 戌 | 戌 |
| 亥 | 酉 | 戌 | 酉 | 丑 | 子 | 申 | 戌 | | 初四 | 初九 | | 秋 | 子 | 未 | 丑 |
| 卯 | 申 | 申 | 午 | 未 | 丑 | 戌 | 酉 | 初三 | 十三 | 十八 | 未 | 戊 | 子 | 卯 | 丑 |
| 未 | 巳 | 午 | 寅 | 寅 | 寅 | 子 | 申 | 初五 | 廿二 | 廿七 | | 午 | 子 | 丑 | 辰 |
| 寅 | 亥 | 辰 | 亥 | 申 | 卯 | | 丑 | 初二 | 初四 | 初九 | | 冬 | 酉 | 丑 | 戌 |
| 午 | 丑 | 寅 | 申 | 卯 | 辰 | 辰 | 午 | 初九 | 十三 | 十八 | 寅 | 辛 | 酉 | 戌 | 戌 |
| 戌 | 卯 | 子 | 巳 | 酉 | 巳 | 丑 | 亥 | 初七 | 廿二 | 廿一 | | 酉 | 酉 | 卯 | 亥 |

土星值年卯女戌胃二日
暗金伏断時例
太陽房昴虚星四宿值日
子寅酉時是伏断
太陰心危畢張四宿值日
午時是伏断
木星角斗奎井四宿值日
辰亥時是伏断
金星亢牛婁鬼四宿值日
申時是伏断
土星氐女胃柳四宿值日
巳時是伏断
火星危室觜 四宿值日
丑卯戌時是伏断
水星箕壁參軫四宿值日
未時是暗金伏断
巳上宜修作陂塘築堤断
獺用此日時大吉

刀建轉殺 卯 午 酉 子
天地轉殺 春 乙卯辛卯 夏 丙午戊午 秋 辛酉癸酉 冬 壬子丙子
天地正轉 癸卯 丙午 丁酉 庚子
正四廢 庚申辛酉 壬子癸亥 甲寅乙卯 丙午丁巳
作壞陂留 子 丑 寅 卯 辰 巳 午 未 申 酉 戌 亥
修塘陂留 亥 戌 酉 申 未 午 巳 辰 卯 寅 丑 子
九土鬼 乙酉 癸巳 辛丑 庚戌 丁巳 戊午 壬寅 己酉 甲午
天倉穿 初一初三初五初七十三十六十七十九廿一廿七廿九
天倉空 初一初三初五十一十三十六十七十九廿七廿九三十
土瘟忌 大月 初三初五初七十五十八 小月 初一初二初六廿二廿五廿七
水瘟忌 初一初七十七廿三三十 初二初七十二廿六
黃獺星 丁丑癸未庚寅壬辰甲午巳亥丁未甲寅戊午壬戌日是
孤狸星 危日 定日
鸕鶿星 大月 初五 初十 十九 小月 初七 初八

○逐月放正開池吉日 依右 辨正
正月 甲子乙丑癸酉丁酉 㓜丙子庚子辛亥丁丑

○右開塘吉日不犯玄武黑道天賊土瘟受死大小耗龍口水隔九空池耗池耗龍殺鬼賊天百穿天休廢正四廢荒蕪滅没囟賊冬忌壬癸日九土鬼不與建破平收同日則不忌吉多可用

論開塘放水法

用羅經於塘心格定取辰戌丑未寅方放水去開大吉○如辰戌方用庚戌日放丑未方用乙丑乙未日寅方用丙寅日合開水路吉離再合婁畢二宿值日爲上吉

塞塘塞水滿補垣塞穴斷鼠獺洞新塘修築並宜

二月 戊寅庚寅甲寅 外 乙亥己亥丁亥辛未丁未己未
三月 甲子庚子甲申乙巳 外 丁卯乙卯己巳壬子
四月 乙丑庚午丁丑甲子庚子
五月 乙丑巳辛未丙戌丙辰己巳
六月 甲申辛亥 外 戊寅庚寅甲寅庚申乙亥丁卯辛卯己亥
七月 丙辰戊辰庚午辛未壬午丙午丁未庚辰
八月 乙丑甲辰丙辰 外 甲戌癸丑巳辛巳庚辰
九月 壬午丙午庚午
十月 甲子辛未乙未 外 甲戌丙戌癸未己未庚午
十一月 乙丑甲申丁未庚申丙辰
十二月 丙申甲申庚申庚寅戊申戊寅

開池塘正吉乙丑牛宿丙寅尾庚辰亢乙未鬼庚戌婁合此宿值日吉

論取魚吉日 辛巳 戊子 辛卯 壬辰 丙申 己酉 辛酉日吉

魚獺日

正月逢子二亥郎 二犬四雞五猴決 六羊七馬八蛇位
九龍十兔子寅傷 十二逢牛君莫取 十個魚兒九個亡

## ●築池斷獺

逐月吉日與收獺網魚同看

築池斷獺開池用天狗坐塘日天狗下食日時天狗食[illegible]金錢斷時宜選用時家奎婁尾箕四宿能制其獺若合時[illegible]斷

用將金伏斷日時吉

## 畋獵網漁吉日

宜月殺飛廉上朔勃危收日○五合日寅卯日註云壬寅癸卯江河合日宜漁獵

神禽獸魚物宜用三奇死門主得利

作網罟吉日宜月殺收執受死飛廉無道天地轉殺日　雨水後立夏前收執危日宜捕魚

霜降後立春前收危執日宜畋獵吉利

魚會日戊辰庚辰巳亥日宜捕魚

其癲也但宜擇生旺吉日放魚下池吉也○宜於池中心安定羅經從戌方開池門埋水溝以戌方屬火也又宜寅方亦吉

天狗坐塘日宜開池及築池門埋水溝能斷癲○其法以每月初一日是辰戌丑未日則此月有天狗日不是辰戌丑未值初一則此月無天狗日其例將初一日辰入中宮順数九宮遇戌入中宮便是天狗坐塘日吉

○畋獵網魚　謂畋獵捕獲禽獸附結網罟等事

| 忌日／月 | 正 | 二 | 三 | 四 | 五 | 六 | 七 | 八 | 九 | 十 | 十一 | 十二 |
|---|---|---|---|---|---|---|---|---|---|---|---|---|
| 山隔 | 未 | 巳 | 卯 | 丑 | 亥 | 酉 | 未 | 巳 | 卯 | 丑 | 亥 | 酉 |
| 林隔 | 卯 | 丑 | 亥 | 酉 | 未 | 巳 | 卯 | 丑 | 亥 | 酉 | 未 | 巳 |
| 月恩 | 丙 | 丁 | 庚 | 巳 | 戊 | 辛 | 壬 | 癸 | 庚 | 乙 | 甲 | 辛 |
| 飛廉 | 戌 | 巳 | 午 | 未 | 寅 | 卯 | 辰 | 亥 | 子 | 丑 | 申 | 酉 |
| 受死 | 戌 | 辰 | 亥 | 巳 | 子 | 午 | 丑 | 未 | 寅 | 申 | 卯 | 酉 |
| 月殺 | 丑 | 戌 | 未 | 辰 | 丑 | 戌 | 未 | 辰 | 丑 | 戌 | 未 | 辰 |
| 天狗食盧 | 子 | 子 | 子 | 卯 | 卯 | 卯 | 午 | 午 | 午 | 酉 | 酉 | 酉 |

○忌天赦天恩月恩天解
月解大小空亡大小耗
九空焦坎開日山隔林
隔不宜捕魚畋獵不利
鰍鳥會日巳巳甲辰壬子
丙辰丁巳戊午日宜捕
魚打鳥畋獵獲利

## 天恩日

忌出獵捕魚

甲午乙丑丙寅丁卯戊
辰己卯庚辰辛巳壬午
癸未己酉庚戌辛亥壬
子癸丑忌用此日
右逐月吉日不犯天恩
天赦月空五虚空亡月
破荒蕪滅没爭雄天地
凶敗

三合 子戌亥未申子酉丑寅戌亥卯子辰巳丑寅午卯未申辰巳酉

六合 亥 戌 酉 申 未 午 巳 辰 卯 寅 丑 子

天赦 〔春〕戊寅〔夏〕甲午〔秋〕戊申〔冬〕甲子

三合日 月 子 丑 寅 卯 辰 巳 午 未 申 酉 戌 亥

三合 甲辰巳酉午戌亥未甲子酉丑寅戌亥卯子辰巳丑寅午卯未

六合 丑 子 亥 戌 酉 申 未 午 巳 辰 卯 寅

天狗下食 日 子 丑 寅 卯 辰 巳 午 未 申 酉 戌 亥
時 亥 子 丑 辰 卯 辰 巳 午 未 申 酉 戌

刀砧日 〔春〕亥子〔夏〕寅卯〔秋〕巳午〔冬〕申酉

八祿時 〔甲〕寅〔乙〕卯〔丙〕巳〔丁〕午〔戊〕巳〔己〕午〔庚〕申〔辛〕酉〔壬〕亥〔癸〕子

○逐月結網漁獵吉日外者忌結網　築池斷瀨同用

正月 甲戌丙戌戊戌癸酉乙酉己酉辛酉乙亥丁亥己亥辛未乙未丁未己未癸未壬戌甲戌

二月 丙子戊子庚子丙子甲申甲戌丙戌戊戌己巳癸巳丁巳辛巳甲申庚申戊戌壬戌

三月 庚午甲午丙午戊午壬午乙未辛未己未癸未乙酉己酉乙亥丁亥己亥辛亥丁未辛酉

四月 甲戌丙辰庚寅甲寅壬寅甲辰丙戌戊戌壬戌壬戌丙戌戊寅壬辰

## 割蜂宜忌

除危定執旺蜂家
建滿平收生黑鴉
更有開成宜可用
破閉沒來忌用他

## 蜂王殺日

春忌丙寅並六辛
夏忌辰戌巳双神
秋忌戊辰冬丙戌
此是蜂王大殺神

○一切忌取蜜割蜂吉日不犯建破平收滿閉天賊天瘟受死飛廉荒蕪四廢破君滅沒火星天休廢四方耗凶敗大敗六不成日

五月　辛丑庚寅壬寅甲寅乙亥丁亥己亥乙丑（死）丁丑戊寅癸亥
六月　甲戌丙戌戊戌壬戌辛卯癸卯乙卯戊寅庚寅壬寅甲寅乙
七月　甲辰丙辰辛卯癸卯乙卯己巳乙巳丁巳（死）壬辰丁丑癸巳辛丑
八月　甲辰丙辰乙亥丁亥己亥庚寅壬寅甲寅（死）壬辰癸亥戊寅
九月　丙子戊子庚子辛卯癸卯乙卯己巳乙巳（死）丁巳丁丑癸巳
十月　甲戌丙戌戊戌丙辰庚午甲午丙申戊申甲辰（死）壬戌庚戌壬申
十一月　乙未己巳癸酉丁酉丁巳乙酉辛酉（死）辛未丁未己未癸巳
十二月　甲辰丙辰癸酉乙酉丁酉辛酉庚午丙午壬申丙申壬辰庚辰甲申

## ○收割蜂蜜　諸移安除蜂王取蜜等事

○逐月收割蜂蜜吉日　移安吉凶神在上層查忌

正月　丁卯乙卯癸酉乙酉己酉癸卯
二月　乙丑
三月　己巳癸巳乙巳
四月　甲子丙子戊子庚子丁丑己丑辛卯庚午甲午丙午戊午
五月　辛未乙未己未
六月　甲申丙申
七月　丁卯辛卯癸卯
八月　丁丑己丑癸丑
九月　辛亥癸亥
十月　甲子戊子庚子庚午壬子
十一月　甲戌庚戌壬戌庚辰甲辰
十二月　壬寅己巳乙巳

# 新鐫曆法合節鰲頭通書

鰲峰 後裔 月晴 熊東慜 纂集
閩建 書林 淑明 熊啓燦 繡梓

## 修造總論

論利田年月即是十二合利田建田年月今人修造大利田孫

假如申子辰生命用亥子丑為利田年月寅卯為建田年月大抵申子辰生命惟有寅卯二年雖是建田却犯三災星六壬死運若用寅卯年修造又得申酉戌亥子月合六壬生運亦吉日吉今得生運亦可餘倣此推斷

論六生死運求年月其法

## ○年命修造 謂選年命運白遍利等事

○例用六壬生運年月定局

十二命修造吉年例用年月

| 命 | 吉年 | 六壬生運吉 | ○六壬死運年月凶 |
|---|---|---|---|
| 申子辰生 | 亥子丑寅卯 | 申酉戌亥子 | 丑寅卯辰巳午未 |
| 巳酉丑生 | 申酉戌亥子 | 巳午未申酉 | 戌亥子丑寅卯辰 |
| 寅午戌生 | 巳午未申酉 | 寅卯辰巳午 | 未申酉戌亥子丑 |
| 亥卯未生 | 寅卯辰巳午 | 亥子丑寅卯 | 辰巳午未申酉戌 |

○旬中空亡

| | | |
|---|---|---|
| 甲子旬生 | 戌亥 | 年月日時方 |
| 甲申旬生 | 午未 | 年月日時方 |
| 甲辰旬生 | 寅卯 | 年月日時方 |
| 甲戌旬生 | 申酉 | 年月日時方 |
| 甲午旬生 | 辰巳 | 年月日時方 |
| 甲寅旬生 | 子丑 | 年月日時方 |

以十二命分五行申子辰生人屬水寅午戌生人屬火巳酉丑生屬金亥卯未生人屬木以五行長生至帝旺爲生運吉以衰病至胎養爲死運凶假令申子辰生人以申酉戌亥子年月爲生運以丑寅卯辰巳午未年月爲死運凶

假如子生人未上修造其年值死運若用亥月又值生運月亦吉又值剎甲亦吉宜修造若修造不值利囙而合六壬生運月日亦利

論三災星年假如申子辰生人寅卯辰年值天蟲

## 十二命修造凶年定局

| 凶年 | 刑 | 破 | 三災星 | 太歲 | 空墓 | 劫 | 災 | 天 | 地 | 天官 | 二丘 | 五墓 |
|---|---|---|---|---|---|---|---|---|---|---|---|---|
| 子生命 | 卯 | 午 | 寅卯辰 | 巳 | 辰 | 巳 | 午 | 未 | 申 | 辰 | 戌 | 辰 |
| 丑生命 | 戌 | 未 | 亥子丑 | 午 | 丑 | 寅 | 卯 | 辰 | 巳 | 戌 | 戌 | 辰 |
| 寅生命 | 巳 | 申 | 申酉戌 | 未 | 戌 | 亥 | 子 | 丑 | 寅 | 未 | 丑 | 未 |
| 卯生命 | 子 | 酉 | 巳午未 | 申 | 未 | 申 | 酉 | 戌 | 亥 | 丑 | 丑 | 未 |
| 辰生命 | 辰 | 戌 | 寅卯辰 | 酉 | 辰 | 巳 | 午 | 未 | 申 | 午 | 丑 | 未 |
| 巳生命 | 申 | 亥 | 亥子丑 | 戌 | 丑 | 寅 | 卯 | 辰 | 巳 | 子 | 辰 | 戌 |
| 午生命 | 午 | 子 | 申酉戌 | 亥 | 戌 | 亥 | 子 | 丑 | 寅 | 申 | 辰 | 戌 |
| 未生命 | 丑 | 丑 | 巳午未 | 子 | 未 | 申 | 酉 | 戌 | 亥 | 寅 | 辰 | 戌 |
| 申生命 | 寅 | 寅 | 寅卯辰 | 丑 | 辰 | 巳 | 午 | 未 | 申 | 酉 | 未 | 丑 |
| 酉生命 | 酉 | 卯 | 亥子丑 | 寅 | 丑 | 寅 | 卯 | 辰 | 巳 | 卯 | 未 | 丑 |
| 戌生命 | 未 | 辰 | 申酉戌 | 卯 | 戌 | 亥 | 子 | 丑 | 寅 | 亥 | 未 | 丑 |
| 亥生命 | 亥 | 巳 | 巳午未 | 辰 | 未 | 申 | 酉 | 戌 | 亥 | 巳 | 戌 | 辰 |

## 十二命建造年

出通眞論

星天刑星天刼星○巳酉丑生人亥子丑年值天敗星地敗星地刑星○寅午戌生人申酉戌年值人皇星天禍星地災星○亥卯未生人巳午未年值黑惡星陰謀星白殺星巳上修主長病死亡破敗

論命八天宮三邱五墓何中空亡主不利修造

論太歲八宅年人命前五辰爲太歲八宅其年不宜修造主破敗

假如子生人巳年若值例申年用則不忌

論命破年如子生人忌对卯午則午年不宜修造

| 十二年建造年 | 宅破神宅 | 墓破墓墓 | 甲己年 | 乙庚年 | 丙辛年 | 丁壬年 | 戊癸年 |
|---|---|---|---|---|---|---|---|
| 子生人 | 巳亥 | 未丑 | 倉庫 | 白衣 | 盜賊 | 青龍 | 明喜 |
| 丑生人 | 午子 | 申寅 | 白衣 | 盜賊 | 青龍 | 明喜 | 倉庫 |
| 寅生人 | 未丑 | 酉卯 | 白衣 | 盜賊 | 青龍 | 明喜 | 倉庫 |
| 卯生人 | 申寅 | 戌辰 | 盜賊 | 青龍 | 明喜 | 倉庫 | 白衣 |
| 辰生人 | 酉卯 | 亥巳 | 盜賊 | 青龍 | 明喜 | 倉庫 | 白衣 |
| 巳生人 | 戌辰 | 子午 | 青龍 | 明喜 | 倉庫 | 白衣 | 盜賊 |
| 午生人 | 亥巳 | 丑未 | 青龍 | 明喜 | 倉庫 | 白衣 | 盜賊 |
| 未生人 | 子午 | 寅申 | 青龍 | 明喜 | 倉庫 | 白衣 | 盜賊 |
| 申生人 | 丑未 | 卯酉 | 青龍 | 明喜 | 倉庫 | 白衣 | 盜賊 |
| 酉生人 | 寅申 | 辰戌 | 明喜 | 倉庫 | 白衣 | 盜賊 | 青龍 |
| 戌生人 | 卯酉 | 巳亥 | 明喜 | 倉庫 | 白衣 | 盜賊 | 青龍 |
| 亥生人 | 辰戌 | 午子 | 倉庫 | 白衣 | 盜賊 | 青龍 | 明喜 |

論運白起例以三元命推○弘治十七年甲子爲上元嘉靖四十三年甲子爲中元　凡六陽命子寅辰午申戌是○六陰命丑卯巳未酉亥是也

合得例田年月不忌
命刑衝合得例田六壬
生運則亦不忌
按黃石公通真論以命五
辰爲宅神七辰爲墓命
後一辰爲破宅命前一
辰爲破墓
假如子生人數至巳爲宅
神亥爲破宅未爲墓丑
爲破墓以周年五子元
遁至宅神上得甲子以
別吉凶若得甲乙在的
前丑辰上名青龍入宅
旺人丁吉得丙丁名朱雀
神主喜事大吉得戊己
曰倉庫神主禾谷盈倉
得庚辛曰白衣神二年
後主哭声不利

## ○修造運白

謂修造諸家白星吉凶年事

天元運身

| | 一十 | 二十 | 三十 | 四十 | 五十 | 六十 | 七十 | 八十 | 九十 |
|---|---|---|---|---|---|---|---|---|---|
| 上元人 | 三碧 | 四綠 | 五黃 | 六白 | 七赤 | 八白 | 九紫 | 一白 | 二黑 |
| 中元人 | 九紫 | 一白 | 二黑 | 三碧 | 四綠 | 五黃 | 六白 | 七赤 | 八白 |
| 下元人 | 六白 | 七赤 | 八白 | 九紫 | 一白 | 二黑 | 三碧 | 四綠 | 五黃 |

起例上中下元三六九順行求年一十數零年節節順宮至紫白值年吉

○右天元運身論家主所作之年修造值三白大吉九紫次吉造作之年不值紫白修後終不興旺運白八多用之亦不可全拘

| 集正三元 | 一十 | 二十 | 三十 | 四十 | 五十 | 六十 | 七十 | 八十 | 九十 |
|---|---|---|---|---|---|---|---|---|---|
| 上元人 | 三碧 | 二黑 | 一白 | 九紫 | 八白 | 七赤 | 六白 | 五黃 | 四綠 |
| 中元人 | 六白 | 五黃 | 四綠 | 三碧 | 二黑 | 一白 | 九紫 | 八白 | 七赤 |
| 下元人 | 九紫 | 八白 | 七赤 | 六白 | 五黃 | 四綠 | 三碧 | 二黑 | 一白 |

起例上元男起三碧中元男起六白下元男起九紫以十逆行零年依例逆行值紫白爲吉

得壬癸名曰盜賊入宅主十四個月招盜不利

運造

論交生脩作如丙子生人八月十四日生用丁丑年修造如八月十三以前作丙子年修之吉如八月十四以後修造作丁丑年却犯六壬劫運如得酉戌子月日時亦吉餘倣此

論修造作主如家長不利用次人命利者爲作主以姓名年名昭告山頭龍神或立符使起居移宮修方但用此人年命行符起殺但用作主一人名姓昭告龍神

盤古三元

| | 一十 | 二十 | 三十 | 四十 | 五十 | 六十 | 七十 | 八十 | 九十 |
|---|---|---|---|---|---|---|---|---|---|
| 上元男 | 六白 | 七赤 | 八白 | 九紫 | 一白 | 二黑 | 三碧 | 四綠 | 五黃 |
| 中元男 | 九紫 | 一白 | 二黑 | 三碧 | 四綠 | 五黃 | 六白 | 七赤 | 八白 |
| 下元男 | 三碧 | 四綠 | 五黃 | 六白 | 七赤 | 八白 | 九紫 | 一白 | 二黑 |

起例上元男起六白中元男九紫下元男三碧一十並順行零年依例

老子三元

| | 一十 | 二十 | 三十 | 四十 | 五十 | 六十 | 七十 | 八十 | 九十 |
|---|---|---|---|---|---|---|---|---|---|
| 上元男 | 一白 | 九紫 | 八白 | 七赤 | 六白 | 五黃 | 四綠 | 三碧 | 二黑 |
| 中元男 | 四綠 | 三碧 | 二黑 | 一白 | 九紫 | 八白 | 七赤 | 六白 | 五黃 |
| 下元男 | 七赤 | 六白 | 五黃 | 四綠 | 三碧 | 二黑 | 一白 | 九紫 | 八白 |

起例上元男起一白中元男一十起四綠下元男起七赤並逆行

破軍三元

| | 一十 | 二十 | 三十 | 四十 | 五十 | 六十 | 七十 | 八十 | 九十 |
|---|---|---|---|---|---|---|---|---|---|
| 上元男 | 六白 | 五黃 | 四綠 | 三碧 | 二黑 | 一白 | 九紫 | 八白 | 七赤 |
| 中元男 | 九紫 | 八白 | 七赤 | 六白 | 五黃 | 四綠 | 三碧 | 二黑 | 一白 |
| 下元男 | 三碧 | 二黑 | 一白 | 九紫 | 八白 | 七赤 | 六白 | 五黃 | 四綠 |

起例凡上元男起六白中元男一十起九紫下元男一十起三碧並逆行零年依例逆行

論修造宅長年命

大凡創立宅舍及修造房屋止看家長年命而無合家通論之理今將家主年命修開于後

丑寅年生人遇丙辛丁壬年利

卯辰年生人遇乙庚丙辛丁壬年利

巳午年生人遇甲巳乙庚丙辛年利

未申戌酉年生人遇甲巳乙庚戌癸年利

亥子年生人遇甲巳丁壬戊癸年利

修造家主年合此大吉利選擇五行生旺吉日相合更吉

○永定總聖三元定局

| 定局 | 一十 | 二十 | 三十 | 四十 | 五十 | 六十 | 七十 | 八十 | 九十 |
|---|---|---|---|---|---|---|---|---|---|
| 三元男 | 三碧 | 四綠 | 五黃 | 六白 | 七赤 | 八白 | 九紫 | 一白 | 二黑 |

例云永定三元男同俱一十起三碧順行零年依例順行

| 通天竅白 | 一十 | 二十 | 三十 | 四十 | 五十 | 六十 | 七十 | 八十 | 九十 |
|---|---|---|---|---|---|---|---|---|---|
| 申子辰寅午戌生 | 三碧 | 四綠 | 五黃 | 六白 | 七赤 | 八白 | 九紫 | 一白 | 二黑 |
| 天鏡圖運 | 天哭 | 天殺 | 天鬼 | 天祿 | 天敗 | 天財 | 天寶 | 天福 | 天禍 |
| 天機圖運 | 天怨 | 天滅 | 天賊 | 天德 | 天獄 | 天庫 | 天運 | 天建 | 天空 |
| 天福經運 | 天災 | 天刼 | 天耗 | 天榮 | 天虎 | 天華 | 天谷 | 天安 | 天刑 |

○右六陽命生人一十起三碧順行零年自上數至下

| 通天竅白 | 一十 | 二十 | 三十 | 四十 | 五十 | 六十 | 七十 | 八十 | 九十 |
|---|---|---|---|---|---|---|---|---|---|
| 巳酉丑亥卯未生 | 二黑 | 一白 | 九紫 | 八白 | 七赤 | 六白 | 五黃 | 四綠 | 三碧 |
| 天鏡圖運 | 天禍 | 天福 | 天寶 | 天財 | 天敗 | 天祿 | 天鬼 | 天殺 | 天哭 |
| 天機圖運 | 天空 | 天建 | 天運 | 天庫 | 天獄 | 天德 | 天賊 | 天滅 | 天怨 |
| 天福經運 | 天刑 | 天安 | 天谷 | 天華 | 天虎 | 天榮 | 天耗 | 天刼 | 天災 |

○右六陰命生人一十起二黑逆行零年自上數至下

# 營造宅經

附修作雜件宜忌等事

周書 依奧云黃帝造成宅字人得居之宅者人之根本人從宅中而生宅存人榮宅敗人衰也聖人將欲納民於富壽使趨利而避害余遍採宅經勘其可否削其繁冗撮諸樞要濟物利世不亦美歟

屋舍 八宅欲左有流水謂之青龍右有長道謂之白虎前有汙池謂之朱雀後有邱陵謂之玄武為最貴地若無則凶不若種樹東種桃柳南種

| 五音胎運 | 一十 | 二十 | 三十 | 四十 | 五十 | 六十 | 七十 | 八十 | 九十 |
| --- | --- | --- | --- | --- | --- | --- | --- | --- | --- |
| 上元男 | 一坎 | 九離 | 八艮 | 七兌 | 六乾 | 五中 | 四巽 | 三震 | 二坤 |
| 中元男 | 四巽 | 三震 | 二坤 | 一坎 | 九離 | 八艮 | 七兌 | 六乾 | 五中 |
| 下元男 | 七兌 | 六乾 | 五中 | 四巽 | 三震 | 二坤 | 一坎 | 九離 | 八艮 |

起例 上元男坎宮起甲子中元男巽宮起甲子下元男兌宮起甲子逆行尋家主本命在何宮却用宮之星如在坎宮用一白八中宮順行九宮尋本命之宮遇三白九紫星吉餘倣此推之

| 女命三元 | 一十 | 二十 | 三十 | 四十 | 五十 | 六十 | 七十 | 八十 | 九十 |
| --- | --- | --- | --- | --- | --- | --- | --- | --- | --- |
| 上元男 | 七赤 | 六白 | 五黃 | 四綠 | 三碧 | 二黑 | 一白 | 九紫 | 八白 |
| 中元男 | 一白 | 九紫 | 八白 | 七赤 | 六白 | 五黃 | 四綠 | 三碧 | 二黑 |
| 下元男 | 四綠 | 三碧 | 二黑 | 一白 | 九紫 | 八白 | 七赤 | 六白 | 五黃 |

起例 上元男起七宮中元男起一宮下元男起四宮並從本宮起一一十零年依例逆行

| 九星運 | 一十 | 二十 | 三十 | 四十 | 五十 | 六十 | 七十 | 八十 | 九十 |
| --- | --- | --- | --- | --- | --- | --- | --- | --- | --- |
| | 奎○ | 珠● | 魁● | 魒● | 魌● | 魋● | 魀○ | 嶺○ | 鎮 |

起例 如一歲起奎二歲珠遂位順行惟有奎珠嶺鎮四星為吉

梅棗西種梔榆北種李杏

宅東有杏凶宅北有李宅西有桃皆爲淫邪宅西有柳爲被刑戮宅東種柳益馬宅西種棗益牛中門有槐富貴三世宅後有榆百鬼不近

凡宅東下西高富貴雄高前高後下絕無門戶後高前下多足馬牛

凡宅地欲平坦名曰梁土後高前下名曰晉土居之並吉西高東下名曰魯土居之富貴當出豪人前高後下名曰楚土居之凶四面高中央下名曰衛土居之先富後

# 金樓運

| 坤一 | 兌二 | 乾三 | 坎四 | 中五 |
| --- | --- | --- | --- | --- |
| 十歲 二十 三十 | 十一歲 廿一歲 卅一 | 十二 廿二 卅二 | 十三 廿三 卅三 | 十四 廿四 卅四 |

| 艮六 | 震七 | 巽八 | 離九 |
| --- | --- | --- | --- |
| 十六 廿六 卅六 | 十七 廿七 卅七 | 十八 廿八 卅八 | 十九 廿九 卅九 |

○其法不問陰陽命人並自坤宮起一歲順行兌乾坎中艮震巽離八宮每遇五數與五十其年便入中宮已上八卦九宮惟乾坤艮巽不可用惟坎離震兌中宮用之無不利人命每五數之年如五歲十五二十五三十五其年並入中宮並坎離震兌中宮名金樓大正之年利修造吉乾坤艮巽名金樓不正之年凶

○修造壬運　謂生命遁合諸家星運等事

遁天壬大運　一十　二十　三十　四十　五十　六十　七十　八十

| 甲子辰 寅午戌 六陽命 | 寅 | 丑 | 子 | 亥 | 戌 | 酉 | 申 | 未 | 午 | 巳 | 辰 | 卯 |
| --- | --- | --- | --- | --- | --- | --- | --- | --- | --- | --- | --- | --- |
|  | 四十九 五十八 |  |  |  | 四十一 五十 | 四十二 五十一 | 四十三 五十二 | 四十四 五十三 | 四十五 五十四 | 四十六 五十五 | 四十七 五十六 | 四十八 五十七 |
|  | 功曹 | 大吉 | 神后 | 登明 | 河魁 | 從魁 | 傳送 | 小吉 | 勝光 | 太乙 | 天罡 | 太冲 |

○假如六陽命人四十九歲修造十十起寅二十丑三十子四十亥四十一戌節節數去四十九歲在寅得功曹星吉餘倣此

貧不宜居

凡宅不居當衝口処不居古廟寺及祠社炉冶処不居草木不生処不居戰軍營戰地不居正当水流処不居山脊衝処不居大城門口処不居对獄門処不居百用口処

凡宅東有流水達江海吉東有大路貧北有大路凶南行大路富貴

凡樹木皆欲向宅者吉背宅者凶

凡宅地刑卯酉不足居之自如子午不足居之大凶子丑不足居之口舌南北長東西狹吉東西

透天六壬天運 一十 二十 三十 四十 五十 五十六 六十 七十 八十

巳酉丑 五十八 六十七

亥卯未 申 酉 戌 亥 子 丑 寅 卯 辰 巳 午 未

五十一 五十二 五十三 五十四 五十五 五十六 五十七

六十一 六十二 六十三 六十四 六十五 六十六

太陰命 傳送 從魁 河魁 登明 神后 大吉 功曹 太冲 天罡 太乙 勝光 小吉

○假如六陰命五十八歲修造一十起申順行二十酉三十戌四十亥五十子五十一丑節節數去五十八在申得傳送星餘倣此

透天六壬小運 一歲 十一 二十一 三十一 四十一 五十一

申子辰 三十九 三十七

二十二 二十三 二十四 二十五 二十六 二十七 二十八

三十二 三十三 三十四 三十五 三十六

寅午戌 寅 丑 子 亥 戌 酉 申 未 午 巳 辰 卯

六陽命 功曹 大吉 神后 登明 河魁 從魁 傳送 小吉 勝光 太乙 天罡 太冲

○假如六陽命三十五歲修造一歲起寅功曹逆行十一子二十一戌三十一申零年節節逆行数到三十五歲得天罡星吉餘倣此

透天六壬小運 一歲 十一 二十一 三十一 四十一 五十一

巳酉丑 二十九 二十七

二十二 二十三 二十四 二十五 二十六 二十七 二十八

三十二 三十三 三十四 三十五 三十六

亥卯未 申 酉 戌 亥 子 丑 寅 卯 辰 巳 午 未

六陰命 傳送 從魁 河魁 登明 神后 大吉 功曹 太冲 天罡 太乙 勝光 小吉

長崗北狹先凶後吉
六凡陽宅遇潤先逢陽氣
者吉乾燥無潤者凶
凡宅前低後高世出英豪
前高後低長幼昏迷左
下右高男子榮昌陽宅
則吉陰宅不爲右下左
高陰宅豐豪陽宅不吉
正必奔走兩新夾故死
須不作兩故夾新光顯
宗親新故但半味栗朽
買貴東空西家無若吏
有西無東家無老翁匹
宅留屋終不斷哭宅材
門新人眠于春傘旋半
柱入散兇丰間架成双
潛貧衣食拔棟造屋二
千一哭

○假如六陰二十九歲修造一歲起申順行十一戌二十一子零年
節節順行數到二十九歲其年在申傳送星大吉餘倣此

走馬六壬遁

申子辰　寅午戌　亥卯未　巳酉丑

子　丑　寅　卯　辰　巳　午　未　申　酉　戌　亥

一十　二十　三十　四十　五十　六十　七十　八十　九十

十六　二十一　二十二　三十二　二十四　二十五　七十一　七十二　七十三　七十四　七十五

神后　大吉　功曹　太冲　天罡　太乙　勝光　小吉　傳送　從魁　河魁　登明

## 猪頭身王

子寅辰午申戌　六陽命

四十五　四十四　四十三　四十二　四十一　四十九　四十八　四十七　四十六

七十　六十　五十　四十　三十　二十

午　未　申　酉　戌　亥　子　丑　寅

勝光　小吉　傳送　從魁　河魁　登明　神后　大吉　功曹

丑卯巳未酉亥　六陰命

五十三　五十四

二十　三十　十歲　五十　六十　七十

四十　五十一　五十二

午　未　申　酉　戌　亥　子　丑　寅

勝光　小吉　傳送　從魁　河魁　登明　神后　大吉　功曹

夫起運白身王舉理甚多惟猪頭身王頗近於理爲以六十甲子並
從亥起故名由猪頭身法不問陰陽逆順一歲起亥循環九宮十
歲復歸於亥所謂九宮者以十一支掌內指退卯辰巳三位順行
則從寅過午逆則從午過寅爲例
○假如陽命從亥起十歲陽節順行二十在丑三十逆回在子四十

凡住祖父之屋而欲修造即依祖上作陽宅陰宅運用方隅如是則累代富貴子孫隆盛如居処不利即宜轉陽作陰或如陰如陽吉

凡人居址之室必須周密勿令有細隙致有風氣得入但覺有風勿强忍之久坐必須急急避之

凡居処不得綺麗華麗令人貪婪無厭乃患害之源但令雅素淨潔

蓋屋布椽不得當柱頭梁上著須見兩邊騎拱者云不得以小壓大也

凡造屋切恐先築墻圍并外門以難成

亥五十戌六十酉七十申零年亦隨此逆數如四十五歲在午爲勝光吉跳過巳辰卯三宫陰命亦從亥起一歲陽節逆行二十在酉三十順回在戌四十亥五十子六十丑七十寅零年亦隨此順數如五十一歲在丑酉五十一二歲在寅跳過卯辰巳三宫不數則五十三歲在午爲勝光吉以陰陽一命但值子午寅申四宫爲吉

## 土運活法之圖

○起例

○陽命一歲起寅十一歲起子二十一歲起戌三十一歲起申四十二歲轉酉零年節節順數遇子午寅申吉

○陰命一歲起申十一戌二十一子二十二亥零年節節逆數如遇子午寅申者吉

假如陽命戊辰木生人行年三十四歲八月遇火論年是一歲起寅十一子二十一戌三十一申三十二轉酉三十三戌三十四至亥就亥上起正月逆數至辰位是位是八月天罡却將天罡從三

凡起新屋將木匠放木筆於屋柱下令人家不吉更防倒木作柱人不吉

起宅兼其門剔以解酒線皆未益凶神之至也

凡人家不可多種芭蕉久而招禍又云人家房戶前不宜種芭蕉云引鬼婦得血疾

住宅西畔竹木青翠進財

屋架與門不用双須與爲大吉水簷頭相射主殺傷內射外外入死外射內謂內當

凡屋外簷頭須滴簷出不得高從則雨潑壁家安痢疾風吹不着不用服要臍屋漏壞新婦無良

十四歲亥上數順行天罡亥太乙子勝光丑是小墓小吉寅傳送卯是宅神神后未大墓此宅命宅神二墓皆吉又如陰命乙丑金生人行年四十三歲六月過火一歲起申十一戌二十一子三十一寅四十一辰四十二轉卯四十三寅就寅上起正月逆數至酉位是六月從魁却又將從魁於四十三寅上數順行從魁寅河魁卯登明辰神后巳大吉午功曹未爲小墓金命吉六月入宅合得五行壬運用之大吉

## ○五行壬運

謂遷居入宅移入祖先福神香火等事

| | | | | |
|---|---|---|---|---|
| 木命人 | 卯爲宅神 | 亥爲宅命 | 大墓在未 | 小墓在丑 |
| 火命人 | 午爲宅神 | 寅爲宅命 | 火墓在戌 | 小墓在辰 |
| 金命人 | 酉爲宅神 | 巳爲宅命 | 大墓在丑 | 小墓在未 |
| 水命人 | 子爲宅神 | 申爲宅命 | 大墓在辰 | 小墓在戌 |

### ○總論

五行六壬運李仙翁六修造論交生過火論年却不論交生

凡人移居入宅得吉星到所用月分然後擇吉日○此一例專論六

壬運若丑未生人遇火得神后功曹勝光傳送吉歸火最爲大利

前後人用之大有驗

修造諸家壬運排歲定局

凡梁棟偏欹家多是非暈步傾斜賭博貪花乖移棟攜子孫貪飲

凡柱尾爲科枋尾爲枅枅在枓下爲不順主有不孝子弟枓在枅下大吉

凡椽梁以木頭朝柱主人大吉木匠有成

凡宅四面高中使子孫怯弱　古路炙壇神前佛後水田糞灶之所其地不堪居

凡宅前高後下法主孤兒寡婦乞男子懶惰使婦人淫奔　宅中聚水江汪食蠶桑之難得

凡屋頭有屋衰病莫不由期桑棚不宜作屋不死

| 橫推直看 | 生命　甲丙戊庚壬生人屬陽 金樓運 身殺猶壬頭 壬殺大天運六 壬殺小天運六 壬走中馬運六 | | 乙丁己辛癸生人屬陰 金樓運 身殺猶壬頭 壬殺大天運六 壬殺小天運六 壬走中馬運六 | |
|---|---|---|---|---|
| 十歲 | 坤宮功曹功曹太乙 | 吉 | 坤宮傳送傳送太乙 | 凶 |
| 十一歲 | 兌宮大吉大吉神后 | 凶 | 兌宮從魁從魁功曹 | 吉 |
| 十二歲 | 乾宮神后神后登明 | 吉 | 乾宮河魁河魁登明 | 凶 |
| 十三歲 | 坎宮登明登明河魁 | 凶 | 坎宮登明登明神后 | 吉 |
| 十四歲 | 中宮河魁河魁從魁 | 吉 | 中宮神后神后大吉 | 凶 |
| 十五歲 | 中宮從魁從魁傳送 | 凶 | 中宮大吉大吉功曹 | 吉 |
| 十六歲 | 艮宮傳送傳送小吉 | 吉 | 艮宮功曹功曹太冲 | 凶 |
| 十七歲 | 震宮小吉小吉勝光 | 凶 | 震宮勝光太冲天罡 | 吉 |
| 十八歲 | 巽宮勝光勝光太乙 | 吉 | 巽宮小吉天罡太乙 | 凶 |

樹木宜作棟梁

向謂安処曰非華堂邃宇重棚廣廂之謂也在平南而坐東首而寢陰明適中明暗相半屋无高高則陽盛而明多屋無卑卑則陰盛而暗多謂明多則傷魄謂暗多則傷魂人之魂陽而魄陰苟傷明暗則疾病生焉此所謂居処之高下使之然也況天地之氣有亢陽之攻肌淫陰之侵体豈不防慎哉修養之所儻不法此非安術之道術曰吾所居室四边皆窓户遇風則閤風息即開吾所居坐則有

|  | | |
|---|---|---|
| 十九歲 | 離宮功曹太乙天罡 凶 | 離宮傳送太乙勝光 吉 |
| 二十歲 | 坤宮大吉大吉大冲 吉 | 坤宮從魁從魁小吉 吉 |
| 二十一歲 | 兌宮神后神后河魁 吉 | 兌宮河魁河魁神后 凶 |
| 二十二歲 | 乾宮登明登明從魁 凶 | 乾宮登明登明大吉 吉 |
| 二十三歲 | 坎宮河魁河魁傳送 吉 | 坎宮神后神后功曹 凶 |
| 二十四歲 | 中宮從魁從魁小吉 凶 | 中宮大吉大吉太冲 吉 |
| 二十五歲 | 中宮傳送傳送勝光 吉 | 中宮功曹功曹天罡 凶 |
| 二十六歲 | 艮宮小吉小吉太乙 凶 | 艮宮勝光太冲太乙 吉 |
| 二十七歲 | 震宮勝光勝光天罡 吉 | 震宮小吉天罡勝光 凶 |
| 二十八歲 | 巽宮功曹太乙太冲 凶 | 巽宮傳送太乙小吉 吉 |
| 二十九歲 | 離宮大吉天罡功曹 吉 | 離宮從魁勝光傳送 凶 |
| 三十歲 | 坤宮神后神后大吉 吉 | 坤宮河魁河魁從魁 凶 |
| 三十一歲 | 兌宮登明登明傳送 凶 | 兌宮登明登明功曹 吉 |
| 三十二歲 | 乾宮河魁河魁小吉 吉 | 乾宮神后神后太冲 凶 |
| 三十三歲 | 坎宮從魁從魁勝光 凶 | 坎宮大吉大吉天罡 吉 |
| 三十四歲 | 中宮傳送傳送太乙 吉 | 中宮功曹功曹太乙 凶 |

廳後屏大門門下簾以和其内殺太暗則揆簾以通其外體内以安心外以安目心目皆要則身安矣明暗且然况太多事慮太多情欲豈能安其内外哉故學道以安処爲次

樓凡居宅造樓莫近大街頭低吉高凶能招五通

門樓高大須榮貴

厨堂凡人之居宅厨後不宜作灶益堂應須用偶數則主家和睦

私居所不及前大亦要数单所上耶所上耶棟忌招内故須事　私居堂要十分華飾則夫婦偕

|  |  |  |  |  |
|---|---|---|---|---|
| 三十五歲 | 中宮小吉小吉天罡 | 凶 | 中宮勝光太冲勝光 | 吉 |
| 三十六歲 | 艮宮勝光勝光太冲 | 吉 | 艮宮小吉天罡傳送 | 吉 |
| 三十七歲 | 震宮功曹太乙功曹 | 凶 | 震宮傳送太乙傳送 | 吉 |
| 三十八歲 | 巽宮大吉天罡大吉 | 吉 | 巽宮從魁勝光從魁 | 凶 |
| 三十九歲 | 離宮神后太冲神后 | 凶 | 離宮河魁小吉河魁 | 吉 |
| 四十歲 | 坤宮登明登明登明 | 凶 | 坤宮登明登明登明 | 吉 |
| 四十一歲 | 兌宮河魁河魁勝光 | 吉 | 兌宮神后神后天罡 | 凶 |
| 四十二歲 | 乾宮從魁從魁太乙 | 凶 | 乾宮大吉大吉太乙 | 吉 |
| 四十三歲 | 坎宮傳送傳送天罡 | 吉 | 坎宮功曹功曹勝光 | 凶 |
| 四十四歲 | 中宮小吉小吉太冲 | 凶 | 中宮勝光太冲小吉 | 吉 |
| 四十五歲 | 中宮勝光勝光功曹 | 吉 | 中宮小吉天罡傳送 | 凶 |
| 四十六歲 | 艮宮功曹太乙大吉 | 凶 | 艮宮傳送太乙從魁 | 吉 |
| 四十七歲 | 震宮大吉天罡神后 | 吉 | 震宮從魁勝光河魁 | 凶 |
| 四十八歲 | 巽宮神后太冲登明 | 凶 | 巽宮河魁小吉登明 | 吉 |
| 四十九歲 | 離宮登明功曹河魁 | 吉 | 離宮登明傳送神后 | 凶 |
| 五十歲 | 坤宮河魁河魁從魁 | 吉 | 坤宮神后神后大吉 | 凶 |

老子忌昌盛　有厥無堂孤寡難当堂前有蔭樹吉

南厥連於西屋令歲月之憂煎　折裏爲厥終不利折厥爲裏則無妨

庭軒若有大樹近厥疾病連綿入家種植中庭一月散財千萬中庭樹主分張門庭双東害加禍長直庭心主禍殃

房宅但凡入厥宅守宮令潔净净則受炎氣不净則受敗氣敗氣之亂人宅宇者所爲不成所依不立一身亦不当洗沐燥潔不尔無異

入臥床当高上則地氣不

|  | | | | |
|---|---|---|---|---|
| 五十一歲 | 兑宮從魁從魁天罡 | 凶 | 兑宮大吉大吉勝光 | 吉 |
| 五十二歲 | 乾宮傳送傳送太冲 | 吉 | 乾宮功曹功曹小吉 | 凶 |
| 五十三歲 | 坎宮小吉小吉功曹 | 凶 | 坎宮勝光太冲傳送 | 吉 |
| 五十四歲 | 中宮勝光勝光大吉 | 吉 | 中宮小吉天罡從魁 | 凶 |
| 五十五歲 | 中宮功曹太乙神后 | 凶 | 中宮傳送太乙河魁 | 吉 |
| 五十六歲 | 艮宮太乙天罡登明 | 吉 | 艮宮從魁勝光登明 | 凶 |
| 五十七歲 | 震宮神后太冲河魁 | 凶 | 震宮河魁小吉神后 | 吉 |
| 五十八歲 | 巽宮登明功曹從魁 | 凶 | 巽宮登明傳送大吉 | 凶 |
| 五十九歲 | 離宮河魁大吉傳送 | 吉 | 離宮神后從魁功曹 | 吉 |
| 六十歲 | 坤宮從魁從魁小吉 | 凶 | 坤宮大吉大吉太冲 | 吉 |
| 六十一歲 | 兑宮傳送傳送功曹 | 吉 | 兑宮功曹功曹傳送 | 凶 |
| 六十二歲 | 乾宮小吉小吉大吉 | 凶 | 乾宮勝光太冲從魁 | 吉 |
| 六十三歲 | 坎宮勝光勝光神后 | 吉 | 坎宮小吉天罡河魁 | 凶 |
| 六十四歲 | 中宮功曹太乙登明 | 凶 | 中宮傳送太乙登明 | 吉 |
| 六十五歲 | 中宮大吉天罡河魁 | 吉 | 中宮從魁勝光神后 | 凶 |
| 六十六歲 | 艮宮神后大冲從魁 | 凶 | 艮宮河魁小吉大吉 | 吉 |

及鬼氣不干鬼氣之侵人常依地而逆上高謂一尺以上也昔一人病在地卧病中乃見鬼神於壁孔下以手爲管吹之此即鬼之事也

房屋當順與安櫃房門兩壁莫開透房門不得正對天井主此房人頻災

一房門亦不得對卧房門主口舌病患掛帳不用閉日犯者蚊蠅扇不能盡須用水閉日爲佳若用十閉日泥飾屋宇蚊不能入累效

門戶但凡門以棗木爲閫者夜可以遠盜

凡門兩畔須太小一

| | | | |
|---|---|---|---|
| 六十七歲 | 震宮登明功曹傳送吉 | 震宮登明傳送功曹 | 凶 |
| 六十八歲 | 巽宮河魁大吉小吉凶 | 巽宮神后從魁大冲 | 吉 |
| 六十九歲 | 離宮從魁神后勝光吉 | 離宮大吉河魁天罡 | 凶 |
| 七十歲 | 坤宮傳送傳送太乙吉 | 坤宮功曹功曹太乙 | 凶 |
| 七十一歲 | 兌宮小吉小吉神后凶 | 兌宮勝光太冲河魁 | 吉 |
| 七十二歲 | 乾宮勝光勝光登明吉 | 乾宮小吉天罡登明 | 凶 |
| 七十三歲 | 坎宮功曹太乙河魁凶 | 坎宮傳送太乙神后 | 吉 |
| 七十四歲 | 中宮太吉天罡從魁吉 | 中宮從魁勝光太吉 | 凶 |
| 七十五歲 | 中宮神后太冲傳送凶 | 中宮河魁小吉功曹 | 吉 |
| 七十六歲 | 艮宮登明功曹小吉吉 | 艮宮登明傳送太冲 | 凶 |
| 七十七歲 | 震宮河魁太吉勝光凶 | 震宮神后從魁天罡 | 吉 |
| 七十八歲 | 巽宮從魁神后太乙吉 | 巽宮大吉河魁太乙 | 凶 |
| 七十九歲 | 離宮傳送登明天罡凶 | 離宮功曹登明勝光 | 吉 |
| 八十歲 | 坤宮小吉小吉太冲凶 | 坤宮勝光太冲小吉 | 吉 |

右修造諸家壬運照前陰陽命干推之則吉凶可見矣得三者亦吉

○十八局通天竅運身修造吉凶圖局

般左大換妻右大孤寡門画上枋容蛛留痕主動瘟瘡痍之疾門棟柱不着地無家長鰥柱容蛀家長益有門梁棟梁家長憂損退財破田血首耗妨大門十柱小門六主清地吉門高於壁□家境泣門裝鬼坐頻招瘟火災屋對門瘸癩當存　倉口向門家退動瘟搗石當門招瘍出雜書門前頂屋家無餘穀門口水坑家破伶仃大樹当門羅鼓大瘟瘟頭当門常被人偷兩路夾門入口不存家路直冲家無老鉤門破家財

## 十八局通天竅修造定局

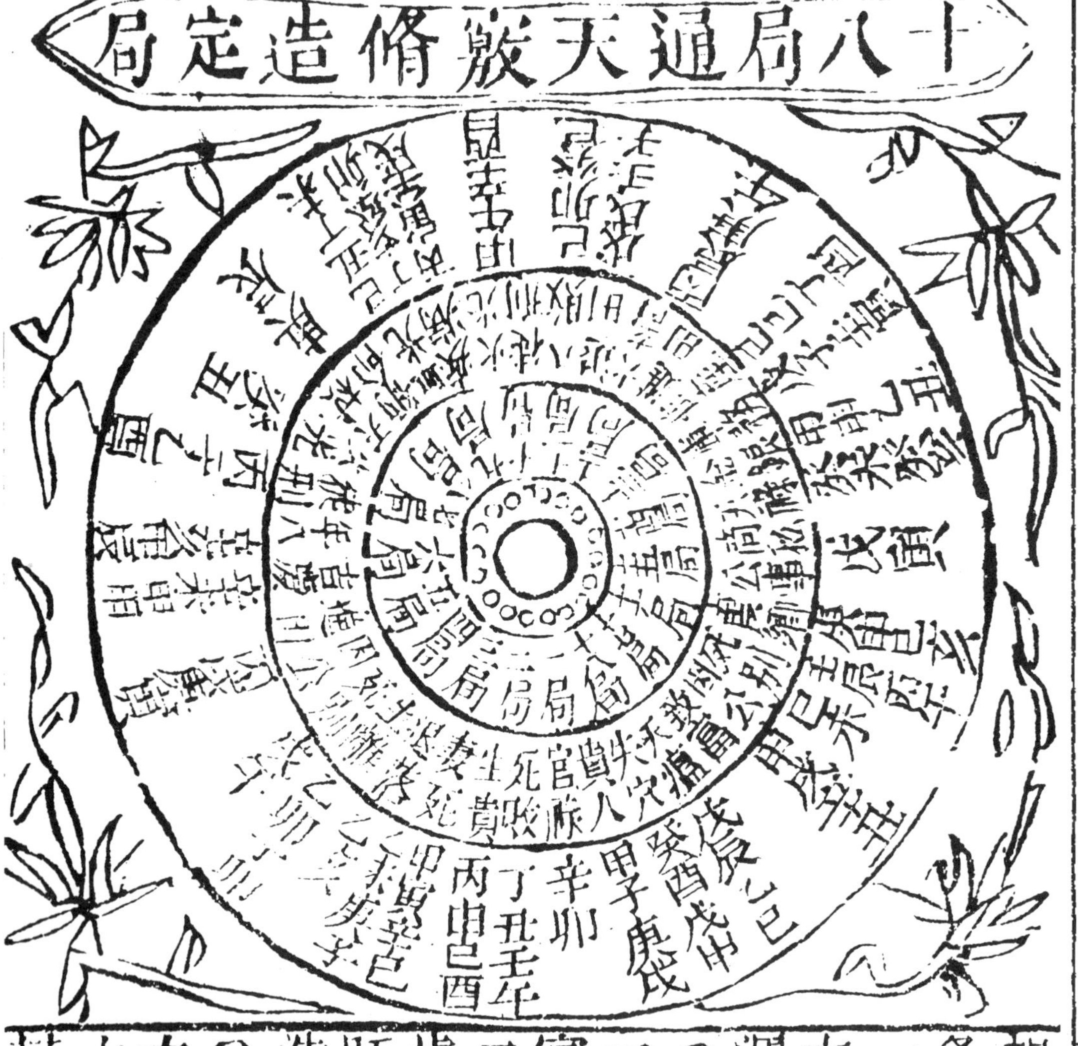

起例

各從生命上起一十順數零年亦順遇吉則吉遇凶則凶

○假如甲子生二十四歲從一宮起一十二局二十則二十四歲到六局吉慶旺六局大宜修造

○一局五六局十二十三十四十七局並吉其餘並凶

家破人啞神社对門常病財瘟門中水出財散寃屈門着井水家招神鬼

門前不宜種柳所居向巽方開門及隙穴開窓之類立有災害○日夜忌於宮名正厕私家正堂南向坐多招異事當門勿安臥搨不利○人家門左右不可安神堂十二年一哭

○掃糞草盥門下令人患白虎病東人歴骨風白虎鬼

凡宅門下水出財物不聚東北開門多招怪異之事○宅戶之門莫相对

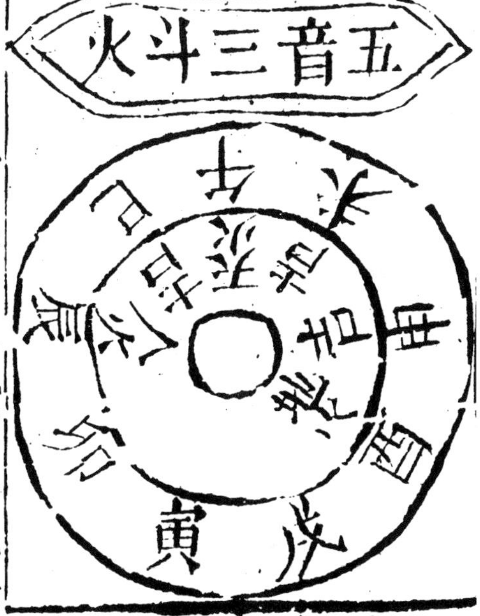

五音三斗火

未　午　巳　辰　卯　寅　戌　酉　申

歌曰

角出龍頭逆數流　商音巳上順云求
徵音起戌必須逆　宮羽還從未順遊

經云天火與地火年年逢災禍亥子丑三位不數如值人人災地火家不安天火大凶

起例且如用音姓人癸酉生四十四歲修造從辰上起甲子乙丑在卯丙寅在寅丁卯戊辰酉逆行至辰是癸酉本命又從辰上起一十二十卯三十寅數四十四在午值天火大凶此年不可造葬又如酉音甲子生四十歲起卯亦數到午上值天火大凶○徵音起戌不須逆不字當作必字用台忽忌此三火子見人造作合得豬頭身壬諸家遇自然犯此天火殺亦吉此亦無驗

論陽的殺以太歲遁起五虎元遁亥入中宮順數尋本命所到之宮不可修作謂之太歲尋本命是爲陽的殺

○假如庚申生人於甲辰年脩作甲巳之年遁起丙寅至亥乙亥

門前詩草多愁怨門外
垂楊非吉祥
水路冲門悖逆子孫
灶井勿鼓井今古大忌
見露井莫窺損壽俗以
清明日淘井爲新泉以
鉛十斤置之井口水清
而甘
開井勿取東向三百六十
步列見一害不以酒着
放井中五步○卯不穿
井井泉不香○勿塞故
井令人耳聾目盲
凡堂前不可穿井男子起
井女人上灶皆招不吉
口舌分外之禍勿越井
越灶井在灶边虚耗連
年井灶相看法主男女

以乙亥入中宮順數丙子乾丁丑兌戊寅艮己卯離庚辰坎辛巳
坤癸巳順數去尋戊午震己未巽庚申中庚申生人甲辰年修中
宮凶餘倣此
論陰的殺以本命生命年遁起五虎元逢亥入中宮順數尋太歲所
到離宮不可修作謂之本命尋太歲是爲陰的殺
○假如甲辰年庚辰生人修作乙庚生人正月起遁戊寅至亥是丁
亥便以丁亥入中宮順數戊子乾己丑兌界順數去尋癸卯震甲
辰巽則甲辰年庚辰生人不可修巽方其餘倣此
古曆書云凡修方造作必須究此二殺所在不可先于其方上起丁
先修吉方而後連及之若在中宮出火過宅方可修作
年的命殺　忌修造
太歲入中宮順尋本命泊何宮爲年的命殺
○如庚子生用甲申年順尋庚子泊震則甲卯乙方宮忌修造
月的命殺　忌修造
月建入中宮順尋本命泊何宮爲月的命殺○如庚子生用甲申年
七月壬申入中宮順尋庚子生乾則戊乾亥方忌修造

內乱井灶不可令相見
女子祭灶不祥
○井北灶南家悖逆井畔
栽花物業荒○厨內房
前休穿井士入堂後莫
開泉○刀斧不宜安灶
上淫穢放灶前令人家
不安
凡於厨後安灶兩火煌上
主有災殃殘害灶上令
人患瘡○灶堂無礼家
必破灶前歌笑大驚煌
糞土無令壅灶前
凡灶中午夜勿燒烟午夜
乃是后帝灶君交會之
夜宜避之卽安婦人勿
跂坐灶大忌
凡向灶罵詈不祥不可对

| 甲己太歲甲己生人 | 乙庚太歲乙庚生人 |
| --- | --- |

中乾兌艮離坎坤震巽中乾兌艮離坎坤震巽

## 陰陽的殺定局

乙亥甲申癸巳壬寅辛亥庚申己巳
丙子乙酉甲午癸卯壬子辛酉庚午
丁丑丙戌乙未甲辰癸丑壬戌辛未
戊寅丁亥丙申乙巳甲寅癸亥壬申
己卯戊子丁酉丙午乙卯甲子癸酉
庚辰己丑戊戌丁未丙辰乙丑甲戌
辛巳庚寅己亥戊申丁巳丙寅
壬午辛卯庚子己酉戊午丁卯
癸未壬辰辛丑庚戌己未戊辰
丁亥丙申乙巳甲寅癸亥壬申辛巳
戊子丁酉丙午乙卯甲子癸酉壬午
己丑戊戌丁未丙辰乙丑甲戌癸未
庚寅己亥戊申丁巳丙寅乙亥甲申
辛卯庚子己酉戊午丁卯丙子乙酉
壬辰辛丑庚戌己未戊辰丁丑丙戌
癸巳壬寅辛亥庚申己巳戊寅
甲午癸卯壬子辛酉庚午己卯
乙未甲辰癸丑壬戌辛未庚辰

吵吠及哭不可將灶火燒香

作灶法長七尺九寸土象北斗下應九州廣四尺象四時高三尺象三才口濶一尺二寸象十二時安兩釜象日月突大八寸象八風須備新傳淨洗以淨上和合香水泥不可用壁泥相雜大忌之以猪肝和泥令新婦孝順凡作灶泥先除地面土上三寸取下面淨土以井花水和合泥吉

凡灶面向西南吉向東北凶○灶神晦日歸天白人罪過善惡事

孫滿堂灶在明堂微音

丙辛太歲丙辛生人

|  |  |
| --- | --- |
| 中 | 己亥戊申丁巳丙寅乙亥甲申癸巳 |
| 乾 | 庚子己酉戊午丁卯丙子乙酉甲午 |
| 兌 | 辛丑庚戌己未戊辰丁丑丙戌乙未 |
| 艮 | 壬寅辛亥庚申己巳戊寅丁亥丙申 |
| 離 | 癸卯壬子辛酉庚午己卯戊子丁酉 |
| 坎 | 甲辰癸丑壬戌辛未庚辰己丑戊戌 |
| 坤 | 乙巳甲寅癸亥壬申辛巳庚寅 |
| 震 | 丙午乙卯甲子癸酉壬午辛卯 |
| 巽 | 丁未丙辰乙丑甲戌癸未壬辰 |

丁壬太歲丁壬生人

|  |  |
| --- | --- |
| 中 | 辛亥庚申己巳戊寅丁亥丙申乙巳 |
| 乾 | 壬子辛酉庚午己卯戊子丁酉丙午 |
| 兌 | 癸丑壬戌辛未庚辰己丑戊戌丁未 |
| 艮 | 甲寅癸亥壬申辛巳庚寅己亥戊申 |
| 離 | 乙卯甲子癸酉壬午辛卯庚子己酉 |
| 坎 | 丙辰乙丑甲戌癸未壬辰辛丑庚戌 |
| 坤 | 丁巳丙寅乙亥甲申癸巳壬寅 |
| 震 | 戊午丁卯丙子乙酉甲午癸卯 |
| 巽 | 己未戊辰丁丑丙戌乙未甲辰 |

四堂在午宮在子
羽音明堂在戌
角音明堂在申地
丙丁作灶引火光

凡遇瓮甑鳴鬼名婆女但呼其名字亦不為災却招吉利○瓮鳴不得驚呼或男子作婦人拜婦人作男子拜即可止之瓮鳴甑虛氣冲則鳴非怪伯揭去蓋亦可矣

凡人家厨下頭遇夜須制洗爭滿注水切不可令鍋乾如空則使人心焦又云鍋瓮夜莫停水意以停水為是

大井大九四向堂屋前着遇逆中亭有一天井象

戊癸太歲戊癸生人

中乾兌艮離坎坤震巽

癸亥壬申辛巳庚寅己亥戊甲子己
甲子癸酉壬午辛卯庚子己酉戊午
乙丑甲戌癸未壬辰辛丑庚戌己未
丙寅乙亥甲申癸巳壬寅辛亥庚申
丁卯丙子乙酉甲午癸卯壬子辛酉
戊辰丁丑丙戌乙未甲辰癸丑壬戌
己巳戊寅丁亥丙申乙巳甲寅
庚午己卯戊子丁酉丙午乙卯
辛未庚辰己丑戊戌丁未丙辰

男女行年

○身皇定命殺占方向定局　零年節節自上而下

身皇定命

| | 上元男 | | 中元男 | | 下元男 | |
|---|---|---|---|---|---|---|
| (一十) | 艮 | 坤 | 中 | 中 | 坤 | 艮 |
| (二十) | 離 | 坎 | 乾 | 巽 | 震 | 兌 |
| (三十) | 坎 | 離 | 兌 | 震 | 巽 | 乾 |
| (四十) | 坤 | 艮 | 艮 | 坤 | 中 | 中 |
| (五十) | 震 | 兌 | 離 | 坎 | 乾 | 巽 |
| (六十) | 巽 | 乾 | 坎 | 離 | 兌 | 震 |
| (七十) | 中 | 中 | 坤 | 艮 | 艮 | 坤 |
| (八十) | 乾 | 巽 | 震 | 兌 | 離 | 坎 |
| (九十) | 兌 | 震 | 巽 | 乾 | 坎 | 離 |

日月爲屋有眼日主大癸少災若只作一天井亦癸只是出患眼反損少丁少婦

天井著花欄主淫佚又云天井著欄村主病心病瘴眼著花防小口患

凡人家天井方者爲上不可直長生喪禍

凡所前天井停水不出者主病患父子相殘有下痔腸瘋之疾有漏胎傷孕之厄

天井栽木大凶天井種花主婦淫乱切不植

天井中不可積屋水主患痢疾不可排乱石主患眼疾

○右定命殺術者云師巫行符灵應者可用符值暫時逐起作之不妨俟作主交生過則無事方可卸則吉

○命尤星入土定局

命局歲數

| | 〔十〕 | 〔二十〕 | 〔三十〕 | 〔四十〕 | 〔五十〕 | 〔六十〕 | 〔七十〕 | 〔八十〕 | 〔九十〕 |
|---|---|---|---|---|---|---|---|---|---|
| 甲子丙寅戊辰癸酉乙亥戊寅癸未生 | 吉 | 入土 | 吉 | 吉 | 入土 | 吉 | 吉 | 入土 | 吉 |
| 甲申丁亥癸巳甲午丙申戊戌癸卯生 | 吉 | 入土 | 吉 | 吉 | 入土 | 吉 | 吉 | 入土 | 吉 |
| 乙巳戊申癸丑甲寅丁巳癸亥生命 | 吉 | 入土 | 吉 | 吉 | 入土 | 吉 | 吉 | 入土 | 吉 |
| 乙丑丁卯乙巳庚午[illegible]己卯庚辰生 | 入土 | 吉 | 吉 | 入土 | 吉 | 吉 | 入土 | 吉 | 七 |
| 乙酉戊子庚寅乙未丁酉己亥庚子生 | 入土 | 吉 | 吉 | 入土 | 吉 | 吉 | 入土 | 吉 | 七 |
| 丙午己酉庚寅戊乙卯戊午庚申生命 | 入土 | 吉 | 吉 | 入土 | 吉 | 吉 | 入土 | 吉 | 七 |
| 辛未壬申甲戌丁丑辛巳壬午丙戌生 | 吉 | 吉 | 入土 | 吉 | 吉 | 入土 | 吉 | 吉 | 入上 |
| 己丑辛卯壬辰辛丑壬寅甲辰丁未 | 吉 | 吉 | 入土 | 吉 | 吉 | 入土 | 吉 | 吉 | 入土 |
| 辛亥壬子丙辰己未辛酉壬戌生命 | 吉 | 吉 | 入土 | 吉 | 吉 | 入土 | 吉 | 吉 | 入土 |

○假如甲子生五十三歲修造歸火犯命龍入土凶術云命龍又土惟忌倒堂修造犯者不吉及三六九年內官事拘畱又云修作中宮尤忌動土凶

窓若門壁有窓主橫事天羅宜就左边開乃青龍開眼吉

溝渠凡溝渠通後屋宇潔淨無穢氣不生瘟疾病

水路沖門悖逆兒孫水宜宅边東流無禍

水若倒流宅主女爲家長

水從門出主耗散之貧窮若寒溝瀆令人目盲

門前屋後溝渠水不可分八字主逆亂散財

## 論造屋間架數吉凶

凡阳阴二宅造屋一間单獨二間自如三間吉四間凶東三間無干主絶吉間吉六間貧破凶七間大吉

## ○脩作中宫 謂脩整公廳佛堂等事

九良星●壬申丙子甲申戊申年占中廳●辰申亥寅年在中廁

| 凶年 | 甲 | 乙 | 丙 | 丁 | 戊 | 己 | 庚 | 辛 | 壬 | 癸 |
|---|---|---|---|---|---|---|---|---|---|---|
| 邱公暗刀殺 吉 凶 | 三九 | 五十一 | 正七 | 三九 | 五十一 | 三九 | 五十一 | 正七 | 三九 | 五十一 |
| 飢渴血刃 | 四九十二 | 三六十二 | 正八 | 五十 | 四九十二 | 二六十二 | 正八 | 三六九 | 五十二 | |
| 隱伏血刃 | 五八 | 二十一 | 五八 | 十正十一三 | 六七 | 五八 | 二十一 | 五八 | 十正十一三 | 六七 |
| 大月建殺 | 四 | 正十 | 七 | 四 | 正十 | 七 | 四 | 正十 | 七 | 四 |

| 凶年 | 子 | 丑 | 寅 | 卯 | 辰 | 巳 | 午 | 未 | 申 | 酉 | 戌 | 亥 |
|---|---|---|---|---|---|---|---|---|---|---|---|---|
| 九良殺 | 中堂 | | 後堂 | 後堂 | | | | 中庭 | | 堂 | | |
| 天官符 | 正十 | 七十 | 四七 | 正四 | 正七 | 七十 | 四七 | 正四 | 正十 | 七十 | 四七 | 正四 |
| 地官符 | 正六 | 四七 | 五八 | 六九 | 七十 | 八十一 | 九十二 | 正十 | 十一十二 | 正十二 | 正西 | 正五 |
| 小兒殺 | 正十 | 六 | 正十 | 六 | 正十 | 六 | 正十 | 六 | 正十 | 六 | 正十 | 六 |
| 打頭火 | 二十一 | 八十一 | 五八 | 二五 | 二十一 | 八十一 | 五八 | 二五 | 二十一 | 八十一 | 五八 | 二五 |
| 飛獨火 | 二五 | 二十一 | 八十一 | 五八 | 二五 | 二十一 | 八十一 | 五八 | 二五 | 二十一 | 八十一 | 五八 |
| 月遊火 | 三七 | 十二 | 一 | 三 | 六 | 十二 | 四 | 八 | 五 | 九 | | |

堂屋五間所四間或堂屋二間所五間法主三年殺五人五年殺七人七年禍癸破敗逃亡謂五間屬土三間屬木木尅土故也堂屋四間所三間堂屋三間所四間三年殺四人五年殺七人火來尅金故也堂屋三架所屋七架主凶亦如是

凡通造堂屋五間別無屋宇必主傷折

凡宅横造三重及五間別無屋宇此名三門主敗

凡前造所屋未造餘屋直入裏作者必害三人

凡於所屋下安灶兩火星□□故有災

| 酉月 | 正 | 二 | 三 | 四 | 五 | 六 | 七 | 八 | 九 | 十 | 十一 | 十二 |
|---|---|---|---|---|---|---|---|---|---|---|---|---|
| 九良星 | 中堂 | | | | | | 中庭 | | | | 中宮中堂 | |
| 耗星 | | | | | | 中庭 | | | | | | 中庭 |
| 宅龍 | 中所 | 中庭 | 中堂 | 堂 | 堂 | | | | | | | |
| 土公 | 冬在中堂　忌動土　主宅長宅毋足腫土公散目不姑 | | | | | | | | | | | |

○真太歲入中宮　忌脩中宮

甲戌年九月　庚辰年三月　乙酉年八月　辛卯年十二月　丙申年七月

壬寅年正月　丁未年六月　壬子年十一月　戊午年五月　癸亥年十月

大殺白虎雷霆白虎脩日忌入中宮凶　命龍人　土尤忌之

## ○破壞脩營

謂玄女叔寨同太陰能伏九良星吉

大偷脩吉日宜壬子癸丑丙辰丁巳戊午己未庚申辛酉　已上八日乃凶神朝天八方俱吉任從起工脩作無忌

九天玄女叔寨三奇此經曰天宗偷脩乃軒轅黃帝親授九天玄女脩造不忌官符三殺流財火血太歲管下諸神煞謹依此天宝經曰辰脩方造作萬無一失此法將羅經中宮格定二十四

凡屋有廁無堂[illegible]大唯當
凡造屋一間經數年主夫
妻不和合出孤寡
凡造宅三重並無廁各
三絕若二姓同居自如
後亦凶
經曰前屋為廁屋中屋為
堂屋後屋為灶屋何又
有妨三重橫屋兩畔無
廂屋生逆白主凶惟人
本命入天宮年起造破
命招災大凶子人辰年
丑人戌年寅人未年卯
人丑年辰人午年巳人
子年午人申年未人寅
年申人酉年酉人卯年
戌人亥年亥人巳年

向三日利在何方依此修之大吉

○修方總吉

甲子乙丑丙寅日　宜修　乾亥壬子癸丑艮寅方
丁卯戊辰己巳日　宜修　丙午丁未坤申庚酉辛戌方
庚午辛未壬申日　宜修　乾亥壬子癸丑艮寅甲卯乙
癸酉日　宜修　甲卯乙辰巽巳丙午丁未方
甲戌乙亥日　宜修　中宮八方二十四向吉　諸神朝天
丙子丁丑戊寅日　宜修　坤申庚酉辛戌乾亥方
己卯庚辰辛巳日　宜修　坤申庚酉辛戌乾亥方
壬午癸未甲申日　宜修　丙午丁未乾方
乙酉丙戌丁亥日　宜修　癸巳丙丁未坤方
戊子己丑庚寅日　宜修　亥壬子癸丑方
辛卯壬辰癸巳日　宜修　丙午丁未坤申庚酉方
甲午乙未丙申日　宜修　乾亥辛戌壬子癸丑艮方
丁酉戊戌己亥日　宜修　中宮四方八位皆吉　諸神朝天
庚丁辛丑壬寅日　宜修　坤申庚酉辛戌乾亥方

## 集正麻推緣宅起造年月

甲癸生人緣宅屬土
乙戊生人緣宅屬水俱以
申酉戌亥子年月日吉
餘退凶
丙辛生人緣宅屬木亥子
丑寅卯年月日吉餘凶
丁生人緣宅屬金巳午
未申酉年月日吉餘凶
庚壬生人緣宅屬火寅卯
辰巳午年月日吉餘凶
已上年假如甲生人緣在
寅緣宅在木假造起丙
寅至辛未是土故緣宅
是土其餘依此各從緣
宅之位數至帝旺丑位
年月日吉　六七終

癸卯甲辰乙巳日　宜修　坤申庚酉辛戌乾方
丙午丁未戊申日　宜修　未坤申庚酉辛戌乾方
己酉庚戌辛亥日　宜修　巽巳丙午丁未坤申庚酉辛戌乾方
壬子癸丑甲寅日　宜修　乾亥壬子癸丑艮寅方
乙卯丙辰丁巳日　宜修　丙午丁未坤申庚酉辛方
戊午己未庚申日　宜修　壬子癸丑艮寅甲卯乙方
辛酉壬戌癸亥日　宜修　辰巽巳丙午丁方

### 總論

論偷修日辰只宜小可修整如年家天地官符月家天地官符小兒殺大月建飛鋒血刃陰陽的殺貝皇定命打頭火三殺炙退獨火修營招災禍動土尤凶大殺雷霆白虎日占方又須忌之

論逐月神殺占方忌修營如丘公暗刀六甲胎神六畜胎占處忌或刀砧財路欄殺畜官符大小耗星所占惟忌修整犯之損六畜不宜修欄枋亦忌

論修營宜天德歲德月德天月德合歲德合天恩天赦母倉所會日辰修之吉　年月家緊殺占處吉不能制宜避之

## 動土方論

論動土方陳希夷玉鑰匙云土皇方犯之令人害風癆水蠱　土府所在之方動土取土犯之令人浮腫水気又云土瘟日並方犯之主兩脚浮腫天賊月起手犯之主招盜

論取土動土坐宮修造不出火避宅亦忌年月家凶神殺方道凶

取土填基宜生気方生土方地倉方取土吉忌土皇殺土皇遊方凶

## ○動土平基

謂開基土填平基址等事

填基吉日宜甲子乙丑丁卯庚午辛未己卯辛巳甲申乙未丁酉己亥丙午丁未壬子癸丑甲寅乙卯庚申辛酉。○戊午黃帝死日凶

取土平基吉方

| | 生気方 | 生土方 | 地倉方 | 土凶方 | 土皇殺 | 土皇凶 | 月凶方 | 土皇殺 | 土府方 |
|---|---|---|---|---|---|---|---|---|---|
| 正 | 子 | 辰 | 午 | 子 | 巽 | 乾 | 正 | 巳 | 丑 |
| 二 | 丑 | 午 | 申 | 丑 | 巽 | 乾 | 二 | 辰 | 巳 |
| 三 | 寅 | 申 | 亥 | 寅 | 坤 | 艮 | 三 | 卯 | 酉 |
| 四 | 卯 | 戌 | 辰 | 卯 | 坤 | 艮 | 四 | 寅 | 寅 |
| 五 | 辰 | 午 | 丑 | 辰 | 乾 | 巽 | 五 | 丑 | 午 |
| 六 | 巳 | 未 | 寅 | 巳 | 乾 | 巽 | 六 | 子 | 戌 |
| 七 | 午 | 酉 | 巳 | 午 | 子 | 午 | 七 | 亥 | 卯 |
| 八 | 未 | 午 | 辰 | 未 | 卯 | 酉 | 八 | 戌 | 未 |
| 九 | 申 | 申 | 午 | 申 | 午 | 子 | 九 | 酉 | 亥 |
| 十 | 酉 | 戌 | 酉 | 酉 | 午 | 子 | 十 | 申 | 辰 |
| 十一 | 戌 | 子 | 巳 | 戌 | 艮 | 坤 | 十一 | 未 | 申 |
| 十二 | 亥 | 巳 | 辰 | 亥 | 艮 | 坤 | 十二 | 午 | 子 |

動土吉日

○宜甲子癸酉戊寅庚辰辛巳甲申丙戌甲午丙申甲戌乙亥庚子甲辰癸丑宜月空成開日

◎癸酉土公生日

甲子乙丑戊子己丑庚子辛丑甲寅戊寅庚寅乙卯己卯辛卯戊辰巳己庚辰辛巳甲辰乙巳庚午辛未甲午乙未丙午丁未己未甲申戊申庚申乙酉己酉辛酉甲戊戌戊庚戌乙亥己亥已上土公赦日

○甲子庚午辛未庚子丙午丁未丙辰丁巳辛酉土公收日此日動土日

| 日凶 | 正 | 二 | 三 | 四 | 五 | 六 | 七 | 八 | 九 | 十 | 十一 | 十二 |
|---|---|---|---|---|---|---|---|---|---|---|---|---|
| 天賊 | 辰 | 酉 | 寅 | 未 | 子 | 巳 | 戌 | 卯 | 申 | 丑 | 午 | 亥 |
| 受死 | 戌 | 辰 | 亥 | 巳 | 子 | 午 | 丑 | 未 | 寅 | 申 | 卯 | 酉 |
| 天瘟 | 未 | 戌 | 辰 | 寅 | 午 | 子 | 酉 | 申 | 巳 | 亥 | 丑 | 卯 |
| 天罡 | 巳 | 子 | 未 | 寅 | 酉 | 辰 | 亥 | 午 | 丑 | 申 | 卯 | 戌 |
| 河魁 | 亥 | 午 | 丑 | 申 | 卯 | 戌 | 巳 | 子 | 未 | 寅 | 酉 | 辰 |
| 土忌 | 寅 | 巳 | 申 | 亥 | 卯 | 午 | 酉 | 子 | 辰 | 未 | 戌 | 丑 |
| 土符 | 寅 | 卯 | 辰 | 巳 | 午 | 未 | 申 | 酉 | 戌 | 亥 | 子 | 丑 |
| 地破 | 亥 | 子 | 丑 | 寅 | 卯 | 辰 | 巳 | 午 | 未 | 申 | 酉 | 戌 |
| 月破 | 申 | 酉 | 戌 | 亥 | 子 | 丑 | 寅 | 卯 | 辰 | 巳 | 午 | 未 |
| 玄武黑道 | 酉 | 亥 | 丑 | 卯 | 巳 | 未 | 酉 | 亥 | 丑 | 卯 | 巳 | 未 |
| 動土取土 | 巳 | 辰 | 卯 | 寅 | 丑 | 子 | 亥 | 戌 | 酉 | 申 | 未 | 午 |
| 地囊 | 庚子庚午 | 癸丑癸未 | 甲子甲寅 | 己丑己卯 | 戊辰戊午 | 癸巳癸未 | 丙寅丙申 | 丁卯丁巳 | 戊辰戊子 | 庚子庚戌 | 辛未辛丑 | 乙未乙酉 |
| 土瘟日 血方 | 辰 | 巳 | 午 | 未 | 申 | 酉 | 戌 | 亥 | 子 | 丑 | 寅 | 卯 |
| 土忌日 | 初六 | 廿二 | 十二 | 初八 | 十六 | 廿四 | 初九 | 廿七 | 初 | 十四 | 廿 | 初六 |

避伏龍土公

○癸卯乙未土公死墓日

忌動土日戊巳日不宜動土填基犯之凶係是戊巳殺日不可犯之

戊午日黄帝死日忌動土犯之凶

動土吉日

○宜天德月德合月德合月空天恩月恩黄道土吉生氣滿德星吉慶星宜除定執平成開日

◆凶日忌土瘟土府土忌土痕忌土公箭天賊受死天瘟天罡河魁天恩轉殺與月建同日建平危閉日惟九土鬼與伏執平收同日則凶

正四廢日 庚申辛酉 壬子癸亥 甲寅乙卯 丙午丁

天地轉煞 〈春〉乙卯辛卯 〈夏〉丙午戊午 〈秋〉己酉癸酉 〈冬〉壬子酉

天地正轉 癸卯 丙午 丁酉 庚子

月建轉殺 卯 午 酉 子

九土鬼 乙酉 癸巳 甲午 辛丑 壬寅 己酉 庚戌 丁巳 戊午

土公箭 每月 初七 十七 廿七日忌動土

土痕忌 大月初二初五初七十二十五十八小月初一初三初六廿二廿六廿七日

土公占 大月初三 初五 初八小月初一 初十 廿八日

土公忌方 一東一及灶 南 及門 酉 及井 北 及中庭

○選定逐月動土平基吉日

正月 甲子壬午庚子己丑辛卯丙午丁卯丙子壬子

二月 乙丑壬寅庚寅甲寅辛未丁未癸未甲申丙寅

三月 癸巳丁卯甲子庚子癸酉丙子壬子丁酉

四月 甲子戊子庚子甲戌己丑庚午丙子

五月 乙丑辛未乙亥辛亥庚寅甲寅丁未己未丙辰丙寅

六月 乙亥辛卯乙卯甲申甲寅庚申辛亥丙寅丁卯

○吉逐月吉日不犯建破魁罡勾絞玄武黑道日天火受死天賊土瘟並忌土府轉殺正四廢日殺日虎占宮日

| 七月 | 甲子庚子庚午辛未丁未壬子壬辰丙子 |
|---|---|
| 八月 | 乙丑甲戌壬寅庚寅丙辰庚戌壬辰　又乙亥 |
| 九月 | 丁卯辛卯庚午丙午癸卯 |
| 十月 | 甲子癸酉辛酉庚午甲戌壬午 |
| 十一月 | 丁未辛未甲申丙申庚申壬辰丙辰乙亥辛亥 |
| 十二月 | 甲子壬寅庚寅甲寅甲申丙申庚申丙寅 |

## 入山伐木吉日

入山伐木法凡伐木起工日切不可犯穿山殺匠人入山伐木起工日用看好木頭根數具立忌処砍伐如或木植到傷不可放惟黄殺方不可犯黄帝八座九天大殺三殺炙退宮符都天太歲方及戊己殺方凶

# ○入山伐木

謂伐木破竹古德蛀母等事

| 日凶 | 刀砧魯班殺 | 斧頭殺 | 魯班殺 | 龍虎 | 受死 | 天賊 | 月破 |
|---|---|---|---|---|---|---|---|
| 正 | | 春 | 春 | 巳 | 戌 | 辰 | 申 |
| 二 | 亥 | 辰 | 子 | 亥 | 辰 | 酉 | 酉 |
| 三 | 子 | | | 午 | 亥 | 寅 | 戌 |
| 四 | | 夏 | 夏 | 子 | 巳 | 未 | 亥 |
| 五 | 寅 | 未 | 卯 | 未 | 子 | 子 | 子 |
| 六 | 卯 | | | 丑 | 午 | 巳 | 丑 |
| 七 | | 秋 | 秋 | 申 | 丑 | 戌 | 寅 |
| 八 | 巳 | 酉 | 午 | 寅 | 未 | 卯 | 卯 |
| 九 | 午 | | | 酉 | 寅 | 申 | 辰 |
| 十 | | 冬 | 冬 | 卯 | 申 | 丑 | 巳 |
| 十一 | 申 | 子 | 酉 | 戌 | 卯 | 午 | 午 |
| 十二 | 酉 | | | 辰 | 酉 | 亥 | 未 |

伐木吉日

○宜己巳庚午辛未壬申甲戌乙亥戊寅己卯壬午戊子乙酉甲午乙未丙申壬寅丙午丁未甲寅乙卯己未庚申辛酉

○宜明星黃道天德月德天月德合天月恩及諸吉星定成開日

●忌天賊正四廢龍虎刀砧赤口蛀日破敗魯班殺斧頭殺建破平收日危日受死荒蕪月破山隔紅觜朱雀山痕忌

## 砍伐竹木

伐竹木宜不蛀日及每月初五以前遇血忌日

| 破敗欠破敗 | 獨火月火霹火 | 建日 | 危日 | 荒蕪 | 山隔 | 正四廢 | 九土鬼 | 山痕忌 | 紅觜朱雀凶日 |
|---|---|---|---|---|---|---|---|---|---|
| 甲 | 巳 | 寅 | 酉 | 巳 | 未 | 春庚申辛酉 | 乙酉 | 大月初二初八十七二十 | 乙丑 |
| 戌 | 辰 | 卯 | 戌 | 酉 | 巳 | 夏壬子癸亥 | 癸巳 | 小月初五十四十六廿一廿七 | 甲戌 |
| 子 | 卯 | 辰 | 亥 | 丑 | 卯 | 秋甲寅乙卯 | 甲午 | | 癸未 |
| 寅 | 寅 | 巳 | 子 | 申 | 丑 | 冬丙午丁巳 | 辛丑 | | 壬辰 |
| 辰 | 丑 | 午 | 丑 | 子 | 亥 | | 己酉 | | 辛丑 |
| 午 | 子 | 未 | 寅 | 辰 | 酉 | | 壬寅 | | 庚戌 |
| 申 | 亥 | 申 | 卯 | 亥 | 未 | | 庚戌 | | 己未 |
| 酉 | 戌 | 酉 | 辰 | 卯 | 巳 | | 丁巳 | | |
| 戌 | 酉 | 戌 | 巳 | 未 | 卯 | | 戊午 | | |
| 寅 | 申 | 亥 | 午 | 寅 | 丑 | | | | |
| 辰 | 未 | 子 | 未 | 午 | 亥 | | | | |
| 午 | 午 | 丑 | 申 | 戌 | 酉 | | | | |

○選定逐月伐木吉日

正月戊寅甲寅壬午丙午己卯丁丑丙寅

二月辛未戊寅甲寅甲申戊申乙未丁未己未

三月己巳甲申癸酉丁酉

四月庚午壬午丙戌

五月己巳甲戌丙戌戊辰辰丙

六月乙亥甲申庚申癸酉丁酉辛酉

七月戊子庚子壬丙子戊辰辰丙

八月甲戌乙亥甲申戊申庚申

伐之吉○七月甲辰壬辰丙辰日值飛廉血忌伐之亦吉

春蛀竹夏蛀木十月小陽春伐竹蛀又宜立冬後立春前輕日用危日忌建破平收日

凡伐竹木宜秋冬月多不蛀屢試驗

歷書云六甲蛀日砍伐竹木則生蛀由雞鵝鴨抱卵忌蛀日雛初出多死種子亦生蛀虫驗矣

古德蛀曆曰

○六甲蛀日

甲子●甲申○甲辰○
乙丑○乙酉○乙巳○

九月巳卯丙戌　十月辛未乙未丁未乙亥甲子丙辰

十一月甲辰乙丑癸丑丙辰丙寅　十二月戊寅甲寅巳卯乙卯

○右吉日不犯魁罡天虎受死天賊刀砧斧頭殺山隔荒蕪正四廢

### ○搭厰推木

謂解除白宅新搭厰屋推木料等事

凡木植推梁及搭厰先須擇天道天德月德三奇太陽臨照之方堆放不可置於年三殺天地官符月建造主本命之方大忌斷木起工令主人匠人不妄值百步外則無禁忌

凡作棟梁之木須望吉方架起勿使婦人男女坐踏穢污

### ○避宅出火

謂請祖先福神香火暫居空界等事

避宅出火吉日甲子丁卯己巳辛未甲戌乙亥丙子丁丑戊寅己卯壬午甲申乙酉戊子甲午乙未庚申己酉壬子癸丑

○宜天德月德黃道諸吉日　○與移居吉日可以通用

論修造主人眷就居前後同宅安處作近新造堂居或隔圍池相近也謂坐宮修方不出火或在一二百步之外空閑屋內出避則

甲寅○丙戌○丙午●
丁卯○丁亥○丁未○
戊辰○戊子○戊申○
己巳○己丑○己酉○
庚午○庚寅○庚戌○
辛未○辛卯○辛亥○
壬申○壬辰●壬子○
癸酉●癸巳○癸丑○
甲戌●甲午●甲寅○
乙亥○乙未○乙卯○
丙子●丙申○丙辰○
丁未○丁酉○丁巳●
戊寅○戊戌○戊午●
己卯○己亥○己未○
庚辰○庚子●庚申●
辛巳●辛丑○辛酉○
壬午●壬寅○壬戌○
癸未○癸卯○癸亥○

亦不問方道亦可

○六壬逐年出火例　寅申子午年辰上起大罡　丑未年寅上
卯酉年未上　辰戌丑未年申上　己亥年丑上　○名年上
起天罡順尋勝光傳送神后功曹四方出避吉

| 吉方 | 寅申子午 | 丑未 | 卯酉 | 辰戌 | 巳亥 |
| --- | --- | --- | --- | --- | --- |
| 勝光 | 午 | 辰 | 酉 | 戌 | 卯 |
| 傳送 | 申 | 午 | 亥 | 子 | 巳 |
| 神后 | 子 | 戌 | 卯 | 辰 | 酉 |
| 功曹 | 寅 | 子 | 巳 | 午 | 亥 |

避宅出火吉方宜月德天德月德月空三奇方出避吉

○逐月出火吉日　如不合六壬出火又當別擇不可拘定

正月乙亥乙卯癸卯　二月辛未乙亥甲申丁己未癸乙未癸丑乙丑
三月乙卯癸酉丁酉　四月甲子丙子乙卯庚午庚子癸卯丙午
五月甲戌乙亥辛未乙未癸丑乙丑壬辰己未
六月乙亥戊寅甲申庚申　外丙寅甲寅
七月甲子辛未丙子壬子　外庚子丁未丙辰

日德砍伐蛀日厯書云

○圖全黑是竹木並蛀日

○圖全白是竹木不蛀日

○圖右边黑者是蛀木日

○圖左边黑者是蛀竹日

詩曰

白星砍伐尽皆通
遇黑應知有蛀虫
黑白半边分竹木
木归西畔竹归東

# 折屋吉日

謂淨尽折除舊屋倒堂竪作等事

折屋吉日宜甲子乙丑戊辰己巳辛未壬申癸酉甲戌丁丑戊寅己卯庚辰辛巳癸未甲申丁亥己丑壬辰癸巳甲午乙

八月甲戌癸丑乙丑壬辰丙辰　九月庚午壬午丙午

十月甲子辛未丙子乙未壬子庚午庚子丁未

十一月辛未乙亥甲申庚申癸未壬辰丙辰

十二月戊寅甲申庚申丙寅甲寅

論避宅出火乃是廻避何星出火移出祖先福神香火也或因遠修營或就旺改革故移家口暫居停外此作當权大小修營亦用之土木犯輕人犯重此理時師那得知小可修营不動中宮須少緩以待年月利不可輕易古人云出火易归火难也

論倒堂竪尽折去甲宅於吉方小屋权居盖因争静折去别無存盖故不得已就吉方避之與符使祖先香火同归一处俟修造完日移香火入宅最忌命龙入土○命龙入土載在前卷十二修造局

# ○起工架馬

謂起手架馬興工造作等事

起工吉日宜己巳辛未甲戌乙亥丙寅己卯壬午甲申乙酉戊寅戊子庚寅乙未己亥壬寅癸卯丙午戊申己酉壬子乙卯己未庚申辛酉戊開日●忌火星受死月破天賊地賊正四廢刀砧殺赤口

未巳亥辛丑癸卯甲辰
乙巳巳酉庚辰辛亥癸
丑丙辰丁巳庚申辛酉
除破日

忌正四廢赤口天賊

折屋忌方凡修造坐宮修
作方道起手折屋忌年
家天官符月家州縣官
符小兒殺打頭火朙刑
的殺身皇定命炙退三
殺並忌從此方起手須
從本命利方月下三奇
日方起手則吉

避出宅避火後折除後宅
並不利方道殺神

大小空亡荒蕪四絶亩敗日

架馬吉方宜天德月德月空三奇帝星諸吉方

○開柱眼用寅申巳亥四柱吉日

| 季 | 刀砧殺 | 魯班殺 | 斧馬殺 |
|---|---|---|---|
| 春 | 亥 | 子 | 辰 |
| 夏 | 寅 | 卯 | 未 |
| 秋 | 巳 | 午 | 酉 |
| 冬 | 申 | 酉 | 子 |

| | 正 | 二 | 三 | 四 | 五 | 六 | 七 | 八 | 九 | 十 | 十一 | 十二 |
|---|---|---|---|---|---|---|---|---|---|---|---|---|
| 木馬殺 | 巳 | 未 | 酉 | 申 | 戌 | 子 | 亥 | 丑 | 卯 | 寅 | 辰 | 午 |
| 天賊 | 辰 | 酉 | 寅 | 未 | 子 | 巳 | 戌 | 卯 | 申 | 丑 | 午 | 亥 |
| 受死日 | 戌 | 辰 | 亥 | 巳 | 子 | 午 | 丑 | 未 | 寅 | 申 | 卯 | 酉 |
| 月破 | 申 | 酉 | 戌 | 亥 | 子 | 丑 | 寅 | 卯 | 辰 | 巳 | 午 | 未 |
| 荒蕪 | 巳 | 酉 | 丑 | 申 | 子 | 辰 | 亥 | 卯 | 未 | 寅 | 午 | 戌 |
| 破敗坎破敗 | 申 | 戌 | 子 | 寅 | 辰 | 午 | 申 | 戌 | 子 | 寅 | 辰 | 午 |
| 獨火 火月雷火 | 巳 | 辰 | 卯 | 寅 | 丑 | 子 | 亥 | 戌 | 酉 | 申 | 未 | 午 |
| 建日 | 寅 | 卯 | 辰 | 巳 | 午 | 未 | 申 | 酉 | 戌 | 亥 | 子 | 丑 |
| 天賊殺 | 丑 | 子 | 亥 | 戌 | 酉 | 申 | 未 | 午 | 巳 | 辰 | 卯 | 寅 |

# 起工總論避方道

論架馬兩方忌年木馬殺三殺獨火官符月家州縣官符月流財身皇定命堆坐宮脩方不出火避宅忌之又忌堆黃殺白虎殺日方月劍鋒殺方

論新立宅舍架馬竹主人眷既已出火避宅如起工只就坐山架馬至於豎造吉日亦可通用

論殺宮脩方架馬作主人眷不出火避宅則就所脩之方擇取吉方上起工架馬如出火避宅起工架馬却不問方道

天旁　子　寅　午　酉　子　寅　午　酉　子　寅　午　酉

天罡鉤絞　巳　子　未　寅　酉　辰　亥　午　丑　申　卯　戌

河魁鉤絞　亥　午　丑　申　卯　戌　巳　午　未　寅　酉　辰

月建轉殺　卯　午　酉　子

正四廢　春　庚申辛酉　夏　壬子癸亥　秋　甲寅乙卯　冬　丙午丁巳

刀砧殺　亥子　寅卯　巳午　申酉

陽錯　庚戌辛酉庚申丁未丙午丁巳甲辰乙卯甲寅癸丑壬子癸亥

陰錯　甲寅乙卯甲辰丁巳丙午丁未庚申辛酉庚戌癸亥壬子癸丑

九土鬼　乙酉　癸巳甲午　辛丑　壬寅　巳酉　庚戌　丁巳　戊午

四離　春分　秋分　夏至　冬至　前一日是

四絕　立春　立夏　立秋　立冬　前一日是

○選定逐月起工吉日

正月辛未乙未壬午丙午癸酉丁丑癸丑丁酉

二月戊寅庚寅己巳丙寅丁丑癸丑甲寅壬寅

三月己巳甲申癸巳乙巳　四月壬午丁丑丙戌丙午庚午丙子

五月乙亥辛巳亥甲寅庚申　六月癸酉丁酉乙亥甲甲庚申辛酉

論淨宅折除旧屋倒堂竪造作主人卷既巳出火避宅如起工架馬與新立空舍架馬亦同

論架馬活法凡脩作土近空々屋內或在百步之外起擦架馬並不問方道神殺

○逐月起工吉日不犯建破魁罡約殺破敗獨火天賊受死木馬殺斧頭殺刀砧殺魯班殺月建轉殺正四廢陰陽錯日天穷四離四絕月破[illegible]地荒蕪赤口日九土鬼不與建破平收同日吉星多亦為次吉可用

七月　戊子壬巳卯丙子庚子戊辰丙辰丁卯

八月　庚寅巳亥乙亥戊寅庚申甲申戊申戊辰丙辰壬辰

九月　乙亥丁亥癸卯辛卯辛亥十月壬午辛未乙未庚午丁未

十月　甲戌庚寅壬寅　丙戌寅乙丑丁丑癸丑甲寅

十一月　巳巳戊寅巳卯丙寅甲寅乙卯壬寅甲申丁卯辛卯癸卯

## ○畫柱䌲墨　謂畫梁柱開柱眼裁柱脚等事

○逐月畫柱䌲墨吉日　考正三白九紫偏日

正月　立春癸酉壬午辛卯巳酉戊午一白辛未八白雨水丁卯乙酉甲午癸卯合一白(二月)辛巳庚寅巳亥六白乙丑甲戌癸未巳未八白乙亥丙寅甲申辛亥合九紫

三月　清明丙子乙酉壬子一白甲申癸巳九紫谷雨戊子丁酉合一白巳巳乙巳丙申合紫

四月　庚午巳卯戊子丙午乙卯一白戊辰丁丑甲辰癸丑合八白

五月　芒種巳巳戊申甲寅九紫戊辰乙未甲辰八白丙寅乙亥壬寅辛亥六白夏至庚寅一白甲戌癸未巳未壬辰庚戌合八白

## 竪柱梁吉日

宜天德月德天月德合日黃道上吉天月恩六合天喜天福顯星曲星傳星三白九紫成開日

開柱眼裁柱脚吉日

宜寅申巳亥開成日諸吉並同前

忌火星天地火獨火丙

論竪柱梁開柱眼俱以白星爲主蓋三白九紫臣人之大用也先擇日時之紫白後定尺寸之紫白上合天星之應照下合吉曜之祥光護福力家主應蔭後代之昌盛也

六月　癸未己未乙酉辛酉八白癸酉己酉九紫

七月　立秋丙子壬子六白甲子庚子九紫處暑癸巳一白戊子六白戊辰乙未合八白

八月　丙寅乙亥甲申癸巳壬寅辛亥庚申合一白戊辰對丁丑庚申八白

九月　乙亥辛亥一白庚午丙午六白霜降丁亥一白壬午戊午辛卯六

十月　甲子庚子癸酉己酉壬午戊午六白辛未丁未戊戌八白庚午丁酉戊子九紫

十一月　戊寅丙寅甲寅一白己丑丙辰八白壬申庚寅戊申合九紫

十二月　甲子辛卯庚子一白己巳己巳戊寅丙申乙巳甲寅合六白

冬至上元子午卯酉日子酉時一白　巳時六白　未時八白　申時九紫

中元辰戌丑未日丑戌時八白　寅亥九紫　卯時一白　申時六白

下元寅申巳亥日寅亥時六白　辰時八白　巳時九紫　午時一白

夏至上元子午卯酉日子酉時九紫　丑戌八白　卯時六白　申時一白

中元辰戌丑未日寅亥時一白　午時六白　辰時八白　卯時九紫

下元寅申巳亥日子酉時六白　未時八白　巳時一白　午時九紫

○右吉　不犯滅沒荒蕪四廢兩敗破日諸凶星同前起二黃列

## 定磉吉日

宜甲子乙丑丙寅戊辰己巳庚午辛未甲戌乙亥己卯辛巳壬午癸未甲申丁亥己丑庚寅癸巳乙未丁酉己亥庚子壬寅癸卯丙午己酉壬子癸丑甲寅乙卯丙辰丁巳己未庚申辛酉

○宜天德月德天月德合天赦天願天喜天月恩及諸吉日滿成平開日

●忌正四廢天地賊魁罡月建轉殺建破天瘟日天地火獨火陰陽錯火星天地荒蕪受死朱雀黑道

## ○定磉扇架 謂下磉石枅架等事

| 凶　月 | 正 | 二 | 三 | 四 | 五 | 六 | 七 | 八 | 九 | 十 | 十一 | 十二 |
|---|---|---|---|---|---|---|---|---|---|---|---|---|
| 朱雀黑道 | 卯 | 巳 | 未 | 酉 | 亥 | 丑 | 卯 | 巳 | 未 | 酉 | 亥 | 丑 |
| 月建轉殺 | 卯 | 卯 | 卯 | 午 | 午 | 午 | 酉 | 酉 | 酉 | 子 | 子 | 子 |
| 天罡 | 巳 | 子 | 未 | 寅 | 酉 | 辰 | 亥 | 午 | 丑 | 申 | 卯 | 戌 |
| 河魁 | 亥 | 午 | 丑 | 申 | 卯 | 戌 | 巳 | 子 | 未 | 寅 | 酉 | 辰 |
| 天瘟 | 未 | 戌 | 辰 | 寅 | 午 | 子 | 酉 | 申 | 巳 | 亥 | 丑 | 卯 |
| 天賊 | 辰 | 酉 | 寅 | 未 | 子 | 巳 | 戌 | 卯 | 申 | 丑 | 午 | 亥 |
| 地賊 | 子 | 子 | 亥 | 戌 | 酉 | 午 | 午 | 午 | 巳 | 辰 | 卯 | 子 |
| 天火 | 子 | 卯 | 午 | 酉 | 子 | 卯 | 午 | 酉 | 子 | 卯 | 午 | 酉 |
| 地火 | 巳 | 午 | 未 | 申 | 酉 | 戌 | 亥 | 子 | 丑 | 寅 | 卯 | 辰 |
| 獨火 | 巳 | 辰 | 卯 | 寅 | 丑 | 子 | 亥 | 戌 | 酉 | 申 | 未 | 午 |
| 荒蕪 | 巳 | 酉 | 丑 | 申 | 子 | 辰 | 亥 | 卯 | 未 | 寅 | 午 | 戌 |
| 陽錯 | 甲寅 | 乙卯 | 甲辰 | 丁巳 | 丙午 | 丁未 | 庚申 | 辛酉 | 庚戌 | 癸亥 | 壬子 | 癸丑 |
| 陰錯 | 庚戌 | 辛酉 | 庚申 | 丁未 | 丙午 | 丁巳 | 甲辰 | 乙卯 | 甲寅 | 癸丑 | 壬子 | 癸亥 |

〇定條總論

論定條扇架與竪造吉日亦可通用

論定條便爲立向脩方如用三月竪造則清明前尤是二月節若其月有凶神占央不可擇日定條遂未得三月竪造山向方道吉神向化二月凶神交如前月有和則難與竪造同月俱竪造既得吉日則在前定條難擇全吉之日吉多凶少亦可用之扇架又輕於定條故也

〇右逐月吉日不犯凶星說見前同

受死 戌辰亥巳子午丑未寅申卯酉

正四癸 春庚申辛酉 夏壬子癸亥 秋甲寅乙卯 冬丙午丁巳

九土鬼 乙酉 癸巳 甲午 辛丑 己酉 壬寅 庚戌 丁巳 戊午

火星 日 內

寅申巳亥月 乙丑 甲戌 癸未 壬辰 辛丑 庚戌 己未

子午卯酉月 甲子 癸酉 壬午 辛卯 庚子 己酉 戊午

辰戌丑未月 壬申 辛巳 庚寅 己亥 戊申 丁巳

〇逐月定條扇架吉日

正月 丁酉丙午癸丑癸酉

二月 乙丑丙寅乙亥戊寅癸未庚寅己亥癸丑甲寅己未

三月 甲子戊子壬子丁酉庚子

四月 甲子庚子庚午丙午癸丑

五月 丙寅戊辰辛未甲戌戊寅癸未庚寅甲寅丙辰己未壬寅

六月 壬寅丙寅乙亥戊寅甲申甲寅庚申

七月 甲子戊辰辛未戊子庚子丙辰壬子

八月 乙丑丙寅戊寅庚寅壬寅己亥癸丑丙辰

九月 戊午庚午己卯壬午癸卯丙午

十月 甲子庚午辛未壬午戊子乙未庚子壬子丙辰辛酉戊午

## 起手發槌

○假如交正月節後剗削血刃殺在亥方曾班殺在寅方切忌此二方起手發槌犯之損入夫工匠日并方宜避之

曾班殺　甲巳日辰方　乙庚日午　丙辛日申　丁壬日亥　戊癸日寅

○右殺如甲戌日造忌辰方發槌主跌損匠人凶

三殺方

申子辰日忌巳午未方

巳酉丑日忌寅卯辰方

寅午戌日忌亥子丑方

亥卯未日忌申酉戌方

右三殺方忌起手發槌

十一月　丙寅戊寅甲申庚寅戊申甲寅丙辰庚申壬辰戊辰壬申

十二月　甲子丙寅巳巳戊寅甲申戊子庚子壬子甲寅庚申壬寅

○右吉不犯朱雀黑道火星四廢荒蕪天賊天火天瘟天罡河魁地火

## ○發榔槌凶方

謂穿柱枋宜吉方起手打槌等事

| 發槌凶日 | 正 | 二 | 三 | 四 | 五 | 六 | 七 | 八 | 九 | 十 | 十一 | 十二 |
|---|---|---|---|---|---|---|---|---|---|---|---|---|
| 剗削血刃 | 亥 | 申 | 巳 | 寅 | 卯 | 午 | 未 | 酉 | 戌 | 丑 | 子 | 辰 |
| 曾班跌撲殺 | 寅 | 巳 | 申 | 亥 | 卯 | 午 | 酉 | 子 | 辰 | 未 | 戌 | 丑 |

○右發槌豎柱渾其方不犯剗削殺曾班殺跌撲殺大殺白虎雷霆白虎日并方切宜忌之○此發槌宜向前及左右忌向後

大殺白虎入中宮日　戊辰　丁丑　丙戌　乙未　甲辰　癸丑　壬戌

雷霆白虎入中宮日

甲巳月　丙子　丁卯　乙酉　甲午　癸卯　壬子　辛酉

乙庚月　戊辰　丁丑　丙戌　乙未　甲辰　癸丑　壬戌

丁壬月　乙丑　甲戌　癸未　壬辰　辛丑　庚戌　巳未

丙辛戊癸月　辛未　庚辰　巳丑　戊戌　丁未　丙辰

○右雷霆大殺白虎日在方亦忌發槌凶

## 起造竪柱上梁吉日

竪造吉日百忌日纂只有己巳辛未甲戌乙亥乙酉己酉壬子乙卯己未庚申十日六甲圖又有戊子乙未己亥通前共十三日搬要外有己卯甲申己丑庚寅癸卯戊申壬戌七日云半吉

註云此七日遇黃道天月德可用又有戊寅丙寅壬寅雖非正道日以月家吉神多亦可用也巳酉日在正月六月九吉不可以九土鬼論止忌與建破平收同日若月內無此全吉日須捌

## 竪造宅舍

謂起造廳堂竪柱上梁等事

| 凶日 | 正 | 二 | 三 | 四 | 五 | 六 | 七 | 八 | 九 | 十 | 十一 | 十二 |
|---|---|---|---|---|---|---|---|---|---|---|---|---|
| 朱雀黑道 | 卯 | 巳 | 未 | 酉 | 亥 | 丑 | 卯 | 巳 | 未 | 酉 | 亥 | 丑 |
| 天牢黑道 | 申 | 戌 | 子 | 寅 | 辰 | 午 | 申 | 戌 | 子 | 寅 | 辰 | 午 |
| 獨火月火 | 巳 | 辰 | 卯 | 寅 | 丑 | 子 | 亥 | 戌 | 酉 | 申 | 未 | 午 |
| 天火狼籍 | 子 | 午 | 卯 | 酉 | 子 | 午 | 卯 | 酉 | 子 | 午 | 卯 | 酉 |
| 次地火限平 | 巳 | 午 | 未 | 申 | 酉 | 戌 | 亥 | 子 | 丑 | 寅 | 卯 | 辰 |
| 水消瓦陷 | 巳 | 子 | 丑 | 申 | 卯 | 戌 | 亥 | 午 | 未 | 寅 | 酉 | 辰 |
| 天賊 | 辰 | 酉 | 寅 | 未 | 子 | 巳 | 戌 | 卯 | 申 | 丑 | 午 | 亥 |
| 地賊 | 子 | 子 | 亥 | 戌 | 酉 | 午 | 午 | 午 | 巳 | 辰 | 卯 | 子 |
| 天瘟 | 未 | 戌 | 辰 | 寅 | 午 | 子 | 酉 | 申 | 巳 | 亥 | 丑 | 卯 |
| 荒蕪 | 巳 | 酉 | 丑 | 申 | 子 | 辰 | 亥 | 卯 | 未 | 寅 | 午 | 戌 |
| 土瘟忌竪 | 辰 | 巳 | 午 | 未 | 申 | 酉 | 戌 | 亥 | 子 | 丑 | 寅 | 卯 |
| 天窮 | 子 | 寅 | 午 | 酉 | 子 | 寅 | 午 | 酉 | 子 | 寅 | 午 | 西 |
| 月火大耗 | 申 | 酉 | 戌 | 亥 | 子 | 丑 | 寅 | 卯 | 辰 | 巳 | 午 | 未 |

擇吉多凶少者用之不可蹉過本月吉利山向依天机權文內先賢撰用過年月幾編於逐月只要八字五行生旺合局得過則自六輔麟也

● 忌本命日本命時冲日火星伏斷水消瓦陷楊公忌子午頭殺荒蕪天賊地賊受死天地凶敗滅沒正四廢輔殺與月建同日大忌刑冲剋害要與山向無干爲吉取日命爲主要

天罡約絞：巳子未寅酉辰亥午丑申卯戌

河魁約絞：亥午丑申卯戌巳子未寅酉辰

刻削血刃：亥申巳寅卯午未酉戌丑子辰

受死：戌辰亥巳子午丑未寅申卯酉

五墓：乙未乙未戊辰丙戌丙戌戊辰辛丑辛丑戊辰壬辰壬辰戊辰

陰錯：甲戌辛酉庚申丁未丙午丁巳甲辰乙卯甲寅癸丑壬子癸亥

陽錯：甲寅乙卯甲辰丁巳丙午丁未庚申辛酉庚戌癸亥壬子癸丑

月建轉殺：卯 午 酉 子

魯班刀砧：子 卯 午 酉

正四廢：春 庚申辛酉　夏 壬子癸亥　秋 甲寅乙卯　冬 丙午丁巳

滅沒日：弦虛 晦婁 朔角 望亢 虛鬼 盈牛

九土鬼：辛丑 壬寅 癸巳 丁巳 甲午 戊午 己酉 乙酉 庚戌

伏斷：子虛 丑斗 寅室 卯女 辰箕 巳房 午角 未張 申鬼 酉觜 戌胃 亥壁

## 上梁吉日

宜甲子乙丑丁卯戊辰己巳庚午辛未甲戌丙子

## 金堂日

寅申巳亥月　乙丑　甲戌　癸未　壬辰　辛丑　庚戌　己未

子午卯酉月　甲子　癸酉　壬午　辛卯　庚子　己酉　戊午

辰戌丑未月　壬申　辛巳　庚寅　己亥　戊申　丁巳

戊寅庚辰壬午甲申丙戌戊子庚寅甲午丙申丁酉巳亥庚子辛丑壬寅癸卯乙巳丁未巳酉丁巳辛亥癸丑乙卯巳未辛酉若上梁與竪造同日不必再擇

楊公凶日

(正)十三　(二)十一　(三)初九
(四)初七　(五)初五　(六)初三
(七)初一廿九　(八)廿七　(九)廿五
(十)廿三　(十一)廿一　(十二)十九

竪柱上梁通忌犯之凶

## 竪造總論

黄帝問玄女曰世人所用日辰造作屋宇何興廢如許不一宜傳示人

## 氷滿瓦解子午正煞凶定局

| 子年 | 丑年 | 寅年 | 卯年 | 辰年 | 巳年 | 午年 | 未年 | 申年 | 酉年 | 戌年 | 亥年 | 氷消位午日凶 | | 瓦解位子日凶 | |
|---|---|---|---|---|---|---|---|---|---|---|---|---|---|---|---|
| 正 | 十二 | 十一 | 十 | 九 | 八 | 七 | 六 | 五 | 四 | 三 | 二 | 初一 | 十三 廿五 | 初七 | 十九 |
| 二 | 正 | 十二 | 十一 | 十 | 九 | 八 | 七 | 六 | 五 | 四 | 三 | 十二 | 廿四 | 初六 十八 | 三十 |
| 三 | 二 | 正 | 十二 | 十一 | 十 | 九 | 八 | 七 | 六 | 五 | 四 | 十一 | 廿三 | 初五 十七 | 廿九 |
| 四 | 三 | 二 | 正 | 十二 | 十一 | 十 | 九 | 八 | 七 | 六 | 五 | 初十 | 廿二 | 初四 十六 | 廿八 |
| 五 | 四 | 三 | 二 | 正 | 十二 | 十一 | 十 | 九 | 八 | 七 | 六 | 初九 | 廿一 | 初三 十五 | 廿七 |
| 六 | 五 | 四 | 三 | 二 | 正 | 十二 | 十一 | 十 | 九 | 八 | 七 | 初八 | 二十 | 初二 十四 | 廿六 |
| 七 | 六 | 五 | 四 | 三 | 二 | 正 | 十二 | 十一 | 十 | 九 | 八 | 初七 | 十九 | 初一 十三 | 廿五 |
| 八 | 七 | 六 | 五 | 四 | 三 | 二 | 正 | 十二 | 十一 | 十 | 九 | 初六 | 十八 三十 | 十二 | 廿四 |
| 九 | 八 | 七 | 六 | 五 | 四 | 三 | 二 | 正 | 十二 | 十一 | 十 | 初五 | 十七 廿九 | 十一 | 廿三 |
| 十 | 九 | 八 | 七 | 六 | 五 | 四 | 三 | 二 | 正 | 十二 | 十一 | 初四 | 十六 廿八 | 初十 | 廿二 |
| 十一 | 十 | 九 | 八 | 七 | 六 | 五 | 四 | 三 | 二 | 正 | 十二 | 初三 | 十五 廿七 | 初九 | 廿一 |
| 十二 | 十一 | 十 | 九 | 八 | 七 | 六 | 五 | 四 | 三 | 二 | 正 | 初二 | 十四 廿六 | 初八 | 二十 |

玄女对曰凡造宅舍值合天開地通六合主之主神是吉萬事大吉若值玄武勾陳朱雀白虎四神值之日並凶不宜起造正宜合大明吉日

大明吉日　李淳風奏用此二十一日合大明曆乃天地開通太陽所归之辰百事大吉利

辛未壬申癸酉丁丑巳卯壬午甲申丁亥壬辰乙未壬寅甲辰乙巳丙午巳酉庚戌辛亥丙辰巳未庚申辛酉

全吉日甲子乙丑丙寅巳巳庚午辛未癸酉甲戌乙亥丙子丁丑癸未甲

○竪造人宅安門忌天空亡○安葬栽種忌地空亡人火日則不忌

# 天地空亡凶定局

| 子年 | 丑寅年 | 卯年 | 辰巳年 | 午年 | 未申年 | 酉年 | 戌亥年 |
|---|---|---|---|---|---|---|---|
| 五 | 四十二 | 三十一 | 二十 | 正九 | 八 | 七 | 六 |
| 六 | 五 | 四十二 | 三十一 | 二十 | 正九 | 八 | 七 |
| 七 | 六 | 五 | 四十二 | 三十一 | 二十 | 正九 | 八 |
| 八 | 七 | 六 | 五 | 四十二 | 三十一 | 二十 | 九 |
| 正九 | 八 | 七 | 六 | 五 | 四十二 | 三十一 | 二十 |
| 二十 | 正九 | 八 | 七 | 六 | 五 | 四十二 | 三十一 |
| 三十一 | 二十 | 正九 | 八 | 七 | 六 | 五 | 四十二 |
| 四十二 | 三十一 | 二十 | 正九 | 八 | 七 | 六 | 五 |

天空亡

初一初九初八十六初七十五初六十四初五十三初四十二初三十一初二初十

十七廿五二十四廿三廿二三十廿一廿九二十廿八十九廿七十八廿六

地空亡

初五十三初四十二初三十一初二初十初一初九初八十六初七十五初六十四

廿一廿九二十廿八十九廿七十八廿六十七廿五二十四二十二廿二三十

十惡無祿大敗

甲巳年　三月戊戌　七月癸亥年月丙申　十一月丁亥

乙庚年　四月壬申　九月乙巳　丙辛年　三月辛巳

九月庚辰　戊癸年　六月巳丑　丁壬年　無忌

甲丙戊庚寅壬寅壬辰乙未丁酉庚子癸卯丙午丁未甲寅丙辰癸丑己未己上竪造大吉利也

論脩造先看作主行年得利用運例甲吉年月日次看山家墓運並陰府太歲不尅山頭浮天空亡天官符占命一并忌開山立向巡山羅睺正忌立向次論月家飛官州縣官符開山立向又論山家墓運正陰府太歲月日時忌尅山如山家官符巡山大耗穿山羅睺山家朱雀並忌開山吉星到能制俱用

○造命天尅地冲支干对冲忌正造日出道藏

中子对庚午戊午　乙丑对己未辛未　丙寅戊寅对壬申
丁卯己卯对癸酉　戊辰丙辰对甲戌　己巳丁巳对乙亥
庚午对甲子戊子　辛未对己丑丁丑　壬申对丙寅戊寅
癸酉对己卯丁卯　甲戌对庚辰戊辰　乙亥对己巳辛巳
丙子戊子对壬午　丁丑辛丑对癸未　庚辰对甲戌庚戌
辛巳对己亥辛亥　壬午对丙子戊子　癸未对丁丑己丑
甲申对庚寅戊寅　乙酉对己卯辛卯　丙戌戊戌对壬辰
丁亥己亥对癸巳　己丑对丁未乙未　庚寅对甲申戊申
辛卯对乙酉丁酉　壬辰对丙戌戊戌　癸巳对丁亥己亥
甲午对庚子戊子　乙未对己丑辛丑　丙申戊申对壬寅
丁酉己酉对癸卯　庚子对甲午戊午　壬寅对丙申戊申
癸卯对丁酉己酉　甲辰对庚戌戊戌　乙巳对己亥辛亥
丙午戊午对壬子　丁未己未对癸丑　庚戌对甲辰戊辰
辛亥对乙巳丁巳　壬子对丙午戊午　癸丑对丁未己未
甲寅对庚申戊申　乙卯对己酉辛酉　庚申对甲寅戊寅

一通天竅走馬六壬天罡天符經星馬貴人爲主尅擇和宜年月庚求壬紫白祿馬貴人諸家薦駕帝星若有一吉神同到蓋山向以佐其吉然後擇日竪造大吉

論倒堂竪造尅擇年月與新立宅舍一同若在前原有田宅就尽拆去謂之倒堂竪造於在近擇吉方出火避宅俟工大完備別擇吉利年月日入宅归火最忌命龍上入

論先造内堂後造厮屋比人家脩造内堂完脩已归火入宅向後續造厮廊只用脩方向擇年月

辛酉对乙卯　丁卯　壬戌对丙辰　戊辰　癸亥对丁巳　巳巳

○太歲及本命合忌十惡大敗　出元經

庚戌生忌甲辰日　辛卯生忌乙酉日　壬寅生忌丙申日

癸巳生忌丁亥日　甲辰生忌戊戌日　乙未生忌辛丑日

甲戌生忌庚辰日　乙亥生忌辛巳日　丙寅生忌壬申日

丁巳生忌癸亥日

○本命則年年忌之太歲則一年止忌此一日

竪造忌伯　鬼柳翌亢氐心牛女觜虚危宿俱不犯竪造福來隨

○逐月竪柱上梁吉日放正不吉者删去

正月　己酉乙酉癸酉丁酉壬午甲午丙午庚午旧本寅字犯天瘟大不成故不取

二月　辛未己未乙亥己亥乙未癸未丁未辛亥甲申丙寅甲寅丁

亥丁　丑己丑戊寅丁未己丁癸日宜甲戊庚命吉

三月　己巳甲申壬子丙子戊子癸巳甲午丙午丙申乙巳天易貴奇化一

四月　己卯癸卯乙卯丁卯庚午丁丑己丑癸丑甲子丙午甲午辛卯庚子

五月　丙寅庚寅甲寅辛未甲戌癸未乙未己未庚戌戊寅丁未

六月　乙亥甲申庚申丙申辛亥辛未丁亥丁未戊寅庚戌庚午

所有山家墓運耳陰府太歲並不須忌惟擇天罡亡巡山羅睺及月家飛宮方道黑殺尤宜忌之

論豎造不忌中宮神煞 凡脩造已避宅出火則不忌中宮神煞只忌開山立向凶神豎造之月其月有州縣官符飛入中宮其月豎造不妨止忌當日歸火犯之亦見官事如有已上凶神又須別擇吉日入宅歸火

論工力未辦先豎柱應日 子凡小可人家豎造宅舍工力未辦而豎造日子稍遍宜擇吉日尤妨

| | |
|---|---|
| 七月 | 壬子戊子乙未辛未丁未丁卯戊辰庚子丙辰丙子庚辰 |
| 八月 | 乙亥己巳乙丑丁丑癸丑庚寅庚辰壬辰丙辰戊寅己亥 |
| 九月 | 庚午壬午丙午甲戌甲午　外庚戌 |
| 十月 | 壬子辛未乙未丁未甲子庚子庚午壬午辛酉甲午癸酉乙酉 |
| 十一月 | 甲申戊申丙申壬申丙辰庚申　丙戌壬日宜癸乙己生命吉 |
| 十二月 | 甲申庚申丙申丙寅甲寅壬寅乙巳己巳 |

○右吉日不犯朱雀黑道天牢獨火天火灾地火水消瓦陷天賊天瘟地賊正四廢天穷建破日天罡河魁受死五墓陰陽錯日月建轉殺九土鬼

## ○蓋屋泥餙

謂脩蓋屋宇泥餙宅舍等事

| | |
|---|---|
| 人風凶日 | 丁丑　己酉　甲申　甲辰　丁未　辛未　甲戌　甲寅 |
| 天百穿 | 初一　初三　初五　十一　十三　十六　十七　十九　廿七　廿九　三十 |
| 泥壁吉日 | 甲子己丑己巳甲戌丁丑庚辰辛巳乙酉丁亥庚寅辛卯 |

癸巳甲午乙未甲辰乙巳丙午辛亥丙辰丁巳庚申建平日

○逐月蓋屋吉日　凶星此前造例同看

柁一間以應日了以後或按工夫逐日竪柱亦無妨也

## 蓋屋吉日

(宜)甲子丁卯戊辰巳巳辛未壬申癸酉丙子庚辰癸未乙酉丙戌戊子庚寅丁酉癸巳乙未巳亥辛丑壬寅癸卯乙巳戊申庚戌辛亥癸丑乙卯丙辰庚申辛酉

蓋屋內日忌天火入風火星作日亦忌丁巳日獨火天瘟天賊水消瓦解月建轉殺正四廢天百穿月破蚩尤朱雀黑道破日

|  |  |
| --- | --- |
| 正月 | 癸酉丁酉(二月)辛未癸未甲申庚寅巳未巳亥辛亥 |
| 三月 | 甲子丙子戊子巳巳癸酉丁酉甲申庚子(外)壬子 |
| 四月 | 甲子丙子戊子丁丑巳卯癸卯乙卯丁卯辛卯 |
| 五月 | 巳巳辛未庚寅戊寅丙辰庚申甲寅巳未壬辰壬寅 |
| 六月 | 癸酉甲戌丁酉辛亥庚申甲寅乙亥丙申辛酉 |
| 七月 | 甲子戊子丙子庚子丙辰戊辰壬子(八月)庚寅巳亥癸乙丑 |
| 九月 | 巳卯癸卯辛卯(十月)甲子辛未戊子乙未庚子壬子乙亥 |
| 十一月 | 庚寅甲申丙辰戊申庚申壬寅 |
| 十二月 | 巳巳甲申庚申丙寅戊寅丙申壬寅乙巳 |

○右吉不犯朱雀黑道天火獨火天瘟天賊地賊月破受死蚩尤月建轉殺四廢人風土鬼火星牛日

## 天井放水

謂結砌天井砌堦基開溝埋　等事

○天井放水詩訣

決溝折放有真機　須向天干忌四隅　十二支神君莫犯
陽山依旧折陽渠　陰龍仍折陰干水　陰局陽干說是非

## 增補陽宅放水法

二十四山定局

子山水宜放甲丁辛方吉
黃泉殺在坤方凶
癸山水宜放丙丁甲方吉
黃殺殺在坤方凶
丑山水宜放庚丙方吉
黃泉殺坤方凶
艮山水宜放坤丙方吉
黃泉殺在庚丁坤凶
寅山水宜放乾方吉
黃泉殺在坤方凶
甲山水宜放庚丁方吉
黃泉殺在坤甲方凶
卯山水宜放辛方吉
黃泉殺在坤乾凶
乙山水宜放庚辛方吉

若是脫危井就局　阴阳須混莫胡爲

假如阳宅放水甲庚丙壬乙辛丁癸入干放之主人財興旺富貴無疆切忌放十二支神上流通內有寅申巳亥名曰四隅最凶不宜折放又名曰四維水犯之主五姓傷殘不吉之兆也

秘云阳山阳向水流阳富貴百年昌阴山阴向水流阴家富斗量金正此謂也又如來龍屬阳或後二首值阴三節又阳先宜放阳干次折阴干再復折阳干而出大吉或到頭一節二節俱屬阳只宜阳干水曲折而放大不宜放阴干犯之主人財冷退阴龙須放阴水其餘做此

阳干阳向放水所宜。甲壬乙癸乾坤六向阳宅放阳水吉
阴干阴向放水所宜。丙丁庚辛艮巽六向阴宅放阴水吉

又秘云阳阴二宅或有脫落龙脉以就前局朝迎仍放天干吉水並不論阴阳來山如就龙脉作向俱要論阴阳折放切宜詳審向道大忌入殺黃泉白虎空亡向若失龙水禍不放矣

### 黃泉水路詩云

庚丁坤上是黃泉　乙丙須防巽水先
甲癸向中休見艮　辛壬水路怕當乾

| | |
|---|---|
| 黄泉殺在戌乾方 | 凶 |
| 辰山水宜放辛方 | 吉 |
| 黄泉殺在乾方 | 凶 |
| 巽山水宜放癸方 | 吉 |
| 黄泉殺在乾壬方 | 凶 |
| 巳山水宜放癸方 | 吉 |
| 黄泉殺在乾壬 | 凶 |
| 丙山水宜放壬辛戌方 | 吉 |
| 黄泉殺在乾方 | 凶 |
| 壬山水宜放癸方 | 吉 |
| 黄泉殺在乾方 | 凶 |
| 丁山水宜放辛方 | 吉 |
| 黄泉殺在乾艮 | 凶 |
| 未山水宜放甲方 | 吉 |
| 黄泉殺在艮方 | 凶 |
| 坤山水宜放艮方 | 吉 |
| 黄泉殺在甲方 | 凶 |
| 申山水宜放甲方 | 吉 |

○如庚子向忌坤門水路犯凶其餘倣此

紅嘴朱雀（脩作水溝凶日）辛未庚辰巳丑戊戌丁未丙辰

（開門放水忌宿）鬼柳星張　虛危昴女牛　開門井放水

莫犯此星頭

○逐月結砌天井放水吉日

正月　外丁卯癸酉己卯丁酉癸卯乙卯壬午

二月　外癸未丁亥己亥乙未三月乙巳外甲子丙子戊子丁酉

四月　庚午外甲子丁卯己卯辛卯庚子乙卯戊子

五月　外戊辰乙亥庚寅甲寅甲辰乙未

六月　乙亥丁亥辛亥甲申甲寅丙申辛卯乙未

七月　戊辰丁卯戊子丙子壬子辛卯癸卯庚午丙午

八月　外己巳癸丑丁巳乙丑庚寅九月庚午壬午丙午辛卯

十月　乙未外甲子庚午癸酉戊子庚子辛酉壬午

十一月　外戊辰甲辰壬辰（十二月）甲申庚申甲寅丙寅

右吉不犯天賊地賊土瘟土忌白虎天瘟受死九土鬼工公箭上皇殺方四廢轉殺四方耗財離荒無水隔

黃泉殺在艮方　凶

庚山水宜放甲壬方　吉

黃泉殺在艮巽　凶

酉山水宜放乙方　吉

黃泉殺在巽巳　凶

辛山水宜放乙方　吉

黃泉殺在巽巳　凶

戌山水宜放甲乙方　吉

黃泉殺在巽巳　凶

乾山水宜放巽甲方　吉

黃泉殺在辰巽巳　凶

亥山水宜放巽方　吉

黃泉殺在巳方　凶

壬山水宜放甲丁方　吉

黃泉殺在辰巽　凶

乾坤艮巽爲御街水

甲寅丙壬爲大神水

乙辛丁癸爲小神水

## ○開渠放水

謂埋暗溝水瀦通渠等事　紀背朱雀在前篇看

○逐月埋楮放水開渠吉日

正月　甲子丙子庚子癸酉

（二月）辛亥癸亥乙亥己亥

二月　甲子丙子庚子癸未丁酉壬子

四月　甲子丙子庚子癸丑乙丑丁丑庚午

五月　乙丑辛丑癸未己未丁丑

（六月）甲申庚申甲寅己未

七月　壬子丙午戊辰

（八月）己巳丙辰癸巳

九月　癸丑丙戌

（十月）壬午癸未乙未己未辛酉癸酉庚午

十一月　癸未己未丁未

（十二月）甲申甲寅丙寅庚申

○右吉日不犯天賊受死天瘟土瘟土忌土府地破土痕水痕四廢

（兆川云）水法多門难以備載此其大畧以備取用若夫昆侖惟論大中小神宜放天干而出勿放地支而出天干乃虛無之氣地支有形質之位故無水冲動太歲之年恐生災患故天干無忌地支有殺也然放水有前後中天井必自中宮達前則大中小神天下曰出曲而出不曲則財不聚不出中宮曰無元辰水無根也

## 造門吉日

宜甲子乙丑辛未癸酉甲
戌壬午甲申乙酉戊子
巳丑辛卯癸巳乙未己
亥庚子壬寅戊申壬子
甲寅丙辰戊午
○宜天德月德天德合月
德合天月恩滿德星吉
慶星天喜天富福星六
合上吉黄道盈曲傳星
滿成開日
○心火星天地賊月建轉
殺正四廢滅没凶敗荒
蕪大小耗天火独火月
火受死財離歲空明阳
錯朱雀黒道次消死晦
伏断執破平收日

## ○造作門樓　謂修門整門尺寸等事

**九良星占門**
巳卯丁亥癸巳甲辰年古大門壬寅巳未庚申年占門
丁巳年占前門丁卯癸酉己卯年占後門忌修門[illegible]

**丘公殺占門**
甲巳年九月　乙庚年十一月　丙[illegible]丁占門
壬寅年三月　戊癸年九月　巳上忌修門凶

**債木星占方**
甲巳年占辰　乙庚年占坎寅　丙辛年占午方
丁壬年占乾　戊癸年占坤庚　不宜修門安[illegible]

**債水星日**
大月初三　十一　十九　廿七
小月初二　初十　十八　廿六

**修門忌方**
春不作東門　夏不作南門　秋不作西門
冬不作北門　庚寅門大夫死日巳上忌安修門

**紅嘴朱雀日**
庚午巳卯戊子丁酉丙午乙卯日占門忌安修大門

**六白胎神年**
甲午年年占門三九月在門丑巳卯酉日在門獄胎門忌修安門

**六畜胎占門**
午黄五七十一月在門牛胎三九月在門猪胎三四月[illegible]

**大小耗星日**
正月七月在門逐月日所值切忌修門整門凶

## 塞門吉日

○宜伏斷閉日諸吉日

●忌丙辰巳巳庚午丁巳日不用

## 魯班尺式

財帛災病主人 主生

財 病 離 義

榮昌難免分張孝順

主生主禍主破主家

官 劫 害 本

貴子如麻盜侵與隆

按魯班尺只分八寸書曰財病離義官劫害本八字其尺八寸以曲尺一尺四寸四分為之魯班尺一寸比曲尺有一寸

| 凶日＼月 | 正 | 二 | 三 | 四 | 五 | 六 | 七 | 八 | 九 | 十 | 十一 | 十二 |
|---|---|---|---|---|---|---|---|---|---|---|---|---|
| 天罡黑道 | 申 | 戌 | 子 | 寅 | 辰 | 午 | 申 | 戌 | 子 | 寅 | 辰 | 午 |
| 朱雀黑道 | 卯 | 巳 | 未 | 酉 | 亥 | 丑 | 卯 | 巳 | 未 | 酉 | 亥 | 丑 |
| 獨火月火 | 巳 | 辰 | 卯 | 寅 | 丑 | 子 | 亥 | 戌 | 酉 | 申 | 未 | 午 |
| 財離歲九空 | 辰 | 丑 | 戌 | 未 | 寅 | 子 | 酉 | 午 | 亥 | 卯 | 申 | 巳 |
| 天火狼藉 | 子 | 卯 | 午 | 酉 | 子 | 卯 | 午 | 酉 | 子 | 卯 | 午 | 酉 |
| 死氣官符 | 午 | 未 | 申 | 酉 | 戌 | 亥 | 子 | 丑 | 寅 | 卯 | 辰 | 巳 |
| 月破大耗 | 申 | 酉 | 戌 | 亥 | 子 | 丑 | 寅 | 卯 | 辰 | 巳 | 午 | 未 |
| 小耗 | 未 | 申 | 酉 | 戌 | 亥 | 子 | 丑 | 寅 | 卯 | 辰 | 巳 | 午 |
| 天賊 | 辰 | 酉 | 寅 | 未 | 子 | 巳 | 戌 | 卯 | 申 | 丑 | 午 | 亥 |
| 天瘟 | 未 | 戌 | 辰 | 寅 | 午 | 子 | 酉 | 申 | 巳 | 亥 | 丑 | 卯 |
| 受死 | 戌 | 辰 | 亥 | 巳 | 子 | 午 | 丑 | 未 | 寅 | 申 | 卯 | 酉 |
| 冰消瓦陷 | 巳 | 子 | 丑 | 申 | 卯 | 戌 | 亥 | 午 | 未 | 寅 | 酉 | 辰 |
| 月虛月煞 | 丑 | 戌 | 未 | 辰 | 丑 | 戌 | 未 | 辰 | 丑 | 戌 | 未 | 辰 |
| 陰錯 | 庚戌 | 辛酉 | 庚申 | 丁未 | 丙午 | 丁巳 | 甲辰 | 乙卯 | 甲寅 | 癸丑 | 壬子 | 癸亥 |
| 陽錯 | 甲寅 | 乙卯 | 甲辰 | 丁巳 | 丙午 | 丁未 | 庚申 | 辛酉 | 庚戌 | 癸亥 | 壬子 | 癸丑 |

尺分故八寸該曲八一尺四寸四分也凡人家造門依用此尺

曲尺之圖

一白　二黑　三白　四祿　五黃　六白　七赤　八白　九紫　一白

右曲凡有十寸每寸有十分凡遇起造及開門須高低皆在此上做門須當対奏管班尺八寸合吉字則吉若造宅但用此尺

造門假如單扇小者開二尺一寸壓一白班尺在義上單扇開二尺八寸在人白班尺合官士力

荒蕪　巳　酉　丑　申　子　辰　亥　卯　未　寅　午　戌

天地轉殺　卯　午　酉　子

正四廢　春 庚申辛酉　夏 壬子癸亥　秋 甲寅乙卯　冬 丙午丁巳

四耗　壬子　乙卯　戊午　辛酉

伏斷月　子虛　丑斗　寅室　卯女　辰箕　巳房　午角　未張　申鬼　酉觜　戌胃　亥壁

火星　丙月

寅申巳亥月　乙丑　甲戌　癸未　壬辰　辛丑　庚戌　己未

子午卯酉月　甲子　癸酉　壬午　辛卯　庚子　己酉　戊午

辰戌丑未月　壬申　辛巳　庚辰　己亥　戊申　丁巳

雷霆白虎入中宮日

甲己月　丁卯　丙子　乙酉　甲午　癸酉　壬子　辛酉

乙庚月　戊辰　丁丑　丙戌　乙未　甲辰　癸丑　壬戌

丙辛戊癸　辛未　庚辰　己丑　戊戌　丁未　丙辰

丁壬月　乙丑　甲戌　癸未　壬辰　辛丑　庚戌　己未

天殺白虎入中宮日　戊辰　丁丑　丙戌　乙未　甲辰　癸丑　壬戌

九土鬼日辛丑壬寅　癸巳　丁巳　甲午　乙酉　己酉　庚戌　戊午

門光星吉日脩開造作安門並宜遇此星大月從下数上小月從上数下

扇門用四尺四寸一分合四祿一白則爲本門在吉土如財門者用四尺三寸八分合財門吉大双扇門用廣五尺六寸六分合兩白又在吉上今時匠人則開門開四尺二寸乃爲二黑斑尺又在吉上及五尺六寸者則吉上二分加六分正在吉中爲佳也

魯班經云凡造宅開門須用準合陰陽然後使尺寸一度用合財吉星三白爲吉其白外但得九紫爲小吉只要合班尺與曲尺上下相同爲吉和

時 　月

肖數下　次月數上

○逐月脩造門吉日　安門同用

| | |
|---|---|
| 正月 | 癸酉丁酉丁卯巳酉（二月）甲申丁亥巳亥甲寅壬癸命吉 |
| 三月 | 庚子癸酉丁酉乙巳（四月）甲子庚子庚午辛卯癸卯 |
| 五月 | 甲寅凶丙寅宜辛合丁卯辛未（六月）甲申甲寅凶丙甲庚申 |
| 七月 | 丙辰戊辰（八月）乙丑乙亥巳巳癸巳（九月）庚午丙壬午辞 |
| 十月 | 甲子乙未庚子辛未壬午庚午（十一月）甲寅壬寅丙寅 |
| 十二月 | 戊寅甲寅甲申丙寅丙申庚申甲子庚子 |

○右吉日不犯朱雀天牢黑道天人獨火九空大小耗天地賊死氣

○總論

論安門不可專主門樓經五葷經用悞人不淺門向須避其直冲尖射破水路道惡石山均崩破孤峯枯木神廟之類謂之秉殺人叫內宜迎山迎水避水斜劃悲声經云以水爲朱雀者吳端潄

論造門脩門法如立向亦忌浮天空亡若在方忌灸退更忌架殺古處犯之而行鼎新道門仍勿論修方雜忌

## 入宅移居吉日

明論入宅歸火世俗但以日下神殺為避殊不知新立宅舍未入香火則無五宰既入宅香火入者則有司命之神不可不謹擇日歸火當合山運生命則吉若蓋造土畢吉日時即請香火福神入中宮俟工畢擇日入卷入宅更無疑忌

甲本擇有丙寅乙亥甲申壬寅庚申犯辰角朱雀今删去不載

入宅吉日宜甲子乙丑丁卯己巳庚午辛未甲戌丁丑癸未庚寅壬辰乙

## ○入宅歸火

謂入宅安奉福神香火等事

| 月 | 凶日 朱雀黑道 | 天牢黑道 | 歸忌 | 月厭 | 天賊 | 天[illegible] | 天瘟 | 受死 | 天罡勾絞 | 河魁勾絞 | 天火狼籍 | 獨火月火 | 冰消瓦解 |
|---|---|---|---|---|---|---|---|---|---|---|---|---|---|
| 正 | 卯 | 申 | 丑 | 戌 | 辰 | 丑 | 未 | 戌 | 巳 | 亥 | 子 | 巳 | 巳 |
| 二 | 巳 | 戌 | 寅 | 酉 | 酉 | 子 | 戌 | 辰 | 子 | 午 | 卯 | 辰 | 子 |
| 三 | 未 | 子 | 子 | 申 | 寅 | 亥 | 辰 | 亥 | 未 | 丑 | 午 | 卯 | 甲 |
| 四 | 酉 | 寅 | 丑 | 未 | 未 | 戌 | 寅 | 巳 | 寅 | 申 | 酉 | 寅 | 申 |
| 五 | 亥 | 辰 | 寅 | 午 | 子 | 酉 | 午 | 子 | 酉 | 卯 | 子 | 丑 | 卯 |
| 六 | 丑 | 午 | 子 | 巳 | 巳 | 申 | 子 | 午 | 辰 | 戌 | 卯 | 子 | 戌 |
| 七 | 卯 | 申 | 丑 | 辰 | 戌 | 未 | 酉 | 丑 | 亥 | 巳 | 午 | 亥 | 亥 |
| 八 | 巳 | 戌 | 寅 | 卯 | 卯 | 午 | 申 | 未 | 午 | 子 | 酉 | 戌 | 午 |
| 九 | 未 | 子 | 子 | 寅 | 申 | 巳 | 巳 | 寅 | 丑 | 未 | 子 | 酉 | 未 |
| 十 | 酉 | 寅 | 丑 | 丑 | 丑 | 辰 | 亥 | 申 | 申 | 寅 | 卯 | 申 | 寅 |
| 十一 | 亥 | 辰 | 寅 | 子 | 午 | 卯 | 丑 | 卯 | 卯 | 酉 | 午 | 未 | 酉 |
| 十二 | 丑 | 午 | 子 | 亥 | 亥 | 寅 | 卯 | 酉 | 戌 | 辰 | 酉 | 午 | 辰 |

未庚子癸卯丙午丁未　凶日　月
庚戌癸丑甲寅乙卯壬　社亡
寅丙辰巳未丁巳　荒蕪
○宜天德月德天德合月　披麻殺
德合天月恩明星月財　死氣官符
黃道母倉
●忌家主本命日神日大　建日
空亡氷消瓦陷子午頭　破日
殺披麻殺楊公忌受死　平日
归忌天賊正四廢大厭　收日
九醜荒蕪滅没大殺白　空宅
虎雷霆白虎占中宫紅　陰錯
觜朱雀入中宫日建破　陽錯
平收日魁罡約絞月厭　正四廢
吉多不忌
皆[illegible]殺[illegible]
[illegible]殺天火獨火天
地凶敗四忌五窮陰陽　四忌五窮
錯日氷消瓦解在前撃　楊公忌
造局　九土鬼

| 月 | | | | | | | | | |
|---|---|---|---|---|---|---|---|---|---|
| 正 | 寅 | 巳 | 子 | 午 | 寅 | 申 | 巳 | 亥 | 申 |
| 二 | 巳 | 酉 | 酉 | 未 | 卯 | 酉 | 午 | 子 | 申 |
| 三 | 申 | 丑 | 午 | 申 | 辰 | 戌 | 未 | 丑 | 申 |
| 四 | 亥 | 申 | 卯 | 酉 | 巳 | 亥 | 申 | 寅 | 寅 |
| 五 | 卯 | 子 | 子 | 戌 | 午 | 子 | 酉 | 卯 | 寅 |
| 六 | 午 | 辰 | 酉 | 亥 | 未 | 丑 | 戌 | 辰 | 寅 |
| 七 | 酉 | 亥 | 午 | 子 | 申 | 寅 | 亥 | 巳 | 巳 |
| 八 | 子 | 卯 | 卯 | 丑 | 酉 | 卯 | 子 | 午 | 巳 |
| 九 | 辰 | 未 | 子 | 寅 | 戌 | 辰 | 丑 | 未 | 巳 |
| 十 | 未 | 寅 | 酉 | 卯 | 亥 | 巳 | 寅 | 申 | 亥 |
| 十一 | 戌 | 午 | 午 | 辰 | 子 | 午 | 卯 | 酉 | 亥 |
| 十二 | 丑 | 戌 | 卯 | 巳 | 丑 | 未 | 辰 | 戌 | 亥 |

庚戌辛酉庚申丁未丙午丁巳甲辰乙卯甲寅癸丑壬子癸亥
甲寅乙卯甲辰丁巳丙午丁未庚申辛酉庚戌癸亥壬子癸丑
〈春〉庚申辛酉　〈夏〉壬子癸亥　〈秋〉甲寅乙卯　〈冬〉丙午丁巳
〈春〉甲子乙亥　〈夏〉丙午丁亥　〈秋〉庚子辛亥　〈冬〉壬子癸亥
十三　十一　初九　初七　初五　初三　初一廿九　廿七　廿五　廿三　廿一　十九
酉　癸巳　甲午　辛丑　壬寅　己酉　庚戌　丁巳　戊[illegible]

○入宅總論

論大殺白虎雷霆白虎入中宮其日不宜入宅如用其日人宅宜杈塞中宮所堂一日勿令人出入只從横門來往俟其半夜子時後遂開正門出入無妨

論隨葬归火其月宫符在中宫忌入宅归宅

論入宅归火者移祖先福神香火入宅其法先看修作主年命其年例由年月利用進白或得通天竅走馬六壬合得例用吉年月並不狥諸家運又須山向合得通天竅定馬六壬年月内吉

九醜一 己卯 壬午 乙酉 戊子 辛卯 己酉 壬子 戊午 辛酉

離窠 丁卯 戊辰 己巳 壬申 辛巳 庚午 戊子 己丑 戊戌 辛丑 戊申 辛亥 戊午 壬戌 癸亥

○天地空凶日定局 ○入宅忌天空亡

| 子年 | 丑寅年 | 卯年 | 辰巳年 | 午年 | 未申年 | 酉年 | 戌亥年 | 天空亡 | | 地空亡 | |
|---|---|---|---|---|---|---|---|---|---|---|---|
| 五 | 四十二 | 三十一 | 二十 | 正九 | 八 | 七 | 六 | 初一初九 | 十七廿五 | 初五廿七 | 廿一廿九 |
| 六 | 五 | 四十二 | 三十一 | 二十 | 正九 | 八 | 七 | 初八初六 | 廿四 | 初四十二 | 二十廿八 |
| 七 | 六 | 五 | 四十二 | 三十一 | 二十 | 正九 | 八 | 初七十五 | 廿三 | 初三十一 | 十九廿七 |
| 八 | 七 | 六 | 正 | 四十二 | 三十一 | 二十 | 正九 | 初六十四 | 廿二三十 | 初二初十 | 十八廿六 |
| 正九 | 八 | 七 | 六 | 五 | 四十二 | 三十一 | 二十 | 初五十三 | 廿一廿九 | 初一初九 | 十七廿五 |
| 二十 | 正九 | 八 | 七 | 六 | 五 | 四十二 | 三十一 | 初四十二 | 二十廿八 | 初八十六 | 廿四 |
| 三十一 | 二十 | 正九 | 八 | 七 | 六 | 五 | 四十二 | 初三十一 | 十九廿七 | 初七十五 | 廿三 |
| 四十二 | 三十一 | 二十 | 正九 | 八 | 七 | 六 | 五 | 初二初十 | 十八廿六 | 初六十四 | 廿二三十 |

神方有應效○又看得天大害罪賅比忌古向合位州縣官付不古山向吉次看月家飛官州縣官付不古山頭立向中宮却宜入宅归火又取其天德月德天月德合方併諸吉方入

論归火與竪造同日擁擇吉時家主先接祖先福神香火隨位入宅俗謂隨茅入宅先進香火候工畢後再擇吉日同家眷從吉方入宅如

竪造之日不先移香火入宅必待山向年月得利方可入宅归火若竪造其日雖吉却犯归忌九

○右天地空亡若金火日宜用真太阳太阴天月德貴人不忌

**雷霆白虎入中宮日**

(甲巳月)丁卯 丙子 乙酉 甲午 癸卯 壬子 辛酉
(乙庚月)戊辰 丁丑 丙戌 乙未 甲辰 癸丑 壬戌
(丙辛戊癸)辛未 庚辰 巳丑 戊戌 丁未 丙辰
(丁壬月)乙丑 甲戌 癸未 壬辰 辛丑 庚戌 巳未

**伏斷月**

(子)虛 (丑)斗 (寅)室 (卯)女 (辰)箕 (巳)房 (午)角 (未)張 (申)鬼 (酉)觜 (戌)胃 (亥)壁

大殺白虎入中宮日 丁巳 丙戌 乙未 甲辰 癸丑 壬戌
紅嘴朱雀入中宮日 乙亥 甲申 癸巳 壬寅 辛亥 庚申

**入宅周堂**

月清○六道●台稍●三徒●昌盛○大月初一起月清
三刑● 家亡● 順行六道定行程
三才○ 天福○
五離● 五疾● ○小月初一玉堂起
玉堂○一天良○玄武●地耗●月福○從行天良吉內明

**安香火周堂例**

天○ 害● 煞● 大月從安向利順行○小月
利○ 官○ 從天向利逆行即安香火福
安○ 災● 師○ 神若遇神在即合此周堂上吉

醜切忌隨符入宅又須別擇吉日○如竪造之月飛官州縣官符在中宫止忌入宅归火至於其月竪造不妨

凡入新宅選定吉日時先入宅後搬家火財吉宜進財不宜出財若搬家火于先入後入宅不应吉日

如次日入宅隔夜要先備香炉於中庭当日吉時焼香点燭宅長捧香炉宅母長男抱器皿五谷長女將綵帛盎種以次男女各執財帛珍宝姻交各要執物不可空手入至中庭宅主焚香

## 火星日 凶

寅申巳亥月 乙丑 甲戌 癸未 壬辰 辛丑 庚戌 己未

子午卯酉月 甲子 癸酉 壬午 辛卯 庚子 己酉 戊午

辰戌丑未月 壬申 辛巳 庚寅 己亥 戊申 丁巳

○逐月入宅归火吉日 冰消瓦解例在竪造局看

正月 癸酉丁酉 閏乙酉己酉

二月 乙丑辛未丁亥 閏癸未丁未己未

三月 閏癸酉丁酉乙巳己巳 （四月）庚子庚午乙卯 閏辛卯癸卯

五月 辛未 閏己未 （六月）丙申甲申甲寅 （七月）辛未甲子丙子

八月 乙丑壬辰 乙亥庚辰 （九月）庚午丙午癸卯辛卯

十月 甲子庚午 甲午乙未庚子丁未

十一月 壬申丙申 （十二月）丙申甲寅 閏丙寅甲申壬寅

○右吉日不犯天牢黑道牢獄日徒隸死别伏罪刑獄 所忌[illegible]

## ○分居各爨 謂分烟各炊等事

○逐月分居各烟吉日

正月 癸酉丁酉 （二月）乙丑 （三月）己巳乙巳 閏癸巳

致誠獻礼祷祈福祉

## 絕烟火殺

正七分居辰戌防
二八猪蛇不可当
三九切忌遊子午
四十又怕犯牛羊
五十一月寅申忌
六十二月卯酉殃
若人不信絕烟殺
犯着之時定見凶

〇絕烟殺例

正五九月卯日凶
二六十月子莫逢
三七十一酉日忌
四八十二午絕踪

〇辨正絕烟火論

夫絕烟火乃五行三合局

四月　甲子庚子庚午乙卯辛卯癸卯（五月）辛未巳未丙庚[illegible]
六月　丙申甲寅甲申庚申（七月）辛未（八月）庚辰丙辰壬辰
九月　庚午丙午（十月）庚午壬午甲午
十一月　丙甲申庚申（十二月）丙寅甲寅壬寅

〇右吉日不犯朱雀天牢黑道归忌魁罡受死天瘟天火獨火冰消火星陰陽荒蕪正四廢休廢凶敗赤口空亡往亡天賊九空債不四離四絕離窠州縣官符大殺白虎忌占中宮絕烟火建破平收

| | | |
|---|---|---|
| （債不星） | 大月　初三十一十九廿七 | （小月）初二初十十八廿六日 |
| （爭訟日） | 大月　初六十四廿二日 | 小月　初七十五廿三日 |

### 〇均分家財

謂分田産金銀器皿等事

| 吉日 | 正 | 二 | 三 | 四 | 五 | 六 | 七 | 八 | 九 | 十 | 十一 | 十二 |
|---|---|---|---|---|---|---|---|---|---|---|---|---|
| 天成 | 未 | 酉 | 亥 | 丑 | 卯 | 巳 | 未 | 酉 | 亥 | 丑 | 卯 | 巳 |
| 天財 | 辰 | 午 | 申 | 戌 | 子 | 寅 | 辰 | 午 | 申 | 戌 | 子 | 寅 |
| 地財 | 巳 | 未 | 酉 | 亥 | 丑 | 卯 | 巳 | 未 | 酉 | 亥 | 丑 | 卯 |
| 月財 | 午 | 乙 | 巳 | 未 | 酉 | 亥 | 午 | 乙 | 巳 | 未 | 酉 | 亥 |

敗旧也以天干所屬配地支爲之其亥卯未三合会水局而木生在亥敗在子天干甲屬木故甲子是也寅敗戌月会火局火生在寅敗在卯天干丁屬火故丁卯是也申子辰三合水局水生在申敗在酉天干癸屬水則癸酉日是也巳酉丑三合金局金生巳敗在午而天干庚屬金故庚午是也

一六十月惟甲子日是

正五九月惟丁卯日是

三七十一月惟癸酉日是

四八十二月惟庚午日是

前詩例非

| 天富 | 辰巳午未申酉戌亥子丑寅卯 |
|---|---|
| 五富 | 亥寅巳申亥寅巳申亥寅巳申 |
| 天貴 | 春 甲乙 夏 丙丁 秋 庚辛 冬 壬癸 |
| 福厚 | 春 寅 夏 巳 秋 申 冬 亥 |
| 忌入華日 | 酉未巳卯丑亥酉未巳卯丑亥 |

○逐月均分家財吉日

（正月）己卯壬午癸卯丙午丁卯癸酉丁酉

（二月）己巳辛未癸未丁亥己亥乙未己未辛巳丁未辛亥

（三月）丙子辛卯丁卯戊子丙申 外甲子

（四月）乙丑庚午壬午己卯辛卯丁丑己丑 外癸卯乙卯 丙

（五月）辛未丙辰己未戊辰庚辰辛巳壬辰

（六月）乙亥己卯辛卯癸卯丁卯辛亥（七月）丙辰戊辰庚辰壬辰

（八月）乙丑乙巳甲戌乙亥己亥庚申丁丑癸丑

（九月）庚午壬午丙午辛酉（十月）甲子丙子戊子庚子癸酉丁酉

（十一月）乙丑乙亥丁丑己丑（十二月）辛卯乙卯癸卯庚申丙申戊申

○右吉日不犯建破九空財離天地賊天穷九土鬼荒蕪賊殺日

## 脩厨雜忌

九良星 乙丑丁丑戊子己丑壬寅戊午年占厨
三四十二月占厨

九良殺 丑年占厨 十二月占厨

六甲胎神 丙辛日占厨

脩厨殺 子午卯酉年占厨
主殺新婦

丘公暗刀殺日
甲己年 六月占厨
乙庚年 八月占厨
丙辛年 十月占厨
丁壬年 十二月占厨
戊癸年 二月占厨房

已上占厨忌脩厨房新造則不論無忌

## ○脩作厨房

厨門宜高四尺一寸闊二尺三寸

脩厨吉日 丙寅己巳辛未戊寅己卯甲申乙酉戊申己酉壬子甲寅
乙卯己未庚申定成開日 與竪造日亦可用內界亦同

占厨忌脩
宅龍 六七月
伏龍 十二月
耗星 五十一月
牛胎 五十二月
馬胎 七月
猫胎 十一月占厨

紅嘴朱雀日 甲子癸酉壬午辛卯庚子己酉戊午 犯之損新婦

○逐月脩造厨日

正月 辛未戊寅
二月 丙寅己巳戊寅甲申辛未甲寅己未
三月 己巳甲申凶丙子庚子壬子
四月 癸丑戊申乙卯庚申
五月 丙寅己巳辛未戊寅甲寅庚寅壬辰癸未己未 時用有乙卯吉
六月 丙寅乙卯戊寅甲申辛亥甲寅庚申 時用有壬辰是荒蕪
七月 壬子丙辰
八月 丙寅戊寅庚寅乙亥庚申丙辰壬子不吉
九月 庚午丙午辛卯
十月 辛未乙未丁未壬子丙子 時用庚子紅嘴朱雀
十一月 丙寅戊寅庚寅壬寅甲寅庚申戊申甲申
十二月 丙寅戊寅壬寅甲寅己巳甲申庚申 凶星同竪造看

## 作竈吉日

宜甲子乙丑癸酉甲戌乙亥癸未甲申乙酉己丑壬辰甲午甲辰乙巳己巳酉辛亥癸丑甲寅乙卯己未庚申

○甲子庚午辛未庚子丙午丁未丙辰丁巳辛酉係土公收日宜作灶動土不避伏尤土公占

○灶宜向西南吉東北凶

宜天德月德天月德合王堂黄道生炁平定成日

拆灶凶日忌初八十六日十七日修灶

初七二十五 二十七

忌拆動

## ○泥作火竈

開修竈作灶問響卜等事

修灶凶忌九良星戊子戊午年占灶若在前其地無灶向新作灶不忌若在前其地原是灶或折動此方有殺切忌

宅龍正二三八月占灶○興龍七八月占灶○耗星二八月占灶

六甲胎神四十二月占灶○游龍八十月占灶○伏龍正八月占灶

羊胎四五十一月占灶○猪胎三十二月占灶○馬皇十二月占灶

牛胎三十十一月占灶○牛黄殺十月占灶○土公三月占灶

丘公殺甲巳年六月占灶丙辛年十月占灶乙庚年八月占灶

丁壬年十二月占竈戊癸年十二月占灶六甲胎神丙辛日占灶

### 修灶雜忌

| 凶日 | 正 | 二 | 三 | 四 | 五 | 六 | 七 | 八 | 九 | 十 | 十一 | 十二 |
|---|---|---|---|---|---|---|---|---|---|---|---|---|
| 朱雀 | 卯 | 巳 | 未 | 酉 | 亥 | 丑 | 卯 | 巳 | 未 | 酉 | 亥 | 丑 |
| 天瘟 | 未 | 戌 | 辰 | 寅 | 午 | 子 | 酉 | 申 | 巳 | 亥 | 丑 | 卯 |
| 土瘟 | 辰 | 巳 | 午 | 未 | 申 | 酉 | 戌 | 亥 | 子 | 丑 | 寅 | 卯 |
| 受死 | 戌 | 辰 | 亥 | 巳 | 子 | 午 | 丑 | 未 | 寅 | 申 | 卯 | 酉 |
| 天火 | 子 | 午 | 卯 | 酉 | 子 | 午 | 卯 | 酉 | 子 | 午 | 卯 | 酉 |

## 祀竈吉日

宜丁卯壬申癸酉甲戌乙亥己卯庚辰甲辰乙酉丁亥己丑丁酉癸卯甲辰丙午己酉辛亥癸丑乙酉辛酉癸巳三元社日

○宜天德月德福生黃道天福神在除成開日

●忌天狗游禍寅日建破平收滿没空亡日

## 問竈卜訣

灶者五祀之首也禍福之柄悉歸所主凡事疑慮候夜稍靜洒掃竈室祭瓮注水令滿以木杓一個安瓮水上瓮边布方

| 凶日 | 正 | 二 | 三 | 四 | 五 | 六 | 七 | 八 | 九 | 十 | 十一 | 十二 |
|---|---|---|---|---|---|---|---|---|---|---|---|---|
| 獨火 | 巳 | 辰 | 卯 | 寅 | 丑 | 子 | 亥 | 戌 | 酉 | 申 | 未 | 午 |
| 建日 | 寅 | 卯 | 辰 | 巳 | 午 | 未 | 申 | 酉 | 戌 | 亥 | 子 | 丑 |
| 月破 | 申 | 酉 | 戌 | 亥 | 子 | 丑 | 寅 | 卯 | 辰 | 巳 | 午 | 未 |
| 天賊 | 辰 | 酉 | 寅 | 未 | 子 | 巳 | 戌 | 卯 | 申 | 丑 | 午 | 亥 |
| 地賊 | 子 | 子 | 寅 | 戌 | 酉 | 午 | 午 | 午 | 巳 | 辰 | 卯 | 子 |
| 荒蕪 | 巳 | 酉 | 丑 | 申 | 子 | 辰 | 亥 | 卯 | 未 | 寅 | 午 | 戌 |
| 豊至 | 寅 | 寅 | 辰 | 辰 | 午 | 午 | 申 | 申 | 戌 | 戌 | 子 | 子 |
| 豊至 | 申 | 申 | 戌 | 戌 | 子 | 子 | 寅 | 寅 | 辰 | 辰 | 午 | 午 |
| 徹冲 | 酉 | 酉 | 亥 | 亥 | 丑 | 丑 | 卯 | 卯 | 巳 | 巳 | 未 | 未 |
| 重折 | 卯 | 卯 | 巳 | 巳 | 未 | 未 | 酉 | 酉 | 亥 | 亥 | 丑 | 丑 |

陰錯：庚戌辛酉庚申丁未丙午丁巳甲辰乙卯甲寅癸丑壬子癸亥

陽錯：甲寅乙卯甲辰丁巳丙午丁未庚申辛酉庚戌癸亥壬子癸丑

正四廢：春庚申辛酉　夏壬子癸亥　秋甲寅乙卯　冬丙午丁巳

月建轉殺：正月卯　五月午　八月酉　十一月子

九土鬼：乙酉　癸巳　壬寅　己酉　甲午　辛丑　庚戌　丁巳　戊午

道灶上然燈一盞一致灶腹一罌灶上安鏡一面在灶門边净茶菓在灶上

疏曰維某年某月日某官敬焚信香昭告于司命灶君之神切聞禍既有自敬兹光徵事之先兆維神是司以今某佚爲某事求心營乜罔知攸措敬於靜夜稽謝息焚條瓮注泉求道衢卜之途恭候指迷之柄爲之所爲神鑒鑑之義不勝聽命之至禱畢以手撥鍋水令左旋抗杓祝曰四縱五横天地分明神杓所指禍福攸分祝畢以

火星日凶

寅申巳亥月 乙丑 甲戌 癸未 壬辰 辛丑 庚戌 己未

子午卯酉月 甲子 癸酉 壬午 辛卯 庚子 己酉 戊午

辰戌丑未月 壬申 辛巳 庚寅 己亥 戊申 丁巳

○逐月作灶吉日考正原未有犯龍虎地火七星不吉者但尚未載吉星者増入

正月 癸丑乙亥辛亥戊寅天赦

二月 乙丑癸丑乙亥辛亥辛未癸未乙未己未

三月 甲子乙巳巳癸酉甲申壬子庚子

四月 甲子己丑癸丑乙卯 次 辛卯癸卯

五月 己巳辛未壬辰甲戌甲申甲寅甲辰 次 戊辰庚辰戊寅

六月 乙亥甲申辛亥甲寅 次 戊寅庚申

七月 己巳辛未乙未壬子 次 戊辰庚辰辛巳

八月 乙丑癸丑壬辰庚辰戊辰甲辰

九月 乙亥乙丑辛卯癸丑

十月 甲辰甲申壬辰乙巳庚申

十一月 甲子辛未乙壬子

十二月 己巳甲戌甲申甲寅壬辰庚申戊寅乙巳

○右吉日不犯朱雀黑道天瘟土瘟天賊受死天火獨火荒蕪火星

柑是水上任其自旋自定隨杓所指之處抱鏡出門不得回頭窃聽傍人言語即是響卜事應或杓柄指處無路則是有阻宜再占

## 燒窑竈吉日

宜天德月德天德合月德合要安黃道上吉造成間昌

●忌火隔焦坎建破日

〔打窑灶吉日〕宜要安六合建平定收成開日

●忌天地凶收死日四廢土瘟荒蕪滅没天休廢破日六不成日火隔生坎日

## ○爐冶鑄鈒 附造窑燒窑等事

炉冶鑄鈒吉日宜庚寅辛卯日金石合平定成開日

忌庚申辛酉日金石離火隔焦坎建破日

| 〔凶日〕 月 | 〔正〕 | 〔二〕 | 〔三〕 | 〔四〕 | 〔五〕 | 〔六〕 | 〔七〕 | 〔八〕 | 〔九〕 | 〔十〕 | 〔十一〕 | 〔十二〕 |
|---|---|---|---|---|---|---|---|---|---|---|---|---|
| 〔火隔〕 | 午 | 辰 | 寅 | 子 | 戌 | 申 | 午 | 辰 | 寅 | 子 | 戌 | 申 |
| 〔集坎〕 | 辰 | 丑 | 戌 | 未 | 卯 | 午 | 酉 | 子 | 寅 | 亥 | 申 | 巳 |
| 〔天賊〕 | 辰 | 酉 | 寅 | 未 | 子 | 巳 | 戌 | 卯 | 申 | 丑 | 午 | 亥 |
| 〔地賊〕 | 子 | 子 | 亥 | 戌 | 酉 | 午 | 午 | 午 | 巳 | 辰 | 卯 | 子 |
| 〔荒蕪〕 | 巳 | 酉 | 丑 | 申 | 子 | 辰 | 亥 | 卯 | 未 | 寅 | 午 | 戌 |

〔正四廢〕〔春〕庚申辛酉〔夏〕壬子癸亥〔秋〕甲寅乙卯〔冬〕丙午丁未

〔金痕忌〕〔大月〕初五初六初七廿七〔小月〕初二廿八廿九忌鉛金銀銅鐵錫

## ●安脩碓磨 附油榨吉日同

安碓吉日宜庚午辛未甲戌乙亥庚寅庚申定成開日

●忌建破平收日土瘟土符土府土公箭日

## 安磨吉方

宜生旺方如在中宮則不論方又宜十干祿方如甲祿在寅方乙祿在卯方丁巳祿在午方之類

### 修置碓磨雜忌

七月六甲胎神占碓磨　子午日占碓　乙庚日占碓磨　正月牛胎占磨　七月牛胎占碓磨　十一月馬胎占碓磨　五月羊胎占碓巳上忌移　修門新安直則不忌

萬年歷云春三月不修碓　夏三月不修磨　惟動土忌土公箭日　修忌土公占日

安碓吉方宜取其地及巳午戌亥方本山長生在方今人以屋論

安碓多用碓頭打向外吉

| 官凶　月 | 正 | 二 | 三 | 四 | 五 | 六 | 七 | 八 | 九 | 十 | 十一 | 十二 |
|---|---|---|---|---|---|---|---|---|---|---|---|---|
| 王府 | 丑 | 巳 | 酉 | 寅 | 午 | 戌 | 卯 | 未 | 亥 | 辰 | 申 | 子 |
| 土府 | 寅 | 卯 | 辰 | 巳 | 午 | 未 | 申 | 酉 | 戌 | 亥 | 子 | 丑 |

墓　乙未戊辰　丙戌戊辰　辛丑戊辰　壬辰戊辰

地𢧐　庚子癸丑甲子己卯戊辰癸未丙寅丁卯戊辰庚戌辛未乙未
庚午癸未甲寅己酉戊午癸巳丙申丁巳戊子庚子辛酉丁酉

土公箭　每月　初七　十七　廿七　動土凶

### ○逐月安碓磨吉日

正月　丞丁卯己卯丙午甲午壬午

二月　辛未乙亥丞戊寅庚寅甲寅己未丙寅己亥

三月　庚子丞戊子己巳乙巳丙子癸巳甲子庚申

四月　庚午丁卯辛卯乙卯甲子庚子癸丑戊子甲午丙子丁丑己丑

五月　庚寅辛未甲戌丞戊寅甲寅丙寅甲辰丁未丙辰己未庚戌

六月　庚申乙亥丞戊寅丙寅丁卯己卯丙申甲申甲寅丁亥壬寅

轉殺卽水殺●忌危破
平收日受死天地凶敗
五虛荒蕪月空月虛日
天地賊滅沒正四廢天
休廢
◎宜天德月德兩道生炁
旺相合下逐月吉日
安碑凶神忌刀砧殺凶

七月　庚丁辛未　死甲子戊子壬子戊辰庚辰甲辰丙辰丙子
八月　乙丑己丑癸丑己巳辛巳癸巳乙巳辛丑
九月　庚午丙午戊午壬午
十月　庚午辛未　凶甲午乙未戊午癸酉丁酉辛酉癸未己未
十一月　庚申乙亥　死戊辰甲辰庚辰壬辰丙辰辛亥丁亥
十二月　丙寅甲寅壬寅庚寅甲申丙申庚申戊寅己巳癸巳
◎右吉日不犯玄武黑道天地賊火星大耗受死天瘟土盤土忌土
符土府地破月破地囊五墓五虛月虛荒蕪四耗正四廢天地轉
殺建破平收日

# 新鐫歷法合節鰲頭通書卷之四

## 建造倉廒格式

○據魯班經云

凡作倉廒須用名術之士○擇吉辰興旺匠人先將一好木爲柱安向北方吉人却歸在適挑斧向爲所入則吉或大小長短高低濶狹皆要接二黑雖然皆下十寸八白則各有用処其他者合白俱與廒倉不侵此月合二黑則鼠耗不侵

造倉禁忌并擇方所

凡建倉其間多有禁忌造作處所切忌將墓斗殘

## ○脩作倉庫　附脩倉櫃圖及格式等事

論人命値利田年月起倉進田地若値皆田空凶年月過田地衆財物若新起倉屋仍論○脩倉雖忌年月衆杀宜避新壬未居人則不忌

| 十二利田年月 | ○皆凶 | ○空凶 | ○利吉 | ○建吉 |
|---|---|---|---|---|
| 申子辰生命人 | 巳午未 | 申酉戌 | 亥子丑 | 寅卯辰 |
| 寅午戌生命人 | 亥子丑 | 寅卯辰 | 巳午未 | 申酉戌 |
| 巳酉丑生命人 | 寅卯辰 | 巳午未 | 申酉戌 | 亥子丑 |
| 亥卯未生命人 | 申酉戌 | 亥子丑 | 寅卯辰 | 巳午未 |

○已上十二命人値利建年月造大吉　値皆空年月則凶

造倉吉日春己巳丁未　夏甲午　秋乙亥壬午　冬辛未庚寅壬辰乙未己亥丙辰壬戌　○開倉天財天富日則吉

起倉吉日乙丑己巳庚午丙子己卯壬午庚寅壬辰甲午乙未庚子壬寅丁未甲寅戊午壬戌宜滿成開日忌滅沒十惡大敗空亡日

鰲頭通書大全　卷四

子鍵於口內又忌作場之工吃食者物其倉成後安門之時不可着早雖八內只宜赤岬凡伏此例無不吉慶豐盈

凡動用須尋建和之年方大利吉如遇皆空破田之年非將退契又主田園荒蕪禾稻少收

○倉高濶

倉門宜高六尺八寸二分濶二尺零四寸三分吉

論倉經止用申庚壬丙向吉不可典于相对凶放水不宜流破財方如甲向祿在寅財在辰丙向祿在巳財在未方庚向祿在申財在戌

蓋倉吉日甲子乙丑辛未乙亥庚子丁酉甲申辛卯乙未巳亥乙巳癸丑○宜成開日

洸倉吉日巳巳乙亥庚辰乙酉庚寅壬辰甲午乙未乙卯建日閉日

修倉吉巳甲子乙丑丙寅丁卯壬午癸未甲午乙未甲辰

修作倉庫吉日丙寅丁卯庚午巳卯壬午癸未庚寅癸卯戊午巳未甲午乙未癸丑○宜滿成開日○忌大小耗日空亡日

修倉櫃吉日宜伏斷日○忌大小耗天地賊九空月虛四廢

| 凶月 月 | 天牢黑道 | 朱雀黑道 | 天瘟朔殺 | 河魁約殺 | 財函凡空 | 小耗 | 大耗 | 月虛 |
|---|---|---|---|---|---|---|---|---|
| 正 | 申 | 卯 | 巳 | 亥 | 辰 | 未 | 申 | 丑 |
| 二 | 戌 | 巳 | 子 | 午 | 丑 | 申 | 酉 | 戌 |
| 三 | 子 | 未 | 未 | 丑 | 戌 | 酉 | 戌 | 未 |
| 四 | 寅 | 酉 | 寅 | 申 | 未 | 戌 | 亥 | 辰 |
| 五 | 辰 | 亥 | 酉 | 卯 | 寅 | 亥 | 子 | 丑 |
| 六 | 午 | 丑 | 辰 | 戌 | 子 | 子 | 丑 | 戌 |
| 七 | 申 | 卯 | 亥 | 巳 | 酉 | 丑 | 寅 | 卯 |
| 八 | 戌 | 巳 | 午 | 子 | 午 | 寅 | 卯 | 辰 |
| 九 | 子 | 未 | 丑 | 未 | 亥 | 卯 | 辰 | 丑 |
| 十 | 寅 | 酉 | 申 | 寅 | 卯 | 辰 | 巳 | 戌 |
| 十一 | 辰 | 亥 | 卯 | 酉 | 申 | 巳 | 午 | 未 |
| 十二 | 午 | 丑 | 戌 | 辰 | 巳 | 午 | 未 | [illegible] |

向滅方殺在丑

○面前水八吉水圭亥

八倉吉申子辰年丑方吉寅午戌年未方巳酉丑年戌方亥卯未年月方

地倉吉正九月午二月申三月亥四八十二月辰五月丑六月寅七十一月巳十月戌

月財星正七月丙午丁六月甲卯乙三九月辰與巳四十月未坤甲五十二月庚酉辛六十十二月戌乾亥

○總論

論造倉屋先須登堂局觀水城平且立向看地勢作之者不合地形不合

| 天賊 | 地賊 | 受死 | 天瘟 | 天火 | 地火 | 獨火 | 荒蕪 |
|---|---|---|---|---|---|---|---|
| 辰 | 子 | 戌 | 未 | 子 | 巳 | 巳 | 巳 |
| 酉 | 子 | 辰 | 戌 | 卯 | 午 | 辰 | 酉 |
| 寅 | 亥 | 亥 | 辰 | 午 | 未 | 卯 | 丑 |
| 未 | 戌 | 巳 | 寅 | 酉 | 申 | 寅 | 申 |
| 子 | 酉 | 子 | 午 | 子 | 酉 | 丑 | 子 |
| 巳 | 午 | 午 | 子 | 卯 | 戌 | 子 | 辰 |
| 戌 | 午 | 丑 | 酉 | 午 | 亥 | 亥 | 亥 |
| 卯 | 午 | 未 | 申 | 酉 | 子 | 戌 | 卯 |
| 申 | 巳 | 寅 | 巳 | 子 | 丑 | 酉 | 未 |
| 丑 | 辰 | 申 | 亥 | 卯 | 寅 | 申 | 寅 |
| 午 | 卯 | 卯 | 丑 | 午 | 卯 | 未 | 午 |
| 亥 | 子 | 酉 | 卯 | 酉 | 辰 | 午 | 戌 |

四耗（忌開倉）　五虛　天地轉殺　四忌四窮　正四廢

| | 四耗 | 五虛 | 天地轉殺 | 四忌四窮 | 正四廢 |
|---|---|---|---|---|---|
| 春 | 壬子 | 丑 | 卯 | 甲子乙亥 | 庚申辛酉 |
| 夏 | 乙卯 | 子 | 午 | 丙子丁亥 | 壬子癸亥 |
| 秋 | 戊午 | 未 | 酉 | 庚子辛亥 | 甲寅乙卯 |
| 冬 | 辛酉 | 寅 | 子 | 壬子癸亥 | 丙午丁巳 |

冰消瓦陷：巳　子　丑　申　卯　戌　亥　午　未　寅　酉　辰

四方耗：初二　廿三　初四　廿五　初二　廿三　初四　廿五　初二　廿三　初四　廿五

九土鬼：辛丑　癸巳　丁巳　乙酉　庚戌　甲午　壬寅　己酉　戊午

甲庚丙壬不可拘定又
宜別立山向如揀用年
月日只取利田年月若
造倉在屋近當兼用修
方造作法若在屋簷外
水內須論以宮

論人命值利田建田年日
起倉唯田值吉田窖用
年月退田地失財物若
新起倉屋仍論修造雜
忌年月祭杀宜避新宅
未居人則不忌他

論修整倉庫忌大小耗
忌月十二月占倉

卯公暗刀殺占倉庫忌修
甲己年七八月占倉庫
乙庚年九十月占倉
丙辛年十一十二月占

○逐月修作倉庫吉日　修整倉廒庫同看

正月　丙寅庚寅　二月　丙寅己亥庚寅癸未辛未乙未甲寅己未
三月　己巳丙子　四月　庚子丁卯庚午己卯丙子　五月　己未
六月　丙寅甲寅　外　甲申庚申　七月　丙子　外　壬子
八月　乙丑乙亥己亥癸丑　九月　庚午壬午丙午戊午
十月　庚午辛未乙未　十一月　丙寅庚寅壬寅甲寅
十二月　丙寅甲寅　外　甲申庚申壬寅○時用月有吉宿化八星戊申受死故大

○右吉日不犯朱雀天牢魁罡八小耗財窩月虛天地賊受死天瘟
大火獨火地火大火星水消瓦解無四耗轉杀五窮正四廢凶敗九空

○修倉塞鼠穴

塞鼠宜用飛廉受死月杀晴金伏斷閉日除日滿日
○忌大小耗天地賊四耗月虛日空亡門

伏斷日

| 子 | 丑 | 寅 | 卯 | 辰 | 巳 | 午 | 未 | 申 | 酉 | 戌 | 亥 |
|---|---|---|---|---|---|---|---|---|---|---|---|
| 虛 | 斗 | 室 | 女 | 箕 | 房 | 角 | 張 | 鬼 | 觜 | 胃 | |

伏斷時　角斗奎井值日亥辰時　亢牛婁鬼值日申時　氐女胃卯巳

丁壬年二月二日占
戊癸年三月四月占巳
上暗刀殺占倉庫忌此
修整倉庫新立則不
神占倉庫忌此月修
作胎六九月占胎四九
月占牛黄六九月作胎
三五九月占六甲胎神
六月占忌修整倉

宜修倉塞鼠穴
用暗金伏斷時宜伯主
以鬼婁亢爲四金宿在
日家爲明金有時家爲
暗金雖云暗金其亢金
危鬼金羊牛金牛不能
制鼠故不用也○用婁
金狗能制其鼠能用暗
金持真日正求斷其鼠

時房虛星昴酉寅心危畢張午時室觜寅丑卯戊箕壁參軫申

暗金伏斷日太陽值年巳日房宿是○太陰值年子虛未張日是
火星值年酉觜寅室是○水星值年辰箕亥壁是○木星值年午
角是○金星值年丑斗申鬼是○土星值年卯女戌胃是

暗金日求時太陽逢巳時○太陰子未時○火星馬虎論○水星辰
亥居○土星卯戌值○木星午時星○金星申時真

塞鼠穴吉日宜上辰庚寅滿閉除日正月上辰鼠兆日六天狗吼代
受死日暗金伏斷時七忌破執空亡正四廢日○天狗滿日是

| 塞鼠穴極驗吉星 | 正 | 二 | 三 | 四 | 五 | 六 | 七 | 八 | 九 | 十 | 十一 | 十二 |
|---|---|---|---|---|---|---|---|---|---|---|---|---|
| 受死 | 辰 | 酉 | 寅 | 未 | 子 | 巳 | 戌 | 卯 | 申 | 丑 | 午 | 亥 |
| 月殺 | 丑 | 戌 | 未 | 辰 | 丑 | 戌 | 未 | 辰 | 丑 | 戌 | 未 | 辰 |
| 死炁 | 午 | 未 | 申 | 酉 | 戌 | 亥 | 子 | 丑 | 寅 | 卯 | 辰 | 巳 |
| 閉日 | 丑 | 寅 | 卯 | 辰 | 巳 | 午 | 未 | 申 | 酉 | 戌 | 亥 | 子 |
| 天狗滿日 | 辰 | 巳 | 午 | 未 | 申 | 酉 | 戌 | 亥 | 子 | 丑 | 寅 | 卯 |

天狗滿日如正四七十月與天賊同日則四孟月滿日不用

除白蟻吉日宜用暗金伏斷受死火閉金閉滿日月殺同到極驗吉

## 入倉開庫吉日

乙丑丙寅己巳庚午辛未乙亥丙子己卯壬午癸未庚寅辛卯乙未己亥庚子癸卯丙子壬子乙卯己未庚申辛酉

宜天德月德六合天月德合天倉天富五富月財明德黃道母倉滿德尾滿成開日

忌將月忌天地賊荒蕪滅沒正四廢空亡四方耗大水耗月虛天地日敗赤口受死九空四忌五窮建破平收閉日

合忌凶日　壬申戊申戊寅戊戌戊午日

## ○入倉開庫　謂五穀入倉開張坊等事

○逐月入倉開庫吉日開倉推甲日不用餘同○凶星同前

|  |  |
|---|---|
| 正月 | 丁卯壬午癸卯丙午　死巳卯癸酉丁酉 |
| 二月 | 己巳辛未癸未乙未己亥己未死辛巳丁亥乙巳丁未辛亥 |
| 三月 | 丙子己卯壬午辛卯庚子癸卯死丁卯戊子丙申 |
| 四月 | 乙丑庚午壬午辛卯己卯癸卯死丁丑己丑癸丑 |
| 五月 | 辛未丙辰己未　死戊辰庚辰壬辰辛巳 |
| 六月 | 乙亥己卯辛卯癸卯丁亥（死）丁卯辛亥己未丁未辛未癸未 |
| 七月 | 丙辰　（死）戊辰庚辰丙戌 |
| 八月 | 乙丑己巳乙亥己亥庚申（死）丁丑辛巳己丑乙巳癸丑 |
| 九月 | 庚午壬午丙午辛酉丁丑丙子庚子戊子癸酉用子庚午 |
| 十一月 | 乙丑乙亥（死）丁丑己丑癸丑 |
| 十二月 | 辛卯癸卯庚申乙卯（死）壬申[illegible]申戊申 |

○右吉日不犯大小耗九空財離天賊月虛天窮受死流財日五窮五虛正四廢凶敗五離滅沒[illegible]四方耗九土鬼

小乙酉天地離別日
不宜開倉
丑○夏子○秋辰○冬
寅○忌四方耗大小耗
日虛天虛並前所忌月

**脩路吉日**

宜天德月德天月德合黃道建平日
忌劫殺天賊四廢
修路忌九良星占路凶
丑寅庚申二年占路
午寅殺二月十二月在

**修路備忌**

水路忌年九良星丁丑乙未年占大路三元力士
墻忌宅在六七月占墻
代在六七月占西墻

## ○脩築墻垣 謂填興坑穿泥飾墻垣等事

○宜天德月德六合黃道日建成滿閉日
○忌月建轉殺同上天地賊四廢凶敗荒蕪月破日

○逐月脩築墻垣吉日

正月甲子乙丑丁卯己卯丁丑癸丑 外丙子戊子壬子
二月乙丑丙寅庚寅甲寅辛未甲申 外丁未己未
三月己巳己卯庚午丁卯庚子癸酉 外丙子壬子丁酉
四月甲子庚子乙丑甲戌庚午 外丙子戊子
五月乙丑辛未乙亥庚寅甲寅丙辰 外丁未辛亥丙寅己未戊寅
六月乙亥戊寅甲寅己卯辛卯甲申庚申 外丙寅丁卯己亥辛亥
七月庚午辛未庚子丙子壬辰 外丙午丁未壬子己未戊子
八月乙丑甲戌戊寅庚寅丙辰 外壬辰庚戌
九月庚午己卯辛卯丙午癸卯 外甲午庚午癸酉辛酉甲戌壬五
十月甲申庚申壬辰丙辰丁未己未 外戊申乙亥己亥辛亥
十一月甲子戊寅庚寅甲寅甲申庚申丙寅丙申

垣因風雨傾倒當時就築不必擇日若候晴後三五日則須擇避凶殺破不可輕動

補屋壞垣宜除破日

築牆穴　宜閉日伏斷日忌年月緊殺方

築砌階砥宜平定建成閉日

## 作廁雜忌

作廁忌年月緊系方道如新立毛舍未經歸火條不須避忌方道神系

廁忌[illegible]甲胎神八月丑未日占○牛胎四[illegible]日[illegible]日新作不忌

[illegible]方宜[illegible]庚乙[illegible]

在吉日不犯月破魁罡玄武黑道天賊受死天瘟土瘟土忌土符地囊地囊轉殺九土住四廢荒蕪[illegible]日

## ○造作廁坑道　附結砌糞窖等事

廁吉日丙寅戊辰丙子丙申庚子壬子丙辰天聾日百事大吉乙丑丁卯己卯辛巳乙未丁酉己亥辛丑辛亥癸丑辛酉地啞日百事吉○又宜天乙絕氣伏斷閉日○忌破執開滿日

| 天乙絕氣 | 正 | 二 | 三 | 四 | 五 | 六 | 七 | 八 | 九 | 十 | 十一 | 十二 |
|---|---|---|---|---|---|---|---|---|---|---|---|---|
|  | 初六 | 初七 | 初八 | 初九 | 初十 | 十一 | 十二 | 十三 | 十四 | 十五 | 十六 | 十七 |
| 伏斷 | 子 | 丑 | 寅 | 卯 | 辰 | 巳 | 午 | 未 | 申 | 酉 | 戌 | 亥 |
| 宿 | 虛 | 斗 | 室 | 女 | 箕 | 房 | 角 | 張 | 鬼 | 觜 | 胃 | 壁 |

○逐月作廁吉日

正月　丁卯己卯壬寅癸卯己酉甲寅乙卯死癸丑乙丑丙午戊午

二月　戊寅庚寅甲寅丁亥乙未己亥　然丁未己未癸未

三月　丁卯己卯庚[illegible]癸卯乙卯己巳甲[illegible]甲申乙巳丙子壬子戊子

四月　戊辰庚子丙[illegible]甲辰甲子庚張申午丁巳丙子己丑丙午

壬下癸辰戌丑未十二方位並之大吉

作廁忌凶方子午爲天中卯酉爲天横○宅中巳亥爲四生四關○寅爲天門○巽爲地戶○坤爲人門○艮爲鬼路

又爲四維方之大空不可对前門不可对後門不可对棟及山有水龍

又不可近井灶

經云鬼乘跳正此謂也

廁門高四尺濶三尺二寸

汁

脩井雜忌

修井吉日宜甲申庚子辛丑乙巳辛亥癸丑丁巳

五月丙寅辛未庚寅申寅己未丙戌己巳辛巳甲戌丁巳辛五戌

六月丙申辛亥丙寅甲寅甲申庚申乙亥辛未乙未丁亥巳未

七月庚子辛卯己卯戊辰辛未庚辰辛卯壬申丙辰丙子戊子庚申

八月丙辰戊辰庚辰辛丑己巳丁巳辛巳乙丑

九月庚午癸酉丙戌丁亥丁酉己酉戊辰戊辛酉丙午壬午戊午

十月甲子庚午辛未甲午乙未庚子（外）戊子壬午壬子戊午

十一月乙亥己亥辛亥戊辰丙辰庚辰甲辰辛未乙未（外）己未丁亥

十二月甲子庚子甲寅甲申庚申乙丑辛丑壬寅（外）戊子己丑壬子

○宜吉日不犯元武黑道受死天瘟土瘟土忌土府地破月破正四

○廢天地轉殺月建轉殺執破平收開日天賊非日九土鬼日

土公忌每月初七十七廿七土公占（大月）初三初五初八（小月）初二初十廿八日忌

○穿井遵泉　謂格龍地方鑿井尺寸欄修符法等事

穿井吉日甲子乙丑甲申丁亥甲午乙未庚子辛丑壬寅乙巳己酉辛亥癸丑丁巳辛酉（外）壬午（宜）開日惟三六九十二月開日犯天賊忌起手動土○壓法兼取癸酉丙子癸未乙酉戊子癸巳戊壬

穿井宜通用

修井穿井凶日〇忌天賊轉殺月建轉殺同日〇忌土瘟正四廢伏斷日〇來穿井方道取太山之旺方流泉則大

論神殺方凡穿井切忌作家二条州县宜待冬月家眾条皆不可犯若在一百二十步外則不忌官惟歲官交承之際降吉日開則不問方道矣

修井忌九良星作小井壬丑丙未乙未壬丙巳未庚申六年占井若在前其地原無井則先定系古今擇日[illegible]穿井不忌且系

巳亥癸亥庚寅日穿井吉〇忌土符土府地囊建破平收閉日

| 月 \ 凶日 | 天賊 | 地賊 | 受死 | 天瘟 | 土瘟 | 九空 | 官符 定日 | 大耗 月破 | 小耗 | 荒蕪 | 飛廉 | 血忌 | 水隔 | 閉日 |
|---|---|---|---|---|---|---|---|---|---|---|---|---|---|---|
| 正 | 辰 | 子 | 戌 | 未 | 辰 | 辰 | 午 | 申 | 未 | 巳 | 戌 | 丑 | 戌 | 丑 |
| 二 | 酉 | 子 | 辰 | 戌 | 巳 | 丑 | 未 | 酉 | 申 | 酉 | 巳 | 未 | 申 | 寅 |
| 三 | 寅 | 亥 | 亥 | 辰 | 午 | 戌 | 申 | 戌 | 酉 | 丑 | 午 | 寅 | 午 | 卯 |
| 四 | 未 | 戌 | 巳 | 寅 | 未 | 未 | 酉 | 亥 | 戌 | 申 | 未 | 申 | 辰 | 辰 |
| 五 | 子 | 酉 | 子 | 未 | 申 | 卯 | 戌 | 子 | 亥 | 寅 | 寅 | 卯 | 寅 | 巳 |
| 六 | 巳 | 午 | 午 | 子 | 酉 | 子 | 亥 | 丑 | 子 | 辰 | 卯 | 酉 | 子 | 午 |
| 七 | 戌 | 午 | 丑 | 酉 | 戌 | 酉 | 子 | 寅 | 丑 | 亥 | 辰 | 辰 | 戌 | 未 |
| 八 | 卯 | 午 | 未 | 申 | 亥 | 午 | 丑 | 卯 | 寅 | 卯 | 亥 | 戌 | 申 | 申 |
| 九 | 申 | 巳 | 寅 | 巳 | 子 | 寅 | 寅 | 辰 | 卯 | 未 | 子 | 巳 | 午 | 酉 |
| 十 | 丑 | 辰 | 申 | 亥 | 丑 | 亥 | 卯 | 巳 | 辰 | 寅 | 丑 | 亥 | 辰 | 戌 |
| 十一 | 午 | 卯 | 卯 | 丑 | 寅 | 申 | 辰 | 午 | 巳 | 午 | 申 | 午 | 寅 | 亥 |
| 十二 | 亥 | 子 | 酉 | 卯 | 卯 | 巳 | 巳 | 未 | 午 | 戌 | 酉 | 子 | 子 | 子 |

○若在前其應原行井則方有殺占切忌修整淘浚

修井忌月凶

大小耗星　二八月在井

土公占　七八九月在井

游禍　八九月在井

伏龍　八月在泉井

牛黃殺　五七月占井

猪胎神　五六月占

太胎羊胎　十月占井。

已上各所值然犯之凶

淘井忌夏月不可淘井多致死人

先以雞毛放井中試之如毛搖動不宜使下井必有瘴氣說見經驗良方

天地轉殺　癸卯　丙午　丁酉　甲子

天轉地轉　春乙卯辛卯　夏甲午戊午　秋辛酉癸酉　冬壬子丙子

月建轉殺　二月卯　五月午　八月酉　十一月子

正四廢　庚申辛酉　壬子癸亥　甲寅乙卯　丙午丁巳

伏斷日　子虛　丑斗　寅室　卯女　辰箕　巳房　午角　未張　申鬼　酉觜　戌胃　亥壁

泉渴　辛巳　巳丑　庚寅　壬辰　戊申

泉閉　戊辰　辛巳　巳丑　庚寅　甲寅

九土鬼　乙酉　癸巳　甲午　辛丑　壬寅　己酉　庚戌　一，巳　戊午

水痕　大月初四　初七　十一　十七　廿三　十　小月初三　初七　十二　廿六

○逐月穿井吉日　修井同看　○宜開日

正月　甲子丙子庚子壬子　二月　辛亥癸亥乙亥己亥

三月　甲子丙子庚子癸未己未乙未庚午丁丑

四月　甲子丙子庚子癸丑乙丑庚午丁丑

五月　乙丑癸丑癸未乙未丁丑　六月　甲申庚申癸未己未

七月　壬午丙午　八月　丙辰己巳

玄天星五音井經

宮音屬土

食宮音水常時不足
食角音水敗害家門
食商音水生貴子孫
食羽音水出入聾啞
食徵音水進田産地

商音屬金

食商音水常不足
食角音水來不足
食徵音水主人落水
食宮音水主大吉利
食羽音水亦主吉利

角音屬木

九月癸丑丙戌丙午　十月　壬午癸未己未辛酉癸酉乙未庚子
十一月癸未己未丁未　十二月　甲申庚申
〇右吉日不犯天瘟土瘟天賊受死土忌血忌飛廉九空小耗大耗
木隔泉竭泉闊正四廢卯日荒蕪天地轉殺月建轉殺閻破日
李淳風穿井經每步許三尺五寸常尺

乾甲金　生巳　旺酉
東龍巳酉井滿溢吉　西坤龍得巳酉井半吉半凶
南巽龍巽吉酉井少乙　北乾龍得巳井庚酉井不利
〇乾甲山利中宮却無病水亦不足　八尺九尺之中有泉水

坤乙土　生申　旺子
東艮龍甲子井木吉井利　西坤龍甲子井吉申辰井子最
南巽龍申井吉子利　北乾龍申井吉子井不利
〇坤乙出利西南不利東北　八尺九尺之中有泉水

艮丙土　生申　旺子
東艮龍申子井滿有橫　西坤龍申井吉子井不利
南巽龍子井吉祀利神　北乾龍子井吉申井不利
艮丙山利西南不利東北　八尺九尺之中有泉水

巽辛木　生亥　旺卯
東艮龍卯井亥吉旺不利孫　西坤龍亥卯皆利季月少泉
南巽龍亥井佳卯井　北乾龍卯井佳亥不利人財

食角水出人落水亡
食羽音水與旺人丁
食商音水主大吉昌
食宮音水無子招財
食徵音水主人疾病

**徵音屬火**

食徵水主常常不足
食商水主先吉後凶
食羽水主多災多害
食宮水主大吉利
食角水亦主大吉利

**羽音屬水**

食羽水常不足
食宮水先吉後凶
食徵水主人濁水凶
食角水主大吉利

○巽辛山利西南不利東坨　八尺九尺之中有泉水

震庚亥未木　生亥　東艮龍卯井絕魂不利　西坤龍卯井清而潔吉利
旺卯　南巽龍卯井佳亥利不　北乾龍得亥吉利卯井不利

○震庚亥未山利東南不利西北　八尺九尺之中有泉水

離壬寅戌火　生寅　東艮龍井十二步得寅校隻午平　西坤龍十二步午井最雄稱寅
旺午　南巽龍午井吉寅利不　北乾龍得寅井爲佳

○離壬寅戌山利西南不利東北　八尺九尺之中有泉水

坎癸申辰水　生申　東艮龍得申子辰井俱誤　西坤龍得申吉妙子井凶
旺子　南巽龍得子井最吉妙　北乾龍得辰井吉有横財

○坎癸申辰山利東北不利西南　八尺九尺之中有泉水

兌丁巳丑金　生巳　東艮龍得巳酉井清潔　西坤龍得酉井吉巳井平
旺酉　南巽龍得巳酉井不利

○兌丁巳丑山利西不利北得南井亦旺

○右穿井法從中宮起十二步得井則水冬夏不乾
八步得井爲貪狼吉　十二步得井爲武曲吉

總論穿井人家以茶亭爲中宮寺觀以神座爲中宮取山向方道大

食前水主大吉昌

表天罡穿井吉凶方道
子上穿井主出顛人
丑上穿井兄弟不和睦
寅卯辰巳方上吉利
午戌方上俱不吉利
未亥方開井主大凶
申上開井先凶後吉隆

論穿井避忌其日穿井用工之人宜持齋戒不可飲酒及無厭穢妨碍之人則穿井後得水清潔或前件有犯井須有泉水不能清潔昏而且濁宜慎之

**魯班經**造欄格

之牛欄者先須用術人

## 五音穿井圖局

利爲主以覗穿井方道如屋坐卯向酉龍自坤申庚辛戌酉上来得卯方井水淸而潔○論發龍東艮寅甲卯乙辰○西龍卯甲庚酉辛戌○南龍巽巳丙午丁未○北龍乾亥壬子癸丑之方

五音
井經

艮丑癸子壬亥乾戌辛酉庚申坤未丁午丙巳巽辰乙卯甲寅

徵凶商角宮羽徵凶

開井吉日宜庚子辛丑壬寅辛卯乙巳甲子乙丑甲午癸酉辛亥

脩井吉日宜壬午戊戌日獲横財

脩井凶日忌卯日及三、六、七月

泉閟日巳丑戌申庚寅子巳甲寅此五日穿井泉不出

穿井淺八九尺得泉深丈六或式八得泉又深二丈七得泉如西北地土厚得水復深

## 穿井符

勅[符] 月巳穿井用

勅[符] 穿井用

勅[符] 起井神用

勅[符] 起伏龍用

勅[符] ○○修井用

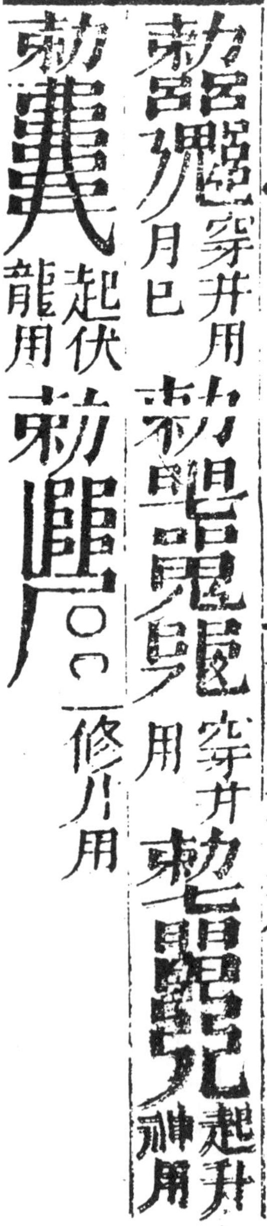

揀擇吉方切不可犯倒欄殺及刀砧殺牛黃殺用之咲息犯有畔是用在作欄以得長壽

造牛欄用木尺寸法度用向陽木一根作棟柱用之在人屋井姓怕冀使牛要温暖柱長短尺寸用厭白不可犯二黑上舍下作欄者用殺方株木一根作左边角柱用高六尺一寸或是二門四間不可作单間八家各别祿子用合四隻以按四季則吉不可犯五尺五寸乃爲五黃不祥也甚不可使直按孫爲牛朴開門用合二尺六

## ○牧養欄枋　謂安六畜欄槽附格式等事

○郭景純六畜欄定局

**坤乙　兌丁　巳丑　艮丙　震庚　亥未　十二坐山**

| | | |
|---|---|---|
| 刀兵 | 凶 | 占壬丙方 |
| 刀兵 | 凶 | 占子午方 |
| 紫炁 | 吉 | 占癸丁方 |
| 一德 | 吉 | 占丑未方 |
| 虎豹 | 凶 | 占艮坤方 |
| 狐狸 | 凶 | 占寅申方 |
| 貪狼 | 吉 | 占甲庚方 |
| 太陽 | 吉 | 占卯酉方 |
| 財狼 | 凶 | 占乙辛方 |
| 三台 | 吉 | 占辰戌方 |
| 奇羅 | 吉 | 占乾巽方 |
| 血刃 | 凶 | 占巳亥方 |

○巳止圖局皆以坐山論凡庶

**乾甲　申子　辰癸　巽辛　寅午　戌壬　坐山定局**

| | | |
|---|---|---|
| 刀兵 | 凶 | 占甲庚方 |
| 刀兵 | 凶 | 占卯酉方 |
| 紫炁 | 吉 | 占乙辛方 |
| 一德 | 吉 | 占辰戌方 |
| 虎豹 | 凶 | 占乾巽方 |
| 狐狸 | 凶 | 占巳亥方 |
| 貪狼 | 吉 | 占丙壬方 |
| 太陽 | 吉 | 占子午方 |
| 豺狼 | 凶 | 占丁午方 |
| 三台 | 吉 | 占丑未方 |
| 奇羅 | 吉 | 占坤艮方 |
| 血刃 | 凶 | 占寅申方 |

以茶亭爲中宫寺观以壇座爲中

開高四尺六寸爲六白

按六畜爲吉若八寸爲

八白則爲八敗不可使

之恐損群隊也

## 詩曰

魯班法度剏牛欄

元用推尋吉上安

必使工師求好木

次將尺寸細推詳

切須不可當人屋

實要相宜約草間

時師依此規模作

致使牛牲食緣寬

不甚匠石在欄前

必主牛遭虎咬遭

切忌欄前大小官

死牛難值鼻難穿

宮將羅經中宮格定方道從前尋吉方安置欄槽爲吉無茶亭重

屋正棟爲中二重大井中三重二中柱是中宮定論

○歌訣曰

一德中宮宜養馬　二台位上定猪方　牛屋奇羅爲上善

羊逢紫炁定高強　貪狼位上安雞鴨　虎豹狐狸最不吉

更兼血刃大難當　月兵連及刀砧殺　六畜必定見滅亡

只此便爲金鏡位　世人畜養自商量

## ○修造欄枋

謂修造六畜欄枋槽棧通用

| | 年凶方 | 歲年神 | 牛火血 | 牛飛廉 | 大耗 | 小耗 |
|---|---|---|---|---|---|---|
| 子 | 震 | 巽 | 子 | 辰 | 午 | 巳 |
| 丑 | 巽 | 艮 | 午 | 辰 | 未 | 午 |
| 寅 | 艮 | 乾 | 丑 | 午 | 申 | 未 |
| 卯 | 南 | 巽 | 未 | 午 | 酉 | 申 |
| 辰 | 南 | 艮 | 寅 | 申 | 戌 | 酉 |
| 巳 | 欄 | 乾 | 申 | 申 | 亥 | 戌 |
| 午 | 東 | 巽 | 卯 | 戌 | 子 | 亥 |
| 未 | 卯辰巽 | 艮 | 酉 | 戌 | 丑 | 子 |
| 申 | 巳 | 乾 | 辰 | 子 | 寅 | 丑 |
| 酉 | 坤 | 巽 | 戌 | 子 | 卯 | 寅 |
| 戌 | 南 | 艮 | 巳 | 寅 | 辰 | 卯 |
| 亥 | 乾 | 乾 | 亥 | 寅 | 巳 | 辰 |

牛欄休[illegible]向溝邊
定臨牛胎損牛連
欄後不堪有行路
壬牛必損欄強有

〇牛黃詩
牛黃一十起於坤
二十还居震巽門
四十中宫歸乾路
此是神仙妙訣分

〇定牛入欄刀砧詩
春月六邑亥子位
夏月須在寅卯方
秋月休逢在巳午
冬時申酉不須疑

〇起欄日辰
起欄不得犯空亡
犯着之時牛必亡
癸日不堪起造作

净方向　欄殺　官符　月破　劍鋒殺　流財方　牛胎殺　牛黃殺　馬黃殺　馬胎　羊胎　猪胎

正二三四五六七八九十十一十二
未申酉戌亥子丑寅卯辰巳午
午未申酉戌亥子丑寅卯辰巳
申酉戌亥子丑寅卯辰巳午未
甲乙寅丙丁坤庚辛乾壬癸艮
甲庚丁癸甲庚丁癸乙辛丙壬乙辛丁癸丙壬甲庚乙辛壬丙子
磨欄門門廚碭磨欄門門竈竈
堂欄倉廁倉堂碓廳倉廁倉廚
欄溝雞竈井圂井炉目竈門路
路碓炉倉焙倉溝
枋枋庭枋碓枋堂枋中症
枋枋碓門倉枋堂枋倉門倉廚
門枋戶倉枋枋廚枋倉井門碓廚
卯門溝碓倉廳卯倉灶門鍬
棧溝身灶灶棧縷碓門溝灶棧
梁溝溝戶磨井槽房梘欄廚房

牛瘟必定兩相防

○牛神出入

牛神三月初一日出欄宜修造大吉九月初一日牛神汪欄

○牛黃出八法

牛黃八日八欄至次年三月方出並不可修造大忌牛黃出欄後可修造大吉

○總論

論六畜方位圖有一血府六畜男楊救貧六畜金鏡圖郭景純六畜方位圖今將三家方位不見言內惟郭景純安六畜方位圖試而用之又法同去彥風八山牛欄放去

| 猪胎 | | 日內 | 牛皇殺 | 內日月 | 二火血 | 牛飛廉 | 牛腹脹 | 牛約絞 | 畜官日 | 飛廉六殺 | 受死 | 天瘟 | 土瘟 | 天賊 | 地賊 |
|---|---|---|---|---|---|---|---|---|---|---|---|---|---|---|---|
| 身 | 欄 | 子 | 倉 | 正 | 丑 | 午 | 戌 | 申酉 | 午 | 戌 | 戌 | 未 | 辰 | 辰 | 子 |
| 身 | 欄 | 丑 | 倉 | 二 | 未 | 午 | 戌 | 申酉 | 未 | 巳 | 辰 | 戌 | 巳 | 酉 | 子 |
| 門 | 灶 | 寅 | 倉 | 三 | 寅 | 申 | 戌 | 申酉 | 申 | 午 | 亥 | 辰 | 午 | 寅 | 亥 |
| 門 | | 卯 | 倉 | 四 | 申 | 申 | 丑 | 亥子 | 酉 | 未 | 巳 | 寅 | 未 | 未 | 戌 |
| 井 | | 辰 | 廁 | 五 | 卯 | 戌 | 丑 | 亥子 | 戌 | 寅 | 子 | 午 | 申 | 子 | 酉 |
| 井 | | 巳 | 廁 | 六 | 酉 | 戌 | 丑 | 亥子 | 亥 | 卯 | 午 | 子 | 酉 | 巳 | 午 |
| 竈 | | 午 | 廁 | 七 | 辰 | 子 | 辰 | 寅卯 | 子 | 辰 | 丑 | 酉 | 戌 | 戌 | 午 |
| 竈 | | 未 | 廁 | 八 | 戌 | 子 | 辰 | 寅卯 | 丑 | 亥 | 未 | 申 | 亥 | 卯 | 子 |
| 籬 | 壁 | 申 | 欄 | 九 | 巳 | 寅 | 辰 | 寅卯 | 寅 | 子 | 寅 | 巳 | 子 | 申 | 巳 |
| 籬 | 壁 | 酉 | 欄 | 十 | 亥 | 寅 | 未 | 巳午 | 卯 | 丑 | 申 | 亥 | 丑 | 丑 | 辰 |
| 門 | 欄 | 戌 | 欄 | 十一 | 午 | 辰 | 未 | 巳午 | 辰 | 申 | 卯 | 丑 | 寅 | 午 | 卯 |
| 欄 | | 亥 | 欄 | 十二 | 子 | 辰 | 未 | 巳午 | 巳 | 酉 | 酉 | 卯 | 卯 | 亥 | 子 |

局以生山拳一小星位安大畜亦旺

論修作整換大畜欄枋如年家大小耗方月家淨欄魚宫流財刀砧劍鋒犯之主損六畜散灾不旺宜避之

論整換欄枋如遂月六吉神所值切忌修葺

論造大畜欄枋不避神殺且如新立宅舍向未曾火入宅今覺新修造則不忌

論造牛欄馬枋羊棧猪稠等屋未入宅惟擇吉日修不問年月方道神殺

論造大畜欄枋須避神殺且如現今欲新造牛欄

| 大耗 | 小耗 | 戌藤 | 九空害吉 | 瘟星入月 | 楊公忌丁 |
|---|---|---|---|---|---|
| 申 | 未 | 巳 | 辰 | 初六 | 十三 |
| 酉 | 申 | 酉 | 丑 | 初五 | 十一 |
| 戌 | 酉 | 丑 | 戌 | 初三 | 初九 |
| 亥 | 戌 | 申 | 未 | 廿五 | 初七 |
| 子 | 亥 | 子 | 卯 | 廿四 | 初五 |
| 丑 | 子 | 辰 | 子 | 廿三 | 初三 |
| 寅 | 丑 | 亥 | 酉 | 二十 | 初一廿九 |
| 卯 | 寅 | 卯 | 午 | 廿七 | 廿七 |
| 辰 | 卯 | 未 | 寅 | 十七 | 廿五 |
| 巳 | 辰 | 寅 | 亥 | 十三 | 廿三 |
| 午 | 巳 | 午 | 申 | 十二 | 廿一 |
| 未 | 午 | 戌 | 巳 | 十一 | 十九 |

千斤殺方　刀砧殺男　正回殺　天狗食邑　九土鬼　警退日　破群日

| | | | |
|---|---|---|---|
| 春 | 巽 | 亥子 | 庚辛酉 | 子 |
| 夏 | 坤 | 寅卯 | 壬子癸亥 | 卯 |
| 秋 | 乾 | 巳午 | 甲寅乙卯 | 午 |
| 冬 | 艮 | 申酉 | 丙午丁巳 | 酉 |

黃殺方

乙酉癸巳甲午辛丑壬寅巳酉庚戌丁酉戊午

大月初九十七廿九　小月初八二十

戊辰己卯庚寅壬辰甲寅庚申忌出入

子丑寅卯原作倉　辰巳午未廨中藏

更有四辰不吉利　申酉戌亥入欄房

巳申酉戌亥四日忌修牛欄凶

馬枋羊棧猪欄等屋如造作在百二十步之內須看月方道無凶殺吉卻宜起手修作百步外不論太歲年神詩系見下年吉凶神例

論修造六畜欄欄屋竪造日忌火星滅屋日忌天火並火星如動土月與前修造動土倒遁用忌修造豬欄欄並忌小耗大耗天賊飛廉正四廢刀砧瘟星入日手斤殺方刀砧殺方

○並忌月家立坐殺及年日禁殺凶神方動土並忌天瘟土瘟月建轉殺

○牧養六畜通用吉凶日

納音宜天德月德定成開日　忌飛廉天賊受死大耗小耗日月刑月害建閉收日破日

穿牛割牛騸馬閹羊剝猪鏃雞割犬淨猫並忌刀砧血忌飛廉受死血支日

牛欄馬枋羊棧猪欄雞栖及諸畜欄枋出糞並宜六月三十日九晦

○倒欄殺定局謂忌安六畜欄倒欄等事

## 倒欄殺定局

| 日凶局 | 甲己年 | 乙庚年 | 丙辛年 | 丁壬年 | 戊癸年 |
|---|---|---|---|---|---|
| 猪欄 | 乙丁巳辛癸卯 | 乙丁巳辛癸巳 | 乙丁巳辛癸未 | 乙丁巳辛癸酉 | 乙丁巳辛癸亥 |
| 牛欄 | 乙丁巳辛癸巳 | 乙丁巳辛癸未 | 乙丁巳辛癸酉 | 乙丁巳辛癸亥 | 乙丁巳辛癸丑 |
| 馬枋 | 甲丙戊庚壬戌 | 甲丙戊庚壬子 | 甲丙戊庚壬寅 | 甲丙戊庚壬辰 | 甲丙戊庚壬午 |
| 羊棧 | 乙丁巳辛癸亥 | 乙丁巳辛癸丑 | 乙丁巳辛癸卯 | 乙丁巳辛癸巳 | 乙丁巳辛癸未 |
| 雞栖 | 乙丁巳辛癸丑 | 乙丁巳辛癸卯 | 乙丁巳辛癸巳 | 乙丁巳辛癸未 | 乙丁巳辛癸酉 |

倒欄殺詩○

年干五虎遁子　遁見甲午把支安　將支來跨虎順走

遇亥各爲猪倒欄　丑午馬雞逢酉　未上須知羊倒欄

○假如甲己年五虎遁甲戌將戌跨寅上順行至亥卯日者倒

納畜用龍虎日今云吉
不宜牧祭

## 造作牛屋

作屋動土平基吉日
宜甲子丙寅丁卯癸酉庚辰甲申乙酉乙未丁酉甲辰丙午丁未壬子甲寅乙卯庚申辛酉
忌土瘟天賊瘟星入日

作欄吉日
宜甲子己巳庚午甲戌乙亥丙子庚辰壬午癸未庚寅庚子日
黃經又有戊辰戊午己未辛酉日又戊己庚辛壬癸日又初一初五初六十二二十二十五日吉

欄子到辰丑到巳則巳日牛倒欄順行午到戌則戌日馬倒欄未到亥則亥日羊到棧酉到丑則丑日雞倒栖餘倣此用指掌推

○李淳風牛欄圖

## 牛欄放水圖

乾山起兌
兌山起乾
震山起離
離山起震
坤山起艮
艮山起坤
巽山起坎
坎山起巽

山山起破祿貪巨大廉武轉順行貪巨武輔四星皆吉餘星並皆凶

○入山放水吉神定局

| 山 | 貪 | 巨 | 武 | 輔 |
| --- | --- | --- | --- | --- |
| 乾甲山 | 坤乙 | 坎癸申辰 | 離壬寅戌 | 乾甲 |
| 坤乙山 | 乾甲 | 離壬寅戌 | 坎癸申辰 | 坤乙 |
| 艮丙山 | 兌丁巳丑 | 震庚亥未 | 巽辛 | 艮丙 |
| 巽辛山 | 震庚亥未 | 兌丁巳丑 | 艮丙 | 巽辛 |
| 坎癸申辰山 | 離壬寅戌 | 乾甲 | 坤乙 | 坎癸申辰 |
| 離壬寅戌山 | 坎癸申辰 | 坤乙 | 乾甲 | 離壬寅戌 |

脩牛欄吉日 春子戌亥
夏寅卯丑 秋巳午辰
冬申酉未 又忌牛火
血飛廉綱絞天賊刀砧
執破正四廢離賊大小
空亡魚雄凶敗

牛吉日 宜丙寅子卯
庚午丁丑癸未甲申辛
卯丁酉戊戌庚子庚戌
辛亥戊午壬戌

正月寅午戌日六月亥
卯未日宜成收開日穿
牛吉日 宜戊辰巳巳
辛未甲戌乙亥辛巳乙
酉戊子乙巳乙卯戊午
巳未日吉
忌刀砧血刃血支血忌
破日

震庚亥未山 貪巽辛 巨艮丙 武兌丁巳丑輔離壬寅戌
兌丁巳丑山 貪艮丙 巨巽辛 武震庚亥未輔震庚亥未

○逐月造作牛欄吉日
正月庚寅 外戊寅丁卯巳卯癸卯 二月戊寅 外丙寅甲寅
三月巳巳乙巳 四月庚午 外壬午丙午
五月巳巳壬辰 外乙未丙辰 六月庚申 外甲申乙未巳未癸未
七月戊申庚申 八月乙丑 外丁丑癸丑 九月甲戌
十月甲子庚子 外丙子壬子 十一月乙亥庚寅 外丙寅
十二月 外乙丑丙寅甲申申丙寅 ○右吉日不犯魁罡約絞牛火血牛
飛廉牛腹脹刀砧天地賊凶敗瘟星大九空受死大小耗九土鬼
天瘟正四廢癸日 推壬午壬子丙子壬辰丙辰日忌用先傷边
者則無咎

○逐月穿牛吉日 附納牛鉢牛日同放正
正月乙卯戊午 二月乙丑乙卯戊午 三月巳巳乙巳
四月乙酉甲戌戊午 五月戊辰巳巳辛未巳未甲戌戊午乙酉乙酉
六月戊辰辛未甲戌巳未 七月辛未乙酉丁巳戊子巳未

牛吉日○宜庚午壬午
巳丑甲午庚子辛亥壬
子甲寅　　取
牛吉日）初一初二初
四初丑初七初八初九
初十十四十五十九二
廿廿二廿三廿四廿五
廿七廿八廿九三十日
巳上名日三葬日
宜取牛　嫐谷用之葬
日指　納
牛吉日宜丙寅壬寅乙
巳辛亥戊午　納
牛凶日忌乙丑壬申巳
卯庚寅癸法中寅庚申
又忌破群日　針
午忌日又忌血支血巳
刀砧受死日

八月乙丑乙酉乙亥辛丑　九月辛未甲戌乙酉乙丑
十月乙卯戊辰戊子　十一月戊辰己巳戊子
十二月戊辰辛丑乙丑巳巳　○右不犯牛刹紋牛腹脹血忌血支
天狗食畜破日刀砧受死四廢天瘟月厭瘟蝗日
○逐月教牛吉日　○凶[illegible]

| | | |
|---|---|---|
| 正月 | 庚午壬午庚子壬子辛亥 | 二月庚午壬午辛亥庚子甲寅 |
| 三月 | 庚午壬午庚子壬子 | 四月庚午壬午庚子甲寅 |
| 五月 | 庚午壬午辛亥甲寅 | 六月庚午壬午辛亥甲寅 |
| 七月 | 庚午壬午庚子壬子 | 八月庚午壬午庚子壬子辛亥 |
| 九月 | 辰午壬午庚子壬子 | 十月庚午壬午庚子壬子辛亥 |
| 十一月 | 庚子壬午辛亥甲寅 | 十二月庚子壬子辛亥甲寅 |

○右吉日不犯牛刹紋[illegible]日受死滅沒日
○造作馬枋　宜安馬槽攔馬籠天廐棄等事
造馬枋吉日宜甲子丁卯辛未乙亥己卯甲申戊子辛卯壬辰庚子
壬寅乙巳壬子天月德日○忌戊寅庚寅戊午天賊四廢受死瘟

造牢欄吉方
宮音庚癸地爲吉
商音庚亥欄無憂
下亥方角音好
甲庚地上徵音旺
推有未庚羽音吉
外無凶吉旺十秋作
屋安在申方上　九十
頭長肥　戊亥卯辰巽
午巳　二三頭不謊
却有酉地不堪居　乾
地十頭看　午
欄門高七尺欄二尺

## 買馬吉日

宜
乙亥乙酉戊子壬辰乙
巳壬子己未併戊巳三
奇日忌戊寅戊申[illegible]

牛人爭雄地賊凶敗日口絡　馬枋吉日宜戊子己丑甲辰乙巳日

○逐月作馬枋吉日　凶星同前倒看

正月　丁卯乙亥己卯庚午　三月辛未丁未己未
二月　丁卯己卯甲申乙巳　四月甲子戊子庚子庚午
五月　辛未壬辰丙子丙辰　六月辛未乙亥甲申庚申
七月　庚子戊子丙子庚子壬子辛未八月壬辰乙丑甲戌丙辰
九月　辛酉　十月甲子辛未庚子壬午庚午乙未
十一月　辛未壬辰乙亥壬月甲子戊子庚子丙寅甲寅

○逐月教馬駒吉日　凶星同前倒看着

正月　無　二月甲戌乙亥丁丑壬子丙戌戊子乙丁未甲寅丙辰
三月　己巳乙亥壬午戊子甲寅丙辰
四月　己巳甲戌丁丑壬午丙戌乙未
五月　己巳甲戌丁丑壬午丙戌乙未
六月　己巳乙未壬午甲寅丙辰辛酉己酉　七月　無
八月　己巳甲戌乙亥丁丑壬午丙戌戊子乙未丙辰辛酉
九月　己巳甲戌丁丑壬子丙戌戊子乙未辛酉己酉　十月　無

牧馬[illegible]巳[illegible]亥巳丑乙巳

●忌戊午併破群伏戚[illegible]

凶惡日

終[illegible]吉日乙巳甲戌乙

亥丁卯壬午丙戌庚午

巳丑庚巳乙未丙申丁

巳丁未乙酉甲寅丙辰

丁巳辛進收日

伏馬吉日乙丑戊子收伏

馬針灸馬肉日●忌血

忌向忌刀砧受死荒蕪

月厭天瘟午日及大風

陰晦並不得針灸

巳上血忌即續世血支即

閉日是

造作牛棧圖經式

正月四季十二月壬戌乙亥　五九　丙戌戊子乙未甲寅丙辰

# 造作牛棧　附猪羊日俑棧格式等事

造牛棧吉日　丁卯戊寅己卯辛巳甲申庚寅壬辰甲午庚子壬子

癸丑甲寅庚申辛酉●忌天賊地賊四廢刀砧

買牛吉日甲子丙寅庚午丁丑庚辰辛巳壬午癸未甲申己丑甲午

庚子丁巳戊午　買羊吉日亦宜伏斷日

〇逐月作牛棧吉日　凶星同前例查看

正月　丁卯戊寅己卯甲寅丙寅　二月　戊寅庚寅甲寅

三月　丁卯己卯甲申己巳　四月　庚子癸丑庚午丙子丙午

五月　壬辰癸丑乙丑丙辰　六月　甲申壬辰庚申辛酉辛亥

七月　甲申庚子壬子庚申戊申　八月　壬辰癸丑甲戌丙辰

九月　癸丑辛酉丙戌　十月　庚子壬子甲午庚午

十一月　戊寅庚寅壬辰甲寅丙辰　十二月　戊寅癸丑甲寅甲子乙丑

右吉日不犯天瘟天賊刀砧受死飛廉血忌刀砧大小耗九土鬼

四廢囚敗地賊荒蕪月

●五音造茅棧格式

凡人家養牛作棧者用選木生旺者加倒樹之類為四柱象四時四季開花結子長生之木為吉切忌不可使枯木枯子川八條乃按八卦每卦用二十四個按二十四氣前高四尺一寸高下二尺六寸門口闊一尺六寸高一尺六寸中前作羊棧並周就地二尺四寸高木生羊子綿綿不絕不可不信大驗

□祭羊法

羊者火畜也其性惡濕利居高燥作欄宜高除糞穢已時存未時掃

## 八 造作猪欄

謂脩欄安槽鐵猪牢事

造猪欄吉日宜甲子戊辰壬申甲戌庚辰戊子辛卯癸巳甲午乙未庚子壬寅癸卯甲辰乙巳戊申壬子脩猪欄日宜用甲子辰日

●切忌正四廢飛廉刀砧天賊日 ●猪欄門高二尺濶二尺五寸

打猪槽安槽吉日宜祿馬在亥及食神六合三合天月德合月德日

買猪吉日宜甲子乙丑癸未乙未甲辰壬子癸丑丙辰壬戌

出猪凶日俗忌亥日不出猪又忌破群日 □買猪亦忌

□逐月作猪欄吉日　凶星同前六畜例看

〔正月〕丁卯戊寅庚寅己卯 〔二月〕乙未戊寅庚寅癸未己未

〔三月〕辛卯丁卯己巳〔四月〕甲子戊子庚子甲午壬子丁丑癸丑

〔五月〕戊辰甲戌乙未丙辰 〔六月〕甲申庚申

〔七月〕甲子戊子庚子壬子乙未戊申〔八月〕甲戌乙丑癸丑

〔九月〕甲戌辛酉 〔十月〕甲子己未庚子壬午庚午辛未

〔十一月〕戊辰乙未丙辰 〔十二月〕甲子甲戌庚子壬子戊寅甲寅

□右吉日不犯天瘟天賊地賊九空受死飛廉刀砧血忌九土鬼丑

之若能露水則生宿
凡諸種以臘月正二月生
蓋為種者吉

〔放水〕放水吉〔日〕[illegible]

●撥[illegible]大暑辰小
暑戊大凡衛皆便用之

第一放寅申水大肚 辰
水客猪自来 巳不瘦
彼 午水自潑子近雜
鴨來瘦死 申水壯盛
酉水肉猪遭官 戌水
無一頭 亥水絶種
子水無隊

豬放水訣
猪穿水流失 不食自
然肥 放去不侗侗矣
猛獸不敢敢 水流用

凶 廢日伏断滅沒日月刑月殺月害天狗食曹日瘟星六日[illegible]
日截猪宜伏断
六畜破群日 甲寅 庚寅 壬辰 戊辰 己卯 庚申
六畜肥日 〔春〕甲子辰 〔夏〕亥卯未 〔秋〕寅午戌 〔冬〕巳酉丑
六畜損日 巳酉丑 寅午戌 亥卯未 申子辰
郭丁殺日 三四七十一月忌修欄猪始正二五八十月 猪有胎無不忌

# 八 雞鵝鴨栖

附修栖線雞鵝鴨等事

造栖吉日 乙丑戊辰癸酉辛巳壬午癸未庚寅辛卯壬辰乙未丁
酉庚子甲午壬申戊辰乙巳壬子丙辰丁巳戊午壬戌 ○宜滿成開
●凡雞大括小栖大鵝鴨鵝日修換栖日同 ○栖門高一尺濶八寸
飯伊殺天月建月小月危日星 〔郭丁殺〕正六十月占雛栖忌修
○ 逐月造雞鵝鴨栖吉日

〔正月〕癸酉庚寅丁酉〔外〕壬午 〔二月〕乙未庚寅〔外〕丁未癸未
〔三月〕辛卯 〔外〕丁卯巳巳 〔四月〕庚子〔外〕庚午丙午癸丑壬午
〔五月〕乙丑戊辰壬辰乙未丙辰 〔外〕癸未

甲好放去終不走
猪兒生貧賤 入錢留
是有 戊亥皆低懸
其年不可安 中内外
究死 何曾得錢
戊亥若長鳥 其猪得
滿年 豚子未經久
此東遍四曾 巳辰有
混汀 其猪是滿路
嗚呼不肯歸 山上
宿処 辰巳寅卯然
其猪自滿欄 與亡無
惡食 虎狼不敢着
水流入坎乾 此年不
堪嗟 申邊千歩曲
無猪有空欄 辰巳有
[illegible] 其猪大[illegible]
一[illegible][illegible][illegible] [illegible]

〔六月〕癸酉丁酉甲申乙亥庚申〔七月〕庚午乙未丙丁戊子壬子
〔八月〕乙丑戊辰壬辰丙辰〔刻〕辛丑癸丑甲戌壬戌
〔九月〕癸酉丁酉己酉〔刻〕甲戌丙戌辛酉
〔十月〕乙未庚子辛卯辛未壬午〔十一月〕戊辰庚寅壬辰乙丑〔刻〕癸未
〔十二月〕庚子〔刻〕甲子乙丑戊寅庚寅壬寅壬子
〇右吉日不犯魁罡勾絞天瘟大賊地賊九空受死大小耗飛廉血
忌刀砧正四廢月刑月厭月害瘟星入驚走藏滅凶敗九土鬼日
買雞鵝鴨吉日甲子乙丑壬申甲戌壬午癸未甲午丁未甲辰乙巳
●忌破群日酉日不出雞〇相雞法頭小眼高頸小細身長多為賞
鏾雞向日〔忌〕刀砧飛廉血支血忌受死日〇〔宜〕伏斷日
抱雞鵝鴨吉日〔宜〕天德月德黃道生炁益後福生日吉
〇忌月殺受死紅煞月厭滅沒伏斷四廢大小耗月破天瘟死炁血
支血忌大地賊六不成[illegible][illegible]口閉日

## 買納猪犬 附教犬相猪等事

納猪吉日天德月德生炁[illegible]〇〔宜〕[illegible] 月德生炁[illegible]吉

容 辰戌山肥滿

猪子不欄欄 最得削

低垂 猪只只有戌

水流八盤□ 一個也

須外 開門辰巳向

虎狼伴賊盜 門向引

於西 水流走發遠

從若自貫猪 皮骨相

連時 乾坤若不足

辰巳無妨時 供存濟

鳥煩 白本同此用

術者仔神群 棟燦要

相當 此先放水法

用者自情詳

## 相猫見法

猫見身細最爲良 眼用

金銀尾用長 面似虎

# 納猫見契式法

| [illegible] | 天德 | 月德 | 生炁 |
|---|---|---|---|
| 正 | 丁 | 丙 | 子 |
| 二 | 申 | 甲 | 丑 |
| 三 | 壬 | 壬 | 寅 |
| 四 | 辛 | 庚 | 卯 |
| 五 | 亥 | 丙 | 辰 |
| 六 | 甲 | 甲 | 巳 |
| 七 | 癸 | 壬 | 午 |
| 八 | 寅 | 庚 | 未 |
| 九 | 丙 | 丙 | 申 |
| 十 | 乙 | 甲 | 酉 |
| 十一 | 巳 | 壬 | 戌 |
| 十二 | 庚 | 庚 | 亥 |

〇忌飛廉大殺白虎方及鶴神遊方忌入

●東王公燈見南不去買法用斗桶箬物以袋盛之回令入見王其家詞飭一楞猫置于桶內然後行過水溝裂以白箸之使不過家從避將歸見猫出拜堂灶火甲將猫筋捆於土堆上使不往家搬尿然後復入未睡勿令走往傷法也

●四子母證知北不遊

威声要喊　老鼠聞之
立便亡　又大
能胡走　腰長会走
家　面長雜種絶　尾
大頭如蛙
又法口中生三吹捉一季
五坎捉二季七坎捉三
季九坎作四季花朝已
咬頂牲耳傳不怕震花
純白純黑純黄者好或
在綵身上花要四足及
尾作爆得過方好
猫見眼定時法
猫見定時有其方
子午卯酉一線長
寅申巳亥東核樣
辰戌丑未太皆光

取猫吉日宜甲子乙丑丙子丙午丙辰壬午庚午庚子壬子
鎮猫吉日與逐月同用○宜伏斷日○忌日刃受死日
取犬吉日宜辛巳壬午乙酉壬辰甲午乙未丙午丙辰戊午
○宜龍虎日○忌戊日○淨猫制大忌刃砧飛廉受死日
歷法納六畜日戊寅壬午辛卯甲午己亥壬子戊收日
○逐月納猫犬吉日
正月　乙丑丙午庚午壬午　二月　乙丑　三月　無
四月　甲子乙丑庚午丙子壬午　五月　乙丑　(外)丙辰戊辰壬辰
六月　(外)甲申庚申　七月　甲子丙子庚子壬子　(外)乙巳
八月　乙丑　九月　(外)辛未辛酉
十月　甲子丙子庚子壬子庚午壬午(外)乙卯丁未乙未己未辛未祿
十二月　乙丑(外)壬子　十一月　甲子庚子丙子丙寅戊寅甲寅甲申
○有吉日不犯紡絞受死飛廉荒蕪九空歸忌往亡天狗下食滅沒
六畜驚走日

○黃羅　飛宮排方論

使值星入中宮飛到方祿吉星亦吉凶星亦凶

假如丙辰年五月庚戌日辰時作丁向使將中皇如太歲辰上順行到月建午值紫曜入中宮順行到丁是刑禍此月內將中皇加月建午上順行至戌上是刑禍卯將刑禍入中宮順飛至下是黃羅值呂吉再以中宮如日支戌上順行至辰得黃羅入中宮順祭到丁是有神值時吉此是陽年月日時例

●建府縣衙門　謂造寺院帥府宮觀廟宇寺橋等事

黃羅行門　中星吉德星吉紫曜吉侯神凶刑禍凶好隸凶
黃羅吉紫檀吉者神吉侯罪凶顛星吉獄務凶

●黃羅紫檀年月

以將中皇星加太歲月建日辰陽順陰逆
行將挑山方所得值星入中宮依陽順陰逆飛見吉凶到方

排山掌訣

乾六甲　兌七丁巳丑　艮丙　離壬寅戌
中五
巽四　震三庚亥未　坤二乙　坎癸申戌

起例　以年求月以月求日以日求時以所得之星入中宮順逆飛
九宮所得星吉凶向首得吉星不問宮符三殺凶神不能爲災

陰年月日時例

若陰年月日則逆行飛宮亦逆須起陽年得陰年月日用陰年得陽年月日時大吉

又如坤乙向用子年申月辰日巳時以子加中皇順行到中是宥神移宥神入中宮亦順行到坤乙向是榮耀又以申加中皇順行到辰是宥神移有入中宮順行到坤乙又是榮耀是日得吉星又以辰加中皇順行德星移德星入坤乙向是紫日時得吉星默此推

中星　德星　榮耀　災伸　刑禍　奸隸　黄羅　紫檀　宥仙　伏罪　顛星　獄役

造羅紫檀年月立成定局

年月日時

●陽年月日時局

(子)(寅)(辰)(午)(申)(戌)

○子癸寅用辰巽午丁申庚戌乾
●丑艮卯乙巳丙未坤酉辛亥壬
○寅甲辰巽午丁申庚戌乾子癸
●卯乙巳丙未坤酉辛亥壬丑艮
○辰巽午丁申庚戌乾子癸寅甲
●巳丙未坤酉辛亥壬丑艮卯乙
○午丁申庚戌乾子癸寅申辰甲
●未坤酉辛亥壬丑艮卯乙巳丙
○申庚戌乾子癸寅甲辰巽午丁
●酉辛亥壬丑艮卯乙巳丙未坤
○戌乾子癸寅甲辰巽午丁申庚、
●亥壬丑艮卯乙巳丙未坤酉辛

●陰年月日時局

(丑)(卯)(巳)(未)(酉)(亥)

○子癸寅甲辰巽午丁申庚戌乾
●丑艮卯乙巳丙未坤酉辛亥壬
●亥壬丑艮卯乙巳丙未坤酉辛
○戌乾子癸寅甲辰巽午丁申庚
●酉辛亥壬丑艮卯乙巳丙未坤
○申庚戌乾子癸寅甲辰巽午丁
●未坤酉辛亥壬丑艮卯乙巳丙
○午丁申庚戌乾子癸寅甲辰巽
●巳丙未坤酉辛亥壬丑艮卯乙
○辰巽午丁申庚戌乾子癸寅甲
●卯乙巳丙未坤酉辛亥壬丑艮
○寅甲辰巽午丁申庚戌乾子癸

○午是到[illegible]知吉星[illegible]

凡三司月日時與合皆臨方入中宮亦順若陰年月日時逆行入中宮飛亦逆行求吉星到向

又詩例云

年月日時次第求
推從建上起中宮
陽順陰逆求星例
星入中宮順逆移
吉星到向堪壓殺
官衙店廠宜造修

又起店歌訣

年月日時分陰陽
星辰坐向一般詳
時入若遇吉星到
照例墟市大吉昌

遂月造院司府縣衙門鼓樓譙樓等吉日並用吉星同照造局

|  |  |
|---|---|
| 正月 | 癸酉 己酉 丁酉 乙酉 （外）丙午 壬午 庚午 係放正 |
| 二月 | 己未 乙亥 辛未 癸未 丁未 （外）丁亥 己亥 甲申 辛亥 己丑 |
| 三月 | 己巳 甲申 癸巳 乙巳 （外）甲子 丙子 壬子 丙申 |
| 四月 | 乙卯 丁卯 己卯 癸卯 （外）甲子 甲午 丁丑 己丑 庚子 辛卯 |
| 五月 | 丙寅 戊寅 甲寅 辛未 （外）己未 癸未 甲戌 戊戌 |
| 六月 | 乙亥 甲申 庚申 丙申 （外）辛亥 辛未 辛亥 甲寅 |
| 七月 | 甲子 壬子 丙子 辛未 （外）戊辰 丙辰 庚辰 庚子 |
| 八月 | 乙丑 乙亥 庚寅 壬辰 （外）癸丑 丙辰 庚辰 己巳 丁丑 己亥 辛亥 |
| 九月 | 庚午 丙午 壬午 甲戌 （外）乙亥 辛亥 甲午 |
| 十月 | 甲子 辛未 庚子 壬子 （外）壬午 甲午 乙未 辛酉 丁未 |
| 十一月 | 甲申 戊申 庚申 丙申 （外）壬申 丙辰 戊辰 |
| 十二月 | 甲申 丙申 庚申 甲寅 丙寅 壬寅 （外）戊寅 乙巳 |

○右吉日不犯獨火天火地火水消死陷火星天地賊荒蕪正四廢天瘟陰陽錯受死轉殺獄滅沒伏斷破敗十惡大敗天空亡月楊公忌○內星局在前監造例同看

金華經本訣例

子午年天罡加于亥
寅申年用道刑方
卯酉年用紫衣位
辰戌年求道祿長
巳亥宜臨華蓋上
丑未道符子位藏
順行十二宮加子
有人會者細推詳

○起月法例

正七月分起道教
二八常居下元邊
三九太清位上是
四十道刑位獨尊
五十一月上元位
六十二月道流長
每以十二宮加子
遇子道通是神仙

新增補○逐月擇選師符籙吉日

正月 丁酉壬午丙午丙子辛卯
二月 乙丑甲申申絕亥申寅巳亥
三月 癸巳己巳乙巳丙子壬子
四月 己卯辛卯庚午癸卯乙卯壬午
五月 丙寅庚寅甲寅甲戌
六月 乙亥甲申庚申辛亥丙申
七月 壬子庚子丙子丙辰
八月 乙丑乙亥己巳庚空癸巳
九月 庚午壬午丙午
十月 壬子辛未乙未甲子庚子甲午
十一月 甲申丙申庚申
十二月 甲寅甲申庚申丙寅丙申

○右一日不犯辰戌丑未雜等神凶星同前選局避忌

○建造宮觀 與監造逐月吉日同凶星並同

○金華經年月星例 但以詩法起上層

金華經年

| 天罡 | 道財 | 道庫 | 經壇 | 道殺 | 河魁 |
|---|---|---|---|---|---|
| 小師 | 華蓋 | 道祿 | 紫衣 | 道刑 | 道符 |

○右起例法以年建加天罡順行十二位

金華經月

| 道教 | 天師 | 道流 | 道堂 | 下元 | 三師 |
|---|---|---|---|---|---|
| 道刑 | 中元 | 太清 | 道樞 | 下元 | 道名 |

〔[illegible]〕

凡造觀[illegible]亦宜[illegible]文約造式亦[illegible]八尺深只用耕科栱棚欄深淺潤倣用合尺丈[illegible]地基潤二丈植用高二丈不可走祠此務大略

起造鐘樓格式

凡起造鐘樓用風字腳四柱并用浮成棟下宜高大相稱放水不可太低低則使鐘声不响敗四方更不宜在右畔合在左边寺廊之下或有就樓盤下作佛堂上作平基盤頂結中開盤心透上直見鐘作六角

| 金匱經年方定局 | 〔子午〕 | 〔寅申〕 | 〔卯酉〕 | 〔辰戌〕 | 〔巳亥〕 | 〔丑未〕 |
|---|---|---|---|---|---|---|
| 道則吉方 | 丑 | 卯 | 辰 | 巳 | 午 | 寅 |
| 道庫吉方 | 寅 | 辰 | 巳 | 午 | 未 | 卯 |
| 經庫吉方 | 卯 | 巳 | 午 | 未 | 申 | 辰 |
| 寶蓋吉方 | 未 | 酉 | 戌 | 亥 | 子 | 申 |
| 道祿吉方 | 申 | 戌 | 亥 | 子 | 丑 | 酉 |
| 袈衣吉方 | 酉 | 亥 | 子 | 丑 | 寅 | 戌 |

| 金匱經月方定局 | 〔正七〕 | 〔二八〕 | 〔三九〕 | 〔四十〕 | 〔五十一〕 | 〔六十二〕 |
|---|---|---|---|---|---|---|
| 天師吉方 | 丑 | 卯 | 巳 | 未 | 酉 | 亥 |
| 上元吉 | 辰 | 午 | 申 | 戌 | 子 | 寅 |
| 三師吉 | 巳 | 未 | 酉 | 亥 | 丑 | 卯 |
| 中元吉 | 未 | 酉 | 亥 | 丑 | 卯 | 巳 |
| 大清吉 | 申 | 戌 | 子 | 寅 | 辰 | 午 |
| 下元吉 | 戌 | 子 | 寅 | 辰 | 午 | 申 |

九良星占宮觀年总 丁卯戊辰己巳乙亥己卯庚辰丁酉己亥己巳酉辛亥癸丑壬戌已上十二占已總　九良殺亥年占宮觀

欄杆則風造鐘吉遙播
百里之外則爲妙也

**論輪經吉凶斷**

社稷值此雖爲劫首社戶不利招官事并入命退田蚕不成收大凶
左廂值此則爲劫首進巳庄生貴子富貴日康封侯牛馬旺田蚕熟亦上香火太吉
廟值此劫首則後貴社戶進財主六畜興出人各安不生官事不招盜賊田蚕豐熟吉
大王值此大凶東南有死人近鄰損生口舌六畜瘟道路宮匠人不吉凶

## ○建造神廟　與營造逐月吉日並覽

○開市立向神殺依造例同忌

大王同廟壽

(廟輪經圖局)

| | 大壬 | | 土地 | | 劫首 | 八合 | | 師人 | | 匠人 | |
|---|---|---|---|---|---|---|---|---|---|---|---|
| 春 | 大壬 | 辰巳 | 土地 | 寅卯 | 劫首 | 八合 | 戌亥 | 師人 | 未申 | 匠人 | 未申 |
| 夏 | 大壬 | 丑寅 | 土地 | 巳午 | 劫首 | 八合 | 未申 | 師人 | 丑寅 | 匠人 | 辰巳 |
| 秋 | 大壬 | 戌亥 | 土地 | 申酉 | 劫首 | 八合 | 辰巳 | 師人 | 丑寅 | 匠人 | 丑寅 |
| 冬 | 大壬 | 未申 | 土地 | 戌亥 | 劫首 | 八合 | 丑寅 | 師人 | 辰巳 | 匠人 | 戌亥 |

大王　左廂　社稷

吉

**論輪經起例**

假如子年以子加社稷年上起月月上起日日上起時順行上三宮看坐向吉凶山向其餘倣此推措斷語○吉凶斷在上層詳

一冬不頭合不通用
子值此劫作社戶难務
既人口除入白經鄉村
破財退田損人公事口
舌如非盜賊凶
人值此小吉利益鄉村
劫首平和進産旺人丁
血財五谷不生公事糾
首進田入户衆昌　小
娘值此利益人户劫首
子孫富貴進業東西方
出白花牛連年發積不
生口舌田蚕大熟　且
殿值此重七公事鄉村
退財人丁少处劫首平
夫牛馬女人産亡田蚕
不熟工匠不利近隣生
災父不順安　伸

## 金華經日

| 橫路 | 郎君 | 五傷 | 五路 | 大王 | 神會 |
| --- | --- | --- | --- | --- | --- |
| 夫人 | 小王 | 神福 | 神禁 | 神祿 | 使者 |

○右月例正七起子二八寅三九原來起在辰四十須知下十始五十一月並居申六十十二月起於戌廣路為頭用順輪○凡人修作社廟神宮塑画神吉日值補會神福神祿三日大吉劫者林衆平安若遇大王小王郎君三日吉星多可用若遇橫路五傷五路王人神禁使者六日人衆不安百事不利田禾七傷今作夫人

## 金華經吉日

| | 正七 | 二八 | 三九 | 四十 | 五十一 | 六十二 |
| --- | --- | --- | --- | --- | --- | --- |
| 大王吉日 | 辰 | 午 | 申 | 戌 | 子 | 寅 |
| 神會吉日 | 巳 | 未 | 酉 | 亥 | 丑 | 卯 |
| 小王吉日 | 未 | 酉 | 亥 | 丑 | 卯 | 巳 |
| 神福吉日 | 申 | 戌 | 子 | 寅 | 辰 | 午 |
| 神祿吉日 | 戌 | 子 | 寅 | 辰 | 午 | 申 |
| 郎君吉日 | 丑 | 卯 | 巳 | 未 | 酉 | 亥 |

祈廟神不在吉日丙寅乙巳庚午乙亥丙子戊寅辛巳癸卯壬子庚寅壬辰癸巳戊戌己亥庚子辛丑壬子癸丑甲寅庚申壬戌日

宮值此利益神户人口
興旺生貴子劫首進產
出入富貴相承大熟六
畜血財興旺大吉　判
官值此更生口吉常昭
盜賊劫首不利退田破
財客作起火打殺人命
女人奸汙室交懷胎損
傷斜首匠人　　三
自值此利劫首鄉村祭
積生貴子旺人丁不生
公事黑牛自擔當貴登
科傳名門思　　廟
祖值此損傷幼首社户
遭官少死自吊殺傷瘟
火公事血財鄉井大凶
寡妊懷胎室交生子蛇
咬傷人大凶

**廟移宮向**

| 功曹 | 九司 | 鼓樂 | 香炉 | 礼拜 | 神案 |
|---|---|---|---|---|---|
| 神符 | 天罡 | 門訟 | 村主 | 神錢 | 大吉 |

□假如乾未加功曹坤向辰加艮向戌加巽向巳加申向子加丙丁向卯加功曹庚向辛加午壬癸向酉加功曹順行得吉星吉壽年月日時加神案順行值鼓樂香爐礼拜神符吉餘凶

**廟經取日**

| 横路 | 紫氣 | 村主 | 遊君 | 香炉 | 礼拜 |
|---|---|---|---|---|---|
| 官符 | 神案 | 神祈 | 少丁 | 賊人 | 火星 |

□右取日與金華經同例正七起子二八寅三九原來都在辰同

**廟經取時**

| 青龍 | 明堂 | 天刑 | 朱雀 | 金匱 | 天德 |
|---|---|---|---|---|---|
| 白虎 | 玉堂 | 天牢 | 玄武 | 司命 | 勾陳 |

□右取時寅申日子卯酉寅辰戌日時便起辰巳亥二日午時起午二日起於申丑未之日戌時始青龍為首順流行

**廟經取時**

| 太乙 | 地皇 | 地人 | 地囟 | 地吉 | 地進 |
|---|---|---|---|---|---|
| 地殺 | 地穴 | 小殺 | 大殺 | 進財 | 太陰 |

□右取時寅申日子加太乙卯酉日寅加辰戌辰加巳亥日午加未日戌加子午日申加太乙順行取時

遊府煞所此一局先遊利道得十分利益鄉村井邑人戶安靜不生橫事吉則福吉如遊凶年惡月定生災禍殺人八事則傷人　七

修造廟宇切不可但九良星推信殺廟而行尊惡不可作宜推廟輪經一局一撰年月日時吉凶則方煞一失也　九良星修廟吉廟年

酉辰戌子卯丑年更加年歲一遇吉修廟整日刑害起主人六畜起災瘟吉年巳亥及寅申更亦未上一同論

| 年內方 | 衆俗官符（亦名朱雀） | 衆欄殺（犯之損丙子斤） | 月內方 | 建方（犯日犯的丁） | 破方 | 月逆方（所忌） |
|---|---|---|---|---|---|---|
| 子 | 卯 | 艮 | 正 | 寅 | 申 | 申 |
| 丑 | 子 | 乾 | 二 | 卯 | 酉 | 巳 |
| 寅 | 酉 | 坤 | 三 | 辰 | 戌 | 寅 |
| 卯 | 午 | 巽 | 四 | 巳 | 亥 | 亥 |
| 辰 | 卯 | 艮 | 五 | 午 | 子 | 申 |
| 巳 | 子 | 乾 | 六 | 未 | 丑 | 巳 |
| 午 | 酉 | 坤 | 七 | 申 | 寅 | 寅 |
| 未 | 午 | 巽 | 八 | 酉 | 卯 | 亥 |
| 申 | 卯 | 艮 | 九 | 戌 | 辰 | 申 |
| 酉 | 子 | 乾 | 十 | 亥 | 巳 | 巳 |
| 戌 | 酉 | 坤 | 十一 | 子 | 午 | 寅 |
| 亥 | 午 | 巽 | 十二 | 丑 | 未 | 亥 |

神號鬼哭日　戌未亥戌子辰丑寅寅午卯巳辰酉巳申午巳未亥申丑酉卯

天瘟殺日（忌伐木）　辰申子寅申戌午未卯辰寅申巳酉午未寅申亥卯巳酉丑辰

木呼殺日（忌栽）　寅　巳　申　亥　卯　子　酉　午　辰　丑　戌　未

刀砧殺方　丁癸寅申乙辛壬丙丁癸寅申乙辛壬丙丁癸寅申乙辛壬丙

四時忌方　丁癸損申子辰人　甲庚損寅戌人　丙壬損亥卯人　乙辛損巳酉人

斧頭殺方　辰巽　丑艮　戌乾　未坤

五鳳日（又名五虎）　春　庚寅　夏　庚午　秋　庚申　冬　庚子乙酉

五音忌建廟　亡角音乾乙方商音忌辛陽徵音午艮土宮羽坤癸方

修造神廟忌九良星甲子丁卯甲戌壬午戊戌甲辰丁未巳酉庚戌

修宫造殿及梁瀆
宫殿與城有方年造

庙忌破群日
巳卯庚甲是破群
甲寅庚寅两个寅
壬辰戊辰两个日
犯之人户畜难成

造庙破碎煞
寅犯地主大难当
劝首逢甲命不長
辰犯大王無灵圣
鄉村逢戌起瘟瘟
巳犯時師难躲閃
断頭逢亥見閻王村

虎星犯傷六畜
安食勿忌用收成
季月敗成以同行
孟月却居平定上

癸丑庚申十一年占○九良殺子午卯酉年占神庙七月占庙
神歸廟宜用月恩日上吉

○建立社壇 謂建造社壇石磉合龍等事

金華經

村主 神頭〔大吉〕 功曹 〔社典〕 〔鼓樂〕
〔香炉〕〔礼拜〕 神案 〔神符〕 天罡 〔闘訟〕

○其法子年月以子加村主並順行十二宫能倣此
金華經一本云八向十二位山水形势令依歷法說云云四建常加
二村主神年月日時一順行若人晓得金華例便是桃源洞裏人

| 金華年月日時 | 子 | 丑 | 寅 | 卯 | 辰 | 巳 | 午 | 未 | 申 | 酉 | 戌 | 亥 |
|---|---|---|---|---|---|---|---|---|---|---|---|---|
| 大吉吉 並方 | 寅 | 卯 | 辰 | 巳 | 午 | 未 | 申 | 酉 | 戌 | 亥 | 子 | 丑 |
| 社典吉 | 辰 | 巳 | 午 | 未 | 申 | 酉 | 戌 | 亥 | 子 | 丑 | 寅 | 卯 |
| 鼓樂吉 | 巳 | 午 | 未 | 申 | 酉 | 戌 | 亥 | 子 | 丑 | 寅 | 卯 | 辰 |
| 香炉吉 | 午 | 未 | 申 | 酉 | 戌 | 亥 | 子 | 丑 | 寅 | 卯 | 辰 | 巳 |
| 礼拜吉 | 未 | 申 | 酉 | 戌 | 亥 | 子 | 丑 | 寅 | 卯 | 辰 | 巳 | 午 |
| 神符吉 | 酉 | 戌 | 亥 | 子 | 丑 | 寅 | 卯 | 辰 | 巳 | 午 | 未 | 申 |

仲月莫從坑坎鄉

## 中白虎神

子年丑午日虎神　丑年寅日莫推尋

## 詩

寅年申亥巳是　卯年酉日辰午戌
巳年酉亥午年子　未年莫犯亥酉日
申年巳亥莫相逢

## 訣

酉年寅卯二日是　戌午辰日犯白虎
亥年巳日是凶神

又名七殺犯之傷人

若逢怕切殺日凶

子年怕丑亥二日
戌年怕酉亥二日
亥年怕子戌二日
已上日忌

修社壇忌年九良星甲子戊戌甲辰丁未庚戌癸丑庚申已上年

占社廟宜切忌之

## 建師入宅

與金造逐月吉日同看　忌刑坤刃尅更合宅樓徑爲上吉

老君　祖師　兵馬　文疏　弟子　水碗

本師　鞭笏　尊主　香爐　神杖　本身

## 寶樓經

起年月日法

太歲年年問老君　師行十二有元因　月向本師

日求祖　時師檢點甚堪憑　●起年如子年以子加老君丑年以

丑加老君順行　●起月如子月以子加本師丑月以丑加本師順

行　●起日法如子日以子加祖師丑日以丑加祖師順行

●名宅樓徑年月日時沽吉凶神位寺前企華並同

| 宅樓徑吉分年 | 子 | 丑 | 寅 | 卯 | 辰 | 巳 | 午 | 未 | 申 | 酉 | 戌 | 亥 |
|---|---|---|---|---|---|---|---|---|---|---|---|---|
| 祖師吉 | 丑 | 寅 | 卯 | 辰 | 巳 | 午 | 未 | 申 | 酉 | 戌 | 亥 | 子 |
| 文疏吉 | 卯 | 辰 | 巳 | 午 | 未 | 申 | 酉 | 戌 | 亥 | 子 | 丑 | 寅 |
| 弟子吉 | 辰 | 巳 | 午 | 未 | 申 | 酉 | 戌 | 亥 | 子 | 丑 | 寅 | 卯 |
| 鞭笏吉 | 未 | 申 | 酉 | 戌 | 亥 | 子 | 丑 | 寅 | 卯 | 辰 | 巳 | 午 |

入廟吉日
月下除日好驅邪
開日執巴動壇家
寅卯定日并執日
月建未亡可避人
入廟凶日
日時屬木損動前
日時屬金匠人亡
日時屬火損術者
日時屬水損客商
修造師入宅忌凶日
甲子乙亥日　東王公忌
不行東　丁酉日西王
母忌不行西　丙辰日
南斗忌不南行　丙寅
日北斗忌不北行
丁酉日太歲死不宜祀神
戊子日召侯死不宜行兵

尊書　香害　吉方　鞭笏　尊主　香炉　祖師　文疏　弟子　吉方　祖師　文疏　弟子　鞭笏　尊主　香炉

月吉局

申酉戌亥子丑寅卯辰巳午未
酉戌亥子丑寅卯辰巳午未申
子丑寅卯辰巳午未申酉戌亥
丑寅卯辰巳午未申酉戌亥子
寅卯辰巳午未申酉戌亥子丑
卯辰巳午未申酉戌亥子丑寅
未申酉戌亥子丑寅卯辰巳午
酉戌亥子丑寅卯辰巳午未申

日吉局

戌亥子丑寅卯辰巳午未申酉
子丑寅卯辰巳午未申酉戌亥
子丑寅卯辰巳午未申酉戌亥
寅卯辰巳午未申酉戌亥子丑
卯辰巳午未申酉戌亥子丑寅
午未申酉戌亥子丑寅卯辰巳
未申酉戌亥子丑寅卯辰巳午
申酉戌亥子丑寅卯辰巳午未

□戌日大師父死　丁亥
日地師死　丙戌日地
師男死　甲寅日木師
忌　辛亥日師父死
庚子日師母死　已上忌
日不宜僧道師人宅舍

## 建造寺院論

合搭佛骨彈說

以世尊生在東方出在
西天聖花南問淨提法
輪件杉比方聖居虛空
廣大十方普開大弘頭
救眾生之業須有机立
禪蹦高坐之拉住持衣
鉢經藏僧那等位大通
合象行風水山環水秀
剛問乾坤建立寺堂

## 殿塔寺院與豎造遂月吉日同忌合佛骨經年月吉

### 佛骨經　年　月

〔僧命〕〔經藏〕〔天德〕〔徒班〕〔僧財〕〔佛刑〕
〔僧身〕〔衣鉢〕〔鉢盛〕〔佛口〕〔僧庫〕〔佛骨〕

●起例法以本歲月建加僧命順行十二位

佛骨經申本歌云

子午年月加僧命　卯酉常加佛口前
寅申年月尚僧庫　巳亥常逢衣鉢連
辰戌之位鉢盂傳　丑未每▇佛骨
順逆十二常加子　僧命依然逆行迁

法子午年以子加僧命卯酉年以子加佛口今用佛經系詳其中吉凶神位同但起例不同今後依前例為定

## 佛骨經

年　月

經藏吉方
僧財吉方
衣鉢吉方
僧庫吉方

| 子午 | 卯酉 | 寅申 | 巳亥 | 辰戌 | 丑未 |
| --- | --- | --- | --- | --- | --- |
| 丑 | 辰 | 卯 | 午 | 巳 | 寅 |
| 辰 | 未 | 午 | 酉 | 申 | 巳 |
| 未 | 戌 | 酉 | 子 | 亥 | 申 |
| 戌 | 丑 | 子 | 卯 | 寅 | |

●佛骨逐時斷

安穩古代吝臨不歌有
祥定法師衆衣之僧亦
出臘明常担衣禄之僧
不說尼脩縱了楚毀測
合主昌運年通利来山
坐向星辰其録宝塔佛
竹符撰列下下曆
日吉凶詩淅

●天王值日大堪傷
鬼怪常招降不祥
疾病侵凌多枉死
僧徒漂落甚悽惶

●觀音羅漢是凶星
端的令人禍便生
和尚小師多損折
即打力户不安寧

●金剛值日慶祥臨
曾入常得貴人欽

若伊僧命僧身方　院門凶敗兄灾殃　失財已後實身亡
徒弟六德脩營宮　脩之疾病訟相逢　日地退財左西東
癸歲僧財最好脩　與丁大小永無憂　僧衆和同盛百秋
鉢斋佛口最凶神　寺閑無事也傷人　血光疾衲不休停
僧摩衣鉢是吉方　十句之内進斋粮　定招大德僧满堂
伊刑伊骨亦凶神　老少僧徒心慌心　脩後失[illegible]火来親

## 擇日圖局

天王　夜叉　揭諦　伽藍　如來　世尊　菩薩　羅漢　阿難　金剛　觀音

●十二月起例
正七月寅加天王
二八月辰加天王
三九月午加天王
四十日申加天王
五十一日戌加天王
六十二月子加天王
已上順行

●假如正七月以寅加天王　如來目順行值世尊吉
王尋亥植惡神凶其餘倣業

## 擇日時局例

寅申宗尋戌
卯酉就龍門
辰戌龍騎馬
巳亥逐猴孫
子午歸逐夫
丑未鼠邊存
要識時中宿
與日一同輪
丞亥日以寅天

檀起鄉氏皆福壯
官清氏樂沐恩深
阿难吉宿主欢欣
修月相將遇吉福
院門從此多興旺
進財招宝旺人丁
世尊值日自堪當
施主常逢大吉昌
[illegible][illegible]僧徒招利益
天[illegible]經声豐播他方
迦乘之日最利宜
進益招財喜氣齊
僧從名高身職貴
得逢此宿任施為
善神童子並三台
進宝田庄宝庫開
擅起僧門添吉慶
常招施主捨香財

經嘮朱雀凶日巳巳戌寅丁亥丙申乙巳甲寅癸亥忌造修寺院
修僧尼寺院忌凶年九良星　戌辰巳巳乙亥巳卯庚辰丁亥癸日
丁酉戌戌　巳亥甲辰丁未巳酉辛亥癸丑壬戌十六年古寺院
春逢樓殿莫修安　夏季城隍起災殃
秋季橋頭引劝首　冬逢門戶主重喪

## 四季九良星

三月清明節　占寺庙十一日　四月立夏節占庙寺院九日
九月寒露節　占寺院庙住一個月餘不占

○逐月九良星所占凶

正月修井　損子生人　古申酉方犯亥子師人
二月修院　損丑生人　占辰方損丑未術人并劝首
三月修堂　損寅申生人　占子方損甲卯戌亥主人
四月修寺观　損六畜猪牛　及子主人凶
五月修僧堂佛殿　損丑未生人　殺寅午戌生
六月修庙　損卯生人及本匠公事
七月修橋　損亥未生人及劝首井術人
八月修橋　損戌亥命二匠三命公事損人亦不小凶

○聖僧但只足田生
自然年年遍山西
施主人民皆福祿
山門興旺喜非常
○彊神當日失財凶
用事致令口舌逢
僧徒散費瘟疫死
田园退落主貧窮
○善神值日福來親
院門進人納財珍
僧行檀那声價重
禪門寧同保千春
○喪人瘟位起災殃
年年瘟病染顛狂
院行文業多零落
僧侶无端事不祥

寺院畢

九月修五通堂　犯殺六畜牛羊亦主公事
十月占寺修之　損術士及匠人并擇子酉
十一月占鐘樓　犯損辰生人及匠人申戌亥命僧道
十二月九良在　天日月无忌

○總論

論造僧尼寺院宫观神庙庵堂社壇師人宅舍一並開山立向修方
並擇年月與俗並一監造年月吉凶逐月吉日同覽

## ○建立橋梁

與監造逐月吉日並同看

凡監立橋梁其法以水來處爲坐水去處爲向所擇年月坐向南起
造宅舍一同如監橋日只要天輪經合過吉星須擇令月四課相
應如无年月用合日時相應人吉不用寅申巳亥日時爲四絕四
離盖犯入開地軸矣已成之後擇日開橋來往則可移居入宅
火吉日同川

天輪經 年月

地轉凶 地監凶 金龍吉 渡河吉 水車凶 金仙吉
開路凶 地熬凶 金華吉 祭河凶 留聲凶 天合吉

## 天輪經詩例

詩曰　子午戌亥上　卯酉寅申方　寅申辰巽位　巳亥甲庚鄉　辰戌午丁作　丑未子癸塲　地輪爲起例　術者細推詳

## 許眞君三元起例

例曰　一七子上起蛟龍　二八寅上是行踪　三九辰上居木位　四十午上是龍宮　五十一月申宮辰　六十二月戌宮輪

其法以每月常起蛟龍順行十二宮位餘倣此推

〇修橋造橋合天輪経吉方黃道吉方同局

| | | | | | | |
|---|---|---|---|---|---|---|
| 天輪黃道年〔吉方〕 | 〔子午〕 | 〔卯酉〕 | 〔寅申〕 | 〔巳亥〕 | 〔辰戌〕 | 〔丑未〕 |
| 金龍星黃道同 | 子癸 | 辰巽 | 午丁 | 戌乾 | 申庚 | 寅甲 |
| 渡河星 | 丑艮 | 巳丙 | 未坤 | 亥壬 | 酉辛 | 卯乙 |
| 金地星金木城同 | 卯乙 | 未坤 | 酉辛 | 丑艮 | 亥壬 | 巳丙 |
| 金華星金水德同 | 午丁 | 戌乾 | 子癸 | 辰巽 | 寅甲 | 申庚 |
| 天台星天地合同 | 酉辛 | 丑艮 | 卯乙 | 未坤 | 巳丙 | 亥壬 |

〇凡造橋看坐源流向水去通用金部羅睺星靈塔四維相應與黃道日時同不用寅申巳亥月日時天罡建破細推之不用水土生旺橋道易損水土要衰絕不用反生

## 許眞君三元日

〔蛟龍〕〔河海〕〔水宮〕〔精靈〕〔鬼瀉〕〔河伯〕
〔水母〕〔洛渡〕〔龍王〕〔三官〕〔眞君〕〔海神〕

造橋一千吉日　丁辛二日合降風木過封

造橋六支吉日　丑卯辰未酉戌日不犯四天井水旺日不用

四旺凶日　〔春〕忌乙卯　〔夏〕丙午　〔秋〕辛酉　〔冬〕壬子

四忌凶日　寅日殺主人　申日殺劝首　巳日殺師人　亥日殺匠人

之以定吉凶宜忌同前
修橋梁路道忌年九良星
｜庚申　壬寅二年吉橋
立橋忌日　水土痕日不
用長生只用水土衰敗
年月日時　逢金音日
尅木凶若木伯衰敗水
土生旺橋易損宜用晴
金伏斷建成定日及晴
金時吉

總論

凡修造僧尼院宇宮觀
壇廟廟師人宅舍應用
開山立向修方與擇與
吉年月一向如建橋大
輪經宜忌已載前經加
得百年月日時與向通

四天井凶日　天地轉　八風　飛廉　天赦　牧日龍禁岐池蛟龍
行椿吉日　甲子戊子庚子乙丑巳丑辛丑乙卯巳卯辛卯戊辰庚辰
甲辰甲午丙午辛未巳未乙酉巳酉辛酉甲戌戊戌庚戌上公赦
日　庚午丁未丙辰巳上上公敗日不在與定磉同
上石吉日　與監造吉通用
上橋板日　與上梁吉日通用若土橋板與下石監橋口不必再擇
○逐月監橋下橋石上石板行椿通用吉日
正月巳丑癸丑甲午丙午丁酉〔外〕乙酉巳酉癸酉庚午
二月乙丑巳丑癸丑辛未乙未丁未巳未〔外〕癸未乙未
三月　子乙酉巳酉丁酉　〔外〕癸酉庚子丙子
四月戊子巳丑乙卯巳卯癸卯甲子丙子庚子癸丑丁卯甲午壬午庚
〔外〕丁丑辛卯丙午
五月乙未巳未辛未甲戌壬戌丙戌戊戌戌　〔外〕癸未庚戌
六月無吉　〔七月〕戊子壬子甲子丙子庚辰戊辰庚子丙辰甲辰
八月乙丑巳丑癸丑辛丑戊辰庚辰　〔外〕丁丑丙辰壬辰甲辰
九月巳卯癸卯丁卯辛卯

利下石俱尽一日之吉
建僧尼寺觀宫社壇吉
院神廟師人宅合如修
作山頭方道得吉年月
日時本須俱合吉神到
位
造塑繪神像依前吉日用
之
凡起上塑繪神像雕刻圖
神像及行樂像并
宜天德月德大月恩福生
氣建除滿成開日七圣
頭星神在月
嘉會書云合此日必主通吉
忌伏断天賊荒蕪正四
廢天地空六壬空句并
空戌路空亡時

十月乙未辛未申子丙子戊子庚子庚午甲午壬午丁未丙申
十一月無　〔十二月〕壬子戊午甲子丙子庚子
○石吉日選安不犯朱雀黑道建破魁罡天牢黑道天賊天瘟土瘟
天窮十惡無祿大敗受死水消瓦陷刻削血刃魯班跌蹼魯班刃
砧陰陽錯月建轉殺正四廢獨火月火天地火井火星凶日子午
頭殺楊公忌寅申巳亥日時

○塑畫神像　謂雕刻繪神塑佛開光寫眞容行樂等事

〔塑畫神像〕〔春夏〕二季宜用心危畢張　四宿值日屬太陰吉
〔開光吉宿〕〔秋冬〕二季宜用房虛昴星　四宿值日屬太陽吉
〔開神佛光吉日〕戊辰己巳辛未戊寅己卯丙子丁丑甲申乙酉丙戌
己丑辛卯戊戌辛丑甲辰乙巳丁未己酉庚戌辛亥壬子癸丑丙
辰庚申辛酉壬戌癸亥　已上二十七日係合九龍毫塔吉龍值
日右不犯伏断正四廢天賊荒蕪天地空六壬空凶日
○宜天月德天月德合黃道生氣福生頭曲傳星除滿成開日吉
○忌神號鬼哭鬼神空月日月厭黑道

## 九龍臺塔定局

開神光起手要合九龍台塔吉龍值日合太陰太陽值日為吉

龍屬水吉日○
己巳丙子乙酉辛亥壬子庚申辛酉日吉

二龍屬土凶日
乙丑甲戌乙亥庚辰辛巳癸未癸巳甲午乙未庚子壬寅癸卯丙午日
寅日凶

三龍屬木凶日○
丙寅壬午辰巳未凶

四龍屬火凶日○
甲子丁卯戊午　卯

五龍屬土凶日○

| 凶日＼月 | 正 | 二 | 三 | 四 | 五 | 六 | 七 | 八 | 九 | 十 | 十一 | 十二 |
|---|---|---|---|---|---|---|---|---|---|---|---|---|
| 天瘟 | 未 | 戌 | 辰 | 寅 | 午 | 子 | 酉 | 申 | 巳 | 亥 | 丑 | 卯 |
| 天賊 | 辰 | 酉 | 寅 | 未 | 子 | 巳 | 戌 | 卯 | 申 | 丑 | 午 | 亥 |
| 地賊 | 子 | 子 | 亥 | 戌 | 酉 | 午 | 午 | 午 | 巳 | 辰 | 卯 | 子 |
| 荒蕪 | 巳 | 酉 | 丑 | 申 | 子 | 辰 | 亥 | 卯 | 未 | 寅 | 午 | 戌 |
| 受死 | 戌 | 辰 | 亥 | 巳 | 子 | 午 | 丑 | 未 | 寅 | 申 | 卯 | 酉 |
| 月建 | 寅 | 卯 | 辰 | 巳 | 午 | 未 | 申 | 酉 | 戌 | 亥 | 子 | 丑 |
| 月破 | 申 | 酉 | 戌 | 亥 | 子 | 丑 | 寅 | 卯 | 辰 | 巳 | 午 | 未 |
| 神號 | 戌 | 亥 | 子 | 丑 | 寅 | 卯 | 辰 | 巳 | 午 | 未 | 申 | 酉 |
| 鬼哭 | 未 | 戌 | 辰 | 寅 | 午 | 子 | 酉 | 申 | 巳 | 亥 | 丑 | 卯 |
| 天罡 | 巳 | 子 | 未 | 寅 | 酉 | 辰 | 亥 | 午 | 丑 | 申 | 卯 | 戌 |
| 河魁 | 亥 | 午 | 丑 | 申 | 卯 | 戌 | 巳 | 子 | 未 | 寅 | 酉 | 辰 |
| 九空 | 辰 | 丑 | 戌 | 未 | 卯 | 子 | 酉 | 午 | 寅 | 亥 | 申 | 巳 |
| 獨火 | 巳 | 辰 | 卯 | 寅 | 丑 | 子 | 亥 | 戌 | 酉 | 申 | 未 | 午 |
| 破敗 | 申 | 戌 | 子 | 寅 | 辰 | 午 | 申 | 戌 | 子 | 寅 | 辰 | 午 |
| 神隔 | 巳 | 卯 | 丑 | 亥 | 酉 | 未 | 巳 | 卯 | 丑 | 亥 | 酉 | 未 |

庚寅巳亥 巳

六龍屬金吉日

辛未丁丑戊寅甲申丙戌辛丑己丑辛卯戊戌丁未己酉庚戌丙辰癸亥

七龍屬金凶日

庚午壬申戊子丁酉戊山

八龍屬土吉日

戊辰乙巳甲辰癸丑己卯壬戌

九龍屬火凶日

癸酉 丁亥 丙申

塑神像開神光要合一龍六龍 八龍值日爲吉 佛必靈 感應

鬼隔 朱雀 破家 陰錯 陽錯 鬼神空 天地轉 天地爭 正四廢 九土鬼 九醜日 離窠 凶日

六壬空亡

甲午辰 寅子 庚申 午辰 寅子戌

卯巳未 酉亥 丑卯 巳未 酉亥丑

巳子丑 甲卯 戊亥 午未 寅酉辰

庚戌辛酉庚申甲未丙午丁巳申辰乙卯甲寅癸丑壬戌癸亥

甲寅乙卯甲辰己巳丙午丁未戊申辛酉庚戌癸亥壬子癸丑

申 寅 巳 亥

春 乙卯辛卯 癸卯 庚申辛

夏 丙午戊午 丙午 壬子癸亥

秋 癸酉癸酉 丁酉 甲寅乙卯

冬 丙子壬子 庚子 丙午丁巳

乙酉 癸巳 辛丑 庚戌 丁巳 甲午 壬寅 己酉 戊子

壬子 乙酉 戊子 辛卯 壬午 戊午 己卯 己酉 戊午

戊辰巳巳丁卯戊寅辛巳戊子己丑辛卯戊戌己亥戊子壬戌癸

正七 二八 三九 四十 五十一 六十二

初五十一 初四初二 初三初九 初一初八 初七初二 初六十二

十七廿三 十六廿二 十五廿一 十四二十 十三十九 十八廿四

二十九 二十八 二十七 二十六 二十五 三十

## 安香火周堂吉日

大月初一初二初三初六初七初九初十十一十四十五十七十八十九廿二廿三廿三廿六廿七三十日吉月

小月初一初二初三初五初六初九初十十一十三十四十七十八十九廿二廿三廿五廿六廿七廿九日 合吉日

安香火周堂

| 天吉 | 害凶 | 煞凶 |
|---|---|---|
| 利吉 | | 富吉 |
| 安吉 | 災凶 | 師吉 |

大月初一從安向利順輪行

小月初一從天向利逆行

## ○天地空亡凶日定局

| 子年 | 丑寅年 | 卯年 | 辰巳年 | 午年 | 未申年 | 酉年 | 戌亥年 |
|---|---|---|---|---|---|---|---|
| 五 | 四十一 | 三十一 | 二十 | 正九 | 八 | 七 | 六 |
| 六 | 五 | 四十二 | 三十一 | 二十 | 正九 | 八 | 七 |
| 七 | 六 | 五 | 四十二 | 三十一 | 二十 | 正九 | 八 |
| 八 | 七 | 六 | 五 | 四十二 | 三十一 | 二十 | 正九 |
| 正九 | 八 | 七 | 六 | 五 | 四十二 | 三十一 | 二十 |
| 二十 | 正九 | 八 | 七 | 六 | 五 | 四十二 | 三十一 |
| 三十一 | 二十 | 正九 | 八 | 七 | 六 | 五 | 四十二 |
| 四十二 | 三十一 | 二十 | 正九 | 八 | 七 | 六 | 五 |

天空亡

初一初九初八十六 初七十五初六十四初五十三 初四十二 初三十一 初二初十

十七廿五二十四 十二十三廿三二十 廿一廿九 二十廿八 十九廿七 十八廿六

地空亡

初五十三初四十二 初三十一初二初十初一初九 初八十六 初七十五 初六十四

廿一廿九二十八 十九廿七戌廿六十七廿五 二十四 二十三二十三三十

伏断日

子一丑一寅一卯一辰一巳一午一未一申一酉一戌一亥

虚斗室女箕房角張鬼觜胃壁

○逐月塑画雕刻神像吉日

## 爲眞行樂吉日

陽吉日　合此大吉

辛未壬申癸酉巳卯壬午甲申壬寅甲辰丙午庚戌丙辰巳未庚申辛丙此合太陽所照之日

恩吉日甲子乙丑丙寅丁卯戊辰巳卯庚辰辛己壬午癸未巳酉

合此吉

福吉日巳卯辛巳庚寅辛卯壬辰癸巳巳亥庚子辛丑乙巳丁巳庚申

○天瑞吉日

戊寅　巳卯　辛巳日

庚寅　壬子

正月癸酉丁酉乙酉　二月癸未乙未巳

三月癸酉丁酉乙巳　四月甲子乙丑庚辰庚子乙巳

五月外丙寅辛未戊寅　六月乙亥丁酉辛亥日寅

七月甲辰壬辰丙辰甲子　八月乙丑丁丑庚辰壬辰丙辰

九月庚午丙午　十月庚午辛未癸未乙未丙午巳未丁未

十一月丙寅庚寅乙巳　十二月甲申丙申庚申丙寅

○右吉日不犯天瘟受死𡚱破約絞天地賊神隔鬼隔九空獨火朱雀破家殺陰陽錯鬼神空室轉殺正四廢九土九醜離窠天地空六壬空亡日　○宜日干生旺有氣日吉神嫌鬼哭日切忌

### ○繪眞行樂

謂寫容圖像行樂圖等事

○宜甲子乙丑丙寅丁卯戊辰巳巳辛巳壬午癸未庚寅辛卯壬辰癸巳乙亥庚子辛丑乙巳丁巳甲申庚申壬寅癸卯日吉

○宜天恩天福福生福厚天月德要安聖心普護活曜幽微明星神在天瑞司命黄道生炁陰德益後續世吉日

○忌受死天瘟獨火正四死建破約絞神隔日

○忌十干無祿日
卯辰乙巳與壬申
丙申丁亥及庚辰
戊戌癸亥如辛巳
己丑都來十位神

詩

國家用兵須大忌
龍蛇出穴不能伸
世人忽若用此日
百般殃事化作塵

日

有十日謂一惡大敗之
神祿入空亡無氣之日
殃事不可用

○巳天乙絕氣日

正月初六日 二月初七日
三月初八日 四月初九日
五月初十日 六月十一日
七月十二日 八月十三日
九月十四日 十月十五日

| 吉日 | | | | | | | | | | 凶日 | | | | |
|---|---|---|---|---|---|---|---|---|---|---|---|---|---|---|
| 月 | 天德 | 月德 | 月恩 | 益後 | 續世 | 福生 | 福厚 | 普護 | 要安 | 生氣 | 天瘟 | 死神 | 死炁 | 受死 |
| 正 | 丁 | 丙 | 丙 | 子 | 丑 | 酉 | 春 | 申 | 寅 | 子 | 未 | 巳 | 午 | 戌 |
| 二 | 申 | 甲 | 丁 | 午 | 未 | 卯 | 寅 | 寅 | 申 | 丑 | 戌 | 午 | 未 | 辰 |
| 三 | 壬 | 壬 | 庚 | 丑 | 寅 | 戌 |  | 酉 | 卯 | 寅 | 辰 | 未 | 申 | 亥 |
| 四 | 辛 | 庚 | 巳 | 未 | 申 | 辰 | 寅 | 卯 | 酉 | 卯 | 寅 | 申 | 酉 | 巳 |
| 五 | 亥 | 丙 | 戊 | 寅 | 卯 | 亥 | 巳 | 戌 | 辰 | 辰 | 午 | 酉 | 戌 | 子 |
| 六 | 甲 | 甲 | 辛 | 申 | 酉 | 巳 |  | 辰 | 戌 | 巳 | 子 | 戌 | 亥 | 午 |
| 七 | 癸 | 壬 | 壬 | 卯 | 辰 | 子 | 秋 | 亥 | 巳 | 生 | 酉 | 亥 | 子 | 丑 |
| 八 | 寅 | 庚 | 癸 | 酉 | 戌 | 午 | 申 | 巳 | 亥 | 未 | 申 | 子 | 丑 | 未 |
| 九 | 丙 | 丙 | 庚 | 辰 | 巳 | 丑 |  | 子 | 午 | 申 | 巳 | 丑 | 寅 | 寅 |
| 十 | 乙 | 甲 | 乙 | 戌 | 亥 | 未 | 冬 | 午 | 子 | 酉 | 亥 | 寅 | 卯 | 申 |
| 十一 | 巳 | 壬 | 申 | 巳 | 午 | 寅 | 亥 | 丑 | 未 | 戌 | 丑 | 卯 | 辰 | 卯 |
| 十二 | 庚 | 庚 | 辛 | 亥 | 寅 | 申 |  | 未 | 丑 | 亥 | 申 | 辰 | 巳 | 酉 |

月十六日上月十七日致死　酉午卯子酉午卯子酉午卯丁

八月九月十一宜服生並死別　春戌　夏丑　秋辰　冬未

生死日吉絶煞日不用

○忌天地滅没日

天地滅没用何求

# 詩曰

正七逢閉二八收
三九逢危四十挑
五十一月向平袠
六十二月除日是
若人犯此朱事休
作事若是用此日
必然定有賊來偷

右凶日開神光圖佛像行樂圖並忌
取天月德天月恩生氣福生普護寶象日爲上吉之日

終

○逐月繪眞行樂圖吉日　画佛像亦用宜避神號鬼哭

正月丁卯丙子己卯辛卯丁丑　凶乙卯壬子

二月丙寅戊寅申申甲寅丁亥　凶乙丑己丑丁丑辛丑癸丑己巳

三月甲子丙子壬子丁酉癸酉　凶丙寅壬寅甲寅乙巳

四月丁卯己卯庚辰乙卯辛卯甲午癸卯丁丑

五月丙寅戊辰乙亥庚辰庚寅壬辰辛丑甲寅丙辰辛亥辛巳

六月甲申庚申丙申丙寅甲寅辛卯癸卯乙卯戊寅癸巳乙巳

七月戊辰庚辰丙辰壬午丙午甲午壬辰

八月丙寅庚寅庚午辛亥癸巳丁巳　九月丙申申壬午丁亥乙亥庚申

十月甲子辛未乙未丁未癸酉乙酉辛酉庚子

十一月庚寅甲申壬寅丙申戊寅庚申丙寅戊申

十二月丙寅壬寅甲寅甲申丙申庚申戊寅辛亥

○右吉日不犯天狗受死致死死氣神死煞日　画神佛像神號鬼哭

宜合上届六則吉天恩天福天月德黃道主煞日吉

# 新鐫曆法總覽合節萬事通書


鰲峰　道軒　熊宗立　歷法
後裔　日疇　秉愁　增補
潭陽　咏瞻　余熊卿　詳閱


## 祭祀神在通用日

甲子乙丑丁卯戊辰辛未壬申癸酉甲戌丁丑己卯庚辰壬午甲申乙酉丙戌丁亥己丑辛卯甲午乙未丙申丁酉乙巳丙午丁未戊申己酉庚戌乙卯丙辰丁巳戊午己未辛酉癸亥已上共三十五日神在日也

宜祭祀祈福作福

又宜普護福生聖心敬心

忌天狗遊禍寅日建破日凡時祭不拘又忌每月初二初四初五初十

## 一祭祀鬼神

謂祭祀家廟祈神作福設齋謝土等事

| 吉日 | 天德 | 月德 | 福生 | 普護 | 陰德 | 敬心 | 天解 | 益後（求嗣吉） | 續世 |
|---|---|---|---|---|---|---|---|---|---|
| 正月 | 丁 | 丙 | 酉 | 申 | 酉 | 未 | 午 | 子 | 丑 |
| 二 | 申 | 申 | 卯 | 寅 | 未 | 丑 | 申 | 午 | 未 |
| 三 | 壬 | 壬 | 戌 | 酉 | 巳 | 申 | 戌 | 丑 | 寅 |
| 四 | 辛 | 庚 | 辰 | 卯 | 卯 | 寅 | 子 | 未 | 申 |
| 五 | 亥 | 丙 | 亥 | 戌 | 丑 | 酉 | 寅 | 寅 | 卯 |
| 六 | 甲 | 甲 | 巳 | 辰 | 亥 | 卯 | 卯 | 申 | 酉 |
| 七 | 癸 | 壬 | 子 | 亥 | 酉 | 戌 | 午 | 卯 | 辰 |
| 八 | 丑 | 庚 | 午 | 巳 | 未 | 辰 | 申 | 酉 | 戌 |
| 九 | 丙 | 丙 | 丑 | 子 | 巳 | 亥 | 戌 | 辰 | 巳 |
| 十 | 乙 | 甲 | 未 | 午 | 卯 | 巳 | 子 | 戌 | 亥 |
| 十一 | 巳 | 壬 | 寅 | 丑 | 丑 | 子 | 寅 | 巳 | 子 |
| 十二 | 庚 | 庚 | 申 | 未 | 亥 | 午 | 卯 | 亥 | 午 |

二十七日○九月初一係四部禁日雖神在不可祭祀天狗下食尤避

**國** 立祀皇天后土正月上句神在天德黄道之日

**祀** 社稷春秋仲月上戊先日上丁祀孔子○孟春四日祭戶○孟夏一日

**祭** 灶○季夏遇土旺戊日上王用事祭中霤孟秋一日祭門○季秋霜降以祭旗纛孟冬一日祭井神

**祭** 土神土公合日 丙寅丁卯戊寅己卯壬寅癸卯甲寅乙卯庚寅辛卯丙午不

[illegible] 守月

| 凶日 | 正 | 二 | 三 | 四 | 五 | 六 | 七 | 八 | 九 | 十 | 十一 | 十二 |
|---|---|---|---|---|---|---|---|---|---|---|---|---|
| 天賊 | 辰 | 酉 | 寅 | 未 | 午 | 巳 | 未 | 卯 | 申 | 丑 | 午 | 亥 |
| 天罡 | 巳 | 子 | 未 | 寅 | 酉 | 辰 | 亥 | 午 | 丑 | 申 | 卯 | 戌 |
| 河魁 | 亥 | 午 | 丑 | 申 | 卯 | 戌 | 巳 | 子 | 未 | 寅 | 酉 | 辰 |
| 龍虎 | 巳 | 亥 | 午 | 子 | 未 | 丑 | 申 | 寅 | 酉 | 卯 | 戌 | 辰 |
| 受死 | 戌 | 辰 | 亥 | 巳 | 子 | 午 | 丑 | 未 | 寅 | 申 | 卯 | 酉 |
| 鬼隔 | 甲 | 午 | 辰 | 寅 | 子 | 戌 | 申 | 午 | 辰 | 寅 | 子 | 戌 |
| 神隔 | 巳 | 卯 | 丑 | 亥 | 酉 | 未 | 巳 | 卯 | 丑 | 亥 | 酉 | 未 |
| 天隔 | 寅 | 子 | 戌 | 申 | 午 | 辰 | 寅 | 子 | 戌 | 申 | 午 | 辰 |
| 游禍 | 巳 | 寅 | 亥 | 申 | 巳 | 寅 | 亥 | 申 | 巳 | 寅 | 亥 | 申 |
| 天狗 | 辰 | 巳 | 午 | 未 | 申 | 酉 | 戌 | 亥 | 子 | 丑 | 寅 | 卯 |
| 荒蕪 | 巳 | 酉 | 丑 | 申 | 子 | 辰 | 亥 | 卯 | 未 | 寅 | 午 | 戌 |

天狗下食時 子時丑時寅丑卯寅辰卯巳辰午巳未午申未酉申戌酉亥戌

祭土地傷費日 每月初二十六日 出佛說安土地經

○逐月祭祀鬼神吉日

正月 乙丑丁卯辛未癸酉己卯乙酉辛卯甲午丁酉己未丁巳[illegible]

祭墓吉日庚午辛未壬申癸酉戊寅己卯壬午癸未甲申乙酉甲午乙未丙申丁酉壬寅癸卯丙午丁未戊申己酉庚申辛酉　宜結墓砌拜坛並吉

祭享家廟按

○伊川先生曰冬至陽生之始宜祭始祖

立春日生物之始祭先祖

立秋日成物之始祭祀各妣配祀

○明道先生曰拜坟則十月一日拜之感霜降也寒食則又從常礼祀之

○張九韶曰古人之祭祀鬼神非以求福也將以

二月辛未壬申甲戌甲申丙戌乙未丙申戊申庚戌己未

三月甲子丁卯壬申癸酉己卯甲申甲申乙酉辛卯丙申丁酉己酉庚戌　陽

四月乙丑丁卯戊辰辛癸酉甲戌庚辰乙酉壬午丁丑己丑丙午

五月乙丑甲戌丙戌庚戌丙辰丁丑辛丑

六月甲子丁卯己卯丁亥辛卯乙卯丙申戊申

七月甲子丁卯戊辰辛未己卯辛卯乙卯乙未丙辰丁酉辛酉戊辰

八月乙丑戊辰甲戌庚辰丙戌乙巳庚戌丙辰丁巳卯丁丑己丑

九月丁卯己卯辛卯甲午丁亥乙卯壬午丙午戊午癸亥

十月甲子戊辰辛未甲戌庚辰丙戌壬午乙未丙辰丙午己未

十一月乙丑丁丑戊辰辛未壬申乙未丙申戊申丙辰己未庚申庚辰

十二月甲子乙巳庚午壬午甲午丙午戊午

○右吉日不犯天罡天賊河魁受死魂神天隔天狗日下食時

設齋

宜甲子乙丑丙寅庚午壬申甲戌乙亥戊寅辛巳甲申乙酉己酉辛卯壬申甲午乙未戊戌庚子辛丑癸卯戊申乙卯丙辰丁巳己未庚申

謝土

謝土宜庚午至丁丑　庚子至丁未日甲申至癸巳　甲寅至癸亥日土神入山宜謝土安龍吉

凡報本之意，用是以竭其誠敬，荐其時物，而奉其祭祀，故能致鬼神之始後內此理不明其所以祀鬼神者既無誠敬之心徒故祈禱之語外此古人之意亡矣

## 祈福吉日

□宜壬申乙亥丙子丁丑壬午癸未丁亥己丑辛卯壬辰甲午乙未丁酉壬寅甲辰戊申乙卯丙辰戊午壬戌癸亥

□宜福生黄道天恩天赦天德月德母倉上吉福德天巫天月德合

忌危虎受死天狗寅日

## □祈神作福 謂建立道場開設齋醮求福等事

□逐月祈神作福吉日

正月 辛卯甲午乙未 外 壬午癸酉乙酉己酉辛酉

二月 癸未乙未 外 辛未甲申丁未己未

三月 甲子丙子丁卯己卯壬子丁巳乙巳壬寅

四月 甲子庚午丙辰丁丑壬午丙午庚辰丙戌

五月 乙亥丙寅壬寅 外 丁丑辛丑庚寅辛亥

六月 壬申己卯甲申辛卯乙卯庚申辛亥戊申己亥

七月 壬辰丙辰甲辰 外 丙子甲子庚辰庚子壬子

八月 丙辰甲辰壬辰 外 丁丑庚辰乙丑

九月 辛卯甲午庚午壬午丙午

十月 甲午乙未 外 庚午壬午辛未癸未丙午丁未戊午

十一月 壬申戊申乙未 外 甲辰丙辰庚申丁未癸未

十二月 庚午甲午壬寅乙巳壬午庚寅戊寅甲寅戊申

□右吉日不犯建破魁罡神鬼隔天狗下食凶敗伏斷堯無巳亡

遇破平收日
六戊日不燒香并所禱
還原

**解冤日**
子午朔酉日○寅申朔戌日
巳亥朔亥日○丑未朔子日
卯酉朔丑日○戌亥朔辰日

忌冤日
受死執破收日

謂斷解厭鬼之事○送
解吉日以宅坐山論之
如壬亥山巳丙向宜
申子辰日殺出南方亥
卯未日殺出西方巳酉
丑日殺出東方並吉惟
寅午戌日殺在北方
亥子丑日凶

## □求嗣繼續　謂所求子息等事

○逐月求嗣吉日

正月乙丑丁丑○外己丑　二月辛未乙未○外丁未己未
三月甲子庚子○外丙子壬子　四月庚午甲午○外壬午
五月丙寅戊寅庚寅壬寅甲寅　六月壬申甲申丙申戊申庚申
七月己卯辛卯乙卯丙辰　八月甲戌庚戌丙戌
九月辛巳丁巳○外庚午丙午　十月甲戌丙戌戊戌庚戌
十一月乙巳丁巳己巳○下　十二月甲子庚子戊寅庚寅甲寅壬寅

○右吉日不犯建破魁罡冶虎受死神隔天隔游禍滿日
○宜益後續世二德神在日忌與神福日同又忌天狗下食時

## □設齋建醮　謂設齋建醮煉度預修因果存亡等事

○逐月設齋建醮吉日

正月庚午乙酉甲午乙未癸卯己酉
二月甲戌甲申乙未己未○三月甲子甲申乙酉庚子辛酉

## 設齋吉日

宜甲子乙丑丙寅庚午壬申甲戌乙亥戊寅辛巳甲申乙酉己丑辛卯壬辰甲午乙未戊戌庚子辛丑癸卯戊申己酉乙卯丙辰丁巳己未庚申日吉

忌有虎受死神隔天隔天狗下食財伏斷荒蕪凶敗空亡滅沒月破

條吉日

興祈福祭祀設齋通用

宜天德月德天德合月德合天恩月恩上吉次吉微心又心普護福生生炁黃道成開除日

四月乙丑庚午甲戌乙酉甲午辛丑　外丁丑

五月乙丑戊寅辛丑丁丑　六月乙亥戊寅甲申癸卯乙卯庚申

七月甲子庚子丙子　八月乙丑辛丑　外丁丑

九月庚午甲午癸卯壬午　十月甲子庚午甲午乙未庚子己未

十一月乙丑甲申乙未辛丑庚申　外丁丑己未

十二月甲子甲申庚子丙申庚申

○右吉日不犯天瘟天賊受死龍虎鬼神天隔荒蕪滅沒天罡日

## 〈男女合案定局〉

從本命上起一十順行娶年亦順行迎吉則吉

○女亦從本命上起一十逆行娶年亦逆行

忌本命日受死龍虎凶敗滅沒破日○如夫婦俱不過案首運所做去覆試

○男從本命順○女從命逆排子卯辰兼未○申亥十分吉

## 黃籙預修吉日

建大会擇節会日開壇起斋皆用節会日不避諸內各会日開丁癸○会日○正月初七天曹遷賞会七月初七地府度生会十月十五水府建生天会

会日○庚申日尸神內八罪過甲子日太乙簡閱神祇本命日領神劄

節日○立春日○立夏日○立秋○立冬○春分○秋分○夏至○冬至○

臘日○正月初一天臘日○五月初五日○地臘日○七月初七日○道德臘

○六甲修齋吉凶日

○甲子日 善緣童子招世間操斋設斋还愿者子孫綿遠富貴大吉

○乙丑丙寅日 阿难尊者天壽神檢斋修斋还愿者一作招財大吉

●丁卯日 司命神典惡簿童子檢齋若設齋還願者損害人口凶

●戊辰己巳日 毗吒太子於世間檢齋設齋還願者作善過惡凶

○庚午日 青衣童子下降作福還願者大吉

●辛未日 五命餓鬼下降作福還願者主破財損六畜凶

●壬申癸酉日 司命曹官下降祈福还愿者起官府

○甲戌乙亥丙子丁丑戊寅己卯 此六日馬明王菩薩下降作福大吉

○庚辰辛巳日 善緣童子下降作福還願者主三年大吉利

●壬午癸未日 玄武下界作福还愿者主二年小口啾唧

○甲申乙酉日 阿彌陀佛下界修齋還願者獲福主三年大吉利

●丙戌丁亥日 朱雀下界還願者主有官司大凶

●戊子己丑日 受罪司命府君下界作福还愿者主一年大禍凶

●庚寅辛卯日 大殺神下降作福還願者口舌是非大凶

○壬辰日 護福無量佛下降作福還願者主十倍大吉

十月十五日民歲臘十二月逢臘日爲王侯臘冬至第三戊爲臘日冬至本日值戊即爲一戊若三戊在十一月内須用第四戊爲臘日

【婚日】〇正月初一日四月刀一〇七月刀一十月刀一日是

【会日】甲午天会甲申地節甲子人節甲辰四時会甲戌五行会丙午天会壬午地会壬子戊会丁卯眞仙会辛酉星辰人会庚午日会庚申月会月三日斗辰会本命日萬神会

女青律●

●癸巳日六煞神下降保安還愿者主十年不利大凶

〇甲午乙未丙申丁酉戊戌己亥庚子辛丑取世尊下界脩文十年歡

〇壬寅癸卯日諸佛下界作福还愿者大吉利也

●甲辰乙巳日四門天王下降作福不利一年大凶

●丙午丁未日牛頭夜叉下降不宜作福大凶

〇戊申己酉日千佛下降作福还愿傳斋者大吉

●庚戌辛亥壬子癸丑甲寅乙卯此六日作福还愿大凶

●丙辰丁巳戊午日牛頭夜叉金剛下界作福者失火見非口舌凶

〇己未諸佛下界作福還愿者大吉利

〇庚申辛酉日釋迦佛下降作福还愿者十倍大吉利也

●壬戌癸亥日六宗下降不宜作福作人不利

【聖忌日】丙 丙寅丁卯道父忌 丙申丁酉道母忌 壬辰壬戌北帝忌 戊 戊辰戊戌南帝忌

【帝臨煞日】

正月 二月 三月 四月 五月 六月 七月 八月 九月 十月 十一月 十二月

庚申 辛卯 亥庚 戊 癸亥 壬子 癸丑 甲寅 乙卯 甲辰 丁巳 丙午 癸未

初三 初九 初十 十一 十二 初十 十二 十三 十三 初八 十五 十五

忌旦丙寅丁卯道災忌
丙申丁酉道路忌壬辰
壬戌北帝忌戊辰戊戌
南帝忌□忌龍虎日受
死日天神鬼隔日
十天還月下降日明值利
後度死魂對上品帝以
六陽月每月十日及八
節日甲子庚申依威儀
具盤開啟　每月
一日八日十四　十五
十八廿三廿四　廿八
廿九三十小盡取二十
呆自出玉清符日
遇六齋降節會開壇吉
啟壇更值直日九佳雖
溥丁辰仍避丙寅丁卯
丙申丁酉戊辰戊戌日

□拜進表章　謂設道場建延生求嗣升度祈福等事

〔拜進表章吉日〕甲子乙丑壬申丙子丁丑巳卯壬午巳丑辛卯壬辰庚子壬寅甲辰丙午巳酉壬子甲寅丙辰巳未庚申辛酉日

□宜黃道福生顯曲傳星普護上吉□忌龍虎受死凶日

逐月拜表上章吉日

正月　甲子巳卯辛卯庚子巳酉（外）丙子壬午丙午壬子
二月　乙丑丁丑甲申戊申　三月　甲子壬寅巳酉庚子（外）丙子壬子
四月　乙丑丁丑巳卯辛卯辛酉（外）壬午丙午丙戌庚戌
五月　乙丑壬寅甲寅丙辰丁丑　六月　巳卯辛卯壬寅甲寅庚申
七月　甲子庚子丙辰（外）丙子壬午丙午壬子
八月　乙丑丁丑庚戌庚申　九月　巳卯辛卯庚申（外）丙午
十月　甲子庚子巳酉丙辰辛酉（外）壬午庚午壬子
十一月　乙丑丙辰庚申丁丑　十二月　壬午甲寅庚申壬寅

□右祈福設齋進表章不但魁罡龍虎受死天神鬼隔滿日破日咸日戌天門閉日也

及受死龍虎凶敗爲善惟王會日無避若啟齋先得吉日而後日分或值當避之日則須不忌章忌六戊日乃天門不開故也見符應經

## 拜表進章總論

齋經所載上章忌戊辰戊戌日戊爲天門辰爲地戶戊將狗辰將龍偶戊中官土神其日大上諸君丈人對校天下男女生死善惡龍遊五岳狗行河梁中黄丈大神備守天門犯者攝八魂兒特戊辰戊戌者有災病次新吉者但正此避

月將遁時定局

| 六陽日 | 天罡 | 太乙 | 勝光 | 小吉 | 傳送 | 從魁 | 河魁 | 登明 | 神后 | 大吉 | 功曹 | 太冲 |
|---|---|---|---|---|---|---|---|---|---|---|---|---|
| 子日 | 卯 | 辰 | 巳 | 午 | 未 | 申 | 酉 | 戌 | 亥 | 子 | 丑 | 寅 |
| 寅日 | 巳 | 午 | 未 | 申 | 酉 | 戌 | 亥 | 子 | 丑 | 寅 | 卯 | 辰 |
| 辰日 | 未 | 申 | 酉 | 戌 | 亥 | 子 | 丑 | 寅 | 卯 | 辰 | 巳 | 午 |
| 午日 | 酉 | 戌 | 亥 | 子 | 丑 | 寅 | 卯 | 辰 | 巳 | 午 | 未 | 申 |
| 申日 | 亥 | 子 | 丑 | 寅 | 卯 | 辰 | 巳 | 午 | 未 | 申 | 酉 | 戌 |
| 戌日 | 丑 | 寅 | 卯 | 辰 | 巳 | 午 | 未 | 申 | 酉 | 戌 | 亥 | 子 |

月將遁時定局

| 六陰日 | 天罡 | 太乙 | 勝光 | 小吉 | 傳送 | 從魁 | 河魁 | 登明 | 神后 | 大吉 | 功曹 | 太冲 |
|---|---|---|---|---|---|---|---|---|---|---|---|---|
| 丑日 | 辰 | 卯 | 寅 | 丑 | 子 | 亥 | 戌 | 酉 | 申 | 未 | 午 | 巳 |
| 卯日 | 午 | 巳 | 辰 | 卯 | 寅 | 丑 | 子 | 亥 | 戌 | 酉 | 申 | 未 |
| 巳日 | 酉 | 申 | 未 | 午 | 巳 | 辰 | 卯 | 寅 | 丑 | 子 | 亥 | 戌 |
| 未日 | 戌 | 酉 | 申 | 未 | 午 | 巳 | 辰 | 卯 | 寅 | 丑 | 子 | 亥 |
| 酉日 | 子 | 亥 | 戌 | 酉 | 申 | 未 | 午 | 巳 | 辰 | 卯 | 寅 | 丑 |
| 亥日 | 寅 | 丑 | 子 | 亥 | 戌 | 酉 | 申 | 未 | 午 | 巳 | 辰 | 卯 |

〇六月將遁時法　陽日起大吉順行　陰日起小吉逆行

皆以本日支起遁天罡太乙勝光小吉傳送從魁河魁登明神辰大

坐思過海費上天懸知當爲寬俘候吉日上亥章無不如願其日或遇三元二會入節本命亦干上奇不忌謂此日正許入載謝餘日不許童奏吉入寫年月日下云天門開時今人只寫吉時發行此理最好豁別有法謂陽日當陰時開陰口當陽時關吾脩不可不知說見道門定制設淸醮建佛事大殺白虎雷建白虎其日八中宮州縣官符八中宮忌在正所用鐘鼓動法器忌之損人如自虎白中宮隔日鋪舒動法器君

吉功曹太冲

## 天門開閉時

口陽日明時開陽時閉　子寅辰午申戌爲陽

口陰日陽時開陰時明　丑卯巳未酉亥爲陰

口右選時法取陰陽爲例陽日陰時天門閉陰日陽時天門開是爲大吉小吉傳送功曹時佳如祈禱拔關發文字亦依月將定時用　忌截路空亡時

## 空亡時

甲巳日申酉時　乙庚日午未時　丁壬日寅卯時

丙辛日辰巳時　戊癸日子丑時　發表章忌

## 立壇祈禱

謂結旛祈求晴雨等事

祈雨吉日　丙子癸未乙丑癸丑壬辰癸巳壬子口宜納音水日井申子辰水局日口忌壬申癸酉　甲子風伯死日雨師死日

口宜用水登金水天罡血刃月字紫光姦會主雨口合對血刃月孛上濟天罡血雷

祈晴吉日　宜太陽月字奇羅爍火主晴口忌滅沒滅日受死荒無天

神鬼陽水隔口祈晴忌火隔口巳上詳見雷建祈禱例

次日八中官剛不忌
昔人家課用乙未日建
醮保病其日鋪神佛像
陳設三次病者日死驗
地

## 奏名傳法請香火

者君乙酉日本香火一
行便發一葉清庚申日
月三個庚申日香火行
天皝巳丑日七月後香
人便行
靈帝己卯日二百二十月
後香火便行
吳值君丁卯日登香火郎
便行
許值君辛卯日登香火郎
發

| 日 | 天乙水星方 | 月 | 受死 | 天地滅沒方 | 鬼隔 | 神隔 | 人隔 | 死日 |
|---|---|---|---|---|---|---|---|---|
| 子 | 子 | 正 | 戌 | 巳 | 申 | 巳 | 戌 | 戌 |
| 丑 | 寅 | 二 | 辰 | 子 | 午 | 卯 | 申 | 亥 |
| 寅 | 午 | 三 | 亥 | 未 | 辰 | 丑 | 午 | 子 |
| 卯 | 子 | 四 | 巳 | 寅 | 寅 | 寅 | 辰 | 丑 |
| 辰 | 亥 | 五 | 子 | 酉 | 子 | 酉 | 寅 | 寅 |
| 巳 | 酉 | 六 | 午 | 辰 | 戌 | 未 | 子 | 卯 |
| 午 | 子 | 七 | 丑 | 寅 | 申 | 巳 | 戌 | 辰 |
| 未 | 寅 | 八 | 未 | 午 | 午 | 卯 | 申 | 巳 |
| 申 | 午 | 九 | 寅 | 丑 | 辰 | 丑 | 午 | 午 |
| 酉 | 子 | 十 | 申 | 申 | 寅 | 寅 | 辰 | 未 |
| 戌 | 亥 | 十一 | 卯 | 卯 | 子 | 酉 | 寅 | 申 |
| 亥 | 酉 | 十二 | 酉 | 戌 | 戌 | 未 | 子 | 酉 |

## 奏名傳法

謂劄符發發撥將傳法等事　附釋氏傳衣鉢同　造需旗劍卯令牌天逢天等事

法官奏名月庚申甲子口仙官言三九日且望日出久清律
口宜黃道神在鬼星斛星傳星天德月德益後續臣守日吉
口金華經拜受師教法籙年月
子命人未丑卯巳申午吉辰年大旺利六十二月一萬三千兵虔
子寅午酉戌亥年凶

元星張趙甲申乙酉度法

香火郎用

三元傳法日丙辰日香火

郎発

忌天敗六不成日隔絶

破日

造雷旗卯劍令牌尺日

宜顯面傳星及天地轉

殺日

酉巳日不宜受師教法行

兵治病已見上卷上層

修造師人宅舍內同看

## 煉丹忌日

●忌庚申辛酉金石離日

火隔火坎破日丑四廢

六不成日

春戊辰　夏丁巳戊申巳

丑生命　寅卯子巳午戌年吉利五十一月主万二千兵度丑辰申酉亥午利凶

寅生命　辰巳未甲午年吉利二五八十一月二万千兵度寅卯午酉戌亥子丑年凶

卯生命　未酉亥子年吉利正五九月二百八十兵度卯辰巳午申戌寅丑年凶

辰生命　巳酉戌子丑寅卯年吉利三九月二十四百七兵度辰午未甲亥年凶

巳生命　午甲酉亥寅卯辰年吉利二三六十二月七百兵度巳未戌子丑年凶

午生命　未酉子卯辰年吉利三六九十二月一千兵度午甲戌亥丑寅巳年凶

未生命　申酉亥巳卯年吉利五十一月十万兵度未戌子丑寅辰午年凶

申生命　酉亥丑卯辰未年吉利六月二万兵度申戌子寅巳午年凶

酉生命　戌亥子卯未年吉利正四七十月三万兵度酉丑寅辰巳午甲年凶

戌生命　寅巳酉未辰年吉利四十一月七千兵度戌子丑卯午申亥年凶

亥生命　子丑卯未年戌年吉利正七月五百兵度亥寅辰巳酉申年凶

## 入宅坐禪　附條　養擇丹鼎行法等事

宜甲寅乙卯　日月合丙寅丁卯陰　陽合上吉黃道甲子庚申戌開日

忌天隔地隔六不成建破魁罡凶　○條養擇鼎行法見崔公入藥位

而井悟眞秦　同氣例○桑門坐禪　用月兴守日閉日

巳丑未辰卯
秋戊戌己亥庚子辛亥
冬戊寅己卯癸酉未戊及
壬丙戌乙亥逢七戊癸
辛巳逢建及门殺支吉
收閉晦朔上朔入絶往
亡日　巳上皆凶煉丹
難成

## 雲遊吉日

〔宜〕三月十日吉其他月
宜義專日吉制伐日凶
〔吉日〕丁丑丙戌甲午庚子
壬寅癸卯乙巳丁未戊
申辛亥丙辰巳上吉日
義日甲子丙寅丁卯己巳
午未壬申癸酉申成乙
亥戊午　巳上吉日

## 幕緣題化

謂題疏化緣施捨建脩等事

〔宜〕六合天財地財月財天富天貴天喜天恩祿庫天德月德天月
德合成日〔忌〕空亡赤口大敗　六不成天耗地家鬼賊破敗四方
耗荒無滅没伏斷

## 煉丹點黄

謂抱爐火起爐煎銷等事

煉丹吉日〔宜〕庚寅辛卯金石合平　定成開甲子顯曲侍三星上吉黄
道生炁神在天月二德天月德　合幾微幽微少微天恩天成吉慶
星成定日

## 鑄丹鼎

〔宜〕甲子六十之首陽擇黄道利在金石合成日吉忌象者
〔忌〕六不成焦坎金石離大隔赤口破凶敗滅没伏凶
造丹灶〔宜〕爐同六戊日取勾陳陽土六甲日作青龍陽木六丙日用
朱雀陽火六庚日用白虎陽金六壬日取玄武陽水乃以五行合
陽土築壇砌灶吉
傳煉丹點鼎寶品　天照與鑄鼎同　地照至寸日

〔司日〕戊辰己丑戊戌丙午壬子甲寅乙卯丁巳己巳癸未庚申辛酉癸亥吉日

〔制日〕乙丑甲戌壬午戊子癸巳甲辰庚寅辛卯乙未丙申丁酉巳之日凶

〔代日〕庚午丙子戊寅己卯辛巳癸未甲申乙酉丁亥壬辰癸丑壬戌癸巳壬寅日制日代日忌用

## 送瘟疫時災吉凶詩

甲子送神神便去，乙丑不去損人凶，丙寅直向南方去，送瘟之後主興隆，丁卯戊辰主人凶，己巳南方千里通，庚午辛未傷人命

太陰擎帝塵　入照丙午日　太陽申時鉞　九煉丹無此不能成

## 〇桑門遊方

與出行同日

〔八山採藥〕〇宜天倉開日　〇地倉開日

## 天倉開日

〔正月〕十日　〔二月〕廿五日　〔三月〕二十日　〔四月〕十九日
〔五月〕十二日　〔六月〕六日　〔七月〕二日　〔八月〕廿五日
〔九月〕廿一日　〔十月〕十六日　〔十一月〕十二日　〔十二月〕六日

〇春秋不入東　西申凶

## 地倉開日

〔正月〕子日　〔二月〕丑日　〔三月〕寅日　〔四月〕卯日
〔五月〕辰日　〔六月〕巳日　〔七月〕午日　〔八月〕未日
〔九月〕申日　〔十月〕酉日　〔十一月〕戌日　〔十二月〕亥日

〇冬夏不入南　北山凶

## 〇瘟鬼所在

謂八瘟家問病瘟鬼占處所忌等事

初一在中庭　初二在東壁下　初三在大門　初四在中門
初五在外　初六在東壁下　初七在西壁下　初八在西壁下
初九十在外　十一在西壁下　十二日在房中　十三在房中

壬申癸酉不回踪
甲戌須教大难當
乙亥丙子去西方
丁丑戊寅千里外
己卯直去不回藏
庚辰辛巳永無妨
壬午癸未去西安
甲申乙酉與丙戌
送瘟去後便回还
丁亥送神仍甲病
戊子己丑去西行
庚寅辛卯壬辰日
三四五人不安寧
癸巳送神殺長子
甲午損人不須許
乙未丙申并丁酉
送去八十里回侵
戊戌己亥壬午去

十四南方路上邸客　十五在後門候客　十六在灶前　十七在病人床上
十八日在中庭　十九日在灶前　廿日在灶宮廿二日酉方菓樹下
廿一日在堂前　廿三日在路等諸客六親　廿四在東方候客
廿五在路等師人　廿六日在樹下　廿七日病人床边　廿八在
方井边　廿九日在庙　三十日在病人床上

〇逐時瘟鬼出入　姑存俗覽

午日午時八申時出在大門　丑日未時八酉時出在大厅
寅日寅時八戌時出在前宅　卯日酉時八亥時出屋中病人身上
辰日戌時八子時出在藥店　巳日亥時入丑時出在後門
午日子時八寅時出在中所　未日丑時八卯時出在東方
甲日宊時八辰時出在東方　酉日丑時八午時出在家方
戌日亥時酉南北方申時八在病人門戶

〇送年壬吉日　凶日不兵

甲戌庚辰去不回　甲申乙酉笑徘徊　丙戌丁亥千里遠
壬辰癸巳樂無涯　更有壬寅與甲辰　壬子癸丑去坎歌
壬戌癸亥無回意　天師留下救凡人

庚午辛丑酉不扛
壬寅送神七不兴
癸卯大吉未無危
甲辰乙巳三日虧
丙子丁未南行利
戊甲送神七又搏
己酉庚戌吉無疑
辛亥壬子并癸丑
甲寅乙卯病仍舊
丙辰丁巳人回还
戊午傷人送不週
己未今日二人夏
損師庚申及辛酉
壬戌癸多損人丁
仙人口訣宜遵宜

氣往亡月忌服藥

立春後七日

## 求醫療病

謂用鍼灸服藥餌施禁咒治諸病等事

治病吉日巳酉丙辰壬辰●宜天医天后天座生炁普護要安破除成開日●忌死神死炁致死游禍月害月厭月殺往亡炁往亡朔望弘晦滅沒建平滿收日

合藥吉日戊辰己巳庚午壬申乙亥戊寅甲申丙戌辛卯乙未丙午辛亥己未●宜除破開日●忌辛未扁鵲死日

服藥吉日乙丑壬申癸丑癸酉乙亥丙子丁丑壬午甲申丙戌己丑壬辰癸巳甲午丙申丁酉戊戌己亥庚子辛丑戊申己酉辛酉●宜天医要定除破成開日●忌血忌血支滅沒受死白虎辛未日

按明堂經云忌月厭月刑月殺死 明●建不治頭閉日不治目男忌除女忌破日秋要云男忌戊日女忌巳日

| 吉日 | 正 | 二 | 三 | 四 | 五 | 六 | 七 | 八 | 九 | 十 | 十一 | 十二 |
|---|---|---|---|---|---|---|---|---|---|---|---|---|
| 天医 | 戌 | 亥 | 子 | 丑 | 寅 | 卯 | 辰 | 巳 | 午 | 未 | 申 | 酉 |
| 天后 | 申 | 巳 | 寅 | 亥 | 申 | 巳 | 寅 | 亥 | 申 | 巳 | 寅 | 亥 |
| 普護 | 申 | 寅 | 酉 | 卯 | 戌 | 辰 | 亥 | 巳 | 子 | 午 | 丑 | 未 |

京直後十四日
清明後二十一日
立夏後八日
芒種後十六日
小暑後二十七日是
立秋後九日是
白露後十八日是
寒露後二十七日
立冬後十日是
大雪後二十日
小寒後三十日是

## 鍼灸吉日

宜丁卯庚午甲戌丙子丁丑壬午甲申丙戌丁亥辛卯壬辰丙申戊戌己亥庚子辛丑甲辰乙巳丙午戊申壬子癸丑乙

| 凶日 | 生炁 開日 | 要安 | 除日 女吉 | 破日 男吉 | 白虎 | 死神 | 死氣 | 致死 | 游隔 服針灸 | 月害 | 往亡 | 月厭 | 月殺 | 除日 男忌 | 破日 女忌 |
|---|---|---|---|---|---|---|---|---|---|---|---|---|---|---|---|
| 正 | 子 | 寅 | 卯 | 申 | 午 | 巳 | 午 | 酉 | 巳 | 巳 | 寅 | 戌 | 丑 | 卯 | 丑 |
| 二 | 丑 | 申 | 辰 | 酉 | 申 | 午 | 未 | 午 | 寅 | 辰 | 巳 | 酉 | 戌 | 辰 | 寅 |
| 三 | 寅 | 卯 | 巳 | 戌 | 戌 | 未 | 申 | 卯 | 亥 | 卯 | 申 | 申 | 未 | 巳 | 卯 |
| 四 | 卯 | 酉 | 午 | 亥 | 子 | 申 | 酉 | 子 | 申 | 寅 | 亥 | 未 | 辰 | 午 | 辰 |
| 五 | 辰 | 辰 | 未 | 子 | 寅 | 酉 | 戌 | 酉 | 巳 | 丑 | 卯 | 午 | 丑 | 未 | 巳 |
| 六 | 巳 | 戌 | 申 | 丑 | 辰 | 戌 | 亥 | 午 | 寅 | 子 | 午 | 巳 | 戌 | 申 | 午 |
| 七 | 午 | 巳 | 酉 | 寅 | 午 | 亥 | 子 | 卯 | 亥 | 亥 | 酉 | 辰 | 未 | 酉 | 未 |
| 八 | 未 | 亥 | 戌 | 卯 | 申 | 子 | 丑 | 子 | 申 | 戌 | 子 | 卯 | 辰 | 戌 | 申 |
| 九 | 申 | 午 | 亥 | 辰 | 戌 | 丑 | 寅 | 酉 | 巳 | 酉 | 辰 | 寅 | 丑 | 亥 | 酉 |
| 十 | 酉 | 子 | 子 | 巳 | 子 | 寅 | 卯 | 午 | 寅 | 申 | 未 | 丑 | 戌 | 子 | 戌 |
| 十一 | 戌 | 未 | 丑 | 午 | 寅 | 卯 | 辰 | 卯 | 亥 | 未 | 戌 | 子 | 未 | 丑 | 亥 |
| 十二 | 亥 | 丑 | 寅 | 未 | 辰 | 辰 | 子 | 巳 | 申 | 午 | 丑 | 亥 | 辰 | 寅 | 子 |

乙卯丙辰己未壬虎

宜八医要安敬除成開日

●忌血支血忌滅沒白虎

受死日辛未日獨火日

針灸延婦

五月胎神古身切忌

**逐日人神所在** 忌針灸

初一日在足太指

初二日在外踝

初三日在股內

初四日人神在腰

初五日人神在手

初六日人神在手

初七日在內踝

初八日人神在腕

初九日人神在尻

初十日在腰背

**忌詞灸**

| 血忌 | 丑未寅申卯酉辰戌巳亥午子 |
|---|---|
| 火隔 | 午辰寅子戌申午辰寅子戌申 |
| 死別 | 春戌 夏丑 秋辰 冬未 |

**逐月求医治病吉日**

|  |  |
|---|---|
| 正月 | 甲子丁卯壬申己卯甲申辛卯丙申庚子乙卯癸卯(外)丙子壬子戊子 |
| 二月 | 乙丑乙亥丁亥己丑辛丑辛亥癸亥(外)丁丑己丑癸丑 |
| 三月 | 甲子丙寅己巳癸酉戊寅辛巳乙酉庚寅癸巳丁酉庚子壬寅乙巳己酉甲寅丁巳(外)丙子戊子壬子 |
| 四月 | 乙丑丁卯庚午己卯辛卯甲午辛丑癸卯巳丁丑丙午癸丑戊戌 |
| 五月 | 戊辰庚辰壬辰甲辰(外)丙寅戊寅庚寅壬寅甲寅丙辰 |
| 六月 | 乙丑丁卯己卯辛卯乙卯癸卯(外)壬申甲申丙申戊申庚申丁丑癸丑 |
| 七月 | 丙辰戊寅庚寅壬寅甲寅(八月)己巳辛巳癸巳乙巳丁巳 |
| 九月 | 庚午壬申甲申丙申甲午丙午戊申庚申壬午戊午乙亥己亥辛亥癸亥 |
| 十月 | 己巳癸酉辛巳乙酉癸巳丁酉乙巳己酉丁巳辛酉 |
| 十一月 | 乙丑壬申甲申丙申辛丑戊申庚申(外)丁丑癸丑庚午戊午壬午丙午 |
| 十二月 | 丙寅戊寅乙亥庚寅丁亥壬寅甲寅辛亥乙卯癸亥 |

十一日在鼻柱
十二日在髮際
十三日在牙齒
十四日在胃脘
十五日在遍身
十六日人神在
十七日在氣衝
十八日在股內
十九日在足
二十日人神在內踝
二十一日在手小指
二十二日在外踝
二十三日在肝足
二十四日在手陽明
二十五日在足陽明
二十六日在明
二十七日人神在明
二十八日人神在明

○神農經

**九宮人神**

一歲起坤自上而下周而復始
坤踝　震牙指　巽頭　中肩尻　乾脂凶
兌年膊　艮腰頭　離膝肋　坎調肘用

**九部人神** 一歲起臍周而復始
臍　心　肘　咽　口　頭　脊　腰　足

**十二部人神** 向前起心
心　喉　頭　肩　背　腰　腹　頭　足　膝　陰

**十干日人神**
甲頭　乙喉　丙肩　丁心　戊腹　己脾　庚腰　辛膝　壬腿　癸足

**十二辰人神**
日所在忌針灸
子日目　丑腰耳　寅胸一　卯脾鼻　辰腰膝　巳手
午日心　未頭手　申頭背　酉背　戌頭面　亥頭項

**四季人神**
春在左脇　夏在臍　秋在右脇　冬在腰

逐日鍼灸吉日

|  |  |
|---|---|
| 正月 | 庚子壬辰甲辰丙辰丁卯辛卯乙卯甲申丙子壬子丁亥己 |
| 二月 | 巳亥辛丑丁卯辛卯乙卯庚午丁亥庚子丙子癸丑壬子 |
| 三月 | 庚子壬辰甲辰丙辰庚午丁巳丙子巳巳乙巳辛酉壬不 |
| 四月 | 巳卯辛卯丁卯庚午甲戌丙戌戊戌壬午丙午 |
| 五月 | 壬辰甲辰丙辰乙亥辛亥 丁巳己未辛未 |

二十九日在[illegible]
三十日在足踝
已上逐日人神所在之処
忌針灸切不宜用

六月）丁卯辛卯乙卯 甲申丁亥巳亥 (外)巳未庚申
七月）庚子乙巳甲戌 丙戌戊戌 (外)丙子壬子
八月）庚午壬子辛丑 乙巳丁亥巳亥丙子壬子壬午丙午 (外)丁丑
九月）丁卯庚午甲申 庚子辛卯乙卯 (外)丙子壬午丙午
十月）丁卯辛卯乙卯 壬辰甲辰丙辰乙巳庚午壬午丙午
十一月）庚子辛丑壬辰 甲辰丙辰乙巳甲申 (外)丙子丁丑癸丑癸卯己巳
十二月）丁卯辛卯乙卯 乙巳 (外)辛丑丁丑癸丑

○右吉日不犯 死亡神 致死月害白虎黑道月厭月殺 死別血支血
忌閉日火隔 男忌戌 日 女忌巳日

○總論

論人得病以藥療之以針灸補瀉卒然有疾豈待擇日 面求医兆藥
然先賢必用擇日 欲 人不輕服也至如鍼灸 詳 選日人神所值之
處尤宜避之

論人神每月十五日在遍身二十八日在陰及朔[illegible]晦甲子庚申
本命日丙丁日甲離日二至二分日并雷電狂風暴雨之時[illegible]八
光之下忌行房事昔 令人生疾又且死陽易兵妊子亦生愚夫吉

大病切痊者不避忌冉復往症切宜戒之

# 新鐫曆法總

## 陰宅秘旨

○治寿木棺之法

朱子曰治棺油杉為上柏木次之土杉為下其制方直頭大足小僅取容身勿令高大及為虎以高足内外旨用灰漆礬煉熟秫米和鋪其底四寸許加七星板其日瀝青釘銘則恐不然

彭氏曰雖以松貼官於比方江南用之適為蟻房而釘鐶亦引水其朽易為損壞則在孝子自細者焉

○附生基法

○白鶴仙人傳唐貞觀三年進士王可嘗附生基法法以其人本姓所屬音取長生墓庫須用上天年月大利時師與人附生基者安厝有不明年月休咎只知六輪挑經亡運有悞不長今人死亡抵照殊不知青龍上天宜附生穴白虎入地宜葬古者唐達士可以此年月為壽基以起明壽次年登科發有明驗其時雨子年八月十五日生四十有四取十月十二日未時附生基此日合青龍上天之吉亦從本命五音所屬為例起甲子頭行九宮遇本命上起一十至附生基行年住処起正月就月上起日日上起時且王氏屬商音巽在辰巽巳上起一十二十中二十乾四十兑白十一在艮四十二在離四十三坎四十四坤得青龍上天之吉却以本命宫起正月順飛十月到坤再於坤起初一至十二日到巽亦是青龍上天之吉又起甲子時至未時到坤又合青龍上天之吉係年月日時合青龍上天吉餘倣此

○治筲壙作灰法

朱子曰雖得吉地而葬之不厚藏之不深則兵戈離乱之際無不遭罹發掘暴露之變此又其所當慮之大也

程子曰雖為他日不為道路不為城郭不為溝池不為貴勢所奪不為耕犂所及

一云溝渠道路避村落遠井窖此皆難防慮外之後也

治壙法其穿壙〻外勿令高闊但取容木炭石灰沙土三物和句管城郎外

朱子曰用灰隔木炭根避水[illegible]

飛宮圖

青　龍　七　天

坤二　離九　巽四

兌七　中五　震三

乾六　坎一　艮八

白　虎　八　地

○此九宮劃體洛書之数以此起例皆從五行生処起一十順飛

○角音起例屬木〻[illegible]在戌乾上起甲子尋本命宮上起一十　四大吉星宜尋訪

○江大乾州併艮頃　若問諸虐盡上天　更兼震兌角音迁

○徵音屬火〻火养在九艮上起甲子尋本命宮上起一十　此是徵音尋起例

○陳八相呼出艮卿　艮宮用子細推詳　更兼坎巽慶陽隊

○商音屬金〻养在辰巽上起甲子尋本命宮上起一十　惟有商音開穴吉

○誰識張公出巽遊　綿起福寿求無休　須宜坤兌震宮求

○宮羽二音屬水〻养在未坤上起甲子尋本命宮上起一十　若得此宮開壽穴

○宮羽二音向坤行　吉從乾上又離生

石灰得沙而宜是得也而結歲火結爲金石螻蟻[illegible]賊皆不可進也

又曰久之沙灰怕乱入其登如石○灰未七八寸既避温氣免水患又絶樹根不入樹根遇灰皆生轉去以此見炭灰之妙爇灰是死物無情故樹根不入也

物氏曰沙灰以隱螻蟻愈淳愈佳須常見新淡先生說見用灰壅者後因遷壅則見灰化爲石矣

開生墓秘訣作曠宜忌

諦舉符開山門宜四廢空亡伏斷下[illegible]擇斬草破土日忌土[illegible]大地轉

何愁金榜不題名

○又生穴詩

○長生位上起依匕　六甲順行申子隨　数至本命起一十

坎離震兌四宮推巳上每從長生上尋本命起十順行凶位宜以倣此

○生穴法例

○子午卯酉爲人魂入墓之年主有灾　○寅申巳亥爲天魂入墓主延寿　○辰戌丑未爲人魂入墓主大凶一

○金井葛四字

其法不論陰陽二命只論金木水火土納音死處起一十順行且如金命人一十起子到巳爲天魂吉午爲人魂吉○本命人一十起午寅申巳亥爲天魂吉○火命人一十起酉子午卯酉爲人魂亦吉○水土命人一十起卯寅申巳亥年大吉

十二宮圖

申命在天宮酉命在身宮戌年魂不利亥命在天宮男順行十

未月魂不利　子命在中宮一支

午命在中宮　廿日魂不利女逆行卜

巳命在天宮辰年魂不利卯命在申宮寅命在天宮二支

殺與月建[illegible]

論斬草破土明[illegible][illegible]下磚壙砌合土亦與[illegible]事擇年月要開山立向不犯年家凶殺不占方月家飛宮州縣宮符不占方及不見中宮擇年月犯利更得吉神蓋照山向以通天竅走馬六壬爲主兼求三奇飛大活祿馬貴人到山向年家月家帝星鸞駕但得一二加臨到山用工起手破土開山大吉

論生墳且以作主本命爻生先看楊救貧催龍年月妙行貞八遊魂年月此二家合得過方可用

其法不問男女各從本命上起一十男順女逆則吉凶可見也

假如金命八一十子二十丑三十寅四十卯四十一四十二天魂吉四十三午四十四未八墓凶餘倣此

〇詩曰

命在天宮任所爲　若逢身命亦同推　生墳若用期年月
坐向五音皆宜利　生人安泰壽期順　福祿均膺無盡時
愰用年庚逢四墓　必定杜死入泉扉

〇別法　四個中宮五音也三條死路坤艮中也

壽木生基別有功　時師不合五行踪　四個中宮起甲子
三條死路莫相逢　坤艮中宮皆不吉　犯之却似燭多風
乾坎離震巽兌吉　壽如松栢福堅榮

〇生人魂印法　金丑木未火戌水土辰

只此山頭起例推　更將音徵五行飛　山人若用生魂印
三年和促入泉扉　金生巳酉丑魂艮　不犯尸魂更安寧
水土申子辰爲是　月魂入墓主非遲　更有木生亥卯未
犯者兒孫相逐移　火生寅午戌生魂　兒孫不犯步雲梯

事父忌本命日及本命
刻沖日納音受剋本命
日受死重辰日建破日
收日不取用

## 開生基吉凶日

●甲子日　金木命吉水土命凶甲子辰生人魂印八墓凶

●乙丑日　巳酉丑亥命人乃衣催屍之日全作

○丙寅丁卯日　五音皆人魂八墓凶

○戊辰日　辰生人辰年遇吉春卯傳殺不利餘命催屍殺不吉

●己巳日　十全大吉

●庚午日　夏凶

犯看當年定須卒　生魂八墓不建說　午年丁亥連丁未
十方記取其中義　申生乙未不堪問　六十日內人消氣
酉生辛丑不可作　犯着令人見消索　戌生壬戌大准富
亥生癸酉惡須防　子生莫犯巳未日　丑生乙丑莫商量
時人不曉其中意　便見災疾不可讓　生人魂卯今留下
術者須知仔細詳

## ○合壽木作生墳

○妙行真八遊魂年

●遊魂絕命　○催宮進祿　○長命富貴　●黃泉急腳
●延生主蒸　○益福進德　●催屍的殺　○延年增寿
●迎財進宅　●滅魂急腳　●喜隆合祿　●增於進祿

其法不問男女並從本命上起游魂順行遇吉則吉遇凶則凶

●假如子生人即以子上加遊魂絕命丑上催宮進祿若值子午卯酉年不可作生墳合寿木要逢八然白圈者則吉黑圈凶餘做此

吉法係子午卯酉生人忌用子午卯酉年　○寅申巳亥生人忌

辛未日　亥卯未金木命人凶

●壬申日　五音不吉

●癸酉日　五音吉秋凶

●甲戌日　寅午戌井甲戌命人土呼殺凶

○乙亥日　五音吉秋凶

○丙子日　水土命人入墓冬凶餘吉

●丁丑戊寅日　五音凶

○己卯日　春凶餘吉

○庚辰日　申子辰生宫羽音不用

○辛巳壬午癸未日　亥卯未身日凶

○甲申乙酉日　秋凶餘並吉

○丙戌丁亥戊子日　水

## 楊救貧催屍年

寅申巳亥年○辰戌丑未生人忌用辰戌丑未年乃是生命犯煞破魁罡之年開要之忌

○起例詩

甲子甲戌大頭遊　申甲甲午未中求

甲辰但向龍頭取　甲寅還是[illegible]

寅申巳亥爲長寿　子午卯酉利宜偹

辰戌丑未爲正殺　犯之即見禍瘟頭

○其法不問男女甲子甲戌旬中生人八六十起戌上隔位逆行二十中三十午三十一未三一二中零年節儲順回值辰戌丑未上不可用事○甲申甲午旬中生人一十起未甲辰旬中午人二十起辰○甲寅旬中生人一十起丑如台詩大開生坎巳上二家年月如過得一任合守來御生坎如[illegible]不得之時周年半載百日定見歲亡

## 九命催屍

乾凶　兌吉　艮凶　離吉

中凶

巽凶　震吉　坤凶　坎吉

○起例訣

男一十起艮順行

女一十起坤逆行

●壬合入入墓秋時殺凶
●己丑日　商角音吉餘
冬凶
○庚寅日　皆吉
●辛卯日　春凶餘吉
●壬辰日　寅生人不用
●癸巳甲午乙未日　土家
卯未命土隨殺孫頁凶
●丙申日　皆吉
●丁酉日　水命凶餘吉
●戊戌日　火命金隨殺
●己亥日庚子日　土命敗
卯命祖上隨水上入墓
○辛丑壬寅癸卯甲辰日
庚戌命凶餘吉
●乙巳日　辛亥命凶
●丙午日　火命入墓凶
●丁未日　冬凶餘吉

## 閻王催屍

離吉　坎吉　凶

○起例
其法男一十起震宮順行二十巽三十中四十乾五十兌六十坎六十一離六十二坎爲例
女一十起兌逆行三十乾三十中四十巽四十一震爲例○男女二命行年值坎離震兌中宮大吉餘皆凶

## 命龍星

地福吉　木長生　吉星吉　墓絕凶　火長生　天喜吉

瘟星凶

紫炁吉　金長生　木星吉　病死凶　水土長生　福星吉

○以木命納音長生上起甲子男順女逆行如用午命入紫炁上起甲子尋木命到兌上起一十順行四十到坎四十一病死女命依例逆行此例难作定局○已上五家起例論合寿木作生技皆有定局在後惟命龍星無入定局

○戊申日 吉 午日凶受死

●己酉日 吉 火命秋凶

●庚戌辛亥日 凶

○壬子日 土命不用冬 凶餘吉

○癸丑日 巳酉丑亥盜 命催屍八墓凶

○甲寅日 火命凶秋冬吉

●乙卯日 春冬凶餘吉

○丙辰日 吉 甲子辰命 大凶

○丁巳日 吉冬凶

●戊午己未日 並凶

●庚申日 吉十月凶

●辛酉日 五音凶

●壬戌日 凶

●癸亥日 並皆凶

## 八宮催屍

圖例○男一十起黃泉順行零年亦順行 ○女一十起香炉逆行零年亦逆行

歌訣曰

黃泉當年死　路日賣他人

棺木蓋兒婦　旒旐埋子孫

火把爲人借　吉利逢貴人

香炉生貴子　如意進金銀

○右八宮催屍殺男起乾宮黃泉就乾稱父用順行

○女一十起坤宮香炉坤稱母當屏逆行

## 狗跡三元

○起例

男起蓋上順行数向左廂

女起底上逆行亦数向右廂

假如男命六十二歲合木一十起蓋順行数至六十二在右廂其年值右廂合木大吉

○又假如女命五十一歲合木一十起底逆行二十左廂三十並數至五十一歲值左廂其年大吉

## 合壽木開生基總論

○合壽木總論

論合木如紀上馬殺日令匠人先用板凳架起木板用工砍成一井起年後方可用木馬架起用工然此殺前後犯者亦無碍矣欲忌之宜用前法無妨只有催屍上馬殺年爲凶

論合壽木用日法先取長生有氣日後用其年自休日麼井空亡與本命無相冲相尅大吉

假如癸巳生人用巳酉年正月建丙寅利庚申日合木本命納音某取長

## 催屍大殺

催屍凶

巳酉丑生　申子辰生　亥卯未生　寅午戌生

○起例

如本命生亥起鳳凰火生寅起催屍金生巳起長生水上生申起人敗

其法不問男女各從本命納音長生起干並逆行零生亦逆行如甲子命納音金在巳就巳上起一十遇生旺則吉

## 四宮催屍

訟笙凶　福慶吉　催屍凶　延壽吉

其法不問男女各從本命宮起一十順行從上而下零年亦同

## 催屍殺

青龍吉　五男凶

○起例

○男一十起催屍順行零年亦同

○女一十起福祿逆行零年亦同

生居甲沐浴酉爲之有炁之年巳酉年孫在甲辰旬中取寅則爲空亡取則取丙寅月爲空亡取庚申日係是正四廢言癸巳命水長生甲日沐浴酉年空亡寅月日四廢其餘倣此

論合寿木日宜正四廢傍日廢日及本命納音生旺有炁之日忌本命日本命对冲日受死重喪建破日又忌日辰尅本命納音凶

論水呼木隨日不足信馮假如死佑巳未二月十四庚子日有一鄰八合木歷得致之日乃本呼木齊足犯之大凶○假如男命九十四歲四月初四日卯時合木一十起坎二十震三十離四十兌五十坎前一位震上起正月數得四月又任坎又於前一位震上起初一数得初四日又在坎又於前一位震上起子時至卯時又有坎此年月日時俱在坎位則

## 十二宮長生運

○起例

其法不問男女各從本命納音五行生旺起甲子順行尋至本命生處却又從本命上起一十進官順数零年亦節節順行数去遇生旺則吉逢墓則凶不川

## 四宮年月

○起例

男起玄武順行零年亦順行

女起朱雀逆行零年亦逆行

○如値震兌則吉値坎離則凶○一云忌玄武爲盖○女忌朱雀爲底○又年月日時俱合坎離二宮爲之四片

經隨日已逾三年並無
禍患不足信矣
論鄉俗用日用同有止取
六不成破日爲吉
論合木逢忌身皇定命小兒
殺大月建劍鋒殺流財
年州縣官符三殺等方
切忌於其地上填合縫
又忌月建轉殺同白
論合木忌中宮神殺如其
月在州縣官符吉中宮
其公晴刀殺其自有大
殺雷霆白虎吉中宮其
年身皇定命如在中宮
忌所堂中間頓合木絡
犯之凶若在空地方
頓合則不忌惟忌在中
宮頓合

凶要合得震兌二宮則吉

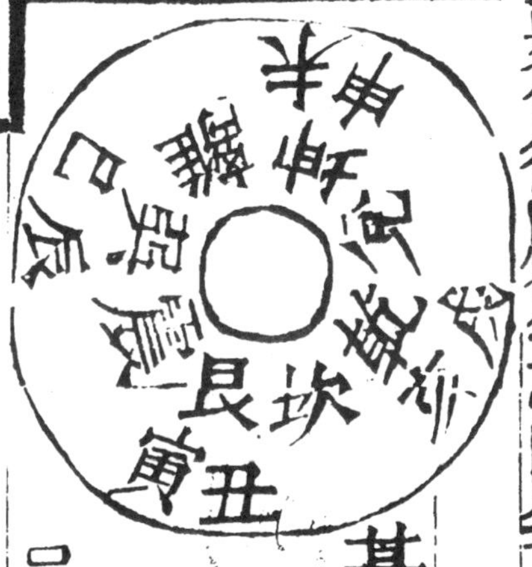

八宮長生墓遺

申 未 坤 離 巳 辰 兌 巽 震 艮 坎 寅 丑

口起例
其法各從本命長生起一十遇乾坤艮巽
爲四生又爲四墓且如本命屬木墓在
未從乾上起一十順行零年亦順行數
到坤乃未坤申同宮其年忌合木
口歷法云亦忌作主坟

一線三元
利吉女一十男三十 進吉女二十男二十 備凶女三十男一十 男從下數上女從上數下零亦同

倉三元
御屍男一十女三十 大經年男二十女二十 小經年男三十女一十 男從上數下女從下數上零年亦同

上馬殺年
巳 歲 一歲 午 二三下 卒七 未 十一 十 申 二十上馬殺年巳上起不問男女皆順移 四十巳午未申四宮輪遇午上馬殺當知

口其法從上數至下假如五十歲合木不問男女一歲起巳一十歲午
即七數去又去午上起一十歲二十申三十午四十申五十午土
係午上爲殺其年值上馬殺最忌合木凶

論造帶合木法如男其年利合木如女命不利亦欲合必先設計令匠人同日同時起工砍起兩副左廂用男命利年帶合一副前後作之有驗吉○又如男亡女存女命不利將亡人姓名昭告山頭龍神無舉女命

如女亡男存男命不利以男爲主女难亦帶則雖俟利內合

論合壽木宜木建日正月庚寅二月辛卯三月戊辰四月己巳五月壬午六月癸未七月庚申八月辛酉九月戊戌十月己亥十一月壬子十二月

## 上馬殺日

○申　其法假如四十二歲三月初五日合木就巳上
○未　起一十二十到午三十未四十申四十一巳四
○午　殺十二年又從未上起正月二月申三月到巳又
○巳　於午上起初一初五到午值午爲上馬殺日凶

○巳上十二家起例並論合壽木內有九家立成定局在後其有三家係十二宮長生運四宮年月上馬殺日此三條事难入定局

## ○開立生墳

乾火車凶　兌死敗凶　艮金庫吉　離獅子吉

中紫袍吉

巽血光凶　震金華吉　坤天仙吉　坎飄逢凶

## 壽木九龍星

○起法上元男坤宮中元男中宮下元男艮宮並起一十順飛

○上元女坎宮中元女兌宮下元女巽宮並起一十逆飛

## 九宮運

中

乾戌火墓吉　兌　艮丑金墓吉　離

巽辰水土墓凶震　坤未木墓凶　坎吉

癸丑巳上日宜合貴卷

論合壽木作生坟風俗不同如此方人絶亢旋作木頭旬內即葬惟南方人預先合壽木作生坟吾聞四方風俗不同者姑以槩論

作生坟總論

論作生坟法且以作主本命交生先看楊救貧催屍年月剋行填入遊魂年月此二家年月俱要過方可用事如子生人不可用子年子月子日子時又忌本命日受死日重喪建破收日

合木六同論

## 四輪經

□其法男一十起艮順數零年亦順女一十起坤逆數零年亦逆坎乾艮離紫白吉其餘凶□又法自九宮合本順上起甲子逆數本命落何宮即就其宮起一十不問陰陽男女零年皆逆行逆命納音墓凶餘宮值墓不忌

□假如癸未生人木墓未於坤上起甲子逆數甲戌坎乙亥離丙子艮逆行得癸未木命在坎起一十逆數二十離八十至震宮吉八十一在坤犯木墓凶八十二坎一白吉八十三離九紫吉八十四艮八白吉八十五兌七赤凶起癸生後方爲一歲

太陽凶

□起例

男一十起太陽順行零年亦順行

女一十起太陰逆行零年亦逆行

□已上三家起例論開作生坟九輪星四輪經二家俱有立成定局

惟九宮運難以定局

論一切生墳法七用專不

結砌成生墳亦如葬事擇年月要開山立向下犯年月家凶殺更得吉神蓋照山向却可用事及起工之月最要中宮不犯尹家飛官州縣官符故要年月得吉神一一用工不隹若一住子逝日踏節或為凶神殺取古義須別擇吉月吉日方可用工如其月山向中宮並無煞殺亦可用工也若作卯室七推推擇吉日不問山向諸

論開山立向用年月法以通天竅走馬六壬天罡為主魁擇吉到山月日

合壽木開生墳吉凶年例大總局

殤催男用八刼虎嗣九四
殺殤子官跡王輪宮經
貴催大催三催輪長下
催死殺位元三殺屍經

橫木合品　木合品木合木合木合木合生品木合品

一局
男路日一石凶巽離
女火把乾坎
震乙離　離乾震
六陽命凶

二局
木金命凶
男貴入底吉
女孫旋蓋凶
坎陰　離陽
巽兌坎　艮中坤
六陰命凶

三局
吉凶
男宮未石吉凶
坤乾　艮
中艮坤　兌巽坎
六陽命凶

四局
八主水命凶
男旋旋
六墳入底
震陽　震兌陰
乾離震　震離
六陰命凶

求三奇飛大活馬飛天活祿諸家宮駕帝星但得一二吉加臨作之則大吉

論作生坟一帶法如男命大利女命不利則須用男命姓名昭告山頭僅神不舉女命姓氏吉

論符開山日宜四廢空亡伏断日不拘用斬草破土以此上瘟日天地轉殺與月建同日

論斬草破上酉壙下磚砌金井忌重喪建破收日冬三月壬辰須是壟日四時大墓凶

論開壙甃砌金井宜用正傍四廢旬中空亡月日

五局
男火把右吉凶艮巽休　兌坎巽
女路口左凶吉坤乾　中坤艮　大陽命凶

六局凶　木金命凶
男香炉底凶吉離中阴凶　艮坤甲
女黄泉蓋吉凶坎阳　巽坎兌　大陰命凶

七局
男路口右吉坎乾延　離震
女火把左吉凶離巽　震離乾　大陽命凶

八局　火水土命凶
男黄泉蓋吉凶坤兌陽　坎巽兌
女香炉底凶吉艮震陰　坤艮中　大陰命凶

九局凶
男路口右凶震艮休　坎中艮
女火把左吉凶兌坤　坎兌巽　大陽命凶

十局　水金命凶
男貴人底吉巽離陰　震乾離
女旋旋蓋凶乾坎陽　離巽震　大陰命凶

十一局
男棺木右吉凶坎延　巽兌坎
女凶中離　中艮坤　大陽命凶

十二局凶　火水土命凶
男旋旋蓋凶吉乾坤陽　中艮坤
女貴人底吉凶巽艮陰　兌巽坎　大陰命

乃本命納音有煞月日爲吉利

論金井下磚作槨日擇日則典葬日同

論開生基作壙宜避年月凶殺三殺方太歲州縣官符九官州県官符若古山頭切不可作用候大利則吉

論開生坟合寿木先干紀局曰仔細看得七八分吉不必更去查看木八局的惟有土馬殺日用看稍犯之者宜從寬禳法起乙時只用板攏架規欲一井後用木馬前無妨視若屢用此法大吉

十三局
男火把 凶兌震 乾離震 六陽命凶
女路〃 (左)(吉) 吉震离 休 乾震離

十四局 水金命凶
男香炉底吉 凶艮巽陰 凶兌坎巽 六陰命凶
女黄泉煞凶 凶坤乾陽 凶申坤艮

十五局凶
男(如意) 凶吉離 艮坤中 六陽命凶
女(右) 吉凶坎 中(延) 巽坎兌

十六局 火木土命凶
男黄泉煞(吉) 凶坎乾陽 離震乾 六陰命凶
女香炉底 吉離巽陰 震離乾

先不問男女如行年二十歲看一局廿一看二局依後局坐行年在何局即依局看總局內吉凶餘倣此

總局既設外有十二宮運四宮年月上馬殺月論命十九宮運及論作生坟此四家起例多端難入總局選擇君子講自撿看在前起例局

論合木作生境稍遇得總局有七八分吉只看上馬殺〃餘者亦無妨礙

右總十六局合總局

一局　二局　三局　四局　五局　六局　七局　八局　九局　十局　十一局　十二局　十三局　十四局　十五局　十六局

二十歲　二十一歲　二十二歲　二十三歲　二十四歲　二十五歲　二十六歲　二十七歲　二十八歲　二十九歲　三十九歲　四十九歲　五十九歲　六十九歲　七十九歲　八十九歲

三十歲　三十一歲　三十二歲　三十三歲　三十四歲　三十五歲　三十六歲　三十七歲　三十八歲　四十八歲　五十八歲　六十八歲　七十八歲　八十八歲

四十歲　四十一歲　四十二歲　四十三歲　四十四歲　四十五歲　四十六歲　四十七歲　五十七歲　六十七歲　七十七歲　八十七歲

五十歲　五十一歲　五十二歲　五十三歲　五十四歲　五十五歲　五十六歲　六十六歲　七十六歲　八十六歲

六十歲　六十一歲　六十二歲　六十三歲　六十四歲　六十五歲　七十五歲　八十五歲

七十歲　七十一歲　七十二歲　七十三歲　七十四歲　八十四歲

八十歲　八十一歲　八十二歲　八十三歲

九十

■黑牌白字者犯催屍上馬殺合木大凶

□無牌黑字者不犯催屍上馬殺合木大吉

## 合壽木吉凶日

〇六甲旬生空亡吉日

甲子旬 用 戌亥

甲子旬 用 申酉吉

甲申旬 用 午未日

甲午旬 用 辰巳

甲辰旬 用 寅卯

甲寅旬 用 子丑

〇正傍四廢吉日

正四廢吉日

〇春 庚申辛酉

夏 壬子癸丑

秋 甲寅乙卯

冬 丙午丁巳

四廢吉日 春 庚辛

夏 壬癸 秋 甲乙

冬 丙丁日

| 凶日 | 天瘟 | 重喪 | 受死 | 建日 | 破日 | 月建轉殺 |
|---|---|---|---|---|---|---|
| 正 | 未 | 甲 | 戌 | 寅 | 申 | 卯 |
| 二 | 戌 | 乙 | 辰 | 卯 | 酉 | 卯 |
| 三 | 辰 | 巳 | 亥 | 辰 | 戌 | 卯 |
| 四 | 寅 | 丙 | 巳 | 巳 | 亥 | 午 |
| 五 | 午 | 丁 | 子 | 午 | 子 | 午 |
| 六 | 子 | 巳 | 午 | 未 | 丑 | 午 |
| 七 | 酉 | 庚 | 丑 | 申 | 寅 | 酉 |
| 八 | 申 | 辛 | 未 | 酉 | 卯 | 酉 |
| 九 | 巳 | 巳 | 寅 | 戌 | 辰 | 酉 |
| 十 | 亥 | 壬 | 申 | 亥 | 巳 | 子 |
| 十一 | [illegible] | 癸 | 卯 | 子 | 午 | 子 |
| 十二 | 卯 | 巳 | 酉 | 丑 | 未 | 子 |

木呼殺

壬 庚 戊辰庚戌丁亥巳未 乙未 辛 壬 丁癸未乙丑

甲 子 戊申亥戊巳巳卯 庚申 酉 戊 巳癸酉乙酉

木隨殺

辰 寅 申 午未 午 申 巳 丑 寅 卯 午 未

甲 子 戌 申 酉 辰 酉 酉 亥 亥 酉 辰

天上大空亡日 丁丑戊寅壬辰癸巳丁未戊申壬戌癸亥此日俱忌

壽木門作取吉 要宜用逐日大小空亡日

〇逐月合壽木吉日

正月 丁丑戊寅癸巳辛酉癸酉乙酉

二月 丁丑癸巳丁未戊申癸亥戊寅庚申

楊公忌遁大敗吉日
〔春〕申酉　〔夏〕亥子
〔秋〕寅卯　〔冬〕巳午
木命納音生旺有氣月內
口水土命宜申酉戌亥子
金生命宜巳午未申酉
木生命宜亥子丑寅卯
火生命宜寅卯辰巳午
生命大墓凶月日
水土命忌辰月日墓凶
金生命忌丑月日墓凶
木生命忌未月日墓凶
火生命忌戌月日墓凶
存小宜安在天德月德月
吉方年月俱利月要見
雙月即利年見雙年則
利年月即利則當選吉
利日用

〔三月〕癸巳丁未戊寅壬申庚申〔四月〕丁丑壬辰丁未戊戌壬戌
〔五月〕戊寅壬辰丁未戊申壬戌癸亥〔六月〕戊寅庚寅甲申壬申癸亥
〔七月〕乙卯壬戌壬辰丁未〔八月〕戊寅癸巳甲寅壬戌癸亥壬辰
〔九月〕戊申癸亥丙申甲申〔十月〕丁丑戊寅丙午丁未丁酉
〔十一月〕戊寅壬辰戊申丁未壬戌〔十二月〕戊寅癸巳丙午癸亥丁巳
口右吉日不犯天賊受死重喪死氣往亡破敗大耗天火離別刃砧日
口新增修方開生墳吉日
〔正月〕丁丑戊寅辛酉癸巳乙酉〔二月〕丁丑戊申戊寅庚申癸亥
〔三月〕癸巳丁未戊寅〔外〕壬申甲申丙申庚申
〔四月〕丁丑壬戌戊申壬辰〔外〕乙酉丁酉辛酉
〔五月〕戊寅壬辰丁未甲寅癸亥〔六月〕戊寅壬辰癸亥壬申丙申庚申
〔七月〕壬辰壬戌乙卯丁未〔八月〕戊寅甲寅癸巳壬戌
〔九月〕丁丑戊申乙卯庚午甲申壬申丙午庚申
〔十月〕丙午丁未戊寅〔外〕乙酉丁酉辛酉癸酉庚午辛未甲子
〔十一月〕壬辰戊申壬戌〔十二月〕戊寅壬辰癸巳丙午丁巳癸亥
口右吉日不犯天瘟土瘟土禁重喪受死月殺凶敗死氣月建轉煞

論安葬木忌棺木殺方

口棺木殺方定局

寅午戌人忌寅卯辰方

申子辰人忌申酉戌方

巳酉丑人忌巳午未方

亥卯未人忌亥子丑方

茺蕪他賊四時墓丙杜刑冲刃害犯者不吉滅没日合得命祿貴馬到上吉

昌大富貴之家所以富貴者由祖宗積德獲地以壯秀地世世科名甚其富貴暴發入則倚穴其傍或以爲福力尚大只管附葬不思廖克遜曰下里求龍上求　所之地若地以獲福而使有長石非得真穴而　泄祖故之氣以招禍也

論符篆用方磚硃書中

生墳　陽壙靈符

壓壙　靈符

唵生養護

陰壙靈符

左邊書　身披北斗頭戴三台

右邊書　壽山永遠朽石人來

皆向書寫爲長命富貴吉

□聖人喻論

孔子曰人生事之以禮死葬之以禮祭之以禮又曰事死如事生事亡如事存又曰慎終追遠民德歸厚矣

孟子曰生不足以當大事惟送死可以當大事

夫子曰喪葬稱家之有無貧而厚葬不循禮也

按伊川先生曰卜其宅兆卜其地之美惡也地美則神靈安穩陰子孫昌盛實聰明智大方者吉凶光潤草木之茂盛乃其驗也

□葬事總覽

謂葬法入殮掩壙成服除服等事

起例一□惟男命一十起大火順行二十小水三十小金四十小火五十大木六十大金零年亦順數至死年即

□女一十起小火逆行二十小金三十小水四十大火五十大金六十大零年亦逆行數至死年住處遇吉者吉遇凶則凶一起月日時

亡人落枕六輪

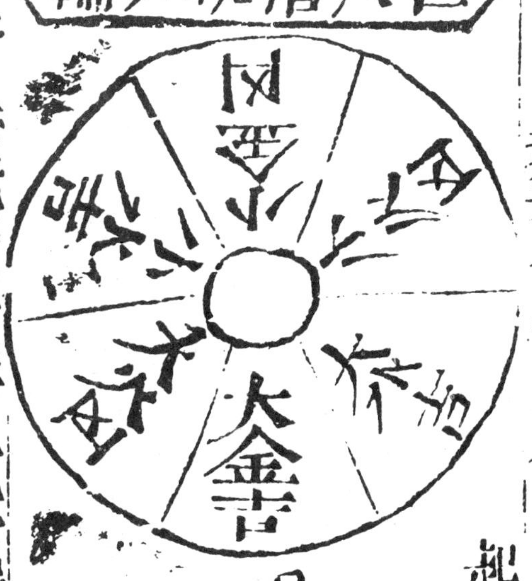

小金凶

大金吉

□起月法就年住處前一位起正月逐位數去男順女逆至死月前一位起初一數至死日住又於前一位起時看亡人死年月日時值何星以辨吉凶

論亡人落枕之時先看六輪數得大水大金小水年月日者便可安葬易得吉地子孫昌盛如值大火小火小金者主家破戶丟失大

○惟五患者爲人子不得不知謹使異日後不爲道路不爲溝池不爲城郭所迫不爲貴勢所奪不爲耕鋤所及五患者城郭溝渠道路林落井窑不埜是五患其爲相先憂也爲孝子者則當慎之矣

按文公家禮云淺則爲人近迫深則溫潤易朽故必擇土厚水深之地爲土壙內宜以[illegible]宜[illegible]之不可[illegible]大[illegible]久則易[illegible]見文公家禮

入棺大殮[illegible]

## 亡人枕中記

坎
青龍
吉

有災須停喪擇吉年月日安葬吉

起例　男一十起坎二十艮三十震四十離五十坤六十乾順行零年亦順　女二十起離二十巽三十艮四十坎五十乾六十坤逆行零年亦逆　年下起月月下起日日下起時看亡人年月日到處遇吉則吉遇凶則改塟停柩別擇吉年月日安塟

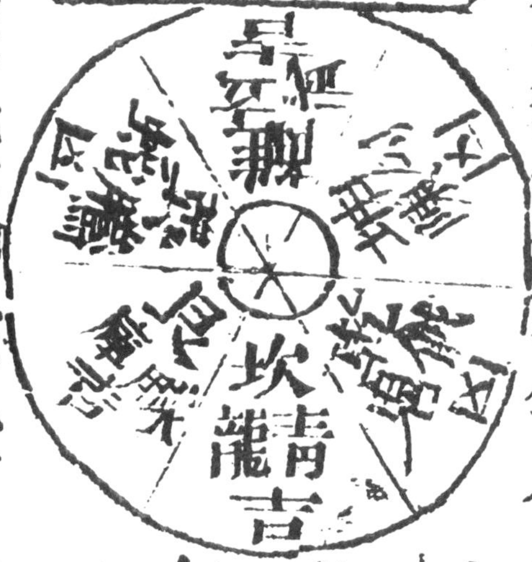

○右浴枕六輪及亡人枕中記二條似不近理凡人死生皆有日時子孫富貴貧賤各有命分定豈容擇日而死冬月猶可況當夏之時死而不殮必待吉日以致敗朽嗟乎何忽然人事一憑信吁偕俗之斷麥姑存其例以備用耳然用與不用存乎人之賢用

○浴枕空亡

○術六千人忌坤辰　虎馬狗人[illegible]丑頂

[illegible]

[illegible]龍蛇鼠[illegible]來侵　牛雞猴人嫌酉戌

日時忌青月坎之年天坎之亡人破犯此

●通日人根吉時

子日甲庚時丑日乙辛時

寅日丁癸時卯日丙壬時

辰日丁申時巳時乙庚時

午日丁癸時未日乙辛時

甲日甲癸時酉日丁壬時

戌日庚壬時亥日乙辛時

○遂日大殮吉時

甲子日甲酉乙丑日寅卯

丙寅日亥子丁卯寅卯午

戊辰日巳申己巳巳午申

庚午日辰巳辛未日坤壬

壬申未申亥癸酉日辰申

甲戌日申酉乙亥日酉亥

丙子日卯辰丁丑日寅卯

戊寅日辰巳己卯日巳申

庚辰日巳申辛巳日巳未

壬午日巳未癸未日丑未

六道分

行年　十七十一　二十八十　二十九十　四十　五十　六十

見　天道　地道　人道　佛道　畜道　鬼道

女　佛道　人道　地道　天道　鬼道　畜道

○古六道分起法不問男女皆從上数下男一十天道二十地道零

年亦順行且如男亡五十二歲合得天道是也餘倣此

詩曰

天道進田蘇　人道即超生　佛道終善利

地道地府行　畜道人不利　鬼道害人丁

○死日殺方定局　死日若犯重喪見後喪事根法古

死日凶亡　子　丑　寅　卯　辰　巳　午　未　申　酉　戌　亥

喪七十　四　戌　亥　子　丑　寅　卯　辰　巳　午　未　申

喪殃　卯　辰　巳　午　未　申　酉　戌　亥　子　丑　寅

壓八喪家　中　步卅　卯　四十喪　家　大門　戶午地　内十二步　子　離三十步　大門三十步　五步　六門

畢死鬼　申　酉　戌　亥　子　丑　寅　卯　辰　巳　午　未

論雖離殮鬼二殺的呼之說切以臆度之因一人已死而有是殺出

鄰家又復殺人又回喪家殺人畜也何方此理不足信也䇿不編入

甲申日酉亥乙酉日甲酉
丙戌日戌亥丁亥日巳未
戊子日寅申巳丑日丑未
庚寅日丑申辛卯日丑未
壬辰日申酉癸巳日丑未
甲午日巳申乙未日申酉
丙申日卯辰丁酉日寅卯辰
戊戌日巳申巳亥日巳申
庚子日戌亥辛丑日丑寅
壬寅日亥子癸卯日丑未
甲辰日寅申乙巳日亥子
丙午日寅卯丁未巳巳亥
戊申日寅申巳酉日巳申
庚戌日巳申辛亥日巳未
壬子日辰戌癸丑日丑未
甲寅日酉甲乙卯日卯酉
丙辰日巳亥丁巳日亥子
戊午日巳申巳未日午申

## 成服吉日

宜甲子巳巳巳酉庚寅癸巳丁酉丙午辛亥癸丑戊午庚申●宜鳴吠日鳴吠時日●忌重喪建破日州斯忻符人殺雷霆白虎若占申宮不宜與衆成服

鳴吠吉日壬申庚午癸酉壬午甲申乙酉庚寅丙申丁酉壬寅丙午巳酉庚申辛酉

鳴吠対日丙寅丁卯丙子庚子辛卯甲午癸卯壬子甲寅乙卯

○逐月成服吉日

正月乙酉庚寅丙午丁酉癸卯戊午　二月甲子庚申丙午癸丑
三月甲子乙酉庚寅丙午癸丑　四月甲子乙酉庚申丁酉癸卯
五月乙酉庚寅庚申　六月甲子乙酉庚寅丁酉丙午庚申
七月甲子乙酉丙午丁酉癸丑戊午　八月甲子庚寅庚申戊午
九月甲子乙酉丁酉丙午庚申　十月甲子丁酉庚申丙午戊午
十一月甲子乙酉丁酉庚寅庚申　十二月甲子乙酉丙午庚申戊午

○右吉日不犯重喪重復甘明陰錯日○已上推有癸巳癸丑戊午不是鳴吠日○論成服月有喪之家道途成服不用此我服之日但是緦喪之家或在外亡聞喪則行擇日成服之理

丁日辰巳辛酉日寅申
戊艮私寅癸亥日巳申
乜人嫁安葬的呼日
○子卒辛丑乙丑日辛巳
壬寅日丙午丁卯呼轉好
戊辰日癸亥巳巳甲辰巳未
庚午呼未戊呼未呼巳亥
壬申日一巳癸酉辛亥
甲戌呼戊乙乙亥呼乙未
丙子呼丁丑丁丑日癸未
戊寅甲辰丙午巳卯丁巳未
寅辰戊戌戊辰辛巳呼巳未
壬午日壬庚癸未呼甲申
甲申日壬辰乙酉日丙子
丙戌日呼甲子丁亥丁巳亥
戊子日巳卯巳丑丁未午
庚寅呼丙申辛卯呼丁未
壬辰呼壬申癸巳呼甲午

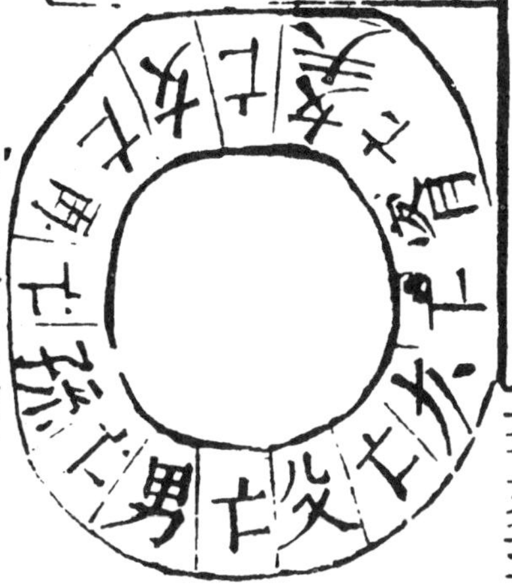

## 除服吉日

宜壬申丙 丙子甲申辛卯庚子丙午戊子己酉
辛亥壬子乙卯巳未庚申除日忌重喪定破日

### 除靈周堂

父 亡 男 亡 孫 亡 女 亡 母

○起例一
大月初一從父向男順行○小月初一從
母向孫逆行一日一位推值亡吉值人
損人有人則忌無不妨或值若避吉
○其法只問月分大小不間台氣
五音巳除服 宮羽寅角巳徵申商亥

○逐月除服吉日
正月 辛卯乙卯外丁卯巳卯癸卯
二月 戊辰庚辰丙辰壬辰
三月 辛巳乙巳癸巳丁巳
四月 庚午甲午戊午壬午
五月 乙未巳未外辛未癸未
六月 壬申甲申丙申庚申
七月 巳酉癸酉丁酉乙酉辛酉
八月 甲戌丙戌戊戌庚戌壬戌
九月 辛亥外乙亥丁亥癸亥
十月 丙子庚子外甲子庚子
十一月 乙丑巳丑辛丑
十二月 戊寅丙寅庚寅壬寅甲寅
○右不巳重喪重復明陽錯破日○除服與哀設醮動法黑巳白虎占中宮

甲午丁酉庚子乙未出酉
丙申呼巳丑丁酉呼丁酉
戊戌呼癸亥巳亥呼辛未
庚子呼乙未辛丑呼壬子
壬寅呼甲辰癸卯丙辰丁巳
甲辰呼庚辰乙巳呼丙子
丙午子未己丁未呼己未
戊申呼庚戌己酉呼庚申
庚戌呼辛丑辛亥日丁亥
壬子呼乙亥癸丑亥甲寅
甲寅癸巳未乙卯戊子丙辰
丙辰甲辰申丁巳呼庚子
戊午呼辛未己未呼丙戌
庚申辛巳酉辛酉日庚辰
壬戌辛丑未癸亥乎丙寅
○巳上的呼之日犯者
小避則吉

# 喪事總忌

謂害喪行葬等事

| 年 | 子 | 丑 | 寅 | 卯 | 辰 | 巳 | 午 | 未 | 申 | 酉 | 戌 | 亥 |
|---|---|---|---|---|---|---|---|---|---|---|---|---|
| 八座月𦓅勁 | 酉 | 戌 | 亥 | 子 | 丑 | 寅 | 卯 | 辰 | 巳 | 午 | 未 | 申 |
| 月 | 正 | 二 | 三 | 四 | 五 | 六 | 七 | 八 | 九 | 十 | 十一 | 十二 |
| 八座月𦓅勁 | 亥 | 子 | 丑 | 寅 | 卯 | 辰 | 巳 | 午 | 未 | 申 | 酉 | 戌 |
| 重喪日 | 甲 | 乙 | 巳 | 丙 | 丁 | 巳 | 庚 | 辛 | 巳 | 壬 | 癸 | 巳 |

●死者犯重喪主再有喪其法只作小函用硃書函于棺下及棺
置于棺王屍犯用此槓之俱吉

極重喪法　正三六九十一月並書六庚天刑　二月書六辛天庭
四月書六壬天牢　五月書六癸天獄　七月書六甲天福
八月書六乙天德　十月書六丙天威　十二月書六丁天明

| 行喪凶方 | 正 | 二 | 三 | 四 | 五 | 六 | 七 | 八 | 九 | 十 | 十一 | 十二 |
|---|---|---|---|---|---|---|---|---|---|---|---|---|
| 報怨殺 | 丙 | 甲 | 庚 | 丙 | 甲 | 壬 | 庚 | 丙 | 甲 | 壬 | 庚 | 丙 |
| 撞命殺 | 甲 | 壬 | 庚 | 丙 | 甲 | 壬 | 庚 | 丙 | 甲 | 壬 | 庚 | 丙 |

昇公暗刀殺文勾修厨殺忌遯十月家主刷出喪忌沖撞凶

## 行喪凶方

○年劍鋒殺忌商行喪

子年丙方　丑年艮方
寅年庚方　卯年辛方
辰年乾方　巳年壬方
午年癸方　未年艮方
申年酉方　酉年申方
戌年巳方　亥年丙方

○年皇帝八座日忌行喪

子年癸酉日　丑年甲戌日
寅年丁亥日　卯年甲子日
辰年乙丑日　巳年甲寅日
午年丁卯日　未年甲辰日
申年巳巳日　酉年甲午日
戌年丁未日　亥年甲申日

○正巳忌行喪出柩之日
又忌每月收日大忌之

## 四季八座凶日

春乙卯　夏丙午　秋庚申　冬辛巳

○行喪若日如犯年日八座宜向日中青龍華蓋方坐立吉也今自于後

| 日吉 | 青龍 | 華蓋 |
|---|---|---|
| 子 | 戌 | 辰 |
| 丑 | 亥 | 巳 |
| 寅 | 子 | 午 |
| 卯 | 丑 | 未 |
| 辰 | 寅 | 申 |
| 巳 | 卯 | 酉 |
| 午 | 辰 | 戌 |
| 未 | 巳 | 亥 |
| 申 | 午 | 子 |
| 酉 | 未 | 丑 |
| 戌 | 申 | 寅 |
| 亥 | 酉 | 卯 |

停喪凶忌方

| 年 | 重喪殺方 | 天官符方 | 地官符方 | 的殺方 | 太歲方 | 喪門方 | 三殺方 | | |
|---|---|---|---|---|---|---|---|---|---|
| 子 | 艮 | 亥 | 辰 | 未 | 子 | 寅 | 巳 | 午 | 未 |
| 丑 | 午 | 申 | 巳 | 辰 | 丑 | 卯 | 寅 | 卯 | 辰 |
| 寅 | 乾 | 巳 | 午 | 丑 | 寅 | 辰 | 亥 | 子 | 丑 |
| 卯 | 坎 | 寅 | 未 | 戌 | 卯 | 巳 | 申 | 酉 | 戌 |
| 辰 | 卯子 | 亥 | 申 | 未 | 辰 | 午 | 巳 | 午 | 未 |
| 巳 | 酉乾 | 申 | 酉 | 辰 | 巳 | 未 | 寅 | 卯 | 辰 |
| 午 | 艮 | 巳 | 戌 | 丑 | 午 | 申 | 亥 | 子 | 丑 |
| 未 | 年 | 寅 | 亥 | 戌 | 未 | 酉 | 申 | 酉 | 戌 |
| 申 | 戌 | 亥 | 子 | 未 | 申 | 戌 | 巳 | 午 | 未 |
| 酉 | 艮戌 | 申 | 丑 | 辰 | 酉 | 亥 | 寅 | 卯 | 辰 |
| 戌 | 午乙 | 巳 | 寅 | 丑 | 戌 | 子 | 亥 | 子 | 丑 |
| 亥 | 坤 | 寅 | 卯 | 戌 | 亥 | 丑 | 申 | 酉 | 戌 |

## 喪葬主避忌

凡主人謂祭主者是人子送終而卒哭而在朝晶或有改葬間塋及從葬者又或又有月將家主人主月取发月忌見魁罡此法繁辞合攏法又常明經葬不得用主人剃殺发令主人夭寿又不得用主人生用主有分立事又正相冲同旬下冲令主人得病唯治唯元浪月吉○又法明中即以大吉加明发以小吉加太发若家中有其災之人年命在叫魁罡之下者不可送喪瘟壙亦

○凡停喪未葬者因年月不利山頭有碍不得不停則四利方道尋太阳太阴九德福德貴人三奇水瘟之位安寄之吉

○新增出喪方向及山家年月日時安葬忌犯天坑方例

年天坑　巳酉丑年乾　申子辰年巽　亥卯未年坤　寅午戌年艮

月天坑　正五九月艮　二六十月巽　三七十一月乾　四八十二月坤

日天坑　寅卯辰日南丙　巳酉丑日庚辛方　餘日無犯

時天坑　巳酉丑時乾　寅午戌時艮　亥卯未時坤　申子辰時巽

○右年月日時天坑方忌山家坐向方道切忌出喪大不利最凶

○歲月魁罡合上層節論

庚午日合地下庚辰　正七月復日　二八月為天罡河魁　五十一月為建破　餘月吉

壬申日合地下壬寅　四十月復日　四十月為天罡河魁　七正月為建破　餘月吉

癸酉日合地下癸丑　五十一月復日　五十一月為天罡河魁　八二月為建破　餘月吉

壬午日合地下壬辰　四十月復日　二八月為天罡河魁　五十一月為建破　餘月吉

甲申日合地下甲寅　正七月復日　正七月為天罡河魁　正七月為建破　餘月吉

乙酉日合地下乙丑　六月復日　五十一月為天罡河魁　八二月為建破　餘月吉

庚寅日合地下庚申　正月復日　四十月為天罡河魁　正七月為建破　餘月吉

不可易主人所謂主人有未忌合以其次代之君不已者主財皆避亦可也故日合宜祭禳變至人教人以大法也

○凡主人何年本命有忌送殯痘壙又不宜為主人可以將女月日时值或有吉德凶自散亡書曰德扶持眾凶皆散若有忌送葬為其斜也

## 行喪雜法（立方　經綸）

凡主人白衣者為之頭須直作道冠臉帶白面其月若在衣朱裝左手執酒在堂揚或頗張威勢光或舉而行之至塋

|  |  |  |  | |
|---|---|---|---|---|
| 丙申日合地下丙寅 | 四十月復日 | 十四月為天罡河魁 | 七正月為建破 | 餘月吉 |
| 丁酉日合地下丁卯 | 五十月復日 | 五十一月為天罡河魁 | 八二月為建破 | 餘月吉 |
| 壬寅日合地下壬申 | 四十月復日 | 四十月為天罡河魁 | 二七月為建破 | 餘月吉 |
| 丙午日合地下丙子 | 四七月復日 | 八二月為天罡河魁 | 五十一月為建破 | 餘月吉 |
| 己酉日合地下己卯 | 二十九月復日 | 五十一月為天罡河魁 | 八二月為建破 | 餘月吉 |
| 庚申日合地下庚寅 | 七正月復日 | 十四月為天罡河魁 | 七正月為建破 | 餘月吉 |
| 辛酉日合地下辛卯 | 二月復日 | 五十一月為天罡河魁 | 八二月為建破 | 餘月吉 |

右一十四日金雞鳴玉犬吠上下不相呼日大吉

|  |  |  |  | |
|---|---|---|---|---|
| 丙子日合地下丙戌 | 四十月復日 | 二八月為天罡河魁 | 十一五月為建破 | 餘月吉 |
| 庚子日合地下庚戌 | 正七月復日 | 二八月為天罡河魁 | 十一五月為建破 | 餘月吉 |
| 壬子日合地下壬戌 | 四十月復日 | 二八月為天罡河魁 | 十一五月為建破 | 餘月吉 |
| 乙卯日合地下乙未 | 二八月復日 | 十一五月為天罡河魁 | 二八月為建破 | 餘月吉 |
| 辛卯日合地下辛未 | 六月復日 | 十一五月為天罡河魁 | 二八月為建破 | 餘月吉 |
| 丁卯日合地下丁未 | 五十一月復日 | 十一五月為天罡河魁 | 二八月為建破 | 餘月吉 |
| 癸卯日合地下癸未 | 五十一月復日 | 十一五月為天罡河魁 | 二八月為建破 | 餘月吉 |
| 丙寅日合地下丙申 | 四十月復日 | 四十月為天罡河魁 | 正七月為建破 | 餘月吉 |

所則以戈刺金共四遇交墓所用圍之内凶神惡殺自然退避然墓塋直主乃可獲吉矣●今人以五色紙裝成降神告君也

論出喪凶神難避別有論

出喪法諸曆書所忌出喪凶方神杀最多難以尽避如在公暗刀杀報怨撞命杀流年官將劍鋒年月八座三杀喪門崩騰等杀難以尽避蓋人家宅有一門可出況居城市道塞去処尤難迴避幸古來在倫喪一法為停喪者設也垂俗有不動声色没吉日夜

甲午日合地下甲辰　正七月復日　二八月為天罡河魁　五十一月為建破　餘月吉

甲寅日合地下甲申　正七月復日　四十月為天罡河魁　正七月為建破　餘月吉

〇古十日吕才云金雞不鳴玉犬不吠而與鳴吠之日相对可斬草

〇五音大墓日

壬申日　宮羽商徵吉　角音絶凶　合四十二家書　地虎不食
鳴吠歌吼吉　諸曆兼通　的呼丁巳生人月呼十二月内吉

癸酉日　宮羽商徵吉　角音凶　合三十八家書　地虎不食
鳴吠歌吼吉　的呼辛丑辛巳生人　月呼十二月内並吉

壬午日　商角徵音吉　宮羽白虎凶　合四十二家書　地虎不食
鳴吠歌吼吉　的呼壬寅生人　月呼十一十二月凶

甲申日　宮羽商音吉　角絶凶徵接靈　合五十四家書　地虎不食
鳴吠歌吼吉　的呼壬辰生人　月呼十二月　並凶

乙酉日　宮羽商徵吉　角音平平　合四十二家書　地虎不食
鳴吠歌吼吉　的呼丙午生人　月呼七月凶餘月吉

丙申日　宮羽商徵吉　角子凶　合四十八家書　地虎不食
鳴吠歌吼吉　的呼巳丑生人　月乎並吉

淨，喜已起或於夜半以後揀四殺服時或昴寅時舉柩輕重則入大以棠活鋪地相連出脚驚抬出外愈遠愈好家人老幼撲家不知所出却從屋外遠處來復起行前後屋角多獲吉

## 五音安葬忌日

○宮音忌用甲乙日
○商音忌用丙丁日
○角音忌用庚辛日
○徵音忌用壬癸日
○羽音忌用戊己日

四季忌用日

春未日 夏戌日
秋丑日 冬辰日

丁丑日 宮羽商徵吉 角女凶 合四十二家書 地虎不食
鳴吠歌吼吉 的呼丁酉生人 月呼並吉

壬寅日 宮羽商徵吉 角絕凶 合四十八家書 地虎不食
鳴吠歌吼吉 的呼甲辰生人 月呼並吉

丙午 角羽徵吉 商母凶 合四十一家書 地虎不食
吠歌吼吉 的呼丁亥生人 月呼並吉

己酉日 宮角商羽吉 徵子凶 合四十八家書 地虎不食
鳴吠歌吼吉 的呼庚申生人 月呼並吉

庚申日 宮羽商徵吉 角呼母 合四十八家書 地虎不食
鳴吠歌吼吉 呼辛巳丁巳人 月呼並吉

辛酉日 宮羽商徵吉 角女凶 合四十二家書 地虎不食
鳴吠歌吼吉 呼庚辰生人 月呼並吉

○五音小葬日

庚午日 商徵角音吉 宮羽白虎凶 合一十八家書 地虎不食
鳴吠吉 呼壬辰生人 八月呼三四五八九十十二月餘凶

壬辰日 商角吉 宮羽絕凶 合一十八家書 地虎不食

## 太陽容日

忌安葬凶

論太陽容日葬日忌值房虛昴星四宿屬太陽乃明光之昴真氣之形照曜萬物栄生二象死葬萌晒之事凡人死神魂歸化於明冥之方骨肉葬瘞於陰陽之處此之者反逆之逆故忌葬埋及日更忌宿伯魁制祭王命宜避之以伯宿木值日沖魁戊上生人井宿木值日沖魁丑土生人奎宿木星值日沖魁辰土生人斗宿木星值日沖魁未土过八柳宿土星值日中魁子水生人昴宿火星值日沖魁申金生人壁宿

歌吼凶　呼壬申生人　月呼並吉

甲辰日　商角吉　商弼絕凶　合二十八家書　地虎不食

歌吼凶　呼庚辰生人　月呼三九月凶餘月吉

乙巳日　商角徵吉　宮羽絕凶　合二十八家書　地虎不食

歌吼凶　呼丙子生人　月呼四十月凶餘月吉

甲寅日　宮羽商徵吉　角呼呼　合二十八家書　地虎不食

鳴吠吉　歌吼凶　呼癸巳生人　月呼正十月凶餘吉

丙辰日　商角吉　宮羽凶　合二十八家書　地虎不食

歌吼凶　呼甲申辰生人　月呼並吉

庚寅日　角徵羽吉　商宮呼弟凶　合四十二家書　地虎不食

鳴吠吉　歌吼凶　呼丙申生人月呼四八十十二月吉餘凶

○巳上大小葬日此是選定合曆吉日俱當照上曆降五音及四季合忌日辰再須忌地空正四廢周堂的呼等須臨門之際宜於各月內避開日○太陽容日節房虛昴星四宿爲容日諍之勿葬

《葬日八小宮大歲歷太命祭主忌日》犯此宜避則吉切忌

火星值日冲魁巳亥生人其餘星宿非辰对冲須是相剋首為無所制也

## 安葬諸論

先看山家墓運正陰府太歲不犯山頭深天空亡年天地官符忌開山立向山家墓運正陰府太歲月日時忌魁山如用山冢駢巡山太拜山家官符山家未能並忌開山言星能押宜用通天竅走馬六壬天行經同論擇取得飛年月更求三奇祿馬貴人諸家帝星得一位吉星同到山向以佐其吉然後祥且

## 排山掌訣

乾　兑　艮　離

中　每卦三山

巽　震　坤　坎

其法以葬日入中宮順數至本年太歲所到之宮立為將甲子入中宮遍數如其家有本命與太歲同宮者爲太歲押本命其人必有大凶是葬主首凡宜避之如所葬之山在本命宮灾禍尤緊

○假如辛酉年乙卯日葬以乙卯入中宮順數至二坤宮得辛酉是本年本歲以其家祭主本命有庚午己卯戊子丁酉丙午乙卯生人同在坤宮爲本歲押本命是也如葬是未坤山灾來尤緊切忌

○太歲押本命定局　今入用此例

| | | | | | | | | |
|---|---|---|---|---|---|---|---|---|
| ○甲子歲 | 押 | 癸酉 | 壬午 | 辛卯 | 庚子 | 己酉 | 戊午 | 生命 |
| ○乙丑歲 | 押 | 甲戌 | 癸未 | 壬辰 | 辛丑 | 庚戌 | 己未 | 命 |
| ○丙寅歲 | 押 | 乙亥 | 甲申 | 癸巳 | 壬寅 | 辛亥 | 庚申 | 命 |
| ○丁卯歲 | 押 | 丙子 | 乙酉 | 甲午 | 癸卯 | 壬子 | 辛酉 | 命 |
| ○戊辰歲 | 押 | 丁丑 | 丙戌 | 乙未 | 甲辰 | 癸丑 | 壬戌 | 命 |
| ○己巳歲 | 押 | 戊寅 | 丁亥 | 丙申 | 乙巳 | 甲寅 | 癸亥 | 命 |

吉形動草破土安塟乃為善也

僧陵子驗穴惟怕風地以燭驗之入而燭穢者非吉地也烛入而焰動此亦風地吹之能翻棺槨最凶不可不驗也

論開穴幾尺隔墳底舖砂

用工宜速則不泄氣如三五七日造成卦開底僅可也若逾何年月則穴之吉氣踰泄八矣何時得元氣葷蒸乎樞地中生氣朔阳交構真精雖維配偶就結入開墓露則真氣泄散灰屍棺入内何時得温暖乎且千里來龍真龍結穴据

| | | | | | | | | |
|---|---|---|---|---|---|---|---|---|
| ○庚午歲 | 押 | 己卯 | 戊子 | 丁酉 | 丙午 | 乙卯 | 甲子 | 命 |
| ○辛未歲 | 押 | 庚辰 | 己丑 | 戊戌 | 丁未 | 丙辰 | 乙丑 | 命 |
| ○壬申歲 | 押 | 辛巳 | 庚寅 | 己亥 | 戊申 | 丁巳 | 丙寅 | 命 |
| ○癸酉歲 | 押 | 壬午 | 辛卯 | 庚子 | 己酉 | 戊午 | 丁卯 | 命 |
| ○甲戌歲 | 押 | 癸未 | 壬辰 | 辛丑 | 庚戌 | 己未 | 戊辰 | 命 |
| ○乙亥歲 | 押 | 甲申 | 癸巳 | 壬寅 | 辛亥 | 庚申 | 己巳 | 命 |
| ○丙子歲 | 押 | 乙酉 | 甲午 | 癸卯 | 壬子 | 辛酉 | 庚午 | 命 |
| ○丁丑歲 | 押 | 丙戌 | 乙未 | 甲辰 | 癸丑 | 壬戌 | 辛未 | 命 |
| ○戊寅歲 | 押 | 丁亥 | 丙申 | 乙巳 | 甲寅 | 癸亥 | 壬申 | 命 |
| ○己卯歲 | 押 | 戊子 | 丁酉 | 丙午 | 乙卯 | 甲子 | 癸酉 | 命 |
| ○庚辰歲 | 押 | 己丑 | 戊戌 | 丁未 | 丙辰 | 乙丑 | 甲戌 | 命 |
| ○辛巳歲 | 押 | 庚寅 | 己亥 | 戊申 | 丁巳 | 丙寅 | 乙亥 | 命 |
| ○壬午歲 | 押 | 辛卯 | 庚子 | 己酉 | 戊午 | 丁卯 | 丙子 | 命 |
| ○癸未歲 | 押 | 壬辰 | 辛丑 | 庚戌 | 己未 | 戊辰 | 丁丑 | 命 |
| ○甲申歲 | 押 | 癸巳 | 壬寅 | 辛亥 | 庚申 | 己巳 | 戊寅 | 命 |
| ○乙酉歲 | 押 | 甲午 | 癸卯 | 壬子 | 辛酉 | 庚午 | 己卯 | 命 |

精十一廣之地能有幾闕之所今擴闕入作生壙一壙多則十數極少亦五六極闊狹則二三又一穴能有許多生氣乎且穴吉一二代共之穴凶二三代共之悞矣而擇擇又惑于庸師莫與替安不可拘日而待乎

論開穴一日大吉二日次之三日又次之四日而葬矣之常也

先番葬說云作子卜其地之美惡也取其上色之光潤樹木之茂盛地目不爲溝池道路屏城廓所逼及貴勢所奪則

|  | | | | | | | | |
|---|---|---|---|---|---|---|---|---|
| ○丙戌歲 | 押 | 乙未 | 甲辰 | 癸丑 | 壬戌 | 辛未 | 庚辰 | 命 |
| ○丁亥歲 | 押 | 丙申 | 乙巳 | 甲寅 | 癸亥 | 壬申 | 辛巳 | 命 |
| ○戊子歲 | 押 | 丁酉 | 丙午 | 乙卯 | 甲子 | 癸酉 | 壬午 | 命 |
| ○己丑歲 | 押 | 戊戌 | 丁未 | 丙辰 | 乙丑 | 甲戌 | 癸未 | 命 |
| ○庚寅歲 | 押 | 己亥 | 戊申 | 丁巳 | 丙寅 | 乙亥 | 甲申 | 命 |
| ○辛卯歲 | 押 | 庚子 | 己酉 | 戊午 | 丁卯 | 丙子 | 乙酉 | 命 |
| ○壬辰歲 | 押 | 辛丑 | 庚戌 | 己未 | 戊辰 | 丁丑 | 丙戌 | 命 |
| ○癸巳歲 | 押 | 壬寅 | 辛亥 | 庚申 | 己巳 | 戊寅 | 丁亥 | 命 |
| ○甲午歲 | 押 | 癸卯 | 壬子 | 辛酉 | 庚午 | 己卯 | 戊子 | 命 |
| ○乙未歲 | 押 | 甲辰 | 癸丑 | 壬戌 | 辛未 | 庚辰 | 己丑 | 命 |
| ○丙申歲 | 押 | 乙巳 | 甲寅 | 癸亥 | 壬申 | 辛巳 | 庚寅 | 命 |
| ○丁酉歲 | 押 | 丙午 | 乙卯 | 甲子 | 癸酉 | 壬午 | 辛卯 | 命 |
| ○戊戌歲 | 押 | 丁未 | 丙辰 | 乙丑 | 甲戌 | 癸未 | 壬辰 | 命 |
| ○己亥歲 | 押 | 戊申 | 丁巳 | 丙寅 | 乙亥 | 甲申 | 癸巳 | 命 |
| ○庚子歲 | 押 | 己酉 | 戊午 | 丁卯 | 丙子 | 乙酉 | 甲午 | 命 |
| ○辛丑歲 | 押 | 庚戌 | 己未 | 戊辰 | 丁丑 | 丙戌 | 乙未 | 命 |

爲美矣地之英物補茨安而子孫盛富貴綿遠也如維培其根而枝葉必茂盛理固然矣

論斷鳥鳴吠对日自本用庚子断辈乃是甲子日謹後人集寫之誤列刻有是今依道藏經改正按三元甲子圖庚子鳴吠对日鄰與庚申庚戌对一云庚子对甲子其是

斷草鐵券儀式

券式以鐵爲之或梓木爲之長一尺闊七寸以朱書其文順寫一行例寫一行須令满樣不可死缺要寫畢行不可隻

○壬寅歲　押　辛亥　庚申　己巳　戊寅　丁亥　丙申　合同
○癸卯歲　押　壬子　辛酉　庚午　己卯　戊子　丁酉　合同
○甲辰歲　押　癸丑　壬戌　辛未　庚辰　己丑　戊戌　合同
○乙巳歲　押　甲寅　癸亥　壬申　辛巳　庚寅　己亥　合同
○丙午歲　押　乙卯　甲子　癸酉　壬午　辛卯　庚子　合同
○丁未歲　押　丙辰　乙丑　甲戌　癸未　壬辰　辛丑　合同
○戊申歲　押　丁巳　丙寅　乙亥　甲申　癸巳　壬寅　合同
○己酉歲　押　戊午　丁卯　丙子　乙酉　甲午　癸卯　合同
○庚戌歲　押　己未　戊辰　丁丑　丙戌　乙未　甲辰　合同
○辛亥歲　押　庚申　己巳　戊寅　丁亥　丙申　乙巳　合同
○壬子歲　押　辛酉　庚午　己卯　戊子　丁酉　丙午　合同
○癸丑歲　押　壬戌　辛未　庚辰　己丑　戊戌　丁未　合同
○甲寅歲　押　癸亥　壬申　辛巳　庚寅　己亥　戊申　合同
○乙卯歲　押　甲子　癸酉　壬午　辛卯　庚子　己酉　合同
○丙辰歲　押　乙丑　甲戌　癸未　壬辰　辛丑　庚戌　合同
○丁巳歲　押　丙寅　乙亥　甲申　癸巳　壬寅　辛亥　合同

行二券之際書合同二
字將合同一右券于所
定負心發上埋之後開
廝之日取棄于深水之
中外有下一五銖券後
安葬之時則將埋于棺
中槨之前

○式券文宜朝宜隻交

唯

大明某年某月某日某鄉
某社孝信某人以某親
生于某年月日時故於
某年月日時停柩未葬
今小某鄉方某山之原
絲羅叶吉易占允臧謹
憑白鶴先師置余銀財
九方九千九百九十九
貫文兼五彩祀處藏致

○戊午歲　押　丁卯　丙子　乙酉　甲午　癸卯　壬子　命
○己未歲　押　戊辰　丁丑　丙戌　乙未　甲辰　癸丑　命
○庚申歲　押　己巳　戊寅　丁亥　丙申　乙巳　甲寅　命
○辛酉歲　押　庚午　己卯　戊子　丁酉　丙午　乙卯　命
○壬戌歲　押　辛未　庚辰　己丑　戊戌　丁未　丙辰　命
○癸亥歲　押　壬申　辛巳　庚寅　己亥　戊申　丁巳　命

○已上排定　太歲押祭主本命皆祭上，家不押最好或人多只要
長子長孫　長媳命不押占若押長子災禍立至若只一子犯押尤
宜避之決　不用太歲押命試之屢驗俱人知皆避之爲占
○祭主　本命忌對冲日定句又成年月時忌之惟日冲尤忌同例災之

祭主本命
正冲
同旬中

甲子乙丑丙寅丁卯戊辰己巳庚午辛未壬申癸酉
甲午乙未丙申丁酉戊戌己亥庚子辛丑壬寅癸卯
庚午辛未壬申癸酉甲戌乙亥丙子丁丑戊寅己卯

祭主本命
正冲
同旬冲

甲戌乙亥丙子丁丑戊寅己卯庚辰辛巳壬午癸未
甲辰乙巳丙午丁未戊申己酉庚戌辛亥壬子癸丑
庚辰辛巳壬午癸未甲申乙酉丙戌丁亥戊子己丑

檄下

開元皇君位下眞到本山
東至青龍西至白虎南
至朱雀北至玄武上至
青天下至黃泉中至亡
人吉穴丙方勾陳分掌
四域某承幕伯謹守封
界道路將軍齊備阡陌
若輙干犯河禁將軍卽
行斬付河伯今以牲牢
酒禮共盟誓財地兩相
交付謹擇于某年月日
時天地開通日吉時良
斬草立穴破土安葬用
工修建上程畢後另擇
天和宜主大金雞鳴吠
歌吼吉辰擇柩安葬山
山鍾靈神祇保佑永鎮

祭主本命
正冲
同旬冲

祭主本命
正冲
同旬冲

祭主本命
正冲
同旬冲

祭主本命
正冲
同旬冲

甲申乙酉丙戌丁亥戊子己丑庚寅辛卯壬辰癸巳
甲寅乙卯丙辰丁巳戊午己未庚申辛酉壬戌癸亥
庚寅辛卯壬辰癸巳甲午乙未丙申丁酉戊戌己亥
甲午乙未丙申丁酉戊戌己亥庚子辛丑壬寅癸卯
甲子乙丑丙寅丁卯戊辰己巳庚午辛未壬寅癸酉
庚子辛丑壬寅癸卯甲辰乙巳丙午丁未戊申己酉
甲辰乙巳丙午丁未戊申己酉庚戌辛亥壬子癸丑
甲戌乙亥丙子丁丑戊寅己卯丙辰辛巳壬午癸未
庚戌辛亥壬子癸丑甲寅乙卯丙辰丁巳戊午己未
甲寅乙卯丙辰丁巳戊午己未庚申辛酉壬戌癸亥
甲申乙酉丙戌丁亥戊子己丑庚寅辛卯壬辰癸巳
庚申辛酉壬戌癸亥甲子乙丑丙寅丁卯戊辰己巳

○按金精天桃歷書云九葬用年月日與主人家本命行年及同旬正冲于支同旬者並不可用若值支則不忌本命與日冲最忌行年月猶可也行年者即了運也男一歲起丙寅順行二歲丁卯六十歲至乙丑女一歲起壬申逆行二歲辛未六十歲到癸酉如再酉

滇歷将遣斬約地府主
吏行當厭禍神其掌操
兩外存亡未叶傾吉急
急奉
以上五帝律令勅
天子斬衍諸候斬营吏
人斬亭

## 從戊至癸分行年立成

○論篇定局于後

夫男女行年皆禁因元氣
也元氣混而為二氣斯
判是日兩儀始分天地
位男女之變間易曰乾
道成男坤道成女既其
女然後有夫婦元氣此
方其數有二固于為陰
陽之基次後判而有三

十歲得丙年卽不用丙年年月日時不可以年月相冲之說為忌
行年小運立成篇論如上層卽祭主本命年是也

## ○塟日總忌

○二十四山正陰府太歲定局

艮丙巽辛山屬水忌甲己土　乾甲兌丁巳丑山屬木忌乙庚金
離壬寅戌山屬土忌丁壬水　坎癸申辰坤乙山屬火忌丙辛水
辰庚亥未山屬金忌戊癸火　已上年月日時俱忌犯

○二十四山天星地曜定局一名活陰府太歲造塟俱忌

甲乙寅卯巽山屬水　忌庚辛為天星開山　申酉為地曜殺人
庚申辛酉乾山屬金　忌丙丁為天星開山　巳午為地曜殺人
丙丁巳午四山屬火　忌壬癸為天星開山　亥子為地曜殺人
壬癸亥子四山屬水　忌戊巳為天星開山　辰戌丑未地曜殺人
坤艮辰戌丑未屬土　忌甲乙為天星開山　寅卯為地曜殺人

○正消滅殺

乙卯酉日消艮丙山　丙子午日消巽辛山　辛丑未日消乾甲山
甲戌辰日消兌丁山　丁卯酉日消震庚山　庚子午日消坤乙山

喜遇配合之情上男二十而冠三十而娶女十五而笄二十而嫁此是婚会之時不可失其候也曰子初受元氣順三十而至午巳女逆二十而亦到巳巳而爲偶合之地既有夫婦而後初十月順而生男皆而生女故男在寅女在申明矣男取丙寅女取壬申者何也凡論支以子爲首論干以甲爲首甲東方也萬物俟生之地取干支相配甲配子子是子布手又甲木生丙火自丙寅爲男紀育八元金主壬水却壬申爲女

## 天地燥火掌訣

坤 兌 乾
離 天火 坎 地火
巽 震 艮

天地燥火 造宅忌天火 葬忌地火
天火居離土 地火須居坎
若人不信此 陰坟陽宅危
其殺屢試屢驗 惟忌時

○天地燥火詩訣起例

甲申酉向震宮求寅申天火 巳亥地火山庚戌山艮門遊丑未天火辰戌地火
丙午亥宮離火發子午天火 卯酉地火頭辛辰向順坤流巳亥天火寅申地火
丑未坤宮兌上是巳亥天火 寅申此火庚寅卯鬼門乾申辰戌天火丑未地火
艮丁癸水坎家覓卯酉天火 子午地火壬子巳山幷艮過寅申天火巳亥地火

○李廣將軍箭詩例

○甲庚卯酉年爲禍 乙辛龍犬殺人多 丁癸牛羊跳踏逐
丙壬子午動干戈 乾巽中向猪蛇臥 坤艮虎猴不堪過
天子無箭支有箭 犯着必臨怎奈何
此殺即陽刃飛刃是也 ○古云李廣將軍箭似鎗有人犯着禍難當
一箭一人死 二箭二人亡 三箭幷四箭 父子不相見 假如甲
庚山忌用卯酉年月日時餘同此 又云甲庚山忌卯酉壬子

猶恐未惧乃以歲運配六十花甲子立成于後

〇男行年定局

一歲丙寅　二歲丁卯
三歲戊辰　四歲己巳
五歲庚午　六歲辛未
七歲壬申　八歲癸酉
九歲甲戌　十歲乙亥
十一歲丙子　十二歲丁丑
十三歲戊寅　十四歲己卯
十五歲庚辰　十六歲辛巳
十七歲壬午　十八歲癸未
十九歲甲申　二十歲乙酉
廿一歲丙戌　廿二歲丁亥
廿三歲戊子　廿四歲己丑
廿五歲庚寅　廿六歲辛卯
廿七歲壬辰　廿八歲癸巳
廿九歲甲子　三十歲乙未

俱全相冲衝之有方有節主殺入如卑犯有帝星入中宮吉

## 〇化命避忌

謂亡命忌犯諸空亡等殺

〇掃地空亡詩例

猪犬羊兔忌卯辰　龍蛇鼠畢水真　虎馬兔嫌子丑位
猴雞牛怕酉戌征　又名財身空亡死犯名落枕空甃犯名曰掃
地空〇假如亥戌亡命忌卯辰年月日時其餘倣此

〇昔廖公與南劍州樂縣崔氏下祖坎坤山艮向丁亥亡命用壬辰年戊申月庚申與辰時乃年犯時犯二絕年出五府尚書之職只要合得祿馬貴人帝星太陽作山向大利生旺年月反吉福如不合此取用吉慎之無合此法屢犯有吉或納音五行四柱自不尅亡命之納音者吉如年月生旺納音尅亡命之納音主凶

〇天地空亡詩例

〇甲巳看馬馬入欄　乙庚龍位變山川　丙辛虎入青峦外
丁壬犬在路傍眠　戊癸猴猿須切忌　亡人入地敗牛田
惟有尅日乃為忌　年月時犯不充疆

卅一歲丙申 卅二歲丁酉
卅三歲戊戌 卅四歲己亥
卅五歲庚子 卅六歲辛丑
卅七歲壬寅 卅八歲癸卯
卅九歲甲辰 四十歲乙巳
四十一丙午 四十二丁未
四十三戊申 四十四己酉
四十五庚戌 四十六辛亥
四十七壬子 四十八癸丑
四十九甲寅 五十乙卯
五十一丙辰 五十二丁巳
五十三戊午 五十四己未
五十五庚申 五十六辛酉
五十七壬戌 五十八癸亥
五十九甲子 六十歲乙丑

□女命行年定局

一歲壬申 二歲辛未
三歲庚午 四歲己巳

其法只論日辰不論年月時假如甲巳亡命惟忌庚午日是也

□甲巳亡命忌庚午日 □乙庚亡人忌庚辰日 □丙辛亡人忌庚寅日

□丁壬亡人忌庚戌日 □戊癸亡人忌庚申日

昔范公與當陽縣杜氏下葬坟甲戌辰年丙辰月壬申日庚子時係戊申亡命戊癸忌□其日有犯申字奈不是庚甲乃無庚字壬申日死害獄云如或犯之只要山家向首八利運合真祿馬貴人大帝星到中宮十全大吉先賢教法屢犯合此皆吉作明師訂而用之

□冷地空亡詩例

□甲巳亡人子午嘗 乙庚人怕虎候鄉 丙辛切忌雞與兒
丁壬丑未切須防 戊癸大龍興大禍 六丁年中冷地空
日時有忌餘無忌 犯着亡人卧冷鴞

□假如甲巳亡命惟忌子午日時年月不忌若合祿馬貴人太陽生氣火星到宮并選合生旺有氣年月及通天甲年月誠犯亦吉何冷地空之有

□亡命馬纏身訣條

甲子辰亥土不動庫 寅午戌蛇頭動紙筆 巳酉丑逢申便轉手

| | |
|---|---|
| 五歲戊辰 | 六歲丁卯 |
| 七歲丙寅 | 八歲乙丑 |
| 九歲甲子 | 十歲癸亥 |
| 十一歲壬戌 | 十二歲辛酉 |
| 十三歲庚申 | 十四歲己未 |
| 十五歲戊午 | 十六歲丁巳 |
| 十七歲丙辰 | 十八歲乙卯 |
| 十九歲甲寅 | 二十歲癸丑 |
| 廿一歲壬子 | 廿二歲辛亥 |
| 廿三歲庚戌 | 廿四歲己酉 |
| 廿五歲戊申 | 廿六歲丁未 |
| 廿七歲丙午 | 廿八歲乙巳 |
| 廿九歲甲辰 | 三十歲癸卯 |
| 卅一歲壬寅 | 卅二歲辛丑 |
| 卅三歲庚子 | 卅四歲己亥 |
| 卅五歲戊戌 | 卅六歲丁酉 |
| 卅七歲丙申 | 卅八歲乙未 |
| 卅九歲甲午 | 四十歲癸巳 |

亥卯未逢空切須忌　雖以亡為主運以主為主如亡命甲子屬水長生在申遇臨官到亥則是絕身官符忌則年月日次之

○亡命官符殺詩

○亡命係虎遁山首　遁起山首屬甚神　再把歲君遁五虎
歲音剋命納作山　相生我吉名為助　我剋僭尊方論真
他剋我兮為鬼殺　此殺猶空不相嗔

○假如戊寅亡命屬土酉山卯向則將亡命五虎遁得其山辛酉納音屬金用申巳年又將申巳太歲五虎遁得其山癸酉納音金乃金剋木故曰歲官殺犯之主人財退散餘做此只論歲及山頭不論年辰

○劍害殺詩

○金命亡人忌火山　金山木命禍相關　水命土山君忌取
水山火命主艱難　土命木山為大禍　最宜牢記莫為間
教君利害休相犯　犯着之時禍百端

○假如甲子乙丑亡命納音屬金葬午山子向山元來屬火乃火剋亡命納音之金其餘做此　以五行論山所屬

○劍冲殺詩

四十一壬辰　四十二辛卯
四十三庚寅　四十四己丑
四十五戊子　四十六丁亥
四十七丙戌　四十八乙酉
四十九甲申　五十癸未
五十一壬午　五十二辛巳
五十三庚辰　五十四己卯
五十五戊寅　五十六丁丑
五十七丙子　五十八乙亥
五十九甲戌　六十癸酉門

右男女行年各依次第周而復始且男行年六十发至乙丑[illegible]一週後到丙寅六十一丁卯次第順排○女行年六十发到癸酉六十一又後到壬申六十二辛未次第逆排去

○金命葬父有不由　年月日時大局求　巳酉戌甲金局忌
例冲犯犯主生愁　木命葬於事何知　年月須求金局推
亥卯未寅爲此例　犯之必定見災危　水上葬父人何曉
寅午戌巳年月討　申子辰亥不爲局　有人犯着命難逃
火命生人葬父身　申子辰亥好安親　寅午戌巳君須記
犯之必定損人丁

○假如金命人葬父用亥卯未寅木局年月日時忌巳酉丑申金局大冲乃亥冲巳卯冲酉未冲丑寅冲申之類餘倣此不要正冲合局則亦不忌

○六刺殺訣　出分金論

○土命屬金須忌火　火命尤忌水相關　木命逢金君須忌
水命逢土不自安　土遇木宫尤可畏　犯之災禍乃難當
逢生中處須推用　受剋分金災必臨

○假如甲子土命屬金葬忌火字分金乃火尅金餘倣此

○刺仙殺訣

○假如土命原屬小　坐山変運忌房士　其年亡命剋穴殺
墓此一隅皆可救

○假如甲子亡命病音属金人癸卯年作艮

如男命十五歲行年卯
得乙卯羅睺星忌用一丑
年月日時亦忌使用年
月日相冲行年餘倣此

日流太歲詩訣

壬子癸山戊子旬
丑艮寅位戊寅真
甲卯乙山己卯忌
辰巽巳山戊辰輪
丙午丁山尋戊午
未坤申山忌己未
庚酉辛山己酉循
戌乾亥山戊戌輪

假如壬子癸山忌戊子旬
中十日係日流太歲
旬中俱戊己凶餘入之
餘不犯戊己戊己日
即戊己殺花造葬動土

亥山將大火五虎遁得女山運己未火為之災剋亡命凶煞變論

○造葬最忌八山黃泉曜星殺

○乾山壬午不堪當　乙卯坤山切要防　震有午酉巽山忌
丙寅艮山仔細詳　坎山戊辰君莫犯　巳亥離山定見殃
庚兌辛山忌丁巳　庚申鬼劫震山殃

○假如乾山屬金以乾宮運天甲子遁至壬午火剋金也

○滅門大禍日　忌安葬起造　此與羅網絞日凶

○正七月巳亥日　二八月子午日　三九月丑未日　四十月寅申日　五十一月卯酉日　六十二月辰戌日忌

○滅門凶時

○正巳七亥時莫逢　二辰八戌定其蹤　三卯九酉時休犯
四寅十申禍重重　五丑十一月未忌　六子十二午時寅
此是滅門真大殺　吉日之內定於凶

## 全掃地空亡入地空冷地空寸土無光總要立成便觀覽

甲子亡命掃地空忌子未　入地空忌庚午日　冷地空忌子午　寸土無光忌戊午

忌夕日梵局纏論

論續拙曆若犯凶日殺凶一云諸曆書只許日犯天吞大建大赫損宅長長子長孫今承乃正四七十月天德與天吞同日又天獄論與天建同日又與相日同相日與天赫同月空與月吞同諸曆書云大吉何例凶日取用可平大墓乃前賢研還有良利之日展識無惧惟通人不拘豈可謂其誠哉

論凶年法按周公七分開堂經云凶墓不避凶年惡月天殺地殺月真內首終及衆神皆不能為

| | | | | |
|---|---|---|---|---|
| 乙丑亡命 | 掃地空忌酉戌 | 入地空忌庚辰 | 冷地空忌丙申 | 寸土無光忌己未 |
| 丙寅亡命 | 掃地空忌子丑 | 入地空忌庚寅 | 冷地空忌卯酉 | 寸土無光忌甲申 |
| 丁卯亡命 | 掃地空忌子丑 | 入地空忌庚戌 | 冷地空忌丑未 | 寸土無光忌乙酉 |
| 戊辰亡命 | 掃地空忌午未 | 入地空忌庚申 | 冷地空忌辰戌 | 寸土無光忌庚戌 |
| 己巳亡命 | 掃地空忌午未 | 入地空忌庚午 | 冷地空忌子午 | 寸土無光忌辛亥 |
| 庚午亡命 | 掃地空忌子丑 | 入地空忌庚辰 | 冷地空忌寅申 | 寸土無光忌壬子 |
| 辛未亡命 | 掃地空忌卯辰 | 入地空忌庚寅 | 冷地空忌卯酉 | 寸土無光忌癸丑 |
| 壬申亡命 | 掃地空忌酉戌 | 入地空忌庚戌 | 冷地空忌丑未 | 寸土無光忌丙寅 |
| 癸酉亡命 | 掃地空忌酉戌 | 入地空忌庚申 | 冷地空忌辰戌 | 寸土無光忌丁卯 |
| 甲戌亡命 | 掃地空忌卯辰 | 入地空忌庚午 | 冷地空忌子午 | 寸土無光忌壬辰 |
| 乙亥亡命 | 掃地空忌卯辰 | 入地空忌庚辰 | 冷地空忌寅申 | 寸土無光忌癸巳 |
| 丙子亡命 | 掃地空忌午未 | 入地空忌庚寅 | 冷地空忌卯酉 | 寸土無光忌庚午 |
| 丁丑亡命 | 掃地空忌酉戌 | 入地空忌庚戌 | 冷地空忌丑未 | 寸土無光忌辛未 |
| 戊寅亡命 | 掃地空忌子丑 | 入地空忌庚申 | 冷地空忌辰戌 | 寸土無光忌庚申 |
| 己卯亡命 | 掃地空忌子丑 | 入地空忌庚午 | 冷地空忌子午 | 寸土無光忌辛酉 |
| 庚辰亡命 | 掃地空忌午未 | 入地空忌庚子 | 冷地空忌寅申 | 寸土無光忌甲戌 |

俗有忌人葬后入初絶不問年月吉三日内乘凶葬之吉雖值凶神亦不爲害故其不犯凶煞故也今日凶葬尺三日之内或一旬之内並不問山向年月但擇吉日訣用日彼上擬此一日之内成潤惟有一家州縣官衙開山上向之處不宜動卓舍壇壙俟凶神過方可擇吉加出謝墳

論落壙忌方假如癸酉日葬忌戌日三殺寅卯辰方開壙之時不可忌於日三殺方上其餘倣此

論埋葬行山宮生墓埋或

| 宮 | 掃地空忌辛未 | 入地空忌庚寅 | 冷地空忌卯酉 | 小土無光忌乙亥 |
|---|---|---|---|---|
| 壬午分 | 掃地空忌子丑 | 入地空忌庚戌 | 冷地空忌丑未 | 小土無光忌甲子 |
| 癸未分 | 掃地空忌卯辰 | 入地空忌庚申 | 冷地空忌辰戌 | 小土無光忌乙丑 |
| 甲申分 | 掃地空忌酉戌 | 入地空忌庚午 | 冷地空忌子午 | 小土無光忌戊寅 |
| 乙酉分 | 掃地空忌酉戌 | 入地空忌庚辰 | 冷地空忌寅申 | 小土無光忌己卯 |
| 丙戌分 | 掃地空忌卯辰 | 入地空忌庚寅 | 冷地空忌卯酉 | 小土無光忌戊辰 |
| 丁亥分 | 掃地空忌卯辰 | 入地空忌庚戌 | 冷地空忌丑未 | 小土無光忌己巳 |
| 戊子分 | 掃地空忌午未 | 入地空忌庚申 | 冷地空忌辰戌 | 小土無光忌丙午 |
| 己丑分 | 掃地空忌酉戌 | 入地空忌庚午 | 冷地空忌子午 | 小土無光忌丁未 |
| 庚寅分 | 掃地空忌子丑 | 入地空忌庚辰 | 冷地空忌寅申 | 小土無光忌壬申 |
| 辛卯分 | 掃地空忌子丑 | 入地空忌庚寅 | 冷地空忌卯酉 | 小土無光忌癸酉 |
| 壬辰分 | 掃地空忌午未 | 入地空忌庚戌 | 冷地空忌丑未 | 小土無光忌丙戌 |
| 癸巳分 | 掃地空忌午未 | 入地空忌庚申 | 冷地空忌辰戌 | 小土無光忌丁亥 |
| 甲午分 | 掃地空忌子丑 | 入地空忌庚午 | 冷地空忌子午 | 小土無光忌戊子 |
| 乙未分 | 掃地空忌卯辰 | 入地空忌庚辰 | 冷地空忌寅申 | 小土無光忌己丑 |
| 丙申分 | 掃地空忌卯辰 | 入地空忌庚寅 | 冷地空忌卯酉 | 小土無光忌甲寅 |

謂山頭在墳臨時開壙即無中宮之碍此說此通其如制煞宮符在中宮當日以中開壙即時結砌將棺施葬畢日之內或做自傍無犯若欲加土築砌則別擇利年月用事時亦日又於墳已加土用工離此一宿即是犯昨日之中宮也多見內人挑泥山頭無中宮之說或前日安葬後一日加土皆見大禍驗矣

凡安葬其月中宮無殺但取吉日斬草以後相連用上不住手雖遇月踰節作用不妨若住手從

| | | | | |
|---|---|---|---|---|
| 丁酉亡命 | 歸地空忌酉戌 | 入地空忌庚戌 | 冷地空忌丑未 | 寸土無光忌乙卯 |
| 戊戌亡命 | 歸地空忌卯辰 | 入地空忌庚申 | 冷地空忌辰戌 | 寸土無光忌庚辰 |
| 己亥亡命 | 歸地空忌卯辰 | 入地空忌庚午 | 冷地空忌子午 | 寸土無光忌辛巳 |
| 庚子亡命 | 歸地空忌午未 | 入地空忌庚辰 | 冷地空忌寅申 | 寸土無光忌壬午 |
| 辛丑亡命 | 歸地空忌酉戌 | 入地空忌庚寅 | 冷地空忌卯酉 | 寸土無光忌癸未 |
| 壬寅亡命 | 歸地空忌子丑 | 入地空忌庚戌 | 冷地空忌丑未 | 寸土無光忌丙申 |
| 癸卯亡命 | 歸地空忌子丑 | 入地空忌庚申 | 冷地空忌辰戌 | 寸土無光忌丁酉 |
| 甲辰亡命 | 歸地空忌午未 | 入地空忌庚午 | 冷地空忌子午 | 寸土無光忌壬戌 |
| 乙巳亡命 | 歸地空忌午未 | 入地空忌庚辰 | 冷地空忌寅申 | 寸土無光忌癸亥 |
| 丙午亡命 | 歸地空忌子丑 | 入地空忌庚寅 | 冷地空忌卯酉 | 寸土無光忌庚子 |
| 丁未亡命 | 歸地空忌卯辰 | 入地空忌庚戌 | 冷地空忌丑未 | 寸土無光忌辛丑 |
| 戊申亡命 | 歸地空忌酉戌 | 入地空忌庚申 | 冷地空忌辰戌 | 寸土無光忌庚寅 |
| 己酉亡命 | 歸地空忌酉戌 | 入地空忌庚午 | 冷地空忌子午 | 寸土無光忌辛卯 |
| 庚戌亡命 | 歸地空忌卯辰 | 入地空忌庚辰 | 冷地空忌寅申 | 寸土無光忌甲辰 |
| 辛亥亡命 | 歸地空忌卯辰 | 入地空忌庚寅 | 冷地空忌卯酉 | 寸土無光忌乙巳 |
| 壬子亡命 | 歸地空忌卯辰 | 入地空忌庚戌 | 冷地空忌丑未 | 寸土無光忌甲午 |

月節已過再起手用土
雖無吉神但無凶殺亦
可用土若過月節凶日
乃占切忌不可再起手
作用也宜另擇吉月日也
九星坟以棺木爲中宮卯
其月州縣宮將在中宮
切忌動坟

論墓不斬草不立券名曰
盜葬斬草以去殃咎

論亡命犯沖地空忌主冷
過日時最忌年月分之
忌納音剋亡命之音

九安墓先忌六剋亡人年
法乃山家發運剋亡命
納音者是也次看小土
無光其法乃亡命地支
对犯所納音剋亡命者

| | | | | |
|---|---|---|---|---|
| 癸巳亡命 | 掃地空忌酉戌 | 入地空忌庚申 | 冷地空忌辰戌 | 小土無光忌乙亥 |
| 甲寅亡命 | 掃地空忌子丑 | 入地空忌庚午 | 冷地空忌子午 | 小土無光忌戊申 |
| 乙卯亡命 | 掃地空忌子丑 | 入地空忌庚辰 | 冷地空忌寅申 | 小土無光忌己酉 |
| 丙辰亡命 | 掃地空忌午未 | 入地空忌庚寅 | 冷地空忌卯酉 | 小土無光忌戊戌 |
| 丁巳亡命 | 掃地空忌午未 | 入地空忌庚戌 | 冷地空忌丑未 | 小土無光忌己亥 |
| 戊午亡命 | 掃地空忌子丑 | 入地空忌庚申 | 冷地空忌辰戌 | 小土無光忌丙子 |
| 己未亡命 | 掃地空忌卯辰 | 入地空忌庚午 | 冷地空忌子午 | 小土無光忌丁丑 |
| 庚申亡命 | 掃地空忌酉戌 | 入地空忌庚辰 | 冷地空忌寅申 | 小土無光忌壬寅 |
| 辛酉亡命 | 掃地空忌酉戌 | 入地空忌庚寅 | 冷地空忌卯酉 | 小土無光忌癸卯 |
| 壬戌亡命 | 掃地空忌卯辰 | 入地空忌庚戌 | 冷地空忌丑未 | 小土無光忌丙辰 |
| 癸亥亡命 | 掃地空忌卯辰 | 入地空忌庚申 | 冷地空忌辰戌 | 小土無光忌丁巳 |

〇冲殺詩 論安葬男女

〇葬男須求坐山敗 坐山剋命名爲混 葬女論向不求山
太歲剋命起禍災 〇假如葬女則將亡命五虎遁至向屬其音
又將太歲五虎遁至其向納音屬墓生剋制化皆同前推之最怕合
刃殺坐向若合祿馬貴人財印到坐向爲吉與前歲主殺大同小

是如甲子金忌戊午火也

○增論戊巳殺

**論**戊巳土能生万物者也立春後五戊為春社立秋後五戊為秋社所謂社者后土之神祭之報成也凡修造動土塡基破土興工開山開穴並切忌戊巳二日用之大凶且如雞亦知東示避戊巳日鳴作巢皆太歲禽鳥尚知避忌何况人乎又有蜂逢戊巳日不出

**論**破土加土結砌墓宅拜墳法如安葬謝土之後相連用一結砌墳茔拜墳子百餘五一任造作

○破土安葬　謂開草基掘金井下磚放棺木等事

**安葬吉日**　壬申癸酉壬午甲申乙酉丙申丁酉壬寅丙午巳酉庚申**辛酉**　此十二日鳴吠飲乳吉地虎不食日庚寅庚午甲寅鳴吠吉地虎不**食日**　壬辰甲辰丙辰巳未地虎不食日此七日安葬吉日剛戊寅乙巳六**用圖**　以為吉是前十二日乃金大吉日後九日乃次吉日也

| 年方凶 | 歲禁方 | 太歲方 | | | | 禽座方 | 月方凶 | 月禽座 |
|---|---|---|---|---|---|---|---|---|
| 子 | 南 | 子 | 巳 | 午 | 未 | 酉 | 正 | 亥 |
| 丑 | 東 | 丑 | 寅 | 卯 | 辰 | 戌 | 二 | 子 |
| 寅 | 北 | 寅 | 亥 | 子 | 丑 | 亥 | 三 | 丑 |
| 卯 | 西 | 卯 | 申 | 酉 | 戌 | 子 | 四 | 寅 |
| 辰 | 東 | 辰 | 巳 | 午 | 未 | 丑 | 五 | 卯 |
| 巳 | 北 | 巳 | 寅 | 卯 | 辰 | 寅 | 六 | 辰 |
| 午 | 西 | 午 | 亥 | 子 | 丑 | 卯 | 七 | 巳 |
| 未 | 南 | 未 | 申 | 酉 | 戌 | 辰 | 八 | 午 |
| 申 | 東 | 申 | 巳 | 午 | 未 | 巳 | 九 | 未 |
| 酉 | 北 | 酉 | 寅 | 卯 | 辰 | 午 | 十 | 申 |
| 戌 | 西 | 戌 | 亥 | 子 | 丑 | 未 | 十一 | 酉 |
| 亥 | 南 | 亥 | 申 | 酉 | 戌 | 申 | 十二 | 戌 |

巳上

**論禽座方**只取金井當中以論方道如落[illegible]之時禁土禁

若一任手動門逆節凶神所占切不可用工動難別擇吉日要開山立向不犯年月家凶神并州縣官符占山向中宮墓穴牛不守塚月日方可用工若作即常下指推擇日吉不犯重喪重復工鳩建破日

論寄廟前後修墓法已壞故從或拔土未加土或拔前未砌拜壇應及破以修整宜於寒食節日工清門節用人夫工匠須要[illegible]、一日之內畢工如第一日又不可輕動

論寒食節日淵楚記云冬至一百零五日是也

忌立此方犯之主橫死此名傍聖主聖師命座殺

| 凶月 | 正 | 二 | 三 | 四 | 五 | 六 | 七 | 八 | 九 | 十 | 十一 | 十二 |
| --- | --- | --- | --- | --- | --- | --- | --- | --- | --- | --- | --- | --- |
| 黑道 | 午 | 申 | 戌 | 子 | 寅 | 辰 | 午 | 申 | 戌 | 子 | 寅 | 辰 |
| 武黑道 | 酉 | 亥 | 丑 | 卯 | 巳 | 未 | 酉 | 亥 | 丑 | 卯 | 巳 | 未 |
| 地中白虎 | 巳 | 辰 | 卯 | 寅 | 丑 | 子 | 亥 | 戌 | 酉 | 申 | 未 | 午 |
| 白虎破殺 | 申 | 酉 | 戌 | 亥 | 子 | 丑 | 寅 | 卯 | 辰 | 巳 | 午 | 未 |
| 月建轉殺 | 卯 | 卯 | 卯 | 午 | 午 | 午 | 酉 | 酉 | 酉 | 子 | 子 | 子 |
| 八座地破 | 亥 | 子 | 丑 | 寅 | 卯 | 辰 | 巳 | 午 | 未 | 申 | 酉 | 戌 |
| 重喪重復 | 甲 | 乙 | 戊己 | 丙 | 丁 | 戊 | 庚 | 辛 | 巳 | 壬 | 癸 | 巳 |
| 天賊 | 辰 | 酉 | 寅 | 未 | 子 | 巳 | 戌 | 卯 | 申 | 丑 | 午 | 亥 |
| 天罡約絞 | 巳 | 子 | 未 | 寅 | 酉 | 辰 | 亥 | 午 | 丑 | 申 | 卯 | 戌 |
| 河魁約絞 | 亥 | 午 | 丑 | 申 | 卯 | 戌 | 巳 | 子 | 未 | 寅 | 酉 | 辰 |
| 入隍人建 | 寅 | 卯 | 辰 | 巳 | 午 | 未 | 申 | 酉 | 戌 | 亥 | 子 | 丑 |
| 陰錯 | 庚戌 | 辛酉 | 庚申 | 丁未 | 丙午 | 丁巳 | 甲辰 | 乙卯 | 甲寅 | 癸丑 | 壬子 | 癸亥 |
| 陽錯 | 甲寅 | 乙卯 | 甲辰 | 丁巳 | 丙午 | 丁未 | 庚申 | 辛酉 | 庚戌 | 癸亥 | 壬子 | 癸丑 |
| 四時大墓 | 乙未 | 乙未 | 乙未 | 丙戌 | 丙戌 | 丙戌 | 辛丑 | 辛丑 | 辛丑 | 壬辰 | 壬辰 | 壬辰 |

論亡運內歷共有十八條推詳吉凶互有得失難於專用今塟師術五音事於亡命然人既死安有命也嫂子弱云亡人命運有亥解不合也如關若得吉年月乃亡人更生年月後代驗福吉

又云人死魂散於天魄歸於地惟亡者已安有魂入於墓亦不可拘究

論塟日周堂所殯父男孫女夫母婦客出殯棺之時宜權時出外廻避俟喪柩出門後却回周家若停喪在家論此周堂或出柩在外處論此亦有偷柩之忌

（四大魂入墓）（塟日周堂）

亥亥亥寅寅寅巳巳巳申申申

起例　○男命一十起寅順行卯○女命一十起申逆行寄年亦逆年下生月上下生日上下生時遇辰戌丑未入墓假如男命五十一歲三月初九日巳時塟則以寅上起一十順行五十一歲到未從申上起正月三月到戌亥上起初一初九到未從申上起子巳時到丑此四魂俱入墓吉

起例　只論月分大小不論節氣

大月初一起父向男順行

小月初一起母向女逆行一日一位值亡人則吉若值人則出外避之無妨停喪在家者論此或停喪在外此不論矣更有偷喪法

論斬草破土自撮要云與從安葬遂月吉日通用

論斬草三凶日初一初八十五其日井忌用鍬斬草破土掘觸犯也神能使亡魂不安生人受禍至卯用此日不斬牲亦不忌

論地隔日每月地隔日凶只忌斬草破土穿金井忌

論三曠日初六十六日六備要云切忌穿壙據術者云其日落壙時忌孝子入舂不宜臨壙吾宮見人犯之禍亦無應

論葬事用鼓樂如其日大殺白虎當建白虎在中

# 斬草破土

斬草吉日甲子乙丑丁卯戊辰己巳庚午壬申癸酉己卯壬午甲申丙戌乙亥辛卯壬辰乙未丙申丁酉壬寅癸卯丙午辛亥癸丑甲寅乙卯集正有丙寅成日忌破上吉忌有戊辰壬午皆有鳴吠對

破土鳴吠对日甲子丙寅丁卯丙子庚寅辛卯癸卯壬子甲寅乙卯

下傳吉日　壬申癸酉壬午　乙酉壬辰丙申丁酉甲辰乙巳丙午己酉甲寅丙辰己未庚申辛酉　七楚在前局

逐月斬草吉日

正月　庚午丁卯壬午　二月　庚午壬午甲午

三月　壬申甲申壬辰庚申

四月　甲子癸丑丁卯庚午戊辰庚子壬午辛卯壬辰癸卯甲辰乙卯

五月　乙丑壬寅癸丑　六月　丁卯壬申甲申辛卯丙申癸卯乙卯

七月　甲子丁卯己卯壬午辛卯壬辰戊辰癸卯丙午乙卯

八月　乙丑壬辰戊辰癸丑　九月　庚午壬午辛卯癸卯丙午丁卯

十月　甲子丁卯庚午辛未辛卯乙卯丙午

官并州縣官符隱伏無
刃俱在中宮甚洼宜門
外遠處動鼓樂行入所
堂前後入用之屢復吉

論落壙下建之時孝子人
眷忌夾日三殺方土丘
葬師忌立命座方日命
座方並忌立

論年劍鋒殺忌在同行葬
寅年庚方卯年辛
辰年乾坎巳午壬
午年癸方未年艮
申年酉土酉年甲
戌年甲乙亥年巳丙
子年丙方丑年艮

○遂年皇帝入座日
〔子年〕癸酉日〔丑年〕甲戌日
〔寅年〕丁亥日〔卯年〕甲子日

〔十一月〕壬申甲申乙未丙甲戌庚申　十二月壬申甲申丙申壬寅甲寅
○右吉日不犯天瘟重喪天賊地賊四時大墓陰陽錯日

○遂月安葬吉日
〔正月〕癸酉丁酉巳酉（外）乙酉辛酉壬午丙午丙寅壬寅辛丁巳
〔二月〕壬申甲申巳未庚申辛未庚寅丙寅丙申壬寅丁未乙卯庚辰
〔三月〕壬申甲申丙申癸酉丁酉庚申壬午丙午庚午乙酉甲子
〔四月〕乙酉丁酉巳酉癸酉辛酉壬子庚午（外）甲午丁丑辛丑癸丑
〔五月〕甲申丙申庚申壬申庚寅壬寅甲寅（外）辛未丙辰甲戌
〔六月〕壬申癸酉甲申乙酉丙申丁酉庚申庚寅壬寅甲寅辛卯
〔七月〕癸酉乙酉巳酉（外）壬申丙子甲申丙申（外）丁子丙辰辛未
〔八月〕壬申甲申庚申戊寅壬寅辰乙巳丁巳酉日天地轉殺不錄
〔九月〕壬午丙午庚午庚寅壬寅丙申（外）甲申庚申辛亥午
〔十月〕庚午辛未丙子丙辰丙午乙未巳未甲子酉開日忌整刪去
〔十一月〕庚寅甲寅壬寅（外）甲申丙申庚申甲辰壬辰
〔十二月〕甲申丙申庚申甲申丙寅庚寅壬寅甲庚（外）乙酉辛酉
右吉日不犯建破魁罡重喪重復八座月建轉殺地中白虎人鬼

辰年(逢)乙丑日　巳年(逢)甲寅日
午年(逢)丁卯日　未年(逢)甲辰日
申年(逢)己巳日　酉年(逢)甲午日
戌年(逢)丁未日　亥年(逢)甲申日

○四季八座凶日

(春)八卯日　(夏)丙午日
(秋)庚申日　(冬)辛酉日
每月逢收日大忌

入建四時大墓水消瓦陷陰陽錯聚日滅沒日横天朱雀每切忌

通書具彭祖百戰截開日可求杜安葬不詳曆法每月開日雖直鳴吠則不載安葬十月俱載酉日則通書自反而與彭祖相例也全十月刪去酉日不載　總論俱在上層查看

○擇葬年月叙擇選附

○五音傍通立成

| | 宮土 | 商金 | 角木 | 徵火 | 羽水 | |
|---|---|---|---|---|---|---|
| 大墓 | 戊辰 | 辛丑 | 乙未 | 丙戌 | 壬辰 | 此年不可安葬陰主凶 |
| 小墓 | 戊戌 | 辛未 | 乙丑 | 丙辰 | 壬戌 | 此年不可安葬陰主凶 |
| 大道 | 子午 | 酉卯 | 卯酉 | 午子 | 子午 | 此年合[illegible]甲黄皇 |
| 小道 | 申寅 | 巳亥 | 亥巳 | 寅申 | 申寅 | 此年合光明沐浴 |
| 次吉 | 酉卯 | 午子 | 子午 | 卯酉 | 酉卯 | 此年合重神八座 |
| 大鑾 | 巳午 | 辰戌 | 亥子 | 寅卯 | 申酉 | 此年葬亡者安窟 |
| 照截 | 甲酉 | 亥子 | 巳午 | 丑未 | 寅卯 | 此年葬亡者安寧 |
| 次殺 | 己丑 | 卯午 | 丙申 | 午[illegible] | 己酉 | 此年大不利葬大凶不吉 |

中飛刃去吉宜立殺

氐宿總論

論氐宿[illegible]

知看六甲通六敵關言
日墓龍不守塚月又擇
天牛不守塚日

論開墓做擴用天牛不守
塚日開改吉若俱用守
塚日在殺入凶年忌重
喪亡瘟日

論改墓士宿殺乃神技方
道如倚神宗葬犯之主
殺八惟服內亦改忌之

論改墓壽烏白鶴經云凡
要改墓有三祥端的不
可改一開見生角蛇生
氣物一上中有水濕蟻
色如乳氣或發發紫
氣交含柏未盡大吉若
改之必受殃他見有凶
不辨者即速改之一人

| | | | | | | |
|---|---|---|---|---|---|---|
| 六慕 | 癸酉 | 壬寅 | 甲辰 | 乙未 | 癸巳 | 別卜宅凶葬不忌 |
| 受 | 乙未 | 甲子 | 丙寅 | 乙丑 | 乙卯 | 此年不開婦墓者別 |
| 小殺墓 | 癸巳 丁亥 | 壬戌 甲辰 | 甲戌 庚午 | 甲午 丁酉 | 癸巳 辛未 | 卜穴凶葬則不忌 |
| 龍八墳 | 申 | 巳 | 亥 | 寅 | 申 | 此年凶神六宗入宅有則不凶若忌 |
| 虎八墳 | 寅 | 亥 | 巳 | 申 | 寅 | 此年凶神六宗入空不凶則忌 |
| 五龍忌胎 | 乙亥 乙未 乙卯 | 丙寅 丙子 丙戌 | 辛巳 辛丑 辛酉 | 壬辰 壬申 壬子 | 戊辰 戊戌 己巳 己未 | 此年支干破[illegible]葬凶 |
| | 宮土 | 商金 | 角木 | 徵火 | 羽水 | |
| 大墓 | 三月 | 十二月 | 六月 | 九月 | 三月 | 此月不可葬主凶 |
| 小墓 | 九月 | 六月 | 三月 | 十二月 | 九月 | 此月不可葬主凶 |
| 八通 | 二五月 | 八二月 | 八二月 | 十五月 | 十八月 | 此月合萬里黃泉 |
| 小通 | 十十一月 | 十四月 | 十四月 | 十一五月 | 十五月 | 此月合光明沐浴 |
| [illegible]吉 | 八二月 | 十五月 | 十五月 | 八二月 | 八二月 | 此月合重神入墓 |
| 天覆 | 五四月 | 九十一月 | 十十月 | 十二五月 | 八七月 | 此月葬亡者安寧 |
| 地載 | 八七月 | 十十一月 | 五四月 | 十六月 | 十二五月 | 此月葬亡者安寧 |
| 大墓 | 十四月 | 九十五月 | 十四六月 | 十六月 | 十四六月 | 此月卜穴不開墓去不忌者別 |
| 小墓受死 | 十六月 | 十二七月 | 九十二月 | 十四八月 | 十四六月 | 此月卜穴凶不開墓婦不忌若別 |

家煞故白㗊二殘章
木核死三家有□風
戶四男女忤逆頑□翅
浴刑傷五人口□□蛇
絕門並家産耗散□轉
不息有此五者則凶□
之

論修墓祭祭宜擇天牛不
守塚日藉比日塚開開
論龍穴砍水得吉選年月
若錯入目喪亡官災破
敗宜損避占期中宮無
占敘之忌二日成墳成
深用土填之或淺依經
鑿龍使氣不上不下風
水自成

論故墓亡宙殺按曾氏云
見猪者與一家在方山

龍八煞　七月　四月　十月　七月　七月　此月□人有父母凶
虎八煞　正月　十月　四月　七月　正月　此月□□祖宗□凶
五龍煞　□月　正月　四月　十月　□月　此月交子疾病凶

○已上吉凶年月出茔原總錄今此方人用之

六神殺之圖

青朱明六白(金)勾天(玉)玄大(大)
龍雀堂殺虎(櫃)陳刑(堂)武殺(明)

甲□□塚壬癸丑四向　申酉戌亥子丑寅卯辰巳午未
甲戊塚良寅甲卯四向　戌亥子丑寅卯辰巳午未申酉
甲子塚乙辰辰巳四向　子丑寅卯辰巳午未申酉戌亥
甲寅塚丙午丁未四向　寅卯辰巳午未申酉戌亥子丑
甲辰塚坤申庚酉四向　辰巳午未申酉戌亥子丑寅卯
甲午塚辛戌乾亥四向　午未申酉戌亥子丑寅卯辰巳

○右四位年月日時吉凶係明堂金櫃玉堂大明開葬修營用之吉

四季　春　夏　秋　冬

故墓消殺　故墓忌
木墓未　神向午
火墓戌　神向酉
金墓丑　神北子
水墓辰　神東卯

下偷祖墓边九月庚
葬後果殺三人驗矣
論呂氏經云有十二種死
不可濕葬癃進後人絶
注子孫須入獄三五年
方可打墓不犯地紙
則亡人安生人吉又領
須出宅外吉方停柩待
年利月日吉而往葬之
以杜後禍

十二種傷
惡病死　溺水死
虎咬死　蛇傷死
生產死　久病死
房病死　癆病死
白吊死　牛傷死
水底死　馬傷死
已上不宜呂葬犯地祇凶

正　二　三　四　五　六　七　八　九　十　十一　十二

寵在冢
在冢動子冢在冢則冢去亥冢
屍西冢地心冢側地中冢地酉
四八月吉　殺開煩畋殺殺殺開大開渴鬧
三月皆吉　長吉窮吉長七人吉凶吉吉吉

天午不守冢　庚午辛未壬申癸酉戊寅己卯壬午癸未甲申乙酉
甲午乙未丙申丁酉壬寅癸卯丙午丁未戊申己酉
庚申辛酉　兩日一移開改吉人修墓結砌拜掃並吉
發冢權盾鳴吠对且丙寅丁卯丙子辛卯甲午庚子癸卯壬子甲寅
乙所日吉

〇五音祖坟逐月方道殺

正月　乙殺一人辛殺八人
二月　丙殺一人庚殺二人
三月　丁殺一人庚殺二人
四月　丁殺一人癸殺二人
五月　癸殺八人壬殺二人
六月　癸殺十人乙殺八人
七月　庚殺二人丙殺二人
八月　庚殺二人丙殺二人
九月　庚殺七人乙殺三人
十月　壬殺二人乙殺五人

○改葬續論

論葬權法爲貧乏之計也蓋以死見月雪炎之天或六七月酷熱之時衣食不贍棺木破朽不堪藏莫閒豈可久停故不得已而通權法葬之有福之家默逢吉課吉穴安葬之無福之家反逢凶課凶穴葬之屢見敗絕不可勝記今術輩諒其家稍有力則與攢拙幽陰之處偏土砂以押之使伏土氣免致敗害與擇吉日另行理葬以使人致禍後世無災乃術者仁人之心後世子孫之幸也今多見稍有力石

十一月壬殺入 乙殺五入 (十二月)乙殺二入 壬殺一入

五音改墓吉月 宮羽音七十一月 (商音)六九十十一月吉

(角音)正二三四五十十一月 (徵音)四六七八十二月吉

五音改墓吉日 (宮音)辛丑巳酉 (商角音)戊戌

(徵羽音)辛丑巳辛卯 忌月建轉殺同日凶

(金同改墓吉日)甲子丙寅巳卯甲申 乙酉庚寅丙甲辛酉癸亥

○論五音之說義理該僻知禮者勿用

## ○安葬權法

論歲官交承安葬擇日 大寒節五日後立春節及新田歲官交承先擇日破土又擇吉日安葬如開山立向不忌年月日時尅山家更不忌年月諸家凶神就立春前夜將謝墓或來年寒食節至清明日用工匠尺一日之內加土謝(墓則無禁忌)

該前賢聖論歲官交承之謬以諸煞不得全吉而設爲歲官交承之法謂如開山立向並不忌年月尅山家及歲月諸凶忌作以爲不然就年尅山以三百六十日論起於先年冬至而大寒立春甚

葬貴因甦一事以為飲食之吝殊不知所費者小所害者大祖宗祭祀嗣須悔何追憶父母之喪苟有力者宜慎厥初也

交代之時正如官司交代之際去心匆匕不及逐一計較若依慎終始之說與天凶星退度始為殃之言猶恐不可輕祀況月魁者不但大寒立春為其交代至於日魁時魁則亥子之間八刻一刻之際皆可言甚不解之甚